# Handbuch der Gesetzgebung
in
# Preußen und dem Deutschen Reiche.

Unter Mitwirkung

von

Geh. Oberregierungsrat **Altmann**, Geh. Oberpostrat **Aschenborn**, Geh. Oberregierungsrat **Bredow**, Wirkl. Geh. Oberregierungsrat **von Bremen**, Geh. Regierungsrat **Fritsch**, Oberverwaltungsgerichtsrat **Genzmer**, Geh. Regierungsrat **Hoffmann**, Landrichter Dr. **Hornemann**, Oberbergrat **Kreisel**, Geh. Oberregierungsrat **Küster**, Geh. Regierungsrat **von Loebell**, Geh. Oberregierungsrat **Lusensky**, Geh. Regierungsrat Dr. **Münchgesang**, Geh. Oberregierungsrat Dr. **Traugott Müller**, Regierungsassessor Dr. **Rintelen**, Kriegsgerichtsrat Dr. **Schlayer**, Landforstmeister a. D. **Schultz**, Regierungspräsident Freiherr **v. Seherr-Thoss**

herausgegeben

von

**Graf Hue de Grais,**

Wirkl. Geh. Oberregierungsrat, Regierungspräsidenten a. D.

## XV.
## Handel und Gewerbe.

Erster Band.

## Der Handel.

Berlin.

Verlag von Julius Springer.

1904.

Das

## „Handbuch der Gesetzgebung in Preußen und dem Deutschen Reiche"

zerfällt in folgende Teile:

*)1. Teil. **Das Deutsche Reich.**
2. Teil. **Auswärtige Angelegenheiten.**
3. Teil. **Heer und Kriegsflotte.**
*)1. Band. Allgemeine Bestimmungen.
(Bearbeiter: Graf **Hue de Grais**, Regierungspräsident a. D.)
2. Band. Militärstrafrecht. (Bearbeiter: Dr. **Schlayer**, Kriegsgerichtsrat.)

4. Teil. **Der preußische Staat.**
*)1. Band. Staatsverfassung und Staatsbehörden. (Bearbeiter: Graf **Hue de Grais**, Regierungspräsident a. D.)
2. Band. Staatsbeamte. (Bearbeiter: **Bredow**, Geh. Oberregierungsrat.
3. Band. Kommunalverbände. (Bearbeiter: Graf **Hue de Grais**, Regierungspräsident a. D.)

5. Teil. **Finanzen.**
1. Band. Finanzverwaltung.
2. Band. Direkte Steuern.
3. Band. Stempelsteuer.
4. Band. Zölle.
5. Band. Verbrauchssteuern.
(Bearbeiter: **Lusensky**, Geh. Oberregierungsrat.)

6. Teil. **Rechtspflege.**
1. Band. Das Bürgerliche Gesetzbuch.
2. Band. Handels- und Gewerberecht.
3. Band. Gerichtsverfassung. Gerichtliches Verfahren.
4. Band. Freiwillige Gerichtsbarkeit.
5. Band. Strafrecht.

7. Teil. **Polizei.** (Bearbeiter: **Genzmer**, Oberverwaltungsgerichtsrat.)
8. Teil. **Gesundheitswesen.** (Bearbeiter: Dr. **Hornemann**, Landrichter.)
*)9. Teil. **Bauwesen.** (Bearbeiter: Dr. **Münchgesang**, Geh. Regierungsrat.)
10. Teil. **Personenstand und Armenwesen.**
11. Teil. **Kirche.** (Bearbeiter: **Altmann**, Geh. Oberregierungsrat.)

12. Teil. **Unterricht.**
1. Band. Volksschulen.
2. Band. Höhere Schulen.
(Bearbeiter: **v. Bremen**, Wirkl. Geh. Oberregierungsrat.)
3. Band. Universitäten. Kunst und Wissenschaft.

13. Teil. **Bergwesen.** (Bearbeiter: **Kreisel**, Oberbergrat.)

14. Teil. **Land- und Forstwirtschaft.**
1. Band. Landwirtschaft. (Bearbeiter: Dr. **Traugott Müller**, Geh. Oberregierungsrat.)
*)2. Band. Forstwirtschaft. (Bearbeiter: **Schultz**, Landforstmeister a. D.)
3. Band. Agrargesetzgebung. (Bearbeiter: Dr. **Rintelen**, Reg.-Assessor.)
4. Band. Viehzucht und Tierheilwesen. (Bearbeiter: **Küster**, Geh. Oberregierungsrat.)
*)5. Band. Jagd. (Bearbeiter: **Schultz**, Landforstmeister a. D. und Regierungspräsident Frhr. **v. Seherr Thoß**.)
6. Band. Fischerei. (Bearbeiter: **Hoffmann**, Geh. Regierungsrat.)

15. Teil. **Handel und Gewerbe.**
*)1. Band. Handel. (Bearbeiter: **Lusensky**, Geh. Oberregierungsrat.)
2. Band. Gewerbe.

16. Teil. **Arbeiterfürsorge und Arbeiterversicherung.** (Bearbeiter: **v. Loebell**, Geh. Regierungsrat.)
17. Teil. **Schiffahrt.**
18. Teil. **Wege.**
19. Teil. **Eisenbahnen.** (Bearbeiter: **Fritsch**, Geh. Regierungsrat.)
20. Teil. **Post und Telegraphen.** (Bearbeiter: **Aschenborn**, Geh. Oberpostrat.)

Die mit *) bezeichneten Bände sind erschienen.

---

Die Bände sind einzeln käuflich.

# Handel und Gewerbe.

I.

## Der Handel.

Von

F. Lusensky,
Geh. Oberregierungsrat und vortragender Rat im Ministerium für Handel und Gewerbe.

Berlin.
Verlag von Julius Springer.
1904.

ISBN 978-3-642-51796-9 ISBN 978-3-642-51836-2 (eBook)
DOI 10.1007/978-3-642-51836-2
Softcover reprint of the hardcover 1st edition 1904

# Vorwort.

Unsere Gesetze und die zu ihrer Ausführung erlassenen Vorschriften finden sich in zahlreiche Sammlungen zerstreut, deren jede wieder eine lange Reihe von Bänden umfaßt. Wird schon dadurch das Auffinden der einzelnen Bestimmungen erheblich erschwert, so bieten diese, auch wenn sie gefunden, meist nicht die gewünschte Auskunft, weil sie durch spätere Vorschriften ergänzt oder abgeändert sind, oder erst durch besondere Ausführungsvorschriften verständlich und anwendbar werden. Die Bestimmungen sind dadurch schon den Beamten schwer zugänglich geworden; den Laien sind sie fast ganz verschlossen, obwohl sie auch für die Laien erhebliche Bedeutung haben, zumal seitdem diese sich in stets wachsendem Umfange zu den Geschäften des öffentlichen Dienstes in Staat und Gemeinde herangezogen sehen. Hier möchte das vorliegende Werk Abhilfe schaffen und die Reichs- und die Landesgesetzgebung allen Beteiligten näher bringen.

Der umfangreiche Stoff ist zu diesem Zwecke in eine Reihe von Einzelgebieten zerlegt, wie sie den einzelnen Gruppen der beteiligten Beamten und Laien entsprechen. Die Einteilung[1]) ist so getroffen, daß mit dem Deutschen Reiche in seinen staatsrechtlichen Verhältnissen begonnen wird, die zuerst allgemein (Teil I) und dann bezüglich der auswärtigen Angelegenheiten (Teil II) und des Heeres und der Kriegsflotte (Teil III in zwei Bänden für die allgemeinen Verhältnisse und das Militärstrafrecht) dargestellt werden. — Daran schließen sich der preußische Staat in seinen staatsrechtlichen Verhältnissen (Teil IV in drei Bänden für Verfassung und Behörden, für Beamte und für Kommunalverbände) und die Finanzen (Teil V in

[1]) Die Einteilung folgt im allgemeinen den Grundsätzen, die in des Herausgebers Handbuch der Verfassung und Verwaltung in Preußen und dem Deutschen Reiche (15. Aufl. Berl. 02) und in dessen in wesentlich kürzerer Fassung bearbeiteten gleichnamigen Grundrisse (7. Aufl. Berl. 02) beobachtet worden sind. Beide Werke enthalten systematische Darstellungen, während das vorliegende Werk die Gesetze und Ausführungsbestimmungen in ihrem Wortlaute darstellt und erläutert.

fünf Bänden für Finanzverwaltung, direkte Steuern, Stempel, Zölle und Verbrauchssteuern). — Alle folgenden Teile behandeln die Aufgaben des Staates und betreffen den Schutz der Personen und des Eigentums und die Pflege der geistigen und wirtschaftlichen Interessen der Staatsangehörigen. — Schutz bietet die Rechtspflege (Teil VI), die in fünf Bänden das Bürgerliche Gesetzbuch, das Handels- und Gewerberecht, die Gerichtsverfassung und das Verfahren, die freiwillige Gerichtsbarkeit und das Strafrecht umfaßt, und die Polizei (Teil VII) nebst Gesundheitswesen (Teil VIII), Bauwesen (Teil IX), Personenstand und Armenwesen (Teil X). Die geistigen Interessen finden ihre Pflege in der Kirche (Teil XI) und dem Unterricht (Teil XII), der in vier Bände für das Volksschulwesen, die höheren Schulen, die Universitäten und für Kunst und Wissenschaft zerlegt ist. — Für die wirtschaftliche Pflege kommen die verschiedenen Gebiete des Erwerbslebens in Betracht, das Bergwesen (Teil XIII), die Land- und Forstwirtschaft im weiteren Sinne (Teil XIV), die in sechs Bänden für Landwirtschaft, Forstwirtschaft, Agrargesetzgebung, Viehzucht, Jagd und Fischerei zur Darstellung gelangt, der Handel und das Gewerbe (Teil XV) in zwei Bänden, die Arbeiterfürsorge und Arbeiterversicherung (Teil XVI) und die den Verkehr betreffenden Gebiete der Schiffahrt (Teil XVII), Wege (Teil XVIII), Eisenbahnen (Teil XIX), der Post- und Telegraphie (Teil XX).

Die Einzelgebiete sind in Abschnitte geteilt, die mit römischen Zahlen bezeichnet sind und eine Mehrzahl zusammenhängender Gesetze umfassen. Die Hauptgesetze werden unter fortlaufenden deutschen Ziffern aufgeführt. Die den Abschnitten vorangestellten Einleitungen bieten eine Übersicht der aufgenommenen Gesetze. Die nur zu ihrer Ergänzung oder Ausführung ergangenen Bestimmungen (Nebengesetze, Verordnungen, Anweisungen) sind entweder in Anmerkungen — die minder wichtigen nur dem Inhalt nach — aufgeführt, oder bei größerem Umfange als Anlagen unter lateinischen Buchstaben den Hauptgesetzen in der Reihenfolge angefügt, in der in diesen auf sie hingewiesen wird [2]).

Die gesetzlichen Bestimmungen sind durch stärkeren Druck hervorgehoben und alle Bestimmungen streng nach dem Wortlaute ihrer

[2]) Örtliche Bestimmungen, die nicht mindestens für den Bezirk einer Provinz Geltung haben, sind in der Regel nicht aufgenommen, aber überall nachrichtlich angeführt.

amtlichen Veröffentlichung wiedergegeben[3]). Die späteren Änderungen sind zwar eingefügt, aber als solche deutlich bezeichnet. Veraltete oder aufgehobene Bestimmungen sind demgemäß fortgelassen, oder wo sie des Zusammenhangs wegen nicht zu entbehren waren, durch lateinischen Druck gekennzeichnet, während abgeänderte oder neu hinzugetretene Bestimmungen durch gesperrten Druck kenntlich gemacht sind. In beiden Fällen wird in den Anmerkungen nachgewiesen, wodurch die Aufhebung oder die Abänderung veranlaßt ist.

Die den Gesetzen angefügten Anmerkungen sollen außer diesen Angaben (Abs. 4) auch alle sonstigen für das Verständnis und die Handhabung erforderlichen Erläuterungen geben. Sie enthalten demgemäß neben der Darlegung der Entstehung, Bedeutung und Einteilung der Gesetze auch Hinweise auf andere Vorschriften, die mit den behandelten Bestimmungen in Zusammenhang stehen, ferner alle bezüglich ihrer ergangenen grundlegenden Entscheidungen der höchsten Gerichte und Verwaltungsbehörden, endlich die Hauptergebnisse, die Wissenschaft und praktische Handhabung darüber gefördert haben.

Jedem Teile oder Bande ist ein (chronologisches) Verzeichnis der Bestimmungen und ein (alphabetisches) Sachverzeichnis beigegeben.

Die Bedeutung des Werkes läßt sich hiernach dahin zusammenfassen, daß es:

1. die einzelnen zerstreuten Bestimmungen nach den Verwaltungsgebieten zusammenfaßt und nach ihrem inneren Zusammenhange übersichtlich ordnet;
2. die Bestimmungen nach dem amtlichen Texte, doch unter Hervorhebung aller Änderungen wiedergibt, die sie im Laufe der Zeit erfahren haben;

[3]) Fortgelassen sind die regelmäßig wiederkehrenden Eingangs- und Schlußformeln der Gesetze, erstere, soweit sie nicht mit gesetzlichen Bestimmungen verbunden sind. Die Eingangsformel lautet bei Reichsgesetzen: „Wir Wilhelm, von Gottes Gnaden, Deutscher Kaiser, König von Preußen rc. verordnen im Namen des Reichs nach erfolgter Zustimmung des Bundesrats und des Reichstags was folgt:", bei Landesgesetzen: „Wir Wilhelm, von Gottes Gnaden König von Preußen rc. verordnen unter Zustimmung beider Häuser des Landtags der Monarchie, was folgt:" Die Schlußformel lautet: „Urkundlich unter Unserer Höchsteigenhändigen Unterschrift und beigedrucktem Kaiserlichen (bei Landesgesetzen: Königlichen) Insiegel. Gegeben (Datum u. Unterschriften). — Die in den Sammlungen enthaltenen laufenden Nummern der Gesetze sind fortgelassen; dafür sind die für das Auffinden in den Sammlungen wichtigeren Seitenzahlen der letzteren den Gesetzesüberschriften hinzugefügt. Fortgelassen sind ferner die den Bestimmungen beigefügten Formulare, die allen, die sie anzuwenden haben, in der Regel ohnehin zur Hand sein werden.

3. die Bestimmungen mit Erläuterungen versieht, wie sie für deren Verständnis und Anwendung erforderlich sind.

Die Verwendung des Werkes ist hiernach eine zwiefache. Das Gesamtwerk ersetzt im Handgebrauche die Gesetz- und sonstigen Sammlungen und empfiehlt sich damit nicht nur für die Büchereien aller größeren Behörden und Verwaltungen, sondern auch zur Aufstellung in ihren zu Sitzungen und Vorträgen bestimmten Räumen. Dadurch kann das rasche Auffinden der nötigen Vorschriften ermöglicht und dem jetzt herrschenden Mißstande abgeholfen werden, daß diese Bestimmungen entweder im Drange der Geschäfte überhaupt nicht eingesehen werden können, oder daß ihr Aufsuchen empfindliche Störungen und Verzögerungen im Geschäftsbetriebe veranlaßt. Wenn dabei auf den Mangel hingewiesen ist, daß das Werk bei seinem Umfange erst nach Verlauf mehrerer Jahre vollständig vorliegen werde, so wird sich dieser Mangel bei stetigem Fortschreiten des Werkes zusehends vermindern. Jedenfalls bietet das Werk aber gegenüber dem bisherigen Zustande den wesentlichen Fortschritt, daß es ganze Gesetzgebungsgebiete in zusammenhängender einheitlicher Bearbeitung bringt, während die seitherigen Bearbeitungen sich regelmäßig auf die Bearbeitung einzelner herausgegriffener Gesetze beschränkten, manche Gesetze auch ganz unbeachtet ließen. — Dann hat das Werk aber auch vor seiner endgültigen Fertigstellung dadurch eine selbständige Bedeutung, daß Einzelwerke — unbeschadet der gleichmäßigen Bearbeitung — doch in jedem Teile und Bande in sich abgeschlossene Werke bilden und einzeln käuflich sind. Zahlreiche Beteiligte finden damit in einem Bande alle Vorschriften vereinigt, deren sie für das sie unmittelbar berührende Einzelgebiet bedürfen[4]). Ihnen bietet das Einzelwerk eine

[4]) In bezug auf die seither erschienenen und jetzt erscheinenden Einzelwerke sei bemerkt: In Teil I finden die Mitglieder der höheren Reichsbehörden und des Reichstags die grundlegenden Bestimmungen für ihre Tätigkeit und alle mit dem Reichsstaatsrecht sich Befassenden die Quellen für ihre Studien. Teil III ist für Militär- und Marinebehörden, Truppenstäbe, Offiziersbüchereien usw. von Bedeutung, Band 1 daneben für die Ersatzbehörden und Band 2 für Mitglieder und Beamte der Militärgerichte und für Offiziere, die als Beisitzer oder Untersuchungsführer und für Rechtsanwälte, die als Verteidiger bei diesen Gerichten tätig sind. Von Teil IV, Band 1 gilt das zu Teil I Gesagte in bezug auf Mitglieder der Staatsbehörden und des Landtags und die sich mit dem preußischen Staatsrecht Befassenden. Teil IX ist zunächst für Baubeamte, die mit Bausachen befaßten Verwaltungsbeamten, Bauunternehmer und für das bauende Publikum bestimmt. Von Teil XIV, der in seiner Gesamtheit für Landwirtschaftskammern, landwirtschaftliche Vereine, Lehranstalten und Behörden in Betracht kommt, dient Band 2 insbesondere den Forstbesitzern und Forstbeamten, Band 5 den Jägern und Jagdfreunden. Teil XV, Band 1, der alle öffentlich rechtlichen Bestimmungen

Sammlung, die nicht nur am Arbeitstische die Einsichtnahme aller maßgebenden Vorschriften ohne Zeitverlust und Mühe ermöglicht, sondern auch bei örtlichen Verhandlungen und Dienstreisen leicht mitgeführt und mit Vorteil benutzt werden kann.

---

Teil XV, Handel und Gewerbe, ist zu umfangreich, um in einem Bande behandelt zu werden. Er ist deshalb in zwei Bände geteilt, deren erster, der hier vorliegende, den Handel zum Gegenstande hat, wogegen der zweite das Gewerbe umfassen soll[5]). Diese Abgrenzung konnte jedoch nach der Beschaffenheit des zu bearbeitenden Stoffs nicht streng durchgeführt werden. Zahlreiche Bestimmungen dieses Bandes haben auch für das Gewerbe Bedeutung, während es umgekehrt nicht angezeigt war, die Vorschriften der im zweiten Bande behandelten Gewerbeordnung, die sich auf den Handel beziehen, dort herauszunehmen.

Die Bearbeitung des vorliegenden Bandes gliedert sich in fünf Abschnitte. Abschnitt I beschäftigt sich mit der Verwaltung des Handels, an der das Reich und die Einzelstaaten beteiligt, und an der mitzuwirken die Handelskammern berufen sind. Ein Verzeichnis der in Preußen bestehenden amtlichen Handelsvertretungen unter Angabe ihres Sitzes und Bezirks ist angeschlossen. Abschnitt II enthält die nicht nur für den Handel, sondern für das Gewerbe im allgemeinen wichtigen Bestimmungen über das Maß- und Gewichtswesen, in deren Kreis neuerdings die elektrischen Maßeinheiten einbezogen worden sind. In diesem Abschnitt haben ferner verschiedene Sondervorschriften, die die amtliche Prüfung und Bezeichnung von Waren zum Gegenstande haben, Aufnahme gefunden. Im Abschnitt III ist zunächst das Münz- und Bankwesen behandelt. Mit Rücksicht auf die hervorragende Bedeutung, die die Reichsbank für das geschäftliche Leben gewonnen hat, sind die Bestimmungen über

---

über den Handel enthält, hat für Handeltreibende, Handelskammern, Handelsschulen usw. besonderes Interesse. — Behörden und Beamte der allgemeinen, der Polizei- und der Kommunalverwaltung, für die nicht alle, aber doch mehrere der Einzelwerke in Frage kommen, werden nach der dem Werke zugrunde liegenden Einteilung leicht die geeignete Auswahl treffen können.

[5]) Teil XV behandelt übrigens nur die öffentlichrechtlichen Bestimmungen über Handel und Gewerbe, während die ein besonderes Gesetzgebungsgebiet bildenden privatrechtlichen Beziehungen dieser Berufszweige im Anschluß an das BGB. im 2. Bande des V. Teils dargestellt werden.

den Geschäftsverkehr mit diesem Unternehmen hier aufgenommen worden. An die Darstellung des Bankwesens schließt sich das Börsengesetz an. Abschnitt IV umfaßt eine Reihe von Gesetzen, die auf eine Beschränkung des Handelsbetriebs abzielen. Sie richten sich teils gegen die Ausbeutung des Publikums, teils gegen Erscheinungsformen des unlauteren Wettbewerbs, teils gegen sozialpolitisch bedenkliche Formen des Geschäftsbetriebes. Als eine Beschränkung des Handels und Gewerbes stellt sich auch die im V. Abschnitte behandelte Gesetzgebung zum Schutze des gewerblichen Eigentums dar. Im Anschlusse an die hierher gehörenden Gesetze, das Patent-, Gebrauchsmuster- und Warenbezeichnungsgesetz sind die vertragsmäßigen Abmachungen aufgenommen, die auf diesem Gebiete zwischen Deutschland und fremden Staaten getroffen worden sind.

Hiernach hat dieser Teil des Gesamtwerks für die an der Verwaltung des Handels beteiligten Behörden und Beamten, für Handeltreibende, Handelskammern, Handelsschulen usw. besondere Bedeutung. Die meisten Vorschriften, namentlich die in den Abschnitten I, II, III und V dargestellten, sind überdies auch für die Güter erzeugenden Gewerbe und zahlreiche Bestimmungen, wie die über Maß- und Gewichtswesen, Münzwesen, die Verhältnisse der Reichsbank, den Schutz des gewerblichen Eigentums für das Publikum im allgemeinen von Wichtigkeit.

Berlin, Oktober 1903.

**Der Verfasser.**

# Inhaltsverzeichnis.

## I. Verwaltung des Handels, Personen und Vertretung des Handelsstandes.



## II. Maße und Gewichte, amtliche Prüfung und Bezeichnung der Waren.

# Abkürzungen.

AB. = Amtsblatt.
Abs. = Absatz.
Absch. = Abschnitt (hierunter sind die mit römischen Ziffern bezeichneten Teile dieses Bandes zu verstehen).
AE. = Allerhöchster Erlaß.
AG. = Ausführungsgesetz (dieses bezieht sich, wo kein anderer Hinweis gegeben ist, auf das vorangegangene Hauptgesetz, BGB., HGB. usw.).
AH. = Haus der Abgeordneten.
Anl. = Anlage.
Anm. = Anmerkung.
Anw. = Anweisung.
Art. = Artikel.
Ausf. = Ausführung.
Bearb. = Bearbeitung (Kommentar).
Begr. = Begründung (Motive).
Bek. = Bekanntmachung.
Beschl. = Beschluß.
Best. = Bestimmung.
BG. = Bundesgesetz.
BGB. = Bürgerliches Gesetzbuch 18. Aug. 96 (RGB. 195).
BGBl. = Bundesgesetzblatt.
Bl. für Pat. rc. Wesen = Blatt für Patent-, Muster- und Zeichenwesen.
BR. = Bundesrat.
CB. = Centralblatt für das deutsche Reich.
CPO. = Civilprozeßordnung (Neufassung 98 RGB. 410).
Drucks. = Drucksachen.
EG. = Einführungsgesetz (Beziehung wie bei Ausführungsgesetz).
Entw. = Entwurf.
Ergänz.G. = Ergänzungsgesetz (Novelle).
G. = Gesetz.
GewO. = Gewerbeordnung (Neufassung 00 RGB. 871).
GewSteuerG. = Gewerbesteuergesetz 24. Juni 91 (GS. 205).
GS. = Gesetzsammlung.
GVG. = Gerichtsverfassungsgesetz (Neufassung 98 RGB. 371).
HGB. = Handelsgesetzbuch 10. Mai 97 (RGB. 240).
HH. = Herrenhaus.
Instr. = Instruktion.
JMB. = Justizministerialblatt.
KB. = Kommissionsbericht.
KGer. = Kammergericht.
KO. = Kabinetsordre.
KomAbgG. = Kommunalabgabengesetz 14. Juli 93 (GS. 152).
KonkO. = Konkursordnung (Neufassung 98 RGB. 612).
Les. = Lesung.
LR. = Allgemeines Landrecht.
LVG. = Landesverwaltungsgesetz 30. Juli 83 (GS. 195).
M. = Mark.
MB. = Ministerialblatt der innern Verwaltung.
MB. d. H. u. G.V. = Ministerialblatt der Handels- und Gewerbeverwaltung.
Min. f. H. u. G. = preußischer Minister für Handel und Gewerbe.
Mitt. = Mitteilungen aus der Verwaltung der direkten Steuern.
M. u. GO. = Maß- und Gewichtsordnung für den norddeutschen Bund 17. Aug. 68 (BGBl. 473).
N. F. = Neue Folge.
O. = Ordnung.
OV. = Oberverwaltungsgericht.
Pat. = Patent.
PatA. = Patentamt.
PatBl. = Patentblatt.
preuß. = preußisch.
Regl. = Reglement.
Reichst. = Reichstag.
RG. = Reichsgesetz.
RGB. = Reichsgesetzblatt.
RKz. = Reichskanzler.
ROHG. = Reichsoberhandelsgericht.
RVerf. = Reichsverfassung 16. April 71 (RGB. 63).
S. = Seite.
StB. = stenographische Berichte.
StGB. = Strafgesetzbuch (Neufassung 76, RGB. 39).
StPO. = Strafprozeßordnung 1. Feb. 77 (RGB. 253).
Strafs. = Entscheidungen in Strafsachen (beim RGer.).
StStS. = Entscheidungen in Staatssteuersachen (beim OV.).
U. = Urteil (Erkenntnis).
V. = Verordnung.
Vf. = Verfügung (Ministerialerlaß, Reskript, Zirkular).
v. H. = vom Hundert.
VU. = preußische Verfassungsurkunde 31. Jan. 50 (SG. 17).
Ziff. = Ziffer.
ZustG. = Zuständigkeitsgesetz 1. Aug. 83 (GS. 237).

## Bemerkung.

Die den Sammlungen (RGB., GS., MB. rc.) angefügte Ziffer bedeutet die Seitenzahl und bezieht sich, wo eine besondere Jahreszahl nicht hinzugefügt ist, auf den Jahrgang, aus dem das Gesetz rc. ist. Wo die Sammlungen nicht nach Jahrgängen, sondern nach Bänden eingeteilt sind, weist die römische Ziffer den Band, die deutsche die Seite nach. Die Entscheidungen des RGer. sind, wo sie nicht durch den Zusatz Strafs. als Entscheidungen in Strafsachen gekennzeichnet sind, Entscheidungen in Civilsachen. Die Entscheidungen des OV. in Staatssteuersachen sind durch den Zusatz StStS. kenntlich gemacht.

# I. Verwaltung des Handels; Personen und Vertretung des Handelsstandes.

## 1. Einleitung.

Durch Art. $4^2$ der Reichsverfassung 16. April 71 (RGB. 63) ist das Gebiet des Handels der Beaufsichtigung seitens des Reichs und seiner Gesetzgebung zugewiesen; während die Handelsverwaltung nur, soweit sie in unmittelbarem Zusammenhange zu diesen Reichsaufgaben steht, vom Reich wahrzunehmen, im übrigen aber den Bundesstaaten verblieben ist. Organ des Reichs für die ihm zufallende Verwaltung ist das Reichsamt des Innern[1]), dem die Vorbereitung der nicht rein privatrechtlichen Handelsgesetze und die Fürsorge für ihre einheitliche Durchführung obliegt. Die einzelstaatliche Verwaltung ist in Preußen in oberster Instanz dem Minister für Handel und Gewerbe[2]) zugewiesen, in den übrigen Instanzen den Behörden der innern Verwaltung. Die Erlasse des Ministers in Handelsangelegenheiten werden, wenn sie von allgemeiner Bedeutung sind, unter Ziff. III des seit April 01 erscheinenden Ministerial-Blatts für die Handels- und Gewerbeverwaltung[3]) veröffentlicht.

Für die im Handel tätigen Personen, die Kaufleute, Prokuristen, Handlungsgehilfen, Lehrlinge, Agenten und Makler ist vornehmlich die Regelung der privatrechtlichen Verhältnisse erforderlich, die im ersten Buche des Handelsgesetzbuchs erfolgt ist. Der dort im ersten Abschnitte umschriebene Begriff des Kaufmanns ist aber auch für das öffentliche Recht vielfach maßgebend; insbesondere gilt das für die im vorliegenden Bande behandelten Gesetze. Es empfahl sich deshalb, die Bestimmungen des HGB. erster Abschnitt hier aufzunehmen. Nr. 2.

Dem Handelsstande ist eine Mitwirkung an der staatlichen Handelsverwaltung durch Errichtung amtlicher Vertretungen seiner Interessen für räumlich begrenzte Bezirke eingeräumt. Die Organisation dieser Vertretungen ist bisher der Landesgesetzgebung überlassen und für Preußen durch das G. über die Handelskammern $\frac{\text{24. Feb. 70}}{\text{19. Aug. 97}}$ erfolgt. Nr. 3. Neben ihnen sind die im § 44 das. aufgeführten, den gleichen Zwecken dienenden Korporationen aufrecht erhalten. Auch in der Rechtspflege ist der Handelsstand durch die Errichtung der Kammern für Handelssachen zu tätiger Teilnahme herangezogen. Vergl. Anl. B Ziff. 4 zu Nr. 3.

Außer den amtlichen Handelsvertretungen gibt es zahlreiche Vereinigungen ohne amtlichen Charakter, die sich die Vertretung der öffentlichen Interessen von Handel und Gewerbe teils für örtliche Bezirke, wie Handels- und Fabrikantenvereine, teils für einzelne Industrie- oder Handelszweige zur Aufgabe setzen. Besondere Bedeutung haben die sich über das ganze Reich erstreckenden großen industriellen Vereine, wie der Zentralverband deutscher Industrieller, der Verein zur Wahrung der Interessen der chemischen Industrie Deutschlands, deutscher Eisen- und Stahlindustrieller, deutscher Eisenhüttenleute, der Verband deutscher Elektrotechniker, der Zentralverein der deutschen Lederindustrie, der

[1]) Dienstlokal: Berlin, Wilhelmstraße 75.
[2]) Dienstlokal: Berlin, Leipzigerstraße 2.
[3]) Carl Heymanns Verlag, Berlin W.

Verein der deutschen Zuckerindustrie. Viele dieser Vereine stehen mit Reichs- und Staatsbehörden in enger Verbindung.

Die amtlichen deutschen Handelsvertretungen haben sich zu einer Gesamtvertretung, dem deutschen Handelstage in Berlin[4]) zusammengeschlossen, dem daneben auch einzelne Personen und freie Vereine angehören. Der Handelstag ist eine freie, keiner staatlichen Disziplin unterworfene Vereinigung, dabei aber als Spitze der amtlichen Handelsvertretungen von Reichs- und Staatsbehörden anerkannt. Jährlich ein bis zwei Mal findet eine Hauptversammlung des Handelstages statt, die durch Beschlüsse eines Ausschusses vorbereitet wird. Die laufenden Geschäfte werden durch das Präsidium erledigt. Im Auftrage des Handelstages wird von seinem Generalsekretär die Zeitschrift „Handel und Gewerbe"[5]) herausgegeben, die vom preußischen Minister für Handel und Gewerbe zur Kundgebung von Erlassen und Mitteilungen von allgemeiner Bedeutung an die ihm unterstellten Handelsorgane benutzt wird.

Unter Handelskammern im Auslande werden Vereinigungen verstanden, welche die an einem ausländischen Platze oder in einem ausländischen Bezirke seßhaften Kaufleute eines Staats umfassen. Während die übrigen Handels- und Industriestaaten meist Handelskammern im Auslande besitzen, besonders Frankreich, Großbritannien, Italien, Belgien, hat Deutschland eine derartige Einrichtung bisher nicht getroffen[6]).

---

## 2. **Der Begriff des Kaufmanns** (HGB., 1. Buch 1. Abschnitt).

### Kaufleute[1]).

§. 1. Kaufmann im Sinne dieses Gesetzbuchs ist, wer ein Handelsgewerbe betreibt[2]).

---

[4]) Bureau Berlin C, Neue Friedrichstraße 53/54 im Börsengebäude.

[5]) Verlag und Expedition Carl Heymanns Verlag, Berlin W.

[6]) Die deutsche Handelskammer in Brüssel ist ein privates Unternehmen, das keine amtliche Anerkennung gefunden hat.

[1]) Allgemeines. Der Begriff des Kaufmanns nach dem HGB. deckt sich nicht mit dem Sprachgebrauch des gewöhnlichen Lebens, sondern geht vielfach darüber hinaus. In den § 1—3 werden drei Gruppen von Kaufleuten unterschieden:

a) Wer eins der im § 1 Abs. 2 bezeichneten Handelsgewerbe betreibt, ist kraft Gesetzes Kaufmann (Muß- oder Ist-Kaufmann). Ob er ins Handelsregister eingetragen ist, ist für seine Eigenschaft als Kaufmann unerheblich.

b) Wer ein nicht unter § 1 Abs. 2 fallendes Gewerbe betreibt, soll, wenn das Unternehmen nach Art und Umfang einen in kaufmännischer Weise eingerichteten Geschäftsbetrieb erfordert, seine Firma ins Handelsregister eintragen lassen § 2. Mit dieser Eintragung wird das Gewerbe ein Handelsgewerbe und der Unternehmer Kaufmann (Kaufmann kraft Eintragung, die er herbeiführen soll — Sollkaufmann).

c) Der Inhaber eines land- und forstwirtschaftlichen Nebengewerbes, das entweder unter § 1 Abs. 2 fällt oder nach Art und Umfang einen in kaufmännischer Weise eingerichteten Geschäftsbetrieb erfordert, ist berechtigt, die Eintragung ins Handelsregister herbeizuführen § 3. Mit der Eintragung wird das Gewerbe ein Handelsgewerbe und der Unternehmer Kaufmann. (Kaufmann kraft Eintragung, die er herbeiführen kann — Kannkaufmann.)

§ 4 behandelt die Minderkaufleute, § 5 stellt für eingetragene Firmen in Beziehung auf das Privatrecht die Rechtsvermutung auf, daß ihre Betriebe vollkaufmännische Handelsgewerbe seien. Durch § 6 werden die Handelsgesellschaften den Kaufleuten gleichgestellt; § 7 spricht den Grundsatz aus, daß öffentliche Beschränkungen in der Ausübung des Gewerbebetriebs die Geltung der privatrechtlichen Vorschriften für Kaufleute nicht beeinträchtigen.

[2]) Und zwar ohne Unterschied, ob das Gewerbe von einer natürlichen oder einer juristischen Person betrieben wird. Vor-

Als Handelsgewerbe gilt jeder Gewerbebetrieb, der eine der nachstehend bezeichneten Arten von Geschäften zum Gegenstande hat[3]):

1. die Anschaffung und Weiterveräußerung von beweglichen Sachen (Waaren) oder Werthpapieren, ohne Unterschied, ob die Waaren unverändert oder nach einer Bearbeitung oder Verarbeitung weiter veräußert werden;
2. die Uebernahme der Bearbeitung oder Verarbeitung von Waaren für Andere[4]), sofern der Betrieb über den Umfang des Handwerks hinausgeht;
3. die Uebernahme von Versicherungen gegen Prämie[5]);
4. die Bankier- und Geldwechslergeschäfte;
5. die Uebernahme der Beförderung von Gütern oder Reisenden zur See, die Geschäfte der Frachtführer oder der zur Beförderung von Personen zu Lande oder auf Binnengewässern bestimmten Anstalten[6]) sowie die Geschäfte der Schleppschiffahrtsunternehmer;
6. die Geschäfte der Kommissionäre, der Spediteure oder der Lagerhalter;
7. die Geschäfte der Handlungsagenten oder der Handelsmäkler[7]);

---

aussetzung ist das Vorliegen eines Gewerbebetriebs. Ein nicht rechtsfähiger Konsumverein, der Waren nur für den eigenen Bedarf seiner Mitglieder absetzt, ist kein Kaufmann, auch wenn er Dividenden nach dem Verhältnisse der für die Waren bezahlten Preise verteilt RGer. 17. Dezbr. 00 (E. XXI 75). Wegen Gleichstellung der Handelsgesellsch. § 6.

[3]) Ziff. 1 umfaßt den Handel im engsten Sinne, die Güterverteilung, ferner die handwerks- oder fabrikmäßig auf eigene Rechnung betriebene Bearbeitung oder Verarbeitung von Gütern. Die Be- oder Verarbeitung für Dritte fällt unter Ziff. 2. In Ziff. 3—9 sind verschiedene einzelne, nicht unter die Gruppen der Ziff. 1 u. 2 fallende Gewerbe zu Handelsgewerben erklärt. — Nicht unter Abs. 2 fallen:

a) die gewerbliche Urerzeugung, wie der Bergbau, der Betrieb von Gruben, Brüchen (Land- u. Forstwirtschaft § 3).

b) die Be- oder Verarbeitung selbstgewonnener Stoffe, weil das Selbsterzeugen keine Anschaffung (Ziff. 1) darstellt, z. B. die Verhüttung selbstgewonnener Erze, die Anfertigung von Ziegeln, Tonwaren, Steinmetzarbeiten aus selbstgewonnenen Rohstoffen. Selbstgewonnen sind auch solche Stoffe, die auf gepachtetem Grundstücke, Steinbruch u. s. w. gewonnen sind.

c) die Hineinarbeitung von Stoffen in ein Grundstück oder ein Gebäude, weil sie alsdann nicht als bewegliche Sachen veräußert werden, also das Gewerbe der Bauunternehmer und Bauhandwerker.

[4]) Die Lohnerzeugung, wie Lohnmüllerei, Lohnkämmerei u. a. m. Bei nur handwerksmäßigem Umfange sind solche Gewerbe jedoch keine Handelsgewerbe.

[5]) Versicherung auf Gegenseitigkeit ist kein Handelsgewerbe, kann ein solches auch nicht nach § 2 werden, weil dieser Betrieb kein Gewerbe ist.

[6]) Durch das Wort „Anstalten" soll ausgedrückt werden, daß nur größere Unternehmungen dieser Art Handelsgewerbe sein sollen, wie Pferde-, elektrische Eisenbahnen, Dampfschiffe, Omnibus- und Droschken-Unternehmungen, nicht aber der Betrieb einfacher Lohnkutscher.

[7]) Der Generalagent von Versicherungsgesellschaften, der außerhalb ihres Sitzes gegen den Bezug von Provisionen in selbst beschafften Geschäftsräumen mit eigenem Personal arbeitet, ist selbständiger Kaufmann, auch wenn er vertragsmäßig den Weisungen der Gesellschaftsdirektoren zu folgen und seine Tätigkeit den Gesellschaften ausschließlich zu widmen hat RGer. 18. März 01 (XXII 75) — Handelsmäkler Nr. 3 dieses Abschn. § 40.

8. die Verlagsgeschäfte sowie die sonstigen Geschäfte des Buch- oder Kunsthandels;
9. die Geschäfte der Druckereien, sofern ihr Betrieb über den Umfang des Handwerks hinausgeht.

§. 2. Ein gewerbliches Unternehmen, das nach Art und Umfang einen in kaufmännischer Weise eingerichteten Geschäftsbetrieb erfordert[8]), gilt, auch wenn die Voraussetzungen des §. 1 Abs. 2 nicht vorliegen, als Handelsgewerbe im Sinne dieses Gesetzbuchs, sofern die Firma des Unternehmers in das Handelsregister eingetragen worden ist[9]). Der Unternehmer ist verpflichtet, die Eintragung nach den für die Eintragung kaufmännischer Firmen geltenden Vorschriften herbeizuführen.

§. 3[10]). Auf den Betrieb der Land- und Forstwirthschaft finden die Vorschriften der §§. 1, 2 keine Anwendung.

Ist mit dem Betriebe der Land- oder Forstwirthschaft ein Unternehmen verbunden, das nur ein Nebengewerbe des land- oder forstwirthschaftlichen Betriebs darstellt, so findet auf dieses der §. 2 mit der Maßgabe Anwendung,

---

[8]) Ob diese Voraussetzung vorliegt, bestimmt sich nach dem einzelnen Falle. Zu den kaufmännischen Einrichtungen gehört vor allem das Führen von Büchern, ferner das Aufbewahren eingehender, das Zurückbehalten von Abschriften ausgehender Schriftstücke u. a. — Jedenfalls muß es sich um einen Gewerbebetrieb handeln, Anm. 2.

[9]) Dies bildet eine fernere notwendige Voraussetzung für die Kaufmannseigenschaft: erst mit der Eintragung entsteht in den Fällen des § 2 ein Handelsgewerbe. Beispiele eines Kaufmanns auf Grund des § 2 (Sollkaufmanns) ergeben sich aus Anm. 3 a—c. Die gewerbliche Urerzeugung, Verarbeitung selbstgewonnener Stoffe, Hineinarbeitung von Stoffen in ein Grundstück, ferner auch Leihbibliotheken, Auskunfteien, Theater sind Unternehmen, die auf Grund des § 2 Handelsgewerbe sein können. Zweifelhaft ist, ob ein Handwerksbetrieb nach § 2 ein Handelsgewerbe darstellen kann. Dagegen Vf. 6. März 01 (MB. d. H. u. G. V. 28), mit der Begründung, daß nach § 4 Handwerker ins Handelsregister nicht einzutragen sind, bei ihnen also die im § 2 geforderte Voraussetzung der Eintragung nicht vorliegen kann. Dafür RGer. 10. Dezbr. 00 (XXI 68), wo ausgeführt ist, daß § 4 auf handwerksmäßige Betriebe, die unter § 2 fallen, nicht anwendbar sei. Dabei ist betont, daß ein Handwerksbetrieb unter § 2 nur fällt, wenn er nicht allein nach seinem Umfange, sondern auch nach seiner Art kaufmännische Einrichtung erheischt, daß also ein Handwerker, dessen Geschäftsbetrieb sich trotz bedeutenden Umfangs in einfachen Formen vollzieht, nicht eintragungspflichtig sei.

[10]) Der Betrieb der Land- und Forstwirtschaft ist niemals Handelsgewerbe. Nur Nebengewerbe des land- od. forstwirtschaftlichen Betriebs können Handelsgewerbe werden, wenn sie a) unter § 1 Abs. 2 fallen, oder solche Bedeutung haben, daß § 2 auf sie anwendbar ist, und b) der Unternehmer — wozu er nicht verpflichtet ist — seine Firma eintragen läßt. Als Nebengewerbe kommen Kunstgärtnerei, Torfbereitung, Sand-, Kiesgewinnung, Tongräberei, Ziegelei und Zementfabrikation, Müllerei und Ölmüllerei, Branntweinbrennerei, Essigfabrikation, Molkerei, Holzzurichtung u. a. m. in Betracht. Nicht jedes von einem Land- oder Forstwirt betriebene Gewerbe ist ein Nebengewerbe im Sinne des § 3, sondern nur ein solches, dessen Betrieb die Gewinnung und Bearbeitung der natürlichen Bodenschätze des landwirtschaftlichen Besitztums umfaßt, dieses aber selbst dann, wenn es mehr Umsatz und mehr Erträgnis hat als der Hauptbetrieb RGer. 3. Juni 01 (XXII 82).

daß der Unternehmer berechtigt, aber nicht verpflichtet ist, die Eintragung in das Handelsregister herbeizuführen; werden in dem Nebengewerbe Geschäfte der im §. 1 bezeichneten Art geschlossen, so gilt der Betrieb dessenungeachtet nur dann als Handelsgewerbe, wenn der Unternehmer von der Befugniß, seine Firma gemäß §. 2 in das Handelsregister eintragen zu lassen, Gebrauch gemacht hat. Ist die Eintragung erfolgt, so findet eine Löschung der Firma nur nach den allgemeinen Vorschriften statt, welche für die Löschung kaufmännischer Firmen gelten[11]).

**§. 4**[12]). Die Vorschriften über die Firmen, die Handelsbücher[13]) und die Prokura finden auf Handwerker[14]) sowie auf Personen, deren Gewerbebetrieb nicht über den Umfang des Kleingewerbes hinausgeht, keine Anwendung.

Durch eine Vereinigung zum Betrieb eines Gewerbes, auf welches die bezeichneten Vorschriften keine Anwendung finden, kann eine offene Handelsgesellschaft oder eine Kommanditgesellschaft nicht begründet werden.

Die Landesregierungen sind befugt, Bestimmungen zu erlassen, durch welche die Grenze des Kleingewerbes auf der Grundlage der nach dem Geschäftsumsatze bemessenen Steuerpflicht oder in Ermangelung einer solchen Besteuerung nach anderen Merkmalen näher festgesetzt wird[15]).

**§. 5.** Ist eine Firma im Handelsregister eingetragen, so kann gegenüber demjenigen, welcher sich auf die Eintragung beruft, nicht geltend gemacht werden, daß das unter der Firma betriebene Gewerbe kein Handelsgewerbe sei oder daß es zu den im §. 4 Abs. 1 bezeichneten Betrieben gehöre[16]).

---

[11]) Nur die Eintragung, nicht die Löschung ist frei; letztere ist den allgemeinen Vorschriften unterworfen.

[12]) § 4 handelt von den sogenannten Minderkaufleuten, d. h. solchen Gewerbetreibenden, die ein Handelsgewerbe betreiben, auf die aber mit Rücksicht auf Art (Handwerker) und Umfang des Betriebs (Kleingewerbe) einzelne Bestimmungen des HGB. (die im Abs. 1 aufgeführten Vorschriften und ferner § 348, 349 und 350) keine Anwendung finden. Minderkaufleute können keine offne Handelsgesellschaft bilden Abs. 2.

[13]) Minderkaufleute sind demnach weder ins Handelsregister einzutragen noch zu kaufmännischer Buchführung verpflichtet.

[14]) Nur die unter § 1 [1] fallenden Handwerker können hierbei in Betracht kommen, also Bäcker, Fleischer, Schuhmacher, Schneider, Tischler u. s. w., die den Stoff, den sie be- oder verarbeiten, für eigene Rechnung anschaffen. Handwerker, die den ihrem Auftraggeber gehörigen Stoff gegen Lohn verarbeiten, wie Schneider, die keine Stoffe führen, Flickschuster u. a. betreiben nach § 1 [2] überhaupt kein Handelsgewerbe, sind also keine Kaufleute. Ebenso sind handwerksmäßige Drucker nach § 1 [9] keine Kaufleute, also auch keine Minderkaufleute. — Bestritten ist, ob § 4 auf Handwerker anwendbar ist, die nach dem Umfange ihres Geschäfts unter § 2 fallen könnten, vergl. Anm. 9.

[15]) Die preußische Gewerbesteuer beruht nicht auf dem Umsatze, sondern auf dem Ertrage und ergänzend auf dem Anlage- und Betriebskapital. Wegen der Schwierigkeit der Unterscheidung zwischen dem registerpflichtigen Handelsgewerbe und dem Kleingewerbe ist in Preußen von Bestimmungen bisher abgesehen. Zuständig zu ihrem Erlasse sind der Justiz- und der Handelsminister; vorher sind in der Regel die Organe des Handelsstandes gutachtlich zu hören AG. z. HGB. Art. 1; siehe Ziff. 3 dieses Abschn. Anl. B 3.

[16]) § 5 hat nur privatrechtliche Bedeutung. Wenn zum Tatbestand einer strafbaren Handlung gehört, daß der Täter Vollkaufmann ist, z. B. DepotG.

§. 6. Die in Betreff der Kaufleute gegebenen Vorschriften finden auch auf die Handelsgesellschaften[17]) Anwendung.

Die Rechte und Pflichten eines Vereins, dem das Gesetz ohne Rücksicht auf den Gegenstand des Unternehmens die Eigenschaft eines Kaufmanns beilegt, werden durch die Vorschriften des §. 4 Abs. 1 nicht berührt[18]).

§. 7. Durch die Vorschriften des öffentlichen Rechts, nach welchen die Befugniß zum Gewerbebetrieb ausgeschlossen oder von gewissen Voraussetzungen abhängig gemacht ist[19]), wird die Anwendung der die Kaufleute betreffenden Vorschriften dieses Gesetzbuchs nicht berührt.

---

## 3. Gesetz über die Handelskammern vom $\frac{\text{24. Februar 1870.}}{\text{19. August 1897.}}$

(GS. 1897 S. 355[1]).)

### Bestimmung und Errichtung der Handelskammern.

§. 1. Die Handelskammern[2]) haben die Bestimmung, die Gesammtinteressen der Handel- und Gewerbetreibenden ihres Bezirkes wahrzunehmen,

---

(Abschn. III Nr. 6) § 9—11, ist vom Strafrichter zu prüfen, ob die Eintragung zu Recht erfolgt ist. Ebenso steht dem Registerrichter die Prüfung der vorhandenen Firmen-Eintragungen auf ihre Berechtigung und die Herbeiführung der Löschung zu, wenn sich die Eintragung als zu Unrecht geschehen erweist. Auch für den Verwaltungsrichter ist die Eintragung nicht bindend OV. 9. Juni 02 (XLI 341).

[17]) Offne Handelsgesellsch. HGB. § 105 bis 160, Kommanditgesellsch. das. § 161 bis 177, Aktiengesellsch. das. § 178—319, Kommanditgesellsch. auf Aktien das. § 320 bis 334, Gesellsch. mit beschränkter Haftung, G. 20. April 92 (in neuer Fassung RGB. 98 S. 846). — Die stille Gesellsch. ist keine Handelsgesellsch., desgl. nicht die eingetragene Genossenschaft, G. 1. Mai 89 (in neuer Fass. RGB. 98 S. 810), die aber, soweit das G. keine abweichenden Vorschriften enthält, als Kaufmann gilt, das. § 17 Abs. 2.

[18]) Es sind das die Aktiengesellsch., Kommanditgesellsch. auf Aktien und Gesellsch. mit beschränkter Haftung.

[19]) Hierher gehören gewerbepolizeiliche, steuerpolizeiliche und in der Stellung der Beamten und des Militärs begründete Vorschriften.

[1]) Das G. über die Hand.-Kam. 24. Febr. 70 (GS. 134) ist durch G. 19. Aug. 97 (GS. 343) vielfach geändert und ergänzt und auf Grund der durch Art. X das. dem Min. f. H. u. G. erteilten Ermächtigung in der oben angegebenen, geänderten Gestalt in fortlaufender Paragraphenreihe neu veröffentlicht Bek. 22. Aug. 97 (GS. 355). Der letzte Absatz des § 44 ist durch G. 2. Juni 02 (GS. 161) hinzugefügt worden. — Quellen a) für G. 24. Febr. 70 AH. 68/69 Drucks. Nr. 169 (1. Entw.), Nr. 320 (1. KB.), AH. 69 Drucks. Nr. 16 (2. Entw.), Nr. 46 (2. KB.), b) für G. 19. Aug. 97 AH. 96/97 Drucks. Nr. 24 (Entw. mit Begr.) Nr. 126 (KB.) StB. 259 (1. Les.), 2934 (2. Les.), 3061 (3. Les.); c) für G. 2. Juni 02 AH. 02 Drucks. Nr. 148 (Entw. mit Begr.). StB. 5027 (1. und 2. Les.). — Bearb. Lusensky (Berlin 97), Reitz (Berlin 97).

[2]) Die Handelskammern sind aus Wahlen hervorgehende Vertretungen der Interessen des Handelsstandes in einem räumlich begrenzten Bezirke. Ursprünglich auf einzelne größere Handels- und Industrieplätze beschränkt, haben sie sich mit der zunehmenden Ausbreitung der Industrie über immer weitere Teile des Staatsgebiets ausgedehnt. Die Einrichtung krankt an der großen Verschiedenheit der Handelskammern in Beziehung auf Bedeutung und Leistungsfähigkeit. Der Versuch, durch Einteilung des ganzen Staatsgebiets in geeignete Handelskammer-Bezirke Abhilfe zu schaffen, scheiterte an der ablehnenden

insbesondere die Behörden in der Förderung des Handels und der Gewerbe durch thatsächliche Mittheilungen, Anträge und Erstattung von Gutachten zu unterstützen[3]).

---

Haltung des Hauses der Abgeordneten (1896). AH. 96 Drucks. Nr. 124 (Entw.) Nr. 249 (KB.), StB. 1867. Die Regierung beschränkte sich nach diesem Mißerfolge auf die Vorlegung der Novelle, die obigem G. zu Grunde liegt.

[3]) Neben der berichtenden und gutachtlichen Tätigkeit, die nach § 1 die Bestimmung der Handelskammern bildet, haben sie auch Verwaltungsaufgaben zu erfüllen, § 38 Abs. 2, 40—42 und Anl. B. Sie vertreten trotz ihrer Bezeichnung als Handelskammern neben dem Handel auch das Gewerbe, jedoch mit Ausschluß des durch Innungen und Handwerkskammern vertretenen Handwerks und des einer gesetzlichen Vertretung entbehrenden Kleingewerbes. — Die Handelskammern sind öffentlich rechtliche Korporationen im Sinne des ALR. II 10 § 69, OV. 21. März 90 (XIX 62). Behörden sind sie nicht; sie dürfen das Prädikat Königlich nicht führen und ihre Schreiben nicht als portopflichtige Dienstsachen absenden. Ihre Ausfertigungen sind, weil sie keine behördlichen Ausfertigungen sind, befreit von dem Stempel der Tarifstelle 10 des StempelG. 31. Juli 95 (GS. 413) Vf. 19. Nov. 97. In manchen Beziehungen sind sie den Behörden gleichgestellt; sie sind von der Erhebung eines Pauschquantums als Kosten des Verwaltungsstreitverfahrens befreit, LVG. § 107[1], OV. 22. Juni 85 (XII 355), und erhalten die mit der Bescheinigung der Richtigkeit versehenen Auszüge aus den Gewerbesteuerlisten (§ 27) stempelfrei, weil Tarifstelle 11 des StempelG. nur für Privatpersonen gilt. — Zur Erstattung von Gutachten an Privatpersonen z. B. über Handelsgebräuche sind die Handelskammern nicht verpflichtet Vf. 17. Jan. 02 (MB. d. H. u. G. V. 43). Dagegen haben sie solche Gutachten auf Ersuchen der Gerichte abzugeben und zu diesem Behufe, wenn die eigene Wissenschaft der Mitglieder nicht ausreicht, Ermittelungen, namentlich bei den zu ihrem Bezirk gehörigen Kaufleuten, anzustellen. — Der Umfang, in dem in den Handelskammern Gütererzeugung und Güterverteilung vertreten sind, ist in einer Übersicht nachgewiesen, die im MB. d. H. u. G. V. 03 als Beilage zu Stück 4 veröffentlicht ist. Nach dem Stande vom 1. Sept. 02 betrug die Zahl der ordentlichen Mitglieder der bestehenden 83 Handelskammern 1833. Hiervon entfielen auf die Gütererzeugung 1038 und auf die Güterverteilung, einschließlich der Bankier-, Versicherungs-, Transport- und sonstigen Hilfsgewerbe des Handels, 752. Von den, beiden Gruppen angehörenden 149 o. Mitgliedern sind je nach dem Maß der stärkeren Beteiligung 65 der Gütererzeugung, 84 der Güterverteilung zugezählt.

43 Stellen waren unbesetzt. Von den der Gütererzeugung angehörenden 1038 Betrieben waren veranlagt:

565 in der Gewerbesteuerklasse I,
271 in der Gewerbesteuerklasse II,
194 in der Gewerbesteuerklasse III,
8 in der Gewerbesteuerklasse IV.

Von den 752 Betrieben der Güterverteilung waren veranlagt:

213 in der Gewerbesteuerklasse I,
171 in der Gewerbesteuerklasse II,
323 in der Gewerbesteuerklasse III,
45 in der Gewerbesteuerklasse IV.

Bei 53 Handelskammern zeigte sich in der Zusammensetzung ein Überwiegen der Gütererzeugung, bei 26 ein Überwiegen der Güterverteilung. In 4 Handelskammern waren die unterschiedenen Berufsstände gleichstark vertreten.

Die Zahl der Vorstandsmitglieder der bestehenden 7 kaufmännischen Korporationen betrug insgesamt 111. Davon entfielen 29 auf die Gütererzeugung, 75 auf die Güterverteilung. Beiden Gruppen gehörten 13 an. Davon sind je nach dem Maß der stärkeren Beteiligung 7 der Gütererzeugung, 6 der Güterverteilung zugezählt.

4 Vorstandsmitglieder hatten ihre frühere gewerbliche Tätigkeit aufgegeben. 3 Stellen waren unbesetzt. Von den der Gütererzeugung angehörenden 29 Betrieben waren veranlagt:

16 in der Gewerbesteuerklasse I,
8 in der Gewerbesteuerklasse II,
4 in der Gewerbesteuerklasse III,
1 in der Gewerbesteuerklasse IV.

§. 2. Die Errichtung einer Handelskammer unterliegt der Genehmigung des Ministers für Handel und Gewerbe[4]).

Bei Ertheilung dieser Genehmigung wird zugleich über die Zahl der Mitglieder und, wenn die Errichtung für einen über mehrere Orte sich erstreckenden Bezirk erfolgt, über den Sitz der Handelskammer Bestimmung getroffen.

### Wahlberechtigung und Wählbarkeit.

§. 3. Die Mitglieder der Handelskammer werden gewählt.

Berechtigt, an der Wahl Theil zu nehmen, und verpflichtet, zu den Kosten der Handelskammer beizutragen sind, sofern sie zur Gewerbesteuer veranlagt sind[5]):

1. diejenigen Kaufleute (natürliche und juristische Personen), die als Inhaber einer Firma in einem der für den Bezirk der Handelskammer geführten Handelsregister eingetragen stehen[6]);
2. diejenigen ein Handelsgewerbe treibenden Gesellschaften und Genossenschaften, die in einem der Handels- oder Genossenschaftsregister des Handelskammerbezirks eingetragen stehen[7]);
3. die im Bezirke der Handelskammer den Bergbau treibenden Alleineigenthümer oder Pächter eines Bergwerks, Gewerkschaften oder

---

Von den der Güterverteilung zugezählten 75 Betrieben waren veranlagt:
37 in der Gewerbesteuerklasse I,
19 in der Gewerbesteuerklasse II,
15 in der Gewerbesteuerklasse III,
3 in der Gewerbesteuerklasse IV.
1 gewerbesteuerfrei.

Bei 6 Korporationen zeigte sich ein Überwiegen der Güterverteilung, bei 1 Korporation waren die beiden unterschiedenen Berufsstände gleichstark vertreten.

[4]) Voraussetzung ist ein stärker hervortretender Wunsch der beteiligten Kreise und die Aussicht auf eine ersprießliche Tätigkeit bei entsprechender gewerblicher Entwickelung und finanzieller Leistungsfähigkeit. Die finanzielle Leistungsfähigkeit wird nach mehrfachen ministeriellen Entscheidungen in der Regel nur angenommen, wenn die den Zuschlägen der Kammer unterworfene Gewerbesteuer mindestens 100000 Mark beträgt. — Jede Erweiterung oder Änderung der Bezirksgrenzen und Vermehrung der Mitglieder bedarf ebenfalls ministerieller Genehmigung. — Die Zahl der HK. beträgt zur Zeit 83, neben 7 kaufmännischen Korporationen (§ 44). Übersicht Anlage A.

[5]) Nach GewSteuerG. 24. Juni 91 (GS. 205), ergänzt durch KomAbgG. 14. Juli 93 (GS. 152) § 28, 30, 32.

[6]) Begriff des Kaufmanns Ziff. 2 dies. Abschn. — Nur der eingetragene Kaufmann ist wahlberechtigt und beitragspflichtig. Ist die Eintragung, wenn auch zu Unrecht unterblieben, so kann die Handelskammer keine Beiträge fordern, auch nicht auf Grund der Ziff. 4, OV. 22. März 02 (XLI 337). Sie muß vielmehr zunächst beim Registerrichter die Eintragung herbeiführen Anl. B 5. — Nur der eingetragene Kaufmann ist wahlberechtigt und beitragspflichtig, nicht ein auf Grund HGB. § 2 (s. Ziff. 2 dies. Abschn.) eingetragener Handwerker. Ob der Eingetragene Kaufmann ist, hat die Handelskammer zu prüfen OV. 9. Juni 02 (XLI 341). — Bei Eintragung in den Handelsregistern verschiedener Handelskammer-Bezirke ist der Kaufmann für jede dieser Kammern wahlberechtigt und beitragspflichtig, auch dort, wo nur eine Zweigniederlassung eingetragen ist.

[7]) Handelsgesellsch. Ziff. 2 dies. Abschn. Anm. 17; Genossenschaften 1. Mai 89 (neue Fassung RGB. 98 S. 810). — Voraussetzung ist der Betrieb eines Handelsgewerbes, Ziff. 2 dies. Abschn.

Gesellschaften, auch wenn sie nicht im Handels- oder Genossenschaftsregister eingetragen stehen[8]);

4. die Besitzer von im Handelskammerbezirk belegenen Betriebsstätten, welche zu einem außerhalb dieses Bezirkes bestehenden, im Handelsregister eingetragenen Unternehmen gehören, auch wenn die Betriebsstätten nicht im Handelsregister eingetragen stehen, sofern dieselben nach Art und Umfang einen in kaufmännischer Weise eingerichteten Geschäftsbetrieb erfordern[9]).

Von Wahlrecht und Beitragspflicht sind ausgeschlossen:

a) die Reichs- und Staatsbetriebe;

b) die mit einem land- und forstwirthschaftlichen Betriebe verbundenen Nebengewerbe;

c) die landwirthschaftlichen und Handwerksgenossenschaften,

die zu b und c Genannten, sofern nicht die Zulassung von ihnen beantragt wird[10]).

§. 4. Die Handelskammer kann beschließen, daß Wahlrecht und Beitragspflicht außer von den Erfordernissen des §. 3 von der Veranlagung in einer bestimmten Klasse oder zu einem bestimmten Satze der Gewerbesteuer bedingt sein soll. Der Beschluß unterliegt der Genehmigung des Ministers für Handel und Gewerbe[11]).

---

[8]) BergG. 24. Juni 65 (GS. 705) nebst den Sonderbestimmungen für einzelne Landesteile, BergG. § 210, § 211 a—c in Fassung v. 8. April 94 (GS. 41), G. 22. Febr. 69 (GS. 401), V. 8. Mai 67, Art. XII (GS. 601) und das für den Kalisalzbergbau wichtige G. 14. Juli 95 (GS. 295). Nach HGB. § 2 sind die Bergbau-Unternehmer übrigens in der Regel ohnehin zur Eintragung ins Handelsregister verpflichtet, Ziff. 2 dies. Abschn. Für Bergwerksgesellschaften besteht die Eintragungspflicht nicht, außer wenn sie die Rechte einer juristischen Person haben, EG. z. HGB. Art. 5. — Die Gewerkschaften bilden eine besondere, nur im Bergbau zugelassene Gesellschaftsform; ein Zwang, diese Form zu wählen, besteht nicht, sondern Bergbau treibende Gesellschaften können auch in anderer Form organisiert werden; häufig sind insbesondere Aktiengesellschaften.

[9]) Die Bestimmung bezieht sich nur auf Betriebsstätten, die der für Zweigniederlassungen nach HGB. § 13 erforderlichen Selbständigkeit hinsichtlich der Betriebsleitung entbehren, nicht auch auf Zweigniederlassungen, für die Ziff. 1 maßgebend ist. Für das Erfordernis eines in kaufmännischer Weise eingerichteten Geschäftsbetriebs kommt es allein darauf an, ob nach Art und Umfang der gewerblichen Tätigkeit an der Betriebsstätte — d. h. darnach, wie sich hier die gewerbliche Tätigkeit tatsächlich vollzieht, — ein kaufmännisch eingerichteter Geschäftsbetrieb erforderlich war und deshalb hätte eingerichtet werden müssen, wenn die Betriebsstätte als eine selbständige Unternehmung bestanden hätte. Ob ein in kaufmännischer Weise eingerichteter Geschäftsbetrieb erforderlich ist, kann unter Umständen aus der Höhe der veranlagten Gewerbesteuer und dem ermittelten Anteil der Betriebsstätte gefolgert werden OV. 25. April 01 (XXXIX 302).

[10]) Voraussetzung ist, daß die Betriebe den Anforderungen des Abs. 2 entsprechen, also zur Gewerbesteuer veranlagt und ins Handels- oder Genossenschaftsregister eingetragen sind, für die unter c) aufgeführten überdies, daß sie ein Handelsgewerbe betreiben.

[11]) Die Genehmigung soll bei Anwendung des allgemeinen gleichen Wahlrechts in der Regel, bei den andern, nach

**§. 5.** Befähigt, die Wahlstimme abzugeben, sind Personen, die im Besitze der bürgerlichen Ehrenrechte sind, weder unter Vormundschaft noch unter Pflegschaft stehen und nicht gemäß §. 9 vom Wahlrechte ausgeschlossen sind[12]).

Wahlberechtigte Personen, die hiernach zur Abgabe des Wahlstimme befähigt sind, üben das Wahlrecht persönlich aus. Eine Vertretung bei den Wahlen findet statt:

1. für offene Handelsgesellschaften durch einen zur Vertretung befugten Gesellschafter, für andere wahlberechtigte Gesellschaften, Gewerkschaften und juristische Personen durch einen ihrer gesetzlichen Vertreter und, wenn sie einen solchen nicht haben, durch ein Vorstandsmitglied[13]);
2. für Personen weiblichen Geschlechts, für Personen, die unter Vormundschaft oder Pflegschaft stehen, und für Zweigniederlassungen und Betriebsstätten (§. 3 Ziffer 4), die einem Handelskammerbezirke, in dem ihre Hauptniederlassung nicht belegen ist, angehören, und nicht von einer nach den vorstehenden Bestimmungen wahlberechtigten Person geleitet werden, durch einen im Handelsregister eingetragenen Prokuristen[14]) oder wenn sie einen solchen nicht haben, durch einen besonders bestellten Bevollmächtigten.

Die Handelskammer kann beschließen, daß bei den Wahlen die Vertretung durch einen in das Handelsregister eingetragenen Prokuristen allgemein zugelassen werde. Sie hat in diesem Falle auch die zur Ausführung dieses Beschlusses etwa erforderlichen Bestimmungen, namentlich über die Legitimation des die Wahlstimme abgebenden Prokuristen zu treffen.

---

§ 10 zugelassenen Wahlsystemen nur ausnahmsweise erteilt werden, weil bei diesen das zahlenmäßige Übergewicht der kleineren Betriebe einer angemessenen Vertretung der größeren Betriebe nicht entgegensteht Vf. 31. Aug. 97. — Der Beschluß kann sich auf einzelne räumlich begrenzte Teile des Kammerbezirks beschränken, auch kann der Steuersatz für die einzelnen Teile verschieden bemessen werden.

[12]) Verlust der bürgerlichen Ehrenrechte StGB. § 32. Einen Vormund erhalten Minderjährige, die nicht unter elterlicher Gewalt stehen oder deren Eltern zu ihrer Vertretung nicht berechtigt sind BGB. § 1713, Volljährige, d. h. über 25 Jahr alte Personen oder jüngere, mindestens aber 18 Jahre alte, durch das Vormundschaftsgericht für volljährig erklärte BGB. § 2 u. 3, sofern sie wegen Geisteskrankheit, Geistesschwäche, Verschwendung oder Trunkenheit (das. § 6) entmündigt sind, § 1896. — Pflegschaft BGB. § 1909. — Weibliche Personen sind nicht wahlfähig. — Deutsche Staatsangehörigkeit und Wohnsitz im Handelskammer-Bezirke sind zur Ausübung des Wahlrechts nicht erforderlich.

[13]) Gesetzliche Vertreter für Kommanditgesellsch. und Kommanditgesellsch. auf Aktien sind die persönlich haftenden Gesellschafter, für Aktiengesellsch. und eingetragene Genossensch. die Mitglieder des Vorstandes, für Gesellsch. mit beschränkter Haftung die Geschäftsführer, für Gewerkschaften der Repräsentant oder die Mitglieder des Grubenvorstandes, für juristische Personen des Bürgerlichen Rechts (rechtsfähige Vereine und Stiftungen) ein Mitglied des Vorstandes BGB § 26, 86.

[14]) Bei Gesamtprokura (HGB. § 48) ist jeder der Prokuristen allein zur Stimmabgabe befugt.

§. 6. Wer nach vorstehenden Bestimmungen (§§. 3 bis 5) in demselben Handelskammerbezirke mehrfach stimmberechtigt ist, darf gleichwohl nur eine Wahlstimme abgeben und hat sich, wenn er gleichzeitig in mehreren Wahlkreisen des Handelskammerbezirks (§. 10) stimmberechtigt ist, vor Ablauf der zu Einwendungen gegen die Wählerliste bestimmten Frist (§. 11) zu erklären, in welchem Wahlkreise er seine Stimme ausüben will.

§. 7. Zu Mitgliedern der Handelskammer wählbar sind deutsche Staatsangehörige, die mindestens 25 Jahre alt und nach den §§. 3 bis 5 zur Abgabe der Wahlstimme befähigt sind, jedoch mit Ausnahme der nach §. 5 Absatz 2 Ziffer 2 besonders bestellten Bevollmächtigten. Mehr als der vierte Theil der Mitglieder der Handelskammer darf nicht aus den im §. 5 Absatz 3 genannten Personen bestehen[15]).

Mehrere Vertreter derselben Gesellschaft, Gewerkschaft oder juristischen Person (Gesellschafter, gesetzliche Vertreter, Vorstandsmitglieder, Prokuristen) dürfen nicht gleichzeitig Mitglieder derselben Handelskammer sein.

§. 8. Die Handelskammer kann Personen, die nach §. 7 zu Mitgliedern der Handelskammer gewählt werden konnten, aber ihre die Wählbarkeit begründende Thätigkeit oder Stellung aufgegeben haben, über die nach §. 2 festgestellte Zahl der Mitglieder hinaus zuwählen.

Die Zuwahl erfolgt auf drei Jahre.

Die Zahl dieser Mitglieder darf den zehnten Theil der Mitglieder der Handelskammer nicht übersteigen.

§. 9. Diejenigen, über deren Vermögen der Konkurs eröffnet ist, sind bis nach Abschluß dieses Verfahrens, und diejenigen, welche ihre Zahlungen eingestellt haben, während der Dauer der Zahlungseinstellung weder wahlberechtigt noch wählbar[16]).

### Wahlverfahren.

§. 10. Die Handelskammer kann durch Statut beschließen, daß die Wahlen nach Abtheilungen der Wahlberechtigten vorzunehmen sind, sowie daß eine Abstufung des Wahlrechts nach der Höhe der Handelskammerbeiträge

---

[15]) Prokuristen, die zur Abgabe der Wahlstimmen auf Grund des § 5 Abs. 2 Ziff. 2 befähigt sind, sind hiernach, unter Voraussetzung deutscher Staatsangehörigkeit und eines Alters von mindestens 25 Jahren, unbeschränkt, andere eingetragene Prokuristen nur dann wählbar, wenn die Handelskammer ihre Zulassung zur Stimmabgabe gemäß § 5 Abs. 3 beschlossen hat, und mit der Beschränkung, daß sie nicht mehr als den vierten Teil der Kammermitglieder bilden dürfen.

[16]) Der Abschluß des Konk.-Verfahrens tritt ein durch Aufhebungsbeschluß des Gerichts nach Schlußverteilung und Schlußtermin KonkO § 163 oder nach rechtskräftiger Bestätigung eines Zwangsvergleichs § 190, ferner durch Einstellungsbeschluß auf Antrag des Gemeinschuldners, § 202 oder mangels einer den Kosten des Verfahrens entsprechenden Konkursmasse § 208. — Ob Zahlungseinstellung vorliegt, ist Tatfrage. — Die Handelskammer hat die im § 9 Hand.-Kammer-G. bezeichneten Personen in der Wählerliste zu streichen und, wenn sie gewählt sind, die Wahl für ungiltig zu erklären das. § 15. Gerät ein Mitglied der Kammer in Konkurs, so erlischt seine Mitgliedschaft § 18.

stattfindet, oder daß die Wahlen durch alle Wahlberechtigten mit gleichem Rechte erfolgen[17]). Für die Ausführung der Wahlen können engere Wahlbezirke gebildet werden[18]). In dem Statute sind zugleich die zur Ausführung der Beschlüsse erforderlichen Bestimmungen zu treffen, insbesondere über die Abgrenzung der Wahlbezirke und Wahlabtheilungen und die Vertheilung der Mitglieder der Handelskammer auf die Wahlbezirke und Wahlabtheilungen, sowie über den bei Abstufungen des Wahlrechts anzuwendenden Maßstab.

Das Statut unterliegt der Genehmigung des Ministers für Handel und Gewerbe.

So lange ein solches Statut nicht erlassen ist, erfolgen die Wahlen zur Handelskammer in der Weise, daß die nach §. 3 Wahlberechtigten unter Zugrundelegung des Ergebnisses ihrer Veranlagung zur Gewerbesteuer in drei Abtheilungen getheilt werden, deren jede ein Drittel der Kammermitglieder wählt. Innerhalb der Wahlabtheilungen können mit Genehmigung des Ministers für Handel und Gewerbe Wahlbezirke gebildet werden[19]).

---

[17]) Das G. gestattet drei Wahlarten: a) Wahl nach Abteilungen, b) Abstufung des Wahlrechts nach der Höhe der Beiträge, c) allgemeines, gleiches Wahlrecht. Wahlabteilungen können auf Grund der Gewerbesteuer oder der Handelskammer-Beiträge, aber auch nach dem Betriebsumfange oder nach Betriebszweigen gebildet werden. Fast alle Handelskammern haben Wahlstatute erlassen. Die meisten haben an dem allgemeinen, gleichen Wahlrecht, das vor der Novelle das gesetzliche und allein zulässige System war, festgehalten. Häufig ist ferner durch Wahlstatut die Wahl nach Abteilungen auf der Grundlage der Gewerbesteuer vorgesehen. In Frankfurt a. M. werden Abteilungen nach Umfang und Art der Betriebe gebildet (Wahlabteilung der Bank- und Börseninteressenten, des Großhandels und der Großindustrie und des Kleinhandels und Kleingewerbes). Nur vereinzelt findet sich die Abstufung des Wahlrechts nach der Höhe der Beiträge. — Auch Verbindungen der verschiedenen Wahlarten kommen vor; so kommt in einzelnen Wahlbezirken das allgemeine, gleiche Wahlrecht zur Anwendung, während in anderen Bezirken derselben Kammer Wahlabteilungen auf Grund der Gewerbesteuer gebildet sind. — Das passive Wahlrecht kann durch das Wahlstatut nicht beschränkt werden, demzufolge darf nicht bestimmt werden, daß von den Wahlabteilungen oder Wahlbezirken nur Personen gewählt werden können, die darin Wähler sind, oder die einen bestimmten Wohnsitz haben oder einen bestimmten Gewerbezweig vertreten oder einer bestimmten Gewerbesteuerklasse angehören; jede nach § 7 wählbare Person ist vielmehr uneingeschränkt in jeder Wahlabteilung und jedem Wahlbezirke wählbar. Ein Schema für die statutarische Regelung, das den meisten Statuten zugrunde gelegt ist, findet sich bei Lusensky (Anm. 1).

[18]) Dieses sind örtlich abgegrenzte Teile des Kammerbezirks. Bei der durch Wahlstatut begründeten Wahl nach Abteilungen ist es sowohl zulässig, den Handelskammerbezirk in Wahlbezirke zu zerlegen und dann innerhalb der Wahlbezirke Abteilungen zu bilden als auch für den ganzen Kammerbezirk Abteilungen zu bilden und für die einzelnen Abteilungen Wahlbezirke einzurichten. — Der im G. bisweilen vorkommende Ausdruck Wahlkreis deckt sich mit Wahlbezirk.

[19]) Nachdem fast alle Kammern Wahlstatuten erlassen haben, hat Abs. 3 hauptsächlich für neu errichtete Kammern Bedeutung. — Örtliche Wahlbezirke können nur innerhalb der drei Wahlabteilungen gebildet werden; dagegen ist es, ohne Erlaß eines Statuts (Anm. 18) nicht zulässig, den Kammerbezirk in Wahlbezirke zu zerlegen und die Abteilungen für die Wahlbezirke zu bilden. Die Bildung von Wahlbezirken geschieht für bestehende

§. 11. Zur Vorbereitung der Wahlen stellt die Handelskammer eine Liste der Wahlberechtigten auf, die eine Woche lang öffentlich auszulegen ist[20]). Hat die Wahl nach Wahlbezirken oder Wahlabtheilungen zu erfolgen, so ist für jeden Wahlbezirk und für jede Wahlabtheilung eine besondere Liste aufzustellen und auszulegen.

Die Handelskammer macht Ort und Zeit der Auslegung mit dem Hinzufügen bekannt, daß Einwendungen gegen die Liste innerhalb einer Woche nach beendeter Auslegung bei ihr anzubringen seien.

Nach Ablauf dieser Frist beschließt sie über die erhobenen Einwendungen und stellt die Wahlliste fest. Gegen den Beschluß[21]) findet innerhalb zwei Wochen die Beschwerde beim Regierungspräsidenten statt. Dieser entscheidet endgültig.

In Wahlbezirken, für welche eine Handelskammer noch nicht vorhanden ist, werden die der Handelskammer durch Absatz 1 bis 3 zugewiesenen Aufgaben von dem Regierungspräsidenten wahrgenommen.

§. 12. Nach erfolgter Feststellung der Wählerliste hat für jeden Wahlbezirk bei Einrichtung der Handelskammer ein von dem Regierungspräsidenten, sonst ein von der Handelskammer aus der Zahl ihrer Mitglieder zu ernennender Kommissarius den Wahltermin zu bestimmen und öffentlich bekannt zu machen.

§. 13. In der Wahlversammlung führt der ernannte Kommissarius (§. 12) den Vorsitz. Es wird ein Wahlvorstand gebildet. Zu demselben gehören, außer dem Vorsitzenden, ein Stimmensammler und ein Schriftführer, welche von den anwesenden Wahlberechtigten aus ihrer Mitte gewählt werden.

§. 14. Die Wahl[22]) erfolgt nach absoluter Stimmenmehrheit durch geheime Abstimmung mittelst Stimmzettel, welche, außer den im §. 5 erwähnten Fällen, von den Stimmberechtigten persönlich abzugeben sind. Bei Stimmengleichheit entscheidet das Loos. Ergiebt sich bei einer Wahl in der ersten Abstimmung weder eine absolute Stimmenmehrheit noch Stimmengleichheit, so werden diejenigen, welche die meisten Stimmen erhalten haben, in

---

Kammern durch Beschluß der Kammer unter ministerieller Genehmigung, für neu errichtete durch Anordnung des Ministers. — Im Falle des Abs. 3 sind alle nach § 3 Wahlberechtigten in die drei Abteilungen zu verteilen; ein einschränkender Beschluß gemäß § 4 darf nicht berücksichtigt werden.

[20]) Als Unterlagen für die Wählerliste dienen die Gewerbesteuerlisten (§ 27) und die Eintragungen im Handelsregister. — Mit Rücksicht auf die in Abs. 1—3 gesetzten Fristen muß die Auslegung der Liste etwa 2 Monate vor dem Wahltermine beginnen. — Sie geschieht zweckmäßig im Bureau der Handelskammer, für die Außenbezirke auf dem Landratsamt oder der Bürgermeisterei.

[21]) Dieser ist schriftlich abzufassen und dem Einsprechenden zu behändigen. Die Beschwerdefrist beginnt mit der Zustellung.

[22]) Alle von demselben Wahlbezirk und derselben Wahlabteilung zu vollziehenden Wahlen — außer den Ersatzwahlen des § 17 und den Wahlen der Stellvertreter § 22 — erfolgen in einem gemeinsamen Wahlgange, sei es daß jeder Wähler soviele mit je einem Namen zu beschreibende Stimmzettel abgibt als Mitglieder zu wählen sind, oder daß eine entsprechende Zahl von Namen auf einem Stimmzettel verzeichnet wird.

doppelter Anzahl der zu Wählenden auf die engere Wahl gebracht[23]). Falls mehr Personen, als die doppelte Anzahl der zu Wählenden, die relativ meisten Stimmen erhalten, entscheidet bei Feststellung der Liste der auf die engere Wahl zu Bringenden, unter denen, welche gleich viele Stimmen haben, das Loos. Ueber die Gültigkeit der Wahlzettel entscheidet der Wahlvorstand. Das Wahlprotokoll ist von dem Wahlvorstande zu unterzeichnen.

Durch ein der Genehmigung des Ministers für Handel und Gewerbe unterliegendes Statut kann ein von den Bestimmungen des Absatzes 1 abweichendes Wahlverfahren beschlossen werden[24]).

**§. 15.** Die Handelskammer hat das Ergebniß der Wahl öffentlich bekannt zu machen.

Einsprüche gegen die Wahl sind innerhalb zweier Wochen bei der Handelskammer anzubringen, der die Beschlußfassung zusteht, und die im Uebrigen die Legitimation ihrer Mitglieder von Amtswegen prüft und darüber beschließt[25]).

Gegen die Beschlüsse der Handelskammer findet innerhalb zweier Wochen die Klage beim Bezirksausschusse statt, gegen dessen Endurtheil nur das Rechtsmittel der Revision zulässig ist[26]).

### Dauer der Funktion und Wechsel der Mitglieder.

**§. 16.** Die Mitglieder der Handelskammer werden auf sechs Jahre gewählt. Alle zwei Jahre scheidet ein Dritttheil aus und wird durch neue Wahlen (Ergänzungswahlen) ersetzt. Soweit die Zahl der Mitglieder nicht durch drei theilbar ist, bestimmt die Handelskammer, bei welchen Ergänzungs-

[23]) Zur engern Wahl sind alle Wähler zuzulassen, nicht etwa nur die zum ersten Wahlgang erschienenen OV. 17. Okt. 89 (XVIII 331). Auch derjenige darf nicht ausgeschlossen werden, der in der Wahlversammlung erklärt hat, nicht stimmen zu wollen OV. 22. Okt. 96 (XXII 340).

[24]) Folgende Abweichungen kommen hauptsächlich in Betracht: relative statt der für den ersten Wahlgang vorgesehenen absoluten Mehrheit, öffentliche Abstimmung (durch Benennung der Kandidaten zu Protokoll), Übersendung der Stimmzettel statt persönlicher Abgabe. Über die Zulässigkeit brieflicher Stimmenabgabe Vf. 9. Jan. 02 (MB. d. H. u. G. V. 30). Auch die Wahl durch Zuruf ist zulässig, zur Sicherung des Ergebnisses jedoch zweckmäßig davon abhängig zu machen, daß kein Widerspruch gegen dieses Verfahren erhoben wird.

[25]) Der Einspruch kann auf Mängel in der Person des Gewählten (§ 7) oder im Wahlverfahren (Unrichtigkeit der Wählerliste, Fehler bei der Auslosung der ausscheidenden Mitglieder, Fehler bei der Wahlhandlung) gegründet werden OV. 23. Jan. 01 (XXXVIII 302). Auch ohne Einsprüche kann die Handelskammer eine Wahl beanstanden. — Jeder Wahlberechtigte ist zur Einspruchs-Erhebung befugt.

[26]) Zur Klage zugelassen sind Einsprechende, deren Einspruch ganz oder teilweise zurückgewiesen ist, und diejenigen Gewählten, deren Wahl für ungültig erklärt ist. Die Klage wird im Verwaltungsstreitverfahren verhandelt (LVG. § 161 ff.). Die Revision geht an das Oberverwaltungsgericht. Revisionsgründe: Nichtanwendung oder unrichtige Anwendung des bestehenden Rechts oder wesentliche Mängel des Verfahrens (LVG. § 94). — Die die Wahl anfechtende Klage ist nicht nur gegen die Handelskammer, sondern auch gegen die Mitglieder zu richten, deren Wahl angefochten wird. Ist das unterlassen, so kann der Mangel durch Beiladung dieser Mitglieder (LVG. § 70) behoben werden. Eine Entscheidung, die ohne deren Be-

wahlen die übrig bleibende Zahl der Mitglieder durch Neuwahl zu ersetzen ist. Die Handelskammer hat ferner, wenn die Wahlen nach Wahlabtheilungen oder Wahlbezirken erfolgen, die ausscheidenden Mitglieder auf die Abtheilungen oder Bezirke angemessen zu vertheilen.

Die das erste und das zweite Mal Ausscheidenden werden durch das Loos bestimmt[27]).

Die Ergänzungswahlen finden vor Schluß des Kalenderjahres statt. Die Gewählten beginnen ihre Thätigkeit mit dem Beginne des folgenden Jahres. Die Ausscheidenden können wieder gewählt werden. Sie bleiben im Amte, bis die Neugewählten die Geschäfte übernommen haben.

**§. 17.** Wahlen zum Ersatze von Mitgliedern[28]), die außerhalb der regelmäßigen Ergänzung der Handelskammer ausgeschieden sind (Ersatzwahlen), werden im Anschlusse an die nächsten Ergänzungswahlen vollzogen.

Sie sind schon vorher zu vollziehen, wenn der Minister für Handel und Gewerbe oder die Handelskammer es für erforderlich erachtet, und können alsdann unter Zugrundelegung der bei der letzten Ergänzungswahl festgestellten Liste der Wahlberechtigten vollzogen werden.

Der Ersatzmann bleibt bis zum Ende derjenigen Wahlperiode in Thätigkeit, für welche der Ausgeschiedene gewählt war.

Die Wahl jedes Ersatzmannes erfolgt in einem besonderen Wahlgange; nur wenn mehrere Ersatzmänner für eine gleiche Wahlperiode von derselben Wahlabtheilung oder demselben Wahlbezirke zu wählen sind, erfolgt die Wahl in einem gemeinsamen Wahlgange[29]).

**§. 18.** Jeder in der Person eines Mitgliedes eintretende Umstand, welcher dasselbe, wenn er vor der Wahl vorhanden gewesen wäre, von der Wählbarkeit

---

teiligung die Ungültigkeit der Wahlen ausspricht, unterliegt der Aufhebung OV. 14. Mai 03.

[27]) Die Vorschrift enthält zwingendes Recht; ihre Verletzung bewirkt die Ungültigkeit der daraufhin vorgenommenen Wahlen. Mängel des bei der Auslosung beobachteten Verfahrens sind mittelst Einspruchs gegen die Wahl, § 15 Abs. 2, geltend zu machen OV. 23. Jan. 01 (XXXVIII 301). — Durch die Auslosung sollen die Mitgliedstellen auf die drei sich nach Abs. 1 ergebenden Wahlperioden planmäßig verteilt werden, ohne Rücksicht auf etwaige in der Besetzung der Mitgliedstellen zwischenzeitig eingetretene Veränderungen Vf. 8. Okt. 01 (MB. d. H. u. G. V. 282).

[28]) Ersatzwahlen werden erforderlich, wenn ein Mitglied vor Ablauf seiner Wahlperiode stirbt oder seine Stelle freiwillig niederlegt oder auf Grund des § 18 oder 19 ausscheidet. Auch erneute Wahlen infolge der Ablehnung oder Ungiltigkeitserklärung einer Wahl sind Ersatzwahlen. — Ersatzwahlen können erst nach endgiltiger Erledigung einer Mitgliedsstelle vorgenommen werden, bei Ungiltigkeitserklärung einer Wahl und in den Fällen des § 18 und 19, also erst nachdem die Entscheidung rechtskräftig geworden ist.

[29]) Diese Bestimmung ist darin begründet, daß die Ersatzwahlen für einen anderen, kürzeren Zeitraum als die Ergänzungswahlen vollzogen werden. Es steht aber nichts im Wege, Ergänzungs- und Ersatzwahlen so zu verbinden, daß die Wähler gleichzeitig zwei Stimmzettel, einen für die Ergänzungs-, den andern für die Ersatzwahlen abgeben, die alsdann in verschiedene Wahlurnen zu legen sind Vf. 18. Oktbr. 97.

ausgeschlossen haben würde, hat das Erlöschen der Mitgliedschaft zur Folge[30]. Die Beschlußfassung hierüber steht der Handelskammer zu.

§. 19. Die Handelskammer kann ein Mitglied, welches nach ihrem Urteile durch seine Handlungsweise die öffentliche Achtung verloren hat, nach Anhörung desselben durch einen mit einer Mehrheit von wenigstens zwei Dritteilen ihrer Mitglieder zu fassenden Beschluß aus ihrer Mitte entfernen.

§. 20. In derselben Art (§. 19) kann die Handelskammer ein Mitglied, gegen welches ein gerichtliches Strafverfahren eröffnet wird, bis nach Abschluß desselben, von seinen Funktionen vorläufig entheben[31]).

§. 21. Gegen die nach Maßgabe der §§. 18 bis 20 gefaßten Beschlüsse der Handelskammer findet innerhalb zweier Wochen die Klage beim Bezirksausschusse statt, gegen dessen Endurtheil nur das Rechtsmittel der Revision zulässig ist.

§. 22. Die Handelskammer kann beschließen, daß neben den Mitgliedern Stellvertreter gewählt werden[32]). In dem Beschlusse ist über die Zahl der Stellvertreter, über ihre Vertheilung auf Wahlbezirke oder Wahlabtheilungen und über die Voraussetzungen, unter denen sie in Thätigkeit treten, Bestimmung zu treffen. Im Uebrigen finden auf die Stellvertreter die für Mitglieder geltenden Bestimmungen entsprechende Anwendung.

## Kostenaufwand.

§. 23. Die Handelskammer beschließt über den zur Erfüllung ihrer gesetzlichen Aufgabe erforderlichen Kostenaufwand und ordnet ihr Kassen- und Rechnungswesen selbständig.

Sie nimmt die von ihr für erforderlich erachteten Arbeitskräfte[33]) an, setzt die Vergütungen für dieselben fest und beschafft die nöthigen Räumlichkeiten.

---

[30]) Also Verlust der deutschen Staatsangehörigkeit (§ 6), Aberkennung der bürgerlichen Ehrenrechte oder Stellung unter Vormundschaft (§ 5), Konkurs oder Zahlungsunfähigkeit (§ 9), Ausscheiden aus der das Wahlrecht begründenden Tätigkeit oder Stellung (§ 3, 5, 7), ferner auch eine Einschränkung des Betriebs, wodurch die Gewerbesteuer fortfällt oder unter den vorgesehenen Satz (§ 4) sinkt, die Löschung der Firma im Handelsregister, endlich Eintritt in eine der im § 7 Abs 2 bezeichneten Stellung bei einem bereits in der Handelskammer vertretenen Unternehmen.

[31]) Die Enthebung endet mit Erledigung des Strafverfahrens. Führt dieses zu einer Aberkennung der bürgerlichen Ehrenrechte, so erlischt die Mitgliedschaft § 18. Andernfalls kann auf Grund des im Strafverfahren festgestellten Tatbestandes Anlaß zu einem Verfahren gemäß § 19 gegeben sein. — § 18—20 finden auf zugewählte Mitglieder (§ 8) entsprechende Anwendung.

[32]) Nur wenige Handelskammern haben hiervon Gebrauch gemacht. — Auf die zugewählten Mitglieder (§ 8) findet die Bestimmung keine Anwendung.

[33]) Die Beamten der Handelskammer, Geschäftsführer (Sekretär, Syndikus), Bureaubeamten u. s. w., sind mittelbare Staatsbeamten OV. 21. März 90 (XIX 62). Als solche sind sie zu vereidigen Vf. 20. Juni 01 (MB. d. H. u. G. V. 116) genießen das Kommunalabgabenvorrecht der Staatsbeamten G. 11. Juli 22 (GS. 184) und 14. Mai 32 (GS. 145) und unterstehen dem DisziplG. 21. Juli 52 (GS. 465). Ob eine im Dienste einer Handels-

§. 24. Die Mitglieder versehen ihre Geschäfte unentgeltlich. Nur die durch Erledigung einzelner Aufträge erwachsenden baaren Auslagen werden ihnen erstattet.

Die Handelskammer kann beschließen, ihren Mitgliedern eine den baaren Auslagen für die Theilnahme an den Sitzungen entsprechende Entschädigung zu gewähren [34]).

§. 25. Die Handelskammer hat alljährlich [35]) einen Etat aufzustellen, öffentlich bekannt zu machen und dem Regierungspräsidenten mitzutheilen.

§. 26. Soweit die in dem Haushaltsplane veranschlagten Kosten der Handelskammerverwaltung nicht durch besondere Einnahmen [36]) gedeckt werden, werden sie auf die Wahlberechtigten (§§ 3 und 4) umgelegt [37]). Den Maßstab bildet die staatlich veranlagte Gewerbesteuer [5]). Dabei bleibt derjenige Theil der Gewerbesteuer außer Anrechnung, der auf Niederlassungen, Betriebe oder Betriebsstätten entfällt, die ihren Sitz nicht im Handelskammerbezirk haben [38]), oder hinsichtlich welcher ihren Besitzern das Recht, an den Handelskammerwahlen Theil zu nehmen, nicht zusteht [39]).

In Gemeinden, die eine besondere Gewerbesteuer eingeführt haben (§. 29 des Kommunalabgabengesetzes vom 14. Juli 1893), kann auf Grund Beschlusses der Handelskammer nach Anhörung der Betheiligten der auf die Wahlberechtigten der Gemeinde entfallende Betrag an Handelskammerbeiträgen durch Zuschläge zu der besonderen Gewerbesteuer aufgebracht werden. Dieser Beschluß bedarf der Genehmigung des Ministers für Handel und Gewerbe [40]).

§. 27. Das Ergebniß der Veranlagung zur Gewerbesteuer sowie etwa später eintretende Veränderungen werden der Handelskammer von den Steuerausschüssen kostenfrei mitgetheilt [41]). Insoweit die Veranlagung sich auf

kammer tätige Person Beamter ist oder in einem rein privatrechtlichen Verhältnisse zu ihr steht, ist Tatfrage. Die Geschäftsführer, soweit sie im Hauptamt tätig, sind im Zweifel als Beamte anzusehen, bei dem Bureaupersonal kommt es auf die Abmachungen (Dienstvertrag) und auf die Obliegenheiten der Angestellten an.

[34]) Sowohl an den Gesamt- als an den Sitzungen von Ausschüssen oder Kommissionen. Eine Entschädigung für die Tätigkeit oder eine Vergütung für den Zeitaufwand darf nicht gewährt werden.

[35]) Die Festlegung des Etatsjahres ist der Handelskammer überlassen. Da für die Erhebung der Beiträge allgemein die staatliche Veranlagung zur Gewerbesteuer maßgebend ist (§ 26), die für das vom 1. April bis 31. März laufende Etatsjahr erfolgt, empfiehlt sich dieses auch für die Handelskammern.

[36]) Ertrag aus Vermögensstücken (Grundbesitz, Kapitalien) oder Gebühren für die Benutzung von Einrichtungen der Handelskammer (Börsen, Schiffahrtsanlagen usw.).

[37]) Auch wenn diese durch Mängel in ihrer Person (Verlust der bürgerlichen Ehrenrechte usw.) von der Ausübung des Wahlrechts ausgeschlossen sind.

[38]) Durch Beschränkung der Beitragspflicht auf die im Bezirke belegenen Niederlassungen, Betriebe oder Betriebsstätten wird eine Doppelbesteuerung vermieden.

[39]) So wenn der Besitzer eines wahlberechtigten Betriebs im Handelskammerbezirk noch ein zweites, nicht eintragungspflichtiges, etwa handwerksmäßiges Gewerbe betreibt.

[40]) Solche Beschlüsse sind bisher noch nicht gefaßt worden.

[41]) Nach Vf. 20. Nov. 00 (Zeitschrift

mehrere Niederlassungen, Betriebe oder Betriebsstätten eines Beitragspflichtigen erstreckt, die ihren Sitz nicht sämmtlich im Bezirk einer Handelskammer haben oder hinsichtlich welcher ihren Besitzern das Recht, an den Handelskammerwahlen Theil zu nehmen, nicht zusteht, ist auf Antrag der Handelskammer vom Vorsitzenden des Steuerausschusses der auf die abgabepflichtigen Niederlassungen, Betriebe oder Betriebsstätten entfallende Theilbetrag festzustellen und den Abgabepflichtigen mitzutheilen[42]).

Denselben steht binnen einer Ausschlußfrist von vier Wochen die Berufung an die Bezirksregierung, deren Entscheidung endgültig ist, zu[43]).

Die Handelskammer stellt die Beiträge fest.

**§. 28.** Auf Ersuchen der Handelskammer haben die Gemeinden und Gutsbezirke die Erhebung der Handelskammerbeiträge gegen eine Vergütung von höchstens drei vom Hundert der eingezogenen Beiträge zu bewirken und die Beiträge durch Vermittelung der Kreis-(Steuer-)Kassen an die Handelskammer abzuführen[44]).

Die Handelskammerbeiträge sind öffentliche Lasten. Rückständige Beiträge werden in derselben Weise wie Gemeindeabgaben eingezogen[45]).

**§. 29.** Einsprüche gegen die Heranziehung zu Handelskammerbeiträgen sind innerhalb zweier Wochen nach der Zahlungsaufforderung[46]) bei der Handelskammer anzubringen, die darüber beschließt. Gegen den Beschluß

---

Handel- u. Gew. 8. Dez. 00) haben die Vorsitzenden der Steuerausschüsse der Klasse I, II und III den Handelskammern von Amts wegen eine Namen, Wohnort, Gewerbe und Gewerbesteuerbetrag nachweisende Liste der Steuerpflichtigen des Handelskammerbezirks mitzuteilen. Für Klasse IV sind den Handelskammern auf Wunsch die namentlichen die Steuersätze enthaltenden Nachweisungen in Urschrift behufs Auszugs der in Betracht kommenden Steuersätze zu überlassen. Wo innerhalb der IV. Klasse eine steuerliche Begrenzung (§ 4) besteht, ist den Handelskammern auf Wunsch eine Liste der oberhalb der Grenze liegenden Gewerbesteuerpflichtigen dieser Klasse zuzufertigen.

[42]) Voraussetzung ist ein förmlicher Antrag der Handelskammer, worin diejenigen Niederlassungen, Betriebe und Betriebsstätten, die die Kammer als beitragspflichtig in Anspruch nimmt, genau zu bezeichnen sind Vf. 16. Nov. 97. — Liegen mehrere Niederlassungen usw. in verschiedenen Gemeinden, so findet bereits für die kommunale Besteuerung eine Zerlegung des Gesamtsteuersatzes auf die einzelnen Gemeinden statt GewSteuerG. (Anm. 5) § 38 und Ausf.Anw. dazu 4. Nov. 95 Art. 53. Eine besondere Neuverteilung für die Handelskammer kommt daher zur Zeit nur für den Fall in Frage, daß ein Beitragspflichtiger in derselben Gemeinde einen beitragspflichtigen und einen nicht beitragspflichtigen Betrieb hat (Anm. 39).

[43]) Nur dem Beitragspflichtigen, nicht der Handelskammer. — In diesem Verfahren ist nur darüber zu entscheiden, ob die Teilbeträge richtig bemessen sind, während die Beitragspflicht der Niederlassung usw. nach § 29 zu entscheiden ist.

[44]) Die Einziehung erfolgt zweckmäßig zugleich mit den Gemeinde- und direkten Staatssteuern, die den Gemeinden und Gutsbezirken obliegt G. 14. Juli 93 (GS. 119) § 16 Abs. 2. Die Hebelisten sind von der Handelskammer aufzustellen.

[45]) V. betr. das Verwaltungszwangsverfahren wegen Beitreibung von Geldbeträgen 15. November 99 (GS. 545).

[46]) Einer besonderen Benachrichtigung des Abgabepflichtigen bedarf es nicht; die Zahlungsaufforderung vertritt ihre Stelle.

findet innerhalb zweier Wochen nach der Zustellung die Klage beim Bezirksausschusse statt, gegen dessen Endurtheil nur das Rechtsmittel der Revision zulässig ist[47]).

Der Einspruch hat keine aufschiebende Wirkung.

Einsprüche, welche sich gegen den dem Handelskammerbeitrage zu Grunde liegenden Satz der staatlich veranlagten Gewerbesteuer richten, sind unzulässig[48]).

§. **30.** Die Handelskammer ist befugt, zur Deckung der Kosten von Anstalten, Anlagen und Einrichtungen, die für einzelne Theile des Handelskammerbezirks oder für einzelne Betriebszweige ausschließlich bestimmt sind, oder ihnen vorzugsweise zu Gute kommen[49]), die Beitragspflichtigen dieser Bezirkstheile oder Betriebszweige zu besonderen Beiträgen heranzuziehen. Bevor solche Anstalten, Anlagen und Einrichtungen ins Leben gerufen werden, ist den Betheiligten Gelegenheit zu geben, sich über deren Zweckmäßigkeit zu äußern.

Zur Verwaltung solcher Einrichtungen sind Vertreter der betheiligten Bezirkstheile oder Betriebszweige in angemessener Zahl heranzuziehen; sie kann örtlichen oder fachlichen Ausschüssen übertragen werden, die aus Mit-

---

[47]) Zuständig ist das Oberverwaltungsgericht. Revisionsgründe Anm. 26 a. E. — Im Verwaltungsstreitverfahren ist nicht nur über die Rechtmäßigkeit der Veranlagung zu entscheiden, sondern auch über die Verpflichtung zur Ermäßigung oder Inabgangstellung wegen inzwischen eingetretener Veränderungen und zur Erstattung zu Unrecht erhobener Abgaben OV. 20. Mai 01 (XXXIX 306).

[48]) Der Einspruch wird sich in der Regel darauf gründen, daß der Einsprechende nach § 3, 4 überhaupt nicht oder nach § 26 Abs. 1 nur für einen Teil seiner Gewerbesteuer beitragspflichtig sei. Im letzteren Falle ist im Verfahren des § 29 nur darüber zu entscheiden, ob das Verlangen auf Freilassung einzelner Niederlassungen, Betriebe oder Betriebsstätten begründet ist, nicht über den Betrag, um den der Handelskammerbeitrag zu ermäßigen ist. Hierfür ist die nach § 27 Abs. 1 zu bewirkende Zerlegung der Gewerbesteuer maßgebend. Im Einspruchverfahren kann auch geltend gemacht werden, daß durch unzulässige Freilassung der Betriebe Dritter der Einsprechende über Gebühr belastet werde. — Die im Abs. 3 erwähnten Einsprüche sind unzulässig, weil gegen die Gewerbesteuerveranlagung besondere Rechtsmittel gegeben sind. Eine dadurch herbeigeführte Ermäßigung der Gewerbesteuer hat von selbst die Ermäßigung der Kommunalbeiträge zur Folge. Deshalb sind nicht nur Anträge auf Herabsetzung der Beiträge, die sich auf ein erfolgreich durchgeführtes Rechtsmittel gegen die Veranlagung zur Gewerbesteuer gründen, stets und selbst dann zu berücksichtigen, wenn die im § 29 Abs. 1 vorgesehene Einspruchsfrist gegen die Zahlungsaufforderung nicht eingehalten ist, sondern die Berichtigung hat auch, ohne daß es eines Antrages bedarf, von Amts wegen zu erfolgen Vf. 14. Nov. 01 (MB. d. H. u. G. V. 297) und 20. Feb. 02 (MB. d. H. u. G. V. 104). — Die Einstellung des Betriebs innerhalb des Etatsjahrs hat die Inabgangstellung des veranlagten Handelskammerbeitrages vom Ende des Monats ab zur Folge, in dem der Antrag auf Freistellung bei der Handelskammer eingeht G. über die Verjährungsfristen bei öffentlichen Abgaben 18. Juni 40 (GS. 140). OV. 20. Mai 01 (XXXIX 306).

[49]) Fachschulen für bestimmte Betriebszweige, Fortbildungsschulen für einzelne Orte des Kammerbezirks, Verkehrs- und Schiffahrtsanlagen, Börsen usw. — Die Bestimmung bezieht sich nur auf steuerliche Leistungen, nicht auf Gebühren für Benutzung solcher Einrichtungen, wie Schulgeld, Börsenbesuchsgebühren, Gebühren für Verkehrs- und Schiffahrtsanlagen.

gliedern der Handelskammer und Vertreter der betheiligten Bezirkstheile oder Betriebszweige zu bilden sind.

Die auf Grund dieser Bestimmungen gefaßten Beschlüsse unterliegen der Genehmigung des Ministers für Handel und Gewerbe.

**§. 31.** Einer vorgängigen Genehmigung des Ministers für Handel und Gewerbe bedarf es, wenn die Beschaffung des Aufwandes für ein Jahr einen zehn Prozent der Gewerbesteuer übersteigenden Zuschlag zu derselben erfordert[50]).

In diesem Falle kann der Minister für Handel und Gewerbe die etatsmäßigen Kosten in der Gesammtsumme[51]) soweit herabsetzen, daß der zu ihrer Deckung erforderliche Zuschlag nicht mehr als zehn Prozent der Gewerbesteuer beträgt.

### Geschäftsführung

**§. 32.** Zu Anfang jeden Jahres wählt die Handelskammer aus ihrer Mitte einen Vorsitzenden und einen oder zwei Stellvertreter desselben. Im Falle des Ausscheidens des Vorsitzenden oder seiner Stellvertreter vor der gesetzlichen Zeit erfolgt eine Neuwahl für den Rest dieser Zeit.

**§. 33.** Die Handelskammern können die Oeffentlichkeit ihrer Sitzungen beschließen.

Ausgenommen von der öffentlichen Berathung sind diejenigen Gegenstände, welche in einzelnen Fällen den Handelskammern als für die Oeffentlichkeit nicht geeignet von den Behörden[52]) bezeichnet oder von ihnen selbst als zur öffentlichen Berathung nicht geeignet befunden werden.

**§. 34.** Die Beschlüsse der Handelskammern werden — außer den in den §§. 19 und 20 bestimmten Fällen — durch Stimmenmehrheit gefaßt[53]). Bei Stimmengleichheit entscheidet die Stimme des Vorsitzenden. Bei Wahlen findet das im ersten Absatze des §. 14 bestimmte Verfahren statt. Um einen gültigen Beschluß zu fassen, ist die Ladung aller Mitglieder unter Mittheilung der Berathungsgegenstände und die Anwesenheit von mindestens der Hälfte der Mitglieder[54]) erforderlich.

Ueber jede Berathung ist ein Protokoll aufzunehmen.

**§. 35.** Die Handelskammer hat die Rechte einer juristischen Person[55]).

Sie wird nach außen vertreten durch den Vorsitzenden oder seinen Stellvertreter.

---

[50]) Ebenso bei Erhöhung der Beiträge im Laufe des Rechnungsjahrs über 10 v. H. oder den vom Minister genehmigten Prozentsatz HDA. St.B. 97 S. 2977.

[51]) Nur in der Gesamtsumme; über die Verteilung des gestrichenen Betrags auf die einzelnen Ansätze entscheidet die Kammer.

[52]) Gemeint sind die Behörden, die eine Angelegenheit vor die Handelskammer bringen. Es genügt, wenn solche Angelegenheit den Vermerk „Vertraulich" trägt.

[53]) Nichtstimmende werden nicht gezählt.

[54]) Der im Amte befindlichen Mitglieder. Personen, deren Mitgliedschaft erloschen ist oder ruht, werden nicht gezählt, wohl aber die zugewählten Mitglieder.

[55]) Als solche kann sie Eigentum und andere Rechte erwerben, Verträge schließen, klagen und verklagt werden. Zur An-

Urkunden, die die Handelskammer vermögensrechtlich verpflichten sollen, müssen unter ihrem Namen von dem Vorsitzenden oder seinem Stellvertreter und einem Mitgliede der Handelskammer vollzogen werden[56].

Sie führt ein den heraldischen Adler enthaltendes Siegel mit der Umschrift: „Handelskammer zu (für) . . . . ."

§. 36. Den Handelskammern ist gestattet, ihre Berichte unmittelbar an die Zentralbehörden[57] zu erstatten.

Sie haben von den an die Zentralbehörden erstatteten Berichten derjenigen Provinzialbehörde, in deren Geschäftskreis der Gegenstand fällt[58], Mittheilung zu machen.

§. 37. Die näheren Bestimmungen über die Geschäftsführung werden von der Handelskammer in einer dem Regierungspräsidenten mitzutheilenden Geschäftsordnung getroffen[59].

### Geschäftskreis[60].

§. 38. Der Geschäftskreis der Handelskammern wird im Allgemeinen durch ihre Bestimmung (§. 1) begrenzt.

Sie sind befugt, Anstalten, Anlagen und Einrichtungen, die die Förderung von Handel und Gewerbe, sowie die technische und geschäftliche Ausbildung, die Erziehung und den sittlichen Schutz der darin beschäftigten Gehülfen und Lehrlinge bezwecken, zu begründen, zu unterhalten und zu unterstützen[61].

§. 39. Alljährlich bis spätestens Ende Juni haben die Handelskammern über die Lage und den Gang des Handels während des vorhergegangenen Jahres an den Minister für Handel und Gewerbe zu berichten und den Bericht im Druck zu vervielfältigen.

---

nahme einer den Wert von 5000 Mk. übersteigenden Schenkung oder Zuwendung von Todes wegen ist die Genehmigung des Königs oder der durch KV. zu bezeichnenden Behörde erforderlich AG. z. BGB., Art. 6 § 1 und zum Erwerb von Grundeigentum im Werte von mehr als 5000 Mk. Genehmigung des Handelsministers, das. Art. 7 § 1.

[56]) Über Vollziehung sonstiger Schriftstücke bestimmt die Handelskammer zweckmäßig in der Geschäftsordnung (§ 37). Sie kann dem Sekretär übertragen werden.

[57]) Auch des Reichs. Das Recht zu Petitionen an Bundesrat, Reichstag und Landtag beruht auf VU. Art. 32.

[58]) In Betracht kommen hauptsächlich die Regierungspräsidenten und Regierungen, die Provinzialsteuerdirektionen, Eisenbahndirektionen, Oberpostdirektionen, Oberbergämter, Generalkommissionen.

[59]) Zur Regelung durch die Geschäftsordnung eignet sich namentlich die Vorbereitung und Abhaltung der Sitzungen (Form der Einladungen, Geschäftsordnung der Sitzungen, Führung und Vollziehung des Protokolls), die Behandlung der laufenden Geschäfte (Stellung des Sekretärs, Mitwirkung der Mitglieder, Vollziehung von Schriftstücken, s. Anm. 56), die Bildung von Kommissionen und Ausschüssen.

[60]) Erweiterung des Geschäftskreises Anlage B.

[61]) Dazu gehören Börsen, Handelsmuseen, Lagerhäuser, Verkehrs- und Schiffahrtsanlagen, Fach- und Fortbildungsschulen, Lehrlingsheime und Veranstaltungen zur Unterhaltung der Gehilfen und Lehrlinge während der Sonntagsruhe.

Außerdem sind sie verpflichtet, durch die öffentlichen Blätter oder in sonst geeigneter Weise[62]) den Handel- und Gewerbetreibenden ihres Bezirks fortlaufende Mittheilungen aus den Berathungsprotokollen zu machen, sowie summarisch von ihren Einnahmen und Ausgaben Kenntniß zu geben.

§. **40.** An denjenigen Orten, an welchen Handelskammern ihren Sitz haben, werden von diesen die Handelsmäkler — unter Vorbehalt der Bestätigung des Regierungspräsidenten — ernannt[63]).

§. **41.** Börsen und andere für den Handelsverkehr bestehende öffentliche Anstalten können unter die Aufsicht der Handelskammer gestellt werden.

§. **42.** Die Handelskammer ist befugt, Dispacheure[64]) und solche Gewerbetreibende der in §. 36 der Reichs-Gewerbeordnung[65]) bezeichneten Personen, welche diese Gewerbe betreiben wollen, auf die Beobachtung der bestehenden Vorschriften zu beeidigen und öffentlich anzustellen.

---

[62]) Das kann durch fortlaufende Nachrichten geschehen. Die größeren Handelskammern besitzen häufig eigne Veröffentlichungsorgane, deren sie sich zu den vorgeschriebenen Mitteilungen an die von ihnen vertretenen Kreise bedienen.

[63]) Die Bestimmung bezog sich auf die Handelsmäkler im Sinne des alten HGB., das darunter bestellte Vermittler für Handelsgeschäfte verstand, und ist gegenstandslos geworden, weil das neue HGB. nur Privatmäkler ohne amtliche Bestellung kennt. — Wegen der öffentlichen Ermächtigung, deren Handelsmäkler nach dem BGB. und dem neuen HGB. zu bestimmten Verkäufen oder Käufen bedürfen Anl. B 2. — Kursmakler Börseng. (Abschn. III Ziff. 6) § 30—34.

[64]) Dispacheure sind Sachverständige zur Aufstellung der Rechnung bei großer Havarie, Seeschiffahrt HGB. § 729, Binnenschiffahrt G. 15. Juni 95 (neue Fassung RGB. 98 S. 868) § 87.

[65]) GewO. § 36:

Das Gewerbe der Feldmesser, Auktionatoren, Bücherrevisoren, derjenigen, welche den Feingehalt edler Metalle oder die Beschaffenheit, Menge oder richtige Verpackung von Waaren irgend einer Art feststellen, der Güterbestätiger, Schaffer, Wäger, Messer, Bracker, Schauer, Stauer u. s. w. darf zwar frei betrieben werden, es bleiben jedoch die verfassungsmäßig dazu befugten Staats- oder Kommunalbehörden oder Korporationen auch ferner berechtigt,

Die Bestimmungen der Gesetze, welche den Handlungen der genannten Gewerbetreibenden eine besondere Glaubwürdigkeit beilegen oder an diese Handlungen besondere rechtliche Wirkungen knüpfen, sind nur auf die von den verfassungsmäßig dazu befugten Staats- oder Kommunalbehörden oder Korporationen angestellten Personen zu beziehen. —

Voraussetzungen der Beeidigung und öffentlichen Anstellung: a) eine der im § 36 bezeichneten Tätigkeiten; hierzu gehören Handelschemiker, Probezieher für Zucker und Melasse, sowie für Dünger- und Kraftmittel, dagegen nicht Taucher, auch nicht Personen, die elektrische Anlagen auf ihre Feuersicherheit hin prüfen Vf. 6. Nov. 02 (MB. d. H. u. G. V. 385), b) gewerbsmäßiger Betrieb. Wäger, die nur für einzelne Firmen tätig sind, ohne ihre Dienste dem Publikum allgemein anzubieten, die kein Geschäftslokal für das Wägegewerbe noch die erforderlichen Wägemittel besitzen, entsprechen dieser Voraussetzung nicht Vf. 22. Juli 01 (MB. d. H. u. G. V. 160), c) Selbständigkeit in Beziehung auf den fraglichen Betrieb. Auf Personen, die diesen als Angestellte, sei es von Gewerbetreibenden, sei es von Gemeinden ausüben, findet § 36 keine Anwendung

Art, deren Thätigkeit in das Gebiet des Handels fällt, öffentlich anzustellen und zu beeidigen[66]). Auf Auktionatoren findet diese Bestimmung keine Anwendung. Vorschriften, die die Handelskammer für die hiernach angestellten Personen erläßt, sind dem Minister für Handel und Gewerbe vorzulegen.

Der Handelskammer liegt ferner die Ausstellung von Ursprungszeugnissen und anderen dem Handelsverkehre dienenden Bescheinigungen ob[67]).

**Beaufsichtigung. Auflösung.**

§. **43.** Die Handelskammer unterliegt der Aufsicht des Ministers für Handel und Gewerbe[68]).

Auf Antrag desselben kann eine Handelskammer durch Beschluß des Staatsministeriums aufgelöst werden. Es sind sodann Neuwahlen anzu-

---

Vf. 3. Aug. 00; so nicht auf Wägergehilfen Vf. 13. Mai 01 (MB. d. H. u. G. V. 56). — Wirkung der Beeidigung und öffentlichen Anstellung: besonderes Ansehen beim Publikum, aber nicht die Eigenschaft als Beamter. Ferner sollen die Gerichte bei der Auswahl von Sachverständigen die vereideten Gewerbetreibenden in erster Reihe berücksichtigen CPO. 404 Abs. 2, StPO. 73 Abs. 2. Ihre Namen sind in das bei den Gerichten zu führende Sachverständigen-Verzeichnis (Vf. 5. Feb. 00 — JMB. 487 — § 7) einzutragen und zu dem Zwecke von der vereidigenden Handelskammer dem Landgerichtspräsidenten des Bezirks, für den die Anstellung erfolgt ist, anzuzeigen Vf. 25. März 02 (MB. d. H. u. G. V. 140).

[66]) Der Eid ist in öffentlicher Sitzung der Handelskammer zu leisten: abweichende Bestimmung kann mit Genehmigung des Handelsministers in der Geschäftsordnung vorgesehen werden Vf. 29. Sept. 97. Wortlaut der Eidesformel:

„Ich, . . . ., schwöre ꝛc., daß ich als öffentlich angestellter . . . . die bestehenden Vorschriften getreulich beobachten und die mir obliegenden Pflichten gewissenhaft erfüllen, sowie auch die von mir in meiner Eigenschaft als öffentlich angestellter . . . . erforderten Gutachten unpartheiisch und nach bestem Wissen und Gewissen erstatten werde. So wahr ꝛc."

Vf. 29. Sept. 97 und 29. März 00. — Die Beeidigung kann auch erfolgen, ohne daß für die Gewerbetreibenden Vorschriften erlassen sind Vf. 30. Aug. 98. — Bei der Vernehmung durch Gerichte genügt die Berufung auf den vor der Handelskammer abgelegten Eid Vf. 29. März 00. — Die Zurückziehung kann, wenn die öffentliche Anstellung und Beeidigung auf Widerruf geschehen ist, durch die Handelskammer ohne besonderes Verfahren erfolgen, sonst nur auf Klage der Ortspolizeibehörde im Verwaltungsstreitverfahren (ZustG. § 120¹) Vf. 13. Mai 01 (MB. d. H. u. G. V. 56). Dem Fortbetrieb des Gewerbes steht die Zurückziehung nicht entgegen, doch darf der Gewerbetreibende weder durch die gewählte Bezeichnung noch auf andere Weise den Eindruck hervorrufen, als sei er noch öffentlich angestellt und beeidigt. — Die Aufnahme disziplinarer Bestimmungen ist mangels einer rechtlichen Grundlage unzulässig, doch kann sich die Handelskammer dadurch Einfluß sichern, daß sie die öffentliche Anstellung und Vereidigung unter Vorbehalt jederzeitigen Widerrufs bewirkt Vf. 7. Dez. 01 (MB. d. H. u. G. V. 404).

[67]) Die von der Handelskammer ausgestellten Ursprungszeugnisse sind stempelfrei (Anm. 3), während sie, von der Ortspolizei- oder der Gemeindebehörde ausgestellt, mit 1,50 Mk. stempelpflichtig sind, sofern der Wert 150 Mk. übersteigt StempelG. 31. Juli 95 Tarifstelle 10.

[68]) Für Mitteilungen, die für alle oder einen Teil der Handelskammern von Bedeutung sind, bedient er sich seit April 98 der im Auftrage des Deutschen Handelstags herausgegebenen Zeitschrift Handel und Gewerbe, die einen besonderen Abschnitt: „Amtliche Nachrichten des Preußischen Ministers für Handel und Gewerbe" enthält. Seit April 01 werden solche Mitteilungen auch in dem neu begründeten amtlichen Ministerialblatt der Verwaltung

ordnen, die innerhalb dreier Monate vom Tage der Auflösung an erfolgen müssen[69]).

Ueber die Geschäftsführung und Vermögensverwaltung der Handelskammer während der Zwischenzeit trifft der Minister für Handel und Gewerbe die erforderlichen Anordnungen.

### Uebergangs- und Schlußbestimmungen.

§. 44. Auf die zu Berlin, Stettin, Magdeburg, Tilsit, Königsberg, Danzig, Memel und Elbing bestehenden kaufmännischen Korporationen und auf das Kommerzkollegium zu Altona findet dieses Gesetz mit Ausnahme der §§. 33, 38 und 42 keine Anwendung[70]).

Die in Absatz 1 aufgeführten Körperschaften sind befugt, sich in Handelskammern umzuwandeln[71]) oder, falls eine Handelskammer für den Bezirk besteht[72]), sich mit dieser zu vereinigen.

Die Umwandlung erfolgt durch ein von der Körperschaft zu beschließendes, der Genehmigung des Ministers für Handel und Gewerbe unterliegendes Statut, in welchem über die Verwaltung der Einrichtungen und des Vermögens der Körperschaft, sowie über das für die neue Handelskammer maßgebende Wahlsystem Bestimmung zu treffen ist. Durch das Statut kann die bisherige Bezeichnung der Körperschaft und ihrer Vertretung aufrecht erhalten werden.

Zur Vereinigung mit einer schon bestehenden Handelskammer bedarf es eines mit dieser zu vereinbarenden Statuts, welches der Genehmigung des Ministers für Handel und Gewerbe unterliegt.

Insoweit für denselben Bezirk eine der im Abs. 1 aufgeführten kaufmännischen Korporationen und eine Handelskammer besteht, bestimmt der Minister für Handel und Gewerbe im Einverständnisse mit dem etwa betheiligten Ressortminister, in welchem Umfange die den Organen des Handelsstandes zustehenden

---

für Handel und Gewerbe veröffentlicht Nr. 1 dieses Abschn.

[69]) Wenn die Kammer nach § 10 Abs. 1 ein Wahlstatut erlassen hat, auf Grund dieses Statuts.

[70]) Verzeichnis Anl. A. Die kaufmännischen Korporationen unterscheiden sich vor allem dadurch von den Handelskammern, daß der Beitritt zu ihnen auf Freiwilligkeit beruht. Ihre Einrichtung ist durch landesherrlich genehmigte Statuten geordnet. Die Verwaltung wird durch einen gewählten Vorstand geführt, der die Bezeichnung „Älteste der Kaufmannschaft“ (Berlin, Elbing), oder „Vorsteher der Kaufmannschaft“ (Stettin) oder „Vorsteheramt der Kaufmannschaft“ (Königsberg, Memel, Tilsit, Danzig) trägt und eine einer Handelskammer analoge Stellung hat.

[71]) Hiervon hat das Kommerzkollegium in Altona und die Korporation in Magdeburg Gebrauch gemacht.

[72]) Der Fall besteht für Berlin und seine Vororte. Neben der kaufmännischen Korporation ist durch Vf. des Handelsministers zum 1. April 1902 eine die Städte Berlin, Charlottenburg, Schöneberg und Rixdorf umfassende Handelskammer eingerichtet, die übrigen Vororte sind der Handelskammer zu Potsdam angegliedert worden. Die Rechtsgiltigkeit dieser Vf. ist anerkannt OV. 14. Mai 03.

öffentlich-rechtlichen Befugnisse noch von der kaufmännischen Korporation wahrzunehmen sind[73]).

**§. 45.** Alle entgegenstehenden Gesetze und Verordnungen treten außer Kraft.

**§. 46.** Vor dem 1. April 1898 sind für die zur Zeit bestehenden Handelskammern Neuwahlen der Mitglieder mit der Maßgabe vorzunehmen, daß die ersten, darauf folgenden Ergänzungswahlen (§. 16) vor Schluß des Jahres 1899 stattfinden. Bis zur Vollziehung der Neuwahlen bleiben die derzeitigen Mitglieder der Handelskammern im Amte.

**§. 47.** Mit der Ausführung dieses Gesetzes ist der Minister für Handel und Gewerbe beauftragt.

# Anlagen zum Handelskammergesetze.

## Anlage A (zu Anmerkung 4).

### Verzeichnis der gesetzlichen Handelsvertretungen nach dem Bestande am 1. Januar 1903.

### 1. Handelskammern.

| Sitz | Bezirk |
|---|---|
| | **1. Provinz Ostpreußen.** |
| Braunsberg | Stadt Braunsberg. |
| Insterburg | Stadt- und Landkreis Insterburg. |
| | **2. Provinz Westpreußen.** |
| Graudenz | Stadt- und Landkreis Graudenz; Kreise: Konitz, Marienwerder, Rosenberg, Schwetz, Stuhm und Tuchel. |
| Thorn | Stadt- und Landkreis Thorn; Kreise: Briesen, Kulm, Löbau und Strasburg. |

[73]) Der letzte Absatz ist durch G. 2. Juni 02 (GS. 161) zugefügt worden. Anlaß gab das Nebeneinanderbestehen der kaufmännischen Korporation und der Handelskammer zu Berlin (Anm. 72). Quellen des G. Anm. 1 c. — Der kaufmännischen Korporation verbleibt darnach ihre berichtende und gutachtliche Tätigkeit und die Befähigung zur Erfüllung von Aufgaben der im § 38 Abs. 2 bezeichneten Art, dagegen erlischt ihre Zuständigkeit hinsichtlich der einzelnen, den amtlichen Handelsvertretungen durch landes- oder reichsgesetzliche Vorschriften zugewiesenen öffentlich rechtlichen Befugnisse (§ 42 Abs. 1 und 2 dies. G.; Anl. B Ziff. 1 bis 6), sofern sie nicht durch ministerielle Vf. ausdrücklich aufrecht erhalten wird. Die in Betracht kommende Handelskammer ist in ihrer Zuständigkeit in keiner Weise beschränkt; auch nicht hinsichtlich einzelner öffentlich rechtlicher Befugnisse, die der Korporation belassen werden. Regelung für Berlin Vf. 3. Dez. 02 (MB. d. H. u. G. V. 410). Der Korporation ist darnach nur belassen: a) die gutachtliche Äußerung vor Erlaß von Bestimmungen auf Grund des HGB. § 4 Abs. 3 und des § 30 Abs. 4, Anl. B 3, b) die Mitwirkung bei der Führung der Handelsregister Anl. B 5, während die im § 42 des Ges. und in der Anl. B unter Ziff. 1, 2, 4 und 6 bezeichneten Aufgaben ausschließlich von den Handelskammern zu Berlin und zu Potsdam wahrzunehmen sind. — Vom 1. Mai 03 ab ist auch die Aufsicht über die Berliner Börse, die vordem dem Vertretungsorgan der Korporation zustand, auf die Handelskammer übergegangen Vf. 27. März 03 (MB. d. H. u. G. V. 87).

| Sitz | Bezirk |
|---|---|
| | **3. Provinz Brandenburg.** |
| Brandenburg | Stadtkreis Brandenburg nebst dem Dombezirk; die Landkreise: West-Havelland, Ost-Prignitz, West-Prignitz; der Amtsgerichtsbezirk Wusterhausen des Kreises Ruppin und die zu den Amtsgerichtsbezirken Belzig und Brandenburg gehörigen Teile des Kreises Zauch-Belzig. |
| Berlin (Firma: Handelskammer Potsdam, Sitz Berlin. Sie ist für den größeren Teil des Regierungsbezirks Potsdam errichtet) | Städte Potsdam mit den Ortschaften Neuendorf und Nowawes und Spandau; Kreise: Angermünde, Beeskow-Storkow, Ost-Havelland, Jüterbog-Luckenwalde, Niederbarnim, Oberbarnim, Prenzlau, Ruppin mit Ausnahme des Amtsgerichtsbezirks Wusterhausen, Teltow, Templin und die zu den Amtsgerichtsbezirken Beelitz, Potsdam, Treuenbrietzen und Werder gehörigen Teile des Kreises Zauch-Belzig. |
| Frankfurt a. O. | Stadt Frankfurt a. O. nebst dazugehörigen Kämmereidörfern, sowie die Kreise Arnswalde, Friedeberg N.-M., Königsberg N.-M., Landsberg a. W. Stadt und Land, Lebus, Soldin, Ost-Sternberg, West-Sternberg und Züllichau-Schwiebus. |
| Kottbus | Stadt- und Landkreis Kottbus; Kreise: Kalau, Luckau, Lübben und Spremberg. |
| Sorau | Kreis Sorau, die Stadtkreise Forst i. L. und Guben, der Landkreis Guben, sowie der Kreis Krossen. |
| Berlin | Stadtkreise Berlin, Charlottenburg, Schöneberg und Rixdorf. |
| | **4. Provinz Pommern.** |
| Swinemünde | Stadt Swinemünde und fiskalischer Hafengrund im Kreise Usedom-Wollin. |
| Stolp | Regierungsbezirk Köslin. |
| Stralsund | Regierungsbezirk Stralsund mit Ausschluß der Städte Barth, Greifswald und Wolgast. |
| | **5. Provinz Posen.** |
| Posen | Regierungsbezirk Posen. |
| Bromberg | Regierungsbezirk Bromberg. |
| | **6. Provinz Schlesien.** |
| Breslau | Stadt Breslau. |
| Schweidnitz | Stadt- und Landkreis Schweidnitz; Kreise: Reichenbach, Striegau und Waldenburg. |
| Görlitz | Stadt- und Landkreis Görlitz; Kreise: Hoyerswerda u. Rothenburg O.L. |
| Hirschberg | Kreise: Hirschberg und Schönau. |
| Landeshut | Kreis Landeshut. |
| Lauban | Kreis Lauban und vom Kreise Löwenberg der südwestlich vom Eisenbahndamm der Schlesischen Gebirgsbahn belegene Teil, sowie die Ortschaft Schosdorf. |
| Liegnitz | Stadt- und Landkreis Liegnitz; Kreise: Bunzlau, Goldberg-Haynau, Jauer und Lüben. |
| Sagan | Kreise: Sagan, Sprottau und Freystadt. |
| Oppeln | Regierungsbezirk Oppeln. |

| Sitz | Bezirk |
|---|---|
| | **7. Provinz Sachsen.** |
| Halberstadt | Stadt- und Landkreise Halberstadt und Aschersleben; Kreise: Calbe, Gardelegen, Jerichow I, Jerichow II, Neuhaldensleben, Oschersleben, Stendal, Wanzleben, Wernigerode, Wolmirstedt und der Bezirk der ehemaligen Gerichtskommission Ermsleben. |
| Magdeburg | Magdeburg nebst einmeiligem Umkreise dieser Stadt. |
| Halle a. S. | Regierungsbezirk Merseburg ausschließlich der Kreise Sangerhausen und Schweinitz, sowie des Gerichtskommissionsbezirks Ermsleben. |
| Erfurt | Stadt- und Landkreis Erfurt, Kreis Schleusingen und vom Kreise Weißensee die Stadt Sömmerda. |
| Mühlhausen i. Th. | Stadt- und Landkreis Mühlhausen; Kreise: Heiligenstadt und Worbis. |
| Nordhausen | Stadtkreis Nordhausen und Kreis Grafschaft Hohenstein, Kreis Sangerhausen und Amtsbezirk Hohnstein des Kreises Ilfeld. |
| | **8. Provinz Schleswig-Holstein.** |
| Altona | Stadtkreis Altona; Kreise: Lauenburg, Pinneberg, Steinburg und Stormarn, sowie die Stadt Neumünster. |
| Flensburg | Stadt- und Landkreis Flensburg; Kreise: Apenrade, Hadersleben, Husum, Schleswig, Sonderburg und Tondern. |
| Kiel | Stadt- und Landkreis Kiel; Kreise: Eckernförde, Eiderstedt, Plön, Oldenburg und Segeberg. |
| | **9. Provinz Hannover.** |
| Hannover | Stadt- und Landkreise Celle, Hannover und Linden; Kreise: Burgdorf, Gifhorn, Hameln, Neustadt a. R., Rinteln und Springe. |
| Verden | Kreise: Achim, Fallingbostel, Hoya, Nienburg, Rotenburg, Stolzenau, Sulingen, Syke und Verden. |
| Göttingen | Stadt- und Landkreis Göttingen; Kreise: Duderstadt, Einbeck, Münden, Northeim, Osterode und Uslar. |
| Goslar | Kreise: Goslar, Ilfeld mit Ausnahme des bei der Handelskammer Nordhausen verbleibenden Amts Hohnstein, und Zellerfeld. |
| Hildesheim | Stadt- und Landkreis Hildesheim; Kreise: Alfeld, Gronau, Marienburg und Peine. |
| Lüneburg | Stadt- und Landkreis Lüneburg; Kreise: Bleckede, Dannenberg, Isenhagen, Lüchow, Soltau, Uelzen und Winsen. |
| Geestemünde | Kreise: Blumenthal, Geestemünde, Lehe und Osterholz. |
| Harburg | Stadt- und Landkreis Harburg; Kreise: Bremervörde, Hadeln, Jork, Kehdingen, Neuhaus a. d. O., Stade und Zeven. |
| Osnabrück | Regierungsbezirk Osnabrück mit Ausschluß der Stadt Papenburg, sowie die Kreise Diepholz und Tecklenburg. |
| Leer bis zum 1. 1. 1904. Emden 1904, 1905, 1906 u. s. f. alle 3 Jahre wechselnd. | Regierungsbezirk Aurich und die Stadt Papenburg. |
| | **10. Provinz Westfalen.** |
| Münster | Regierungsbezirk Münster ausschließlich des Kreises Tecklenburg. |
| Bielefeld | Stadt- und Landkreis Bielefeld; Kreise: Halle, Herford (ausschließlich Amtsbezirk Bünde-Rödinghausen, Gohfeld-Menninghüffen, der Stadt Blotho und des Landbezirks des Amts Blotho), Höxter, Lippstadt und Wiedenbrück. |

| Sitz | Bezirk |
|---|---|
| Minden | Kreise: Lübbecke und Minden, sowie vom Kreise Herford Amtsbezirk Bünde-Rödinghausen, Gohfeld-Menninghüffen, die Stadt Blotho und der Landbezirk des Amts Blotho. |
| Altena | Stadt und Amt Altena, Stadt und Amt Plettenburg, Amt Neuenrade und Werdohl sowie Kreis Olpe. |
| Arnsberg | Kreise: Arnsberg, Brilon und Meschede. |
| Bochum | Stadt- und Landkreise Bochum und Gelsenkirchen sowie Kreis Hattingen. |
| Dortmund | Stadt- und Landkreis Dortmund und Kreis Hörde. |
| Hagen | Stadt- und Landkreis Hagen und Kreis Schwelm. |
| Iserlohn | Kreis Iserlohn. |
| Lüdenscheid | Stadt und Amt Lüdenscheid; Ämter: Halver, Herscheid, Kierspe und Meinerzhagen. |
| Siegen | Kreis Siegen. |

**11. Hessen-Nassau.**

| Sitz | Bezirk |
|---|---|
| Hanau | Stadt- und Landkreis Hanau; Kreise: Fulda, Gelnhausen mit Orb, Gersfeld, Hünfeld und Schlüchtern. |
| Cassel | Stadt- und Landkreis Cassel; Kreise: Eschwege, Frankenberg mit Vöhl, Fritzlar, Hersfeld, Hofgeismar, Homburg, Kirchhain, Marburg, Melsungen, Rotenburg, Schmalkalden, Witzenhausen, Wolfhagen und Ziegenhain. |
| Dillenburg | Dillkreis, Kreis Biedenkopf und Oberwesterwaldkreis. |
| Frankfurt a. M. | Stadt- und Landkreis Frankfurt a. M. und Obertaunuskreis. |
| Limburg | Kreise: Oberlahn, Unterlahn, Limburg, Unterwesterwald, Westerburg und vom Kreise St. Goarshausen der vormalige Amtsbezirk Braubach. |
| Wiesbaden | Stadt- und Landkreis Wiesbaden; Kreise: St. Goarshausen mit Ausnahme des Bezirks des vormaligen Amts Braubach, Höchst, Rheingau, Untertaunus und Usingen. |

**12. Rheinprovinz.**

| Sitz | Bezirk |
|---|---|
| Coblenz | Stadt- und Landkreis Coblenz; Kreise: Ahrweiler, Altenkirchen, Cochem, St. Goar, Kreuznach, Mayen, Meisenheim, Neuwied und Zell. |
| Wetzlar | Kreis Wetzlar. |
| Barmen | Stadtkreis und Oberbürgermeisterei Barmen. |
| Düsseldorf | Stadt- und Landkreis Düsseldorf. |
| Duisburg | Gemeindebezirk der Stadt Duisburg. |
| Elberfeld | Stadtkreis und Oberbürgermeisterei Elberfeld. |
| Essen | Stadt- und Landkreis Essen. |
| Gladbach | Stadt- und Landkreis Gladbach, Kreis Grevenbroich, sowie vom Kreise Kempen die Bürgermeistereien Amern St. Anton, Amern St. Georg, Bracht, Breyell, Boisheim, Burgwaldniel, Dülken, Grefrath, Kaldenkirchen, Kirspelwaldniel, Lobberich, Oedt und Süchteln, sowie die Samtgemeinden Born und Brüggen. |
| Crefeld | Stadtkreis Crefeld, Landkreis Crefeld mit Ürdingen, Stadt Kempen, die Bürgermeistereien Hüls, St. Tönis, Tönisberg und Vorst, die Kreise Cleve und Geldern, sowie der Kreis Mörs mit Ausnahme der Bürgermeistereien Bärl, Hochemmerich und Homberg und der Gemeinde Bliersheim (Bürgermeisterei Friemersheim). |
| Lennep | Kreise: Gummersbach, Lennep und Wipperfürth, sowie die Bürgermeistereien Cronenberg, Velbert und Wülfrath und der Stadtkreis Remscheid. |
| Mülheim a. d. Ruhr | Kreis Mülheim a. d. Ruhr. |

| Sitz | Bezirk |
|---|---|
| Neuß | Kreis Neuß. |
| Ruhrort | Kreis Ruhrort, sowie die Bürgermeisterei Homberg, die Landbürgermeistereien Bärl und Hochemmerich und die Gemeinde Bliersheim (Bürgermeisterei Friemersheim) im Kreise Mörs. |
| Solingen | Kreis Solingen. |
| Wesel | Kreis Rees und vom Regierungsbezirk Münster die Gemeinden Stadt Anholt, Stadt Bocholt und Wigbold-Werth; Ämter: Dingden, Liedern und Rhede im Kreise Borken. |
| Bonn | Stadt- und Landkreis Bonn; Kreise: Bergheim, Euskirchen, Rheinbach, Siegkreis und Waldbröl. |
| Cöln | Stadt- und Landkreis Cöln. |
| Mülheim a. Rh. | Stadt- und Landkreis Mülheim a. Rh. |
| Saarbrücken | Kreise: Ottweiler, Saarbrücken, Saarlouis und St. Wendel. |
| Trier | Stadt- und Landkreis Trier; Kreise: Bernkastel, Bitburg, Daun, Merzig, Prüm, Saarburg und Wittlich. |
| Aachen | Stadtkreis Aachen. |
| Eupen | Kreise: Eupen, Malmedy und Montjoie. |
| Stolberg | Landkreis Aachen und Kreise Düren und Jülich. |

## 2. Kaufmännische Korporationen.

| Sitz | Bezeichnung des Vorstandes | Bezirk |
|---|---|---|
| | | **1. Provinz Ostpreußen.** |
| Königsberg | Vorsteheramt der Kaufmannschaft | Stadt- und Landkreis Königsberg und Kreis Fischhausen. |
| Memel | desgl. | Stadtbezirk Memel mit $^1/_2$ meiligem Umkreise der Stadt; Bommelsvitte und Schmelz. |
| Tilsit | desgl. | Stadt Tilsit. |
| | | **2. Provinz Westpreußen.** |
| Danzig | Vorsteheramt der Kaufmannschaft | Amtsgericht Danzig (Stadt Danzig und Landkreise Danziger Höhe und Danziger Niederung). |
| Elbing | Älteste der Kaufmannschaft | Stadt Elbing. |
| | | **3. Provinz Brandenburg.** |
| Berlin[1]) | Älteste der Kaufmannschaft | Stadtkreise Berlin und Charlottenburg, Kreis Niederbarnim und Kreis Teltow mit Ausschluß der Gemeinden Neuendorf und Nowawes, sowie die aus letzteren beiden Kreisen später etwa ausgeschiedenen Stadtkreise. |
| | | **4. Provinz Pommern.** |
| Stettin | Die Vorsteher der Kaufmannschaft | Stadtbezirk von Stettin nebst Umkreis von 30 km. |

[1]) Diese Korporation ist seit Errichtung der Handelskammer zu Berlin nicht mehr im Vollbesitze der Befugnisse einer amtlichen Handelsvertretung Nr. 3 ds. Abschn. Anm. 73.

## Anlage B (zu Anmerkung 60).

## Erweiterung des Geschäftskreises der Handelskammern und kaufmännischen Korporationen.

**1. Wahl von Mitgliedern der Bezirkseisenbahnräthe.** G. 1. Juni 82. (GS. 313).

§. 3. Zusammensetzung und Wahl[1]).

Die Bezirkseisenbahnräthe werden aus Vertretern des Handelsstandes, der Industrie, der Land- und Forstwirthschaft zusammengesetzt.

Die Mitglieder, sowie die im Falle der Behinderung von Mitgliedern eintretenden Stellvertreter werden von den Handelskammern, kaufmännischen Korporationen und den landwirthschaftlichen Provinzialvereinen (Centralbezirksvereinen), sowie von anderen, durch die Minister der öffentlichen Arbeiten, für Handel und Gewerbe und für Landwirthschaft, Domänen und Forsten zu bestimmenden Korporationen und Vereinen auf drei Jahre gewählt.

Die Zahl der Mitglieder und Stellvertreter, sowie deren Vertheilung auf die verschiedenen Interessentenkreise bestimmen die Minister der öffentlichen Arbeiten, für Handel und Gewerbe und für Landwirthschaft, Domänen und Forsten.

**2. Die öffentliche Ermächtigung von Handelsmäklern zu Verkäufen und Käufen.** AG. z. BGB. 20. Sept. 99 (GS. 177).

**Art. 13.** Die öffentliche Ermächtigung, deren Handelsmäkler zu Verkäufen oder Käufen bedürfen[2]), wird für Orte innerhalb des Bezirkes einer Handelskammer oder einer kaufmännischen Körperschaft durch diese vorbehaltlich der Bestätigung des Regierungspräsidenten, für andere Orte durch den Regierungspräsidenten ertheilt.

---

[1]) Sie werden für den Bezirk eines oder ausnahmsweise mehrerer Eisenbahndirektions-Bezirke errichtet (§ 2 d. G.), sind von der Eisenbahndirektion in allen die Verkehrsinteressen des Bezirks berührenden wichtigen Fragen zu hören, können an diese selbständig Anträge richten und Auskunft verlangen (§ 6). Die Mitgliedschaft im Bezirkseisenbahnrat erlischt innerhalb der Wahlperiode durch Tod, Verzicht, Konkurs, Unfähigkeit zur Bekleidung öffentlicher Ämter (§ 26). — Für Berlin steht das Wahlrecht ausschließlich der Handelskammer zu.

[2]) Für Waren, die einen Börsen- oder Marktpreis haben, ist vielfach statt öffentlicher Versteigerung der freihändige Verkauf oder Kauf durch öffentlich dazu ermächtigte Handelsmäkler zugelassen BGB. § 385 (Veräußerung der geschuldeten Sache bei Annahmeverzug des Gläubigers), § 1221 (Veräußerung des Pfandes bei drohendem Verderb oder wesentlicher Minderung des Werts), § 1235 (Pfandverkauf zur Befriedigung des Gläubigers); HGB. § 373 Abs. 2 (Selbsthilfeverkauf bei Annahmeverzug des Käufers), § 376 Abs. 3 (Deckungsgeschäft bei Nichterfüllung eines Fixgeschäfts), § 379 Abs. 2 (Verkauf der vom Käufer beanstandeten Ware bei drohendem Verderb), § 388 Abs. 2 (Verkauf des Kommissionsgutes durch den Kommissionär bei drohendem Verderb oder bei entwertenden Veränderungen), § 389 (desgleichen bei unterlassener Verfügung des Kommittenten), § 437 Abs. 2 (Veräußerung des Frachtguts durch den Frachtführer bei Ablieferungshindernis und bei unmittelbar drohendem Verderb). — Befugnis der Kursmakler zur Vornahme der vorher bezeichneten freihändigen Verkäufe und Käufe Börseng. (Abschn. III 6) § 34.

Die Ermächtigung wird erst wirksam, wenn der Handelsmäkler den Eid leistet, daß er die ihm obliegenden Pflichten getreu erfüllen werde. Für die Abnahme des Eides ist das Amtsgericht zuständig, in dessen Bezirke der Handelsmäkler seine Geschäftsräume oder in Ermangelung solcher seine Wohnung hat. Die Beeidigung kann auch von der Handelskammer oder der kaufmännischen Korporation vorgenommen werden, welche die Ermächtigung ertheilt hat.

Auf die Rücknahme der Ermächtigung findet die Vorschrift des §. 120 Nr. 3 des Gesetzes über die Zuständigkeit der Verwaltungs- und Verwaltungsgerichtsbehörden vom 1. August 1883 (Gesetz-Samml. S. 237) Anwendung[3]).

**3. Die gutachtliche Aeußerung vor Erlaß von Bestimmungen auf Grund HGB. §. 4 Abs. 3 und §. 30 Abs. 4.** AG. z. HGB. 24. Sept. 99 (GS. 303).

**Art. 1.** Für den Erlaß von Bestimmungen, durch welche die Grenze des Kleingewerbes nach Maßgabe des §. 4 Abs. 3 des Handelsgesetzbuchs näher festgesetzt wird, sind der Justizminister und der Minister für Handel und Gewerbe gemeinschaftlich zuständig. Vor dem Erlasse solcher Bestimmungen sind in der Regel die Organe des Handelsstandes gutachtlich zu hören[4]).

Das Gleiche gilt von den Bestimmungen, welche nach § 30 Abs. 4 des Handelsgesetzbuchs erlassen werden können[5]).

**4. Wahl von Handelsrichtern.** GVG. 98 (RGB. 371).

**§. 112.** Die Handelsrichter[6]) werden auf gutachtlichen Vorschlag des

---

[3]) Der Bezirksausschuß entscheidet auf Klage der zuständigen Behörde im Verwaltungsstreitverfahren.

[4]) HGB. § 4 (Ziff. 2 dieses Abschn. und Anm. 15 das.).

[5]) Nach § 30 Abs. 4 kann durch die Landesregierungen bestimmt werden, daß benachbarte Orte oder Gemeinden als ein Ort oder als eine Gemeinde im Sinne der Vorschriften über die Unterscheidung der an demselben Orte bestehenden, ins Handelsregister eingetragenen Firmen anzusehen sind. Diese Vorschriften (HGB. § 30 Abs. 1—3) lauten:

Jede neue Firma muß sich von allen an demselben Orte oder in derselben Gemeinde bereits bestehenden und in das Handelsregister eingetragenen Firmen deutlich unterscheiden.

Hat ein Kaufman mit einem bereits eingetragenen Kaufmann die gleichen Vornamen und den gleichen Familiennamen und will auch er sich dieser Namen als seiner Firma bedienen, so muß er der Firma einen Zusatz beifügen, durch den sie sich von der bereits eingetragenen Firma deutlich unterscheidet.

Besteht an dem Orte oder in der Gemeinde, wo eine Zweigniederlassung errichtet wird, bereits eine gleiche eingetragene Firma, so muß der Firma für die Zweigniederlassung ein der Vorschrift des Abs. 2 entsprechender Zusatz beigefügt werden.

[6]) GVG. § 111—117. Die Handelsrichter sind Beisitzer in den Kammern für Handelssachen (GVG. § 100—118). Zur Ausführung des § 112 ist die Allg. Vf. des Justiz- u. Handelsministers $\frac{\text{26. Juli 79}}{\text{31. März 94}}$ (JMB. 79 S. 211 — 94 S. 93) ergangen.

zur Vertretung des Handelsstandes berufenen Organs[7]) für die Dauer von drei Jahren ernannt; eine wiederholte Ernennung ist nicht ausgeschlossen.

**5. Mitwirkung bei der Führung der Handelsregister.** G. über die Angelegenheit der freiwilligen Gerichtsbarkeit 17. Mai 98 (RGBl. 771).

**§. 126.** Die Organe des Handelsstandes[8]) sind verpflichtet, die Registergerichte[9]) behufs der Verhütung unrichtiger Eintragungen sowie behufs der Berichtigung und Vervollständigung des Handelsregisters[10]) zu unterstützen; sie sind berechtigt, Anträge zu diesem Zwecke bei den Registergerichten zu stellen und gegen Verfügungen, durch die über solche Anträge entschieden wird, das Rechtsmittel der Beschwerde zu erheben.

Die näheren Bestimmungen werden von den Landesregierungen getroffen[11]).

---

[7]) Der Handelskammer oder des Vorstandes der kaufmännischen Korporation (§ 1 der Allg. Vf.); für Berlin nur der Handelskammer. — Für das Landgericht I in Berlin ist die doppelte, sonst die dreifache Zahl der zu ernennenden Handelsrichter und stellvertretenden Handelsrichter vorzuschlagen. Sind an einer Kammer für Handelssachen mehrere Handelsvertretungen beteiligt, so wird das Vorschlagsrecht unter sie nach dem Maßstabe der Bevölkerung verteilt das. § 2. Die vorzuschlagenden Personen werden von der Handelsvertretung gewählt und zwar in gesonderter Wahl für die Handelsrichter und die stellvertretenden Handelsrichter § 3. Die Wahl kann auch einem Ausschusse der Handelskammer übertragen werden (Vf. des Justiz- u. Handelsministers 25. Nov. 99). Sie erfolgt, auch wenn sie einem Ausschusse übertragen ist, gemäß § 14 u. 34 des G. über die Handelskammern. Neuwahlen sind drei Monate vor Ablauf der Amtsdauer vorzunehmen § 4 a. a. O. Je eine Ausfertigung des Wahlprotokolls ist binnen einer Woche nach vollzogener Wahl dem Landgerichtspräsidenten und dem Regierungspräsidenten zu übersenden und von diesen binnen einer weiteren Woche mit gutachtlichem Berichte dem Justiz- und dem Handelsminister einzureichen § 5.

[8]) Die Handelskammern und kaufmännischen Korporationen, in Berlin neben der Handelskammer auch die Ältesten der Kaufmannschaft.

[9]) Registergerichte sind die Amtsgerichte (G. betr. freiw. Gerichtsbarkeit § 125). Gegen die Entscheidungen Beschwerde ans Landgericht (§ 19 ff. a. a. O.), und zwar bei Handelssachen an die etwa gebildete Kammer für Handelssachen (§ 30), gegen die Entscheidung des Beschwerdegerichts weitere Beschwerde ans Oberlandesgericht (in Preußen ans Kammergericht), das die Sache ans Reichsgericht abzugeben hat, wenn es bei Auslegung einer durch Reichsg. den Gerichten übertragenen Vorschrift der freiwilligen Gerichtsbarkeit von der Entscheidung eines andern Oberlandesgerichts oder des Reichsgerichts abweichen will (§ 28, 199 a. a. O). Bei einem Einschreiten auf Grund des HGB. § 14, 37 Abs. 1, 319 u. 325 Nr. 9 unter Androhung von Ordnungsstrafen steht dem Betroffenen zunächst Einspruch zu, über den das Registergericht befindet § 132, ebenso im Falle des HGB. § 31 Abs. 2 den Beteiligten Widerspruch gegen die Löschung der Firma § 141.

[10]) Handelsregister HGB. § 8—16, Handelsfirma das. § 17—37.

[11]) Allg. Vf. des Justizministers 7. Nov. 99 (JMB. 313):

§. 3. Der Richter hat dafür Sorge zu tragen, daß die gesetzlich vorgeschriebenen Eintragungen in das Register erfolgen. Zu diesem Zwecke und zur Vermeidung unzulässiger Eintragungen hat er in zweifelhaften Fällen, soweit der Bezirk des Amtsgerichts zu dem Bezirk einer Handelskammer oder einer der im §. 44 des G. über die H.K. bezeichneten kaufmännischen Korporationen gehört und die erforderliche Auskunft nicht auf andere Weise einfacher und schneller beschafft werden kann, in der Regel das Gutachten der genannten Organe des Handelsstandes einzuholen.

## 6. Bestellung von Revisoren zur Prüfung des Hergangs der Gründung einer Aktiengesellschaft. HGB. §. 192—194.

§. 192. Die Mitglieder des Vorstandes und des Aufsichtsraths[12]) haben den Hergang der Gründung zu prüfen.

Gehört ein Mitglied des Vorstandes oder des Aufsichtsraths zu den Gründern oder hat sich ein Mitglied einen besonderen Vortheil oder für die Gründung oder deren Vorbereitung eine Entschädigung oder Belohnung ausbedungen oder liegt ein Fall des §. 186 Abs. 2 vor, so hat außerdem eine Prüfung durch besondere Revisoren stattzufinden.

Die Revisoren werden durch das für die Vertretung des Handelsstandes berufene Organ[13]), in Ermangelung eines solchen durch das Gericht bestellt, in dessen Bezirk die Gesellschaft ihren Sitz hat.

§. 193. Die Prüfung hat sich insbesondere auf die Richtigkeit und Vollständigkeit der Angaben zu erstrecken, die in Ansehung der Zeichnung und Einzahlung des Grundkapitals sowie in Ansehung der im §. 186 vorgesehenen Festsetzungen von den Gründern gemacht sind. Der Inhalt der im §. 191 bestimmten Erklärung ist auch in der Richtung zu prüfen, ob bezüglich der Angemessenheit der für die eingelegten oder übernommenen Gegenstände gewährten Beträge Bedenken obwalten.

---

**§. 14. Gehört der Bezirk des Registergerichts zu dem Bezirk einer Handelskammer oder einer der in §. 44 des G. über die H.K. vom 19. August 1897 bezeichneten kaufmännischen Korporationen, so ist diesen**

1. von der Eintragung einer neuen Firma in das Register unter Bezeichnung des Ortes der Niederlassung oder des Sitzes der Gesellschaft, und bei Einzelkaufleuten, offenen Handelsgesellschaften, Kommanditgesellschaften und Kommanditgesellschaften auf Aktien unter Bezeichnung der Inhaber oder der persönlich haftenden Gesellschafter,
2. von der Aenderung einer eingetragenen Firma, der Inhaber oder der persönlich haftenden Gesellschafter, sowie des Ortes der Niederlassung oder des Sitzes der Gesellschaft,
3. von dem Erlöschen einer Firma

durch den Gerichtsschreiber Mittheilung zu machen.

Die Mittheilung erfolgt nach dem Schlusse jedes Kalendervierteljahres mittelst Uebersendung von Listen nach den anliegenden Formularen. Gegebenen Falls ist eine Fehlanzeige zu übersenden.

Im unmittelbaren Anschluß an die Eintragung in das Register ist von dem Gerichtsschreiber ein Vermerk in den Listen zu machen.

Gehört der Bezirk des Registergerichts nur theilweise zu dem Bezirk einer Handelskammer oder einer der im Abs. 1 bezeichneten Korporationen, so ist der Umfang der Mittheilungen entsprechend zu beschränken. —

Für Entscheidungen über Anträge, die von Handelsvertretungen bei den Registergerichten angebracht werden, sind Gerichtskosten nicht zu erheben. Wird eine Beschwerde derselben zurückgewiesen, sind keine Gebühren, sondern nur Auslagen zu erfordern (Vf. des Finanz-, Justiz- u. Handelsministers vom 16. Nov. 99).

[12]) Der Aktiengesellsch. Für Kommanditgesellsch. auf Aktien gelten die Bestimmungen mit der Maßgabe, daß die den Vorstand der Aktiengesellsch. betreffenden Vorschriften auf die persönlich haftenden Gesellschafter entsprechende Anwendung finden HGB. § 325 Ziff. 5.

[13]) Die Handelskammer oder kaufmännische Korporation; für Berlin ausschließlich durch die Handelskammer.

Ueber die Prüfung ist unter Darlegung der im Abs. 1 bezeichneten Umstände schriftlich Bericht zu erstatten.

Sind die Revisoren durch das für die Vertretung des Handelsstandes berufene Organ bestellt, so haben sie diesem ein Exemplar des Berichts einzureichen. Die Einsicht des eingereichten Berichts ist Jedem gestattet.

**§. 194.** Ergeben sich zwischen den im § 192 Abs. 2, 3 bezeichneten Revisoren und den Gründern Meinungsverschiedenheiten über den Umfang der von den Gründern zu gewährenden Aufklärungen und Nachweise, so entscheidet endgültig diejenige Stelle, von welcher die Revisoren ernannt sind. Solange sich die Gründer weigern, der Entscheidung nachzukommen, unterbleibt die Erstattung des Prüfungsberichts.

Die Revisoren haben Anspruch auf Ersatz angemessener baarer Auslagen und auf Vergütung für ihre Thätigkeit. Die Auslagen und die Vergütung werden durch die im Abs. 1 bezeichnete Stelle festgesetzt.

# II. Maße und Gewichte, amtliche Prüfung und Bezeichnung der Waren.

## 1. Einleitung.

Der Beaufsichtigung seitens des Reichs und seiner Gesetzgebung unterliegt nach RVerf. Art. 4³ die Ordnung des Maß- und Gewichtssystems. Sie ist durch die zum Reichsgesetz erhobene Maß- und Gewichtsordnung für den norddeutschen Bund erfolgt, Nr. 2. Diese beschränkt sich in technischer Beziehung auf die Festlegung eines einheitlichen Maß- und Gewichtssystems für Deutschland, während die technische Regelung im einzelnen in der von der Kaiserl. Normal-Eichungs-Kommission erlassenen Eichordnung erfolgt ist, Nr. 3. Die Verwaltung des Maß- und Gewichtswesens ist im Rahmen einiger allgemeiner, in der Maß- und Gewichtsordnung aufgestellter Grundsätze den Einzelstaaten verblieben. Sie äußert sich in der Organisation und der Beaufsichtigung der Eichungsbehörden, Nr. 4, und in der Überwachung der im öffentlichen Verkehr befindlichen Meß- und Wägemittel, Nr. 5. Eine besondere Regelung haben neuerdings die elektrischen Maßeinheiten erfahren, Nr. 6.

Während die Eichung eine behördliche Feststellung und Beglaubigung bedingt, ist für die im Verkehr der Gast- und Schankwirtschaften benutzten Schankgefäße lediglich die Bezeichnung des Raumgehalts, die eine amtliche Mitwirkung nicht erfordert, und die Einhaltung bestimmter Maßgrößen vorgeschrieben, Nr. 7[1]).

Die Verständigung über die Beschaffenheit der im Handel umgesetzten Waren ist der privaten Vereinbarung überlassen. Ein staatliches Eingreifen findet im allgemeinen nur statt, wenn gegen strafrechtliche Bestimmungen verstoßen wird. Ausnahmsweise ist für Handfeuerwaffen eine amtliche Prüfung vorgeschrieben, Nr. 8, und für Gold- und Silberwaren ein einheitliches Zeichen des Feingehalts festgestellt, dessen Benutzung von einem bestimmten Gehalt der Waren an Edelmetall abhängig ist, Nr. 9. Endlich bestehen Anstalten mit öffentlich rechtlichem Charakter zur Prüfung von Spinnstoffen auf ihren Feuchtigkeitsgehalt und ihre Beschwerung durch fremde Stoffe (Konditionieranstalten), Nr. 10.

---

[1]) Durch G. zur Bekämpfung des unlauteren Wettbewerbes § 5 ist ferner dem BR. eine allgemeine Vollmacht erteilt worden, für den Einzelverkehr in bestimmten Waren die Einhaltung vorgeschriebener Einheiten der Zahl, der Länge oder des Gewichts und die Angabe dieser Einheiten anzuordnen. Das Nähere hierüber Abschn. IV Ziff. 3.

## 2. Maaß- und Gewichtsordnung für den Norddeutschen Bund. Vom 17. August 1868[1]).

**Art. 1**[2]). Das Meter und das Kilogramm sind die Grundlagen des Maaßes und des Gewichtes[3]).

Das Meter ist die Einheit des Längenmaaßes. Es wird dargestellt durch den bei der Temperatur des schmelzenden Eises gemessenen Abstand der Endstriche auf demjenigen Maaßstab, welcher von der internationalen Generalkonferenz für Maaß und Gewicht als internationales Prototyp des Meter anerkannt

---

[1]) Die M. u. GO., am 17. Aug. 68 als G. für den norddeutschen Bund erlassen (BGBl. 473) und durch G. 10. März 70 (BGBl. 46) unerheblich geändert, ist durch G. betr. die Verfassung des Deutschen Reichs 16. April 71 (RGB. 63) § 2 Reichsgesetz geworden. Als solches seit dem 1. Jan. 72 in Kraft, hat sie durch G. 7. Dez. 73 (RGB. 377), 11. Juli 84 (RGB. 115), 26. April 93 (RGB. 151) und 1. Juni 00 (RGB. 250) Abänderungen erfahren. In Bayern gilt die M. u. GO. mit Ausnahme der Art. 15 bis 20 nach G. 26. Nov. 71, Anlage A. In Elsaß-Lothringen ist sie seit 1. Juli 75 unter verschiedenen Maßnahmen eingeführt, die für die geplante Durchführung der periodischen Nacheichung von Wert sind, G. 19. Dez. 74, Anlage B. Geltung in Helgoland seit 1. April 91 V. 22. März 91 (RGB. 21).

Inhalt und Anordnung des Stoffs: Die M. u. GO. zerfällt in drei Teile: a) der erste Teil, Art. 1—8, behandelt das Maß- und Gewichtssystem; Bestimmung der Begriffe Meter und Kilogramm Art. 1; Nachweis des Urmaßes und Urgewichts Art. 2 und 5; Ableitung des Flächen- und Körpermaßes aus dem Meter und Bezeichnungen für die Teile und die Vielfachen der Maßeinheit Art. 3, und der Gewichtseinheit Art. 6. b) Der zweite Teil, Art. 10—14 und 21 Abs. 2 umfassend, behandelt die Meß- und Wägemittel im Verkehr: Anordnung der Stempelung für Maße, Gewichte, Wagen Art. 10 Abs. 1; Alkoholometer und Thermometer Art. 11; Weinfässer Art. 12; Gasmesser Art. 13; Verbot des Gebrauchs unrichtiger Maße, Gewichte, Wagen Art. 10 Abs. 2; Bezeichnung der zur Stempelung zugelassenen Maße und Gewichte Art. 14. c) Der dritte Teil, Art. 15—20, stellt Grundsätze für die Ausführung der Eichung und Stempelung auf: Die Einrichtung, Ausrüstung und Beaufsichtigung der Eichungsämter ist Sache der Einzelstaaten Art. 15, 16, 17; als technische Zentralinstanz besteht die Kaiserl. Normal-Eichungskommission Art. 18. Durch Art. 19 ist ein im wesentlichen übereinstimmendes, aber die einzelne Eichstelle kenntlich machendes Stempelzeichen vorgesehen, das Freizügigkeit innerhalb des Reichs, jedoch mit Ausnahme von Bayern, genießt Art. 20. Diesem Teile ist nach der von den Normalen handelnde Art. 9 zuzurechnen. Die letzten Artikel enthalten Schluß- und Übergangsbestimmungen.

Quellen: a) für die M. u. GO. von 68 Reichst. des nordd. Bundes Drucks. Nr. 76 (Entw. mit Begr.) und 107 (KB.); StB. 397—426. b) für das Ergänz.G. von 84 Reichst. 84 Drucks. Nr. 82 (Entw. mit Begr.), StB. 574—579. c) für das Ergänz.G. von 93 Reichst. 92/93 Drucks. Nr. 110 (Entw. nebst Denkschrift), StB. 1280. 1668.

Bearb. Dr. Barczynski, Handbuch des deutschen Maß- und Gewichtswesens (3. Auflage. Magdeburg 01 bei E. Baensch jun).

[2]) Art. 1, 2, 3 und 5 haben ihre gegenwärtige Fassung durch G. 26. April 93, Art. 6 und 14 durch G. 11. Juli 84 erhalten.

[3]) Hiermit hat Deutschland das metrische System angenommen. Die Fassung (Anm. 2) weicht von der früheren dadurch ab, daß nach M. u. GO. 68 Art. 1 nur das Meter die Grundlage bildete und das Kilogramm aus dem Meter abgeleitet wurde. Die für das Meter früher zugelassene Bezeichnung Stab ist durch G. 11. Juli 84 beseitigt.

worden und bei dem internationalen Maaß- und Gewichtsbureau niedergelegt ist[4]).

Das Kilogramm ist die Einheit des Gewichtes. Es wird dargestellt durch die Masse desjenigen Gewichtsstückes, welches durch die internationale Generalkonferenz für Maaß und Gewicht als internationales Prototyp des Kilogramm anerkannt worden und bei dem internationalen Maaß- und Gewichtsbureau niedergelegt ist.

**Art. 2**[2]). Als Urmaaß[5]) gilt derjenige von dem Prototyp des Meter (Artikel 1, Absatz 2) abgeleitete Maaßstab aus Platin-Iridium, welcher durch die internationale Generalkonferenz für Maaß und Gewicht dem Deutschen Reiche als nationales Prototyp überwiesen worden ist. Derselbe wird von der Normal-Eichungs-Kommission aufbewahrt.

**Art. 3**[2]). Aus dem Meter werden die Einheiten des Flächenmaaßes und des Körpermaaßes — Quadratmeter und Kubikmeter — gebildet. Für die Theile und für die Vielfachen dieser Maaßeinheiten gelten folgende Bezeichnungen[6]):

---

[4]) Die internationale Generalkonferenz und das internationale Maß- und Gewichtsbureau sind Einrichtungen der von einer größeren Zahl von Staaten, worunter Deutschland, zur Sicherung der internationalen Einigung und der Vervollkommnung des metrischen Systems geschlossenen Internationalen Meterkonvention vom 20. Mai 75, Anlage C. Das metrische System beruhte ursprünglich auf der Annahme, daß das Meter den zehnmillionsten Teil des Erdquadranten darstellt; nachdem diese sich als nicht ganz zutreffend erwiesen hat, wird das Meter als die oben bezeichnete Entfernung erklärt.

[5]) Die Verteilung der nationalen Prototype erfolgte seitens der Generalkonferenz der Meterkonvention durch Verlosung, wobei auf Deutschland das Meter-Urmaß Nr. 18 fiel. Dieses ist durch die Fassung, die Art. 2 durch G. 26. April 93 erhielt, als deutsches Urmaß gesetzlich anerkannt worden und an die Stelle des im M. u. GO. 68 Art. 2 beschriebenen, im Besitze der Preußischen Regierung befindlichen Urmaßes getreten.

[6]) Folgende, im G. 17. Aug. 68 vorgesehene Bezeichnungen sind durch G. 11. Juli 84 beseitigt: Neu-Zoll für Zentimeter, Strich für Millimeter, Dekameter oder Kette für 10 Meter, Quadratstab für Quadratmeter, Kubikstab für Kubikmeter, Kanne für Liter, Schoppen für einen halben Liter, Faß für Hektoliter, Scheffel für 50 Liter. —

Für den amtlichen Verkehr und den Unterricht in den öffentlichen Lehranstalten sind folgende abgekürzten Bezeichnungen der Maße und Gewichte vorgeschrieben:

A. Längenmaße.

| | |
|---|---|
| Kilometer | km, |
| Meter | m, |
| Zentimeter | cm, |
| Millimeter | mm; |

B. Flächenmaße.

| | |
|---|---|
| Quadratkilometer | qkm, |
| Hektar | ha, |
| Ar | a, |
| Quadratmeter | qm, |
| Quadratzentimeter | qcm, |
| Quadratmillimeter | qmm; |

C. Körpermaße:

| | |
|---|---|
| Kubikmeter | cbm, |
| Hektoliter | hl, |
| Liter | l, |
| Kubikzentimeter | ccm, |
| Kubikmillimeter | cmm; |

D. Gewichte.

| | |
|---|---|
| Tonne | t, |
| Kilogramm | kg, |
| Gramm | g, |
| Milligramm | mg, |

A. Längenmaaße:

Der tausendste Theil des Meter heißt das Millimeter.

Der hundertste Theil des Meter heißt das Centimeter.

Tausend Meter heißen das Kilometer.

B. Flächenmaaße:

Hundert Quadratmeter heißen das Ar.

Zehntausend Quadratmeter oder hundert Ar heißen das Hektar.

C. Körpermaaße.

Dem tausendsten Theil des Kubikmeter wird der von einem Kilogramm reinen Wassers im Zustande seiner größten Dichtigkeit unter dem absoluten Druck einer Atmosphäre eingenommene Raum gleichgeachtet. Derselbe heißt das Liter.

Der zehnte Theil des Kubikmeter oder hundert Liter heißen das Hektoliter.

Zulässig ist die Bezeichnung von Flächen oder Räumen durch die Quadrate oder Würfel des Centimeter und des Millimeter.

**(Art. 4)**[7].

**Art. 5**[2]. Als Urgewicht gilt dasjenige von dem Prototyp des Kilogramm (Artikel 1, Absatz 3) abgeleitete Gewichtsstück aus Platin-Iridium, welches durch die internationale Generalkonferenz für Maaß und Gewicht dem Deutschen Reich als nationales Prototyp überwiesen worden ist. Dasselbe wird von der Normal-Eichungs-Kommission aufbewahrt[8].

---

BR. Beschl. 8. Okt. 77 (CB. 565), ferner für Doppelzentner dz BR. Beschl. 8. April 97 (CB. 119).

Bei Anwendung der Abkürzungen sind folgende Regeln zu beobachten:

1. Den Buchstaben werden Schlußpunkte nicht beigefügt.
2. Die Buchstaben werden an das Ende der vollständigen Zahlenausdrücke, nicht über das Dezimalkomma derselben gesetzt, also 5,37 m, nicht $5\overset{m}{,}37$ und nicht 5 m 37 cm.
3. Zur Trennung der Einerstellen von den Dezimalstellen dient das Komma, nicht der Punkt. Sonst ist das Komma bei Maß- und Gewichtszahlen nicht anzuwenden, insbesondere nicht zur Abteilung mehrstelliger Zahlenausdrücke. Solche Abteilung ist durch Anordnung der Zahlen in Gruppen zu je 3 Ziffern, vom Komma aus gerechnet, mit angemessenem Zwischenraum zwischen den Gruppen zu bewirken.

[7]) Art. 4 lautend: „Als Entfernungsmaß dient die Meile von 7500 Metern" ist durch G. 7. Dez. 73 (RGB. 377) aufgehoben.

[8]) Bei der Verlosung der nationalen Prototype (Anm. 5) fiel auf Deutschland das Kilogramm-Urgewicht Nr. 22, das durch G. 26. April 93 an die Stelle des früheren, im Art. 5 der M. u. GO. 68 beschriebenen, im Besitze der Preußischen Regierung befindlichen Urgewichts trat. — Die in der M. u. GO. 68 vorgesehenen Bezeichnungen Dekagramme oder Neu-Loth (gleich 10 Gramm), Dezigramm (gleich $\frac{1}{10}$ Gramm), Zentigramm (gleich $\frac{1}{100}$ Gramm), Pfund (gleich $\frac{1}{2}$ Kilogramm), Zentner (gleich 50 Kilogramm oder 100 Pfund) sind durch G. 11. Juli 84 beseitigt.

**Art. 6**[2]). Es gelten für Theile und Vielfache der im Artikel 1 genannten Gewichtseinheit folgende Namen:

Der tausendste Theil des Kilogramm heißt das Gramm.

Der tausendste Theil des Gramm heißt das Milligramm.

Tausend Kilogramm heißen die Tonne.

**Art. 7.** Ein von diesem Gewicht (Artikel 6) abweichendes Medizinalgewicht findet nicht statt[9]).

**(Art. 8)**[10]).

**Art. 9.** Nach beglaubigten Kopien des Urmaaßes (Artikel 2) und des Urgewichts (Artikel 5) werden die Normalmaaße und Normalgewichte hergestellt und richtig erhalten[11]).

**Art. 10.** Zum Zumessen und Zuwägen im öffentlichen Verkehr dürfen nur in Gemäßheit dieser Maaß- und Gewichtsordnung gehörig gestempelte Maaße, Gewichte und Waagen angewendet werden[12]).

---

[9]) Ein vom allgemeinen Handelsgewicht verschiedenes Medizinalgewicht war früher vielfach üblich; besonders verbreitet das Nürnberger Medizinal- und Apothekergewicht, wonach das Pfund in (12) Unzen, diese in (8) Drachmen, diese in (3) Skrupel und diese in (20) Gran zerlegt wurden. In Preußen war die Abschaffung des Medizinalgewichts schon durch G. 17. Mai 56 (GS. 595) in Aussicht genommen; sie erfolgte durch G. 16. März 67 (GS. 386). Nach Bf. der Norm.-Eich.-Komm. 6. Mai 71 (RGB. Beilage zu Nr. 23) sind Medizinalgewichte — d. h. Gewichte von 200 g abwärts, Bf. 16. März 72 (MB. 132) — den für Präzisionsgewichte erlassenen Bestimmungen unterworfen; in den Arzneiverkaufslokalen der Apotheker dürfen nur Präzisionswagen, in den übrigen Geschäftsräumen neben solchen nur Handelswagen von mindestens 5 kg Tragfähigkeit vorhanden sein Bf. 24. Okt. 82 (CB. 418). Drogenhandlungen unterliegen diesen Verpflichtungen nicht Bf. 13. Nov. 99.

[10]) Art. 8 betraf das Münzgewicht, für das es bei den im Art. 1 des Münzvertrages vom 24. Jan. 57 (GS. 312) gegebenen Bestimmungen verbleiben sollte. Danach war Münzgewicht das Pfund in der Schwere von 500 g, eingeteilt in Tausendteile mit weiterer Dezimeter-Abstufung. Aufgehoben durch G. 1. Juni 00 (Abschn. III Ziff. 3.) Art. V.

[11]) Es werden unterschieden a) die zur Ausrüstung der Aufsichtsbehörden gehörenden Hauptnormale, hergestellt nach beglaubigten Kopien des Urmaßes und des Urgewichts und mit diesen von der Norm.-Eich.-Komm. in regelmäßigen Zeitabschnitten verglichen, b) die von den Eichungsämtern geführten Eichungsnormale. Diese zerfallen in die zur Vergleichung mit den zu prüfenden Gegenständen bestimmten Gebrauchsnormale und die zur Überwachung der Gebrauchsnormale dienenden Kontrolnormale. Die Eichungsnormale sind in regelmäßiger Wiederkehr von den Aufsichtsbehörden durch Vergleich mit den Hauptnormalen zu prüfen. Eichungsnormale Art. 15.

[12]) Die Durchführung der Bestimmung ist strafrechtlich und polizeilich gesichert.

a) StGB. § 369² bestimmt:

Mit Geldstrafe bis zu einhundert Mark oder mit Haft bis zu einer Woche werden bestraft:

2. Gewerbtreibende, bei denen zum Gebrauche in ihrem Gewerbe geeignete, mit dem gesetzlichen Eichungsstempel nicht versehene oder unrichtige Maaße, Gewichte oder Waagen vorgefunden werden, oder welche sich einer anderen Verletzung der Vorschriften über die Maaß- und Gewichtspolizei schuldig machen. Neben der Geldstrafe oder der Haft ist auf

Der Gebrauch unrichtiger Maaße, Gewichte und Waagen ist untersagt, auch wenn dieselben im Uebrigen den Bestimmungen dieser Maaß- und Gewichtsordnung entsprechen. Die näheren Bestimmungen über die äußersten Grenzen der im öffentlichen Verkehr noch zu duldenden Abweichungen von der absoluten Richtigkeit erfolgen nach Vernehmung der im Artikel 18 bezeichneten technischen Behörde durch den Bundesrath[13]).

**Art. 11.** Bei dem Verkaufe weingeistiger Flüssigkeiten nach Stärkegraden dürfen zur Ermittelung des Alkoholgehaltes nur gehörig gestempelte Alkoholometer und Thermometer angewendet werden[14]).

---

die Einziehung der vorschriftswidrigen Maaße, Gewichte, Waagen oder sonstigen Meßwerkzeuge zu erkennen.

Landwirte sind keine Gewerbetreibende, also der Strafbestimmung nicht unterworfen Vf. 16. Mai 95, abweichende Entsch. Oberlandesgericht Stettin 23. Dez. 92 (Goltdammers Archiv XL 354), es sei denn daß sie ein landwirtschaftliches Nebengewerbe, wie die Zuckerfabrikation, die Branntweinbrennerei und dergl. betreiben Vf. 30. Aug. 92. Konsumvereine, die nur an ihre Mitglieder Waren absetzen, sind keine Gewerbetreibende, OV. 15. Okt. 90 (XX 426), abweichend Oberlandesgericht Dresden 22. Mai 90 (Goltdammers Archiv XXXVIII 221).

b) Die Ortspolizeibehörde übt eine Überwachung durch regelmäßig wiederkehrende Maß- und Gewichtsrevisionen aus Ziff. 5 dieses Abschn. Bei Verfehlungen Gewerbetreibender veranlaßt sie Bestrafung und Einziehung der vorschriftswidrigen Meß- und Wägemittel auf Grund StGB. § 369², sei es durch polizeiliche Strafverfügung nach G. 23. April 83 (GS. 65), wogegen binnen einer Woche auf gerichtliche Entscheidung angetragen werden kann, sei es durch Abgabe an die Staatsanwaltschaft. Bei Nichtgewerbetreibenden, z. B. Landwirten, Konsumvereinen, die nur an Mitglieder Waren absetzen, kann die Verwendung vorschriftswidriger Maße, Gewichte und Wagen durch polizeiliche Verfügung untersagt und durch die im LVG. 30. Juli 83 (GS. 195) § 132 gewährten Zwangsbefugnisse verhindert werden. Konsumvereine OV. 15. Okt. 90 (XX 426), Landwirte Vf. 16. Mai 95. Voraussetzung des Einschreitens ist das Stattfinden eines öffentlichen Verkehrs, für den die Meß- und Wägemittel verwendet werden können, d. h. eines Verkehrs, der mit dem Publikum stattfindet und im Gegensatz zu inneren Vorgängen des Betriebes nach außen tritt. Auch von Produktionsstätten und Fabriken aus kann ein solcher Verkehr stattfinden Vf. 10. April 94 (MB. 82). Die polizeiliche Überwachung ist danach in den Räumen ausgeschlossen, in denen Waren nur angefertigt werden und kein öffentlicher Gewerbeverkehr stattfindet, OV. 20. Sept. 94 (XXVII 325). Keinen öffentlichen Verkehr von der Fabrik aus bildet die Benutzung von Maß und Gewicht zur Lohnfeststellung von Akkordarbeiten Vf. 10. April 94 (MB. 82), ebensowenig der Verkauf von Erzeugnissen, wenn nur ausnahmsweise aus Gefälligkeit einzelnen Kunden gestattet wird, auf vorherige Bestellung einzelne Materialien bei dringendem Bedarfe von der Fabrikationsstätte zu beziehen OV. 4. Okt. 99.

[13]) Bek. RKz. 27. Juli 85, Anlage D. Die hiernach im Verkehr zulässigen Abweichungen werden als Verkehrsfehlergrenzen bezeichnet, während die bei der Eichung von den Eichungsstellen einzuhaltenden Grenzen Eichfehlergrenzen genannt werden. Letztere werden von der Norm.-Eich.-Kom. festgesetzt Art. 18 Abs. 3 und betragen im allgemeinen die Hälfte der Verkehrsfehlergrenzen.

[14]) Für die Preisbestimmung weingeisthaltiger Flüssigkeiten ist von besonderer Bedeutung der Alkoholgehalt, der sich in Hundertteilen entweder des Volumens oder des Gewichts der Mischung ausdrücken läßt. Zur Eichung sind nur solche Thermo-Alkoholometer zugelassen, welche die Spiritusstärke bei einer Wärme von 15 Grad C in Gewichtshundertteilen angeben. — Die Thermo-Alkoholometer sind keine eigentlichen Maße, sondern

**Art. 12.** Der in Fässern zum Verkauf kommende Wein darf dem Käufer nur in solchen Fässern, auf welchen die den Raumgehalt bildende Zahl der Liter durch Stempelung beglaubigt ist, überliefert werden[15]).

Eine Ausnahme hiervon findet nur bezüglich desjenigen ausländischen Weines statt, welcher in den Originalgebinden weiter verkauft wird[16]).

**Art. 13.** Gasmesser, nach welchen die Vergütung für den Verbrauch von Leuchtgas bestimmt wird, sollen gehörig gestempelt sein.

**Art. 14**[2]). Zur Eichung[17]) und Stempelung sind zuzulassen:

---

Meßwerkzeuge; die Verwendung ungeeichter oder unrichtiger Thermo-Alkoholometer beim Verkauf weingeisthaltiger Flüssigkeiten, nicht aber schon der Besitz solcher ist nach StGB. § 369² strafbar.

[15]) Fässer sind keine Maße, sondern Überlieferungsgefäße, fallen deshalb nicht unter Art. 10. Für andere Fässer als Weinfässer besteht kein Eichzwang, namentlich nicht für Bierfässer. Der Besitz ungeeichter, leerer oder gefüllter Weinfässer ist auch dem Weinhändler nicht verboten, sondern nur die Überlieferung des Weins an den Käufer in ungeeichten oder unrichtigen Fässern.

[16]) Diese Bestimmung gilt auch für den Faßweinverkehr zwischen Bayern und dem übrigen Reichsgebiete, weil Art. 20 in Bayern keine Anwendung findet G. 26. Nov. 71 (Anl. A) § 3, dieser Staat somit hinsichtlich des Deutschen Eichstempels Ausland ist. Hiernach dürfen Weine in Fässern mit dem bayerischen Eichstempel nach dem übrigen Reichsgebiet eingeführt, dort gelagert und in den Originalgebinden weiter verkauft werden. Die entleerten Fässer dürfen jedoch zu Weinsendungen im Reichsgebiete nicht weiter verwendet und ebensowenig dürfen leere Fässer mit bayerischem Stempel eingeführt und nach Befüllung zurückgeliefert werden. Das Gleiche gilt umgekehrt für den Verkehr von Fässern mit der Reichseiche in Bayern Bf. 2. Mai 00, A 1526.

[17]) Unter Eichung wird nach dem gegenwärtigen Sprachgebrauche der gesamte Vorgang der amtlichen Prüfung, einschließlich der Stempelung, verstanden. — Die ursprüngliche Schreibweise war Eichung, so auch in der M. u. GO. 68, seit Ende 80 wurde auf Anordnung des Reichskanzlers Aichung geschrieben. Die mit 03 zur Anwendung kommende neue Rechtschreibung ist wieder auf die frühere und wohl richtige Schreibweise (Eichung) zurückgekommen. — Die Ausschaltung verschiedener nach der M. u. GO. 68 zulässiger Bezeichnungen, Anm. 6 u. 8, hatte zur Folge, daß viele Maße und Gewichte, die nach den bisherigen Bestimmungen hergestellt waren, den Bestimmungen des G. 11. Juli 84 nicht entsprachen. § 2 dieses G. ermächtigt den Bundesrat zu Übergangsbestimmungen, erlassen durch Bek. 30. Okt. 84 (RGB. 215):

§. 1. Die in Gemäßheit der Bestimmungen der M. G. O. vom 17. August 1868 (B. G. Bl. S. 473) und der Eich.O. vom 16. Juli 1869 (besondere Beilage zu Nr. 32 des B. G. Bl.), sowie der Nachträge zu letzterer hergestellten Maße, Meßwerkzeuge und Gewichte sollen, auch wenn sie den Bestimmungen des §. 1 des Gesetzes vom 11. Juli 1884 und den in Ausführung desselben ergehenden technischen Vorschriften nicht entsprechen,

zur Eichung und Stempelung bis zum 31. Dezember 1886,

zur Wiederholung der Eichung und Stempelung aber bis zum 31. Dezember 1896

zugelassen werden.

Der Zeitpunkt, bis zu welchem sie im öffentlichen Verkehr auch über letzteren Termin hinaus noch geduldet werden sollen, bleibt weiterer Bestimmung vorbehalten.

Durch fernere Bek. 7. Jan. 97 (RGB. 2) ist diese Bestimmung dahin geändert worden, daß die dort erwähnten diejenigen Längenmaaße, welche dem Meter oder seinen ganzen Vielfachen, oder seiner Hälfte, seinem fünften oder seinem zehnten Theile entsprechen;

diejenigen Körpermaaße, welche dem Kubikmeter, dem Hektoliter, dem halben Hektoliter oder den ganzen Vielfachen dieser Maaßgrößen, oder dem Liter, seinem Zwei-, Fünf-, Zehn- oder Zwanzigfachen, oder seiner Hälfte, seinem fünften, zehnten, zwanzigsten, fünfzigsten oder hundertsten Theile entsprechen;

diejenigen Gewichte, welche dem Kilogramm, dem Gramm oder dem Milligramm oder dem Zwei-, Fünf-, Zehn-, Zwanzig- oder Fünfzigfachen dieser Größe, oder der Hälfte, dem fünften oder dem zehnten Theile des Kilogramm oder des Gramm entsprechen.

Zulässig ist ferner die Eichung und Stempelung des Viertel-Hektoliter, sowie des Viertel-Liter.

**Art. 15**[18]). Das Geschäft der Eichung und Stempelung wird ausschließlich durch Eichungsämter ausgeübt, deren Personal von der Obrigkeit bestellt wird. Diese Aemter werden mit den erforderlichen, nach den Normalmaaßen und Gewichten (Artikel 9) hergestellten Eichungsnormalen, beziehungsweise mit den erforderlichen Normalapparaten versehen. Die für die Eichung und Stempelung zu erhebenden Gebühren werden durch eine allgemeine Taxe geregelt (Artikel 18)[19]).

Maße, Meßwerkzeuge und Gewichte, sofern sie von den neuen Vorschriften nur in Form oder Bezeichnung abweichen, auch über den 31. Dez. 96 hinaus bis zu einem durch die Norm.-Eich.-Kom. zu bestimmenden Zeitpunkte zur Wiederholung der Eichung und Stempelung zugelassen werden können, mit Ausnahme der Gegenstände, die die Bezeichnung Kette, Stab, Kanne, Schoppen, Faß, Scheffel, Neulot oder N. L. tragen. Die Bestimmung der einzelnen, nach diesen Vorschriften noch zuzulassenden Gegenstände ist der Norm.-Eich.-Kom. übertragen; erfolgt durch Bek. 30. Dez. 84 (RGB. 85 Beil. zu Nr. 5) und 8. Jan. 97 (RGB. Beil. zu Nr. 1).

[18]) Die Art. 15—20 finden auf Bayern keine Anwendung Anm. 1 und Anl. A.

[19]) Die für jeden Zweig des Eichungswesens erforderlichen Ausrüstungsgegenstände sind von der Norm.-Eich.-Kom. festgesetzt worden Instr. v. 1. Mai 85 Anl. C zum 1. Abschn.; sie umfassen außer Gebrauchs- und Kontrollnormalen (Anm 11) Hilfsmittel und Stempel. — Die Gebühren sind in der von der Norm.-Eich.-Kom. erlassenen Eichgebührentaxe 28. Dez. 84 (RGB. 85 Beil. zu Nr. 5) bindend festgestellt. Spalte A enthält die Gebührensätze für die Prüfung und Stempelung, Spalte B für Berichtigungen die den Eichämtern obliegen, Spalte C für Prüfungen ohne darauf folgende Stempelung. — Für Eichungsgeschäfte außerhalb der Amtsstelle, mögen dieselben auf dienstliche Anordnung oder auf Verlangen der Beteiligten vorgenommen werden, sind neben den taxmäßigen Gebühren durch die Eichungsbeamten zu berechnen:

a) an Tagegeldern je nach der auf das Geschäft einschließlich der Hin- und Rückreise verwendeten Zeit:
   für einen halben Tag (5 Stunden und weniger) 3,50 M.
   bei längerer Zeitdauer für jeden Tag . . . 7,00 M.

b) die durch eine den Umständen angemessene Art der Hin- und Rückbeförderung erwachsenen Kosten;

**Art. 16.** Die Errichtung der Eichungsämter (Artikel 15) steht den Bundesregierungen zu, und erfolgt nach den Landesgesetzen[20]). Dieselben können auf einen einzelnen Zweig des Eichungsgeschäfts beschränkt sein, oder mehrere Zweige desselben umfassen.

**Art. 17.** Die Bundesregierungen haben jede für sich oder mehrere gemeinschaftlich, zum Zweck der Aufsicht über die Geschäftsführung und die ordnungsmäßige Unterhaltung der Eichungsämter die erforderlichen Anordnungen zu treffen. In gleicher Weise liegt ihnen die Fürsorge für eine periodisch wiederkehrende Vergleichung der im Gebrauche der Eichungsämter befindlichen Eichungsnormale (Art. 15) mit den Normalmaaßen und Gewichten ob.[11])

**Art. 18.** Es wird eine Normal-Eichungs-Kommission vom Bunde bestellt und unterhalten[21]). Dieselbe hat ihren Sitz in Berlin.

Die Normal-Eichungs-Kommission hat darüber zu wachen, daß im gesammten Bundesgebiete das Eichungswesen nach übereinstimmenden Regeln und dem Interesse des Verkehrs entsprechend gehandhabt werde. Ihr liegt die Anfertigung und Verabfolgung der Normale (Artikel 9) ob, soweit nöthig auch der Eichungsnormale (Artikel 15) an die Eichungsstellen des Bundes ob, und ist sie daher mit den für ihren Geschäftsbetrieb nöthigen Instrumenten und Apparaten auszurüsten.

Die Normal-Eichungs-Kommission hat die näheren Vorschriften über Material, Gestalt, Bezeichnung und sonstige Beschaffenheit der Maaße und Gewichte, ferner über die von Seiten der Eichungsstellen innezuhaltenden Fehlergrenzen zu erlassen[22]). Sie bestimmt, welche Arten von Waagen im

---

c) die Auslagen für die Versendung der zu dem Geschäfte erforderlichen technischen Hülfsmittel, sowie für die durch den Eichungsbeamten etwa beschaffte Arbeitshülfe.

Auf die Prüfungs- und Beglaubigungsgeschäfte der Eichungs-Aufsichtsbeamten finden die vorstehenden Bestimmungen unter a und b keine Anwendung Eichgebührentaxe, Allgemeine Bestimmungen Ziff. 4. Nach Ziff. 6 ebenda haben sich Eichungsstellen jeglicher Bewilligung von unmittelbaren oder mittelbaren Ermäßigungen der vorgeschrieben Gebühren, insbesondere auch jeglicher Vergünstigung, welche in einer vollständigen oder teilweisen Übernahme der Beförderungskosten für die zu eichenden Gegenstände, in einer Stundung der Eichgebühren und dergleichen bestehen könnte, unbedingt zu enthalten, sowie überhaupt alle über pünktliche Förderung und solide Ausführung der Eichungsarbeiten hinausgehenden Maßnahmen, welche die Erweiterung des Geschäftskreises einer Eichungsstelle zu Ungunsten anderer zur Folge haben könnten, gänzlich zu vermeiden.

[20]) Preußen G. 26. Nov. 69, Ziff. 4 dieses Abschn.

[21]) Errichtet durch Bek. des Bundeskanzlers 16. Febr. 69 (BGBl. 46). Am 1. April 69 sind auf sie die Geschäfte der Preußischen Norm.-Eich.-Kom. übergegangen Vf. 20. März 69 (MB. 60). — Instruktion für die Norm.-Eich.-Kom. 21. Juli 69, Anlage E. — Dienstgebäude Charlottenburg bei Berlin, Werner Siemensstr. 27/28. — Veröffentlichungsblatt sind die „Mitteilungen der Kaiserlichen Normal-Eichungs-Kommission", die je nach Bedarf bei Julius Springer in Berlin erscheinen.

[22]) Die Vorschriften sind in der Hauptsache enthalten in der Eichordnung vom 27. Dez. 84, Ziff. 3 dieses Abschn., und der Eichgebührentaxe vom 28. Dez. 84, Anm. 19. Zur Erläuterung der Eichordnung dient die Instr. 1. Mai 85. — Eine Zu-

öffentlichen Verkehr oder nur zu besonderen gewerblichen Zwecken angewendet werden dürfen und setzt die Bedingungen der Stempelfähigkeit fest. Sie hat ferner das Erforderliche über die Einrichtung der sonst in dieser Maaß- und Gewichts-Ordnung aufgestellten Meßwerkzeuge vorzuschreiben, so wie über die Zulassung anderweiter Geräthschaften zur Eichung und Stempelung zu entscheiden. Der Normal-Eichungs-Kommission liegt es ob, das bei der Eichung und Stempelung zu beobachtende Verfahren und die Taxen für die von den Eichungsstellen zu erhebenden Gebühren (Artikel 15) festzusetzen und überhaupt alle die technische Seite des Eichungswesens betreffenden Gegenstände zu regeln[23]).

**Art. 19.** Sämmtliche Eichungsstellen des Bundesgebiets haben sich, neben dem jeder Stelle eigenthümlichen Zeichen, eines übereinstimmenden Stempelzeichens zur Beglaubigung der von ihnen geeichten Gegenstände zu bedienen.

Diese Stempelzeichen werden von der Normal-Eichungs-Kommission bestimmt[24]).

**Art. 20.** Maaße, Gewichte und Meßwerkzeuge, welche von einer Eichungsstelle des Bundesgebiets geeicht und mit dem vorschriftsmäßigen Stempelzeichen beglaubigt sind, dürfen im ganzen Umfange des Bundesgebiets im öffentlichen Verkehr angewendet werden[25]).

**Art. 21.** Diese Maaß- und Gewichtsordnung tritt mit dem 1. Januar 1872 in Kraft.

---

sammenstellung der Vorschriften, die für die große Mehrheit der Eichungsstellen allein von praktischer Bedeutung sind, hat die Norm.-Eich.-Kom. bei Julius Springer zu Berlin erscheinen lassen. Preis 2 M. Bf. 16. Okt. 88 (MB. 203). — Nicht ganz im Rahmen der im Art. 18 begründeten Zuständigkeit halten sich die Bestimmungen der Norm.-Eich.-Kom. über die Beglaubigung von Fischversandgefäßen für den Eisenbahnverkehr 11. April 90. Derartige Gefäße aus Holz oder Metall können, obschon sie nicht eichfähig sind, von den von den Landesbehörden bestimmten Eichämtern auf den Raumgehalt geprüft und durch Einbrennen oder Aufschlagen des Wortes „Eichamt" und die darunter gesetzten, durch einen horizontalen Strich in Bruchform getrennten Ordnungsnummern des Amtes beglaubigt werden. — Die Zuständigkeit der Norm.-Eich.-Kom. erstreckt sich nicht auf Bayern, wo eine eigene Norm.-Eich.-Kom. mit gleichartigen Befugnissen besteht G. 20. Nov. 71, Anl. A.

[23]) Die sogenannten Eichfehlergrenzen im Gegensatz zu den Verkehrsfehlergrenzen Art. 10 und Anm. 13.

[24]) Teil 2 der Eichordnung Ziff. 3 dieses Abschn. — Über die Entziehung der Beglaubigung hat der Bundesrat folgende Anordnung getroffen Bek. RKz. 22. März 76 (RGB. 123):

Die Eichungsbehörden haben denjenigen, mit dem Eichungsstempel versehenen Maaßen, Gewichten, Waagen oder sonstigen Meßwerkzeugen, welche bei einer eichamtlichen Prüfung vorschriftswidrig befunden werden, vor deren Rückgabe die Beglaubigung ihrer Zulässigkeit im öffentlichen Verkehr durch Vernichtung des Stempels zu entziehen, wenn die nach den bestehenden Bestimmungen zulässige Berichtigung entweder an sich oder wegen des Widerspruchs der Betheiligten nicht bewirkt werden kann.

Für die Vernichtung des Stempels ist ein besonderes Stempelzeichen vorgesehen Eich-O. § 79.

[25]) Jedoch mit Ausnahme von Bayern, weil Art. 20 dort keine Anwendung findet G. 20. Nov. 71, Anl. A. Wegen der

Die Landesregierungen haben die Verhältnißzahlen für die Umrechnung der bisherigen Landesmaaße und Gewichte in die neuen festzustellen und bekannt zu machen[26]), und sonst alle Anordnungen zu treffen, welche, außer den nach Artikel 18 der technischen Bundes-Centralbehörde vorbehaltenen Vorschriften, zur Sicherung der Ein- und Durchführung der in dieser Maaß- und Gewichtsordnung, namentlich in Artikel 10, 11, 12 und 13 enthaltenen Bestimmungen erforderlich sind[27]).

**(Art. 22. 23)**[28]).

## Anlagen zur Maß- und Gewichts-Ordnung.

### Anlage A (zu Anmerkung 1).

**Gesetz betreffend die Einführung der Maaß- und Gewichtsordnung für den Norddeutschen Bund vom 17. Aug. 68 in Bayern.** Vom 26. Nov. 71 (RGB. 397).

§. 1. Die Maaß- und Gewichtsordnung für den Norddeutschen Bund vom 17. August 1868 wird nach Maßgabe der in den nachfolgenden Paragraphen enthaltenen näheren Bestimmungen vom 1. Januar 1872 an als Reichsgesetz im Königreiche Bayern eingeführt.

(§. 2)[1]).

§. 3. Die Artikel 15 bis 20 der Maaß- und Gewichtsordnung vom 17. August 1868 leiden auf Bayern keine Anwendung. Es bleiben daselbst die Artikel 11 und 12 des bayerischen Gesetzes, die Maaß- und Gewichtsordnung betreffend, vom 29. April 1869 in Kraft, welche folgendermaßen lauten:

Artikel 11.

Die Eichung und Stempelung erfolgt ausschließlich durch obrigkeitlich bestellte Personen, welche mit den erforderlichen, nach den Normalmaaßen und Gewichten hergestellten Eichungsnormalen versehen sind.

Die Anfertigung der Eichungsnormale und deren periodisch wiederkehrende Vergleichung mit den Normalmaaßen und Gewichten fällt in den Geschäftskreis der Normal-Eichungs-Kommission.

Artikel 12.

Die Vorschriften über die innere Einrichtung und den Geschäfts-Betrieb der Normal-Eichungskommission, sowie über die Bestellung, Unterhaltung

---

Überlieferung von Wein in Fässern mit bayerischem Eichstempel im übrigen Reichsgebiete Anm. 16.

[26]) Für Preußen V. 13. Mai 69 (G. S. 746).

[27]) Die Anordnungen für Preußen Ziff. 5 dieses Abschn.

[28]) Übergangsbestimmungen. Nach Art. 22 war die Anwendung der der M. u. GO. entsprechenden Maße und Gewichte bereits vom 1. Jan. 70 an gestattet, sofern die Beteiligten hierüber einig waren. Nach Art. 23 sollte die Norm.-Eich.-Kom. alsbald nach Verkündigung der M. u. GO. in Tätigkeit treten, um die Eichungsbehörden bis zu dem im Art. 22 angegebenen Zeitpunkte, 1. Jan. 70, zur Eichung der ihnen vorgelegten Maße und Gewichte in den Stand zu setzen.

[1]) Übergangsbestimmung.

und den Wirkungskreis der zur Ausführung dieses Gesetzes noch weiter erforderlichen technischen Organe;

die Vorschriften über Material, Gestalt, Bezeichnung und sonstige Beschaffenheit der Maaße und Gewichte und der übrigen Meßvorrichtungen, welche zu eichen und zu stempeln sind;

die Bestimmung darüber, welche Arten von Waagen im öffentlichen Verkehre oder nur zu besonderen gewerblichen Zwecken angewendet werden dürfen, sowie die Festsetzung der Bedingungen ihrer Stempelfähigkeit;

die Vorschriften über das Verfahren bei der Eichung und Stempelung, über die hierbei inne zu haltenden Fehlergrenzen, dann über die Stempel- und Eichzeichen, die Feststellung der Termine, in welchen die zum Messen und Wägen im öffentlichen Verkehre dienenden Maaße, Gewichte, Waagen und Meßvorrichtungen der wiederholten Eichung und Stempelung zu unterziehen sind;

die Bestimmung der Maaße, Gewichte, Waagen und Meßvorrichtungen, welche jeder Gewerbetreibende zum Betriebe seines Geschäfts haben muß;

die Vorschriften über die Visitationen der Maaße, Gewichte, Waagen und Meßvorrichtungen;

die Festsetzung der Eich- und Verifikationsgebühren werden der Verordnung vorbehalten.

Es hat jedoch die bayerische Normal-Eichungs-Kommission die von ihr anzuwendenden Normale von der Normal-Eichungs-Kommission des Deutschen Reichs zu beziehen. Die Vorschriften über Material, Gestalt, Bezeichnung und sonstige Beschaffenheit der Maaße und Gewichte, über die Bedingungen der Stempelfähigkeit der Waagen, über die Einrichtung der sonstigen Meßwerkzeuge, sowie über die Zulassung anderweiter Geräthschaften zur Eichung und Stempelung gleichförmig mit denen der Normal-Eichungs-Kommission des Reichs zu erlassen und das bei der Eichung und Stempelung zu beobachtende Verfahren, sowie die von Seiten der Eichungsstellen inne zu haltenden Fehlergrenzen gleichmäßig zu bestimmen.

---

## Anlage B (zu Anmerkung 1).

### Gesetz betreffend Einführung der Maaß- und Gewichtsordnung vom 17. Aug. 68 in Elsaß-Lothringen. Vom 19. Dez. 74. (RGB. 75 S. 1.)

§. 1. Die zum Reichsgesetz erklärte Maaß- und Gewichtsordnung für den Norddeutschen Bund vom 17. August 1868 tritt in der aus der Anlage sich ergebenden Fassung am 1. Juli 1875 in Elsaß-Lothringen in Kraft.

(Abs. 2 und 3)[1].

§. 2. Außer der durch die Maaß- und Gewichtsordnung vorgeschriebenen (ersten) Eichung findet eine periodische Nacheichung statt. Die Bestimmung,

---

[1]) Übergangsbestimmung.

zu welcher Zeit die Nacheichung vorzunehmen ist, bei welchen Gewerbetreibenden die Maaße, Gewichte und Meßwerkzeuge der Nacheichung zu unterziehen sind, und mit welcher Zahl und Art von Maaßen, Gewichten und Meßwerkzeugen diese Gewerbetreibenden versehen sein müssen, welche Gebühren für die Nacheichung und für die dabei vorkommenden Berichtigungsarbeiten zu entrichten sind, trifft der Oberpräsident[2]). Für Behörden und öffentliche Anstalten erfolgt die Nacheichung gebührenfrei.

§. 3. Die Eichungsämter (Artikel 15 der Maaß- und Gewichtsordnung) sind staatliche Anstalten. Denselben liegt auch die Nacheichung ob.

Jedes Eichungsamt wird mit einem oder, wo der Geschäftsumfang es erfordert, mit zwei Eichmeistern besetzt.

Die Eichmeister müssen ihre Befähigung durch eine Prüfung nachgewiesen haben. Der Oberpräsident trifft die näheren Bestimmungen über die Prüfung; er setzt die Bezirke der Eichungsämter fest und ernennt die Eichmeister. Die Letzteren haben vor Uebernahme des Dienstes den durch §. 1 des die Vereidigung der Staatsbeamten betreffenden Gesetzes vom 20. September 1871 (Gesetzbl. für Elsaß-Lothringen S. 339) vorgeschriebenen Diensteid vor dem Landgericht ihres Dienstwohnorts zu leisten. Wird ein Eichmeister in den Bezirk eines anderen Landgerichts versetzt, so ist auf der Gerichtsschreiberei des letzteren eine Ausfertigung des Vereidigungsprotokolls zu hinterlegen.

§. 4. Den Eichmeistern liegt außer dem Eichungsgeschäft ob, innerhalb ihres Bezirks die Beachtung der auf die Maaße, Gewichte und Meßwerkzeuge bezüglichen Vorschriften zu überwachen und wegen Zuwiderhandlungen die strafgerichtliche Verfolgung zu veranlassen. In Ausübung dieser Thätigkeit sind die Eichmeister Hülfsbeamte der gerichtlichen Polizei und der Staats-

---

[2]) Aus der Bf. 27. Mai 76, geändert durch Bf. 4. März 81 ist folgendes hervorzuheben. Die periodische Nacheichung der Maße, Gewichte und Wagen findet alle zwei Jahre, in Orten mit bedeutendem Geschäftsverkehre alle Jahre statt § 1. Es ist ein Verzeichnis der der Nacheichung unterliegenden Kategorien und Klassen von Gewerbetreibenden aufgestellt und bestimmt, mit welcher Zahl und Art eichpflichtiger Gegenstände diese mindestens versehen sein müssen. Danach sind die Gebühren bemessen, während die Nacheichung der darüber hinaus vorhandenen Meß- und Wägemittel gebührenfrei erfolgt § 3. Die Nacheichung findet zu vorher bestimmter Zeit in den einzelnen Gemeinden tunlichst in einem von der Gemeinde bereit gestellten Lokale, am Sitze des Eichungsbeamten in seinem Dienstlokale statt § 5, 6. Sie wird durch Anbringung eines besonderen Stempelzeichens beglaubigt § 9. Die Gebühren werden durch die Steuerempfänger erhoben § 15. Berichtigungen, die sich ohne erheblichen Zeitverlust an Ort und Stelle ausfuhren lassen, sind unentgeltlich vorzunehmen § 10. Die Herbeiführung anderer Berichtigungen ist dem Gewerbetreibenden unter Bestimmung einer Frist aufzugeben § 11 Abs. 1. Nicht berichtigungsfähige Gegenstände sind durch Vernichtung des früheren Beglaubigungszeichens für den Verkehr untauglich zu machen das. Abs. 2. Nach Beendigung des Nacheichungsgeschäfts bei einem Gewerbetreibenden vorgefundene eichpflichtige Gegenstände ohne das vorgeschriebene Stempelzeichen machen ihn strafbar § 9 Abs. 2. Ein Gewerbetreibender, der nicht die seiner Klasse entsprechende Zahl und Art von eichpflichtigen Gegenständen zur Nacheichung vorführt, ist unter Bestimmung einer Frist zur Ergänzung zu veranlassen § 12.

anwaltschaft unterstellt. Vor Gericht machen die wegen Zuwiderhandlungen der bezeichneten Art von ihnen innerhalb vierundzwanzig Stunden nach der Entdeckung errichteten und eigenhändig geschriebenen Protokolle für die darin bekundeten Thatsachen Beweis bis zur Erbringung des Gegenbeweises. Die Eichmeister sind befugt, die den gesetzlichen Bestimmungen nicht entsprechenden Maaße, Gewichte und Meßwerkzeuge, welche sie im öffentlichen Verkehr antreffen, mit Beschlag zu belegen.

Behufs Vornahme der Nacheichung dürfen sie in die Wohnung der Eichungspflichtigen nur am Tage, in die von Gewerbetreibenden benutzten Verkaufsstätten jedoch so lange eintreten, als letztere dem Publikum geöffnet sind.

**§. 5.** Die Eichungsämter sind in technischer Beziehung der Eichungsinspektion (§. 7), im Uebrigen den Bezirkspräsidenten unmittelbar untergeordnet, unbeschadet jedoch des im §. 4 vorgesehenen Aufsichtsrechts der Staatsanwaltschaft. Die näheren Bestimmungen über die Geschäftsführung der Eichungsämter und deren Beaufsichtigung werden von dem Oberpräsidenten erlassen.

**§. 6.** Die Gebühren für die Geschäfte der Eichungsämter werden für Rechnung des Landes durch die Steuerempfänger erhoben. Für die Erhebung der Gebühren und die Erledigung der dagegen gerichteten Beschwerden sind die auf die direkten Steuern bezüglichen Vorschriften maßgebend. Die weitere Regelung des Verfahrens erfolgt durch den Oberpräsidenten.

**§. 7.** Die Aufsicht über die technische Geschäftsführung der Eichungsämter, sowie die Fürsorge für eine periodisch wiederkehrende Vergleichung der im Gebrauche der Eichungsämter befindlichen Eichungsnormale mit den Normalmaaßen und Gewichten (Artikel 17 der Maaß- und Gewichtsordnung) liegt der Eichungsinspektion ob, welche ihren Sitz in Straßburg hat. Dieselbe ist in technischer Beziehung der Normal-Eichungskommission (Artikel 18 der Maaß- und Gewichtsordnung), im Uebrigen dem Oberpräsidenten unmittelbar untergeordnet, welcher ihre Geschäftsführung regelt. Die Mitglieder der Eichungsinspektion werden von dem Oberpräsidenten im Einvernehmen mit der Normal-Eichungskommission ernannt.

Die Eichungsinspektion versieht für den Eichungsbezirk, in welchem sie ihren Sitz hat, zugleich die Geschäfte des Eichungsamtes.

**§. 8.** Gemeinden, welche die erforderlichen Einrichtungen beschaffen, ist die Errichtung eines Faßeichungsamtes als Gemeindeanstalt gestattet.

Die Eichungsbeamten solcher Anstalten (Faßeichmeister) werden von dem Kreisdirektor im Einvernehmen mit der Eichungsinspektion ernannt und vor Uebernahme des Dienstes auf treue und gewissenhafte Pflichterfüllung von dem Kreisdirektor vereidigt.

Die Faßeichungsämter sind hinsichtlich ihrer technischen Geschäftsführung in gleicher Weise wie die Eichungsämter der Eichungsinspektion unterstellt.

Die Gebühren für die Geschäfte derselben werden für Rechnung der Gemeinden erhoben. Die Erhebung dieser Gebühren wird durch den Oberpräsidenten geregelt.

(§. 9)[3].

(§. 10)[4].

## Anlage C (zu Anmerkung 4).

### Internationale Meterkonvention vom 20. Mai 75. (RGB. 76 S. 191)[1].

Seine Majestät der Deutsche Kaiser, Seine Majestät der Kaiser von Oesterreich und König von Ungarn, Seine Majestät der König der Belgier, Seine Majestät der Kaiser von Brasilien, Seine Excellenz der Präsident der Argentinischen Konföderation, Seine Majestät der König von Dänemark, Seine Majestät der König von Spanien, Seine Excellenz der Präsident der Vereinigten Staaten von Amerika, Seine Excellenz der Präsident der Französischen Republik, Seine Majestät der König von Italien, Seine Excellenz der Präsident der Republik Peru, Seine Majestät der König von Portugal und Algarbien, Seine Majestät der Kaiser aller Reußen, Seine Majestät der König von Schweden und Norwegen, Seine Excellenz der Präsident der Schweizerischen Eidgenossenschaft, Seine Majestät der Kaiser der Osmanen, und Seine Excellenz der Präsident der Republik Venezuela haben, vom Wunsche geleitet, die internationale Einigung und die Vervollkommnung des metrischen Systems zu sichern, beschlossen, zu diesem Behufe einen Vertrag abzuschließen und haben zu Ihren Bevollmächtigten ernannt:

(Es folgen die Namen der Bevollmächtigten)

welche, nach gegenseitiger Mittheilung ihrer in guter und gehöriger Form befundenen Vollmachten, Nachstehendes vereinbart haben:

**Art. 1.** Die Hohen vertragschließenden Theile kommen überein, unter dem Namen: „Internationales Maaß- und Gewichtsbüreau" ein wissenschaftliches und permanentes Institut, mit dem Sitze in Paris, auf gemeinschaftliche Kosten zu gründen und zu unterhalten.

---

[3]) Übergangsbestimmung.

[4]) Aufhebung der entgegenstehenden französischen Bestimmungen.

[1]) Vom Abdruck des französischen Textes des Abkommens ist abgesehen worden. Von den im Eingange erwähnten Staaten haben die Vereinigten Staaten von Amerika und Venezuela den Vertrag nicht ratifiziert. Nachträglich beigetreten sind Serbien (79), Rumänien (82), Großbritanien (84) Bek. RKz. 30. Dez. 84 (RGB. 85, S. 1), Japan (85) Bek. 9. Nov. 85 (RGB. 287) und Mexiko (90) Bek. 23. Febr. 91 (RGB. 19), während Brasilien und die Türkei wieder ausgeschieden sind Mitt. der Norm.-Eich.-Kom. 27. Febr. 90 (I S. 139). — Der Zweck des Abkommens ist in der Eingangsformel dargelegt. Organe der Meterkonvention sind die aus Delegierten der Regierungen bestehende Generalkonferenz Art. 3, das internationale Komitee für Maße und Gewichte Art. 3, und das unter dessen Leitung und Aufsicht stehende internationale Maß- und Gewichtsbureau Art. 1, dessen Organisation und Aufgaben den wesentlichen Inhalt der Abmachung bilden Art. 5—8. Die Beitragsleistung der einzelnen Staaten ist in den Art. 9—11 geregelt. Dauer des Vertrages und Kündigung Art. 13. Ausführungsbestimmungen enthält das in Art. 2 und 5 erwähnte Reglement (RGB. 76 S. 201).

**Art. 2.** Die französische Regierung wird die nöthigen Maßregeln treffen, um die Erwerbung oder betreffenden Falles die Erbauung eines speziell diesem Zwecke dienenden Gebäudes, entsprechend den Bedingungen, welche in dem dem gegenwärtigen Vertrage beigefügten Reglement enthalten sind, zu erleichtern.

**Art. 3.** Das internationale Büreau wird unter der ausschließlichen Leitung und Aufsicht eines internationalen Komités[2]) für Maaß und Gewicht stehen, welches seinerseits unter die Autorität einer aus Delegierten aller vertragschließenden Regierungen zusammengesetzten Generalkonferenz[3]) für Maaß und Gewicht gestellt ist.

**Art. 4.** Der Vorsitz in der Generalkonferenz für Maaß und Gewicht wird dem jeweiligen Präsidenten der Pariser Akademie der Wissenschaften übertragen.

**Art. 5.** Die Organisation des Büreaus, sowie die Zusammensetzung und die Befugnisse des internationalen Komités und der Generalkonferenz für Maaß und Gewicht werden durch das dem gegenwärtige Vertrage beigefügte Reglement bestimmt[1]).

**Art. 6.** Dem internationalen Büreau für Maaß und Gewicht liegen ob:

1. sämmtliche Vergleichungen und Beglaubigungen der neuen Prototype des Meter und des Kilogramm;
2. die Aufbewahrung der internationalen Prototype;
3. die periodisch wiederkehrenden Vergleichungen der nationalen Prototype mit den internationalen Prototypen und mit den zur Kontrole der letzteren dienenden sogenannten Témoins, sowie die periodischen Prüfungen der (bei diesen Vergleichungen benutzten) Normalthermometer;
4. die Vergleichung der neuen Prototype mit den fundamentalen in den verschiedenen Ländern und in der Wissenschaft angewandten nichtmetrischen Maaß- und Gewichtseinheiten;
5. die Bestimmung und Vergleichung der geodätischen Meßstangen;

---

[2]) Es besteht aus 14 Mitgliedern, die verschiedenen Staaten angehören müssen Regl. Art. 8. Es hat für die Herstellung der nötigen Instrumente, wie Komparatoren zur Vergleichung von End- und Strichmaßen, Instrumenten zur Bestimmung der absoluten Ausdehnung, Wagen für Gewichtsbestimmungen in der Luft und im leeren Raum, Komparatoren zur Vergleichung der geodätischen Meßstangen usw. Sorge zu tragen Art. 4, die Arbeiten behufs Beglaubigung der neuen Prototype sowie alle anderen Maß und Gewicht betreffenden gemeinsamen Arbeiten zu leiten, die Aufbewahrung der internationalen Prototype zu überwachen Art. 9, ein Reglement für die Organisation und die Arbeiten des Bureaus zu entwerfen Art. 15. Das Komitee soll wenigstens alle zwei Jahre einmal zusammen treten Art. 11, in der Zwischenzeit kann es im Wege des Schriftwechsels beraten und beschließen Art. 13. Es erstattet den beteiligten Regierungen einen Jahresbericht Art. 19.

[3]) Sie versammelt sich wenigstens einmal alle sechs Jahre in Paris; die Abstimmungen geschehen nach Staaten, deren jeder eine Stimme hat. Die Mitglieder des internationalen Komitees können an den Sitzungen teilnehmen Regl. Art. 7.

6. die Vergleichung der Prototype und aller Maaß- und Gewichtsabstufungen von hohem Präzisionscharakter, welche, sei es von Regierungen, sei es von wissenschaftlichen Gesellschaften, sei es auch von einzelnen Gelehrten und Mechanikern, dem internationalen Büreau zur Beglaubigung übersandt werden.

**Art. 7.** Das Personal des Büreaus besteht aus einem Direktor, zwei Adjunkten und der nöthigen Anzahl von Beamten[4]).

Von dem Zeitpunkte an, wo die Vergleichungen der neuen Prototype ausgeführt und dieselben unter die verschiedenen Staaten vertheilt sind, wird das Personal des Büreaus in zweckentsprechender Weise reduzirt werden.

Die Ernennungen der Beamten des Büreaus werden von dem internationalen Komité den Regierungen der Hohen vertragschließenden Theile zur Kenntniß gebracht werden.

**Art. 8.** Die internationalen Prototype des Meter und des Kilogramm, ebenso wie die dazu gehörigen Témoins werden in dem Büreau aufbewahrt bleiben. Der Zutritt zu denselben bleibt ausschließlich dem internationalen Komité vorbehalten.

**Art. 9.** Sämmtliche Herstellungs- und Einrichtungskosten des internationalen Maaß- und Gewichtsbüreaus, sowie die jährlichen Unterhaltungskosten des Büreaus und des internationalen Komites werden durch Beiträge der vertragschließenden Staaten aufgebracht, welche nach einer auf deren gegenwärtige Bevölkerungszahl sich gründenden Skala zu berechnen sind[5]).

**Art. 10.** Die Beiträge jedes einzelnen der vertragschließenden Staaten werden zu Anfang jedes Jahres durch Vermittelung des französischen Ministeriums der auswärtigen Angelegenheiten an die „Caisse des dépôts et consignations" in Paris abgeführt, aus welcher je nach Bedürfniß die Zahlungen auf Anweisung des Direktors des Büreaus geleistet werden.

---

[4]) Direktor und Adjunkten werden von dem internationalen Komitee in geheimer Abstimmung, die übrigen Beamten durch den Direktor ernannt Regl. Art. 17. Der Direktor unterbreitet dem Komitee, in dem er Sitz und Stimme hat, jährlich einen Finanzbericht, einen Bericht über den Bestand des Materials und einen allgemeinen Bericht über die ausgeführten Arbeiten das. Art. 19.

[5]) Hierzu bestimmt Regl. Art. 20:

Die in Millionen ausgedrückte Bevölkerungszahl wird multipliziert:

mit dem Koeffizienten 3 für diejenigen Staaten, in welchen das metrische System obligatorisch eingeführt ist;

mit dem Koeffizienten 2 für diejenigen Staaten, in welchen dasselbe fakultativ eingeführt ist;

mit dem Koeffizienten 1 für die übrigen Staaten.

Die Summe der so erhaltenen Produkte bildet den Divisor, durch welchen die Gesamtausgabe zu teilen ist. Der so erhaltene Quotient liefert die Einheitszahl für die Berechnung der Beiträge.

Die Ausgaben waren bis zur Herstellung und Vergleichung der neuen Prototype auf jährlich 75000 Franken, für später auf 50000 Franken veranschlagt Art. 6.

**Art. 11.** Diejenigen Regierungen, welche von dem, sämmtlichen Staaten vorbehaltenen Rechte dem gegenwärtigen Vertrage beizutreten, später Gebrauch machen, sind gehalten, einen Beitrag zu leisten, dessen Höhe von dem internationalen Komité auf Grundlage des Artikels 9 festgestellt und welcher zur Vermehrung und Verbesserung der wissenschaftlichen Hülfsmittel des Büreaus verwendet werden soll.

**Art. 12.** Die Hohen vertragschließenden Theile behalten sich vor, an dem gegenwärtigen Vertrage nach gemeinschaftlichem Uebereinkommen alle die Veränderungen vorzunehmen, die sich durch die Erfahrung als zweckmäßig erweisen sollten.

**Art. 13.** Nach Verlauf von zwölf Jahren kann der gegenwärtige Vertrag von dem einen oder anderen der Hohen vertragschließenden Theile gekündigt werden. Diejenige Regierung, welche von diesem Kündigungsrechte für sich Gebrauch zu machen gedenkt, ist gehalten, ihre Absicht ein Jahr vorher zu erklären, und es verzichtet dieselbe dadurch auf alle Eigenthumsrechte an den internationalen Prototypen und an dem Büreau.

**Art. 14.** Der gegenwärtige Vertrag wird nach Maßgabe der in jedem Staate bestehenden konstitutionellen Gesetze ratifizirt werden und es sollen die Ratifikationen in der Zeit von sechs Monaten oder wo möglich früher in Paris ausgewechselt werden. Der Vertrag tritt mit dem 1. Januar 1876 in Kraft.

---

## Anlage D (zu Anmerkung 13).

### Bekanntmachung des Reichskanzlers, betreffend die äußersten Grenzen der im öffentlichen Verkehr noch zu duldenden Abweichungen der Maaße und Meßwerkzeuge, Gewichte und Waagen von der absoluten Richtigkeit. Vom 27. Juli 1885 (RGB. 263).

Auf Grund der Bestimmungen im Artikel 10 der Maaß- und Gewichtsordnung vom 17. August 1868 (Bundes-Gesetzbl. S. 473) und des Gesetzes vom 11. Juli 1884, betreffend die Abänderung der Maaß- und Gewichtsordnung vom 17. August 1868 (Reichs-Gesetzbl. S. 115), hat der Bundesrath nach Vernehmung der Kaiserlichen Normal-Eichungs-Kommission folgenden Beschluß gefaßt:

§. 1. Die äußersten Grenzen der bei Maaßen und Meßwerkzeugen, Gewichten und Waagen im öffentlichen Verkehr noch zu duldenden Abweichungen von der absoluten Richtigkeit, die sowohl im Mehr als im Minder stattfinden dürfen, werden wie folgt bestimmt.

### I. Längenmaaße.

#### A. Fehlergrenze der Gesammtlänge.

Bei metallenen Maaßen von

| | | | |
|---|---|---|---|
| 10 | bis einschließlich 7 Meter Länge | . . . . | 6 Millimeter |
| 6 | " " 4 " " | . . . . | 4 " |

| | |
|---|---|
| 3 und 2 Meter Länge . . . . . . . . | 2 Millimeter |
| 1 Meter Länge . . . . . . . . . . . . | 1 = |
| 0,5 = = . . . . . . . . . . . . | $^1/_2$ = |
| 0,2 = = . . . . . . . . . . . . | $^1/_2$ = |
| 0,1 = = . . . . . . . . . . . . | $^1/_2$ = |

Bei den Maaßen aus Elfenbein, hartem Holz u. s. w. von

| | |
|---|---|
| 0,5, 0,2 und 0,1 Meter Länge . . . . . | $^1/_2$ Millimeter. |

Bei Werkmaaßstäben aus Holz (Meßlatten), sowie bei hölzernen Maaßstäben für Langwaaren und bei zusammenlegbaren hölzernen Maaßen von

| | |
|---|---|
| 10 bis einschließlich 7 Meter Länge . . . | 12 Millimeter |
| 6 = = 4 = = . . . | 8 = |
| 3 und 2 Meter Länge . . . . . . . . . | 4 = |
| 1 Meter Länge . . . . . . . . . . . . | 2 = |
| 0,5 = = . . . . . . . . . . | $1^1/_2$ = |

Bei Bandmaaßen aus Stahl von

| | |
|---|---|
| 25 und 20 Meter Länge . . . . . . . . . | 8 Millimeter |
| 15 = 10 = = . . . . . . . . . | 6 = |
| 9 bis einschließlich 7 Meter Länge . . . . | 4 = |
| 6 = = 4 = = . . . . . | 3 = |
| 3 und 2 Meter Länge . . . . . . . . . | 2 = |
| 1 Meter Länge . . . . . . . . . . . . | $1^1/_2$ = |

### B. Fehlergrenze der Eintheilung.

Bei allen Maaßen von mehr als 2 Meter Länge darf der Fehler des Abstandes irgend einer Eintheilungsmarke von dem nächsten Ende der Maaßlänge die Hälfte der vorstehend angegebenen größten zulässigen Abweichung der Länge des ganzen Maaßes nicht überschreiten.

Bei den Maaßen von 2 Meter oder kleinerer Länge darf der Fehler des Abstandes irgend einer Eintheilungsmarke von dem einen wie von dem anderen Ende der Maaßlänge die vorstehend angegebene größte zulässige Abweichung der Länge des ganzen Maaßes nicht überschreiten.

## II. Flüssigkeitsmaaße, Meßwerkzeuge für Flüssigkeiten und Meßflaschen.

### A. Flüssigkeitsmaaße.

Die Abweichung von dem Soll-Raumgehalt darf höchstens betragen:

| | |
|---|---|
| bei 20 bis einschließlich 1 Liter . . . . | $^1/_{200}$ des Soll-Raumgehalts |
| = $^1/_2$, $^1/_4$ und 0,2 Liter . . . . . . | $^1/_{100}$ = = |
| = 0,1 und 0,05 Liter . . . . . . . . | $^1/_{50}$ = = |
| = 0,02 und 0,01 Liter . . . . . . | $^1/_{25}$ = = |

### B. Meßwerkzeuge für Flüssigkeiten.

Die Abweichung von dem Soll-Raumgehalt darf höchstens betragen:

| | |
|---|---|
| bei 2 und 1 Liter . . . . . . . . . . | $^1/_{200}$ des Soll-Raumgehalts |
| = $^1/_2$, $^1/_4$ und 0,2 Liter . . . . . . | $^1/_{100}$ = = |

bei 0,1 und 0,05 Liter . . . . . . . $^{1}/_{50}$ des Soll-Raumgehalts<br>
= 0,02 und 0,01 Liter . . . . . . $^{1}/_{25}$ = =

Bei den Meßwerkzeugen für Flüssigkeiten mit fortlaufender Dezimaleintheilung, und zwar mit Einschluß der in der letzteren enthaltenen einzelnen eichfähigen Maaßgrößen, beträgt die größte zulässige Abweichung vom Soll-Raumgehalt bei allen Angaben

von 0,9 Liter bis einschließlich 0,5 Liter . . . 5 Kubikcentimeter<br>
= 0,4 = = = 0,1 = . . . 2 =<br>
= 0,09 = = = 0,05 = . . . 1 =<br>
= 0,04 = = = 0,01 = . . . 0,4 =

dagegen bei einer Eintheilung von 0,1 Liter abwärts in Tausendsteln des Liter bei allen Angaben 0,2 Kubikcentimeter.

### C. Meßflaschen.

Bei Meßflaschen zu 1 Liter und zu $^{1}/_{2}$ Liter Raumgehalt darf die Abweichung vom Soll-Raumgehalt höchstens 5 Kubikcentimeter betragen.

## III. Fässer.

Die Abweichung des jeweiligen Raumgehalts von der aufgestempelten Raumgehaltsangabe darf höchstens betragen:

bei Fässern bis zu 30 Liter Raumgehalt 0,2 Liter,<br>
bei größeren Fässern $^{1}/_{150}$ des aufgestempelten Raumgehalts.

## IV. Hohlmaaße und Meßwerkzeuge für trockene Gegenstände sowie Meßrahmen für Brennholz.

### A. Maaße von 100 Liter abwärts für alle Arten von trockenen Gegenständen.

(§§. 21 bis 27 der Eichordnung vom 27. Dezember 1884.)

Die Abweichungen vom Soll-Raumgehalt dürfen höchstens betragen:

bei 100 und bei 50 Liter . . . . . . $^{1}/_{125}$ des Soll-Raumgehalts<br>
= 25 bis einschließlich 1 Liter . . $^{1}/_{100}$ = =<br>
= 0,5 = = 0,2 = . . $^{1}/_{50}$ = =<br>
= 0,1 und 0,05 Liter . . . . . $^{1}/_{25}$ = =

### B. Maaße und Meßwerkzeuge von 0,5 Hektoliter aufwärts für Brennmaterialien, sowie für Kalk und andere Mineralprodukte.

(§§. 28 bis 32 der Eichordnung vom 27. Dezember 1884.)

Die Abweichung vom Soll-Raumgehalt darf höchstens $^{1}/_{50}$ des letzteren betragen.

### C. Meßrahmen für Brennholz.

Die Abweichung der Länge der einzelnen Rahmenstücke von der Soll-Länge darf höchstens betragen:

bei 1 Meter oder mehr . . . 2 Centimeter<br>
= 0,5 = = = . . . 1 =

## V. Gewichte.

Die Abweichung vom Soll-Gewicht darf höchstens betragen:

| bei einer Gewichtsgröße von | A. Bei Handelsgewichten | B. Bei Präzisionsgewichten |
|---|---|---|
| 50 Kilogramm | 10 Gramm | 5 Gramm |
| 20 " | 8 " | 4 " |
| 10 " | 5 " | 2,5 " |
| 5 " | 2,5 " | 1,250 " |
| 2 " | 1,2 " | 0,600 " |
| 1 " | 0,8 " | 0,400 " |
| 500 Gramm | 500 Milligramm | 250 Milligramm |
| 200 " | 200 " | 100 " |
| 100 " | 120 " | 60 " |
| 50 " | 100 " | 50 " |
| 20 " | 60 " | 30 " |
| 10 " | 40 " | 20 " |
| 5 " | 32 " | 12 " |
| 2 " | 24 " | 6 " |
| 1 " | 20 " | 4 " |
| 500 Milligramm | | 2 " |
| 200 " | | 2 " |
| 100 " | | 2 " |
| 50 " | | 1 " |
| 20 " | | 1 " |
| 10 " | | 1 " |
| 5 " | | 0,5 " |
| 2 " | | 0,4 " |
| 1 " | | 0,2 " |

C. Bei Goldmünzgewichten, und zwar:

| | | | |
|---|---|---|---|
| bei den Normal- und Passirgewichten für | 5 Mark | . . | 4 Milligramm |
| " " " " " " | 10 " | . . | 4 " |
| " " " " " " | 20 " | . . | 6 " |
| bei den Vielfachen der Normalgewichte für | 50 " | . . | 30 " |
| " " " " " " | 100 " | . . | 40 " |
| " " " " " " | 200 " | . . | 50 " |
| " " " " " " | 500 " | . . | 100 " |
| " " " " " " | 1000 " | . . | 180 " |
| " " " " " " | 2000 " | . . | 320 " |

## VI. Waagen.

Die Gewichtszulagen, welche zur Ausgleichung vorgefundener Abweichungen von der Richtigkeit genügen sollen, oder welche bei unmerklich scheinenden Abweichungen von der Richtigkeit das wirkliche Vorhandensein hinreichender

Richtigkeit durch die Hervorbringung eines noch genügend deutlichen Ausschlages erweisen sollen, dürfen höchstens betragen:

### A. **Handelswaagen.**

#### I Gleicharmige Waagen.

| | |
|---|---|
| 0,4 Gramm | für je 100 Gramm (= $^1/_{250}$) der größten zulässigen Last, wenn dieselbe 200 Gramm oder weniger beträgt. |
| 2,0 " | für je 1 Kilogramm (= $^1/_{500}$) der größten zulässigen Last, wenn dieselbe mehr als 200 Gramm, aber nicht mehr als 5 Kilogramm beträgt. |
| 1,0 " | für je 1 Kilogramm (= $^1/_{1000}$) der größten zulässigen Last, wenn dieselbe mehr als 5 Kilogramm beträgt. |

#### II. Ungleicharmige Waagen.

| | |
|---|---|
| 1,2 Gramm | für je 1 Kilogramm (= $^1/_{833}$) der größten zulässigen Last. |

#### III. Laufgewichtswaagen.

| | |
|---|---|
| 2,0 Gramm | für je 1 Kilogramm (= $^1/_{500}$) der größten zulässigen Last, wenn dieselbe weniger als 200 Kilogramm beträgt. |
| 1,2 " | für je 1 Kilogramm (= $^1/_{833}$) der größten zulässigen Last, wenn dieselbe 200 Kilogramm oder mehr beträgt. |

### B. **Wagen für besondere Zwecke.**

#### I. Präzisionswagen.

| | |
|---|---|
| 4,0 Milligramm | für je 1 Gramm (= $^1/_{250}$) der größten zulässigen Last, wenn dieselbe 20 Gramm oder weniger beträgt. |
| 2,0 " | für je 1 Gramm (= $^1/_{500}$) der größten zulässigen Last, wenn dieselbe mehr als 20 Gramm, aber nicht mehr als 200 Gramm beträgt. |
| 1,0 " | für je 1 Gramm (= $^1/_{1000}$) der größten zulässigen Last, wenn dieselbe mehr als 200 Gramm, aber nicht mehr als 2 Kilogramm beträgt. |
| 0,4 Gramm | für je 1 Kilogramm (= $^1/_{2500}$) der größten zulässigen Last, wenn dieselbe mehr als 2 Kilogramm, aber nicht mehr als 5 Kilogramm beträgt. |
| 0,2 " | für je 1 Kilogramm (= $^1/_{5000}$) der größten zulässigen Last, wenn dieselbe mehr als 5 Kilogramm beträgt. |

#### II. Selbstthätige Registrirwaagen.

| | |
|---|---|
| 2,0 Gramm | für je 1 Kilogramm (= $^1/_{500}$) der größten zulässigen Last, wenn dieselbe nicht mehr als 5 Kilogramm beträgt. |
| 1,0 " | für je 1 Kilogramm (= $^1/_{1000}$) der größten zulässigen Last, wenn dieselbe mehr als 5 Kilogramm beträgt. |

III. Geringere Waagen.

a) Waagen für Eisenbahnpassagiergepäck und Waagen für Postpäckereien ohne angegebenen Werth.

200 Gramm bei Waagen für Eisenbahnpassagiergepäck,
100 " " " Postpäckereien ohne angegebenen Werth.

b) Hökerwaagen.

8 Gramm für je 1 Kilogramm (= $^1/_{125}$) der größten zulässigen Last.

### VII. Alkoholometer und Thermometer.

Die Abweichung von der Soll-Angabe darf höchstens betragen:
bei Alkoholometern . . . . . 0,5 Prozent,
bei Thermometern . . . . . 0,6 Grad Réaumur.

### VIII. Gasmesser.

Die Abweichung des von einem Gasmesser angegebenen Gasverbrauches von der Soll-Angabe darf höchstens betragen:
4 Prozent des Verbrauches.

**§. 2.** Bei denjenigen Gegenständen, welche auf Grund der Bekanntmachung vom 30. Oktober 1884 (Reichs-Gesetzbl. S. 215)[1]) trotz sonstiger Abweichungen von den geltenden Vorschriften bis zum 31. Dezember 1888, beziehungsweise bis auf Weiteres im öffentlichen Verkehr noch zulässig sein werden, sind die äußersten Grenzen der im öffentlichen Verkehr noch zu duldenden Abweichungen von der absoluten Richtigkeit die folgenden:

bei Flüssigkeitsmaaßen zu $^1/_8$, zu $^1/_{16}$ und zu $^1/_{32}$ Liter und bei den entsprechenden Raumgehaltsangaben der Meßwerkzeuge für Flüssigkeiten $^1/_{50}$ des Soll-Raumgehalts;
bei Hohlmaaßen für trockene Gegenstände zu $^1/_8$ und $^1/_{16}$ Liter $^1/_{25}$ des Soll-Raumgehalts;
bei Handelsgewichten zu 50 Pfund 8 Gramm;
bei Handelsgewichten zu $^1/_2$ Pfund 250 Milligramm;
bei Präzisionsgewichten zu 50 Pfund 4 Gramm;
bei Präzisionsgewichten zu $^1/_2$ Pfund 125 Milligramm.

**§. 3.** Die Bekanntmachung vom 6. Dezember 1869 (Bundes-Gesetzbl. S. 698), die Bekanntmachung vom 16. August 1871 (Reichs-Gesetzbl. S. 328), die Bekanntmachung vom 14. Dezember 1872 (Centralbl. für das Deutsche Reich 1873 S. 3), die Bekanntmachung vom 11. Juli 1875 (Centralbl. für das Deutsche Reich (S. 436) und die Bekanntmachung vom 12. März 1881 (Centralbl. für das Deutsche Reich S. 98) werden aufgehoben.

---

[1]) M. u. GO. Anm. 17.

## Anlage E (zu Anmerkung 21).

### Instruktion des Bundeskanzlers des Norddeutschen Bundes für die Normal-Eichungs-Kommission des Norddeutschen Bundes. Vom 21. Juli 69.[1]
(MB. 171.)

„§. 1. Die Normal-Eichungs-Kommission wird gebildet:

1. durch den Direktor, welchem die zur Besorgung der Geschäfte nöthigen ständigen Hülfsbeamten, sowie das erforderliche Bureau-Personal beigegeben werden,
2. durch beigeordnete Mitglieder, welche bei besonderen, näher zu bestimmenden Anlässen, mit dem Direktor und unter dessen Vorsitz zu gemeinsamer Berathung zusammentreten. (Plenar-Versammlung.)

Die Zahl der beigeordneten Mitglieder wird nach dem Bedürfniß bestimmt. Dieselben werden auf Vorschlag des Direktors vom Reichskanzler[1]) jedesmal auf fünf Jahre ernannt. Sie versehen ihr Amt als Ehrenamt, erhalten jedoch, soweit sie nicht in Berlin ihren Wohnsitz haben, im Falle der Zusammenberufung der Plenar-Versammlung Diäten und Reisekosten.

§. 2. Der Beschlußnahme der Plenar-Versammlung unterliegen alle von der Normal-Eichungs-Kommission anzuordnenden oder vorzubereitenden Maßregeln von allgemeiner Bedeutung, insbesondere: Abänderungen und Ergänzungen der Eichordnung und der Taxen; die den Eichungsbehörden über das gesammte Eichungswesen oder einzelne Theile desselben zu ertheilenden Instruktionen; etwaige Vorschläge zum Erlaß gemeinsamer auf daß Maaß- und Gewichtswesen bezüglichen polizeilichen Vorschriften; die Feststellung der bei Anfertigung der Maaße und der Kopien derselben zu beobachtenden wissenschaftlichen Prinzipien.

§. 3. Die Plenar-Versammlung wird nach dem Bedürfnisse der vorliegenden Geschäfte durch den Direktor unter genereller Angabe der Berathungsgegenstände berufen, doch ist mindestens eine General-Versammlung jährlich einzuberufen, falls der Direktor nicht in besonderen Fällen durch die Majorität der schriftlich einzuholenden Voten hiervon entbunden wird. Sie faßt ihre Beschlüsse durch Stimmenmehrheit der Anwesenden. Bei Stimmengleichheit entscheidet die Stimme des Vorsitzenden.

Der Direktor wird im Vorsitz in Behinderungsfällen durch das älteste anwesende Mitglied vertreten.

Bei Gegenständen von minderer Wichtigkeit kann auf Veranlassung des Direktors und auf Grund der von ihm mitzutheilenden Vorlagen auch eine sachliche Beschlußfassung durch schriftliches Votiren stattfinden. Es ist in solchen Fällen, wenn dies von zwei Mitgliedern verlangt wird, die Beschlußfassung bis zur nächsten Zusammenkunft auszusetzen.

---

[1]) Durch Erhebung der M. u. GO. zum Reichsg. (II Nr. 1) ist die Normal-Eichungs-Kommission eine Einrichtung des Reichs geworden. Sie führt die Bezeichnung

Die Zusammensetzung des Plenums der Normal-Eichungs-Kommission wird vom Reichskanzler[1]) zur öffentlichen Kenntniß gebracht.

§. 4. Die Vorbereitung und die Ausführung der Beschlüsse der Plenar-Versammlung, sowie die Wahrnehmung aller der letzteren im §. 2 nicht vorbehaltenen Geschäfte der Normal-Eichungs-Kommission erfolgt, soweit im Nachfolgenden nicht Ausnahmen zugelassen sind, unter alleiniger Verantwortlichkeit des Direktors. Derselbe hat die Ausfertigungen der Normal-Eichungs-Kommission unter der Bezeichnung:

Kaiserliche[1]) Normal-Eichungs-Kommission zu vollziehen.

Im Falle dauernder Behinderung wird der Direktor von einem der in Berlin wohnhaften beigeordneten Mitglieder der Kommission, welches er dem Reichskanzler[1]) in Vorschlag bringt, vertreten. Auch ist er befugt, einzelne der laufenden Geschäfte oder ganze Geschäftszweige technischer Natur den in Berlin wohnhaften beigeordneten Mitgliedern zu übertragen, welche alsdann ihrer Unterschrift den Zusatz: „Im Auftrage" beizufügen haben, und für die solchergestalt wahrgenommenen Geschäfte die nächste Verantwortung tragen, alsdann auch innerhalb des Etats der Normal-Eichungs-Kommission eine angemessene Remuneration erhalten.

Zu einer Abwesenheit von über 14 Tagen bedarf der Direktor der Genehmigung des Reichskanzlers[1]).

§. 5. An ständigen Hülfsbeamten werden dem Direktor beigegeben: zwei im Eichungswesen erfahrene Techniker und nach Bedarf Assistenten für mathematische oder physikalische Untersuchungen. Ein expedirender Sekretair und Kalkulator, der zugleich die Führung der Kassengeschäfte zu besorgen hat, ein Bote und das nöthige Kanzleipersonal sind etatsmäßig. Dem Direktor stehen in disziplinarischer Hinsicht ihnen gegenüber die dem Chef einer Oberbehörde gebührenden Befugnisse zu.

Der Direktor kann ihnen Urlaub bis zur Dauer von 14 Tagen ertheilen, für einen längeren Urlaub bedarf es der Genehmigung des Reichskanzlers[1]).

§. 6. Dem mit der Führung der Kassengeschäfte betrauten expedirenden Sekretair liegt die gesammte Kassen- und Rechnungsführung, sowie unter Assistenz eines der technischen Hülfsbeamten der Inventur- und Magazinverwaltung ob.

Er empfängt die Einnahmen und leistet die Ausgaben auf schriftliche Anweisung des Direktors. Von dem Letzteren sind auch die Quittungen, durch welche die Kasse der Normal-Eichungs-Kommission ihre Etatsfonds von der Reichshauptkasse[2]) erhebt, zu bescheinigen.

Der Direktor hat in angemessenen Intervallen die Kasse und die Materialvorräthe zu revidiren und die aufgenommenen, von ihm und dem mit der

---

[1]) Kaiserlich § 4. An Stelle des Bundeskanzlers und des Bundeskanzler-Amts ist der Reichskanzler getreten.

[2]) die an die Stelle der Generalkasse des Norddeutschen Bundes getreten ist.

Führung der Kassengeschäfte betrauten expedirenden Sekretair und Kalkulator zu unterzeichnenden Revisionsprotokolle dem Reichskanzler[1]) einzureichen.

Er hat alljährlich einen Voranschlag der im nächsten Jahre zu erwartenden Einnahmen und Ausgaben zu entwerfen, und zur Feststellung dem Reichskanzler[1]) bis spätestens zum 1. November des vorletzten Kalenderjahres vor dem Beginn des Etatsjahres einzureichen.

Die von dem expedirenden Sekretair und Kalkulator aufzustellende und vom Direktor zu attestirende Jahresrechnung, welcher zugleich eine Uebersicht der Materialvorräthe unter Nachweisung des Ab- und Zuganges beizufügen ist, ist spätestens vier Monate nach Ablauf des Rechnungsjahres dem Reichskanzler[1]) zur Abnahme vorzulegen.

§. 7. Die Normal-Eichungs-Kommission hat sich mit den in den einzelnen Bundesstaaten oder für mehrere derselben gemeinschaftlich bestehenden oberen Eichungsbehörden in direkte Geschäftsbeziehung zu setzen und ist im Bereich derjenigen Gegenstände, welche nach der Maaß- und Gewichtsordnung zur Kompetenz der Normal-Eichungs-Kommission gehören, befugt, dieselben mit Anweisung zu versehen. Die an die einzelnen Eichungsstellen zu erlassenden Anweisungen ergehen durch Vermittelung der genannten Landesbehörden.

Bei Gegenständen, deren Regelung nach der Maaß- und Gewichtsordnung den einzelnen Bundesregierungen überlassen ist, hat sie, wo eine Einwirkung darauf ihr dienlich erscheint, sich an die zuständigen Regierungsbehörden zu wenden, event. beim Reichskanzler[1]) die erforderlichen Anträgezu stellen.

---

## 3. Eichordnung für das Deutsche Reich[1]). Vom 27. Dezember 1884.

(RGB. 85. Beil. 1 zu Nr. 5).

### Erster Abschnitt.

### Material, Gestalt, Bezeichnung und sonstige Beschaffenheit der zur Eichung zuzulassenden Maaße und Meßwerkzeuge, Fässer, Gewichte und Waagen; bei der Eichung innezuhaltende Fehlergrenzen und Ausführung der Stempelung.

#### I. Längenmaaße.

§. 1. Zulässige Maaße[2]).

Zuzulassen sind Maaße von 0,1, von 0,2 und von 0,5 Meter, sowie von 1 Meter aufwärts bis zu 10 Meter in Abstufungen von je 1 Meter, und von 10 Meter aufwärts bis zu 25 Meter einschließlich in Abstufungen von je 5 Meter.

---

[1]) Die Norm.-Eich.-Kom. hat auf Grund M. u. GO. (Ziff. 2) Art. 18 die Eichordnung 16. Juli 69 (BGBl. Beil. zu Nr. 32) erlassen, an deren Stelle die oben auszugsweise abgedruckte Eichordnung 27. Dez. 84 getreten ist. Sie zerfällt in zwei Abschnitte, deren erster die eichbaren Gegenstände, der zweite die Stempelzeichen behandelt. Im ersten Abschnitt sind für jede Klasse von Gegenständen Bestimmungen über die zulässigen Einheiten, über Material, Gestalt und Einrichtung, die Bezeichnung, die bei der Eichung innezuhaltenden Fehlergrenzen und die Stempelung getroffen. Zum Abdruck sind diese Bestimmungen nur insoweit gebracht, als ein allgemeines Interesse des Publikums dafür angenommen werden kann, stets: die zulässigen Einheiten, in

Eintheilungen sind nach ganzen und halben Metern, sowie nach Zehnteln, Hundertsteln und Tausendsteln dieser beiden Maaßlängen zulässig.

## §. 2. Material, Gestalt und Einrichtung.

Die Maaße sollen aus Material von solcher Struktur sowie in solcher Gestalt und Querschnittsgröße ausgeführt sein, daß ihre Länge beim Gebrauch keine Schwankungen erfahren kann, welche die im Verkehr zu duldenden Fehlergrenzen übersteigen.

Zulässig sind sowohl End- als Strichmaaße, und zwar:

1. aus einem Stücke bestehende Maaßstäbe;
2. aus mehreren Stücken bestehende Maaße, für deren Zusammenfügung in derjenigen gegenseitigen Lage der beweglichen Theile, welche die normale Länge des ganzen Maaßes ergiebt, eine genügende Stabilität gesichert ist;
3. Bandmaaße aus Stahl.

Für größere Längen als 10 Meter sind nur Bandmaaße zulässig; für kleinere Längen als 1 Meter sind Bandmaaße dagegen nicht zulässig. Für kleinere Längen als 0,5 Meter sind auch Werkmaaßstäbe, Langwaarenmaaßstäbe und zusammenlegbare hölzerne Maaße nicht zulässig (siehe §. 4).

Bei Endmaaßen aus Holz, Elfenbein oder Material von ähnlicher Oberflächenbeschaffenheit bis einschließlich 0,5 Meter abwärts sind die Enden durch metallene Beschläge von hinreichender Stärke zu schützen.

Die Eintheilungsmarken auf den Maaßen dürfen durch Striche, Punkte, Stifte und dergleichen hergestellt werden. Alle Begrenzungen von Theillängen sowie von Gesammtlängen sollen jedoch so scharf und unzweideutig sein, daß aus der Art der Markirung der Längen keine in Betracht der betreffenden Fehlergrenze merklichen Unsicherheiten beim Gebrauche hervorgehen können. Bandmaaße mit End-Ringen, deren Mittelpunkte oder deren Begrenzungsflächen in unzweideutig bezeichneter Weise die Enden des Maaßes bilden, sind zulässig.

---

beschränkterem Umfange: die Bestimmungen über Material, Gestalt und Einrichtung, während die weiteren Bestimmungen, als überwiegend eichtechnischer Art, weggelassen sind. Zu den Eichfehlergrenzen ist zu bemerken, daß sie im allgemeinen die Hälfte der Verkehrsfehlergrenzen (Ziff. 2 des Abschn. Anl. D) betragen. Die zahlreichen Nachträge zur Eichordnung sind in den Anm. erwähnt. Die auf die Eichordnung bezüglichen Bek. der Norm.-Eich.-Kom. werden in besonderen Beilagen des RGB. veröffentlicht. — Die Eichordnung findet ihre Ergänzung in der Eichgebührentaxe 28. Dez. 84 (RGB. 85 Beil. 2 zu Nr. 5) und den im Anschluß an die Nachträge zur Eichordnung dazu erlassenen Nachträgen, die ebenfalls in Beilagen des RGB. veröffentlicht werden. Ein Abdruck der Eichgebührentaxe war entbehrlich; die ihr vorangeschickten allgemeinen Bestimmungen sind, soweit sie allgemeinere Bedeutung haben, unter Ziff. 4 des Abschn. erwähnt.

[2]) Durch Bek. der Norm.-Eich.-Kom. 18. Aug. 00 (RGB. Beil. zu Nr. 38) sind ferner zur Eichung zugelassen Kluppmaaße zur Ermittelung der Dicken von Hölzern, welche aus einem Maaßstab und zwei senkrecht zu demselben gerichteten Kluppstäben (Schenkeln, Schnäbeln) bestehen, von denen der eine fest mit dem einen Ende des Maaßstabs verbunden ist, der andere durch eine Führung gleitend verschoben werden kann. — Die Länge des Maaßstabs darf nur ein Vielfaches von 10 Centimeter, doch nicht über 2 Meter betragen; der Stab darf in ganze oder halbe Centimeter getheilt sein § 1. — Die Kluppmaaße sollen aus Holz oder Metall hergestellt sein. Hölzerne Maaße können auch mit Metallbeschlag an den Seitenflächen des Maaßstabs und den Innenflächen der Kluppstäbe versehen sein. Kluppmaaße unter 0,5 Meter Länge dürfen nur in Metall ausgeführt sein. Die Höhe eines jeden der Kluppstäbe soll mindestens gleich der halben Länge des Maaßstabs sein. Die Führung des beweglichen Kluppstabs soll bei hölzernen Kluppmaaßen mindestens ein Fünftel, bei metallenen Kluppmaaßen mindestens ein Zehntel der Höhe der Kluppstäbe betragen § 2. — Die § 3 bis 5 der Bek. betreffen die Bezeichnung, die Fehlergrenzen und die Stempelung.

Es ist gestattet, Maaße, welche den oben aufgestellten Anforderungen entsprechen, auch dann zu eichen, wenn dieselben Theile zusammengesetzter Meßwerkzeuge bilden.

(§. 3. Bezeichnung.)

(§. 4. Innezuhaltende Fehlergrenzen.)

(§. 5. Stempelung.)

## II. Flüssigkeitsmaaße, Meßwerkzeuge für Flüssigkeiten und Meßflaschen.

### A. Flüssigkeitsmaaße.

#### §. 6. Zulässige Maaße.

Zuzulassen sind Maaße von folgenden Größen:

| | | |
|---|---|---|
| 20 Liter | 1 Liter | 0,05 Liter |
| 10 „ | 0,5 „ | 0,02 „ |
| 5 „ | 0,2 „ | 0,01 „ |
| 2 „ | 0,1 „ | außerdem $^1/_4$ „ |

#### §. 7. Material.

Zulässig sind Maaße aus Zinn oder Zinnlegirungen, Maaße aus Messing, Bronze oder Kupfer, sobald sie innen vollständig und gut verzinnt sind, ferner Maaße aus Weißblech, Aluminium, Nickel, aus vernickeltem oder mit Nickel plattirtem Stahl oder Eisenblech und aus Glas. Endlich sind emaillirte metallene Maaße zulässig, sobald sie mit einer eingebrannten Emailleschicht überzogen sind, welche jedenfalls innen und am Rande in allen Theilen ununterbrochen verlaufen muß. Maaße, welche hinsichtlich des Bleigehalts ihres Materials oder ihres Ueberzuges den hierüber bestehenden reichsgesetzlichen Vorschriften nicht entsprechen, dürfen nicht geeicht werden[3]).

#### §. 8. Gestalt.

Die Maaße von 2 Liter abwärts sollen die Form eines Cylinders haben. Das Verhältniß des Durchmessers des Cylinders zu seiner Höhe soll sein:

bei 2 Liter, 1 Liter und $^1/_2$ Liter Raumgehalt wie 1 : 2

bei $^1/_4$ „ „ „ 1 : 1,9

Diese Bestimmungen sollen als hinreichend erfüllt gelten, sobald die Durchmesser der Maaße weder im Mehr noch im Minder von den nach obigen Vorschriften berechneten Sollwerthen um mehr als 5 Prozent der letzteren abweichen.

Abweichungen von der cylindrischen Gestalt sind bis zu solchem Betrage gestattet, daß bei dem oberen und dem unteren Durchmesser eines Maaßes die größten zulässigen Abweichungen von den Sollwerthen nach entgegengesetzten Seiten stattfinden dürfen.

Hiernach ergeben sich für die Dimensionen dieser Maaße folgende Werthe in Millimeter:

---

[3]) Die Fassung beruht auf Bek. 8. Mai 94 (RGB. Beil. zu Nr. 26) und berücksichtigt G. betr. Verkehr mit blei- und zinkhaltigen Gegenständen 25. Juni 87 (RGB. 273). Die Eichämter, denen zinnerne Flüssigkeitsmaße in größeren Posten zur Prüfung vorgelegt werden, sollen Proben, auf 100 Stück rund eins, durch einen Chemiker untersuchen lassen und die Eichung aller Maße von dem Ergebnisse der Untersuchung abhängig machen. Bei vorschriftswidriger Beschaffenheit ist dem Eichungsinspektor Anzeige zu erstatten, der die beteiligten Eichungsämter seines Bezirks und die Aufsichtsbehörden beteiligter anderer Bezirke in Kenntnis setzt Vf. 21. Okt. 87 und 12. Juni 94.

| Raumgehalt des Maaßes. | Berechnete Werthe der Höhe. | des Durchmessers. | Zulässige Grenzwerthe des Durchmessers: größter. | kleinster. |
|---|---|---|---|---|
| 2 Liter | 216,8 | 108,4 | 114 | 103 |
| 1 „ | 172,1 | 86,0 | 90 | 82 |
| ½ „ | 136,6 | 68,3 | 72 | 65 |
| ¼ „ | 104,8 | 55,1 | 58 | 52 |

Bei den Maaßen von 0,2, 0,1, 0,05, 0,02 und 0,01 Liter Raumgehalt soll der Durchmesser des Cylinders gleich der Höhe sein.

Bezüglich geringer Abweichungen von diesen Bestimmungen und von der cylindrischen Gestalt gilt dasselbe wie oben bei den Maaßen von 2 bis ¼ Liter.

Hiernach ergeben sich für die Dimensionen dieser Maaße folgende Werthe in Millimeter:

| Raumgehalt des Maaßes. | Berechneter Werth der Höhe und des Durchmessers. | Zulässige Grenzwerthe des Durchmessers: größter. | kleinster. |
|---|---|---|---|
| 0,2 Liter | 63,4 | 67 | 60 |
| 0,1 „ | 50,3 | 53 | 48 |
| 0,05 „ | 39,9 | 42 | 38 |
| 0,02 „ | 29,4 | 31 | 28 |
| 0,01 „ | 23,4 | 25 | 22 |

Maaße von 5, 10 und 20 Liter Raumgehalt sind cylinder- oder tonnenförmig mit engerem cylindrischen Halse anzufertigen.

Die Weite des Halses darf bei Maaßen

von 5 Liter Raumgehalt nicht mehr als 12 Centimeter,

von 10 und 20 Liter Raumgehalt nicht mehr als 15 Centimeter

betragen.

(§. 9. Bezeichnung.)

(§. 10. Sonstige Beschaffenheit.)

(§. 11. Innezuhaltende Fehlergrenzen.)

(§. 12. Stempelung.)

## B. Meßwerkzeuge für Flüssigkeiten.

(§. 13—15)[4].

---

[4]) Die § 13—15 sind durch Bek. 6. Mai 92 (RGB. Beil. zu Nr. 33) Art. 1 ersetzt. § 1, der die zulässigen Meßwerkzeuge behandelt, bestimmt:

1. Zum Zumessen von Flüssigkeiten durch Ablassen mittelst eines Hahns sind zwei Formen von Meßwerkzeugen zulässig:

a) Meßwerkzeuge mit ungleichartiger oder ohne Eintheilung. Sie enthalten mehrere oder nur eine der Maaßgrößen aus einer der beiden folgenden Reihen:

2, 1, 0,5, 0,2, 0,1, 0,05, 0,02, 0,01 Liter,
2, 1, ½, ¼ Liter,

und zwar bei mehr als einer Maaßgröße vom Halbliter abwärts entweder nur solche aus der ersten oder nur aus der zweiten Reihe, wobei zwischen den gewählten Grenzwerthen keine zulässige Zwischenstufe fehlen darf.

b) Meßwerkzeuge mit gleichartiger Eintheilung. Sie enthalten mindestens zehn gleich große Theilabschnitte, welche dem Liter, dem Zwei-, Fünf- oder Zehnfachen, sowie der Hälfte, dem Fünftel, Zehntel, Zwanzigstel, Fünfzigstel oder Hundertstel des Liter entsprechen dürfen.

2. Als Material ist bis zum Gesammtraumgehalt von einschließlich 5 Liter nur durchsichtiges Glas zulässig (siehe auch §. 10 Nr. 12 der EichO.); darüber hinaus darf auch Eisen-, Messing- oder Kupferblech angewendet werden.

3. Die Meßwerkzeuge sollen von kreisförmigem Querschnitt sein und dürfen sich nur nach unten verjüngen. Gläserne Meßwerkzeuge dürfen etwa zur Hälfte des Umfanges mit Schutzhüllen aus Blech u. dergl. umgeben sein.

## C. Meßflaschen[5]).

### §. 16. Zulässige Meßflaschen.

Zuzulassen sind Meßflaschen von 1 Liter und von 0,5 Liter Raumgehalt.

### §. 17. Material, Gestalt, Bezeichnung, sonstige Beschaffenheit und innezuhaltende Fehlergrenzen.

Die Meßflaschen sollen aus Glas, welches in der Höhe der richtigen Füllung hinreichend durchsichtig sein muß (siehe auch §. 10 Nr. 12), in der ihrem Namen entsprechenden Gestalt mit einem engeren cylindrischen Halse von höchstens 40 Millimeter innerem Durchmesser ausgeführt und an ersichtlicher Stelle mit der Bezeichnung 1 l beziehungsweise 0,5 l oder $\frac{1}{2}$ l versehen sein.

Die Begrenzung des Raumgehalts soll durch einen äußerlich auf dem Halse angebrachten unveränderlichen Strich, welcher mindestens die Hälfte des Halses umfaßt, oder durch zwei in einer Ebene einander gegenüberliegende Striche, deren jeder sich mindestens auf den sechsten Theil des Umfanges erstreckt, erfolgen.

---

4. Strichmarken und Bezeichnungen sollen deutlich aufgeätzt, eingeschliffen oder in anderer Weise dauerhaft angebracht, keinesfalls nur aufgemalt sein.

5. Strichmarken auf Glas sollen mindestens $\frac{1}{4}$ der Glaswand umfassen, in ihrer ganzen Länge sichtbar sein und in Ebenen liegen, welche mit der Achse des Meßgefäßes einen rechten Winkel bilden.

6. Die Unveränderlichkeit der Meßräume und ihrer Eintheilungen soll durch die Einrichtung selbst gesichert sein oder durch Stempelung so gesichert werden können, daß Verfälschungen sich nicht leicht und schnell ausführen lassen. Ein fester Deckel braucht nur dann durch die Einrichtung gesichert zu sein, wenn das Meßwerkzeug ganz undurchsichtig ist, oder wenn der Deckel mit einem Zuflußrohr, welches in den Meßraum hineinreicht, verbunden ist.

§ 2 bezieht sich auf Meßwerkzeuge mit ungleichartiger oder ohne, § 3 auf solche mit gleichartiger Einteilung. § 4 Fehlergrenzen und Stempelung.

[5]) Durch spätere Bek. sind noch verschiedene zum ausschließlichen Gebrauche für chemische Maaßanalyse wässeriger Flüssigkeiten dienende Meßgeräte zur Eichung zugelassen, nämlich

1) durch Bek. 26. Juli 93 (RGB. Beil. zu Nr. 30) Hohlkörper aus Glas, und zwar sowohl ohne Eintheilung für eine einzige Maaßgröße:
   a) Kolben (Flaschen zum Aufstellen),
   b) Vollpipetten mit oberem Rohr (Ansaugrohr) zum Emporsaugen und mit unterem Rohr (Ablaufrohr) für den Ein- und Austritt der Flüssigkeit,

   als auch mit Eintheilung in gleich große Raumtheile in Form von Meßröhren:
   c) Meßgläser (auch Meßcylinder genannt, Meßröhren mit angeschmolzenem Fuß zum Aufstellen),
   d) Büretten (Meßröhren ohne angeschmolzenen Fuß, mit Abflußrohr),
   e) Meßpipetten (Meßröhren mit Ansaug- und Ablaufrohr vergl. b);

2) durch Bek. 2. Juli 97 (RGB. Beil. zu Nr. 31) II:
   a) zum Gebrauche bei Zuckeruntersuchungen Kolben mit zwei Strichen und Kolben mit einem Striche oder mit zwei Strichen für eine Temperatur von 20 Grad (§. 2),
   b) zum Gebrauche für Zähigkeitsmesser Kolben mit zwei Strichen für eine Temperatur von 20 Grad (§. 3),
   c) Kolben zu 150, 300, 350, 400, 450, 550, 600, 650, 700, 750, 800, 850, 900, 950 Kubikcentimeter (§. 4),
   d) Meßgläser mit unvollständiger Eintheilung (§. 5),
   e) Ueberlaufpipetten (§. 6).

Die Eichung dieser chemischen Meßgeräte erfolgt durch die Norm.-Eich.-Kom. oder unter ihrer unmittelbaren Aufsicht durch hierzu unter ihrer Zustimmung ermächtigte Eichämter, z. B. Cöln, Ilmenau und Gehlberg.

Die im Mehr oder Minder zuzulassenden Fehler dürfen bei beiden Maaßgrößen höchstens 2,5 Kubikcentimeter betragen.

(§. 18. Stempelung.)

## III. Fässer.

### §. 19. Zulässige Fässer.

Nur solche Fässer sollen zur Ermittelung und Beglaubigung des Raumgehalts und der trockenen oder nassen Tara zugelassen werden, welche hinsichtlich ihrer Haltbarkeit und ihrer sonstigen Beschaffenheit zu Bedenken keinen Anlaß geben.

(§. 20. Fehlergrenzen, Bezeichnung und Stempelung.)

## IV. Hohlmaaße und Meßwerkzeuge für trockene Gegenstände.

### A. Maaße für 100 Liter abwärts für alle Arten von trockenen Gegenständen.

### §. 21. Zulässige Maaße.

Zuzulassen sind Maaße von folgenden Größen:

| | | |
|---|---|---|
| 100 Liter | 5 Liter | 0,2 Liter |
| 50 „ | 2 „ | 0,1 „ |
| 20 „ | 1 „ | 0,05 „ |
| 10 „ | 0,5 „ | außerdem $^1/_4$ Hektoliter und $^1/_4$ Liter. |

### §. 22. Material.

Als Material ist Schwarz-, Weiß- oder verzinktes Eisenblech, sowie Messing, Bronze, Kupfer oder Holz, ferner vernickeltes oder mit Nickel plattirtes Stahl- oder Eisenblech zulässig.

### §. 23. Gestalt.

Die Maaße von 100 bis zu $^1/_4$ Liter abwärts sollen die Form eines Cylinders haben, bei welchem der Durchmesser das Anderthalbfache der Höhe beträgt. Diese Bestimmung soll bei den Maaßen von 100 Liter bis zu 1 Liter abwärts als hinreichend erfüllt gelten, sobald die Durchmesser dieser Maaße weder im Mehr noch im Minder von den nach obiger Vorschrift berechneten Sollwerthen um mehr als 3 Prozent der letzteren abweichen. Bei den kleineren Maaßen dürfen diese Abweichungen bis zu 5 Prozent betragen.

Abweichungen von der cylindrischen Gestalt sind bis zu solchem Betrage gestattet, daß bei dem oberen und dem unteren Durchmesser eines Maaßes die größten zulässigen Abweichungen nach entgegengesetzten Seiten stattfinden dürfen.

Es ergeben sich hieraus für die verschiedenen Maaßgrößen folgende Dimensionen in Millimeter:

| Raumgehalt des Maaßes. | Berechnete Werthe der Höhe. | Berechnete Werthe des Durchmessers. | Zulässige Werthe des Durchmessers: größter. | Zulässige Werthe des Durchmessers: kleinster. |
|---|---|---|---|---|
| 100 Liter | 383,9 | 575,9 | 593 | 559 |
| 50 „ | 304,7 | 457,1 | 471 | 443 |
| 25 „ | 241,9 | 362,8 | 374 | 352 |
| 20 „ | 224,5 | 336,8 | 347 | 327 |
| 10 „ | 178,2 | 267,3 | 275 | 259 |
| 5 „ | 141,5 | 212,2 | 219 | 206 |
| 2 „ | 104,2 | 156,3 | 161 | 152 |
| 1 „ | 82,7 | 124,1 | 128 | 120 |
| $^1/_2$ „ | 65,7 | 98,5 | 103 | 94 |
| $^1/_4$ „ | 52,1 | 78,2 | 82 | 74 |

Für die Formen und Dimensionen der Maaße von 0,2, 0,1 und 0,05 Liter gelten die im §. 8 für Flüssigkeitsmaaße desselben Raumgehalts erlassenen Vorschriften.

(§. 24. Bezeichnung.)

(§. 25. Sonstige Beschaffenheit.)

(§. 26. Innezuhaltende Fehlergrenzen.)

(§. 27. Stempelung.)

## B. Maaße und Meßwerkzeuge von 0,5 Hektoliter aufwärts für Brennmaterialien, sowie für Kalk und andere Mineralprodukte.

### §. 28. Zulässige Maaße und Meßwerkzeuge.

Zum Zumessen von Brenumaterialien, sowie von Kalk und anderen Mineralprodukten werden die nachfolgend aufgeführten Maaße und Meßwerkzeuge zur Eichung zugelassen:

I. Kastenmaaße, deren Raumgehalt 0,5 Hektoliter, 1 Hektoliter oder ein ganzes Vielfache von einem Hektoliter beträgt;

II. Kummtmaaße, deren Raumgehalt ein ganzes Vielfache von einem halben Kubikmeter beträgt;

III. Lösch- und Ladegefäße (im Großverkehr), deren Raumgehalt 1 Hektoliter oder ein ganzes Vielfache von einem Hektoliter beträgt;

IV. Fördergefäße (auf Bergwerken), deren Raumgehalt 0,5 Hektoliter oder ein ganzes Vielfache von einem halben Hektoliter beträgt;

V. Rahmen- oder Aufsetzmaaße, deren Raumgehalt zwischen den beiden offenen Randebenen 2 Hektoliter oder ein anderes ganzes Vielfache von einem Hektoliter beträgt.

### §. 29. Material, Gestalt, sonstige Beschaffenheit und Einrichtung.

#### I. Kastenmaaße.

1. Die Kastenmaaße sollen aus Holz oder aus Eisen in parallelepipedischer Gestalt hergestellt sein.

(Ziffer 2—4.)

#### II. Kummtmaaße.

1. Kummtmaaße sind aus Holz oder Eisen mit rechteckiger Bodenfläche und Randfläche und mit geneigten Seitenwänden bei rechtwinklig zur Bodenfläche gestellter Vorder- und Hinterwand auszuführen. Es ist jedoch auch zulässig, die Seitenwände rechtwinklig zur Bodenfläche und alsdann die Vorder- und Hinterwand entweder ebenfalls rechtwinklig oder geneigt zu der Bodenfläche auszuführen. Vorder- und Hinterwand sowie die etwa vorhandenen Scheidewände einzelner Abschnitte des Maaßes dürfen nach Art von Schützen, welche in Nuthen zwischen den Seitenwänden beweglich sind, hergestellt sein, die Vorder- und Hinterwand auch in Form von Thüren oder Klappen. Außerdem dürfen Aufsatzbretter vorhanden sein, durch welche mittelst Erhöhung der Seiten- sowie der End- und Scheidewände der Fassungsraum nach Bedürfniß um ein ganzes Vielfache von halben Kubikmetern vergrößert werden kann.

Der Raumgehalt der Kummtmaaße soll im Allgemeinen durch die Randfläche begrenzt sein; doch sind unter besonderen lokalen Verkehrsverhältnissen auch Einrichtungen zulässig, bei welchen der Raumgehalt unterhalb der Randfläche durch geeignete Einrichtungen, wie Leisten, Reihen von Löchern und dergleichen, begrenzt wird.

(Ziffer 2.)

#### III. Lösch- und Ladegefäße.

Lösch- und Ladegefäße sind aus Holz oder Eisen in Cylinder oder Tonnenform herzustellen. Beträgt ihr Raumgehalt nicht mehr als 2 Hektoliter, so soll das Verhältniß des Mittelwerthes der Durchmesser der Querschnitte zu der Höhe der Gefäße zwischen 1 : 1 und 2 : 3 liegen; bei größerem Raumgehalt sind andere Verhältnisse, welche für die besonderen Umstände am geeignetsten sind, zulässig.

(Absatz 2.)

### IV. Fördergefäße.

Fördergefäße sind aus Holz oder Eisen in solchen Körperformen herzustellen, wie sie für die besonderen technischen Zwecke am geeignetsten sind, wobei darauf zu halten ist, daß die Prüfung des Raumgehalts sich lediglich unter Anwendung des Längenmaaßstabes und sonstiger einfacher Hülfsmittel der Linearmessung durch einfache Rechnung genügend sicher ausführen läßt. Im Uebrigen gelten die entsprechenden für Kastenmaaße gegebenen Vorschriften.

### V. Rahmen- oder Aufsetzmaaße.

Rahmenmaaße sollen rechteckig begrenzte Randebenen haben und im Uebrigen den für Kastenmaaße gegebenen entsprechenden Vorschriften genügen; doch dürfen Unterschiede zwischen den Längen und Breiten der einen Randfläche und den entsprechenden Dimensionen der anderen Randfläche bis zu 20 Prozent der Maaßtiefe zugelassen werden.

(§. 30. Bezeichnung.)

(§. 31. Innezuhaltende Fehlergrenzen).

(§. 32. Stempelung.)

## C. Meßrahmen für Brennholz[6]).

### §. 33. Zulässige Meßrahmen, Material, Gestalt und Einrichtung.

1. Zur Ausmessung sowie zur Erleichterung und Sicherung rechtwinkliger Aufschichtungen von Brennholz werden lothrecht aufzustellende Meßrahmen zur Eichung zugelassen, deren lichte Rahmenflächen $^1/_2$, 1 Quadratmeter[7]) oder ein ganzes Vielfache von 1 Quadratmeter, und deren einzelne Seiten, zwischen Endflächen oder Endmarken oder im Lichten der Rahmen gemessen, ein halbes Meter oder ein ganzes Vielfache von einem halben Meter betragen.

---

[6]) Inbetreff **Meßrahmen für Spaltholz** Bek. 15. Mai 91 (RGB. Beil. zu Nr. 16) Art. 4:

Zur Ausmessung von nicht mehr als $^1/_2$ Meter langem, dicht gepacktem Spaltholz werden hölzerne oder eiserne Meßrahmen zugelassen, deren lichte Rahmenfläche $^1/_{50}$, $^1/_{20}$, $^1/_{10}$ und $^1/_5$ Quadratmeter beträgt. Dieselben sollen, wie folgt, beschaffen sein:

1. Die Rahmen sind nur zur Messung der von den Stirnflächen des zu messenden Holzes eingenommenen Fläche bestimmt. Die Rahmenflächen sollen Rechtecke sein, deren längere Seite die Grundlinie bildet. Die Fläche von $^1/_{50}$ Quadratmeter soll durch ein Rechteck von 10 × 20 cm, diejenige von $^1/_{20}$ Quadratmeter durch ein solches von 20 × 25 cm, diejenige von $^1/_{10}$ Quadratmeter durch ein solches von 25×40 cm, diejenige von $^1/_5$ Quadratmeter durch ein solches von 40 × 50 cm dargestellt werden, gemessen im Lichten der Rahmen.
2. Die Rahmenflächen sollen lediglich durch f e s t miteinander verbundene hölzerne oder eiserne Pfosten, oder durch eben solche Bretter begrenzt sein, und zwar nur durch den unteren und die beiden Seitenrahmen unter Wegfall des vierten oberen Rahmenstückes.
3. Eine Verbindung mehrerer Rahmenflächen zu einem zusammenhängenden Gestell ist nur zulässig, wenn die Rahmen nebeneinander, nicht übereinander verbunden sind.
4. Die Rahmen müssen fest aufstellbar sein und dem Holz eine Auflagerungsfläche von mindestens 20 cm Breite bieten.

Ziff. 5—7 betreffen die Bezeichnung, Eichfehlergrenze und Stempelung.

[7]) Meßrahmen mit $^1/_4$ Quadratmeter Rahmenfläche sind seit dem 1. Jan. 93 zur Eichung nicht mehr zugelassen Bek. 15. Mai 91 (Anm. 6) Art. 3.

2. Die Einrichtung der Meßrahmen darf sowohl derartig sein, daß sie zur vollständigen Ausmessung des Raumgehalts der Aufschichtung, als auch derartig, daß sie nur zur Ausmessung einer der Begrenzungsflächen der Aufschichtung dienen, während die Tiefendimension der letzteren mit einem geeichten Maaßstab ermittelt wird.

3. Die Meßrahmen dürfen aus hölzernen oder aus eisernen, rechtwinklig mit einander zu verbindenden Stäben oder aus rechtwinklig mit einander verbundenen Brettern bestehen. Sie dürfen sowohl zu fester Aufstellung, als auch zum Zusammensetzen und Auseinandernehmen eingerichtet sein.

4. An Meßrahmen mit festen Stäben oder Brettern ist die Anbringung irgend einer anderen als einer Eintheilung in halbe Meter auf Rahmenstücken nicht zulässig. Bei Meßrahmen mit beweglichen Stäben darf einer der Stäbe mit Centimetereintheilung versehen sein.

(§. 34. Bezeichnung, innezuhaltende Fehlergrenzen und Stempelung.)

## V. Gewichte.

### A. Handelsgewichte.

#### §. 35. Zulässige Gewichte.

Handelsgewichte sind zuzulassen in Gewichtsgrößen
von 50, 20, 10, 5, 2, 1 Kilogramm
und 500, 200, 100, 50, 20, 10, 5, 2, 1 Gramm.

#### §. 36. Material.

Als Material dürfen Eisen, Messing, Bronze, Argentan sowie alle anderen Metalle und Metallmischungen, welche den vorstehend genannten Metallen an Härte und an Beständigkeit gegen Lufteinflüsse nicht nachstehen, und zwar mit oder ohne Ueberzugsschicht aus einem anderen genügend festhaftenden und luftbeständigen Material angewandt werden. Für Gewichtsstücke unter 100 Gramm sind jedoch Eisen sowie andere Metalle oder Metallmischungen, welche in ihrem Verhalten gegen Lufteinflüsse dem Eisen nahestehen, nicht zulässig.

#### §. 37. Gestalt.

Die Gewichtsstücke von 50 Kilogramm bis 1 Gramm einschließlich sollen eine cylindrische Gestalt haben, jedoch mit der Maßgabe, daß zwischen dem oberen und unteren Durchmesser Unterschiede, welche 5 Prozent des letzteren nicht übersteigen, zulässig sind.

Die Stücke von 50 Kilogramm und 20 Kilogramm sollen mit einer Handhabe, die Stücke von 10 Kilogramm mit Handhabe oder Knopf, die Stücke von 5 Kilogramm bis 1 Gramm einschließlich mit einem Knopf versehen sein, mit Ausnahme der eisernen Gewichtsstücke von 200 und 100 Gramm, welche ohne Knopf herzustellen sind.

Die cylindrischen Körper sowohl der eisernen als auch der aus anderem Material hergestellten Gewichtsstücke sollen, abgesehen von der Handhabe oder dem Knopf, folgende Dimensionen einhalten:

| Gewichtsgröße. | Zulässige größte Höhe. | Zulässige kleinste Höhe. |
|---|---|---|
| 50 Kilogramm | 250 Millimeter | 220 Millimeter |
| 20 „ | 175 „ | 150 „ |
| 10 „ | 135 „ | 114 „ |
| 5 „ | 109 „ | 92 „ |
| 2 „ | 78 „ | 65 „ |
| 1 „ | 60 „ | 51 „ |
| 0,5 „ | 47 „ | 39 „ |

| Gewichtsgröße. | Zulässiger größter Durchmesser. | Zulässiger kleinster Durchmesser. |
|---|---|---|
| 200 Gramm | 42 Millimeter | 39 Millimeter |
| 100 „ | 34 „ | 32 „ |
| 50 „ | 28 „ | 26 „ |
| 20 „ | 23 „ | 22 „ |
| 10 „ | 20 „ | 19 „ |
| 5 „ | 17 „ | 16 „ |
| 2 „ | 14 „ | 13 „ |
| 1 „ | 10 „ | 9 „ |

In Form von Einsatzgewichten, d. h. in Form von ineinander zu setzenden Schalen, deren äußere, mit einem Scharnierdeckel versehen, eine Art von Gehäuse bildet, sind folgende Zusammensetzungen von Gewichtsstücken zuläßig:

1. ein Einsatz von 1 Kilogramm Gesammtgewicht, welcher aus 12 Stücken, nämlich 500, 200, 100, 100, 50, 20, 10, 10, 5, 2, 2 und 1 Gramm besteht;
2. ein Einsatz von 500 Gramm Gesammtgewicht, welcher aus 11 Stücken, nämlich 200, 100, 100, 50, 20, 10, 10, 5, 2, 2 und 1 Gramm besteht;
3. ein Einsatz von 200 Gramm Gesammtgewicht, welcher aus 9 Stücken, nämlich 100, 50, 20, 20, 10, 5, 2, 2 und 1 Gramm besteht.

Das Eingrammstück eines Einsatzes darf für sich, jedes andere Einsatzgewicht nur mit dem vollständigen Einsatz zur Eichung zugelassen werden.

## §. 38. Bezeichnung.

Die Bezeichnung der Gewichtsstücke geschieht in folgender Weise:

| Gewichtsgröße. | Bezeichnung. | Gewichtsgröße. | Bezeichnung. |
|---|---|---|---|
| 50 Kilogramm | 50 kg | 100 Gramm | 0,1 kg oder 100 g |
| 20 „ | 20 kg | 50 „ | 50 g |
| 10 „ | 10 kg | 20 „ | 20 g |
| 5 „ | 5 kg | 10 „ | 10 g |
| 2 „ | 2 kg | 5 „ | 5 g |
| 1 „ | 1 kg | 2 „ | 2 g |
| 500 Gramm | 0,5 kg oder 500 g | 1 „ | 1 g |
| 200 „ | 0,2 kg „ 200 g | | |

Die Bezeichnung soll in gehöriger Größe und Deutlichkeit an augenfälliger Stelle angebracht sein. Bei gußeisernen Stücken soll die Bezeichnung in erhabener Schrift, aus einem Guß mit dem Stück hergestellt sein, doch sind Bezeichnungen in vertiefter Schrift bei abgedrehten gußeisernen Gewichten zuläßig. Bei allen Stücken aus anderem Metall darf die Bezeichnung aufgeschlagen oder eingravirt sein.

Das Gesammtgewicht eines Einsatzes einschließlich des Gehäuses (siehe §. 37 Nr. 1, 2 und 3) soll auf der äußeren Fläche des Deckels angegeben sein, und die einzelnen Einsatzgewichte sollen die vorgeschriebene Bezeichnung auf der oberen Bodenfläche oder auf dem oberen Rande haben.

## §. 39. Sonstige Beschaffenheit und Einrichtung.

1. Die Oberfläche eines Gewichtsstückes soll derartig beschaffen sein und derartig regelmäßig verlaufen, daß sie unter den beim Gebrauch vorkommenden Einwirkungen genügende Unveränderlichkeit des Gewichtes erwarten läßt, und daß etwaige Verletzungen leicht als solche erkennbar sind.

2. Die Handhaben gußeiserner Gewichte sollen aus Schmiedeeisen bestehen und direkt, ohne fremdes Bindemittel, wie Blei und dergleichen, eingegossen sein. Knöpfe dürfen keinesfalls angeschraubt sein, dagegen sind schmiedeeiserne Knöpfe zuläßig, welche ebenso wie die Handhaben eingegossen sind.

3. Die eisernen Stücke (nämlich die Stücke aus Gußeisen, Gußstahl, Hartguß u. dergl.) von 50 Kilogramm bis 100 Gramm einschließlich sollen mit einer zur Aufnahme des Justirmaterials bestimmten Justirhöhlung versehen sein, welche auf der oberen Fläche des Gewichtsstückes in einer Oeffnung (dem Justirloch) ausmündet und durch einen Eichpfropf zu schließen ist. Diese Ausmündung der Justirhöhlung soll jedenfalls so beschaffen sein, daß der in dieselbe einzuschlagende Eichpfropf darin einen festen Halt hat.

Ein unterhalb des Knopfes gelegenes Justirloch darf nicht zu nahe am Rande, aber auch nicht derartig angebracht sein, daß die Zugänglichkeit desselben durch den Knopf beeinträchtigt wird.

4. Die Justirhöhlung muß weiter als das Justirloch und so ausgebaucht sein, daß sie von dem Eichpropf allein nicht ausgefüllt wird.

D r Eichpfropf soll aus Blei mit einem solchen Zusatz von Zinn oder Antimon bestehen, daß er einerseits hart genug für die Erhaltung des auf demselben einzuschlagenden Stempelzeichens, andererseits aber auch noch weich genug ist, um seinem Ausheben keine wesentlichen Schwierigkeiten entgegenzusetzen[8]).

5. Gewichtsstücke aus anderem Metall als Eisen (siehe Nr. 3) dürfen, wenn sie nicht kleiner als 0,5 Kilogramm sind, ebenfalls mit Justirhöhlung wie die Eisengewichte versehen sein, andernfalls sollen sie massiv aus einem Stück hergestellt sein und dürfen Justirvorrichtungen nicht enthalten.

Zulässig ist es jedoch, daß zum Zweck der Beseitigung von kleinen Ueberschreitungen der Fehlergrenzen bei zu leichten Gewichtsstücken letzterer Art kleine Einbohrungen gemacht und mit schwererem Material ausgefüllt werden, vorausgesetzt, daß dieselben alsdann, unter sorgfältiger Wiederherstellung und Glättung der Oberfläche, mit einem Pfropf aus dem Material des Stückes dauerhaft verschlossen werden[9]).

(§. 40. Innezuhaltende Fehlergrenzen.)

(§. 41. Stempelung.)

## B. Präzisionsgewichte.

### §. 42. Zulässige Gewichte.

Außer den im §. 35 für Handelsgewichte zugelassenen Gewichtsgrößen sind bei Präzisionsgewichten noch Gewichtsgrößen

von 500, 200, 100, 50, 20, 10, 5, 2, 1 Milligramm zuzulassen.

### §. 43. Material.

Die Bestimmungen des §. 36 gelten auch hier, doch mit der Abweichung, daß Eisen bei Präzisionsgewichten nur bis einschließlich 5 Kilogramm abwärts zuzulassen ist.

Außer den im §. 36 zugelassenen Metallen und Metallmischungen ist auch Platin, von 50 Milligramm abwärts auch Aluminium, für die Stücke von 5, 2 und 1 Milligramm jedoch nur Aluminium zulässig. Bei den Stücken von 500 Milligramm abwärts ist Silber ausgeschlossen.

(§. 44. Gestalt, sonstige Beschaffenheit und Einrichtung.)[10])

(§. 45. Bezeichnung.)

---

[8]) Fassung gemäß Bek. 6. Mai 95 (RGB. Beil. zu Nr. 16) Art. 1[1].

[9]) Fassung gemäß Bek. 8. Mai 94 (RGB. Beil. zu Nr. 26) Art. 2.

[10]) Präzisionsgewichte mit Justirhöhlung sind nur bis einschließlich 5 kg abwärts zulässig; ihr Eichpropf soll aus demselben Material wie bei Handelsgewichten bestehen Bek. 6. Mai 95 (RGB. Beil. zu Nr. 16) Art. 1[2].

(§. 46. Innezuhaltende Fehlergrenzen.)

(§. 47. Stempelung.)

## C. Goldmünzgewichte.

### §. 48. Zulässige Gewichte.

Für den Gebrauch bei Abwägung der Reichsgoldmünzen werden folgende Gewichtsstücke zur Eichung zugelassen:

I. Gewichtsstücke in den Beträgen der Normalgewichte der einzelnen Goldmünzen, und zwar:

| | | |
|---|---|---|
| für das Zwanzigmarkstück mit dem Gewicht von | 7,9650 | Gramm |
| = = Zehnmarkstück = = = = | 3,9825 | = |
| = = Fünfmarkstück[11]) = = = = | 1,9912 | = |

II. Gewichtsstücke in den Beträgen der Passirgewichte der einzelnen Goldmünzen, und zwar:

| | | |
|---|---|---|
| für das Zwanzigmarkstück mit dem Gewicht von | 7,9251 | Gramm |
| = = Zehnmarkstück = = = = | 3,9626 | = |
| = = Fünfmarkstück[11]) = = = = | 1,9753 | = |

III. Gewichtsstücke in den Beträgen gewisser Vielfachen der Normalgewichte der Goldmünzen, und zwar:

| | | | |
|---|---|---|---|
| für | 50 ℳ mit dem Gewicht von | 19,912 | Gramm |
| = | 100 = = = = = | 39,825 | = |
| = | 200 = = = = = | 79,650 | = |
| = | 500 = = = = = | 199,124 | = |
| = | 1000 = = = = = | 398,248 | = |
| = | 2000 = = = = = | 796,495 | = |

### §. 49. Material, Gestalt, Bezeichnung und sonstige Beschaffenheit.

Die Goldmünzgewichte sollen aus einer zinnhaltigen Kupferlegirung bestehen.

Es wird ferner vorgeschrieben für die Gewichtsstücke

unter §. 48 I: die Gestalt einer kreisrunden Scheibe mit Knopf;

unter §. 48 II: die Gestalt eines flachen sechsseitigen Prisma mit Knopf;

unter §. 48 III: die Gestalt eines Cylinders, dessen Durchmesser größer ist als die Höhe, mit Knopf.

Die Gewichtsstücke unter §. 48 I und §. 48 III sollen mit N, diejenigen unter §. 48 II mit P, nebst der betreffenden Markzahl und dem Markzeichen, z. B.

N 10 ℳ   P 20 ℳ   N 100 ℳ

bezeichnet sein.

Betreffs der sonstigen Beschaffenheit werden an die Goldmünzgewichte dieselben Anforderungen gestellt, wie an die nicht aus Eisen bestehenden Präzisionsgewichte.

(§. 50. Innezuhaltende Fehlergrenzen.)

(§. 51. Stempelung.)

## D. Postgewichte.

### §. 52. Zulässige Gewichte.

Für den Gebrauch der Postbehörden werden besondere Gewichtsstücke von 40 Gramm und von 15 Gramm zugelassen[12]).

---

[11]) Goldne Fünfmarkstücke sind nicht mehr im Verkehr Münzg. (Abschn. III Nr. 3) Art. 2.

[12]) Ferner Gewichtsstücke zu 0,5 Gramm Bek. 8. Mai 94 (RGB. Beil. zu Nr. 26) Art. 3. Sie sollen aus Argentan in der Form rechteckiger Platten hergestellt und mit der Bezeichnung Postgewicht 0,5 g bezeichnet sein.

### §. 53. Material, Gestalt, Bezeichnung und sonstige Beschaffenheit.

Die Postgewichte sollen aus Messing oder aus einer zinnhaltigen Kupferlegirung, in Form von rechtwinkligen Prismen mit etwas abgeschliffenen Kanten und Ecken und mit einem Knopfe hergestellt, sowie mit der Bezeichnung

Postgewicht 40 g beziehungsweise Postgewicht 15 g

versehen sein.

In Betreff der sonstigen Beschaffenheit gelten dieselben Vorschriften, wie für die nicht aus Eisen bestehenden Handelsgewichte.

### (§. 54. Innezuhaltende Fehlergrenzen und Stempelung.)

## VI. Waagen.

### A. Handelswaagen.

### §. 55. Zulässige Waagen.

Zuzulassen sind nur solche Gattungen von Waagen, welche nach der Theorie und Erfahrung eine Bürgschaft gewähren, daß sie für diejenigen Zwecke des Verkehrs, denen sie dienen sollen, eine dem Grade und der Dauer nach hinreichende Zuverlässigkeit besitzen.

Hiernach werden als gewöhnliche Handelswaagen nur solche Hebelwaagen mit Gewichtswirkung zur Eichung zugelassen, mit welchen das Gewicht der Last lediglich in einer einzigen, unzweideutig erkennbar gemachten Stellung des Hebelsystems, der sogenannten Einspielungsstellung (siehe auch Nr. 4), ermittelt wird, und deren Einrichtungen außerdem folgenden allgemeinen Bestimmungen genügen:

1. Die sich berührenden Theile derjenigen Einrichtungen, durch welche die Drehungsbewegungen der Hebel ermöglicht werden, nämlich der Schneiden und der Pfannen, sollen aus genügend gehärtetem Stahl hergestellt sein. Die Schneiden und Pfannen sollen ferner so eingerichtet und an den Hebeln und Stangen so angebracht sein, daß die Drehungen ohne bemerkliche Hemmungen erfolgen, und daß alle Längen, deren sichere und unveränderliche Begrenzung für die Einhaltung der Richtigkeit der Waage wesentlich ist, nur durch Schneiden, welche mit den bezüglichen Theilen fest verbunden sind, begrenzt werden.
2. Die an einem und demselben Hebel befestigten Schneiden sollen parallel zu einander angebracht, und zugleich soll durch die Stellung der Schneiden zu einander dafür gesorgt sein, daß die Gleichgewichtslagen der Waage innerhalb ihrer Belastungs- und Bewegungsgrenzen stets stabile sind.

   Jede zuzulassende Waage soll also, sobald sie von einer Gleichgewichtslage ausgehend in Schwingungen versetzt worden ist, in dieselbe Lage wieder zurückkehren.
3. Jede zuzulassende Waage soll entweder die deutliche und untrennbare Angabe der größten Last, zu deren Abwägung sie bestimmt und ausreichend ist, enthalten, oder sie soll die erforderlichen Einrichtungen darbieten, um von der Eichungsstelle vorschriftsmäßig (§. 60) mit der Angabe dieser größten zulässigen Last (größten Tragfähigkeit auf der Lastseite) versehen werden zu können.
4. Jede Waage, bei welcher es nicht entweder durch ihre Aufhängung beziehungsweise durch die Unveränderlichkeit ihrer Aufstellung gesichert oder durch die Formen und Dimensionen ihres Gestells und ihrer Zeigereinrichtung (Zunge oder dergl.) für die Beobachtung mit dem bloßen Auge erkennbar ist, daß die sogenannte Einspielungsstellung ihres Zeigers mit ausreichender Genauigkeit stets in einer und derselben Lage zur Lothrichtung stattfindet, muß mit einem Loth (Pendelzeiger) oder einer Wasserwaage und dergleichen versehen sein, aus deren Einspielen jedesmal erkannt werden kann, daß die Waage sich bei der Anwendung in derselben Stellung zur Lothrichtung befindet, in welcher die Prüfung ihrer

Richtigkeit stattgefunden hat. Brückenwaagen (siehe §. 56) sollen unbedingt mit einem Pendelzeiger versehen sein.

5. Die Längen der Hebelarme oder die Lage des Schwerpunktes einer Waage dürfen keinesfalls durch Vorrichtungen korrigirbar sein, welche es ermöglichen, unachtsam oder absichtlich Veränderungen des vorschriftsmäßigen Zustandes der Waage leicht und schnell auszuführen und ebenso wieder zu beseitigen.

## §. 56. Zulässige Konstruktionssysteme für Handelswaagen.

Die zur Eichung zuzulassenden Gattungen von Handelswaagen sind die folgenden:

### I. Gleicharmige Waagen.

a) Gleicharmige Balkenwaagen (mit Gehängen), d. h. solche gleicharmige Waagen, bei welchen sich die Belastungen hängend unterhalb der Endachsen befinden, so daß während der Schwingungen der Waage der Schwerpunkt der Belastung immer lothrecht unter der bezüglichen Endachse verbleibt.

b) Gleicharmige oberschalige oder Tafelwaagen, d. h. solche gleicharmige Waagen, bei denen der Schwerpunkt der Belastungen sich oberhalb der Endachsen befindet, und bei denen daher, im Gegensatz zu der Einrichtung der gleicharmigen Balkenwaagen mit Gehängen, Parallelführungen der Belastungen erforderlich sind, um dem Schwerpunkt der letzteren eine lothrechte Bewegung zu sichern, welche derjenigen der bezüglichen Endachse stets gleich ist.

### II. Ungleicharmige Waagen,

und zwar mit solchen einfachen oder zusammengesetzten Verhältnissen der Hebellängen, daß die Last durch den zehnten oder durch den hundertsten Theil ihres Gewichtes aufgewogen wird (Dezimal- und Centesimalwaagen).

a) Ungleicharmige Balkenwaagen (mit Gehängen), d. h. solche ungleicharmige Waagen, bei welchen sich die Belastungen unterhalb der tragenden Achsen, und zwar hängend befinden, so daß während der Schwingungen der Waage der Schwerpunkt der Belastung immer lothrecht unter der tragenden Achse verbleibt.

b) Brückenwaagen, d. h. solche ungleicharmige Waagen, bei welchen sich der Schwerpunkt der abzuwägenden Last oberhalb tragender Achsen befindet, und bei denen daher eine Parallelführung des Lastträgers (der Brücke, des Tisches, der Schale u. s. w.) erforderlich ist, um dem Schwerpunkt der Last eine lothrechte Bewegung zu sichern, welche derjenigen der bezüglichen Endachse stets gleich ist.

### III. Laufgewichtswaagen.

d. h. Waagen, bei welchen auf der Lastseite ähnliche Einrichtungen, wie bei den unter I und II aufgeführten Gattungen vorhanden sind, bei welchen aber die Last durch ein unveränderliches Gewicht an veränderlichem Hebelarm aufgewogen und ihr Betrag an der Längeneintheilung (der Skale) dieses Hebelarmes abgelesen wird.

a) Einfache Balkenwaagen mit Laufgewicht und Skale (Schnellwaagen, römische Waagen u. s. w.).

b) Zusammengesetzte Balkenwaagen mit Laufgewicht und Skale, sowie Brückenwaagen mit Laufgewicht und Skale.

Bei den unter II und IIIb aufgeführten Waagengattungen sind auch gemischte Einrichtungen zulässig, bei welchen ein Theil der Last durch Gewichtsstücke, die an einem nicht veränderlichen Hebelarm wirken, und der andere Theil der Last durch eine Laufgewichtseinrichtung aufgewogen und ermittelt wird (siehe §. 59 Nr. 15).

Waagen dieser Art sind bezüglich der Fehlergrenzen (§. 60) und der unteren Grenzwerthe der größten zulässigen Last, sowie hinsichtlich der Gebührenerhebung entweder als ungleicharmige Waagen (II) oder als Laufgewichtswaagen (III) zu behandeln, je nachdem derjenige Theil der größten zulässigen Last, welcher von den Laufgewichtsskalen angegeben werden kann, kleiner oder größer ist, als der übrig bleibende Theil der größten zulässigen Last, und sie sind demgemäß im ersteren Falle als „ungleicharmige Waagen (ungleicharmige Balkenwaagen beziehungsweise Brückenwaagen) mit Hülfs-Laufgewicht und -Skale“ im letzteren Falle als „Brücken-“ beziehungsweise „zusammengesetzte Balkenwaagen mit Laufgewicht und Skale nebst Hülfs-Gewichtsschale“ zu bezeichnen.

Die Aufhängung der Belastungen darf niemals unmittelbar an der betreffenden Pfanne erfolgen, sondern nur mittelst eines Zwischengehänges mit Ringen und Haken oder dergleichen so ausgeführt sein, daß einestheils die beim Aufbringen der Belastung unvermeidlichen stärkeren Schwingungen der Gehänge sich nur in vermindertem Grade auf die Pfannen übertragen können, anderentheils überhaupt veränderte Stellungen der Pfannen thunlichst vermieden werden, wie sie sonst durch etwas seitliche Stellungen der Belastungen eintreten können.

Jede Brückenwaage (IIb und IIIb) soll mit einer Arretirvorrichtung an dem Haupthebel und jede fest fundamentirte Brückenwaage, sowie überhaupt jede Brückenwaage, welche für eine größte zulässige Last von mehr als 2000 Kilogramm bestimmt ist, soll außerdem mit einer Abstellvorrichtung versehen sein, durch welche das Hebelsystem der Waage vor den beim Aufbringen der Lasten stattfindenden Stößen bewahrt wird.

## §. 57. Gleicharmige Waagen.

1. Die beiden Arme einer gleicharmigen Balkenwaage (§. 56 Ia) dürfen ersichtliche Verschiedenheiten der Gestalt nicht zeigen, und der Waagebalken soll in der Einspielungslage für sich im Gleichgewicht sein.

2. Falls die Balken (§. 56 Ia) sich an den Enden bogen- oder gabelförmig verzweigen, darf die Länge der Mittelschneide des Balkens nicht weniger betragen als 0,6 des Abstandes zwischen den von jenen Zweigen getragenen, zu einander gehörigen Theilen jeder Endachse. Außerdem soll bei einer solchen Einrichtung des Balkens eine Schutzeinrichtung an der Aufhängung der Schalen angebracht sein, welche eine Anlehnung der zu wägenden Gegenstände an die Zweige des Waagebalkens unter allen bei der Anwendung denkbaren Umständen verhindert.

3. Alle gleicharmige Waagen (§. 56 Ia und b) dürfen an den Schalen mit Tarirvorrichtungen versehen sein, durch welche sich das unter Umständen veränderliche Gewicht der Schalen oder Gehänge so ausgleichen läßt, daß dadurch die Waage im unbelasteten Zustande zum Einspielen gebracht werden kann; doch sollen diese Einrichtungen in regelmäßiger und geordneter Weise, dem Zweck einer offenkundigen Ausgleichung entsprechend, ausgeführt sein. An den Hebelarmen gleicharmiger Waagen dürfen sich jedoch keinerlei derartige Ausgleichungsmittel befinden.

## §. 58. Ungleicharmige Waagen.

(Dezimal- und Centesimalwaagen.)

1. Zulässig sind nur solche Dezimalwaagen, welche für eine größte Last (§. 55 Nr. 3) von nicht weniger als 20 Kilogramm, und nur solche Centesimalwaagen, welche für eine größte Last von nicht weniger als 200 Kilogramm bestimmt sind.

2. Alle Centesimalwaagen sollen als solche an augenfälliger Stelle bezeichnet sein.

3. Die ungleicharmigen Waagen dürfen nicht nur an den Schalen mit Tarirvorrichtungen, sondern auch an den Hebelarmen mit Regulatorvorrichtungen (Laufgewicht ohne Skale) versehen sein, durch welche das Gewicht sämmtlicher Theile sich so ausgleichen läßt, daß dadurch die Waage im unbelasteten Zustande zum Einspielen gebracht werden kann.

Brückenwaagen sollen unbedingt mit derartigen Regulatorvorrichtungen versehen sein.

Alle diese Einrichtungen sollen jedoch in regelmäßiger und geordneter Weise, dem Zweck einer offenkundigen Ausgleichung entsprechend, ausgeführt sein[13]).

## §. 59. Laufgewichtswaagen.

1. Für die Einrichtungen auf der Lastseite einer Laufgewichtswaage gelten, je nachdem dieselbe eine Balken- oder eine Brückenwaage mit Laufgewicht ist, die für Balkenwaagen oder für Brückenwaagen getroffenen entsprechenden Bestimmungen.

2. Die Eintheilung der Skalen dieser Waagen darf sich nur auf die Kilogramm-Einheit beziehen und soll nach Dezimaltheilen der letzteren ohne ersichtliche Eintheilungsfehler eingravirt oder aufgeschlagen, überhaupt in unveränderlicher Weise ausgeführt sein. Der kleinste Abstand zweier benachbarter Theilungsmarken darf nicht unter 2 Millimeter betragen. Daß die Angaben der Skale sich auf die Kilogramm-Einheit beziehen, soll durch Beisetzung der Bezeichnung kg zu einer der Zahlenangaben der Skale an einer augenfälligen Stelle ersichtlich gemacht sein.

3. Die zur Ablesung der Skale vorhandene Einrichtung (Ablesungsmarke) soll so beschaffen sein, daß die Ablesung der Gewichtsangabe nicht durch Nebenumstände, insbesondere nicht durch eine Verschiedenheit der Stellung des Auges, beeinflußt werden kann.

4. Bei den Laufgewichtswaagen dürfen je nach der Länge und Einrichtung der Lasthebelsysteme verschiedene Skalen vorhanden sein, doch dürfen verschiedene Skalen für ein und dasselbe Laufgewicht keinesfalls unmittelbar neben- oder übereinander auf einer und derselben Seitenfläche des Hebels angebracht sein.

5. Die Unveränderlichkeit der Laufgewichtseinrichtung und der Massenvertheilung innerhalb der letzteren muß durch Form, Material und sonstige Beschaffenheit derselben genügend verbürgt sein, doch sind bei denjenigen Waagen, bei welchen überhaupt mehrere Laufgewichte und Skalen zulässig sind, auch solche Laufgewichtseinrichtungen nicht ausgeschlossen, bei welchen das Laufgewicht selbst der Träger eines kleineren Laufgewichtes mit Skale oder blos einer beweglichen Skale und dergleichen ist, deren Verschiebung die letzte Gewichtsausgleichung und die Ablesung derselben ermöglicht. Vorhandene Klemmschrauben und dergleichen dürfen keinesfalls abnehmbar sein.

### a) Einfache Balkenwaagen mit Laufgewicht und Skale.

6. Bei dieser Gattung von Laufgewichtswaagen befindet sich die Last in einem Gehänge unterhalb der Endachse des Lastarmes eines Hebels, dessen anderer Arm die Skale enthält und das Laufgewicht trägt. Waagen dieser Art dürfen nur *ein* Laufgewicht haben, welches mittelst eines Gehänges auf einer Stahlschneide ruht, die auf beiden Seiten einer entlang der Skale zu verschiebenden Hülse vorsteht. Von dieser Hülse darf das Laufgewicht nicht abnehmbar sein. Die Stahlschneide soll in der durch die Mittelschneide der Waage und durch die Endschneide des Lasthebels gehenden Ebene liegen.

7. Ist die Hülse selbst abnehmbar, so soll ihr Gewicht mit Einschluß des Gehänges und des Laufgewichtes nach Kilogramm unter Beisetzung von kg auf der Hülse oder auf dem Laufgewicht deutlich und untrennbar angegeben sein.

8. Die Hülse darf für jede Seite des veränderlichen Hebelarmes nur *eine* Ablesungsmarke enthalten. Ist sie abnehmbar, so darf sie *überhaupt* nur *eine* Marke, welche für beide Skalen dient, enthalten.

9. Ist eine abnehmbare Waageschale oder eine andere abnehmbare Anhängevorrichtung für die Last vorhanden, so soll das Gewicht derselben mit Einschluß der .. Ketten, Oesen und Gehänge nach Kilogramm unter Beisetzung von kg an geeignet... Stelle der Vorrichtung deutlich und untrennbar angegeben sein. Abnehmbare Vo... richtungen dieser Art dürfen nur aus Metall hergestellt sein.

---

13) Bei Brückenwaagen ist eine Parallelführung der Gewichtsschale vom 1. Jan. 00 ab nicht mehr zulässig, doch ist die Wiederholung der Eichung bis auf ... noch statthaft Bek. 10. Dez. 98 ... Beil. zu Nr. 57) § 1.

10. Die Verschiebbarkeit der das Laufgewicht tragenden Hülse an der Skale des Hebelarmes soll eine stetige sein. Kerbförmige Einschnitte des letzteren und dergleichen sind daher bei den einfachen Balkenwaagen mit Laufgewicht nicht zulässig.

b) Zusammengesetzte Balkenwaagen mit Laufgewicht und Skale, sowie Brückenwaagen mit Laufgewicht und Skale.

11. Zuzulassen sind nur solche Waagen dieser Arten, welche für eine größte Last von nicht weniger als 200 Kilogramm bestimmt sind.

12. Bei diesen Laufgewichtswaagen befindet sich die Last entweder in einem Gehänge unterhalb der Endachse eines Hebelarmes, welcher erst mittelbar durch eine Hebelverbindung auf den die Laufgewichtseinrichtungen tragenden Hebel wirkt, oder die Last liegt auf einer Brücke mit Parallelführung, während die Laufgewichte und Skalen sich an den ersichtlichsten Stellen des Hebels oder des Hebelsystems befinden, an welchem sonst bei den gewöhnlichen Brückenwaagen die Gewichtsschale angebracht ist.

13. Außer den unter Nr. 5 erwähnten Einrichtungen sind hier zwei oder mehrere verschiedene Skalen mit verschiedenen Laufgewichten neben- oder übereinander zulässig.

14. Bei den unter Nr. 13 aufgeführten Einrichtungen ist es zulässig, daß die Einstellung des größten Laufgewichtes auf die einer ganzen Anzahl von größeren Gewichtseinheiten entsprechenden Hebellängen durch kerbförmige Einschnitte und dergleichen erleichtert und gesichert wird, doch soll jedenfalls außer diesen Abstufungen der Hebeleintheilung auch eine Skale, an welcher die jedesmalige Stellung desselben Laufgewichtes mittelst einer geeigneten, an demselben angebrachten Marke abgelesen wird, vorhanden sein.

15. Die Laufgewichte brauchen bei zusammengesetzten Balkenwaagen und bei Brückenwaagen nicht unbedingt so beschaffen zu sein, daß sie mit einer Gehängeeinrichtung auf einer fest mit der verschiebbaren Hülse verbundenen Schneide ruhen, vielmehr sind hier statt der Gehängeeinrichtungen andere Formen und Anbringungsarten der Laufgewichte zulässig, sobald dieselben die Bedingung erfüllen, daß der Schwerpunkt des Laufgewichtes in möglichst geringem Abstande von der durch die Mittelschneide der Waage und die Endschneide des Lasthebels gehenden Ebene liegt, und sich keinesfalls um einen in die Augen fallenden Betrag tiefer unter dieser Ebene befindet, als die Mittellinie des Armes, an welchem das Laufgewicht sich bewegt.

16. Die Vorschriften unter Nr. 2 bis 5 und 12 bis 15 finden entsprechende Anwendung auf Laufgewichte und Skalen, welche nur als Hülfseinrichtungen bei anderen Waagengattungen dienen (siehe §. 56). Bei Einrichtungen letzterer Art darf jedoch an der zur Ablesung der kleinsten Gewichtstheile bestimmten Skale diejenige Aenderung der Gewichtsangabe, welche einer Verschiebung des Laufgewichtes um einen Skalentheil entspricht, den Betrag der nach §. 60 bei der Prüfung der Richtigkeit und Empfindlichkeit anzuwendenden größten Gewichtszulage nicht übersteigen.

(§. 60. Innezuhaltende Fehlergrenzen.)

## B. Waagen für besondere Zwecke[14].

### I. Präzisionswaagen.

### §. 61. Zulässige Konstruktionssysteme und sonstige Einrichtungen.

Solche Waagen, welche nach ihrer Konstruktion und Konstruktionsausführung Wägungen von einer noch größeren Zuverlässigkeit erwarten lassen, als für den Ver-

[14]) Durch Bek. 14. Mai 91 (RGB. Beil. zu Nr. 16) sind als weitere Gattung von „Waagen für besondere Zwecke“ Vorrichtungen zur Qualitätsbestimmung des Getreides mittelst Wägung kleiner Körnermengen unter der Bezeichnung

kehr im Allgemeinen erforderlich ist, dürfen auch auf eine größere als die obige Genauigkeit geprüft und, wenn sie eine solche besitzen, mit dem Präzisionsstempel versehen werden.

Die Zulassung zur Präzisionseichung wird auf gleicharmige Balkenwaagen, und zwar auf solche Waagen dieser Gattung eingeschränkt, welche nach Material und Güte der Konstruktionsausführung eine Zuverlässigkeit von besonderem Grade und von besonders gesicherter Dauer erwarten lassen. Vorzugsweise kommt hierbei die möglichst vollkommene Ausführung der Drehungseinrichtungen und die größtmögliche Sicherung der Schwingungen der Waage vor allen Reibungen und Klemmungen in Betracht.

(§. 62. Innezuhaltende Fehlergrenzen.)

### II. Selbstthätige Registrirwaagen.

### §. 63. Anwendungsgebiet und Beschaffenheit der zuzulassenden selbstthätigen Registrirwaagen.

Zur Abwägung und Registrirung des Gewichtes:

a) von pulver- und sandförmigen Materialien, und zwar bis auf Weiteres von Mehl, Gries und Grütze, sowie von Cement, trockenem pulverförmigen künstlichen Dünger und ähnlichen trockenen mineralischen Körpern in Pulverform,

b) von kleinkörnigen Früchten und daraus hergestellten körnigen Fabrikaten, und zwar bis auf Weiteres von Weizen, Roggen, Gerste, Hafer, Mais, Hülsenfrüchten, geputztem Malz, Reis, Buchweizen, Hirse, Graupen, Raps, Rüb- und Leinsamen, sowie von Palmkernen,

c) von stückigen Materialien und zwar bis auf weiteres von Zuckerrüben und Kartoffeln[15])

und zwar im Eingangs- und Ausgangsverkehr des Großhandels und Fabrikbetriebes, sowie bei steuer- und zollamtlichen Ermittelungen, werden solche Wägungseinrichtungen zugelassen, bei welchen eine gleicharmige Balkenwaage die Füllung ihrer Lastschale mit bestimmten, dem Gesammtbetrage der geeichten Gewichtsstücke auf ihrer Gewichtsschale entsprechenden Gewichtsmengen eines ihr von oben zugeführten Materials, und sodann die jedesmalige Entleerung der Lastschale entweder völlig selbstthätig oder durch selbstthätige Auslösung und Hemmung einer besonderen Betriebseinrichtung regelt und zugleich die fortlaufende Registrirung der einzelnen Füllungen an einem Zählwerk vermittelt.

Wägungseinrichtungen solcher Art sollen außerdem folgenden Vorschriften genügen:

1. Die eigentliche Waage soll den auf gleicharmige Balkenwaagen bezüglichen Bestimmungen entsprechen, mit der Einschränkung, daß es genügt, wenn sie nach Aufbringung der größten zulässigen Last in Bezug auf Empfindlichkeit und Richtigkeit die Anforderungen des §. 60 erfüllt.

---

„Getreideprober" zur Eichung zugelassen. Der Getreideprober besteht aus

1. einem cylindrischen Hohlmaaß, welches oben mit einem die Wandung ringsum durchschneidenden Schlitz versehen ist,
2. einem cylindrischen Hohlkörper, welcher lose in das Maaß paßt, dem Vorlaufkörper,
3. einem Abstreichmesser, welches sich leicht durch den Schlitz hindurch schieben läßt und den ganzen Maaßquerschnitt ausfüllt,
4. einem cylindrischen Füllrohr, welches mit einer Muffe auf das Maaß fest aufgesetzt werden kann,
5. den im §. 4 genannten Hülfseinrichtungen.

Die für die Getreideprobe getroffenen Bestimmungen sind durch Bek. vom 6. Mai 95 (RGB. Beil. zu Nr. 16) und 14. Mai 98 (RGB. Beil. zu Nr. 22) geändert worden. Der Raumgehalt ist nur in den Größen von $^1/_4$ l oder 1 l zulässig.

[15]) Ist durch Bek. 14. Jan. 93 (RGB. Beil. zu Nr. 2) hinzugefügt Art. 3 § 3.

Zum Zweck der Prüfungen soll dafür gesorgt sein, daß die eigentliche Waage durch bloße Umschaltung eines dafür vorgesehenen Mechanismus aus der Verbindung mit den anderweitigen Einrichtungen gelöst und alsdann sowohl unbelastet auf richtiges Einspielen, als auch bei der größten zulässigen Belastung auf ihre Empfindlichkeit und Richtigkeit, beziehungsweise nach jeder durch die Waage selbst regelrecht zu Stande gekommenen Füllung der Lastschale auf die Uebereinstimmung des Gewichtes der Füllung mit ihrem Sollgewicht, unter Aufbringung der erforderlichen geeichten Gewichtsstücke und kleinen Zulagegewichte, geprüft werden kann. Die bezüglichen Umschaltungseinrichtungen dürfen jedoch keinesfalls so beschaffen sein, daß bei ihrer Anwendung die Bewegungen und Verrichtungen derjenigen Konstruktionstheile, von deren Wirkungsweise die Bemessung der Füllungen abhängig ist, in anderer Weise stattfinden, und in Folge dessen Füllungen von anderem Gewicht zu Stande kommen können, als bei gewöhnlichem, nicht unterbrochenem Betriebe.

Die selbstthätige Registrirwaagen sollen mit einem Pendelzeiger versehen sein.

2. Die Registrireinrichtungen sollen in der Regel unmittelbar die Gewichtsangabe liefern, und zwar in der Kilogramm-Einheit ausgedrückt, was durch augenfällige Beisetzung der Bezeichnung Kilogramm oder kg erkennbar gemacht sein soll. Es sollen jedoch, z. B. zur Anwendung beim Sacken verschiedener Materialien, Waagen dieser Art auch mit solchen Registrireinrichtungen zulässig sein, welche nicht das Gewicht, sondern lediglich die Anzahl der ausgeschütteten Füllungen registriren, was dadurch augenfällig erkennbar gemacht sein soll, daß unter oder über dem Zahlenausdruck der Registrirung nicht die Kilogrammbezeichnung, sondern die Angabe angebracht ist: Füllungen, deren Einzelgewicht dem aufgesetzten Gegengewicht entspricht.

3. Die auf dem Wagebalken anzugebende größte zulässige Last darf nicht weniger als 5 Kilogramm betragen und nur einer der folgenden Stufen entsprechen:
5, 10, 20, 25, 50, 75, 100 Kilogramm und von 100 Kilogramm aufwärts weiteren Abstufungen von je 50 Kilogramm.

Bis auf Weiteres werden jedoch für Hafer auch solche selbstthätige Registrirwaagen zugelassen, bei denen das Gewicht einer Füllung 37,5 Kilogramm beträgt.

Die Waagen mit Füllungsregistrirung (siehe Nr. 2) dürfen nur für eine größte zulässige Last von 100 Kilogramm bestimmt sein.

Bei den Waagen mit Gewichtsregistrirung soll das Gewicht der einzelnen Füllung stets der auf dem Balken angegebenen größten zulässigen Last entsprechen. Die Waagen mit Füllungsregistrirung dürfen dagegen auch mit Füllungsgewichten arbeiten, welche kleiner als die größte zulässige Last, aber nicht kleiner als die Hälfte derselben sind.

4. Um für diejenigen kleinen Gewichtsunterschiede der Füllungen, welche lediglich während des Verlaufes der, der Vollendung jeder Füllung vorangehenden, letzten Zuflüsse des Materials je nach der besonderen Beschaffenheit des letzteren entstehen können, eine regelmäßige und geordnete Ausgleichung beim Beginn der Abwägungen zu ermöglichen, soll eine Regulireinrichtung vorhanden sein, durch welche das Gewicht der einzelnen Füllungen in Uebereinstimmung mit ihrem Sollgewichte gehalten werden kann (siehe auch Nr. 9). Diese Regulireinrichtung soll als solche leicht erkennbar gemacht, jedoch nicht am Waagebalken angebracht sein. Sie darf keinesfalls einen größeren Spielraum haben, als erforderlich ist, um Ausgleichungen obiger Art bis zu $^1/_{100}$ der größten Last vollziehen zu können. Damit dieser Spielraum für die verschiedenen Materialien, für welche eine solche Waage zugelassen ist, und auch für jede bei diesen Materialien vorkommende besondere Beschaffenheit ausreicht, müssen die Dimen-

sionen der Oeffnungen, von welchen die Stärke der letzten Zuflüsse abhängt, entsprechend bemessen sein. Die Begrenzungswände dieser Oeffnungen sollen derartig beschaffen sein, daß Abänderungen der Querschnitte der letzteren weder leicht und schnell ausführbar sind, noch in Folge von Abnutzung in einem in Betracht der Fehlergrenze erheblichen Grade von selbst eintreten können.

5. Die sämmtlichen, zu der vorstehenden Regulirung sowie zu dem regelmäßigen Zustandekommen der Füllungen und Entleerungen und zur Registrirung dienenden Einrichtungen sollen durch das Umschlußgehäuse, welches bei jeder dieser Waagen vorhanden sein soll, derartig vor störenden Eingriffen gesichert sein, oder sie sollen, soweit ihnen das Umschlußgehäuse keinen ausreichenden Schutz gewähren kann, von einer derartigen Beschaffenheit und Anordnung sein, daß es nicht möglich ist, unachtsam oder absichtlich Veränderungen ihres vorschriftsmäßigen und normalen Zustandes und ihrer Wirkung leicht und schnell auszuführen und ebenso wieder zu beseitigen. Ferner sollen weder durch zufällige Verrückungen der zu diesen Einrichtungen gehörigen Theile, noch durch die bei der Aufschüttung des Materials vorkommenden Unregelmäßigkeiten, Stauungen und Druckschwankungen solche Fehler der Wägungsergebnisse entstehen können, welche einen erheblichen Bruchtheil der zulässigen Abweichung derselben von der Richtigkeit darstellen.

6. Ebenso wie die Drehungsbewegungen der eigentlichen Waage sollen auch alle Kippungs- und Drehungsbewegungen derjenigen Mechanismen, bei denen Störungen der Beweglichkeit die Richtigkeit des Wägungsergebnisses in Frage stellen könnten, mittelst gehärteter Schneiden und Pfannen erfolgen. Mechanismen, welche eine Schmierung mit Oel oder Fett erfordern, dürfen nur dann an der Waage angebracht oder mit ihr verbunden sein, wenn sie lediglich zur Zuführung des zu verwägenden Materials dienen.

7. Das Zählwerk soll derartig beschaffen sein, daß die Richtigkeit seiner Zählungsergebnisse auf Grund genauer Besichtigung und Prüfung seiner Einrichtungen hinreichend verbürgt werden kann. Es sind nur sogenannte springende Zählwerke zulässig, bei denen die Zahlen der Zifferscheiben sprungweise nach einander hinter einer Reihe entsprechender Oeffnungen sichtbar werden, so daß das Gewicht des über die Waage gegangenen Materials beziehungsweise — bei den Waagen mit Füllungsregistrirung — die Anzahl der von der Waage ausgeschütteten Füllungen sofort ziffermäßig ersichtlich ist.

Nebenzählwerke mit anderen Angaben sind nicht gestattet, doch ist es bei diesen Wägungseinrichtungen zulässig, sogenannte Abstellvorrichtungen mit einem Gangwerke, welches der eichamtlichen Prüfung nicht unterliegt, derartig in Verbindung zu bringen, daß durch Zusammenwirken beider die Waage nach einer gewünschten vorher eingestellten Anzahl von Ausschüttungen selbstthätig außer Betrieb gesetzt wird.

8. Die zur Abwägung von pulver- und sandförmigen Materialien bestimmten selbstthätigen Registrirwaagen sollen nur zulässig sein, wenn die Zuführung des zu verwägenden Materials mittelst einer besonderen mechanischen Zuführungseinrichtung, z. B. einer Transportschnecke erfolgt, welche das Material in einen über der Waage angebrachten Einlauftrichter gleichmäßig und stetig einschüttet. Sowohl diese Zuführungseinrichtung als auch der Einlauftrichter sollen mit den übrigen Theilen der Waage derartig verbunden sein, daß sie gegen Lösung oder Veränderung dieser ihrer Verbindung durch Stempelung oder gestempelte Plombirung gesichert werden können. Die Zuführungseinrichtung soll an ersichtlicher Stelle und in deutlicher Schrift die Angabe derjenigen beiden Grenzwerthe ihrer Betriebsgeschwindigkeit enthalten, bei welchen die Waage auch ohne

völlige Ausnutzung des für die Regulireinrichtung (Nr. 4) gewährten Spielraumes noch innerhalb der Fehlergrenze richtige Angaben macht, z. B. bei einer Transportschnecke in der Form: Die Waage ist nur gebrauchsfähig bei . . . . bis . . . . Touren der Schnecke in der Minute, mit Eintragung der größten und kleinsten Umdrehungszahl der Schnecke in der Minute, bei welchen die vorstehende Bedingung noch erfüllt ist.

9. Die selbstthätigen Registrirwaagen sollen an ersichtlicher Stelle und auf derselben Seite, auf welcher sich die Registrireinrichtung befindet, ein Schild tragen, auf welchem in deutlicher Schrift außer dem Namen und Wohnort des Verfertigers und einer laufenden Fabriknummer die Angabe enthalten ist:

Waage für . . . . . . . .

mit Eintragung des Materials oder der Gruppe von Materialien, für welche die Waage bestimmt ist, und für welche demgemäß ihre eichamtliche Beglaubigung ausschließlich erfolgt.

Mit Rücksicht auf die Vorschrift unter Nr. 4 soll außerdem auf dem Schilde der Waage zu den obigen Angaben ausdrücklich hinzugefügt sein: „Eine Regulireinrichtung“ dient zur Richtigstellung der Füllungen vor der Verwägung jedes besonderen Materials vorstehender Art.

Die Angabe des Schildes, betreffend das Material oder die Gruppe von Materialien, für welche die einzelne Waage zulässig sein soll, wird hiernach nur in dem Sinne durch die Stempelung mitbeglaubigt, daß erfahrungsmäßig mit hinreichender Sicherheit anzunehmen ist, die Einrichtung der Waage, insbesondere die Regulireinrichtung, werde ausreichen, um für sämmtliche in der bezüglichen Angabe des Schildes enthaltenen Materialien die Richtigstellung der Angaben zu ermöglichen.

10. Auf den Schildern der für eines oder mehrere der im Eingange genannten pulver- oder sandförmigen Materialien bestimmten Waagen dürfen keinerlei kleinkörnige Früchte oder daraus hergestellte körnige Fabrikate genannt sein und umgekehrt.

Unter denjenigen Waagen, auf deren Schild nur ein einzelnes der im Eingange dieses Paragraphen genannten Materialien genannt ist, dürfen diejenigen für Hafer und diejenigen für Palmkerne nur für eine größte zulässige Last von 37,5 beziehungsweise von 50 Kilogramm und mehr bestimmt sein.

11. Bezüglich der Zulässigkeit von Kollektivangaben auf dem Schilde gilt Folgendes:

a) auf dem Schilde einer Waage von 5 Kilogramm Füllungsgewicht darf sich eine der folgenden Kollektivangaben vorfinden:
 Waage für Grütze und Gries;
 Waage für Gerste und geputztes Malz;
 Waage für Weizen und Roggen;
 Waage für Raps, Rüb- und Leinsamen;
 Waage für trockene mineralische Körper in Pulverform;

b) auf dem Schilde einer Waage von 10 Kilogramm Füllungsgewicht darf sich eine der vorstehend unter a aufgeführten Kollektivangaben oder eine der folgenden vorfinden:
 Waage für Mais und Hülsenfrüchte;
 Waage für Mehl, Grütze und Gries;

c) auf dem Schilde einer Waage von 20 oder 25 Kilogramm Füllungsgewicht darf sich eine der vorstehend unter a und b aufgeführten Kollektivangaben oder eine der folgenden vorfinden:
 Waage für Weizen, Roggen, Reis, Raps, Rüb- und Leinsamen;

Waage für Weizen, Roggen, Gerste, Reis, Mais, Hirse, Buchweizen und Graupen;

d) auf dem Schilde einer Waage von 50 Kilogramm und mehr Füllungsgewicht dürfen entweder sämmtliche im Eingange dieses Paragraphen unter b genannten kleinkörnigen Früchte und daraus hergestellten körnigen Fabrikate genannt sein, oder es darf sich auf ihrem Schilde eine der vorstehend unter a, b und c aufgeführten Angaben oder die folgende Angabe vorfinden:
Waage für Weizen, Roggen, Gerste, geputztes Malz, Mais, Reis, Hülsenfrüchte, Raps, Rüb- und Leinsamen[16]).

(§. 64. Innezuhaltende Fehlergrenzen.)

### III. Geringere Waagen.

### §. 65. IIIa. Waagen für Eisenbahnpassagiergepäck und Waagen für Postpäckereien ohne angegebenen Werth.

Zum Abwägen von Eisenbahnpassagiergepäck und von Postpäckereien ohne angegebenen Werth sind solche, im Allgemeinen weniger genaue, aber schnelleres Arbeiten gestattende Wägungseinrichtungen zuzulassen, bei welchen das Gewicht der verschiedenen Lasten nicht ausschließlich durch die Gegenwirkung entsprechender Gewichtsstücke oder verschiebbarer Laufgewichte, sondern entweder ganz oder zum Theil durch die unmittelbare oder mittelbare Beobachtung des jedesmaligen Neigungswinkels eines Hebelsystems geschieht. Die Veränderungen dieser Neigungswinkel, welche von dem Verhältniß der jedesmaligen Last oder des durch sie zu ermittelnden Theiles dieselben zu einem und demselben festen Gegengewichte oder zu der Elastizität von Federn abhängig sind, werden hierbei auf Kreisbogeneintheilungen oder auf Zifferblättern ablesbar gemacht[17]).

Waagen solcher Art sind zuzulassen, wenn sie folgenden Vorschriften genügen:

1. Sie sollen an ersichtlicher Stelle, etwa in der Nähe der Ablesungseinrichtung, ein Schild tragen, auf welchem in deutlicher Schrift die Bezeichnung: Waage für Eisenbahnpassagiergepäck beziehungsweise Waage für Postpäckereien ohne angegebenen Werth enthalten ist.

(Ziff. 2—7.)

### §. 66. IIIb. Hökerwaagen.

Zum Abwägen von Gegenständen des Wochenmarktverkehrs (vergl. Gewerbeordnung vom 21. Juni 1869, §. 66) sind gleicharmige Balkenwaagen von einer geringeren als der oben für den Handelsverkehr überhaupt vorgeschriebenen Genauigkeit zur Eichung zuzulassen, wenn sie

1. den im §. 55 sowie im §. 57 aufgestellten Zulassungsbedingungen genügen;
2. für eine größte einseitige Belastung von nicht mehr als 2 Kilogramm bestimmt sind;
3. an jedem Arm einen angelötheten oder angenieteten Streifen mit der aufgeschlagenen Bezeichnung H W tragen; und wenn
4. die Zulage, welche bei ihrer Prüfung im Zustande der größten Belastung erforderlich ist, um die Waage entweder, bei merklicher Abweichung von der Richtigkeit, zum Einspielen zurückzuführen oder, wenn eine solche Abweichung nicht vorhanden ist, vom Einspielen merklich abzulenken, das Vierfache des entsprechenden Betrages nicht übersteigt, welcher im §. 60 bei den gleicharmigen Handelswaagen für dieselbe größte Belastung zugelassen ist.

(§. 67. Stempelung.)

---

[16]) Spätere Zusätze enthält Bek. 14. Jan. 93 (RGB. Beil. zu Nr. 2) Art. 3 § 2 und 10. Dez. 98 (RGB. Beil. zu Nr. 57).

[17]) Änderungen zufolge Bek. 14. Jan. 93 (RGB. Beil. zu Nr. 2) Art. 4.

§. 68. Gültigkeitsdauer der Stempelung bei gewissen Waagengattungen.

1. Festfundamentirte Brückenwaagen, sowie alle solche Waagen, welche für eine größte zulässige Last von mehr als 2000 Kilogramm bestimmt sind, dürfen im öffentlichen Verkehr nur bis zum Ablaufe von drei Jahren nach Schluß desjenigen Kalenderjahres angewendet werden, in welchem die Eichung oder eine Wiederholung der Eichung laut der aufgestempelten Angabe der Jahreszahl derselben (siehe §. 67 Nr. 2) erfolgt ist. Diese Bestimmung tritt vom 1. Januar 1888 an in Kraft.

2. Selbstthätige Registrirwaagen dürfen im öffentlichen Verkehr nur bis zum Ablaufe von einem Jahre nach Schluß desjenigen Kalenderjahres angewendet werden, in welchem die Eichung oder eine Wiederholung der Eichung laut der aufgestempelten Angabe der Jahreszahl derselben (siehe §. 67 Nr. 10) erfolgt ist.

3. Waagen für Eisenbahnpassagiergepäck und Waagen für Postpäckereien ohne angegebenen Werth dürfen im Verkehr nach Schluß desjenigen Kalenderjahres, in welchem die Eichung oder eine Wiederholung der Eichung laut der aufgestempelten Angabe der Jahreszahl derselben (siehe §. 67 Nr. 11) erfolgt ist, nur bis zum Ablauf einer Frist angewendet werden, welche bei ersteren Waagen ein Jahr, bei letzteren Waagen zwei Jahre beträgt.

**VII. (Meßwerkzeuge zur Bestimmung des Stärkegrades weingeistiger Flüssigkeiten)[18].**

---

[18]) Abschnitt VII ist mittels Bek. 4. Mai 88 (RGB. Beil. zu Nr. 24) ersetzt durch folgende

Vorschriften, betreffend die Eichung von Meßwerkzeugen zur Bestimmung des Stärkegrades weingeistiger Flüssigkeiten.

§. 1.

Zugelassen werden gläserne Thermo-Alkoholometer, welche die Temperatur in Graden des hundertheiligen Thermometers und, bei der Temperatur von 15 Grad, die Spiritusstärke in Gewichtsprozenten angeben.

Die Skalen der Instrumente sollen, wie folgt, getheilt sein:

a) die Alkoholometerskale umfaßt nur Angaben zwischen 10 und 67 Prozent und schreitet nach halben Prozenten fort, während die Thermometerskale in ganze Grade getheilt ist; oder

b) die Alkoholometerskale umfaßt Angaben nicht unter 65 Prozent und schreitet nach Fünftelprozenten fort, während die Thermometerskale in halbe Grade getheilt ist; oder endlich

c) die Alkoholometerskale umfaßt Angaben nicht unter 65 Prozent, aber nicht mehr als 20 Prozente, und schreitet nach Zehntelprozenten fort, während die Thermometerskale in halbe Grade getheilt ist.

In jedem dieser Fälle soll die Thermometerskale von 12 Grad unter Null bis 30 Grad über Null reichen.

§. 2.

1. Die für die richtige Einstellung erforderliche Beschwerung des Thermo-Alkoholometers soll durch das Quecksilbergefäß des Thermometers bewirkt werden.

Tarirungsmittel zur letzten Ausgleichung dürfen auf der Innenseite der Skalen angebracht sein.

2. Die äußeren Glasflächen sollen einen gleichmäßigen, zu der Achse symmetrischen Verlauf haben; die Massenvertheilung des Glases soll derart sein, daß die Spindel beim Eintauchen sich lothrecht einstellt.

3. Die Spindelkuppe soll einen durch grobe Unebenheiten nicht unterbrochenen Verlauf haben; von der Spindel darf sie durch keine der Stempelung hinderliche Einbuchtungen oder Erhöhungen geschieden sein.

Der äußere Durchmesser des unteren Glaskörpers darf 28 Millimeter nicht übersteigen.

4. Die auf Papier aufzutragenden Skalen sollen an der Glaswand unveränderlich befestigt sein; Bindemittel, welche durch Erwärmung sich lösen, sind unzulässig.

Tarirungsmittel dürfen durch Einwirkung von außen sich nicht verrücken lassen, auch nicht von selbst sich loslösen können.

5. Der obere Rand der Alkoholometerskale soll wenigstens 15 Millimeter unterhalb der Kuppe liegen.

Der obere Rand der Thermometerskale soll wenigstens 20 Millimeter unterhalb

## VIII. Gasmesser.

### §. 74. Zulässige Gasmesser.

Zulässig sind nur solche Gasmesser, welche die hindurchgehende Gasmenge nach metrischem Maaß angeben.

### §. 75. Beschaffenheit und Einrichtung der Gasmesser.

Zuzulassen sind:

### A. Nasse Gasmesser,

d. h. solche, bei denen die Messung des Gases durch eine rotirende, zum Theil in Wasser oder in eine andere Flüssigkeit eintauchende Vorrichtung erfolgt,

wenn dieselben den folgenden näheren Bestimmungen entsprechen:

1. Das als Flüssigkeitsbehälter dienende Gehäuse, welches zugleich die gasführenden Räume umschließt, soll vollkommen gasdicht und derart zusammengesetzt sein, daß ohne Verletzung der auf den Verbindungsstellen der einzelnen Theile anzubringenden Stempel die in dem Gehäuse sich befindende, um eine horizontale Achse drehbare Meßvorrichtung (Trommel), sowie die übrigen für die Gasmessung wesentlichen inneren Konstruktionstheile nicht willkürlich abgeändert werden können.
2. Jedes zum Zuführen oder Abführen von Flüssigkeit bestimmte Rohr soll mit einem gasdichten hydraulischen Abschlusse von mindestens 40 Millimeter Höhe versehen sein.

---

der Stelle liegen, an welcher die Verjüngung des Glaskörpers beginnt.

6. Die Theilstriche der Skalen sollen in Schwarz ausgeführt sein.

Auf der Alkoholometerskale sollen die Theilstriche für die vollen Prozente und bei Theilung in Zehntelprozente auch für die halben Prozente länger als die übrigen Theilstriche sein; doch sollen die kürzesten Striche auf mindestens Zweifünftel des Umfanges der Spindel sich erstrecken.

Auf der Thermometerskale sollen die Theilstriche in nicht unterbrochenem Zuge verlaufen, sie sollen zu beiden Seiten der Thermometerröhre sichtbar sein.

7. Die Alkoholometerskale soll in die Erweiterung des Endes der Spindel hinabreichen; Theilstriche darf sie nur so weit tragen, als die Spindel cylindrisch ist.

Die Thermometerskale darf Theilstriche nach unten hin nur bis zur Biegung der Thermometerröhre tragen.

8. Die Skalen dürfen erhebliche Eintheilungsfehler nicht zeigen; benachbarte Intervalle dürfen um höchstens $^1/_4$ ihrer mittleren Länge von einander abweichen.

9. Auf der Thermometerskale soll das kleinste Intervall der Eintheilung mindestens 1 Millimeter betragen.

Auf der Alkoholometerskale soll das Intervall von 1 Prozent bei einer Theilung in halbe Prozente mindestens 2, bei einer Theilung in Fünftelprozente mindestens 4, bei einer Theilung in Zehntelprozente mindestens 6 Millimeter betragen.

10. Nebentheilungen für andere als die nach §. 1 zulässigen Temperatur- und Stärkeangaben sind ausgeschlossen.

Die § 3—5 betreffen die Bezeichnung, Fehlergrenzen und Stempelung. Nach § 6 dienen zur Ermittlung des Alkoholgehalts von Spiritusmischungen die amtlichen Tafeln der Norm.-Eich.-Kom.

Nach ähnlichen Grundsätzen sind zur Eichung zugelassen:

a) als Meßwerkzeuge zur Bestimmung der Dichte von Mineralölen: gläserne Thermo-Aräometer, welche die Temperatur in Graden des hundertteiligen Thermometers und, bei der Temperatur von + 15 Grad, die Dichte der Mineralöle, bezogen auf reines Wasser größter Dichte, angeben Bek. 23. Dez. 91 (RGB. Beil. zu Nr. 31);

b) als Meßwerkzeuge zur Bestimmung des Prozentgehalts von Zuckerlösungen: gläserne Thermo-Saccharimeter, welche die Temperatur in Graden des hundertteiligen Thermometers und, bei der Temperatur von + 20 Grad, den Prozentgehalt reiner Zuckerlösungen in Gewichtsprozenten angeben Bek. 2. Juli 97 (RGB. Beil. zu Nr. 31).

3. Die zur Regulirung oder zur Kontrole des Flüssigkeitsstandes dienenden Theile der Einrichtungen (Flüssigkeitsstandrohr, Abschlußventil, Flüssigkeitsstandzeiger u. dergl.) sollen entweder derartig beschaffen sein, daß bei Aufstellung des Gasmessers auf einer waagerechten Ebene der Flüssigkeitsstand gegen den bei der Eichung eingehaltenen normalen Stand solche Veränderungen, durch welche die Angaben des Gasmessers über den doppelten Betrag der Fehlergrenze hinaus (§. 77) verfälscht werden würden, nicht erfahren kann, ohne daß die Gefahr einer Absperrung des Gases eintritt, oder es sollen unter entsprechenden Aufstellungsverhältnissen die bezüglichen Veränderungen des Flüssigkeitsstandes in der Trommel gegen den bei der Eichung eingehaltenen normalen Stand an einem äußeren, mit den messenden Räumen in sicherer Kommunikation stehenden Flüssigkeitsstandrohr leicht und sicher erkennbar sein.

Absperrvorrichtungen der vorerwähnten Art sollen unbedingt bei allen Gasmessern für weniger als 100 Flammen (§. 76 Nr. 4 b) vorhanden sein. Bei größeren Gasmessern, bei welchen Absperrvorrichtungen fehlen dürfen, ist der normale Flüssigkeitsstand durch eine Marke (Zeiger, Visir oder dergl.) in deutlicher Weise zu kennzeichnen (siehe §. 78).

4. Die zur Einhaltung des normalen Flüssigkeitsstandes dienenden Theile sollen derartig eingerichtet und angebracht sein, daß es nicht möglich ist, Abänderungen derselben leicht und schnell auszuführen oder zu beseitigen, ohne die Stempelung (§. 78) zu verletzen.

5. Das Zählwerk soll so angebracht sein, daß es ohne Verletzung der die Verbindung desselben mit dem Gasmesser sichernden Stempelung nicht zugänglich ist.

Nur bei denjenigen Gasmessern für 100 oder mehr Flammen (§. 76 Nr. 4 b), welche in gußeisernen Gehäusen eingeschlossen sind (Stationsgasmesser), soll es zuläßig sein, das Zählwerk abnehmbar anzubringen, falls dasselbe so eingerichtet ist, daß wenigstens das Räderwerk ohne Verletzung einer in geeigneter Weise auszuführenden Stempelung (§. 78) einer Abänderung nicht zugänglich ist[19].

Zuzulassen sind auch ferner:

## B. Trockene Gasmesser,

d. h. solche, bei denen die Messung des Gases durch ein System von Kammern ohne Begrenzung durch Flüssigkeitsstände erfolgt,

wenn dieselben den folgenden näheren Bestimmungen entsprechen:

1. Die messenden Kammern und die Ventile sollen von einem gasdichten Gehäuse umschlossen sein.

2. Die messenden Kammern sollen gasdichte Scheidewände haben und derartig eingerichtet sein, daß nach Erfahrungen oder Versuchen, welche in Betreff der Leistungen von Gasmessern von entsprechender Einrichtung und von derselben Verfertigungsstelle vorliegen, solche Veränderungen der messenden Räume, durch welche die Angaben des Gasmessers über das Doppelte der Fehlergrenze hinaus (§. 77) verfälscht werden würden, bei der Anwendung nicht eintreten und auch nicht durch willkürliche Eingriffe ohne Verletzung der Stempelung des Gasmessers hervorgerufen werden können.

3. Hinsichtlich des Zählwerks gilt dasselbe wie unter A Nr. 5[19]).

(§. 76. Bezeichnung.)

(§. 77. Innezuhaltende Fehlergrenzen.)

(§. 78. Stempelung.)

[19]) Über Wechselzählwerke Bek. 21. Jan. 87 (RGB. Beil. zu Nr. 4).

## Zweiter Abschnitt.

### Stempelzeichen.

### §. 79. Allgemeine Bestimmungen.

Als das übereinstimmende Stempelzeichen, welches zur Beglaubigung der geeichten Gegenstände anzuwenden ist, wird ein gewundenes Band mit der Inschrift D. R. in der nachstehenden typischen Ausführung bestimmt:

Für die Beglaubigung von Präzisions-Maaßen und -Meßwerkzeugen, -Gewichten und Waagen erhält das Stempelzeichen außerdem innerhalb des gewundenen Bandes zwischen den Buchstaben D. R. einen sechsstrahligen Stern in nachstehender Ausführung:

Für die Beglaubigung der im §. 48 unter I und II aufgeführten Goldmünzgewichte erhält das Stempelzeichen je einen sechsstrahligen Stern an den beiden Außenseiten der Buchstabengruppe D. R. in folgender Ausführung:

### §. 80. Besondere Bestimmungen.

1. Stempel der Kaiserlichen Normal-Eichungs-Kommission.

Der Stempel der Kaiserlichen Normal-Eichungs-Kommission enthält über und unter dem gewundenem Bande einen sechsstrahligen Stern in nachstehender Ausführung:

2. Stempel der Eichungs-Aufsichtsbehörden.

Der Stempel jeder Eichungs-Aufsichtsbehörde enthält über dem gewundenen Bande die derselben zugetheilte Ordnungszahl, unter dem Bande den sechsstrahligen Stern in nachstehender beispielsweiser Ausführung:

3. Stempel der Eichungsstellen.

Der Stempel der Eichungsstelle enthält über dem gewundenen Bande die Ordnungszahl[20]) der Eichungs-Aufsichtsbehörde, zu deren Aufsichtsbezirk die Eichungsstelle gehört, unter demselben die Ordnungszahl, welche der Eichungsstelle innerhalb des betreffenden Aufsichtsbezirks zugetheilt worden ist, in nachstehender beispielsweiser Ausführung:

---

[20]) Ordnungszahlen (1—11) der preuß. Eichungs-Aufsichtsbehörden Nr. 4 des Abschn. Anm. 5. Der 12. Aufsichtsbezirk umfaßt das Königreich Sachsen u. Sachsen-Altenburg, der 13. Hessen, der 14. Mecklenburg-Schwerin u. Strelitz, der 15. Weimar und die beiden Reuß, der 16. Oldenburg, der 17. Braunschweig, der 18. Lippe-Detmold, der 19. Bremen, der 20. Hamburg, der 21. Baden, der 22. Württemberg, der 23. Elsaß-Lothringen. Wegen Bayern Nr. 2 des Abschn. Anm. 1.

Die bei der schriftlichen Ausfertigung der Ergebnisse eichamtlicher Arbeiten von der Kaiserlichen Normal-Eichungs-Kommission, den Eichungs-Aufsichtsbehörden und den Eichungsstellen anzuwendenden Beglaubigungsstempel enthalten außer den obigen Stempelzeichen eine Umschrift, durch welche Name und Ort der Behörde beziehungsweise der Eichungsstelle angegeben werden.

---

## 4. Gesetz betreffend die Eichungsbehörden. Vom 26. November 1869[1]).

(GS. 1165.)

§. 1. Die Eichungsämter, welchen nach Artikel 15 der Maaß- und Gewichtsordnung für den Norddeutschen Bund vom 17. August 1868 (B.-G.-Bl. für 1868 S. 473) das Geschäft der Eichung und Stempelung obliegt, sind mit der im §. 3 enthaltenen Ausnahme, Gemeindeanstalten[2]).

Sie bestehen aus einem Vorsteher, welchem die allgemeine Leitung der Geschäfte obliegt, und einem Sachverständigen als Eichmeister; im Falle des Bedürfnisses ist jedoch das Personal zu vermehren[3]). Zu Eichmeistern können nur solche Personen bestellt werden, deren technische Befähigung von dem vorgesetzten Eichungsinspektor (§. 2) nach vorgängiger Prüfung anerkannt und bescheinigt ist[4]).

Zur Errichtung eines Eichungsamtes bedarf es der Genehmigung des Ministers für Handel und Gewerbe.

Dieselbe kann Gemeinden, welche die zu einem Eichungsamte nöthigen Lokalitäten und Einrichtungen beschaffen und eine zum Eichmeister qualificirte Persönlichkeit nachweisen, nicht vorenthalten werden.

§. 2. Die Aufsicht über den Geschäftsbetrieb der Eichungsämter wird durch die Gemeindebehörden und durch Eichungsinspektoren ausgeübt, deren in der Regel Einer für jede Provinz ernannt wird. Letztere sind befugt, die Eichungsämter ihres Distrikts in technischen Angelegenheiten durch Vermittelung

---

[1]) An Stelle der im ursprünglichen Texte des G. erwähnten Normal-Eichungs-Kommission für den Norddeutschen Bund trat infolge der Errichtung des Deutschen Reichs die Kaiserliche Normal-Eichungs-Kommission, an Stelle des Ministers für Handel, Gewerbe und öffentliche Arbeiten infolge der Teilung des Ministeriums AE. 14. Okt. 78 (GS. 79 S. 25) der Minister für Handel und Gewerbe. Auf Grund des § 6 ist die Instruktion 6. Jan. 70 (MB. 57) erlassen worden Anlage A.

[2]) Es ist unzulässig, einem Gewerbetreibenden die Anstellung eines Eichmeisters für seine Fabrik zu gestatten.

[3]) Vorsteher und Beamte werden von dem Gemeindevorstand, in Städten dem Magistrat oder Bürgermeister, in Landgemeinden dem Gemeindevorsteher bestellt. Der Vorsteher soll in der Regel Mitglied der Gemeindebehörde sein Instr. 10; seine Stelle kann auch vom Bürgermeister oder Gemeindevorsteher wahrgenommen werden. Aufgaben Instr. 10. — Die Eichmeister sind Gemeindebeamte, auch wenn sie, was nicht unzulässig, aber unerwünscht ist, Gewerbetreibende (Schlosser u. dergl.) sind. Anstellung Instr. 16, Vereidigung 11, Abgrenzung der Tätigkeit mehrerer Eichmeister 12, Aufgaben im einzelnen 13—15. Rechnungsführer Instr. 17.

[4]) Instr. 38. Die Prüfung ist auf die technische Befähigung zu beschränken. Gebühren sind nicht zu erheben.

der Gemeindebehörden mit Anweisung zu versehen. Die Eichungsinspektoren sind Staatsbeamte und unmittelbar dem Minister für Handel und Gewerbe untergeordnet[5]).

§. 3. Die Eichungsämter an den Orten, wo die Eichungsinspektoren ihren Sitz erhalten, sollen Staatsanstalten sein und unter der unmittelbaren Leitung der Eichungsinspektoren stehen.

§. 4. Solche Zweige des Eichungsgeschäfts, welche eine besondere Sachkunde und Geschicklichkeit erfordern, können ausschließlich einzelnen Eichungsämtern übertragen werden[6]).

§. 5. Die Kosten der Errichtung und Unterhaltung der im §. 3 erwähnten Eichungsämter übernimmt der Staat, welcher dagegen auch die bei denselben aufkommenden Gebühren bezieht[7]).

---

[5]) In Preußen bestehen folgende Eichungsinspektionen (die in Klammern angegebene Ziffer bezeichnet die Ordnungsnummer, die im Stempelzeichen der Inspektion und der ihr unterstellten Eichämter über dem gewundenen Bande zu führen ist EichO. § 80 Ziff. 2 und 3): Königsberg (1) für Ost- u. Westpreußen; Berlin (2) für Brandenburg und Berlin; Stettin (3) für Pommern; Posen (4) für Posen; Breslau (5) für Schlesien; Magdeburg (6) für Provinz Sachsen, zugleich für Anhalt und Schwarzburg-Sondershausen; Kiel (7) für Schleswig-Holstein, zugleich für Lübeck; Hannover (8) für Hannover, zugleich für Schaumburg-Lippe; Dortmund (9) für Westfalen; Kassel (10) für Hessen-Nassau, zugleich für Sachsen-Meiningen, Sachsen-Koburg-Gotha und Waldeck; Cöln (11) für Rheinprovinz und Hohenzollern. — Geschäfte der Eichungsinspektoren Instr. 34 bis 41. — Die Tätigkeit der Eichungsinspektoren ist der Kenntnis und Aufsicht der Oberpräsidenten unterstellt; ihre Berichte an den Minister haben bei diesen durchzulaufen, ebenso wie ihnen ministerielle Erlasse durch Vermittlung des Oberpräsidenten zugefertigt werden Vf. 26. April 70 (MB. 124).

[6]) Diese Einschränkung besteht für Präzisionswagen, Präzisionsgewichte und Thermo-Alkoholometer Instr. 6, Gasmesser Vf. 19. Juni 71 (MB. 41), Wagen über 2000 kg höchster Belastung Vf. 8. Aug. 85, selbständige Registrierwagen Vf. 9. Mai 83, Aräometer, Getreideprober. Wegen der Fischversandgefäße Nr. 2 des Abschn. Anm. 22. — Auf alle übrigen Eichungsbefugnisse haben die Gemeinden für ihre Eichungsämter bei Erfüllung der vorgeschriebenen Bedingungen Anspruch § 1 Abs. 4. Beschränkung auf einzelne Zweige des Eichungsgeschäfts, für die dann auch allein die technische Ausrüstung vorhanden zu sein braucht, ist nicht ausgeschlossen, doch sollen nach der Denkschrift der Norm.-Eich.-Kom. vom 30. Nov. 72, deren Ausführungen der Handelsminister zugestimmt hat Vf. 17. Dez. 72 (MB. 338), bei Verleihung der Eichungsbefugnisse nur die einzelnen sich aus der Eichordnung ergebenden Zweige unterschieden werden, weitere Beschränkungen der Eichungsbefugnisse innerhalb dieser einzelnen Zweige sollen nicht zugelassen werden.

[7]) Einnahmen und Ausgaben der Eichungsinspektionen im Etat der Handels- und Gewerbeverwaltung, Einnahmen Kap. 29 Tit. 3, Ausgaben Kap. 68 und zwar Besoldungen Tit. 3a, Wohnungsgeldzuschüsse Tit. 5, Remuneration des nicht fest angestellten Personals Tit. 6a, sächliche Ausgaben Tit. 15. — Die Eichungsinspektoren sind außer den Stellen in Stettin, Kiel, Hannover etatsmäßig angestellt. Bestimmter Rang ist mit dem Amt nicht verbunden, einzelnen ist der Rang der Räte IV. Klasse verliehen worden. Reisekosten und Tagegelder liquidieren sie nach den Sätzen der 4. und 5. Rangklasse Instr. 42. — Die mittleren Eichbeamten (Eichmeister, Kassen- und Bureaubeamte) werden zunächst mit Vorbehalt einer Kündigung von drei Monaten, und wenn sie ihr Amt drei bis fünf Jahre zur Zufriedenheit versehen haben, auf Lebenszeit angestellt.

Die Kosten der übrigen Eichungsämter, so wie andererseits die bei ihnen aufkommenden Gebühren, fallen den betreffenden Gemeinden zu[8]).

§. 6. Der Minister für Handel und Gewerbe hat durch eine Instruktion die Geschäftsführung der Eichungsämter zu regeln und die Dienstpflichten der Eichungsinspektoren, sowie deren Verhältniß zu den Regierungsbehörden und zur Kaiserlichen[1]) Normal-Eichungskommission festzustellen.

§. 7. Von den in den §§. 1, 2 und 3 bezeichneten Behörden sind auch die den bisherigen Vorschriften zu erledigenden Eichungsgeschäfte wahrzunehmen. Mit dem Zeitpunkte, wo sie ihre Wirksamkeit beginnen, treten die jetzt gültigen Bestimmungen über die Organisation der Eichungsbehörden außer Kraft.

---

## Anlage A (zu Anmerkung 1).

### Instruktion zur Ausführung des Gesetzes vom 6. November 1869 (GS. 1165)[1]). Vf. des Ministers für Handel und Gewerbe 6. Jan. 70 (MB. 57).

### I. Allgemeine Bestimmungen in Betreff der Eichungsämter.

1. Es ist die Aufgabe der Eichungsämter, die Maaße, Gewichte, Waagen, Gefäße und sonstige Meßwerkzeuge, welche nach den Vorschriften der Bundes- oder Landesgesetzgebung[2]) behufs der Verwendung im Verkehr einer Stempelung bedürfen, nach Feststellung ihrer vorschriftsmäßigen Beschaffenheit mit dem Beglaubigungsstempel zu versehen. Sie sind, ein jedes hinsichtlich solcher Gegenstände, zu deren Eichung und Stempelung es autorisirt ist, ohne Beschränkung auf bestimmte Bezirke, verpflichtet, ihr Geschäft für jeden auszuüben, der sich an sie wendet (vergl. Nr. 10)[3]).

2. Für die Behandlung derjenigen Gegenstände, auf welche die Maaß- und Gewichtsordnung für den Norddeutschen Bund sich bezieht, sind die von der Kaiserlichen[1]) Normal-Eichungs-Kommission in Ausführung des Art. 18 des gedachten Ge-

---

[8]) Eine in der Gebührentaxe nicht vorgesehene Ermäßigung der Gebühren ist unbedingt untersagt, desgleichen Vergünstigungen hinsichtlich der Gebührenentrichtung, z. B. eine längere Kreditgewährung. Die Gemeindebehörden haben streng darauf zu achten, daß Zuwiderhandlungen nicht stattfinden, für die namentlich dann ein Anreiz vorliegt, wenn der Eichmeister als Vergütung eine Tantième des Gebührenertrages bezieht Vf. 11. Juli 71 (MB. 183). Eingehende Bestimmungen zur Verhinderung unzulässigen Gebührennachlasses Vf. 3. Mai 82 (MB. 163). Eine Übereinkunft, wodurch die Gemeinde dem Eichmeister die Beschaffung der Normale und der sonstigen Ausrüstungsgegenstände auf seine Kosten überläßt, ist unzulässig Vf. 6. Mai 70 (MB. 124).

[1]) An die Stelle der im ursprünglichen Text aufgeführten Norm.-Eich.-Kom. des Norddeutschen Bundes ist die Kaiserliche Norm.-Eich.-Kom., an Stelle des Min. f. Handel, Gewerbe und öffentliche Arbeiten der Min. f. H. u. G. getreten Nr. 4 des Abschn. Anm. 1, ferner an Stelle der Regierung (Landdrostei) der Regierungs-Präsident LVG. § 18, an Stelle der EichO. 16. Juli 69 die EichO. 27. Dez. 84 (Nr. 3 des Abschn.), der Instr. 10. Dez. 69 die Instr. 1. Mai 85 und der Eichgebührentaxe 12. Dez. 69 die Eichgebührentaxe 28. Dez. 84 (Nr. 2 des Abschn. Anm. 19).

[2]) Nach RVerf. Art. 4[3] kommt nur noch die Reichsgesetzgebung in Betracht.

[3]) Ausnahme für Wagen über 2000 kg Tragfähigkeit, hinsichtlich deren den Eichmeistern bestimmte Bezirke zugewiesen sind Vf. 13. Nov. 88. Beschränkung der Eichungsgeschäfte außerhalb der Amtsstelle Ziff. 10. Bestimmungen über Eichungen außerhalb der Amtsstelle trifft die Instr. der Norm.-Eich.-Kom. 1. Mai 85 1. Abschn. Nr. 15 c und d.

setzes erlassenen Vorschriften, insbesondere die Eichordnung vom 21. Dezember 1884 (besondere Beilage zu RGB. 85 Nr. 5), die Instruktion vom 1. Mai 1885 und die Eichgebührentaxe vom 28. Dezember 1884 (besondere Beilage zu RGB. 85 Nr. 5)[1]), maßgebend und wird deren genaueste Beobachtung den Eichungsämtern hierdurch noch ausdrücklich zur Pflicht gemacht.

3. In Betreff derjenigen Gegenstände, welche die M. u. G. O. für den Norddeutschen Bund überhaupt nicht in ihren Bereich gezogen hat, oder welche doch bis zum 1. Januar 1872 in der bisherigen Beschaffenheit zulässig bleiben, fallen den Eichungsämtern die Rechte und Pflichten der für die Eichung und Stempelung derselben gegenwärtig bestehenden Organe zu. Sie haben sich, insofern dies nicht schon der Fall, mit der hierzu nöthigen Einrichtung nach Massgabe der in den betreffenden Landestheilen gültigen Vorschriften zu versehen. Sobald dies geschehen, ist die Funktion der bisherigen Eichungsanstalten, welche mit der dem Gesetze entsprechenden Organisation der Eichungsbehörden nicht im Einklang stehen (fiskalische Eichungsstellen, einzelne Eichungsmeister), einzustellen, und hierüber das Nöthige öffentlich bekannt zu machen[4]). Ueber die Auflösung der Bergeichungsämter und die künftige Wahrnehmung der ihnen übertragen gewesenen Geschäfte bleibt besondere Bestimmung vorbehalten[5]).

4. Gemeinden, welche in Zukunft ein Eichungsamt errichten wollen, haben ihre desfallsigen Anträge unter Beibringung der Nachweise in Betreff der im § 1, Al. 4 des Gesetzes vorgeschriebenen Erfordernisse an den vorgesetzten Regierungs-Präsidenten[1]) zu richten, welcher dieselben dem Eichungsinspektor der Provinz zur gutachtlichen Aeußerung mitzutheilen[6]) und mit der letzteren dem Minister für Handel und Gewerbe vorzulegen hat. In der die Errichtung genehmigenden Verfügung wird zugleich über den Umfang der dem Eichungsamte zu übertragenden Befugnisse Bestimmung getroffen. Die Errichtung des Eichungsamtes ist demnächst unter Angabe der Gegenstände, zu deren eichamtlicher Behandlung dasselbe befugt ist, öffentlich bekannt zu machen[7]).

---

[4]) Übergangsbestimmung, die keine Bedeutung mehr hat.

[5]) Die Bergeichungsgeschäfte sind durch Vf. 9. Dez. 99 auf die ordentlichen Eichungsämter übertragen und nur ausnahmsweise einzelnen Bergbehörden (fiskalischen Werken am Deister, Osterwald, Gemeinschaftswerk bei Oberkirchen) noch überlassen. Maßgebend für diese Vf. 1. März 91. Danach ist zuständig der Bergrevierbeamte, für Staatsbezirke der Königl. Bergbeamte, der dem Eichungsinspektor in der Stellung eines Eichmeisters zugeordnet wird. Der Revierbeamte erhält für die Eichungsgeschäfte in Privatbetrieben, die er regelmäßig mit seinen Inspektionsgeschäften verbinden soll, die Hälfte der Eichgebühren, während die Eichungen auf den Staatsbergwerken gebührenfrei erfolgen.

[6]) Und zwar bevor der Bau und die Einrichtung des Eichlokals in Angriff genommen wird Vf. 6. März 74 (MB. 79). Der Eichungsinspektor tritt wegen der nötigen Einrichtungen, des Lokals, der Prüfung des in Aussicht genommenen Eichmeisters und der Beschaffung der Ausrüstungsgegenstände mit der Gemeindebehörde in Verbindung. Für die Beschaffung solcher Normale und Apparate, welche nicht durch die Eichungsinspektion erfolgen kann, ist die Vermittlung der Norm.-Eich.-Kom. in Anspruch zu nehmen. Nach Abschluß dieser Verhandlungen ist unter Angabe der dem Eichungsamte zu erteilenden Ordnungsnummer dem Regierungs-Präsidenten Anzeige zu erstatten, der darauf die ministerielle Genehmigung herbeiführt Vf. 7. Juni 71 (MB. 180). — Allgemeine Anforderungen, die an die Beschaffenheit der zu den eichamtlichen Arbeiten dienenden Räume zu stellen sind, Instr. der Norm.-Eich.-Kom. 1. Mai 85 1. Abschn. Nr. 14.

[7]) Soweit es sich um Neuerrichtung von Eichungsämtern handelt, durch den Regierungs-Präsidenten; bei einer Änderung der Befugnisse (Ziff. 7) dagegen durch den Eichungsinspektor Vf. 17. Sept. 70 (MB. 270).

5. Zum Fortbestande der schon bisher vorhandenen Gemeinde-Eichungsämter bedarf es, insofern dieselben mit der zur Handhabung des neuen Maaß- und Gewichtssystems erforderlichen Ausrüstung versehen werden, einer besonderen Genehmigung des Ministers für Handel und Gewerbe nicht; dieselben sind jedoch ohne Verzug den Vorschriften des Gesetzes und dieser Instruktion gemäß einzurichten.

6. Die Eichung und Stempelung der Präzisions- und Medizinalgewichte[8]), der Präzisionswaagen und der Alkoholometer soll bis auf Weiteres nur den am Sitze der Eichungsinspektoren zu errichtenden Staats-Eichungsämtern zustehen[9]). Es bleibt jedoch vorbehalten, einzelnen Gemeinde-Eichungsämtern auf desfallsigen Antrag gleiche Befugniß zu übertragen.

7. Im Uebrigen bestimmt sich der Umfang der einem jeden Eichungsamte beizulegenden Befugnisse nach den Gegenständen, für welche es mit den nach bestehenden Vorschriften erforderlichen Normalen und sonstigen Einrichtungen versehen ist und für deren eichamtliche Behandlung der Eichmeister die erforderliche Qualifikation besitzt. Inwieweit diese Voraussetzungen zutreffen, ist rücksichtlich der bereits bestehenden Eichungsämter durch die Eichungsinspektoren alsbald näher zu ermitteln und dem Minister für Handel, Gewerbe und öffentliche Arbeiten behufs Feststellung der Befugnisse vorzulegen. Ueber die letzteren ist demnächst das Nöthige öffentlich bekannt zu machen. Bis dahin, dass diese Feststellung erfolgt, führt jedes Eichungsamt die Geschäfte nach Massgabe seiner bisherigen Zuständigkeit, beziehungsweise seiner Ausrüstung mit Normalen des neuen Systems weiter[10]).

8. Im Fall es beabsichtigt wird, ein Eichungsamt ganz eingehen zu lassen, ist diese Absicht unter Darlegung der Gründe dem vorgesetzten Regierungs-Präsidenten[1]) anzuzeigen und von diesem nach eingeholtem Gutachten des Eichungsinspektors darüber an den Minister für Handel und Gewerbe zu berichten, welcher hierauf den Eichungsinspektor wegen Einziehung und Kassirung der Stempel mit Auftrag versieht. Ein ähnliches Verfahren findet statt, wenn es beabsichtigt wird, einzelne Zweige des Eichungsgeschäftes aufzugeben. Doch genügt in diesem Falle eine direkte Anzeige beim Eichungsinspektor, welcher in Betreff der Stempel das Erforderliche zu veranlassen und darüber demnächst dem Minister für Handel und Gewerbe zu berichten hat. In beiden Fällen ist die eintretende Veränderung öffentlich bekannt zu machen.

## II. Personal und Geschäftsführung der Gemeinde-Eichungsämter.

9. Das Personal eines jeden Eichungsamts besteht mindestens aus zwei Mitgliedern: dem Vorsteher und einem Eichmeister, welchen nach Bedürfniß ein zweiter und fernere Eichmeister beziehungsweise Eichmeister-Gehülfen, ein besonderer Rechnungsführer, Bote 2c. beizugeben ist. Das Personal des Eichungsamtes wird von der Gemeindebehörde bestellt. Von jedem Wechsel in der Person des Vorstehers, des oder der Eichmeister, sowie des Rechnungsführers ist dem vorgesetzten Eichungsinspektor unverzüglich Kenntniß zu geben. Ueber Beschwerden in Betreff der Geschäftsführung

---

[8]) Aufhebung eines besonderen Medizinalgewichts M. u. GO. (Nr. 2 des Abschn.) Art. 7.

[9]) Zu den vorbehaltenen Zweigen gehört ferner die Eichung der Gasmesser Vf. 19. Jan. 71 (MB. 41). — Die eichamtliche Behandlung der vorbehaltenen Gegenstände und die Unterzeichnung der darauf bezüglichen Eichscheine darf — letzteres in Änderung der Ziff. 24 — unter besonders sorgfältiger Kontrolle des Eichungsinspektors einem Eichmeister überlassen werden, sofern dessen besondere für diesen Zweig des Eichungsgeschäfts erforderliche Befähigung und Zuverlässigkeit keinem Zweifel unterliegt Vf. 12. Mai 72 (MB. 141).

[10]) Die Feststellung ist inzwischen erfolgt und die Bestimmung dadurch gegenstandslos geworden.

des Eichungsamts entscheidet die Gemeindebehörde, in höherer Instanz der Regierungs-Präsident[1]) nach eingeholtem Gutachten des Eichungsinspektors.

10. Dem Vorsteher, dessen Amt in der Regel einem Mitgliede der Gemeindebehörde zu übertragen ist, liegt die allgemeine Leitung und Beaufsichtigung der Geschäfte namentlich auch die Führung der Korrespondenzen ob[11]). Bei Streitigkeiten zwischen dem übrigen Personal des Eichungsamts und dem Publikum steht ihm die Entscheidung zu. Zur Vornahme von Eichungsgeschäften außerhalb der Amtsstelle ist seine jedesmalige besondere Genehmigung erforderlich. Letztere darf nicht ertheilt werden, falls dabei die Grenzen des Inspektionsbezirks überschritten werden sollen. Der Vorsteher hat die Kontrolnormale des Eichungsamts unter seinem Verschluß und ist für deren sichere Aufbewahrung verantwortlich. Im Fall kein besonderer Rechnungsführer bestellt wird, hat der Vorsteher zugleich die Geschäfte desselben wahrzunehmen.

11. Das Amt des Eichmeisters begreift das eigentliche Geschäft der Eichung und Stempelung, sowie überhaupt die Ausführung aller beim Eichungsamte vorkommenden technischen Arbeiten. Er ist auf die getreue Wahrnehmung der Obliegenheiten seines Amtes zu vereidigen und trägt die unbeschränkte Verantwortlichkeit dafür, daß alle beim Eichungsamte vorkommenden Eichungsgeschäfte genau nach den ergangenen Instruktionen ausgeführt werden. Dem Eichmeister kann zur Aushülfe und Unterstützung in den ihm zufallenden Verrichtungen ein Gehülfe beigegeben werden[12]). Derselbe arbeitet unter Verantwortlichkeit des Eichmeisters.

12. Sind mehrere Eichmeister bei einem Eichungsamte bestellt, so trägt ein Jeder die Verantwortlichkeit des ihm überwiesenen Geschäftskreises. Die Geschäftsvertheilung unter mehreren Eichmeistern kann nur so stattfinden, daß jedem entweder die ausschließliche Wahrnehmung eines besonderen Zweiges des Eichungsgeschäfts, oder die Leitung einer besonderen, örtlich von den übrigen getrennten, Abfertigungsstelle überwiesen wird. Die Betheiligung mehrerer Eichmeister in derselben Abfertigungsstelle beim Eichen derselben Gattungen von Gegenständen ist unstatthaft.

13. Der Eichmeister hat die Stempel und die Gebrauchsnormale in seinem Gewahrsam und ist verpflichtet, dieselben außer der Gebrauchszeit stets unter sorgfältigem Verschluß zu halten. Er ist nicht befugt, die Erneuerung unbrauchbar gewordener Stempel selbst zu bewirken, hat vielmehr eintretenden Falls dem Vorsteher unter Vorlegung der Stempel Anzeige zu machen. Die letzteren sind alsdann dem Eichungsinspektor einzusenden, welcher die neuen Stempel unter Kassirung der alten verabfolgt. Der Eichmeister ist dafür verantwortlich, daß die Gebrauchsnormale nicht über das zulässige Maaß von den Kontrolnormalen abweichen. Er hat dieselben zu dem Ende alle Jahr mindestens einmal mit den Kontrolnormalen zu vergleichen und über

---

[11]) Auf die Geschäftsleitung durch den Vorsteher und darauf, daß sie nicht dem Eichmeister überlassen wird, ist besonderer Wert zu legen, weil hierin eine wesentliche Sicherheit für die Befolgung der eichtechnischen Vorschriften liegt. — Die Eichungsarbeiten sollen in der Regel im Amtslokal erfolgen. Die Genehmigung zur Vornahme außerhalb der Amtsstelle darf nur in Ausnahmefällen erteilt werden: im allgemeinen nur, wenn die Versendung der zu prüfenden Gegenstände besondere Schwierigkeiten bereitet (größere Wagen, Fässer, Gasmesser), oder wenn diese an der Gebrauchsstelle für längere Zeit nicht entbehrt werden können Instr. 1. Mai 85 (Anm. 3). Unstatthaft ist die Vornahme von Eichungsgeschäften an auswärtigen Plätzen, die ein Eichungsamt mit entsprechenden Befugnissen am Orte oder in viel geringerer Entfernung haben Vf. 30. Jan. 80.

[12]) Eichmeistergehilfen und in gleicher Weise Bureauhilfsbeamte sind erst, nachdem ihre endgiltige Annahme gegen den etatsmäßigen Remunerationsbetrag ministeriell genehmigt ist, zu vereiden. Vorher sind sie durch Handschlag auf treue Erfüllung der ihnen übertragenen Arbeiten zu verpflichten Vf. 14. Okt. 99 (MB. 248).

den Befund dem Vorsteher eine schriftliche Anzeige einzureichen, event. auch die Berichtigung nach Anleitung der bestehenden Vorschriften unverzüglich einzuleiten.

14. Der Eichmeister hat ferner die Waagen, sowie die sonstigen technischen Hülfsapparate unter seiner Aufsicht und dafür Sorge zu tragen, daß dieselben sich stets in dem zum Gebrauch erforderlichen guten Stande befinden. In Betreff der Waagen finden die über die Revision der Gebrauchsnormale vorstehend gegebenen Vorschriften analoge Anwendung.

15. Der Eichmeister ist nach näherer Anweisung des Vorstehers beziehungsweise der Gemeindebehörde verpflichtet, gegen eine angemessene Vergütung bei polizeilichen Revisionen der im Verkehr befindlichen Maaße und Gewichte 2c. den revidirenden Polizeibeamten technische Assistenz zu leisten[13]).

16. Die Anstellung der Eichmeister muß in solcher Weise erfolgen (mit Vorbehalt der Kündigung oder auf Widerruf), daß die Gemeindebehörden in der Lage sind, Eichmeister, die sich als untüchtig oder nachlässig in ihrer Geschäftsführung erweisen, binnen kurzer Frist ihres Amtes entheben zu können[14]).

17. Der Rechnungsführer, wo ein solcher besonders bestellt wird, hat nach näherer von der Gemeindebehörde ihm zu ertheilender Anweisung unter geeigneter Mitwirkung des Vorstehers das Buch- und Rechnungswesen zu besorgen.

18. Die nähere Bestimmung darüber: in welcher Weise die Annahme und die demnächstige Rückgabe der der eichamtlichen Behandlung unterworfenen Gegenstände, die Ausfertigung der zugehörigen Eichscheine, Befund- oder Rückgabescheine, sowie die Gebührenerhebung stattzufinden hat;. durch wen die Aufstellung der vorgeschriebenen Eichregister und Geschäftsübersichten zu bewirken ist, bleibt ebenfalls der Gemeindebehörde überlassen. Beides darf jedoch keinesfalls dem Eichmeister allein übertragen werden.

19. Die Gemeindebehörde hat für ein den Bedürfnissen des Eichungsamts nach dem Gutachten des Eichungsinspektors entsprechendes Lokal zu sorgen. Dasselbe kann, falls es im Uebrigen den zu stellenden Anforderungen entspricht, in Verbindung mit der Privatwohnung oder den Privat-Geschäftsräumen des Eichmeisters eingerichtet werden. Es darf jedoch in diesem Falle zu andern als eichamtlichen Geschäften nicht benutzt werden.

20. Die Gemeindebehörde hat ferner dafür zu sorgen, daß das Eichungsamt stets mit den zu einer ordnungsmäßigen Geschäftsführung erforderlichen Apparaten und Utensilien nach Vorschrift der Eichordnung und der Instruktionen nach näherer Anweisung des Eichungsinspektors versehen ist.

21. Es steht der Gemeindebehörde frei, bestimmte Tage und Stunden für den Geschäftsbetrieb des Eichungsamts vorzuschreiben. Dieselben sind in geeigneter Weise öffentlich bekannt zu machen.

### III. Besondere Bestimmungen für die Staats-Eichungsämter.

22. Die im Vorstehenden über das Personal und die Geschäftsführung bei den Gemeinde-Eichungsämtern gegebenen Bestimmungen kommen auch bei den am Sitze

---

[13]) Polizeiliche Revisionen Ziff. 5 des Abschn.

[14]) Feste Besoldung ist zu gewähren, sobald deren Betrag durch die Einnahmen des Eichamts regelmäßig übertroffen wird Vf. 3. Mai 82 u. 17. Dez. 83. Soweit dies nicht der Fall, können dem Eichmeister die Eichgebühren ganz oder teilweise überlassen werden. Über die Unzulässigkeit der Bewilligung von Ermäßigungen Ziff. 2 des Abschn. Anm. 19. — Der Betrieb eines Privatgeschäfts, auch wenn es in der Anfertigung oder dem Verkauf eichpflichtiger Gegenstände besteht, ist zwar unerwünscht, aber nicht ausgeschlossen Vf. 4. April 70 (MB. 91). Über die Gefahren solchen Betriebes Vf. 3. Mai 82 (MB. 163). — Die Beeidigung der Gemeinde-Eichmeister ist durch die Gemeindebehörde vorzunehmen Vf. 17. Sept. 70 (MB. 270).

der Eichungsinspektoren zu errichtenden Eichungsämtern in Anwendung, soweit sich nicht aus ihrer Eigenschaft als Staatsanstalten oder aus dem Nachfolgenden Abweichungen ergeben.

23. Das Amt des Vorstehers wird durch den Eichungsinspektor wahrgenommen. Derselbe hat das sonst erforderliche Personal und zwar den oder die Eichmeister, sowie den Rechnungsführer mit Genehmigung des Ministers für Handel und Gewerbe zu engagiren. Das Engagement erfolgt überall auf Kündigung[15]). Der Eichungsinspektor ist zu Warnungen und Verweisen gegen das ihm untergeordnete Personal des Eichungsamts befugt. Von der Kündigung darf er gegenüber dem Eichmeister und Rechnungsführer nur mit Genehmigung des Ministers für Handel und Gewerbe Gebrauch machen.

24. Der Eichungsinspektor hat insbesondere die technische Dienstführung fortdauernd genau zu überwachen. Die Eichung derjenigen Gegenstände, deren eichamtliche Behandlung nach Nr. 6 den Staats-Eichungsämtern ausschließlich vorbehalten ist, erfolgt unter seiner persönlichen Verantwortlichkeit. Die darauf bezüglichen Eich- etc. Scheine sind von ihm selbst zu unterzeichnen[9]).

25. Die vorgeschriebenen Eich- rc. Scheine über die zur eichamtlichen Behandlung vorgelegten Gegenstände sind, mit Ausschluß der unter Nr. 24 erwähnten[9]), zur Beglaubigung der richtigen Ausführung der erforderlichen Arbeiten vom Eichmeister zu unterzeichnen. Die Ansetzung und Erhebung der Gebühren[16]) erfolgt durch den Rechnungsführer, welcher darüber nach geleisteter Zahlung auf dem Schein quittirt und letzteren mit dem Stempel versieht. Gegen Produktion des gestempelten Scheins werden alsdann die zugehörigen Gegenstände verabfolgt.

26. Ob, und in welchem Umfange bei den einzelnen Eichungsämtern Gewichte und Maaße zum Verkaufe vorräthig zu halten sind, bleibt weiterer Bestimmung nach Maßgabe des sich ergebenden Bedürfnisses vorbehalten. Eintretenden Falls sind dieselben vom Rechnungsführer in Gewahrsam zu halten und bei der Abgabe, der Ausstellung und Aushändigung der Eichscheine, sowie bei der Erhebung der Gebühren und Verkaufspreise die obigen Vorschriften (Nr. 25) analog anzuwenden: die Verkaufstarife werden durch den Eichungsinspektor festgestellt.

27. Bei auswärtigen Eichungsgeschäften kann dem Eichmeister die Ansetzung und Erhebung der Gebühren, sowie die Aushändigung des Eich- rc. Scheins überlassen werden. Er hat in diesem Falle die erhobenen Gebühren alsbald dem Rechnungs-

---

[15]) Geändert seit 96 Nr. 4 des Abschn. Anm. 7.

[16]) Die Eichgebühren fließen als Einnahmen des Eichamts zur Eichamtskasse, desgleichen die Tagegelder und Reisekosten, die nach Ziff. 4 der allgemeinen Bestimmungen der Eichgebührentaxe (Nr. 2 des Abschn. Anm. 19) zu entrichten sind Vf. 29. Jan. 97 (MB. 39). — Die Reisekosten für außerhalb des dienstlichen Wohnsitzes ausgeführte Eichungen sind nach den für die Staatsbeamten allgemein geltenden Sätzen zu berechnen, auch für Gemeinde-Eichmeister Vf. 19. Sept. 87 (MB. 206), und betragen 7 Pfennige für das km Eisenbahn oder Dampfschiff, 40 Pf. für das km Landweg, 2 Mk. für den Zu- und Abgang zu Eisenbahn und Dampfschiff, soweit nicht erweislich höhere Reisekosten aufgewendet werden mußten G. 21. Juni 97 (GS. 193) § 4. Auch bei den Eichungen für die Staatseisenbahnbehörden sind Reisekosten zu liquidieren, freie Fahrt wird nicht gewährt Vf. 2. Nov. 87. Findet das Eichungsgeschäft auf dem auswärtigen Bahnhof statt, so ist Ab- und Zugang nur einmal zu berechnen Vf. 4. Aug. 90, es sei denn, daß das Bahnhofsgebiet verlassen werden muß, was bei größeren Bahnhöfen auch dann als gerechtfertigt gilt, wenn durch Benutzung von Wegen außerhalb des Bahngebiets die Geleisüberschreitungen und die damit verbundene Unfallgefahr vermieden oder erheblich vermindert werden Vf. 25. Jan. 00 (MB. 96). Die Kosten für die Beförderung der Gerätschaften sind besonders zu berechnen.

führer mit den, behufs der Verrechnung und Eintragung in das Eichregister erforderlichen Nachweisungen abzuliefern.

28. Das Amt eines Rechnungsführers ist, wenn thunlich, einem der am Orte vorhandenen Kassen- oder Rechnungs-Beamten als Nebenamt zu übertragen. Er hat eine den bestehenden Vorschriften entsprechende Kaution zu bestellen[17]).

29. Als Grundlage der Rechnungsführung dient der Etat, über dessen Feststellung weitere Bestimmung vorbehalten bleibt. Der Rechnungsführer erhebt die Einnahmen und leistet die Ausgaben auf schriftliche die betreffende Etatsposition bezeichnende Anweisung des Eichungsinspektors. Zu allen innerhalb der Positionen des Etats liegenden neuen Ausgaben, welche den Betrag von einhundertfünfzig Mark übersteigen, bedarf es der Genehmigung des Ministers für Handel und Gewerbe.

30. Außer der Kassen- und Rechnungsführung liegt dem Rechnungsführer ob: a) die Führung der vorgeschriebenen Eichregister, b) die Aufstellung der jährlichen Geschäfts-Uebersichten (Abschnitt 1 Nr. 11 von der Norm.-Eich.-Kom. am 1. Mai 1885 erlassenen Instruktion[1]), c) die Führung eines Inventarienbuchs über die beim Eichungsamt vorhandenen Hülfsapparate, Utensilien, Lager- und Materialvorräthe[18]). Die Vorräthe an Justirmaterial und Werkzeugen hat der Rechnungsführer in seinem Gewahrsam und verabfolgt davon nach Bedarf dem Eichmeister gegen Quittung auf Anweisung des Eichungsinspektors.

31. Auf Grund der am 31. Januar zu bewirkenden Abschlüsse der Bücher ist bis zum 8. Februar jeden Jahres ein nach Maßgabe des Etats aufgestellter Kassenabschluß für das Vorjahr dem Minister für Handel und Gewerbe einzureichen[19]). Die im Anschluß an dieselben vom Rechnungsführer zu legende Jahresrechnung ist demnächst binnen 4 Wochen nach erfolgter Abnahme Seitens des Eichungsinspektors der Königlichen Ober-Rechnungskammer zu Potsdam zur Revision einzusenden. Derselben ist zugleich ein auf Grund vorangegangener Revision vom Eichungsinspektor zu bescheinigendes Verzeichniß des Inventars und der Lagervorräthe unter Nachweisung des Zu- und Abganges beizufügen.

32. Die Kasse ist allmonatlich regelmäßig an dem für die übrigen Kassen des Orts bestimmten Tage, und außerdem mindestens einmal im Laufe eines jeden Kalenderjahrs

---

17) Die Kautionen sind beseitigt G. 7. März 98 (GS. 14).

18) Anw. zur Führung von Inventarienbüchern und Material-Nachweisungen 29. Mai 94. Die Führung liegt dem Rechnungsführer unter Aufsicht des Eichungsinspektors ob. Das von 10 zu 10 Jahren neu aufzustellende Inventarienbuch hat alle der Eichungsinspektion und dem Eichamte gehörigen Gebrauchsgegenstände (Ausrüstungsgegenstände, Möbel, Werkzeuge, Bücher 2c.) aufzuweisen. Es ist nach der verschiedenen Art der Gegenstände in Haupt-Abteilungen (Titel), und diese sind nach Bedürfnis in Unter-Abteilungen zu gliedern. Die Ausrüstungsgegenstände (Normale, Normalapparate 2c.) werden in Anlehnung an das von der Norm.-Eich.-Kom. vorgeschriebene Verzeichnis (Instr. 1. Mai 85 1. Abschn. Nr. 12 Anl. C) nach Gebrauchsnormalen, Kontrol- und Hauptnormalen bezw. Normalapparaten und sonstigen Hilfsmitteln geordnet und die einzelnen Gegenstände in der Abteilung, zu der sie gehören, unter laufender Nummer aufgeführt. Die Stempel bilden eine besondere Abteilung. — Das Materialien-Verzeichnis hat die Verwendung der Verbrauchsgegenstände (Schreib- und Bureau-Materialien, Materialien zur Reinigung, Heizung und Beleuchtung, Formulare, sowie Justier-Materialien) nachzuweisen. — Bei Beginn des Rechnungsjahrs ist der Bestand festzustellen. Die im Laufe des Jahrs eintretenden Zu- und Abgänge sind unter Hinweis auf die erforderlichen Belege im Verzeichnisse einzutragen. Auf den Belegen hat der Rechnungsführer zu vermerken, wo die Materialien im Verzeichnisse eingetragen sind.

19) Diese Termine haben sich durch die Verlegung des Etatsjahrs auf die Zeit vom 1. April bis 31. März um 3 Monate verschoben.

außerordentlich zu revidiren[20]). Ueber die Revision ist jedesmal ein Protokoll aufzunehmen und demnächst der Jahresrechnung eine Bescheinigung des Eichungsinspektors über die Ausführung der vorschriftsmäßigen Revisionen beizufügen.

33. Angesammelte Bestände der Kasse, welche nach dem Ermessen des Eichungsinspektors den Bedarf zur Deckung der in der nächsten Zeit zu erwartenden Ausgaben überschreiten, sind an die Regierungs-Hauptkasse zur Asservation abzuliefern, welche letztere auch im Falle des Bedürfnisses auf Ersuchen des Eichungsinspektors dem Eichungsamte die erforderlichen Vorschüsse zu gewähren hat. Ablieferungen und Zuschüsse sind demnächst am Jahresschlusse mit der General-Staatskasse auszugleichen.

## IV. Geschäftsführung der Eichungsinspektoren.

34. Die Aufgabe des Eichungsinspektors besteht neben den im Vorstehenden bereits bezeichneten einzelnen Funktionen im Allgemeinen darin, den Geschäftsbetrieb der Eichungsämter seines Bezirks zu beaufsichtigen und darüber zu wachen, daß die zur Regelung desselben ergangenen technischen Vorschriften gehörig beobachtet werden. Er hat für die ihm unterstellten Eichungsämter alle Rechte und Pflichten, welche die Eichordnung und die von der Normal-Eichungskommission erlassenen Instruktionen der Aufsichtsbehörde übertragen, soweit darüber nicht anderweit Bestimmung getroffen ist.

35. Der Eichungsinspektor hat insbesondere die Hauptnormale in Verwahrung und nach denselben die Kontrolnormale der Eichungsämter, soweit sie denselben nicht ausnahmsweise von der Kaiserlichen[1]) Normal-Eichungskommission selbst geliefert werden, herzustellen. Er hat die Kontrolnormale der Eichungsämter mindestens alle zehn Jahre einzufordern, ihre Richtigkeit nach den Hauptnormalen zu prüfen und darüber event. nach Vornahme der etwaigen Berichtigung eine Bescheinigung auszustellen. Bei den hierzu erforderlichen Operationen bedient sich der Eichungsinspektor der Apparate 2c. des unter seiner Leitung stehenden Eichungsamts, welchen die zu diesem Zweck nöthige Vollständigkeit zu geben ist. Die besonders dem obigen Zweck dienenden, zu den regelmäßigen Eichungsgeschäften nicht erforderlichen Apparate hat er persönlich in seinem Gewahrsam und dafür zu sorgen, daß sie jederzeit in tüchtiger Beschaffenheit sich befinden.

36. Der Eichungsinspektor hat die Eichungsämter seines Bezirks von Amtswegen oder auf ergehende Anfragen mit der nöthigen Belehrung und Anweisung zu versehen. Er hat sie von Zeit zu Zeit und mindestens alle zwei Jahr persönlich zu inspiziren, von der Beschaffenheit des Lokals, der Gebrauchsnormale und der sonst angewandten Apparate, sowie von dem Geschäftsbetriebe überhaupt genaue Einsicht zu nehmen und auf die Abstellung etwaiger dabei gefundener Mängel hinzuwirken.

37. Seine Mittheilungen und Anweisungen, soweit sie nicht mündlich bei Gelegenheit der Inspizirung erfolgen, läßt er den Eichungsämtern durch Vermittelung der vorgesetzten Gemeindebehörde zugehen. Falls dieselben ihrer Ausführung Bedenken entgegenstellen, oder wiederholte Erinnerungen fruchtlos bleiben, hat er dem zuständigen Regierungs-Präsidenten[1]) behufs weiterer Veranlassung Anzeige zu machen.

38. Die Prüfung anzustellender Eichmeister erfolgt auf Antrag der Gemeindebehörden entweder bei Gelegenheit der Anwesenheit des Eichungsinspektors an Ort und Stelle, oder nach zuvoriger Anmeldung an seinem Wohnsitze. Die Prüfung erstreckt sich: a) auf die Bekanntschaft mit den Grundlagen und Eigenthümlichkeiten des metrischen Maaß- und Gewichtssystems; b) auf die Kenntniß der auf das Maaß- und Gewichtswesen, insbesondere das Eichungsgeschäft bezüglichen Gesetze und Instruktionen; c) auf die Bekanntschaft mit der Zusammensetzung, den Eigenschaften und dem praktischen Gebrauch der beim Eichungsgeschäft zur Anwendung kommenden Meßwerk-

---

[20]) Eine fernere außerordentliche Revision jährlich hat der Oberpräsident herbeizuführen Vf. 16. Mai 98.

zeuge und Apparate; d) auf die Bekanntschaft mit der Beschaffenheit der der Eichung unterliegenden Maaße, Gewichte, Waagen und sonstigen Meßwerkzeuge, sowie der Eigenschaften der zu ihrer Herstellung dienenden Materialien; e) auf das erforderliche praktische Geschick in der Handhabung der Eichungsapparate und in den beim Justiren vorkommenden Arbeiten. Der zu Prüfende kann, falls dies zum Ausweis hierüber erachtet wird, angehalten werden, einige Tage hindurch in dem unter Leitung des Eichungsinspektors stehenden Eichungsamte praktisch zu arbeiten. Nach bestandener Prüfung ist dem Geprüften eine Bescheinigung auszustellen, in welcher des Näheren angegeben wird, für welche Zweige des Eichungsgeschäfts er befähigt gefunden ist; gleichzeitig ist der ersuchenden Gemeindebehörde davon Mittheilung zu machen.

39. Die Eichungsinspektoren haben auf den Zustand der in ihrem Distrikte im Verkehr vorkommenden Maaße und Gewichte fortdauernd ihr Augenmerk zu richten und etwaige von ihnen wahrgenommene Ordnungswidrigkeiten dem zuständigen Regierungs-Präsidenten[5]) behufs weiterer Verfolgung zur Anzeige zu bringen. Sie haben überhaupt die Regierungsbehörden in Sachen der Maaß- und Gewichtspolizei auf desfallsiges Ersuchen mit ihrem Gutachten zu unterstützen.

40. Die Eichungsinspektoren sind in disziplinarischer Hinsicht dem Minister für Handel und Gewerbe untergeordnet und empfangen von Letzterem ihre dienstlichen Anweisungen. Generelle Anordnungen, welche die Kaiserliche[1]) Normal-Eichungs-Kommission in den zu ihrer Zuständigkeit gehörigen Angelegenheiten erläßt, werden, soweit nicht ihre Bekanntmachung durch das Reichsgesetzblatt erfolgt, durch den Minister für Handel und Gewerbe den Eichungsinspektoren und von diesen den Eichungsämtern mitgetheilt. Ebenso haben die Eichungsinspektoren etwaige Anträge und Vorschläge zu neuen Anordnungen genereller Natur dem Minister für Handel und Gewerbe behufs weiterer Veranlassung vorzulegen. Es bleibt ihnen jedoch überlassen, soweit es sich um die Anwendung und Auslegung der von der Normal-Eichungs-Kommission erlassenen Vorschriften handelt, mit der Letzteren dieserhalb direkt in Kommunikation zu treten.

41. Im Laufe des ersten Quartals jeden Jahres haben die Eichungsinspektoren dem Minister für Handel und Gewerbe einen allgemeinen Bericht zu erstatten, in welchem unter besonderer Hervorhebung der vorgenommenen Inspektionen der Gang und Umfang ihrer Geschäftsthätigkeit im Vorjahre darzulegen ist. Der Bericht hat sich auf die über den Geschäftsbetrieb der Eichungsämter, sowie über den Zustand des Maaß- und Gewichtswesens im Inspektionsbezirke überhaupt gemachten Wahrnehmungen und etwaige dabei hervorgetretene Wünsche und Bedürfnisse zu erstrecken. Es sind demselben zusammenfassende Extrakte der von den Eichungsämtern aufgestellten und den Eichungsinspektoren zuzusendenden Geschäftsübersichten beizufügen. Die Geschäftsübersichten selbst sind der Normal-Eichungs-Kommission einzureichen.

42. Bei den behufs Inspektion der Eichungsämter unternommenen Reisen haben die Eichungsinspektoren Reisekosten und Diäten nach Maßgabe der für die Beamten der 4. und 5. Rangklasse bestehenden Sätze zu berechnen[21]).

[21]) G. betr. die Tagegelder und die Reisekosten der Staatsbeamten 24. März 73 (GS. 122) in der Fassung des G. 21. Juni 97 (GS. 193). Für Beamte der 4. und 5. Rangklasse betragen die Tagegelder 15, bei Beendigung der Dienstreise am selben Tage 12 Mk., die Reisekosten bei Reisen, die auf Eisenbahnen und Dampfschiffen gemacht werden können, für das km 9 Pf. und für jeden Zu- und Abgang 3 Mk., für andere Reisen 60 Pf. für das km.

## 5. Bestimmungen der Minister für Handel und Gewerbe und des Innern über die Ausführung der periodisch zu wiederholenden polizeilichen Maß- und Gewichts-Revisionen. Vom 5. Aug. 85[1]).

(MB. 189.)

1. Die periodischen Revisionen der im Verkehr befindlichen Maße, Gewichte, Waagen und sonstigen Meßwerkzeuge werden durch die Polizeibeamten, und zwar entweder allein, oder unter Zuziehung eines Eichtechnikers ausgeführt (ausschließlich polizeiliche Revisionen, technische Revisionen).

### I. Polizeiliche Revisionen.

2. Die ausschließlich polizeilichen Revisionen erfolgen durch die Organe der örtlichen Polizei-Verwaltung. In ländlichen Bezirken können dieselben den Gendarmen übertragen werden. Sie haben in derartiger Aufeinanderfolge stattzufinden, daß jeder Gewerbetreibende in den Städten alljährlich zweimal, auf dem Lande alljährlich einmal revidirt wird. Für Städte mit geringerem Verkehr kann der Regierungs-Präsident anordnen, daß jährlich nur eine einmalige Revision der Gewerbetreibenden erfolgt.

Den polizeilichen Revisionen sind insbesondere auch die auf den Messen und Märkten verkehrenden Gewerbetreibenden zu unterwerfen.

---

[1]) Nach M. u. GO. (Ziff. 2), Art. 21 Abs. 2, ist es Aufgabe der Landesregierungen, die zur Sicherung der Durchführung dieses Gesetzes erforderlichen Anordnungen zu treffen. Hierfür bieten sich zwei Wege, a) die Begründung der Nacheichungspflicht, d. h. der Verpflichtung, die im öffentlichen Verkehr befindlichen Meß- und Wägemittel in bestimmten Fristen einer Wiederholung der Eichung zu unterwerfen (Bayern, Königreich Sachsen, Elsaß-Lothringen), b) häufige polizeiliche Revisionen der im öffentlichen Verkehr befindlichen Meß- und Wägemittel. Letztern Weg hat Preußen beschritten. Schon nach der Preuß. M. u. GO. 16. Mai 16 (GS. 142) war die örtliche Polizei verpflichtet, die Maße und Gewichte, wonach öffentlich verkauft wird, oft zu untersuchen. Nach V. 13. Mai 40 (GS. 127) § 3 sollte sie durch Untersuchung der in den Gewerbelokalen vorhandenen Maße und Gewichte auf die Beachtung des nach § 2 das. für sämtliche Gewerbetreibende geltenden Verbots wachen, wonach diese „kein ungestempeltes Maß oder Gewicht, wie es zum Einkauf oder Verkauf von Waren in ihrem Gewerbebetriebe dient, besitzen oder gebrauchen dürfen". Durch G. 24. Mai 53 (GS. 589) wurden diese Vorschriften auf Wagen ausgedehnt. Steht hiernach die Zuständigkeit der Ortspolizeibehörde zur Ausführung von Maß- und Gewichtsrevisionen außer Zweifel, so ist für den Umfang nunmehr M. u. GO. (Ziff. 2 des Abschn.) Art. 10 maßgebend, insbes. Anm. 12. Das Verfahren bestimmt sich nach den obigen Vorschriften, die aber nur die allgemeinen Grundsätze enthalten sollen, die bei der örtlichen, den Provinzialbehörden überlassenen Regelung als Richtschnur zu dienen haben; s. Anschreiben zu den Bestimmungen. Die Revisionen sind entweder rein polizeiliche oder unter Mitwirkung eines Eichungsbeamten polizeilich-technische. Die beiden Arten gehen neben einander her: nur in den Ortschaften, in denen jährlich zwei polizeiliche Revisionen stattfinden, kann von der einen in den Jahren abgesehen werden, in denen eine technische Revision vorgenommen wird Vf. 7. April 93. — Eine Nacheichungspflicht ist in Preußen begründet a) für die von Behörden benutzten Meß- und Wägemittel, Anlage A, b) für die Wagen und Gewichte der Apotheken, Anlage B.

3. Bei den Revisionen ist zu prüfen, ob die im Verkehre befindlichen Maße pp.

a) von vorschriftsmäßiger äußerer Beschaffenheit (Material, Gestalt, Bezeichnung) und

b) in Gemäßheit der Maß- und Gewichts-Ordnung gehörig gestempelt sind, sowie

c) ob dieselben äußere Mängel oder Beschädigungen aufweisen, welche Zweifel an ihrer Richtigkeit begründet erscheinen lassen.

Eine Prüfung der Gegenstände auf ihre Richtigkeit innerhalb der für den Verkehr zugelassenen Grenzen findet nicht statt.

4. Die Revisionen sind stets unvermuthet vorzunehmen, und es ist dabei namentlich darauf zu achten, daß die Gewerbetreibenden nicht einen Theil ihrer Maße pp. verheimlichen und der Revision entziehen.

5. Zum Gebrauche der Polizeibeamten wird eine technische Anleitung aufgestellt werden, welche diejenigen Gesichtspunkte angiebt, die bei den Revisionen hauptsächlich zu beachten sind. (Kurze Beschreibung der zulässigen Maße pp., Angabe der am häufigsten vorkommenden Mängel, Beschädigungen pp.)[2]).

6. Ueber das Ergebniß der Revisionen sind tabellarische Aufzeichnungen zu machen und dem Landrath (Oberamtmann) einzureichen, welcher dieselben nach Schluß des Kalenderjahres für seinen Bezirk gesammelt dem Regierungs-

---

[2]) Erlassen 12. Juni 86 vom Min. f. H. u. G., bei Springer, Berlin. Über den Kreis der Personen und Gegenstände, die den Revisionen unterworfen sind, ist darin folgendes bestimmt:

4. Den polizeilichen Revisionen sind alle diejenigen Gewerbetreibenden ohne Ausnahme zu unterwerfen, deren Geschäftsbetrieb es mit sich bringt, daß Waren im „öffentlichen" Verkehr mit dem Publikum zugemessen oder zugewogen werden. Dahin gehören außer den Kaufleuten und Händlern jeder Art auch Handwerker, welche gewerbsmäßig Waaren nach Maaß oder Gewicht einkaufen oder verkaufen; ferner die Hausirhändler sowie solche Personen, welche gewerbliche oder landwirthschaftliche Erzeugnisse auf den öffentlichen Märkten oder von Haus zu Haus gehend feilbieten.

Die polizeilichen Revisionen sind nicht auf die festen Verkaufsstellen der Gewerbetreibenden zu beschränken, sondern sind auch auf den öffentlichen Verkehr bei Jahr- und Wochenmärkten und an Häfen, Lösch- und Ladeplätzen sowie auf solche Meß- und Wägevorrichtungen auszudehnen, welche von Gemeinden oder von Privatpersonen zum Gebrauche im öffentlichen Verkehr bereit gehalten werden (öffentliche Waagen u. dergl.).

5. Auszuschließen von den polizeilichen Revisionen sind solche Gewerbetreibende, in deren Geschäftsbetrieb ein Zumessen und Zuwägen von Waaren im Verkehr mit dem Publikum überhaupt nicht stattfindet.

Von den polizeilichen Revisionen sind ferner befreit die Apotheken, sowie alle öffentlichen (Reichs- und Landes-) Behörden, wie namentlich die Postbehörden, die Eisenbahnbehörden, die Steuerbehörden, die Militärbehörden.

12. Gegenstand der Revision sind die im öffentlichen Verkehr befindlichen Längenmaaße, Flüssigkeitsmaaße, Meßwerkzeuge für Flüssigkeiten, Meßflaschen, Hohlmaaße und Meßwerkzeuge für trockene Körper, Gewichte und Waagen. Die Fässer, die Gasmesser und die Thermo-Alkoholometer sind von den polizeilichen Revisionen ausgeschlossen.

Präsidenten mit seinen etwaigen Bemerkungen vorlegt. Letzterer übermittelt die Aufzeichnungen bezirksweise geordnet dem Eichungs-Inspektor.

7. Werden ungestempelte, unvorschriftsmäßige oder solche Maße pp. vorgefunden, an deren Richtigkeit Zweifel entstehen, so sind dieselben in Beschlag zu nehmen und der Ortspolizeibehörde zur weiteren Veranlassung zu übergeben[3]).

Bezüglich der ungestempelten Maße pp. ist von dieser Behörde ohne Weiteres wegen Bestrafung des betreffenden Gewerbetreibenden und wegen Einziehung der Maße pp. (§. 369 Nr. 2 des Strafgesetzbuchs) das Erforderliche zu verfügen. Den ungestempelten Maßen pp. gelten diejenigen gleich, deren Eichstempel unkenntlich geworden sind.

Die Maße pp., deren Richtigkeit zweifelhaft befunden worden ist, sind dem Eichungsamt zur Prüfung zu übergeben. Je nach dem Ergebniß der Prüfung hat die Polizeibehörde entweder dieselben dem Eigenthümer zurückzugeben oder wegen Bestrafung und Einziehung das Weitere zu verfügen.

Diejenigen Maße pp., welche von unvorschriftsmäßiger Beschaffenheit sind, gleichwohl aber den Eichungsstempel tragen, sind ebenfalls dem Eichungsamte zu übermitteln, welches mit denselben gemäß der Bekanntmachung des Reichskanzlers vom 22. März 1876 (Centralblatt für das Deutsche Reich S. 185)[4]) zu verfahren hat.

Der Regierungs-Präsident bestimmt nach Anhörung des Eichungs-Inspektors für jeden Polizeibezirk dasjenige Eichungsamt, welchem die beanstandeten Maße pp. zur Prüfung zu übergeben sind.

## II. Technische Revisionen.

8. Die technischen Revisionen finden in der Weise statt, daß jeder Gewerbetreibende in den Städten von zwei zu zwei Jahren, auf dem Lande von vier zu vier Jahren revidirt wird. Die Revisionsfristen können für Städte mit geringfügigem Verkehr bis auf 4 Jahre verlängert, für ländliche Ortschaften mit stark entwickeltem Verkehr dagegen bis auf zwei Jahre abgekürzt werden. Kleine ländliche Ortschaften mit ganz geringfügigem Verkehr können von den regelmäßigen technischen Revisionen ausgeschlossen werden.

[3]) Bei Gegenständen, deren Transport mit erheblichen Schwierigkeiten oder Kosten verknüpft sein würde (große Waagen u. dergl.), findet eine Uebergabe an die Ortspolizeibehörde nicht statt. Letztere hat auf Grund der Anzeige des revidirenden Beamten das Weitere zu veranlassen und nöthigenfalls eine Prüfung durch den Eichmeister an Ort und Stelle herbeizuführen, technische Anleitung (Anm. 2) Ziff. 10 Abs. 4.

[4]) Nr. 2 des Abschn. Anm. 24. — Ist nach der Beschaffenheit der beanstandeten Maße und Gewichte anzunehmen, daß sie sich schon bei der Eichung in unrichtigem oder unvorschriftsmäßigem Zustande befunden haben, so ist dem zuständigen Eichungsinspektor, möglichst unter Übermittelung des beanstandeten Gegenstands, Anzeige zu erstatten, der den Sachverhalt untersucht und über das Ergebnis dem Min. f. H. u. G. berichtet Vf. 14. Juni 83.

Doch bleibt die Vornahme außerordentlicher technischer Revisionen in längeren Zwischenräumen auch für diese Orte vorbehalten.

Die hiernach erforderlichen Anordnungen trifft der Regierungs-Präsident nach Anhörung des Eichungs-Inspektors.

9. Die technischen Revisionen werden durch die Organe der Ortspolizeiverwaltung unter Zuziehung eines Eichmeisters ausgeführt. Zu diesem Behufe wird durch den Regierungs-Präsidenten nach Anhörung des Eichungs-Inspektors für jeden Ortspolizeibezirk dasjenige Eichungs-Amt bezeichnet, dessen Eichmeister zu den Revisionen zuzuziehen ist. Bei dieser Zutheilung ist darauf Rücksicht zu nehmen, daß nur solche Eichmeister berufen werden, welche nach dem Urtheile des Eichungs-Inspektors die erforderliche Qualifikation besitzen.

Wenn die Zuziehung eines Eichmeisters mit unverhältnißmäßigen Kosten oder sonst mit erheblichen Schwierigkeiten verknüpft ist, so kann nachgelassen werden, daß statt desselben ein Techniker oder technisch gebildeter Handwerker zugezogen wird, welcher seine Qualifikation vor dem Eichungs-Inspektor dargelegt hat. Derselbe ist zuvor auf die gewissenhafte Ausführung der Revisionsarbeiten zu Protokoll zu verpflichten.

Unter derselben Voraussetzung kann ausnahmsweise gestattet werden, daß von der Zuziehung eines Eichmeisters oder Technikers abgesehen wird, sofern der ausführende Polizeibeamte nach dem Gutachten des Eichungs-Inspektors die erforderlichen technischen Kenntnisse und Fertigkeiten besitzt.

Die Entscheidung in den Fällen der Abs. 2 und 3 trifft der Regierungs-Präsident nach Anhörung des Eichungs-Inspektors.

10. Dem Eichmeister ist für seine Mühewaltung eine angemessene Vergütung zu gewähren (§. 15 der Instruktion vom 6. Januar 1870[5]). Bei Bemessung derselben ist zu berücksichtigen, daß sie nicht nur einen Ersatz für die baaren Aufwendungen des Eichmeisters (Kosten der Reise und des Unterhalts, Kosten für den Transport der Geräthschaften pp.), sondern auch eine seiner Stellung entsprechende Honorirung seiner Dienste bilden soll. Der Betrag der Vergütung ist im Voraus festzustellen.

Für die Reisekosten werden dabei die für die Staatsbeamten der entsprechenden Rangklasse geltenden Sätze zum Anhalt dienen können. Als allgemeine Remunerirung der Dienste des Eichmeisters wird in der Regel eine Pauschsumme für jeden Ortspolizeibezirk zu gewähren sein. Findet eine Vereinbarung über den Betrag der Vergütung nicht statt, so wird dieselbe von der dem betreffenden Eichungsamte nächst vorgesetzten Kommunal-Aufsichtsbehörde nach Anhörung des Eichungs-Inspektors festgesetzt[6]).

---

[5]) Nr. 4 des Abschn. Anl. A.

[6]) Die Sätze der Eichgebührentaxe sind für die Vergütung nicht ohne weiteres maßgebend, weil es sich nicht um eichamtliche Geschäfte im Sinne der Eichordnung handelt, doch können sie bei Bemessung der Vergütung als Anhalt dienen Vf. 8. Juni 99 (MB. 96). Anspruch auf Vergütung haben nicht nur die staatlichen, sondern auch die Gemeindeeichmeister. Es

Wird statt des Eichmeisters ein Techniker oder Handwerker zugezogen, so bleibt die Festsetzung der Vergütung der freien Vereinbarung überlassen.

11. Für die Ausführung der technischen Revisionen wird alljährlich im Voraus durch den Landrath (Oberamtmann) ein Plan aufgestellt, in welchem für jeden Ortspolizeibezirk der Zeitpunkt der Revision bestimmt wird. Den betheiligten Eichmeistern ist vor Feststellung des Planes Gelegenheit zu geben, bezüglich der in Aussicht genommenen Zeiteintheilung ihre Wünsche zu äußern.

Der Revisionsplan ist bis zum 1. Oktober jedes Jahres für das folgende Kalenderjahr aufzustellen und den betheiligten Ortspolizeibehörden und Eichmeistern, sowie dem Eichungs-Inspektor mitzutheilen.

12. Der für die Revision angesetzte Zeitpunkt ist öffentlich bekannt zu machen. Die Bekanntmachung hat mindestens 6 Wochen vor dem angesetzten Termin zu erfolgen, und es ist mit derselben eine Hinweisung der Gewerbetreibenden auf die Folgen einer etwa vorgefundenen Unrichtigkeit der Maße pp. und die Aufforderung zu verbinden, ihre Maße pp., soweit deren fortdauernde Richtigkeit zweifelhaft erscheint, zuvor zur eichamtlichen Prüfung zu bringen.

Wird nachträglich die Verlegung des Revisionstermins erforderlich, so ist dieselbe ebenfalls öffentlich bekannt zu machen, sowie dem Eichungs-Inspektor mitzutheilen.

13. Behufs Vornahme der Revision begiebt sich der Eichmeister in Begleitung des Polizeibeamten in die Geschäftslokale[7]) der Gewerbetreibenden und unterwirft die vorgefundenen Maße pp. der Besichtigung und Prüfung.

Erweist sich eine genauere Prüfung als erforderlich, welche mit Rücksicht auf die örtlichen Verhältnisse im Geschäftslokal nicht mit der erforderlichen Zuverlässigkeit ausgeführt werden kann, so hat der Eichmeister die betreffenden Gegenstände einstweilen an sich zu nehmen. Die Prüfung ist demnächst in einem von der Gemeindebehörde für diesen Zweck im Voraus zur Verfügung zu stellenden geeigneten Raume auszuführen. — Hausirer und solche Gewerbetreibende, welche kein festes Geschäftslokal für den Betrieb ihres Gewerbes haben (Marktverkäufer und dergl.), können angehalten werden, ihre Maße pp. in diesem Raume zur Prüfung vorzulegen.

14. Die Prüfung der Maße pp. erstreckt sich bei den technischen Revisionen, abgesehen von den unter Nr. 3, a und b aufgeführten Punkten, auch auf die Richtigkeit derselben innerhalb der für den Verkehr zugelassenen Grenzen[8]).

---

empfiehlt sich eine Vereinbarung dafür zu treffen, daß der Eichmeister das ganze Revisionsgeschäft eines Bezirks gegen eine Pauschsumme übernimmt, die die Vergütungen für seine Mühewaltung, Reisekosten und die Kosten des Transports der Gerätschaften umfaßt Vf. 18. Juli 99 (MB. 117). — Der Anspruch auf Vergütung steht dem Eichmeister persönlich, nicht dem Eichamt zu Vf. 7. Juli 91.

[7]) Nur in die Verkaufsräume, nicht auch in die ausschließlich der Warenherstellung dienenden Räume Nr. 2 Anm. 12, Zulässigkeit von Revisionen in Fabriken ebendas.

[8]) Nr. 2 Anl. D.

Mit den vorgefundenen ordnungswidrigen (ungestempelten, unvorschriftsmäßigen, unrichtigen) Maßen pp. ist nach den Bestimmungen unter Nr. 7 mit der Maßgabe zu verfahren, daß es bei denjenigen Maßen pp., welche bei der Revision zweifellos unrichtig befunden werden, der Ueberweisung an das Eichungs-Amt vor Herbeiführung der Bestrafung nicht bedarf.

15. Ueber das Ergebniß der Revisionen hat der Eichmeister tabellarische Aufzeichnungen zu machen und dem Eichungs-Inspektor einzureichen.

## III. Allgemeine Bestimmungen.

16. Für die außerhalb des Kreisverbandes stehenden Städte werden die Maß- und Gewichts-Revisionen auf Vorschlag des Polizei-Verwalters von dem Regierungs-Präsidenten nach Anhörung des Eichungs-Inspektors unter sinngemäßer Anwendung vorstehender Bestimmungen geregelt. Von den für die Revisionen bestimmten Terminen ist dem Eichungs-Inspektor Mittheilung zu machen.

17. Dem Eichungs-Inspektor liegt die Kontrole über die vorschriftsmäßige Ausführung der Maß- und Gewichts-Revisionen ob.

Er hat sich von Zeit zu Zeit zu einzelnen technischen Revisionen unvermuthet einzufinden und von der Art der Ausführung Kenntniß zu nehmen. Die dadurch entstehenden Kosten fallen der Staatskasse zur Last.

Er ist befugt, den revidirenden Beamten technische Anweisungen zu ertheilen.

Findet er, daß bei den Revisionen nicht nach den bestehenden Vorschriften verfahren wird, so hat er bei der zuständigen Polizeibehörde die Abstellung der vorgefundenen Mängel in Anregung zu bringen, oder, wenn er es in Anbetracht der Wichtigkeit des Gegenstandes für erforderlich erachtet, an den Regierungs-Präsidenten entsprechende Anträge zu stellen.

18. Aus den ihm zugehenden Revisionsberichten hat der Eichungs-Inspektor nach Jahresschluß eine Zusammenstellung anzufertigen und diese mit seinen gutachtlichen Aeußerungen über die bezüglich der Maaß- und Gewichts-Revisionen gemachten Erfahrungen dem Minister für Handel und Gewerbe einzureichen.

19. Die sämmtlichen Kosten der Revisionen einschließlich derjenigen für den Transport und die Prüfung der in Beschlag genommenen Gegenstände gehören zu den Kosten der örtlichen Polizeiverwaltung[9]).

[9]) Hierzu gehören nicht nur die nach Ziff. 10 dem Eichmeister zu gewährenden Vergütungen, sondern auch die Kosten für die Anschaffung der **Ausrüstung**, deren diese Beamten für die technischen Revisionen bedürfen Vorschriften über die Ausrüstung Bf. 29. Juni 86. Es braucht nicht für jeden Ortspolizeibezirk eine Ausrüstung beschafft zu werden, sondern es genügt, wenn die zur Mitwirkung an den technischen Revisionen berufenen Eichmeister vorschriftsmäßig ausgerüstet sind Bf. 31. Okt. 86. Wenn hiernach die Aufbringung der Kosten für die Ausrüstung einer größerer Zahl kommunaler Verbände obliegt, sind diese auf die beteiligten Ge-

Entstehen für mehrere Polizeibezirke gemeinschaftliche Kosten, (zusammenhängende Revisionsreisen der Eichmeister), so sind dieselben durch die nächst vorgesetzte gemeinschaftliche Aufsichtsbehörde auf die betheiligten Bezirke antheilsweise umzulegen.

20. Die Ausführung dieser Bestimmungen ist dem Regierungs-Präsidenten übertragen. Erachtet derselbe bei den von ihm zu erlassenden Anordnungen und Verfügungen die Anträge des Eichungs-Inspektors nicht für begründet, so ist die Entscheidung des Ministers für Handel und Gewerbe einzuholen.

(Abs. 2)[10]).

---

## Anlagen zu den Bestimmungen über die polizeilichen Maß- und Gewichts-Revisionen 5. Aug. 85.

---

### Anlage A (zu Anmerkung 1).

#### Die Prüfung der Meß- und Wägemittel der Behörden[1]).

a) Die Maaß- und Gewichtsordnung für die Preußischen Staaten vom 16. Mai 1816. (GS. 142.)

**§. 13.** Alle öffentlichen Administrations-Bureaux, als Posten, Militair- und Civil-Magazine, für Rechnung des Staates oder der Kommune bestehende Debits-Komtoire, Forstämter u. s. w. und alle, welche zu öffentlicher Beglaubigung des Maasses oder Gewichtes angestellt sind, als Feldmesser, Holzmesser, Kornmesser, Vorsteher öffentlicher Waagen u. s. w.[2]),

---

meinden nnd Amtsverbände nach dem Verhältnisse der Einwohnerzahl, sofern sie sich nicht über einen andern Verteilungsmaßstab einigen, umzulegen. Die Zahlung der Kosten, die von der Regierungs-Hauptkasse vorschußweise verauslagt werden können, ist erforderlichenfalls im Aufsichtssichtswege zu erzwingen Vf. 14. April 87. — Zur Verminderung der Kosten ist empfohlen worden, die Revisionen in benachbarten Gemeinden so zu legen, daß der Eichmeister sie in einer zusammenhängenden Reise ausführen kann, ferner die Ordnung der Revisionen den Kreisen zu übertragen und die Kosten aus Kreismitteln zu bestreiten Vf. 5. Aug. 85.

[10]) Abs. 2 enthielt eine inzwischen gegenstandslos gewordene Übergangsbestimmung für die Landesteile, in denen das LVG. 30. Juli 83 noch nicht in Kraft getreten war.

[1]) Die allgemeinen Sicherungsmittel für die Anwendung vorschriftsmäßiger Meß- und Wägemittel (Nr. 2 des Abschn. Anm. 12) versagen gegenüber Behörden, weil StGB. § 369[2] auf sie nicht anwenbar ist, und eine polizeiliche Kontrolle nach Art der periodischen Revisionen ihrer Stellung nicht entsprechen würde. Es ist Sache der Zentralinstanzen, im Dienstaufsichtswege die erforderlichen Anordnungen und Kontrollen zu bestimmen. In Preußen besteht überdies auf Grund der in Anl. A angeführten Bestimmungen der M. u. GO. 16. Mai 16 und des G. 24. Mai 53, deren fortgesetzte Giltigkeit in zahlreichen Ministerialerlassen anerkannt ist, die Verpflichtung zu regelmäßiger Nacheichung der von staatlichen und kommunalen Behörden im Verkehr mit dem Publikum benutzten Maße, Gewichte und Wagen.

[2]) Die zur öffentlichen Beglaubigung des Maßes und Gewichts angestellten Personen haben keinen behördlichen Charakter mehr, sondern sind Gewerbetreibende, die nach GewO. § 36 öffentlich angestellt und beeidigt werden. (G. über die Hand.-Kamm. Abschn. I Nr. 3, § 42 und Anm. 65.)

sind verpflichtet, sich bei ihren Geschäften keiner anderen als gehörig gestempelter Maaße und Gewichte zu bedienen und dürfen auch bei einer Ordnungsstrafe von fünf Thalern kein ungestempeltes Maaß und Gewicht in ihrem Geschäftslokal dulden.

§. 18. Die in den §. 13 und 14 bezeichneten Behörden und Personen[2]) sind insbesondere verpflichtet, nicht nur, so oft sie vermuthen, daß eine Abweichung zufällig entstanden sein könnte, sondern in jedem Falle wenigstens jährlich, die fortdauerde Uebereinstimmung ihrer Maaße und Gewichte bei dem nächsten Eichungsamte prüfen und sich die befundene Richtigkeit zu ihrer Legitimation attestiren zu lassen, bei Vermeidung einer Ordnungsstrafe von fünf Thalern.

b) Gesetz, die Stempelung und Beaufsichtigung der Waagen im öffentlichen Verkehr betreffend, vom 24. Mai 1853. (GS. S. 589.)

§. 1. In allen Fällen, wo nach den Bestimmungen der Maaß- und Gewichtsordnung vom 16. Mai 1816 (Gesetz-Sammlung S. 142) und der Verordnung vom 13. Mai 1840 (Gesetz-Sammlung S. 127) gestempelte Gewichte angewendet werden müssen, soll die Verwiegung auch nur mittelst gestempelter Waagen geschehen.

§. 7. Die Bestimmungen der Maaß- und Gewichtsordnung vom 16. Mai 1816 und der Verordnung vom 13. Mai 1840 über das Verbot des Besitzes ungestempelter Maaße und Gewichte, über die Erhaltung der fortdauernden Richtigkeit der gestempelten Maaße und Gewichte, finden auch auf die Waagen Anwendung.

Dem Minister für Handel und Gewerbe steht die Befugniß zu, die in Gemäßheit des §. 18 der Maaß- und Gewichtsordnung vom 16. Mai 1816 auch auf die gestempelten Waagen Anwendung findende jährliche Frist zur erneuten Richtigkeit bis auf drei Jahre zu verlängern.

---

## Anlage B (zu Anmerkung 1).

### Bek. über die Prüfung der Waagen und Gewichte in den Apotheken vom 10. Juli 1895 (MB. 194)[1]).

In Betreff der Nachprüfung der Waagen und Gewichte der Apotheker bestimmen wir im Einverständniß mit der Kaiserlichen Normal-Eichungs-Kommission Folgendes:

---

Als solche sind sie den allgemeinen, zur Sicherung des Maß- und Gewichtswesens bestehenden Vorschriften unterworfen und scheiden aus den obigen Bestimmungen aus.

[1]) Zur Führung einer Apotheke ist eine Konzession erforderlich, sofern kein Realprivilegium vorliegt. Außerdem bedarf der Apotheker einer Approbation, die auf Grund eines Nachweises der Befähigung erteilt wird GewO. § 29. Der Betrieb untersteht der Aufsicht des Kreisarztes und unterliegt der periodischen Besichtigung ApothekerO. 11. Okt. 1801 (Nov. corp. const. XI 555) Tit. II. Die Apotheker sind als Gewerbetreibende der Strafbestimmung des StGB. § 369² unter-

1. Die Apothekenvorstände haben sämmtliche in der Apotheke und in den übrigen Geschäftsräumen in Gebrauch befindlichen Waagen und Gewichte alle zwei Jahre dem nächstgelegenen **Königlichen** Eichamte[2]) zur Prüfung vorzulegen.

2. Der Nachweis der erfolgten Vorlegung wird geführt durch die darüber von dem Eichamte auszustellende Bescheinigung. Damit die Frist von zwei Jahren möglichst nahe innegehalten wird, soll die Vorlegung alle zwei Jahre stets in demselben Halbjahre stattfinden, in welchem die erste Vorlegung stattgefunden hat. Die Einsendung der Waagen und Gewichte hat derartig rechtzeitig zu erfolgen, daß das Eichamt mindestens einen Monat zur Erledigung Zeit hat.

Zum Nachweise der Zugehörigkeit der in der Apotheke und den übrigen Geschäftsräumen vorhandenen Waagen und Gewichte zu den darüber ausgestellten eichamtlichen Bescheinigungen genügt es, wenn Art und Stückzahl der ersteren mit Art und Stückzahl der durch letztere als geprüft nachgewiesenen Gegenstände übereinstimmt.

3. Die **Königlichen** Eichämter[2]) haben die ihnen alle zwei Jahre in demselben Halbjahr vorzulegenden Waagen und Gewichte der Apotheken, nach erfolgter Prüfung oder Berichtigung und Neueichung binnen spätestens einem Monat zurückzugeben und darüber Befund-, bezw. Eichscheine auszustellen.

4. Die **Königlichen** Eichämter[2]) haben an den in Ziffer 1 genannten Waagen und Gewichten außer den durch die Eichungsinstruktion vorgeschriebenen

---

worfen, dagegen von den polizeilichen Maß- und Gewichtsrevisionen ausgenommen, technische Anleitung (Nr. 5 des Abschn. Anm. 2) Ziff. 4. Statt dessen hatte der Apothekenvorstand nach § 24 der Vorschriften über Einrichtung und Betrieb der Apotheken 16. Dez. 93 (MB. 94 S. 4) jährlich mindestens zweimal alle Gewichte auf Vollwichtigkeit zu prüfen; zu dem Zwecke war ein Satz Normalgewichte verfügbar zu halten, der alle fünf Jahre der Eichungsbehörde zur Prüfung einzusenden war. An Stelle dieser Bestimmung ist die obige Bek. des Min. f. H. u. G. und des Min. f. geistl. ꝛc. Ang. getreten, welche für Apotheker eine alle zwei Jahre zu wiederholende Nacheichung einführt. — Über die Anwendung von Präzisionsgewichten und Präzisionswagen Bek. der Norm.-Eich.-Kom.

a) 6. Mai 71 (RGB. Beilage zu Nr. 23): „Medizinalgewichte gelten als Präzisionsgewichte im Sinne der Eich-O. vom 16. Juli 1869 (jetzt 27. Dez. 84). Alle die Präzisionsgewichte betreffenden Bestimmungen in der Eich-O., der Gebührentaxe und den sonstigen Erlassen der Normal-Eichungs-Kommission finden auch auf die Medizinalgewichte Anwendung“.

b) 1. Mai 72 (RGB. Beilage zu Nr. 14) in der Fassung 24. Okt. 82 (CB. 418): „In den Offizinen (Arzneiverkaufslokalen) der Apotheker dürfen andere Waagen als Präzisionswaagen nicht vorhanden sein. In allen übrigen Geschäftsräumen der Apotheken sind neben den Präzisionswaagen solche Handelswaagen zulässig, bei welchen die nach § 31 der EichO. vom 16. Juli 1869 (jetzt 27. Dez. 84 § 55) auf jeder Waage anzugebende größte einseitige Tragfähigkeit oder größte Tragfähigkeit auf der Lastseite nicht weniger als fünf Kilogramm beträgt.

[2]) Durch Bek. 25. Juni 96 (MB. 129) ist die Vorlegung bei dem nächsten Gemeinde-Eichungsamt gestattet worden, und ferner auch die Nacheichung in den Räumen der Apotheken selbst, gegen Entrichtung der Diäten und Reisekosten an den Eichungsbeamten und der Transportkosten der Hilfsmittel.

Berichtigungen bereits gestempelter Waagen und Gewichte folgende Berichtigungen auszuführen:

a) die im Zusatz 47 zur vorgenannten Instruktion (Mittheilungen der Kaiserlichen Normal-Eichungs-Kommission Seite 126) behandelte Berichtigung zu leichter Gewichte aus Messing, Bronze und dergl. von 20 Gramm und darüber. Falls die hierzu erforderliche Einrichtung nicht vorhanden ist, sehe ich, der Minister für Handel und Gewerbe, einem entsprechenden schleunigen Antrage entgegen.

b) die Berichtigung anderer als gleicharmiger Balkenwaagen, soweit sie durch Tarirung der Schalen (Brücken) oder des Balkens (Gegengewichtshebels) thunlich ist. Die Berichtigungsgebühren sind dieselben, wie sie in der Eichgebühren-Taxe für die Berichtigung neuer Waagen vorgeschrieben sind.

5. Falls sich herausstellt, daß sich eine unrichtig befundene Waage zwar nicht durch Tarirung, aber noch auf andere Weise, insbesondere durch Nachschleifen oder Ersetzen einzelner oder aller Schneiden berichtigen läßt, hat das Königliche Eichamt[2]) diese Berichtigung durch einen sachkundigen Gewerbetreibenden unter Ueberwachung der Angemessenheit der Berichtigungskosten baldigst herbeizuführen und die Waage dann von Neuem zu eichen. Für die erste Prüfung solcher Waagen sind ebensowenig Gebühren zu erheben, wie für die erste Prüfung neuer Gegenstände, bei welcher sich die Nothwendigkeit eichamtlicher Berichtigung ergiebt.

6. Die Berichtigung der Präzisionswaagen ist nicht nur dann aus- bezw. herbeizuführen, wenn die äußersten Grenzen der im öffentlichen Verkehr noch zu duldenden Abweichungen der Waagen von der absoluten Richtigkeit (Bekanntmachung vom 27. Juli 1885, Reichs-Gesetzblatt Seite 263) überschritten sind, sondern auch schon dann, wenn die Unrichtigkeit der Waage nach Aufbringung des zehnten Theiles der größten zulässigen Last das Doppelte der für diese Belastung vorgeschriebenen Eichfehlergrenze (§ 62 der Eichordnung) überschreitet.

7. Bei Rückgabe unrichtiger und nicht mehr berichtigungsfähiger Waagen und Gewichte der Apotheker sind die der Eichungsinstruktion entsprechenden Rückgabeschein auszustellen. Außerdem sind, ohne Erhebung von Gebühren, auch Rückgabescheine über diejenigen Waagen oder Gewichte auszustellen, welche nicht wegen Unrichtigkeit, sondern aus anderen Gründen unzulässig befunden worden sind.

8. Die Apothekenvorstände sind verpflichtet, alle nothwendigen Berichtigungsarbeiten ausführen zu lassen und deren Kosten zu tragen. Eines Antrages auf Ausführung der nothwendigen Berichtigungen beim Eichamte bedarf es nicht.

Mit kassirtem Stempel zurückgegebene Waagen oder Gewichte dürfen in die Apotheke und die übrigen Geschäftsräume überhaupt nicht mehr zurückgebracht werden, sondern sind sofort durch neue, vorschriftsmäßig geeichte zu ersetzen.

9. Dem Apothekenvorstand ist es unbenommen, nach erfolgter eichamtlicher Nachprüfung seiner in Gebrauch befindlichen Waagen oder Gewichte zu deren Vermehrung neue Waagen und Gewichte anzuschaffen. Die Neuheit dieser Gegenstände ist indessen durch Vorlegung der Rechnung nachzuweisen.

10. Die unter Ziffer 2 genannten eichamtlichen Bescheinigungen bestehen aus den in Ziffer 3 und 7 genannten Eich-, Befund- und Rückgabescheinen. Der Apothekenvorstand hat diese Bescheinigungen dem mit der Revision der Apotheke betrauten Beamten zur Prüfung ihres Datums und zur Vergleichung der in ihnen aufgeführten Waagen und Gewichte mit den vorräthigen vorzulegen. Die vorhandenen alten Waagen und Gewichte müssen mit den in den Eich- und Befundscheinen nachgewiesenen übereinstimmen. An Stelle der durch Rückgabescheine als ferner unbrauchbar nachgewiesenen Waagen oder Gewichte müssen neue vorhanden sein, und zwar darf der über die Beschaffung beigebrachte Nachweis kein späteres Datum aufweisen, als 6 Wochen nach dem Datum des Rückgabescheins. Etwa seit der letzten Nachprüfung beschaffte neue Waagen oder Gewichte sind besonders vorzulegen nebst der in Ziffer 6 erwähnten Rechnung, welche ein späteres Datum als das der vorerwähnten eichamtlichen Bescheinigungen tragen muß.

11. Eine anderweite polizeiliche oder medizinalpolizeiliche Ueberwachung der Waagen und Gewichte in den Apotheken und deren Nebenräumen findet fernerhin nicht mehr statt.

---

## 6. Gesetz, betreffend die elektrischen Maßeinheiten. Vom 1. Juni 1898. (RGB. 905)[1].

§. 1. Die gesetzlichen Einheiten für elektrische Messungen sind das Ohm, das Ampere und das Volt.

§. 2. Das Ohm ist die Einheit des elektrischen Widerstandes. Es wird dargestellt durch den Widerstand einer Quecksilbersäule von der Temperatur

[1] Die Erzeugung der Elektrizität geschieht häufig in Zentralen, die den elektrischen Strom den Verbrauchern durch Leitungen zuführen. Zur Bemessung der Vergütung für die elektrische Energie, die in der Leitung des Stromempfängers verbraucht wird, bedarf es elektrischer Maßeinheiten und zur Ermittelung der verbrauchten elektrischen Energie geeigneter Meßwerkzeuge. Auf Anregung des 1881 in Paris versammelten Elektriker-Kongresses trat zur Ausführung der erforderlichen Vorarbeiten für eine einheitliche Regelung dieser Fragen eine internationale Konferenz zusammen, die sich 1884 über die Bestimmung der drei Einheiten des elektrischen Widerstandes (Ohm), der elektrischen Stromstärke (Ampere) und der elektrischen Spannung (Volt) verständigte. Der von der Konferenz empfohlenen gesetzlichen Regelung stand aber damals entgegen, daß die von ihr angenommenen Bestimmungen sich als unsicher und fehlerhaft erwiesen. Von dem internationalen Elektriker-Kongresse in Chikago wurden 1893 neue Definitionen der elektrischen Maßeinheiten aufgestellt, die in Wissenschaft und Technik überall Eingang

des schmelzenden Eises, deren Länge bei durchweg gleichem, einem Quadratmillimeter gleich zu achtendem Querschnitt 106,3 Centimeter und deren Masse 14,4521 Gramm beträgt.

**§. 3.** Das Ampere ist die Einheit der elektrischen Stromstärke. Es wird dargestellt durch den unveränderlichen elektrischen Strom, welcher bei dem Durchgange durch eine wässerige Lösung von Silbernitrat in einer Sekunde 0,001118 Gramm Silber niederschlägt.

**§. 4.** Das Volt ist die Einheit der elektromotorischen Kraft. Es wird dargestellt durch die elektromotorische Kraft, welche in einem Leiter, dessen Widerstand ein Ohm beträgt, einen elektrischen Strom von einem Ampere erzeugt.

**§. 5.** Der Bundesrath ist ermächtigt[2]),

a) die Bedingungen festzusetzen, unter denen bei Darstellung des Ampere (§. 3) die Abscheidung des Silbers stattzufinden hat,

b) Bezeichnungen für die Einheiten der Elektrizitätsmenge, der elektrischen Arbeit und Leistung, der elektrischen Kapazität und der elektrischen Induktion festzusetzen,

c) Bezeichnungen für die Vielfachen und Theile der elektrischen Einheiten (§§. 1, 5b) vorzuschreiben,

d) zu bestimmen, in welcher Weise die Stärke, die elektromotorische Kraft, die Arbeit und Leistung der Wechselströme zu berechnen ist.

**§. 6.** Bei der gewerbsmäßigen Abgabe elektrischer Arbeit dürfen Meßwerkzeuge, sofern sie nach den Lieferungsbedingungen zur Bestimmung der Vergütung dienen sollen, nur verwendet werden, wenn ihre Angaben auf den gesetzlichen Einheiten beruhen. Der Gebrauch unrichtiger Meßgeräthe ist verboten. Der Bundesrath hat nach Anhörung der Physikalisch-Technischen Reichsanstalt die äußersten Grenzen der zu duldenden Abweichungen von der Richtigkeit festzusetzen[2]).

---

gefunden und in verschiedenen Staaten, namentlich in den Vereinigten Staaten von Amerika, Großbritannien, Frankreich, gesetzliche Geltung erhalten haben. Durch G. 1. Juni 98 ist eine gleiche Regelung auch für Deutschland erfolgt. Die § 1—4 bestimmen die gesetzlichen Einheiten auf der Grundlage der von der Chikagoer Konferenz gefaßten Beschlüsse. § 5 ermächtigt den Bundesrat zum Erlasse ergänzender Bestimmungen, deren gesetzliche Festlegung nach dem Stande der wissenschaftlichen Forschung noch nicht angezeigt war. § 6 schreibt für die gewerbsmäßige Abgabe elektrischer Arbeit die Verwendung auf den gesetzlichen Einheiten beruhender, innerhalb gewisser Fehlergrenzen richtiger Meßgeräte vor und ermächtigt den BR., deren Eichung und Nacheichung einzuführen. Als höchste technische Stelle für die Durchführung des Gesetzes ist die physikalisch-technische Reichsanstalt bestimmt, deren Aufgaben in den § 7—10 geregelt sind. § 11 begründet Freizügigkeit der beglaubigten Meßgeräte. § 12 Strafbestimmung, § 13 ordnet das Inkrafttreten des G. — Quellen Reichst. 97/98 Druckf. Nr. 181 (Entw. mit Begr.), StB. 1962 (1. Les.), 2036 (2. Les.). Bearb. Kohlrausch (Berl. 99).

[2]) Die auf Grund des § 5 und des § 6 Abs. 1 vom BR. am 2. Mai 01 gefaßten Beschlüsse sind in der Bek. vom 6. Mai 01 veröffentlicht Anlage A.

Der Bundesrath ist ermächtigt, Vorschriften darüber zu erlassen, inwieweit die im Absatz 1 bezeichneten Meßwerkzeuge amtlich beglaubigt oder einer wiederkehrenden amtlichen Ueberwachung unterworfen sein sollen[3]).

§. 7. Die Physikalisch-Technische Reichsanstalt[4]) hat Quecksilbernormale des Ohm herzustellen und für deren Kontrole und sichere Aufbewahrung an verschiedenen Orten zu sorgen. Der Widerstandswerth von Normalen aus festen Metallen, welche zu den Beglaubigungsarbeiten dienen, ist durch alljährlich zu wiederholende Vergleichungen mit den Quecksilbernormalen sicherzustellen.

§. 8. Die Physikalisch-Technische Reichsanstalt hat für die Ausgabe amtlich beglaubigter Widerstände und galvanischer Normalelemente zur Ermittelung der Stromstärken und Spannungen Sorge zu tragen.

§. 9. Die amtliche Prüfung und Beglaubigung elektrischer Meßgeräthe erfolgt durch die Physikalisch-Technische Reichsanstalt. Der Reichskanzler kann die Befugniß hierzu auch anderen Stellen übertragen[5]). Alle zur Ausführung der amtlichen Prüfung benutzten Normale und Normalgeräthe müssen durch die Physikalisch-Technische Reichsanstalt beglaubigt sein.

§. 10. Die Physikalisch-Technische Reichsanstalt hat darüber zu wachen, daß bei der amtlichen Prüfung und Beglaubigung elektrischer Meßgeräthe im ganzen Reichsgebiete nach übereinstimmenden Grundsätzen verfahren wird. Sie hat die technische Aufsicht über das Prüfungswesen zu führen und alle darauf bezüglichen technischen Vorschriften zu erlassen. Insbesondere liegt ihr ob, zu bestimmen, welche Arten von Meßgeräthen zur amtlichen Beglaubigung zugelassen werden sollen, über Material, sonstige Beschaffenheit und Bezeichnung der Meßgeräthe Bestimmungen zu treffen, das bei der Prüfung und Beglaubigung zu beobachtende Verfahren zu regeln, sowie die zu erhebenden Gebühren und das bei den Beglaubigungen anzuwendende Stempelzeichen festzusetzen[6]).

---

[3]) Solche Vorschriften sind bisher nicht ergangen, vielmehr ist es zur Zeit noch dem Ermessen der Beteiligten überlassen, ob sie die Meßwerkzeuge, die den Anforderungen des Abs. 1 entsprechen müssen, amtlich prüfen und beglaubigen lassen sollen. Über die zur amtlichen Prüfung und Beglaubigung zuständigen Stellen § 9 und Anm. 5.

[4]) Die physikalisch-technische Reichsanstalt zu Charlottenburg bei Berlin (Marchstraße 25 B) hat in Beziehung auf die elektrischen Maßeinheiten im wesentlichen die gleiche Stellung, wie die Normal-Eichungs-Kommission in Beziehung auf das Maß- und Gewichtswesen.

[5]) Sie werden im Reichsanzeiger und im CB. bekannt gemacht. Bisher ist die Befugnis übertragen den elektrischen Prüfämtern zu Ilmenau (1) und Hamburg (2) Bf. 3. März 02 (CB. 40), München (3) Bf. 16. Mai 02 (CB. 111), Nürnberg (4) und Chemnitz (5) Bf. 9. Nov. 02 (CB. 396). Jedes der Prüfämter hat die vorstehend in Klammern angegebene Nummer in seinem Stempelzeichen zu führen. — Voraussetzung für die Anerkennung ist die Ausrüstung des Prüfamts nach den von der physikal.-techn. Reichsanstalt erlassenen Vorschriften Anm. 6.

[6]) Auf Grund dieser Bestimmung hat die physikal.-techn. Reichsanstalt am 28. Dez. 01 erlassen: a) Prüfordnung für elektrische Meßgeräte Anlage B, b) Vorschriften für die Ausrüstung der elektrischen Prüfämter nebst Erläuterungen. Die Prüfämter werden danach entweder nur

§. 11. Die nach Maßgabe dieses Gesetzes beglaubigten Meßgeräthe können im ganzen Umfange des Reichs im Verkehr angewendet werden.

§. 12. Wer bei der gewerbsmäßigen Abgabe elektrischer Arbeit den Bestimmungen im §. 6 oder den auf Grund derselben ergehenden Verordnungen zuwiderhandelt, wird mit Geldstrafe bis zu einhundert Mark oder mit Haft bis zu vier Wochen bestraft. Neben der Strafe kann auf Einziehung der vorschriftswidrigen oder unrichtigen Meßwerkzeuge erkannt werden.

§. 13. Dies Gesetz tritt mit den Bestimmnngen in §§. 6 und 12 am 1. Januar 1902, im Uebrigen am Tage seiner Verkündigung in Kraft.

---

## Anlagen zum G. betr. die elektrischen Maßeinheiten.

### Anlage A (zu Anmerkung 2).

**Bestimmungen des Bundesraths zur Ausführung des Gesetzes, betreffend die elektrischen Maßeinheiten. Bek. 6. Mai 01.** (RGB. 127.)

I. Auf Grund des §. 5 des Gesetzes, betreffend die elektrischen Maßeinheiten, vom 1. Juni 1898 (Reichs-Gesetzbl. S. 905) wird Folgendes bestimmt:

1. Zu §. 5a. Bedingungen, unter denen bei der Darstellung des Ampere die Abscheidung des Silbers stattzufinden hat.

Die Flüssigkeit soll eine Lösung von 20 bis 40 Gewichtstheilen reinen Silbernitrats in 100 Theilen chlorfreien destillirten Wassers sein; sie darf nur solange benutzt werden, bis im Ganzen 3 Gramm Silber auf 100 Kubikcentimeter der Lösung elektrolytisch abgeschieden sind.

Die Anode soll, soweit sie in die Flüssigkeit eintaucht, aus reinem Silber bestehen. Die Kathode soll aus Platin bestehen. Uebersteigt die auf ihr abgeschiedene Menge Silber 0,1 Gramm auf das Quadratcentimeter, so ist das Silber zu entfernen.

Die Stromdichte soll an der Anode ein Fünftel, an der Kathode ein Fünfzigstel Ampere auf das Quadratcentimeter nicht überschreiten.

Vor der Wägung ist die Kathode zunächst mit chlorfreiem destillirten Wasser zu spülen, bis das Waschwasser bei dem Zusatz eines Tropfens

---

für Prüfungen mit Gleichstrom oder für solche mit Gleich- und Wechselstrom (einschließlich Drehstrom) eingerichtet. Sie müssen den von der Reichsanstalt getroffenen Anforderungen entsprechen in Beziehung auf die Räume, die Stromquellen, die Meßapparate und zwar letzteres hinsichtlich der Normale, der Hilfsapparate, der Prüfgeräte. — Eine amtliche Ausgabe der Prüfordnung und der Vorschriften nebst Erläuterungen ist bei Julius Springer, Berlin, veröffentlicht. — Bisher sind folgende Systeme elektrischer Meßgeräte zur Beglaubigung zugelassen: Umschaltzähler für Gleichstrom, Form K und L, der Elektrizitätszählerfabrik H. Aron in Charlottenburg, Umschaltzähler für ein- und mehrphasigen Wechselstrom, Form P und N, derselben Fabrik, Motorzähler für Gleichstrom, Form GW, GWU, GB und GK, der Elektrizitäts-Aktiengesellschaft vorm. Schuckert u. Co. in Nürnberg Bf. 18. März 03 (CB. 140). Beschreibung in der Elektrotechnischen Zeitschrift 1903 Heft 20 bezw. 21 (bei Julius Springer).

Salzsäure keine Trübung zeigt, alsdann 10 Minuten lang mit destillirtem Wasser von 70 Grad bis 90 Grad auszulaugen und schließlich mit destillirtem Wasser zu spülen. Das letzte Waschwasser darf kalt durch Salzsäure nicht getrübt werden. Die Kathode wird warm getrocknet, bis zur Wägung im Trockengefäß aufbewahrt, und nicht früher als 10 Minuten nach der Abkühlung gewogen.

2. Zu §. 5b. Bezeichnungen elektrischer Einheiten.

a) Die Elektrizitätsmenge, welche bei einem Ampere in einer Sekunde durch den Querschnitt der Leitung fließt, heißt eine Amperesekunde (Coulomb), die in einer Stunde hindurchfließende Elektrizitätsmenge heißt eine Amperestunde.

b) Die Leistung eines Ampere in einem Leiter von einem Volt Endspannung heißt ein Watt.

c) Die Arbeit von einem Watt während einer Stunde heißt eine Wattstunde.

d) Die Kapazität eines Kondensators, welcher durch eine Amperesekunde auf ein Volt geladen wird, heißt ein Farad.

e) Der Induktionskoeffizient eines Leiters, in welchem ein Volt induzirt wird durch die gleichmäßige Aenderung der Stromstärke um ein Ampere in der Sekunde, heißt ein Henry.

3. Zu §. 5c. Bezeichnungen für die Vielfachen und Theile der elektrischen Einheiten.

Als Vorsätze vor dem Namen einer Einheit bedeuten:

| | |
|---|---|
| Kilo . . . . . . . . . . | das Tausendfache, |
| Mega (Meg) . . . . | das Millionfache, |
| Milli . . . . . . . . . | den tausendten Theil, |
| Mikro (Mikr) . . . . | den millionten Theil. |

4. Zu § 5d. Berechnung der Stärke, der elektromotorischen Kraft (Spannung) und der Leistung von Strömen wechselnder Stärke oder Richtung.

a) Als wirksame (effektive) Stromstärke — oder, wenn nichts Anderes festgesetzt ist, als Stromstärke schlechthin — gilt die Quadratwurzel aus dem zeitlichen Mittelwerthe der Quadrate der Augenblicks-Stromstärken.

b) Als mittlere Stromstärke gilt der ohne Rücksicht auf die Richtung gebildete zeitliche Mittelwerth der Augenblicks-Stromstärken.

c) Als elektrolytische Stromstärke gilt der mit Rücksicht auf die Richtung gebildete zeitliche Mittelwerth der Augenblicks-Stromstärken.

d) Als Scheitelstromstärke periodisch veränderlicher Ströme gilt deren größter Augenblickswerth.

e) Die unter a bis d für die Stromstärke festgesetzten Bezeichnungen und Berechnungen gelten ebenso für die elektromotorische Kraft oder die Spannung.

f) Als Leistung gilt der mit Rücksicht auf das Vorzeichen gebildete zeitliche Mittelwerth der Augenblicksleistungen.

II. Auf Grund des §. 6 Abs. 1 des Gesetzes, betreffend die elektrischen Maßeinheiten, vom 1. Juni 1898 werden die äußersten Grenzen der bei gewerbsmäßiger Abgabe elektrischer Arbeit zu duldenden Abweichungen der Elektrizitätszähler von der Richtigkeit wie folgt bestimmt:

1. Gleichstromzähler.

a) Die Abweichung der Verbrauchsanzeige nach oben oder nach unten von dem wirklichen Verbrauche darf bei einer Belastung zwischen dem Höchstverbrauche, für welchen der Zähler bestimmt ist, und dem zehnten Theile desselben nirgends mehr betragen, als sechs Tausendtel dieses Höchstverbrauchs vermehrt um sechs Hundertel des jeweiligen Verbrauchs und ferner bei einer Belastung von ein Fünfundzwanzigstel des obigen Höchstverbrauchs nicht mehr als zwei Hundertel des letzteren.

Auf Zähler, die in Lichtanlagen verwendet werden, finden diese Bestimmungen nur insoweit Anwendung, als die anzuzeigende Leistung nicht unter 30 Watt sinkt.

b) Während einer Zeit, in welcher kein Verbrauch stattfindet, darf der Vorlauf oder der Rücklauf des Zählers nicht mehr betragen, als einem halben Hundertel seines oben bezeichneten Höchstverbrauchs entspricht.

2. Wechselstrom- und Mehrphasenstromzähler.

Für diese gelten dieselben Bestimmungen wie unter 1, jedoch mit der Maßgabe, daß, wenn in der Verbrauchsleitung zwischen Spannung und Stromstärke eine Verschiebung besteht, der nach 1a ermittelte Fehler in Hundertel des jeweiligen Verbrauchs umgerechnet und der entstehenden Zahl der Hundertel die doppelte trigonometrische Tangente des Verschiebungswinkels hinzugefügt wird. Dabei bedeutet der Verschiebungswinkel den Winkel, dessen Cosinus gleich dem Leistungsfaktor ist. Alle zur Berechnung der Fehler dienenden Größen sind mit dem gleichen Vorzeichen zu nehmen.

---

## Anlage B (zu Anmerkung 6).

**Prüfordnung für elektrische Meßgeräthe vom 28. Dezember 1901,** erlassen von der physikalisch-technischen Reichsanstalt (CB. 02 S. 46).

### § 1. Prüfung und Beglaubigung.

Die amtliche Prüfung elektrischer Meßgeräthe erfolgt durch die Physikalisch-Technische Reichsanstalt — Abtheilung II — und durch diejenigen Stellen (elektrischen Prüfämter), welchen der Reichskanzler die Befugniß hierzu auf Grund des § 9 des genannten Gesetzes übertragen hat.

Mit der Prüfung kann bei Meßgeräthen, für welche die Systemprüfung durch die Physikalisch-Technische Reichsanstalt eine hinlängliche Unveränderlichkeit der Angaben erwiesen hat, eine Beglaubigung verbunden werden, wenn die betreffenden

Instrumente den Vorschriften der §§ 11, 14, 15 dieser Prüfordnung entsprechen und die daselbst angegebenen Beglaubigungs-Fehlergrenzen einhalten.

§ 2. Der Reichsanstalt vorbehaltene Arbeiten.

Die der Physikalisch-Technischen Reichsanstalt zufallende Thätigkeit, soweit dieselbe die Prüfung und Beglaubigung elektrischer Meßgeräthe betrifft, ist durch § 9 und 10 des Gesetzes bestimmt. Die Reichsanstalt hat die technische Aufsicht über das Prüfungswesen im ganzen Reichsgebiete zu führen und alle darauf bezüglichen technischen Vorschriften zu erlassen. Sie hat zu bestimmen, welche Arten von elektrischen Meßgeräthen zur amtlichen Beglaubigung zugelassen werden sollen, und die hierfür erforderlichen Systemprüfungen auszuführen.

Außerdem führt sie die Prüfung und Beglaubigung aller derjenigen elektrischen Meßgeräthe aus, welche nicht zu den Prüfungsbefugnissen (§ 8) der elektrischen Prüfämter gehören, sowie endlich die Prüfung und Beglaubigung derjenigen zur Messung von Strom, Spannung, Leistung und Verbrauch dienenden Apparate, welche als Arbeitsnormale bei der Herstellung elektrischer Meßgeräthe verwendet werden.

§ 3. Beantragung von Systemprüfungen.

Die Zulassung eines jeden Systems elektrischer Meßgeräthe zur Beglaubigung setzt einen Antrag des Erfinders oder des Verfertigers, oder eines hierzu bevollmächtigten Vertreters derselben voraus. Mit diesem Antrag sind fünf Meßgeräthe der betreffenden Gattung von verschiedenem Meßbereich, eine Beschreibung und eine zur photographischen Vervielfältigung geeignete Zeichnung (Größe 33 × 21 cm), welche den Mechanismus der Meßgeräthe deutlich erkennen läßt, sowie die im § 19 unter A angegebenen Gebühren an die Physikalisch-Technische Reichsanstalt — Abtheilung II — einzusenden. Wenn besondere Gründe vorliegen, kann die Anzahl der für die Systemprüfung einzureichenden Meßgeräthe beschränkt, andererseits aber auch die Einreichung von Meßgeräthen bestimmter Meßbereiche verlangt werden.

In dem Antrage ist anzugeben:

1. von wem und unter welcher Bezeichnung das betreffende System hergestellt und in den Verkehr gebracht wird,
2. welche Größenstufen und besonderen Ausführungsformen des Systems angefertigt werden sollen,
3. ob, seit wann und in welcher Anzahl Apparate dieser Gattung
   im Deutschen Reiche,
   in anderen Ländern
   im Gebrauch sind,
4. die etwaige Patent- oder Musterschutznummer.

Die Beschreibung soll sich namentlich beziehen auf:

a) Schaltung, Material, Abmessungen, Windungszahlen und Widerstände der stromführenden Theile, Material und Abmessungen der Magnete und magnetisch wirksamen Eisentheile,
b) das Uebersetzungsverhältniß auf das Zählwerk von Elektricitätszählern,
c) die Einrichtungen und das Verfahren für die Gangregelung,
d) die Vorschriften für Aufhängung und Wartung der Apparate.

§ 4. Ausführung der Systemprüfungen.

Die Systemprüfung, soweit sie nicht nach den bisherigen Erfahrungen der Reichsanstalt theilweise entbehrt werden kann, besteht in einer Untersuchung der eingereichten Apparate in der Reichsanstalt und in einer Erprobung des Systems im praktischen Betriebe. Wenn der erstere Theil der Prüfung, der nach Erledigung etwaiger erforderlicher Vorverhandlungen mit dem Antragsteller innerhalb dreier

Monate abgeschlossen sein soll, ein befriedigendes Ergebniß geliefert hat, ohne daß über die Bewährung im Betriebe genügende Erfahrungen vorliegen, kann auf Antrag des Anmelders eine zeitweilige Zulassung zur Beglaubigung für eine Dauer bis zu drei Jahren bewilligt werden. Spätestens ein Jahr vor Ablauf dieser Zeit wird dem Antragsteller die endgültige Entscheidung übermittelt.

Nach Abschluß des Zulassungsverfahrens werden drei der eingereichten Meßgeräthe dem Antragsteller zurückgegeben, die beiden anderen verbleiben als Muster und für etwaige fernere Untersuchungen zur dauernden Verfügung der Physikalisch-Technischen Reichsanstalt.

Wird die Zulassung des Systems zur Beglaubigung versagt, so werden sämmtliche fünf eingereichten Meßgeräthe dem Antragsteller zurückgegeben.

### § 5. Zulassung von Systemen zur Beglaubigung.

Jede endgültige Zulassung eines Systems elektrischer Meßgeräthe zur Beglaubigung wird in dem Centralblatt für das Deutsche Reich und im Reichsanzeiger bekannt gemacht.

Bei der Zulassung wird eine Bezeichnung des Systems festgesetzt, welche auf den Meßgeräthen anzubringen ist.

Eine Veröffentlichung einer zeitweiligen Zulassung eines Systems zur Beglaubigung findet nur auf Antrag des Anmelders statt.

### § 6. Aenderungen der zur Beglaubigung zugelassenen Systeme.

Von allen Aenderungen der messenden Theile der zur Beglaubigung zugelassenen Systeme, sowie von einem Uebergang der Verfertigung der Meßgeräthe auf eine andere Firma hat der Verfertiger Anzeige an die Reichsanstalt zu machen. Die letztere entscheidet darüber, ob so wesentliche Aenderungen stattgefunden haben, daß eine Ergänzung der früher ausgeführten Systemprüfung erforderlich ist. Mit dem Antrage einer Ergänzungsprüfung sind zwei Meßgeräthe der geänderten Form und die im § 19 unter A 3 angegebenen Gebühren einzusenden.

Nach Abschluß der Ergänzungsprüfung wird das eine der eingereichten Meßgeräthe dem Anmelder zurückgegeben.

### § 7. Zurücknahme der Zulassung eines Systems.

Die Zulassung eines Systems zur Beglaubigung kann wegen amtlich zur Kenntniß gekommener Mängel desselben von der Reichsanstalt zurückgenommen werden. Die Zurücknahme erfolgt jedoch erst dann, wenn der Verfertiger trotz Aufforderung durch die Reichsanstalt die erwähnten Mängel seiner Erzeugnisse nicht innerhalb eines Jahres nachgewiesenermaßen beseitigt hat.

Die Zurücknahme wird, wie im § 5 Abs. 1 angegeben, bekannt gemacht.

### § 8. Befugnisse der Prüfämter.

Die Thätigkeit der Prüfämter erstreckt sich auf die Prüfung und Beglaubigung

1. der bei der gewerbsmäßigen Abgabe elektrischer Arbeit zur Bestimmung der Vergütung benutzten Meßgeräthe (Elektricitätszähler u. s. w.),
2. der zur Messung von Strom, Spannung und Leistung bestimmten Schalttafel- und Montage-Instrumente, sofern sie einem beglaubigungsfähigen System angehören (§ 4 und 5) und mit Gleichstrom geprüft werden können.

### § 9. Meßbereiche der Prüfämter.

Die Prüfämter zerfallen in solche für Prüfungen mit Gleichstrom und solche für Prüfungen mit Gleich- und Wechselstrom (einschließlich Drehstrom). Jedes Prüfamt muß in seinem Laboratorium Messungen bis zu 500 Volt und 200 Ampere ausführen können.

Trifft ein Prüfamt die für eine Erweiterung seiner Prüfungs-Befugniß erforderlichen Einrichtungen und weist deren ordnungsmäßige Beschaffenheit nach, so kann seine Befugniß durch die Physikalisch-Technische Reichsanstalt den Einrichtungen entsprechend erweitert werden.

Meßgeräthe für solche Stromstärken und Spannungen, welche das Meßbereich des Prüfamtes überschreiten, sind einem anderen Prüfamte von weiterer Prüfungsbefugniß oder der Reichsanstalt zur Prüfung zu überweisen.

## § 10. Ort der Prüfung.

Die Prüfungen und Beglaubigungen dürfen nur in den Arbeitsräumen der Prüfämter oder nach Bedarf am Verwendungsorte ausgeführt werden. Ausnahmen hiervon, z. B. Prüfungen in Räumen, welche von Elektricitätswerken oder Fabriken von elektrischen Meßgeräthen zur Verfügung gestellt werden, bedürfen der Genehmigung der Physikalisch-Technischen Reichsanstalt.

## § 11. Beschaffenheit der zur Prüfung oder Beglaubigung kommenden Meßgeräthe.

Die Angaben der zur Prüfung oder Beglaubigung eingereichten, im § 2 und 8 genannten elektrischen Meßgeräthe müssen unmittelbar in den gesetzlichen Maßeinheiten (Bekanntmachung, betr. die Ausführung des Gesetzes über die elektrischen Maßeinheiten vom 6. Mai 1901. RGBl. S. 127) erfolgen oder durch Multiplikation mit einer auf dem Apparat angegebenen Zahl (Konstante) auf dieselben zurückgeführt werden. Die Angaben sollen entweder durch Zeiger oder deutlich sichtbare Marken vor einer Skale oder durch springende Ziffern geschehen.

Die Meßgeräthe müssen mit einem Schutzgehäuse umgeben sein, welches Vorkehrungen zum Anlegen von Bleisiegeln und ein von innen in das Gehäuse eingesetztes Schauglas vor dem Zifferblatt enthält.

Auf dem Zifferblatte, dem Gehäuse oder auf einem von außen nicht abnehmbaren Schilde soll die Firma und der Wohnort des Verfertigers oder dessen eingetragenes Fabrikzeichen, die laufende Fabrikations-Nummer, die Maßeinheit, nach welcher die Angabe erfolgt (z. B. Ampere, Volt, Watt, Kilowatt, Kilowattstunde) und das Meßbereich nebst Bezeichnung des Vertheilungssystems (z. B. $2 \times 220$ Volt, bis $2 \times 100$ Amp.) deutlich sichtbar angebracht sein.

Außerdem sind daselbst in deutscher Sprache die Apparaten-Gattung und -Stromart (z. B. Drehstromzähler) anzugeben, sowie — falls diese Umstände auf die Richtigkeit der Angaben der Instrumente von Einfluß sind — auch die Einschaltungsdauer (z. B. Leistungsmesser für kurzdauernde Einschaltung) und bei Wechselstrom-Meßgeräthen die Polwechselzahl und Belastungsart (z. B. Zähler für induktionslose Belastung, Drehstromzähler für gleich belastete Zweige).

## § 12. Ausnahme-Bestimmungen.

Bis zum 1. Januar 1905 wird von den Vorschriften des § 11 Abs. 3 und 4 abgesehen.

Meßgeräthe, welche für die Ausfuhr bestimmt sind, dürfen Aufschriften in fremder Sprache tragen, wenn mit dem Prüfungsantrage eine deutsche Uebersetzung eingereicht wird.

## § 13. Verkehrs-Fehlergrenzen für Zähler.

Die im Verkehr zulässigen Fehlergrenzen der Elektricitätszähler sind durch die Ausführungsbestimmungen zum Gesetz betreffend die elektrischen Maßeinheiten vom Bundesrath, wie folgt, festgesetzt worden:

(Es folgen die in Anlage A unter II abgedruckten Bestimmungen.)

§ 14. Beglaubigungs-Fehlergrenzen für Zähler.

Die Beglaubigung von Meßgeräthen, welche zur Bestimmung der Vergütung bei der gewerbsmäßigen Abgabe elektrischer Arbeit dienen sollen, findet statt, wenn ihr System von der Reichsanstalt zur Beglaubigung zugelassen worden ist (§ 4 u. 5), und wenn sie die Hälfte der im § 13 genannten Verkehrs-Fehlergrenzen einhalten. Jedoch soll bei Wechselstromzählern der Zusatzfehler, welcher im § 13 unter 2 für eine Verschiebung $\varphi$ zwischen Spannung und Stromstärke festgesetzt ist, mit seinem ganzen Betrage (2 tg $\varphi$) in Rechnung gestellt werden.

§ 15. Beglaubigungs-Fehlergrenzen für Strom-, Spannungs- und Leistungsmesser.

Strom-, Spannungs- und Leistungsmesser werden zur Prüfung durch die Prüfämter nur dann zugelassen, wenn sie einem von der Reichsanstalt als beglaubigungsfähig erklärten System angehören und mit Gleichstrom geprüft werden können. Ihre Beglaubigung erfolgt, wenn die gefundenen Fehler entweder nicht über ± 0,2 des betreffenden Skalen-Intervalles, oder nicht über ± 0,01 des Sollwerthes hinausgehen. Es kommt hierbei stets diejenige der beiden Bestimmungen zur Anwendung, welche für die Zulassung des Meßgeräths zur Beglaubigung die mildere ist. Bei Meßgeräthen mit verkürzter Skale soll der Fehler ± 0,01 des Sollwerthes nicht übersteigen. Dasselbe gilt von solchen Meßgeräthen, deren Anwendung durch eine entsprechende Aufschrift (z. B. „Strommesser richtig von . . . bis . . . Ampere") auf einen bestimmten Theil der vorhandenen Skale eingeschränkt worden ist.

§ 16. Verfahren bei der Prüfung (Vorprüfung und Hauptprüfung).

Die Prüfung der elektrischen Meßgeräthe durch die Prüfämter erstreckt sich auf die äußere Beschaffenheit, die Erfüllung der im § 11 enthaltenen Vorschriften (Vorprüfung), und auf das Einhalten der im § 13—15 angegebenen Fehlergrenzen (Hauptprüfung).

Nach vollzogener Hauptprüfung erhält jedes Meßgeräth einen Schein über den Ausfall der Prüfung, sowie gegebenenfalls das im § 18 festgesetzte Stempelzeichen. Der zahlenmäßige Betrag der gefundenen Abweichungen von der Richtigkeit wird in den Scheinen nicht angegeben.

Auf besonderen Antrag werden Elektricitätswerken und Fabrikanten von elektrischen Meßgeräthen Verzeichnisse der an ihren Meßgeräthen ermittelten Abweichungen von der Richtigkeit gegen besondere Gebühr ausgefertigt.

Meßgeräthe, welche die Verkehrs-Fehlergrenzen überschreiten oder sonstige Mängel zeigen, werden durch Anbinden eines Zettels mit entsprechender Aufschrift gekennzeichnet.

§ 17. Berichtigung und Reinigung der zu prüfenden Meßgeräthe.

Bei Gelegenheit von Prüfungen dürfen auf Antrag der Betheiligten von den Prüfämtern Berichtigungen an den Meßgeräthen, falls hierzu geeignete Stellvorrichtungen vorhanden sind, sowie Reinigungen des Werks und kleine Ausbesserungen ausgeführt werden.

Bei Streitfällen und Revisionen ist jeder Eingriff in die Apparate untersagt, und ein von Neuem nothwendig werdender Bleiverschluß ist thunlichst ohne Verletzung bereits vorhandener Plomben anzulegen.

§ 18. Stempel- und Verschlußzeichen.

a) Als Zeichen, daß ein Meßgeräth bei der Prüfung die für den Verkehr zugelassenen Fehlergrenzen (§ 13) eingehalten hat, dient ein an dem Meßgeräth anzubringender Verkehrsstempel, welcher das amtliche Stempelzeichen des betreffenden elektrischen Prüfamts (bestehend aus den Buchstaben EPA und der Nummer des Prüfamts), sowie die Angabe des Kalenderjahrs und des Vierteljahrs der Prüfung trägt.

b) Als Zeichen, daß ein Meßgeräth einem beglaubigungsfähigen System angehört, den Vorschriften des § 11 entspricht und bei der Prüfung die Beglaubigungsfehlergrenzen (§ 14 und 15) eingehalten hat, dient ein Beglaubigungsstempel, welcher den Reichsadler, das amtliche Zeichen des Prüfamts, sowie die Jahres- und Quartalszahl der Prüfung trägt.

c) Bei Nachprüfungen tritt der neue Verkehrs- oder Beglaubigungsstempel zu dem auf dem Meßgeräth bereits vorhandenen hinzu.

d) In den unter a) bis c) angegebenen Fällen werden die geprüften oder beglaubigten Meßgeräthe durch Bleisiegel verschlossen, welche auf der einen Seite den Reichsadler und auf der Rückseite das amtliche Zeichen des Prüfamtes tragen.

Dieser Verschluß kann zum Zwecke von Nachregulirungen von dem mit der Wartung der Zähler beauftragten Beamten des Elektricitätswerks im Falle des Einverständnisses des Abnehmers entfernt und nach Erledigung der Regulirung durch eine Plombe des Elektricitätswerks ersetzt werden. Von jeder solchen Nachregulirung hat das Elektricitätswerk demjenigen Prüfamte, dessen Stempel sich auf dem Zähler vorfindet, Anzeige unter Angabe der vor und nach der Regulirung ermittelten Abweichungen zu machen.

e) Als Zeichen eines zeitweiligen Verschlusses und in den im § 16 Abs. 4 erwähnten Fällen wird in die Plombenschrauben des Meßgeräthes ein Zettel mit aufgeklebter Siegelmarke des betreffenden Prüfamts eingebunden.

f) Bei Prüfungen und Beglaubigungen, welche von der Physikalisch-Technischen Reichsanstalt — Abth. II — erledigt werden, tritt an Stelle des amtlichen Stempelzeichens der Prüfämter dasjenige der Reichsanstalt (PTRII).

### § 19. Gebühren.

| | ℳ |
|---|---|
| A. Bei Systemprüfungen: | |
| 1. für eine Art Zähler | 300,00 |
| 2. für eine Art Strom-, Spannungs- oder Leistungsmesser | 150,00 |
| 3. für eine Ergänzung einer Systemprüfung (vergl. § 6) wird ein Drittel der Sätze A 1 bezw. 2 in Anrechnung gebracht. | |
| B. Bei Prüfungen elektrischer Meßgeräthe | |
| 1. Elektricitätszähler | |
| a) Grundgebühr für Zweileiterzähler | 4,00 |
| b) „ für Mehrleiter- und Mehrphasenzähler | 6,00 |
| c) Zuschlag für Spannung: | |
| bis 150 Volt | — |
| für jede weiteren angefangenen 150 Volt | 1,00 |
| d) Zuschlag für Strom bis: | |
| 5 Ampere Höchststrom | — |
| 10 „ „ | 1,00 |
| 15 „ „ | 1,50 |
| 30 „ „ | 2,50 |
| 50 „ „ | 4,00 |
| 100 „ „ | 6,00 |
| 150 „ „ | 9,00 |
| 300 „ „ | 12,00 |
| 500 „ „ | 15,00 |
| 1000 „ „ | 20,00 |
| 1500 „ „ | 25,00 |
| 3000 „ „ | 30,00 |
| 5000 „ „ | 40,00 |
| 10000 „ „ | 60,00 |

2. Bei Mehrleiterzählern gilt als Höchststrom die Summe der Höchststromstärken der einzelnen Zweige, als Spannung die eines einzelnen Zweiges.
3. Bei Drehstromzählern gilt als Höchststrom der dreifache Höchststrom eines Zweiges (eine Phase), als Spannung die Spannung zwischen zwei Außenleitern.

| | | |
|---|---|---|
| 4. | Strom-, Spannungs- und Leistungsmesser | ℳ |
| | a) Grundgebühr | 2,00 |
| | b) Zuschlag für Spannung bis 300 Volt | 1,00 |
| | für jede weiteren angefangenen 300 Volt | 1,00 |
| | c) Zuschlag für Strom bis 300 Ampere | 1,00 |
| | für jede weiteren angefangenen 300 Ampere | 1,00 |
| 5. | Für Meßgeräthe, welche auf Grund der Vorprüfung zurückgewiesen werden, sind nachstehende Gebühren zu zahlen: | |
| | a) für jeden Zähler | 1,00 |
| | b) für jeden Strom-, Spannungs-, Leistungsmesser | 0,50 |
| 6. | Erfolgt die Zurückweisung auf Grund der Hauptprüfung, so kommen die vollen Gebühren gemäß B 1 bis 4 in Anrechnung. | |
| 7. | Bei Prüfungen am Verwendungsorte tritt zu den Gebühren B 1 bis 6 bei allen Arten von Meßgeräthen ein Zuschlag von | 3,00 |

In diesem Zuschlag sind die etwaigen Fuhrkosten innerhalb des Gemeindebezirks des Prüfamtes, sowie die Beförderungskosten für die Prüfgeräthe und Widerstände für Belastungen bis zu 5 Kilowatt einbegriffen.

Die Kosten des Stromverbrauchs bei Prüfungen am Verwendungsorte fallen dem Antragsteller zur Last. Ueber die Größe dieses Verbrauchs wird dem Lieferanten und dem Abnehmer des Stromes eine Bescheinigung ausgestellt.

8. Wenn größere Belastungswiderstände oder sonstige Hülfsapparate nach dem Verwendungsorte der zu prüfenden Meßgeräthe befördert worden sind, werden außer dem genannten Zuschlage von 3,00 ℳ noch die durch die Beförderung der letztgenannten Gegenstände entstandenen Auslagen in Rechnung gesetzt.
9. Bei Prüfungen am Verwendungsorte außerhalb des Sitzes des Prüfamtes kommt zu den nach B 1 bis 8 zu berechnenden Gebühren noch ein Betrag für Reisekosten und Tagegelder der Beamten hinzu, welcher nach der Anzahl der auf derselben Reise geprüften Meßgeräthe antheilig festgestellt wird. Die voraussichtlich entstehenden Kosten werden dem Antragsteller auf Anfrage vorher angegeben.

| | | |
|---|---|---|
| 10. | Wenn Einregulirungen und kleine Ausbesserungen durch die Prüfämter auf Antrag der Betheiligten vorgenommen werden, sind Gebühren nach Maßgabe der aufgewandten Arbeitszeit zu berechnen und zwar für Arbeitsstunde und Arbeiter | 1,00 |
| 11. | Für Ausfertigung einer Liste der ermittelten Abweichungen von der Richtigkeit (§ 16 Abs. 3) kommen in Anrechnung als Grundgebühr | 1,00 |
| | sowie als Zuschlag für jedes Meßgeräth | 0,25 |

C. Für die Prüfung von Höchststrommessern, Zeitzählern und anderen Meßgeräthen, welche bei der Abgabe elektrischer Arbeit zur Bestimmung der Vergütung benutzt werden und nicht in den vorstehenden Bestimmungen genannt sind, kommen Gebühren nach Maßgabe der Arbeitszeit und der Anzahl der Arbeiter zum Satze von 1 *M* für die Stunde in Anrechnung.

§ 20. Verfahren bei Beschädigung geprüfter Apparate.

Für Meßgeräthe, welche bei der Prüfung beschädigt werden, wird ein Ersatz nicht geleistet. Für das beschädigte bezw. ein an seiner Stelle eingereichtes gleiches Meßgeräth werden indeß Prüfungsgebühren nicht erhoben.

---

## 7. Gesetz, betreffend die Bezeichnung des Raumgehaltes der Schankgefäße. Vom 20. Juli 1881. (RGB. 249)[1].

§. 1. Schankgefäße (Gläser, Krüge, Flaschen ꝛc.), welche zur Verabreichung von Wein, Obstwein, Most oder Bier in Gast- und Schankwirthschaften dienen, müssen mit einem bei der Aufstellung des Gefäßes auf einer horizontalen Ebene den Sollinhalt begrenzenden Strich (Füllstrich) und in der Nähe des Strichs mit der Bezeichnung des Sollinhalts nach Litermaaß versehen sein[2]. Der Bezeichnung des Sollinhalts bedarf es nicht, wenn derselbe ein Liter oder ein halbes Liter beträgt[3].

Der Strich und die Bezeichnung müssen durch Schnitt, Schliff, Brand oder Aetzung äußerlich und in leicht erkennbarer Weise angebracht sein.

---

[1]) Die Schankgefäße sind keine Maße im Sinne der M. u. GO. Art. 10 (Ziff. 2) und demzufolge dem Eichzwange nicht unterworfen. Dagegen bestand in großen Teilen Deutschlands, namentlich in Süddeutschland, die Bestimmung, daß die in Gast- und Schankwirtschaften benutzten Gläser und Flaschen den Sollinhalt bezeichnende Marken tragen sollten, für deren Richtigkeit die Wirte verantwortlich waren. Das Verlangen nach einheitlicher Regelung, das in dem Beschlusse des Reichstages 3. April 78, eine entsprechende Petition dem Bundesrat zur Erwägung zu überweisen (Bericht der Petitions-K. 12. März 78, Drucks. Nr. 89) Ausdruck fand, führte zu obigem G., durch das die Verpflichtung zur Bezeichnung des Raumgehalts der Schankgefäße in dem im § 1 bestimmten Umfange für das ganze Reich begründet wurde. Eine amtliche Prüfung und eine förmliche Eichung der Schankgefäße wurde nicht vorgeschrieben, teils weil diese Gefäße sich wegen ihrer leichten Zerbrechlichkeit und der Mannigfaltigkeit der Form zur Eichung nicht eignen, teils um die mit der förmlichen Eichung verbundene Verteuerung der Gefäße zu vermeiden. — Quellen: Reichst. 81 Drucks. Nr. 72 (Entw. mit Begr.), Nr. 118 (KB.).

[2]) Voraussetzungen der Bezeichnungspflicht: a) gewerbsmäßiger Schankbetrieb; zur Verabreichung von Getränken an Mitglieder des Hausstands, Gesinde usw. dürfen unbezeichnete Gefäße benutzt werden. b) Schankverkehr in Wein, Bier, Obstwein, Most, nicht in Branntwein. c) Schankgefäße, in denen das Getränk dem Gaste unmittelbar verabreicht wird, also nicht Gläser, die bei Verabfolgung einer Flasche zum allmählichen Abfüllen beigefügt werden Bf. 23. April 84 (MB. 162) Ziff. 1. — Die Ausführung der Bezeichnung ist dem Besitzer überlassen. Sie gehört nicht zu den amtlichen Aufgaben der Eichungsämter. Um Mißdeutungen zu vermeiden, sollen diese auch außeramtlich Raumgehaltsbezeichnungen im allgemeinen nicht ausführen. Ausnahmen sind nur im Falle örtlichen Bedürfnisses mit Genehmigung des Eichungsinspektors zulässig Bf. 4. März 83 und 27. April 83 (MB. 123). — Die Anbringung mehrerer Füllstriche ist unzulässig KGer. 28. Sept. 85 (VI 176).

[3]) Bei Gefäßen von 1 oder ½ Liter Inhalt kann zwar die Bezeichnung des Sollinhalts, nicht aber der Füllstrich fortbleiben Bf. 23. April 84 (MB. 162) Ziff. 2.

Zugelassen sind nur Schankgefäße, deren Sollinhalt einem Liter oder einer Maaßgröße entspricht, welche vom Liter aufwärts durch Stufen von $^1/_2$ Liter, vom Liter abwärts durch Stufen von Zehntheilen des Liters gebildet wird. Außerdem sind zugelassen Gefäße, deren Sollinhalt $^1/_4$ Liter beträgt.

§. 2. Der Abstand des Füllstrichs von dem oberen Rande der Schankgefäße muß

a) bei Gefäßen mit verengtem Halse, auf dem letzteren angebracht, zwischen 2 und 6 Centimeter,

b) bei anderen Gefäßen zwischen 1 und 3 Centimeter

betragen.

Der Maximalbetrag dieses Abstands kann durch die zuständige höhere Verwaltungsbehörde[4]) hinsichtlich solcher Schankgefäße, in welchen eine ihrer Natur nach stark schäumende Flüssigkeit verabreicht wird, über die vorstehend bezeichneten Grenzen hinaus festgestellt werden.

§. 3. Der durch den Füllstrich begrenzte Raumgehalt eines Schankgefäßes darf

a) bei Gefäßen mit verengtem Halse höchstens $^1/_{50}$,

b) bei anderen Gefäßen höchstens $^1/_{30}$

geringer sein als der Sollinhalt.

§. 4. Gast- und Schankwirthe haben gehörig gestempelte Flüssigkeitsmaaße von einem zur Prüfung ihrer Schankgefäße geeigneten Einzel- oder Gesammtinhalt bereit zu halten[5]).

§. 5. Gast- und Schankwirthe, welche den vorstehenden Vorschriften zuwiderhandeln, werden mit Geldstrafe bis zu einhundert Mark oder mit Haft bis zu vier Wochen bestraft[6]). Gleichzeitig ist auf Einziehung der vorschriftswidrig befundenen Schankgefäße zu erkennen, auch kann die Vernichtung derselben ausgesprochen werden.

---

[4]) Regierungs-Präsident Vf. 27. April 83 (MB. 123), für Berlin Polizei-Präsident.

[5]) Zweck: Erleichterung der polizeilichen Revisionen. Den nach § 1 Abs. 3 zugelassenen Schankgefäßen stehen infolge der Verschiedenheit der Abstufungen (M. u. GO. Art. 14) geeichte Flüssigkeitsmaße von entsprechendem Raumgehalt nicht durchgängig gegenüber. In solchen Fällen müssen derartige Maße bereit gehalten werden, daß ihr Gesamtinhalt zur Prüfung des Schankgefäßes benutzt werden kann. Die Ortspolizeibehörden sollen strenge Kontrole darüber ausüben, ob die vorschriftsmäßigen Bezeichnungen vorhanden sind und mit dem wirklichen Gehalte der Gefäße innerhalb der im § 3 angegebenen Fehlergrenzen übereinstimmen Vf. 27. April 83 (MB. 123). Für die Prüfungen sollen sie sich des Geißlerschen Apparats bedienen, der zuvor von den Eichungsinspektoren auf seine Richtigkeit zu untersuchen ist Vf. 23. April 84 (MB. 162) mit Anleitung zur Benutzung des Apparates. — Eine Mitwirkung der Eichungsämter bei den Prüfungen ist nicht erforderlich Vf. 13. Jan. 85 (MB. 26).

[6]) Die Bestimmung findet keine Anwendung auf den Gassenschank, d. h. auf solche Fälle, in denen aus einer Wirtschaft in eigenen Gefäßen der Verbraucher Getränke gekauft und nicht in der Wirtschaft selbst genossen werden KB. S. 9.

§. 6. Die vorstehenden Bestimmungen finden auf festverschlossene (versiegelte, verkapselte, festverkorkte u. s. w.) Flaschen und Krüge, sowie auf Schankgefäße von $^1/_{20}$ Liter oder weniger nicht Anwendung[7]).

§. 7. Dieses Gesetz tritt am 1. Januar 1884 in Kraft.

---

## 8. Gesetz, betreffend die Prüfung der Läufe und Verschlüsse der Handfeuerwaffen. Vom 19. Mai 91. (RGB. 109)[1]).

§. 1. Handfeuerwaffen jeder Art[2]) dürfen nur dann feilgehalten oder in den Verkehr gebracht werden[3]), wenn ihre Läufe und Verschlüsse nach den Vorschriften dieses Gesetzes in amtlichen Prüfungsanstalten geprüft und mit Prüfungszeichen versehen sind.

§. 2. Die Prüfung besteht in einer Beschußprobe mit verstärkter Ladung.

Die Prüfung findet bei Terzerolen und Revolvern einmal statt. Auch bei anderen Handfeuerwaffen kann, wenn dieselben Würgebohrung nicht erhalten haben, die Prüfung auf Antrag des Einsenders auf eine einmalige Beschußprobe beschränkt werden. Im Uebrigen findet eine zweimalige Beschuß-

---

[7]) Der Grund ist, daß solche Flaschen und Krüge nicht hauptsächlich für den Schankverkehr bestimmt sind, sondern überwiegend die Bedeutung von Transportgefäßen haben. Zu den Ausnahmen gehören Weinflaschen, wenn der Wein in fest verschlossener Flasche verabreicht wird (Flaschenwein), während sie bezeichnet sein müssen, wenn der Wein vom Faß verzapft und dem Gaste in offener Flasche vorgesetzt wird (Zapfwein) KB. S. 15. — Zweifelhaft ist, ob Flaschen mit Drahtbügel- oder Patent-Verschluß — besonders bei Bierflaschen üblich — als fest verschlossen anzusehen sind. Verneint durch Bf. 23. April 84 (MB. 162) Ziff. 3, weil solcher Verschluß sich vielfach mit der Hand beseitigen läßt und nicht dem Zwecke einer dauernden Lagerung von Getränken dient, ebenso mehrfach vom Landgericht I zu Berlin, dagegen von anderen Gerichten bejaht. Aufrecht erhalten durch Bf. 24. Okt. 91 (MB. 229).

[1]) Die günstigen Erfahrungen, die in Belgien, Großbritannien und Frankreich mit dem Prüfungszwange für die dort in den Handelsverkehr kommenden Handfeuerwaffen gemacht worden sind, regte zu einer gleichen Maßregel auch für Deutschland an, die den Wünschen der heimischen, vornehmlich in Suhl, Sömmerda, Zella-Mehlis, St. Annen, Witten, Oberndorf (Württemberg), Gaggenau (Baden) vertretenen Gewehrindustrie um so mehr entsprach, als die nach jenen Staaten ausgeführten Handfeuerwaffen durch Einführung einer amtlichen Prüfung in Deutschland von dem lästigen Zwange, der in dem Ausfuhrlande vorgeschriebenen Prüfung unterworfen zu werden, befreit werden konnten. Es kam hinzu, daß auch Österreich, wohin Deutschland einen beträchtlichen Ausfuhrhandel an Jagd- und Luxusgewehren hat, die obligatorische Erprobung der Handfeuerwaffen neuerdings in einem, am 1. Jan. 92 in Kraft getretenen Gesetze vorgeschrieben hat. Quellen: Reichst. 90/91 Druckf. Nr. 154 (Entw. mit Begr.), Nr. 312 (KB.), StB. 1274—1278 (1. Les.), 2548—2554 (2. Les.), 2640 (3. Les.).

[2]) D. h. von einer Person getragene und bediente Waffen, mittels deren aus einem Rohr unter Anwendung eines Sprengstoffes ein Geschoß geschleudert wird Begr. S. 9.

[3]) Der bloße Besitz einer Handfeuerwaffe, ohne daß sie feilgehalten oder in Verkehr gebracht wird, ist nicht verboten. Der Prüfungszwang bezieht sich ferner nicht auf Waffen, die zu wissenschaftlichen Zwecken oder ihres Kunstwerts wegen aufbewahrt werden Begr. S. 9, auch nicht auf Gewehrteile, z. B. isolierte Flintenläufe, die vielmehr ungeprüft feilgehalten werden dürfen KB. S. 4.

probe statt, die erste mit vorgerichteten Läufen, die zweite (Endprobe) nach Fertigstellung der Läufe einschließlich der Vereinigung bei Mehrläufen und der Anbringung der Verschlußstücke. Findet auf Antrag des Einsenders eine einmalige Prüfung statt, so ist dieselbe an den Waffen in dem sonst für die zweite Probe vorgeschriebenen Zustande vorzunehmen.

§. 3. Läufe oder Verschlußtheile, welche nach einer Beschußprobe unganz oder aufgebaucht[4]) befunden werden, sind durch Einsägen oder Zerschlagen unbrauchbar zu machen.

Für Waffen, an deren Läufen oder Verschlüssen nach einer Beschußprobe andere Mängel vorgefunden werden, ist nach Beseitigung der letzteren eine einmalige Wiederholung der Beschußprobe zulässig. Läufe oder Verschlußtheile, welche nach der wiederholten Beschußprobe mangelhaft befunden werden, sind durch Einsägen oder Zerschlagen unbrauchbar zu machen.

§. 4. Wird an einer bereits geprüften Waffe während oder nach der Herstellung in dem Kaliber oder an dem Verschlusse eine Veränderung vorgenommen[5]), so ist eine erneute Prüfung erforderlich. Dieselbe richtet sich bei Waffen, welche der Regel nach einer zweimaligen Prüfung unterliegen, nach dem Stande der Herstellung, in welchem die Waffe sich befindet.

§. 5. Bis zu dem Zeitpunkte, mit welchem dieses Gesetz seinem ganzen Umfange nach in Kraft tritt, sind Handfeuerwaffen auf Antrag der Einsender durch die Ortspolizeibehörde oder eine andere von der Landes-Zentralbehörde zu bezeichnende Behörde mit einem Vorrathszeichen, welches durch den Bundesrath bestimmt werden wird, zu versehen[6]).

§. 6. Auf Handfeuerwaffen,

1. welche mit dem Vorrathszeichen versehen sind,
2. welche aus dem Auslande eingeführt und mit den vollständigen, den inländischen gleichwerthigen Prüfungszeichen eines auswärtigen Staates versehen sind,
3. welche durch eine Militärverwaltung oder im Auftrage einer solchen hergestellt und geprüft worden sind,

finden die Vorschriften dieses Gesetzes solange keine Anwendung, als an den Waffen keine Veränderung des Kalibers oder des Verschlusses vorgenommen wird. Wird eine solche Veränderung vorgenommen, so bedürfen Waffen dieser Art der im §. 4 vorgeschriebenen Prüfung, die unter 3 bezeichneten jedoch nur dann, wenn die Veränderung nicht durch eine Militärverwaltung ausgeführt oder geprüft worden ist.

---

[4]) Hierunter ist eine infolge von Ungleichheit des Materials entstandene ringförmige oder halbringförmige Erweiterung des Laufs zu verstehen Begr. S. 10.

[5]) Als solche ist die unerhebliche Erweiterung des Rohrs infolge der Herstellung von Büchsenzügen nicht anzusehen Begr. S. 10.

[6]) Bek. 22. Juni 92 (RGB. 674) Ziff. 22. Das Vorratszeichen ist ein V mit der Reichskrone darüber. Seine Anbringung hat die im § 6 bezeichnete Wirkung. — Zur Ausführung des § 5 erging Bek. 4. Jan. 93 (MB. 27).

Der Bundesrath bestimmt, welche Prüfungszeichen eines auswärtigen Staates als den inländischen gleichwerthig anzuerkennen sind[7]).

§. 7. Die näheren Bestimmungen über das Verfahren bei der Prüfung, über das Gewicht und die Beschaffenheit des bei der Beschußprobe zu verwendenden Pulvers und Bleies, sowie über die Form und das Schlagen der Prüfungszeichen werden durch den Bundesrath erlassen[8]).

§. 8. Die Errichtung der Prüfungsanstalten erfogt durch die Landesregierungen[9]). Für die Prüfung können Gebühren erhoben werden. Dieselben dürfen die Kosten der Prüfung nicht übersteigen.

§. 9. Mit Geldstrafe bis zu eintausend Mark oder mit Gefängniß bis zu sechs Monaten wird bestraft:

wer Handfeuerwaffen feilhält oder in den Verkehr bringt, deren Läufe oder Verschlüsse nicht mit den vorgeschriebenen oder zugelassenen (§. 6) Prüfungszeichen versehen sind.

Neben der verwirkten Strafe ist auf die Einziehung der vorschriftswidrig feilgehaltenen oder in den Verkehr gebrachten Waffen zu erkennen, ohne Unterschied, ob sie dem Verurtheilten gehören oder nicht.

Ist die Verfolgung oder Verurtheilung einer bestimmten Person nicht ausführbar, so kann die im vorstehenden Absatz bezeichnete Maßnahme selbständig erkannt werden.

§. 10. Der §. 8 tritt mit dem Tage der Verkündigung dieses Gesetzes in Kraft.

---

[7]) Die Anerkennung ist ausgesprochen für Prüfungszeichen
a) der Gunmakers Company in London
b) des Proof House in Birmingham
zu a) u. b) Bek. 30. Juni 94 (CB. 350),
c) der Probierbank für Handfeuerwaffen zu Lüttich und zwar für die durch die Belgische V. 11. Juli 93 (Moniteur belge 203—204) vorgeschriebenen Prüfungszeichen durch Bek. 1. Feb. 94 (CB. 20), für die durch Belgische V. 4. Okt. 98 (Moniteur belge 279) vorgeschriebenen Prüfungszeichen durch Bek. 26. April 99 (RGB. 275).

[8]) Bek. v. 22. Juni 92 (RGB. 674), berichtigt RGB. 93 S. 3, erg. durch Bek. 23. Juli 93 (RGB. 227) und 8. Mai 95 (RGB. 232).

[9]) Für Preußen sind amtliche Prüfungsanstalten in Suhl und Frankfurt a. O. errichtet. Gebührentarif Bek. 25. Sept. 94 (MB. 207) erg. durch Bek. 4. Dez. 96 (MB. 97 S. 20). Die Beschußanstalt in Suhl ist Staatsbetrieb; im Etat der Handels- und Gewerbeverwaltung erscheinen die Einnahmen in Kap. 29 Tit. 3a, die Ausgaben in Kap. 68 und zwar die Gehälter für 2 Beschußmeister, 2 Beschußmeisterassistenten und 1 Pförtner Tit. 3b, die auf diese Beamten entfallenden Wohnungsgeldzuschüsse Tit. 5, die Remuneration für den Direktor und den Rendanten Tit. 6b, die sächlichen Ausgaben Tit. 15a. Die Frankfurter Beschußanstalt ist von einem dort ansässigen Gewehrfabrikanten errichtet, aber auch, soweit der Raum es gestattet, den Erzeugnissen anderer Fabrikanten zugängig. Die Prüfung und Stempelung der Waffen geschieht durch und unter der Leitung staatlich angestellter Beamten. Ihre Besoldung, sowie alle Unterhaltungskosten trägt der Fabrikant, der dafür von Gebühren für die Prüfung der in seiner Fabrik hergestellten Waffen befreit ist. Von andern Prüfungen werden Gebühren erhoben, die zunächst dem Eigentümer der Beschußanstalt zur Deckung der von ihm gemachten, durch den Erlaß der Gebühren nicht bereits vergüteten Aufwendungen überlassen werden, im übrigen aber dem Staate zufließen werden.

Im Uebrigen wird der Zeitpunkt, mit welchem das Gesetz in Kraft tritt, mit Zustimmung des Bundesraths durch Kaiserliche Verordnung bestimmt[10]).

## 9. Gesetz über den Feingehalt der Gold- und Silberwaaren. Vom 16. Juli 1884. (RGB. 120)[1]).

§. 1. Gold- und Silberwaaren dürfen zu jedem Feingehalt angefertigt und feilgehalten werden. Die Angabe des Feingehalts auf denselben ist nur nach Maßgabe der folgenden Bestimmungen gestattet.

§. 2. Auf goldenen Geräthen[2]) darf der Feingehalt nur in 585 oder mehr Tausendtheilen, auf silbernen Geräthen nur in 800 oder mehr Tausendtheilen angegeben werden.

Der wirkliche Feingehalt darf weder im Ganzen der Waare noch auch in deren einzelnen Bestandtheilen bei goldenen Geräthen mehr als fünf, bei silbernen Geräthen mehr als acht Tausendtheile unter dem angegebenen

---

[10]) § 5 ist am 1. Jan. 93, die übrigen Bestimmungen des G. sind am 1. April 93 in Kraft getreten V. 20. Dez. 92 (RGB. 1055).

[1]) Zweck und Entstehung: Veranlaßt durch Petitionen der Silberwarenindustrie legte der Bundesrat am 6. März 78 dem Reichst. den Entwurf eines G. über den Feingehalt der Gold- und Silberwaren vor, der nach günstiger Aufnahme an eine Kommission verwiesen und dort angenommen wurde, aber wegen Sessionsschlusses nicht mehr zur Beratung im Plenum kam. Auf Grund erneuter Anregungen aus Kreisen der beteiligten Gewerbetreibenden und von Handelskammern wurde die gesetzliche Regelung der Angelegenheit 84 wieder aufgenommen und durch Erlaß des obigen G. abgeschlossen. Die Nachbarstaaten Deutschlands, insbesondere England, Frankreich und Österreich-Ungarn, waren schon früher zu einer gesetzlichen Regelung gelangt, die auf dem Legierungszwange beruhte und nach der die Verarbeitung von Gold und Silber nur in wenigen bestimmten, meist hohen Feingehaltsstufen zugelassen ist. Eine so empfindliche Beschränkung des Gewerbes verbot sich für Deutschland, weil sich hier die Verarbeitung der verschiedensten Metallmischungen je nach dem augenblicklichen Begehr, unterstützt durch Fortschritte in der Technik des Vergoldens, Versilberns und Plattierens, sowie im Anfertigen und Ausfüllen hohler Waren, zu erheblichem Umfange entwickelt hatte. Das G. von 84 geht deshalb davon aus, daß Gold- und Silberwaren zu jedem Feingehalt hergestellt und feilgehalten werden dürfen, erlaubt aber die Anwendung eines für das ganze Reich einheitlich festgesetzten Feingehaltzeichens nur für Waren, die einen bestimmten Mindestgehalt an Edelmetall besitzen. Diese Beschränkung besteht jedoch nur für goldene und silberne Geräte, während Schmucksachen nach den Beschlüssen des Reichstags in jedem Feingehalt gestempelt werden dürfen, jedoch nicht unter Benutzung des Reichsstempelzeichens. — Die Großfabrikation in Edelmetallen ist vornehmlich in Pforzheim, Schwäbisch Gmünd und Hanau vertreten. Quellen: Druckf. des Reichst. 78 Nr. 65 (Entw. nebst Begr.) und 231 (KB.), Druckf. 84 Nr. 5 (Entw. nebst Begr.) und 70 (KB.).

[2]) Die § 2—4 beziehen sich auf Geräte, § 5 auf Schmucksachen. Bei Geräten ist die Stempelung von der Einhaltung des im § 2 angegebenen Mindestfeingehalts abhängig und an das Reichsstempelzeichen (§ 3) gebunden, während bei Schmucksachen (§ 5) die Stempelung in jedem Feingehalte zulässig, dagegen die Anwendung des Reichsstempelzeichens verboten ist. Unter Geräten ist nicht nur Tischgerät aller Art, wie Löffel, Gabeln, Messer, Teller, Platten usw., Tafelaufsätze, Hausgerät wie Leuchter u. dergl. zu verstehen, sondern auch Kirchengeräte und Prunkgeräte KB. S. 13. Uhrgehäuse § 4.

Feingehalte bleiben. Vorbehaltlich dieser Abweichung muß der Gegenstand im Ganzen und mit der Löthung eingeschmolzen den angegebenen Feingehalt haben.

§. 3. Die Angabe des Feingehalts auf goldenen und silbernen Geräthen geschieht durch ein Stempelzeichen, welches die Zahl der Tausendtheile und die Firma des Geschäfts, für welches die Stempelung bewirkt ist, kenntlich macht. Die Form des Stempelzeichens wird durch den Bundesrath bestimmt[3]).

§. 4. Goldene und silberne Uhrgehäuse unterliegen den Bestimmungen der §§. 2 und 3.

§. 5. Schmucksachen von Gold und Silber dürfen in jedem Feingehalte gestempelt werden und ist in diesem Falle der letztere in Tausendtheilen anzugeben.

Die Fehlergrenze darf zehn Tausendtheile nicht überschreiten, wenn der Gegenstand im Ganzen eingeschmolzen wird.

Das vom Bundesrath gemäß §. 3 bestimmte Stempelzeichen darf auf Schmucksachen von Gold und Silber nicht angebracht werden.

§. 6. Aus dem Auslande eingeführte Gold- und Silberwaaren, deren Feingehalt durch eine diesem Gesetze nicht entsprechende Bezeichnung angegeben ist, dürfen nur dann feilgehalten werden, wenn sie außerdem mit einem Stempelzeichen nach Maßgabe dieses Gesetzes versehen sind[4]).

§. 7. Für die Richtigkeit des angegebenen Feingehalts haftet der Verkäufer der Waare. Ist deren Stempelung im Inlande erfolgt, so haftet gleich dem Verkäufer der Inhaber des Geschäfts, für welches die Stempelung erfolgt ist[5]).

---

[3]) Bek. 7. Jan. 86 (RGB. 1): Auf Grund des § 3 des Gesetzes über den Feingehalt der Gold- und Silberwaaren vom 16. Juli 1884 (Reichs-Gesetzbl. S. 120) hat der Bundesrath folgende Bestimmungen getroffen:

Das Stempelzeichen für die Gold- und Silbergeräte muß enthalten:

1. die Reichs-Krone,
2. das Sonnenzeichen ⊙ für Gold oder das Mondsichelzeichen ☾ für Silber,
3. die Angabe des Feingehalts in Tausendtheilen und
4. die Firma oder die in Gemäßheit des Gesetzes vom 30. November 1874 (jetzt G. 12. Mai 94) eingetragene Schutzmarke des Geschäfts, für welches die Stempelung bewirkt ist.

Die Krone muß
bei Goldgeräthen in dem Sonnenzeichen ⊙,
bei Silbergeräthen rechts neben dem Mondsichelzeichen ☾
sich befinden.

Gold  Silber 

[4]) Geräte mit einem ausländischen Feingehaltszeichen, deren Feingehalt unter dem im § 2 aufgeführten Mindestsätzen bleibt, dürfen hiernach in Deutschland nicht feilgehalten werden, weil für sie die deutsche Stempelung ausgeschlossen ist. Feingehaltsangaben in Karaten oder Lothen oder in einer höheren als der wirklichen Feingehaltsangabe bedingen für ausländische Waren die Bezeichnung nach § 3 oder 5 KB. S. 15. — Die für den Auslandsmarkt in Deutschland angefertigten Waren sind den Bestimmungen der § 2 bis 5 unterworfen. Die gegenteilige Vorschrift des Entw. ist von der Kommission des Reichst. gestrichen worden KB. S. 14.

[5]) § 7 bezieht sich auf die zivilrechtliche Haftung für die Feingehaltsbezeichnung, die den Verkäufer trifft, mag die Ware im Inlande hergestellt sein oder aus dem Auslande stammen. Für den letzteren Fall ist eine Haftpflicht des Inhabers des durch das Stempelzeichen angegebenen Geschäfts nicht ausgesprochen, weil sie durch die Natur der Verhältnisse ausgeschlossen

§. 8. Auf Gold- und Silberwaaren, welche mit anderen metallischen[6]) Stoffen ausgefüllt sind, darf der Feingehalt nicht angegeben werden.

Dasselbe gilt von Gold- und Silberwaaren, mit welchen aus anderen Metallen bestehende Verstärkungsvorrichtungen metallisch verbunden sind[7]).

Bei Ermittelung des Feingehalts bleiben alle von dem zu stempelnden Metalle verschiedenen, äußerlich als solche erkennbaren Metalle außer Betracht, welche:

1. zur Verzierung der Waare dienen;
2. zur Herstellung mechanischer Vorrichtungen erforderlich sind;
3. als Verstärkungsvorrichtungen ohne metallische Verbindung sich darstellen.

§. 9. Mit Geldstrafe bis zu eintausend Mark oder mit Gefängniß bis zu sechs Monaten wird bestraft:

1. wer Gold- oder Silberwaaren, welche nach diesem Gesetze mit einer Angabe des Feingehalts nicht versehen sein dürfen, mit einer solchen Angabe versieht;
2. wer Gold- oder Silberwaaren, welche nach diesem Gesetze mit einer Angabe des Feingehalts versehen sein dürfen, mit einer anderen, als der nach diesem Gesetze zulässigen Feingehaltsangabe versieht;
3. wer gold- oder silberähnliche Waaren mit einem durch dieses Gesetz vorgesehenen Stempelzeichen[8]) oder mit einem Stempelzeichen versieht, welches nach diesem Gesetze als Feingehaltsbezeichnung für Gold- und Silberwaaren nicht zulässig ist;
4. wer Waaren feilhält, welche mit einer gegen die Bestimmungen dieses Gesetzes verstoßenden Bezeichnung versehen sind.

Mit der Verurtheilung ist zugleich auf Vernichtung der gesetzwidrigen Bezeichnung oder, wenn diese in anderer Weise nicht möglich ist, auf Zerstörung der Waaren zu erkennen.

§. 10. Dieses Gesetz tritt am 1. Januar 1888 in Kraft. An demselben Tage treten alle landesrechtlichen Bestimmungen über den Feingehalt der Gold- und Silberwaaren außer Geltung.

---

ist Begr. S. 14. — Die Haftung für andere Mängel der Ware als die Unrichtigkeit des angegebenen Feingehalts bestimmt sich nach allgemeinen Rechtsgrundsätzen. Dies gilt auch von Mängeln, die auf der Verletzung anderer Vorschriften dieses G. beruhen, so auf der Anwendung eines fehlerhaften Stempelzeichens (§ 3) oder der Verletzung des § 8.

[6]) Dagegen darf sogenannte Kittware d. h. die mit einer Art von Kitt gefüllten Gegenstände gestempelt werden; dies wurde für unbedenklich erachtet, weil infolge des geringen Gewichts ein Irrtum des Käufers, ob sie massiv sei, ausgeschlossen wäre Begr. S. 14.

[7]) Eine rein äußerliche, jeder Zeit ohne Verletzung des Metallkörpers der Waren zu lösende Verbindung, zB. durch Schrauben, Nieten, Scharniere, hindert hingegen die Stempelung nicht Abs. 3[3].

[8]) Für Schmucksachen kommt in Betracht, daß sie nach § 5 in jedem Feingehalt gestempelt werden können. Ob eine Stempelung auf Grund dieser Bestimmung noch zulässig ist, oder ob es sich um gold- oder silberähnliche, von der Stempelung ausgeschlossene Waren handelt, bestimmt sich nach den Umständen des einzelnen Falls.

## 10. Verordnung über die Ermittelung des Handelsgewichtes beim Handel mit roher Seide in den Handelsgerichts-Bezirken Elberfeld und Crefeld. Vom 14. Oktober 1844. (GS. 661)[1]).

Da von dem Handelsstande zu Elberfeld und Crefeld die Errichtung öffentlicher Trocknungs-Anstalten Behufs der zuverlässigen Ermittelung des Handelsgewichts der rohen Seide für ein Bedürfniß erachtet worden ist, und

---

[1]) Die Spinnfasern (Seide, Wolle, Baumwolle, Flachs, Hanf, Jute usw.) und die daraus gewonnenen Garne enthalten in dem Zustande, in dem sie in den Handel kommen, mehr oder weniger Feuchtigkeit, die das Gewicht der Waren vermehrt. Da der Handel sich nach Gewicht vollzieht, ist es für die Bemessung des Kaufpreises und die Sicherheit des Verkehrs von Bedeutung, daß der Gehalt an Feuchtigkeit und Fett, sowie künstliche Beschwerungen ohne Schwierigkeiten in zuverlässiger Weise festgestellt werden können. Aus diesem Bedürfnisse heraus, das sich namentlich im Seidenhandel wegen des hohen Preises dieses Spinnstoffs fühlbar macht, sind an den dafür in Betracht kommenden größeren Handelsplätzen Anstalten errichtet worden, die sich mit der Untersuchung von Spinnfasern und daraus hergestellten Garnen auf den Feuchtigkeitsgehalt und künstliche Beschwerungen beschäftigen. Diese unter dem Namen Konditionieranstalten bestehenden Einrichtungen haben häufig eine rechtliche Bedeutung dadurch erhalten, daß den von ihnen getroffenen Feststellungen bindende Kraft beigelegt wird, und zwar unter Umständen selbst dann, wenn sie nur von einer der Parteien beantragt worden sind. Bedeutende Konditionieranstalten für Seide bestehen seit langer Zeit in Lyon, Marseille, London, Zürich, Mailand, Crefeld und Elberfeld. Die Tätigkeit der beiden letzten Anstalten ist später auf andere Garne ausgedehnt worden. Weitere öffentliche Konditionieranstalten sind innerhalb Preußens in Berlin und Aachen errichtet worden. Diese haben aber nicht die Befähigung, das Handelsgewicht von Seide in für die Parteien bindender Weise festzustellen. Die Seidentrocknungsanstalten zu Elberfeld und Crefeld wurden als Aktiengesellschaften für eine Dauer von 25 Jahren begründet und durch AE. 14. Okt. 44 genehmigt. Durch AE. 16. Okt. 69 (AB. Düsseldorf 341) wurde die Fortsetzung der Elberfelder Aktiengesellschaft für einen Zeitraum von 30 Jahren genehmigt. Ihr Statut ist später noch mehrfach geändert worden, wozu es seit dem G. 11. Juni 70 (RGB. 375) keiner staatlichen Genehmigung mehr bedurfte. Zur Zeit gelten die von der Hauptversammlung vom 20. Nov. 94 beschlossenen Satzungen, wonach die Gesellschaft auf unbestimmte Zeit festgesetzt wird (AB. Düsseldorf 95 S. 35). Die Crefelder Aktiengesellschaft wurde nach Ablauf des vorgesehenen 25jährigen Bestandes aufgelöst. Um aber den Fortbestand der Seidentrocknungsanstalt zu sichern, wurden dieser die Rechte einer juristischen Person verliehen AE. 27. Sept. 69 (AB. Düsseldorf 337). Neues Statut genehmigt durch AE. 2. Jan. 93 (AB. S. 93). Die innere Verwaltung und das Verfahren in den öffentlichen Seidentrocknungsanstalten ist vom Regierungs-Präsidenten zu Düsseldorf geregelt, dem die Aufsicht obliegt AB. 93 S. 95 (Crefeld) und 95 S. 35 (Elberfeld). — Die 1891 errichtete öffentliche Konditionieranstalt zu Berlin ist eine Einrichtung der Korporation der Kaufmannschaft. Ihr Direktor wird von den Ältesten der Kaufmannschaft gewählt und vom Polizei-Präsidenten nach GewO. § 36 öffentlich angestellt und vereidigt. Der Geschäftsbetrieb ist durch ein vom Polizei-Präsidenten erlassenes Regulativ geregelt. Seit 1901 führt die Anstalt die Bezeichnung „Öffentliches Waren-Prüfungs-Amt für Wolle, Baumwolle, Seide und deren Garne und Gewebe". Nach Errichtung der Berliner Handelskammer (Abschn. I Nr. 3 Anm. 72) ist sie auf diese übergegangen. — Die öffentliche Konditionieranstalt zu Aachen ist 1888 unter Aufsicht der dortigen Handelskammer ins Leben getreten. Ihr Leiter ist vom Regierungs-Präsidenten gemäß GewO. § 36 öffentlich angestellt und vereidigt worden Regul. vom 31. Jan. 95 (AB. S. 31). — Unter Konditionierung wird die Feststellung des Handelsgewichts von Spinnstoffen und Gespinsten verstanden.

sich daselbst für diesen Zweck, die unter dem heutigen Tage genehmigten Aktien-Gesellschaften gebildet haben, so verordnen Wir, auf den Antrag Unseres Staats-Ministeriums, wie folgt.

§. 1. Für den Bezirk des Handelsgerichts zu Elberfeld[2]) wird in der Stadt Elberfeld, und für den Bezirk des Handelsgerichts zu Crefeld[2]) wird in der Stadt Crefeld unter Aufsicht Unserer Regierung zu Düsseldorf[3]) eine öffentliche Seiden-Trocknungs-Anstalt errichtet, welche den Zweck hat, das Handelsgewicht der zu diesem Behufe angemeldeten rohen Seide mittelst des Trocknens von Probe-Strängen zu ermitteln und festzustellen[4]). Die Anstalt wird durch ein vereidetes Personal verwaltet[5]).

§. 2. Bei Kaufgeschäften über rohe Seide, welche in dem einen oder andern der vorbezeichneten Handelsgerichts-Bezirke geschlossen werden, oder bei welchen die Seide daselbst überliefert werden soll, ist sowohl der Käufer als der Verkäufer berechtigt, die Feststellung des Handelsgewichts durch die Anstalt zu verlangen, in welchem Falle das durch dieselbe festgestellte Handelsgewicht für beide Theile bindend und bei entstehenden Streitigkeiten entscheidend ist[6]).

Gleiche Wirkung hat bei denjenigen Kaufgeschäften, welche weder in den gedachten Bezirken geschlossen worden, noch daselbst zu erfüllen sind, die

---

[2]) Die Anstalt zu Elberfeld besteht jetzt für Elberfeld und Barmen, die für Crefeld für Crefeld und München-Gladbach.

[3]) Seit LVG. des Regierungs-Präsidenten. Von dem Wegfall des Erfordernisses staatlicher Genehmigung für die Errichtung von Aktiengesellschaften ist die staatliche Aufsicht über die Anstalten nicht berührt worden G. 11. Juni 70 (RGB. 375) § 3.

[4]) Das dabei zu beobachtende Verfahren ist in den Bestimmungen des Regierungs-Präsidenten (Anm. 1) vorgeschrieben Anlage A. — Die Tätigkeit der Anstalten ist ausgedehnt worden: a) auf die Netto-Verwiegung von Seide und Garn, das Titrieren der Seide (Bestimmung der Feinheitsnummer), die Untersuchung von Seide und Garnen in Beziehung auf Vor- und Nachdrehung, Dehnbarkeit und Stärke, künstliche Beschwerungen, die Abkochung der Seide (Entfernung des Bastes), die Untersuchung der Güte von Gregen mit Bezug auf das Abwinden, b) auf die Prüfung anderer Spinnstoffe, namentlich Wolle, Baumwolle, Flachs, Hanf, Jute. Bei diesen handelt es sich zumeist um die Feststellung des Handelsgewichts, die Untersuchung auf Beschwerung und die Ermittlung der Feinheitsnummern. — Im wesentlichen gleichen Aufgaben dienen die Konditionieranstalten zu Berlin und Aachen, wobei der Schwerpunkt der letzteren Anstalt, entsprechend der Industrie des Aachener Bezirks, in der Prüfung von Wolle liegt. — Allen 4 Anstalten ist durch Beschl. des BR., für Crefeld und Elberfeld 16. Mai 82 (CB. 268), für Berlin und Aachen 6. März 02 (CB. 68), die Ermächtigung zur **Feststellung der Feinheitsnummer** baumwollener Garne zum Zwecke ihrer **Verzollung** gewährt worden. — Wegen ihrer Mitwirkung bei der Durchführung der **Bestimmungen** für den **Kleinhandel** mit **Garn** (Bek. 20. Nov. 00) Abschn. IV Nr. 3 Unteranl. A 1.

[5]) Der technische Direktor und sein Stellvertreter werden durch einen vom Regierungs-Präsidenten bestimmten Beamten, die andern Angestellten durch den Direktor vereidigt. — Bei den Anstalten in Berlin und Aachen erfolgt die Vereidigung des Leiters und seines Vertreters gemäß GewO. § 36 durch den Regierungs- und Polizei-Präsidenten.

[6]) Die im § 2 vorgesehenen rechtlichen Wirkungen treten nur bei der Konditionierung **roher Seide** und nur, insoweit diese durch die Anstalten in **Crefeld** oder **Elberfeld** erfolgt, ein.

ausdrückliche Uebereinkunft der Kontrahenten, daß jeder derselben die Feststellung des Handelsgewichts durch die von ihnen bezeichnete Anstalt verlangen könne.

Außerdem ist Niemand gezwungen, sich der Anstalt zu bedienen.

§. 3. Jeder in einem der gedachten Bezirke wohnende Käufer, welcher für eigene Rechnung aus dem Auslande rohe Seide erhält, kann solche bei ihrer Ankunft in die öffentliche Trocknungs-Anstalt bringen lassen, damit daselbst das Handelsgewicht in bindender und entscheidender Weise, sowohl dem Käufer als dem Verkäufer gegenüber festgestellt werde.

§. 4. Die innere Verwaltung der Trocknungs-Anstalten und das in denselben zu beobachtende Verfahren wird durch Reglements geordnet, zu deren Erlaß Unser Handelsminister ermächtigt wird[7]).

§. 5. Die Probestränge werden bei dem durch diese Reglements näher vorzuschreibenden Wärmegrade, die festgesetzte Zeit hindurch, getrocknet; auf Grund dieser Austrocknung, unter Hinzurechnung von elf Prozent für zulässige Feuchtigkeit, wird das Handelsgewicht der angemeldeten Menge roher Seide bestimmt.

§. 6. Die für Benutzung der Anstalt zu entrichtenden Gebühren werden durch eine von Unserm Handelsminister zu genehmigende Taxe festgesetzt[7]).

§. 7. Der Betrag dieser Gebühren ist bei einfacher Trocknung von jedem Theile zur Hälfte zu übernehmen. Bei doppelter Trocknung bezahlt von den doppelten Gebühren der Verkäufer drei Viertheil, der Käufer ein Viertheil.

---

## Anlage A (zu Anmerkung 4).

**Bestimmungen für die innere Verwaltung und für das Verfahren in der öffentlichen Seiden-Trocknungs-Anstalt zu Elberfeld. Bf. 2. Dez. 94.**

(AB. der Regierung zu Düsseldorf 95 S. 35)[1]). (Auszug.)

### A. Allgemeine Bestimmungen.

(§ 1—11).

### B. Besondere Bestimmungen.

Feststellung des Handelsgewichtes (Conditionirung) von Seide, Garnen aus Wolle, Baumwolle, Leinen, Hanf, Jute und von anderen Garnen.

§. 12. Die zur Feststellung des Handelsgewichtes übergebenen Partien Seide oder Garn werden zunächst Brutto gewogen und darauf die Tara bestimmt.

Während der Ballen zu diesem Zwecke möglichst rasch ausgepackt wird, wählt der dazu beauftragte Beamte eine durch drei theilbare Anzahl Stränge aus, welche er in drei Bündel vertheilt. Die Zahl dieser Stränge wird so bemessen, daß jedes Bündel nicht unter 250 und nicht über 750 Gramm wiegt. Dabei ist nicht allein darauf zu sehen, daß Stränge aus allen Theilen des Ballens genommen, sondern auch, daß die aus den verschiedenen Theilen des Ballens herstammenden Stränge möglichst gleichmäßig auf die drei Bündel vertheilt werden.

---

[7]) Übertragen auf den Regierungs-Präsidenten zu Düsseldorf Anm. 1.

[1]) Fast wörtlich übereinstimmende Vorschriften sind für die öffentliche Seiden-Trocknungs-Anstalt in Crefeld erlassen 2. Feb. 93 (AB. 95).

Findet sich im Innern des Ballens Tara vor, so muß auch diese möglichst genau bestimmt und der Haupt-Tara zugerechnet werden. Bei Packeten oder Bündeln werden drei derselben losgemacht, deren Verpackung gewogen und danach, sowie nach der Anzahl aller Packete oder Bündel das Gewicht der ganzen inneren Verpackung berechnet. Das Gewicht der so ermittelten inneren Tara ist auf den Bescheinigungen gesondert anzugeben. Wird eine andere Behandlungsweise gewünscht, so ist solche auf den Ablieferungszetteln zu vermerken.

§. **13.** Nachdem die Probestränge gezogen sind, wird der Rest der Partie in einen vom Eigenthümer zu liefernden Sack verpackt und versiegelt an ihre Bestimmung befördert, begleitet von einem Scheine, welcher

1. Eintritts-Nummer,
2. Zeichen und Nummer,
3. Bezeichnung der Seide oder des Garns,
4. Namen des Einsenders und Empfängers,
5. Brutto-, Tara- und Netto-Gewicht,
6. Zahl und Gewicht der gezogenen Probestränge, sowie das Bruttogewicht des zurückgehenden Ballens enthält.

Hat der Eigenthümer keine eigenen Säcke in der Anstalt lagern, so wird die Anstalt zur Verpackung einen ihrer Säcke benutzen. Diese Säcke sind innerhalb dreier Tage zurückzuliefern, widrigenfalls dieselben dem Empfänger in Rechnung gebracht werden.

Zu Post- und Eisenbahnsendungen kann die Anstalt ihre Säcke nicht hergeben.

Die in Elberfeld und Barmen verbleibende Seide und Garn wird den Empfängern durch die Fuhre der Anstalt zugesandt, soweit der Bestimmungsort mit einem Pferd gut zu erreichen ist. Für die Zustellung berechnet die Anstalt:

Für Partien bis zum Gewicht von 50 Kilo 25 Pfg. und über 50 Kilo $\frac{1}{2}$ Pfg. für das Kilo.

Für das Abholen der Seide von den Bahnhöfen wird 1 Pfg. für das Kilo berechnet.

An Auswärtige geschieht die Versendung in der von ihnen vorzuschreibenden Weise auf deren Kosten und Gefahr, soweit keine anderen Bestimmungen getroffen werden. Es sind zu dem Ende dem Direktor diejenigen Boten oder die Fuhrgelegenheit zu bezeichnen, durch welche man die Seide oder das Garn zu empfangen wünscht. Muß die Partie verpackt werden, so wird die Emballage, Zuthaten von Leinen und Stricken billigst berechnet.

§. **14.** Die drei Probebündel werden unmittelbar nach der Auswahl durch zwei Beamte der Anstalt einer zweimaligen Verwiegung auf zwei Waagen unterworfen, welche bei einer Belastung von 750 Gramm bis auf 1 Centigramm genau sind. Das Gewicht wird doppelt gebucht; der Berechnung wird aber das Ergebniß der ersten Abwägung, insofern die Richtigkeit desselben durch die zweite Abwägung bestätigt worden ist, zu Grunde gelegt.

§. **15.** Es ist dem Eigenthümer sowie dem Verkäufer und Ankäufer der Seide oder des Garns erlaubt, dem Ziehen der Probestränge sowie den nach §. 11 und 12 stattfindenden Abwägungen beizuwohnen.

§. **16.** Zwei der vorhandenen drei Probebündel werden in zwei verschiedenen Apparaten Talabot-Odazio'scher Konstruktion bei einem Wärmegrade von 110 bis 130 Grad Celsius für Seide und von 105 bis 110 Grad Celsius für die Garne der Austrocknung unterworfen. Das dritte Probebündel wird vorläufig zurückgelegt.

§. **17.** In jedem Apparate hängt fortwährend ein Thermometer, und der Direktor hat durch Anordnung besonderer Beobachtungen dieser Thermometer darüber zu wachen, daß während der ganzen Dauer der Austrocknung der Wärmegrad innerhalb der vorgeschriebenen Grenzen erhalten werde.

§. 18. Nachdem die Probestränge bei vorschriftsmäßigem Wärmegrad 20 Minuten getrocknet sind, wird ihr Gewicht untersucht und in ein Beobachtungs-Verzeichniß eingetragen, wobei auch der Wärmegrad verzeichnet wird. Diese Beobachtungen und Aufzeichnungen werden von 10 zu 10 Minuten wiederholt, bis die Seide im Verlauf der letzten 10 Minuten weniger als 0,02% und das Garn weniger als 0,03% an Gewicht verloren hat. Sind während der Austrocknung Unregelmäßigkeiten vorgefallen, so bleibt das den Umständen angemessene Verfahren der pflichtmäßigen Beurtheilung des Direktors anheimgegeben, der jedoch den Vorfall in den Beobachtungs-Verzeichnissen schriftlich niederlegen muß.

§. 19. Der höchste zulässige Unterschied zwischen den beiden ersten Austrocknungen wird für Seide auf $^1/_3$ und für Garn auf $^1/_2$% festgesetzt. Findet sich demnach, daß der Gewichtsverlust von beiden Probebündeln bis auf ein Drittel, bezw. ein halb Prozent übereinstimmt, so wird die Austrocknung als genügend angesehen. Dem so gefundenen Trockengewichte wird der für die Seide oder das Garn zulässige Feuchtigkeitsprozentsatz der nachstehenden Aufstellung zugerechnet und darnach das Handelsgewicht des ganzen Ballens bestimmt.

Dieser Prozentsatz ist:

| | |
|---|---|
| für Seide . . . . . . . . . . . . . . . . . . . . | 11 % |
| für Garn aus Wollabfällen (Mungo, Shoddy) . . . . . . . . . | 17 „ |
| für alle anderen wollenen Garne, einschließlich Mohair, Genappe, Alpacca, Kammgarn sowie Kammzug . . . . . . . . . . . . . . | $18^1/_4$ „ |
| für Baumwollgarn (Imitatgarn) . . . . . . . . . . . . . . | $8^1/_2$ „ |
| für Leinen und Hanfgespinst . . . . . . . . . . . . . . | 12 „ |
| für Jutegarn . . . . . . . . . . . . . . . . . . . | $13^3/_4$ „ |

§. 20. Wenn der Unterschied zwischen den Gewichtsverlusten der beiden Probebündel mehr als ein drittel Prozent bei Seide, oder bei Garn als ein halbes Prozent, aber weniger als ein Prozent beträgt, so wird auch das dritte Probebündel unter Beobachtung der in den §§. 17 und 18 enthaltenen Vorschriften getrocknet. Ueberschreitet alsdann der größte Unterschied der drei Austrocknungen nicht ein Prozent, so wird das Mittel derselben der in vorigem Abschnitt vorgeschriebenen Berechnung zu Grunde gelegt.

§. 21. Wenn aber der Unterschied der Austrocknung zwischen zwei bezw. drei Probebündeln mehr als ein Prozent beträgt, so wird bei Seide der Ballen, insofern er noch unter Siegel liegt oder insofern dies nicht mehr der Fall ist, wenn Verkäufer und Ankäufer einwilligen, einer neuen Behandlung unterworfen. Die Seide wird in solchem Falle zum Zwecke der Ausgleichung des Feuchtigkeitsgehaltes auf einer größeren Fläche ausgebreitet und 48 Stunden lang einer möglichst gleichmäßigen Luftwärme ausgesetzt. Danach wird sie aufs Neue nach den gegebenen Vorschriften auf ihren Feuchtigkeitsgehalt untersucht. Ist aber die Seide schon in den Händen des Ankäufers und das Siegel verletzt, willigt ferner der Verkäufer nicht in eine neue Untersuchung, so dient das Mittel der drei Austrocknungen zur gesetzlichen Bestimmung des Handelsgewichts.

Bei Garnen wird so verfahren, daß alle drei Probebündel nochmals getrocknet werden und das Durchschnittsergebniß dieser drei Trocknungen der endgültigen Feststellung des Handelsgewichts zu Grunde gelegt wird. Besteht die Partie aus Cops, so werden derselben eine gewisse Anzahl entnommen, gewogen und abgewunden. Alsdann wird die Trocknung vorgenommen, wie in den §§. 12—24 einschließlich angegeben.

§. 22. Alle Berechnungen werden doppelt und zwar nach verschiedenen Verfahren ausgeführt.

§. 23. Die Probestränge werden versiegelt und begleitet von zwei gleichlautenden, vom Direktor zu unterzeichnenden Bescheinigungen zurückgegeben, welche enthalten:

1. Eintrittsnummer des Ballens,
2. Zeichen und Nummer desselben,
3. Bezeichnung der Seide und des Garns,
4. Namen des Einsenders und Empfängers,
5. Das Brutto-, Tara- und Nettogewicht,
6. Gewicht der Probestränge vor und nach der Trocknung,
7. Berechnetes Handelsgewicht derselben,
8. Berechnetes Handelsgewicht des Ballens in Kilogramm und Gramm,
9. Angabe der Trocknungsgebühren.

Der eine Schein ist für den Einsender, der andere für den Empfänger bestimmt. (§ 24—71).

# III. Münzwesen, Bankwesen, Kredit- und Geldverkehr.

## 1. Einleitung.

Der Beaufsichtigung und Gesetzgebung des Reichs unterliegt die Ordnung des Münzsystems nebst Feststellung der Grundsätze über die Emission von fundiertem und unfundiertem Papiergelde RVerf. Art. 4³, ferner die allgemeinen Bestimmungen über das Bankwesen Art. 4⁴. Die Regelung des Münzwesens, vorbereitet durch G. betr. die Ausprägung von Goldmünzen 4. Dez. 71 (Ziff. 2), ist im MünzG. 9. Juli 73 erfolgt, das durch ErgänzungsG. 1. Juni 00 Abänderungen erfahren hat, Ziff. 3. Fundiertes Papiergeld gibt es im Reiche nicht. Die Ausgabe von unfundiertem Papiergelde ist durch G. betr. die Ausgabe von Reichskassenscheinen 30. April 74 (RGB. 40) geordnet. Danach sind für das Reich Reichskassenscheine im Betrage von 120 Millionen Mark ausgegeben, die insofern eigentliches Papiergeld nicht darstellen, als ein Zwang zu ihrer Annahme im Privatverkehr nicht stattfindet § 5 Abs. 2. Das Papiergeld der Einzelstaaten ist beseitigt.

Für den Betrieb der Zettelbanken und die Ausgabe von Banknoten sind einheitliche Bestimmungen im Bankgesetz 14. März 75 getroffen, worin insbesondere auch die Verhältnisse der Reichsbank geregelt sind Ziff. 4. Ferner ist der Geschäftsbetrieb der Hypothekenbanken durch G. 13. Juli 99 (RGB. 375) einheitlich für das Reich geordnet[1]).

Der Schwerpunkt der gesetzlichen Behandlung des Geld- und Kreditverkehrs liegt in der privatrechtlichen Regelung. Doch haben manche Bestimmungen eine über das privatrechtliche Gebiet hinausgehende Bedeutung. Dies gilt namentlich von den Vorschriften über Zinsen und Inhaberpapiere. Die Höhe der gesetzlichen Zinsen ist auf vier v. H. (BGB. § 246) und, insoweit es sich um beiderseitige Handelsgeschäfte handelt, auf fünf v. H. (HGB. § 352) bestimmt. Die Höhe vertragsmäßiger Zinsen unterliegt der freien Vereinbarung der Parteien[2]). Ist aber ein höherer Zinssatz als sechs v. H. vereinbart, so kann der Schuldner nach Ablauf von sechs Monaten das Kapital unter Einhaltung einer Kündigungsfrist von sechs Monaten kündigen; dieses für Schuldverschreibungen auf den Inhaber nicht geltende Recht kann durch Vertrag nicht ausgeschlossen oder beschränkt werden BGB. § 247. Ferner ist

[1]) Bei dem engen Zusammenhange der Hypothekenbanken mit den Land- und Ritterschaften, die den Zwecken des landwirtschaftlichen Grundkredits dienen, ist von der Behandlung des HypothekenbankG. hier abgesehen. Auch nach der Zuständigkeit der Behörden fallen diese Banken in die landwirtschaftliche Verwaltung.

[2]) Jedoch bleiben die landesgesetzlichen Vorschriften, die den Geschäftsbetrieb der gewerblichen Pfandleiher und Pfandleihanstalten betreffen, unberührt EG. z. BGB. Art. 94. Für Preußen G. 17. März 81 (GS. 265), in dessen § 1 ein höchster zulässiger Zinssatz von 2 Pfennig für jeden Monat und jede Mark bis zu 30 Mk., 1 Pfg. für jeden Monat und jede den Betrag von 30 Mk. übersteigende Mark festgesetzt ist.

eine im voraus getroffene Vereinbarung, daß fällige Zinsen wieder Zinsen tragen sollen, nichtig das. § 248[3]). Dagegen ist es nicht mehr verboten, daß die Zinsen in ihrem Gesamtbetrage das Kapital übersteigen können[4]). Schutz gegen die Ausnutzung einer wirtschaftlich starken Stellung zur Erzielung unverhältnismäßiger Zinsen gewähren die Bestimmungen über den Wucher G. 24. Mai 80 (RGB. 109) und 19. Juni 93 (RGB. 197), die den Wucher mit Gefängnis bis zu sechs Monaten und Geldstrafe bis zu 3000 Mk. und unter erschwerenden Umständen, namentlich bei gewerbs- oder gewohnheitsmäßigem Betriebe, mit Gefängnis nicht unter drei Monaten und Geldstrafe von 150 bis zu 15000 Mk. bedrohen[5]). Neben diesen Strafen kann auf Verlust der bürgerlichen Ehrenrechte erkannt werden. In zivilrechtlicher Hinsicht sind Verträge, die gegen diese Strafbestimmungen verstoßen, ungiltig; sämtliche vom Schuldner oder für ihn geleisteten Vermögensvorteile müssen zurückgewährt und vom Tage des Empfanges an verzinst werden.

Im Inlande ausgestellte Schuldverschreibungen auf den Inhaber[6]), in denen die Zahlung einer bestimmten Geldsumme versprochen wird, dürfen nur mit staatlicher Genehmigung in den Verkehr gebracht werden, deren Erteilung ebenso wie die Bestimmungen, unter denen sie erfolgt, im deutschen Reichsanzeiger bekannt zu machen ist. Die ohne staatliche Genehmigung in den Verkehr gelangende Schuldverschreibung ist nichtig BGB. § 795. Die Genehmigung wird in Preußen auf Grund eingeholter Königlicher Ermächtigung, deren es jedoch für die Genehmigung von Änderungen der Höhe des Zinssatzes und von sonstigen Änderungen der Ausgabebedingungen nicht bedarf, von den zuständigen Ministern erteilt V. 16. Nov. 99 (GS. 562) Art. 8.

Aus dem Gebiete rein privatrechtlicher Regelung treten ferner die Bestimmungen heraus, die zum Schutze des Publikums in dem G. betr. die Pflichten der Kaufleute bei Aufbewahrung fremder Wertpapiere 5. Juli 95 erlassen sind Ziff. 5.

Den Markt, auf dem Angebot und Nachfrage von Wertpapieren einander gegenübertreten, bilden die Börsen, die sich auch auf Abschlüsse von Geschäften in landwirtschaftlichen und industriellen Erzeugnissen (Produkten- und Warenbörsen) ausgedehnt haben. Der volkswirtschaftlichen Bedeutung dieser Einrichtungen entspricht es, daß das Reich eine gesetzliche Regelung hat eintreten lassen, obschon sich seine Zuständigkeit nach der RVerf. nicht auf das Börsenwesen erstreckt. Sie ist im Börsengesetz vom 22. Juni 96 erfolgt, Ziff. 6.

---

## 2. Gesetz, betreffend die Ausprägung von Reichsgoldmünzen. Vom 4. Dezember 1871. (RGB. 404)[1]).

§. 1. Es wird eine Reichsgoldmünze ausgeprägt, von welcher aus Einem Pfunde feinen Goldes $139\frac{1}{2}$ Stück ausgebracht werden[2]).

---

[3]) Ausnahmen für Sparkassen, Kreditanstalten und Inhaber von Bankgeschäften, die im voraus vereinbaren können, daß nicht erhobene Zinsen von Einlagen als neue verzinsliche Einlagen gelten sollen. Auch können sich Kreditanstalten, die für den Betrag ihrer Darlehen verzinsliche Schuldverschreibungen auf den Inhaber ausgeben, bei solchen Darlehen die Verzinsung rückständiger Zinsen im voraus versprechen lassen BGB. § 248 Abs. 2.

[4]) Dieses Verbot war für Handelsgeschäfte bereits nach dem alten HGB. Art. 292 beseitigt.

[5]) Die Strafvorschriften sind hinter StGB. § 302 als § 302a bis e eingestellt.

[6]) BGB. 2. Buch 22. Tit. § 793—808. AG. zum BGB. 20. Sept. 99 (GS. 177) Art. 17, 18.

[1]) Bedeutung und Gliederung. Das G. 4. Dez. 71 leitet die Deutsche Münzreform ein, deren sofortige Durchführung wegen der Verschiedenheit der

§. 2. Der zehnte Theil dieser Goldmünze wird Mark genannt und in hundert Pfennige eingetheilt[3]).

§. 3. Außer der Reichsgoldmünze zu 10 Mark (§. 1.) sollen ferner ausgeprägt werden:

Reichsgoldmünzen zu 20 Mark, von welchen aus Einem Pfunde feinen Goldes $69^3/_4$ Stück ausgebracht werden[4]).

§. 4. Das Mischungsverhältniß der Reichsgoldmünzen wird auf 900 Tausendtheile Gold und 100 Tausendtheile Kupfer festgestellt.

Es werden demnach

125,55 Zehn-Mark-Stücke,

62,775 Zwanzig-Mark-Stücke

je ein Pfund wiegen.

§. 5. Die Reichsgoldmünzen tragen auf der einen Seite den Reichsadler mit der Inschrift „Deutsches Reich" und mit der Angabe des Werthes in Mark, sowie mit der Jahreszahl der Ausprägung, auf der anderen Seite das Bildniß des Landesherrn, beziehungsweise das Hoheitszeichen der freien Städte, mit einer entsprechenden Umschrift und dem Münzzeichen[5]). Durch-

---

innerhalb des Reichs bestehenden (7) Münzsysteme und wegen des Mangels an Goldmünzen unmöglich war. In der Überzeugung, daß die bisherige Silberwährung aufzugeben sei, wurde als Endziel die reine Goldwährung ins Auge gefaßt, während für die Übergangszeit eine Art Doppelwährung bestehen sollte. In den § 1--7 wird die Ausprägung einheitlicher Reichsgoldmünzen mit dezimaler Teilung geordnet, denen durch § 8 die Eigenschaft gesetzlicher Zahlungsmittel beigelegt wird. § 9 behandelt ihr Passiergewicht. Durch § 10 wird die Ausprägung anderer Gold- sowie grober Silbermünzen untersagt, und durch § 11 die Einziehung der umlaufenden Gold- und groben Silbermünzen der Bundesstaaten vorgesehen. In § 12 ist die Eichung von Goldmünzgewichten geregelt. — Einführung des G. in Elsaß-Lothringen G. 15. Nov. 74 (RGB. 131), in Helgoland V. 22. März 91 (RGB. 21) Art. I Ziff. VI². Quellen: Reichst. 71 Anl. Nr. 50 (Entw. nebst Begr.), StB. 226—262 (1. Les.), 317—361 (2. Les.), 418—489 (3. Les.).

[2]) Nach § 1 in Verbindung mit § 2 werden aus einem Pfunde feinen Goldes 1395 Mark ausgebracht. Nach dem Wiener Münzvertrag 24. Jan. 57 (GS. 312) waren aus einem Pfunde Silbers 30 Taler zu prägen, gleich 90 Mark, so daß 1395 Mark in Talern $15^1/_2$ Pfund Silber erforderten. Der Goldwert der deutschen Goldmünzen verhält sich danach zu dem Silberwert in den Talern wie $1 : 15^1/_2$. Die Verschiebung dieses Wertverhältnisses durch den starken Preisfall des Silbers hat dazu geführt, daß die Talerstücke gegenüber dem Gold nicht mehr vollwertig sind und ihr Metallwert unter die Hälfte ihres Nennwerts gesunken ist.

[3]) Die Stückelung entspricht dem dezimalen System. — Prägung der Silber-, Nickel- und Kupfermünzen MünzG. (Nr. 3) Art. 3. Die Mark ist die Rechnungseinheit das. Art. 1.

[4]) Die Reichsbehörden sollen für das Zehnmarkstück die Benennung „Krone", für das Zwanzigmarkstück „Doppelkrone" anwenden AE. 17. Feb. 75 (RGB. 72). — Wegen des goldenen Fünfmarkstücks MünzG. Art. 2 und Anm. 4.

[5]) Das auf der Averseite anzubringende Münzzeichen besteht in einem großen lateinischen Buchstaben. Jede Münzstätte führt einen solchen, Berlin A, München D, Dresden bez. Muldenhütte bei Freiberg i. S. E, Stuttgart F, Karlsruhe G und Hamburg J. Die Münzstätten Hannover (B), Frankfurt a. M. (C) und Darmstadt (H) sind eingestellt.

messer der Münzen, Beschaffenheit und Inschrift der Ränder derselben werden vom Bundesrathe festgestellt.

§. 6. Bis zum Erlaß eines Gesetzes über die Einziehung der groben Silbermünzen[6]) erfolgt die Ausprägung der Goldmünzen auf Kosten des Reichs für sämmtliche Bundesstaaten auf den Münzstätten[5]) derjenigen Bundesstaaten, welche sich dazu bereit erklärt haben[7]).

Der Reichskanzler bestimmt unter Zustimmung des Bundesrathes die in Gold auszumünzenden Beträge, die Vertheilung dieser Beträge auf die einzelnen Münzgattungen[8]) und auf die einzelnen Münzstätten und die den letzteren für die Prägung jeder einzelnen Münzgattung gleichmäßig zu gewährende Vergütung[9]). Es versieht die Münzstätten mit dem Golde, welches für die ihnen überwiesenen Ausprägungen erforderlich ist.

§. 7. Das Verfahren bei Ausprägung der Reichsgoldmünzen wird vom Bundesrathe festgestellt und unterliegt der Beaufsichtigung von Seiten des Reichs. Dieses Verfahren soll die vollständige Genauigkeit der Münzen nach Gehalt und Gewicht sicherstellen. Soweit eine absolute Genauigkeit bei dem einzelnen Stücke nicht innegehalten werden kann, soll die Abweichung in Mehr oder Weniger im Gewicht nicht mehr als zwei und ein halb Tausendtheile seines Gewichts, im Feingehalt nicht mehr als zwei Tausendtheile betragen[10]).

§. 8. Alle Zahlungen, welche gesetzlich in Silbermünzen der Thalerwährung, der süddeutschen Währung, der lübischen oder hamburgischen Kurantwährung oder in Thalern Gold bremer Rechnung zu leisten sind, oder geleistet werden dürfen, können in Reichsgoldmünzen (§§. 1. und 3.) dergestalt geleistet werden[11]), daß gerechnet wird:

---

[6]) Das sind im Gegensatz zu den Scheidemünzen die **vollwertig** geprägten Silbermünzen. Ihre Einziehung ist nach § 11 Abs. 2 vom RKz. anzuordnen und zwar, nachdem der BR. die Außerkurssetzung verfügt hat MünzG. Art. 8.

[7]) Die zunächst als Übergangs-Bestimmung getroffene Vorschrift ist durch MünzG. Art. 12 Abs. 1 dauernd festgelegt und durch das Recht privater Ausprägung erweitert worden das. Abs. 2—5.

[8]) Ursprünglich $^{9}/_{10}$ der Goldmenge in Zwanzigmarkstücken, $^{1}/_{10}$ in Zehnmarkstücken BR. Beschl. 7. Dez. 71 Ziff. 5 (Hirth Annalen 72) später $^{4}/_{5}$ und $^{1}/_{5}$.

[9]) Anfänglich für die Ausmünzung eines Pfundes Feingold in Zehnmarkstücken 6 Mark, in Zwanzigmarkstücken 4 Mark Beschl. 7. Dez. 71 (Anm. 8) Ziff. 6, später (76) herabgesetzt auf 4,75 und 2,75 M., dann aber (78) für Zehnmarkstücke wieder auf 6 M. erhöht.

[10]) Beschl. 7. Dez. 71 (Anm. 8) Ziff. 7 bis 14. Die Reichsaufsicht erfolgt durch vom RKz. ernannte Kommissare, die örtliche Revisionen der einzelnen Münzstätten (Anm. 5) vorzunehmen haben, von allen zum Zweck der Ausmünzung und zur Prüfung von Gewicht und Feingehalt der Münzen geführten Registern und Journalen Einsicht nehmen und Feingehalt und Gewicht der Bestände und der neugeprägten Münzen selbst prüfen können Ziff. 14. — Die bei der Prägung zulässige Abweichung von dem im § 4 festgesetzten Gewicht wird **Toleranz** genannt, die im Verkehr zulässige Abweichung **Passiergewicht** (§ 9).

[11]) Durch § 8 werden die Reichsgoldmünzen **gesetzliches Zahlungsmittel**. Da die groben Silbermünzen (Anm. 6) der verschiedenen, damals geltenden Münzsysteme (Anm. 1) zunächst gesetzliches Zahlungsmittel blieben, trat für die Dauer dieses Zustands Doppelwährung ein, auf der Grundlage eines Wertverhältnisses des Silbers zu Gold von $15^{1}/_{2}$ : 1 (Anm. 2).

das Zehn-Mark-Stück zum Werthe von $3^1/_3$ Thalern oder 5 Fl. 50 Kr. süddeutscher Währung, 8 Mark $5^1/_3$ Schilling lübischer und hamburgischer Kurant-Währung, $3^1/_{93}$ Thaler Gold bremer Rechnung;

das Zwanzig-Mark-Stück zum Werthe von $6^2/_3$ Thalern oder 11 Fl. 40 Kr. süddeutscher Währung, 16 Mark $10^2/_3$ Schilling lübischer und hamburgischer Kurant-Währung, $6^2/_{93}$ Thaler Gold bremer Rechnung.

**§. 9.** Reichsgoldmünzen, deren Gewicht um nicht mehr als fünf Tausendtheile hinter dem Normalgewicht (§. 4.) zurückbleibt (Passirgewicht)[12], und welche nicht durch gewaltsame oder gesetzwidrige Beschädigung am Gewicht verringert sind[13], sollen bei allen Zahlungen als vollwichtig gelten.

Reichsgoldmünzen, welche das vorgedachte Passirgewicht nicht erreichen und an Zahlungsstatt von den Reichs-, Staats-, Provinzial- oder Kommunalkassen, sowie von Geld- und Kreditanstalten und Banken angenommen worden sind, dürfen von den gedachten Kassen und Anstalten nicht wieder ausgegeben werden[14].

Die Reichsgoldmünzen werden, wenn dieselben in Folge längerer Cirkulation und Abnutzung am Gewicht so viel eingebüßt haben, daß sie das Passirgewicht nicht mehr erreichen, für Rechnung des Reichs zum Einschmelzen eingezogen. Auch werden dergleichen abgenutzte Goldmünzen bei allen Kassen des Reichs und der Bundesstaaten stets voll zu demjenigen Werthe, zu welchem sie ausgegeben sind, angenommen werden[12].

---

[12]) Das Passiergewicht kann um das Doppelte wie die Toleranz (§ 7) hinter dem Normalgewicht bleiben. Im Privatverkehr können Goldmünzen, die das Passiergewicht nicht einhalten, zurückgewiesen werden; von den Reichs- und Landeskassen sind sie, sofern der Gewichtsverlust auf Umlauf oder Abnutzung zurückzuführen ist, zum vollen Wert anzunehmen und den dazu bestimmten Sammelstellen zuzuführen, von wo aus sie an das Münz-Metall-Depot bei der Münzstätte zu Berlin gelangen. Sie werden auf Kosten des Reichs eingeschmolzen Bek. des RKz. 9. Mai 76 (CB. 260) Ziff. III.

[13]) Gewaltsam oder gesetzwidrig beschädigte Münzen brauchen, auch wenn sie vollwichtig sind, weder von Privaten noch von öffentlichen Kassen in Zahlung genommen zu werden. Die Reichs- und Landeskassen sollen solche Münzen anhalten, durch Zerschlagen oder Zerschneiden unbrauchbar machen und sie dem Einzahler zurückgeben Bek. 9. Mai 76 (Anm. 12) II. Hiervon soll bei vollwichtig gebliebenen Goldmünzen abgesehen werden, wenn die Schadhaftigkeit von Mängeln bei der Ausprägung herrührt, oder infolge der Geringfügigkeit der Beschädigung die Umlaufsfähigkeit nicht beeinträchtigt wird BR. Beschl. 13. Dez. 77 (CB. 78 S. 29). — Den Schaden der Unbrauchbarmachung trägt der Besitzer; inwieweit er sich an Dritte halten kann, bestimmt sich nach bürgerl. Recht. Die Ausführungen der Anm. 12 u. 13 beziehen sich auf echte Goldmünzen. Nachgemachte oder verfälschte Münzen (StGB. § 146—148) sind von den Reichs- und Landeskassen anzuhalten und wenn die Unechtheit unzweifelhaft ist, den Gerichts- oder Polizeibehörden vorzulegen, andernfalls dem Münz-Metall-Depot (Anm. 12) zur Prüfung zu übersenden Bek. 9. Mai 76 (Anm. 12) Ziff. I.

[14]) Strafe für Zuwiderhandlung ist nicht vorgesehen.

**§. 10.** Eine Ausprägung von anderen, als den durch dieses Gesetz eingeführten Goldmünzen, sowie von groben Sibermünzen, mit Ausnahme von Denkmünzen, findet bis auf Weiteres nicht statt[15]).

**§. 11.** Die zur Zeit umlaufenden Goldmünzen der deutschen Bundesstaaten sind von Reichs wegen und auf Kosten des Reichs nach Massgabe der Ausprägung der neuen Goldmünzen (§. 6.) einzuziehen[16]).

Der Reichskanzler wird ermächtigt, in gleicher Weise die Einziehung der bisherigen groben Silbermünzen der deutschen Bundesstaaten anzuordnen und die zu diesem Behufe erforderlichen Mittel aus den bereitesten Beständen der Reichskasse zu entnehmen[17]).

Ueber die Ausführung der vorstehenden Bestimmungen ist dem Reichstage alljährlich in seiner ersten ordentlichen Session Rechenschaft zu geben[18]).

**§. 12.** Es sollen Gewichtsstücke zur Eichung und Stempelung zugelassen werden, welche das Normalgewicht und das Passirgewicht der nach Maßgabe dieses Gesetzes auszumünzenden Goldmünzen, sowie eines Vielfachen derselben angeben[19]). Für die Eichung und Stempelung dieser Gewichtsstücke sind die Bestimmungen der Artikel 10. und 18. der Maaß- und Gewichtsordnung vom 17. August 1868 (Bundesgesetzbl. S. 473.) maßgebend.

**§. 13.** Im Gebiet des Königreichs Bayern kann im Bedürfnissfall eine Untertheilung des Pfennigs in zwei Halb-Pfennige stattfinden[20]).

---

## 3. Münzgesetz. Vom 9. Juli 73 (RGB. 233) / 1. Juni 00 (RGB. 250)[1]).

**Art. 1.** An die Stelle der in Deutschland geltenden Landeswährungen tritt die Reichsgoldwährung[2]). Ihre Rechnungseinheit bildet die Mark, wie solche durch §. 2 des Gesetzes vom 4. Dezember 1871, betreffend die Ausprägung von Reichsgoldmünzen (Reichs-Gesetzbl. S. 404), festgestellt worden ist.

---

[15]) Auch für Scheidemünzen ist die einzelstaatliche Prägung beseitigt durch MünzG. (Nr. 3) Art. 11; Denkmünzen MünzG. (Nr. 3) Art. 11 und Anm. 18.

[16]) Dies ist geschehen.

[17]) Weitere Bestimmung im MünzG. (Nr. 3) Art. 8 und Anm. 15. Taler sind noch im Umlauf.

[18]) Dies geschah anfänglich in besonderen Denkschriften, später in Übersichten über die Ausprägung und Einziehung von Reichsmünzen, die der dem Reichstage zugehenden Übersicht der Reichs-Ausgaben und -Einnahmen als Anlage beigefügt werden.

[19]) Goldmünzgewichte Eichordnung (Abschn. II Nr. 3) § 48—51. Bei der Maß- und Gewichtsreform war das frühere Münzgewicht, ein Pfund zu 500 g, aufrecht erhalten worden M. u. GO. (Abschn. II Nr. 2) Art. 8. Durch Aufhebung dieser Bestimmung G. 1. Juni 00 (RGB. 250) Art. VI ist nunmehr das kg das der Ausmünzung zugrunde liegende Münzgewicht.

[20]) Die Bestimmung ist durch MünzG. (Nr. 3) Art. 11 beseitigt. Anfangs hatten die früheren Hellerstücke zum Werte von ½ Pfennig in Bayern noch Umlauf MünzG. Art. 15 Ziff. 5, doch erfolgte später ihre Außerkurssetzung.

[1]) Das MünzG. 9. Juli 73 (RGB. 233) ist, nachdem Art. 15 bereits durch G. 20. April 74 (RGB. 35) und 6. Jan. 76 (RGB. 3) geändert war, durch G. betr. Änderungen im Münzwesen 1. Juni 00

Der Zeitpunkt, an welchem die Reichswährung im gesammten Reichsgebiete in Kraft treten soll, wird durch eine mit Zustimmung des Bundesrathes zu erlassende, mindestens drei Monate vor dem Eintritt dieses Zeitpunktes zu verkündende Verordnung des Kaisers bestimmt. Die Landesregierungen sind ermächtigt, auch vor diesem Zeitpunkte für ihr Gebiet die Reichsmarkrechnuug im Verordnungswege einzuführen[3]).

**(Art. 2)**[4]).

**Art. 3**[5]). Außer den Reichsgoldmünzen sollen als Reichsmünzen und zwar

1) als Silbermünzen:
   Fünfmarkstücke,
   Zweimarkstücke,
   Einmarkstücke,
   Fünfzigpfennigstücke und
   Zwanzigpfennigstücke[6]);
2) als Nickelmünzen[7]):
   Zehnpfennigstücke und
   Fünfpfennigstücke;

---

(RGB. 250) in verschiedenen Punkten geändert worden. — Quellen a) für das MünzG. 73 Reichst. 73 Drucks. Nr. 15 (Entw.), StB. 117 ff. (1. Les.), 316 ff., 521 ff. (2. Les.), 1352 ff. (3. Les.), b) für das G. 00 Reichst. 98/00 Drucks. Nr. 403 (Entw.), Nr. 565 (KB.), StB. 3201 ff. (1. Les.), 4608 ff. (2. Les.), 8733 ff. (3. Les.). — Bedeutung und Gliederung: Das MünzG. enthält die durch G. 4. Dez. 71 (Nr. 2) eingeleitete Münzreform. Art. 1 setzt als Reichswährung die Goldwährung mit der Mark als Rechnungseinheit fest. Art. 2—5 handeln von den zur Durchführung der Reichswährung außer den Goldmünzen des G. 4. Dez. 71 zu prägenden Münzen, Art. 6—8 von der Beseitigung der alten Münzen, deren Einziehung in gleicher Weise wie die Ausprägung der neuen Münzen auf Rechnung des Reichs erfolgt Art. 7. Für die Goldmünzen ist daneben die Ausprägung auf Privatrechnung zuzulassen Art. 12. Art. 9 und 10 bestimmen über die Verpflichtung zur Annahme deutscher, Art. 13 über Umlauf und Annahme ausländischer Münzen, Art. 14 über die Zahlungsverpflichtungen, denen die frühere Währung zugrunde liegt. Art. 15—18 enthalten Übergangsbestimmungen über die Annahme der früheren Münzen, die Einziehung der nicht auf Reichswährung lautenden Banknoten und des einzelstaatlichen Papiergeldes. — Einführung des G. in Elsaß-Lothringen u. Helgoland wie bei Nr. 2 Anm. 1.

[2]) Sie ist insofern nicht völlig durchgeführt, als die Eintalerstücke noch Zwangskurs haben (hinkende Währung) Art. 15 u. Anm. 24.

[3]) Die Reichswährung ist im gesamten Reichsgebiete am 1. Jan. 76 in Kraft getreten V. 22. Sept. 75 (RGB. 303).

[4]) Art. 2 ordnete die Ausprägung von Reichsgoldmünzen zu fünf Mark an. Da sie sich ihrer Kleinheit wegen nicht bewährten, ist von ihrer Prägung bald abgesehen worden. Durch Ergänz. G. 00 ist Art. 2 aufgehoben und der BR. beauftragt, die Außerkurssetzung dieser Münzen mit einjähriger Einlösungsfrist anzuordnen Art. I. Dies ist geschehen Bek. des RKz. 13. Juni 00 (RGB. 253).

[5]) Die in Art. 3 aufgeführten Münzen sind Scheidemünzen. Sie sind weder vollwertig geprägt noch gesetzliches Zahlungsmittel Art. 9.

[6]) Die silbernen Zwanzigpfennigstücke sind beseitigt Ergänz. G. 00 Art. II. Die Außerkurssetzung, mit einjähriger Einlösungsfrist, sollte nicht vor dem 1. Jan. 02 erfolgen. Angeordnet durch Bek. des RKz. 31. Okt. 01 (RGB. 486).

[7]) Eine weitere Nickelmünze von 20 Pfennigen war eingeführt durch G. 1. April

3) als Kupfermünzen:

Zweipfennigstücke und

Einpfennigstücke

nach Maßgabe folgender Bestimmungen ausgeprägt werden;

§. 1. Bei Ausprägung der Silbermünzen wird das Pfund feinen Silbers in

20 Fünfmarkstücke,

50 Zweimarkstücke,

100 Einmarkstücke,

200 Fünfzigpfennigstücke und in

500 **Zwanzigpfennigstücke**[6])

ausgebracht[8]).

Das Mischungsverhältniß beträgt 900 Theile Silber und 100 Theile Kupfer, so daß 90 Mark in Silbermünzen 1 Pfund wiegen.

Das Verfahren bei Ausprägung dieser Münzen wird vom Bundesrath festgestellt[9]). Bei den einzelnen Stücken darf die Abweichung im Mehr oder Weniger im Feingehalt nicht mehr als drei Tausendtheile, im Gewicht, mit **Ausnahme der Zwanzigpfennigstücke**[6]), nicht mehr als zehn Tausendtheile betragen. In der Masse aber müssen das Normalgewicht und der Normalgehalt bei allen Silbermünzen innegehalten werden.

§. 2. Die Silbermünzen über eine Mark tragen auf der einen Seite den Reichsadler mit der Inschrift „Deutsches Reich" und mit der Angabe des Werthes in Mark, sowie mit der Jahreszahl der Ausprägung, auf der anderen Seite das Bildniß des Landesherrn beziehungsweise das Hoheitszeichen der freien Städte mit einer entsprechenden Umschrift und dem Münzzeichen[10]). Durchmesser der Münzen, Beschaffenheit und Verzierung der Ränder derselben werden vom Bundesrathe festgestellt[9]).

Der Bundesrath wird ermächtigt, Fünfmarkstücke und Zweimarkstücke als Denkmünzen in anderer Prägung gestalten zu lassen[11]).

§. 3. Die übrigen Silbermünzen, die Nickel- und Kupfermünzen tragen auf der einen Seite die Werthangabe, die Jahreszahl und die Inschrift „Deutsches Reich", auf der andern Seite den Reichsadler und das Münz-

---

86 (RGB. 67). Durch Ergänz. G. 00 Art. III ist sie wieder beseitigt mit der Maßgabe, daß die Außerkurssetzung mit einjähriger Einlösungsfrist nicht vor 1. Jan. 03 erfolgen soll. Geschehen durch Bek. des RKz. 16. Okt. 02 (RGB. 267).

[8]) Von den Talerstücken gehen 30 auf 1 Pfund Silber Nr. 2 Anm. 2.

[9]) Beschl. 8. Juli 73, mit Änderungen 29. Mai 75, 9. Mai 77 (Hirths Annalen 74, 76, 79).

[10]) Nr. 2 Anm. 5.

[11]) Abs. 2 hinzugefügt durch Ergänz. G. 00 Art. V. Die Prägung von Denkmünzen, durch G. 4. Dez. 71 (Nr. 2) § 10 zugelassen, war durch MünzG. 73 vom 31. Dez. 73 ab beseitigt worden Art. 11. — Die Prägung solcher Denkmünzen hat inzwischen zur Erinnerung an den zweihundertjährigen Bestand des Königtums in Preußen (18. Jan. 01) stattgefunden.

zeichen[10]). Die näheren Bestimmungen über Zusammensetzung, Gewicht und Durchmesser dieser Münzen, sowie über die Verzierung der Schriftseite und die Beschaffenheit der Ränder werden vom Bundesrathe festgestellt[9]).

§. 4. Die Silber-, Nickel- und Kupfermünzen werden auf den Münzstätten derjenigen Bundesstaaten, welche sich dazu bereiten erklären, ausgeprägt.

Die Ausprägung und Ausgabe dieser Münzen unterliegt der Beaufsichtigung von Seiten des Reichs. Der Reichskanzler bestimmt unter Zustimmung des Bundesrathes die auszuprägenden Beträge, die Vertheilung dieser Beträge auf die einzelnen Münzgattungen und auf die einzelnen Münzstätten und die den letzteren für die Prägung jeder einzelnen Münzgattung gleichmäßig zu gewährende Vergütung[9]). Die Beschaffung der Münzmetalle für die Münzstätten erfolgt auf Anordnung des Reichskanzlers.

**Art. 4.** Der Gesammtbetrag der Reichssilbermünzen soll bis auf Weiteres fünfzehn Mark für den Kopf der Bevölkerung des Reichs nicht übersteigen.

Zur Neuprägung dieser Münzen sind Landessilbermünzen insoweit einzuziehen, als solche für die Neuprägungen und deren Kosten erforderlich sind[12]).

**Art. 5.** Der Gesammtbetrag der Nickel- und Kupfermünzen soll zwei und eine halbe Mark für den Kopf der Bevölkerung des Reichs nicht übersteigen.

**(Art. 6)**[13]).

**Art. 7.** Die Ausprägung der Silber-, Nickel- und Kupfermünzen (Art. 3)[14]), sowie die vom Reichskanzler anzuordnende Einziehung der Landessilbermünzen und Landesscheidemünzen erfolgt auf Rechnung des Reichs.

**Art. 8.** Die Anordnung der Außerkurssetzung von Landesmünzen und Feststellung der für dieselbe erforderlichen Vorschriften erfolgt durch den Bundesrath[15]).

---

[12]) Die Fassung beruht auf Ergänz.G. 00 Art. IV. Ursprünglich waren an Silbermünzen nur 10 M. für den Kopf der Bevölkerung vorgesehen. Diese betrug nach der Zählung vom 1. Dez. 00 56,37 Millionen Personen. — Da nach Abs. 2 die Neuprägungen aus dem Talerbestande zu bewirken sind, werden die Taler in absehbarer Zeit aus dem Verkehr verschwinden, womit der Zustand der hinkenden Währung (Anm. 2) endgültig beseitigt sein wird.

[13]) Art. 6 bezeichnete eine Anzahl Landesscheidemünzen, deren Einziehung vor Eintritt der Reichswährung (Anm. 3) erfolgen sollte u. erfolgt ist.

[14]) Ausprägung von Goldmünzen Art. 12.

[15]) Gegenwärtig sind alle Landesmünzen außer den Eintalerstücken deutscher Prägung außer Kurs gesetzt. Auf Kosten des Reichs sind auch die Kronentaler österreichischen und brabanter Gepräges eingezogen worden, dagegen nicht die in Elsaß-Lothringen umlaufenden Münzen der Frankenwährung G. 15. Nov. 74 (RGB. 131) § 2, die wohl nach Frankreich gegangen sein werden. — Hinsichtlich der in Österreich bis zum Schlusse 67 geprägten Vereinstaler und Vereinsdoppeltaler, die durch G. 20. April 74 als gesetzliches Zahlungsmittel anerkannt wurden Anm. 24, ist der BR. durch G. 28. Feb. 92 (RGB. 315) zur Außerkurssetzung ermächtigt worden. Die österreichischen Doppeltaler sind zugleich mit den deutschen Doppeltalern bereits 76 und 77 aus dem Verkehr gezogen worden. Die Eintalerstücke österreich. Gepräges sind seit 1. Jan. 01 nicht

Die Bekanntmachungen über Außerkurssetzung von Landesmünzen sind außer in den zu der Veröffentlichung von Landesverordnungen bestimmten Blättern auch durch das Reichs-Gesetzblatt zu veröffentlichen.

Eine Außerkurssetzung darf erst eintreten, wenn eine Einlösungsfrist von mindestens vier Wochen festgesetzt und mindestens drei Monate vor ihrem Ablaufe durch die vorbezeichneten Blätter bekannt gemacht worden ist.

**Art. 9.** Niemand ist verpflichtet, Reichssilbermünzen im Betrage von mehr als zwanzig Mark und Nickel- und Kupfermünzen im Betrage von mehr als einer Mark in Zahlung zu nehmen.

Von den Reichs- und Landeskassen werden Reichssilbermünzen in jedem Betrage in Zahlung genommen. Der Bundesrath wird diejenigen Kassen bezeichnen, welche Reichsgoldmünzen gegen Einzahlung von Reichssilbermünzen in Beträgen von mindestens 200 Mark oder von Nickel- und Kupfermünzen in Beträgen von mindestens 50 Mark auf Verlangen verabfolgen. Derselbe wird zugleich die näheren Bedingungen des Umtausches festsetzen[16]).

**Art. 10.** Die Verpflichtung zur Annahme und zum Umtausch (Art. 9) findet auf durchlöcherte und anders, als durch den gewöhnlichen Umlauf im Gewicht verringerte, ingleichen auf verfälschte Münzstücke keine Anwendung[17]).

Reichs-Silber-, Nickel- und Kupfermünzen, welche in Folge längerer Cirkulation und Abnutzung an Gewicht oder Erkennbarkeit erheblich eingebüßt haben, werden zwar noch in allen Reichs- und Landeskassen angenommen, sind aber auf Rechnung des Reichs einzuziehen.

**Art. 11.** Eine Ausprägung von anderen, als den durch dieses Gesetz eingeführten Silber-, Nickel- und Kupfermünzen findet nicht ferner statt. **Die durch die Bestimmung im §. 10 des Gesetzes, betreffend die Ausprägung von Reichsgoldmünzen, vom 4. Dezember 1871 (Reichs-Gesetzbl. S. 404), vorbehaltene Befugniss, Silbermünzen als Denkmünzen auszuprägen, erlischt mit dem 31. Dezember 1873[18]).**

**Art. 12.** Die Ausprägung von Reichsgoldmünzen geschieht auch ferner nach Maßgabe der Bestimmung im §. 6 des Gesetzes, betreffend die Aus-

---

mehr gesetzliches Zahlungsmittel Bek. des RKz. 8. Nov. 00 (RGB. 1013).

[16]) Die Verabfolgung von Goldmünzen gegen Reichs-Silber-, Nickel- und Kupfermünzen, die in kassenmäßig formierten Beuteln oder Düten einzuliefern sind, erfolgt bei der Reichsbank-Hauptkasse in Berlin und den Kassen der Reichsbank-Hauptstellen in Frankfurt a. M., Königsberg i. Pr. und München Bek. des RKz. 19. Dez. 75 (CB. 802).

[17]) Wegen der Reichsgoldmünzen Nr. 2 § 9 und Anm. 12 u. 13. Die Ausführungen in Anm. 13 finden auf gewaltsam beschädigte und verfälschte Silber-, Nickel- und Kupfermünzen Anwendung. Was die Abnutzung durch Umlauf betrifft, so ist für diese Münzen ein Passiergewicht nicht vorgesehen. Sie sind von den Reichs- und Landeskassen behufs Einziehung anzuhalten, wenn sie an Gewicht oder Erkennbarkeit erheblich eingebüßt haben. Das Verfahren ist dasselbe wie Nr. 2 Anm. 12.

[18]) Durch Ergänz. G. 00 Art. V ist die Prägung von Zwei- und Fünfmarkstücken als Denkmünzen wieder gestattet Art. 3 § 2 Abs. 2 und Anm. 11.

prägung von Reichsgoldmünzen, vom 4. Dezember 1871 (Reichs-Gesetzbl. S. 404), auf Rechnung des Reichs[19]).

Privatpersonen haben das Recht, auf denjenigen Münzstätten, welche sich zur Ausprägung auf Reichsrechnung bereit erklärt haben, Zwanzigmarkstücke für ihre Rechnung ausprägen zu lassen, soweit diese Münzstätten nicht für das Reich beschäftigt sind[20]).

Die für solche Ausprägungen zu erhebende Gebühr wird vom Reichskanzler mit Zustimmung des Bundesrathes festgestellt, darf aber das Maximum von 7 Mark auf das Pfund fein Gold nicht übersteigen.

Die Differenz zwischen dieser Gebühr und der Vergütung, welche die Münzstätte für die Ausprägung in Anspruch nimmt, fließt in die Reichskasse. Diese Differenz muß für alle deutschen Münzstätten dieselbe sein.

Die Münzstätten dürfen für die Ausprägung keine höhere Vergütung in Anspruch nehmen, als die Reichskasse für die Ausprägung von Zwanzigmarkstücken gewährt[21]).

**Art. 13.** Der Bundesrath ist befugt:

1. den Werth zu bestimmen, über welchen hinaus fremde Gold- und Silbermünzen nicht in Zahlung angeboten und gegeben werden dürfen, sowie den Umlauf fremder Münzen gänzlich zu untersagen[22]);
2. zu bestimmen, ob ausländische Münzen von Reichs- oder Landeskassen zu einem öffentlich bekannt zu machenden Kurse im inländischen Verkehr in Zahlung genommen werden dürfen, auch in solchem Falle den Kurs festzusetzen.

---

[19]) Nr. 2 Anm. 5 u. 7. Für diese Prägungen besteht im allgemeinen kein Bedürfnis mehr, seit Prägungen für Privatrechnungen zugelassen sind Abs. 2.

[20]) Bek. des RKz. betr. Ausprägung von Reichsgoldmünzen für Rechnung von Privatpersonen 8. Juni 75 (CB. 348). Darnach ist das auszuprägende Gold der Münzstätte (Nr. 2 Anm. 5) in Barren von mindestens fünf Pfund Rauhgewicht, unter Beifügung der Probierscheine, einzuliefern. Die Münzstätte nimmt zwei Aushiebe von jedem Barren. Sie ermittelt durch zwei Proben von jedem Barren den Feingehalt bis auf $^1/_{5000}$. Hierauf erhält der Einlieferer eine Abschrift des Probierscheins und eine Berechnung des Wertbetrages, zu dem das Gold, abzüglich der Prägegebühr, angenommen werden soll. Wenn der Einlieferer der Feingehaltsbestimmung widerspricht, findet auf seine Kosten durch einen vom RKz. bezeichneten Probierer eine weitere Probe zweier Aushiebe statt, die für die Münzstätte maßgebend ist, während der Einlieferer, wenn er damit nicht einverstanden ist, den Barren zurückzunehmen hat. Die Auszahlung der Prägeergebnisse erfolgt in Doppelkronen, doch muß der Einlieferer auch Kronen annehmen.

[21]) Die Prägegebühr ist in der Bek. 8. Juni 75 (Anm. 20) auf 3 M. für das Pfund Feingold festgesetzt. Hiervon erhalten die Münzstätten nach § 6 des G. 4. Dez. 71 (Nr. 2 Anm. 9) 2,75 M. als Vergütung, während der Rest von 0,25 M. in die Reichskasse fließt.

[22]) Untersagt ist der Umlauf fremder Scheidemünzen Bek. 16. April 88 (RGB. 149) mit Ausnahme einzelner Grenzbezirke, innerhalb deren Scheidemünzen teils der österreichischen teils der Frankenwährung zugelassen sind Bek. 30. April 88 (RGB. 171); 7. Juli 88 (RGB. 218); 26. Feb. 89 (RGB. 37 u. 38); 24. Jan. 93 (RGB. 6); 19. Dez. 95 (RGB. 463).

Gewohnheitsmäßige oder gewerbsmäßige Zuwiderhandlungen gegen die vom Bundesrathe in Gemäßheit der Bestimmungen unter 1 getroffenen Anordnungen werden bestraft mit Geldstrafe bis zu 150 Mark oder mit Haft bis zu sechs Wochen.

**Art. 14.** Von dem Eintritt der Reichswährung an[3]) gelten folgende Vorschriften[23]):

**§. 1.** Alle Zahlungen, welche bis dahin in Münzen einer inländischen Währung oder in landesgesetzlich den inländischen Münzen gleichgestellten ausländischen Münzen zu leisten waren, sind vorbehaltlich der Vorschriften Art. 9, 15 und 16 in Reichsmünzen zu leisten.

**§. 2.** Die Umrechnung solcher Goldmünzen, für welche ein bestimmtes Verhältniß zu Silbermünzen gesetzlich nicht feststeht, erfolgt nach Maßgabe des Verhältnisses des gesetzlichen Feingehalts derjenigen Münzen, auf welche die Zahlungsverpflichtung lautet, zu dem gesetzlichen Feingehalte der Reichsgoldmünzen.

Bei der Umrechnung anderer Münzen werden

der Thaler zum Werthe von 3 Mark,

der Gulden süddeutscher Währung zum Werthe von $1^5/_7$ Mark,

die Mark lübischer oder hamburgischer Kurantwährung zum Werthe von $1^1/_5$ Mark,

die übrigen Münzen derselben Währungen zu entsprechenden Werthen nach ihrem Verhältniß zu den genannten berechnet.

Bei der Umrechnung werden Bruchtheile von Pfennigen der Reichswährung zu einem Pfennig berechnet, wenn sie einen halben Pfennig oder mehr betragen, Bruchtheile unter einem halben Pfennig werden nicht gerechnet.

**§. 3.** Werden Zahlungsverpflichtungen nach Eintritt der Reichswährung unter Zugrundelegung vormaliger inländischer Geld- oder Rechnungswährungen begründet, so ist die Zahlung vorbehaltlich der Vorschriften Art. 9, 15 und 16 in Reichsmünzen unter Anwendung der Vorschriften des §. 2 zu leisten.

**§. 4.** In allen gerichtlich oder notariell aufgenommenen Urkunden, welche auf einen Geldbetrag lauten, desgleichen in allen zu einem Geldbetrag verurtheilenden gerichtlichen Entscheidungen ist dieser Geldbetrag, wenn für denselben ein bestimmtes Verhältniß zur Reichswährung gesetzlich feststeht, in Reichswährung auszudrücken; woneben jedoch dessen gleichzeitige Bezeichnung nach derjenigen Währung, in welcher ursprünglich die Verbindlichkeit begründet war, gestattet bleibt.

**Art. 15.** An Stelle der Reichsmünzen sind bei allen Zahlungen bis zur Außerkurssetzung anzunehmen:

1. im gesammten Bundesgebiete an Stelle aller Reichsmünzen die Ein- und Zweithalerstücke deutschen Gepräges unter Berechnung des Thalers zu 3 Mark;

---

[23]) Art. 14, für die Übergangszeit sehr wichtig, hat gegenwärtig keine erhebliche Bedeutung mehr.

2. im gesammten Bundesgebiete an Stelle der Reichssilbermünzen, Silberkurantmünzen deutschen Gepräges zu $^1/_3$ und $^1/_6$ Thaler unter Berechnung des $^1/_3$ Thalerstücks zu einer Mark und des $^1/_6$ Thalerstücks zu einer halben Mark;
3. in denjenigen Ländern, in welchen gegenwärtig die Thalerwährung gilt, an Stelle der Reichs-, Nickel- und Kupfermünzen die nachbezeichneten Münzen der Thalerwährung zu den daneben bezeichneten Werthen:

| | | | | | | |
|---|---|---|---|---|---|---|
| $^1/_{12}$ Thalerstücke | zum | Werthe | von | 25 | Pfennig, |
| $^1/_{15}$ | = | = | = | = | 20 | = |
| $^1/_{30}$ | = | = | = | = | 10 | = |
| $^1/_2$ Groschenstücke | = | = | = | | 5 | = |
| $^1/_5$ | = | = | = | = | 2 | = |
| $^1/_{10}$ und $^1/_{12}$ | = | = | = | = | 1 | = |

4. in denjenigen Ländern, in welchen die Zwölftheilung des Groschens besteht, an Stelle der Reichs-, Nickel- und Kupfermünzen die auf der Zwölftheilung des Groschens beruhenden Dreipfennigstücke zum Werthe von $2^1/_2$ Pfennig;
5. in Bayern an Stelle der Reichskupfermünzen die Hellerstücke zum Werthe von $^1/_2$ Pfennig;
6. in Mecklenburg an Stelle der Reichskupfermünzen die nach dem Marksystem ausgeprägten Fünfpfennigstücke, Zweipfennigstücke und Einpfennigstücke zum Werthe von 5, 2 und 1 Pfennig.

Die sämmtlichen sub 3 und 4 verzeichneten Münzen sind an allen öffentlichen Kassen des gesammten Bundesgebietes zu den angegebenen Werthen bis zur Ausserkurssetzung in Zahlung anzunehmen[24]).

Der Bundesrath ist befugt, zu bestimmen, daß die Einthalerstücke deutschen Gepräges, sowie die in Oesterreich bis zum Schlusse des Jahres 1867 geprägten Vereinsthaler, bis zu ihrer Außerkurssetzung nur noch an Stelle der Reichssilbermünzen, unter Berechnung des Thalers zu 3 Mark, in Zahlung anzunehmen sind.

Eine solche Bestimmung ist durch das Reichs-Gesetzblatt zu veröffentlichen und tritt frühestens einen Monat nach ihrer Veröffentlichung in Kraft[25]).

---

[24]) Abs. 1 war durch G. 20. April 74 (RGB. 34) dahin ergänzt worden, daß die Bestimmung in Ziff. 1 auch auf die in Österreich bis zum Schlusse 67 geprägten Vereinstaler und Vereinsdoppeltaler Anwendung finde. — Sämtliche in Abs. 1 bezeichneten Münzen, einschließlich der österreichischen Vereinstaler sind inzwischen außer Kurs gesetzt worden, mit alleiniger Ausnahme der Taler deutschen Gepräges, von denen aber auch die Zweitalerstücke aus dem Verkehr gezogen sind Anm. 15.

[25]) Abs. 3 u. 4 sind dem Art. 15 durch G. 6. Jan. 76 (RGB. 3) zugefügt worden. Die Bestimmung, von der bisher kein Gebrauch gemacht wurde, ist für die

**Art. 16.** Deutsche Goldkronen, Landesgoldmünzen und landesgesetzlich den inländischen Münzen gleichgestellte ausländische Goldmünzen, sowie grobe Silbermünzen, welche einer anderen Landeswährung als der Thalerwährung angehören, sind bis zur Ausserkurssetzung als Zahlung anzunehmen, soweit die Zahlung nach den bisherigen Vorschriften in diesen Münzsorten angenommen werden musste[26]).

**(Art. 17)**[27]).

**Art. 18.** Bis zum 1. Januar 1876 sind sämmtliche nicht auf die Reichswährung lautenden Noten der Banken einzuziehen. Von diesem Termine an dürfen nur solche Banknoten, welche auf Reichswährung in Beträgen von nicht weniger als 100 Mark lauten, in Umlauf bleiben oder ausgegeben werden[28]).

Dieselben Bestimmungen gelten für die bis jetzt von Korporationen ausgegebenen Scheine[29]).

Das von den einzelnen Bundesstaaten ausgegebene Papiergeld ist spätestens bis zum 1. Januar 1876 einzuziehen und spätestens sechs Monate vor diesem Termine öffentlich aufzurufen. Dagegen wird nach Maßgabe eines zu erlassenden Reichsgesetzes eine Ausgabe von Reichspapiergeld stattfinden. Das Reichsgesetz wird über die Ausgabe und den Umlauf des Reichspapiergeldes, sowie über die den einzelnen Bundesstaaten zum Zweck der Einziehung ihres Papiergeldes zu gewährenden Erleichterungen die näheren Bestimmungen treffen[30]).

---

## 4. Bankgesetz. Vom $\frac{\text{14. März 1875 (RGB. 177)}}{\text{7. Juni 1899 (RGB. 311)}}$[1]).

### Titel I.

### Allgemeine Bestimmungen.

§. 1. Die Befugniß zur Ausgabe von Banknoten kann nur durch Reichsgesetz erworben, oder über den bei Erlaß des gegenwärtigen Gesetzes zulässigen Betrag der Notenausgabe hinaus erweitert werden[2]).

---

österreichischen Vereinstaler durch deren Außerkurssetzung (Anm. 15 a. E.) gegenstandlos geworden.

[26]) Die Bestimmung hat sich dadurch erledigt, daß die in Art. 16 aufgeführten Münzen sämtlich außer Kurs gesetzt sind.

[27]) Durch Art. 17 wurde nachgelassen, daß die Reichsmünzen schon vor Eintritt der Reichsgoldwährung (Anm. 3) in Zahlung gegeben werden konnten.

[28]) Die Einziehung der nicht auf Reichswährung lautenden Banknoten ist in der vorgeschriebenen Zeit erfolgt. — Wegen der Nennbeträge der auf Reichswährung lautenden Banknoten Bankg. (Nr. 4) § 3.

[29]) BankG. (Nr. 4) § 54.

[30]) G. betr. die Ausgabe von Reichskassenscheinen 30. April 74 (RGB. 40); vergl. Nr. 1 Abs. 1 dieses Abschn. — Das von den Bundesstaaten ausgegebene Papiergeld ist rechtzeitig aufgerufen und eingezogen.

[1]) Das BankG. 14. März 75 (RGB. 177) ist durch G. 18. Dez. 89 (RGB. 201) und 7. Juni 99 (RGB. 311) geändert worden. Das G. 89 beschränkte sich auf

**Den Banknoten im Sinne dieses Gesetzes wird dasjenige Staatspapiergeld gleich geachtet, dessen Ausgabe einem Bankinstitute zur Verstärkung seiner Betriebsmittel übertragen ist[3]).**

**§. 2.** Eine Verpflichtung zur Annahme von Banknoten bei Zahlungen, welche gesetzlich in Geld zu leisten sind, findet nicht statt und kann auch für Staatskassen durch Landesgesetz nicht begründet werden[4]).

**§. 3.** Banknoten dürfen nur auf Beträge von 100, 200, 500 und 1000 Mark oder von einem Vielfachen von 1000 Mark ausgefertigt werden[5]).

**§. 4.** Jede Bank ist verpflichtet, ihre Noten sofort auf Präsentation zum vollen Nennwerthe einzulösen, auch solche nicht nur an ihrem Hauptsitz, sondern auch bei ihren Zweiganstalten jederzeit zum vollen Nennwerthe in Zahlung anzunehmen[6]).

Für beschädigte Noten hat sie Ersatz zu leisten, sofern der Inhaber entweder einen Theil der Note präsentirt, welcher größer ist, als die Hälfte,

---

eine Änderung der Bestimmung über die Verteilung des jährlichen Reingewinns (§ 24) und ist durch Vorschriften des ErgänzG. 99, das mehrere bedeutsame Änderungen traf, wieder beseitigt worden. Dieses letztere G. enthält teils Änderungen des BankG. 75, teils selbständige Bestimmungen Anlage A. — Quellen: für das G. 14. März 75 Reichst. 74/75 Drucks. Nr. 27 (Entw. nebst Begr.), Nr. 195 (KB.), StB. 149 ff. (1. Les.), 1265 ff. (2. Les.), 1435 ff. (3. Les.); für das Ergänz.G. 89 Reichst. 89/90 Drucks. Nr. 43 (Entw.), StB. 291 (1. Les.), 577 ff. (2. Les.), 713 ff. (3. Les.); für das Ergänz.G. 99 Reichst. 98/99 Drucks. Nr. 95 (Entw.), Nr. 209 (KB.), StB. 693 ff. (1. Les.), 1965 ff. (2. Les.), 1993 ff. (3. Les.). — Bearb. Koch (4. Auflage Berlin 00).

[2]) Ein derartiges G. ist bisher nicht erlassen worden. — Auf Bayern findet die Bestimmung mit der sich aus § 47 Abs. 3 ergebenden Einschränkung Anwendung. — Unbefugte Notenausgabe ist strafbar § 55, 59[3].

[3]) Die Bestimmung, der vertragsmäßige Abmachungen zwischen der Oldenburgischen Regierung und der dortigen Landesbank zugrunde lagen, ist durch Aufgabe des Notenrechts dieser Bank (§ 9) gegenstandslos geworden.

[4]) Banknoten haben keinen Zwangskurs. Eine Ermächtigung der Staatskassen im Aufsichtswege, Banknoten in Zahlung zu nehmen, ist durch § 2 nicht ausgeschlossen.

[5]) Die Ausgabe von Noten unter 100 M. war bereits durch MünzG. (Nr. 3) Art. 18 verboten. Noten von 200 M. kommen nicht vor, Noten von 500 M. sind nur von der Reichsbank, der Frankfurter Bank und der Sächsischen Bank, Noten von 1000 M. von der Reichsbank und der Frankfurter Bank, Noten zu höheren Beträgen bisher nicht ausgegeben worden. Das Notenrecht der Frankfurter Bank ist inzwischen erloschen Anm. 15.

[6]) Es ist unterschieden zwischen der Einlösung der präsentierten Banknoten durch Auszahlung in kursfähigem deutschen Gelde und ihrer Annahme an Zahlungsstatt. Die Verpflichtung zur Einlösung besteht im allgemeinen nur am Sitze der Bank, für die Reichsbank auch bei ihren Zweiganstalten, soweit es deren Barbestände und Geldbedürfnisse gestatten § 18 unter b, für die vom § 43 befreiten Notenbanken auch bei einer in Berlin oder Frankfurt a. M. eingerichteten Einlösungsstelle § 44[4]. An Zahlungsstatt muß jede Notenbank ihre Noten sowohl am Hauptsitze als bei den Zweigniederlassungen jederzeit annehmen. Daneben besteht die Verpflichtung zur Annahme der Noten anderer Banken an Zahlungsstatt für die Reichsbank im Umfange des § 19, für die von § 43 befreiten Notenbanken im Umfange des § 44[5]. — Folge der Nichteinlösung präsentierter Banknoten durch eine Privatbank § 50[3].

oder den Nachweis führt, daß der Rest der Note, von welcher er nur die Hälfte oder einen geringeren Theil als die Hälfte präsentirt, vernichtet sei.

Für vernichtete oder verlorene Noten Ersatz zu leisten ist sie nicht verpflichtet[7]).

§. 5. Banknoten, welche in die Kasse der Bank oder einer ihrer Zweiganstalten oder in eine von ihr bestellte Einlösungskasse in beschädigtem oder beschmutztem Zustande zurückkehren, dürfen nicht wieder ausgegeben werden[8]).

§. 6. Der Aufruf und die Einziehung der Noten einer Bank oder einer Gattung von Banknoten darf nur auf Anordnung oder mit Genehmigung des Bundesraths erfolgen[9]).

Die Anordnung erfolgt, wenn ein größerer Theil des Umlaufs sich in beschädigtem oder beschmutztem Zustande befindet, oder wenn die Bank die Befugniß zur Notenausgabe verloren hat.

Die Genehmigung darf nur ertheilt werden, wenn nachgewiesen wird, daß Nachahmungen der aufzurufenden Noten in den Verkehr gebracht sind.

In allen Fällen schreibt der Bundesrath die Art, die Zahl und die Fristen der über den Aufruf zu erlassenden Bekanntmachungen, den Zeitraum, innerhalb dessen und die Stellen, an welchen die Noten eingelöst werden sollen, die Maßgaben, unter denen nach Ablauf der Fristen eine Einlösung der aufgerufenen Noten noch stattzufinden hat, und die zur Sicherung der Noteninhaber sonst erforderlichen Maßregeln vor.

Die nach dem Vorstehenden von dem Bundesrathe zu erlassenden Vorschriften sind durch das Reichs-Gesetzblatt zu veröffentlichen.

§. 7. Den Banken, welche Noten ausgeben, ist nicht gestattet:

1. Wechsel zu akzeptiren,
2. Waaren oder kurshabende Papiere für eigene oder für fremde Rechnung auf Zeit zu kaufen oder auf Zeit zu verkaufen, oder für die Erfüllung solcher Kaufs- oder Verkaufsgeschäfte Bürgschaft zu übernehmen[10]).

§. 8. Banken, welche Noten ausgeben, haben

1. den Stand ihrer Aktiva und Passiva vom 7., 15., 23. und Letzten jedes Monats, spätestens am fünften Tage nach diesen Terminen und

---

[7]) Entsprechend BGB. § 799, wonach die für eine abhanden gekommene oder vernichtete Schuldverschreibung auf den Inhaber zugelassene Kraftloserklärung im Aufgebotsverfahren ausgeschlossen ist für die auf Sicht zahlbaren unverzinslichen Schuldverschreibungen, zu denen Banknoten gehören.

[8]) Eine Strafe für Zuwiderhandlung ist nicht vorgesehen; doch hat die Bank bei Nichtbeachtung der Vorschrift die Anordnung des Aufrufs und der Einziehung ihrer Noten durch den BR. (§ 6 Abs. 2) zu gewärtigen.

[9]) Für die Privatnotenbanken kann außerdem die Verpflichtung zur Einziehung ihrer Noten durch richterliches Urteil begründet werden § 50 Abs. 3.

[10]) Zuwiderhandlung strafbar nach § 58 Abs. 2.

2. spätestens drei Monate nach dem Schlusse jedes Geschäftsjahres eine genaue Bilanz ihrer Aktiva und Passiva, sowie den Jahresabschluß des Gewinn- und Verlustkontos

durch den Reichsanzeiger auf ihre Kosten zu veröffentlichen[11]).

Die wöchentliche Veröffentlichung muß angeben

1. auf Seiten der Passiva:
   das Grundkapital,
   den Reservefonds,
   den Betrag der umlaufenden Noten,
   die sonstigen täglich fälligen Verbindlichkeiten,
   die an eine Kündigungsfrist gebundenen Verbindlichkeiten,
   die sonstigen Passiva;
2. auf Seiten der Aktiva:
   den Metallbestand (den Bestand an kursfähigem deutschen Gelde und an Gold in Barren oder ausländischen Münzen, das Pfund fein zu 1392 Mark berechnet),
   den Bestand:
   an Reichs-Kassenscheinen,
   an Noten anderer Banken,
   an Wechseln,
   an Lombardforderungen,
   an Effekten,
   an sonstigen Aktiven.

Welche Kategorien der Aktiva und Passiva in der Jahresbilanz gesondert nachzuweisen sind, bestimmt der Bundesrath[12]).

---

[11]) Eine fernere Verpflichtung ist den Notenbanken durch G., betr. die Ausgabe von Banknoten 21. Dez. 74 (RGB. 193) auferlegt. Art. II § 4 dieses im übrigen gegenstandslos gewordenen G. bestimmt:

Die Banken sind ferner verpflichtet, dem Reichskanzler behufs der Veröffentlichung spätestens am siebenten Tage eines jeden Monats den am letzten Tage des vorausgegangenen Monats vorhanden gewesenen Betrag

der umlaufenden,

der in den Bankkassen (einschließlich der Filialen, Agenturen und sonstigen Zweiganstalten) befindlichen,

eintretendenfalls auch der nach erfolgter Einlösung vernichteten

Noten, nach den einzelnen Abschnitten (Appoints) gesondert, vorzulegen.

[12]) Bek. 15. Jan. 77 (CB. 24); danach ist nachzuweisen:

I. Auf Seiten der Passiva: 1. das Grundkapital, 2. der Reservefonds, 3. der etwa angelegte Reservefonds für zweifelhafte Forderungen (Delkredere-Konto), 4. der Gesamtbetrag der emittierten Banknoten unter Angabe der auf die einzelnen Notenabschnitte entfallenden Beträge, 5. das Guthaben der Giro- und Kontokurrentgläubiger, 6. der Betrag der verzinslichen und der unverzinslichen Depositen, der ersteren unter Sonderung der Beträge nach Zinsfuß und Kündigungsfrist, 7. der Betrag der schuldigen

Außerdem sind in beiden Veröffentlichungen die aus weiterbegebenen im Inlande zahlbaren Wechseln entsprungenen eventuellen Verbindlichkeiten ersichtlich zu machen[13]).

§. 9. Banken, deren Notenumlauf ihren Baarvorrath und den ihnen nach Maßgabe der Anlage zugewiesenen Betrag übersteigt, haben vom 1. Januar 1876 ab von dem Ueberschusse eine Steuer von jährlich Fünf vom Hundert an die Reichskasse zu entrichten[14]). Als Baarvorrath gilt bei Feststellung der Steuer der in den Kassen der Bank befindliche Betrag an kursfähigem deutschen Gelde, an Reichs-Kassenscheinen, an Noten anderer deutscher Banken und an Gold in Barren oder ausländischen Münzen, das Pfund fein zu 1392 Mark berechnet.

Erlischt die Befugniß einer Bank zur Notenausgabe (§. 49), so wächst der derselben zustehende Antheil an dem Gesammtbetrage des der Steuer nicht unterliegenden ungedeckten Notenumlaufs dem Antheile der Reichsbank zu[15]).

---

Depotzinsen, 8. der Betrag der nach § 9, 10 des BankG. etwa abzuführenden Notensteuer, 9. der Betrag des aus dem gleichzeitig zu veröffentlichenden Jahresabschlusse (BankG. § 8 Abs. 1 Ziff. 2) sich ergebenden Reingewinns;

II. Auf Seiten der Aktiva: 1. der Bestand an Gold in Barren oder ausländischen Münzen, 2. der Kassenbestand, 3. der Bestand an Silber in Barren und Sorten, 4. die Wechselbestände gesondert nach Platzwechseln, Rimessenwechseln auf deutsche Plätze und Wechsel auf außerdeutsche Plätze, 5. der Betrag der Lombardforderungen und zwar auf Gold und Silber, auf Effekten der in § 13 Ziff. 3 b, c und d des BankG. bezeichneten Art, auf andere Effekten, auf Waren, 6. der Bestand an Effekten (diskontierten Wertpapieren, eigenen Effekten, Effekten des Reservefonds), 7. Guthaben im Kontokurrentverkehr unter Sonderung nach der Art der gewährten Deckung, 8. der Betrag der fälligen, aber unbezahlt gebliebenen Wechsel- und Lombardforderungen, 9. der Wert der der Bank gehörenden Grundstücke.

[13]) Wissentlich unwahre Darstellung oder Verschleierung des Standes der Verhältnisse in den Veröffentlichungen ist strafbar nach § 59[1].

[14]) § 9 beschränkt die Notenausgabe durch die sog. indirekte Kontingentierung, die in den in Anm. 1 angeführten Quellen eingehend erörtert ist. Der Betrag der steuerfrei auszugebenden Noten ist danach gleich der Summe des Barvorrats im Sinne des § 9 und des der Bank in der Anlage (S. 173) zugewiesenen Kontingents. Der Überschuß dieser Summe über die bereits ausgegebenen Noten bildet die steuerfreie Notenreserve. Sobald diese erschöpft ist, tritt die fünfprozentige Notensteuer ein. — Nicht zu verwechseln sind die Bestimmungen über die bankmäßige Deckung der von der Reichsbank und von den vom § 43 befreiten Privatnotenbanken ausgegebenen Noten, § 17 und 44[3]. Die danach sich ergebenden Grenzen für die Ausgabe von Noten dürfen in keinem Falle überschritten werden.

[15]) Wie aus der Anl. zu § 9 ersichtlich, betrug nach G. 14. März 75 der zugelassene ungedeckte Notenumlauf 385 Millionen M., wovon auf die Reichsbank 250 Millionen M. entfielen. Letzterer Betrag erhöhte sich durch Zuwachsen der Anteile der unter Nr. 2—11, 15—17, 21—23 und 25—33 der Anlage bezeichneten Banken auf 293 400 000 M. und wurde durch das ErgänzG. 99 (Anl. A) Art. 5 weiter auf 450 Millionen M. erhöht, was eine Bemessung des Gesamtkontingents auf 541 600 000 M. zur Folge hatte. Seitdem ist der ungedeckte Notenumlauf der Reichsbank durch Verzicht der Frankfurter Bank und der Bank für Süddeutschland zur Notenausgabe auf 470 Millionen M. gestiegen Bek. 6. Juli 01 (RGB. 263) und 5. Juni 02 (RGB. 226).

§. 10. Zum Zweck der Feststellung der Steuer hat die Verwaltung der Bank am 7., 15., 23. und Letzten jedes Monats den Betrag des Baarvoraths und der umlaufenden Noten der Bank festzustellen und diese Feststellung an die Aufsichtsbehörde[16]) einzureichen. Am Schluß jedes Jahres wird von der Aufsichtsbehörde auf Grund dieser Nachweisungen die von der Bank zu zahlende Steuer in der Weise festgestellt, daß von dem aus jeder dieser Nachweisungen sich ergebenden steuerpflichtigen Ueberschusse des Notenumlaufs $^{5}/_{48}$ Prozent als Steuersoll berechnet werden. Die Summe dieser für jede einzelne Nachweisung als Steuersoll berechneten Beträge ergiebt die von der Bank spätestens am 31. Januar des folgenden Jahres zur Reichskasse abzuführende Steuer.

§. 11. Ausländische Banknoten oder sonstige auf den Inhaber lautende unverzinsliche Schuldverschreibungen ausländischer Korporationen, Gesellschaften oder Privaten dürfen, wenn sie ausschließlich oder neben anderen Werthbestimmungen in Reichswährung oder einer deutschen Landeswährung ausgestellt sind, innerhalb des Reichsgebietes zu Zahlungen nicht gebraucht werden[17]).

## Titel II.

### Reichsbank[18]).

§. 12. Unter dem Namen

„Reichsbank"

wird eine unter Aufsicht und Leitung des Reichs stehende Bank errichtet, welche die Eigenschaft einer juristischen Person besitzt und die Aufgabe hat, den

---

[16]) Aufsichtsbehörde ist der RKz. Zu geringe Angabe des steuerpflichtigen Notenumlaufs ist strafbar nach § 59². Die von der Reichsbank entrichtete Steuer bei Koch (Anm. 1) S. 99. Sie betrug bis Ende 99 im ganzen fast 7 Millionen M.

[17]) Strafbestimmung § 57.

[18]) Die Preußische Bank, 1846 durch Reorganisation der 1765 als reine Staatsanstalt begründeten Königl. Bank ins Leben gerufen, stand von Anfang an unter Staatsverwaltung. Ihr Kapital setzte sich aus 10 Millionen Talern im Privatbesitz befindlicher Anteile in Stücken von 1000 Talern und einem Staatsaktivkapital von $1^{1}/_{4}$, später fast 2 Millionen Talern zusammen. Sie konnte Banknoten bis zum Betrage von 15, später 21 Millionen Taler ausgeben. 1856 wurde die Bank durch Erhöhung des Privatkapitals auf 15 Millionen Taler erweitert und ihr, vorbehaltlich der Deckung zu mindestens $^{1}/_{3}$ in bar, des Rests in Wechseln, ein unbeschränktes Notenrecht verliehen. Die Reichsbank stellt eine erweiterte Fortsetzung der Preußischen Bank dar, die auf Grund BankG. § 61 vom Reich erworben wurde Vertrag 17./18. Mai 75 (RGB. 215) Anlage B. Im Titel II sind zunächst die Rechte und Pflichten der Reichsbank in geschäftlicher Beziehung dargestellt, § 12—22, während die § 23—41 ihre Organisation behandeln (Grundkapital § 23, Verwendung des Reingewinns § 24, Aufsicht des Reichs § 25, Leitung der Bank § 26—29, Befugnisse der Anteilseigner § 30—35, Zweiganstalten § 36, 37, Vollziehung verpflichtender Urkunden § 38, Schweigepflicht der Beamten § 39, Statut § 40, Kündigungsrecht des Reichs § 41). Die Reichsbank gründet sich zwar auf Privatkapital (§ 23), ist aber dessenungeachtet eine öffentlich rechtliche Einrichtung des Reichs, die von Reichsbeamten nicht nur beaufsichtigt, sondern verwaltet wird, die im § 12 bezeichneten, volkswirtschaftlich höchst wichtigen Aufgaben zu erfüllen hat und unter den im § 41 vorgesehenen Voraussetzungen

Geldumlauf im gesammten Reichsgebiete zu regeln, die Zahlungsausgleichungen zu erleichtern und für die Nutzbarmachung verfügbaren Kapitals zu sorgen[19]).

Die Reichsbank hat ihren Hauptsitz in Berlin. Sie ist berechtigt, aller Orten im Reichsgebiete Zweiganstalten[20]) zu errichten.

Der Bundesrath kann die Errichtung solcher Zweiganstalten an bestimmten Plätzen anordnen.

**§. 13.** Die Reichsbank ist befugt, folgende Geschäfte zu betreiben:

1. Gold und Silber in Barren und Münzen zu kaufen und zu verkaufen;
2. Wechsel, welche eine Verfallzeit von höchstens drei Monaten haben und aus welchen in der Regel drei, mindestens aber zwei als zahlungsfähig bekannte Verpflichtete haften, ferner Schuldverschreibungen des Reichs, eines deutschen Staats oder inländischer kommunaler Korporationen, welche nach spätestens drei Monaten mit ihrem Nennwerthe fällig sind, zu diskontiren, zu kaufen und zu verkaufen;
3. zinsbare Darlehne auf nicht länger als drei Monate gegen bewegliche Pfänder zu ertheilen (Lombardverkehr), und zwar:
   a) gegen Gold und Silber, gemünzt und ungemünzt,
   b) gegen zinstragende oder spätestens nach einem Jahre fällige und auf den Inhaber lautende Schuldverschreibungen des Reichs, eines deutschen Staats oder inländischer kommunaler Korporationen, oder gegen zinstragende, auf den Inhaber lautende Schuldverschreibungen, deren Zinsen vom Reiche oder von einem Bundesstaate garantirt sind, gegen voll eingezahlte Stamm- und Stammprioritätsaktien und Prioritätsobligationen deutscher Eisenbahngesellschaften, deren Bahnen im Betrieb befindlich sind, sowie gegen Pfandbriefe landschaftlicher, kommunaler oder anderer unter staatlicher Aufsicht stehender Bodenkreditinstitute Deutschlands und deutscher Hypothekenbanken auf Aktien, zu höchstens drei Viertel des Kurswerthes; *diesen Pfandbriefen stehen gleich andere auf den Inhaber lautende Schuldverschreibungen der bezeichneten Institute und Banken, welche auf Grund von Darlehnen ausgestellt werden, die an inländische kommunale Korporationen oder gegen Uebernahme der Garantie durch eine solche Korporation gewährt sind*[21]).

---

vom Reich übernommen werden kann. Besondere Bedeutung hat außer der Wechseldiskontierung, der Lombardierung und der Notenausgabe der Giroverkehr der Reichsbank gewonnen.

[19]) Sie ist ein von den in der Reichsgesetzgebung geordneten Handelsgesellschaften verschiedenes Gebilde, dessen rechtliche Grundlage neben dem BankG. ihr Statut bildet *Anlage* C. Als Kaufmann nach HGB. § 1⁴ ist sie mit der aus § 66 sich ergebenden Einschränkung den Bestimmungen des Handelsrechts unterworfen, insbesondere auch den Bestimmungen des Depotgesetzes (Nr. 5).

[20]) Reichsbankhauptstellen § 36, Reichsbank- und Reichsbanknebenstellen § 37.

[21]) Der Nachsatz ist durch Ergänz.G. 99 Art. 6 hinzugefügt und am 1. Jan. 01 in Kraft getreten (Art. 10 das.). —

c) gegen zinstragende, auf den Inhaber lautende Schuldverschreibungen nicht deutscher Staaten, sowie gegen staatlich garantirte ausländische Eisenbahn-Prioritätsobligationen, zu höchstens 50 Prozent des Kurswerthes[22]),
d) gegen Wechsel, welche anerkannt solide Verpflichtete aufweisen, mit einem Abschlage von mindestens 5 Prozent ihres Kurswerthes,
e) gegen Verpfändung im Inlande lagernder Kaufmannswaaren, höchstens bis zu zwei Drittheilen ihres Werthes;

4. Schuldverschreibungen der vorstehend unter 3. b. bezeichneten Art zu kaufen und zu verkaufen; die Geschäftsanweisung[23]) für das Reichsbank-Direktorium (§. 26) wird feststellen, bis zu welcher Höhe die Betriebsmittel der Bank in solchen Schuldverschreibungen angelegt werden dürfen;
5. für Rechnung von Privatpersonen, Anstalten und Behörden Inkassos zu besorgen und nach vorheriger Deckung Zahlungen zu leisten und Anweisungen oder Ueberweisungen auf ihre Zweiganstalten oder Korrespondenten auszustellen;
6. für fremde Rechnung Effekten aller Art, sowie Edelmetalle nach vorheriger Deckung zu kaufen und nach vorheriger Ueberlieferung zu verkaufen;
7. verzinsliche und unverzinsliche Gelder im Depositengeschäft und im Giroverkehr anzunehmen; die Summe der verzinslichen Depositen darf diejenige des Grundkapitals und des Reservefonds der Bank nicht übersteigen;
8. Werthgegenstände in Verwahrung und in Verwaltung zu nehmen[24]).

---

Landschaftliche und ritterschaftliche Bodenkreditinstitute bestehen in allen Preußischen Provinzen außer Hessen-Nassau, das älteste in Schlesien (seit 1770). Für die von ihnen ausgegebenen Pfandbriefe hafteten ursprünglich speziell verpfändete Güter (alte Pfandbriefe), nach dem später üblichen Verfahren die gesamten Hypotheken der Anstalt in der Weise, daß sich der nicht befriedigte Pfandbriefinhaber eine derselben in Höhe seiner Forderung im Wege der Zwangsvollstreckung überweisen lassen kann (neue Pfandbriefe). Dazu kommt zumeist Gewährleistung für Kapital und Zinsen durch die Land- oder Ritterschaft. Kommunale Bodenkreditinstitute, hervorgegangen aus staatlichen Anstalten, bestehen in Hannover und Hessen-Nassau (Landeskreditanstalt in Hannover, Landeskreditkasse in Kassel, Landesbank in Wiesbaden). Hypothekenbanken, geregelt durch G. 13. Juli 99 (RGB. 375), beschäftigen sich überwiegend mit der Beleihung städtischer Grundstücke. Als Nebengeschäft ist ihnen die Gewährung nicht hypothekarischer Darlehen an inländische Körperschaften des öffentlichen Rechts oder gegen Übernahme der vollen Gewährleistung durch eine solche Körperschaft und die Ausgabe von Schuldverschreibungen auf Grund der so erworbenen Forderungen gestattet § 5². Diese Schuldverschreibungen können von der Reichsbank lombardiert werden, soweit ihnen die Verpflichtungen kommunaler Korporationen zugrunde liegen (sog. Kommunal-Obligationen).

[22]) Die Voraussetzung in lit. b., daß die Bahnen im Betriebe sein müssen, ist hier zwar nicht ausdrücklich zugefügt, ihre Forderung möchte jedoch auch hier dem Willen des Gesetzgebers entsprechen.

[23]) Bisher nicht erlassen (Koch S. 108 Anm. 51). Der Ankauf von Effekten ist davon abhängig, daß der hierzu zu verwendende Betrag zuvor mit Zustimmung des Zentralausschusses festgesetzt ist § 32 d.

[24]) Näheres über die geschäftliche Tätigkeit der Reichsbank enthalten die all-

§. 14. Die Reichsbank ist verpflichtet, Barrengold zum festen Satze von 1392 Mark für das Pfund fein gegen ihre Noten umzutauschen[25]).

Die Bank ist berechtigt, auf Kosten des Abgebers solches Gold durch die von ihr zu bezeichnenden Techniker prüfen und scheiden zu lassen.

§. 15. Die Reichsbank hat jeweilig den Prozentsatz öffentlich bekannt zu machen, zu welchem sie diskontirt (§. 13, 2) oder zinsbare Darlehne ertheilt (§. 13, 3). Die Aufstellung ihrer Wochen-Uebersichten erfolgt auf Grundlage der Bücher des Reichsbank-Direktoriums und der demselben unmittelbar untergeordneten Zweiganstalten[26]).

§. 16. Die Reichsbank hat das Recht, nach Bedürfniß ihres Verkehrs Banknoten auszugeben[27]).

Die An- und Ausfertigung, Einziehung und Vernichtung derselben erfolgt unter Kontrole der Reichsschulden-Kommission, **welcher zu diesem Zwecke ein vom Kaiser ernanntes Mitglied hinzutritt**[28]).

§. 17. Die Reichsbank ist verpflichtet, für den Betrag ihrer im Umlauf befindlichen Banknoten jederzeit mindestens ein Drittheil in kursfähigem deutschen Gelde, Reichs-Kassenscheinen oder in Gold in Barren oder ausländischen Münzen, das Pfund fein zu 1392 Mark gerechnet, und den Rest in diskontirten Wechseln, welche eine Verfallzeit von höchstens drei Monaten haben, und aus welchen in der Regel drei, mindestens aber zwei als zahlungsfähig bekannte Verpflichtete haften, in ihren Kassen als Deckung bereit zu halten[29]).

§. 18. Die Reichsbank ist verpflichtet, ihre Noten:

a) bei ihrer Hauptkasse in Berlin sofort auf Präsentation,

---

gemeinen Bestimmungen über den Geschäftsverkehr mit der Reichsbank Anlage D.

[25]) Nach G. 4. Dez. 71 (Nr. 2) § 1 liefert 1 Pfund Feingold 1395 Mark, wovon 3 Mk. als Prägegebühr [MünzG. (Nr. 3) Art. 12 und Anm. 21] in Abgang kommen. Das so erworbene Barrengold läßt die Reichsbank nach Bedarf prägen. — Für die Prüfung und Scheidung gilt die Bek. 8. Juni 75 (MünzG. Anm. 20).

[26]) Die Praxis der Reichsbank, gelegentlich auch unter dem bekannt gegebenen Prozentsatze zu diskontieren, ist durch Ergänz.G. 99 (Anl. A) unter Einschränkungen gesetzlich bestätigt worden Art. 7 § 1. Der Lombardzinsfuß ist im allgemeinen 1 Prozent höher als der Wechseldiskont. — Anhörung des Zentralausschusses vor Festsetzung des Diskontosatzes und des Lombardzinsfußes § 32e.

[27]) Jedoch mit der aus § 17 sich ergebenden Beschränkung. Entrichtung einer Notensteuer nach Erschöpfung der steuerfreien Notenreserve § 9.

[28]) Geändert durch ReichsschuldenO. 19. März 00 (RGB. 129) § 20 Abs. 2. — Die Reichsschulden-Kommission besteht aus sechs Bevollmächtigten oder stellvertretenden Bevollmächtigten zum Bundesrat, darunter dem jedesmaligen Vorsitzenden des Ausschusses für das Rechnungswesen, der den Vorsitz in der Kommission führt, sechs mit Stimmenmehrheit für die Dauer der Legislaturperiode gewählten Mitgliedern des Reichstags und dem Chefpräsidenten der preußischen Ober-Rechnungskammer in seiner Eigenschaft als Chefpräsident des Rechnungshofs des Reichs ReichsschuldenO. § 12—14.

[29]) Die Noten anderer deutscher Banken, die als Barvorrat im Sinne des § 9 gelten, sind nach § 17 als bankmäßige Deckung nicht zugelassen.

b) bei ihren Zweiganstalten, soweit es deren Baarbestände und Geldbedürfnisse gestatten,

dem Inhaber gegen kursfähiges deutsches Geld einzulösen.

**§. 19.** Die Reichsbank ist verpflichtet, die Noten der, vom Reichskanzler nach der Bestimmung im §. 45 dieses Gesetzes bekannt gemachten Banken sowohl in Berlin, als auch bei ihren Zweiganstalten in Städten von mehr als 80000 Einwohnern[30]) oder am Sitze der Bank, welche die Noten ausgegeben hat, zum vollen Nennwerthe in Zahlung zu nehmen, so lange die ausgebende Bank ihrer Noteneinlösungspflicht pünktlich nachkommt. Die auf diesem Wege angenommenen Banknoten dürfen nur entweder zur Einlösung präsentirt oder zu Zahlungen an diejenige Bank, welche dieselben ausgegeben hat, oder zu Zahlungen an dem Orte, wo letztere ihren Hauptsitz hat, verwendet werden.

Die Reichsbank ist ermächtigt, mit anderen deutschen Banken Vereinbarungen über Verzichtleistung der letzteren auf das Recht zur Notenausgabe abzuschließen[31]).

**§. 20.** Wenn der Schuldner eines im Lombardverkehr (§. 13 Ziffer 3) gewährten Darlehns im Verzuge ist, ist die Reichsbank berechtigt, ohne gerichtliche Ermächtigung oder Mitwirkung das bestellte Faustpfand durch einen ihrer Beamten oder durch einen zu Versteigerungen befugten Beamten öffentlich verkaufen, oder, wenn der verpfändete Gegenstand einen Börsenpreis oder Marktpreis hat, den Verkauf auch nicht öffentlich durch einen ihrer Beamten, oder durch einen Handelsmakler[32]), oder, in Ermangelung eines solchen, durch einen zu Versteigerungen befugten Beamten zum laufenden Preise bewirken zu lassen, und sich aus dem Erlöse wegen Kapital, Zinsen und Kosten bezahlt zu machen. Dieses Recht behält die Bank auch gegenüber anderen Gläubigern und gegenüber der Konkursmasse des Schuldners.

---

[30]) Maßgebend ist die letzte gesetzliche Volkszählung, gegenwärtig die vom 1. Dez. 00. Danach zählten über 80000 Einwohner Aachen, Altona, Augsburg, Barmen, Berlin, Braunschweig, Bremen, Breslau, Charlottenburg, Chemnitz, Cöln, Crefeld, Danzig, Dortmund, Dresden, Düsseldorf, Duisburg, Elberfeld, Erfurt, Essen, Frankfurt a. M., Görlitz, Halle a. S., Hamburg, Hannover, Karlsruhe, Kassel, Kiel, Königsberg i. Pr., Leipzig, Lübeck, Magdeburg, Mainz, Mannheim, Mülhausen i. E., München, Nürnberg, Posen, Rixdorf, Schöneberg, Stettin, Straßburg i. E., Stuttgart, Wiesbaden. — Die eigenen Noten sind bei allen Zweiganstalten in Zahlung zu nehmen § 4 Abs. 1.

[31]) Erforderlich gutachtliche Anhörung des Zentralausschusses § 32f.

[32]) Die amtlich bestellten Handelsmakler sind durch das neue HGB. beseitigt. Die seitdem ihr Gewerbe frei betreibenden Makler bedürfen jedoch zur Ausführung gewisser freihändiger, öffentliche Versteigerungen ersetzender An- und Verkäufe einer öffentlichen Ermächtigung Abschn. I Nr. 3 Anl. B Ziff. 2. Solche öffentlich ermächtigten Makler oder die ihnen durch BörsenG. (Nr. 6 des Abschn.) § 34 in der Fassung des EG. z. HGB. Art. 14 gleichgestellten Kursmakler sind zu den freihändigen Verkäufen für die Reichsbank befugt.

**§. 21.** Die Reichsbank und ihre Zweiganstalten sind im gesammten Reichsgebiete frei von staatlichen Einkommen- und Gewerbesteuern[33]).

**§. 22.** Die Reichsbank ist verpflichtet, ohne Entgelt für Rechnung des Reichs Zahlungen anzunehmen und bis auf Höhe des Reichsguthabens zu leisten[34]).

Sie ist berechtigt, die nämlichen Geschäfte für die Bundesstaaten zu übernehmen[35]).

**§. 23**[36]). Das Grundkapital der Reichsbank besteht aus einhundertundachzig Millionen Mark, getheilt in vierzigtausend Antheile von je dreitausend und sechzigtausend Antheile von je eintausend Mark.

Von letzteren sind dreißigtausend Antheile bis zum 31. Dezember 1900 und dreißigtausend Antheile bis zum 31. Dezember 1905 zu begeben. Auf die Begebung findet der §. 38 des Gesetzes vom 22. Juni 1896 (Prospektzwang) keine Anwendung[37]).

Die Antheile lauten auf Namen.

Die Antheilseigner haften persönlich für die Verbindlichkeiten der Reichsbank nicht.

**§. 24.** Aus dem beim Jahresabschlusse sich ergebenden Reingewinne der Reichsbank wird:

1. zunächst den Antheilseignern eine ordentliche Dividende von dreiundeinhalb Prozent des Grundkapitals berechnet, sodann
2. von dem Mehrbetrag eine Quote von zwanzig Prozent dem Reservefonds zugeschrieben, solange derselbe nicht den Betrag von sechszig Millionen Mark erreicht hat,

---

[33]) Zur Entrichtung anderer staatlicher Steuern wie der Grund- oder Gebäudesteuer und kommunaler Steuern ist sie verpflichtet. — In Preußen ist seit 1. Jan. 95 die Gewerbesteuer, ebenso wie die Grund- und Gebäudesteuer, für den Staat außer Hebung gesetzt G. 14. Juli 93 (GS. 119) § 1, wird jedoch, da sie die Grundlage für die Gemeindebesteuerung bildet, weiter vom Staat veranlagt das. § 3.

[34]) Durch Bek. des RKz. 29. Dez. 75 (CB. 821) ist die Wahrnehmung der Zentralkassengeschäfte des Deutschen Reichs vom 1. Jan. 76 ab auf die Reichsbank-Hauptkasse in Berlin übertragen, die sie unter der Benennung „Reichs-Hauptkasse" führt. Für die Buchführungsgeschäfte ist eine besondere Geschäftsabteilung eingerichtet. Amtliche Ausfertigungen der Reichs-Hauptkasse müssen die Unterschrift des Vorstehers oder seines Vertreters und eines Buchhalters der Geschäftsabteilung tragen. Zahlungen an die Reichshauptkasse sind für deren Rechnung an die Reichsbank-Hauptkasse zu leisten. Quittungen darüber bedürfen außer den erwähnten beiden Unterschriften noch der Unterschrift des in Frage kommenden Kassierers der Reichsbank-Hauptkasse.

[35]) Das ist früher für Preußen und Baden geschehen; zur Zeit wird von der Bestimmung kein Gebrauch gemacht.

[36]) Die Fassung des § 23 beruht auf Ergänz.G. 99 (Anl. A) Art. 1. Hierdurch wurde das Grundkapital, das ursprünglich aus 120 Millionen Mk., geteilt in 40000 Anteile von je 3000 Mk. bestand, um 60000 Anteile zu je 1000 Mk. erhöht. Die Anteilscheine sind keine Aktien, diesen aber ähnlich. Bestimmungen darüber im Statut (Anl. B) § 3—9.

[37]) BörsenG. (Nr. 6 dieses Abschn.).

3. von dem weiter verbleibenden Reste den Antheilseignern ein Viertel, der Reichskasse drei Viertel überwiesen.

Erreicht der Reingewinn nicht volle dreiundeinhalb Prozent des Grundkapitals, so ist das Fehlende aus dem Reservefonds zu ergänzen.

Das bei Begebung von Antheilsscheinen der Reichsbank etwa zu gewinnende Aufgeld fließt dem Reservefonds zu.

Dividendenrückstände verjähren binnen vier Jahren, von dem Tage ihrer Fälligkeit an gerechnet, zum Vortheile der Bank[38]).

**§. 25.** Die dem Reiche zustehende Aufsicht über die Reichsbank wird von einem Bank-Kuratorium ausgeübt, welches aus dem Reichskanzler als Vorsitzenden und vier Mitgliedern besteht. Eines dieser Mitglieder ernennt der Kaiser, die drei anderen der Bundesrath.

Das Kuratorium versammelt sich vierteljährlich einmal. In diesen Versammlungen wird ihm über den Zustand der Bank und alle darauf Bezug habenden Gegenstände Bericht erstattet und eine allgemeine Rechenschaft von allen Operationen und Geschäftseinrichtungen der Bank ertheilt.

**§. 26.** Die dem Reiche zustehende Leitung der Bank wird vom Reichskanzler, und unter diesem von dem Reichsbank-Direktorium ausgeübt; in Behinderungsfällen des Reichskanzlers wird die Leitung durch einen vom Kaiser hierfür ernannten Stellvertreter wahrgenommen.

Der Reichskanzler leitet die gesammte Bankverwaltung innerhalb der Bestimmungen dieses Gesetzes und des zu erlassenden Statuts (§. 40). Er erläßt die Geschäftsanweisungen für das Reichsbank-Direktorium und für die Zweiganstalten, sowie die Dienstinstruktionen für die Beamten der Bank, und verfügt die erforderlichen Abänderungen der bestehenden Geschäftsanweisungen (Reglements) und Dienstinstruktionen[39]).

**§. 27.** Das Reichsbank-Direktorium ist die verwaltende und ausführende, sowie die, die Reichsbank nach außen vertretende Behörde.

---

[38]) Die Fassung des § 24 beruht auf Ergänz.G. 99 (Anl. A) Art. 2. Ursprünglich war eine ordentliche Dividende von $4^1/_2$ v. H., sodann die Dotierung des Reservefonds mit 20 v. H. des Mehrbetrages, solange er nicht $^1/_4$ des Grundkapitals betrug, und die Verteilung des Rests so vorgesehen, daß die Anteilseigner und die Reichskasse je mit der Hälfte und erst, wenn eine Gesamtdividende der ersteren von 8 v. H. erreicht war, sie mit nur $^1/_4$, die Reichskasse mit $^3/_4$ bedacht wurden. Dieser Verteilungsmaßstab wurde durch Ergänz.G. 18. Dez. 89 (RGB. 201) dahin geändert, daß die ordentliche Dividende auf $3^1/_2$ v. H. herabgesetzt wurde und schon wenn die Gesamtdividende 6 v. H. erreichte, der Reichsanteil auf $^3/_4$ stieg. Nach der obigen, neuesten Regelung tritt die Teilung zwischen Anteilseignern und Reichskasse im Verhältnisse von 1 : 3 ohne Zwischenstufe bereits nach Erreichung der ordentlichen Dividende von $3^1/_2$ v. H. ein. Der anzusammelnde Reservefonds ist ferner auf $^1/_3$ des vermehrten Grundkapitals erhöht worden.

[39]) Diese Anweisungen sind nicht veröffentlicht.

Es besteht aus einem Präsidenten und der erforderlichen Anzahl von Mitgliedern[40]), und faßt seine Beschlüsse nach Stimmenmehrheit, hat jedoch bei seiner Verwaltung überall den Vorschriften und Weisungen des Reichskanzlers Folge zu leisten.

Präsident und Mitglieder des Reichsbank-Direktoriums werden auf den Vorschlag des Bundesraths vom Kaiser auf Lebenszeit ernannt.

§. 28. Die Beamten der Reichsbank haben die Rechte und Pflichten der Reichsbeamten[41]).

---

[40]) Zur Zeit außer dem Präsidenten aus dem Vizepräsidenten und sechs Mitgliedern.

[41]) Die Reichsbankbeamten werden, soweit sie nicht nach § 27 u. 36 des BankG. vom Kaiser zu ernennen sind, vom RKz. oder auf Grund der von dem letzteren erteilten Ermächtigung vom Präsidenten des Reichsbank-Direktoriums ernannt V. 19. Dez. 75 (RGB. 378) § 1. Der RKz. hat sich nur die Ernennung der ersten Vorstandsbeamten der Reichsbankhauptstellen vorbehalten. — Auf die Reichsbankbeamten finden im allgemeinen die Bestimmungen des Reichsbeamten G. 31. März 73 (RGB. 61) Anwendung. V. 19. Dez. 75 § 2 bestimmt hierzu:

Zur Ausübung derjenigen Funktionen, welche in dem Gesetze, betreffend die Rechtsverhältnisse der Reichsbeamten, vom 31. März 1873 (Reichs-Gesetzbl. S. 61) der obersten Reichsbehörde, den höheren Reichsbehörden, den vorgesetzten Dienstbehörden und den unmittelbar vorgesetzten Behörden beigelegt sind, sind im Bereiche der Reichsbankverwaltung zuständig:

A. in Bezug auf den Präsidenten und die Mitglieder des Reichsbank-Direktoriums:
der Reichskanzler;

B. in Bezug auf die übrigen Reichsbankbeamten:

I. als oberste Reichsbehörde:
das Reichsbank-Direktorium;

II. als höhere, der obersten Reichsbehörde unmittelbar untergeordnete Reichsbehörden:
die Reichsbankhauptstellen;

III. als vorgesetzte Dienstbehörde:
der Präsident des Reichsbank-Direktoriums;

IV. als unmittelbar vorgesetzte Behörden bezw. Beamte:

1. der Vorsteher jeder Bankanstalt hinsichtlich der bei ihr angestellten Beamten;
2. jede Bankanstalt, welcher eine andere unmittelbar untergeben ist, hinsichtlich des Vorstehers oder, wo ein solcher fehlt, hinsichtlich der Beamten der untergebenen Behörde.

Die Gehälter, die nach Dienstaltersstufen geregelt sind, werden vierteljährlich im voraus gezahlt Bek. des RKz. 27. Dez. 75 (CB. 819). — Hinsichtlich der Pensionen und der Fürsorge für die Witwen und Waisen stehen die Reichsbankbeamten den anderen Reichsbeamten gleich V. 23. Dez. 75 (RGB. 386), V. 8. Juni 81 (RGB. 117), V. 20. Juni 86 (RGB. 203), V. 18. März 88 (RGB. 80) und V. 26. Juli 97 (RGB. 613). Es findet ferner die V. über die Tagegelder, die Fuhrkosten und die Umzugskosten der Reichsbeamten 25. Juni 01 (RGB. 241) auf sie Anwendung. — Während aber die Verpflichtung der mit der Verwaltung von Geld oder geldwerten Gegenständen betrauten Beamten zur Kautionsleistung (G. 2. Juni 69 BGB. 161) für die übrigen Reichsbeamten aufgehoben ist G. 20. Feb. 98 (RGB. 29), ist sie für die Reichsbankbeamten bestehen geblieben. Geregelt durch V. 23. Dez 75 und 31. März 80 Anlage E.

Ihre Besoldungen, Pensionen und sonstigen Dienstbezüge, sowie die Pensionen und Unterstützungen für ihre Hinterbliebenen, trägt die Reichsbank. Der Besoldungs- und Pensions-Etat des Reichsbank-Direktoriums wird jährlich durch den Reichshaushalts-Etat, der der übrigen Beamten jährlich vom Kaiser im Einvernehmen mit dem Bundesrathe auf den Antrag des Reichskanzlers festgesetzt.

Kein Beamter der Reichsbank darf Antheilscheine derselben besitzen.

**§. 29.** Die Rechnungen der Reichsbank unterliegen der Revision durch den Rechnungshof des Deutschen Reichs.

Die Form, in welcher die jährliche Rechnungslegung zu erfolgen hat, wird durch den Reichskanzler bestimmt. Die hierüber ergehenden Bestimmungen sind dem Rechnungshof mitzutheilen[42]).

**§. 30.** Die Antheilseigner üben die ihnen zustehende Betheiligung an der Verwaltung der Reichsbank durch die Generalversammlung, außerdem durch einen aus ihrer Mitte gewählten ständigen Zentralausschuß nach Maßgabe der nachfolgenden Bestimmungen aus[43]).

**§. 31.** Der Zentralausschuß ist die ständige Vertretung der Antheilseigner gegenüber der Verwaltung. Er besteht aus fünfzehn Mitgliedern, neben welchen fünfzehn Stellvertreter zu wählen sind. Die Mitglieder und die Stellvertreter werden von der Generalversammlung aus der Zahl derjenigen Antheilseigner gewählt, welche auf ihren Namen lautende Antheilscheine über einen Mindestbetrag von je neuntausend Mark besitzen[44]). Sämmtliche Mitglieder und Stellvertreter müssen im Reichsgebiete und wenigstens neun Mitglieder und neun Stellvertreter in Berlin ihren Wohnsitz haben. Ein Drittel der Mitglieder scheidet jährlich aus. Die Ausscheidenden sind wieder wählbar.

Der Zentralausschuß versammelt sich unter Vorsitz des Präsidenten des Reichsbank-Direktoriums wenigstens einmal monatlich, kann von demselben aber auch außerordentlich berufen werden. Er ist beschlußfähig bei Anwesenheit von wenigstens sieben Mitgliedern; die Geschäftsanweisung wird festsetzen, in welchen Fällen und in welcher Reihenfolge die Einberufung von Stellvertretern zu bewirken ist.

**§. 32.** Dem Zentralausschuß werden in jedem Monat die wöchentlichen Nachweisungen über die Diskonto-, Wechsel- und Lombardbestände, den Noten-

---

[42]) Sie sind nicht veröffentlicht.

[43]) Statut der Reichsbank (Anl. C) § 16—21 (Generalversammlung) und § 22—26 (Zentralausschuß). Die Aufgaben dieser Organe sind wesentlich beschränkter als die der Generalversammlung und des Aufsichtsrats von Aktiengesellschaften.

[44]) Fassung beruht auf Ergänz.G. 99 (Anl. A) Art. 3. Nach der früheren Fassung waren die „im Besitze von mindestens je drei auf ihren Namen lautenden Anteilscheinen befindlichen Anteilseigner" wählbar. Die Änderung ist die Folge der Ausgabe der neuen, auf 1000 Mk. lautenden Anteilscheine § 23. — Vollziehung der Wahlen Statut (Anl. C) § 22, 23.

umlauf, die Baarfonds, die Depositen, über den An- und Verkauf von Gold, Wechseln und Effekten, über die Vertheilung der Fonds auf die Zweiganstalten zur Einsicht vorgelegt, und zugleich die Ergebnisse der ordentlichen und der außerordentlichen Kassenrevisionen, sowie die Ansichten und Vorschläge des Reichsbank-Direktoriums über den Gang der Geschäfte im Allgemeinen und über die etwa erforderlichen Maßregeln mitgetheilt.

Insbesondere ist der Zentralausschuß gutachtlich zu hören:

a) über die Bilanz und die Gewinnberechnung, welche nach Ablauf des Geschäftsjahres vom Reichsbank-Direktorium aufgestellt, mit dessen Gutachten dem Reichskanzler zur definitiven Festsetzung überreicht, und demnächst den Antheilseignern in deren ordentlicher Generalversammlung mitgetheilt wird;

b) über Abänderungen des Besoldungs- und Pensions-Etats (§. 28);

c) über die Besetzung erledigter Stellen im Reichsbank-Direktorium, mit Ausnahme der Stelle des Präsidenten, vor der Beschlußfassung des Bundesraths (§. 27);

d) über den Höchstbetrag, bis zu welchem die Fonds der Bank zu Lombarddarlehen verwendet werden können.

Der Ankauf von Effekten für Rechnung der Bank kann nur erfolgen, nachdem die Höhe des Betrages, bis zu welcher die Fonds der Bank zu diesem Zwecke verwendet werden können, zuvor mit Zustimmung des Zentralausschusses festgesetzt ist;

e) über die Höhe des Diskontosatzes und des Lombard-Zinsfußes, sowie über Veränderungen in den Grundsätzen und Fristen der Kredittertheilung;

f) über Vereinbarungen mit anderen deutschen Banken (§. 19), sowie über die in den Geschäftsbeziehungen zu denselben zu beobachtenden Grundsätze.

Allgemeine Geschäftsanweisungen und Dienstinstruktionen sind dem Zentralausschusse alsbald nach ihrem Erlasse (§. 26) zur Kenntnißnahme mitzutheilen.

**§. 33.** Die Mitglieder des Zentralausschusses beziehen keine Besoldung.

Wenn ein Ausschußmitglied das Bankgeheimniß (§. 39) verletzt, die durch sein Amt erlangten Aufschlüsse gemißbraucht oder sonst das öffentliche Vertrauen verloren hat, oder wenn durch dasselbe überhaupt das Interesse des Instituts gefährdet erscheint, so ist die Generalversammlung berechtigt, seine Ausschließung zu beschließen.

Ein Ausschußmitglied, welches in Konkurs geräth, während eines halben Jahres den Versammlungen nicht beigewohnt, oder eine der Voraussetzungen seiner Wählbarkeit (§. 31) verloren hat, wird für ausgeschieden erachtet.

**§. 34.** Die fortlaufende spezielle Kontrole über die Verwaltung der Reichsbank üben drei, von dem Zentralausschusse aus der Zahl seiner Mitglieder auf ein Jahr gewählte Deputirte des Zentralausschusses beziehungsweise deren gleichzeitig zu wählende Stellvertreter. Die Geschäftsanweisung wird festsetzen, in welchen Fällen und in welcher Reihenfolge die Einberufung von Stellvertretern zu bewirken ist.

Die Deputirten sind insbesondere berechtigt, allen Sitzungen des Reichsbank-Direktoriums mit berathender Stimme beizuwohnen.

Sie sind ferner berechtigt und verpflichtet, in den gewöhnlichen Geschäftsstunden und im Beisein eines Mitgliedes des Reichsbank-Direktoriums von dem Gange der Geschäfte Kenntniß zu nehmen, die Bücher und Portefeuilles der Bank einzusehen und den ordentlichen, wie außerordentlichen Kassenrevisionen beizuwohnen. Ueber ihre Wirksamkeit erstatten sie in den monatlichen Versammlungen des Zentralausschusses Bericht.

Im Fall des §. 33 Absatz 2 kann ein Deputirter bereits vor der Entscheidung der Generalversammlung durch den Zentralausschuß suspendirt werden.

**§. 35.** Geschäfte mit den Finanzverwaltungen des Reichs oder deutschen Bundesstaaten dürfen nur innerhalb der Bestimmungen dieses Gesetzes und des Bankstatuts gemacht und müssen, wenn andere als die allgemein geltenden Bedingungen des Bankverkehrs in Anwendung kommen sollen, zuvor zur Kenntniß der Deputirten gebracht, und, wenn auch nur Einer derselben darauf anträgt, dem Zentralausschuß vorgelegt werden. Sie müssen unterbleiben, wenn der letztere nicht in einer beschlußfähigen Versammlung mit Stimmenmehrheit für die Zulässigkeit sich ausspricht.

**§. 36.** Außerhalb des Hauptsitzes der Bank sind an, vom Bundesrathe zu bestimmenden, größeren Plätzen Reichsbankhauptstellen zu errichten, welche unter Leitung eines aus wenigstens zwei Mitgliedern bestehenden Vorstandes, und unter Aufsicht eines vom Kaiser ernannten Bank-Kommissarius stehen[45]).

Bei jeder Reichsbankhauptstelle soll, wenn sich daselbst eine hinreichende Zahl geeigneter Antheilseigner vorfindet, ein Bezirksausschuß bestehen, dessen Mitglieder vom Reichskanzler aus den vom Bank-Kommissar und vom Zentralausschuß aufgestellten Vorschlagslisten der am Sitz der Bankhauptstelle oder in dessen unmittelbarer Nähe wohnhaften Antheilseigner ausgewählt werden. Dem Ausschuß werden in seinen monatlich abzuhaltenden Sitzungen die Uebersichten über die Geschäfte der Bankhauptstelle und die von der Zentralverwaltung ergangenen allgemeinen Anordnungen mitgetheilt. Anträge und Vorschläge des Bezirksausschusses, welchen vom Vorstande der Bankhauptstelle nicht in eigener Zuständigkeit entsprochen wird, werden von letzterem dem Reichskanzler mittelst Berichts eingereicht.

Eine fortlaufende spezielle Kontrole über den Geschäftsgang bei den Bankhauptstellen nach Maßgabe der Bestimmungen im §. 34 üben, soweit es

[45]) **Reichsbankhauptstellen** bestehen in Bremen, Breslau, Cöln, Danzig, Dortmund, Dresden, Frankfurt a. M., Hamburg, Hannover, Kiel, Königsberg i. Ostpr., Leipzig, Magdeburg, Mannheim, München, Posen, Stettin, Straßburg im Elsaß, Stuttgart (Handbuch für das Deutsche Reich 03).

ohne Störung der täglich laufenden Geschäfte geschehen kann, 2 bis 3 Beigeordnete, welche vom Bezirksausschuß aus seiner Mitte gewählt, oder, wo ein Bezirksausschuß nicht besteht, vom Reichskanzler nach Absatz 2 ernannt werden.

**§. 37.** Die Errichtung sonstiger Zweiganstalten erfolgt, sofern dieselben dem Reichsbank-Direktorium unmittelbar untergeordnet werden (Reichsbankstellen), durch den Reichskanzler, sofern sie einer anderen Zweiganstalt untergeordnet werden, durch das Reichsbank-Direktorium[46]).

**§. 38.** Die Reichsbank wird in allen Fällen, und zwar auch wo die Gesetze eine Spezialvollmacht erfordern, durch die Unterschrift des Reichsbank-Direktoriums oder einer Reichsbankhauptstelle verpflichtet, sofern diese Unterschriften von zwei Mitgliedern des Reichsbank-Direktoriums beziehungsweise von zwei Mitgliedern des Vorstandes der Reichsbankhauptstelle oder den als Stellvertretern der letzteren bezeichneten Beamten vollzogen sind.

Unter welchen Voraussetzungen und in welcher Form die Unterschriften der Bankstellen eine Verpflichtung für die Reichsbank begründen, wird vom Reichskanzler bestimmt und besonders bekannt gemacht[47]).

Gegen die Reichsbankhauptstellen und Bankstellen können alle Klagen, welche auf den Geschäftsbetrieb derselben Bezug haben, bei dem Gerichte des Orts erhoben werden, wo die Zweiganstalt errichtet ist.

**§. 39.** Sämmtliche bei der Verwaltung der Bank als Beamte, Ausschußmitglieder, Beigeordnete betheiligte Personen sind verpflichtet, über alle einzelne Geschäfte der Bank, besonders über die mit Privatpersonen und über den Umfang des den letzteren gewährten Kredits, Schweigen zu beobachten. Die Deputirten des Zentralausschusses und deren Stellvertreter, sowie die Beigeordneten bei den Reichsbankhauptstellen sind hierzu vor Antritt ihrer Funktionen mittelst Handschlags an Eidesstatt besonders zu verpflichten.

**§. 40.** Das Statut der Reichsbank[48]) wird nach Maßgabe der vorstehend in den §§. 12 bis 39 enthaltenen Vorschriften vom Kaiser im Einvernehmen mit dem Bundesrath erlassen.

Dasselbe muß insbesondere Bestimmungen enthalten:

1. über die Form der Antheilscheine der Reichsbank und der dazu gehörigen Dividendenscheine und Talons;

---

[46]) **Reichsbankstellen** bestehen zur Zeit 62, **Reichsbanknebenstellen** d. h. einer Zweiganstalt untergeordnete Zweiganstalten 283, außerdem 14 **Warendepots** (Handbuch für das Deutsche Reich 03).

[47]) Bek. 27. Dez. 75 (CB. 820). Voraussetzung für die Verpflichtung der Reichsbank ist, daß die Unterschrift der Reichsbankstelle von den beiden Mitgliedern ihres Vorstands oder den als Stellvertretern bezeichneten Beamten vollzogen ist. Die Namen und Unterschriften der Vorstandsmitglieder und ihrer Stellvertreter sind im Geschäftsraume der Bankstelle auszuhängen. — Diese Bek., sowie der obige Abs. 2 bezieht sich nicht auf Nebenstellen, ebensowenig Abs. 3.

[48]) Statut vom 21. Mai 75 (RGB. 203), abgeändert infolge des Ergänz.G. 99 am 3. Sept. 00 (RGB. 793) Anl. C.

2. über die bei Uebertragung oder Verpfändung von Antheilscheinen zu beachtenden Formen;
3. über die Mortifikation verlorener oder vernichteter Antheilscheine, sowie über das Verfahren in Betreff abhanden gekommener Dividendenscheine und Talons;
4. über die Grundsätze, nach denen die Jahresbilanz der Reichsbank aufzunehmen ist;
5. über Termine und Modalitäten der Erhebung der Dividende;
6. über die Form, in welcher die Zusammenberufung der Generalversammlungen geschieht, sowie über die Bedingungen und die Art der Ausübung des Stimmrechts der Antheilseigner; die Ausübung des Stimmrechts darf jedoch nicht durch den Besitz von mehr als einem Antheilsscheine bedingt, noch dürfen mehr als dreihundert Stimmen in einer Hand vereinigt werden, wobei ein Antheilsschein zu dreitausend Mark dem Rechte auf drei Stimmen und ein Antheilsschein zu eintausend Mark dem Rechte auf eine Stimme entsprechen soll[49].
7. über die Modalitäten der Wahl des Zentralausschusses und der Deputirten desselben, der Bezirksausschüsse und der Beigeordneten bei den Reichsbankhauptstellen;
8. über die Form, in welcher die von der Gesellschaft ausgehenden Bekanntmachungen erfolgen, sowie über die öffentlichen Blätter, in welche dieselben aufzunehmen sind;
9. über die im Fall der Aufhebung der Reichsbank (§. 41) eintretende Liquidation;
10. über die Form, in welcher die Mitwirkung der Antheilseigner oder deren Vertreter zu einer durch Reichsgesetz festzustellenden Erhöhung des Grundkapitals herbeigeführt werden soll;
11. über die Voraussetzungen der Sicherstellung, unter denen Effekten für fremde Rechnung gekauft oder verkauft werden dürfen.

**§. 41.** Das Reich behält sich das Recht vor, zuerst zum 1. Januar 1891, alsdann aber von zehn zu zehn Jahren nach vorausgegangener einjähriger Ankündigung, welche auf Kaiserliche Anordnung, im Einvernehmen mit dem Bundesrath, vom Reichskanzler an das Reichsbank-Direktorium zu erlassen und von letzterem zu veröffentlichen ist, entweder

a) die auf Grund dieses Gesetzes errichtete Reichsbank aufzuheben und die Grundstücke derselben gegen Erstattung des Buchwerthes zu erwerben, oder
b) die sämmtlichen Antheile der Reichsbank zum Nennwerthe zu erwerben.

---

[49]) Die Fassung der Ziff. 6 beruht auf Ergänz.G. 99 (Anl. A) Art. 4 und ist durch die Ausgabe von Bankanteilen zu 1000 Mk. (§ 23) veranlaßt.

In beiden Fällen geht der bilanzmäßige Reservefonds, soweit derselbe nicht zur Deckung von Verlusten in Anspruch zu nehmen ist, zur einen Hälfte an die Antheilseigner, zur andern Hälfte an das Reich über.

Zur Verlängerung der Frist nach Inhalt des ersten Absatzes ist die Zustimmung des Reichstags erforderlich[50]).

## Titel III[51]).

### Privat-Notenbanken.

**§. 42.** Banken, welche sich bei Erlaß dieses Gesetzes im Besitze der Befugniß zur Notenausgabe befinden, dürfen außerhalb desjenigen Staates, welcher ihnen diese Befugniß ertheilt hat, Bankgeschäfte durch Zweiganstalten weder betreiben noch durch Agenten für ihre Rechnung betreiben lassen, noch als Gesellschafter an Bankhäusern sich betheiligen[52]).

**§. 43.** Die Noten einer Bank, welche sich bei Erlaß dieses Gesetzes im Besitze der Befugniß zur Notenausgabe befindet, dürfen außerhalb desjenigen Staates, welcher derselben diese Befugniß ertheilt hat, zu Zahlungen nicht gebraucht werden[53]).

Der Umtausch solcher Noten gegen andere Banknoten, Papiergeld oder Münzen unterliegt diesem Verbote nicht.

---

[50]) Wird sie verweigert, muß die Kündigung erfolgen, von der bisher kein Gebrauch gemacht worden ist. — Wenn der Reservefonds den vorgesehenen Betrag von 60 Millionen M. erreicht hat, stellt sich der Anspruch der Anteilseigner daran, im Falle der Kündigung, auf 16⅔ v. H. der Anteile.

[51]) Privatnotenbanken werden zwar aufrecht erhalten, aber unter weitgehenden Beschränkungen. Begründung eines neuen und Erweiterung eines bestehenden Notenrechts ist nur durch ReichsG. zulässig § 1, wovon bisher kein Gebrauch gemacht ist; alle Notenbanken unterliegen, unbeschadet des Aufsichtsrechts der Landesregierungen, der Überwachung durch das Reich § 48 und den im Titel I getroffenen Vorschriften. Im übrigen ist für die bestehenden Notenbanken zu unterscheiden, ob sie sich den Vorschriften des § 44 unterwerfen oder nicht. Tun sie es nicht, so sind sie in ihrem Betriebe und im Umlauf ihrer Noten auf den Bundesstaat beschränkt, der ihnen das Notenprivilegium erteilt hat § 42, 43. Tun sie es, so haben ihre Noten im ganzen Reichsgebiet Umlaufsfähigkeit. Auch kann alsdann von der Beschränkung des Betriebs auf den Bundesstaat, der ihnen die Befugnis zur Notenausgabe erteilt hat, abgesehen werden § 44 Abs. 3 u. 4. — Tatsächlich hat von den bestehenden Notenbanken, Anl. zum § 9, eine größere Zahl von vornherein auf das Recht zur Notenausgabe verzichtet. Nur die Braunschweigische Bank, deren Privilegium bis 1952 währt, hat sich den Vorschriften des § 44 nicht unterworfen. Dagegen haben sich 16 Notenbanken unterworfen, von denen 10 von den Bestimmungen des § 42 und 43, 6 nur von den Bestimmungen des § 43 entbunden wurden Bek. 29. Dez. 75 (RGB. 390) und 7. Jan. 76 (RGB. 2). Nachdem für 12 dieser Banken das Recht zur Notenausgabe inzwischen erloschen ist, verbleiben nur noch 4 den Vorschriften des § 44 unterworfene Banken, die bayerische Notenbank, die sächsische Bank zu Dresden, die würtembergische Notenbank, die badische Bank. Zugunsten dieser 4 sind nur die Bestimmungen des § 43 für unanwendbar erklärt. Einlösungsstelle (§ 44⁴) ist für die sächsische Bank das Bankhaus S. Bleichröder in Berlin Bek. 3. Sept. 79 (RGB. 286), für die drei süddeutschen Banken die Frankfurter Bank in Frankfurt a. M. Bek. 29. Dez. 75.

[52]) Strafbestimmung § 58.

[53]) Gilt nur noch für die braunschweigische Bank Anm. 51. — Strafbestimmung § 56.

§. 44. Die beschränkenden Bestimmungen des §. 43 finden auf diejenigen Banken keine Anwendung, welche bis zum 1. Januar 1876 folgende Voraussetzungen erfüllen:

1. Die Bank darf ihre Betriebsmittel nur in den im §. 13 unter 1 bis 4 bezeichneten Geschäften, und zwar zu 4 höchstens bis zur Höhe der Hälfte des Grundkapitals der Bank und der Reserven, anlegen.

   **Bezüglich des Darlehnsgeschäfts ist der Bank eine Frist bis zum 1. Januar 1877 eingeräumt, innerhalb welcher sie ihre Darlehne den Bestimmungen des §. 13 Nr. 3 zu konformiren hat[54]).**

   Sie hat jeweilig den Prozentsatz öffentlich bekannt zu machen, zu welchem sie diskontirt oder zinsbare Darlehne gewährt[55]).
2. Die Bank legt von dem sich jährlich über das Maß von $4\frac{1}{2}$ Prozent des Grundkapitals hinaus ergebenden Reingewinn jährlich mindestens 20 Prozent so lange zur Ansammlung eines Reservefonds zurück, als der letztere nicht ein Viertheil des Grundkapitals beträgt[56]).
3. Die Bank verpflichtet sich, für den Betrag ihrer im Umlauf befindlichen Banknoten jederzeit mindestens ein Drittheil in kursfähigem deutschen Gelde, Reichs-Kassenscheinen oder in Gold in Barren oder ausländischen Münzen, das Pfund fein zu 1392 Mark gerechnet, und den Rest in diskontirten Wechseln, welche eine Verfallzeit von höchstens drei Monaten haben und aus welchen in der Regel drei, mindestens aber zwei als zahlungsfähig bekannte Verpflichtete haften, in ihren Kassen als Deckung bereit zu halten.
4. Die Bank verpflichtet sich, ihre Noten bei einer von ihr zu bezeichnenden Stelle in Berlin oder Frankfurt, deren Wahl der Genehmigung des Bundesraths unterliegt, dem Inhaber gegen kursfähiges deutsches Geld einzulösen[57]).

   Die Einlösung hat spätestens vor Ablauf des auf den Tag der Präsentation folgenden Tages zu erfolgen.
5. Die Bank verpflichtet sich, alle deutschen Banknoten, deren Umlauf im gesammten Reichsgebiete gestattet ist, an ihrem Sitze, sowie bei denjenigen ihrer Zweiganstalten, welche in Städten von mehr als 80,000 Einwohnern[30]) ihren Sitz haben, zu ihrem vollen Nennwerthe in Zahlung zu nehmen, so lange die Bank, welche solche Noten ausgegeben hat, ihrer Noteneinlösungspflicht pünktlich nachkommt. Alle bei einer Bank eingegangenen Noten einer anderen Bank dürfen, soweit es nicht Noten der Reichsbank sind, nur entweder zur Einlösung präsentirt, oder zu Zahlungen an diejenige Bank, welche dieselben aus-

---

[54]) Erledigte Übergangsbestimmung.

[55]) Verhältnis dieses Satzes zum Reichsbankdiskont Ergänz.G. 99 (Anl. A) Art. 7 § 2.

[56]) Befreiung hiervon im Falle des Abs. 4.

[57]) Einlösungsstelle Anm. 51.

gegeben hat, oder zu Zahlungen an dem Orte, wo letztere ihren Hauptsitz hat, verwendet werden.

6. Die Bank verzichtet auf jedes Widerspruchsrecht, welches ihr entweder gegen die Ertheilung der Befugniß zur Ausgabe von Banknoten an andere Banken, oder gegen die Aufhebung einer etwa bestehenden Verpflichtung der Landesregierung, ihre Noten in den öffentlichen Kassen statt baaren Geldes in Zahlung nehmen zu lassen, zustehen möchte.

7. Die Bank willigt ein, daß ihre Befugniß zur Ausgabe von Banknoten zu den in §. 41 bezeichneten Terminen durch Beschluß der Landesregierung oder des Bundesraths mit einjähriger Kündigungsfrist aufgehoben werden könne, ohne daß ihr ein Anspruch auf irgend welche Entschädigung zustände.

Von Seiten des Bundesraths wird eine Kündigung nur eintreten zum Zwecke weiterer einheitlicher Regelung des Notenbankwesens oder wenn eine Notenbank den Anordnungen gegenwärtigen Gesetzes zuwidergehandelt hat. Ob diese Voraussetzungen vorliegen, entscheidet der Bundesrath[58]).

Einer Bank, welche die vorstehend unter 1 bis 7 bezeichneten Voraussetzungen erfüllt hat, kann der Betrieb von Bankgeschäften durch Zweiganstalten oder Agenturen außerhalb des im §. 42 bezeichneten Gebietes auf Antrag der für den Ort, wo dies geschehen soll, zuständigen Landesregierung durch den Bundesrath gestattet werden[59]).

Banken, welche bis zum 1. Januar 1876 nachweisen, daß der Betrag der nach ihrem Statut oder Privileg ihnen gestatteten Notenausgabe auf den Betrag des Grundkapitals eingeschränkt ist, welcher am 1. Januar 1874 eingezahlt war, sind von der Erfüllung der unter 2 bezeichneten Voraussetzung entbunden und erlangen mit der Gestattung des Umlaufs ihrer Noten im gesammten Reichsgebiete zugleich die Befugniß, im gesammten Reichsgebiete durch Zweiganstalten oder Agenturen Bankgeschäfte zu betreiben. Dem Bundesrath bleibt vorbehalten, diesen Banken einzelne der durch die Bestimmungen unter 1 ausgeschlossenen Formen der Kreditertheilung, in deren Ausübung dieselben sich bisher befunden haben, auf Grund des nachgewiesenen besonderen Bedürfnisses zeitweilig oder widerruflich auch ferner zu gestatten und die hierfür etwa nothwendigen Bedingungen festzusetzen.

§. **45.** Banken, welche von den Bestimmungen im §. 44 zu ihren Gunsten Gebrauch machen wollen, haben dem Reichskanzler nachzuweisen:

1. daß ihre Statuten den durch den §. 44 aufgestellten Voraussetzungen entsprechen;
2. daß die erforderliche Einlösungsstelle[57]) eingerichtet ist.

---

[58]) Neue Bestimmungen über die Ausübung des Kündigungsrechts enthält Ergänz.G. 99 (Anl. A) Art. 7 § 2. — Bisher ist keine Kündigung erfolgt.

[59]) Von dieser Bestimmung ist zugunsten der Banken, die gegenwärtig noch das Notenprivileg haben, kein Gebrauch gemacht.

Sobald dieser Nachweis geführt ist, erläßt der Reichskanzler eine durch das Reichs-Gesetzblatt zu veröffentlichende Bekanntmachung, in welcher:

1. die beschränkenden Bestimmungen der §§. 42 und 43 oder des §. 43 dieses Gesetzes zu Gunsten der zu bezeichnenden Bank als nicht anwendbar erklärt,
2. die Stelle, an welcher die Noten der Bank eingelöst werden, bezeichnet wird.

§. **46.** Kann die Dauer einer bereits erworbenen Befugniss zur Ausgabe von Banknoten durch eine vom Staate oder einer öffentlichen Behörde ausgehende, an einen bestimmten Termin gebundene Kündigung auf eine bestimmte Zeit beschränkt werden, so tritt diese Kündigung zu dem frühesten zulässigen Termine kraft gegenwärtigen Gesetzes ein, es sei denn, dass die Bank den zulässigen Betrag ihrer Notenausgabe auf den am 1. Januar 1874 eingezahlten Betrag ihres Grundkapitals beschränkt und sich den Bestimmungen im §. 44 unter 1 und 3 bis 7 unterworfen hat.

Statutarische Bestimmungen, durch welche die Dauer einer Bank oder der derselben ertheilten Befugniss zur Notenausgabe von der unveränderten Fortdauer des Notenprivilegiums der Preussischen Bank abhängig gemacht ist, treten ausser Kraft[60]).

§. **47.** Jede Abänderung der Bestimmungen des Grundgesetzes, Statuts oder Privilegiums einer Bank, welche die Befugniß zur Ausgabe von Banknoten bereits erworben hat, bedarf, so lange der Bank diese Befugniß zusteht, zu ihrer Gültigkeit der Genehmigung des Bundesraths, sofern sie das Grundkapital, den Reservefonds, den Geschäftskreis oder die Deckung der auszugebenden Noten, oder die Dauer der Befugniß zur Notenausgabe zum Gegenstande hat. Landesgesetzliche Vorschriften und Konzessionsbedingungen, durch welche eine Bank bezüglich des Betriebs des Diskonto-, des Lombard-, des Effekten- und des Depositengeschäfts Beschränkungen unterworfen ist, welche das gegenwärtige Gesetz nicht enthält, stehen einer solchen Aenderung nicht entgegen.

Die Genehmigung wird, nach Erfüllung der sonstigen gesetzlichen Erfordernisse, durch die betheiligte Landesregierung beantragt und muß versagt werden, wenn die Bank nicht von den Bestimmungen des §. 44 Gebrauch macht.

Die bayerische Regierung ist berechtigt, bis zum Höchstbetrage von 70 Millionen Mark die Befugniß zur Ausgabe von Banknoten für die in Bayern bestehende Notenbank zu erweitern, oder diese Befugniß einer anderen

[60]) § 46 hat keine praktische Bedeutung mehr. Abs. 1 ist gegenstandslos geworden, indem die noch im Besitz des Notenprivilegiums befindlichen Banken mit Ausnahme der braunschweigischen Bank sich dem § 44 unterworfen haben, diese aber ein bis 1952 unkündbares Privileg besitzt; Abs. 2, indem diejenigen preußischen Privatnotenbanken, für welche die Bestimmung zutraf, das Recht zur Notenausgabe nicht mehr besitzen.

Bank zu ertheilen, sofern die Bank sich den Bestimmungen des §. 44 unterwirft[61]).

§. 48. Der Reichskanzler ist jederzeit befugt, sich nöthigenfalls durch kommissarische Einsichtnahme von den Büchern, Geschäftslokalen und Kassenbeständen der Noten ausgebenden Banken die Ueberzeugung zu verschaffen, daß dieselben die durch Gesetz oder Statut festgestellten Bedingungen und Beschränkungen der Notenausgabe innehalten, oder die Voraussetzungen der zu ihren Gunsten etwa ausgesprochenen Nichtanwendbarkeit der §§. 42 und 43 oder des §. 43 dieses Gesetzes erfüllen und daß die von ihnen veröffentlichten Wochen- und Jahresübersichten (§. 8), sowie die behufs der Steuerberechnung abgegebenen Nachweise (§. 10) der wirklichen Sachlage entsprechen.

Das Aufsichtsrecht der Landesregierungen wird durch diese Bestimmung nicht berührt.

§. 49. Die Befugniß zur Ausgabe von Banknoten geht verloren;

1. durch Ablauf der Zeitdauer, für welche sie ertheilt ist,
2. durch Verzicht,
3. im Falle des Konkurses durch Eröffnung des Verfahrens gegen die Bank,
4. durch Entziehung kraft richterlichen Urtheils,
5. durch Verfügung der Landesregierung nach Maßgabe der Statuten oder Privilegien.

§. 50. Die Entziehung der Befugniß zur Notenausgabe wird auf Klage des Reichskanzlers oder der Regierung des Bundesstaates, in welchem die Bank ihren Sitz hat, durch gerichtliches Urtheil ausgesprochen:

1. wenn die Vorschriften der Statuten, des Privilegiums oder des gegenwärtigen Gesetzes über die Deckung für die umlaufenden Noten verletzt worden sind oder der Notenumlauf die durch Statut, Privilegium oder Gesetz bestimmte Grenze überschritten hat[62]);
2. wenn die Bank vor Erlaß der in §. 45 erwähnten Bekanntmachung des Reichskanzlers außerhalb des durch §. 42 ihr angewiesenen Gebiets die in §. 42 ihr untersagten Geschäfte betreibt, oder außerhalb des durch §. 43 ihr angewiesenen Gebiets ihre Noten vertreibt oder vertreiben läßt;
3. wenn die Bank die Einlösung präsentirter Noten nicht bewirkt
   a) an ihrem Sitze am Tage der Präsentation,
   b) an ihrer Einlösungsstelle (§. 44 Nr. 4) bis zum Ablaufe des auf den Tag der Präsentation folgenden Tages,
   c) an sonstigen durch die Statuten bestimmten Einlösungsstellen bis zum Ablaufe des dritten Tages nach dem Tage der Präsentation;

---

[61]) Das den bayerischen Banken durch Anl. zum § 9 gewährte Kontingent an ungedeckten Noten (32 Millionen M.) würde durch eine solche Erweiterung keine Änderung erfahren.

[62]) Die Mitglieder des Vorstands sind strafbar § 59[3].

4. sobald das Grundkapital sich durch Verluste um ein Drittheil vermindert hat[63]).

Die Klage ist im ordentlichen Verfahren zu verhandeln. Der Rechtsstreit gilt im Sinne der Reichs- und Landesgesetze als Handelssache.

In dem Urtheile ist zugleich die Verpflichtung zur Einziehung der Noten auszusprechen.

**§. 51.** Das Urtheil ist erst nach Eintritt der Rechtskraft vollstreckbar. Die Vollstreckung wird auf Antrag durch das Prozeßgericht verfügt. Das Gericht bestimmt zu diesem Zwecke die Frist, innerhalb welcher von der Bankverwaltung die Bekanntmachung über die Einziehung der Noten zu erlassen ist.

Sofern nicht der Konkurs über die Bank ausgebrochen ist, setzt das Gericht einen Kurator ein, welcher die Einziehung der Noten zu überwachen und, wenn die Bank den für diesen Fall vorgesehenen Verpflichtungen nicht nachkommt, die Liquidation der Bank beim Gerichte zu beantragen verpflichtet ist.

Eingehende Noten sind von der Bank an eine vom Reichskanzler zu bezeichnende, am Sitze der Bank gelegene Kasse abzuliefern.

**§. 52.** Sechs Monate, nachdem das Urtheil (§. 50) die Rechtskraft erlangt hat, zahlt die Bank an die vom Reichskanzler bezeichnete Kasse einen Betrag in baarem Gelde ein, welcher dem bis dahin nicht abgelieferten Betrage ihrer Noten gleichkommt. Dieser Baarbetrag wird ihr nach Maßgabe der weiter von ihr abgelieferten Noten und der verbleibende Rest nach Ablauf der letzten vom Bundesrathe für die Einlösung festgesetzten Frist zurückgezahlt.

**§. 53.** Die an die Kasse abgelieferten Noten (§. 51 und §. 52) werden in Gegenwart des Kurators der Kasse und des für die Einziehung der Noten bestellten Kurators vernichtet. Ueber die Vernichtung wird ein gerichtliches oder notarielles Protokoll aufgenommen. Die Verwaltung der Bank ist befugt, an der Vernichtung durch zwei Abgeordnete Theil zu nehmen. Der für die Vernichtung bestimmte Termin ist ihr jedesmal spätestens acht Tage vorher von der der Kasse vorgesetzten Behörde anzuzeigen. Die Vernichtung kann in einem oder in mehreren Terminen erfolgen.

**§. 54.** Für diejenigen Korporationen, welche, ohne Zettelbanken zu sein, sich beim Erlaß dieses Gesetzes im Besitz der Befugniß zur Ausgabe von Noten, Kassenscheinen oder sonstigen auf den Inhaber ausgestellten unverzinslichen Schuldverschreibungen befinden, und für das von ihnen ausgegebene Papiergeld gelten insolange, als sie von der Befugniß, Papiergeld in Umlauf zu erhalten, Gebrauch machen, die Bestimmungen der §§. 2 bis einschließlich 6, dann des §. 43 und des §. 47 Absatz 1 dieses Gesetzes, soweit sich derselbe auf die Befugniß zur Ausgabe von Papiergeld, auf deren Dauer, oder auf die Deckung des Papiergeldes bezieht[64]).

---

[63]) Ein weiterer Fall Ergänz.G. 99 (Anl. A) Art. 7 § 3.

[64]) Für Preußen ist die Bestimmung ohne Bedeutung, weil dort eine Ausgabe von Korporations- oder Kommunalpapiergeld nicht stattfindet, aus anderen Bundesstaaten stammende Scheine aber im Hinblick auf § 43 nicht umlaufen dürfen.

## Titel IV.

### Strafbestimmungen.

§. 55. Wer unbefugt Banknoten oder sonstige auf den Inhaber lautende unverzinsliche Schuldverschreibungen ausgiebt, wird mit einer Geldstrafe bestraft, welche dem Zehnfachen des Betrages der von ihm ausgegebenen Werthzeichen gleichkommt, mindestens aber fünftausend Mark beträgt.

§. 56. Mit Geldstrafe bis zu einhundertfünfzig Mark wird bestraft, wer der Verbotsbestimmung des §. 43 zuwider, Noten inländischer Banken, oder Noten oder sonstige Geldzeichen inländischer Korporationen außerhalb desjenigen Landesgebiets, für welches dieselben zugelassen sind, zur Leistung von Zahlungen verwendet.

§. 57. Mit Geldstrafe von fünfzig Mark bis zu fünftausend Mark wird bestraft, wer der Verbotsbestimmung in §. 11 zuwider, ausländische Banknoten oder sonstige auf den Inhaber lautende unverzinsliche Schuldverschreibungen ausländischer Korporationen, Gesellschaften oder Privaten, welche ausschließlich oder neben anderen Werthbestimmungen in Reichswährung oder einer deutschen Landeswährung ausgestellt sind, zur Leistung von Zahlungen verwendet.

Geschieht die Verwendung gewerbsmäßig, so tritt neben der Geldstrafe Gefängniß bis zu einem Jahre ein. Der Versuch ist strafbar.

§. 58. Mit Geldstrafe bis zu fünftausend Mark wird bestraft, wer den Bestimmungen im §. 42 zuwider, für Rechnung von Banken als Vorsteher von Zweiganstalten oder als Agent Bankgeschäfte betreibt oder mit Banken als Gesellschafter in Verbindung tritt.

Die gleiche Strafe tritt die Mitglieder des Vorstandes einer Bank, welche den Bestimmungen des §. 7 entgegenhandeln, oder welche dem Verbote des §. 42 zuwider

a) Zweiganstalten oder Agenturen bestellen,

oder

b) die von ihnen vertretene Bank als Gesellschafter an Bankhäusern betheiligen.

§. 59. Die Mitglieder des Vorstandes einer Bank werden:

1. wenn sie in den durch die Bestimmungen des §. 8 vorgeschriebenen Veröffentlichungen wissentlich den Stand der Verhältnisse der Bank unwahr darstellen oder verschleiern, mit Gefängniß bis zu drei Monaten bestraft;
2. wenn sie durch unrichtige Aufstellung der im §. 10 vorgeschriebenen Nachweisungen den steuerpflichtigen Notenumlauf zu gering angeben, mit einer Geldstrafe bestraft, welche dem Zehnfachen der hinterzogenen Steuer gleichsteht, mindestens aber fünfhundert Mark beträgt;
3. wenn die Bank mehr Noten ausgiebt, als sie auszugeben befugt ist, mit einer Geldstrafe bestraft, welche dem Zehnfachen des zuviel aus-

gegebenen Betrages gleichkommt, mindestens aber fünftausend Mark beträgt[65]).

Die Strafe zu 3. trifft auch die Mitglieder des Vorstandes solcher Korporationen, welche zur Ausgabe von auf den Inhaber lautenden unverzinslichen Schuldverschreibungen befugt sind, wenn sie mehr solche Geldzeichen ausgeben, als die Korporation auszugeben befugt ist.

## Titel V.

### Schlußbestimmungen.

§. **60.** Die §§. 6, 42 und 43, sowie die auf die letzteren bezüglichen Strafbestimmungen in den §§. 56 und 58 gegenwärtigen Gesetzes treten am 1. Januar 1876 in Kraft.

§. **61.** Der Reichskanzler wird ermächtigt, mit der Königlich preußischen Regierung wegen Abtretung der Preußischen Bank an das Reich auf folgenden Grundlagen einen Vertrag abzuschließen[66]):

1. Preußen tritt nach Zurückziehung seines Einschußkapitals von 1,906,800 Thalern, sowie der ihm zustehenden Hälfte des Reservefonds die Preußische Bank mit allen ihren Rechten und Verpflichtungen mit dem 1. Januar 1876 unter den nachstehend Ziffer 2 bis 6 bezeichneten Bedingungen an das Reich ab. Das Reich wird diese Bank an die nach Maßgabe der Bestimmungen dieses Gesetzes zu errichtende Reichsbank übertragen.
2. Preußen empfängt für Abtretung der Bank eine Entschädigung von fünfzehn Millionen Mark, welche aus den Mitteln der Reichsbank zu decken ist.
3. Den bisherigen Antheilseignern der Preußischen Bank wird die Befugniß vorbehalten, gegen Verzicht auf alle ihnen durch ihre Bankantheilsscheine verbrieften Rechte zu Gunsten der Reichsbank den Umtausch dieser Urkunden gegen Antheilsscheine der Reichsbank von gleichem Nominalbetrage zu verlangen.
4. Die Reichsbank hat denjenigen Antheilseignern, welche nach den Bestimmungen der §§. 16 und 19 der Bankordnung vom 5. Oktober 1846 (Preuß. Gesetz-Samml. S. 435) die Herauszahlung des eingeschossenen Kapitals und ihres Antheils an dem Reservefonds der Preußischen Bank verlangen, diese Zahlung zu leisten.
5. Die Reichsbank wird zur Erfüllung der von der Preußischen Bank durch Vertrag vom 28./31. Januar 1856 hinsichtlich der Staatsanleihe von sechszehn Millionen fünfhundertachtundneunzigtausend Thalern über-

---

[65]) Die Überschreitung der Grenze des zulässigen Notenumlaufs führt ferner die Entziehung des Notenrechts herbei § 50[1]. — Eine weitere Strafbestimmung für Mitglieder des Vorstands Ergänz.G. 99 (Anl. A) Art. 7 § 3.

[66]) Anm. 18 und Anl. B.

nommenen Verbindlichkeiten an Preußen für die Jahre 1876 bis einschließlich 1925 jährlich 621,910 Thaler in halbjährlichen Raten zahlen. Wird die Konzession der Reichsbank nicht verlängert, so wird das Reich dafür sorgen, daß, so lange keine andere Bank in diese Verpflichtung eintritt, die Rente bis zu dem ebengedachten Zeitpunkte der preußischen Staatskasse unverkürzt zufließe.

6. Eine Auseinandersetzung zwischen Preußen und der Reichsbank wegen der Grundstücke der Preußischen Bank bleibt vorbehalten.

§. 62. Der Reichskanzler wird ermächtigt:

1. diejenigen Antheilsscheine der Reichsbank zu begeben, welche nicht nach §. 61 Nr. 3 gegen Antheilsscheine der Preußischen Bank umzutauschen sind,
2. auf Höhe der nicht begebenen Antheilsscheine zur Beschaffung des nach §. 23 erforderlichen Grundkapitals der Reichsbank verzinsliche, spätestens am 1. Mai 1876 fällig werdende Schatzanweisungen auszugeben[67].

§. 63[68]. Die Ausfertigung der Schatzanweisungen (§. 62 Nr. 2) wird der Preussischen Hauptverwaltung der Staatsschulden übertragen. Den Zinssatz bestimmt der Reichskanzler. Bis zum 1. Mai 1876 kann, nach Anordnung des Reichskanzlers, der Betrag der Schatzanweisungen wiederholt, jedoch nur zur Deckung der in Verkehr gesetzten Schatzanweisungen ausgegeben werden.

§. 64[68]. Die zur Verzinsung und Einlösung der Schatzanweisungen erforderlichen Beträge müssen der Reichsschulden-Verwaltung aus den bereitesten Einkünften des Reichs zur Verfallzeit zur Verfügung gestellt werden.

§. 65[68]. Die Ausgabe der Schatzanweisungen ist durch die Reichskasse zu bewirken.

Die Zinsen der Schatzanweisungen verjähren binnen vier Jahren, die verschriebenen Kapitalbeträge binnen 30 Jahren nach Eintritt des in jeder Schatzanweisung auszudrückenden Fälligkeitstermins.

§. 66. Die Bestimmungen des Handelsgesetzbuchs über die Eintragung in das Handelsregister und die rechtlichen Folgen derselben finden auf die Reichsbank keine Anwendung.

---

[67]) Die Ausgabe von Schatzanweisungen ist nicht notwendig geworden, weil die nicht umgetauschten Anteilsscheine zumeist durch öffentliche Zeichnung, einzelne durch Verkauf an der Börse begeben werden konnten. Wegen der Begebung der durch die Kapitalserhöhung geschaffenen neuen Anteilsscheine Ergänz.G. 99 (Anl. A) Art. 8.

[68]) Die Bestimmungen des § 63—65 haben keine praktische Bedeutung erlangt, weil die Ausgabe von Schatzanweisungen nicht nötig wurde Anm. 67.

**Anlage zum §. 9**[69]**).**

| Laufende Nr. | Bezeichnung der Bank | Ungedeckter Notenumlauf Mark |
|---|---|---|
| 1 | **Reichsbank** | 250 000 000 |
| 2 | Ritterschaftliche Privatbank in Pommern (Stettin) | 1 222 000 |
| 3 | Städtische Bank in Breslau | 1 283 000 |
| 4 | Bank des Berliner Kassenvereins | 963 000 |
| 5 | Kölnische Bank | 1 251 000 |
| 6 | Magdeburger Privatbank | 1 173 000 |
| 7 | Danziger Privat-Aktienbank | 1 272 000 |
| 8 | Provinzial-Aktienbank des Grossherzogthums Posen | 1 206 000 |
| 9 | Kommunalständische Bank für die preussische Oberlausitz (Görlitz) | 1 307 000 |
| 10 | Hannoversche Bank | 6 000 000 |
| 11 | Landgräflich hessische konzessionirte Landesbank | 159 000 |
| 12 | Frankfurter Bank | 10 000 000 |
| 13 | **Bayerische Banken** | 32 000 000 |
| 14 | **Sächsische Bank zu Dresden** | 16 771 000 |
| 15 | Leipziger Bank | 5 348 000 |
| 16 | Leipziger Kassenverein | 1 440 000 |
| 17 | Chemnitzer Stadtbank | 441 000 |
| 18 | **Württembergische Notenbank** | 10 000 000 |
| 19 | **Badische Bank** | 10 000 000 |
| 20 | Bank für Süddeutschland | 10 000 000 |
| 21 | Rostocker Bank | 1 155 000 |
| 22 | Weimarsche Bank | 1 971 000 |
| 23 | Oldenburgische Landesbank | 1 881 000 |
| 24 | **Braunschweigische Bank** | 2 829 000 |
| 25 | Mitteldeutsche Kreditbank in Meiningen | 3 187 000 |
| 26 | Privatbank zu Gotha | 1 344 000 |
| 27 | Anhalt-Dessauische Landesbank | 935 000 |
| 28 | Thüringische Bank (Sondershausen) | 1 658 000 |
| 29 | Geraer Bank | 1 651 000 |
| 30 | Niedersächsiche Bank (Bückeburg) | 594 000 |
| 31 | Lübecker Privatbank | 500 000 |
| 32 | Kommerzbank in Lübeck | 959 000 |
| 33 | Bremer Bank | 4 500 000 |
| | Zusammen | 385 000 000 |

[69]) Durch Ergänz.G. 99 (Anl. A) Art. 5 ist der Gesamtbetrag des ungedeckten Notenumlaufs 541 600 000 M. erhöht worden. Das Notenrecht der in lateinischem Druck aufgeführten Banken ist erloschen; ihre Anteile am ungedeckten Notenumlauf sind dem Anteil der Reichsbank zugewachsen Anm. 15, 51.

# Anlagen zum Bankgesetz.

## Anlage A (zu Anmerkung 1).

### Gesetz, betreffend die Abänderung des Bankgesetzes vom 14. März 1875. Vom 7. Juni 1899. (RGB. 311.)

**(Art. 1—4)**[1].

**Art. 5.** Der nach Maßgabe der Anlage zum §. 9 des Bankgesetzes der Reichsbank zustehende Antheil an dem Gesammtbetrage des der Steuer nicht unterliegenden ungedeckten Notenumlaufs, einschließlich der ihr inzwischen zugewachsenen Antheile der unter Nr. 2 bis 11, 15 bis 17, 21 bis 23 und 25 bis 33 bezeichneten Banken wird auf vierhundertundfünfzig Millionen Mark festgesetzt, unter gleichzeitiger Erhöhung des Gesammtbetrags auf fünfhunderteinundvierzig Millionen sechshunderttausend Mark[2].

**(Art. 6)**[3].

**Art. 7.** §. 1. Die Reichsbank darf vom 1. Januar 1901 ab nicht unter dem von ihr gemäß §. 15 des Bankgesetzes jeweilig öffentlich bekannt gemachten Prozentsatze diskontiren, sobald dieser Satz vier Prozent erreicht oder überschreitet.

Wenn die Reichsbank zu einem geringeren als dem öffentlich bekannt gemachten Prozentsatze diskontirt, so hat sie diesen Satz im Reichsanzeiger bekannt zu machen[4].

§. 2. Der Bundesrath wird denjenigen Privatnotenbanken gegenüber, auf welche die beschränkenden Bestimmungen des §. 43 des Bankgesetzes keine Anwendung finden, von dem vorbehaltenen Kündigungsrechte behufs Aufhebung der Befugniß zur Ausgabe von Banknoten zum 1. Januar 1901 Gebrauch machen, wenn diese Banken sich nicht bis zum 1. Dezember 1899 verpflichten, vom 1. Januar 1901 ab

1. nicht unter dem gemäß §. 15 des Bankgesetzes öffentlich bekannt gemachten Prozentsatze der Reichsbank zu diskontiren, sobald dieser Satz vier Prozent erreicht oder überschreitet,

   und

2. im Uebrigen nicht um mehr als einviertel Prozent unter dem gemäß §. 15 des Bankgesetzes öffentlich bekannt gemachten Prozentsatze der Reichsbank zu diskontiren, oder falls die Reichsbank selbst zu einem geringeren Satze diskontirt, nicht um mehr als einachtel Prozent unter diesem Satze[5].

---

[1]) Durch Art. 1—4 erhielten mehrere Bestimmungen des BankG. die bei diesem durch gesperrten Druck kenntlich gemachte neue Fassung, und zwar durch Art. 1 § 23, durch Art. 2 § 24, durch Art. 3 der dritte Satz des § 31, durch Art. 4 § 40 Ziff. 6.

[2]) Hierdurch wurde die Anlage zum BankG. § 9 geändert. Näheres enthalten BankG. Anm. 15, 51, 69.

[3]) Durch Art. 6 erhielt BankG. § 13 Ziff. 3b den das. durch Sperrdruck kenntlich gemachten Zusatz BankG. Anm. 21.

[4]) BankG. § 15 und Anm. 26.

[5]) Die Verpflichtung ist von den vier noch in Betracht kommenden Banken

§. 3. Handelt eine Privatnotenbank der nach §. 2 eingegangenen Verpflichtung entgegen, so wird die Entziehung der Befugniß zur Notenausgabe gemäß §. 50 ff. des Bankgesetzes durch gerichtliches Urtheil ausgesprochen.

Mitglieder des Vorstandes, Vorsteher einer Zweiganstalt, sonstige Angestellte oder Agenten einer solchen Bank, welche für Rechnung der Bank der von ihr eingegangenen Verpflichtung entgegen, unter dem nach §. 2 zulässigen Prozentsatze diskontiren, werden mit Geldstrafe bis zu fünftausend Mark bestraft[6]).

**Art. 8.** Der Reichskanzler wird ermächtigt, die auf Grund des Artikels 1 dieses Gesetzes auszugebenden neuen Antheilsscheine im Wege öffentlicher Zeichnung zu begeben.

Die Höhe des bei Begebung der neuen Antheilsscheine zu entrichtenden Aufgeldes und die Fristen für die Einzahlung des Gegenwerths bestimmt der Reichskanzler[7]).

**Art. 9**[8]). §. 1. Die Reichsbank zahlt am 1. Januar 1901 an die Reichskasse einen Betrag, welcher dem Nennwerthe der dann noch im Umlaufe befindlichen Noten der vormaligen Preußischen Bank entspricht.

§. 2. Das Reich erstattet der Reichsbank diejenigen Beträge, zu welchen sie vom 1. Januar 1901 ab Noten der im §. 1 bezeichneten Art einlöst oder in Zahlung nimmt oder mit welchen sie für dieselben nach §. 4 des Bankgesetzes Ersatz leistet.

§. 3. Vom 1. Januar 1901 ab werden die Noten der vormaligen Preußischen Bank bei Feststellung des Notenumlaufs der Reichsbank gemäß §§. 8, 9, 10 und 17 des Bankgesetzes außer Ansatz gelassen.

**Art. 10.** Die Artikel 1, 2, 5 und 6 dieses Gesetzes treten am 1. Januar 1901 in Kraft.

## Anlage B (zu Anmerkung 18).

### Vertrag zwischen Preußen und dem Deutschen Reiche über die Abtretung der Preußischen Bank an das Deutsche Reich. Vom 17./18. Mai 1875.

(RGB. 215.)

Auf Grund der im §. 61 des Bankgesetzes vom 14. März d. J. (Reichs-Gesetzbl. S. 177) und im §. 1 des Gesetzes vom 27. März d. J. (Preuß. Ges. Samml. S. 166) ertheilten Ermächtigungen ist zwischen dem Reichs=

---

(BankG. Anm. 51) eingegangen worden. Die Frankfurter Bank und die Bank für Süddeutschland sahen sich durch die Bestimmungen genötigt, das Notenprivileg, das sie bei Inkrafttreten des Ergänz.G. noch besaßen, aufzugeben.

[6]) Während die Strafbestimmungen des BankG. § 59 nur den Mitgliedern des Vorstandes gelten, ist hier der Kreis der mit Strafe bedrohten Personen auf die Angestellten und Agenten ausgedehnt.

[7]) Die öffentliche Zeichnung auf die bis zum 31. Dez. 00 zu begebenden 30000 Anteile (BankG. § 23 Abs. 2) hat im Okt. 00 stattgefunden. Das Aufgeld betrug 35 v. H.

[8]) Art. 9 bezweckt die Beseitigung der noch im Umlauf befindlichen Noten der vormaligen preußischen Bank BankG. Anm. 18.

kanzler Fürsten von Bismarck Namens des Deutschen Reichs einerseits, und dem Königlich preußischen Finanzminister, Vize-Präsidenten des Staatsministeriums Camphausen, sowie dem Königlich preußischen Minister für Handel, Gewerbe und öffentliche Arbeiten Dr. Achenbach Namens der Königlich preußischen Staatsregierung andererseits, folgender Vertrag abgeschlossen worden:

§. 1. Der preußische Staat zieht sein Einschußkapital bei der Preußischen Bank von 5,720,400 Mark und seinen Antheil von deren Reservefonds mit 9,000,000 Mark mit dem 1. Januar 1876 zurück.

Mit diesem Tage geht die Preußische Bank nach Maßgabe dieses Vertrages mit allen ihren Rechten und Verpflichtungen auf das Reich über.

Das Reich wird diese Bank auf die Reichsbank (§. 12 des Reichsbankgesetzes) übertragen.

Die Uebergabe der Preußischen Bank an das Reich erfolgt in der Art, daß der Chef der Preußischen Bank das Vermögen der letzteren dem Reichsbank-Direktorium von dem gedachten Tage ab schriftlich zur weiteren Verwaltung überweist.

§. 2. Die Beamten der Preußischen Bank werden unter Beibehaltung ihres Ranges, ihrer Anziennetät und ihres Diensteinkommens von der Reichsbank übernommen.

Beamte, welche in den Dienst der letzteren überzutreten nicht geneigt sein sollten, werden von der Königlich preußischen Staatsregierung einstweilig in den Ruhestand versetzt. Ansprüche auf Diensteinkommen, Wartegeld oder Ruhegehalt, welche ein Beamter der Preußischen Bank für die Zeit vom 1. Januar 1876 ab zu erheben berechtigt ist, sind von der Reichsbank zu vertreten. Dasselbe gilt von den Bezügen der Hinterbliebenen von Beamten der Preußischen Bank mit Ausschluß der bei der Königlich Preußischen Allgemeinen Wittwen-Verpflegungsanstalt versicherten Pensionen.

§. 3. Preußen erhält vom Reiche für Abtretung der Preußischen Bank eine Entschädigung von 15,000,000 Mark, welche aus den Mitteln der Reichsbank zu decken und Preußen vom 1. Januar 1876 ab zur Verfügung zu stellen ist.

§. 4. Den bisherigen Antheilseignern der Preußischen Bank wird die Befugniß vorbehalten, innerhalb einer von dem Reichskanzler zu bestimmenden Frist gegen Verzicht auf alle ihnen durch ihre Bankantheilsscheine verbrieften Rechte zu Gunsten der Reichsbank den Umtausch dieser Urkunden gegen Antheilsscheine der Reichsbank von gleichem Nominalbetrage zu verlangen.

§. 5. Die Reichsbank übernimmt die Befriedigung der Ansprüche, zu deren Erhebung die legitimirten Eigner solcher Antheilsscheine der Preußischen Bank berechtigt sind, welche nicht nach §. 4 gegen Reichsbank-Antheilsscheine umgetauscht werden. Die Reichsbank hat demgemäß vom 1. Januar 1876 ab diesen Antheilseignern die Zahlung ihres Einschußkapitals, sowie ihres

Antheils am Reservefonds nach Maßgabe der Bestimmungen in den §§. 16 und 19 der Bankordnung vom 5. Oktober 1846 zu leisten.

**§. 6.** Die Reichsbank zahlt zur Erfüllung der von der Preußischen Bank durch den Vertrag vom 28./31. Januar 1856 hinsichtlich der Staatsanleihe von 16,598,000 Thlr. übernommenen Verbindlichkeiten an Preußen vom 1. Januar 1876 ab jährlich 621,910 Thlr. = 1,865,730 *M.* in halbjährlichen Raten. Diese Verbindlichkeit erlischt mit dem 1. Juli 1925, so daß für das Jahr 1925 nur der an diesem Tage fällige Betrag von 310,955 Thlr. = 932,865 *M.* zu zahlen ist.

Wird die Konzession der Reichsbank nicht verlängert, so wird das Reich dafür sorgen, daß, so lange keine andere Bank in diese Verpflichtung eintritt, die Rente bis zu dem gedachten Zeitpunkte der preußischen Staatskasse unverkürzt zufließe.

Das der Preußischen Bank in dem Vertrage vom 28./31. Januar 1856 in Verbindung mit dem Uebereinkommen vom 22. April 1874 zugestandene Recht, einen dem jedesmaligen, gemäß §. 6 des Vertrages vom 28./31 Januar 1856 festzustellenden Betrage des Tilgungsfonds der Staatsanleihe von 1856 gleichen Betrag in Schuldverschreibungen der $4^1/_2$prozentigen konsolidirten Staatsanleihe nach dem Nennwerth an die preußische Staatskasse abzuliefern und auf die zu zahlenden Raten von 621,910 Thlr. abzurechnen, erlischt mit Ablauf des Jahres 1875.

(**§. 7, 8**)[1].

**§. 9.** Die Reichsbank übernimmt, so lange die Königlich preußische Staatsregierung es verlangt, die fernere Einziehung der in Nr. II. der Königlich preußischen Kabinetsorde vom 18. Juli 1846 bezeichneten Aktiva für Rechnung des preußischen Staats in derselben Weise, wie solche bisher der Preußischen Bank obgelegen hat. Die darauf erfolgenden Eingänge sind an die preußische Staatskasse abzuführen.

(**§. 10**)[2].

**§. 11.** Vorbehaltlich der in dem gegenwärtigen Vertrage enthaltenen Bestimmungen hören die durch die Bankordnung vom 5. Oktober 1846, das Gesetz vom 7. Mai 1856 (Preuß. Ges. Samml. S. 342) und den Vertrag

---

[1]) **Die § 7 und 8 betrafen die Vermögensbilanz und die Berechnung und Verteilung des Gewinns der preußischen Bank für 1875. § 8 Abs. 1 traf über den Wert Bestimmung, zu dem die Grundstücke der preußischen Bank in diese Bilanz aufzunehmen waren. Abs. 2** fuhr fort:

Die nach § 61 Ziffer 6 des Bankgesetzes vorbehaltene Auseinandersetzung Preußens mit der Reichsbank wegen der gedachten Grundstücke ist damit vollzogen. Nachforderungen wegen etwaiger Mehr- oder Minderwerte sind ausgeschlossen.

[2]) § 10 **betraf die Vorlegung des Verwaltungsberichts nebst dem Jahresabschlusse für 1875 an die Vertretung der Anteilseigner.**

vom 28./31. Januar 1856 begründeten Rechtsverhältnisse zwischen dem preußischen Staat und der Preußischen Bank mit dem 1. Januar 1876 auf. (§. 12, 13)[3]).

(Folgen die Unterschriften des Reichskanzlers und der im Eingange bezeichneten beiden Preußischen Minister.)

---

## Anlage C (zu Anmerkung 18).

**Statut der Reichsbank. Vom $\frac{\text{21. Mai 1875. (RGB. 203)}^{1}}{\text{3. Sept. 1900. (RGB. 793.)}}$**

### Statut der Reichsbank.

§. 1. Die Reichsbank tritt am 1. Januar 1876 in Wirksamkeit.

Mit demselben Tage gehen alle Rechte und Verpflichtungen der Preußischen Bank, welche mit Ablauf des 31. Dezember 1875 ihre Wirksamkeit einstellt, nach Maßgabe des zwischen dem Reiche und Preußen unterm 17./18. Mai d. J. abgeschlossenen Vertrages[2]), auf die Reichsbank über.

§. 2. Das Grundkapital der Reichsbank von 180 Millionen Mark ist nach Maßgabe des Bankgesetzes vom 14. März 1875 in Höhe von 120 Millionen Mark durch das Einschußkapital derjenigen Antheilseigner der Preußischen Bank, welche innerhalb der vom Reichskanzler bestimmten Frist den Umtausch ihrer Antheilsscheine gegen Antheilsscheine der Reichsbank verlangt haben, und durch die auf die neuen Bankantheilsscheine über 3000 Mark bis zu deren Nennbetrage geleisteten baaren Einzahlungen gebildet worden.

In Höhe der nach Artikel 1 des Gesetzes vom 7. Juni 1899 (Reichs-Gesetzbl. S. 311) hinzutretenden 60 Millionen Mark wird dasselbe durch die baaren Einzahlungen gebildet, welche auf die bis zum 31. Dezember 1900 und die bis zum 31. Dezember 1905 zu begebenden je 30000 Bankantheilsscheine über 1000 Mark bis zu deren Nennbetrage zu leisten sind.

Bevor eine weitere Erhöhung des Grundkapitals durch Reichsgesetz festgestellt wird, hat, nachdem der Zentralausschuß gehört

---

[3]) § 12 übertrug die in der BankO. 5. Okt. 46 (GS. 435) bestimmten Rechte und Verpflichtungen der preußischen Bank, betreffend die Belegung von Geldern der gerichtlichen Depositare, der Kirchen, Schulen, Hospitäler und anderen milden Stiftungen und öffentlichen Anstalten auf die Reichsbank mit dem Rechte beiderseitiger Kündigung. Nachdem diese erfolgt, ist die Bestimmung gegenstandslos geworden. Das gleiche gilt vom § 13, der sich ebenfalls auf diese Vereinbarungen bezog.

[1]) Das auf Grund des BankG. § 40 erlassene Statut der Reichsbank vom 21. Mai 75 hat im Verfolg des Ergänz.G. 99 durch V. 3. Sept. 00 eine neue Fassung der § 2, 3, 8, 15, 16 und 17 erhalten, der die Generalversammlung der Anteilseigner gemäß § 2 und 21 des Statuts zugestimmt hat. Die geänderten Bestimmungen sind in der neuen Fassung abgedruckt.

[2]) Anl. B.

worden, die Generalversammlung über das Bedürfniß und das Maß der Erhöhung sowie über die folgeweise etwa erforderliche anderweite Regelung des Theilnahmeverhältnisses am Gewinne der Reichsbank (Bankgesetz §. 24) Beschluß zu fassen[3]).

§. 3. Die Reichsbankantheile sind untheilbar und vorbehaltlich der Bestimmungen im §. 41 des Bankgesetzes unkündbar. Sie werden mit Angabe der Eigenthümer nach Namen, Stand und Wohnort in die Stammbücher der Reichsbank eingetragen. Ueber jeden Antheil wird ein Antheilsschein nach den beiliegenden Formularen ausgefertigt. Mit dem Antheilsschein erhält der Eigenthümer zugleich die Dividendenscheine für die nächsten fünf Jahre und einen Talon zur Abhebung neuer Dividendenscheine nach Ablauf des fünfjährigen Zeitraums. Die Dividendenscheine und Talons lauten auf den Inhaber und sind nach den beiliegenden Formularen auszufertigen[4]).

§. 4. Wenn das Eigenthum eines Bankantheils auf einen Anderen übergeht, so ist dies unter Vorlegung des Antheilsscheines bei der Reichsbank anzumelden und in den Stammbüchern, sowie auf dem Antheilsscheine zu bemerken.

Im Verhältnisse zu der Reichsbank wird nur derjenige als Antheilseigner angesehen, welcher als solcher in den Stammbüchern eingetragen ist.

Zur Prüfung der Legitimation ist die Reichsbank berechtigt, aber nicht verpflichtet.

§. 5. Die Uebertragung der Bankantheile kann durch Indossament erfolgen.

In Betreff der Form des Indossaments kommen die Bestimmungen der Artikel 11 bis 13 der Wechselordnung zur Anwendung[5]).

---

[3]) Die neue Fassung (Anm. 1) ist die Folge der Kapitalserhöhung der Reichsbank Ergänz.G. 99 Art. 1 siehe BankG. § 23.

[4]) Die Änderung des § 3 (Anm. 1) beruht darauf, daß, während es bisher nur eines Formulars für Anteilscheine von 3000 M. bedurfte nach dem Ergänz.G. 99, ein zweites Formular, für Anteilscheine von 1000 M., nötig geworden ist. Die Ausfertigungen erfolgen unter der Unterschrift des Reichsbank-Direktoriums. — Auf den Abdruck der Formulare ist verzichtet worden.

[5]) Diese Bestimmungen lauten:

Art. 11. Das Indossament muß auf den Wechsel, eine Kopie desselben oder ein mit dem Wechsel oder der Kopie verbundenes Blatt (Allonge) geschrieben werden.

Art. 12. Ein Indossament ist gültig, wenn der Indossant auch nur seinen Namen oder seine Firma auf die Rückseite des Wechsels oder der Kopie oder auf die Allonge schreibt (Blanko-Indossament).

Art. 13. Jeder Inhaber eines Wechsels ist befugt, die auf demselben befindlichen Blanko-Indossamente auszufüllen; er kann den Wechsel aber ohne diese Ausfüllung weiter auch indossiren.

§. 6. Wenn ein Bankantheil verpfändet ist, so ist dies unter Vorlegung des Antheilsscheines und der schriftlichen Erklärung des Antheilseigners bei der Reichsbank anzumelden; auf Grund dieser Anmeldung ist die Verpfändung in den Stammbüchern und auf dem Antheilsscheine zu bemerken.

Im Verhältnisse zur Reichsbank wird nur derjenige als Pfandgläubiger angesehen, welcher als solcher in den Stammbüchern eingetragen ist.

Zur Prüfung der Echtheit und der Rechtsgültigkeit der Erklärung ist die Reichsbank berechtigt, aber nicht verpflichtet.

Der Eigenthümer kann ohne Zustimmung des Pfandgläubigers keine neuen Dividendenscheine und im Falle des §. 41 des Bankgesetzes keine Zahlung auf den Bankantheil erhalten, wird aber im Uebrigen in seinen ihm nach dem Bankgesetze und diesem Statute zustehenden Rechten nicht beschränkt.

Die Löschung des Pfandrechts erfolgt auf Vorlegung des Antheilsscheines nnd beglaubigter Einwilligung des Pfandgläubigers.

§. 7. Die für die Vermerkung von Uebertragungen oder von Verpfändungen der Bankantheile zu entrichtende Gebühr bestimmt das Reichsbank-Direktorium nach Anhörung des Zentralausschusses[6]).

§. 8[7]). Verlorene oder vernichtete Antheilsscheine können im Wege des Aufgebotsverfahrens für kraftlos erklärt werden. Hierbei finden die Vorschriften des §. 799 Abs. 2 und §. 800 des Bürgerlichen Gesetzbuchs sowie die Vorschriften der Civilprozeßordnung über das Aufgebotsverfahren zum Zwecke der Kraftloserklärung einer Urkunde mit folgenden Maßgaben Anwendung.

Ausschließlich zuständig für das Aufgebotsverfahren ist dasjenige Amtsgericht, in dessen Bezirke das Reichsbank-Direktorium seinen Sitz hat.

Die öffentliche Bekanntmachung des Aufgebots und des Ausschlußurtheils muß unbeschadet der Vorschriften der §§. 1009 und 1017 der Civilprozeßordnung[8]) auch durch einmalige Einrückung in diejenigen Zeitungen erfolgen, welche vom Reichskanzler für

---

[6]) Sie beträgt 3 M. für den ersten, 1 M. für jeden weiteren, gleichzeitig vorgelegten Anteil, soweit sich die Vermerkung auf dieselben Personen bezieht.

[7]) Die neue Fassung (Anm. 1) regelt das Aufgebotsverfahren nach den Grundsätzen des BGB. und der CPO. Früher kamen die Vorschriften des jetzt aufgehobenen G. 12. Mai 73 zur Anwendung. — BGB. § 799 Abs. 2 verpflichtet den Aussteller der Schuldverschreibung, dem bisherigen Inhaber die zur Erwirkung des Aufgebots oder der Zahlungssperre erforderliche Auskunft zu erteilen und die erforderlichen Zeugnisse auszustellen, § 800 eine neue Schuldverschreibung an Stelle der für kraftlos erklärten zu erteilen. — Aufgebotsverfahren CPO. 9. Buch, insbes. § 1003 ff.

[8]) Nach CPO. § 1009 ist das Aufgebot durch Anheftung an die Gerichtstafel und durch dreimalige Einrückung in das amtliche Organ des Gerichts und den Reichsanzeiger bekannt zu machen, nach § 1017 a. a. O. das Ausschlußurteil im Reichsanzeiger.

die öffentliche Bekanntmachung des Aufgebots und des Ausschlußurtheils bei Kraftloserklärung von Reichsschuldverschreibungen bestimmt sind.

Das Reichsbank-Direktorium hat jährlich amtliche Listen der im abgelaufenen Jahre für kraftlos erklärten Bankantheilsscheine durch die vorstehend bezeichneten Blätter sowie durch Aushang auf den Börsen zu Berlin, Hamburg, Leipzig, Frankfurt a. M. und München zu veröffentlichen.

Ein vor dem 1. Januar 1901 anhängiges gerichtliches Aufgebotsverfahren zum Zwecke der Kraftloserklärung eines Antheilsscheins ist nach den bisherigen Vorschriften zu erledigen.

**§. 9.** Wegen der abhanden gekommenen oder vernichteten Dividendenscheine und Talons ist ein Mortifikationsverfahren nicht zulässig, und ebensowenig ist die Reichsbank verpflichtet, bei Nachweis des Verlustes neue Dividendenscheine und Talons auszugeben oder den entsprechenden Geldbetrag zu zahlen. Ist jedoch der Verlust eines Dividendenscheines dem Reichsbank-Direktorium innerhalb der Verjährungsfrist (§. 24 des Bankgesetzes) angezeigt, so ist dasselbe befugt, den Betrag nach Ablauf jener Frist dem Anzeigenden zahlen zu lassen, wenn der Dividendenschein nicht inzwischen präsentirt und eingelöst ist[9]). Ist von dem Verluste eines Talons Anzeige gemacht, so vertritt die Vorlegung des Antheilsscheines die Einlieferung des Talons.

**§. 10.** Der Ankauf von Effekten für fremde Rechnung darf erst erfolgen, nachdem die dazu erforderlichen Gelder bei der Bank wirklich eingegangen oder lombardmäßig (§. 13 Ziff. 3 des Bankgesetzes) sichergestellt sind. Ebenso muß bei Verkaufsaufträgen der Eingang der Effekten abgewartet werden[10]).

Soll der Ankauf oder Verkauf von Effekten für Rechnung einer öffentlichen Behörde erfolgen, so kann die Erklärung, daß die Gelder oder Effekten zur Verfügung der Bank stehen, für genügend erachtet werden.

**§. 11.** Der Reichsbank liegt ob, das Reichsguthaben (§. 22 des Bankgesetzes) unentgeltlich zu verwalten und über die für Rechnung des Reichs angenommenen und geleisteten Zahlungen Buch zu führen und Rechnung zu legen.

**§. 12.** Der Werth der von der Preußischen Bank übernommenen Grundstücke ist in die für den 1. Januar 1876 aufzustellende Bilanz mit dem

---

[9]) Nach BGB. § 804, kann bei Anzeige des Verlustes eines Zins-, Renten- oder Gewinnanteilsscheins vor Ablauf der Vorlegungsfrist, der bisherige Inhaber nach dem Ablaufe der Frist die Leistung vom Aussteller verlangen, sofern nicht der abhanden gekommene Schein dem Aussteller vor Ablauf der Frist zur Einlösung vorgelegt worden ist. Es kann zweifelhaft sein, ob nicht durch diese Bestimmung die Pflicht des Reichsbank-Direktoriums begründet ist, den Betrag eines in Verlust gekommenen Dividendenscheins beim Vorliegen der Voraussetzungen des § 804 a. a. O. auszuzahlen.

[10]) Ungedeckter Kredit darf nicht gewährt werden BankG. § 13 Ziff. 5, 6.

Betrage von zwölf Millionen Mark, zuzüglich der in der Zeit vom 1. April bis 31. Dezember 1875 auf die Grundstücke noch zur Verwendung gelangenden Kosten aufzunehmen.

§. 13. Für die Aufstellung der Jahresbilanz sind folgende Vorschriften maßgebend:

1. Kurshabende Papiere dürfen höchstens zu dem Kurswerthe, welchen sie zur Zeit der Bilanzaufstellung haben, angesetzt werden.
2. Von den Kosten der Organisation und Verwaltung dürfen nur die Ausgaben für die Herstellung der Banknoten auf mehrere Jahre vertheilt werden. Alle übrigen Kosten sind ihrem vollen Betrage nach in der Jahresrechnung unter den Ausgaben aufzuführen.
3. Der Betrag des Grundkapitals und des Reservefonds ist unter die Passiva aufzunehmen.
4. Der aus der Vergleichung sämmtlicher Aktiva und sämmtlicher Passiva sich ergebende Gewinn oder Verlust muß am Schlusse der Bilanz besonders angegeben werden.

§. 14. Die Prüfung der Jahresbilanz erfolgt auf Grund der Bücher der Reichsbank durch die Deputirten, welche über das Ergebniß dem Zentralausschusse berichten.

Letzterer äußert sich gutachtlich über den Befund und über die Höhe der den Antheilseignern zu gewährenden Dividende. Das von den sämmtlichen in der betreffenden Versammlung anwesenden Mitgliedern des Zentralausschusses zu vollziehende Gutachten wird von diesem dem Reichsbank-Direktorium eingereicht.

§. 15. Die Dividende wird spätestens vom 1. April des folgenden Jahres ab bei der Reichsbank-Hauptkasse und sämmtlichen Reichsbankhauptstellen und Bankstellen gegen Einreichung der Dividendenscheine gezahlt.

Mit Zustimmung des Zentralausschusses können auf die Dividende halbjährige Abschlagszahlungen bis zu 1¾ Prozent am 1. Juli und 2. Januar geleistet werden[11]).

§. 16. Die Generalversammlung (§. 30 des Bankgesetzes) vertritt die Gesammtheit der Reichsbank-Antheilseigner.

Zur Theilnahme ist jeder männliche und verfügungsfähige Antheilseigner berechtigt, welcher durch eine spätestens am Tage vor der Generalversammlung im Archiv der Reichsbank abzuhebende Bescheinigung nachweist, daß und mit welchem Nennbetrage von Antheilen er in den Stammbüchern der Reichsbank als Eigner eingetragen ist.

---

[11]) Änderung der Fassung Anm. 1. Die Abschlagszahlungen waren früher auf 2¼ v. H. festgesetzt; die Herabsetzung beruht auf der Verminderung der Vorzugsdividende von 4½ auf 3½ v. H. BankG. Anm. 38.

Eintragungen, welche nicht mindestens 14 Tage vor dem Tage der Generalversammlung geschehen sind, werden nicht berücksichtigt.

Oeffentliche Behörden, juristische Personen, Gesellschaften und Verfügungsunfähige können durch ihre Vertreter, Ehefrauen durch ihre Ehemänner Theil nehmen.

Als Bevollmächtigte werden nur in den Stammbüchern der Bank eingetragene Antheilseigner zugelassen, welche sich durch eine gerichtliche oder notarielle Vollmacht ihres Auftraggebers legitimiren. Ein und derselbe Bevollmächtigte darf nicht mehrere Antheilseigner vertreten[12]).

**§. 17.** Die Stimmenzahl, die jeder Erschienene hat, bestimmt sich nach dem Nennbetrage der durch ihn vertretenen Bankantheile mit der Maßgabe, daß der Betrag von je 1000 Mark dem Rechte auf eine Stimme entspricht. Mehr als 300 Stimmen dürfen nicht in einer Hand vereinigt werden.

Die einfache Stimmenmehrheit ist entscheidend. Bei Stimmengleichheit giebt die Stimme desjenigen den Ausschlag, welcher den höchsten Nennbetrag von Bankantheilen vertritt[13]).

**§. 18.** Die Generalversammlung findet alljährlich zu Berlin im März statt, kann aber auch jederzeit außerordentlich berufen werden. Die Berufung geschieht durch den Reichskanzler mittelst einer mindestens 14 Tage vorher in die dazu bestimmten Blätter (§. 30) aufzunehmenden öffentlichen Bekanntmachung.

**§. 19.** In der Generalversammlung führt der Reichskanzler oder dessen Vertreter, und in deren Behinderung der Präsident des Reichsbank-Direktoriums den Vorsitz. Das Reichsbank-Direktorium wohnt derselben bei; die Mitglieder können sich an der Berathung betheiligen, ohne jedoch stimmberechtigt zu sein.

**§. 20.** Ueber die Verhandlungen und Beschlüsse wird von einem Mitgliede des Reichsbank-Direktoriums ein Protokoll aufgenommen und von dem Vorsitzenden, einem Mitgliede des Zentralausschusses, zwei Reichsbank-Antheilseignern und dem Protokollführer unterschrieben.

**§. 21.** Die Generalversammlung empfängt jährlich den Verwaltungsbericht nebst der Bilanz und Gewinnberechnung (§. 32a. des Bankgesetzes), wählt die Mitglieder des Zentralausschusses (§. 31 das.) und beschließt über deren Ausschließung (§. 33 das.). Sie beschließt ferner über Erhöhung des Grundkapitals (§. 2 des Statuts) und über Abänderung des Statuts, sofern diese Gegenstände in der Berufung ausdrücklich erwähnt sind.

---

[12]) Der Abs. 2 hat eine unbedeutende Fassungsänderung (Anm. 1) erfahren (statt der Worte „daß und mit welchem Nennwerte von Anteilen“ hieß es früher: „daß und mit wie vielen Anteilen“). Grund: die Ausgabe von Anteilen zu 1000 M. neben den früheren Anteilen von 3000 M.

[13]) Die Änderung der Fassung des § 17 (Anm. 1) beruht auf dem in Anm. 12 angegebenen Grunde.

Außerordentliche Generalversammlungen können nur über Gegenstände beschließen, welche in der Berufung ausdrücklich erwähnt sind.

§. 22. Die Wahl der Mitglieder des Zentralausschusses, sowie ihrer Stellvertreter (§. 31 des Bankgesetzes) erfolgt mittelst verdeckter Stimmzettel für jede Stelle besonders.

Gewählt ist nur derjenige, welcher die absolute Stimmenmehrheit erhalten hat.

Wenn sich auch bei der zweiten Abstimmung eine absolute Stimmenmehrheit nicht herausstellt, so sind die beiden Kandidaten, welche die meisten Stimmen erhalten haben, auf eine engere Wahl zu bringen. Bei Stimmengleichheit entscheidet das Loos.

Wählbar sind nur Männer.

Von mehreren Inhabern einer Handelsfirma kann nur Einer Mitglied des Zentralausschusses oder Stellvertreter sein.

§. 23. Das Ausscheiden eines Drittheils der Mitglieder des Zentralausschusses (§. 31 Abs. 1 des Bankgesetzes) erfolgt in den beiden ersten Jahren nach dem Loose, späterhin nach dem Alter des Eintritts.

§. 24. Bei der Wahl der Deputirten des Zentralausschusses und ihrer Stellvertreter (§. 34 des Bankgesetzes) hat jedes Mitglied nur eine Stimme abzugeben; im Uebrigen finden die Bestimmungen des §. 22 auch hier Anwendung.

§. 25. Die Protokolle über die Verhandlungen und Beschlüsse des Zentralausschusses werden von dem Vorsitzenden, zwei Ausschußmitgliedern und dem protokollirenden Mitgliede des Reichsbank-Direktoriums unterzeichnet.

§. 26. Die Mitglieder des Reichsbank-Direktorium nehmen an den Berathungen des Zentralausschusses, nicht aber an den Abstimmungen Theil.

§. 27. Die Bezirksausschüsse (§. 36 des Bankgesetzes) bestehen aus wenigstens vier und höchstens zehn Mitgliedern, von denen jährlich die Hälfte — das erste Mal nach dem Loose, demnächst nach dem Alter des Eintritts — ausscheidet. Die Ausscheidenden sind wieder wählbar.

§. 28. Zu Mitgliedern der Bezirksausschüsse und zu Beigeordneten (§. 36 des Bankgesetzes) können Antheilseigner nicht ausgewählt werden, welche nach §. 22 Absatz 4 und 5 zum Zentralausschusse nicht wählbar sind.

§. 29. Zum Zweck der Auswahl der Mitglieder der Bezirksausschüsse und der Beigeordneten, wo diese vom Zentralausschusse vorzuschlagen sind (§. 36 des Bankgesetzes), ist dem Zentralausschusse die Vorschlagsliste des Bank-Kommissars und ein Verzeichniß der auswählbaren Antheilseigner vorzulegen.

Für die Wahl der Beigeordneten, insofern dieselbe durch die Bezirksausschüsse erfolgt, sind die Bestimmungen in §. 24 maßgebend.

§. 30. Die für die Antheilseigner bestimmten Bekanntmachungen werden von dem Reichskanzler erlassen und in dem Deutschen Reichs-Anzeiger, sowie am Sitze einer jeden Reichsbankhauptstelle in einem durch Bekanntmachung zu bestimmenden Blatte veröffentlicht. Spezieller Benachrichtigung für die einzelnen Antheilseigner bedarf es nicht.

Die gleichen Blätter sind für die öffentlichen Bekanntmachungen des Reichsbank-Direktoriums zu benutzen, soweit der Zweck derselben nicht lokal beschränkt ist.

§. 31. Im Falle der Aufhebung der Reichsbank (§. 41 des Bankgesetzes) erfolgt die Liquidation unter Leitung des Reichskanzlers durch das Reichsbank-Direktorium. Das letztere hat die laufenden Geschäfte zu beendigen, die Verpflichtungen der Reichsbank zu erfüllen, die Forderungen derselben einzuziehen und das Vermögen zu versilbern.

Zur Beendigung schwebender Geschäfte können auch neue Geschäfte eingegangen werden. Nach außen hin bleibt das Reichsbank-Direktorium zur Vertretung der Reichsbank nach Maßgabe von § 38 des Bankgesetzes bis zur Beendigung der Liquidation ermächtigt.

§. 32. Das Reichsbank-Direktorium hat die schließliche Auseinandersetzung zwischen dem Reiche und den Antheilseignern, sowie unter diesen herbeizuführen.

(§. 33, 34)[14].

## Anlage D (zu Anmerkung 24).

## Allgemeine Bestimmungen über den Geschäftsverkehr mit der Reichsbank[1]).

### (I. Verzeichnis sämtlicher Reichsbankstellen.)[2])

### II. Allgemeine Grundsätze.

1. Jeder ordentliche Geschäftsmann kann nach Maßgabe der nachfolgenden Bestimmungen mit der Reichsbank in Geschäftsverkehr treten. Er hat zuvor der Bankanstalt, in deren Bezirk er seinen Wohnsitz hat, die erforderlichen Mitteilungen über seine Verhältnisse zu machen und, wenn seine Firma in das Handelsregister eingetragen ist, einen beglaubigten Auszug aus demselben zu überreichen.

2. Soll der Geschäftsverkehr durch Prokuristen oder Bevollmächtigte vermittelt werden, so ist eine nur für den Verkehr mit der Reichsbank gültige Vollmacht nach dem von ihr bestimmten Muster auszustellen und bei ihr niederzulegen. Sollen an

[14]) Übergangsbestimmung, durch welche die Vertretung der Reichsbank-Anteilseigner vor der ersten ordentlichen Generalversammlung (März 77) geregelt wurde.

[1]) 41. Ausgabe, April 03, Reichsdruckerei.

[2]) Teil I enthält nach einigen Vorbemerkungen ein nach dem Alphabet geordnetes Verzeichnis sämtlicher Reichsbankanstalten, z. B. 382 (BankG. Anm. 46). Für jede Anstalt ist ihr Sitz und ihre Eigenschaft, ob Hauptstelle, Stelle oder Nebenstelle, angegeben, für die Nebenstellen ferner noch die Anstalt, von der sie abhängig sind; diejenigen Orte, die nicht Bankplätze sind, sind besonders gekennzeichnet. Wechsel, die an ihnen zahlbar sind, werden von der Reichsbank nicht angekauft. Anderseits werden Wechsel auf eine Anzahl von Orten, an denen sich keine Bankanstalt befindet, angekauft. Eine alphabetische Zusammenstellung dieser Orte unter Angabe der Bankanstalt, an welche die Wechsel zu girieren sind, ist dem Verzeichnis der Reichsbankanstalten angeschlossen.

solche Personen Zahlungen geleistet werden, so muß noch eine persönliche Vorstellung der letzteren durch den Auftraggeber hinzutreten.

## III. Diskontierungsgeschäft.

### A. Wechsel auf das Inland.

1. (Erfordernisse der Wechsel.) Die Wechsel müssen der Wechselordnung beziehungsweise den an dem ausländischen Ausstellungsorte geltenden wechselrechtlichen Bestimmungen entsprechen, eine Laufzeit von höchstens drei Monaten haben und die Unterschriften von in der Regel drei, mindestens aber zwei als zahlungsfähig bekannten Personen oder Firmen tragen; sie sind an die Bankanstalt des Zahlungsorts zu girieren.

Wechsel, welche am Sitz der ankaufenden Bankanstalt zahlbar sind, und alle domizilierten Wechsel müssen vor dem Ankaufe mit Annahmevermerk versehen sein.

Wechsel, welche die Einschränkung „oder Wert" enthalten, oder auf einen andern Tag als den im Wechsel angegebenen Verfalltag akzeptiert sind, oder Rasuren oder Korrekturen enthalten, werden von der Reichsbank nicht angekauft.

Bei Wechseln mit offenem (Blanko-) Giro muß jedenfalls das Indossament an den Verkäufer und dasjenige des letzteren an die Bank ausgefüllt sein. Allongen müssen stets eine vollständige Bezeichnung des betreffenden Wechsels enthalten.

Die Wechsel sind mit den Fälligkeitstagen zu überschreiben, mit einer Rechnung (2) einzureichen und übereinstimmend mit derselben zu ordnen.

2. (Erfordernisse der Rechnung.) Besondere Rechnungen müssen ausgestellt werden:

a) für Platzwechsel (zahlbar am Sitze der ankaufenden oder einer ihr untergeordneten Bankanstalt);

b) für Versandwechsel (zahlbar an andern deutschen Bankplätzen).

Außerdem sind bei Diskontierungen in der Zeit vom 1. Oktober bis 31. Dezember jeden Jahres die Wechsel, welche noch im alten Jahre verfallen, und diejenigen, welche im neuen Jahre fällig werden, von einander zu trennen und auf besonderen Noten einzureichen.

Auf der Rechnung sind die Wechsel nach den Bankanstalten geordnet, nach Betrag, Verfalltag, Bezogenem und Zahlungsort einzeln zu verzeichnen und die in Abzug kommenden Zinsen auszurechnen; bei Domizilwechseln ist der Name und Wohnort des Akzeptanten und des Domiziliaten anzuführen.

Bei der Zinsberechnung wird jeder Monat zu 30 Tagen angenommen; indessen wird der Monat Februar bei solchen Wechseln, welche am letzten Februar fällig sind, nur zu 28 bezw. 29 Tagen gerechnet. Der Tag des Ankaufs wird nicht mitgezählt.

Mithin sind zu berechnen bei Wechseln

| | | | | | | |
|---|---|---|---|---|---|---|
| am | 15. | Februar | angekauft | per | 5. März | 20 Tage |
| " | 15. | " | " | " | 28. Februar | 13 " |
| " | 15. | " | " | " | 29. " | 14 " |
| " | 28. | " | " | " | 5. März | 7 " |

An Zinsen sind mindestens zu berechnen:

a) 4 Tage auf Wechsel, welche am Ankaufsorte zahlbar sind;

b) 5 Tage auf solche nicht am Ankaufsorte zahlbaren Wechsel, welche in Stücken von 10000 Mark und mehr, oder bei Posten von mindestens 20000 Mark in Stücken von nicht unter 5000 Mark eingereicht werden;

c) 10 Tage für alle übrigen Wechsel.

Für jeden einzelnen Wechsel im Betrage von 100 Mark und weniger werden jedoch mindestens 30 Pfennig, für jeden Wechsel über mehr als 100 Mark mindestens 50 Pfennig erhoben.

Falls in der Rechnung Zinszahlen anstatt der Zinsbeträge jedes einzelnen Wechsels angegeben sind, so sind mindestens anzusetzen:

| | für 30 Pf. | für 50 Pf. | | für 30 Pf. | für 50 Pf. |
|---|---|---|---|---|---|
| bei 3 % | 36,00 No., | 60,00 No. | bei 5 % | 21,60 No., | 36,00 No. |
| „ 3½ „ | 30,85 „ | 51,43 „ | „ 5½ „ | 19,64 „ | 32,73 „ |
| „ 4 „ | 27,00 „ | 45,00 „ | „ 6 „ | 18,00 „ | 30,00 „ |
| „ 4½ „ | 24,00 „ | 40,00 „ | „ 6½ „ | 16,62 „ | 27,70 „ |

Die Wechselrechnungen sind vom Verkäufer bezw. dessen Prokuristen oder Bevollmächtigten eigenhändig zu quittieren.

## B. Wechsel auf das Ausland.

Die Reichsbank kauft Wechsel auf nachstehend bezeichnete Plätze des Auslandes — auf die englischen Plätze auch Schecks — nach der jedesmaligen letzten amtlichen Notiz der Berliner Börse, Wechsel auf die Schweiz an den süddeutschen Anstalten nach der der Frankfurter Börse, abzüglich einer Gebühr, welche für Wechsel mit mehr als 14tägiger Laufzeit ½ ‰, dagegen für Wechsel mit 14tägiger und kürzerer Laufzeit 1 ‰, in beiden Fällen mindestens 50 Pfennig für jeden Wechsel beträgt. Bei einer Laufzeit bis zu 14 Tagen wird der kurze Kurs, bei längerer Laufzeit der lange Kurs in Ansatz gebracht. Hat die Reichsbank Zinsen zu empfangen, so erfolgt die Berechnung zum Zinsfuße des ausländischen Platzes. Hat sie dagegen Zinsen zu vergüten, so geschieht dies bei einem Diskontosatz des betreffenden Landes

bis 4 % mit ½ % weniger,
über 4—7 % mit 1 % weniger und
über 7 % mit 1½ % weniger.

Wechsel, welche länger als 14 und bei zweimonatlicher Notiz kürzer als 45, bei dreimonatlicher kürzer als 75 Tage sind — Mittelsichten —, werden ebenfalls zum langen Kurs, die Zinsen darauf aber mit ½ % weniger als bei langen Wechseln berechnet.

Um an der Berliner Börse als kurzes Papier lieferbar zu sein, müssen noch zu laufen haben

1. Wechsel auf Hauptplätze
   a) in Belgien, Dänemark, England, Frankreich und Holland wenigstens 5 Tage (bei Wechseln auf England sind hier die Respekttage nicht mitgerechnet),
   b) in Italien und Skandinavien wenigstens 7 Tage,
2. Wechsel auf Nebenplätze
   a) in England und Frankreich wenigstens 8 Tage,
   b) in Belgien und Holland wenigstens 10 Tage,
   c) in Italien, auf dem Festlande wenigstens 10 Tage, auf den Inseln wenigstens 14 Tage.

Da Auslandswechsel, wenn nicht Festtage eine Änderung verursachen, an der Berliner Börse nur Dienstags, Donnerstags und Sonnabends gehandelt werden, so werden kurze Wechsel nur dann angekauft, wenn sie nach dem Postenlauf einen Tag früher in Berlin eintreffen, bevor sie die äußerste Grenze der Lieferbarkeit erreicht haben. Zu kurze Papiere, welche dieser Bedingung nicht entsprechen, werden daher nur zum auftragsweisen Verkauf an der Börse übernommen.

Die Wechsel müssen in der Geldsorte des Landes, in dem sie zahlbar sind, ausgestellt sein, den gesetzmäßigen Anforderungen bezüglich der Stempelung und der Form vollkommen entsprechen und die Unterschriften von drei, mindestens aber zwei als zahlungsfähig bekannten Personen oder Firmen tragen. Sie sind von den Verkäufern unmittelbar an die Order des Reichsbank-Direktoriums in Berlin zu girieren, mit Ausnahme der Wechsel auf die Schweiz, welche mit Giro an die Reichsbankhauptstelle in Frankfurt a. M. zu versehen sind. Werden die Wechsel oder Schecks in mehreren Exemplaren (Original und Kopie bezw. Prima und Sekunda oder Kopie) eingereicht, so ist stets nur eins derselben vom Verkäufer an die Reichsbank zu girieren. Bei Wechseln auf die mit * versehenen Plätze, welche eine mehr als 20tägige Laufzeit haben und über größere Beträge lauten, pflegt die Reichsbank die Annahme einzuholen, ohne daß eine Verpflichtung dieserhalb übernommen wird.

### Belgien:

a) Antwerpen*, Brüssel*,
b) Gand (Gent), Liège (Lüttich), Verviers, Louvain (Löwen), Malines (Mecheln), Bruges (Brügge), Tournai.

Wechsel auf unter b bezeichnete Plätze werden mit 1/8 % Abzug vom Kurswerte angekauft. Bei kleineren Beträgen als 1000 Francs tritt ein weiterer Abschlag vom Kurswerte von 1/10 %, bei Beträgen von mehr als 30000 Francs ein solcher von 1/2 ‰ ein. Bei den zum langen Kurs angekauften Wechseln wird für fehlenden belgischen Stempel 1/2 %, in Abzug gebracht.

### England*:

a) London,
b) Belfast, Birmingham, Bolton, Bradford, Bristol, Glasgow, Hull, Leeds, Liverpool und Manchester.

Angekauft werden außer Wechseln (bills of exchange, drafts, promissory-notes) auch post-bills der Bank von England und ihrer Filialen, sowie Schecks auf englische Bankhäuser.

A. Wechsel.

1. Wechsel auf London in Beträgen bis 3000 Pfund Sterling werden zum letzten Kurse für Wechsel auf London, solche von mehr als 3000 Pfund Sterling mit 1/2 ‰ Abzug vom Kurswerte berechnet. Bei Domizilwechseln auf London wird 1 Pfennig vom Kurse gekürzt, sofern der Bezogene im Auslande wohnt.

2. Wechsel auf die unter b genannten Orte in Beträgen bis 3000 Pfund Sterling werden mit 1/8 %, solche über mehr als 3000 Pfund Sterling mit 1/2 ‰ weiteren Abzug vom Kurswerte angekauft.

B. Schecks.

1. Schecks und alle Sichtpapiere auf London (wegen solcher auf andere Plätze mit dem Zusatz: „London Agents etc.“ vgl. Ziffer 2) unter 100 Pfund Sterling werden zum letzten Kurse für kurze Wechsel ohne Zinsvergütung, solche von 100 bis 3000 Pfund Sterling zu demselben Kurse zuzüglich einer Zinsvergütung für 6 Tage und endlich solche in Beträgen von über 3000 Pfund Sterling mit einer gleichen Zinsvergütung, jedoch mit 1/2 ‰ Abzug vom Kurswerte angekauft.

2. Schecks auf obige Nebenplätze (vgl. oben unter b) werden mit 1/8 % Abzug vom Kurswerte ohne Zinsvergütung, — Schecks mit dem Vermerk: „London Agents“, oder „Bankers Messrs X. Y.“ oder „London office . . . .“ zum kurzen Kurse, ebenfalls ohne Zinsvergütung, angekauft, solche über 3000 Pfund Sterling erleiden einen weiteren Abzug von 1/2 ‰.

Englische Banknoten sind vom Ankaufe ausgeschlossen.

### Frankreich:

a) Paris,*
b) Agen, Amiens, Angers, Angoulême, Annecy, Annonay, Arras, Aubusson, Auch, Aurillac, Auxerre, Avignon, Bar-le-Duc, Bastia, Bayonne, Beauvais, Belfort, Besançon, Blois, Bordeaux, Boulogne-sur-Mer, Bourg,

Bourges, Brest, Caen, Cahors, Cambrai, Carcassonne, Castres, Cette, Chalons-sur-Saône, Chambéry, Chartres, Chateauroux, Chaumont, Clermont-Ferrand, Digne, Dijon, Douai, Dunkerque, Épinal, Évreux, Flers, Fois, Gap, Grenoble, Le Havre, Laval, Lille, Limoges, Lons-le-Saunier, Lorient, Lyon, Le Mans, Marseille, Meaux, Mende, Montauban, Mont-de-Marsan, Montpellier, Moulins, Nancy, Nantes, Nevers, Nice, Nîmes, Niort, Orléans, Périgueux, Perpignan, Poitiers, Le Puy, Reims, Rennes, La Rochelle, La Roche-sur-Yon, Rodez, Roubaix-Tourcoing, Rouen, Saint-Brieux, Saint-Etienne, Saint-Lô, Saint-Quentin, Sédan, Tarbes, Toulon, Toulouse, Tours, Troyes, Tulle, Valence, Valenciennes, Versailles, Vesoul,

c) Aix, Alais, Beaune, Béziers, Brive, Calais-Saint-Pierre, Cannes, Charleville-Mézières, Cherbourg (auch Équeurdreville), Cholet, Cognac, Compiègne, Dôle, Elbeuf-Candebec, Epernay, Fougères, Gray (auch Arc-lès-Gray), Honfleur, Libourne, Lisieux, Mâcon (auch St. Laurent-lès-Mâcon), Maubeuge, Mazamet, Millau, Montluçon, Morlaix (auch Plou und St. Martin-des-Champs), Narbonne, Pau (auch Jurançon), Roanne (auch Le Coteau), Rochefort-sur-Mer, Romans-Bourg-de-Péage, Saint-Denis (auch St. Quen), Saint-Dié, Saint-Malo-Saint-Servant, Saint-Nazaire, Saint-Omer, Sens, Verdun.

Wechsel (traites, lettres de change, billets de change) auf die unter b und c aufgeführten Plätze werden mit $^1/_8$ % Abschlag vom Kurswerte angekauft. Wechsel unter 1000 Francs erleiden einen weiteren Abzug von $^1/_{10}$ % und solche über mehr als 50000 Francs einen solchen von $^1/_2$ ‰. Bei den zum langen Kurs angekauften Wechseln wird der etwa fehlende französische Stempel ebenfalls mit $^1/_2$ ‰ in Abzug gebracht.

## Holland:

a) Amsterdam,* Rotterdam,*

b) Alkmaar, Amelo, Arnheim, Breda, Delft, Deventer, Dortrecht, Enschede, Groningen, Haag (s'Gravenhage), Haarlem, Harlingen, Herzogenbusch, Leeuwarden, Leiden, Maastricht, Meppel, Middelburg, Nymwegen, Schiedam, Tilburg, Utrecht, Venloo, Vlissingen und Zwolle.

Wechsel auf die Hauptplätze unter a werden zu dem notierten Kurse, Wechsel unter 500 Gulden mit einem Abzuge von $^1/_{10}$ %, Wechsel über mehr als 25000 Gulden mit einem solchen von $^1/_2$ ‰ vom Kurswerte angekauft. Bei Wechseln auf die unter b genannten Plätze tritt ein weiterer Abzug von $^1/_8$ % ein. Bei den zum langen Kurs angekauften Wechseln wird der fehlende holländische Stempel mit $^1/_2$ ‰ gekürzt. Bei unakzeptierten, mit dem Vermerk „ohne Kosten" girierten Wechseln, welche meistens erst 14 Tage nach Verfall eingelöst werden, wird für den entstehenden Zinsverlust eine Gebühr von 1 vom Tausend in Abzug gebracht.

## Italien:

a) Florenz, Genua, Livorno, Mailand, Neapel, Rom, Turin, Venedig.

b) Alessandria, Ancona, Aquila, Arezzo, Ascoli-Piceno, Asti, Avellino, Bari, Barletta, Belluno, Benevento, Bergamo, Bologna, Brescia, Cagliari, Caltanissetta, Campobasso, Carrara, Caserta, Castellamare-Stabia, Catania, Catanzaro, Chieti, Como, Cosenza, Cremona, Cuneo, Ferrara, Foggia, Forli, Girgenti, Lecce, Lodi, Lucca, Macerata, Mantova, Messina, Modena, Monteleone, Novara, Padova, Palermo, Parma, Pavia, Perugia, Pesaro, Piacenza, Pisa, Porto Maurizio, Potenza, Ravenna, Reggio di Calabria, Reggio nell' Emilia, Rovigo, Salerno,

Sassari, Savona, Siena, Siracusa, Sondrio, Sora, Spezia, Taranto, Teramo, Terni, Trapani, Treviso, Udine, Vercelli, Verona, Vicenza, Vigevano.

Auf die unter a bezeichneten Plätze erfolgt der Ankauf zum Berliner Kurse für Wechsel auf Italien; auf die mit b bezeichneten Orte mit einem Abzuge von ¼% vom Kurswerte, ferner wird bei allen Wechseln unter 1000 Lire auf die unter a und b genannten Plätze ein Abschlag von ¼% vom Kurswerte berechnet. Bei Wechseln über mehr als 25000 Lire wird ½‰ in Abzug gebracht. Die Wechsel dürfen keine Bemerkung wie „ohne Kosten", „ohne Protest" oder Ähnliches enthalten.

### Kopenhagen*:

Bei Wechseln unter 1000 Kronen tritt ein Abschlag von ¼% vom Kurswerte ein, bei Wechseln über mehr als 20000 Kronen ein solcher von ½‰.

Bei langsichtigen Wechseln wird der fehlende dänische Stempel mit ½‰ in Abzug gebracht.

### Schweiz:

Aarau, Affoltern a. A., Amrisweil, Andelfingen, Basel, Bauma, Bellinzona, Bern, Biel (Bienne), Bischofszell, Bülach, Burgdorf (Berthoud), Chaux-de-Fonds, Chur, Dielsdorf, Frauenfeld, Freiburg, Genf, Glarus, Herisau, Horgen, Kreuzlingen, Langenthal, Lausanne, Lichtensteig, Liesthal, Locle, Lugano, Luzern, Meilen, Neuenburg (Neufchatel), Olten, Pruntrut (Porrentruy), Romanshorn, Rorschach, Rüti, St. Gallen, St. Imier, Schaffhausen, Schwyz, Solothurn, Thun, Uster, Weinfelden, Winterthur, Zürich, Zug.

Wechsel unter 500 Francs erleiden einen besonderen Abzug von 1‰. Vom Ankaufstage an gerechnet müssen die Wechsel mindestens 10 Tage Laufzeit haben und dürfen den Vermerk „ohne Kosten", „ohne Protest" oder Ähnliches nicht enthalten.

Bei den süddeutschen Bankanstalten erfolgt der Ankauf zum amtlichen Kurse der Frankfurter Börse.

### Stockholm, Christiania und Gothenburg:

Wechsel unter 1000 Kronen werden mit ¼% Abschlag vom Kurswerte angekauft. Bei Wechseln über mehr als 20000 Kronen wird ½‰ in Abzug gebracht.

## C. **Wertpapiere.**

Schuldverschreibungen des Reichs, eines deutschen Staats oder inländischer kommunaler Korporationen, welche nach spätestens drei Monaten mit ihrem Nennwerte fällig sind, werden diskontiert. Die Diskontierung derartiger Wertpapiere unterliegt der Stempelabgabe nach Tarif Pos. 4 zum Reichsstempesetz vom 14. Juni 1900[3]).

Die Stempelabgabe sowie das Porto, welches durch die unter voller Wertangabe erfolgende Einsendung diskontierter Wertpapiere an eine andere Bankanstalt entsteht, sind von dem Verkäufer zu tragen. Nur bei Steuervergütungs-Anerkenntnissen und Ausfuhrzuschußscheinen trägt die Reichsbank die Kosten der Versendung.

Für Steuervergütungs-Anerkenntnisse sind an Zinsen mindestens 5 Tage zu berechnen, jedoch nur dann, wenn die Frist, welche für die Anmeldung der Präsentation zur Zahlung bezw. Gutschrift festgesetzt ist, nicht mehr als 3 Tage beträgt. Anderenfalls sind die Zinsen mindestens für einen, jene Anmeldefrist um 2 Tage übersteigenden Zeitraum zu berechnen.

Der Minimaldiskontosatz beträgt, wie bei Wechselankäufen, 30 bezw. 50 Pfennig für das Stück.

---

[3]) (RGB. 260). Der Stempel beträgt ²⁄₁₀ vom Tausend und zwar in Abstufungen von 0,20 M. für je 1000 M. oder einen Bruchteil dieses Betrages.

## IV. Verkauf von Wechseln auf das Ausland.

Wechsel auf das Ausland werden aus dem Portefeuille der Reichsbank in kurzer, längstens 14tägiger Sicht abgegeben und, soweit solche in demselben nicht vorhanden oder verfügbar sind, auftragsweise an der Börse beschafft.

Anträge sind an diejenige Bankanstalt zu richten, zu deren Bezirk der Antragsteller seinem Wohnsitze nach gehört.

Der Auftrag kann durch die beteiligte Bankanstalt auch auf telegraphischem Wege nach Berlin bezw. Frankfurt a. Main übermittelt werden, wenn der Auftraggeber die Kosten des Telegramms trägt.

Bei Schecks oder Sichtpapieren auf London von 100 £ und darüber, die aus dem Portefeuille abgegeben werden, sind dem Käufer 9 Tage Zinsen zum Londoner Diskontsatz zu berechnen.

Anträge auf Überlassung oder Beschaffung von Wechseln auf London, Paris, Amsterdam und Antwerpen werden in geeigneten Fällen, ganz oder teilweise, durch von der Reichsbank ausgestellte Schecks auf deren Korrespondenten ausgeführt. Ohne Rücksicht auf die Höhe des Betrages sind dafür zu Lasten des Käufers, außer der Gebühr von 1 ‰, Zinsen zum Bankdiskont des betreffenden Platzes, und zwar bei Schecks auf Paris, Amsterdam und Antwerpen für 6 Tage, auf London für 9 Tage zu berechnen.

Werden Schecks an der Börse angekauft, so ist die Zinsberechnung dieselbe wie bei Schecks, die von der Reichsbank ausgestellt sind.

Es ist daher in den Anträgen besonders hervorzuheben, wenn Schecks etwa nicht gewünscht werden.

Wechsel auf Schweizer Plätze werden zum Frankfurter Tageskurse berechnet.

Auf Auslandswechsel, welche vom Tage der Abnahme an noch eine längere als die usancemäßige Laufzeit haben, werden dem Käufer für die überschießenden Tage Zinsen zu dem betreffenden Banksatz vergütigt.

Für den kommissionsweisen Ankauf von kurzsichtigen Wechseln auf ausländische Hauptplätze an der Börse sowie für Wechsel aus dem Portefeuille wird 1 vom Tausend Gebühr einschließlich Courtage, mindestens aber 50 Pfennig für jeden Posten von Wechseln auf dasselbe Land berechnet. Werden für den Geldbetrag vom Käufer Wechseldiskont- oder Lombardgeschäfte mit mindestens 10tägigem Zinsgewinn gemacht, so werden weder beim kommissionsweisen Ankauf noch bei Abgaben aus dem Portefeuille, oder für von der Reichsbank ausgestellte Schecks irgendwelche Gebühren in Rechnung gestellt.

## V. Einziehungsgeschäft.

Wechsel, Anweisungen, Schecks auf inländische Bankhäuser, welche einer Abrechnungsstelle nicht angehören (vgl. Abschnitt VII Ziffer 8) und Papiere aller Art, welche in Mark und an einem Bankplatze zahlbar sind, nimmt jede Reichsbankanstalt von Personen, welche zu ihrem Geschäftsbezirk gehören, zur Einziehung an und berechnet dafür eine Gebühr von 1 vom Tausend, mindestens 50 Pfennig für das Stück, sodann bei Wertpapieren noch das Porto. (Vergl. jedoch Absatz 6.) Derartige Aufträge, welche einer Bankanstalt von Personen oder Häusern außerhalb ihres Geschäftsbezirks unmittelbar zugehen, werden nur ausnahmsweise unter besonderen Umständen ausgeführt. In diesem Falle beträgt die Gebühr 2 vom Tausend, mindestens aber 50 Pfennig für jedes Stück, und zwar auch dann, wenn die Auftragspapiere nicht bezahlt werden.

Für die Einziehung sämtlicher bei der Reichsbank domizilierten Auftragswechsel, ohne Unterschied, von wo und wie dieselben an die einziehende Reichsbankanstalt gelangen, wird eine Gebühr von $^1/_5$ ‰ des Nennbetrages, mindestens aber 50 Pfennig für jedes Stück erhoben.

Weiße Schecks auf die Reichsbank werden bei allen Reichsbankanstalten nach Prüfung der Richtigkeit eingelöst. Für die Einlösung solcher weißen Schecks, die einer Bankanstalt von außerhalb zugehen, oder die bei einer anderen Bankanstalt als derjenigen, welche das betreffende Konto führt, zur Zahlung vorgelegt werden, sowie für die Einziehung von Schecks auf Mitglieder auswärtiger Abrechnungsstellen[4]), wird eine Gebühr von 1/5 vom Tausend, mindestens 30 Pfennig für das Stück, erhoben. Für weiße Schecks und Schecks auf Mitglieder der Abrechnungsstellen, welche vom **Auslande** zur Einlösung eingesandt werden, wird eine Gebühr von 1/2 vom Tausend, mindestens 50 Pfennig für jedes Stück, berechnet.

Für die Einziehung von Zinsscheinen ist eine Gebühr von 1/4 vom Hundert, mindestens aber 50 Pfennig für jede Gattung, zu entrichten.

Die Einlösung der Zinsscheine, für welche die Reichsbankanstalten Zahlstellen sind, erfolgt nur in deren Geschäftslokalen kostenfrei. Gehen derartige Zinsscheine durch die Post ein und wird eine Versendung des entsprechenden Geldbetrages erforderlich, so wird eine Gebühr von 1/5 vom Tausend, mindestens aber 50 Pfennig für jede Sendung erhoben.

Auf die bei der Bankanstalt, zu deren Geschäftsbezirk der Auftraggeber gehört, zur Einziehung eingelieferten, mangels Zahlung zurückkommenden Papiere wird außer den verauslagten Protest- und Portokosten eine Gebühr von 1 Mark für das Stück berechnet, ohne Rücksicht auf die Höhe des Wechselbetrages. Hat eine Protesterhebung nicht stattgefunden, so beträgt die Gebühr nur 50 Pfennig für jedes Stück. Ebenso wird auf Papiere, welche vor der Präsentation zurückgerufen werden, eine Gebühr von 50 Pfennig für das Stück berechnet und es gelangen außerdem die infolge etwa bereits stattgefundener Versendung entstandenen Portokosten zur Einziehung.

Die zur Einziehung übergebenen Wechsel usw. dürfen keine längere als eine 14tägige Laufzeit haben. Sie sind mit Giro an die Bankanstalt des Zahlungsortes, und dem Zusatz „zum Inkasso", und wenn sie weniger als 5 Tage zu laufen haben, mit der Erklärung „ohne Verbindlichkeit zur rechtzeitigen Präsentation bezw. Protesterhebung" zu versehen, da die Reichsbank nicht jeden Wechsel besonders versenden, also auch für die rechtzeitige Präsentation bezw. Protesterhebung verspätet eingereichter Wechsel nicht aufkommen kann.

An einem Bankplatz zahlbare Schecks auf Frankreich, Belgien, Holland und England, sowie auch Wechsel auf diese Länder (nicht aber auch Banknoten) werden zum Einzug übernommen und betragen die Gebühren und Kosten bei Papieren auf Hauptplätze 2 ‰, auf Nebenplätze 3½ ‰, mindestens aber 1 Mark für jedes Stück.

Zu kurze Papiere auf das Ausland, die sonst den Anforderungen genügen, werden — nötigenfalls unter Befreiung von der rechtzeitigen Präsentation — zum auftragsweisen Verkauf an der Börse gegen eine Gebühr von 1 ‰ des Rechnungsbetrages, mindestens aber 50 Pfennig für jeden Wechsel übernommen, wenn der Eigentümer mit der Berechnung des zu erzielenden Kurses einverstanden ist. Diese Beschränkung gilt indessen nicht für die Post Bills der Bank von England, da deren Einlösung auch nach Verfall — fehlerlose Form vorausgesetzt — außer Zweifel steht.

## VI. Lombardverkehr.

Die Reichsbank erteilt in Berlin und bei den Zweiganstalten Lombarddarlehne zu einem öffentlich bekannt gemachten Zinssatze gegen Verpfändung von edlen Metallen, im Inlande lagernden Kaufmannswaren, Wechseln und den in dem nachstehenden Verzeichnis aufgeführten Wertpapieren. Sind die letzteren bei dem Kontor

[4]) Vergl. Zusammenstellung der Mitglieder sämtlicher Abrechnungsstellen im Verzeichnis der Inhaber von Girokonten von 1903 (Verlag Bath).

der Reichsbank für Wertpapiere niedergelegt, so genügt die Übergabe des Depotscheins (vergl. Abschnitt XI. A. letzter Abs.).

## Bedingungen.

### A. Allgemeine.

§ 1. Darlehne in Beträgen von weniger als 500 Mark werden in der Regel nicht erteilt. Nach § 13 Nr. 3 des Bankgesetzes vom 14. März 1875 darf das Darlehn nicht auf länger als 3 Monate erteilt werden.

§ 2. Das Darlehn kann täglich zurückgezahlt uud täglich ohne Kündigungsfrist zurückgefordert werden. Zum Nachweise der Rückforderung genügt die Absendung eines eingeschriebenen Briefes an die Adresse des Darlehnsnehmers.

§ 3. Gerät der Schuldner mit der Rückzahlung in Verzug (§ 2) oder bleiben die Zinsen rückständig (§ 5), so ist die Reichsbank berechtigt, das Pfand unter Beobachtung des § 20 des Bankgesetzes vom 14. März 1875 und unter Ausschluß der Vorschriften in §§ 1234 und 1238 des BGB. bezw. § 368 des HGB. verkaufen zu lassen und sich aus dem Erlöse wegen Kapitals, Zinsen und Kosten bezahlt zu machen.

§ 4. Die Reichsbank ist berechtigt, wenn sie es zu ihrer Sicherheit, zum Zwecke des Verkaufs oder aus sonstigen Gründen für angemessen erachtet, das Unterpfand auf Gefahr und Kosten des Verpfänders nach anderen Lagerstellen, sei es am Orte selbst oder außerhalb, bringen und dort aufbewahren oder verkaufen zu lassen.

§ 5. Die Zinsen sind alle drei Monate und möglichst vor dem Schlusse der Kalenderquartale zu entrichten. Wird das Kapital jedoch schon früher vollständig zurückgezahlt, so sind die Zinsen gleichzeitig zu entrichten.

Die Zinsen werden bei Darlehen gegen Verpfändung von Wertpapieren, einschließlich Wechsel, wenn sie an den letzten vier Werktagen oder an dem ersten Werktage eines Monats entnommen sind, mindestens für sieben Tage, wenn sie an den letzten vier Werktagen oder an dem ersten Werktage eines Vierteljahrs entnommen sind, mindestens für vierzehn Tage, bei allen übrigen Darlehnen nur bis zum Zahlungstage berechnet. Auf jeden Pfandschein ist mindestens 1 Mark Zinsen zu zahlen. Wird der Zinsfuß der Reichsbank allgemein erhöht oder ermäßigt, so tritt bei allen Darlehnen der neue Zinssatz sofort vom Tage der Einführung an in Kraft.

§ 6. Teilzahlungen sind nur in Beträgen von mindestens 10 vom Hundert der schuldigen Summe, jedoch nicht unter fünfhundert Mark gestattet.

§ 7. Die Reichsbank behält sich zwar das Recht vor, übernimmt aber keine Verpflichtung, die Legitimation des Inhabers des Pfandscheins oder dessen, der über den Rückempfang des Pfandes quittiert, sowie die Echtheit der Quittung zu prüfen, sondern darf jeden, welcher den Pfandschein vorlegt, für den rechtmäßigen Eigentümer halten. Der Verpfänder hat daher den Pfandschein gehörig aufzubewahren, damit das Unterpfand nicht an einen unrechtmäßigen Inhaber ausgeantwortet werde oder ein solcher neue Darlehne darauf aufnehme.

Nach vollständiger Rückzahlung des Darlehns nebst Zinsen wird das Unterpfand, oder im Falle des Verkaufs der dem Verpfänder etwa verbliebene, bei der Reichsbank zinslos aufzubewahrende Überschuß nur gegen Rückgabe des quittierten Pfandscheins oder nach gerichtlicher Kraftloserklärung desselben herausgegeben. Die Quittung muß **(ohne weiteren Zusatz)** lauten:

„Das Unterpfand habe... $\frac{\text{ich}}{\text{wir}}$ zurückerhalten."

(Ort, Datum, Unterschrift.)

§ 8. Alle Zahlungen des Schuldners an Kapital, Zinsen und Kosten werden von der Reichsbank vorschriftsmäßig gebucht, außerdem aber ohne weitere Quittungserteilung auf dem Pfandscheiu sowie auf dessen Abschrift (§ 12) eingetragen. Rückzahlungen, welche an einer **Reichsbanknebenstelle** geleistet werden, haben der Reichsbank gegenüber nur dann Gültigkeit, wenn der Zahlende gleichzeitig derjenigen Reichsbankhauptstelle oder Reichsbankstelle, welche den Pfandschein ausgestellt hat, unmittelbar davon Anzeige macht.

§ 9. Reicht das Unterpfand zur vollständigen Befriedigung der Reichsbank nicht aus, so bleibt der persönliche Anspruch wegen des Fehlenden an den Verpfänder vorbehalten, selbst wenn er seine Rechte und Verbindlichkeiten aus dem Pfandschein einem anderen übertragen sollte.

§ 10. Die auf dem Pfandscheine von der Reichsbank nachgetragenen Veränderungen mit dem Kapital oder dem Unterpfande haben für beide Teile volle Beweiskraft und Verbindlichkeit.

§ 11. Alle Bestimmungen des Pfandscheins gelten für die etwa zugeschriebenen neuen Unterpfänder und Darlehne ebenfalls. Die sämtlichen Unterpfänder haften für die ganze Forderung der Reichsbank, gleichviel zu welcher Zeit die Zuschreibung neuer Unterpfänder oder Darlehne erfolgt ist, und können nach der Wahl der Reichsbank zusammen oder einzeln zur Berichtigung der Forderung an Kapital, Zinsen und Kosten nach § 3 veräußert werden.

§ 12. Der Verpfänder hat über den Empfang des Pfandscheins auf einer Abschrift davon, welche bei der Reichsbank bleibt, quittiert. Wenn dieser Pfandschein abhanden kommt, so soll gedachte Abschrift mit den darauf von der Reichsbank nachgetragenen Veränderungen für beide Teile volle Beweiskraft und Verbindlichkeit haben.

§ 13. In bezug auf die Verwahrung der Unterpfänder hat die Reichsbank — vorbehaltlich der besonderen Vorschriften in § 20 — nur für diejenige Sorgfalt einzustehen, welche sie in eigenen Angelegenheiten anzuwenden pflegt (§ 277 BGB). Zu einer Fortschaffung der Unterpfänder an einen anderen Ort ist die Reichsbank in keinem Fall, insbesondere auch nicht im Kriegsfall, verpflichtet.

## B. Besondere.

### I. Bei Verpfändungen von Staats-, Kommunalpapieren, Pfandbriefen, Aktien und anderen dergleichen Wertpapieren, sowie auch von Wechseln.

§ 14. Die Reichsbank überwacht nicht, ob die verpfändeten Wertpapiere zur Auszahlung aufgerufen, ausgelost oder gekündigt werden, oder ob sonst eine Veränderung betreffs derselben eintritt oder vorzunehmen ist. Hierauf zu achten und das Geeignete zu veranlassen, ist lediglich Sache des Verpfänders, den auch allein die nachteiligen Folgen treffen, wenn die nötigen Maßregeln unterbleiben. — Dies gilt auch hinsichtlich der Folgen einer nicht rechtzeitigen oder nicht richtigen Abtrennung, Verwertung, Aushändigung und Neubeschaffung der Zinsscheine, mag die Abtrennung usw. vom Verpfänder selbst oder von Beamten der Reichsbank auf oder ohne Antrag des Verpfänders bewirkt werden.

§ 15. Sinkt während der Dauer des Darlehns der Kurs des Unterpfandes um 5 vom Hundert, so ist der Verpfänder verpflichtet, binnen drei Tagen die ursprüngliche Sicherheit dadurch wiederherzustellen, daß er nach Wahl der Reichsbank entweder eine verhältnismäßige Abschlagszahlung macht, oder das Unterpfand auf das ursprüngliche Verhältnis erhöht, widrigenfalls die Reichsbank, wenn sie nicht die Wiederherstellung der Sicherheit im Rechtswege verfolgen will, jederzeit berechtigt, aber nicht verpflichtet ist, sich aus dem Unterpfande nach § 3 bezahlt zu machen und den etwaigen Ausfall nach § 9 von dem Verpfänder einzuziehen.

§ 16. Wechsel und andere nicht auf jeden Inhaber lautende Papiere müssen mit dem Blankogiro des Verpfänders versehen sein, und ist die Reichsbank behufs ihrer Befriedigung berechtigt, solche entweder nach § 3 verkaufen zu lassen, oder auf Gefahr des Verpfänders von den Schuldnern einzuziehen und in jedem Falle das Blankogiro auf sich selbst oder einen Dritten auszufüllen.

Anmerkung. Die Portokosten für Hin und Rücksendung von Effektenunterpfändern zwischen den Reichsbanknebenstellen und deren vorgesetzten Bankanstalten trägt der Verpfänder, wenn das Darlehn vor Ablauf von 14 Tagen zurückgezahlt wird.

### II. Bei Warenverpfändungen.

§ 17. Der Lagerort der Waren, deren Besitz an die Reichsbank übertragen ist, und das Datum der Abschrift sind im Pfandschein zu bemerken. Der Lagerort darf ohne Genehmigung der Reichsbank nicht geändert werden. Eine Umlagerung des Pfandes berührt den Pfandbesitz der Reichsbank nicht, welcher auch an dem neuen Lagerorte unverändert und ohne eine neue Übergabe fortgesetzt wird.

§ 18. Lagern die Waren auf Packhöfen, in Magazinen oder Niederlagen unter der Aufsicht öffentlicher Beamten, oder in einem mehreren Privatpersonen gemeinschaftlich gehörigen Speicher oder Lagerhause, oder sonst außerhalb der Reichsbank, so ist die Übergabe des Pfandes an die Reichsbank in der nach Verschiedenheit jedes dieser Fälle gesetzlich erforderlichen Form zu bewirken.

§ 19. Die Waren müssen, solange sie der Reichsbank als Pfand dienen, gegen Feuersgefahr zur vollständigen Deckung der Reichsbank versichert werden. Der Versicherungsschein wird der Reichsbank ausgehändigt und dadurch mit der Befugnis verpfändet, sich daraus bei entstehendem Feuerschaden bezahlt zu machen. Die Reichsbank ist berechtigt, aber nicht verpflichtet, die Versicherung auf Gefahr und Kosten des Verpfänders zu bewirken und zu erneuern, und sind ihr alsdann die darüber erhaltenen Versicherungs- und Erneuerungsscheine, es mögen diese auf ihren oder des Verpfänders Namen lauten, mit derselben Befugnis verpfändet. Bei entstehendem Feuerschaden liegt dem Verpfänder allein ob, die Verpflichtungen des Versicherten aus dem Versicherungsschein zu erfüllen, die Reichsbank übernimmt deshalb keine Verantwortlichkeit, es möge die Versicherung von ihr selbst oder von dem Verpfänder bewirkt seiu. Verpfänder ist aber verpflichtet, bei den Verhandlungen, welche über Feststellung eines Brandschadens an den verpfändeten Gegenständen (Waren) mit den Versicherungsgesellschaften gepflogen werden, die Reichsbank zuzuziehen und darf ohne ihre Zustimmung keinen Vergleich schließen, bei dem die Lombardschuld nebst Zinsen und Kosten nicht gedeckt ist.

§ 20. Die Reichsbank haftet für keinerlei Schaden, welcher ohne ihr grobes Versehen während des Lagerns an den Waren entsteht, sei es durch Verderben, Lecke an den Gebinden, Wurmfraß oder sonst, es mögen die Waren in den Gebäuden der Reichsbank oder anderswo lagern. Es ist Sache des Verpfänders, öfters nach den Waren zu sehen und zur Erhaltung derselben selbst das Erforderliche vorzukehren, woran er von der Reichsbank nicht verhindert werden wird.

§ 21. Entstehen der Reichsbank durch die Versendung, die Abschätzung, Lagerung, Beaufsichtigung, Umpackung oder Sonderung der Waren, oder durch sonstige von der Reichsbank für nötig erachtete Maßregeln, Kosten so trägt diese der Verpfänder. Für die Lagerung der Waren in den Gebäuden der Reichsbank sind die von dieser bestimmten Kosten zu entrichten. Für alle Kosten einschließlich der etwaigen Auslagen für die Versicherung gegen Feuersgefahr (§ 19) dienen der Reichsbank die Waren und der Versicherungsschein nebst den etwaigen Erneuerungsscheinen gleichfalls zum Unterpfande.

§ 22. Wenn die verpfändeten Waren um den sechsten Teil ihres Schätzungs oder marktgängigen Wertes im Preise sinken oder ebensoviel während des Lagerns durch Veränderung ihrer Beschaffenheit oder Menge nach einer von der Reichsbank allein durch einen ihrer Beamten, ihren Schätzer oder einen anderen Sachverständigen zu veranlassenden Abschätzung am Werte verlieren, so ist der Schuldner verbunden, das Unterpfand sogleich verhältnismäßig zu verstärken oder einen entsprechenden Teil des Darlehns zurückzuzahlen. Geschieht binnen drei Tagen keines von beiden, so ist die Reichsbank, wenn sie nicht die Wiederherstellung der Sicherheit im Rechtswege verfolgen will, jederzeit berechtigt, aber nicht verpflichtet, sich aus dem Unterpfande nach § 3 bezahlt zu machen und den etwaigen Ausfall nach § 9 von dem Verpfänder einzuziehen.

### Verzeichnis der bei der Reichsbank beleihbaren Wertpapiere[5]).

Klasse I.

**zu beleihen mit $^3/_4$ des Kurswertes.**

(Folgen die Wertpapiere.)

Klasse II.

**zu beleihen mit $^1/_2$ des Kurswertes.**

(Folgen die Wertpapiere.)

## VII. Giroverkehr.

### Bestimmungen für den Giroverkehr der Reichsbank.

1. Die Anträge auf Eröffnung eines Kontos sind an diejenige Reichsbankanstalt zu richten, zu deren Bezirk der Antragsteller seinem Wohnsitze nach gehört.
2. Wird der Antrag genehmigt, so erhält der Antragsteller außer den nötigen Formularen ein Kontogegenbuch, in welches seitens der Reichsbank alle von ihm oder für ihn bar oder durch Verrechnung eingehenden Gelder eingetragen werden. Andere Bescheinigungen werden nicht erteilt.
3. Bare Einzahlungen, angekaufte Wechsel und erteilte Lombarddarlehne, ferner Wechsel und Schecks, welche bei der das Konto führenden Reichsbankanstalt zahlbar und gehörig gedeckt sind, werden dem Girokonto sofort gutgeschrieben.
4. Die der Reichsbank zur Einziehung übergebenen Wechsel, Anweisungen, Rechnungen und sonstigen Papiere müssen quittiert sein und mit einem besonderen Verzeichnisse eingereicht werden, zu welchem die Bank die Formulare liefert. Auf den letzteren ist die Zeit, bis wann die Ablieferung der Papiere an die Bank erfolgen muß, für jede Reichsbankanstalt genau angegeben[6]).

   Der Gesamtbetrag der in dem Verzeichnisse angegebenen Einzugspapiere wird in dem Kontogegenbuch vor der Linie sofort eingetragen. Die endgültige Gutschrift erfolgt erst nach Eingang, in der Regel aber noch an dem zur Einziehung bestimmten Tage.

   Unbezahlt gebliebene Papiere erhält der Kontoinhaber gegen seine Quittung spätestens am Vormittage des auf den Einziehungstag folgenden Werktages zurück. Für jedes Stück ist von ihm eine Gebühr von 20 Pfennig zu entrichten. Auf die Protestierung der Wechsel läßt sich die Bank nicht ein.
5. Die Einziehung von Wertpapieren usw. übernimmt die Reichsbank nur an den besonders bekannt zu machenden Orten, an welchen sich ein Bedürfnis dafür geltend macht.

---

[5]) Von der Wiedergabe der einzelnen Wertpapiere ist abgesehen.

[6]) Die Nebenstellen befassen sich nicht mit der kostenfreien Einziehung von Wechseln oder ähnlichen Papieren auf den Platz.

Die Wertpapiere usw. sind der Bank mit besonderem Verzeichnisse zu übergeben. Jedes Paket muß versiegelt und mit der Angabe der Namen des Einlieferers und des Empfängers, sowie des nach dem Verzeichnisse dafür zu erhebenden Geldbetrages versehen sein.

Die Verrechnung der Beträge erfolgt nach den Bestimmungen in Absatz 2 der Nr. 4.

6. Über sein Guthaben kann der Kontoinhaber in beliebigen Teilbeträgen jederzeit verfügen, aber, abgesehen von den Bestimmungen unter Nr. 8, nur durch Schecks auf Formularen, welche ihm die Bank geliefert hat. Verfügungen anderer Art werden nicht beachtet.

Bare Abhebungen erfolgen durch weiße Schecks, welche auf eine bestimmte Person oder Firma mit dem Zusatze „oder Überbringer" lauten. Die Bank zahlt den Betrag an den Überbringer ohne Legitimationsprüfung, auch wenn der Scheck an eine bestimmte Person giriert ist.

Soll der Scheck nur zur Verrechnung mit der Reichsbank oder einem Kontoinhaber benutzt werden, so muß er gekreuzt, d. h. auf der Vorderseite mit dem quer über den Text geschriebenen oder gedruckten Vermerke versehen werden: „Nur zur Verrechnung". In diesem Falle darf die Bank den Betrag nicht bar auszahlen.

Zu Übertragungen auf Konten an demselben oder an einem anderen Bankplatze sind die roten Scheckformulare bestimmt. Sie müssen auf den Namen ausgestellt werden und sind nicht übertragbar.

Das Guthaben haftet der Reichsbank für ihre Forderungen aus allen Geschäftszweigen. Sie darf dagegen auch solche Forderungen aufrechnen, welche noch nicht fällig sind.

7. Die Scheckformulare werden jedem Kontoinhaber nach Bedarf in Heften von mindestens 50 Stück gegen Quittung von der Bank geliefert. Er ist verpflichtet, die Formulare sorgfältig aufzubewahren, und trägt alle Folgen und Nachteile, welche aus dem Verluste oder sonstigem Abhandenkommen dieser Formulare entstehen, wenn er nicht die sein Konto führende Bankanstalt rechtzeitig von dem Abhandenkommen schriftlich benachrichtigt hat, um die Zahlung an einen Unberechtigten zu verhindern.

Ebenso ist der Kontoinhaber der Bank dafür verantwortlich, wenn er die in den Scheckformularen offen gelassenen Stellen nicht so ausfüllt, daß eine Fälschung unmöglich ist, oder wenn er pon der auf der rechten Seite der weißen Schecks befindlichen Zahlenreihe nicht diejenigen Zahlen vor der Ausgabe abtrennt, welche den Betrag des Schecks übersteigen. Schecks, welche geschriebene Zusätze zwischen den vorgedruckten Zeilen enthalten, werden zurückgewiesen.

Verdorbene Scheckformulare sind mit dem Firmastempel oder dem Namen des Kontoinhabers versehen an die Reichsbank zurückzuliefern.

8. Wechsel, aus welchen ein Kontoinhaber zu einer Zahlung verpflichtet ist, sind bei der Reichsbank oder einem anderen Bankhause, welches mit der Reichsbank ausweislich des bei ihr aufgelegten Verzeichnisses in täglicher Abrechnung steht, zahlbar zu machen und rechtzeitig zu avisieren. Im Besitze der Reichsbank befindliche Wechsel, welche weder bei ihr noch einem der in diesem Verzeichnisse genannten Bankhäuser zahlbar gemacht oder nicht rechtzeitig avisiert sind, müssen bar bezahlt werden.

Eingelöste Papiere werden dem Kontoinhaber gegen Empfangsbescheinigung ausgeliefert.

9. Verfügt der Kontoinhaber über mehr, als sein Guthaben beträgt, so lehnt die Bank nicht blos die Zahlung ab, sondern behält sich auch vor, den Verkehr mit

ihm sofort gänzlich abzubrechen. Verfügt er über sein ganzes Guthaben, so drückt er damit die Absicht aus, sein Konto zu schließen. Bei Schließung des Kontos sind sämtliche unbenutzt gebliebenen Scheckformulare an die Reichsbank zurückzuliefern.

10. Die Girogelder werden nicht verzinst.

11. Die Kontogegenbücher sind möglichst oft, mindestens aber monatlich einmal zur Abstimmung vorzulegen.

Jährlich am 7. Juli und 31. Dezember werden sämtliche Konten abgeschlossen und der Bestand aufs neue vorgetragen.

12. Die Reichsbank erwartet, daß die Kontoinhaber von den ihnen vorstehend unter Nr. 4 und 8 eingeräumten Befugnissen regelmäßig Gebrauch machen, die Giroeinrichtung aber nur für sich selbst oder für andere Kontoinhaber, nicht für dritte Personen benutzen und ein der Mühewaltung entsprechendes bares Guthaben halten werden. Sie behält sich das Recht vor, den Vertrag ohne weiteres durch schriftliche Benachrichtigung aufzuheben, wenn dieser Erwartung nicht entsprochen wird, oder wenn sie aus anderen Gründen die Aufhebung für angemessen erachtet.

Außerdem können die vorstehenden Bestimmungen nach 14 Tage vorhergegangener öffentlicher Ankündigung in den nach §. 30 des Reichsbankstatuts bestimmten Blättern jederzeit abgeändert werden.

13. Vor Eröffnung des Kontos hat sich der Kontoinhaber mit diesen Bestimmungen durch Vollziehung des unter denselben vorgedruckten Vermerks einverstanden zu erklären. Die Unterschriften der übrigen Personen, welche als Geschäftsteilhaber oder sonst zur Zeichnung des Namens oder der Firma des Kontoinhabers berechtigt sind, müssen bei der Reichsbank niedergelegt werden. Für Prokuristen oder Bevollmächtigte sind außerdem besondere Vollmachten nach den bei der Reichsbank eingeführten Formularen niederzulegen. Alle der Reichsbank mitgeteilten Unterschriften und Vollmachten bleiben so lange gültig, bis der das Konto führenden Bankanstalt schriftlich von dem Erlöschen Anzeige gemacht worden ist.

Die vorstehenden Bestimmungen für den Giroverkehr der Reichsbank sind zunächst für das Girokontor der Reichshauptbank und die Reichsbankhauptstellen erlassen, demnächst, mit Ausnahme der Ziffer 4, auf die mit zwei Beamten besetzten, in dem Verzeichnis der Reichsbankanstalten[2]) mit einem Stern (*) bezeichneten Reichsbanknebenstellen ausgedehnt und finden auch auf die nur von einem Beamten verwalteten Reichsbanknebenstellen an Bankplätzen (vgl. Abschn. I, 1) mit folgenden Beschränkungen Anwendung:

1. Anträge auf Eröffnung eines Kontos sind an die Reichsbanknebenstelle zu richten, welche dasselbe führen soll.
2. Übersteigt eine bei der Reichsbanknebenstelle zum Zwecke der Gutschrift geleistete Einzahlung den Betrag von 5000 Mark, so ist sie der Reichsbank gegenüber nur dann gültig, wenn der Kontoinhaber am Tage der Einzahlung der der Nebenstelle vorgesetzten Bankanstalt davon schriftliche Mitteilung macht.
3. Mit der kostenlosen Einziehung von Wechseln oder anderen Papieren, welche am Sitz der Nebenstelle zahlbar sind, befassen sich die Reichsbanknebenstellen nicht.
4. Bare Abhebungen erfolgen durch weiße Schecks, welche auf eine bestimmte Person oder Firma mit dem Zusatze „oder Überbringer" lauten und zwar sowohl bei der Nebenstelle, soweit deren Bestände dies gestatten, als auch bei derselben vorgesetzten Bankanstalt. Die Bank zahlt den Betrag an den Überbringer ohne Legitimationsprüfung, auch wenn der Scheck an eine bestimmte Person giriert ist.

5. Wünscht der Kontoinhaber die Einlösung eines weißen Schecks bei der vorgesetzten Bankanstalt, so hat er denselben der Nebenstelle zuvor behufs der nötigen Buchung zum Abstempeln vorzulegen.

Giroübertragungen auf Grund roter Schecks in Beträgen von 3000 bis 150000 Mark werden der Bestimmungsanstalt unmittelbar — ohne Vermittelung der vorgesetzten Bankanstalt — von der Nebenstelle überwiesen, Summen von mehr als 50000 Mark jedoch nur, wenn gegen die Überweisung Wechsel- oder Lombardgeschäfte gemacht werden, aus welchen der Reichsbank ein mindestens zehntägiger Zinsgewinn erwächst.

6. Wechsel, aus welchen ein Kontoinhaber zu einer Zahlung verpflichtet ist, sind bei der Reichsbanknebenstelle, oder der derselben vorgesetzten Bankanstalt, oder bei einem mit dieser letzteren ausweislich des bei ihr aufgelegten Verzeichnisses in täglicher Abrechnung stehenden Bankhause zahlbar zu machen und rechtzeitig zu avisieren. Im Besitze der Reichsbanknebenstelle befindliche Wechsel, welche nicht rechtzeitig avisiert sind, müssen bar bezahlt werden.

7. Halbjährlich einmal sind die Kontogegenbücher der nicht mit erweitertem Giroverkehr ausgestatteten Nebenstelle zur Übersendung an die derselben vorgesetzte Bankanstalt behufs Prüfung der Eintragungen einzureichen.

8. Vor Eröffnung des Kontos hat sich der Kontoinhaber mit den Bestimmungen durch Vollziehung des unter denselben vorgedruckten Vermerks einverstanden zu erklären. Die Unterschriften der übrigen Personen, welche als Geschäftsteilhaber oder sonst zur Zeichnung des Namens oder der Firma des Kontoinhabers berechtigt sind, müssen bei der Reichsbanknebenstelle und bei der derselben vorgesetzten Bankanstalt niedergelegt werden. Für Prokuristen oder Bevollmächtigte sind außerdem besondere Vollmachten nach den bei der Reichsbank eingeführten Formularen bei der Reichsbanknebenstelle niederzulegen. Alle der Reichsbank mitgeteilten Unterschriften und Vollmachten bleiben so lange gültig, bis der Reichsbanknebenstelle, sowie der derselben vorgesetzten Bankanstalt schriftlich von dem Erlöschen Anzeige gemacht worden ist.

## VIII. Einlösung von Wechseln mittels Schecks.

Von den Kassendienern der Reichshauptbank werden bei der Wechseleinziehung in Berlin auch Schecks auf die Reichshauptbank in Zahlung genommen. Die Schecks müssen nach Ziffer 6 Absatz 3 der Bestimmungen für den Giroverkehr gekreuzt und es muß den Worten: „Nur zur Verrechnung“ noch die Bemerkung hinzugefügt sein: „auf Wechsel über Mark (Summe) per (Fälligkeit)“. Indessen dürfen auch Schecks, bei denen die Kreuzung nur lautet: „Nur zur Verrechnung auf Wechsel“ nicht zurückgewiesen werden; die Gefahr, daß der Scheck zur Einlösung eines andern von ihm zu zahlenden Wechsels verwandt wird, trägt alsdann der Scheckgeber.

Wird in der vorstehenden Art ein Scheck in Zahlung gegeben, so haben die Kassendiener den bezw. die Wechsel, zu deren Einlösung der erstere bestimmt ist, nicht an den Zahlungspflichtigen auszuhändigen und zwar auch dann nicht, wenn nur ein Teil der zu zahlenden Summe durch Scheck, der andere Teil bar bezahlt wird. Dem aus dem Wechsel zur Zahlung Verpflichteten ist vielmehr über den übergebenen Scheck von dem Kassendiener eine Empfangsbescheinigung zu erteilen.

Die eingelösten Papiere können von $4^1/_2$ Uhr Nachmittags des Einlösungstages ab im Girokontor der Reichshauptbank gegen Rückgabe der vom Kassendiener erteilten Empfangsbescheinigung in Empfang genommen werden; die Legitimation des Überbringers der Bescheinigung wird von der Reichsbank nicht geprüft.

Die Abholung muß spätestens 5 Tage nach der Einlösung erfolgen.

## IX. Ein- und Auszahlungsverkehr.

1. Gelder, welche zum Ankauf von Wertpapieren durch das Kontor der Reichshauptbank für Wertpapiere oder für Zinsen von den daselbst deponierten Hypothekenbriefen bestimmt sind, sowie die Beträge von Wechsel- und Lombardgeschäften, aus welchen der Reichsbank ein mindestens dreißigtägiger Zinsgewinn erwächst, werden zur Übertragung auf Girokonto oder zur Auszahlung bei einer der unter Nr. 3 genannten Bankanstalten gebührenfrei überwiesen. Gebührenfreie Giroüberweisungen können auch dann erfolgen, wenn der Reichsbank infolge Diskontierung eines größeren Betrages von Wechseln mit kürzerer als 30 tägiger Laufzeit bezw. eines geringeren Betrages mit längerer Laufzeit ein Gewinn zugeführt wird, welcher mindestens einem 30 tägigen Zins der zu überweisenden Summen entspricht.

2. An allen Bankplätzen können bare Einzahlungen jeden Betrages von Personen, welche kein Girokonto besitzen, zur Gutschrift auf das Konto eines auswärtigen Girokunden geleistet werden. Die Gebühr beträgt 10 Pfennig für jede 1000 Mark oder einen überschießenden Teil derselben, mindestens aber 30 Pfennig für jede Einzahlung. Erfolgt eine derartige Einzahlung während der Geschäftszeit von $12\frac{1}{2}$ bis 1 Uhr Vormittags bezw. in den Nachmittagsstunden bis 4 Uhr, so ist für jede einzelne Einzahlung noch eine besondere Gebühr von 50 Pfennig, nach 4 bis 5 Uhr von 1 Mark zu entrichten.

Eingehende Postanweisungsbeträge für Nichtkontoinhaber können dem Girokonto eines anderen überwiesen werden. Wird eine Einzahlung von Nichtkontoinhabern oder von Kontoinhabern anderer Bankanstalten mit der Post eingesandt, so wird dafür, gleichviel ob dieselbe für ein Konto am Empfangsorte oder für ein auswärtiges Konto bestimmt ist, eine Gebühr von 20 Pfennig für jede 1000 Mark, mindestens aber 50 Pfennig für jeden gutzuschreibenden oder zu überweisenden Einzelbetrag erhoben.

Übersteigt eine bei einer Reichsbanknebenstelle zum Zwecke der Gutschrift oder zur Auszahlung bei einer Reichsbankhauptstelle bezw. Reichsbank geleistete Einzahlung den Betrag von 5000 Mark, so ist die über die Einzahlung ausgestellte Quittung für die Reichsbank nur dann verpflichtend, wenn der Einzahler von der erfolgten Einzahlung noch an demselben Tage der der Nebenstelle vorgesetzten Bankanstalt schriftliche Mitteilung macht.

3. Bei allen Reichsbankhauptstellen und Reichsbankstellen, sowie bei solchen Reichsbanknebenstellen, deren Vorstand mindestens ein Hilfsbeamter beigegeben ist, werden Summen jeden Betrages zur Auszahlung an Dritte bei einer Reichsbankhauptstelle bezw. Reichsbanknebenstelle gegen Empfangsbescheinigung angenommen. Auch die übrigen Nebenstellen mit Kasseneinrichtung dürfen derartige Einzahlungen zur Wiederauszahlung bei Reichsbankhauptstellen bezw. Reichsbankstellen (nicht bei Nebenstellen) gegen vorläufige Quittung annehmen.

Auf besonderen Antrag erteilen die Reichsbankhauptstellen und die Reichsbankstellen Geldanweisungen auf einander, deren Stempel jedoch der Antragsteller zu tragen hat.

Geschäfte der vorstehenden Art werden auch von den zum Ankauf von Wechseln berechtigten Reichsbanknebenstellen **vermittelt.**

An Gebühren wird berechnet: für jede Einzahlung oder Anweisung von Summen bis zu 2500 Mark 50 Pfennig, bei höheren Beträgen 1 Pfennig mehr für jede angefangenen oder vollen 50 Mark; das ist $\frac{1}{5}$ pro Mille, mindestens 50 Pfennig.

Für solche Einzahlungen, welche von $12\frac{1}{2}$ bis 1 Uhr Vormittags, oder bis 4 Uhr bezw. 4 bis 5 Uhr Nachmittags, erfolgen, wird außerdem noch die unter Ziffer 2 angegebene besondere Gebühr erhoben.

## X. An- und Verkauf von Wertpapieren.

Anträge zum An- und Verkauf von Wertpapieren werden von der Börsenabteilung des Kontors der Reichshauptbank für Wertpapiere in Berlin, sowie von allen auswärtigen Bankanstalten entgegengenommen. Ankaufsanträge werden erst dann ausgeführt, wenn der dazu erforderliche Geldbetrag bei dem Kontor der Reichshauptbank für Wertpapiere oder der betreffenden Bankanstalt bar eingezahlt oder bankmäßig sicher gestellt ist; Verkaufsaufträge erst dann, wenn die zu verkaufenden Papiere eingeliefert und in Ordnung befunden sind. Die Versendung der angekauften bezw. der zu verkaufenden Papiere erfolgt unter voller Wertangabe, wenn der Auftraggeber nicht eine andere Wertangabe ausdrücklich vorgeschrieben hat. Das entstehende Porto fällt dem Auftraggeber zur Last. An Gebühren berechnet die Reichsbank für den Ankauf und Verkauf von Wertpapieren vom Nennwerte derselben $1^1/_2$ vom Tausend (jedoch wenigstens 50 Pfennig) und die gesetzmäßig verauslagten Stempelgebühren. Maklergebühr bleibt außer Ansatz.

Wollen Personen, welche ihre Papiere dem Kontor der Reichshauptbank für Wertpapiere in Verwahrung und Verwaltung gegeben haben, dieselben verkaufen, so haben sie dem betreffenden schriftlichen Auftrage den Depotschein beizufügen.

## XI. Offene Depots von Wertpapieren.

Das Kontor der Reichshauptbank für Wertpapiere in Berlin, Hausvogteiplatz 14, nimmt Wertpapiere und Dokumente **jeder Art** in Verwahrung. Die Übergabe kann auch durch einen Beauftragten oder durch die Post erfolgen. Das Kontor selbst ist werktäglich von 9 bis $12^1/_2$ Uhr geöffnet. — Die Beamten des Kontors sind verpflichtet, über alle zu ihrer Kenntnis gelangenden Vermögensangelegenheiten der Niederleger gegen jedermann das unverbrüchlichste Stillschweigen zu beobachten. — Wollen Behörden, Körperschaften, Stiftungen, Anstalten, Gesellschaften oder Handelsfirmen von der Einrichtung Gebrauch machen, so bedarf es dieserhalb erst einer besonderen Verständigung. — Mehrere einzelne Personen, höchstens aber drei, können gemeinschaftlich Papiere niederlegen, wenn sie den Niederlegungsantrag (Deklaration) mit folgendem Zusatz einreichen: „Über die hinterlegten Wertpapiere sowie die eingehenden Gelder kann durch jeden einzelnen von uns oder durch die Rechtsnachfolger eines jeden verfügt und quittiert werden". Über jede Gattung von Papieren wird ein besonderer Depotschein erteilt; für eine jede ist daher ein besonderer Niederlegungsantrag einzureichen. Die Depotscheine werden namens des Kontors ausgestellt und von drei Vorstandsbeamten unterschrieben. Die Nummern der Papiere werden auf den Depotscheinen nicht verzeichnet. — Nur bei verlosbaren Papieren kann der Niederleger eine Abschrift des Nummernverzeichnisses dem Niederlegungsantrage beifügen, welche er im Falle der Annahme des Depots mit dem Depotschein abgestempelt zurückerhält. — Den Niederlegern ist gestattet, ein beliebig zu wählendes Paßwort verschlossen einzureichen, ohne dessen Angabe die Auslieferung des Depots versagt werden kann (vgl. Bed. Nr. 10). Da das Paßwort nur beachtet werden kann, sofern der Depotschein mit einem darauf bezüglichen Vermerke seitens des Kontors versehen ist, so empfiehlt sich, dasselbe sogleich bei der Niederlegung der Papiere einzureichen. Depotzinsen sind nur von 9 bis $12^1/_2$ Uhr Vormittags zu erheben. — Die Aufbewahrung der Papiere erfolgt unter nachstehenden

### A. Bedingungen für die Aufbewahrung von offenen Depots bei der Reichsbank (ausschließlich der Mündeldepots).

1. Die Reichsbank übernimmt für die sichere und getreue Aufbewahrung der ihr übergebenen Papiere die gesetzliche Gewähr und außerdem die Verpflichtung:

a) die zu den Papieren gehörigen Zins- und Gewinnanteilscheine, wenn sie in Berlin oder am Sitze einer Zweiganstalt der Reichsbank zu einem festen Kurse in Reichswährung eingelöst werden, an den Fälligkeitstagen einzuziehen, andernfalls dieselben an der Berliner Börse verkaufen zu lassen;

b) die in der Allgemeinen Verlosungstabelle des Deutschen Reichs- und Königlich Preußischen Staats-Anzeigers während der Dauer der Aufbewahrung erscheinenden Ziehungs- bezw. Verlosungslisten und Bekanntmachungen über Kündigung oder Konvertierung von Papieren nachsehen zu lassen und die danach zur Rückzahlung gelangenden Stücke an den festgesetzten Zeitpunkten zur Einlösung vorzulegen bezw. die beantragte Konvertierung zu besorgen, auch die Stücke, wenn sie in Berlin oder am Sitze einer Zweiganstalt der Reichsbank zu einem festen Kurse in Reichswährung nicht eingelöst werden, an der Börse verkaufen zu lassen.

Die Benachrichtigung der Niederleger über Kündigungen und Konvertierungen erfolgt durch gewöhnliche Briefe oder, wenn es sich um ganze Gattungen oder Serien von Wertpapieren handelt, durch den Deutschen Reichs- und Königlich Preußischen Staats-Anzeiger, sowie andere geeignete öffentliche Blätter nach Wahl der Reichsbank. In jedem Falle ist die Reichsbank ermächtigt, in Ermangelung besonderer Anträge oder Erklärungen der Niederleger, das Interesse der letzteren nach bestem Ermessen wahrzunehmen, insbesondere angebotene Konvertierungen für deren Rechnung zu besorgen;

c) die nach a) und b) eingehenden Beträge in Berlin bei dem Kontor für Wertpapiere spätestens am dritten Werktage, bei den Reichsbankanstalten spätestens am achten Werktage nach Fälligkeit zur Verfügung des Niederlegers zu stellen;

d) die neuen Zins- und Gewinnanteilscheine rechtzeitig abheben zu lassen, wenn der betreffende Erneuerungsschein mit den Papieren niedergelegt ist oder die Abhebung gegen Vorzeigung der Papiere selbst erfolgen kann;

e) vollgezahlte Interimsscheine in endgültige Stücke umzutauschen;

f) das mit den niedergelegten Papieren jetzt oder später etwa verbundene Bezugsrecht auf neue Papiere geltend zu machen, und die weiteren Einzahlungen auf nicht vollgezahlte Papiere für den Niederleger zu leisten, wenn derselbe solches spätestens 8 Tage vor Ablauf der dazu festgesetzten Zeitpunkte schriftlich beantragt und den erforderlichen Geldbetrag mit den Gebühren (vgl. Nr. 2) gleichzeitig einzahlt.

Der Verkauf an der Börse (a. und b.) erfolgt 8 Tage vor Fälligkeit der in Europa zahlbaren und 14 Tage vor Fälligkeit der an außereuropäischen Plätzen zahlbaren Zinsscheine bezw. Papiere.

2. Für die mit diesen Leistungen verbundene Mühewaltung und Gefahr ist für das Jahr eine Gebühr von $^1/_2$ vom Tausend, bei im Auslande ausgestellten Papieren von $^3/_4$ vom Tausend — also 50 beziehungsweise 75 Pfennig für je angefangene 1000 Mark des Nennwertes der Papiere — mindestens aber 2 Mark, bei Lospapieren und Inhaberpapieren mit Prämien, sowie bei im Auslande ausgestellten Papieren mindestens 3 Mark für jeden Depotschein zu entrichten. Läßt sich der Wert eines Dokuments in einer bestimmten Geldsumme nicht abschätzen, so beträgt die Gebühr 15 Mark für das Jahr. Das Jahr wird von dem **Ersten des Monats, in welchem die Niederlegung stattfindet,** bis **zum Ersten des entsprechenden Monats im nächsten Jahr** gerechnet. — Papiere in ausländischer Währung werden behufs Ermittelung der Gebühren nach untenstehenden festen Sätzen, im übrigen nach dem Berliner Börsenbrauch in Reichswährung um-

gerechnet.[7]) — Für die Erhebung und Auszahlung von baren Geldern bei verlosten, gekündigten oder konvertierten Papieren (1. b.), ferner für die Geltendmachung des Bezugsrechts und für Einzahlungen (1. f.) berechnet die Reichsbank außer den Auslagen an Porto, Maklergebühr usw. $^1/_8$ vom Hundert (mindestens aber 50 Pfennig) der zu leistenden bezw. zu erhebenden Zahlungen. Für die Abhebung neuer Zins- und Gewinnanteilscheine, sowie für den Umtausch der Interimsscheine (1. d. e.) werden nur die baren Auslagen berechnet.

3. Die Gebühren sind ohne Rücksicht auf die Dauer der Aufbewahrung für je ein volles Jahr im voraus zu entrichten. Sie werden aus dem Guthaben entnommen und in dessen Ermangelung durch Postvorschuß eingezogen. Ist auch hierdurch die Zahlung nicht zu erreichen, so wird die Rücknahme des Depots verlangt (vgl. Nr. 15). Wegen der rückständigen Gebühren darf sich die Reichsbank aus dem Depot ohne gerichtliches Verfahren, nötigenfalls mittels Verkaufs nach § 20 des Bankgesetzes bezahlt machen.
4. Die gezahlten Gebühren werden in keinem Falle zurückerstattet.
5. Nachteile, welche durch unrichtige Bezeichnung der Papiere oder unrichtige Eintragung der Nummern in die Niederlegungsanträge entstehen, sind von der Reichsbank nicht zu vertreten. Insbesondere erfolgt das Nachsehen der Verlosungen usw. (1. b.) lediglich nach Maßgabe der Eintragungen in den Anträgen.
6. Irrtümer, welche bei der Ausstellung der Depotscheine vorgekommen sind, müssen sofort bei Empfang derselben gerügt werden.
7. Die Depotscheine lauten auf den Namen und sind nicht übertragbar. Werden sie trotzdem übertragen oder verpfändet, oder werden die Depots gerichtlich gepfändet, so ist die Bank berechtigt, die Papiere auf Gefahr und Kosten des Niederlegers bei der öffentlichen Hinterlegungsstelle zu hinterlegen oder die ihr nach diesen Bedingungen obliegende Verwaltung des Depots, insbesondere die Erhebung und Auszahlung der Zinsen usw. ohne Hinterlegung der Papiere einzustellen.
8. Die Zinsen von Hypothekenbriefen können bei der Kasse des Kontors für Wertpapiere oder bei einer Reichsbankanstalt auf Girokonto des Kontors für Wertpapiere für Rechnung des Niederlegers unter Angabe der Nummer des Depotscheins eingezahlt werden. Die Einzahlung und Überweisung erfolgt gebührenfrei. Es ist Sache des Niederlegers, die Schuldner zur Zahlung an die Reichsbank anzuweisen.
9. Die Niederleger müssen in dem Niederlegungsantrage angeben, ob die eingehenden Zinsen bei einer Zweiganstalt der Reichsbank, durch Übertragung auf ein Girokonto oder durch Barzahlung an der Kasse des Kontors erhoben werden sollen. — Abänderungen in dieser Beziehung, sowie ein Wechsel hinsichtlich der ursprünglich gewählten Bankanstalt oder des bezeichneten Girokontos sind spätestens 4 Wochen vor Fälligkeit derjenigen Zinsscheine, bei welchen die neue Art der Abhebung in Kraft treten soll, mittels besonderen Schreibens anzuzeigen, widrigenfalls die Auszahlung in der früher beantragten Weise erfolgt. Die Erhebung an mehreren Orten ist nicht zulässig. Die Erhebung kann auch durch einen Bevollmächtigten oder durch die Post erfolgen. Im letzteren Falle hat der Niederleger seinem Antrage die Quittung über den Betrag, den er abheben

[7]) Umrechnung nach Nr. 2 der Bed.: 1 Pfund Sterling = 20,40 M., 1 Frank, Lira, Peseta, Leu = 0,80 M., 1 österr. Gulden (Gold) = 2,00 M., 1 österr. Gulden (Währung) = 1,70 M., 1 österr.-ungarische Krone = 0,85 M., 1 Gulden holl. Währung = 1,70 M., 1 skandinav. Krone = 1,125 M., 1 alter Goldrubel = 3,20 M., 1 Rubel, Kreditrubel = 2,16 M., 1 Peso = 4,00 M., 1 Dollar = 4,20 M., 7 Gulden süddeutscher Währ. = 12,00 M., 1 Mark Banko = 1,50 M.

will, beizufügen. Die Absendung des Geldes geschieht an die von dem Niederleger angegebene Adresse. Beträgt das Guthaben mehr als 300 Mark, so kann dasselbe in Teilen abgehoben werden, aber nicht unter 150 Mark. Die Abhebung der Zinsscheine in natura ist nur bei im Auslande ausgestellten Papieren zulässig, wenn dies bei der Niederlegung derselben ausdrücklich gewünscht wird.

10. Jedes einzelne Depot kann nur im ganzen zurückgenommen werden. Die Herausgabe erfolgt nur gegen Rückgabe des **auf der Vorderseite** mit Quittung: **„Das vorstehende Depot habe ich zurückerhalten. Ort, Datum, Unterschrift"** versehenen Depotscheins oder, wenn er verloren ist, nach gerichtlicher Kraftloserklärung desselben. Soll die Auslieferung nicht an den Niederleger, sondern an eine bestimmte andere Person oder Firma erfolgen, so ist dem Kontor vorher schriftlich Nachricht zu geben. Die Legitimation des Inhabers des Depotscheins, sowie die Gültigkeit und Echtheit der Quittung zu prüfen, ist die Bank zwar berechtigt und wird von dieser Befugnis jedenfalls dann Gebrauch machen, wenn der Überbringer des Depotscheins das etwa eingereichte Paßwort nicht anzugeben vermag; eine Verpflichtung zu einer solchen Prüfung übernimmt sie aber nicht, sie behält sich vielmehr das Recht vor, das Depot an jeden herauszugeben, der ihr den Depotschein überbringt. — Bei Auslosungen wird über den Überrest nach Rückempfang des quittierten Depotscheins ein neuer Schein, und zwar für den bereits bezahlten Zeitraum kostenfrei, erteilt.

11. Die Versendung der hinterlegten Papiere, sowie der Erneuerungs-, Zins- und Gewinnanteilscheine (1. d. und e.), ebenso die Versendung von Depotscheinen, Dokumenten, Wechseln, Schecks und Anweisungen durch die Post geschieht auf Gefahr und Kosten des Niederlegers, bei Depotscheinen, Erneuerungsscheinen, Wechseln, Schecks, Anweisungen und Hypothekendokumenten usw. mittels „eingeschriebenen" Briefes, bei den übrigen Wertschaften unter voller Wertangabe, wenn der Niederleger nicht etwas anderes ausdrücklich beantragt hat. Bare Geldsendungen werden stets voll deklariert.

12a. Es ist gestattet, in dem Niederlegungsantrage zu erklären, daß der Niederleger als Inhaber der elterlichen Gewalt (Vater oder Mutter), als Vormund oder als Pfleger von nach Namen, sowie nach Alter oder sonstigen Gründen der Geschäftsunfähigkeit genau zu bezeichnenden Personen handle.

Eltern haben dabei die Geburtsscheine der Kinder einzureichen. Vormünder und Pfleger haben die erteilte Bestallung vorzulegen und, wenn die Niederlegung nicht mit der unter b angegebenen Bestimmung erfolgen soll, den Nachweis zu erbringen, daß sie von der Vorschrift des § 1814 BGB. befreit sind[8]). Die Bank zahlt alsdann dem Niederleger zwar die eingehenden Zinsen und Gewinnanteile ohne Berechtigungsprüfung; will er aber die Wertpapiere selbst oder die dafür nach 1. b. eingehenden Beträge erheben, so muß er sich als Inhaber der elterlichen Gewalt erneut ausweisen bezw. seine Bestallung als Vormund oder Pfleger abermals vorlegen und sich, falls er dem Kontor nicht bekannt ist, durch eine demselben bekannte zuverlässige Person vorstellen lassen. Ist dies nicht möglich und besteht er dennoch auf der Ausantwortung, so wird diese durch Versendung an ihn mit der Post bewirkt. (Nr. 11.)

[8]) Nach BGB. § 1814 hat der Vormund die zum Vermögen des Mündels gehörenden Inhaberpapiere nebst den Erneuerungsscheinen bei einer Hinterlegungsstelle oder bei der Reichsbank mit der Bestimmung zu hinterlegen, daß die Herausgabe der Papiere nur mit Genehmigung des Vormundschaftsgerichts verlangt werden kann. Nach § 1817 ist die Entbindung von dieser Verpflichtung aus besonderen Gründen zulässig.

b. Die Niederlegung kann mit der in den Depotschein aufzunehmenden Bestimmung erfolgen, **daß über die Wertpapiere (einschließlich der Erneuerungsscheine) nur mit Genehmigung des Vormundschaftsgerichts verfügt werden kann** (§ 1814 BGB.)[8]). In diesem Falle ist, so lange die Beendigung der elterlichen Gewalt bezw. Vormundschaft oder Pflegschaft nicht nachgewiesen ist, zur Ausantwortung auch noch die seitens des **Gerichts** auf dem **Depotscheine** erklärte **Genehmigung** der Aushändigung an den **namentlich** zu bezeichnenden Empfänger erforderlich.

c. Zur Prüfung der Echtheit und Gültigkeit der Quittung, der Bestallung oder der Genehmigung des Vormundschaftsgerichts ist die Reichsbank nicht verpflichtet. Die Aufhebung der Vormundschaft, Pflegschaft oder elterlichen Gewalt bezüglich **einzelner** von mehreren Miteigentümern eines Depots hat auf das vorliegende Verhältnis keinen Einfluß.

13. Soll zur Erhebung der Zinsen und Gewinnanteile eine dritte Person berechtigt sein, so ist dies in einer von jener Person mitvollzogenen, bei dem Kontor niederzulegenden Erklärung auszusprechen. — Desgleichen bedarf es der Niederlegung einer besonderen Vollmacht nach bestimmtem Muster, sofern eine dritte Person (sei es auch ein Prokurist oder Generalbevollmächtigter) befugt sein soll, für den Niederleger Erklärungen rechtsgültig abzugeben und über die Depots und Zinsen usw. zu verfügen und zu quittieren.

14. A. Soll eine dritte Person vertragsmäßig oder auf Grund einer letztwilligen Verfügung lebenslänglich die Zinsen oder Gewinnanteile der hinterlegten Papiere beziehen, — oder

B. sind die Wertpapiere zur Sicherung des einem Offizier bei seiner Verheiratung **zugesicherten** Zuschusses niedergelegt, — oder

C. ist die Niederlegung mit der Bestimmung erfolgt, daß die Herausgabe der Wertpapiere einschließlich der Erneuerungsscheine **nur mit Zustimmung einer dritten Person verlangt werden kann,**

so ist eine entsprechende Erklärung nach bestimmtem Muster dem Kontor bei der Niederlegung zu behändigen und der Niederlegungsantrag mit dem Zusatze (am Schlusse über der Unterschrift) zu versehen: „Gesperrt nach Nr. 14 A — bezw. B oder C — der Bedingungen". — Der Depotschein wird alsdann mit dem gleichen Vermerke bedruckt. In den Fällen A und B erfolgt die Zahlung der Zinsen und Gewinnanteile, sowie die Rückgabe des Depots **an den Niederleger oder dessen Rechtsnachfolger:** zu A, ohne Zustimmung jener dritten Person nur **bei Vorlegung einer standesamtlichen Bescheinigung über deren Tod;** zu B, nur **unter schriftlicher Zustimmung der zuständigen Militärbehörde.** In dem Falle zu C werden die Wertpapiere einschließlich der Erneuerungsscheine dem Niederleger oder dessen Rechtsnachfolgern nur mit **Zustimmung jener dritten Person** oder ihrer Rechtsnachfolger herausgegeben. — Auf die Prüfung der Echtheit und Gültigkeit der Zustimmungserklärungen finden in den Fällen A und C die Bestimmungen unter Nr. 10, betreffend die Prüfung der Echtheit und Gültigkeit der Quittungen, entsprechende Anwendung.

15. Der Reichsbank steht jederzeit frei, die Rücknahme des Depots zu verlangen, ohne Gründe dafür anzugeben, und wenn die Rücknahme binnen 14 Tagen nach Absendung schriftlicher Aufforderung nicht erfolgt, die Papiere auf Gefahr und Kosten des Niederlegers bei der öffentlichen Hinterlegungsstelle zu hinterlegen, oder die ihr nach diesen Bedingungen obliegende Verwaltung des Depots, insbesondere die Erhebung und Auszahlung der Zinsen usw. ohne Hinterlegung der Papiere einzustellen.

16. Die Reichsbank behält sich vor, die Niederlegungsbedingungen zu verändern. Die Veränderung ist in den zu öffentlichen Bekanntmachungen des Reichsbank-

Direktoriums bestimmten Blättern und durch Aushang im Kontor für Wertpapiere vor dem 15. November bekannt zu machen, wenn die neuen Bestimmungen schon für das nächste Kalenderjahr hinsichtlich der vorhandenen Depots Geltung haben sollen.

**Zur Beachtung.** Sofern die in Verwahrung gegebenen Papiere nach den Bestimmungen über den Lombardverkehr dazu geeignet und nicht nach Nr. 14 der Bedingungen gesperrt sind, kann der Niederleger bei der Reichshauptbank, sowie bei den Zweiganstalten der Reichsbank gegen Verpfändung der Papiere unter gleichzeitiger Niederlegung des Depotscheins Lombarddarlehne erhalten. Er muß jedoch die Lombardmäßigkeit der Papiere durch eine Bescheinigung des Kontors für Wertpapiere nachweisen, welche auf Verlangen jederzeit erteilt wird.

B. **Bedingungen für die Verwahrung von „Mündeldepots" bei der Reichsbank.**

1. Wertpapiere, welche zum Bestandteil eines Mündelvermögens gehören und der Aufsicht des Vormundschaftsgerichts unterliegen (§ 1814 des BGB.)[8]), werden bei sämtlichen Reichsbankhauptstellen und Reichsbankstellen zur Verwahrung angenommen, sofern deren Einlieferung ohne Zins- bezw. Gewinnanteilscheine, aber mit den Erneuerungsscheinen (Anweisungen, Talons) erfolgt.

2. Die Übergabe kann durch den Vormund oder Pfleger selbst oder durch einen Beauftragten mit eigenhändig vollzogenem Niederlegungsantrage direkt oder mit der Post geschehen; in jedem Falle ist die gerichtliche Bestallung, bei gesetzlicher Vertretung die die Hinterlegung anordnende gerichtliche Verfügung zur Einsicht vorzulegen. — Formulare zu den Niederlegungsanträgen sind bei den Reichsbankanstalten zu haben.

3. Für die sichere und getreue Verwahrung der Papiere übernimmt die Reichsbank die gesetzliche Gewähr; irgend welche Verwaltungshandlungen übt sie nicht aus; es ist lediglich Sache des Vormundes, Pflegers oder gesetzlichen Vertreters, die Zinsscheinbogen rechtzeitig zu erneuern, die Ziehungs- bezw. Verlosungslisten und Bekanntmachungen über Kündigung oder Konvertierung der Papiere nachzusehen und die zur Rückzahlung gelangenden Stücke an den festgesetzten Zeitpunkten zur Einlösung zu bringen bezw. die Konvertierung zu besorgen, Interimsscheine in endgültige Stücke umzutauschen, das mit den niedergelegten Papieren etwa verbundene Bezugsrecht auf neue Papiere geltend zu machen und die weiteren Einzahlungen auf nicht vollgezahlte Papiere zu leisten usw.

4. Über sämtliche gleichzeitig eingelieferte Papiere wird ein Mündeldepotbuch ausgestellt, in welches die Papiere nach Gattungen und Beträgen, nicht aber die Nummern derselben eingetragen werden. Nur bei verlosbaren Papieren kann der Niederleger eine Abschrift des Nummernverzeichnisses dem Niederlegungsantrage beifügen, die er im Falle der Annahme des Depots mit dem Depotbuch abgestempelt zurückerhält.

5. Die Mündeldepotbücher werden namens der betreffenden Reichsbankhauptstellen bezw. Reichsbankstellen ausgefertigt und nach Beidrückung des Amtssiegels von zwei Vorstandsbeamten unterschrieben. Bei jeder Einlieferung sowohl wie bei jeder Herausnahme von Papieren ist das Mündeldepotbuch der betreffenden Bankanstalt zur Eintragung der stattgehabten Veränderungen zu übergeben. — Irrtümer, welche bei Ausstellung oder Veränderung der Bücher vorgekommen sind, müssen sofort bei Empfangnahme derselben gemeldet werden.

6. Solange die Aufhebung der Vormundschaft, Pflegschaft oder Vertretung nicht nachgewiesen wird, ist zur Ausantwortung der Papiere oder eines Teiles derselben sowie der Erneuerungsscheine (Anweisungen, Talons) die seitens des Gerichts erklärte Genehmigung der Aushändigung an den namentlich zu bezeichnenden Empfänger

erforderlich. Letzterer hat auf der gerichtlichen Verfügung über den Empfang der darin bezeichneten Papiere bezw. der Erneuerungsscheine zu quittieren und, falls er den Beamten der Bank nicht persönlich bekannt ist, seine Identität durch Vorlegung geeigneter Dokumente (Bestallung usw.) nachzuweisen. Ist ihm dies nicht möglich oder hegt die Bank Zweifel an der Echtheit der Unterschrift, so ist sie berechtigt, eine Beglaubigung zu verlangen bezw. die Versendung der Papiere an den bezeichneten Empfänger mit der Post zu bewirken. Eine Verpflichtung hierzu sowie zur Prüfung der Gültigkeit und Echtheit der Quittung oder der gerichtlichen Herausgabegenehmigung übernimmt die Bank indessen nicht, behält sich vielmehr das Recht vor, nach Vorlage der gerichtlichen Genehmigung die Papiere an jeden herauszugeben, der ihr das Mündeldepotbuch oder, falls dieses verloren, das gerichtliche Amortisationserkenntnis überbringt. Das Buch ist daher aufs sorgfältigste zu verwahren.

7. Die dem Vormund oder Pfleger zum Zwecke der Erhebung neuer Zinsscheinbogen erteilte gerichtliche Genehmigung zur Herausnahme der Erneuerungsscheine wird diesem bei Rückgabe derselben mit einer die Wiedereinlieferung betreffenden Bescheinigung der Verwahrungsstelle zum Ausweise für das Vormundschaftsgericht zurückgegeben. Eine Kontrolle über die Rücklieferung dieser Erneuerungsscheine übt die Reichsbank nicht aus.

8. Die Versendung der hinterlegten Papiere sowie der Mündeldepotbücher geschieht auf Gefahr und Kosten des Niederlegers und zwar, solange dieser nichts anderes bestimmt hat, bei ersteren unter voller Wertangabe, bei letzteren mittels eingeschriebenen Briefes.

9. An Gebühren sind zu entrichten:

1. eine einmalige Gebühr von 1 Mark, bei Ausfertigung jedes Mündeldepotbuches,
2. eine fortlaufende jährliche Verwahrungsgebühr von $^1/_5$ vom Tausend für je angefangene 1000 Mark des Gesamtnennwertes der jedesmal gleichzeitig eingelieferten bezw. der zu Anfang jedes neuen Depositionsjahres vorhandenen Papiere.

Papiere in ausländischer Währung werden behufs Ermittelung der Gebühren nach den (in Anm. 7) angegebenen festen Sätzen in Reichswährung umgerechnet.

10. Das Depositionsjahr läuft vom Ersten des Monats, in welchem die erste, in dem Depotbuche verzeichnete Niederlegung stattgefunden hat, bis zum Ersten des entsprechenden Monats im nächsten Jahre und gilt gleichmäßig für allen in dasselbe Buch später eingetragenen Papiere. Der Vormund kann für später niedergelegte Wertpapiere die Ausstellung eines besonderen Depotbuchs mit eigenem Depositionsjahr verlangen.

11. Die Gebühren sind ohne Rücksicht auf die Dauer der Verwahrung für je ein volles Jahr im voraus zu zahlen; der Empfang derselben wird in dem Mündeldepotbuch bescheinigt; letzteres ist deshalb bei jeder Gebührenzahlung der Bankanstalt vorzulegen. Gezahlte oder bereits belastete Gebühren werden in keinem Falle zurückgerechnet.

12. Die Mündeldepotbücher sind nicht übertragbar; werden sie trotzdem übertragen oder verpfändet, oder werden die Papiere gerichtlich gepfändet, so ist die Bank berechtigt, letztere auf Gefahr und Kosten der Mündel bei der öffentlichen Hinterlegungsstelle zu hinterlegen. Das gleiche gilt, wenn die Bank — ohne Angabe von Gründen — die Rücknahme des Depots verlangt und die Rücknahme innerhalb 4 Wochen nach Absendung der schriftlichen Aufforderung nicht erfolgt.

13. Die Reichsbank behält sich vor, diese Bedingungen zu verändern. Die Veränderung ist in den zu öffentlichen Bekanntmachungen des Reichsbank-Direktoriums bestehenden Blättern und durch Aushang in den Geschäftsräumen der einzelnen Bankanstalten vor dem 15. November bekannt zu machen, wenn die neuen Bestimmungen

schon für das nächste Kalenderjahr hinsichtlich der vorhandenen Depots Geltung haben sollen.

## XII. Bardepositen.

Die Reichsbank nimmt bares Geld an, ohne es zu verzinsen. Das darüber erteilte Quittungsbuch ist nicht übertragbar. Die erste Einlage muß mindestens 150 Mark betragen. Alle, auch die späteren Einlagen, müssen durch 10 teilbar sein. Ein- und Auszahlungen werden ausschließlich von der Bank eingetragen. Diese Vermerke haben volle Beweiskraft, sowohl dem Einleger als der Bank gegenüber. Kann das Quittungsbuch nicht vorgelegt werden, so beweisen an dessen Stelle die Bücher der Bank.

Die Rückzahlung der Einlagen erfolgt auf Wunsch jederzeit. Sie kann sich auf einen Teil des Guthabens beschränken; derselbe darf aber nicht unter 50 Mark betragen und muß durch 10 teilbar sein.

Die Reichsbank ist berechtigt, den deponierten Betrag durch eingeschriebenen Brief zu kündigen. Bei Rückzahlung des Kapitals oder eines Teils desselben ist die Reichsbank zur Legitimationsprüfung berechtigt, aber nicht verpflichtet.

Der Verlust oder das Abhandenkommen des Quittungsbuches ist der Reichsbank sogleich schriftlich anzuzeigen. Weitere Zahlungen erfolgen alsdann nur gegen den Nachweis rechtskräftiger Kraftloserklärung.

## XIII. Verschlossene Depositen.

**Bedingungen, unter welchen die Reichsbank verschlossene Depositen in Verwahrung nimmt, soweit der vorhandene Raum es gestattet.**

1. Die Reichsbank nimmt von dem Inhalt der Depositen keine Kenntnis.

2. Die Depositen müssen mit dem Vor- und Zunamen bezw. der Firma des Niederlegers deutlich bezeichnet und dergestalt verschlossen sein, daß ohne Verletzung eines Siegels nichts herausgenommen werden kann.

3. Die Reichsbank haftet für das Depositum höchstens bis zum Wertbetrage von fünftausend Mark, außer wenn dasselbe zu einem höheren Werte angegeben und die hierfür bestimmte Versicherungsgebühr neben dem Lagergelde entrichtet ist. Sie hat nur für diejenige Sorgfalt einzustehen, welche sie in eigenen Angelegenheiten anzuwenden pflegt. Zu einer Fortschaffung des Depositums an einen anderen Ort ist sie in keinem Fall, insbesondere auch nicht im Kriegsfall, verpflichtet.

4. Das Lagergeld beträgt bei Depositen

bis zu 30 cm Breite und Höhe, 40 cm Länge und 10 kg Gewicht Mark 10,
darüber hinaus:

bis zu 60 cm Breite und Höhe, 70 cm Länge und 25 kg Gewicht Mark 20,
bei noch größeren:

bis zu 100 cm Länge, Breite und Höhe oder einem Gewicht von mehr als 25 kg . . . . . . . . . . . . . . Mark 30,

für das Jahr. Depositen von mehr als 100 oder weniger als 15 cm Länge, Breite und Höhe werden nicht angenommen.

Die Versicherungsgebühr beträgt für jedes angefangene Tausend des über fünftausend Mark hinaus angegebenen Mehrwerts (Nr. 3) 25 Pfennig für das Jahr. In beiden Fällen läuft das Jahr vom Tage der Niederlegung ab, diesen eingerechnet.

5. Lagergeld und Versicherungsgebühr sind bei der Niederlegung und sodann alljährlich im voraus zu entrichten. Bei nachträglicher Versicherung im Laufe des Depositionsjahres ist für das letztere die volle Versicherungsgebühr zu zahlen. Geht das Lagergeld nicht pünktlich ein, so darf die Reichsbank, anstatt zu klagen, das

Depositum auf Gefahr und Kosten des Niederlegers bei der öffentlichen Hinterlegungsstelle hinterlegen. So lange die Versicherungsgebühr rückständig ist, haftet die Reichsbank nicht für den angegebenen Mehrwert (Nr. 3 und 4). Die Verpflichtung des Niederlegers zur Zahlung der Versicherungsgebühr wird dadurch nicht aufgehoben.

6. Die Annahme und die Herausgabe von verschlossenen Depositen findet nur während der Vormittagsgeschäftsstunden statt. Das Depositum kann aber nur gegen Rückgabe des quittierten Depositalscheins oder nach gerichtlicher Kraftloserklärung desselben zurückgenommen werden. Liefert der Niederleger das Depositum binnen acht Werktagen wieder ein, so ist nur eine Zuschlagsgebühr von einer Mark zu entrichten. Auch die letztere fällt weg, wenn die Zurücknahme an einem der letzten acht Werktage des Depositionsjahres (Ziffer 4) erfolgt ist.

7. Soll eine andere Person statt des Niederlegers oder neben demselben, oder soll bei mehreren Niederlegern jeder derselben zur Zurücknahme des Depositums befugt sein, so ist dies bei der Einlieferung zu beantragen. Will der Deponent sein Depot gegen Rückgabe des von ihm selbst quittierten Depositalscheins durch einen Beauftragten abholen lassen, so ist darüber eine schriftliche Mitteilung an die beteiligte Bankanstalt erforderlich.

Übrigens behält sich die Reichsbank in allen Fällen das Recht vor, das Depositum an jeden Vorzeiger des Depositalscheins ohne weitere Prüfung seiner Legitimation oder der Echtheit und Gültigkeit der Quittung auszuliefern.

8. Die verhältnismäßige Erstattung des Lagergeldes oder der Versicherungsgebühr findet nicht statt.

---

## Anlage E (zu Anmerkung 41).

### Verordnung, betreffend die Pensionen und Kautionen der Reichsbankbeamten. Vom 23. Dezember 1875. (RGB. 380.)[1]

Wir Wilhelm pp. verordnen auf Grund des §. 40 des Bankgesetzes vom 14. März 1875 (Reichs-Gesetzbl. S. 177). zur Ergänzung des Statuts der Reichsbank vom 21. Mai 1875 (Reichs-Gesetzbl. S. 203), nach Einvernehmen mit dem Bundesrath, im Namen des Deutschen Reichs, was folgt:

**§. 1.** Die zur Regelung der Pensions[2]- und Kautionsverhältnisse der Reichsbeamten ergangenen gesetzlichen Bestimmungen, insbesondere die §§. 34 bis 71 des Reichsbeamten-Gesetzes vom 31. März 1873 (Reichs-Gesetzbl. S. 61), der § 8 des Gesetzes über die Bewilligung von Wohnungsgeldzuschüssen vom 30. Juni 1873 (Reichs-Gesetzbl. S. 166) und das Gesetz, betreffend die Kautionen der Bundesbeamten, vom 2. Juni 1869 (Bundes-Gesetzbl. S. 161)[3]) finden auf die Reichsbankbeamten entsprechende An-

---

[1]) Die § 2 und 3 der V. 23. Dez. 75 haben durch V. 31. März 80 (RGB. 97) eine andere Fassung erhalten, die an Stelle der ursprüglichen § 2 und 3 eingefügt ist.

[2]) Die Bestimmungen des Reichsbeamten-G. 31. März 73 (RGB. 61) über die Pensionen der Reichsbeamten § 34—71 sind seitdem durch G. 21. April 86 (RGB. 80) geändert worden, dessen Bestimmungen (hauptsächlich Erhöhung der Pensionen) auf die Reichsbankbeamten entsprechende Anwendung finden V. 20. Juni 86 (RGB. 203). — Ebenso ist das G. betr. die Fürsorge für die Witwen und Waisen der Reichsbeamten der Civilverwaltung 26. April 81 (RGB. 85) nebst Ergänz.G. 5. März 88 (RGB. 65) und 17. Mai 97 (RGB. 455) auf die Reichsbankbeamten anwendbar V. 8. Juni 81 (RGB. 117), 18. März 88 (RGB. 80) und 26. Juli 97 (RGB. 613).

[3]) G. betr. die Kautionen der Bundesbeamten Unteranlage E 1. Die Verpflichtung der Reichsbeamten zur

wendung, und zwar, was die Kautionsverhältnisse anlangt, mit den nachfolgenden Maßgaben.

§. 2[1]). Zur Kautionsleistung sind mit den daneben angegebenen Beträgen verpflichtet:

1. der Rendant der Reichsbank-Hauptkasse mit 18000 Mark,
2. der Vorsteher des Lombard-Komtors bei der Reichshauptbank mit . . . . . . . . . . 9000 Mark,
3. die Vorstandsbeamten der Reichsbank-Hauptstellen, Reichsbankstellen und Reichsbank-Kommanditen[4]) mit 6000 Mark bis 18000 Mark,
4. die Kassirer und die mit der Aufbewahrung oder Verwaltung von Werthschaften außerdem beauftragten Beamten bei der Hauptbank und den Zweiganstalten mit 3000 Mark bis 9000 Mark,
5. der Kontrolör der Diskontokasse[5]) mit . . . 2400 Mark,
6. die Geldzähler mit . . . . . . . . . . . 750 Mark,
7. die Kassendiener, Hausdiener und Hülfskassendiener mit . . . . . . . . . . . 600 Mark,
8. die Bankagenten (Vorsteher von Reichsbank-Nebenstellen) mit 1000 Mark bis 150000 Mark.

§. 3[1]). Die Höhe der Kautionen bei den in §. 2 unter Ziffer 3, 4 und 8 bezeichneten Beamten wird in jedem Falle von dem Präsidenten des Reichsbank-Direktoriums innerhalb der daselbst angegebenen Grenzen bei der Berufung des Beamten nach dem voraussichtlichen Geschäftsumfange festgesetzt.

§. 4. Den Bankagenten (Vorstehern der Reichsbanknebenstellen)[6]) kann von dem Präsidenten des Reichsbank-Direktoriums die Kautionsbestellung in anderen als den im §. 5 des Gesetzes vom 2. Juni 1869 bezeichneten Papieren nach dem Kurswerthe mit angemessenem Abschlag oder in Hypotheken gestattet werden.

§. 5. Unterbeamten und kontraktlichen Dienern, welche die Kaution auf einmal zu beschaffen außer Stande sind, kann von dem Präsidenten des Reichsbank-Direktoriums ausnahmsweise gestattet werden, die Beschaffung der Kaution nachträglich durch Ansammlung von Gehaltsabzügen im Betrage von fünf bis zehn Mark monatlich zu bewirken.

§. 6. Die Aufbewahrung der Kautionen, sowie die Ansammlung der Gehaltsabzüge (§. 5.) erfolgt bei dem Reichsbank-Komtor für Werthpapiere zu Berlin.

---

Kautionsleistung nach Maßgabe dieses G. ist inzwischen mit der Beschränkung aufgehoben, daß die über die Kautionspflicht der Reichsbankbeamten bestehenden Bestimmungen unberührt bleiben G. 20. Feb. 98 (RGB. 29).

[4]) Reichsbank-Kommanditen bestehen nicht mehr.

[5]) Die Stelle besteht nicht mehr.

[6]) Sie heißen jetzt Bankvorstand.

## Unteranlage E 1 (zu Anlage E Anmerkung 3).

### Gesetz, betreffend die Kautionen der Bundesbeamten. Vom 2. Juni 1869.
(BGBl. 161.)[1])

(§. 1—3.)[2])

§. 4. Die Amtskaution ist durch den kautionspflichtigen Beamten zu bestellen. Die Bestellung derselben durch eine andere Person ist zulässig, sofern dem Bunde an der Kaution dieselben Rechte gesichert werden, welche ihm an einer durch den Beamten selbst gestellten Kaution zugestanden haben würden.

§. 5. Die Amtskautionen sind durch Verpfändung von auf den Inhaber lautenden Obligationen über Schulden des Reichs[1]) oder eines einzelnen Bundesstaates nach deren Nennwerthe zu leisten.

Die Verpfändung erfolgt durch Uebergabe zum Faustpfande.

§, 6. Die Kautionen sind bei denjenigen Kassen, welche zur Aufbewahrung derselben von der obersten Präsidial-Behörde bestimmt werden, niederzulegen[3]). Die Niederlegung der Werthpapiere erfolgt einschließlich des dazu gehörigen Talons, beziehungsweise desjenigen Zinsscheins, an dessen Inhaber die neue Zinsschein-Serie ausgereicht wird.

Die faustpfandlichen Rechte an den niedergelegten Werthpapieren sind mit voller rechtlicher Wirkung erworben, sobald der Empfangsschein über die Niederlegung ertheilt ist.

Die Zinsscheine für einen vier Jahre nicht übersteigenden Zeitraum werden dem Kautionsbesteller belassen, beziehungsweise nach Ablauf dieses Zeitraumes oder nach Ausreichung neuer Zinsscheine verabfolgt. Die Einziehung der neuen Zinsscheine erfolgt durch die Kasse. Letztere hat nicht die Verpflichtung, die Ausloosung der niedergelegten Werthpapiere zu überwachen.

§. 7. Die Bestellung der Amtskaution ist vor der Einführung des Beamten in das kautionspflichtige Amt zu bewirken.

In welchen Fällen die vorgesetzte Dienstbehörde ermächtigt ist, dem Beamten die nachträgliche, durch Ansammlung von Gehaltsabzügen zu bewirkende Beschaffung der Kaution ausnahmsweise zu gestatten. und in welcher Art dann die Ansammlung zu erfolgen hat, wird durch die im §. 3. erwähnte Präsidial-Verordnung bestimmt[4]).

§. 8. Verwaltet ein Beamter gleichzeitig mehrere kautionspflichtige Reichsämter[1]), so genügt die Bestellung einer Kaution zu dem für eines dieser

---

[1]) Das G. hat nur noch für die Reichsbankbeamten Bedeutung, nachdem die Verpflichtung der Reichsbeamten zur Kautionsleistung durch G. 20. Feb. 98 beseitigt ist Anl. E Anm. 3. — An Stelle des Bundes ist mit der RVerf. überall das Reich getreten.

[2]) Die § 1—3 haben keine Bedeutung mehr. § 1 bestimmte den Begriff des Bundesbeamten, § 2 und 3 trafen Vorschriften darüber, welche Beamten zur Kautionsleistung verbunden waren.

[3]) Für die Reichsbankbeamten beim Reichsbank-Komtor in Berlin Anl. E § 6.

[4]) Anl. E § 5.

Aemter vorgeschriebenen Betrage. Sind die für die einzelnen Aemter vorgeschriebenen Kautionssätze verschieden, so ist die Kaution nach dem höchsten Satze zu leisten.

**§. 9.** Verwaltet ein kautionspflichtiger Reichsbeamter[1]) gleichzeitig ein kautionspflichtiges Amt im Dienste eines Bundesstaates, so kann die für letzteres Amt bestellte Kaution, soweit sie den Bestimmungen dieses Gesetzes entspricht, mit Zustimmung der zuständigen Behörde des Bundesstaates und nach vorgängiger Vereinbarung darüber, wie viel von dem Gesammtbetrage der Kaution auf jedes der beiden Aemter zu rechnen ist, zugleich für das kautionspflichtige Reichs-Dienstverhältniß[1]) angenommen werden.

**§. 10.** Die Amtskaution haftet dem Reiche[1]) für alle von dem kautionspflichtigen Beamten aus seiner Amtsführung zu vertretenden Schäden und Mängel an Kapital und Zinsen, sowie an gerichtlichen und außergerichtlichen Kosten der Ermittelung des Schadens.

**§. 11.** Steht eine der nach §. 10. aus der Kaution zu deckenden Forderungen zur Exekution, so ist die dem kautionspflichtigen Beamten vorgesetzte Dienstbehörde ohne Weiteres berechtigt, die verpfändeten Werthpapiere bis auf die Höhe der Forderung an einer innerhalb des Bundesgebietes belegenen, von ihr zu bestimmenden Börse außergerichtlich verkaufen zu lassen. Der Kautionsbesteller ist in solchem Falle zur Ausantwortung der ihm belassenen noch nicht fälligen Zinsscheine (§. 6.) verpflichtet. Ist diese Ausantwortung von ihm nicht zu erlangen, so kann er zur Erlegung des Geldwerths der von ihm zurückbehaltenen Zinsscheine in dem für die Beitreibung öffentlicher Abgaben vorgeschriebenen Verfahren zwangsweise angehalten werden.

Das Reich[1]) ist nicht verpflichtet, im Falle des Konkurses die verpfändeten Werthpapiere in die Konkursmasse einzuliefern.

**§. 12.** Dem Reiche[1]) stehen dem kautionspflichtigen Reichsbeamten[1]) gegenüber alle Rechte zu, welche an dem Orte, wo der Beamte innerhalb des Bundesgebiets seinen dienstlichen Wohnsitz hat oder zuletzt gehabt hat, kraft der dort geltenden Landesgesetzgebung der Landesregierung den kautionspflichtigen Beamten gegenüber beigelegt sind.

Liegt der betreffende Ort im Reichsauslande[1]), so sind für die vorstehend erwähnten Rechte diejenigen Bestimmungen maaßgebend, welche in Anwendung gekommen wären, wenn der Beamte seinen dienstlichen Wohnsitz in Berlin gehabt hätte.

**§. 13.** Nach Beendigung des kautionspflichtigen Dienstverhältnisses wird, sobald amtlich festgestellt ist, daß aus demselben Vertretungen nicht mehr zu leisten sind, die Kaution gegen Aushändigung des quittirten Empfangsscheins oder, im Falle des Verlustes desselben, des gerichtlichen Amortisations-Dokuments zurückgeben.

Von der Beibringung des gerichtlichen Amortisations-Dokuments kann nach dem Ermessen der dem kautionspflichtigen Beamten vorgesetzten Dienstbehörde abgesehen werden.

(§. 14—17)[5]).

## 5. Gesetz, betreffend die Pflichten der Kaufleute bei Aufbewahrung fremder Werthpapiere. Vom 5. Juli 1896. (RGBl. 183)[1]).

§. 1[2]). Ein Kaufmann[3]), welchem im Betriebe seines Handelsgewerbes[4]) Aktien, Kuxe, Interimsscheine, Erneuerungsscheine (Talons), auf den Inhaber lautende oder durch Indossament übertragbare Schuldverschreibungen, oder vertretbare andere Werthpapiere[5]) mit Ausnahme von Banknoten und Papiergeld[6]) unverschlossen zur Verwahrung oder als Pfand übergeben sind, ist verpflichtet[7]):

---

[5]) § 14—17 enthielten Übergangsbestimmungen.

[1]) Quellen: Reichst. 1895/97 Drucks. Nr. 14 (Entw. mit Begr.), Nr. 342 (KB.), 1. Lesung zugleich mit BörsenG. am 9., 10., 11. Jan. 96 (StB. S. 200), 2. u. 3. Les. 17. Juni 96 (StB. 2682). Das in RGB. Stück 19 veröffentlichte G. ist in Stück 20 (S. 194) in einigen Punkten berichtigt worden. Die Gültigkeit des G. wird hierdurch nicht beeinträchtigt RGer. 16. Feb. 98 (XLI 32). — Bearb. Lusensky (Berlin 96), Rießer (Berlin 97). — Inhalt und Gliederung. Das G. bezieht sich ausschließlich auf (vertretbare) Wertpapiere. Die § 1 und 2 behandeln den Verwahrungs- und Verpfändungsvertrag. § 1 bestimmt die Pflichten des Verwahrers und Pfandgläubigers, § 2 trifft für den Fall des unregelmäßigen Verwahrungsvertrages Vorschriften. Die § 3—7 handeln von der kommissionsweisen Anschaffung von Wertpapieren durch Einkauf oder Umtausch. Die § 3 und 5 regeln die Pflichten des Einkaufs- und Umtauschkommissionärs, die § 4 und 6 die Rechtsfolgen bei Vernachlässigung dieser Pflichten. § 7 trifft über den Zeitpunkt des Eigentumserwerbs des Kommittenten Bestimmung. § 8 enthält Schutzbestimmungen des Publikums gegen die Gefahren, die aus der Beteiligung mehrerer Bankiers erwachsen können. Die § 9—12 enthalten Strafvorschriften, § 13 beschränkt die Geltung des Gesetzes auf Vollkaufleute.

[2]) Die Ansprüche und Pflichten aus dem Verwahrungsvertrage und der Verpfändung bestimmen sich nach den Vorschriften des BGB. (§ 688—700 und 1204—1296), doch gelten, soweit es sich um Handelsgeschäfte handelt, an erster Stelle abweichende Normen des HGB. z. B. § 368. § 1 begründet für den Kaufmann, der die daselbst bezeichneten Wertpapiere zur Verwahrung oder als Pfand erhält, Verpflichtungen, die nicht auf dem Gebiete des bürgerlichen Rechts liegen, sondern gewerbepolizeilicher Art sind.

[3]) Nicht nur ein Bankier, sondern jeder Vollkaufmann. Begriff des Kaufmanns Abschn. I Nr. 2. — Besondere Pflichten für den Bankier sind begründet durch G. betr. Ergänz. der Bestimmungen über den Wucher Anlage A.

[4]) Seine Rechtsgeschäfte gelten im Zweifel als zum Betriebe des Handelsgewerbes gehörig HGB. § 344 Abs. 1.

[5]) Aktien und Interimsscheine HGB. § 179, Erneuerungsscheine § 230. Zu den Schuldverschreibungen gehören solche aus Staats-, kommunalen und ähnlichen Anleihen, Pfand- und Rentenbriefe, Obligationen. Nicht unter die vertretbaren Wertpapiere des § 1 fallen die im HGB. § 363 aufgeführten kaufmännischen Anweisungen und Verpflichtungsscheine, Konnossemente, Ladescheine, Lagerscheine, ebensowenig Wechsel und Schecks Begr. S. 87.

[6]) Die durch Sperrdruck kenntlich gemachten Änderungen im § 1 und 3 beruhen auf der Berichtigung des Wortlauts des G. Anm. 1.

[7]) Die gesonderte Aufbewahrung

1. diese Werthpapiere unter äußerlich erkennbarer Bezeichnung jedes Hinterlegers oder Verpfänders gesondert von seinen eigenen Beständen und von denen Dritter aufzubewahren,
2. ein Handelsbuch zu führen, in welches die Werthpapiere jedes Hinterlegers oder Verpfänders nach Gattung oder Nennwerth, Nummern oder sonstigen Unterscheidungsmerkmalen der Stücke einzutragen sind; der Eintragung steht die Bezugnahme auf Verzeichnisse gleich, welche neben dem Handelsbuche geführt werden[8]). Die Eintragung kann unterbleiben, insoweit die Werthpapiere zurückgegeben sind, bevor die Eintragung bei ordnungsmäßigem Geschäftsgange erfolgen konnte.

Etwaige Rechte und Pflichten des Verwahrers oder Pfandgläubigers, im Interesse des Hinterlegers oder Verpfänders Verfügungen oder Verwaltungshandlungen vorzunehmen, werden[6]) durch die Bestimmungen unter Ziffer 1 nicht berührt[9]).

§. 2. Eine Erklärung des Hinterlegers oder Verpfänders, durch welche der Verwahrer oder Pfandgläubiger ermächtigt wird, an Stelle hinterlegter oder verpfändeter Werthpapiere der im §. 1 bezeichneten Art gleichartige Werthpapiere zurückzugewähren oder über die Papiere zu seinem Nutzen zu verfügen, ist, falls der Hinterleger oder Verpfänder nicht gewerbsmäßig Bank- oder Geldwechslergeschäfte betreibt, nur gültig, soweit sie für das einzelne Geschäft ausdrücklich und schriftlich abgegeben wird[10]).

---

Ziff. 1 und die buchmäßige Festhaltung Ziff. 2 der Depots dienen dazu, das Eigentum des Hinterlegers und Verpfänders außer Zweifel zu stellen und ihm im Falle des Konkurses des Verwahrers oder Pfandgläubigers die Aussonderung seiner Papiere zu ermöglichen.

[8]) Führung und Einrichtung der Handelsbücher HGB. § 43.

[9]) Verwaltungshandlungen kommen in Frage, wenn mit dem Depot der Auftrag zur Verwaltung verbunden ist, z. B. Versendung der Stücke zur Abstempelung. Verfügungen im Interesse des Eigentümers können durch besondere Ereignisse nötig werden, z. B. Aufruhr, Feuersgefahr vergl. BGB. § 692. In Fällen des Abs. 2 darf nur die gesonderte Aufbewahrung (Ziff. 1) unterbrochen werden. Die Verpflichtung zur buchmäßigen Festhaltung des Depots bleibt fortbestehen.

[10]) § 2 Abs. 1 enthält eine Abweichung von der allgemeinen Rechtsregel, wonach der unregelmäßige Verwahrungsvertrag, sowie ein Übereinkommen, das dem Verwahrer gestattet, über die in Verwahrung gegebene Sache zu seinem Nutzen zu verfügen, formlos geschlossen werden kann. Für die Entstehung eines unregelmäßigen Verwahrungsvertrages über Wertpapiere fordert das BGB. eine ausdrückliche Vereinbarung (§ 700 Abs. 2), die aber mündlich und allgemein getroffen werden kann. Der § 2 geht bei Hinterlegung und Verpfändung vertretbarer Wertpapiere bei einem Vollkaufmanne weiter, indem er für die Begründung eines unregelmäßigen Verwahrungsvertrages, sowie für die Ermächtigung des Verwahrers, über die Papiere in seinem Nutzen zu verfügen, eine Erklärung des Hinterlegers oder Verpfänders fordert, die nicht nur ausdrücklich, sondern auch schriftlich und für das einzelne Geschäft abgegeben werden muß. Dieser erschwerenden Form bedarf es nur in dem Falle nicht, daß der Hinterleger oder Verpfänder gewerbsmäßig Bank- oder Geldwechslergeschäfte betreibt. — Die Ausstellung eines dem ganzen Inhalt des § 2 Abs. 1 entsprechenden Ermächtigungsscheins bei Hinterlegung oder Verpfändung von Wertpapieren bewirkt nicht, daß das Eigen-

Wird der Verwahrer oder Pfandgläubiger ermächtigt, an Stelle hinterlegter oder verpfändeter Werthpapiere der im §. 1 bezeichneten Art gleichartige Werthpapiere zurückzugewähren, so finden die Bestimmungen des §. 1 keine Anwendung[11]).

§. 3[12]). Der Kommissionär (§§. 383, 406 des Handelsgesetzbuchs)[13]), welcher einen Auftrag zum Einkaufe von Werthpapieren der im §. 1 bezeichneten Art ausführt, hat dem Kommittenten binnen drei Tagen ein Verzeichniß der Stücke[14]) mit Angabe der Gattung, des Nennwerthes, der Nummern

---

tum an diesen Papieren ohne weiteres auf den Verwahrer oder Pfandgläubiger übergeht, sondern gibt ihm nur die Berechtigung, über die Papiere nach seinem Belieben zu verfügen. Wenn und solange er das nicht tut, verbleibt das Eigentum daran dem Hinterleger oder Verpfänder. Für den Übergang des Eigentums ist daher ein auf Grund der Ermächtigung erfolgender Aneignungsakt erforderlich, der regelmäßig in der endgültigen Verfügung über die Papiere oder in der unterschiedslosen, mit der Absicht des Eigenerwerbs verknüpften Vermengung mit anderen Wertpapieren (Sammeldepots) zu finden sein wird RGer. 26. Sept. 02 (NF. II 202).

[11]) Der Hinterleger und Verpfänder, der den ernstlichen Willen, seinen Anspruch auf die Rückgewähr gleichartiger Wertpapiere zu beschränken, durch eine den Anforderungen des Abs. 1 entsprechende Erklärung bekundet, gibt dadurch zu erkennen, daß er auf den Fortbestand seines Eigentums an den hinterlegten und verpfändeten Wertpapieren keinen Wert legt. Es ist deshalb berechtigt, den Verwahrer und den Pfandgläubiger von den Pflichten des § 1 zu befreien, die allein den Zweck haben, das Eigentum des Hinterlegers und Verpfänders zu sichern. — Über die Folge der Ermächtigung des Verwahrers, über die Papiere zu seinem Nutzen zu verfügen, ist nichts bestimmt. Ist ihm eine solche Ermächtigung allgemein und unbeschränkt erteilt, so hat sie dieselbe Bedeutung wie die Ermächtigung, gleichartige Wertpapiere zurückzugewähren, und berechtigt den Verwahrer, den Vertrag als einen unregelmäßigen Verwahrungsvertrag anzusehen. Ist sie dagegen auf eine bestimmte Verfügungsart beschränkt, z. B. auf die Verpfändung oder die Reportierung der hinterlegten Papiere, so hat der Verwahrer und Pfandgläubiger die ihm nach § 1 obliegenden Pflichten insoweit zu erfüllen, als dies nach dem Umfange der ihm erteilten Ermächtigung geschehen kann. Eine andere Auffassung vertritt das RGer., das die Ermächtigung, über die Papiere zu seinem Nutzen zu verfügen, für weitergehend erachtet als die, gleichartige zurückzuerstatten, und hieraus schließt, daß für den ersteren Fall die Nichtanwendbarkeit des § 1 nicht ausgesprochen worden sei, weil angenommen wurde, daß sich diese Folge aus der Sachlage von selbst ergebe, U. 26. Sept. 02 (NF. II 202).

[12]) Der Einkaufskommissionär wird Eigentümer der angeschafften Wertpapiere und ist nur obligatorisch verpflichtet, das Eigentum auf den Kommittenten zu übertragen. Die Übertragung kann durch Aushändigung der Stücke oder auch durch constitutum possessorium erfolgen, wobei der Kommissionär im Besitze der Papiere bleibt und der Kommittent den mittelbaren Besitz daran erlangt BGB. § 930. § 3 verpflichtet den Kommissionär, in diesem Falle dem Kommittenten binnen dreitägiger Frist ein Stückeverzeichnis zu übersenden, wodurch sich einerseits der Eigentumsübergang auf den Kommittenten, sofern er nicht bereits früher stattgefunden hat, vollzieht, anderseits dem Kommittenten die Möglichkeit gegeben wird, sein Eigentum in wirksamer Weise zur Geltung zu bringen (durch Aussonderung beim Konkurse, Vindizierung von einem unredlichen dritten Erwerber usw.).

[13]) Die eingefügten Vorschriften des neuen HGB. sind an die im G.-Text aufgeführten Art. 360, 378 des alten HGB. getreten EG. Art. 3. Im § 6 war ursprünglich Art. 371 Abs. 2, im § 13 Art. 10 angezogen.

[14]) Die an die Übersendung des Stückeverzeichnisses geknüpften Wirkungen sind nicht davon abhängig, daß es in einer den Absender verpflichtenden Weise unter-

oder sonstiger Unterscheidungsmerkmale zu übersenden. Die Frist beginnt, falls der Kommissionär bei der Anzeige über die Ausführung des Auftrages einen[6]) Dritten als Verkäufer namhaft gemacht hat, mit dem Erwerbe der Stücke, andernfalls mit dem Ablaufe des Zeitraums, innerhalb dessen der Kommissionär nach der Erstattung der Ausführungsanzeige die Stücke bei ordnungsmäßigem Geschäftsgange[15]) ohne schuldhafte Verzögerung beziehen konnte.

Ein Verzicht des Kommittenten auf die Uebersendung des Stückeverzeichnisses ist, falls der Kommittent nicht gewerbsmäßig Bank- oder Geldwechslergeschäfte betreibt, nur dann wirksam, wenn er bezüglich des einzelnen Auftrages ausdrücklich und schriftlich erklärt wird[16]).

Soweit die Auslieferung der eingekauften Stücke an den Kommittenten erfolgt oder ein Auftrag des Kommittenten zur Wiederveräußerung ausgeführt ist, kann die Uebersendung des Stückeverzeichnisses unterbleiben.

**§. 4.** Ist der Kommissionär mit Erfüllung der ihm nach den Bestimmungen des §. 3 obliegenden Verpflichtungen im Verzuge und holt er das Versäumte auf eine danach an ihn ergangene Aufforderung des Kommittenten[17]) nicht binnen drei Tagen nach[18]), so ist der Kommittent berechtigt, das Geschäft als nicht für seine Rechnung abgeschlossen zurückzuweisen und Schadensersatz wegen Nichterfüllung zu beanspruchen.

Die Aufforderung des Kommittenten verliert ihre Wirkung, wenn er dem Kommissionär nicht binnen drei Tagen nach dem Ablaufe der Nachholungsfrist erklärt, daß er von dem im Absatz 1 bezeichneten Rechte Gebrauch machen wolle.

**§. 5.** Der Kommissionär[19]), welcher einen Auftrag zum Umtausche von Werthpapieren der im §. 1 bezeichneten Art oder zur Geltendmachung eines

zeichnet ist. — Das Stückeverzeichnis ist auch bei Ausführung des Auftrags an einer ausländischen Börse zu übersenden.

[15]) Dabei sind die tatsächlichen Umstände zu berücksichtigen, die zu einer Verzögerung des Bezugs der Stücke führen konnten.

[16]) Ähnlich wie bei § 1 (Anm. 10). Der Verzicht des Kommittenten kann bedeuten, entweder, daß er auf den Eigentumserwerb verzichtet und nur einen persönlichen Anspruch auf Lieferung gleichartiger Stücke besitzen will, oder, daß er nur auf die Bescheinigung des Eigentumserwerbes durch das Stückeverzeichnis, nicht aber auf die Eigentumsübertragung selbst verzichten wolle. Im Zweifel wird das erstere als Absicht der Parteien anzunehmen sein.

[17]) Diese Aufforderung ist an keine Frist gebunden.

[18]) Das Recht zum Rücktritt geht nicht verloren, wenn das Nummernverzeichnis nach Ablauf der dreitägigen Frist dem Kommittenten zugeht, bevor er erklärt hat, von dem Rückweisungsrechte Gebrauch zu machen RGer. 28. Nov. 00 (XLVIII 7).

[19]) § 5 trifft eine dem § 3 entsprechende Bestimmung für den Fall der Umtauschkommission und der kommissionsweisen Geltendmachung eines Bezugsrechts. Diese Bestimmung steht mit dem neuen HGB. insofern nicht im Einklange, als darnach Kommissionär nur derjenige ist, welcher gewerbsmäßig Waren oder Wertpapiere für Rechnung eines andern im eigenen Namen kauft oder verkauft § 383. Die Besorgung des Umtausches oder der Geltendmachung eines Bezugsrechts ist darnach nicht mehr Kommissionsgeschäft, sondern Auftrag bei unentgeltlicher oder Dienstvertrag bei entgeltlicher Ausführung BGB. § 662, 611. Auf einen derartigen Dienstvertrag finden die Bestimmungen

Bezugsrechts auf solche Werthpapiere ausführt, hat binnen zwei Wochen nach dem Empfange der neuen Stücke dem Kommittenten ein Verzeichniß der Stücke mit den im §. 3 Absatz 1 vorgeschriebenen Angaben zu übersenden, soweit er ihm die Stücke nicht innerhalb dieser Frist aushändigt.

**§. 6.** Der Kommissionär[19]), welcher den im §. 5 ihm auferlegten Pflichten nicht genügt, verliert das Recht, für die Ausführung des Auftrages Provision zu fordern (§. 396 Absatz 1 des Handelsgesetzbuchs)[13]).

**§. 7.** Mit der Absendung des Stückeverzeichnisses[20]) geht das Eigenthum an den darin verzeichneten Werthpapieren auf den Kommittenten über, soweit der Kommissionär über die Papiere zu verfügen berechtigt ist. Die Bestimmungen des bürgerlichen Rechts, nach welchen der Uebergang des Eigenthums schon in einem früheren Zeitpunkte eintritt, bleiben unberührt[21]).

Der Kommissionär hat bezüglich der in seinem Gewahrsam befindlichen, in das Eigenthum des Kommittenten übergegangenen Werthpapiere die im §. 1 bezeichneten Pflichten eines Verwahrers.

**§. 8**[22]). Ein Kaufmann, welcher im Betriebe seines Handelsgewerbes fremde[23]) Werthpapiere der im §. 1 bezeichneten Art einem Dritten zum

---

über den Auftrag entsprechende Anwendung § 675. § 5 wird auf diese Geschäfte unbedenklich angewendet werden können, sofern der Beauftragte bei ihrer Ausführung im eigenen Namen handelt. — Die Frist beträgt hier zwei Wochen und beginnt mit dem Empfange der neuen Stücke. Für die Erklärung eines Verzichts auf das Stückeverzeichnis ist keine besondere Form vorgeschrieben.

[20]) Bedeutung des Stückeverzeichnisses Anm. 14.

[21]) Nach BGB. § 930 kann, wenn der Eigentümer im Besitz der Sache ist, die Übergabe dadurch ersetzt werden, daß zwischen ihm und dem Erwerber ein Rechtsverhältnis vereinbart wird, vermöge dessen der Erwerber den mittelbaren Besitz erlangt. Die Kundgebung des Willens zur Begründung eines derartigen Rechtsverhältnisses ist bei kommissionsweise gekauften Wertpapieren schon darin zu finden, daß der Kommissionär die Stücke mit dem Namen des Kommittenten bezeichnet, in ein für ihn bestimmtes Behältnis legt oder auf seinem Depotkonto bucht. In diesen Fällen vollzieht sich der Eigentumsübergang vor dem im § 7 bestimmten Zeitpunkte.

[22]) Bei Aufträgen, namentlich des Provinzpublikums, wird häufig die Mitwirkung mehrerer Bankiers nötig, indem der Bankier des Ortes die ihm gewordenen Aufträge an Bankiers in Börsenplätzen weiter geben muß. Die Geschäftsverbindung zwischen den Orts- und den hauptstädtischen Bankiers hat zur Folge, daß die letzteren an dem gesamten, in ihren Besitz gelangenden Kommissionsgute der ersteren wegen aller Forderungen aus laufender Rechnung in Kommissionsgeschäften ein gesetzliches Pfandrecht haben HGB. § 397, das vertragsmäßig auf alle in den Besitz der hauptstädtischen Bankiers gelangenden Wertpapiere und haftend für alle seine Forderungen erweitert zu werden pflegt. Gegenstand dieses Pfandrechts sind häufig Wertpapiere des Provinzpublikums geworden, die der Provinzbankier dem hauptstädtischen Bankier zum Verkauf, zum Umtausch, zur Aufbewahrung, als Pfand berechtigter oder unberechtigter Weise übersandte oder für seine Kunden von ihm kaufen ließ. Um diesem für das Publikum gefährlichen Zustande entgegenzuwirken, soll nach § 8 der Kaufmann, der Wertpapiere oder Kaufaufträge seiner Kunden an einen Dritten — i. d. R. einen hauptstädtischen Bankier — weiter gibt, ihm mitteilen, daß die Papiere fremde seien und die Anschaffung auf fremde Rechnung geschehe. Die alsdann eintretenden Rechtsfolgen (§ 8 Abs. 2) verhindern, daß solche Papiere dem hauptstädtischen Bankier verpfändet werden.

[23]) Im Eigentum des Kunden stehende.

Zweck der Aufbewahrung, der Veräußerung, des Umtausches oder des Bezuges von anderen Werthpapieren, Zins- oder Gewinnantheilscheinen ausantwortet, hat hierbei dem Dritten mitzutheilen, daß die Papiere fremde seien. Ebenso hat er in dem Falle, daß er einen ihm ertheilten Auftrag zur Anschaffung solcher Werthpapiere an einen Dritten weitergiebt, diesem hierbei mitzutheilen, daß die Anschaffung für fremde Rechnung geschehe.

Der Dritte, welcher eine solche Mittheilung empfangen hat, kann an den übergebenen oder an den neu beschafften Papieren ein Pfandrecht oder ein Zurückbehaltungsrecht nur wegen solcher Forderungen an seinen Auftraggeber geltend machen, welche mit Bezug auf diese Papiere entstanden sind[24]).

§. 9. Wenn ein Kaufmann[25]) über Werthpapiere der im §. 1 bezeichneten Art, welche ihm zur Verwahrung oder als Pfand übergeben sind, oder

---

Wenn dieser durch eine formgerechte Erklärung nach § 2 auf die Erhaltung seines Eigentums oder nach § 3 Abs. 2 auf den Eigentumserwerb verzichtet, findet § 8 nicht Anwendung. Ebensowenig bei der Verkaufs- und Einkaufskommission, wenn der Provinzbankier gemäß HGB. § 400 ff. als Selbstkontrahent eintritt.

[24]) Eine Vereinigung Berliner Banken hat bald nach Veröffentlichung des Depot-G. beschlossen, dem § 8 in der Weise Rechnung zu tragen, daß zwei Depotkonten angelegt werden, das eine (A) für diejenigen Wertpapiere, welche dem Kommissionär für seine Ansprüche haften, das zweite (B) für die als fremde bezeichneten Papiere. Selbstverständlich dienen die Effekten des Konto B nicht als Kreditunterlagen im laufenden Geschäfte. Nach dem Beschlusse der Berliner Banken sollen sie aber auch nicht einmal als Kreditunterlagen in dem aus Abs. 2 zulässigen Umfange dienen, weil dazu erforderlich wäre, daß soviele Depotkonten und Geldkonten angelegt würden, als der Provinzbankier einzelne Kunden hat, was aus geschäftstechnischen Gründen nicht angeht. Demzufolge führen diese Banken Einkaufskommissionen, die ihnen als für fremde Rechnung erfolgend aufgegeben werden, nur aus, wenn zugleich der volle Kaufpreis berichtigt wird oder wenn sie von der Übersendung des Stückeverzeichnisses mit der Wirkung entbunden werden, daß der Auftraggeber lediglich eine Forderung auf Herausgabe der Stücke gegen Vollzahlung des Kaufpreises erwirbt. Die Effekten werden alsdann auf keinem der Depotkonten verbucht, sondern auf dem Stückekonto ohne Nummernangabe gutgeschrieben. — Der Provinzbankier, der eine Einkaufskommission als für fremde Rechnung geschehend weitergibt, kann von dem hinsichtlich dieses Kommissionsgeschäfts befriedigten hauptstädtischen Bankier zwar die Herausgabe der angeschafften Papiere, aber nicht ohne weiteres die Übertragung dieser Papiere auf das Konto A verlangen. Der hauptstädtische Bankier kann diese zwar vornehmen, wenn er redlicherweise annehmen kann, daß ungeachtet der früheren Mitteilung, die Anschaffung geschehe für fremde Rechnung, seinem Auftraggeber nunmehr die freie Verfügung über die angeschafften Papiere zustehe. Er braucht sich aber auf eine Prüfung der ihm von seinem Auftraggeber etwa vorgelegten Nachweisungen nicht einzulassen, sondern kann die damit verbundene Gefahr von sich ablehnen. Ebensowenig kann der Provinzbankier fordern, daß der hauptstädtische Bankier die fraglichen Papiere veräußere und den Erlös ihm gutschreibe RGer. 16. Feb. 98 (XLI 32).

[25]) Die Tatbestände der § 9—11 setzen voraus, daß der Täter Kaufmann ist und zwar Vollkaufmann § 13. Über diese Begriffe Abschn. I Nr. 2. Die Eintragung der Firma im Handelsregister ist allein nicht entscheidend, sondern das Gericht muß im Zweifelsfall prüfen, ob die Kaufmannseigenschaft vorliegt. — Im schwurgerichtlichen Verfahren bedarf es zur Anwendung der § 9 und 11 eines Ausspruchs der Geschworenen, daß der Angeklagte nicht nur Kaufmann, sondern ein zur Führung von Handelsbüchern gesetzlich verpflichteter Kaufmann sei, und entsprechender Fragestellung RGer. 29. März 01 (Straff. XXXIV 237). —

welche er als Kommissionär für den Kommittenten in Besitz genommen hat, außer dem Falle des §. 246 des Strafgesetzbuchs zum eigenen Nutzen oder zum Nutzen eines Dritten rechtswidrig verfügt[26]), wird er mit Gefängniß bis zu einem Jahre und Geldstrafe bis zu dreitausend Mark oder mit einer dieser Strafen bestraft.

Der gleichen Strafe unterliegt, wer der Vorschrift des §. 8 zum eigenen Nutzen oder zum Nutzen eines Dritten vorsätzlich zuwiderhandelt[27]).

Ist der Thäter ein Angehöriger (§. 52 Absatz 2 des Strafgesetzbuchs) des Verletzten, so tritt die Verfolgung nur auf Antrag ein. Die Zurücknahme des Antrages ist zulässig. Der §. 247 Absatz 2 und 3 des Strafgesetzbuchs findet entsprechende Anwendung.

**§. 10**[28]). Ein Kaufmann[25]), welcher seine Zahlungen eingestellt hat oder über dessen Vermögen das Konkursverfahren eröffnet worden ist, wird mit Gefängniß bis zu zwei Jahren bestraft, wenn er den Vorschriften des §. 1 Ziffer 1 oder 2 vorsätzlich zuwidergehandelt hat und dadurch der Berechtigte bezüglich des Anspruches auf Aussonderung der von jenem zu verwahrenden Werthpapiere benachtheiligt wird, desgleichen wenn er als Kommissionär den Vorschriften der §§. 3 oder 5 vorsätzlich zuwidergehandelt hat und dadurch der Berechtigte bezüglich des Anspruches auf Aussonderung der von jenem eingekauften, eingetauschten oder bezogenen Werthpapieren benachtheiligt wird.

**§. 11**[28]). Ein Kaufmann[25]), welcher seine Zahlungen eingestellt hat oder über dessen Vermögen das Konkursverfahren eröffnet worden ist, wird mit Zuchthaus bestraft, wenn er im Bewußtsein seiner Zahlungsunfähigkeit oder Ueberschuldung fremde Werthpapiere, welche er im Betriebe seines

---

Kaufmann im Sinne der Strafvorschriften ist auch der persönlich haftende Gesellschafter einer Kommanditgesellschaft auf Aktien, deshalb ist diese Gesellschaftsform im § 12 nicht aufgeführt RGer. 5. Juli 01 (Strafs. XXXIV 374). HGB. § 5 findet auf Strafbestimmungen keine Anwendung I Nr. 2 Anm. 15.

[26]) Nach StGB. § 246 liegt Unterschlagung nur bei bewußt rechtswidriger Zueignung vor, nicht bei sonstigen rechtswidrigen Verfügungen, bei denen die Absicht nicht gerade auf Zueignung gerichtet ist. Danach kann sich namentlich die Verpfändung fremder Sachen je nach der Willensrichtung des Verpfänders als Unterschlagung oder nur als unerlaubter, nicht strafbarer Gebrauch darstellen, letzteres dann, wenn der Täter mit der Absicht der Wiedereinlösung verpfändete und damit die Überzeugung verband, die Wiedereinlösung zu jeder Zeit bewirken zu können. Diese Lücke des strafrechtlichen Schutzes füllt Abs. 1 für kaufmännische Depots aus, indem danach auch solche rechtswidrige Verfügungen über das Depot bestraft werden, die nicht den Tatbestand der Unterschlagung bilden. — Nicht rechtswidrig sind Verfügungen gemäß § 1 Abs. 2 und § 2 Abs. 1. — Subjektiv muß sich der Täter der Rechtswidrigkeit seiner Verfügung bewußt sein.

[27]) D. h. die im § 8 vorgesehenen Mitteilungen unterläßt.

[28]) Die § 10 und 11 knüpfen an die Tatbestände der KonkO. § 239 (betrüglicher) und § 240 (einfacher Bankerott) an, indem Zahlungseinstellung oder Konk.-Eröffnung Voraussetzung der Strafbarkeit ist.

Handelsgewerbes als Verwahrer, Pfandgläubiger oder Kommissionär in Gewahrsam genommen, sich rechtswidrig zugeeignet hat[29]).

Sind mildernde Umstände vorhanden, so tritt Gefängnißstrafe nicht unter drei Monaten ein.

**§. 12.** Die Strafvorschrift des §. 9 findet gegen die Mitglieder des Vorstandes einer Aktiengesellschaft oder eingetragenen Genossenschaft, die Geschäftsführer einer Gesellschaft mit beschränkter Haftung, sowie gegen die Liquidatoren einer Handelsgesellschaft oder eingetragenen Genossenschaft Anwendung, wenn sie in Ansehung von Werthpapieren, die sich im Besitze der Gesellschaft oder Genossenschaft befinden oder von dieser einem Dritten ausgeantwortet sind, die mit Strafe bedrohte Handlung begangen haben.

Die vorbezeichneten Personen werden, wenn die Gesellschaft oder Genossenschaft ihre Zahlungen eingestellt hat, oder wenn über deren Vermögen das Konkursverfahren eröffnet worden ist, bestraft

1. gemäß §. 10, wenn sie den Vorschriften des §. 1 Ziffer 1 oder 2 oder den Vorschriften der §§. 3 oder 5 vorsätzlich zuwidergehandelt haben und dadurch der Berechtigte bezüglich des Anspruches auf Aussonderung der von der Gesellschaft oder Genossenschaft zu verwahrenden oder von ihr eingekauften, eingetauschten oder bezogenen Werthpapiere benachtheiligt wird,
2. gemäß §. 11, wenn sie im Bewußtsein der Zahlungsunfähigkeit oder Ueberschuldung der Gesellschaft oder Genossenschaft fremde Werthpapiere, welche von dieser als Verwahrer, Pfandgläubiger oder Kommissionär in Gewahrsam genommen sind, sich rechtswidrig zugeeignet haben.

**§. 13.** Dieses Gesetz findet auf diejenigen Klassen von Kaufleuten keine Anwendung, für welche gemäß §. 4 des Handelsgesetzbuchs[13]) die Vorschriften über die Handelsbücher keine Geltung haben[30]).

---

## Anlage A (zu Anmerkung 3).

### Gesetz, betreffend Ergänzung der Bestimmungen über den Wucher vom 19. Juni 1893. (RGB. 197.) (Auszug.)

**Art. 2.** In dem Gesetze, betreffend den Wucher vom 24. Mai 1880 (RGB. 109) . . . . . wird folgender Artikel 4 eingestellt:

**Art. 4.** Wer aus dem Betriebe von Geld- oder Kreditgeschäften ein

[29]) Ein ursächlicher Zusammenhang zwischen der Zueignung und der Zahlungseinstellung oder KonkEröffnung ist nicht erforderlich, wohl aber ein zeitlicher Zusammenhang, derart, daß die zur Zeit der widerrechtlichen Zueignung bestehende Zahlungsunfähigkeit oder Überschuldung zu der Zahlungseinstellung oder KonkEröffnung, die als Tatbestandsmaterial in Betracht kommt, geführt hat. — Mehrfache Veruntreuungen bilden in Verbindung mit dem Konkurs oder der Zahlungseinstellung ein einheitliches Delikt, stellen demzufolge nicht mehrere Fälle der Zuwiderhandlung gegen § 11 dar RGer. 27. März 01 (Strafs. XXXIV 237).

[30]) Die sogenannten Minderkaufleute Abschn. I Nr. 2 Anm. 12.

Gewerbe macht, hat die Rechnung des Geschäftsjahres für jeden, welcher ein Geschäft der bezeichneten Art mit ihm abgeschlossen hat und daraus sein Schuldner geworden ist, abzuschließen und dem Schuldner binnen drei Monaten nach Schluß des Jahres einen schriftlichen Auszug dieser Rechnung mitzutheilen, der außer dem Ergebniß derselben auch erkennen läßt, wie solches erwachsen ist.

Wer sich dieser Verpflichtung vorsätzlich entzieht, wird mit Geldstrafe bis zu fünfhundert Mark oder mit Haft bestraft und verliert den Anspruch auf die Zinsen für das verflossene Jahr hinsichtlich der Geschäfte, welche in den Rechnungsauszug aufzunehmen waren.

Die vorstehenden Bestimmungen finden keine Anwendung:

1. wenn das Schuldverhältniß auf nur Einem während des abgelaufenen Geschäftsjahres abgeschlossenen Rechtsgeschäfte beruht, über dessen Entstehung und Ergebniß dem Schuldner eine schriftliche Mittheilung behändigt ist;
2. auf öffentliche Banken, Notenbanken, Bodenkreditinstitute und Hypothekenbanken auf Aktien, auf öffentliche Leihanstalten, auf Spar- und Darleihinstitute öffentlicher Korporationen und auf eingetragene Genossenschaften, soweit es sich bei den eingetragenen Genossenschaften um den Geschäftsverkehr mit den Mitgliedern handelt;
3. auf den Geschäftsverkehr zwischen Kaufleuten, deren Firma in das Handelsregister eingetragen ist.

---

## 6. Börsengesetz. Vom 22. Juni 1896. (RGB. 157)[1].

### I. Allgemeine Bestimmungen über die Börse und deren Organe[2].

§. 1. Die Errichtung einer Börse[3]) bedarf der Genehmigung[4]) der Landesregierung[5]). Diese ist befugt, die Aufhebung bestehender Börsen anzuordnen.

---

[1]) Quellen: Reichst. Session 95/97 Drucks. Nr. 14 (Entw. nebst Begr.), Nr. 246 (KB.), 1. Les. 9., 10., 11. Jan. 96 (StB. 200 ff.), 2. Les. 28., 29., 30. April, 1. Mai 96 (StB. 1955 ff.), 3. Les. 5., 6. Juni 96 (StB. 2409 ff.) — Wertvolles Material enthalten die Arbeiten der Börsenenquete-Kommission, die am 6. April 92 zusammentrat und nach 93 Sitzungen am 11. Nov. 93 ihren Schlußbericht erstattete. Die Verhandlungen sind veröffentlicht (Reichsdruckerei, Berlin 93), besonders wichtig sind die Sitzungsprotokolle, StB. über die Vernehmung der Sachverständigen, Bericht der Kommission. — Bearb. Wermuth-Brendel (Berlin 97), Dr. Kahn (München 97). — Die Gliederung des G. ergibt sich aus seinen 6 Teilen, deren V., das Kommissionsgeschäft betreffend (§ 70—74), nach Aufnahme entsprechender Bestimmungen in das neue HGB. aufgehoben worden ist. — In Preußen bestehen Börsen zu Berlin, Königsberg i. Pr., Danzig, Elbing, Stettin, Grimmen, Breslau, Magdeburg, Frankfurt a. M., Düsseldorf, Essen, Cöln und Hannover, die letztere erst seit 1. Jan. 01; die anderen bestanden als staatlich genehmigte Einrichtungen bereits bei Inkrafttreten des BörsenG., seit dessen Erlasse die Börsen in Halle, Posen und Gleiwitz sich aufgelöst haben. — Außerpreußische Börsen zu Hamburg, Lübeck, Bremen, München, Augsburg, Stuttgart, Mannheim, Dresden, Leipzig,

Die Landesregierungen üben die Aufsicht über die Börsen aus. Sie können die unmittelbare Aufsicht den Handelsorganen (Handelskammern, kaufmännischen Korporationen) übertragen[6]).

---

Chemnitz, Zwickau, Mülhausen i. E. und Straßburg i. E. — Nach den an den Börsen gehandelten Gegenständen werden unterschieden Fondsbörsen (für Wertpapiere), Produktenbörsen (für Erzeugnisse der Landwirtschaft und ihrer Nebengewerbe, der Müllerei, Mälzerei, Ölmüllerei, Stärke-, Spiritus- und Zuckerindustrie) und Warenbörsen (für andere Waren z. B. der Textil- und Montanindustrie). Von den preußischen Börsen sind die zu Frankfurt a. M. und Hannover ausschließlich Fondsbörsen, die zu Danzig, Elbing, Grimmen und Magdeburg ausschließlich Produktenbörsen. An den übrigen Börsen werden Fonds und Produkte oder Waren gehandelt und zwar in Düsseldorf und Essen überwiegend Erzeugnisse der Berg- und Hüttenindustrie, in Berlin, Königsberg, Breslau und Cöln vornehmlich Erzeugnisse der Landwirtschaft und ihrer Nebengewerbe. — Neben dem Handel in diesen Gegenständen erstreckt sich der Börsenverkehr namentlich an den Seeplätzen auch auf das Verfrachtungsgeschäft, teilweise auch auf Spedition und Versicherungsgeschäfte. In Ruhrort ist neuerdings eine Schifferbörse, ausschließlich für Verfrachtungsgeschäfte, errichtet und auf Grund des BörsenG. genehmigt worden.

[2]) Teil I enthält Bestimmungen über die Errichtung, Aufhebung und Beaufsichtigung der Börsen § 1, die Bestellung von Staatskommissaren § 2, die Bildung eines Börsenausschusses § 3, Erlaß und Inhalt der Börsenordnung § 4—6, den Ausschluß vom Börsenbesuche § 7, die Börsenpolizei § 8, das Börsenehrengericht und sein Verfahren § 9—27, endlich über die Zuständigkeit der Börsenschiedsgerichte § 28.

[3]) Das G. gibt absichtlich keine Bestimmung des Begriffs Börse Begr. S. 25. Als Merkmale einer solchen bezeichnet das OV. folgende: Es müssen Versammlungen einer größeren Zahl von Personen vorliegen, die an einem ein für allemal bestimmten Orte und zu einer allgemein bestimmten Zeit, wenn nicht täglich, so doch in verhältnismäßig kurzen Zwischenräumen regelmäßig abgehalten werden und ihre Wiederholung muß von vornherein beabsichtigt sein. Die sich Versammelnden müssen wenigstens vorwiegend selbständige Kaufleute oder kaufmännische Hilfspersonen sein und ihren Geschäftssitz am Orte der Versammlungen oder in dessen Nähe haben. Die Versammlungen müssen dem Handel mit nicht zur Stelle gebrachten vertretbaren Waren dienen, und zwar so, daß der in ihnen betriebene Handel wiederum zwar nicht ausschließlich, aber doch in erheblichem Maße ein Handel von Großhändlern untereinander ist. Ob außerdem noch erforderlich ist, daß in größerem Umfange mit abstrakter, nur typenmäßig, d. i. nach allgemein festgesetzten Mustersorten, bezeichneter Ware gehandelt wird, läßt das OV. unerörtert U. 26. Nov. 98 (XXXIV 315). — Die preußischen Börsen sind durchgehends Einrichtungen von Handelsvertretungen oder von Vereinigungen Beteiligter, die zu diesem Zwecke zusammengetreten sind. Begrifflich ist es jedoch ebenso zulässig, daß eine Börse vom Staat oder von Kommunalverbänden oder auch von einzelnen Privatpersonen errichtet wird.

[4]) Die staatliche Genehmigung ist für jede Einrichtung, die sich wirtschaftlich als Börse darstellt (Anm. 3) vorgeschrieben. Versammlungen, die im Sinne des Abs. 1 Börsen sind, sind ohne diese Genehmigung unzulässig OV. 26. Nov. 98 (Anm. 3) Ziff. 1. Ihre Fortsetzung kann durch ortspolizeiliche Verfügung untersagt werden, im Interesse der Aufrechterhaltung der durch das Verbot des § 1 Satz 1 geschaffenen öffentlichen Ordnung im Handel und Verkehr a. a. O. Ziff. 3.

[5]) In Preußen des Ministers für Handel und Gewerbe.

[6]) Staatliche Aufsichtsinstanzen sind in Preußen der Regierungs-Präsident, für die Berliner Börse der Oberpräsident, in letzter Instanz der Minister für Handel und Gewerbe Vf. 7. März 97. Die unmittelbare Aufsicht ist für alle preußischen Börsen der amtlichen Handelsvertretung (Handelskammer, kaufmännischen Korporation Abschn. I Nr. 3) übertragen, in deren Bezirk die Börse ihren Sitz hat.

Der Aufsicht der Landesregierungen und der mit der unmittelbaren Aufsicht betrauten Handelsorgane unterliegen auch die auf den Börsenverkehr bezüglichen Einrichtungen der Kündigungsbüreaus, Liquidationskassen, Liquidationsvereine und ähnlicher Anstalten[7]).

§. 2. Bei den Börsen sind als Organe der Landesregierung Staatskommissare[8]) zu bestellen. Ihnen liegt es ob[9]), den Geschäftsverkehr an der Börse sowie die Befolgung der in Bezug auf die Börse erlassenen Gesetze und Verwaltungsbestimmungen nach näherer Anweisung der Landesregierung zu überwachen. Sie sind berechtigt, den Berathungen der Börsenorgane[10]) beizuwohnen und die Börsenorgane[10]) auf hervorgetretene Mißbräuche aufmerksam zu machen. Sie haben über Mängel und über die Mittel zu ihrer Abstellung Bericht zu erstatten.

Mit Zustimmung des Bundesraths kann für einzelne Börsen die Thätigkeit des Staatskommissars auf die Mitwirkung beim ehrengerichtlichen Verfahren beschränkt oder, sofern es sich um kleine Börsen handelt, von der Bestellung eines Staatskommissars abgesehen werden.

§. 3. Zur Begutachtung über die durch dieses Gesetz der Beschlußfassung des Bundesraths überwiesenen Angelegenheiten ist als Sachverständigenorgan ein Börsenausschuß zu bilden[11]). Derselbe ist befugt, Anträge an den Reichskanzler zu stellen und Sachverständige zu vernehmen.

---

[7]) Die Kündigungsbureaus, Liquidationskassen und Liquidationsvereine dienen zur Abwicklung börsenmäßiger Geschäfte. — Die Aufsicht erstreckt sich ferner auch auf Zusammenkünfte der Börsenbesucher außerhalb der gewöhnlichen Börsenzeit, sofern sie den Charakter börsenmäßiger Versammlungen tragen, z. B. auf Frühbörsen (Berlin), Nachbörsen, Abendbörsen (Frankfurt a. M.).

[8]) In Berlin sind zwei Staatskommissare im Hauptamt tätig; der eine, dem andern vorgesetzt, hat eine etatsmäßige Stelle inne, während der zweite auftragsweise bestellt ist. An den Börsen zu Breslau, Königsberg, Danzig, Stettin, Magdeburg, Frankfurt a. M., Cöln und Hannover wird die Stelle des Staatskommissars nebenamtlich verwaltet. Für Elbing, Grimmen, Düsseldorf und Essen, sowie für die Schifferbörse in Ruhrort, ist von der Bestellung eines Staatskommissars auf Grund des Abs. 2 abgesehen worden. Dagegen hat eine Beschränkung des Staatskommissars auf das ehrengerichtliche Verfahren in Preußen nicht stattgefunden.

[9]) Der Staatskommissar ist kein Börsenorgan, anderseits aber auch keine Aufsichtsinstanz für die Börse. Er soll zwar den Geschäftsverkehr an der Börse überwachen, namentlich in der Richtung, daß die dafür in Betracht kommenden Normen (BörsenG., Vorschriften des BR. und der Landesregierung, BörsenO., MaklerO.) befolgt werden, hat aber nicht das Recht entscheidenden Eingreifens oder selbständiger Anordnung, sondern soll die Börsenorgane auf hervorgetretene Mißbräuche nur aufmerksam machen. Als Organ der Regierung hat er ihr über Mängel und die Mittel zu ihrer Abstellung zu berichten. Über seine Stellung im ehrengerichtlichen Verfahren § 9 ff., zu den Kursmaklern § 30 Abs. 2.

[10]) Unter Börsenorganen ist nicht nur der Börsenvorstand, sondern auch das mit der unmittelbaren Aufsicht betraute Handelsorgan zu verstehen Begr. S. 21, dessen Beratungen daher der Staatskommissar, soweit sie Börsenangelegenheiten betreffen, beiwohnen kann, ferner das Börsenschiedsgericht (§ 28), die Zulassungsstelle (§ 36).

[11]) Nach Beschl. des BR. 24. Juni 97 besteht der Börsenausschuß aus 40 Mitgliedern und 40 Stellvertretern, von denen die Hälfte von den Börsenorganen vorzu-

Der Börsenausschuß besteht aus mindestens dreißig Mitgliedern, welche vom Bundesrath in der Regel auf je fünf Jahre zu wählen sind. Eine erneute Wahl ist zulässig. Die Wahl der Hälfte der Mitglieder erfolgt auf Vorschlag der Börsenorgane. Darüber, in welcher Anzahl dieselben von den einzelnen Börsenorganen vorzuschlagen sind, bestimmt der Bundesrath. Die andere Hälfte wird unter angemessener Berücksichtigung von Landwirthschaft und Industrie gewählt.

Die Geschäftsordnung für den Ausschuß wird nach Anhörung desselben von dem Bundesrath erlassen; der letztere setzt auch die den Ausschußmitgliedern zu gewährenden Tagegelder und Reisekosten fest[12]).

§. 4. Für jede Börse ist eine Börsenordnung zu erlassen[13]).

Die Genehmigung derselben erfolgt durch die Landesregierung[5]). Dieselbe kann die Aufnahme bestimmter Vorschriften in die Börsenordnung anordnen, insbesondere der Vorschrift, daß in den Vorständen der Produktenbörsen die Landwirthschaft, die landwirthschaftlichen Nebengewerbe und die Müllerei eine entsprechende Vertretung finden[14]).

§. 5. Die Börsenordnung muß Bestimmungen treffen:

1. über die Börsenleitung und ihre Organe;
2. über die Geschäftszweige, für welche die Börseneinrichtungen bestimmt sind[15]);
3. über die Voraussetzungen der Zulassung zum Besuche der Börse[16]);

---

schlagen ist. Für die preußischen Börsen ist den Handelsvertretungen zu Berlin und Frankfurt a. M. das Vorschlagsrecht für je zwei Mitglieder und zwei Stellvertreter, denen zu Breslau, Königsberg, Danzig, Stettin, Cöln und Magdeburg für je ein Mitglied und einen Stellvertreter eingeräumt worden. — Der Börsenausschuß ist nicht nur zur Begutachtung der dem BR. überwiesenen Gegenstände herangezogen worden, sondern auch in andern wichtigen Börsenangelegenheiten, so in neuerer Zeit zur Äußerung über die Frage der Abänderungsbedürftigkeit der Vorschriften über den Terminhandel.

[12]) GeschäftsO., erlassen vom BR. 98 Anlage A. — Tagegelder und Reisekosten das. § 12.

[13]) In der Regel durch die mit der unmittelbaren Aufsicht betraute Handelsvertretung Begr. S. 26. Die Berliner BörsenO., Anlage B, ist demzufolge von der Handelskammer erlassen, der die unmittelbare Aufsicht übertragen ist Vf. 27. März 03 (MB. d. H. u. G. V. 87), während die Börse eine Einrichtung der Korporation der Kaufmannschaft ist.

[14]) Nach G. über die Landwirtschaftskammern 30. Juni 94 (GS. 126) § 2 Abs. 4 ist den Preußischen Landwirtschaftskammern eine Mitwirkung bei der Verwaltung und den Preisnotierungen der Produktenbörsen gewährleistet. Nach den in Betracht kommenden BörsenO. ist deshalb diesen Kammern die Wahl mehrerer Vertreter der Landwirtschaft und der landwirtschaftlichen Nebengewerbe in den Vorstand der Produktenbörsen zugebilligt worden. Für Berlin, das nicht zum Bezirke einer Landwirtschaftskammer gehört, werden die landwirtschaftlichen Vertreter im Vorstande der Produktenbörse auf Vorschlag des Landesökonomie-Kollegiums von der Produktenbörse gewählt.

[15]) Zu den Börseneinrichtungen gehören: die amtliche Kursnotierung, Schiedsgerichte, Sachverständigen-Kommissionen, Einrichtungen zur Abwicklung börsenmäßiger Geschäfte (§ 1 Abs. 3) usw.

[16]) § 7. — Die Unterstützung des Zulassungsantrags durch Gewährsmänner oder die Bestellung einer Kaution kann vorgeschrieben werden.

4. darüber, in welcher Weise die Preise und Kurse zu notiren sind[17]).

§. 6. Die Börsenordnung kann für andere als die nach §. 5 Ziffer 2 zu bezeichnenden Geschäftszweige, sofern dies nicht mit besonderen Bestimmungen dieses Gesetzes (§§. 40, 41, 51, 52) im Widerspruch steht, die Benutzung von Börseneinrichtungen zulassen. Ein Anspruch auf die Benutzung erwächst in diesem Falle für die Betheiligten nicht. Der Bundesrath ist befugt, für bestimmte Geschäftszweige die Benutzung der Börseneinrichtungen zu untersagen oder von Bedingungen abhängig zu machen[18]).

§. 7. Vom Börsenbesuche sind ausgeschlossen[19]):

1. Personen weiblichen Geschlechts;
2. Personen, welche sich nicht im Besitze der bürgerlichen Ehrenrechte befinden[20]);
3. Personen, welche in Folge gerichtlicher Anordnung in der Verfügung über ihr Vermögen beschränkt sind[21]);
4. Personen, welche wegen betrüglichen Bankerutts rechtskräftig verurtheilt sind[22]);
5. Personen, welche wegen einfachen Bankerutts rechtskräftig verurtheilt sind[22]);
6. Personen, welche sich im Zustande der Zahlungsunfähigkeit befinden[23]);

---

[17]) § 29—35. — Weiter hat die BörsenO. Bestimmung zu treffen: über die Börsenpolizei § 8 und Anm. 27, über die Zusammensetzung der Zahlungsstelle und etwaige Beschwerden gegen deren Entscheidung § 36 Abs. 4, über die Zulassung von Waren und Wertpapieren zum börsenmäßigen Terminhandel § 49.

[18]) Der Börsenverkehr ist zwar grundsätzlich auf die nach § 5 Ziff. 2 in der BörsenO. festgelegten Geschäftszweige beschränkt. Tatsächlich wird aber das Zusammensein der Börsenbesucher in größerem Umfange auch zu andern Geschäftsabschlüssen benutzt. Namentlich an den hanseatischen Börsen ist dies üblich und in ihrem Interesse hauptsächlich bestimmt § 6, daß durch die BörsenO. die Benutzung der Börseneinrichtungen auch für solche, an sich nicht in den Börsenverkehr fallende Geschäfte gestattet werden kann. Es besteht aber die doppelte Beschränkung, daß ein Anspruch auf die Benutzung in diesem Falle den Beteiligten nicht zusteht, und daß der BR. einschränkende Vorschriften treffen kann.

[19]) Kraft Gesetzes und mindestens für die aus Abs. 2 sich ergebende Zeit. Weitere Ausschließungsgründe können nach Abs. 3 durch die BörsenO. festgesetzt werden, ebenso längere als die Fristen des Abs. 2. Ausnahmen von den gesetzlichen Ausschließungsgründen sind zulässig, aber nur für besondere einzelne Fälle auf Antrag der Börsenorgane und durch Entscheidung der Landesregierung Abs. 4, in Preußen des Handelsministers. — Kaufmannseigenschaft ist nicht gesetzliche Voraussetzung des Börsenbesuchs. Tatsächlich pflegen auch nicht nur Handlungsgehilfen, sondern auch dem Handelsstande nicht angehörige Personen, die an der Börse zu tun haben, als Börsenbesucher zugelassen zu werden, z. B. Vertreter der Presse, Anwälte und Notare usw.

[20]) StGB. § 32 ff.

[21]) Durch Entmündigung BGB. § 6 und CPO. § 645 ff. oder Eröffnung des Konkurses KonkO. § 6. Minderjährige fallen nicht unter Ziff. 3, weil sie kraft Gesetzes und nicht infolge gerichtlicher Anordnung in ihrer Geschäftsfähigkeit beschränkt sind. Ihre Ausschließung kann durch die BörsenO. erfolgen.

[22]) Betrügerischer Bankerott KonkO. § 239, einfacher § 240.

[23]) Wann diese vorliegt, ist Tatfrage. Die BörsenO. kann nähere Bestimmung

7. Personen, gegen welche durch rechtskräftige oder für sofort wirksam erklärte ehrengerichtliche Entscheidung auf Ausschließung von dem Besuche einer Börse erkannt ist[24]).

Die Zulassung oder Wiederzulassung zum Börsenbesuche kann in den Fällen unter 2 und 3 nicht vor der Beseitigung des Ausschließungsgrundes, in dem Falle unter 5 nicht vor Ablauf von sechs Monaten, nachdem die Strafe verbüßt, verjährt oder erlassen ist, erfolgen; sie darf in dem letzteren Falle und ebenso in dem Falle unter 6 nur stattfinden, wenn der Börsenvorstand den Nachweis für geführt erachtet, daß die Schuldverhältnisse sämmtlichen Gläubigern gegenüber durch Zahlung, Erlaß oder Stundung geregelt sind. Einer Person, welche im Wiederholungsfalle in Zahlungsunfähigkeit oder in Konkurs gerathen ist, muß die Zulassung oder Wiederzulassung mindestens für die Dauer eines Jahres verweigert werden. In dem Falle unter 4 ist der Ausschluß ein dauernder.

Die Börsenordnungen können weitere Ausschließungsgründe festsetzen.

Auf Antrag der Börsenorgane kann die Landesregierung[5]) in besonderen Fällen Ausnahmen von den Vorschriften über die Ausschließung vom Börsenbesuche zulassen[25]).

§. 8[26]). Die Börsenaufsichtsbehörde ist befugt, zur Aufrechthaltung der Ordnung und für den Geschäftsverkehr an der Börse Anordnungen zu erlassen[27]).

Die Handhabung der Ordnung in den Börsenräumen liegt dem Börsenvorstande ob. Er ist befugt, Personen, welche die Ordnung oder den Geschäfts-

---

treffen, z. B. Berliner BörsenO. § 14 Ziff. 6, wonach es genügt, daß den Gläubigern Vergleichsvorschläge gemacht oder unstreitige und fällige Schuldverbindlichkeiten unberichtigt gelassen werden. Wenn die Zahlungsunfähigkeit zum Konkurse führt, trifft auch Ziff. 3 zu.

[24]) § 15 Abs. 1, § 16 Abs. 4. Die Entscheidung wirkt für alle deutschen Börsen.

[25]) Die Ausschließungsgründe des § 7 hindern die Zulassung zur Börse und bewirken, wenn sie nach erfolgter Zulassung eintreten, die Ausschließung des Börsenbesuchers. Darüber, wer über Anträge auf Zulassung und über die nachträgliche Ausschließung zu befinden hat, sowie über die gegen solche Beschlüsse zustehenden Rechtsmittel bestimmt die BörsenO. — Nach ZustG. § 137 findet gegen Beschlüsse einer Handelsvertretung, durch welche die Erlaubnis zum Börsenbesuch versagt oder entzogen wird, soweit nach der BörsenO. der Rekurs an eine Behörde zulässig ist, statt dessen die Klage beim Bezirksausschusse statt. Diese Bestimmung kommt aber nicht zur Anwendung, weil in keiner BörsenO. Rekurs an eine Behörde vorgesehen ist. Vergl. für Berlin OV. 2. Dez. 01 (XL 323).

[26]) § 8 handelt von der Börsenpolizei. Der Erlaß allgemeiner Anordnungen steht der Börsenaufsichtsbehörde, d. h. der mit der unmittelbaren Aufsicht betrauten Handelsvertretung, zu, Begr. S. 23, während die Handhabung der Börsenpolizei Sache des Börsenvorstands ist, der auch für die Beachtung des Abs. 4 zu sorgen hat.

[27]) Daß der Erlaß durch die BörsenO. erfolgt, ist nicht erforderlich, es genügt ein besonderes Regulativ, das dann keiner staatlichen Genehmigung bedarf. Dagegen muß in der BörsenO. das Höchstmaß der vom Börsenvorstand zu verhängenden Strafen und die Frist für die Beschwerde an die Aufsichtsbehörde festgesetzt werden.

verkehr an der Börse stören, sofort aus den Börsenräumen zu entfernen und mit zeitweiliger Ausschließung von der Börse oder mit Geldstrafe zu bestrafen. Das Höchstmaß beider Strafen wird durch die Börsenordnung festgesetzt. Die Ausschließung von der Börse kann mit Genehmigung der Börsenaufsichtsbehörde durch Anschlag in der Börse bekannt gemacht werden.

Gegen die Verhängung der Strafen findet innerhalb einer durch die Börsenordnung festzusetzenden Frist die Beschwerde an die Börsenaufsichtsbehörde statt[28]).

Finden sich an der Börse Personen zu Zwecken ein, welche mit der Ordnung oder dem Geschäftsverkehr an derselben unvereinbar sind, so ist ihnen der Zutritt zu untersagen[29]).

**§. 9.** An jeder Börse wird ein Ehrengericht gebildet[30]). Es besteht, wenn die unmittelbare Aufsicht über die Börse einem Handelsorgane (§. 1 Absatz 2) übertragen ist, aus der Gesammtheit oder einem Ausschusse dieses Aufsichtsorgans[31]), andernfalls aus Mitgliedern, welche von den Börsenorganen gewählt werden. Die näheren Bestimmungen über die Zusammensetzung des Ehrengerichts werden von der Landesregierung[5]) erlassen[32]).

**§. 10.** Das Ehrengericht zieht zur Verantwortung Börsenbesucher[33]), welche im Zusammenhange mit ihrer Thätigkeit an der Börse sich eine mit der Ehre oder dem Anspruch auf kaufmännisches Vertrauen nicht zu vereinbarende Handlung haben zu Schulden kommen lassen[34]).

---

[28]) Deren Entscheidung, unbeschadet des allgemeinen Aufsichtsrechts der staatlichen Aufsichtsbehörde, endgültig ist. ZustG. § 137 (Anm. 25) kommt auch hier nicht zur Anwendung. — Das Verwaltungszwangsverfahren steht, mangels einer besondern Rechtsvorschrift, für die Einziehung der auf Grund des § 8 verhängten Geldstrafen nicht zur Verfügung. Die Zahlung läßt sich dadurch sichern, daß in die BörsenO. eine Bestimmung aufgenommen wird, wonach Personen, die eine solche Geldstrafe zu zahlen haben, vom Börsenbesuche bis nach geleisteter Zahlung ausgeschlossen sind.

[29]) Vom Börsenvorstand als dem Hüter der Ordnung Anm. 26. Die Ausweisung muß erfolgen.

[30]) Dadurch soll den Börsen eine wirksame Handhabe zur Ausscheidung unehrenhafter Elemente geboten werden. Für alle Ehrengerichte bildet die nach § 17 zu errichtende Berufungskammer die zweite Instanz.

[31]) Z. B. in Berlin aus 5 Mitgliedern der Handelskammer, die von dieser auf 3 Jahre gewählt werden, und einem Syndikus, letzterem nur mit beratender Stimme BörsenO. (Anl. B) § 24.

[32]) Für Preußen erübrigte dies, weil die unmittelbare Aufsicht über alle Börsen Handelsorganen übertragen (Anm. 6), und das Nähere über die Ehrengerichte in den Börsenordnungen bestimmt ist. Nach Begr. S. 24 soll zwar für die Mitgliedschaft im Ehrengerichte die Berufszugehörigkeit zu den den Börsenhandel betreibenden und vermittelnden Erwerbszweigen entscheidend sein; diesem Gedanken ist aber im G. jedenfalls insoweit nicht Rechnung getragen, als das Ehrengericht von dem beaufsichtigenden Handelsorgane gebildet wird.

[33]) Nicht nur die Kaufleute, zu denen auch die Mäkler gehören HGB. § 1 Ziff. 7, sondern auch die kaufmännischen Angestellten und die dem Kaufmannsberufe nicht angehörenden Börsenbesucher Anm. 19.

[34]) Es müssen nicht nur unehrenhafte Handlungen vorliegen, sondern diese müssen mit der Tätigkeit an der Börse im Zusammenhang stehen. Als Beispiele solcher ehrengerichtlich zu ahndender Handlungen führt im Anschluß an den Bericht

§. 11. Von der Einleitung oder Ablehnung eines ehrengerichtlichen Verfahrens ist der Staatskommissar (§. 2) zu unterrichten[35]). Er kann die Einleitung eines ehrengerichtlichen Verfahrens verlangen. Diesem Verlangen

---

der Börsenenquete-Kommission (S. 21, 22) die Begr. (S. 29) folgende an:

1. Arglistige Beeinflussung der Kurse oder Preise, insbesondere durch Scheingeschäfte, Abschiebungen, Unter-der-Hand-Regulierungen und durch Verbreitung falscher Gerüchte.
2. Gewährung und Annahme von Geschenken in der Absicht, Äußerungen in der Presse zugunsten oder zum Nachteile gewisser Unternehmungen herbeizuführen oder zu unterdrücken.
3. Die Anwendung von Geschäftsbedingungen, welche gegen den kaufmännischen Anstand verstoßen.
4. Das Verhalten eines Emittenten, welches nach § 41 (jetzt 43) seine Schadensersatzpflicht begründet.
5. Anreizungen zu Börsenspekulationen, welche außerhalb des Geschäftsbetriebes des Angereizten liegen, falls sie in einer des ehrbaren Kaufmanns unwürdigen Weise erfolgen, gleichviel ob die Anreizung durch den Anreizenden persönlich oder durch Agenten, Briefe, Anzeigen, Reklamen in Blättern oder dergleichen erfolgt.
6. Der Abschluß von Börsengeschäften mit Handelsangestellten und Personen, die im Handelsgewerbe Gesindedienste verrichten ohne Genehmigung der Prinzipale, desgleichen mit Kassenbeamten öffentlicher Behörden ohne Genehmigung der Dienstbehörde, bei Kenntnis dieser Stellungen seitens des Abschließenden und bei Mangel besonderer Gründe für den guten Glauben, daß die Geschäfte in den Kreis der durch die Verwaltung eigenen Vermögens der Betreffenden oder ihrer Angehörigen erforderten fallen.
7. Der Abschluß von Börsenspekulationsgeschäften mit Personen in unselbständiger oder dürftiger wirtschaftlicher Lage, oder mit Personen, deren Geschäftsbetrieb solche Abschlüsse nicht gewöhnlich mit sich bringt, in einem Umfange, der in auffälligem Mißverhältnis zu ihrer wirtschaftlichen Lage steht, wenn diese Umstände dem Abschließenden bei Anwendung gewöhnlicher Aufmerksamkeit nicht entgehen konnten.
8. Die wiederholte Benutzung unkontraktlicher Ware zur Kündigung, wenn der Kündigende wußte oder den Umständen nach wissen mußte, daß die Ware den an die lieferungsfähige Qualität zu stellenden Anforderungen nicht entspricht; desgleichen alle Kündigungen ohne vorhandene Ware sowie alle Scheinkündigungen. —

Es kann bisweilen zweifelhaft sein, ob die beanstandete Handlungsweise eine Ahndung nach § 10 durch das Ehrengericht erforderlich macht, oder sich nur als Vergehen gegen die Ordnung im Sinne des § 8 darstellt. Ist auf Grund des § 8 Bestrafung erfolgt, so steht das der Einleitung eines ehrengerichtlichen Verfahrens nicht im Wege, doch wird das Ehrengericht bei seiner Entscheidung und insbesondere bei der Bemessung der Strafe die nach § 8 bereits erfolgte Bestrafung in Rücksicht zu ziehen haben. Gewinnt anderseits das Ehrengericht die Überzeugung, daß nur eine Störung der Ordnung vorliegt, so ist nach § 15 Abs. 2 zu verfahren.

[35]) Die Stellung des Staatskommissars deckt sich nicht mit derjenigen eines Staatsanwalts, er ist nicht der Vertreter einer strafgerichtlichen Anklagebehörde, nicht verpflichtet, auf jede Anzeige einzugehen und über dieselbe eine formelle Entschließung zu fassen oder an jedem Verfahren sich zu beteiligen Begr. S. 25. Während beim Strafprozesse die Erhebung einer Klage durch die Staatsanwaltschaft Voraussetzung der Eröffnung der gerichtlichen Untersuchung ist (StPrO. § 151), ist es für die Einleitung eines ehrengerichtlichen Verfahrens gleichgültig, von welcher Seite das Ehrengericht von der zu ahndenden Handlung Kenntnis erhalten hat, ob durch eigene Wahrnehmung seiner Mitglieder, durch Anzeigen, durch Mitteilung der Börsenaufsichtsbehörde (§ 27) oder durch Antrag des Staatskommissars. Die Aufgabe des Staatskommissars gipfelt darin, daß er die Tätigkeit des Ehrengerichts überwacht, das seinen Anträgen im weitesten Umfange entsprechen muß (§ 11, 13, 14).

sowie allen von dem Kommissar gestellten Beweisanträgen muß stattgegeben werden. Der Kommissar hat das Recht, allen Verhandlungen beizuwohnen und die ihm geeignet erscheinenden Anträge sowie Fragen an den Beschuldigten, die Zeugen und Sachverständigen zu stellen.

**§. 12.** Zur Vorbereitung der Hauptverhandlung kann das Ehrengericht einem Mitgliede die Führung einer Voruntersuchung übertragen. In der Voruntersuchung wird der Beschuldigte unter Mittheilung der Beschuldigungspunkte vorgeladen und, wenn er erscheint, mit seinen Erklärungen und Anträgen gehört.

Zeugen und Sachverständige dürfen nur unbeeidigt vernommen werden[36]).

**§. 13.** Mit Zustimmung des Staatskommissars kann das Ehrengericht das Verfahren einstellen, andernfalls ist die Hauptverhandlung anzuberaumen.

**§. 14.** Die Hauptverhandlung vor dem Ehrengerichte findet statt, auch wenn der Beschuldigte nicht erschienen ist[37]). Sie ist nicht öffentlich. Das Ehrengericht kann die Oeffentlichkeit der Verhandlung anordnen. Die Anordnung muß erfolgen, falls der Staatskommissar oder der Beschuldigte es beantragt, sofern nicht die Voraussetzungen des §. 173 des Gerichtsverfassungsgesetzes vorliegen[38]).

Der Beschuldigte ist befugt, sich des Beistandes eines Vertheidigers zu bedienen[39]).

Das Ehrengericht ist berechtigt, Zeugen und Sachverständige vorzuladen und eidlich zu vernehmen[40]).

**§. 15.** Die Strafen bestehen in Verweis, sowie in zeitweiliger oder dauernder Ausschließung von der Börse[41]).

Ergiebt sich, daß keine unehrenhafte Handlung, sondern nur eine Störung der Ordnung oder des Geschäftsverkehrs an der Börse vorliegt, so kann die Bestrafung gemäß §. 8 Absatz 2 durch das Ehrengericht stattfinden[34]).

**§. 16.** Die Entscheidung wird in der Sitzung, in welcher die mündliche Verhandlung geschlossen wird, unter Angabe der Gründe verkündet oder

---

[36]) Weder der Beschuldigte noch Zeugen oder Sachverständige können zum Erscheinen gezwungen werden. Über die Aufnahme einer Niederschrift § 24. An den Verhandlungen der Voruntersuchung kann der Staatskommissar Teil nehmen § 11.

[37]) Er ist jedenfalls zu laden, ebenso der Staatskommissar.

[38]) Die Nichtöffentlichkeit ist als Regel aufgestellt, um nicht den kaufmännischen Kredit des vielleicht schuldlosen Beschuldigten zu gefährden Begr. S. 30. Nach GVG. § 173 ist die Öffentlichkeit auszuschließen, wenn sie eine Gefährdung der öffentlichen Ordnung oder der Sittlichkeit besorgen läßt.

[39]) Daß dieser Rechtsanwalt sein muß, ist nicht vorgeschrieben.

[40]) Es fehlt hier, ebenso wie in der Voruntersuchung (§ 12) an Zwangsmitteln, um Zeugen und Sachverständige zum Erscheinen zu nötigen. Äußerstenfalls muß sich das Ehrengericht nach § 26 an die ordentlichen Gerichte wenden. Bei der Vernehmung von Zeugen oder Sachverständigen vor dem Ehrengerichte werden die Bestimmungen der StPO. (I. Buch 6. u. 7. Abschn.) entsprechend anzuwenden sein. Wegen der Niederschrift § 24.

[41]) Geldstrafe ist nicht vorgesehen. Auf solche kann jedoch im Falle des Abs. 2 erkannt werden.

spätestens innerhalb zwei Wochen nach dem Schlusse der Verhandlung dem Staatskommissar und dem Beschuldigten in einer mit Gründen versehenen Ausfertigung zugestellt.

Dem nicht erschienenen Beschuldigten ist auch die verkündete Entscheidung zuzustellen. Sowohl der Staatskommissar wie der Beschuldigte können auch bei in ihrer Gegenwart erfolgter Verkündung der Entscheidung eine mit Gründen versehene Ausfertigung derselben beanspruchen[42]).

Das Ehrengericht kann in der Entscheidung anordnen, daß und auf welche Weise[43]) sie öffentlich bekannt zu machen ist.

Das Ehrengericht kann, wenn auf zeitweilige oder dauernde Ausschließung von der Börse erkannt ist, anordnen, daß die Wirkung der Entscheidung sofort eintrete[44]).

Auf Antrag des freigesprochenen Beschuldigten hat das Gericht die öffentliche Bekanntmachung der Freisprechung anzuordnen.

§. 17. Gegen die Entscheidung des Ehrengerichts steht sowohl dem Staatskommissar als dem Beschuldigten die Berufung an die periodisch zu bildende Berufungskammer offen.

Die Berufungskammer besteht aus einem Vorsitzenden und sechs Beisitzern[45]). Der Vorsitzende wird von dem Bundesrath bestimmt. Die Beisitzer werden von dem Börsenausschusse aus seinen auf Vorschlag der Börsenorgane berufenen Mitgliedern gewählt; von den Beisitzern dürfen nicht mehr als zwei derselben Börse angehören.

Für den Vorsitzenden und die Beisitzer werden in gleicher Weise Stellvertreter bestellt.

In einer Spruchsitzung dürfen nicht mehr als zwei Beisitzer mitwirken, welche derselben Börse angehören.

§. 18. Die Einlegung der Berufung geschieht zu Protokoll oder schriftlich bei dem Ehrengerichte, welches die anzugreifende Entscheidung erlassen hat.

Die Frist zur Einlegung der Berufung beträgt eine Woche[46]).

---

[42]) Ferner ist, wenn Berufung eingelegt worden ist, die bisher noch nicht zugestellte Entscheidung, mit Gründen versehen, dem Staatskommissar und dem Beschuldigten mitzuteilen § 19.

[43]) Z. B. durch Anschlag in der Börse.

[44]) D. h. die Ausschließung vom Börsenbesuche § 7 Ziff. 7, während mit der im Abs. 3 vorgesehenen Veröffentlichung der Entscheidung bis zu eingetretener Rechtskraft zu warten ist.

[45]) Die Mitwirkung eines Vorsitzenden und von sechs Beisitzern ist zur Beschlußfähigkeit erforderlich. Die Beisitzer und ihre Stellvertreter werden auf die Dauer ihrer Mitgliedschaft im Börsenausschusse gewählt Anl. A § 11. Inbetreff der Tagegelder und Reisekosten gelten die gleichen Bestimmungen, wie für die Teilnahme an den Sitzungen des Börsenausschusses Anl. A § 12 Abs. 2.

[46]) Sie ist eine Notfrist; ob bei ihrer Versäumnis Wiedereinsetzung in den vorigen Stand erfolgen kann, ist mangels einer entsprechenden Vorschrift zweifelhaft. Bejahenden Falls wären StPrO. § 44 bis 47 sinngemäß anzuwenden. Der Tag der Verkündung oder der Zustellung ist nicht mitzurechnen.

Sie beginnt, falls die Entscheidung verkündet worden ist, für den Staatskommissar und den erschienenen Beschuldigten mit der Verkündung, im Uebrigen mit der Zustellung der Entscheidung.

§. **19.** Nach Einlegung der Berufung ist dem Staatskommissar sowie dem Beschuldigten, sofern es nicht bereits geschehen, die angefochtene Entscheidung, mit Gründen versehen, zuzustellen.

§. **20.** Zur schriftlichen Rechtfertigung der Berufung steht demjenigen, der sie rechtzeitig eingelegt hat, eine Frist von einer Woche offen[47]). Sie beginnt mit dem Ablauf der Einlegungsfrist oder, wenn zu dieser Zeit die Entscheidung noch nicht zugestellt war, mit deren Zustellung.

§. **21.** Die Berufungsschrift des Beschuldigten und die etwa eingehende Rechtfertigung wird dem Staatskommissar, die Berufungsschrift und die Rechtfertigung des Staatskommissars dem Beschuldigten mitgetheilt. Innerhalb einer Woche nach der Mittheilung kann eine Beantwortungsschrift eingereicht werden[47]).

§. **22.** Die Fristen zur Rechtfertigung und zur Beantwortung der Berufung können auf Antrag von dem Ehrengerichte verlängert werden.

§. **23.** Nach Ablauf der in den §§. 18, 20, 21 und 22 bestimmten Fristen werden die Akten an die Berufungskammer eingesandt. Zu der Verhandlung ist der Beschuldigte vorzuladen und der Staatskommissar zuzuziehen[48]).

Die Berufungskammer kann zur Aufklärung des Sachverhalts vorherige Beweiserhebungen veranlassen.

Auf das Verfahren vor der Berufungskammer finden die Vorschriften der §§. 11, 14, 15 und 16 Anwendung[49]).

§. **24.** Ueber jede Vernehmung in der Voruntersuchung und über die Hauptverhandlung ist durch einen vereideten Protokollführer ein Protokoll aufzunehmen.

§. **25.** Neben der Strafe kann auf vollständigen oder theilweisen Ersatz der durch das Verfahren entstandenen baaren Auslagen erkannt werden[50]).

---

[47]) Die Frist für die Rechtfertigung der Berufung kann nach § 22 verlängert werden, ebenso die Frist zur Beantwortung.

[48]) Der für die erste Instanz zuständige Staatskommissar. Seinen Anträgen muß von der Berufungskammer in demselben Umfange entsprochen werden, wie von dem Ehrengericht, also allen seinen Beweisanträgen § 11 und dem Antrage auf Öffentlichkeit der Hauptverhandlung § 14.

[49]) Verschiedene Fragen bleiben offen, so, ob eine Zurückverweisung an das Ehrengericht stattfinden kann, was unbedenklich erscheint, ferner ob eine reformatio in pejus zulässig ist. Wenn der Beschuldigte allein Berufung eingelegt hat, erscheint eine Verschärfung des erstinstanzlichen Urteils nicht angängig. Hat dagegen der Staatskommissar Berufung eingelegt, so kann die Berufungskammer über seine Anträge herausgehen, also wenn er einen Verweis beantragt, auf Ausschließung des in erster Instanz Freigesprochenen erkennen. (A. M. Kahn, Anm. 5 zu § 23.)

[50]) Die Kosten des ehrengerichtlichen Verfahrens sind für die erste Instanz von demjenigen zu bestreiten, welcher die Börse unterhält (der Handelsvertretung oder dem Vereine, dessen Einrichtung sie ist), für die zweite Instanz vom Reiche. Der vollständige oder teilweise Ersatz der baren

§. 26. Die Gerichte sind verpflichtet, dem Ersuchen des Ehrengerichts sowie der Berufungskammer um Vernehmung von Zeugen und Sachverständigen zu entsprechen.

§. 27. Die mit der Aufsicht über die Börsen betrauten Organe sind verpflichtet, Handlungen der Börsenbesucher, welche zu einem ehrengerichtlichen Verfahren Anlaß geben, zur Kenntniß des Staatskommissars oder, wenn ein solcher nicht bestellt ist, zur Kenntniß des Ehrengerichts zu bringen.

§. 28. Eine Vereinbarung, durch welche die Betheiligten sich der Entscheidung eines Börsenschiedsgerichts unterwerfen, ist nur verbindlich, wenn jeder der Betheiligten Kaufmann oder für den betreffenden Geschäftszweig in das Börsenregister (§. 54) eingetragen ist oder wenn die Unterwerfung unter das Schiedsgericht nach Entstehung des Streitfalles erfolgt[51]).

### II. Feststellung des Börsenpreises und Maklerwesen[52]).

§. 29. Bei Waaren oder Werthpapieren[53]), deren Börsenpreis amtlich festgestellt wird, erfolgt diese Feststellung sowohl für Kassa- wie für Zeit-

---

Auslagen kann dem verurteilten Beschuldigten durch die ehrengerichtliche Entscheidung auferlegt werden. Eintreibung im Verwaltungszwangsverfahren ist nicht zulässig Anm. 28.

[51]) Die Bestimmung beruht auf der Erwägung, daß es ungerechtfertigt sei, durch allgemeine Geschäftsbedingungen das Börsenschiedsgericht solchen Personen aufzunötigen, welche nicht zu den Börsenbesuchern gehören und häufig die Tragweite des im voraus erklärten Verzichts auf richterliche Entscheidung nicht zu übersehen in der Lage sind Begr. S. 31. Sie kommt auch zur Anwendung, wenn bestimmte an der Börse tätige Personen im voraus zur Entscheidung etwaiger Streitigkeiten ausersehen sind. Dagegen sind die Kommissionen zur Entscheidung über die Lieferbarkeit von Waren oder Effekten (Sachverständigen-Kommissionen) keine Schiedsgerichte Begr. S. 37.

[52]) Die Preise, die sich an den Börsen für die dort gehandelten Waren und Wertpapiere ergeben, sind nicht nur für die unmittelbar an der Börse geschlossenen Geschäfte maßgebend, sondern werden in weitem Umfange auch den außerhalb geschlossenen Verträgen zugrunde gelegt. Auch knüpfen sich an sie verschiedene rechtliche Folgen. Pfänder, die einen Börsen- oder Marktpreis haben, können, wenn die Voraussetzungen für ihren Verkauf vorliegen, statt im Wege der öffentlichen Versteigerung durch dazu geeignete Personen aus freier Hand verkauft werden BGB. § 1221, 1235, 1295, desgleichen Sachen, die hinterlegt sind BGB. § 385, oder den Gegenstand eines kaufmännischen Zurückbehaltungsrechts bilden HGB. § 371 Abs. 2 und 3. Vergl. ferner über die Bedeutung des Börsen- oder Marktpreises für den Handelskauf HGB. § 373 Abs. 2, 376 Abs. 2 u. 3, 379 Abs. 2 und 381, für das Kommissionsgeschäft § 388 Abs. 2, 389, 391, für das Frachtgeschäft § 437 Abs. 2, für die Aufstellung der Bilanz einer Aktiengesellschaft § 261. Endlich ist der Selbsteintritt des Kommissionärs bei Waren davon abhängig, daß sie einen Börsen- oder Marktpreis haben, bei Wertpapieren, daß ein Börsen- oder Marktpreis amtlich festgestellt wird HGB. § 400 Abs. 1. — Teil II sieht, um für eine sachgemäße und einwandfreie Feststellung des Börsenpreises Sicherheit zu schaffen, dessen amtliche Feststellung unter Mitwirkung ernannter und vereideter Hilfspersonen, der Kursmakler, vor. Eine nichtamtliche Festsetzung von Börsenpreisen, wobei Teil II keine Anwendung findet, ist nicht ausgeschlossen; doch hat in dieser Hinsicht die staatliche Aufsicht und der Bundesrat weitgehende beschränkende Befugnisse § 35² und Abs. 2.

[53]) Dazu rechnen auch Wechsel und ausländische Geldsorten § 80.

geschäfte[54]) durch den Börsenvorstand[55]), soweit die Börsenordnung nicht die Mitwirkung von Vertretern anderer Berufszweige vorschreibt[56]).

Bei der Feststellung darf außer dem Staatskommissar, dem Börsenvorstande, den Börsensekretären, den Kursmaklern und den Vertretern der betheiligten Berufszweige, deren Mitwirkung die Börsenordnung vorschreibt, niemand zugegen sein.

Als Börsenpreis ist derjenige Preis festzusetzen, welcher der wirklichen Geschäftslage des Verkehrs an der Börse entspricht[57]).

**§. 30.** Zur Mitwirkung bei der amtlichen Festsetzung des Börsenpreises von Waaren und Werthpapieren[53]) sind Hülfspersonen (Kursmakler) zu ernennen. Sie müssen, solange sie die Thätigkeit als Kursmakler ausüben, die Vermittelung von Börsengeschäften in den betreffenden Waaren oder Werthpapieren betreiben. Sie werden von der Landesregierung bestellt und

[54]) Kassageschäfte sind an demselben oder am folgenden Tage zu erfüllen, ausnahmsweise einige Tage später, wenn per einige Tage gehandelt worden ist. Zeitgeschäfte sind Lieferungsgeschäfte, deren Erfüllung auf einen späteren Zeitpunkt, meist Ende des laufenden oder folgenden Monats (daher Ultimogeschäfte) hinausgeschoben ist. Eine besondere Art der Zeitgeschäfte sind die Börsentermingeschäfte § 48, im Gegensatz zu den handelsrechtlichen Lieferungsgeschäften. In der Mitte zwischen Kassa- und Zeitgeschäften stehen die in einzelnen Bergwerks- und Industriepapieren üblichen Kontogeschäfte, die nach den für Kassageschäfte geltenden Börsenbedingungen, jedoch mit der Nebenabrede geschlossen werden, daß die Erfüllung bis Ende des Monats hinausgeschoben werde. Nach Ansicht des RGer. ist in diesem Fall ein Zeitgeschäft gewollt, bei dem nur der Kassakurs des Schlußtages den für die Kaufpreisbestimmung maßgebenden Faktor bilden soll U. 27. Juni und 12. Dez. 99 (XLV 65). — Aufträge zu Börsengeschäften werden entweder limitirt d. h. unter Bestimmung eines Mindestpreises beim Verkauf, eines Höchstpreises beim Kauf, oder bestens erteilt. — Die Kursfeststellung erfolgt entweder in der Weise, daß die bei fest abgeschlossenen Geschäften vereinbarten Preise als Kurse notiert werden, oder daß auf Grund der vorliegenden Kaufs- und Verkaufsaufträge ein sogenannter Einheits- (oder Mittel-) Kurs berechnet wird, nämlich derjenige, zu dem die meisten aufgegebenen Geschäfte erledigt werden können. — Der Abschluß von Geschäften zu dem notierten Kurse wird durch den Zusatz b oder bz (bezahlt) kenntlich gemacht. Dagegen bedeutet G (Geld), daß unbefriedigte Nachfrage, B (Brief) oder in Süddeutschland P (Papier), oder in Österreich W (Waren), daß vergebliches Angebot vorhanden war. — Die Kurse der Berliner Produktenbörse bezeichnen fest abgeschlossene Geschäfte, während für Kassageschäfte an der Fondsbörse amtlich ein Einheitskurs berechnet wird, daneben findet in besonders lebhaft gehandelten Effekten sogenannter freier Verkehr statt, d. h. Abschluß zu vereinbarten Preisen statt zum Einheitskurse. Die hierbei sich ergebenden Kurse werden aber nicht amtlich notiert. Bei den Termingeschäften an der Fondsbörse wird der erste Kurs als Einheitskurs aus den vorliegenden Aufträgen berechnet, während die weiteren Notierungen den Schwankungen während der Börsenzeit entsprechen und sich auf Geschäftsabschlüsse zu vereinbarten Preisen gründen. — Näheres über die Kurse Saling Börsenpapiere, 1. Teil (9. Aufl. Leipzig 03).

[55]) Auf Grund der Ansagen der Kursmakler, denen insbesondere auch die Berechnung der Einheitskurse obliegt. Wegen der Berücksichtigung anderer als der von ihnen vermittelten Geschäfte § 31.

[56]) Namentlich der Landwirtschaft und ihrer Nebengewerbe Anm. 14.

[57]) Der Nachweis der Unrichtigkeit der Festsetzung in einem Rechtsstreite ist nicht ausgeschlossen.

entlassen und leisten vor Antritt ihrer Stellung den Eid, daß sie die ihnen obliegenden Pflichten getreu erfüllen werden[58]).

Eine Vertretung der Kursmakler (Maklerkammer) ist bei der Bestellung neuer Kursmakler und bei Vertheilung der Geschäfte unter die einzelnen Makler gutachtlich zu hören[59]). Die näheren Bestimmungen über die Bestellung und Entlassung der Kursmakler und die Organisation ihrer Vertretung sowie über ihr Verhältniß zu den Staatskommissaren und den Börsenorganen werden von der Landesregierung[5]) erlassen[60])

**§. 31.** Bei Geschäften in Waaren oder Werthpapieren kann ein Anspruch auf Berücksichtigung bei der amtlichen Feststellung des Börsenpreises nur erhoben werden, wenn sie durch Vermittelung eines Kursmaklers abgeschlossen sind. Die Berechtigung des Börsenvorstandes, auch andere Geschäfte zu berücksichtigen, bleibt hierdurch unberührt[61]).

**§. 32.** Die Kursmakler dürfen in den Geschäftszweigen, für welche sie bei der amtlichen Feststellung des Börsenpreises mitwirken, nur insoweit für eigene Rechnung oder in eigenem Namen Handelsgeschäfte schließen oder eine Bürgschaft für die von ihnen vermittelten Geschäfte übernehmen, als dies zur Ausführung der ihnen ertheilten Aufträge nöthig ist; die Landesregierung[5]) bestimmt, in welcher Weise die Beobachtung dieser Vorschrift zu überwachen ist[62]). Die Gültigkeit der abgeschlossenen Geschäfte wird hierdurch nicht berührt.

Die Kursmakler dürfen, soweit nicht die Landesregierung[5]) Ausnahmen zuläßt, kein sonstiges Handelsgewerbe betreiben, auch nicht an einem solchen als Kommanditist oder stiller Gesellschafter betheiligt sein; ebensowenig dürfen

---

[58]) Der Kursmakler muß zugleich Handelsmäkler sein. Als solcher ist er Kaufmann HGB. § 1[7] und den Bestimmungen des HGB. über Handelsmäkler § 93—104 unterworfen. Ob er ins Handelsregister einzutragen ist, hängt davon ab, ob er nach dem Umfange seines Geschäfts Vollkaufmann ist § 4 das. Die amtliche Anstellung und Vereidigung bezieht sich nur auf die Obliegenheiten als Kursmakler, da eine amtliche Anstellung von Handelsmäklern nicht mehr stattfindet. Als Börsenbesucher unterliegen die Kursmakler der Börsendisziplin § 8 und der Zuständigkeit des Ehrengerichts § 10.

[59]) Auch weitergehende Befugnisse können ihr übertragen werden, so die Verteilung der Geschäfte unter die Makler (Berliner Maklerkammer). — Eine Vertretung der Kursmakler ist nicht notwendig, bei kleineren Börsen ist sie schon der geringen Zahl der Kursmakler wegen ausgeschlossen.

[60]) Für Preußen allg. Vf. des Min. f. H. u. G., 14. Nov. 96 Anlage C.

[61]) Für die Benutzung sonstiger Börseneinrichtungen (Anm. 15) macht es keinen Unterschied, ob ein Geschäft durch Vermittelung von Kursmaklern oder sonstigen Handelsmäklern oder unmittelbar zwischen den Parteien geschlossen ist.

[62]) Der Handelsmäkler ist nach dem neuen HGB. befugt, sowohl als Eigenhändler wie als Kommissionär Geschäfte zu machen, auch in den Geschäftszweigen, in denen er als Mäkler tätig ist. Der Kursmakler darf dies in den Geschäftszweigen, für welche er an der amtlichen Kursfeststellung mitwirkt, nur, insoweit es zur Ausführung seiner Aufträge nötig ist, also wenn der Auftrag zum Teil nicht durch Abschluß mit einem Dritten zu erledigen ist, sondern sogenannte „Spitzen" verbleiben, aber auch, wenn das Geschäft behufs ordnungsmäßiger Ausführung des Auftrags im ganzen übernommen werden muß Begr. S. 36, so, wenn der Makler seinen Auftraggeber nicht nennen darf. — Überwachungsbestimmungen in der MaklerO., z. B. der Berliner § 24.

sie zu einem Kaufmann in dem Verhältnisse eines Prokuristen, Handlungsbevollmächtigten oder Handlungsgehülfen stehen[63]).

§. 33[64]). Das von dem Kursmakler zu führende Tagebuch[65]) ist vor dem Gebrauche dem Börsenvorstande zur Beglaubigung der Zahl der Blätter oder Seiten vorzulegen.

Wenn ein Kursmakler stirbt oder aus dem Amte scheidet, ist sein Tagebuch bei dem Börsenvorstande niederzulegen.

§. 34[64]). Die Kursmakler sind zur Vornahme von Verkäufen und Käufen befugt, die durch einen dazu öffentlich ermächtigten Handelsmakler zu bewirken sind[66]).

§. 35. Der Bundesrath ist befugt:

1. eine von den Vorschriften im §. 29 Absatz 1 und 2 und in den §§. 30 und 31 abweichende amtliche Feststellung des Börsenpreises von Waaren oder Werthpapieren für einzelne Börsen zuzulassen[67]);
2. eine amtliche Feststellung des Börsenpreises bestimmter Waaren allgemein oder für einzelne Börsen vorzuschreiben[68]);

---

[63]) Handelsgewerbe Abschn. I Nr. 2, auch die persönlich haftenden Gesellschafter einer offenen Handelsgesellschaft oder einer Kommanditgesellschaft betreiben ein Handelsgewerbe. — Kommanditist HGB. § 161ff., stiller Gesellschafter § 335 ff., Prokurist § 48 ff., Handlungsbevollmächtigter § 54 ff., Handlungsgehilfe § 59. — Aktien darf der Kursmakler besitzen, auch wenn er an ihrer Kursfeststellung mitwirkt. — Ausnahmen im Umfange des ganzen 2. Abs. sind, jedoch unter Ausschließung des Bankgeschäfts, für die Frankfurter Börse zugelassen. Der Kursmakler, der davon Gebrauch machen will, hat dem Staatskommissar und der Handelskammer Anzeige zu machen; diese können Einspruch erheben, worauf der Regierungspräsident entscheidet Bf. 6. April 00.

[64]) Die Fassung beruht auf EG. zum HGB. Art. 14. Die ursprünglichen Bestimmungen sind zumeist dadurch hinfällig geworden, daß durch das neue HGB. die amtlich bestellten Makler beseitigt sind.

[65]) Der Handelsmäkler ist verpflichtet ein Tagebuch zu führen und alle abgeschlossenen Geschäfte täglich einzutragen. Die Eintragungen sind nach der Zeitfolge zu bewirken; sie haben die Parteien, den Gegenstand und die Bedingungen des Geschäfts, insbesondere bei Verkäufen von Waren oder Wertpapieren deren Gattung und Menge sowie den Preis und die Zeit der Lieferung zu enthalten. Das Eingetragene ist vom Handelsmäkler täglich zu unterzeichnen HGB. § 100. Das Tagebuch ist, vom Tage der letzten Eintragungen, 10 Jahre aufzubewahren das. § 44. Über die Einrichtung des Buchs § 43.

[66]) Abschn. I Nr. 3 Anm. 63 und Anl. B 2 Anm. 2.

[67]) Der BR. hat genehmigt, daß für die Börsen zu Grimmen, Posen (aufgelöst), Halle (aufgelöst), Stettin, Düsseldorf und Danzig von der Bestellung von Kursmaklern abgesehen werde und daß die Kursfeststellung in Magdeburg unter Mitwirkung anderer geeigneter Hilfspersonen anstatt der Kursmakler und in Frankfurt a. M. statt durch den Börsenvorstand durch ein von den Kursmaklern gewähltes Syndikat erfolge. — Die Landesregierung darf derartige Ausnahmen nicht gestatten.

[68]) Es soll hierdurch verhütet werden, daß der amtlichen Feststellung des Kurses Waren entzogen werden, für die sie im Allgemeininteresse wünschenswert ist. Für Wertpapiere war diese Bestimmung nicht erforderlich, weil der Umstand, daß das Eintrittsrecht des Kommissionärs auf Wertpapiere mit amtlich festgesetztem Kurse beschränkt ist HGB. § 400, auf die Verallgemeinerung der amtlichen Preisnotierung hindrängt Begr. S. 33. — Übrigens kann die Landesregierung eine

3. Bestimmungen zu erlassen, um eine Einheitlichkeit der Grundsätze über die den Feststellungen von Waarenpreisen zu Grunde zu legenden Mengen und über die für die Feststellung der Preise von Werthpapieren maßgebenden Gebräuche herbeizuführen[69]).

Die Befugniß der Landesregierung zu Anordnungen der im Absatz 1 Ziffer 2 und 3 bezeichneten Art wird hierdurch nicht berührt, soweit der Bundesrath von seiner Befugniß keinen Gebrauch gemacht hat. Diese Anordnungen sind dem Reichskanzler zur Kenntnißnahme mitzutheilen.

### III. Zulassung von Werthpapieren zum Börsenhandel[70]).

**§. 36.** Die Zulassung von Werthpapieren zum Börsenhandel erfolgt an jeder Börse durch eine Kommission (Zulassungsstelle), von deren Mitgliedern mindestens die Hälfte aus Personen bestehen muß, welche nicht ins Börsenregister für Werthpapiere (§. 54) eingetragen sind[71]).

---

Anordnung der in Ziff. 2 bezeichneten Art nicht nur für Waaren treffen Abs. 2, sondern vermöge ihrer allgemeinen Aufsichtsbefugnisse auch für Wertpapiere.

[69]) Bek. des RKz., betr. die Feststellung des Börsenpreises von Wertpapieren vom 28. Juni 98, Anlage D.

[70]) Zweck und Gliederung. Teil III, der sich auf Wertpapiere beschränkt, verfolgt den Zweck, einen größeren Schutz gegen die Einführung unsicherer Werte an den Börsen zu schaffen. Zu dem Behufe wird einmal der Börsenhandel von Wertpapieren davon abhängig gemacht, daß sie nach Veröffentlichung eines Prospekts und auf Grund einer Prüfung durch eine sachverständige Stelle zur Börse zugelassen werden. Sodann ist für die Angaben des Prospekts eine zivilrechtliche Haftung der Emissionshäuser begründet. Die § 36—38 handeln von der Zusammensetzung, den Aufgaben und dem Verfahren der Zulassungsstelle, wobei in § 38 der Prospektzwang begründet wird. § 39 und 40 enthalten für einzelne Fälle besondere Schutzbestimmungen, § 41 regelt die Folgen der Verweigerung oder Nichtnachsuchung der Zulassung, während § 42 für eingehendere Regelung dieses Gebiets durch den Bundesrat die Rechtsgrundlage schafft. Die § 43—47 endlich regeln die Haftung aus dem Prospekte. — Durch Zulassung auf Grund des Teils III wird zunächst nur der Kassahandel ermöglicht. Zum Börsenterminhandel ist eine weitere Zulassung nach § 49 erforderlich. — Für die Zulassung kann eine zu den Unterhaltungskosten der Börse zu verwendende Zulassungsgebühr festgesetzt werden Vf. 22. Febr. 96. — Um das Publikum vor dem Erwerb entwerteter Effekten im Börsenverkehr zu schützen, ist den Register- und Konkursrichtern empfohlen, den Börsenvorständen von dem Eintritt der Liquidation oder des Konkurses und den Zulassungsstellen von der Beendigung des Konkurses von Unternehmungen, deren Papiere an Börsen gehandelt werden, Kenntnis zu geben Vf. 24. März 98 (JMB. 77). Die Börsenvorstände sollen dann für einen entsprechenden Vermerk im Kurszettel sorgen, die Zulassungsstellen aber prüfen, ob die Papiere vom Börsenhandel auszuschließen seien Vf. 28. April 98. Gleiche Bestimmungen sind für die außerpreußischen Börsen erlassen worden. — Beschränkungen des Börsenverkehrs für Inhaberpapiere mit Prämien: Seit G. 8. Juni 71 (RGB. 210) dürfen solche innerhalb des Reichs nur auf Grund eines — bisher nicht erlassenen — Reichsgesetzes und nur zum Zwecke der Anleihe eines Bundesstaats oder des Reichs ausgegeben werden § 1. Prämienpapiere, die im Inlande nach Verkündigung dieses G. — dem 14. Juni 71 — ohne reichsgesetzliche Grundlage begeben sind, sind vom Börsenverkehr ausgeschlossen § 2, desgleichen solche, die im Auslande entweder nach dem 30. April 71 begeben § 2 oder zwar vorher begeben, aber nicht abgestempelt sind § 3. Die Abstempelung war gegen Entrichtung einer Gebühr vor dem 15. Juli 71 zu beantragen § 4 und 5.

[71]) Ebensowenig sollen sie Vorstands-

Von der Berathung und Beschlußfassung über die Zulassung eines Werthpapiers zum Börsenhandel sind diejenigen Mitglieder ausgeschlossen, welche an der Einführung dieses Werthpapiers in den Börsenhandel betheiligt sind; für die ausscheidenden Mitglieder sind Stellvertreter nach näherer Bestimmung der Börsenordnung zu berufen.

Die Zulassungsstelle hat die Aufgabe und die Pflicht:

a) die Vorlegung der Urkunden, welche die Grundlage für die zu emittirenden Werthpapiere bilden, zu verlangen und diese Urkunden zu prüfen[72]);

b) dafür zu sorgen, daß das Publikum über alle zur Beurtheilung der zu emittirenden Werthpapiere nothwendigen thatsächlichen und rechtlichen Verhältnisse soweit als möglich informirt wird, und bei Unvollständigkeit der Angaben die Emission nicht zuzulassen[73]);

c) Emissionen nicht zuzulassen, durch welche erhebliche allgemeine Interessen geschädigt werden[74]) oder welche offenbar zu einer Uebervortheilung des Publikums führen.

Die Zulassungsstelle darf die Emission ohne Angabe von Gründen ablehnen. Im Uebrigen werden die Bestimmungen über die Zusammensetzung der Zulassungsstelle sowie über die Zulässigkeit einer Beschwerde gegen deren Entscheidungen durch die Börsenordnungen getroffen. Die Zulassungsstelle ist befugt, zum Börsenhandel zugelassene Werthpapiere von demselben auszuschließen[75]).

Die Zulassung deutscher Reichs- und Staatsanleihen darf nicht versagt werden[76]).

**§. 37.** Wird von der Zulassungsstelle einer Börse der Antrag auf Zulassung von Werthpapieren zum Börsenhandel abgelehnt, so hat die Zulassungsstelle den Vorständen der übrigen deutschen Börsen für Werthpapiere Mittheilung zu machen. Dabei ist anzugeben, ob die Ablehnung mit Rücksicht

---

oder Aufsichtsratsmitglieder im Register eingetragener Gesellschaften sein KB. S. 16. — Über Zusammensetzung der Zulassungsstelle, Voraussetzungen der Beschlußfähigkeit und Rechtsmittel ist in der BörsenO. Bestimmung zu treffen Berlin, Anl. B § 25. — Die im Reichst. angeregte Schaffung einer Zentral-Zulassungsstelle wurde abgelehnt.

[72]) Anl. E (Anm. 84) § 8.

[73]) Diesem Zwecke dient der Prospekt § 38 Abs. 2, Anl. E § 5—7, der auf die Vollständigkeit der Angaben zu prüfen ist. Dagegen übernimmt die Zulassungsstelle keine Gewähr für deren Richtigkeit, ebensowenig für die Güte der Werte. Nur wenn eine Übervorteilung des Publikums offenbar ist, soll die Zulassung versagt werden (Buchst. c).

[74]) Hierunter würden Anleihen eines feindlichen Staates, vielleicht auch ausländische Anleihen bei ungünstiger Lage des deutschen Geldmarktes fallen.

[75]) Wegen der den Besitzern der Papiere hieraus entstehenden Nachteile ist das eine zweischneidige Maßregel, von der bisher noch kein Gebrauch gemacht wurde.

[76]) Ein Prospekt ist nicht zu veröffentlichen § 38 Abs. 2; ebensowenig findet § 38 Abs. 1 Anwendung, da diese Bestimmung lediglich dazu dient, die der Zulassungsstelle nach § 36 Abs. 3 obliegende Prüfung, die bei deutschen Reichs- und Staatsanleihen nicht einzutreten hat, vorzubereiten Bf. 31. Okt. 99.

auf örtliche Verhältnisse oder aus anderen Gründen erfolgt ist. In letzterem Falle darf die Zulassung von einer anderen Börse nur mit Zustimmung derjenigen Stelle ertheilt werden, welche die Zulassung abgelehnt hat.

Der Antragsteller hat anzugeben, ob das Gesuch um Zulassung bereits bei einer anderen Börse eingereicht ist oder gleichzeitig eingereicht wird[77]). Ist dies der Fall, so sollen die Werthpapiere nur mit Zustimmung der anderen Zulassungsstelle zugelassen werden.

§. **38.** Nach Einreichung des Antrages auf Zulassung von Werthpapieren ist derselbe von der Zulassungsstelle unter Bezeichnung der Einführungsfirma, des Betrages sowie der Art der einzuführenden Werthpapiere zu veröffentlichen. Zwischen dieser Veröffentlichung und der Einführung an der Börse muß eine Frist von mindestens sechs Tagen liegen[78]).

Vor der Zulassung ist, sofern es sich nicht um deutsche Reichs- oder Staatsanleihen handelt[76]), ein Prospekt zu veröffentlichen, welcher die für die Beurtheilung des Werthes der einzuführenden Papiere wesentlichen Angaben enthält. Das Gleiche gilt für Konvertirungen und Kapitalserhöhungen. Der Prospekt muß den Betrag, welcher in den Verkehr gebracht, sowie den Betrag, welcher vorläufig vom Verkehr ausgeschlossen werden soll, und die Zeit, für welche dieser Ausschluß erfolgen soll, ersichtlich machen[79]).

Für Schuldverschreibungen, bezüglich deren das Reich oder ein Bundesstaat die volle Garantie übernommen hat, und für Schuldverschreibungen kommunaler Körperschaften und kommunalständischer Kreditinstitute sowie der unter staatlicher Aufsicht stehenden Pfandbriefanstalten kann die Landesregierung (§. 1)[5]) von der Verpflichtung zur Einreichung eines Prospekts entbinden[80]).

---

[77]) Die Unterlassung kann ehrengerichtliche Ahndung § 10, sowie Zurücknahme der Zulassung § 36 Abs. 4 nach sich ziehen Begr. S. 41.

[78]) Form und Inhalt des Antrages, Anl. E § 4, Veröffentlichung im Reichsanzeiger und in mindestens zwei anderen inländischen Zeitungen § 10. Von der Veröffentlichung bis zum Zulassungsbeschluß müssen mindestens drei Tage (das. § 12), bis zur Einführung an der Börse mindestens sechs Tage (§ 38 des G. Abs. 1) verstrichen sein. Die Einführung darf überdies frühestens am dritten Werktage nach dem Zulassungsbeschluß und der Veröffentlichung des Prospektes (Anm. 79) erfolgen Anl. E § 15.

[79]) Inhalt des Prospekts Anl. E § 5 bis 7. — Er ist in denselben Zeitungen, wie der Zulassungsantrag (Anm. 78) mit Ausnahme des Reichsanzeigers vom Antragsteller zu veröffentlichen das. § 14, der sich zweckmäßig zuvor darüber Sicherheit verschafft, daß bei der Zulassungsstelle keine Bedenken gegen Inhalt und Vollständigkeit obwalten. — Ein Prospekt ist auch für Kapitalserhöhungen (bei Aktiengesellsch. HGB. § 278—287) erforderlich, desgl. für Konvertierungen, worunter nicht nur die Herabsetzung des Zinsfußes bei fest verzinslichen Papieren (öffentlichen Anleihen und anderen Schuldverschreibungen), sondern auch die Herabsetzung des Aktienkapitals, durch Verminderung der Zahl oder des Nennbetrages der Aktien (HGB. § 288—291), zu verstehen ist Bf. 19. April 00. — Die Staatskommissare haben der Tätigkeit der Zulassungsstellen, deren Beratungen sie berechtigt sind beizuwohnen § 2 Abs. 1, besondere Aufmerksamkeit zuzuwenden und die Beobachtung der für Emissionen geltenden Vorschriften, insbesondere Anl. E, fortgesetzt zu überwachen.

[80]) Kommunale Körperschaften sind außer den Gemeinden die Kreise,

§. 39. Die Zulassung von Aktien eines zur Aktiengesellschaft oder zur Kommanditgesellschaft auf Aktien umgewandelten Unternehmens zum Börsenhandel darf vor Ablauf eines Jahres nach Eintragung der Gesellschaft in das Handelsregister und vor der Veröffentlichung der ersten Jahresbilanz nebst Gewinn- und Verlustrechnung nicht erfolgen[81]). In besonderen Fällen kann diese Frist von der Landesregierung (§. 1)[5]) ganz oder theilweise erlassen werden.

Die Zulassung von Antheilsscheinen oder staatlich nicht garantirten Obligationen ausländischer Erwerbsgesellschaften ist davon abhängig, daß die Emittenten sich auf die Dauer von fünf Jahren verpflichten, die Bilanz sowie die Gewinn- und Verlustrechnung jährlich nach Feststellung derselben in einer oder mehreren von der Zulassungsstelle zu bestimmenden deutschen Zeitungen zu veröffentlichen.

§. 40. Für Werthpapiere, welche zur öffentlichen Zeichnung aufgelegt werden, darf vor beendeter Zutheilung an die Zeichner eine amtliche Feststellung des Preises nicht erfolgen. Vor diesem Zeitpunkt sind Geschäfte von der Benutzung der Börseneinrichtungen ausgeschlossen und dürfen von den Kursmaklern nicht notirt werden. Auch dürfen für solche Geschäfte Preislisten (Kurszettel) nicht veröffentlicht oder in mechanisch hergestellter Vervielfältigung verbreitet werden[82]).

---

Provinzen, in Hessen-Nassau und Hohenzollern die Reg.-Bezirke und die zwischen Kreisen und Provinzen stehenden kommunalständischen Verbände. Unter kommunalständischen Kreditinstituten sind die in den einzelnen Provinzen von Ritterschaften und Landschaften errichteten Pfandbriefanstalten zu verstehen; den Mittelpunkt bildet die Zentrallandschaft in Berlin. Von privaten Anstalten kommen die staatlicher Aufsicht unterliegenden Hypothekenbanken in Betracht G. 13. Juli 99 (RGB. 375). — Nach Vereinbarung der beteiligten Bundesregierungen (1899) soll die Befreiung vom Prospektzwange im allgemeinen nur für mündelsichere Papiere erteilt und davon abhängig gemacht werden, daß dem für die Emissionsbörse vorzugsweise in Betracht kommenden Publikum genügende Kenntnis über die zur Beurteilung der zu emittierenden Papiere notwendigen tatsächlichen und rechtlichen Verhältnisse (§ 36 Abs. 3b) auch ohne Prospekt zu Gebote steht, Berl. Korespondenz 7. Jan. 00. — Die Vergünstigung wird ferner nicht allgemein, sondern in der Regel nur für eine einzelne Emission gewährt.

[81]) Zweck des Sperrjahrs ist, das Publikum von Unternehmungen zurückzuhalten, deren wirtschaftliche und finanzielle Entwickelung sich noch nicht zuverlässig beurteilen läßt, weil der Erfolg des privaten Betriebs keinen sichern Schluß auf das Gedeihen der Gesellschaft zuläßt. Der Zweck wird nur unvollkommen erreicht, weil die Bilanz unschwer so aufgestellt werden kann, daß das Unternehmen erfolgreich erscheint, und überdies die Bestimmung durch Gründung von Kapitalgesellschaften umgangen wird, die erst nach Zulassung ihrer Anteile zum Börsenhandel das Unternehmen erwerben.

[82]) Der von der ReichstK. beschlossene § 40 richtet sich gegen den bei Auflegung neuer Werte zur öffentlichen Zeichnung (Subskription) üblichen Handel per Erscheinen, wobei es vorkommt, daß diese zu einem höheren als dem Zeichnungskurse, unter Verkürzung der Zeichner, von dem Emissionshause per Erscheinen verkauft werden. Solche Verkäufe sind nach wie vor rechtsgültig und können auch an der Börse getätigt werden. Dagegen ist vor beendeter Zuteilung untersagt
a) die amtliche Feststellung des Preises, § 29, und jede Berücksichti-

§. 41. Für Werthpapiere, deren Zulassung zum Börsenhandel verweigert oder nicht nachgesucht ist, darf eine amtliche Feststellung des Preises nicht erfolgen. Geschäfte in solchen Werthpapieren sind von der Benutzung der Börseneinrichtungen ausgeschlossen und dürfen von den Kursmaklern nicht vermittelt werden. Auch dürfen für solche an der Börse abgeschlossenen Geschäfte Preislisten (Kurszettel) nicht veröffentlicht oder in mechanisch hergestellter Vervielfältigung verbreitet werden, soweit nicht die Börsenordnung für besondere Fälle Ausnahmen gestattet[83]).

§. 42. Der Bundesrath bestimmt den Mindestbetrag des Grundkapitals, welcher für die Zulassung von Aktien an den einzelnen Börsen maßgebend sein soll, sowie den Mindestbetrag der einzelnen Stücke der zum Handel an der Börse zuzulassenden Werthpapiere.

Weitere Bestimmungen über die Aufgaben der Zulassungsstelle und die Voraussetzungen der Zulassung trifft der Bundesrath[84]).

Die Befugniß der Landesregierung[5]), ergänzende Bestimmungen zu treffen, wird hierdurch nicht berührt; diese Bestimmungen sind dem Reichskanzler mitzutheilen.

§. 43[85]). Sind in einem Prospekt, auf Grund dessen Werthpapiere zum Börsenhandel zugelassen sind, Angaben, welche für die Beurtheilung des Werthes erheblich sind, unrichtig, so haften diejenigen, welche den Prospekt

---

gung der verpönten Geschäfte hierbei § 31,
b) die Benutzung der Börseneinrichtungen Anm. 15,
c) die Vermittelung durch Kursmakler,
d) die Veröffentlichung von Preislisten oder deren Verbreitung in mechanisch hergestellter Vervielfältigung.

Zuwiderhandlungen gegen d sind strafbar § 77, solche gegen a, b und c sind im Aufsichtswege zu verhindern, weshalb der Staatskommissar (§ 2) die Einhaltung dieser Vorschriften zu überwachen haben wird. Im Falle c wird überdies der Disziplinarweg oder ehrengerichtliches Verfahren in Frage kommen.

[83]) Die Verweigerung der Zulassung von Wertpapieren ist für die zivilrechtliche Gültigkeit der darin abgeschlossenen Geschäfte ohne Bedeutung; das Gleiche gilt, wenn die Zulassung nicht nachgesucht ist. Ein Handel darin ist nicht nur außerhalb, sondern auch an der Börse gestattet, sofern nicht etwa die BörsenO. oder die Landesregierung Einschränkungen anordnet. Auch ein Börsenpreis kann sich mit den daran geknüpften Rechtswirkungen (Anm. 52) bilden. Nur für den Selbsteintritt des Kommissionärs reicht er nicht aus, weil Voraussetzung dafür ein amtlich festgestellter Börsenpreis ist HGB. § 400 Abs. 1. — Die Folgen der Nichtzulassung oder Nichtnachsuchung der Zulassung sind dieselben, wie bei § 40 Anm. 82, mit dem Unterschiede, daß hier die Veröffentlichung oder Verbreitung von Kurszetteln, die übrigens nur für die an der Börse geschlossenen Geschäfte untersagt ist, für besondere Fälle durch die BörsenO. gestattet werden kann.

[84]) Bek. des RKz., betr. die Zulassung von Wertpapieren zum Börsenhandel 11. Dez. 96 Anlage E. — Mindestbetrag des für die Zulassung von Aktien erforderlichen Grundkapitals das. § 1, der einzelnen Stücke § 2.

[85]) § 43—47 behandeln die zivilrechtliche, § 75 Abs. 3 die strafrechtliche Haftung aus dem Prospekte. § 43 enthält die sachlichen Voraussetzungen der ersteren, ferner die Bezeichnung der Ersatzpflichtigen und der zur Erhebung des Anspruchs Berechtigten; über den Umfang des Anspruchs bestimmt § 44, über seine Dauer § 45, über die Zuständigkeit der Gerichte § 47.

erlassen haben, sowie diejenigen, von denen der Erlaß des Prospekts ausgeht[86]), wenn sie die Unrichtigkeit gekannt haben oder ohne grobes Verschulden hätten kennen müssen[87]), als Gesammtschuldner[88]) jedem Besitzer eines solchen Werthpapieres[89]) für den Schaden, welcher demselben aus der von den

[86]) Als ersatzpflichtig kommen diejenigen in Betracht, welche den Prospekt erlassen, also die Emissionsfirmen, die die Zulassung beantragt haben, und diejenigen, von denen der Erlaß des Prospektes ausgeht, letztere, damit auch die „Hintermänner“ getroffen werden, wenn etwa Anstalten mit geringem Kapitale als Antragsteller für Emissionen vorgeschoben werden sollten, um für die wahren Emittenten die Haftung zu beseitigen.

[87]) Voraussetzungen der Haftung sind:

a) Unrichtigkeit oder Unvollständigkeit des Prospekts. Die Unrichtigkeit muß Angaben betreffen, die für die Beurteilung des Werts der emittierten Papiere erheblich sind, die Unvollständigkeit in der Fortlassung wesentlicher Tatsachen bestehen.

b) In subjektiver Beziehung ist erforderlich: bei Unrichtigkeit, daß der Haftpflichtige sie kannte oder ohne grobes Verschulden (BGB. § 276) hätte kennen müssen, bei Unvollständigkeit bösliches Verschweigen oder bösliches Unterlassen ausreichender Prüfung, das vorliegt, wenn der Täter wissend, daß der Prospekt lückenhaft sei, absichtlich die zur Ergänzung erforderlichen weiteren Ermittelungen unterlassen hat. Die auf Fahrlässigkeit beruhende Unvollständigkeit des Prospekts begründet keine Haftung. Einen Fall der Unrichtigkeit auf Grund groben Verschuldens behandelt RGer. 2. Mai 00 (XLVI 83). Der Vorstand der Gesellschaft hatte eine für den Wert der emittierten Aktien erhebliche Tatsache als wahr versichert, im Bewußtsein des Fehlens genügender Anhaltspunkte für ihre Richtigkeit, ohne in eine genaue Prüfung eingetreten zu sein.

c) Objektiv muß ein Schaden nachweisbar sein. Für die Bemessung der Schadensersatzpflicht kommen die allgemeinen Grundsätze BGB. § 249 ff. in Betracht RGer. 2. Mai 00. Auch entgangener Gewinn ist zu ersetzen BGB. § 252.

d) Endlich muß zwischen der Unrichtigkeit oder Unvollständigkeit des Prospekts und dem Schaden ein ursächlicher Zusammenhang erwiesen werden können.

[88]) BGB. § 421—427.

[89]) Zur Geltendmachung des Anspruchs befugt ist der Besitzer — nicht nur der erste, sondern auch ein späterer Erwerber; aber nur der Eigenbesitzer BGB. § 872, nicht, wer die Papiere als fremde z. B. als Pfand besitzt — derjenigen Stücke, welche auf Grund des Prospektes zugelassen sind. Wenn die Einführung durch verschiedene, auch ausländische Emissionshäuser in der Weise geschieht, daß jedes an seiner Börse einen Teilbetrag einführt, erstreckt sich die Haftung jedes inländischen Emissionshauses doch auf alle zugelassenen und lieferbaren Stücke, selbst auf solche, die an einer ausländischen Börse in Verkehr gesetzt sind. Will der Emittent seine Haftung auf die von ihm selbst eingeführten Stücke beschränken, so muß er im Zulassungsantrage und Prospekt die Nummern oder Serien der von ihm einzuführenden Stücke kenntlich machen, worauf dann nur die so bezeichneten Stücke zugelassen und lieferbar werden. — Die Ersatzpflicht erfährt in subjektiver und in objektiver Hinsicht Einschränkungen. In subjektiver Hinsicht ist sie nach § 44 Abs. 3 ausgeschlossen, wenn der Besitzer beim Erwerb der Stücke a) die Unrichtigkeit oder Unvollständigkeit des Prospekts kannte, und zwar selbst dann, wenn der Emittent sich wissentlich unrichtiger Angaben oder böslichen Verschweigens schuldig gemacht hat, b) die Unrichtigkeit der Angaben, nicht die Unvollständigkeit, bei Anwendung der in eigenen Angelegenheiten angewendeten Sorgfalt (BGB. § 277) kennen mußte. Dieser Ausschließungsgrund (b) wird jedoch dadurch beseitigt, daß dem Emittenten bösliches Verhalten zur Last fällt (Anm. 87 b). In objektiver Hinsicht beschränkt sich die Ersatzpflicht auf die durch ein im Inlande geschlossenes Geschäft erworbenen Stücke § 44 Abs. 1, weil ein Erwerb im Auslande sich regelmäßig nicht unter dem Eindrucke des in

gemachten Angaben abweichenden Sachlage erwächst. Das Gleiche gilt, wenn der Prospekt in Folge der Fortlassung wesentlicher Thatsachen unvollständig ist und diese Unvollständigkeit auf böslichem Verschweigen oder auf der böslichen Unterlassung einer ausreichenden Prüfung seitens derjenigen, welche den Prospekt erlassen haben, oder derjenigen, von denen der Erlaß des Prospekts ausgeht, beruht.

Die Ersatzpflicht wird dadurch nicht ausgeschlossen, daß der Prospekt die Angaben als von einem Dritten herrührend bezeichnet.

**§. 44.** Die Ersatzpflicht erstreckt sich nur auf diejenigen Stücke, welche auf Grund des Prospekts zugelassen und von dem Besitzer auf Grund eines im Inlande abgeschlossenen Geschäfts erworben sind[89]).

Der Ersatzpflichtige kann der Ersatzpflicht dadurch genügen, daß er das Werthpapier gegen Erstattung des von dem Besitzer nachgewiesenen Erwerbspreises oder desjenigen Kurswerthes übernimmt, den die Werthpapiere zur Zeit der Einführung hatten[90]).

Die Ersatzpflicht ist ausgeschlossen, wenn der Besitzer des Papiers die Unrichtigkeit oder Unvollständigkeit der Angaben des Prospekts bei dem Erwerbe kannte. Gleiches gilt, wenn der Besitzer des Papiers bei dem Erwerbe die Unrichtigkeit der Angaben des Prospekts bei Anwendung derjenigen Sorgfalt, welche er in eigenen Angelegenheiten beobachtet, kennen mußte, es sei denn, daß die Ersatzpflicht durch bösliches Verhalten begründet ist.

**§. 45.** Der Ersatzanspruch verjährt[91]) in fünf Jahren seit der Zulassung der Werthpapiere[92]).

**§. 46.** Eine Vereinbarung, durch welche die nach den §§. 43 bis 45 begründete Haftung ermäßigt oder erlassen wird, ist unwirksam.

Weitergehende Ansprüche, welche nach den Vorschriften des bürgerlichen Rechts auf Grund von Verträgen erhoben werden können, bleiben unberührt.

**§. 47.** Für die Entscheidung der Ansprüche aus den §§. 43 bis 46 ist ohne Rücksicht auf den Werth des Streitgegenstandes ausschließlich das

---

Deutschland veröffentlichten Prospekts vollzieht Begr. S. 40. Der Beweis des Erwerbs im Inlande kann durch Vorlegung der Schlußnote geführt werden, das. S. 41.

[90]) Hierdurch soll übertriebenen Schadensberechnungen vorgebeugt werden Begr. S. 42.

[91]) Verjährung BGB. § 191—225.

[92]) Der § 45 enthielt ursprünglich noch einen zweiten Satz, wonach die Verjährung auch gegen Minderjährige und bevormundete Personen, sowie gegen juristische Personen, denen gesetzlich die Rechte der Minderjährigen zustehen, ohne Zulassung der Wiedereinsetzung in den vorigen Stand, laufen sollte, jedoch mit Vorbehalt des Rückgriffs gegen die Vormünder und Verwalter. Dieser Satz ist beseitigt durch EG. z. HGB. Art. 14 II, nachdem eine Hemmung der Verjährung zugunsten der dort bezeichneten Personen nach BGB. allgemein nicht mehr eintritt. Nur für geschäftsunfähige oder in der Geschäftsfähigkeit beschränkte Personen, die ohne gesetzliche Vertreter sind, besteht die Sondervorschrift, daß die gegen sie laufende Verjährung nicht vor dem Ablaufe von sechs Monaten nach dem Zeitpunkt vollendet wird, in dem die Person unbeschränkt geschäftsfähig wird oder der Mangel der Vertretung aufhört BGB. § 206.

Landgericht des Ortes zuständig, an dessen Börse die Einführung des Werthpapiers erfolgte. Besteht an diesem Landgerichte eine Kammer für Handelssachen, so gehört der Rechtsstreit vor diese. Die Revision sowie die Beschwerde gegen Entscheidungen des Oberlandesgerichts geht an das Reichsgericht.

## IV. Börsenterminhandel[93]).

§. 48. Als Börsentermingeschäfte in Waaren oder Werthpapieren gelten[94]) Kauf- oder sonstige Anschaffungsgeschäfte auf eine festbestimmte

---

[93]) Entstehung. Die in den weitesten Kreisen herrschende Abneigung gegen den Börsenterminhandel war der stärkste Beweggrund für die Börsengesetzgebung. Seine hohe volkswirtschaftliche Bedeutung (preisausgleichende Wirkung, Möglichkeit der Versicherung gegen Preisschwankungen, Bedeutung für die Regelung internationaler Zahlungsverbindlichkeiten) wurde vielfach nicht genügend gewürdigt gegenüber seinen unverkennbaren oder vermeintlichen Nachteilen (Beteiligung nicht genügend urteilsfähiger Kreise des Publikums, der sog. outsiders, Ausartung der Spekulation, Störungen des aus der wirtschaftlichen Lage sich ergebenden Verhältnisses von Angebot und Nachfrage). Namentlich im Reichstage nahm die Mehrheit einen durchaus ablehnenden Standpunkt ein und beschloß viel weitergehende Einschränkungen als der ursprünglichen Absicht der Regierungen entsprach. Der so geschaffene Rechtszustand ist durch die Rechtsprechung des Reichsgerichts, die allerdings in der Literatur überwiegendem Widerspruche begegnet ist, noch verschärft worden. — Gliederung. Teil IV enthält nach einer Begriffsbestimmung der Börsentermingeschäfte (§ 48) zunächst in den § 49—52 öffentlich rechtliche Vorschriften über die Gestaltung des Terminhandels an den Börsen. § 49 regelt seine Zulassung, § 50 sieht Beschränkungen und besonders auch Verbote vor, deren börsenmäßige Folgen im § 51 bestimmt sind. Im Anschluß daran behandelt § 52 die börsenmäßigen Folgen eines Terminhandels, für den die Zulassung nicht nachgesucht ist. § 53—69 beziehen sich auf die aus einzelnen Börsentermingeschäften sich ergebenden privatrechtlichen Verhältnisse. § 53 enthält eine Sondervorschrift für den Fall der Ankündigung unkontraktlicher Ware. Die folgenden Bestimmungen machen die Rechtsgültigkeit von Börsentermingeschäften von der Eintragung in das Börsenregister (§ 54—65) abhängig. Mangels der Eintragung sind die abgeschlossenen Geschäfte rechtsunwirksam § 66—68, während bei erfolgter Eintragung der Differenzeinwand ausgeschlossen wird § 69. — Börsenterminhandel findet sowohl in Wertpapieren, seit dem Verbote des § 50 Abs. 2 vornehmlich in Staatspapieren und Aktien von Banken, Eisenbahnen und Schiffahrtsunternehmungen, als auch in Waren statt, in Preußen nur noch in Zucker. An den hanseatischen Börsen wird außerdem Kaffee, Baumwolle und Petroleum auf Termin gehandelt. Der früher sehr lebhafte Terminhandel in Getreide ist durch § 50 Abs. 3, in Kammzug durch Verbot des BR. (Anm. 99), in Spiritus durch die Monopolisierung des Spiritushandels beseitigt.

[94]) Zum Begriffe des Börsentermingeschäfts nach § 48 gehört,

a) daß Kauf- oder sonstige Anschaffungsgeschäfte auf festbestimmte Lieferungszeit oder mit festbestimmter Lieferungsfrist, also als Fixgeschäfte (HGB. § 376), geschlossen sind, und zwar
b) auf der Grundlage der vom Börsenvorstande festgesetzten Geschäftsbedingungen und daß
c) für solche Geschäfte eine amtliche Feststellung von Terminpreisen erfolgt § 29, 35.

Zu a. Beim Fixgeschäft gibt Erfüllungsverzug dem nichtsäumigen Teil die Wahl, ohne weiteres zurückzutreten oder — was dem Säumigen sofort nach Ablauf der festgesetzten Zeit oder Frist angezeigt werden muß — auf Erfüllung zu bestehen oder Schadensersatz wegen Nichterfüllung zu verlangen, letzteres entweder durch Berechnung des Unterschieds des Kaufpreises und des Börsenpreises zur Zeit der geschuldeten

Lieferungszeit oder mit einer festbestimmten Lieferungsfrist, wenn sie nach Geschäftsbedingungen geschlossen werden, die von dem Börsenvorstande für den Terminhandel festgesetzt sind[95]), und wenn für die an der betreffenden Börse geschlossenen Geschäfte solcher Art eine amtliche Feststellung von Terminpreisen (§§. 29, 35) erfolgt.

**§. 49.** Ueber die Zulassung von Waaren und Werthpapieren zum Börsenterminhandel entscheiden die Börsenorgane[10]) nach näherer Bestimmung der Börsenordnung[96]).

---

Leistung (abstrakte Schadensberechnung) oder durch Vornahme eines Deckungsgeschäfts sofort nach dem Ablauf der Lieferungszeit oder Lieferungsfrist (konkrete Schadensberechnung). Zu b. Charakteristisch für den Terminhandel ist sein schablonenhafter, typischer Charakter. Während beim gewöhnlichen Fixgeschäft der Inhalt des Geschäfts, Gegenstand, Menge, Beschaffenheit, Termin durch das Bedürfnis und die Mittel der Parteien in jedem einzelnen Falle bestimmt, jedes Geschäft individualisiert wird, ist es den Termingeschäften eigentümlich, daß sie auf dieselbe festbestimmte Zeit, über feste Mengeneinheiten, bei Waren über eine allgemein bestimmte Beschaffenheit geschlossen werden. Diese Gleichartigkeit der Geschäfte wird durch Festsetzung allgemeiner Bedingungen für den Terminhandel erreicht RGer. 28. Okt. 99 (XLIV 103, namentl. 110, 111). Vergl. z. B. Bedingungen für die Geschäfte an der Berliner Fondsbörse, gültig seit 1. Jan. 95 in Saling Börsenpapiere (Anm. 54) 1. Teil, insbes. § 16—21. Zu c. Anm. 52, 54. — Die Begriffsbestimmung des § 48 ist für den ganzen Abschn. IV maßgebend, doch ist folgendes zu bemerken: a) Geringfügige Abweichungen von den zum Wesen des Terminhandels gehörigen Formen und Bedingungen schließen die Anwendbarkeit des § 48 nicht aus. b) Für den Bereich der öffentlich rechtlichen Vorschriften, § 49—52, ist dem Börsenterminhandel verschiedentlich ein von der Mitwirkung der Börse unabhängiger Terminhandel gleichgestellt § 51 Abs. 2, 52, Anm. 104, 105. — c) Zeitgeschäfte, die der Begriffsbestimmung des § 48 in wesentlichen Punkten nicht entsprechen, fallen nach der Rechtsprechung des RGer. dennoch auf Grund § 66 der Ungültigkeit anheim, wenn die abweichende Gestaltung gewählt ist, um den Vorschriften über das Börsenregister zu entgehen Anm. 119. d) § 48 hat nur das Termingeschäft an inländischen Börsen im Auge. Wenn es sich um solche Geschäfte an ausländischen Börsen handelt, genügt es für die Anwendbarkeit der § 66 und 68 Abs. 1, daß die Begriffsbestimmung auf diese Geschäfte entsprechend zutrifft RGer. 8. Juli 99 (XLIV 52), Anm. 123.

[95]) Geschäftsbedingungen, die vor Inkrafttreten des BörsenG. bereits in Geltung standen, brauchen vom Börsen-Vorstande nicht ausdrücklich neu festgesetzt zu werden. Es genügt, wenn sich aus seinem Verhalten (Zulassung der danach geschlossenen Geschäfte zu den Börseneinrichtungen) ergibt, daß der Börsen-Vorstand ihnen die Bedeutung von ihm festgesetzter Bedingungen beimesse RGer. 12. Okt. 98 (XLII 43), 28. Okt. 99 (XLIV 103).

[96]) BörsenO. § 4—6. Zu beachten sind die gesetzlichen und die etwa vom BR. erlassenen Beschränkungen § 50. — Die Zulassung soll ferner davon abhängig sein, daß bereits während eines längeren Zeitraums ein regelmäßiger Terminhandel in dem Gegenstande stattgefunden hat. — Die Landes-Regierung, Anm. 5, hat auf die Gestaltung des Terminhandels und überhaupt des Zeitgeschäfts an der Börse einen nur durch § 50—52 beschränkten Einfluß. In der Befugnis, die Aufnahme von Vorschriften in die BörsenO. anzuordnen (§ 4 Abs. 2), hat sie die Möglichkeit, diesen Verkehr nach ihrem Ermessen zu regeln. — Die Zulassung zum Börsenterminhandel ist scharf zu trennen von der Zulassung zum Börsenhandel § 36 ff. Es ist, wenn auch statthaft, so doch weder notwendig noch üblich, sie der Zulassungsstelle, § 36, zu übertragen. In Berlin z. B. entscheidet der Börsen-Vorstand Anl. B § 37.

Die Börsenorgane sind verpflichtet, vor der Zulassung von Waaren zum Börsenterminhandel in jedem einzelnen Falle Vertreter der betheiligten Erwerbszweige gutachtlich zu hören[97]) und das Ergebniß dem Reichskanzler mitzutheilen. Die Zulassung darf erst erfolgen, nachdem der Reichskanzler erklärt hat, daß er zu weiteren Ermittelungen keine Veranlassung finde[98]).

§. 50. Der Bundesrath ist befugt, den Börsenterminhandel von Bedingungen abhängig zu machen oder in bestimmten Waaren oder Werthpapieren zu untersagen[99]).

Der Börsenterminhandel in Antheilen von Bergwerks- und Fabrikunternehmungen ist untersagt[100]). Der Börsenterminhandel in Antheilen von anderen Erwerbsgesellschaften kann nur gestattet werden, wenn das Kapital der betreffenden Erwerbsgesellschaft mindestens zwanzig Millionen Mark beträgt[101]).

Der börsenmäßige Terminhandel in Getreide und Mühlenfabrikation ist untersagt[100]).

§. 51[102]) Insoweit der Börsenterminhandel in bestimmten Waaren oder Werthpapieren durch dieses Gesetz oder vom Bundesrath untersagt, oder

---

[97]) Beteiligt sind nicht nur die Händler, sondern auch die Erzeuger der Ware. Die Anhörung soll sich auch auf die Bedingungen des Terminhandels, insbesondere die Lieferungsbedingungen erstrecken.

[98]) Abs. 2 bezieht sich nur auf Waren. Entsprechende Bestimmungen für den Terminhandel in Effekten, z. B. bei Werten von Erwerbsgesellschaften die Anhörung des Gesellschafts-Vorstands oder der General-Versammlung vorzuschreiben, bleibt der BörsenO. vorbehalten KB. S. 44.

[99]) Derartige Bedingungen sind bisher nicht vorgeschrieben worden; dagegen ist der früher in Leipzig zugelassene Börsenterminhandel in Kammzug untersagt Bek. des RKz. 20. April 99 (RGB. 266). — Auf Grund des Abs. 1 kann der BR. auch bestimmte Formen des Termingeschäfts, wie Prämien-, Stellage-, Nochgeschäfte ausschließen, was bisher nicht geschehen ist.

[100]) Die Verbote sind durch den Reichst. in das G. gekommen. — Bergwerks- und Fabrikunternehmungen setzen den Betrieb von Bergwerken und Fabriken durch das Unternehmen voraus. Darunter fallen nicht Trust-Gesellschaften, auch wenn sie Bergwerke oder Fabrikbetriebe finanzieren, so lange sie solche nicht selbst in Betrieb nehmen. (In Berlin werden die Aktien der Dynamit Trust Company auf Termin gehandelt.) — Zu den Anteilen gehören nicht nur Aktien, sondern auch gewerkschaftliche Kuxe RGer. 1. Dez. 00 (XLVII 104). — Getreide umfaßt Roggen, Weizen, Hafer, Mais, Gerste; in letzterem Artikel hatte auch füher kein Terminhandel bestanden. — Über die rückwirkende Kraft der Verbote Anm. 101.

[101]) Und zwar das Kapital in denjenigen Anteilen, in denen der Terminhandel stattfinden soll. Obligationen sind nicht zu berücksichtigen; ebensowenig genügt es, daß das Gesamtkapital 20 Millionen M. erreicht. Wenn es z. B. aus 20 Millionen Stammaktien und 15 Millionen Stammprioritätsaktien besteht, darf nur für die ersteren ein Terminhandel zugelassen werden. — Während das Verbot des Terminhandels in Anteilen von Bergwerks- und Fabrikunternehmungen sich auch auf solche Papiere erstreckt, die vor Erlaß des BörsenG. per Ultimo gehandelt wurden, und ebenso das Verbot des Abs. 3 den bestehenden Getreide-Terminhandel unterdrückt, hat die Bestimmung, wonach die Gestattung des Terminhandels von einem Mindestkapital von 20 Millionen M. abhängig sein solle, keine rückwirkende Kraft Bf. 2. April 97.

[102]) § 51 bestimmt die Folgen, die aus dem Verbot oder der Verweigerung der Zulassung des Terminhandels für den Börsenverkehr erwachsen, läßt dagegen

die Zulassung desselben von den Börsenorganen[10]) endgültig verweigert ist, sind Börsentermingeschäfte in diesen Waaren oder Werthpapieren von der Benutzung der Börseneinrichtungen[15]) ausgeschlossen und dürfen von den Kursmaklern nicht vermittelt werden. Auch dürfen für solche Geschäfte, sofern sie im Inlande abgeschlossen sind, Preislisten (Kurszettel) nicht veröffentlicht oder in mechanisch hergestellter Vervielfältigung verbreitet werden[103]).

Desgleichen ist ein von der Mitwirkung der Börsenorgane unabhängiger Terminhandel von der Börse ausgeschlossen, soweit er sich in den für Börsentermingeschäfte üblichen Formen vollzieht[104]).

§. 52. Wird die Zulassung von Waaren oder Werthpapieren zum Börsenterminhandel nicht nachgesucht, so kann ein thatsächlich stattfindender Terminhandel von den Börsenaufsichtsbehörden mit den im §. 51 bezeichneten Folgen untersagt werden[105]).

---

die Frage offen, wie einzelne Zeitgeschäfte in Waren oder Wertpapieren, in denen der Börsenterminhandel verboten oder verweigert ist, privatrechtlich zu beurteilen sind. In letzter Hinsicht hat das RGer. entschieden, daß solche Geschäfte, als gegen ein gesetzliches Verbot verstoßend, nach BGB. § 134 nichtig seien, sofern sie mit typischem Inhalt (Anm. 94) und zu einem Preise geschlossen werden, der sich an der Börse infolge des Zusammentreffens und Zusammenwirkens der Börsenbesucher bildet. Daß dieser Preis amtlich festgestellt und notiert werde, ist nicht erforderlich, ebensowenig, daß der Preis sich an der Börse, wo das Geschäft geschlossen ist, bildet. Es genügt, daß der an einer anderen Börse gebildete Preis an der Börse des Abschlusses als maßgebend behandelt werde. Schließlich genügt ein Kassenpreis, wenn ein solcher zum Anhalt bei der Preisbemessung für das Zeitgeschäft dient. Auch außerhalb der Börse geschlossene Zeitgeschäfte dieser Art sind nichtig, wenn ein solcher Börsenpreis ihnen nachweislich zugrunde gelegt ist RGer. 1. Dez. 00 (XLVII 104), 22. Sept. 02 (NF. II 178). In der Literatur sind diese Ausführungen vielfach angefochten.

[103]) Die börsenmäßigen Folgen sind die gleichen wie bei § 41 Anm. 82. — Freilich ist nicht recht einzusehen, wie sie je eintreten können. Da nicht anzunehmen ist, daß für einen verbotenen oder verweigerten Terminhandel Geschäftsbedingungen vom Börsen-Vorstande festgesetzt und Terminpreise amtlich festgestellt werden könnten, sind darin Börsentermingeschäfte, die der Begriffsbestimmung des § 48 entsprechen, von selbst ausgeschlossen, und es kann weder die Benutzung der Börseneinrichtungen, noch die Vermittelung durch Kursmakler, noch die Herstellung von Kurszetteln in Frage kommen. Eine dem Abs. 2 entsprechende Bestimmung fehlte auch im RegEntw., der sich auf Vorkehrungen gegen die Umgehung des Verbots durch Einrichtung eines auf die Mitwirkung der Börsenorgane verzichtenden Terminhandels beschränkte, worüber jetzt Abs. 2 bestimmt.

[104]) Es liegt nahe, das Verbot des Börsenterminhandels im Sinne des § 48 zu umgehen, indem an die Stelle des amtlichen ein Privatterminhandel tritt, der sich auf privatim vereinbarte Geschäftsbedingungen gründet und sich mit einer nichtamtlichen Kursnotiz zufrieden gibt. Auf einen solchen Geschäftsverkehr, der abgesehen von der Mitwirkung der Börsenorgane die wesentlichen Merkmale des Börsenterminhandels hat, bezieht sich Abs. 2. Er soll für Gegenstände, in denen der Börsenterminhandel verboten oder endgültig abgelehnt ist, in gleicher Weise wie dieser von der Börse ausgeschlossen d. h. den börsenrechtlichen Folgen des Abs. 1 unterworfen sein. — Wenn sich schließlich neue Geschäftsarten bilden, die im Ergebnisse zu einer Umgehung des verbotenen Terminhandels führen, ohne jedoch seine Formen anzunehmen, so ist vom Börsen-Vorstand oder von der Landesregierung zu erwägen, ob dagegen einzuschreiten sei. Die Möglichkeit dazu bietet die BörsenO.

[105]) Für Waren und Wertpapiere, für die der Börsenterminhandel einerseits noch nicht gestattet (§ 49), anderseits aber

§. 53. Bei dem Börsenterminhandel in Waaren geräth der Verkäufer, sofern er nach erfolgter Kündigung eine unkontraktliche Waare liefert, in Erfüllungsverzug, auch wenn die Lieferungsfrist noch nicht abgelaufen war[106]).

Eine entgegenstehende Vereinbarung ist nichtig.

§. 54. Bei jedem zur Führung des Handelsregisters zuständigen Gerichte ist je ein Börsenregister für Waaren und für Werthpapiere zu führen[107]). Die Landesregierung kann die Führung des Registers für die Bezirke mehrerer Gerichte einem derselben übertragen.

§. 55. In das Börsenregister werden nach Namen, Vornamen, Stand und Wohnort die Personen[108]) eingetragen, die sich an Börsentermingeschäften in Waaren oder Werthpapieren betheiligen wollen. Betrifft die Eintragung eine Handelsgesellschaft oder juristische Person, so ist ihre Firma oder ihr Name sowie der Ort, wo sie ihren Sitz hat, einzutragen[109]).

Die Eintragung erfolgt in dem Register des Bezirks, in welchem der Einzutragende seine gewerbliche Niederlassung oder in Ermangelung einer solchen seinen Wohnsitz hat[110]). Im Falle einer Verlegung der Niederlassung

---

weder verboten noch seine Zulassung verweigert ist, steht an sich nichts im Wege, daß an der Börse ein dem Börsenterminhandel ähnlicher Verkehr sich herausbildet, ein tatsächlicher Terminhandel, dem zum Börsenterminhandel noch die amtliche Anerkennung fehlt. Ein solcher tatsächlicher Terminhandel von längerer Dauer soll sogar der Zulassung zum Börsenterminhandel regelmäßig vorausgehen Anm. 96. Anderseits aber stehen ihm im wesentlichen dieselben Bedenken entgegen, wie dem organisierten Börsenterminhandel, und es liegt besonders die Gefahr nahe, daß man sich mit diesem tatsächlichen Terminhandel in Fällen begnügt, in denen auf die Zulassung eines Börsenterminhandels (§ 49) nicht zu rechnen ist. Um dem einen Riegel vorzuschieben, haben die Börsen-Aufsichtsbehörden, sowohl die Handelsvertretung als unmittelbares Aufsichtsorgan als die staatlichen Aufsichtsinstanzen ein Untersagungsrecht, das die in § 51 bezeichneten, rein börsenmäßigen Folgen nach sich zieht. — Die Frage, welche zivilrechtliche Wirkung solche Untersagung auf einzelne Termingeschäfte übt, die in den von der Untersagung betroffenen Gegenständen geschlossen werden, ist hier, wie im § 50, 51 offen gelassen. Das U. des RGer. 1. Dez. 00 (Anm. 102) wird sich auf diese Fälle nicht anwenden lassen, in denen kein gesetzliches Verbot vorliegt, BGB. § 134 also nicht zutrifft.

[106]) Die zivilrechtliche Vorschrift des § 53 gilt nur für den Börsenterminhandel in der Begriffsbestimmung des § 48 RGer. 12. Okt. 98 (XLII 43), nicht auch für einen tatsächlichen Terminhandel im Sinne des § 52. Die Andienung unkontraktlicher Ware gibt dem Käufer auch bei noch nicht abgelaufener Lieferungsfrist sofort das dreifache im Falle des Erfüllungsverzuges bei einem Fixgeschäft vorgesehene Wahlrecht HGB. § 376 (Anm. 94 zu a).

[107]) Die Bedeutung des Börsenregisters liegt auf zivilrechtlichem Gebiete. Die Nichteintragung hat die im § 66 vorgesehenen Rechtsnachteile, die Eintragung den Vorteil des § 69 zur Folge. — Über die Führung der Börsenregister Bek. des RKz. 9. Okt. 96 Anlage F.

[108]) Sie brauchen nicht Kaufleute zu sein. — Auch beim Kaufmann gilt die Eintragung für die Person, nicht für die Firma, auch nicht, wenn sie neben dem Namen mitvermerkt sein sollte. Ein Rechtsnachfolger in der Firma eines im Börsenregister eingetragenen Kaufmanns gilt daher nicht als eingetragen.

[109]) Handelsgesellschaften Abschn. I 2 Anm. 17. — Juristische Person BGB. § 21, 22. — Zu den juristischen Personen gehören eingetragene Genossenschaften.

[110]) Gewerbliche Niederlassung ist der Mittelpunkt eines gewerblichen Unter-

oder des Wohnsitzes wird die Eintragung unter Löschung in dem Register des bisherigen Bezirks in das Register des neuen Bezirks gebührenfrei übertragen.

§. **56.** Das Börsenregister ist öffentlich. Die Einsicht desselben ist während der gewöhnlichen Dienststunden einem Jeden gestattet. Auch kann von den Eintragungen gegen Erlegung der Kosten eine Abschrift gefordert werden, die auf Verlangen zu beglaubigen ist.

§. **57.** Vor der Eintragung in ein Börsenregister ist eine Eintragungsgebühr von einhundertfünfzig Mark zu entrichten.

Für jedes folgende Kalenderjahr, während dessen die Eintragung bestehen soll, ist eine Erhaltungsgebühr von je fünfundzwanzig Mark zu zahlen.

Die Gebühren fließen, insoweit die Landesregierungen nicht ein Anderes bestimmen, den Landeskassen zu[111]).

§. **58.** Den Antrag auf Eintragung hat der Einzutragende oder, falls er sich durch Verträge nicht verpflichten kann, sein gesetzlicher Vertreter[112]) zu stellen.

Ehefrauen, die nicht Handelsfrauen sind, bedürfen der Genehmigung des Ehemannes[113]).

Der gesetzliche Vertreter einer unter Vormundschaft oder Pflegschaft (Kuratel) stehenden Person bedarf der Genehmigung der Vormundschaftsbehörde.

§. **59.** Der Antrag ist bei dem Gerichte, bei welchem das Börsenregister geführt wird, mündlich zu Protokoll zu stellen oder schriftlich einzureichen. Schriftliche Anträge müssen gerichtlich oder notariell aufgenommen oder beglaubigt sein.

Die vorstehenden Bestimmungen finden auch auf eine etwa erforderliche Genehmigung (§. 58) Anwendung.

Anträge und Erklärungen öffentlicher Behörden bedürfen, wenn sie vorschriftsmäßig unterschrieben und untersiegelt sind, keiner Beglaubigung.

---

nehmens, von dem aus die Geschäfte geschlossen werden GewO. § 42, **Wohnsitz** der Ort, wo sich jemand ständig niederläßt BGB. § 7. — **Der Sitz einer juristischen Person** ist der Ort, wo die Verwaltung geführt wird BGB. § 24, der Sitz einer Handelsgesellschaft ergibt sich aus ihrer Eintragung ins Handelsregister.

[111]) Für Preußen ist ein Antrag, die Gebühren den mit der Börsenaufsicht betrauten Handelsorganen (der Handelskammer zu Magdeburg) zu überweisen, abgelehnt worden.

[112]) Geschäftsfähigkeit, gleichbedeutend mit Vertragsfähigkeit BGB. § 104 bis 115. — Als gesetzliche Vertreter kommen Vater, eheliche Mutter, Vormund, Pfleger in Betracht.

[113]) Abs. 2 in der Fassung EG. z. HGB. Art. 14 III. — Die ursprünglich in der Bestimmung enthaltene weitere Vorschrift, daß Kinder unter väterlicher Gewalt der Genehmigung des Vaters bedürfen, ist dadurch entbehrlich geworden, daß nach BGB. § 1526 unter elterlicher Gewalt nur Minderjährige stehen, für die bereits durch Abs. 1 gesorgt ist. — Ehefrauen sind nach BGB. in ihrer Geschäftsfähigkeit nicht beschränkt. Hiervon bildet Abs. 2 eine Ausnahme, jedoch nicht für Handelsfrauen; nach dem alten HGB. Art. 6 sind dies Frauen, die gewerbsmäßig Handelsgeschäfte betreiben. Das neue HGB. erwähnt Handelsfrauen nicht.

**§. 60.** Der Antrag auf Eintragung soll die Erklärung enthalten, daß der Einzutragende Börsentermingeschäfte in Waaren oder Werthpapieren eingehen wolle.

**§. 61.** Der Antrag auf Eintragung in das Waarenregister kann auf bestimmte Geschäftszweige beschränkt werden. Auf Antrag ist gebührenfrei die Eintragung auf weitere Geschäftszweige auszudehnen oder die eingetragene Beschränkung zu löschen; auf einen solchen Antrag finden die Bestimmungen der §§. 58, 59 entsprechende Anwendung.

**§. 62.** Die erfolgte Eintragung ist von dem Gerichte ohne Verzug ihrem ganzen Inhalte nach auf Kosten des Eingetragenen im Reichsanzeiger sowie in denjenigen öffentlichen Blättern bekannt zu machen, welche gemäß §. 10 des Handelsgesetzbuchs[114]) für die Veröffentlichung der in das Handelsregister aufgenommenen Eintragungen bestimmt sind.

**§. 63.** Die Löschung der Eintragung erfolgt gebührenfrei auf Antrag des Eingetragenen oder seines gesetzlichen Vertreters am Schlusse des Jahres, in welchem der Löschungsantrag gestellt ist. Für Ehefrauen, welche nicht Handelsfrauen sind, genügt der Antrag des Ehemannes[115]).

Der Löschungsantrag ist bei dem Gerichte mündlich zu Protokoll zu stellen oder in gerichtlicher oder notarieller Beglaubigung einzureichen. Die Vorschrift im §. 59 Absatz 4 findet entsprechende Anwendung[116]).

**§. 64.** Eine Eintragung, die nicht nach den Vorschriften im §. 58 erfolgt ist, wird, wenn der Mangel nicht inzwischen beseitigt ist, von Amtswegen gelöscht.

Am Schlusse des Kalenderjahres wird eine Eintragung von Amtswegen gelöscht, wenn die Erhaltungsgebühr für das nächstfolgende Jahr nicht bis zum Ende des vorletzten Monats des laufenden Jahres eingezahlt ist.

**§. 65.** Jedes Gericht hat nach Beginn des Kalenderjahres eine Liste derjenigen Personen aufzustellen, deren Eintragungen am 1. Januar noch in Kraft bestanden.

Das Gericht für den Bezirk der Stadt Berlin, an welches die übrigen Gerichte ihre Listen bis zum 31. Januar jedes Jahres einzusenden haben, stellt nach deren Eingang unverzüglich eine Gesammtliste auf und macht sie durch den Reichsanzeiger bekannt[117]).

**§. 66.** Durch ein Börsentermingeschäft in einem Geschäftszweige, für welchen nicht beide Parteien zur Zeit des Geschäftsabschlusses in einem

---

[114]) An Stelle des Art. 14 des alten HGB. getreten EG. z. HGB. Art. 3.

[115]) Der 2. Satz des Abs. 1 in der Fassung des EG. z. HGB. Art. 14 IV. Die ursprüngliche weitere Bestimmung, daß für Kinder unter väterlicher Gewalt der Antrag des Vaters genüge, ist durch Beschränkung der elterlichen Gewalt auf Minderjährige entbehrlich geworden BGB. § 1626 u. Anm. 113.

[116]) Die Löschung wird nicht in der § 62 vorgesehenen Weise veröffentlicht.

[117]) Aufstellung der Gesamtliste Anlage F § 10, 11.

Börsenregister eingetragen sind[118]), wird ein Schuldverhältniß nicht begründet[119]).

[118]) Die Rechtswirkungen des § 66 treten ein, wenn nicht beide Parteien zur Zeit des Geschäftsabschlusses im Börsenregister eingetragen sind. Ausnahme § 68 Abs. 2. Die Eintragung muß sich auf den Geschäftszweig erstrecken, in dem das Geschäft geschlossen wird, Begr. S. 51, wirkt also bei Beschränkung auf bestimmte Geschäftszweige im Warenregister (§ 61) nur für diese.

[119]) Unwirksam sind nicht nur Börsentermingeschäfte, sondern auch die Erteilung und Übernahme von Aufträgen und die Vereinigung zum Abschlusse solcher Anm. 120. Die Unwirksamkeit, die im Rechtsstreit von Amts wegen, auch wenn sich die Parteien nicht darauf berufen, zu beachten ist RGer. 8. Juli 99 (XLIV 52), hat zur Folge, daß Ansprüche auf Grund des Geschäfts nicht geltend gemacht, auch nicht zur Aufrechnung benutzt werden können. Nur das zur Erfüllung Geleistete darf nicht zurückgefordert werden, sofern die Leistung bei oder nach völliger Abwickelung des Geschäfts erfolgt ist Abs. 4. Hingegen können Einschüsse (margins), die während des Schwebens des Geschäfts gezahlt wurden, zurückgefordert werden und zwar von dem Kommissionär auch dann, wenn dieser die Einschüsse an den Kommissionär abgeliefert hat, den er seinerseits mit der Ausführung des Geschäfts beauftragt hat RGer. 13. Juli 01 (IL 59). — Wird wegen einer nach § 66 Abs. 2 unwirksamen Forderung vom Gläubiger ein Wechsel an eigene Order auf den Schuldner gezogen und von diesem akzeptiert, so stellt der dem Gläubiger zahlungshalber gegebene Wechsel keine Leistung im Sinne des Abs. 4 dar. Der Wechsel braucht nicht an den Remittenten bezahlt, er kann zurückgefordert und seine Begebung kann untersagt werden. — Das Begeben des Wechsels, um dem Schuldner die Einrede aus § 66 abzuschneiden, ist eine Handlung, durch die diesem in einer gegen die guten Sitten verstoßenden Weise vorsätzlich Schaden zugefügt wird BGB § 826, den der Remittent in vollem Umfange zu ersetzen hat. Aber auch ohne diese Absicht hat der Remittent, wenn er den Wechsel begeben hatte, und der Akzeptant infolgedessen dem Indossanten Zahlung leisten muß, die Valuta, die er für die Begebung des Wechsels erhält, und durch die er sich ohne rechtlichen Grund auf Kosten des Akzeptanten bereichert hatte, an diesen herauszuzahlen BGB. § 812 Abs. 1, RGer. 28. Mai 02 (NF. I 357). — Im Hinblick auf Abs. 4 sind die unter § 66 fallenden Börsentermingeschäfte rechtlich nicht völlig unerheblich und deshalb als Kauf- und Anschaffungsgeschäfte nach G. 27. April 94 (RGB. 381) Tarifstelle zu verstempeln RGer. 15. Okt. 01 (IL 111). — Unter den Börsentermingeschäften des Abs. 1 sind nicht nur solche im Sinne des § 48 zu verstehen, sondern nach der Rechtsprechung des RGer. auch Zeitgeschäfte in zum Börsenterminhandel zugelassenen Werten, die von den im § 48 gekennzeichneten Geschäften in erheblichem Maße abweichen, sofern bei gleicher wirtschaftlicher Bedeutung die Rechtsform des § 48 lediglich zu dem Zwecke vermieden worden ist, sich dadurch den Rechtswirkungen des Börsenregisters zu entziehen. Hierin liege eine Handlungsweise in fraudem legis, welche die Ungültigkeit solcher Geschäfte zur Folge habe, auch wenn, in Abweichung von § 48, die vom Börsenvorstande festgesetzten Geschäftsbedingungen ausgeschlossen oder die Geschäfte des Charakters als Fixgeschäfte, durch Gewährung einer Nachfrist von zwei Börsentagen auf Verlangen der Partei, äußerlich entkleidet würden RGer. 12. Okt. 98 XLII 43) und 28. Okt. 99 (XLIV 103). In dem Anspruche auf Nachfrist erblickt das RGer. lediglich eine Prolongation des Fixgeschäfts von Ultimo auf den dritten Börsentag nach Ultimo. — Für Waren und Wertpapiere, für die der Börsenterminhandel verboten oder seine Zulassung endgültig verweigert ist § 50, 51, kommt das Börsenregister nicht in Betracht. Börsentermingeschäfte im Sinne des § 48 können nicht wohl vorkommen, Anm. 103, andere Termingeschäfte dagegen sind als gegen ein Verbotsgesetz verstoßend nichtig BGB. § 134, und würden auch bei Eintragung der Parteien im Börsenregister unverbindlich bleiben RGer. 1. Dez. 00 (XLVII 104). — Für Zeitgeschäfte in Gegenständen endlich, die an sich zum Börsenterminhandel zugelassen werden könnten, für die aber die Zulassung noch nicht nachgesucht ist, liegen U. des RGer. darüber, ob sie unter § 66 fallen, noch nicht vor. Die Frage ist besonders für den

Das Gleiche gilt von der Ertheilung und Uebernahme von Aufträgen[120]) sowie von der Vereinigung zum Abschlusse von Börsentermingeschäften[121]).

Die Unwirksamkeit erstreckt sich auf die bestellten Sicherheiten und die abgegebenen Schuldanerkenntnisse[122]).

Eine Rückforderung dessen, was bei oder nach völliger Abwickelung des Geschäfts zu seiner Erfüllung geleistet worden ist, findet nicht statt.

**§. 67.** Wer den Vorschriften des §. 58 zuwider eingetragen worden ist, gilt nur dann als eingetragen, wenn der Mangel zur Zeit des Geschäftsabschlusses dem anderen Theile nicht bekannt war.

Wer trotz erfolgter Löschung im Börsenregister noch in der Gesammtliste (§. 65) aufgeführt ist, gilt als eingetragen, sofern nicht zur Zeit des Geschäftsabschlusses der andere Theil von der bewirkten Löschung Kenntniß hatte. Das Gleiche gilt bis zum Ablauf eines Monats seit der Veröffentlichung der Gesammtliste von denjenigen Personen, welche in dieser Liste in Folge der Löschung nicht wieder aufgeführt sind.

**§. 68.** Die Bestimmungen des §. 66 finden auch dann Anwendung, wenn das Geschäft im Auslande geschlossen oder zu erfüllen ist[123]).

In Ansehung von Personen, welche im Inlande weder einen Wohnsitz noch eine gewerbliche Niederlassung haben[110]), ist die Eintragung in das Börsenregister zur Wirksamkeit des Geschäfts nicht erforderlich.

---

außeramtlichen Terminverkehr von Bedeutung, der die Vorstufe des regelmäßigen Börsenterminhandels nach § 66 bilden soll Anm. 96. Da es sich hierbei weder um Rechtsgeschäfte mit den Merkmalen des § 48, noch um eine Zuwiderhandlung gegen ein gesetzliches Verbot noch auch um Geschäftsabschlüsse in fraudem legis handelt, wird § 66 nicht anzuwenden sein.

[120]) In Frage kommt der Auftrag, BGB. § 662—676, der die Verpflichtung begründet, das übertragene Geschäft unentgeltlich zu besorgen, der Dienstvertrag, BGB. § 611—630, der die Leistung von Diensten und Geschäftsbesorgungen gegen Vergütung zum Gegenstande hat, hauptsächlich aber das Kommissionsgeschäft HGB. § 383—406. — Die Unwirksamkeit ergreift nur diese Geschäfte; das in Erfüllung des Auftrages von den Beauftragten mit einem Dritten in eigenem Namen geschlossene Geschäft ist rechtsgültig, wenn beide Parteien dieses Geschäfts im Börsenregister eingetragen sind. — Ebensowenig fallen Aufträge zur Bürgschaftsleistung und Verpfändung für Börsentermingeschäfte unter § 66 Abs. 2, RGer. 25. Okt. 02 (N.F. II. 362).

[121]) Solche kann auch in der Beteiligung an dem Handelsgewerbe eines anderen gefunden werden, Begr. S. 51.

[122]) Als Sicherheiten kommen in Betracht: Bestellung von Hypotheken, BGB. § 1113 ff., oder Pfandrechten an beweglichen Sachen und Rechten, das. § 1204 ff., ferner Bürgschaften das. § 765—778. Wenn das Termingeschäft gültig ist, ist es auch die Bürgschaft, auch wenn der Bürge nicht ins Börsenregister eingetragen ist. Andrerseits wird die Bürgschaft für ein nach Abs. 1 rechtsunwirksames Geschäft durch die Eintragung des Bürgen nicht rechtsgültig. — Schuldanerkennisse, BGB. § 781; darunter fallen Schuld- und Zahlungsversprechen RGer. 7. Febr. 99 (XLIII 91).

[123]) Auch wenn dem im Auslande geschlossenen Geschäfte Geschäftsbedingungen auswärtiger Börsen zugrunde liegen RGer. 7. Febr. 99 (XLIII 91) und 8. Juli 99 (XLIV 52). Die Abweichung von dem Grundsatze locus regit actum bezweckt, der Umgehung der Bestimmungen über das Börsenregister mittels Verlegung der Termingeschäfte an auswärtige Börsen einen Riegel vorzuschieben.

§. **69.** Gegen Ansprüche aus Börsentermingeschäften sowie aus der Ertheilung und Uebernahme von Aufträgen und aus der Vereinigung zum Abschlusse von Börsentermingeschäften kann von demjenigen, welcher zur Zeit der Eingehung des Geschäfts in dem Börsenregister für den betreffenden Geschäftszweig eingetragen war, sowie von demjenigen, dessen Eintragung nach den vorstehenden Bestimmungen (§. 68 Absatz 2) zur Wirksamkeit des Geschäfts nicht erforderlich war, ein Einwand nicht darauf gegründet werden, daß die Erfüllung durch Lieferung der Waaren oder Werthpapiere vertragsmäßig ausgeschlossen war[124]).

Diese Vorschrift wird durch die Vorschrift des §. 764 des Bürgerlichen Gesetzbuchs nicht berührt[125]).

### V. Kommissionsgeschäft.

(§. **70—74.**)[126])

### VI. Straf- und Schlußbestimmungen[127]).

§. **75.** Wer in betrügerischer Absicht[128]) auf Täuschung berechnete Mittel anwendet, um auf den Börsen- oder Marktpreis von Waaren oder Werthpapieren einzuwirken[129]), wird mit Gefängniß und zugleich mit Geld-

[124]) § 69 knüpft an die Eintragung und den nach § 68 Abs. 2 der Eintragung gleichgestellten Tatbestand den Vorteil, daß der Einwand des reinen Differenzgeschäfts, die Effektivlieferung sei vertragsmäßig ausgeschlossen und nur die Zahlung der Differenz vereinbart worden, unstatthaft ist. Die Bestimmung kommt nur Börsentermingeschäften im Sinne des § 48 zu gute RGer. 12. Okt. 98 (XLII 43), nicht den nichtamtlichen Zeitgeschäften, für deren Rechtsgültigkeit BGB. § 764 maßgebend bleibt.

[125]) Abs. 2 ist durch EG. z. HGB. Art. 14 V hinzugefügt worden.

[126]) Die §§ 70—74 sind aufgehoben durch EG. z. HGB. Art. 14 VI. Der § 70 bestimmte, daß HGB. Art 376 durch die Bestimmungen der § 71—74 ersetzt werde. Diese bezogen sich auf das Selbsteintrittsrecht des Kommissionärs, das trotz der starken und teilweise begründeten Anfechtungen, die es erfahren, grundsätzlich aufrecht erhalten und nur durch Klarstellung der gesetzlichen Bestimmungen und Beseitigung hervorgetretener Mißstände weiter ausgebaut worden ist. Die Aufhebung dieser Bestimmungen konnte erfolgen, nachdem sie mit unwesentlichen Änderungen in Fassung und Anordnung in das neue HGB. übernommen worden sind, § 400—403 und 405.

[127]) § 75—79 enthalten Strafbestimmungen. § 75 richtet sich gegen betrügerische Beeinflussung der Kurse, sowie gegen betrügerische Verleitung zur Zeichnung oder zum An- oder Verkauf von Wertpapieren, § 76 gegen Ausschreitungen der Börsenpresse, § 77 gegen die im G. verbotene Veröffentlichung oder Verbreitung von Kurszetteln, § 78 gegen gewohnheitsmäßige Verleitung zu Börsenspekulationen, § 79 gegen Untreue der Kommissionäre. § 80 und 81 sind ohne weitere Bedeutung, § 82, der das Inkrafttreten des G. ordnet, hat im wesentlichen nur noch geschichtliche Bedeutung.

[128]) Betrug setzt die Absicht voraus, durch Vorspiegelung falscher oder Unterdrückung wahrer Tatsachen sich oder einem Dritten einen rechtswidrigen Vermögensvorteil zu verschaffen, StGB. § 263.

[129]) Die Einwirkung braucht nicht auf bestimmte Waren oder Wertpapiere gerichtet zu sein, es genügt die Absicht, die allgemeine Tendenz der Börse oder des Markts zu beeinflussen KB. S. 52. — Unerheblich ist es, ob die Absicht erreicht wird. — Die Bestimmung geht insofern über den Rahmen des G. hinaus, als sie sich auch gegen die arglistige Beeinflüssung von Marktpreisen kehrt. — Der Ankauf von Papieren, um den Preis zu halten, ein bei Pfandbriefen und

strafe bis zu fünfzehntausend Mark bestraft. Auch kann auf Verlust der bürgerlichen Ehrenrechte[20]) erkannt werden.

Sind mildernde Umstände vorhanden, so kann ausschließlich auf die Geldstrafe erkannt werden.

Die gleiche Strafe trifft denjenigen, welcher in betrügerischer Absicht wissentlich unrichtige Angaben in Prospekten (§. 38) oder in öffentlichen Kundgebungen macht, durch welche die Zeichnung oder der Ankauf oder Verkauf von Werthpapieren herbeigeführt werden soll[130]).

§. 76. Wer für Mittheilungen in der Presse, durch welche auf den Börsenpreis[131]) eingewirkt werden soll, Vortheile gewährt oder verspricht oder sich gewähren oder versprechen läßt, welche in auffälligem Mißverhältniß zu der Leistung stehen[132]), wird mit Gefängniß bis zu einem Jahre und zugleich mit Geldstrafe bis zu fünftausend Mark bestraft.

Die gleiche Strafe trifft denjenigen, der sich für die Unterlassung von Mittheilungen der bezeichneten Art Vortheile gewähren oder versprechen läßt[133]).

Der Versuch ist strafbar.

Sind mildernde Umstände vorhanden, so kann ausschließlich auf die Geldstrafe erkannt werden.

§. 77. Wer wissentlich den Vorschriften der §§. 40, 41, 51 und 52 zuwider Preislisten (Kurszettel) veröffentlicht oder in mechanisch hergestellter Vervielfältigung verbreitet, wird mit Geldstrafe bis zu eintausend Mark oder mit Haft oder mit Gefängniß bis zu sechs Monaten bestraft.

§. 78[134]). Wer gewohnheitsmäßig[135]) in gewinnsüchtiger Absicht Andere unter Ausbeutung ihrer Unerfahrenheit oder ihres Leichtsinns zu Börsen-

---

neuen Emmissionen übliches Verfahren, enthält an sich nicht die Tatbestandsmerkmerkmale des Abs. 2.

[130]) Abs. 3 bezieht sich nur auf Wertpapiere, denen Wechsel und ausländische Geldsorten gleichstehen § 80. — Öffentliche Kundgebungen erfolgen durch die Presse, oder durch Anschag auf den Straßen, in Schaufenstern; sie brauchen nicht zum An- oder Verkauf an der Börse aufzufordern; Abs. 3 trifft vielmehr auch zu, wenn auf diese Weise Wertpapiere, ohne Einführung an der Börse, dem Publikum unmittelbar zur Zeichnung oder zum Kauf angeboten werden KB. S. 52.

[131]) Nur Einwirkungen auf den Börsenpreis stehen im § 76 in Frage, nicht, wie bei § 75 Abs. 1, auch solche auf Marktpreise.

[132]) Der Täter muß sich dieses Mißverhältnisses bewußt sein. Weiteres ist in subjektiver Hinsicht nicht erforderlich, namentlich nicht betrügerische Absicht. Ebensowenig brauchen die Mitteilungen in der Presse auf Täuschung des Publikums berechnet zu sein.

[133]) Dagegen ist — abweichend von Abs. 1 — keine Strafe für denjenigen vorgesehen, der solche Vorteile gewährt oder verspricht. Ein Grund für diese Verschiedenheit ist nicht ersichtlich.

[134]) Die Fassung lehnt sich an die Strafvorschriften gegen gewerbsmäßigen Wucher, StGB. § 302a und 302d, an Abschn. III 1.

[135]) Dazu ist nicht erforderlich, daß eine Mehrheit von Verleitungsfällen erwiesen wird. Auch wenn nur ein Fall festgestellt ist, kann die Gewohnheitsmäßigkeit d. h. der Hang zu wiederholter Vornahme der Handlung aus sonstigen Umständen entnommen werden, etwa aus Ankündigungen, die auf Verleitung abzielen.

spekulationsgeschäften[136]) verleitet, welche nicht zu ihrem Gewerbebetriebe gehören, wird mit Gefängniß und zugleich mit Geldstrafe bis zu fünfzehntausend Mark bestraft. Auch kann auf Verlust der bürgerlichen Ehrenrechte[20]) erkannt werden.

§. **79.** Ein Kommissionär[137]), welcher, um sich oder einem Dritten einen Vermögensvortheil zu verschaffen,

1. das Vermögen des Kommittenten dadurch beschädigt, daß er hinsichtlich eines abzuschließenden Geschäfts wider besseres Wissen unrichtigen Rath oder unrichtige Auskunft ertheilt, oder
2. bei der Ausführung eines Auftrages oder bei der Abwickelung eines Geschäfts absichtlich zum Nachtheile des Kommittenten handelt[138]),

wird mit Gefängniß bestraft. Neben der Gefängnißstrafe kann auf Geldstrafe bis zu dreitausend Mark sowie auf Verlust der bürgerlichen Ehrenrechte[20]) erkannt werden.

Sind mildernde Umstände vorhanden, so kann ausschließlich auf die Geldstrafe erkannt werden.

Der Versuch ist strafbar in den Fällen der Ziffer 1.

§. **80.** Die in dem II., IV. und V. Abschnitte sowie im §. 75 bezüglich der Werthpapiere getroffenen Bestimmungen gelten auch für Wechsel und ausländische Geldsorten.

§. **81.** Der Artikel 249 d Ziffer 2 des Handelsgesetzbuchs wird aufgehoben[139]).

§. **82.** Dieses Gesetz tritt mit dem 1. Januar 1897 in Kraft[140]).

---

[136]) Hierunter fallen nicht nur Ultimo-, sondern auch Kassageschäfte, soweit sie lediglich auf Erzielung von Gewinn aus dem Unterschied zwischen Kauf- und Verkaufspreise gerichtet sind, dagegen nicht wirtschaftlich berechtigte Geschäfte, wie zu Kapitalanlagen, zur Deckung, zur Versicherung.

[137]) Die Strafbestimmung richtet sich gegen den ungetreuen Kommissionär ohne Rücksicht darauf, ob die in Frage stehenden Aufträge sich auf Börsen- oder andere Geschäfte beziehen. Sie findet gegen den persönlich haftenden Gesellschafter einer Kommanditgesellschaft auf Aktien Anwendung, auch wenn der Auftrag ihm nicht persönlich, sondern der Gesellschaft erteilt war RGer. 5. Juli 01 (Straff. XXXIV 374).

[138]) Ziff. 1 bezieht sich auf die Erteilung von Rat oder Auskunft über künftige Geschäfte, Ziff. 2 auf das Verhalten des Kommissionärs bei abgeschlossenen Geschäften. Fälle letzterer Art auf dem Gebiete der Börse sind wissentliche Berechnung unrichtiger Kurse, namentlich der sogen. Kursschnitt, absichtliches Auswählen eines ungünstigen Zeitpunkts für den Abschluß des Abwicklungsgeschäfts, nachteilige Beeinflussung der Kurse. Voraussetzung der Anwendbarkeit der Ziff. 2 ist nicht die auftragsgemäße Ausführung des Auftrages. Das Vergehen wird vielmehr in der Regel eine Abweichung des erteilten Auftrages darstellen RGer. 5. Juli 01 (Straff. XXXIV 374).

[139]) § 81 ist dadurch gegenstandslos geworden, daß Art. 249 d 2, der sich gegen die betrügerische Beeinflussung des Kurses von Aktien richtete und durch das BörsenG. § 75 Abs. 1 überflüssig geworden war, in das neue HGB. nicht übernommen worden ist.

[140]) Vor diesem Termine abgeschlossene Ultimogeschäfte fallen nicht unter das G., wohl aber Schiebungen solcher älterer Engagements, die nach dem 1. Jan. 97

Die in den §§. 54 bis 65 enthaltenen Vorschriften treten mit dem 1. November 1896 in Kraft. Mit den bis zum Ende des Jahres 1896 erfolgten Eintragungen in das Börsenregister ist nach Beginn des Jahres 1897 gemäß §. 65 zu verfahren.

Die im §. 39 enthaltene Vorschrift tritt mit dem 1. Juli 1896 in Kraft.

Der Abschluß von börsenmäßigen Termingeschäften (§. 50 Absatz 3) ist nur bis zum 1. Januar 1897 gestattet mit der Maßgabe, daß die bis zu diesem Tage abgeschlossenen Geschäfte auch bis zu diesem Tage abgewickelt sein müssen.

## Anlagen zum Börsengesetze.

### Anlage A (zu Anmerkung 12).

### Geschäftsordnung für den Börsenausschuß[1].

**§. 1.** Der Börsenausschuß versammelt sich auf Berufung des Reichskanzlers in Berlin.

Die Berufung ergeht an die Hauptmitglieder und wird den Stellvertretern[2]) mitgetheilt. Die Hauptmitglieder sollen, insoweit sie verhindert sind, an den Sitzungen Theil zu nehmen, ihre Stellvertreter hiervon benachrichtigen. Die Stellvertreter anwesender Hauptmitglieder können den Verhandlungen als Zuhörer beiwohnen.

**§. 2.** Der Börsenausschuß ist beschlußfähig, wenn mindestens 16 Stimmberechtigte (Hauptmitglieder und Stellvertreter abwesender Hauptmitglieder) anwesend sind.

**§. 3.** Der Börsenausschuß wählt auf je fünf Jahre einen Vorsitzenden. Nach Ablauf dieser Zeit führt der bisherige Vorsitzende die Geschäfte bis zu der beim nächsten Zusammentreten des Börsenausschusses erfolgenden Wahl eines neuen Vorsitzenden fort. Die Wiederwahl ist zulässig.

Die Wahl erfolgt durch Abgabe verdeckter Stimmzettel ohne Unterschrift.

Ergiebt sich keine absolute Stimmenmehrheit, so findet die engere Wahl zwischen den beiden Mitgliedern statt, welche die meisten Stimmen erhalten haben. Das Loos entscheidet, wenn in Folge von Stimmengleichheit zweifelhaft ist, wer in die engere Wahl kommt, sowie bei Stimmengleichheit in der engeren Wahl.

In gleicher Weise wird ein Stellvertreter des Vorsitzenden gewählt.

Ist der Vorsitzende der auf Vorschlag der Börsenorgane gewählten Mitgliederhälfte entnommen, so muß der Stellvertreter der vom Bundesrath unmittelbar gewählten Mitgliederhälfte angehören; ist der Vorsitzende dieser letzteren Hälfte entnommen, so muß der Stellvertreter der ersteren Hälfte angehören.

Der Vorsitzende leitet den Geschäftsgang und vollzieht die Schriftstücke.

**§. 4.** Der Börsenausschuß beschließt mit absoluter Stimmenmehrheit.

Bei Stimmengleichheit giebt die Stimme des Vorsitzenden den Ausschlag.

Auf Antrag des vierten Theiles der stimmberechtigten Anwesenden erfolgt eine namentliche Abstimmung.

---

stattgefunden haben. In jeder Prolongation liegt ein neues, selbständiges Geschäft, das den zur Zeit seines Abschlusses geltenden Gesetzen zu unterstellen ist RGer. 8. Juli 99 (XLIV 52).

[1]) Erlassen 98 vom BR. auf Grund BörsenG. § 3 Abs. 3.

[2]) Jedes der 40 Mitglieder des Börsenausschusses (BörsenG. Anm. 11) hat einen Stellvertreter. Die Namen der Mitglieder und ihrer Stellvertreter sind im Handbuch für das Deutsche Reich 03 S. 169—174 veröffentlicht.

§. 5. In der Berufung des Reichskanzlers wird der Zeitpunkt und die Tagesordnung der ersten Sitzung bestimmt. Ueber den Zeitpunkt und die Tagesordnung der weiteren Sitzungen beschließt der Börsenausschuß. Der Reichskanzler ist von diesen Beschlüssen in Kenntniß zu setzen.

Die Mitglieder des Bundesraths und die vom Reichskanzler abgeordneten Kommissare können den Sitzungen beiwohnen und müssen auf ihr Verlangen zu jeder Zeit gehört werden.

§. 6. Anträge zu einem Gegenstande der Tagesordnung sind dem Vorsitzenden schriftlich einzureichen.

Zur Geschäftsordnung können mündliche Anträge gestellt werden.

Anträge, welche bezwecken, daß der Börsenausschuß einen Antrag an den Reichskanzler stellt (§. 3 Absatz 1 Satz 2 des Börsengesetzes), müssen, um zur Verhandlung zu kommen, von dem vierten Theile der stimmberechtigten Anwesenden unterstützt werden.

§. 7. Ueber jede Sitzung ist ein Protokoll aufzunehmen, welches die Namen der Anwesenden, die Gegenstände der Berathung, die Anträge und die Beschlüsse sowie das Ergebniß der Wahlen enthält. Im Falle namentlicher Abstimmung (§. 4 Absatz 3) sind die Namen und das Votum der Abstimmenden in das Protokoll aufzunehmen.

Das Protokoll ist von dem Vorsitzenden und dem Protokollführer zu vollziehen. Außerdem werden die Verhandlungen stenographisch aufgenommen.

§. 8. Die Gutachten werden nach Maßgabe der von dem Börsenausschusse gefaßten Beschlüsse erstattet. Der Minderheit steht es frei, dem Gutachten eine Begründung ihrer Auffassung beizugeben und zu diesem Zwecke aus ihrer Mitte einen Mitberichterstatter zu wählen. Im Falle namentlicher Abstimmung hat das Gutachten die Namen der Abstimmenden aufzuführen und die verschiedenen von ihnen vertretenen Ansichten darzustellen.

Das Gleiche gilt von den vom Börsenausschuß an den Reichskanzler zu stellenden Anträgen.

§. 9. Der Börsenausschuß oder, sofern dieser nicht versammelt ist, der Vorsitzende kann aus der Zahl der Mitglieder Kommissionen zur Vorbereitung einer Begutachtung bestellen.

§. 10. Wenn der Gegenstand eines Gutachtens im Besonderen den Waarenhandel oder den Handel mit Werthpapieren betrifft, so ist das Gutachten auf Erfordern des Reichskanzlers von einer Abtheilung des Börsenausschusses zu erstatten.

Der Börsenausschuß theilt zu diesem Zwecke seine Mitglieder in zwei Abtheilungen von je zwanzig Mitgliedern (Abtheilung für Waaren — Abtheilung für Werthpapiere). Der für ein Hauptmitglied einberufene Stellvertreter vertritt das erstere auch in der Abtheilung.

Die Abtheilungen sind beschlußfähig, wenn mindestens 10 Stimmberechtigte anwesend sind.

Den Verhandlungen einer Abtheilung können die Mitglieder der anderen Abtheilung als Zuhörer beiwohnen.

Jede Abtheilung wählt nach Maßgabe des §. 3 einen Vorsitzenden und einen Stellvertreter.

Im Uebrigen finden die für den Gesammtausschuß vorgesehenen Bestimmungen entsprechende Anwendung.

§. 11. Die Beisitzer in der ehrengerichtlichen Berufungskammer und deren Stellvertreter (§. 17 des Börsengesetzes) werden auf die Dauer ihrer Mitgliedschaft im Börsenausschusse gewählt. Auf diese Wahlen finden die Vorschriften des §. 3 Absatz 2 und 3 entsprechende Anwendung.

§. 12. Die stimmberechtigten Mitglieder des Börsenausschusses erhalten für die Zeit der Sitzungen und der Reisen in Angelegenheiten des Ausschusses Tagegelder in

Höhe von fünfzehn Mark, außerdem als Ersatz der Fuhrkosten bei Reisen, welche auf Eisenbahnen oder Dampfschiffen gemacht werden können, für das Kilometer dreizehn Pfennig und für jeden Zu- und Abgang drei Mark, bei Reisen, welche nicht auf Dampfschiffen oder Eisenbahnen zurückgelegt werden können, sechszig Pfennig für das Kilometer der nächsten fahrbaren Straßenverbindung.

Die gleichen Sätze stehen den Beisitzern der Berufungskammer und den zu den Sitzungen des Börsenausschusses herangezogenen Sachverständigen zu.

---

## Anlage B (zu Anmerkung 13).

### Börsen-Ordnung für Berlin. Vom 31. März 1903.

(AB. Potsdam, Beilage zu Stück 15) [1]).

### I. Börsen-Aufsicht und Börsen-Leitung.

§ 1. Die unmittelbare Aufsicht über die Börse zu Berlin steht der Handelskammer zu Berlin zu [2]).

Ihrer Aufsicht unterliegen auch die auf den Berliner Börsenverkehr bezüglichen Einrichtungen, insbesondere die Kündigungsbureaux, Liquidationskassen, Liquidationsvereine und ähnliche Anstalten [3]). Diese Anstalten haben ihre Statuten und die Abänderungen derselben, sowie die von ihnen zu erlassenden, auf den Börsenverkehr bezüglichen Reglements der Handelskammer zu Berlin zur Genehmigung einzureichen. Die gegenwärtig geltenden Statuten und Reglements der zur Zeit bestehenden derartigen Anstalten bleiben in Kraft, insoweit sie von den Ältesten der Kaufmannschaft von Berlin genehmigt waren.

§ 2. Die Börsenleitung liegt dem Börsen-Vorstande ob [4]). Dieser besteht aus 36 Mitgliedern. 9 Mitglieder werden von der Handelskammer aus ihrer Mitte, 27 von der Gesamtheit der Börsenbesucher aus ihrem Kreise gewählt.

Als Börsenbesucher in diesem Sinne gelten und sind demnach wahlberechtigt:

a) Gegenwärtige und frühere Inhaber von Handelsfirmen, ferner, soweit deren Firmen bezw. Gesellschaften am Börsenverkehr beteiligt sind, die Vorstandsmitglieder von Aktiengesellschaften, persönlich haftende Gesellschafter von Kommanditgesellschaften und Kommanditgesellschaften auf Aktien, Geschäftsführer und Gesellschafter einer Gesellschaft mit beschränkter Haftung und Vorsteher eingetragener Genossenschaften,

b) die Prokuristen der vorbezeichneten Firmen und Gesellschaften,

soweit sie zur Börse zugelassen sind.

Die finanzielle Verwaltung der Börse steht nach Maßgabe des Korporationsstatuts den Ältesten der Kaufmannschaft von Berlin zu, welche dem Börsen-Vorstande und der Zulassungsstelle die für die Erledigung ihrer Geschäfte erforderlichen Beamten mit Ausnahme der von der Handelskammer zu stellenden Syndici überweisen.

§ 3. Die Wahl der von den Börsenbesuchern (§ 2 Abs. 2) zu wählenden Mitglieder des Börsen-Vorstandes erfolgt im Monat Dezember auf drei Jahre in geheimer Wahl durch Stimmzettel mittels relativer Stimmenmehrheit, und zwar werden

---

[1]) Vom Min. f. H. u. G. genehmigt 1. April 03, ist sie an Stelle der früheren BörsenO. 23. Dez. 96 (Reichsanzeiger 30. Dez. 96 Nr. 309) getreten.

[2]) Bf. 27. März 03 (MB. d. H. u. G. B. 87). Früher stand die unmittelbare Aufsicht den Ältesten der Kaufmannschaft zu. — Die Berliner Börse ist eine Einrichtung der Korporation der Kaufmannschaft zu Berlin; diese ist Eigentümerin des Börsengebäudes Berlin C. Neue Friedrichstr. 53/54, auch liegt ihr die Verwaltung der Börse ob. Finanzielle Verwaltung § 2 Abs. 3.

[3]) BörsenG. § 1 Abs. 3.

[4]) BörsenG. § 8 Abs. 2.

1. 15 Mitglieder von den an dem Verkehr der Fondsbörse und
2. 12 Mitglieder von den an dem Verkehr der Produktenbörse

beteiligten vorbezeichneten Personen gewählt. Mitglieder der Handelskammer sind nicht wählbar. Von den 15 Mitgliedern, welche von den am Verkehr der Fondsbörse beteiligten Börsenbesuchern gewählt werden, müssen 4, von den 12 Mitgliedern, welche von den an dem Verkehr der Produktenbörse beteiligten Börsenbesuchern gewählt werden, müssen 2 Älteste der Kaufmannschaft sein.

Die Wahl erfolgt in getrennten Wahlgängen und zwar von Seiten der am Verkehr der Fondsbörse Beteiligten wiederum in zwei getrennten Wahlgängen, in deren einem 4 Älteste der Kaufmannschaft, in derem anderem 11 Mitglieder ohne die vorstehende Beschränkung gewählt werden, von Seiten der am Verkehr der Produktenbörse Beteiligten in drei getrennten Wahlgängen, in deren einem 2 Älteste der Kaufmannschaft, in deren zweitem 2 Mitglieder, welche das Müllereigewerbe betreiben, in deren drittem 8 Mitglieder ohne die vorstehenden Beschränkungen zu wählen sind. Unter denjenigen Gewählten, auf welche die gleiche Stimmenzahl gefallen ist, entscheidet das Los.

Von den auf diese Weise gewählten Mitgliedern des Börsen-Vorstandes scheiden für die Fondsbörse jährlich 5, für die Produktenbörse jährlich 4 aus und werden durch neue Wahlen auf je 3 Jahre ersetzt.

Die Wählerlisten werden in der Börsenregistratur acht Börsentage hindurch zur Einsicht ausgelegt. Die Zeit, während welcher die Auslegung erfolgt, ist durch Aushang in den Börsensälen bekannt zu machen. Beschwerden über die Wählerliste, welche nach Ablauf der achttägigen Frist eingehen, haben keinen Anspruch auf Berücksichtigung.

Die Berufung der Wähler erfolgt durch eine von der Handelskammer zu Berlin zu erlassende, den Wahlmodus angebende öffentliche Bekanntmachung. Dieselbe muß mindestens während acht Börsentagen vor dem Wahltermine in den Sälen der Börse aushängen.

Die von der Handelskammer aus ihrer Mitte zu wählenden Mitglieder des Börsen-Vorstandes

3. in der Zahl von 5 für die Fondsbörse und
4. in der Zahl von 4 für die Produktenbörse

werden im Monat Dezember auf ein Jahr gewählt.

Scheiden im Laufe der Wahlperiode gemäß Abs. 1 gewählte Mitglieder aus, so ergänzt sich die betreffende Abteilung des Börsen-Vorstandes bis zum Ablauf des Kalenderjahres durch Zuwahl. Scheiden im Laufe der Wahlperiode gemäß Abs. 6 gewählte Mitglieder aus, so werden die Ausscheidenden für die betreffende Abteilung von der Handelskammer zu Berlin aus ihrer Mitte ersetzt. Die auf diese Weise neu eintretenden Mitglieder werden gleichzeitig Mitglieder der Börsen-Vorstandes.

Die Mandate der beim Inkrafttreten dieser Börsen-Ordnung dem Börsen-Vorstand angehörenden, von den Interessenten am Börsenverkehr gewählten Mitglieder bleiben bis zum Ablauf der betreffenden Wahlperioden in Kraft.

§ 4. Nach vollzogener Wahl konstituiert sich der Börsen-Vorstand für das folgende Kalenderjahr, indem er aus seiner Mitte einen Vorsitzenden und zwei Stellvertreter wählt. Die Wahlen des Vorsitzenden und seiner Stellvertreter unterliegen der Bestätigung durch die Handelskammer.

§ 5. Der Börsen-Vorstand besteht aus zwei Abteilungen:

1. dem Vorstand der Fondsbörse, welchem die in § 3 unter 1 und 3, und
2. dem Vorstand der Produktenbörse, welchem die in § 3 unter 2 und 4 bezeichneten Mitglieder angehören.

Für die den Handel mit landwirtschaftlichen Produkten betreffenden Angelegenheiten werden zu dem Vorstande der Produktenbörse als weitere Mitglieder 5 Vertreter der Landwirtschaft und der landwirtschaftlichen Nebengewerbe hinzugewählt. Zum Zwecke dieser Wahl wird seitens des Landes-Ökonomie-Kollegiums[5]) eine Vorschlagsliste von 10 Personen aufgestellt. Aus dieser Liste sind 5 durch die im § 2 bezeichneten am Verkehr der Produktenbörse teilnehmenden Börsenbesucher, auf 3 Jahre zu wählen. Die Wahl erfolgt nach der Vorschrift des § 3 Abs. 1.

Scheiden im Laufe der Wahlperiode ein oder mehrere Vertreter der Landwirtschaft und der landwirtschaftlichen Nebengewerbe aus, so ergänzt sich der gemäß § 3 gewählte Börsen-Vorstand der Produktenbörse bis zum Ablauf der Wahlperiode durch Zuwahl. Zu diesem Zwecke wird seitens des Landes-Ökonomie-Kollegiums eine Vorschlagsliste in Höhe der doppelten Zahl der zu Wählenden, mindestens aber von fünf Kandidaten aufgestellt.

Jede Abteilung wählt alljährlich einen Vorsitzenden und zwei Stellvertreter. Diese Wahlen unterliegen der Bestätigung durch die Handelskammer.

Sämtliche Mitglieder des Börsen-Vorstandes üben ihre Funktionen ehrenamtlich aus.

Die Mandate der im Dezember 1902 in den Vorstand der Produktenbörse gewählten Vertreter der Landwirtschaft und der landwirtschaftlichen Nebengewerbe bleiben bis zum Ablauf der Wahlperiode in Kraft.

**§ 6.** Dem Börsen-Vorstand liegt die Börsenleitung nach Maßgabe der gesetzlichen Bestimmungen ob. Insbesondere hat derselbe folgende Aufgaben:

1. er handhabt die Ordnung in den Börsenräumen und erläßt mit Genehmigung der Handelskammer Bestimmungen über die äußere Regelung des Geschäftsverkehr an der Börse;
2. er hat die Befolgung der in bezug auf die Börse erlassenen Gesetze und Verwaltungsbestimmungen zu überwachen;
3. er beschließt über die Zulassung zum Börsenbesuche und über den Ausschluß von demselben;
4. er übt die Disziplinargewalt an der Börse aus;
5. er besorgt die amtliche Notierung der Börsenkurse und deren Veröffentlichung (§§ 10, 32—38);
6. er hat nach Maßgabe der von ihm mit Genehmigung der Handelskammer zu erlassenden Geschäftsordnung Streitigkeiten aus Geschäften an der Fonds- und Produktenbörse zu entscheiden und die Börsengeschäfts- und Börsenverkehrs-Bedingungen festzustellen;
7. er hat das Vorschlagsrecht für die Wahl der Mitglieder des Börsen-Ausschusses, insoweit dieselbe auf Vorschlag der Börsenorgane zu erfolgen hat.

Gegen die Beschlüsse und Anordnungen des Börsen-Vorstandes und seiner Abteilungen findet innerhalb acht Tagen Beschwerde an die Handelskammer statt, insofern dies die Börsen-Ordnung nicht ausdrücklich ausschließt[6]).

Diejenigen Mitglieder der Handelskammer, welche dem Börsen-Vorstande Abteilung Fondsbörse angehören, nehmen bei Beschwerden gegen Beschlüsse oder Anordnungen dieser Abteilung, die der Abteilung Produktenbörse angehörenden Mitglieder bei Beschwerden gegen Beschlüsse oder Anordnungen der letzteren Abteilung nur an der Beratung, nicht aber an der Abstimmung teil. Bei Beschwerden, welche sich gegen Beschlüsse oder Anordnungen des Gesamt-Börsen-Vorstandes richten, haben sämtliche

[5]) Satzungen 98 (MB. 99 S. 15). Das Landesökonomiekollegium ist gemeinsame Geschäftsstelle der Landwirtschaftskammern G. 30. Juni 94 (GS. 126) und technischer Beirat des Landwirtschaftsministers. Die Mitglieder werden auf drei Jahre berufen und zwar je zwei für jede Provinz durch Wahl der Landwirtschaftskammer, weitere Mitglieder bis zu $1/3$ der Gewählten durch den Landwirtschaftsminister.

[6]) Die Entscheidung der Handelskammer ist endgültig.

dem Börsen-Vorstande angehörenden Mitglieder der Handelskammer sich der Abstimmung zu enthalten.

§ 7. Der Börsen-Vorstand und seine Abteilungen können einzelne Mitglieder oder aus ihrer Mitte gebildete Kommissionen mit der Vorbereitung oder Erledigung der Geschäfte betrauen.

Der Börsen-Vorstand bestellt aus seiner Mitte alljährlich eine Kommission zur Vorprüfung und Erledigung der Gesuche um Zulassung zum Börsenbesuch. Falls Einstimmigkeit nicht zu erzielen ist, ist die Entscheidung des Börsen-Vorstandes herbeizuführen.

Diese Kommission fungiert zugleich als Untersuchungs-Kommission in Disziplinarsachen.

§ 8. Der Börsen-Vorstand wählt alljährlich aus seiner Mitte eine Kommission von 5 Mitgliedern und 5 Stellvertretern, welche berufen ist, diejenigen Streitigkeiten in Börsensachen, welche von Börsenbesuchern freiwillig an sie gebracht werden, durch Vergleich oder durch schiedsrichterlichen Ausspruch zu schlichten. Die näheren Bestimmungen über die Kommission werden in der Geschäfts-Ordnung des Börsen-Vorstandes erlassen.

§ 9. Die Mitglieder des Börsen-Vorstandes haben für die Erhaltung und Handhabung der äußeren Ordnung, der Ruhe und des Anstandes in den Versammlungsräumen der Börse und den dazu gehörigen Nebenräumen zu sorgen.

Jedes gemäß § 3 gewählte Mitglied des Börsen-Vorstandes ist befugt, Börsenbesucher, welche die Ordnung, die Ruhe oder den Anstand an der Börse oder in den dazu gehörigen Nebenräumen verletzen oder der in dieser Beziehung ergehenden Anordnung eines Mitgliedes des Börsen-Vorstandes nicht ungesäumt Folge leisten, sofort und ohne Erörterung der Ursache von der Börse entfernen zu lassen. Das betreffende Mitglied des Börsen-Vorstandes muß in diesem Falle noch an demselben Tage dem Vorsitzenden des Börsen-Vorstandes schriftlichen Bericht erstatten.

Der Vorsitzende, oder in dessen Behinderung sein Stellvertreter ist nach Anhörung des betreffenden Börsenbesuchers berechtigt, diesem den Zutritt zu den Börsen-Versammlungen bis zur Beendigung des nach § 20 und 21 einzuleitenden Verfahrens zu versagen.

Zur Unterstützung des Börsen-Vorstandes bei der Aufrechterhaltung der Ordnung, der Ruhe und des Anstandes sind Börsenbeamte anzustellen, welche den Anordnungen der Mitglieder des Börsen-Vorstandes Folge zu leisten haben.

§ 10. Die amtliche Feststellung der Kurse und Preise[7]) erfolgt namens des Börsen-Vorstandes durch ein Mitglied oder mehrere Mitglieder der betreffenden Abteilung.

Die Namen dieser Mitglieder und ihrer Stellvertreter sind von den Abteilungen des Börsen-Vorstandes am Anfang des Monats durch einen bis zum Schluß desselben verbleibenden Aushang in den Börsensälen bekannt zu machen. Für den Fall plötzlich erfolgender Verhinderung können auch andere Mitglieder des Börsen-Vorstandes eintreten.

Bei der Preisfeststellung für landwirtschaftliche Produkte sind mindestens 2 der als Vertreter der Landwirtschaft, der landwirtschaftlichen Nebengewerbe oder anderen Berufszweige gewählten Mitglieder des Börsen-Vorstandes zur Mitwirkung zu berufen.

Die Leitung der Preisfeststellung jedoch ist immer einem der gemäß § 3 gewählten Mitglieder des Börsen-Vorstandes zu übertragen. Bei Meinungsverschiedenheiten unter den mitwirkenden Mitgliedern des Börsen-Vorstandes entscheidet die Mehrheit. Bei Stimmengleichheit gibt die Stimme des die Preisfeststellung leitenden Vorstandsmitgliedes den Ausschlag.

---

[7]) BörsenG. § 29—35.

§ 11. Zur Beschlußfähigkeit des Börsen-Vorstandes ist die Anwesenheit von 15, des Vorstandes der Fondsbörse von 9, des Vorstandes der Produktenbörse von 7 und in Angelegenheiten des Handels mit landwirtschaftlichen Produkten und Nebenprodukten von 9 Mitgliedern erforderlich.

## II. Geschäftszweige an der Berliner Börse.

§ 12. Die Börse in Berlin hat zum Zwecke die Erleichterung des Betriebes von Handelsgeschäften zu:

1. Münzen und Edelmetallen, Banknoten, Papiergeld, Staats- oder anderen für den Handelsverkehr geeigneten Wertpapieren, Coupons und Dividendenscheinen, sowie in Wechseln, Schecks, Anweisungen und Auszahlungen (Fondsbörse);
2. Getreide, Mehl, Braumalz, Stärke, Zucker, Saat, Rüböl, Petroleum, Spiritus, Holz und anderen Produkten und Waren (Produktenbörse).

Die Börsen-Versammlungen finden in dem der Korporation der Kaufmannschaft von Berlin gehörigen Börsengebäude statt. Bei künftig etwa eintretenden Änderungen wird der Versammlungsort der Börse von der Handelskammer zu Berlin mit Genehmigung der Landesregierung bestimmt und öffentlich bekannt gemacht.

## III. Zulassung zum Börsenbesuch und Ausschluß von demselben[8]).

§ 13. Der Zutritt zu den Börsen-Versammlungen steht nur denjenigen Personen zu, welche vom Börsen-Vorstand eine Börsenkarte oder eine Eintrittskarte erhalten haben. Die Karte ist nur für diejenige Person gültig, auf deren Namen sie lautet.

Eine Eintrittskarte wird ohne Antrag und kostenfrei erteilt an die am Börsenverkehr nicht teilnehmenden Mitglieder des Ältestenkollegiums und der Handelskammer, an die Beamten der Handelskammer und, sofern nicht der Versammlungsort aus den jetzt bestehenden Börsensälen fortverlegt wird, an die Beamten der Korporation der Kaufmannschaft von Berlin sowie an alle diejenigen Personen, welche, ohne an den Börsen- oder Kursmaklergeschäften teilzunehmen, vermöge ihres Amtes den Börsen-Versammlungen beizuwohnen berechtigt oder verpflichtet sind.

Finden sich an der Börse Personen zu Zwecken ein, welche mit der Ordnung oder dem Geschäftsverkehr an derselben unvereinbar sind, so sind dieselben auszuweisen.

§ 14. Zum Börsenbesuche dürfen nicht zugelassen werden:

1. Personen weiblichen Geschlechts und Minderjährige;
2. Personen, welche sich nicht im Besitze der bürgerlichen Ehrenrechte befinden;
3. Personen, welche infolge gerichtlicher Anordnung in der Verfügung über ihr Vermögen beschränkt sind;
4. Personen, welche wegen betrüglichen Bankerutts rechtskräftig verurteilt sind;
5. Personen, welche wegen einfachen Bankerutts rechtskräftig verurteilt sind;
6. Personen, welche sich im Zustande der Zahlungsunfähigkeit befinden. Der Zustand der Zahlungsunfähigkeit gilt bei einem Börsenbesucher bereits dann für eingetreten, wenn er seinen Gläubigern Vergleichsvorschläge macht oder wenn er eine unstreitige und fällige Schuldverbindlichkeit unberichtigt gelassen hat;
7. Personen, gegen welche durch rechtskräftige oder für sofort wirksam erklärte ehrengerichtliche Entscheidung auf Ausschließung von dem Besuche einer Börse erkannt ist, für die Dauer der Ausschließung;
8. Personen, welche an einer die übrigen Börsenbesucher oder den Verkehr an der Börse gefährdenden körperlichen oder geistigen Krankheit leiden.

Die Zulassung oder Wiederzulassung zum Börsenbesuche kann in den Fällen unter 2 und 3 nicht vor der Beseitigung des Ausschließungsgrundes, in dem Falle

---

[8]) BörsenG. § 7.

unter 5 nicht vor Ablauf von sechs Monaten, nachdem die Strafe verbüßt, verjährt oder erlassen ist, erfolgen; sie darf in dem letzteren Falle und ebenso in dem Falle unter 6 nur stattfinden, wenn der Börsen-Vorstand den Nachweis für geführt erachtet, daß die Schuldverhältnisse sämtlichen Gläubigern gegenüber durch Zahlung, Erlaß oder Stundung geregelt sind. Einer Person, welche im Wiederholungsfalle in Zahlungsunfähigkeit oder in Konkurs geraten ist, muß die Zulassung oder Wiederzulassung mindestens für die Dauer eines Jahres verweigert werden. In dem Falle unter 4 ist der Ausschluß ein dauernder. In dem Falle unter 6 kann der Börsen-Vorstand ein Mindestmaß der Ausschlußfrist feststellen.

Tritt einer der zu 2 bis 8 gedachten Fälle erst nach der Zulassung ein, so erfolgt die Ausschließung mittels eines schriftlich auszufertigenden Beschlusses des Börsen-Vorstandes.

**§ 15.** Die Börsenkarte berechtigt, an der Börse in Gemäßheit des § 12 Geschäfte abzuschließen. Dieselbe darf, insoweit nicht einer der in § 14 aufgeführten Fälle vorliegt, nach Erfüllung der Voraussetzungen der §§ 18 und 19 nicht versagt werden denjenigen im Bezirk der Handelskammer zu Berlin ansässigen Personen, welche als Inhaber einer Handelsfirma, als Gesellschafter einer offenen Handelsgesellschaft, als Vorstandsmitglieder einer Aktiengesellschaft, als persönlich haftende Gesellschafter einer Kommanditgesellschaft oder Kommanditgesellschaft auf Aktien, als Geschäftsführer einer Gesellschaft mit beschränkter Haftung in das Handelsregister oder als Vorsteher einer eingetragenen Genossenschaft in das Genossenschaftsregister Berlins oder eines seiner Vororte eingetragen sind.

In geeigneten Fällen können die Prokuristen oder Bevollmächtigten statt der vorstehend aufgeführten Berechtigten die Erteilung einer Börsenkarte beantragen.

Anderen Personen darf nach dem Ermessen des Börsen-Vorstandes eine Börsenkarte erteilt und wieder entzogen werden.

**§ 16.** Insoweit nicht einer der Fälle des § 14 vorliegt, werden ferner Börsenkarten für Prokuristen ausgegeben, wenn dies von einem Prinzipal, der eine Börsenkarte besitzt, beantragt wird. Sobald die Stellung als Prokurist ihre Endschaft erreicht, hat dies der Prinzipal sofort dem Börsen-Vorstand zu melden und die Börsenkarte des Prokuristen zurückzugeben. Die Börsenkarte berechtigt den Prokuristen, an der Börse Geschäfte lediglich für den Prinzipal und im Namen desselben abzuschließen.

Börsenkarten für Prokuristen können nach dem Ermessen des Börsen-Vorstandes wieder entzogen werden.

**§ 17.** Außerdem werden Eintrittskarten ausgegeben, welche ihre Inhaber nicht berechtigen, am Börsengeschäft teilzunehmen; diese werden nach dem Ermessen des Börsen-Vorstandes erteilt

a) an Berichterstatter der Presse;
b) solchen Personen, welche ein dem Börsenhandel dienendes Hilfsgewerbe betreiben;
c) auf ein Kalenderjahr an Handlungsgehilfen, Volontäre und Lehrlinge, welche bei einer der unter § 15 Abs. 1 bezeichneten Personen oder Firmen im Dienste stehen, sofern deren Zulassung durch diese beantragt wird;
d) auf ein Kalenderjahr an Boten auf Antrag des Geschäftsherrn, soweit ein Bedürfnis dafür vom Börsen-Vorstand anerkannt wird;
e) für die Dauer eines Monats an Kaufleute und Prokuristen, welche nicht in Berlin und seinen Vororten wohnen und welche durch den Inhaber einer Börsenkarte empfohlen werden (Fremden-Eintrittskarte).

Sämtliche Eintrittskarten können aus einem der in § 14 aufgeführten Gründe versagt und auch nach dem Ermessen des Börsen-Vorstandes wieder entzogen werden.

Den unter a—e bezeichneten Personen ist die Karte dann zu entziehen, wenn sie am Börsengeschäft teilnehmen. Die unter c Genannten dürfen an der Börse nur

Geschäfte für und im Namen ihrer Prinzipale abschließen, die unter d Genannten nur wirkliche Botendienste verrichten. Die unter c und d bezeichneten Personen können auch Eintrittskarten erhalten, wenn sie minderjährig sind.

Ohne Erteilung einer Eintrittskarte, jedoch höchstens sechs Mal jährlich, dürfen einwandsfreie volljährige Personen durch Inhaber einer Börsenkarte in die Börse eingeführt werden, nachdem die Namen des Einführenden und des Eingeführten, bei letzterem unter Angabe von Stand und Wohnort, in das am Eingang zu den Börsensälen ausliegende Fremdenbuch eingetragen sind.

**§ 18.** Alle Anträge zum Besuch der Börse sind schriftlich zu stellen, und ist dabei in den Fällen des § 15 und 16 anzugeben, ob der Börsenbesucher der Fondsbörse oder der Produktenbörse zugerechnet sein will.

Betrifft der Antrag einen Börsenbesucher in den Fällen der §§ 15 und 17 a und b, so muß derselbe von drei Gewährsmännern, welche seit mindestens 2 Jahren ununterbrochen zum Besuche der Berliner Börse zugelassen sind, unterstützt werden. Kursmakler sind von der Stellung von Gewährsmännern befreit.

Die Inhaber von Eintrittskarten in den Fällen des § 17 a und b dürfen nur für ihre eigenen Berufsgenossen als Gewährsmänner auftreten.

**§ 19.** Ist die Stellung von Gewährsmännern nach § 18 erforderlich, so ist der Antrag nach Eingang mit Namhaftmachung der Gewährsmänner durch Aushang in den Börsensälen während einer Woche zur Kenntnis der Börsenbesucher zu bringen. Nach Ablauf dieser Frist und nachdem die Gewährsmänner zu Protokoll erklärt haben, daß sie nach sorgfältiger Prüfung den Aufzunehmenden für einen Mann halten, welcher der Zulassung zum Besuche der Börse und der Achtung seiner Berufsgenossen würdig ist, entscheidet die Aufnahme-Kommission (§ 7) über den Antrag.

Wird der Antrag auf Zulassung endgültig abgelehnt, so darf derselbe innerhalb 6 Monaten nach der Ablehnung nicht wiederholt werden.

Wird gegen ein Mitglied der Börse auf Ausschließung von derselben auf die Dauer von 3 Monaten oder länger erkannt, so ist zugleich seitens des Börsen-Vorstandes zu prüfen, ob der Gewährsmann bei der Empfehlung Tatsachen gekannt hat oder bei ernster Erfüllung der ihm durch die Empfehlung auferlegten Pflicht hätte kennen müssen, wonach der Ausgeschlossene der Zulassung zum Börsenbesuche und der Achtung seiner Berufsgenossen unwert gewesen. Ist dies der Fall, so kann gegen den Gewährsmann zeitweise oder dauernd auf Absprechung des Rechtes, als Gewährsmann zu fungieren, erkannt, und dieses Erkenntnis durch Aushang in den Börsensälen veröffentlicht werden. Ein Verfahren gegen den Gewährsmann tritt nicht ein, wenn zwischen der Gewährschaft und der Ausschließung mehr als drei Jahre liegen.

**§ 20.** Sämtliche Börsenbesucher unterstehen den Anordnungen des Börsen-Vorstandes.

Von dem Besuche der Börsen-Versammlungen sind mittels schriftlich auszufertigenden Beschlusses des Börsen-Vorstandes auszuschließen:

Diejenigen, welche in den Börsensälen oder den zugehörigen Nebenräumen von dem Zeitpunkte der Öffnung bis zu dem der Schließung der Eingangstüren sich einer der nachstehend bezeichneten Handlungen schuldig machen:

a) der Beleidigung eines anderen Börsenbesuchers oder einer an der Börse amtlich beschäftigten Person,

b) der Erregung von Lärm, der Verletzung des Anstandes, der Störung der Ordnung oder des Geschäftsverkehrs an der Börse, oder der Zuwiderhandlung gegen eine Anordnung eines Mitgliedes des Börsen-Vorstandes,

c) diejenigen, welche einer nach Börsenschluß erlassenen Aufforderung des Börsendieners zum Verlassen der Börse nicht Folge geleistet haben,

d) diejenigen, welche eine Eintrittskarte für einen Handlungsgehilfen beantragen oder demselben belassen, obwohl sie wissen oder ohne grobe Fahrlässigkeit wissen mußten, daß der Handlungsgehilfe an der Börse nicht nur Geschäfte auf den Namen des Prinzipals und für denselben abschließt.

Die Ausschließungsfrist ist auf mindestens drei Tage und höchstens ein Jahr zu bestimmen.

Statt der Ausschließung ist die Erteilung eines Verweises oder die Verhängung einer Geldstrafe von mindestens 50 bis höchstens 1500 M. zulässig. Die auf Grund dieser Strafen eingehenden Gelder sind im Interesse unterstützungsbedürftiger Börsenbesucher zu verwenden.

**§ 21.** Vor Festsetzung eines Strafbeschlusses wird der Beschuldigte vor der vom Börsen-Vorstande einzusetzenden Untersuchungskommission und einem Syndikus mit seiner Verteidigung gehört.

Erscheint er auf schriftliche Vorladung nicht, so wird gegen ihn nach Lage der Akten verfahren. An denjenigen, dessen Aufenthalt nicht bekannt ist, gilt die Vorladung und die Mitteilung des Beschlusses für rechtsverbindlich bewirkt, wenn dieselben während acht Börsentagen in den Börsensälen ausgehangen haben.

**§. 22.** Die Ausschließung von der Börse, die Verhängung einer Geldstrafe oder die Erteilung eines Verweises kann auf Beschluß des Börsen-Vorstandes durch 8 tägigen Aushang in den Börsensälen bekannt gemacht werden.

**§ 23.** Gegen die Verhängung der Strafen findet innerhalb 8 Tagen nach Zustellung des Beschlusses die Beschwerde an die Handelskammer statt; dieselbe hat aufschiebende Wirkung[9]).

## IV. Ehrengericht[10]).

**§ 24.** Für die Berliner Börse wird ein Ehrengericht gebildet. Dasselbe besteht:

1. aus 5 ordentlichen und 5 stellvertretenden Mitgliedern, welche aus den Mitgliedern der Handelskammer von letzterer auf 3 Jahre gewählt und im Falle des Ausscheidens eines Mitgliedes für diesen Zeitraum ergänzt werden, sowie
2. einem Syndikus mit beratender Stimme.

Hinsichtlich der Zuständigkeit des Ehrengerichtes und des bei demselben zu beobachtenden Verfahrens gelten die §§ 10—28 des Börsengesetzes.

Findet der Ausschluß eines Inhabers oder Vertreters einer Firma durch Entscheidung des Ehrengerichts statt, so können durch Beschluß des Börsenvorstandes auch die übrigen Inhaber, Vertreter oder Angestellten dieser Firma, welchen eine Eintritts- oder Börsenkarte erteilt ist, ausgeschlossen werden.

Die rechtskräftigen Entscheidungen des Ehrengerichts sind dem Börsen-Vorstand mitzuteilen.

## V. Zulassungsstelle[11]).

**§ 25.** Die Zulassung von Wertpapieren zum Börsenhandel erfolgt durch eine von der Handelskammer auf die Dauer von drei Jahren zu erwählende Kommission von 22 Mitgliedern (Zulassungsstelle), von welchen fünf aus der Zahl der Mitglieder der Handelskammer, sechs aus der Zahl der Ältesten der Kaufmannschaft zu wählen sind, und mindestens die Hälfte nicht in das Börsenregister für Wertpapiere eingetragen ist.

Für ein Mitglied oder den Stellvertreter eines Mitgliedes, welches während seiner Amtsdauer ausscheidet, wählt die Handelskammer einen Ersatzmann für den Rest der Wahlperiode des Ausgeschiedenen.

---

[9]) Die Entscheidung der Handelskammer ist endgültig.

[10]) BörsenG. § 9—27.

[11]) BörsenG. § 36—42.

Die Zulassungsstelle erläßt ihre Geschäftsordnung selbst. Dieselbe unterliegt der Genehmigung der Handelskammer.

Von der Beratung und Beschlußfassung über die Zulassung eines Wertpapiers zum Börsenhandel sind diejenigen Mitglieder ausgeschlossen, welche an der Einführung dieses Wertpapiers in den Börsenhandel beteiligt sind. Für diese sowie aus sonstigen Gründen behinderte Mitglieder werden Stellvertreter berufen; zu diesem Zwecke werden 8 Stellvertreter auf die Dauer von 3 Jahren durch die Handelskammer zu Berlin gewählt, von denen mindestens die Hälfte nicht in das Börsenregister für Wertpapiere eingetragen ist.

Nach vollzogener Wahl konstituiert sich die Zulassungsstelle, indem sie aus ihrer Mitte einen Vorsitzenden und zwei Stellvertreter wählt. Diese Wahlen unterliegen der Bestätigung durch die Handelskammer.

Die Zulassungsstelle ist beschlußfähig, wenn 9 Mitglieder einschließlich der einberufenen Stellvertreter anwesend sind, von denen mindestens 5 nicht im Börsenregister für Wertpapiere eingetragen sind.

**§ 26.** Die Zulassungsstelle hat nach Maßgabe des Börsengesetzes und der dazu ergehenden Ausführungsbestimmungen die Aufgabe und die Pflicht:

a) die Vorlegung der Urkunden, welche die Grundlage für die zu emittierenden Wertpapiere bilden, zu verlangen und diese Urkunden zu prüfen;

b) dafür zu sorgen, daß das Publikum über alle zur Beurteilung der zu emittierenden Wertpapiere notwendigen tatsächlichen und rechtlichen Verhältnisse soweit als möglich informiert wird, und bei Unvollständigkeit der Angaben die Emission nicht zuzulassen;

c) Emissionen nicht zuzulassen, durch welche erhebliche allgemeine Interessen geschädigt werden, oder welche offenbar zu einer Uebervorteilung des Publikums führen.

Die Zulassungsstelle darf die Emission ohne Angabe von Gründen ablehnen.

Die Zulassungsstelle ist befugt, zum Börsenhandel zugelassene Wertpapiere von demselben auszuschließen.

Die Zulassung Deutscher Reichs- und Staatsanleihen darf nicht versagt werden.

**§ 27.** Nach Einreichung des Antrages auf Zulassung von Wertpapieren ist derselbe von der Zulassungsstelle unter Bezeichnung der Einführungsfirma, des Betrages sowie der Art der einzuführenden Wertpapiere zu veröffentlichen. Zwischen dieser Veröffentlichung und der Einführung an der Börse muß eine Frist von mindestens sechs Tagen liegen.

Der Antragsteller hat anzugeben, ob das Gesuch um Zulassung bereits bei einer anderen Börse eingereicht ist oder gleichzeitig eingereicht wird. Ist dies der Fall, so sollen die Wertpapiere nur mit Zustimmung der anderen Zulassungsstelle zugelassen werden.

Vor der Zulassung ist, sofern es sich nicht um Deutsche Reichs- oder Staatsanleihen handelt, ein Prospekt zu veröffentlichen, welcher die für die Beurteilung des Wertes der einzuführenden Papiere wesentlichen Angaben enthält. Das Gleiche gilt für Konvertierungen, Kapitalserhöhungen und Kapitalsherabsetzungen. Der Prospekt muß den Betrag, welcher in den Verkehr gebracht, sowie den Betrag, welcher vorläufig vom Verkehr ausgeschlossen werden soll, und die Zeit, für welche dieser Ausschluß erfolgen soll, ersichtlich machen.

**§ 28.** Wird von der Zulassungsstelle der Antrag auf Zulassung von Wertpapieren zum Börsenhandel abgelehnt, so hat die Zulassungsstelle den Vorständen der übrigen deutschen Börsen für Wertpapiere Mitteilung zu machen. Dabei ist anzugeben, ob die Ablehnung mit Rücksicht auf örtliche Verhältnisse oder aus anderen Gründen erfolgt ist.

Von dem Erfolge einer etwaigen Beschwerde gegen den Beschluß der Zulassungsstelle ist den Vorständen der übrigen deutschen Börsen für Wertpapiere Kenntnis zu geben.

**§ 29.** Ein Antrag auf Zulassung solcher Wertpapiere zum Börsenhandel, die gemäß § 38 Abs. 3 des Börsengesetzes vom 22. Juni 1896 vom Prospektzwang entbunden sind, darf nicht deshalb abgelehnt werden, weil der Antragsteller nicht zu den Besuchern der Börse gehört oder nicht in Berlin wohnt.

**§ 30.** Gegen die Entscheidungen und Beschlüsse der Zulassungsstelle ist binnen acht Tagen nach Bekanntgabe derselben die Beschwerde an die Handelskammer zulässig[12]). Die der Zulassungsstelle angehörenden Mitglieder der Handelskammer dürfen bei solchen Beschwerden zwar an der Beratung, nicht aber an der Abstimmung teilnehmen.

**§. 31.** Über die Zulassung von Wertpapieren zum Börsen-Terminhandel entscheidet nach Maßgabe der Bestimmungen des Börsengesetzes der Vorstand der Fondsbörse, über die Zulassung von Waren der Vorstand der Produktenbörse.

Der letztere ist verpflichtet, vor der Zulassung von Waren zum Börsen-Terminhandel in jedem einzelnen Falle Vertreter der beteiligten Erwerbszweige gutachtlich zu hören und das Ergebnis dem Reichskanzler mitzuteilen. Die Zulassung darf erst erfolgen, nachdem der Reichskanzler erklärt hat, daß er zu weiteren Ermittelungen keine Veranlassung finde.

Anträge auf Zulassung von Wertpapieren zum Börsen-Terminhandel sind, soweit sie nicht zurückgewiesen werden, mindestens 14 Tage vor der Beschlußfassung durch Aushang an der Börse und Veröffentlichung in der Presse bekannt zu machen.

Die Zulassung setzt voraus, daß bereits während eines längeren Zeitraums ein regelmäßiger Handel in dem Wertpapiere stattgefunden hat. Die Prüfung hat sich über diese Voraussetzung hinaus auch darauf zu erstrecken, ob dem Interesse des Börsenhandels an der Zulassung andere erhebliche wirtschaftliche Bedenken entgegenstehen.

Sollen die Wertpapiere eines Unternehmens zum Börsen-Terminhandel zugelassen werden, so ist vor der Zulassung der Vorstand des Unternehmens, um dessen Wertpapiere es sich handelt, über den Antrag zu hören.

Die erfolgte Zulassung kann wegen Aufhörens eines erheblichen Börsen-Termingeschäfts sowie aus wichtigen anderen Gründen jederzeit von dem Börsenvorstande zurückgenommen werden.

Die ergehenden Beschlüsse sind dem Minister für Handel und Gewerbe mitzuteilen.

## VI. Feststellung der Börsenpreise[7]).

**§ 32.** Die amtliche Feststellung der Börsenpreise geschieht durch die Abteilungen des Börsen-Vorstandes oder die von denselben bestimmten Mitglieder derselben (§ 10); sie erfolgt:

1. für Münzen, Banknoten und Wertpapiere an einem jeden Börsentage,
2. für Wechsel auf ausländische Plätze mindestens dreimal wöchentlich,
3. für Getreide, Spiritus, Öl, Ölsaaten, Petroleum, Mehl und Kartoffelstärke an einem jeden Börsentage; außerdem werden am letzten Börsentage jeden Monats die Durchschnittspreise der an dem gedachten Tage über Lieferung auf laufenden Monat an der Produktenbörse geschlossenen Geschäfte festgestellt.

---

[12]) Die Entscheidung der Handelskammer ist endgültig, unbeschadet des aus den allgemeinen Aufsichtsbefugnissen folgenden Rechts der staatlichen Aufsichtsbehörde, eine Änderung der getroffenen Entscheidung herbeizuführen.

Findet an einem für die Kurs- oder Preisfeststellung bestimmten Tage keine Börsenversammlung statt, so erfolgt die Feststellung am vorhergehenden Börsentage.

Änderungen dieser Vorschriften werden mit Genehmigung der Handelskammer zu Berlin von dem Börsen-Vorstande oder seinen Abteilungen angeordnet und bekannt gemacht.

§ 33. Bei Geschäften in Waren oder Wertpapieren kann ein Anspruch auf Berücksichtigung der amtlichen Feststellung des Börsenpreises nur erhoben werden, wenn sie durch Vermittelung eines Kursmaklers geschlossen sind. Die Berechtigung der Mitglieder des Börsen-Vorstandes, auch andere Geschäfte zu berücksichtigen, bleibt hierdurch unberührt.

§ 34. Als Börsenpreis ist derjenige Preis festzusetzen, welcher der wirklichen Geschäftslage des Verkehrs an der Börse entspricht.

Die amtliche Feststellung der Kurse und der Preise geschieht unmittelbar nach 2 Uhr, an den Sonnabenden unmittelbar nach 1½ Uhr in den dazu bestimmten Räumen. Dort haben die Kursmakler, die in den betreffenden Wertpapieren oder Waren Geschäfte vermitteln, an denjenigen Tagen, an denen für ihren Geschäftszweig Kurse oder Preise festzustellen sind, pünktlich um 2 Uhr, an den Sonnabenden pünktlich um 1½ Uhr zu erscheinen und anwesend zu bleiben, bis sie von den amtierenden Mitgliedern des Börsen-Vorstandes entlassen werden.

Diese sind berechtigt, von den Kusmaklern wahrheitsgetreue und nach dem Ermessen der ersteren ausdrücklich auf ihren Amtseid zu nehmende Auskunft zu fordern, zu welchen Kursen und Preisen in Effektiv- und Kassa- sowie in Zeitgeschäften Waren, Wertpapiere, Geldsorten und Wechsel gefordert oder angeboten und zu welchen Kursen und Preisen und über welche Quantitäten Geschäfte abgeschlossen sind.

Die Kursmakler sind auch verpflichtet, dem die Preise feststellenden Mitgliede des Börsen-Vorstandes nach Maßgabe der Maklerordnung Einsicht in ihre Bücher zu gestatten und ihm auf Erfordern gutachtlich Auskunft über die festzustellenden Kurse und Preise zu geben.

Die Entscheidung über die Höhe des amtlich festzustellenden Kurses oder Preises steht den Mitgliedern des Börsen-Vorstandes allein zu, und es bleibt ihnen überlassen, auf welchem Wege sie sich die zu ihrer Entscheidung erforderliche Information, abgesehen von den Angaben der Kursmakler, sonst noch verschaffen wollen.

§ 35. In den zur Veröffentlichung gelangenden amtlichen Preisnotierungen sind die bei den verschiedenen Getreidegattungen (Weizen, Roggen, Gerste u. a. m.) nach Lage des Geschäftsverkehrs an der Börse hauptsächlich in Betracht kommenden Sorten mit Unterscheidung nach Ursprung (inländisch und ausländisch), nach Qualitätsgewicht, nach Beschaffenheit in Farbe, Geruch und Trockenheit, nach alter und neuer Ernte zu bezeichnen, soweit diese Unterscheidungsmerkmale festzustellen sind.

§ 36. Für jede einzelne der gemäß § 35 zur Notierung gelangenden Getreidesorten sind die dafür wirklich gezahlten Preise zu notieren, soweit dies festzustellen ist.

Insoweit sich diese Notierungen auf Abschlüsse über besonders geringe Quantitäten beziehen, oder sonst besondere Verhältnisse vorliegen, ist dies bei der Notierung kenntlich zu machen.

§ 37. Die Protokolle über Feststellung der Kurse und der Preise sind von Börsen-Sekretären zu führen.

Die Mitglieder des Börsen-Vorstandes haben diejenigen, die sich unbefugter Weise bei der Feststellung und Protokollierung der Kurse und Preise einfinden, sofort entfernen zu lassen und die zur Erhaltung der Ruhe und Ordnung erforderlichen Anordnungen zu treffen.

§ 38. Das amtliche Kursblatt für Wertpapiere, Geldsorten und Wechsel sowie der amtliche Preis-Kurant für Waren, welcher mit dem nach § 37 aufzunehmenden

Protokoll genau übereinstimmen muß, wird sofort nach geschehener Feststellung der gedachten Börsenkurse und Börsenpreise gedruckt zur Beglaubigung mit dem Stempel der betreffenden Abteilung des Börsen-Vorstandes sowie mit der Überschrift „Börse zu Berlin" versehen und noch an demselben Nachmittag ausgegeben.

Ob und in welcher Weise noch außerdem amtliche Bekanntmachungen über festgestellte Kurse und Preise von einer Abteilung des Börsen-Vorstandes zu erlassen sind, bestimmt diese selbst nach den Bedürfnissen des Verkehrs.

## VII. Allgemeine Ordnungsvorschriften.

§ 39. Die Börsen-Versammlungen finden täglich, mit Ausnahme der Sonnabende, der Sonn- und Festtage, von Mittags 12 Uhr bis Nachmittags 3 Uhr und an den Sonnabenden von Mittags 12 Uhr bis Nachmittags 2 Uhr statt.

Für nach 2 Uhr, bezw. am Sonnabend nach 1½ Uhr geschlossene Geschäfte findet eine amtliche Notierung der Kurse nicht statt.

Sollte die Festsetzung einer anderen Börsenzeit im Interesse des Handels nötig werden, für welchen Fall sich die in § 34 Abs. 2 festgesetzten Zeitpunkte ändern, so erfolgt diese durch Beschluß des Börsen-Vorstandes, welcher der Genehmigung der Handelskammer zu Berlin unterliegt. Dieser Beschluß tritt in Kraft, nachdem er mindestens während acht Börsentagen in den Börsensälen ausgehangen hat und durch dreimalige Insertion in wenigstens vier Berliner Zeitungen bekannt gemacht ist.

Der Börsen-Vorstand ist befugt, einzelne Börsen-Versammlungen ausfallen zu lassen oder deren Zeitdauer abzuändern.

§ 40. Der Anfang und das Ende einer jeden Börsen-Versammlung wird durch ein Glockenzeichen kund gemacht.

Ist usancemäßig die Zulässigkeit der Kündigungen oder die Abgabe von Erklärungen von der Innehaltung einer gewissen in die Zeit der Börsen-Versammlung fallenden Frist abhängig, so kann auf Anordnung einer Abteilung des Börsen-Vorstandes der Ablauf dieser Frist durch ein Glockenzeichen verkündet werden.

§ 41. Bekanntmachungen werden durch Aushang in den Börsensälen bewirkt.

Außer den Bekanntmachungen der Handelskammer zu Berlin, der Ältesten der Kaufmannschaft von Berlin, des Börsen-Vorstandes und seiner Abteilungen und der Zulassungsstelle können auf diese Weise auch andere Bekanntmachungen veröffentlicht werden.

Amtliche Bekanntmachungen werden auf Ersuchen der betreffenden Behörde in der angegebenen Form veröffentlicht. Daß dies geschehen, wird demnächst von einem Börsenbeamten bescheinigt.

Der Aushang von anderen Bekanntmachungen erfolgt nur dann, wenn eine Abteilung des Börsen-Vorstandes dieselben nach Form und Inhalt zur Publikation geeignet und dem Zwecke des Börsenverkehrs oder dem Interesse des Handelsstandes entsprechend findet.

§ 42. Von allen Sitzungen des Börsen-Vorstandes, seiner Abteilungen und der Zulassungsstelle ist dem Staatskommissar Kenntnis zu geben.

§ 43. Vorstehende Börsenordnung tritt am 1. Mai 1903 in Kraft mit der Maßgabe, daß die von der Handelskammer vorzunehmenden Wahlen zum Börsenvorstande (§ 3 Abs. 6) für den Rest des Kalenderjahres, zum Ehrengericht und zur Zulassungsstelle (§§ 24, 25, Abs. 1) für den Zeitraum bis Ende 1905 in der zweiten Hälfte April d. J. erstmalig vorgenommen werden.

**Die Handelskammer zu Berlin.**

## Anlage C (zu Anmerkung 60).

### Allgemeine Verfügung des Ministers für Handel und Gewerbe, betreffend die Kursmakler. Vom 14. Nov. 96. (Reichsanzeiger 8. Dez. 96 Nr. 291.)

§ 1. Die Kursmakler (§ 30 des Reichsbörsengesetzes) werden für die Börse in Berlin durch den Ober-Präsidenten der Provinz Brandenburg und der Stadt Berlin und für die übrigen Börsen, wo solche bestellt werden, durch den Regierungs-Präsidenten, in dessen Verwaltungs-Bezirke die Börse gelegen ist, bestellt und in seinem Auftrage darauf vereidigt, daß sie die ihnen obliegenden Pflichten getreu erfüllen werden. (§ 30 Abs. 1 a. a. O.)

§ 2. Vor der Bestellung sind die Handelsorgane, denen die unmittelbare Aufsicht über die Börse übertragen ist (§ 1 Abs. 2 des Reichsbörsengesetzes), und wo eine Vertretung der Kursmakler (§ 30 Abs. 2 a. a. O.) besteht, auch diese zu hören.

§ 3. Der zum Kursmakler Bestellte erhält nach seiner Vereidigung eine von der ihn bestellenden Behörde ausgefertigte Bestallung.

§ 4. Die Entlassung eines Kursmaklers kann erfolgen, wenn er sich einer groben Verletzung der ihm obliegenden Pflichten schuldig macht oder sich durch sein Verhalten in oder außer dem Amte der Achtung, des Ansehens und des Vertrauens, die sein Beruf erfordert, unwürdig zeigt oder zur Erfüllung seiner Amtspflicht dauernd unfähig wird. Die Entlassung erfolgt durch dieselbe Behörde, welche die Bestellung vorgenommen hat. Vor der Entlassung sind die im § 2 bezeichneten Organe zu hören.

§ 5. Die vorstehenden Bestimmungen finden auf die bei eintretendem Bedürfniß zu bestellenden Stellvertreter von Kursmaklern mit der Maßgabe Anwendung, daß solche auch für eine im Voraus bestimmte Zeit bestellt werden können.

Die Stellvertreter haben für die Dauer der Stellvertretung die Rechte und Pflichten von Kursmaklern.

§ 6. Die für die Börsenbesucher geltenden Vorschriften des Reichsbörsengesetzes und der Börsen-Ordnung, insbesondere in Betreff des ehrengerichtlichen Verfahrens, der Zulassung und der Ausschließung vom Börsenbesuche und der Handhabung der Ordnung in den Börsenräumen finden auch auf die Kursmakler Anwendung.

§ 7. Ueber die Pflichten der Kursmakler, über die Organisation ihrer Vertretung, über ihr Verhältniß zu den Staatskommissaren und den Börsenorganen, sowie darüber, in welcher Weise die Beobachtung der Vorschrift des § 32 Abs. 1 des Reichsbörsengesetzes zu überwachen ist, bleibt der Erlaß von Bestimmungen für die einzelnen Börsen vorbehalten[1]).

---

[1]) Für **Berlin** MaklerO. für die Kursmakler an der Berliner Börse vom 4. Dez. 96 (Reichsanzeiger Nr. 291 vom 8. Dez. 96). Die Kursmakler werden durch die aus 11 Mitgliedern und 5 Stellvertretern bestehende **Maklerkammer** vertreten § 2. Die Mitglieder der Kammer und die Stellvertreter werden von den Kursmaklern aus ihrer Mitte nach absoluter Mehrheit auf vier Jahre gewählt. Alle zwei Jahre wird die Hälfte der Kammer durch Neuwahlen ersetzt § 3—5. Die Maklerkammer wählt einen **Vorstand**, der aus dem Vorsitzenden, dem stellvertretenden Vorsitzenden, dem Schriftführer, dem stellvertretenden Schriftführer und dem Schatzmeister besteht § 7. — **Aufgaben** der Maklerkammer und des Vorstandes: Die **Maklerkammer** hat

a) auf Erfordern des Ober-Präsidenten Gutachten abzugeben über die Bestellung (§ 30 Abs. 2 des Reichsbörsengesetzes) und Entlassung von Kursmaklern und über eine etwaige Stellvertretung behinderter Kursmakler;

b) die Verteilung der Geschäfte unter die einzelnen Kursmakler (Gruppenbildung) vorzunehmen und dem Börsenvorstand wie dem Staatskommissar mitzuteilen, welche dagegen binnen einer Woche Einspruch bei den Ältesten der Kaufmannschaft einzulegen befugt sind. Ist Einspruch

## Anlage D (zu Anmerkung 69).

### Bek., betreffend die Feststellung des Börsenpreises von Werthpapieren. Vom 28. Juni 1898. (RGBl. 915.)

Auf Grund des §. 35 Ziffer 3 des Börsengesetzes vom 22. Juni 1896 (Reichs-Gesetzbl. S. 157) hat der Bundesrath nachstehende Bestimmungen beschlossen:

---

erfolgt, so entscheiden die Ältesten der Kaufmannschaft; die Verteilung erfolgt jährlich im Dez. für das nächste Kalenderjahr. Im Laufe des Jahres können bei einer Änderung in der Zahl der Kursmakler Änderungen erfolgen, die im übrigen jeder Zeit vom Staatskommissar und Börsenvorstand beantragt werden können;

c) die Aufsicht über die Erfüllung der den Kursmaklern als solchen obliegenden Pflichten auszuüben und bei Pflichtverletzungen die geeigneten Disziplinarstrafen zu verhängen;

d) Streitigkeiten unter den Kursmaklern auf Antrag zu schlichten;

e) Streitigkeiten aus dem Auftragsverhältnis zwischen einem Kursmakler und dem Auftraggeber auf Antrag des letzteren zu schlichten;

f) auf Erfordern der staatlichen Behörden Gutachten, insbesondere über Gesetzgebungs- und Verwaltungsfragen, welche die Interessen der Kursmakler berühren, zu erstatten § 9.

Der Vorstand hat

a) die Maklerkammer nach außen hin zu vertreten;

b) die Verwaltung der Einnahmen und Ausgaben der Maklerkammer zu besorgen und ihr über die Verwaltung jährlich Rechnung zu legen;

c) die Sitzungen der Maklerkammer vorzubereiten, zu berufen und zu leiten und deren Beschlüsse zur Ausführung zu bringen;

d) die für die Verwaltung erforderlichen Beamten anzustellen und zu beaufsichtigen § 11.

Die Pflichten der Kursmakler beziehen sich vornehmlich auf ihre Mitwirkung bei der Kursfeststellung. Sie sind verpflichtet, in allen Börsenversammlungen während der ganzen Dauer anwesend zu sein oder Beurlaubung beim Börsenvorstand zu beantragen § 20. Sie haben den Mitgliedern des Börsenvorstandes, die mit der Feststellung der im amtlichen Kurszettel der Berliner Börse zu notierenden Kurse und Preise beauftragt sind, alle hierzu von ihnen zu erfordernden Erklärungen nach bestem Wissen der Wahrheit gemäß abzugeben. Ergeben sich Zweifel oder Meinungsverschiedenheiten über die Feststellung der Kurse oder Preise, so ist das die Feststellung leitende Mitglied des Börsenvorstandes befugt, eine ausdrückliche protokollarische Erklärung der Kursmakler über ihre Angaben auf ihren Amtseid zu fordern und nach seinem Ermessen auch später die Richtigkeit derselben durch Einsicht der Tagebücher der Kursmakler oder in anderer Weise zu prüfen. Insoweit hierbei die Vorlegung der Tagebücher gefordert wird, ist der Kursmakler befugt, die Namen der am Vertragsschlusse Beteiligten zu verdecken § 21. — Ferner müssen sie diejenigen Handelsgeschäfte, die sie nach BörsenG. § 32 für eigene Rechnung oder in eigenem Namen abgeschlossen haben, sowie die von ihnen nach derselben Vorschrift für vermittelte Geschäfte übernommenen Bürgschaften in ihren Tagebüchern täglich zur Vollziehung der Unterschrift übersichtlich zusammenstellen § 24. — Aufsicht und Disziplin. Die Kursmakler unterstehen als Börsenbesucher der Börsenleitung des Börsenvorstandes und dem Ehrengericht, außerdem der Aufsicht der Maklerkammer und des Staatskommissars § 26. Der Staatskommissar und die Maklerkammer sind jederzeit befugt, in die Hand- und Tagebücher der Kursmakler Einsicht zu nehmen, um die Beobachtung der Vorschriften des § 32 des BörsenG. zu überwachen § 27. Die Maklerkammer kann für die amtliche Tätigkeit der Berliner Kursmakler Grundsätze und Regeln feststellen, soweit nicht die Bestimmungen des BörsenG., der BörsenO. und der von der Landesregierung erlassenen Ausf.Best. entgegen stehen § 28. Ein Kursmakler, der die ihm als solchem obliegenden Pflichten oder die von der Maklerkammer aufgestellten Grundsätze und Regeln verletzt, unterliegt der Disziplinarbestrafung durch die Maklerkammer. Disziplinarstrafen kommen insbesondere zur Anwendung, wenn ein Kursmakler ohne genügende Entschuldigung

Für die Feststellung des Börsenpreises von Werthpapieren sind folgende Grundsätze maßgebend[1]).

§. 1. Die Preise werden nach Prozenten des Nennwerths festgestellt.

Für bestimmt zu bezeichnende Werthpapiere, namentlich für Aktien von Versicherungsgesellschaften, für solche Aktien von Terraingesellschaften, bei welchen im Statute die Zahlung von Dividende ausgeschlossen ist, für Aktien von liquidirenden oder in Konkurs gerathenen Gesellschaften[2]), wenn auf derartige Aktien bereits eine Rückzahlung von Kapital stattgefunden hat, für Genußscheine, für Kuxe, für Loospapiere, sind Ausnahmen zulässig[3]).

§. 2. Bei Wertpapieren, welche gleichzeitig auf die deutsche und auf eine ausländische Währung lauten, wird der Preisfeststellung die deutsche Währung zu Grunde gelegt.

Ausnahmen für bestimmt zu bezeichnende Werthpapiere sind zulässig.

§. 3. Für die Umrechnung von Werthen, welche in ausländischer oder in einer außer Wirksamkeit getretenen inländischen Währung ausgedrückt sind, in die deutsche Währung gelten folgende Umrechnungssätze:

| | | | |
|---|---|---|---|
| 1 Pfund Sterling . . . . . . . . . . | = | 20,40 | Mark, |
| 1 Frank, Lira, Peseta, Lëu . . . . . . . | = | 0,80 | „ |
| 1 österreichischer Gulden (Gold) . . . . | = | 2,00 | „ |
| 1 „ „ (Währung) . . . | = | 1,70 | „ |
| 1 österreichisch-ungarische Krone . . . . | = | 0,85 | „ |
| 1 Gulden holländischer Währung . . . . | = | 1,70 | „ |
| 1 skandinavische Krone . . . . . . . | = | 1,125 | „ |
| 1 alter Goldrubel . . . . . . . . . | = | 3,20 | „ |
| 1 Rubel<br>1 alter Kreditrubel } . . . . . . . . | = | 2,16 | „ |
| 1 Peso . . . . . . . . . . . . . | = | 4,00 | „ |
| 1 Dollar . . . . . . . . . . . . | = | 4,20 | „ |
| 7 Gulden süddeutscher Währung . . . . | = | 12,00 | „ |
| 1 Mark Banko . . . . . . . . . . . | = | 1,50 | „ |

Ausnahmen für bestimmt zu bezeichnende Werthpapiere sind zulässig.

§. 4. Die Stückzinsen werden bei Werthpapieren mit festen Zinsen nach dem Zinsfuße, bei dividendentragenden Papieren mit vier Prozent berechnet.

Für bestimmt zu bezeichnende Werthpapiere, namentlich für Aktien von Versicherungsgesellschaften, für solche Aktien von Terraingesellschaften, bei welchen im Statute die Zahlung von Dividende ausgeschlossen ist, für Aktien, welche zur Kon-

---

oder ohne Urlaub die Börsenversammlung oder die Festsetzung der Kurse oder Preise versäumt oder aus Fahrlässigkeit bei dieser Feststellung unrichtige Angaben macht § 29. Disziplinarstrafen sind: a) Warnung, b) Verweis, c) Geldstrafe bis zu 500 Mark, d) zeitweise Versagung des Zutritts zu den Börsenversammlungen bis zur Dauer von drei Monaten § 30. Für das Verfahren in Disziplinarsachen sind besondere Bestimmungen getroffen § 32—39.

[1]) Inhalt und Gliederung. § 1 schreibt, unter Zulassung einiger Ausnahmen, die Preisfeststellung in Prozenten des Nennwerts vor. Zugrunde zu legen ist die deutsche Währung, auch wenn die Stücke auf diese und eine fremde (§ 2) oder nur auf fremde Währung lauten. Für den letzten Fall gelten einheitliche Umrechnungssätze § 3. § 4—7 handeln von der Berechnung der Stückzinsen, § 8 von der Trennung der Dividendenscheine. § 9 bestimmt über Voraussetzung und Verfahren bei Zulassung von Ausnahmen.

[2]) Liquidation von Aktiengesellsch. HGB. § 294—302, Konkurs KonkO. § 102 ff.

[3]) Die Feststellung erfolgt alsdann für ein Stück der im Abs. 2 bezeichneten Papiergattung.

vertirung oder zur Zusammenlegung aufgerufen sind[4]) und keinen Dividendenanspruch haben, für Aktien von liquidirenden oder in Konkurs gerathenen Gesellschaften[2]), für Genußscheine, für Kuxe, für unverzinsliche Loose, kann der Fortfall von Stückzinsen (der Handel franko Zinsen) festgesetzt werden.

§. 5. Bei Berechnung der Stückzinsen werden das Jahr mit 360 Tagen, die Monate mit je 30 Tagen angesetzt. Abweichend hiervon wird der Monat Februar mit 28, in Schaltjahren mit 29 Tagen angesetzt, wenn der Endpunkt der Zinsberechnung in den Februar fällt.

§. 6. Bei Berechnung der Stückzinsen wird in Kassageschäften der Kauftag, in Zeitgeschäften der Erfüllungstag mitgerechnet.

§. 7. Die Stückzinsen von Werthpapieren, deren Zins- und Dividendenscheine am ersten Tage eines Monats nach altem Stile fällig werden, werden vom Ersten des gleichlautenden Monats neuen Stiles berechnet.

§. 8. Der Dividendenschein von inländischen Aktien, welche nur im Kassageschäfte gehandelt werden, wird am Schlusse des Geschäftsjahrs der Gesellschaft vom Stücke getrennt. Bei den übrigen inländischen und bei den ausländischen Aktien wird der Dividendenschein erst dann vom Stücke getrennt, wenn er zur Auszahlung gelangt.

Ausnahmen für bestimmt zu bezeichnende Werthpapiere sind zuläßig.

In allen Fällen, in denen der Dividendenschein erst nach Ablauf des Geschäftsjahrs vom Stücke getrennt wird, werden die Stückzinsen für den entsprechenden Zeitraum über ein Jahr hinaus berechnet.

§. 9. Die im §. 1 Absatz 2, §. 2 Absatz 2, §. 3 Absatz 2, §. 4 Absatz 2, §. 8 Absatz 2 vorgesehenen Ausnahmen greifen nur Platz, wenn darüber zwischen den Börsenorganen sämmtlicher Börsen, an denen die betreffenden Werthpapiere zum Handel zugelassen sind, Einverständniß erzielt wird. Die vereinbarten Ausnahmevorschriften und der Zeitpunkt, mit dem sie Geltung erlangen sollen, sind dem Reichskanzler mitzutheilen; sie werden von diesem im Reichsanzeiger bekannt gemacht und erlangen damit für sämmtliche deutsche Börsen Wirksamkeit[5]).

§. 10. Die vorstehenden Bestimmungen treten mit dem 1. Januar 1899 in Kraft.

**Der Reichskanzler.**

---

## Anlage E (zu Anmerkung 84).

### Bek. betreffend die Zulassung von Werthpapieren zum Börsenhandel. Vom 11. Dezember 1896. (RGB. 763.)

Auf Grund des §. 42 des Börsengesetzes vom 22. Juni 1896 (Reichs-Gesetzbl. S. 157) hat der Bundesrath folgende

Bestimmungen, betreffend die Zulassung von Werthpapieren zum Börsenhandel[1]), beschlossen:

§. 1. Die Zulassung von Werthpapieren zum Börsenhandel darf nur erfolgen, wenn die Gesammtsumme der Stücke, welche auf Grund der Zulassung alsbald in den Verkehr gebracht werden sollen, nach ihrem Nennwerth sich mindestens beläuft:

für die Börsen von Berlin, Frankfurt a. M. und Hamburg auf eine Million Mark, für alle übrigen Börsen auf 500 000 Mark.

---

[4]) Bei Herabsetzung des Aktienkapitals HGB. § 288.

[5]) Durch diese Vorschrift soll auch bei Ausnahmen Einheitlichkeit an den deutschen Börsen geschaffen werden.

[1]) Ergänzt durch Bek. 20. Nov. 00 (RGB. 1014), durch die § 1 Abs. 4 hinzugefügt wurde. — Inhalt und Gliederung. § 1—3 behandeln die allgemeinen Voraussetzungen der Zulassung,

Für Berlin, Frankfurt a. M. und Hamburg kann die Börsenaufsichtsbehörde[2]) im Einzelfalle die Zulassung von Werthen im Mindestbetrage von 500000 Mark gestatten, wenn der Gegenstand der Emission nur Bedeutung für das engere Wirthschaftsgebiet hat, welchem der Börsenplatz angehört. Die Landesregierung[3]) kann unter gleicher Voraussetzung für alle Börsen die Zulassung eines Betrages von weniger als 500000 Mark gestatten.

Sind die Werthpapiere von einem Gemeinwesen, einer Gesellschaft oder Person ausgestellt, von welchen sonstige Werthe bereits an derselben Börse zugelassen sind, so fällt die im Absatz 1 bezeichnete Beschränkung fort.

Wird in Folge der Herabsetzung des Kapitals einer Gesellschaft, deren Aktien zum Börsenhandel zugelassen waren, die im Abs. 1 festgesetzte Gesammtsumme nicht mehr erreicht, so kann die Zulassungsstelle im Einzelfalle die erneute Zulassung der Aktien beschließen[4]).

§. 2. Aktien und Interimsscheine[5]) einer Aktiengesellschaft oder Kommanditgesellschaft auf Aktien dürfen nur zugelassen werden, wenn die einzelnen Stücke auf mindestens eintausend Mark lauten.

Soweit im Einklang mit der inländischen Aktiengesetzgebung die Aktien oder Interimsscheine auf einen geringeren Betrag lauten, kommt vorstehende Beschränkung in Wegfall[6]).

Ausländische Aktien oder Interimsscheine, welche auf einen geringeren Betrag lauten, dürfen nur mit Zustimmung der Landesregierung[3]) zugelassen werden[7]).

§. 3. Die Zulassung hat zur Voraussetzung:

1. daß die Werthpapiere voll gezahlt sind;
2. daß sie auf deutsche Währung oder gleichzeitig auf diese und eine andere Währung lauten;
3. daß die Zinsen oder Dividenden, sowie die verlooſten und gekündigten Stücke an einem deutschen Börsenplatze zahlbar sind, und die Aushändigung der neuen Zinsbogen daselbst kostenfrei erfolgt.

---

§ 4 die Erfordernisse des Zulassungs-Antrags, § 5—7 den Inhalt des Prospekts, § 8 die dem Antrag beizufügenden Nachweise und Urkunden, § 9 die zulässigen Ausnahmen von § 6—8; die § 10—13 das Verfahren der Zulassungs-Stelle, § 14 die Veröffentlichung des Prospekts, § 15 den Einführungstermin.

[2]) Die mit der Aufsicht betraute Handelsvertretung BörsenG. § 1 Anm. 6.

[3]) In Preußen der Min. f. H. u. Gew. BörsenG. Anm. 5.

[4]) Für die bei Inkrafttreten des BörsenG., 1. Jan. 97, bereits börsenmäßig gehandelten Papiere hat die Beschränkung des Abs. 1 keine rückwirkende Kraft. Wenn dagegen durch spätere Herabsetzung des Kapitals einer Aktiengesellschaft die Gesamtsumme der Stücke so verringert wird, daß die im Abs. 1 festgesetzten Mindestbeträge nicht mehr erreicht werden, tritt von selbst Ausschließung vom Börsenhandel ein. Der nachträglich eingeschaltete Abs. 4 (Anm. 1) gestattet jedoch in solchen Fällen die erneute Zulassung.

[5]) Das sind Anteilscheine, die den Aktionären vor der Ausgabe von Aktien ausgestellt werden; sie dürfen nicht auf den Inhaber lauten HGB. § 179.

[6]) Deutsche Aktien und Interimsscheine müssen auf mindestens 1000 M. lauten. Ein Herabgehen bis auf 200 M ist für auf Namen lautende Aktien gestattet a) mit Genehmigung des BR., die erteilt werden kann, wenn es sich um ein gemeinnütziges Unternehmen handelt und ein örtliches Bedürfnis vorliegt, oder wenn das Reich, ein Bundesstaat, ein Kommunalverband oder eine sonstige öffentliche Körperschaft auf die Aktien einen bestimmten Ertrag bedingungslos und ohne Zeitbeschränkung gewährleistet hat, b) ohne besondere Genehmigung, wenn die Übertragung der Aktien an die Zustimmung der Gesellschaft gebunden ist HGB. § 180.

[7]) Besonders häufig ist der 500 frcs Typ. — § 2 hat keine rückwirkende Kraft.

Die Vorschrift unter 1 findet auf die Aktien und Interimsscheine von Versicherungsgesellschaften keine Anwendung.

In geeigneten Fällen kann die Zulassungsstelle von den Voraussetzungen unter 1 bis 3 absehen. Die bewilligten Ausnahmen sind dem Staatskommissar unter Angabe der Gründe mitzutheilen.

Bei Ausnahmen von der Vorschrift unter 2 setzt die Zulassungsstelle den Kurs für die Umrechnung der fremden Währung in deutsche Währung fest, welcher im Börsenhandel zur Anwendung kommen soll[8]).

§. 4. Der Antrag auf Zulassung von Werthpapieren zum Börsenhandel ist bei der Zulassungsstelle schriftlich einzureichen. Der Antrag muß diejenigen Angaben enthalten, welche nach §. 38 Absatz 1 des Börsengesetzes in die Veröffentlichung des Antrags aufzunehmen sind.

Dem Antrage sind der Prospekt und die im §. 8 bezeichneten Nachweise beizufügen. Der Prospekt muß von denjenigen, welche ihn erlassen, unterschriftlich vollzogen sein.

Soweit die Verpflichtung zur Einreichung des Prospekts in Wegfall kommt (§. 38 Absatz 2 und 3 des Börsengesetzes), erübrigt auch die Vorlage von Nachweisen.

§. 5. Der Prospekt muß angeben:

1. das Gemeinwesen, die Gesellschaft oder Person, für deren Werthe die Zulassung erfolgen soll.
2. den Rechtstitel (Gesetz, Privileg, Gesellschaftsvertrag, Gesellschaftsbeschluß u. s. w.), auf welchem die Berechtigung zur Ausgabe der Werthpapiere beruht;
3. den für den Ertrag der Emission vorgesehenen besonderen Verwendungszweck;
4. den Nennbetrag der Emission, und zwar sowohl denjenigen Betrag, welcher in den Verkehr gebracht, als auch denjenigen Betrag, welcher vorläufig vom Verkehr ausgeschlossen werden, und die Zeit, für welche dieser Ausschluß erfolgen soll (§. 38 Absatz 2 Satz 3 des Börsengesetzes);
5. die Merkmale (Betrag, Reihen, Nummern) der zu emittirenden Stücke, und ob diese auf den Inhaber oder auf Namen lauten;
6. die Bestimmungen über Kündbarkeit und Unkündbarkeit, sowie über die Tilgung der Werthe;
7. die Art der Sicherstellung für Kapital-, Zins- oder Dividendenzahlungen und die Umstände, welche für die Beurtheilung der Sicherstellung von Bedeutung sind;
8. die Vorzugsrechte, welche den zu emittirenden Werthen vor früher ausgegebenen Werthen, oder diesen vor jenen zustehen (Prioritätsschulden, Prioritätsaktien u. s. w.);
9. die bei Zins-, Dividenden- oder Kapitalzahlungen erfolgenden Abzüge oder Beschränkungen;
10. die Plätze und die Termine, an denen die Zinsen oder Dividenden und die Kapitalbeträge zahlbar sind; den Zinssatz; die Fristen für die Verjährung des Anspruchs auf Zinsen oder Dividenden und auf die Kapitalbeträge;
11. den im Falle des § 3 Absatz 4 festgesetzten Umrechnungskurs[8]).

§. 6. Außerdem muß der Prospekt enthalten:

A. bei Anleihen eines ausländischen Staates, einer ausländischen kommunalen Körperschaft oder kommunalen Kreditanstalt:

1. eine Uebersicht über den letzten (ordentlichen und außerordentlichen) Haushalts-Etat des Gemeinwesens oder die Angabe, daß das Gemeinwesen einen Haushalts-Etat nicht veröffentlicht;

---

[8]) Sie ist dabei an die Bek. 28. Juni 98 (Anl. D), § 3, 9 gebunden.

2. eine Uebersicht über die wesentlichen Ergebnisse der drei letzten Jahreshaushaltsabschlüsse des Gemeinwesens;
3. eine Uebersicht über den Schuldenbestand des Gemeinwesens;
4. sofern die Verbindlichkeiten, welche das Gemeinwesen innerhalb der letzten zehn Jahre aus Anleihen nach Maßgabe der öffentlichen Anleihebedingungen durch Zins- oder Kapitalzahlung zu erfüllen hatte, bisher unerledigt geblieben sind, die Mittheilung der darauf bezüglichen Umstände;

B. bei Antheilscheinen oder Schuldverschreibungen eines gewerblichen Unternehmens:
1. eine Bezeichnung des Zwecks und des Umfanges des Unternehmens;
2. Angaben über eine dem Unternehmen ertheilte Konzession (Privileg), deren Dauer und die das Unternehmen besonders belastenden Konzessionsbedingungen;
3. Angaben über die Erwerbungsrechte, welche einem Anderen gegenüber dem Unternehmen zustehen;
4. Angaben über die innerhalb der letzten drei Jahre eingetretenen Bau- oder Betriebsstörungen, durch welche die Ertragsfähigkeit des Unternehmens für längere Zeit wesentlich beeinträchtigt worden ist;
5. Angaben über die Befugnisse, welche den Inhabern der Schuldverschreibungen gegenüber dem Aussteller eingeräumt sind[9]);

C. bei Grundkredit-Obligationen und Hypotheken-Pfandbriefen[10]).
1. die Angabe der wesentlichen Grundsätze, nach denen die Ermittelung des Werthes und die Beleihung der Pfandgegenstände erfolgt;
2. die Angabe des Betrages, bis zu welchem Schuldverschreibungen und Pfandbriefe im Verhältniß zum Grundkapital und zu den Hypotheken ausgegeben werden dürfen;
3. die Angabe des Bestandes an Hypotheken, Grundschulden und Darlehnsforderungen sowie der Höhe der ausgegebenen, am Schlusse des letzten Kalendervierteljahres in Umlauf gewesenen Schuldverschreibungen;
4. die Angabe der wesentlichen Befugnisse, welche den Inhabern der Schuldverschreibungen gegenüber den Ausstellern eingeräumt sind (Bestellung eines Pfandhalters, Faustpfandrechte und dergleichen);
5. die Angabe der dem Staate, der Gemeinde u. s. w. zustehenden Aufsichtsbefugnisse;

§. 7. Bei Aktien oder Schuldverschreibungen einer Aktiengesellschaft oder Kommanditgesellschaft auf Aktien muß der Prospekt außer dem durch die §§. 5 und 6 Erforderten angeben:
1. den Gegenstand des Unternehmens;
2. den Tag der Eintragung in das Handelsregister;
3. die Höhe des Grundkapitals;
4. die Art der Bestellung und Zusammensetzung des Aufsichtsraths und des Vorstandes[11]), sowie die Namen der gegenwärtigen Mitglieder;
5. die Art, wie die Berufung der Generalversammlung der Aktionäre geschieht[12]);
6. die Art, wie die von der Gesellschaft ausgehenden Bekanntmachungen erfolgen[13]);
7. das Geschäftsjahr der Gesellschaft;
8. die Bestimmungen über die Aufstellung der Bilanz, die Ansammlung von Reservefonds, die Vertheilung des Gewinns, das Stimmrecht und die Bezugsrechte der Aktionäre. Für inländische Gesellschaften genügt der Hinweis auf

[9]) Ausnahmen von § 6 A Ziff. 1—3, B Ziff. 2—4, § 7 Ziff. 2, 4—10, 12 und § 8 Ziff. 2—4 sind zulässig § 9.
[10]) BörsenG. Anm. 80.
[11]) Aufsichtsrat HGB. § 243, Vorstand § 231.
[12]) HGB. § 182⁵, 253—256.
[13]) HGB. § 182⁶ u. Abs. 3.

die betreffenden Vorschriften des Handelsgesetzbuchs, soweit diese durch den Gesellschaftsvertrag nicht abgeändert sind[14]);

9. die zu Gunsten einzelner Aktionäre bedungenen besonderen Vortheile, soweit sie in fortlaufenden Bezügen oder in der Rückzahlung der Aktien bestehen;

10. sofern nicht bereits zwei volle Jahre seit Eintragung der Gesellschaft in das Handelsregister verflossen sind: die zu Gunsten einzelner Aktionäre bedungenen, nicht unter Ziffer 9 fallenden besonderen Vortheile, die von der Gesellschaft übernommenen vorhandenen oder herzustellenden Anlagen oder sonstigen Vermögensstücke; die von Aktionären auf das Grundkapital gemachten Einlagen, welche nicht durch Baarzahlung zu leisten sind; der Gesammtaufwand, welcher zu Lasten der Gesellschaft an Aktionäre oder Andere als Entschädigung oder Belohnung für die Gründung oder deren Vorbereitung gewährt ist[15]);

11. die in den letzten fünf Jahren vertheilten Dividenden;

12. die Bilanz[14]) des letzten Geschäftsjahres nebst Gewinn- und Verlustrechnung oder — sofern das erste Geschäftsjahr noch nicht abgelaufen ist — eine Gegenüberstellung der Vermögensstücke und Verbindlichkeiten;

13. die Höhe der Hypothekenschulden und Anleihen, deren Fälligkeit und Tilgungsart;

14. die Bezugsrechte der ersten Zeichner und anderer Personen.

Bei Schuldverschreibungen einer Gesellschaft mit beschränkter Haftung[16]) finden die vorstehenden Bestimmungen entsprechende Anwendung[9]).

§. 8. Es sind beizugeben:

1. jedem Zulassungsantrage der Nachweis über den der Emission zu Grunde liegenden Rechtstitel (§. 5 Ziffer 2), sowie über das Verhältniß zu früher ausgegebenen Werthen (§. 5 Ziffer 8);
2. dem Antrage auf Zulassung der Anleihe eines ausländischen Staates, einer ausländischen kommunalen Körperschaft oder kommunalen Kreditanstalt: der Nachweis, daß die durch §. 6 A unter 1 bis 3 erforderten Uebersichten auf amtlichen Feststellungen beruhen;
3. dem Antrage auf Zulassung der Werthe eines Unternehmens, welches auf einer Konzession beruht: die Konzessionsurkunde oder ein Auszug aus derselben, welcher die im §. 6 B unter 2 erforderten Angaben nachweist;
4. dem Antrage auf Zulassung von Aktien oder Schuldverschreibungen einer Aktiengesellschaft oder Kommanditgesellschaft auf Aktien:
   a) der Nachweis über die Eintragung in das Handelsregister;
   b) der Gesellschaftsvertrag;
   c) der letzte Geschäftsbericht;
   d) bei inländischen Gesellschaften, sofern nicht bereits zwei volle Jahre seit der Eintragung in das Handelsregister verflossen sind, der nach §. 193 des Handelsgesetzbuchs[17]) von besonderen Revisoren erstattete Bericht.

Die Beweisstücke sind in einer Form vorzulegen, welche nach dem Ermessen der Zulassungsstelle den Inhalt glaubhaft ergiebt. Den Beweisstücken, welche in einer anderen als der deutschen, englischen oder französischen Sprache abgefaßt sind, ist eine beglaubigte Uebersetzung beizufügen[9]).

§. 9. Von den Erfordernissen im §. 6 A unter 1 bis 3, sowie im §. 8 unter 2 kann bei Anleihen solcher ausländischen Staaten ausnahmsweise abgesehen werden, deren Finanzverhältnisse so klar liegen und so allgemein bekannt sind, daß es einer

[14]) Bilanz HGB. § 40, 261, Reservefonds § 262, Gewinnverteilung § 260, 263, 265, Stimmrecht § 252, Bezugsrecht § 282.

[15]) HGB. § 186.

[16]) G. 20. April 92 (neue Fassung RGB. 98 S. 846).

[17]) § 193 in der neuen Fassung, entsprechend dem im ursprünglichen Texte angezogenen Art. 209 h alter Fassung.

weiteren Information des Publikums im Sinne des §. 36 Absatz 3 b des Börsengesetzes nicht bedarf. Bei Schuldverschreibungen von Gemeinwesen, Gesellschaften oder Personen, welche von solchen Staaten garantirt sind, kann von den Erfordernissen im §. 6 A unter 1 bis 3, im §. 6 B unter 2 bis 4, im §. 7 unter 2, 4 bis 10, 12 und im §. 8 unter 2 bis 4 ausnahmsweise abgesehen werden.

Eine derartige Ausnahmebewilligung ist unzulässig, wenn auf den ausländischen Staat die im §. 6 A unter 4 bezeichneten Voraussetzungen zutreffen.

Die bewilligten Ausnahmen sind dem Staatskommissar unter Angabe der Gründe mitzutheilen.

**§. 10.** Nach Eingang des Zulassungsantrags verfügt die Zulassungsstelle die Veröffentlichung desselben, sofern er den Erfordernissen des §. 38 Absatz 1 des Börsengesetzes entspricht.

Die Veröffentlichung erfolgt auf Kosten des Antragstellers im Reichsanzeiger und in mindestens zwei anderen inländischen Zeitungen. Diese werden von der Zulassungsstelle mit der Maßgabe bestimmt, daß sich unter ihnen eine Zeitung, welche am Börsenplatze erscheint, und, wenn es sich um Aktien oder Schuldverschreibungen einer inländischen Aktiengesellschaft oder Kommanditgesellschaft auf Aktien handelt, eine Zeitung befinden muß, welche in dem engeren Wirthschaftsgebiet erscheint, dem die Gesellschaft angehört. Außerdem ist der Antrag durch Aushang in der Börse bekannt zu machen.

**§. 11.** Nachdem die Veröffentlichung verfügt ist, tritt die Zulassungsstelle alsbald in die Prüfung darüber ein, ob der Prospekt die in den §§. 5 bis 7 vorgesehenen Angaben enthält. Ergeben sich Anstände in Betreff der Vollständigkeit oder Deutlichkeit der Angaben, so fordert sie den Antragsteller zu deren Beseitigung auf.

Sie bestimmt ferner nach Maßgabe des §. 36 Absatz 3 a und b des Börsengesetzes, welche sonstigen Angaben in den Prospekt aufzunehmen oder welche sonstigen Urkunden ihr zur Prüfung vorzulegen sind, und richtet an den Antragsteller die entsprechende Aufforderung.

Kommt der Antragsteller den Aufforderungen nicht nach, so wird, vorbehaltlich des in der Börsenordnung etwa vorgesehenen Beschwerderechts, der Antrag zurückgewiesen.

**§. 12.** Zwischen der Veröffentlichung des Antrags durch die am Börsenplatze erscheinende Zeitung und dem Zulassungsbeschluß muß eine Frist von mindestens drei Tagen liegen.

**§. 13.** Bei der Beschlußfassung über die Zulassung sind die in Folge der Veröffentlichung des Antrags etwa erhobenen Erinnerungen zu prüfen und die im §. 36 Absatz 3 c des Börsengesetzes bezeichneten Gesichtspunkte zu beachten.

In dem Zulassungsbeschluß ist unter Berücksichtigung der Vorschrift im §. 38 Absatz 1 Satz 2 des Börsengesetzes der Tag zu bestimmen, von welchem ab die Einführung an der Börse erfolgen darf.

Der Zulassungsbeschluß ist durch dreitägigen Aushang in der Börse zu veröffentlichen.

Die Beweisstücke (§. 8) sind von der Veröffentlichung des Zulassungsbeschlusses ab bis zur Einführung an der Börse öffentlich auszulegen.

**§. 14.** Die Veröffentlichung des Prospekts muß von dem Antragsteller in denselben Zeitungen, mit Ausnahme des Reichsanzeigers, bewirkt werden, in denen der Antrag auf Zulassung veröffentlicht worden ist.

**§. 15.** Zugelassene Werthpapiere dürfen frühestens am dritten Werktage nach dem Tage des Zulassungsbeschlusses und nach dem Tage, an welchem der Prospekt zuerst veröffentlicht worden ist, an der Börse eingeführt werden.

**Der Reichskanzler.**

## Anlage F (zu Anmerkung 107).

### Bek. betreffend die Führung der Börsenregister und die Aufstellung der Gesammtliste. Vom 9. Oktober 1896. (CB. 492.)

In Ausführung der §§. 54—65 des Börsengesetzes vom 22. Juni 1896 (Reichs-Gesetzbl. S. 157) hat der Bundesrath folgende Bestimmungen über die Führung der Börsenregister und die Aufstellung der Gesammtliste beschlossen:

### I. Führung der Börsenregister.

§. 1. Die Eintragungen in das Börsenregister für Waaren erfolgen nach dem beiliegenden Formular A, die Eintragungen in das Börsenregister für Werthpapiere nach dem beiliegenden Formular B unter Beachtung der in den Formularen enthaltenen Erläuterungen[1]).

§ 2. Die Obliegenheiten des Richters und des Gerichtsschreibers (Registerführers) bei Führung der Börsenregister und den auf die Eintragungen in das Register bezüglichen Verhandlungen bestimmen sich nach den in den einzelnen Bundesstaaten für das Handelsregister geltenden Vorschriften.

Auf die Ertheilung von Abschriften, Auszügen und Bescheinigungen aus dem Register und auf die Bekanntmachung der Eintragungen in dasselbe finden, soweit nicht im Börsengesetze oder in diesen Bestimmungen etwas Anderes angeordnet ist, die zu den §§. 9—11 des Handelsgesetzbuchs[2]) in den einzelnen Bundesstaaten ergangenen Ausführungsbestimmungen entsprechende Anwendung.

Die Bekanntmachungen im Reichsanzeiger (§. 62 des Börsengesetzes) sind in einem bestimmten Theile desselben zusammenzustellen.

§. 3. Die Eintragungen sind von dem Registerführer zu unterzeichnen.

Nach erfolgter Eintragung ist in den Akten die Erledigung der Verfügung und der Tag der Erledigung zu vermerken.

§. 4. Für jedes der beiden Börsenregister werden besondere Akten

(A. Akten, betreffend das Börsenregister für Waaren, —

B. Akten, betreffend das Börsenregister für Werthpapiere,)

gehalten. Zu diesen Akten gelangen nach der Zeitfolge alle auf die Registereintragungen bezüglichen Eingänge und die von dem Gerichte erlassenen Verfügungen, sowie die Nachweisungen über die erfolgten Bekanntmachungen.

Nehmen Verhandlungen über einzelne Fälle einen Umfang an, der die Aufnahme in die Sammelakten ungeeignet erscheinen läßt, so sind Sonderakten zu bilden.

§. 5. Das Börsenregister ist dauernd aufzubewahren.

Die Registerakten können vernichtet werden, wenn dreißig Jahre verstrichen sind, seitdem alle Eintragungsvermerke, auf welche die Akten sich beziehen, gelöscht waren.

§ 6. Von jeder Eintragung oder von der Ablehnung der Eintragung ist der Antragsteller zu benachrichtigen. In dem ablehnenden Bescheide sind die Gründe der Ablehnung anzugeben.

---

[1]) Formular A enthält 5 Spalten: 1. laufende Nummer; 2. Name, Vorname, Stand, Firma; 3. Ort der Niederlassung oder Wohnsitz; 4. Geschäftszweig; 5. Bemerkungen. Bei Formular B fehlt die 4. Spalte. In Spalte 3 soll auch Straße und Hausnummer eingetragen werden, sofern dies zur Feststellung der Identität erforderlich erscheint. Die Spalte Bemerkungen (5 bei A, 4 bei B) dient zu den Vermerken des Registerführers. Aufzunehmen ist der Tag der ersten Eintragung, der Tag der Eintragung von Änderungen und der Tag der Löschung unter Hinweis auf den Band und das Blatt der Registerakten. Die durch Löschung erledigten Eintragungen sind zu unterstreichen.

[2]) HGB. § 9—11 sind an die Stelle der Art. 12—14 der alten Fassung, die im ursprünglichen Wortlaute angezogen waren, getreten.

Von der Löschung erhält der Eingetragene auch dann Nachricht, wenn sie von Amtswegen erfolgt ist. Eine Bekanntmachung der Löschungen in öffentlichen Blättern findet nicht statt.

Die in den Absätzen 1 und 2 bezeichneten Benachrichtigungen können ohne Förmlichkeiten, insbesondere durch einfache Postsendung, erfolgen.

§. 7. Das Gericht der Eintragung hat, sobald bei Zahlung der Erhaltungsgebühr oder aus sonstigem Anlaß zu seiner Kenntniß gelangt, daß eine Verlegung der Niederlassung oder des Wohnsitzes des Eingetragenen erfolgt ist (§. 55 Absatz 2 Satz 2 des Börsengesetzes), dem für den Ort der neuen Niederlassung oder des neuen Wohnsitzes zuständigen Gerichte von dem Sachverhalt unter Beifügung eines Auszuges aus dem Börsenregister Mittheilung zu machen. Dieses Gericht nimmt nach Prüfung der Voraussetzungen für die Uebertragung die neue Eintragung vor und setzt davon den Eingetragenen, sowie das bisher zuständige Gericht in Kenntniß, welches sodann die Löschung seiner Eintragung unter Hinweis auf die Uebertragung herbeiführt.

§. 8. Bevollmächtigte haben ihre Befugniß zur Stellung von Anträgen oder zur Abgabe von Erklärungen durch eine gerichtlich oder notariell aufgenommene oder beglaubigte Vollmacht nachzuweisen.

§ 9. Auf die Erledigung der das Börsenregister betreffenden Angelegenheiten sind die Gerichtsferien ohne Einfluß.

## II. Aufstellung der Gesammtliste.

§. 10. Die von den Gerichten gemäß §. 65 des Börsengesetzes alljährlich an das Amtsgericht I zu Berlin zu übersendende Liste ist pünktlich bis zum 31. Januar jedes Jahres mit der Aufschrift „Börsenregistersache" in zwei Exemplaren einzureichen. Von diesen Exemplaren ist das eine derart herzustellen, daß die Rückseiten unbeschrieben bleiben.

In die Liste sind die in den Spalten 2 bis 4 des Formulars A und in den Spalten 2 bis 3 des Formulars B vorgesehenen Eintragungen, welche am 1. Januar noch in Kraft bestanden, für jedes der beiden Register gesondert aufzunehmen, und zwar derart, daß die Orte, an denen die Personen oder Firmen ihren Wohnsitz oder ihre Niederlassung haben, in alphabetischer Reihenfolge und für jeden Ort die Personen und Firmen gleichfalls in alphabetischer Reihenfolge geordnet werden.

§. 11. Die Gesammtliste umfaßt unter A die Eintragungen in das Börsenregister für Waaren, unter B die Eintragungen in das Börsenregister für Werthpapiere.

In jeder dieser Abtheilungen werden die Orte, an denen die Personen oder Firmen ihren Wohnsitz oder ihre Niederlassung haben, in alphabetischer Reihenfolge und für jeden Ort die Personen und Firmen gleichfalls in alphabetischer Reihenfolge aufgeführt. (Formular C.)

Die Bekanntmachung der Gesammtliste im Reichsanzeiger ist mit besonderer Beschleunigung herbeizuführen.

**Der Reichskanzler.**

# IV. Beschränkungen des Handelsbetriebes.

## 1. Einleitung.

Für den Handel gilt ebenso wie für die gewerbliche Gütererzeugung der Grundsatz der Gewerbefreiheit[1]). Weder das Geschlecht[2]), noch die Religion[3]), noch das Lebensalter[4]) bildet eine Schranke, sofern nur die Fähigkeit vorhanden ist, Rechtsgeschäfte mit verbindlicher Kraft einzugehen[5]). Ausländer sind mit wenigen Einschränkungen[6]) den Inländern gleichgestellt, ein Rechtszustand, der gegenüber zahlreichen Staaten durch vertragsmäßige Abmachungen verbürgt ist.

Der Grundsatz der unbeschränkten Zulassung zum Gewerbebetriebe ist für den Handel und die dem Handel zuzurechnenden Gewerbe nur in folgenden Fällen verlassen:

a) Zum Betriebe der Gastwirtschaft, der Schankwirtschaft und des Kleinhandels mit Branntwein oder Spiritus bedarf es einer behördlichen Erlaubnis, die landesrechtlich für das Ausschänken von Branntwein und den Kleinhandel mit Branntwein oder Spiritus allgemein, für den Betrieb der Gastwirtschaft und das Ausschänken von Wein, Bier oder andern geistigen Getränken als Branntwein in Beschränkung auf Ortschaften mit weniger als 15000 Einwohnern oder auf Grund Ortsstatuts von dem Nachweise eines vorhandenen Bedürfnisses abhängig gemacht werden kann GewO. § 33[7]).

b) Ebenso bedarf es zum Betriebe des Gewerbes eines Pfandleihers, Pfandvermittlers, Gesindevermieters oder Stellenvermittlers einer behördlichen Erlaubnis, die landesrechtlich für Ortschaften, für die dies durch Ortsstatut festgesetzt wird, vom Nachweise eines vorhandenen Bedürfnisses abhängig gemacht werden kann GewO. § 34 Abs. 1[8]).

c) In Preußen bedarf es zum Handel mit Giften polizeilicher Genehmigung preuß. GewO. 17. Jan. 45 in der Fassung des G. 22. Juni 61 (GS. 441) § 49[9]).

---

[1]) GewO. § 1.

[2]) GewO. § 11.

[3]) G. 3. Juli 69 (RGB. 292).

[4]) Ausnahmen bestehen für das Wandergewerbe GewO. § 57 a[1], 62 und können für das Hausieren am Orte des Wohnsitzes oder der gewerblichen Niederlassung eingeführt werden § 42 b.

[5]) Maßgebend hierfür sind die Bestimmungen des BGB. über Geschäftsfähigkeit § 104—115.

[6]) Juristische Personen des Auslandes, für deren Gewerbebetrieb landesrechtliche Regelung vorbehalten ist GewO. § 12, bedürfen zum Betriebe eines stehenden Gewerbes in Preußen ministerieller Genehmigung G. 22. Juni 61 (GS. 441) § 18. — Beschränkungen der Ausländer im Wandergewerbe GewO. § 56 d, im Hausieren am Orte des Wohnsitzes oder der gewerblichen Niederlassung § 42 b, im Marktverkehr § 64 Abs. 3.

[7]) Für Preußen ist von dieser Vollmacht Gebrauch gemacht KO. 7. Feb. 35 (GS. 18) und 21. Juni 44 (GS. 214), Bek. 14. Sept. 79 (MB. 254) und 25. Nov. 79 (MB. 80 S. 17).

[8]) In Preußen geschehen Vf. 21. Sept. 79 (MB. 253) Nr. 3.

[9]) Die Bestimmung ist nach GewO. § 34 Abs. 3 noch in Giltigkeit.

d) Zur Errichtung von Apotheken bedarf es in Preußen der Genehmigung des Oberpräsidenten Instr. 31. Dez. 25 (GS. 26 S. 1) § 11 Ziff. 4b[10]).

e) Der Trödelhandel, der Kleinhandel mit Garnabfällen oder Dräumen von Seide, Wolle, Baumwolle oder Leinen, der Handel mit Dynamit oder andern Sprengstoffen, der Handel mit Losen von Lotterien und Ausspielungen oder mit Bezugs- und Anteilscheinen auf solche Lose, der Viehhandel, der Handel mit ländlichen Grundstücken, die gewerbsmäßige Besorgung fremder Rechtsangelegenheiten[11]), die gewerbsmäßige Auskunftserteilung, das Geschäft der Vermittlungsagenten für Immobiliarverträge, Darlehen und Heiraten, das Geschäft des Auktionators soll untersagt werden, wenn die Unzuverlässigkeit des Gewerbetreibenden in Beziehung auf diesen Gewerbebetrieb durch Tatsachen dargetan ist, ferner der Handel mit Drogen und chemischen Präparaten, die zu Heilzwecken dienen, wenn die Handhabung des Betriebs Leben und Gesundheit von Menschen gefährdet, endlich der Kleinhandel mit Bier, wenn der Gewerbetreibende wiederholt wegen Zuwiderhandlung gegen GewO. § 33 bestraft ist GewO. § 35.

f) Der Hausierhandel ist vom Besitze eines Wandergewerbescheins abhängig, der in bestimmten Fällen versagt werden muß GewO. § 57, in andern in der Regel zu versagen ist § 57a oder versagt werden kann § 57b. Außerdem sind viele Waren vom Ankauf oder Feilbieten im Umherziehen ausgeschlossen § 56, 56a, b, c.

g) Das Hausieren am Orte des Wohnsitzes oder der gewerblichen Niederlassung kann von einer Erlaubnis abhängig gemacht werden, für deren Erteilung alsdann im wesentlichen die gleichen Bestimmungen gelten, wie für die Erteilung von Wandergewerbescheinen (Buchst. f) GewO. § 42b. Die vom Wandergewerbe ausgeschlossenen Waren sind auch vom Hausiergewerbe am Orte des Wohnsitzes oder der Niederlassung ausgeschlossen[12]).

Die nur an geringe Schranken gebundene Handelsfreiheit schließt die Gefahr von Misbräuchen in sich, indem sie auf der einen Seite unerfahrene und wirtschaftlich schwache Kreise des Publikums der Ausbeutung durch gewissenlose Geschäftsleute aussetzt, anderseits durch Verschäfung des Wettbewerbs zur Anwendung von Formen des Geschäftsbetriebs und zu Machenschaften anreizt, unter denen der gewissenhafte Gewerbetreibende leidet und die insbesondere den Bestand des mittleren und kleinen Kaufmanns zu erschweren und selbst zu gefährden geeignet sind. Gegen die Ausbeutung des Publikums richten sich die gesetzlichen Bestimmungen über den Wucher[13]) und das G. betreffend die Abzahlungsgeschäfte Nr. 2. Einem gewissenlosen Wettbewerb soll durch das G. zur Bekämpfung des unlautern Wettbewerbs entgegengewirkt werden Nr. 3. Der Zweck, dem mittleren und kleinen Kaufmann gegen einzelne, ihn besonders bedrängende Formen des Geschäftsbetriebs Schutz zu gewähren, wird auf dem Gebiete der Besteuerung zu erreichen gesucht. Die Steuerbelastung einzelner Betriebsformen in dem Umfange, daß sie dadurch unmöglich gemacht werden, ist zwar als dem Grundsatze der Gewerbefreiheit[1]) zuwider, rechtlich nicht zulässig. Dagegen begegnen steuerliche Maßnahmen, durch die der bei einzelnen Geschäftsformen zu erzielende außergewöhnlich hohe Gewinn auf ein bescheidenes Maß zurückgeführt wird, keinem rechtlichen Bedenken[14]).

---

[10]) Die Errichtung und Verlegung von Apotheken ist der reichsrechtlichen Regelung entzogen GewO. § 6.

[11]) Hierunter fällt der Betrieb der Pat. Agenten Abschn. V Nr. 5 Anm. 4.

[12]) Mit Ausnahme von Bier und Wein in Flaschen und vorbehaltlich des nach GewO. § 33 erlaubten Gewerbebetriebs. Weitere Ausnahmen kann die Landesregierung anordnen GewO. § 42a.

[13]) Abschn. III Nr. 1 Abs. 3.

[14]) Die Zulässigkeit der Erhebung von Gewerbesteuern für Staat oder Gemeinde ist in GewO. § 7 Ziff. 6 anerkannt.

Für Preußen kommen in dieser Beziehung in Betracht das G. betreffend Besteuerung des Wanderlagerbetriebes Nr. 4, und das G. betreffend die Warenhaussteuer Nr. 5[15]).

## 2. Gesetz, betreffend die Abzahlungsgeschäfte. Vom 16. Mai 1894. (RGB. 450)[1]).

§. 1. Hat bei dem Verkauf einer dem Käufer übergebenen beweglichen Sache, deren Kaufpreis in Theilzahlungen berichtigt werden soll[2]), der Verkäufer sich das Recht vorbehalten, wegen Nichterfüllung der dem Käufer ob-

---

[15]) Die aus dem Patent-, Gebrauchsmuster- und Warenbezeichnungsschutze sich ergebenden Beschränkungen des Gewerbes enthält Abschn. V.

[1]) Quellen: Reichst. 93/94, Drucks. Nr. 113 (Entw. mit Begr.). StB. 863 (1. Les.), 2025 (2. Les.), 2066 (3 Les.). — Weiteren Stoff bietet der dem Reichst. 92 vorgelegte, zur Beratung im Plenum nicht gelangte Entw. und der dazu erstattete KB. Reichst. 92/93, Drucks. Nr. 69 (Entw. mit Begr.), Nr. 176 (KB). — Zweck, Inhalt, Anordnung des Stoffes. Das Abzahlungsgeschäft d. h. die Veräußerung beweglicher Sachen gegen Entrichtung des Preises in Teilzahlungen, ist wirtschaftlich unentbehrlich, indem es den Unbemittelten den Weg zur Anschaffung wertvoller, für ihre Lebenslage wichtiger Gegenstände erschließt, und ihnen insbesondere den Erwerb von kostspieligen Produktionsmitteln ermöglicht, z. B. von Nähmaschinen und andern Kleinmaschinen, von Klavieren für den Unterrichtsgebrauch, von Wohnungseinrichtungen zum Zweck der Zimmervermietung. Auch insofern ist dem Abzahlungsgeschäft die Berechtigung nicht abzusprechen, als es in vernünftigen Grenzen zur Begründung einer Häuslichkeit, oder zur Hebung der Lebenshaltung angewendet wird. Anderseits verfällt diese Geschäftsform leicht ungesunder Ausdehnung, indem sie unter Überschreitung der wirtschaftlichen Kräfte des Käufers zur Anschaffung von entbehrlichen Haus- und Küchengeräten, Wäsche, Kleidungsstücken, Bildern, Büchern, Schmucksachen und dergl. benutzt wird. Ihre Nachteile bestehen in der Beförderung ungesunden Kredits, in der Festsetzung sehr hoher Preise, hauptsächlich aber in Vereinbarungen, die zur Sicherung des Verkäufers getroffen, dem Käufer übermäßig nachteilig werden können. Das G. beschränkt sich darauf, bestimmten Abreden, die sich nach den mit dem Abzahlungsgeschäft gemachten Erfahrungen als besonders gefährlich erwiesen haben, die Wirksamkeit zu versagen. Die § 1—3 richten sich gegen die Verwirkungsklausel und die Vereinbarung über die vom Käufer im Falle der Zurücknahme zu leistende Vergütung, § 4 gegen übermäßige Vertragsstrafen und die Abrede der sofortigen Fälligkeit der Restschuld im Falle des Verzuges. Durch § 6 wird die Anwendung des G. in Fällen sicher gestellt, in denen zur Erreichung der Zwecke eines Abzahlungsgeschäfts eine andere Rechtsform als der Kauf auf Abzahlung benutzt wird. § 7 schließt Lotterielose und Prämienpapiere vom Handel auf Teilzahlungen aus, indem er derartige Verträge für den Veräußerer unter Strafe stellt. § 8 versagt den Schutz des G. dem ins Handelsregister eingetragenen Kaufmanne, § 9 schließt die rückwirkende Kraft des G. aus. — Eine Beschränkung des Betriebs der Abzahlungsgeschäfte enthält GewO. § 56a[4], wonach vom Gewerbebetrieb im Umherziehen das Feilbieten von Waren, sowie das Aufsuchen von Bestellungen auf Waren ausgeschlossen ist, wenn solche gegen Teilzahlungen unter dem Vorbehalte veräußert werden, daß der Veräußerer wegen Nichterfüllung der dem Erwerber obliegenden Verpflichtungen von dem Vertrage zurücktreten kann (§ 1 und 6 des G. 16. Mai 94).

[2]) Die § 1—5 betreffen das Abzahlungsgeschäft „in seiner unverhüllten Gestalt" Begr. S. 5. Merkmale dieses Geschäfts sind: ein Kaufvertrag über eine bewegliche Sache, die Übergabe der Sache an den Käufer und die Abrede, daß der Kaufpreis in Teilzahlungen berichtigt werden solle. Gewöhnlich enthalten die Verträge noch ein Rücktrittsrecht des Verkäufers für den

liegenden Verpflichtungen von dem Vertrage zurückzutreten[3]), so ist im Falle dieses Rücktritts jeder Theil verpflichtet, dem anderen Theil die empfangenen Leistungen zurückzugewähren[4]). Eine entgegenstehende Vereinbarung ist nichtig.

Dem Vorbehalte des Rücktrittsrechts steht es gleich, wenn der Verkäufer wegen Nichterfüllung der dem Käufer obliegenden Verpflichtungen kraft Gesetzes die Auflösung des Vertrages verlangen kann[5]).

§. 2[6]). Der Käufer hat im Falle des Rücktritts dem Verkäufer für die in Folge des Vertrages gemachten Aufwendungen[7]), sowie für solche Beschädigungen der Sache Ersatz zu leisten, welche durch ein Verschulden des Käufers oder durch einen sonstigen von ihm zu vertretenden Umstand[8]) verursacht sind. Für die Ueberlassung des Gebrauchs oder der Benutzung ist deren Werth zu vergüten, wobei auf die inzwischen eingetretene Werthminderung der Sache Rücksicht zu nehmen ist[9]). Eine entgegenstehende Verein-

---

Fall der Nichterfüllung der dem Käufer obliegenden Pflichten, insbesondere beim Ausbleiben einer Teilzahlung, oder den Vorbehalt des Eigentums für den Verkäufer bis zur vollständigen Zahlung des Kaufpreises. Dieser Vorbehalt ist im Zweifel dahin zu verstehen, daß die Übertragung des Eigentums unter der aufschiebenden Bedingung vollständiger Zahlung des Kaufpreises erfolgt, und daß der Verkäufer zum Rücktritt von dem Vertrage berechtigt ist, wenn der Käufer mit der Zahlung in Verzug kommt BGB. § 455. Ist lediglich ein Rücktrittsrecht vereinbart, so wird der Käufer mit der Übergabe Eigentümer, jedoch unter der auflösenden Bedingung des Rücktritts, so daß bei erfolgendem Rücktritt das Eigentum wieder an den Verkäufer zurückgeht BGB. § 158 Abs. 2.

[3]) § 1 behandelt den Fall des Rücktritts des Verkäufers, § 5 den Fall des vorbehaltenen Eigentums (Anm. 2),

[4]) Hierdurch wird die sogenannte Verwirkungsklausel unmöglich d. h. die Abrede, daß bei Ausbleiben einer fälligen Teilzahlung der Verkäufer die Sache zurücknehmen, gleichwohl aber die bereits erhaltenen Teilzahlungen behalten dürfe. Die Folge des Rücktritts, die durch entgegenstehende Vereinbarungen nicht beseitigt werden kann, ist vielmehr die, daß der Käufer die Sache zurückzugewähren und die im § 2 bezeichneten Leistungen zu machen, daß anderseits aber auch der Verkäufer die empfangenen Teilzahlungen zurückzugewähren hat. Der Zustand vor Abschluß des Vertrags soll tunlichst wieder hergestellt werden Begr. S. 6.

[5]) Der zweite Abs. hatte die in den Gebieten des französischen Rechts geltenden Bestimmungen im Auge, nach denen bei gegenseitigen Verträgen der eine Teil, wenn der andere seine Verpflichtung nicht erfüllte, die Auflösung des Vertrags fordern konnte code civil Art. 1184, 1654. Diese Bestimmungen sind mit dem Inkrafttreten des BGB. gegenstandslos geworden. Seitdem besteht für den Verkäufer, der den Vertrag erfüllt und den Kaufpreis gestundet hat, in keinem Teile Deutschland ein gesetzliches Rücktrittsrecht BGB. § 454.

[6]) Der Käufer, der die Teilzahlungen zurückerhält, muß seinerseits den Verkäufer schadlos halten, indem er ihm neben der Rückgewähr der Sache die im § 2 aufgeführten Leistungen gewährt.

[7]) Z. B. die vom Verkäufer verauslagten Kosten für die Beförderung der Sache Begr. S. 6, ferner die Kosten der Übergabe der verkauften Sachen, insbesondere die Kosten des Messens und Wägens, die dem Verkäufer zur Last fallen BGB. § 448.

[8]) Hierzu gehört zufällige Verschlechterung, indem mit der Übergabe der verkauften Sache die Gefahr auf den Käufer übergeht BGB. § 446.

[9]) Es ist diejenige Entschädigung zu gewähren, die unter entsprechenden Verhältnissen für den gemeingewöhnlichen Gebrauch derartiger Gegenstände im allgemeinen üblich ist; dabei ist auf die

barung, insbesondere die vor Ausübung des Rücktrittsrechts erfolgte vertragsmäßige Festsetzung einer höheren Vergütung, ist nichtig[10]).

Auf die Festsetzung der Höhe der Vergütung finden die Vorschriften des §. 287 Absatz 1 der Civilprozeßordnung[11]) entsprechende Anwendung.

§. 3. Die nach den Bestimmungen der §§. 1, 2 begründeten gegenseitigen Verpflichtungen sind Zug um Zug zu erfüllen[12]).

§. 4. Eine wegen Nichterfüllung der dem Käufer obliegenden Verpflichtungen verwirkte Vertragsstrafe kann, wenn sie unverhältnißmäßig hoch ist, auf Antrag des Käufers durch Urtheil auf den angemessenen Betrag herabgesetzt werden. Die Herabsetzung einer entrichteten Strafe ist ausgeschlossen[13]).

---

Veringerung des Verkehrswertes, den z. B. neue Möbel durch eine, wenngleich nur kurze Benutzung erleiden, Rücksicht zu nehmen Begr. S. 6. — Der Anspruch des Verkäufers deckt sich nicht etwa mit dem Unterschiede des vertragsmäßigen Kaufpreises und des Werts, den die Sache zur Zeit der Rückgabe besitzt — diese Berechnungsweise ist ausdrücklich abgelehnt Begr. S. 6 — sondern eher mit dem Unterschied des wirklichen Werts der Sache zur Zeit des Vertragsabschlusses gegenüber dem Werte, den die Sache bei der Vertragsauflösung hat.

[10]) Die Bestimmung steht einer nach Ausübung des Rücktrittsrechts über die Höhe der Vergütung getroffenen Einigung nicht entgegen Begr. S. 6.

[11]) CPO. (neue Fassung) § 287 Abs. 1 ist an Stelle des im ursprünglichen Wortlaut des G. angezogenen § 260 Abs. 1 alter Fassung getreten. Die Bestimmung lautet:

Ist unter den Parteien streitig, ob ein Schaden entstanden sei, und wie hoch sich der Schaden oder ein zu ersetzendes Interesse belaufe, so entscheidet hierüber das Gericht unter Würdigung aller Umstände nach seiner Überzeugung. Ob und inwieweit eine beantragte Beweisaufnahme oder von Amtswegen die Begutachtung durch Sachverständige anzuordnen sei, bleibt dem Ermessen des Gerichts überlassen. Das Gericht kann anordnen, daß der Beweisführer den Schaden oder das Interesse eidlich schätze. In diesem Falle hat das Gericht zugleich den Betrag zu bestimmen, welchen die eidliche Schätzung nicht übersteigen darf.

[12]) Ebenso BGB. § 348. Die sich aus dem Rücktritt — d. h. von einem Vertrage — ergebenden Verpflichtungen sind Zug um Zug zu erfüllen. — Die Wirkung des § 3 besteht darin, daß der Käufer die Sache nur zurückzugeben braucht, wenn ihm gleichzeitig die Teilzahlungen zurückgezahlt werden, deren Rückgewährung er zu beanspruchen hat, und der Verkäufer von den empfangenen Zahlungen den Betrag abziehen darf, der zur Deckung seiner nach § 2 begründeten Ansprüche erforderlich ist Begr. S. 7.

[13]) Das BGB. läßt die Herabsetzung einer unverhältnismäßig hohen Vertragsstrafe durch den Richter allgemein zu. § 343 bestimmt:

Ist eine verwirkte Strafe unverhältnißmäßig hoch, so kann sie auf Antrag des Schuldners durch Urtheil auf den angemessenen Betrag herabgesetzt werden. Bei der Beurteilung der Angemessenheit ist jedes berechtigte Interesse des Gläubigers, nicht bloß das Vermögensinteresse, in Betracht zu ziehen. Nach der Entrichtung der Strafe ist die Herabsetzung ausgeschlossen.

Diese Bestimmung gilt nicht für Vertragsstrafen, die von einem Kaufmann im Betriebe seines Handelsgewerbes versprochen sind HGB. § 348, ein Fall, der hier mit Rücksicht auf § 8 ausscheidet.

Die Abrede, daß die Nichterfüllung der dem Käufer obliegenden Verpflichtungen die Fälligkeit der Restschuld zur Folge haben solle, kann rechtsgültig nur für den Fall getroffen werden, daß der Käufer mit mindestens zwei auf einander folgenden Theilzahlungen ganz oder theilweise im Verzug ist und der Betrag, mit dessen Zahlung er im Verzug ist, mindestens dem zehnten Theile des Kaufpreises der übergebenen Sache gleichkommt[14]).

§. 5. Hat der Verkäufer auf Grund des ihm vorbehaltenen Eigenthums[2]) die verkaufte Sache wieder an sich genommen, so gilt dies als Ausübung des Rücktrittsrechts[15]).

§. 6. Die Vorschriften der §§. 1 bis 5 finden auf Verträge, welche darauf abzielen, die Zwecke eines Abzahlungsgeschäfts (§. 1) in einer anderen Rechtsform, insbesondere durch miethweise Ueberlassung der Sache zu erreichen, entsprechende Anwendung, gleichviel ob dem Empfänger der Sache ein Recht, später deren Eigenthum zu erwerben, eingeräumt ist oder nicht[16]).

§. 7. Wer Lotterieloose, Inhaberpapiere mit Prämien (Gesetz vom 8. Juni 1871, Reichs-Gesetzbl. S. 210) oder Bezugs- oder Antheilscheine auf solche Loose oder Inhaberpapiere gegen Theilzahlungen verkauft oder durch sonstige auf die gleichen Zwecke abzielende Verträge veräußert, wird mit Geldstrafe bis zu fünfhundert Mark bestraft.

Es begründet keinen Unterschied, ob die Uebergabe des Papiers vor oder nach der Zahlung des Preises erfolgt[17]).

§. 8. Die Bestimmungen dieses Gesetzes finden keine Anwendung, wenn der Empfänger der Waare als Kaufmann in das Handelsregister eingetragen ist[18]).

§. 9. Verträge, welche vor dem Inkrafttreten dieses Gesetzes abgeschlossen worden sind, unterliegen den Vorschriften desselben nicht.

---

[14]) Eine gesetzliche Beschränkung der Klausel der Fälligkeit der Restschuld im Falle des Verzuges ist beim Abzahlungsgeschäft deshalb begründet, weil andernfalls der Verkäufer unter Entziehung der Kreditgewährung einen Preis fordern könnte, der in dieser Höhe nur mit Rücksicht auf die Stundung festgesetzt worden ist Begr. S. 7.

[15]) Als Zurücknahme der Sache ist es auch anzusehn, wenn der Verkäufer sie infolge besonderer Vertragsabrede zum öffentlichen Verkauf bringt Begr. S. 7.

[16]) Die Vorschrift bezweckt Umgehungen des G. durch Einkleidung der Abzahlungsgeschäfte in eine andere Rechtsform als den Kauf vorzubeugen. Die üblichste anderweite Form ist die mietweise Überlassung der Gegenstände, die mit dem Übergange in das Eigentum des Mieters endet (häufig: der Möbelleihvertrag). Aber auch sonstige Rechtsformen fallen unter § 6, sofern a) der Gegenstand zur Benutzung überlassen wird, bevor der in Teilzahlungen zu entrichtende Gegenwert geleistet ist, b) die Übertragung des Eigentums, wenn auch nur nach der stillschweigenden Absicht der Parteien, das Endziel des Geschäfts ist, und zwar selbst dann, wenn ein festes Recht auf diesen Erwerb nicht eingeräumt ist, c) dem Gläubiger bei Nichterfüllung der Verpflichtungen des Schuldners das Recht zusteht, vom Vertrage zurückzutreten oder dem Schuldner die ihm überlassene Sache wieder zu entziehen Begr. S. 7.

[17]) Ist die Übergabe erst nach der Zahlung des Kaufpreises erfolgt, so liegt ein Abzahlungsgeschäft im Sinne des § 1 nicht vor.

[18]) Ein Schutzbedürfnis besteht für diesen Teil des Publikums nicht. Begriff des Kaufmanns Abschn. I 2.

## 3. Gesetz zur Bekämpfung des unlauteren Wettbewerbes. Vom 27. Mai 1896. (RGBl. 145)[1][2].

§. 1[3]. Wer in öffentlichen Bekanntmachungen oder in Mittheilungen, welche für einen größeren Kreis von Personen bestimmt sind[4]), über geschäft-

---

[1]) Quellen: Reichst. 95/96 Drucks. Nr. 35 (Entw. nebst Begr.) Nr. 192 (KB.), StB. 13. und 14. Dez. 95 S. 107 ff. (1. Les.), 16. und 17. April 96 S. 1701 ff. (2. Les.), 7. Mai 96 S. 2171 ff. (3. Les.). Bearb. Bachem und Roeren (Leipzig), Dr. Müller (2. Aufl. Fürth 97), Dr. L. Fuld (Hannover), Pinner (Berlin 03).

[2]) Zweck und Gliederung des G. Der unlautere Wettbewerb ist eine Begleiterscheinung des freien Wettbewerbs im Handel und Gewerbe. Er ist in verschiedenen Staaten durch Aufstellung eines allgemeinen Rechtsgrundsatzes bekämpft worden, so mit besonderem Erfolge in Frankreich (Code civil Art. 1382, 1383). Für Deutschland ist der Weg der Sondergesetzgebung vorgezogen worden. Das obige G. richtet sich gegen die hauptsächlichsten Erscheinungsformen des unlautern Wettbewerbs, für die scharf umgrenzte Tatbestände aufgestellt sind. Es enthält Vorschriften:
- gegen Ausschreitungen im Reklamewesen § 1—4,
- gegen Verschleierungen des Mengenverhältnisses § 5,
- gegen üble Nachrede § 6 und 7,
- gegen die trügerische Benutzung von Namen oder Firmen § 8,
- gegen den Verrat von Geschäfts- und Betriebsgeheimnissen § 9 und 10.

Die § 11—15 enthalten Bestimmungen über die Durchführung dieser Vorschriften vor den Gerichten, während § 16 das Verhältnis zum Ausland regelt. — Die Bekämpfung des unlautern Wettbewerbs erfolgt im G. 27. Mai 96 teils durch zivilrechtliche, teils durch Strafbestimmungen. Wo beide neben einander hergehen, ist der strafrechtliche Tatbestand enger umgrenzt als der zivilrechtliche. — Das vorliegende SonderG. hat das Gebiet des unlautern Wettbewerbs nicht ausschließend geregelt. Ergänzend kommen die allgemeinen Bestimmungen des BGB. in Betracht RGer. 11. April 01 (XLVIII 114) Ziff. II, insbesondere der „illoyale Handlungen" überschriebene § 826, welcher lautet:

Wer in einer gegen die guten Sitten verstoßenden Weise einem Andern vorsätzlich Schaden zufügt, ist dem Andern zum Ersatze des Schadens verpflichtet.

[3]) Tatbestand des § 1. Die Reklame ist für das Geschäftsleben notwendig. Nur gegen Auswüchse, die mit der Vorspiegelung unwahrer Tatsachen beginnen, richtet sich das G. Folgende Tatbestandsmerkmale begründen die Anwendbarkeit des § 1:
- a) Es müssen über geschäftliche Verhältnisse Angaben gemacht sein.
- b) Diese Angaben müssen tatsächlicher Art sein.
- c) Sie müssen unrichtig sein.
- d) Sie müssen geeignet sein, den Anschein eines besonders günstigen Angebots hervorzurufen.
- e) Sie müssen für die Öffentlichkeit bestimmt sein.

Wenn diese Merkmale zusammentreffen, ist der Anspruch auf Unterlassung der unrichtigen Angaben begründet Abs. 1. Wenn außerdem derjenige, der die Angaben gemacht hat,
- f) ihre Unrichtigkeit kannte oder kennen mußte,

ist gegen ihn auch ein Schadensersatzanspruch gegeben Abs. 2.

Der Anspruch auf Unterlassung steht nicht nur jedem Gewerbetreibenden, der Waren oder Leistungen gleicher oder verwandter Art herstellt oder in den geschäftlichen Verkehr bringt, zu, sondern auch den im Abs. 1 bezeichneten Verbänden. Der Anspruch auf Schadensersatz ist nur den einzelnen Gewerbetreibenden gegeben. — Dem zivilrechtlichen Tatbestand des § 1 entspricht der strafrechtliche des § 4. Über die Abweichungen Anm. 15.

[4]) Z. B. in Zeitungen, Anschlägen, Rundschreiben, Preislisten; auch öffentliches Ausrufen genügt. — Den Mitteilungen durch Worte stehen bildliche Darstellungen und sonstige Veranstaltungen, die darauf berechnet und geeignet sind, sie zu ersetzen, gleich Abs. 4.

liche Verhältnisse[5]), insbesondere über die Beschaffenheit, die Herstellungsart oder die Preisbemessung von Waaren oder gewerblichen Leistungen, über die Art des Bezuges oder die Bezugsquelle von Waaren, über den Besitz von Auszeichnungen, über den Anlaß oder den Zweck des Verkaufs unrichtige Angaben thatsächlicher Art[6]) macht, welche geeignet sind, den Anschein eines besonders günstigen Angebots hervorzurufen[7]), kann auf Unterlassung der

---

[5]) Diese umfassen die inneren Verhältnisse des Betriebs sowie die Beziehungen zu Lieferanten und Abnehmern. Die wichtigsten in Betracht kommenden geschäftlichen Verhältnisse sind im Gesetze als Beispiele angeführt. — Die Beschaffenheit einer Ware umfaßt alle Eigenschaften, körperliche wie unkörperliche, welche bei Würdigung ihrer Brauchbarkeit in Betracht kommen RGer. 12. Nov. 00 (Strafs. XXXIII 441). — Herstellungsart z. B. Bezeichnung der Ware als Naturprodukt, während sie künstlich hergestellt ist, oder einer Fabrikware als Handarbeit. — Art des Bezuges. Hierher gehören Angaben, wie: die Ware sei unmittelbar ohne Zwischenhändler — in Eis verpakt — durch Karawanen (Tee) bezogen. — Bezugsquelle bezieht sich auf Ursprungsangaben nicht geographischer Art Begr. S. 11 z. B. Domänenbutter, aus einem Konkurse, einem Nachlasse herrührend. Die fälschliche Verwendung von Ortsnamen wird bereits durch G. zum Schutze der Warenbezeichnungen (Abschn. V Nr. 4) § 16 getroffen. Immerhin ist auch § 1 dieses G. auf unrichtige geographische Ursprungsangaben anwendbar, wenn sie unter den allgemeinen Begriff „geschäftliche Verhältnisse" fallen. — Besitz von Auszeichnungen z. B. Medaillen, Diplomen. — Anlaß oder Zweck des Verkaufs; z. B. Ausverkauf wegen Aufgabe des Geschäfts, wegen Abbruchs des Hauses, Verkauf einer Konkursmasse Der Nachschub einzelner Waren bei einem Ausverkauf ist in geringem Umfange zulässig, wenn der Verkäufer an der Absicht festhält, durch den Verkauf die Beendigung seines Geschäfts herbeizuführen RGer. 21. Sept. 97 (Strafs. XXX 256). — Außer den im Abs. 1 besonders angeführten Beispielen kommen als geschäftliche Verhältnisse, auf welche sich die Reklame erstreckt, noch viele andere in Betracht z. B. die Menge der vorhandenen Vorräte, das Alter, die Ausdehnung, der Absatz eines Geschäfts, der Besitz von Zweigniederlassungen, von Dankschreiben und Anerkennungen.

[6]) Unrichtig sind auch solche Angaben, die zwar ihrem Wortlaute nach dem wirklichen Sachverhalt anscheinend entsprechen, in Wirklichkeit aber ihn nicht erschöpfen. In einem Falle, in dem der Ausverkauf der bei dem Brande des Geschäfts beschädigten und unbeschädigt gebliebenen Waren zu enorm billigen Preisen angekündigt worden war, wurde diese Ankündigung durch die Nachschiebung anderer Waren in die Ausverkaufsmasse zur unrichtigen Angabe RGer. 18. Feb. 01 (Strafs. XXXIV 163). — Bei einer nur auf Künftiges gehenden Ankündigung — Verkauf bestimmter Waren an bestimmten künftigen Tagen zu besonders herabgesetzten Preisen — kann Unrichtigkeit nur angenommen werden, wenn sich aus der objektiven Sachlage im Zeitpunkte der Ankündigung ergibt, daß sie nicht pünklich werde erfüllt werden. Der Zeitpunkt der Ankündigung dauert bei Anschlägen bis zu ihrer Entfernung, bei Zeitungen bis zu dem Zeitpunkte, wo nach allgemeinen Erfahrungen die Nummer, weil veraltet, nicht mehr gelesen wird RGer. 30. März 00 (XLVI 51). — Die unrichtigen Angaben müssen tatsächlicher Art sein. Darunter fallen nicht lobende Urteile, selbst wenn sie Übertreibungen enthalten, z. B. ausgezeichnete Qualität, reichste Auswahl, billige Preise Begr. S. 10. Die Angaben „großes Lager" und „besonders billig" sind nur allgemein lautende Anpreisungen, Kundgebungen subjektiver Anschauung, nämlich lobende Urteile über das Geschäft. Eine solche Reklame ist nicht verboten RGer. 26. Mai 99 (XLIV 11), 12. Nov. 00 (Strafs. XXXIII 441). — Bei der Beurteilung der Angaben ist nicht sowohl auf die Ansicht der Geschäftswelt, als darauf, in welchem Sinne das Publikum sie auffaßt, entscheidendes Gewicht zu legen RGer. XLIV 11. Über die Angabe: Risiko ist ausgeschlossen Anm. 15[1].

[7]) D. h. eines günstigeren Angebots als

unrichtigen Angaben in Anspruch genommen werden. Dieser Anspruch kann von jedem Gewerbetreibenden, der Waaren oder Leistungen gleicher oder verwandter Art herstellt oder in den geschäftlichen Verkehr bringt, oder von Verbänden zur Förderung gewerblicher Interessen geltend gemacht werden, sofern die Verbände als solche in bürgerlichen Rechtsstreitigkeiten klagen können[8]).

Neben dem Anspruch auf Unterlassung der unrichtigen Angaben haben die vorerwähnten Gewerbetreibenden auch Anspruch auf Ersatz des durch die unrichtigen Angaben verursachten Schadens gegen denjenigen, der die Angaben gemacht hat, falls dieser ihre Unrichtigkeit kannte oder kennen mußte[9]). Der Anspruch auf Schadensersatz kann gegen Redakteure, Verleger, Drucker oder Verbreiter von periodischen Druckschriften nur geltend gemacht werden, wenn dieselben die Unrichtigkeit der Angaben kannten[10]).

Die Verwendung von Namen, welche nach dem Handelsgebrauch zur Benennung gewisser Waaren dienen, ohne deren Herkunft bezeichnen zu sollen, fällt unter die vorstehenden Bestimmungen nicht[11]).

---

es allgemein stattfindet. — Auf den Erfolg kommt es nicht an; es genügt daß die Angaben geeignet sind den Anschein eines besonders günstigen Angebots hervorzurufen. Bloße scherzhafte und harmlose Übertreibungen, die als solche von jedermann leicht zu erkennen sind, sind hierzu nicht geeignet.

[8]) Zur Klage auf Unterlassung der unrichtigen Angaben sind, ohne daß es des Nachweises eines rechtlichen Interesses bedarf, die oben bezeichneten Gewerbetreibenden und Verbände berechtigt. Zu den klageberechtigten Verbänden gehören nach der Entstehung der Vorschrift die Handelskammern und kaufmännischen Korporationen Abschn. I Nr. 3. — Die Klage ist gegen denjenigen zu richten, welcher die unrichtigen Angaben gemacht hat, nicht nur gegen den Urheber, sondern auch gegen den Verbreiter, und nicht nur gegen den Inhaber des Geschäfts, sondern auch gegen Angestellte, Reisende, sowie auch gegen Dritte, die zugunsten eines Geschäfts unrichtige Angaben der im Abs. 1 bezeichneten Art gemacht oder verbreitet haben. — Ist die unrichtige Angabe in die Firma aufgenommen (gegründet 1781), so kann auf Herbeiführung der Löschung dieses Zusatzes im Handelsregister geklagt werden RGer. 6. Juni 99 (XLIV 17). Sicherung des Anspruchs aus Abs. 1 durch einstweilige Verfügung § 3.

[9]) Der Schadensersatzanspruch aus Abs. 2 steht nur dem im Abs. 1 bezeichneten Gewerbetreibenden und nicht den Verbänden zu; ebensowenig dem etwa geschädigten Publikum, dessen Rechte sich nach dem BGB. bestimmen. Voraussetzung ist, daß der klagende Gewerbetreibende wirklich Schaden erlitten hat. Hierüber, sowie über den Umfang des Schadens, ist im Streitfalle vom Gericht nach Maßgabe CPO. § 287 (Nr. 2 des Abschn. Anm. 11) zu entscheiden, wobei selbstverständlich auch die Verhältnisse des Verkehrslebens in Betracht zu ziehen sind Begr. S. 14. Nur derjenige Urheber oder Verbreiter unwahrer Angaben ist schadensersatzpflichtig, der ihre Unrichtigkeit kannte oder kennen mußte.

[10]) Für die nach dem PreßG. 7. Mai 74 (RGB. 65) für den Inhalt einer Druckschrift verantwortlichen Personen ist ihre Haftung aus Abs. 2 auf den Fall beschränkt, daß sie die Unrichtigkeit der unwahren Angaben kannten. Bloße Fahrlässigkeit derselben begründet also keinen Schadensersatzanspruch. Diese Ausnahmebestimmung für die Presse beruht auf einem Beschlusse des Reichstages, für den die Besonderheit des Geschäftsbetriebs im Ankündigungswesen maßgebend war. — Bei der Klage auf Unterlassung nach Abs. 1 genießt die Presse keinen Vorzug.

[11]) Durch Abs. 3 soll die fortdauernde Zulässigkeit von Ortsbezeichnungen sicher gestellt werden, die im Handel und Verkehr die Eigenschaft einer Gattungsbezeichnung angenommen haben, während sich die Bedeutung der Ortsangabe als Herkunftsbezeichnung völlig verwischt

Im Sinne der Bestimmungen des Absatzes 1 und 2 sind den Angaben thatsächlicher Art bildliche Darstellungen und sonstige Veranstaltungen gleich zu achten, die darauf berechnet und geeignet sind, solche Angaben zu ersetzen[4]).

Unter Waaren im Sinne dieses Gesetzes sind auch landwirthschaftliche Erzeugnisse, unter gewerblichen Leistungen auch landwirthschaftliche zu verstehen.

§. 2[12]). Für Klagen auf Grund des §. 1 ist ausschließlich zuständig das Gericht, in dessen Bezirk der Beklagte seine gewerbliche Niederlassung[13]) oder in Ermangelung einer solchen seinen Wohnsitz hat. Für Personen, welche im Inlande weder eine gewerbliche Niederlassung noch einen Wohnsitz haben, ist ausschließlich zuständig das Gericht des inländischen Aufenthaltsortes, oder wenn ein solcher nicht bekannt ist, das Gericht, in dessen Bezirk die Handlung begangen ist.

§. 3. Zur Sicherung des im §. 1 Absatz 1 bezeichneten Anspruchs können einstweilige Verfügungen erlassen werden, auch wenn die in den §§. 935, 940 der Civilprozeßordnung bezeichneten Voraussetzungen nicht zutreffen. Zuständig ist auch das Amtsgericht, in dessen Bezirk die den Anspruch begründende Handlung begangen ist; im Uebrigen finden die Vorschriften des §. 942 der Civilprozeßordnung Anwendung[14]).

---

hat, Beispiele: Wiener Wurst, Schweizer Käse, Bayerisches Bier, Thorner Pfefferkuchen, Kognak, Panamahüte usw. Da bei solchen Waren Käufer und Verbraucher erfahrungsgemäß weder beabsichtigen noch erwarten Wurst, die in Wien, Käse, der in der Schweiz, Bier, das in Bayern hergestellt ist, usw. zu erwerben, so kann in derartigen Bezeichnungen eine unrichtige und zur Irreführung geeeignete Angabe nicht erblickt werden. Anderseits ist zu berücksichtigen, daß mit zahlreichen Ortsbenennungen, mit denen zweifellos die Herkunft der Ware nicht bezeichnet werden soll, die Meinung einer gewissen Beschaffenheit der Waren verbunden ist. So erwartet der Besteller von Bordeaux-Wein zwar wohl nicht, daß er Wein aus dem Erzeugungsgebiete dieses Platzes, dagegen im allgemeinen wohl, daß er auf Grund seiner Bestellung Rotwein französischen Ursprungs erhalten werde. Dieser Verkehrsanschauung, die mit einer bestimmten Ortsbezeichnung eine bestimmte Beschaffenheit der Ware verbindet und sich besonders im Wein- und Tabakgeschäft herausgebildet hat, wird Abs. 3 nicht gerecht, wenn er Ortsbezeichnungen, die die Eigenschaft als Herkunftsbezeichnung eingebüßt haben, uneingeschränkt für zulässig erklärt. — Die gleiche Bestimmung findet sich im G. zum Schutz der Warenbezeichnungen (Abschn. V Nr. 4) § 16 Abs. 2. — Die Anwendung des Abs. 3 erfordert den Zusammenhang einer bestimmten Ware oder Warengattung mit einem Ortsnamen, sie findet nicht statt bei Übertragung des Ortsnamens auf andere Waren zur Kennzeichnung gleichartiger Eigenschaften RGer. 21. Okt. 98 (Strafs. XXXI 289).

[12]) § 2 behandelt die örtliche Zuständigkeit der Gerichte — über die sachliche Zuständigkeit § 15 — und begründet für Klagen aus § 1 einen ausschließlichen Gerichtsstand. Eine Vereinbarung der Parteien über die Zuständigkeit eines anderen Gerichtes (CPO. § 38) ist nicht zulässig. Der Zweck ist, die Verbindung mehrerer gleichartiger Prozesse gemäß CPO. § 147 sicher zu stellen.

[13]) Unter gewerblicher Niederlassung ist nicht nur die Hauptniederlassung, sondern auch die Zweigniederlassung zu verstehen. Bei Vorhandensein sowohl der Haupt- als einer oder mehrerer Zweigniederlassungen im Inlande ist das Gericht derjenigen Niederlassung zuständig, auf deren Geschäftsbetrieb sich die unlautere Reklame bezog RGer. 19. Mai 99 (XLIV 361).

[14]) § 3 bietet die Möglichkeit, eine gegen das G. verstoßende Form der geschäftlichen Ankündigung möglichst schnell und ehe sie

§. 4. Wer in der Absicht, den Anschein eines besonders günstigen Angebots hervorzurufen, in öffentlichen Bekanntmachungen oder in Mittheilungen, welche für einen größeren Kreis von Personen bestimmt sind, über die Beschaffenheit, die Herstellungsart oder die Preisbemessung von Waaren oder gewerblichen Leistungen, über die Art des Bezuges oder die Bezugsquelle von Waaren, über den Besitz von Auszeichnungen, über den Anlaß oder den Zweck des Verkaufs wissentlich unwahre und zur Irreführung geeignete Angaben thatsächlicher Art macht, wird mit Geldstrafe bis zu eintausendfünfhundert Mark bestraft[15]).

---

andern Gewerbetreibenden Schaden zufügen kann, zu beseitigen. Eine einstweilige Verfügung ist darnach auch zulässig, ohne daß die Dringlichkeitsgründe der CPO. (§ 935 u. 940) vorliegen. — Zuständig für den Erlaß der einstweiligen Verfügung ist das sich nach § 2 bestimmende Gericht der Hauptsache CPO. § 937; außerdem das Amtsgericht, in dessen Bezirk die Handlung begangen ist. In dringenden Fällen kann die Verfügung auch von dem Amtsgericht erlassen werden, in dessen Bezirk sich der Streitgegenstand befindet, und zwar unter Bestimmung einer Frist, innerhalb welcher der Gegner zur mündlichen Verhandlung über ihre Rechtmäßigkeit vor das Gericht der Hauptsache zu laden ist CPO. § 942. — Zur Begründung des Antrags sind die tatsächlichen Voraussetzungen, von denen der Anspruch auf Unterlassung der unrichtigen Angaben abhängig ist, darzulegen und glaubhaft zu machen CPO. § 936, 920, sofern nicht eine vom Gericht nach freiem Ermessen zu bestimmende Sicherheit geleistet wird § 921 a. a. O. Welche Anordnungen zur Erreichung des Zwecks erforderlich sind, darüber bestimmt das Gericht nach seinem Ermessen § 938, in dringenden Fällen ohne vorgängige mündliche Verhandlung § 937 Abs. 2. — Wird die in einem Verbot bestehende einstweilige Verfügung auf Widerspruch des Gegners aufgehoben, so kann eine Zuwiderhandlung gegen das Verbot, auch wenn sie vor dem Aufhebungsurteil begangen ist, nicht mehr verfolgt werden RGer. 7. Jan. 99 (XLIII 396). — Die im ursprünglichen Wortlaute des G. angezogenen Bestimmungen der CPO. (§ 814, 819 und 820) sind durch die entsprechenden Bestimmungen der neuen Fassung (98) ersetzt worden.

[15]) Der Tatbestand der Strafbestimmung für schwindelhafte Reklamen (§ 4) unterscheidet sich von dem zivilrechtlichen Tatbestande des § 1 in folgenden Punkten:

1. Die unwahren Angaben tatsächlicher Art müssen sich auf die im § 1 nur beispielsweise aufgeführten Gegenstände — Beschaffenheit, Herstellungsart usw. — beziehen. Die Generalklausel des § 1 fehlt hier. — Die Zusicherung, ein Risiko sei ausgeschlossen und das Verschweigen der Wahrscheinlichkeit eines Verlustes (nämlich in den Ankündigungen der Hydra- und Schneeballgeschäfte) enthält, obschon unwahr, keine Angabe eines bestimmten tatsächlichen Umstands. Die Täuschung bezieht sich überdies auf den Wert, nicht aber auf die Wertbemessung, worüber tatsächliche Angaben in der Ankündigung überhaupt nicht gemacht sind RGer. 14. Feb. 01 (Strafs. XXXIV 139).

2. Die bildlichen Darstellungen und sonstigen Veranstaltungen, die nach § 1 Abs. 4 den Angaben tatsächlicher Art für die Begründung zivilrechtlicher Ansprüche gleich gestellt sind, genießen durch § 4 keinen strafrechtlichen Schutz. Diese Einschränkung bezieht sich nur auf solche bildliche Darstellungen, welche tatsächliche Angaben wirklich ersetzen, nicht auf solche, die zur Erläuterung tatsächlicher Angaben dienen. § 4 ist daher anwendbar, wenn Angaben tatsächlicher Art deshalb unwahr und irreführend sind, weil die bildliche Darstellung, auf die sie zum näheren Verständnis hinweisen, der Wahrheit nicht entspricht RGer. 11. Jan. 98 (Strafs. XXX 406), 16. Okt. 00 (Strafs. XXXIII 431).

3. In subjektiver Beziehung ist Voraussetzung der Strafbarkeit, daß der Täter nicht nur die Unrichtigkeit der von ihm gemachten Angaben kannte, sondern auch die Absicht hatte, durch den

Ist der Thäter bereits einmal wegen einer Zuwiderhandlung gegen die vorstehende Vorschrift bestraft, so kann neben oder statt der Geldstrafe auf Haft oder auf Gefängniß bis zu sechs Monaten erkannt werden; die Bestimmungen des §. 245 des Strafgesetzbuchs finden entsprechende Anwendung[16]).

§. 5. Durch Beschluß des Bundesraths kann festgesetzt werden, daß bestimmte Waaren im Einzelverkehr nur in vorgeschriebenen Einheiten der Zahl, der Länge und des Gewichts oder mit einer auf der Waare oder ihrer Aufmachung anzubringenden Angabe über Zahl, Länge oder Gewicht gewerbsmäßig verkauft oder feilgehalten werden dürfen.

Für den Einzelverkehr mit Bier in Flaschen oder Krügen kann die Angabe des Inhaltes unter Festsetzung angemessener Fehlergrenzen vorgeschrieben werden[17]).

Die durch Beschluß des Bundesraths getroffenen Bestimmungen sind durch das Reichs-Gesetzblatt zu veröffentlichen und dem Reichstag sogleich oder bei seinem nächsten Zusammentritt vorzulegen.

---

Anschein eines besonders günstigen Angebots das Publikum irrezuführen. Ein entsprechender Erfolg braucht nicht eingetreten zu sein RGer. 28. Juni 00 (Strafs. XXX 326). — Die Strafverfolgung tritt nur auf Antrag ein § 12. Der Versuch ist straflos StGB. § 43 Abs. 2.

[16]) Darnach liegt Rückfall auch dann vor, wenn die frühere Strafe nur teilweise verbüßt oder ganz oder teilweise erlassen ist. Er ist ausgeschlossen, wenn seit Verbüßung oder Erlaß der letzten Strafe 10 Jahre verflossen sind.

[17]) Der § 5 richtet sich gegen Verschleierungen des Mengenverhältnisses Begr. S. 15. Im Kleinhandel ist es für viele Artikel, besonders für solche, die häufig und regelmäßig in bestimmten Mengen gekauft werden, üblich geworden, die regelmäßig geforderten Mengen in besonderer Packung oder Aufmachung vorrätig zu halten, um das Zumessen oder Zuwägen im einzelnen Falle zu vermeiden, so z. B. Kerzen in Packungen zu $^1/_2$ oder 1 kg, Seife in Riegeln zu 1 kg, Garne in Aufmachungen zu $^1/_{10}$ Pfd. Gewicht oder zu 50 m Länge oder einem Vielfachen hiervon. Dieser Gebrauch hat zur Folge, daß das Publikum solche Waren regelmäßig nicht nach Gewicht oder Maß, sondern nach den durch die Packung oder Aufmachung geschaffenen Einheiten fordert (einen Riegel Seife, eine Packung Kerzen, ein Knäuel Garn). Hier setzt der unlautere Wettbewerb ein, indem durch eine für den Käufer schwer bemerkbare Verkleinerung der regelmäßig in der Packung oder Aufmachung enthaltenen Menge der irreführende Anschein einer in Wirklichkeit nicht vorhandenen Preisermäßigung hervorgerufen wird. Die Packung Kerzen, der Riegel Seife wird billiger abgegeben als seitens gleichartiger anderer Geschäfte, dabei aber verheimlicht, daß jene nur $^5/_6$ Pfd. statt 1 Pfd., dieser nur 850 bis 900 g statt 1 kg enthält. Eine Schädigung des Publikums ist mit solchen Machenschaften oft nicht verbunden, ihren Beweggrund bilden in der Regel Rücksichten des Wettbewerbs. — Die Vorschriften des BR. dürfen sich nur auf den Einzelverkehr d. h. den Kleinhandel, nicht den Engros-Verkehr beziehen und nur auf den inländischen Kleinhandel, nicht auf die Ausfuhr. Bisher sind erlassen Vorschriften für den Kleinhandel mit Garnen Bek. 20. Nov. 00 Anlage A und solche für den Kleinhandel mit Kerzen Bek. 4. Dez. 01 Anlage B. — Die Regelung inbetreff des Kleinhandels mit Bier (Abs. 2) darf sich nur auf den Einzelverkehr in Flaschen und Krügen erstrecken, nicht in Gläsern oder ähnlichen Schankgefäßen. Außerdem kann nur die Angabe des Inhalts, dagegen nicht die Einhaltung bestimmter Maßeinheiten angeordnet werden. Bisher hat der BR. Vorschriften auf Grund des Abs. 2 nicht erlassen. Vergl. hierzu G. betr. die Bezeichnung des Raumgehalts der Schankgefäße vom 20. Juli 81 Abschn. II Nr. 7.

Zuwiderhandlungen gegen die Bestimmungen des Bundesraths werden mit Geldstrafe bis einhundertundfünfzig Mark oder mit Haft bestraft.

§. 6[18]). Wer zu Zwecken des Wettbewerbes über das Erwerbsgeschäft eines Anderen, über die Person des Inhabers oder Leiters des Geschäfts, über die Waaren oder gewerblichen Leistungen eines Anderen Behauptungen thatsächlicher Art aufstellt oder verbreitet, welche geeignet sind, den Betrieb des Geschäfts oder den Kredit des Inhabers zu schädigen, ist, sofern die Behauptungen nicht erweislich wahr sind, dem Verletzten zum Ersatze des entstandenen Schadens verpflichtet[19]). Auch kann der Verletzte den Anspruch geltend machen, daß die Wiederholung oder Verbreitung der Behauptungen unterbleibe.

Die Bestimmungen des ersten Absatzes finden keine Anwendung, wenn der Mittheilende oder der Empfänger der Mittheilung an ihr ein berechtigtes Interesse hat[20]).

[18]) Die § 6 und 7 richten sich gegen üble Nachrede und bilden das Gegenstück zu den § 1 und 4. Dort handelt es sich um Ausschreitungen im Lobe der eigenen, hier um Ausschreitungen in der Beurteilung fremder Waren oder Leistungen. Der § 6 gewährt einen zivilrechtlichen Anspruch auf Schadensersatz und Unterlassung der üblen Nachrede. § 7 enthält die entsprechende Strafvorschrift. § 6 bildet einen besonderen Anwendungsfall der allgemeinen, gegen Schädigung des Kredits usw. gerichteten Vorschrift des BGB. § 824, welche lautet:

Wer der Wahrheit zuwider eine Thatsache behauptet oder verbreitet, die geeignet ist, den Kredit eines Anderen zu gefährden oder sonstige Nachtheile für dessen Erwerb oder Fortkommen herbeizuführen, hat dem Anderen den daraus entstehenden Schaden auch dann zu ersetzen, wenn er die Unwahrheit zwar nicht kennt, aber kennen muß.

Durch eine Mittheilung, deren Unwahrheit dem Mittheilenden unbekannt ist, wird dieser nicht zum Schadensersatze verpflichtet, wenn er oder der Empfänger der Mittheilung an ihr ein berechtigtes Interesse hat.

[19]) Tatbestandsmerkmale des § 6. Die Angaben müssen tatsächlicher Art sein, worunter tadelnde Urteile nicht fallen (Anm. 6), geeignet sein, den Betrieb des Geschäfts oder den Kredit des Inhabers zu schädigen, sich also nicht als scherzhafte Übertreibungen darstellen, zu Zwecken des Wettbewerbs aufgestellt oder verbreitet werden d. h. um den eigenen Wettbewerb oder den dritter Personen zu fördern. Dabei braucht es sich nicht um einzelne bestimmte Geschäfte zu handeln, sondern auch eine im Interesse einer ganzen Gruppe von Beteiligten stattfindende Anschwärzung rechtfertigt die Anwendung des § 6 RGer. 10. Jan. 02 (L 107); dieses Merkmal des Wettbewerbs fehlt dem Tatbestande des BGB. § 824 (Anm. 18). Die Behauptungen müssen endlich nicht erweislich wahr sein. Hierzu genügt es, daß der Aufstellende oder Verbreitende ihre Wahrheit nicht beweisen kann, während die Anwendbarkeit des BGB. § 824 davon abhängig ist, daß er die Unwahrheit kannte oder bei gewöhnlicher Aufmerksamkeit hätte kennen müssen. — Die Frage, inwieweit eine durch die Presse begangene Zuwiderhandlung gegen § 6, abgesehen vom Einsender oder Verfasser, auch die an der Anfertigung oder Verbreitung der Druckschrift beteiligten Personen, Verleger, Herausgeber, Redakteur usw., zivilrechtlich haftbar macht, bestimmt sich nicht nach Preßg. 7. Mai 74 (RGB. 65) § 20 und 21, sondern nach den allgemeinen Grundsätzen. Voraussetzung ist auch für diese Personen, daß ihre Tätigkeit zu Zwecken des Wettbewerbs erfolgt sei, was namentlich bei einer gewerblichen Fachzeitschrift möglich und nach den Umständen des Falls zu beurteilen ist RGer. 10. Jan. 02 (L 107). — Zuständigkeit der Gerichte § 15.

[20]) Dies trifft namentlich für die kaufmännische Auskunftserteilung zu,

§. 7[18]. Wer wider besseres Wissen über das Erwerbsgeschäft eines Anderen, über die Person des Inhabers oder Leiters des Geschäfts, über die Waaren oder gewerblichen Leistungen eines Anderen unwahre Behauptungen thatsächlicher Art aufstellt oder verbreitet, welche geeignet sind, den Betrieb des Geschäfts zu schädigen[21], wird mit Geldstrafe bis zu eintausendfünfhundert Mark oder mit Gefängniß bis zu einem Jahre bestraft.

§. 8[22]. Wer im geschäftlichen Verkehr[23] einen Namen[24], eine Firma[25]

---

mag diese Einrichtung von einzelnen Personen als besonderes Erwerbsgeschäft (Auskunftei) oder von kaufmännischen oder gewerblichen Schutzvereinen zur Sicherung ihrer Mitglieder gegen Verluste oder von Kaufleuten im gegenseitigen Verkehr betrieben werden Begr. S. 18. Die Bestimmung ist nicht anwendbar, wenn eine unwahre Behauptung mit Kenntnis ihrer Unwahrheit aufgestellt oder verbreitet wird RGer. 10. Jan. 02 (L 107).

[21]) Nach StGB. § 187 ist mit der Strafe der verleumderischen Beleidigung derjenige bedroht, der wider besseres Wissen in Beziehung auf einen andern eine unwahre Tatsache behauptet oder verbreitet, welche dessen Kredit zu gefährden geeignet ist. Durch § 7 wird die Strafbarkeit auf den Fall ausgedehnt, daß die unwahre Tatsache den Betrieb des Geschäfts zu schädigen geeignet ist. Über das Verhältnis der beiden Strafvorschriften RGer. 8. und 14. März 98 (Straff. XXXI 63 und 84). — Der Tatbestand des § 7 weicht von dem des § 6 in folgendem ab: Es ist ebensowenig wie bei § 187 StGB. erforderlich, daß die Aufstellung oder Verbreitung der unwahren Behauptung „zu Zwecken des Wettbewerbs" geschieht: insoweit geht § 7 über die in der Überschrift des G. gezogene Grenze hinaus. S. die erwähnten U. des RGer. 8. und 14. März 98, insbesondere S. 65 und 88. Voraussetzung für die Strafbarkeit ist, daß der Täter wider besseres Wissen handelt. Dolus eventualis genügt nicht RGer. 10. Okt. 99 (Straff. XXXII 302), sondern dem Täter muß das bestimmte Bewußtsein der Unwahrheit nachgewiesen werden. Ist dies aber der Fall, so kommt ihm die Wahrnehmung berechtigter Interessen (StGB. § 193) nicht zustatten RGer. 8. März 98 (Straff. XXXI 63). Die Strafbarkeit tritt auch für kaufmännische Auskünfte (§ 6 Abs. 2) ein, wenn dabei wider besseres Wissen unwahre Behauptungen der im § 7 bezeichneten Art aufgestellt oder verbreitet werden.

[22]) § 8 richtet sich gegen die trügerische Benutzung von Namen, Firmen, besonderen Bezeichnungen von Geschäften usw. Nach G. zum Schutze der Warenbezeichnungen (Absch. V Nr. 4) § 14 wird schadensersatzpflichtig, wer wissentlich oder aus grober Fahrlässigkeit Waren oder deren Verpackung oder Umhüllung oder Ankündigungen, Preislisten, Geschäftsbriefe, Empfehlungen, Rechnungen oder dergleichen mit dem Namen oder der Firma eines andern widerrechtlich versieht oder dergleichen widerrechtlich gekennzeichnete Waren in Verkehr bringt oder feilhält. Voraussetzung ist danach die widerrechtliche Benutzung eines fremden Namens oder einer fremden Firma. § 8 geht wesentlich weiter. Er untersagt nicht nur eine widerrechtliche, sondern auch eine an und für sich zulässige Benutzung eines Namens, einer Firma usw., ja sogar die Benutzung des eigenen Namens und der eigenen Firma, wenn dadurch auf die Irreführung des Publikums zum Nachteil eines in der Geschäftswelt bereits bekannten Namens usw. abgezielt wird. Die Gleichnamigkeit, mag sie zufällig oder absichtlich herbeigeführt sein, soll nicht in einer Weise ausgebeutet werden, die darauf berechnet ist, Verwechslungen hervorzurufen. — Während wissentliche Verletzung des § 14 des Warenbezeichnungsgesetzes auch strafrechtlich geahndet wird, begründet § 8 nur zivilrechtliche Ansprüche.

[23]) Hierunter fällt auch die Berufsausübung von Künstlern, Ärzten, Schriftstellern, Rechtsanwälten usw.

[24]) Vor- und Zunamen, auch Pseudonyme.

[25]) D. i. der Name, unter dem ein Kaufmann im Handel seine Geschäfte betreibt und die Unterschrift abgibt HGB. § 17 ff. Ob die Firma im Handels-

oder die besondere Bezeichnung[26]) eines Erwerbsgeschäfts, eines gewerblichen Unternehmens oder einer Druckschrift in einer Weise benutzt, welche darauf berechnet und geeignet ist[27]), Verwechselungen mit dem Namen, der Firma oder der besonderen Bezeichnung hervorzurufen, deren sich ein Anderer befugterweiser[28]) bedient, ist diesem zum Ersatze des Schadens verpflichtet. Auch kann der Anspruch auf Unterlassung der mißbräuchlichen Art der Benutzung geltend gemacht werden.

§. 9[29]). Mit Geldstrafe bis zu dreitausend Mark oder mit Gefängniß bis zu einem Jahre wird bestraft, wer als Angestellter, Arbeiter oder Lehrling eines Geschäftsbetriebes Geschäfts- oder Betriebsgeheimnisse[30]), die ihm ver-

---

register eingetragen ist oder nicht, ist für die Anwendbarkeit des § 8 unerheblich.

[26]) Bezeichnung eines Geschäfts, besonders bei Gasthöfen und Apotheken üblich (Preußischer Hof — Adlerapotheke), aber auch bei anderen Betrieben (Goldene 110 — Kleiderpascha usw.), einer Druckschrift (Fliegende Blätter, Über Land und Meer usw.). — Es muß eine besondere Bezeichnung mit individuellem Charakter sein; allgemeine Bezeichnungen, wie Warenhaus, Verlagsanstalt, Tageblatt, Handbuch, Lexikon genießen nicht den Schutz des § 8. — Der Titel einer Zeitschrift ist gegen mißbräuchliche Benutzung eines zu Verwechslungen geeigneten Titels auch dann geschützt, wenn für den letzteren die Eintragung als Warenzeichen in die Zeichenrolle gemäß G. 12 Mai 94 (Abschn. V Nr. 4) erwirkt worden ist RGer. 27. Okt. 99 (XLIV 99). Überhaupt kann die zwangsweise Löschung eines eingetragenen Warenzeichens, sofern sein Gebrauch gegen den obigen § 8 verstößt, ausgesprochen werden. Ein solcher Verstoß kann in der Aufnahme eines Namens oder einer Firma in das eingetragene Warenzeichen liegen, wenn damit eine Täuschung beabsichtigt ist und dieser Zweck erreicht werden kann RGer. 11. Juni 01 (XLVIII 233).

[27]) Die Benutzung muß subjektiv darauf berechnet, objektiv geeignet sein Verwechslungen hervorzurufen.

[28]) Eine nach den Bestimmungen des HGB. unzulässige Firma wird hiernach nicht geschützt.

[29]) § 9 u. 10 richten sich gegen den Verrat von Geschäfts- oder Betriebsgeheimnissen. Durch § 9 wird der Verrat solcher Geheimnisse durch Angestellte, und die unbefugte Verwertung derselben, sofern sie durch Verrat oder durch eine gegen das Gesetz oder die guten Sitten verstoßende Handlung erlangt sind, mit Strafe bedroht, durch § 10 der erfolglose Versuch, einen Angestellten zum Verrate solcher Geheimnisse zu bestimmen.

[30]) Für den gesetzlich öfter verwerteten StGB. § 92 Nr. 1 § 300, G. gegen den Verrat militärischer Geheimnisse vom 3. Juli 93 (RGB. 205), aber nicht bestimmten Begriff des Geheimnisses ist zu beachten: einmal, daß als Geheimnis nicht bloß solche geschäftlichen Vorkommnisse, deren Geheimhaltung der Geschäftsinhaber seinen Angestellten ausdrücklich zur Pflicht macht, anzusehen sind, daß sich vielmehr die gleiche Pflicht auch aus den Umständen und insbesondere aus dem erkennbaren Interesse des Geschäftsinhabers an der Geheimhaltung ergeben kann; sodann, daß das Erfordernis des Geheimseins kein absolutes ist und mithin ein Gegenstand bloß dadurch, daß er gewissen Personen bekannt ist, nicht von der Pflicht zur Geheimhaltung gegenüber anderen Personen ausgenommen ist RGer. 2. März 97 (Straff. XXIX 426). Nicht erforderlich ist, daß die den Gegenstand des Geheimnisses bildende Tatsache absolut neu sei; ein früher angewendetes, außer Gebrauch gekommenes und vergessenes Verfahren kann ein Geheimnis bilden RGer. 31. März 98 (Straff. XXXI 90). — Betriebsgeheimnisse betreffen die technische, Geschäftsgeheimnisse die kaufmännische Seite des Unternehmens; die Grenze ist flüssig. Zu den ersteren gehören Besonderheiten des Herstellungsverfahrens, ferner auch die in einer Fabrik angefertigten Modelle RGer. 31. März 98 (Straff. XXXI 90), zu den letzteren Kundenlisten, Preislisten, Bilanzen, Kalkulationen, Inventuren, Submissions-

möge des Dienstverhältnisses anvertraut oder sonst[31]) zugänglich geworden sind, während der Geltungsdauer des Dienstverhältnisses[32]) unbefugt an Andere zu Zwecken des Wettbewerbes[33]) oder in der Absicht, dem Inhaber des Geschäftsbetriebes Schaden zuzufügen[34]), mittheilt.

Gleiche Strafe trifft denjenigen, welcher Geschäfts- oder Betriebsgeheimnisse, deren Kenntniß er durch eine der im Absatz 1 bezeichneten Mittheilungen oder durch eine gegen das Gesetz oder die guten Sitten verstoßende[35]) eigene Handlung erlangt hat[36]), zu Zwecken des Wettbewerbes unbefugt verwerthet oder an Andere mittheilt.

Zuwiderhandlungen verpflichten außerdem zum Ersatze des entstandenen Schadens. Mehrere Verpflichtete haften als Gesammtschuldner[37]).

§. 10[29]). Wer zum Zweck des Wettbewerbes es unternimmt, einen Anderen zu einer unbefugten Mittheilung der im §. 9 Absatz 1 bezeichneten Art zu bestimmen[38]), wird mit Geldstrafe bis zu zweitausend Mark oder mit Gefängniß bis zu neun Monaten bestraft.

---

gebote, ferner die kaufmännische Buchführung ihrem allgemeinen Charakter nach, nicht jede einzelne Eintragung. Ob eine solche ein Geschäftsgeheimnis enthält, ist von Fall zu Fall zu entscheiden RGer. 2. März 97 (Straff. XXIX 426). — Die Erfindung eines Angestellten, die nach dem Zwecke seiner Anstellung oder nach dem Dienstvertrage ein Vermögensbestandteil der Firma wird, ist ein Betriebsgeheimnis, dessen unbefugte Mitteilung an andere unter § 9 fällt. Er kann als eine Person angesehen werden, der die von ihm selbst gemachte Erfindung vermöge des Dienstverhältnisses anvertraut oder sonst zugänglich geworden ist RGer. 27. April u. 8. Juni 99 (Straff. XXXII 136 und 216).

[31]) Durch zufällige Umstände, außerhalb des Bereichs seiner Obliegenheiten RGer. 9. Juli 00 (Straff. XXXIII 354).

[32]) Eine Schweigepflicht der Angestellten über die Dauer des Dienstverhältnisses hinaus kann vertragsmäßig begründet werden. Sie fällt in den Rahmen der Konkurrenzklausel. Zuwiderhandlungen sind strafrechtlich nicht verfolgbar; die zivilrechtlichen Ansprüche regeln sich nach allgemeinen Rechtsgrundsätzen. Über die Grenzen der Konkurrenzklausel HGB. § 74—76.

[33]) Dieser Fall tritt sowohl ein, wenn der Verrat an Personen erfolgt, die ihrerseits mit dem Inhaber des Geheimnisses im Wettbewerb stehen, als auch, wenn der Angestellte zum Zwecke des eigenen Wettbewerbes das Geheimnis andern mitteilt, etwa in der Erwartung, daß die Neuheit des Gegenstandes zu einem für ihn vorteilhaften, den Betrieb des Arbeitgebers schädigenden Absatz führen werde RGer. 7. Dez. 99 (Straff. XXXIII 6).

[34]) Dieser Tatbestand fällt aus dem Rahmen des G., wie er sich aus der Überschrift ergibt, heraus.

[35]) Ein Beispiel RGer. 9. Jan. 00 (Straff. XXXIII 62). Ein Angestellter hatte sich ein Verzeichnis der auswärtigen Vertreter, ferner Namen und Adressen der Rabattkunden und die Rabattsätze abgeschrieben und verwertete diese Aufzeichnungen in dem von ihm später gegründeten Konkurrenzgeschäft. Hierin wurde ein Verstoß gegen die guten Sitten erblickt.

[36]) Ist die Kenntnis der Geheimnisse durch Zufall erlangt, so findet Abs. 2 keine Anwendung. Einen Fall dieser Art behandelt RGer. 20. Sept. 97 (Straff. XXX 251) wo der Angeklagte durch Versehen der Post einen an die Konkurrenzfirma gerichteten Brief erhielt, ihn in entschuldbarem Irrtum öffnete und ohne den Irrtum zu bemerken, las. Obschon er seine Kenntnis vom Inhalt des Briefs zu Zwecken des Wettbewerbs benutzte, blieb er straffrei, weil er die Kenntnis nicht durch eine ungesetzliche oder sittenverletzende Handlung erlangt hatte.

[37]) Gesamtschuldner BGB § 421—427.

[38]) Hierfür ist die Anwendung von besondern Mitteln, Versprechungen, Angeboten, Überredungen oder Drohungen

**§. 11.** Die in den §§. 1, 6, 8, 9 bezeichneten Ansprüche auf Unterlassung oder Schadensersatz verjähren in sechs Monaten von dem Zeitpunkt an, in welchem der Anspruchsberechtigte von der Handlung und von der Person des Verpflichteten Kenntniß erlangt, ohne Rücksicht auf diese Kenntniß in drei Jahren von der Begehung der Handlung an[39]).

Für die Ansprüche auf Schadensersatz beginnt der Lauf der Verjährung nicht vor dem Zeitpunkt, in welchem ein Schaden entstanden ist.

**§. 12.** Die Strafverfolgung tritt mit Ausnahme der im §. 5 bezeichneten Fälle nur auf Antrag ein. In den Fällen des §. 4 hat das Recht den Strafantrag zu stellen, jeder der im §. 1 Absatz 1 bezeichneten Gewerbetreibenden und Verbände[40]).

Die Zurücknahme des Antrages ist zulässig.

Strafbare Handlungen, deren Verfolgung nur auf Antrag eintritt, können von den zum Strafantrage Berechtigten im Wege der Privatklage verfolgt werden, ohne daß es einer vorgängigen Anrufung der Staatsanwaltschaft bedarf. Die öffentliche Klage wird von der Staatsanwaltschaft nur dann erhoben, wenn dies im öffentlichen Interesse liegt[41]).

Geschieht die Verfolgung im Wege der Privatklage, so sind die Schöffengerichte zuständig.

---

nicht Voraussetzung. Einen andern bestimmen, heißt nur, seinen Willen zu handeln hervorrufen RGer. 19. Okt. 99 (Straff. XXXII 308). Daß dieser zur Zeit des an ihn gestellten Ansinnens noch nicht im Besitze des Geheimnisses war, sondern es erst auskundschaften sollte, hindert die Anwendung des § 10 nicht RGer. 9. Juli 00 (Straff. XXXIII 354). — Wenn die Anstiftung Erfolg hat, ist der Anstifter gemäß StGB. § 48 aus § 9 Abs. 1 zu bestrafen.

[39]) Die Bestimmung bezieht sich auf die Verjährung der auf dem G. beruhenden zivilrechtlichen Ansprüche, während auf die mit Strafe bedrohten Handlungen die Grundsätze des StGB. über Verjährung der Strafverfolgung und Strafvollstreckung Anwendung finden. — Bei fortgesetzter Begehung einer unter den § 1 fallenden Handlung beginnt mit jeder wiederholten Zuwiderhandlung, z. B. jeder neuen Versendung von Rundschreiben, der Lauf einer neuen Verjährungsfrist RGer. 21. Juli 01 (IL 20).

[40]) Die Frist zur Stellung des Strafantrages beträgt drei Monate und beginnt mit dem Tage, seit welchem der zum Antrage Berechtigte von der Handlung und der Person des Täters Kenntnis gehabt hat StGB. § 61. Vergl. ferner StGB. § 62—65 und über die Form des Antrages (bei dem Gericht oder der Staatsanwaltschaft schriftlich oder zu Protokoll) StPO. § 156 Abs. 2. — Wegen der Verbände Anm. 8. — Wenn ein dritter ein durch Verrat eines Angestellten erlangtes fremdes Geschäftsgeheimnis unbefugt zu Zwecken des Wettbewerbes verwendet, so genügt der Strafantrag gegen den Angestellten nicht zur Verfolgung des dritten; es muß vielmehr gegen ihn besonderer Strafantrag gestellt werden RGer. 24. März 98 (Straff. XXXI 93).

[41]) Privatklage StPO. § 414—434. Da die öffentliche Klage nur bei Vorliegen eines öffentlichen Interesses zu erheben ist, wird die Privatklage die Regel bilden. Auch bei der Privatklage entscheidet das Gericht, nachdem dem Beschuldigten Gelegenheit zur Erklärung gegeben ist, darüber, ob das Hauptverfahren zu eröffnen oder die Klage zurückzuweisen sei StPO. § 423. Wird die Privatklage erhoben, so kann der Strafantrag unterbleiben. Die Staatsanwaltschaft, der die Klage durch das Gericht mitgeteilt wird (§ 422 a. a. O.) kann bis zum Eintritt der Rechtskraft des Urteils die Verfolgung übernehmen § 417 a. a. O.

**§. 13.** Wird in den Fällen des §. 4 auf Strafe erkannt, so kann angeordnet werden, daß die Verurtheilung auf Kosten des Schuldigen öffentlich bekannt zu machen sei.

Wird in den Fällen des §. 7 auf Strafe erkannt, so ist zugleich dem Verletzten die Befugniß zuzusprechen, die Verurtheilung innerhalb bestimmter Frist auf Kosten des Verurtheilten öffentlich bekannt zu machen.

Auf Antrag des freigesprochenen Angeschuldigten kann das Gericht die öffentliche Bekanntmachung der Freisprechung anordnen; die Staatskasse trägt die Kosten, insofern dieselben nicht dem Anzeigenden oder dem Privatkläger auferlegt worden sind.

Ist in den Fällen der §§. 1, 6 und 8 auf Unterlassung Klage erhoben, so kann in dem Urtheile der obsiegenden Partei die Befugniß zugesprochen werden, den verfügenden Theil des Urtheils innerhalb bestimmter Frist auf Kosten der unterliegenden Partei öffentlich bekannt zu machen.

Die Art der Bekanntmachung ist im Urtheil zu bestimmen.

**§. 14.** Neben einer nach Maßgabe dieses Gesetzes verhängten Strafe kann auf Verlangen des Verletzten auf eine an ihn zu erlegende Buße bis zum Betrage von zehntausend Mark erkannt werden[42]. Für diese Buße haften die zu derselben Verurtheilten als Gesammtschuldner. Eine erkannte Buße schließt die Geltendmachung eines weiteren Entschädigungsanspruchs aus[43].

**§. 15.** Bürgerliche Rechtsstreitigkeiten, in welchen durch Klage ein Anspruch auf Grund dieses Gesetzes geltend gemacht ist, gehören, insoweit in erster Instanz die Zuständigkeit der Landgerichte begründet ist, vor die Kammer für Handelssachen. Die Verhandlung und Entscheidung letzter Instanz im

---

[42]) Es bedarf eines ausdrücklichen **Antrags des Verletzten.** Bei Übernahme der Strafverfolgung durch die Staatsanwaltschaft (§ 12 Abs. 3) muß sich derselbe, um eine **Buße** beantragen zu können, der öffentlichen Klage als Nebenkläger (StPO. § 435—442) anschließen StPO. § 443. Der Antrag auf Zuerkennung einer Buße kann bis zur Verkündigung des Urteils erster Instanz gestellt und bis zur Verkündung des endgültigen Urteils wieder zurückgenommen, alsdann aber nicht mehr erneuert werden. Wird der Angeklagte freigesprochen oder das Verfahren eingestellt oder die Sache ohne Urteil erledigt, so gilt auch der Antrag ohne weitere Entscheidung für erledigt. Der Anspruch auf Buße kann von den Erben des Verletzten nicht erhoben oder fortgesetzt werden StPO. § 444. Der als Buße verlangte Betrag ist anzugeben; auf einen höheren Betrag darf nicht erkannt werden das. § 445. — Die **Buße** ist **keine Strafe**, weshalb eine Begnadigung sie nicht mit ergreift, sondern eine **Entschädigung**, die jedoch außer dem vermögensrechtlichen Schaden auch die mit der Verletzung verbundenen Verdrießlichkeiten und Mühen berücksichtigen soll.

[43]) Wenn es dagegen im strafgerichtlichen Verfahren zur Zuerkennung einer Buße nicht kommt, sei es daß der Antrag abgelehnt wird oder daß er sich ohne weitere Entscheidung erledigt (Anm. 42), so ist eine zivilrechtliche Schadensersatzklage nicht ausgeschlossen. Diese ist auch dann zulässig, wenn der Antrag auf Buße vor Verkündung des Urteils zurückgenommen wird. Eine im Zivilrechtswege erstrittene Entschädigung schließt die Zuerkennung einer Buße zwar nicht aus, doch ist sie bei Bemessung der Buße zu berücksichtigen.

Sinne des §. 8 des Einführungsgesetzes zum Gerichtsverfassungsgesetze wird dem Reichsgericht zugewiesen[44]).

**§. 16.** Wer im Inlande eine Hauptniederlassung nicht besitzt, hat auf den Schutz dieses Gesetzes nur insoweit Anspruch[45]), als in dem Staate, in welchem seine Hauptniederlassung sich befindet, nach einer im Reichs-Gesetzblatt enthaltenen Bekanntmachung deutsche Gewerbetreibende einen entsprechenden Schutz genießen[46]).

**§. 17.** Dieses Gesetz tritt am 1. Juli 1896 in Kraft.

## Anlagen zum G. zur Bekämpfung des unlauteren Wettbewerbes.

### Anlage A (zu Anmerkung 16).

### Bek., betreffend Bestimmungen für den Kleinhandel mit Garn. Vom 20. Nov. 1900. (RGB. 1014.)

Auf Grund der Vorschriften im §. 5 Abs. 1 des Gesetzes zur Bekämpfung des unlauteren Wettbewerbes vom 27. Mai 1896 (Reichs-Gesetzbl. S. 145) hat der Bundesrath die nachstehenden Bestimmungen, betreffend den Kleinhandel mit Garn, beschlossen.

§. 1. Zum Einzelverkauf aufgemachte baumwollene, wollene und halbwollene Garne aller Art dürfen nur in bestimmten Einheiten des Gewichts und unter Angabe der Gewichtsmenge im Einzelverkehre gewerbsmäßig verkauft oder feilgehalten werden, baumwollene Garne bis zu ihrer Gesammtlänge von 100 m jedoch auch in bestimmten Einheiten der Länge und unter Angabe der Länge.

Die Vorschriften dieser Verordnung finden keine Anwendung

a) auf Garne, die zum Zwecke der Fertigstellung von halbfertigen Waaren in Verbindung mit diesen feilgehalten werden[1]),

---

[44]) Für die zivilrechtlichen Streitigkeiten ist sonach zuständig: wenn der Gegenstand an Geld oder Geldeswert die Summe von 300 M. nicht übersteigt, das Amtsgericht GVG. § 23, sonst das Landgericht und zwar die Kammern für Handelssachen. Die Überweisung der letztinstanzlichen Entscheidung an das Reichsgericht soll die nötige Einheitlichkeit in der Rechtsprechung sicherstellen.

[45]) Auf die Staatsangehörigkeit kommt es nicht an. Der Ausländer, der in Deutschland eine Hauptniederlassung hat, genießt den Schutz des Gesetzes ohne weiteres in vollem Umfange, während der Deutsche, der die Hauptniederlassung in einem fremden Staate hat, davon ausgeschlossen ist, sofern nicht von diesem Staate Gegenseitigkeit gewährt wird.

[46]) Die Veröffentlichung im RGB. ist maßgebend. Ohne sie darf der Richter das Gesetz nicht anwenden, wenn es an einer Hauptniederlassung im Inlande mangelt. Anderseits ist die Veröffentlichung, die durch den RKz. zu erfolgen hat, der richterlichen Nachprüfung auf ihre sachliche Begründung entzogen. Solche Veröffentlichungen im RGB. sind nicht erfolgt. Dagegen haben die Untertanen der zum internationalen Verbande zum Schutze des gewerblichen Eigentums gehörenden Staaten und diejenigen, welche im Gebiete eines der Verbandsstaaten eine tatsächliche und wirkliche gewerbliche oder Handelsniederlassung haben, auf den auf deutschen G. beruhenden Schutz gegen unlauteren Wettbewerb Anspruch (Brüsseler Zusatzakte 14. Dez. 00 zur Pariser Übereinkunft 20. März 83 Art. VI), nachdem Deutschland dem internationalen Verbande vom 1. Mai 03 ab beigetreten ist Abschn. V Nr. 6.

[1]) Es werden z. B. begonnene Stickereien mit dem zu ihrer Vollendung erforderlichen Stickgarn feilgehalten.

b) auf baumwollene Nähgarne, die auf Holzrollen oder auf Papierhülsen (Pappkops)[2]) aufgemacht sind,

c) auf Garne, die dem Käufer zugemessen oder zugewogen werden.

§. 2. Als Mengeneinheiten werden zugelassen

a) Gewichtseinheiten zu 1, 5, 10, 20 und 50 g oder zu einem Vielfachen von 50 g.

b) Längeneinheiten für baumwollene Garne zu 5, 10, 20, 30 u. s. w. bis 100 m.

Die Vereinigung mehrerer Mengeneinheiten ist nur insoweit zulässig, als sie zusammen eine zulässige Mengeneinheit darstellen.

§. 3. Als Gewicht gilt das Trockengewicht der Garne ohne Umhüllung, Einlage u. s. w. (Nettogewicht) und ohne Beschwerung, soweit diese nicht durch die Fabrikation bedingt ist, nebst einem Normalfeuchtigkeitszuschlage, der bei Baumwollgarn $8\frac{1}{2}$, bei halbwollenen Garnen (sogenannten Mischgarnen) 10, bei Kammgarn $18\frac{1}{4}$ und bei Streichgarn 17 Hunderttheile des Trockengewichts beträgt[3]).

§. 4. Das Gewicht darf nicht um mehr als 3 Prozent bei Mengen über 50 g, 5 Prozent bei Mengen von 10 bis 50 g und 10 Prozent bei Mengen von 1 oder 5 g, die Länge darf nicht um mehr als 5 Prozent bei Längen von 10 bis 100 m und 10 Prozent bei Längen von 5 m hinter den angegebenen Beträgen zurückbleiben.

§. 5. Das Gewicht ist in Grammen, die Länge in Metern anzugeben; die Angaben sind an der Waare selbst oder an ihrer Aufmachung, Verpackung oder Umschließung leicht erkennbar anzubringen.

Bei Vereinigung mehrerer Stränge im Gesammtgewichte bis zu 50 g genügt es, wenn die Gewichtsangabe auf der gemeinsamen Verpackung angebracht ist, bei Mengen über 50 g ist sie auf jedem einzelnen Stücke anzubringen. Garne in Knäueln sowie Garne, welche nach der Länge verkauft werden, müssen stets mit einer Mengenangabe versehen sein.

§. 6. Besondere Bestimmungen treten mit dem 1. Januar 1903 in Kraft.

**Der Reichskanzler.**

---

## Unteranlage A 1 (zu Anlage A Anm. 3).

### Anleitung zur Untersuchung von Garnen nach Maßgabe der Bek. 20. Nov. 00 (RGB. 1014—1015). Vom 15. April 03 (MB. d. H. u. G. B. 140)[1]).

§ 1. Die zur Untersuchung bestimmten Garne sind in ihrer handelsmäßigen Aufmachung gut verpackt mit einem Begleitscheine, welcher

die Bezeichnung der Probe (Nummer, Zeichen und dergl.), die Angabe der Art des Garns (Baumwolle, Halbwolle, Kammgarn oder Streichgarn) und den Namen des Einsenders

enthalten muß, an die mit der Untersuchung zu betrauende Anstalt einzusenden; sie werden hier mit den Angaben des Begleitscheins in ein fortlaufend numeriertes Untersuchungsregister eingetragen.

---

[2]) Die Einschaltung der Papierhülsen (Pappkops) beruht auf Bek. 17. Nov. 02 (RGB. 278).

[3]) Sachverständige Organe zur Feststellung des Trockengewichts sind die Konditionieranstalten Abschn. II Nr. 10 Anm. 1. — Anleitung zur Untersuchung der Garne 15. April 03 Unteranlage A 1.

[1]) Die Anleitung, erlassen vom Min. f. H. u. G., ist bei dem öffentlichen Warenprüfungsamt für Wolle usw. in Berlin, der Elberfeld-Barmer Seidentrocknungs-Aktien-Gesellschaft in Elberfeld, der öffentlichen Seidentrocknungsanstalt in Crefeld und der öffentlichen Konditionieranstalt in Aachen eingeführt (Abschn. II Nr. 10 Anm. 1, 4).

§ 2. Zur Bestimmung des Trockengewichts wird das Garn unter sorgfältiger Sammlung etwaiger Abfälle aufgelockert, bezw. abgewickelt und nebst den Abfällen in einem Konditionierapparat bei einer Temperatur von 105° bis 110° C. getrocknet; die Austrocknung gilt als erreicht, wenn das Garn in den letzten 10 Minuten nach Angabe der mit dem Apparat verbundenen Waage weniger als 0,05 % an Gewicht verloren hat.

Bei Mengen von 1 g bis 10 g einschließlich kann die Trocknung auch in einem Wägegläschen in einem doppelwandigen Lufttrockenschrank stattfinden. In diesem Falle werden zunächst das Wägegläschen und der zugehörige Glasstöpsel durch starke Anwärmung getrocknet. In diesem Zustande wird das Gläschen zugestöpselt und leer gewogen. Nachdem sodann das Garn in das Gläschen hineingetan worden ist, wird das letztere offen in den Lufttrockenschrank gestellt, welcher auf einer Temperatur von 105° bis 110° C. gehalten wird. Nach Verlauf von etwa 4 Stunden wird das Gläschen möglichst innerhalb des Schrankes mit dem Stöpsel, welcher sich ebenfalls während der Trocknung im Schranke befand, geschlossen, dann herausgenommen und gewogen. Das Trockengewicht ergibt sich dann als Differenz des zuletzt bestimmten Gewichts des Gläschens mit dem Garn und des vorher ermittelten Gewichts des leeren Gläschens.

Bei den kleinsten Mengen von 1 und 5 g ist diese Methode besonders zu empfehlen.

Bei Mengen von 20 g und darüber kann das Trockengewicht in gleicher Weise an einer etwa 10 g betragenden Probe ermittelt werden. Diese Probe ist an möglichst vielen, verschiedenen Stellen der Packung zu entnehmen. Vor der Trocknung ist in diesem Falle das Nettogewicht der Probe, sowie dasjenige der Gesamtmenge festzustellen. Das Entsprechende gilt für den Fall, daß nur ein Teil der Gesamtmenge im Konditionierapparat zur Trocknung gelangt.

Jede Wägung wird durch zwei, unabhängig von einander arbeitende Personen ausgeführt; erst nach Feststellung der Übereinstimmung, also nach Richtigbefund wird das Ergebnis in das Untersuchungsregister eingetragen.

§ 3. Dem nach § 2 ermittelten Trockengewicht wird der im § 3 der Bekanntmachung des Bundesrats vom 20. November 1900 angegebene Normalfeuchtigkeitszuschlag zugerechnet. Übersteigt die Abweichung des so erhaltenen Gewichtsergebnisses (des wahren Handelsgewichts) von der an der Ware selbst oder an ihrer Aufmachung u. s. w. angebrachten Gewichtsangabe (dem Sollgewicht) die im § 4 der Bekanntmachung vom 20. November 1900 festgesetzten Beträge, so ist das Garn zu beanstanden und ein entsprechender Vermerk in die Bescheinigung (s. § 7) aufzunehmen[2]).

[2]) In der Anleitung sind hierzu folgende Beispiele gegeben:

Beispiel 1. Ein Strang „Mischgarn" (Halbwolle) mit der Gewichtsangabe 5 g möge nach 4stündiger Trocknung im Trockenschrank im Wägegläschen, dessen Gewicht mit Stöpsel 50,52 g beträgt, 54,80 g wiegen. Dann ist das Trockengewicht des Stranges $54{,}80 - 50{,}52 = 4{,}28$ g, also das wahre Handelsgewicht:

$$4{,}28 + 4{,}28 \cdot \frac{10}{100} = 4{,}71 \text{ g.}$$

Die Abweichung vom Sollgewicht beträgt sonach 0,29 g gegen 0,5 g gestattete Abweichung (§ 4 der Bekanntmachung); das Garn ist also nicht zu beanstanden.

Beispiel 2. Aus einem Päckchen „Mischgarn" (Halbwolle) mit der Gewichtsangabe 200 g, welches ohne Verpackung 201,54 g wiegt, wird eine Probe von 10,16 g entnommen. Letztere möge nach 4 stündiger Trocknung im Trockenschrank mit dem Wägegläschen, dessen Gewicht mit Stöpsel 50,52 g beträgt, 59,22 g wiegen. Dann ist das Trockengewicht der Probe

$$59{,}22 - 50{,}52 = 8{,}70 \text{ g,}$$

also ihr wahres Handelsgewicht

$$8{,}70 + 8{,}70 \cdot \frac{10}{100} = 9{,}57 \text{ g.}$$

Somit ergibt sich das wahre Handelsgewicht des ganzen Päckchens Garn zu

$$\frac{9{,}57}{10{,}16} \cdot 201{,}54 = 189{,}84 \text{ g,}$$

also abgerundet 189,8 g.

Die Abweichung vom Sollgewicht be-

§ 4. Liegt Anlaß zur Vermutung vor, daß die Beschwerung des Garnes durch Schlichtung, Appretur, Ölung u. s. w. das durch die Fabrikation bedingte Maß überschreitet, oder ist eine Feststellung nach dieser Richtung hin ausdrücklich beantragt, so wird die Untersuchung nach den einschlägigen Methoden durch vereidigte Sachverständige ausgeführt.

§ 5. Die Länge von Garnen, die nach Maß verkauft werden, wird auf einem Feinhaspel mit Fadenführung bei mäßiger Spannung festgestellt, doch ist bei Längen von 5 und 10 m auch eine Vermessung mit einem Maßstab oder einem entsprechenden einfachen Meßgerät zulässig.

§ 6. Die bei den Prüfungen zu benutzenden Wagen, Gewichte, Längenmaße und Meßhilfsmittel (Haspel u. s. f.) müssen amtlich geprüft und beglaubigt sein. Die Prüfung und Beglaubigung kann bei den Längenmaßen und Gewichten durch eine Eichung, welche sich bei den Gewichten auf die Genauigkeit der Präzisionsgewichte zu erstrecken hat, ersetzt werden[3]). Die Prüfung und Beglaubigung, sowie die Eichung ist bei den Wagen und Gewichten alljährlich, bei den übrigen Gegenständen alle zwei Jahre zu wiederholen.

Die Anwendung von Federwagen und ungleicharmigen Wagen ist ausgeschlossen[4]).

§ 7. Über das Ergebnis der Prüfung wird eine amtliche Bescheinigung ausgestellt, die außer den Angaben des Begleitscheins und der Nummer des Untersuchungsregisters, das auf 0,1 g bei Mengen zu 1,5 und 10 g auf 0,01 abgerundete Trockengewicht, das wahre Handelsgewicht und dessen Abweichung vom Sollgewicht, sowie den im § 3 vorgeschriebenen Vermerk, bezw. die gefundene Länge mit einem entsprechenden Vermerk und schließlich den Betrag an Untersuchungs-Gebühren enthalten soll.

§ 8. Die Gebühren für Untersuchung einer Garnprobe gemäß den §§ 2 und 3 betragen 2,00 M., für Garne in Knäueln 2,50 M. Die Mindestgebühr für die Längenmessung beträgt 0,50 M., für Längen über 10 m 1,00 M. Für eine Abschrift der amtlichen Prüfungsbescheinigung sind 0,20 M. zu entrichten.

Die Gebühren für die im § 4 vorgesehenen besonderen Untersuchungen werden von Fall zu Fall festgesetzt.

---

## Anlage B (zu Anmerkung 16).

### Bek., betreffend Bestimmungen für den Kleinhandel mit Kerzen. Vom 4. Dez. 01. (RGB. 494.)

Auf Grund der Vorschriften im §. 5 Abs. 1 des Gesetzes zur Bekämpfung des unlauteren Wettbewerbes vom 27. Mai 1896 (Reichs-Gesetzbl. S. 145) hat der Bundesrath die nachstehenden Vorschriften, betreffend den Kleinhandel mit Kerzen, beschlossen:

§. 1. Packungen mit Stearin- und Paraffinkerzen, sowie mit Kerzen, die überwiegend aus diesen Stoffen hergestellt sind (Kompositionskerzen), dürfen im Einzel-

---

trägt also 10,2 g gegen 6 g gestattete Abweichung; das Garn ist also zu beanstanden.

Beispiel 3. Ein Päckchen Kammgarn mit der Gewichtsangabe 100 g möge nach längerer Trocknung im Konditionierapparat 84,22 g, 10 Minuten später 84,21 g wiegen. Da die Abnahme nur 0,01 g, also weniger als 0,05 % = 0,04 g beträgt, kann die Trocknung als beendet angesehen werden. Das wahre Handelsgewicht ermittelt sich hiernach zu

$$84{,}21 + 84{,}21 \cdot \frac{18{,}25}{100} = 99{,}58 \text{ g},$$

also abgerundet 99,6 g.

Die Abweichung vom Sollgewicht beträgt also nur 0,4 g gegen 3 g gestattete Abweichung; das Garn ist also nicht zu beanstanden.

[3]) Die Eichung erfolgt nach Maßgabe der M. u. GO. (Abschn. II Nr. 2). — Präzisionsgewichte EichO. (II Nr. 3) § 42—47.

[4]) Ungleicharmige Wagen EichO. (II Nr. 3) § 58.

verkehre nur in bestimmten Einheiten des Gewichts und unter Angabe der Gewichtsmenge gewerbsmäßig verkauft oder feilgehalten werden.

§. 2. Als Einheiten für das Rohgewicht der Packungen werden 500 Gramm, 330 Gramm und für Packungen, bei welchen die einzelne Kerze 25 Gramm oder weniger wiegt, auch 250 Gramm zugelassen.

§. 3. Das Reingewicht der in den Packungen enthaltenen Kerzen muß bei einem Rohgewichte

von 500 Gramm mindestens 470 Gramm,
von 330 Gramm mindestens 305 Gramm,
von 250 Gramm mindestens 225 Gramm

betragen.

§. 4. Auf der Außenseite der Packungen ist sowohl das Rohgewicht als das Reingewicht in leicht erkennbarer Weise anzugeben. Die Angabe ist in Gramm oder in Bruchtheilen von Kilogramm auszudrücken.

§. 5. Weder das Rohgewicht noch das Reingewicht darf um mehr als 10 Gramm hinter dem angegebenen Betrage zurückbleiben.

§. 6. Diese Vorschriften treten mit dem 1. Januar 1903 in Kraft.

**Der Reichskanzler.**

## 4. Gesetz, betreffend die Besteuerung des Wanderlager-Betriebes. Vom 27. Febr. 80. (GS. 174)[1]).

§. 1. Wer außerhalb seines Wohnortes und ohne Begründung einer gewerblichen Niederlassung die Waaren eines Wanderlagers von einer festen Verkaufsstätte aus feilbieten will[2]), hat vom 1. April 1880 ab neben und

[1]) Quellen: AH. 79/80 Drucks. Nr. 97 (Entw. mit Begr.), Nr. 166 (KB.). — Das G. ist in Helgoland nicht eingeführt. — AusfAnw. 4. März 80. — Bearb. Strutz (3. Aufl. Berlin 98).

[2]) Voraussetzungen der Steuerpflicht sind: a) das Feilbieten der Waren eines Wanderlagers, b) außerhalb des Wohnsitzes und ohne Begründung einer gewerblichen Niederlassung, c) von einer festen Verkaufsstelle aus.

Zu a. Der Begriff des Wanderlagers ist im G. nicht bestimmt; nach KGer. ist ein Wanderlager als ein solches Warenlager zu bezeichnen, mit welchem der Eigentümer oder dessen Vertreter sich außerhalb seines Wohnorts begibt, und dessen Bestandteile er an den von ihm besuchten Orten, ohne hier eine gewerbliche Niederlassung zu begründen, außerhalb der Zeit des Jahrmarkts oder des Meßverkehrs von fester Verkaufsstelle aus dem Publikum gewerbsmäßig zum Kaufe anbietet U. 7. Nov. 81 (IV 284). — Auf ganz geringfügige Warenbestände läßt sich die Bezeichnung Wanderlager nicht anwenden Bf. 8. Jan. 81 (Mitt. XIV 66). Anderseits braucht es sich nicht um Waren von bedeutender Menge zu handeln, die von vornherein dazu bestimmt sind, an verschiedenen Orten feilgeboten zu werden, sondern es genügt, wenn von einem größeren Warenlager abgezweigte Bruchteile, auch wenn sie nicht bedeutend sind, nach einem andern Orte zur Verwertung gesandt und dort unter den im § 1 vorgesehenen Umständen feilgeboten werden KGer. 7. April 81 (II 236). — Das Anfertigen von Photographien ist nicht als Feilbieten der Waren eines Wanderlagers anzusehen Bf. 7. Jan. 86 (Mitt. XIX 30), hingegen wird ein solcher Betrieb begrifflich dadurch nicht ausgeschlossen, daß der Verkäufer die Waren (z. B. Brillen) zum Verkaufe erst zurichtet und dem Bedürfnisse der Abnehmer anpaßt KGer. 30. Mai 81 (II 238). — Waren eines Wanderlagers sind weder die Bestände einer Konkursmasse, die öffentlich versteigert werden Bf. 11. Mai 82 (Mitt. XIV 70), noch Warenvorräte

unabhängig von der Steuer für den Gewerbebetrieb im Umherziehen (Gesetz vom 3. Juli 1876, Gesetz-Sammlung Seite 247) in jedem Orte, an welchem er das Geschäft betreibt oder durch Vermittelung eines daselbst einheimischen Verkäufers oder Auktionators betreiben läßt[3]), eine nach den folgenden Vorschriften für die Gemeinden beziehungsweise Kreise zu erhebende Steuer zu entrichten.

Durch die Erfüllung der gesetzlichen Förmlichkeiten der Begründung des Wohnsitzes oder einer gewerblichen Niederlassung wird der Inhaber eines Wanderlagers von der Entrichtung der Steuer nicht befreit, wenn die begleitenden Umstände erkennen lassen, daß die Förmlichkeiten behufs Verdeckung des Wanderlagerbetriebes erfüllt sind[4]).

Das Veranstalten einer Auktion von Waaren eines Wanderlagers wird dem Feilbieten derselben gleich geachtet.

§. 2. Werden die Waaren des Wanderlagers an einem Orte in mehreren Verkaufslokalen (gleichzeitig oder nach einander) feilgeboten, so ist für jedes derselben die Steuer besonders zu entrichten[5]).

---

zum Auswürfeln auf Schützenfesten, sofern sie nicht über die übliche unbedeutende Menge hinausgehen Bf. 25. Mai 94 (Mitt. XXX 58) noch auch Schweine und anderes Vieh Bf. 8. Jan. 94 (Mitt. XXX 58). Vergl. ferner § 3 und Anm. 9.

Zu b. Der Wanderlagerbetrieb ist ein Gewerbebetrieb im Umherziehen und setzt regelmäßig den Besitz eines Wandergewerbescheins GewO. § 55 und eines Gewerbescheins G. 3. Juli 76 (GS. 247) voraus; doch folgt daraus, daß wegen der Geringfügigkeit des Betriebes keine Gewerbesteuer zu entrichten ist, nicht die Befreiung von der Wanderlagersteuer Bf. 8. Jan. 81 (Mitt. XIV 66).

Zu c. Eine feste Verkaufsstelle ist nicht nur in einem Laden, Magazin, Zimmer, Schiff zu sehen AusfAnw. Ziff. 1, — wegen eines Schiffes auch KGer. 7. März 92 (XIII 318) — sondern auch in einem zur Ausstellung der Waren dienenden Tische auf der Straße Bf. 8. Jan. 81 (Mitt. XIV 66) oder nach den begleitenden Umständen in einem unbespannten stillstehenden Wagen, von dem aus Waren verkauft werden, KGer. 1. Dez. 87 (VIII 166), unter Umständen auch in einem Billard KGer. 17. Juni 89 (IX 210). Auf die Beschaffenheit der Verkaufsstelle in baulicher Beziehung kommt es nicht an Bf. 22. Sept. 82 (Mitt. XVII 100). Gleichgültig ist es, ob der Verkauf in einem umschlossenen Raume oder im Freien z. B. auf einem öffentlichen Platze stattfindet; der dem Verkäufer dort zugewiesene Raum bildet die feste Verkaufsstelle Bf. 28. Juni 80 (Mitt. XIV 64). — Für den Tatbestand des § 1 ist nicht die bestimmte Absicht erforderlich, Warenbestände im Wege des Wanderlagerbetriebes abzusetzen, sondern es genügt die Tatsache des Wanderlagerbetriebes KGer. 17. Juni 89 (IX 210), 7. März 92 (XIII 318). Ferner ist es gleichgültig, ob der Händler mit den Waren umherzieht oder sie erst am Orte des Feilbietens, außerhalb seines Wohnsitzes ankauft Bf. 10. Dez. 87 (Mitt. XXI 83).

[3]) Gleichgültig, ob der Besitzer des Wanderlagers selbst an Ort und Stelle ist oder an seinem Wohnsitze verbleibt. Zur Entrichtung der Steuer ist der auswärtige Auftraggeber, nicht der einheimische Verkäufer oder Auktionator verpflichtet AusfAnw. Ziff. 2b.

[4]) Die Bestimmung soll die Umgehung der Steuer verhindern. Zu ihrer Anwendung genügen nicht bloße Vermutungen, sondern die Absicht der Verdeckung eines Wanderlagerbetriebes muß aus erwiesenen Tatsachen hervorgehen AusfAnw. Ziff. 2a.

[5]) Eine bloße Erweiterung des Verkaufslokals oder ein Wechsel in den Räumen desselben Gebäudes begründet keine neue Steuerpflicht, wohl aber die Verlegung des Betriebs aus einem Lokale in ein anderes AusfAnw. Ziff. 3.

§. 3. Der in diesem Gesetze vorgeschriebenen Besteuerung ist nicht unterworfen:

1. der Markt- und Meßverkehr[6]), sowie der Verkauf von Ausstellungsobjekten auf öffentlichen, von den zuständigen Behörden genehmigten Ausstellungen[7]).
2. die Errichtung fester Verkaufsstellen für die Dauer der Kurzeit (Saison) in Bade-, Brunnen- und ähnlichen Orten,
3. das Feilbieten von Gegenständen des Wochenmarktverkehrs[8]) vom Schiffe aus — mit Ausnahme derjenigen Handwerkerwaaren, mit denen nur den einheimischen Verkäufern der Wochenmarktverkehr gestattet ist (§. 64 der Reichsgewerbeordnung vom 21. Juni 1869 — Bundesgesetzblatt Seite 245),
4. das Feilbieten von Lebensmitteln aller Art[9]),
5. außerdem kann der Finanzminister für gewisse Gewerbsarten oder in einzelnen Fällen den Geschäftsbetrieb steuerfrei gestatten[10]).

---

[6]) Hierunter fällt nur der nach allgemeinen oder örtlichen Anordnungen zulässige Marktverkehr, für die Wochenmärkte also nur der Verkehr in Gegenständen, die dort von jedermann feilgeboten werden können (Anm. 8) AusfAnw. Ziff. 4 I. Die Steuerfreiheit umfaßt aber den Handel mit Marktartikeln nicht nur auf dem polizeilich dafür bestimmten Platze, sondern auch den Handel mit dergleichen Artikeln, der am Orte und zur Zeit des Markts in unweit des eigentlichen Marktplatzes belegenen festen Verkaufsläden betrieben wird KGer. 11. Mai 82 (III 299). Diese Voraussetzung trifft nicht zu, wenn das Feilbieten der Waren eines Wanderlagers in einer großen Stadt zwar zur Zeit eines Marktes stattfindet, aber in einer von dem Marktverkehr nicht berührten, entfernten Stadtgegend und ohne wirklichen Zusammenhang mit dem Marktverkehr Bf. 30. Jan. 84 (Mitt. XVII 101), 21. Feb. 85 (Mitt. XIX 30).

[7]) Die Befreiung tritt nur insoweit ein, als das Feilbieten in den Ausstellungsräumen stattfindet AusfAnw. Ziff. 4 I.

[8]) Gegenstände des Wochenmarktverkehrs sind: 1. rohe Naturerzeugnisse mit Ausschluß des größeren Viehs; 2. Fabrikate, deren Erzeugung mit der Land- und Forstwirtschaft, dem Garten- und Obstbau oder der Fischerei in unmittelbarer Verbindung steht oder zu den Nebenbeschäftigungen der Landleute der Gegend gehört oder durch Tagelöhnerarbeit bewirkt wird, mit Ausschluß der geistigen Getränke; 3. frische Lebensmittel aller Art GewO. § 66. Zu den rohen Naturerzeugnissen gehören Steinkohlen Bf. 27. Nov. 80 (Mitt. XIV 65), ebenso Brennholz, Torf, Holz- und Braunkohlen und andere Brennmaterialien Bf. 6. Dez. 98 (Mitt. XXXVIII 50).

[9]) Hierunter sind nicht nur die zur Erhaltung des Lebens unbedingt erforderlichen Stoffe zu verstehen, sondern auch diejenigen, welche allgemein oder wenigstens in der betreffenden Gegend als zur Erhaltung des Lebens dienende Mittel gewöhnlich angesehen werden, hingegen nicht bloße Genußmittel wie Kunstwein KGer. 26. Sept. 81 (III 301). Als Lebensmittel im Sinne des § 3[4] gelten Weintrauben Bf. 29. Sept. 80 (Mitt. XIV 65), Fische und andere Eßwaren Bf. 12. April 82 (Mitt. XIV 68), Wein Bf. 10. Jan. 87 (Mitt. XXI 82), Honigkuchen Bf. 5. Juli 87 (Mitt. XXI 83), Mazzes KGer. 12. Okt. 93 (XIV 316).

[10]) Gewerbsarten, die von der Steuer befreit sind: 1. Handwerker, die zu den Erzeugnissen ihres Handwerks gehörige Waren innerhalb einer Entfernung von 15 km von ihrem Wohnsitze bei öffentlichen Festen, Truppenzusammenziehungen und andern außergewöhnlichen Gelegenheiten, 2. Personen, die bei kirchlichen Festen Erbauungsschriften, Heiligenbilder, Rosenkränze, Wachskerzen und ähnliche zur Förderung der kirchlichen Andacht dienende Gegenstände feilbieten Bf. 9. Mai 82 (Mitt. XIV 69). — An-

§. 4. Die Steuer beträgt für jede Woche der Dauer des Wanderlagerbetriebes:

in den Städten mit mehr als 50000 Einwohnern 50 Mark
in den Städten mit mehr als 2000 bis 50000 Einwohnern . . . . . . . . . . . . . 40 Mark
in allen übrigen Orten[11]), sowie in den Hohenzollernschen Landen . . . . . . . . . . . . . . . 30 Mark

Eine Theilung der Steuersätze für einen kürzeren als einwöchentlichen Betrieb findet nicht statt.

Die Woche wird vom Tage der Eröffnung des Betriebes bis zum Anfang des entsprechenden Tages der nächsten Kalenderwoche gerechnet. Eine Unterbrechung oder frühere Beendigung des Betriebes vor Ablauf der Woche bleibt unberücksichtigt.

Für die Wanderauktionen wird dieselbe Steuer für den Tag erhoben[12]).

§. 5. Die Isteinnahme der Steuer wird

a) in den Städten mit mehr als 2000 Einwohnern[11]) der Gemeinde, in deren Bezirk der Wanderlagerbetrieb stattgefunden hat,
b) in allen übrigen Orten[11]) den betreffenden Kreisen, in den Hohenzollernschen Landen den betreffenden Amtsverbänden

überwiesen[13]).

---

träge auf Bewilligung der Steuerfreiheit in einzelnen Fällen sind an die Regierung, Abteilung für direkte Steuern, zu richten, in deren Bezirk der Geschäftsbetrieb stattfinden soll, in Berlin an die Direktion der Verwaltung der direkten Steuern AusfAnw. Ziff. 4 IIb. Diese Behörde entscheidet selbständig, wenn vorzugsweise künstlerische, wissenschaftliche oder antiquarische Interessen obwalten, sonst ist die Entscheidung des FinMin. einzuholen Vf. 4. März 80.

[11]) Im ursprünglichen Texte war der Satz von 50 M. für die Orte der ersten, der Satz von 40 M. für die der zweiten und dritten und der Satz von 30 M. für die der vierten Gewerbesteuerabteilung vorgesehen. Durch GewStG. 24. Juni 91 (GS. 205) § 1 Abs. 2 sind die Gewerbesteuerabteilungen beseitigt. Zugleich wurde festgesetzt, daß Städte mit mehr als 50000 Einwohner als Orte der ersten Gewerbesteuerabteilung, Städte mit mehr als 10000 bis 50000 Einwohnern als Orte der zweiten Gewerbesteuerabteilung, Städte mit mehr als 2000 bis 10000 Einwohnern als Orte der dritten Gewerbesteuerabteilung und alle übrigen Orte — d. h. Städte mit 2000 oder weniger Einnahmen und sämtliche Landgemeinden und Gutsbezirke — als solche der vierten Gewerbesteuerabteilung gelten. Die Einwohnerzahl bestimmt sich nach dem Ergebnis der zuletzt vorangegangenen Volkszählung das. Abs. 4. Vergl. Vf. 31. Jan. 93 (Mitt. XXVI 43).

[12]) Wer die Steuer für die Wanderauktion entrichtet hat, kann an dem Tage, für den der volle Steuersatz erlegt ist, auch freihändig verkaufen, ohne nochmalige Steuerzahlung. Erfolgt aber das Feilbieten der Waren eines Wanderlagers in der Form des gewöhnlichen freihändigen Verkaufs und durch Auktion an verschiedenen Tagen nacheinander, so ist die Steuer für jede der beiden Betriebsarten besonders zu entrichten AusfAnw. Ziff. 5. KGer. 22. Sept. 90 (XI 246).

[13]) Durch die Überweisung der Einnahme aus der Steuer an die Gemeinden, Kreise und Amtsverbände wird sie nicht zur Kommunalsteuer. Gegen die Veranlagung sind daher die gegen die Veranlagung zu Kommunalabgaben bestehenden Rechtsmittel nicht anwendbar OV. 3. Sept. 86 (XIV 166).

Ueber die Verwendung haben im Falle zu litt. b) die Kreisvertretungen beziehungsweise in den Hohenzollernschen Landen die Amtsversammlungen zu Gunsten der betheiligten Gemeinden und Gutsbezirke zu beschließen[14]).

**Insoweit die Erhebung der Steuer durch Staatsbeamte (Steuerempfänger, Steuerkasse in Berlin, Kreiskasse in Frankfurt a. M.) bewirkt wird, sind von der zu überweisenden Isteinnahme drei Prozent als Erhebungskosten für die Staatskasse vorweg in Abzug zu bringen**[15]).

Im Uebrigen steht weder dem Staate noch den Gemeinden für ihre Mitwirkung bei Festsetzung und Erhebung der Steuer ein Anspruch auf Vergütung zu.

**§. 6.** Wer ein nach §. 1 steuerpflichtiges Geschäft beginnen, oder nach Ablauf der Zeit (§. 4), für welche die Steuer entrichtet ist, fortsetzen oder wieder beginnen will, ist verpflichtet, davon der Gemeindebehörde des Ortes — in Berlin der Direktion für die Verwaltung der direkten Steuern — unter Angabe der Verkaufsstelle und der Dauer des Betriebes (§. 4) Anzeige zu machen und den in der Anmeldungsbescheinigung bestimmten Steuerbetrag an die daselbst bezeichnete Empfangsstelle gegen Quittung vor Eröffnung des Betriebes zu entrichten[16]).

In den Fällen des §. 2 ist die gleiche Verpflichtung für jede Verkaufsstelle zu erfüllen.

**§ 7.** Wer ein nach §§. 1 und 2 steuerpflichtiges Geschäft beginnt beziehungsweise fortsetzt, ohne die im §. 6 bestimmten Verpflichtungen erfüllt zu haben, wird mit einer dem doppelten Betrage der vorenthaltenen Steuer (§. 4) gleichen Geldstrafe bestraft[17]).

Außerdem ist die vorenthaltene Steuer zu entrichten.

**§. 8.** Wird festgestellt, daß die strafbare Handlung (§. 7) im Auftrage und für Rechnung einer anderen Person ausgeübt ist, so ist gegen den Auftraggeber auf die gleiche Strafe wie gegen den Beauftragten zu erkennen, und haften Beide solidarisch für die Strafbeträge, die Kosten und die vorenthaltene Steuer[18]).

---

[14]) In der AusfAnw. wird den zu b aufgeführten Kommunalverbänden empfohlen, die Einnahme aus der Steuer auf den Gesamtbetrag der von den beteiligten Gemeinden und Gutsbezirken aufzubringenden Kreisabgaben vorweg anzurechnen Ziff. 11.

[15]) Die Erhebung der Steuer durch Staatsbeamte findet nicht mehr statt.

[16]) Ein Muster für die Anzeige ist der AusfAnw. beigefügt. Die Anzeige ist in zwei gleichlautenden Stücken einzureichen das. Ziff. 6.

[17]) Die Zuwiderhandlung gegen § 7 oder 8 und die Zuwiderhandlung gegen HausiersteuerG. 3. Juli 76 (GS. 247) § 18 (Nichteinlösung des Gewerbescheins) durch dieselbe Person sind zwei von einander unabhängige selbständige Handlungen, auf welche die Grundsätze über ideale Konkurrenz keine Anwendung finden RGer. 26. Nov. 86 (VII 216). Es ist daher in solchem Falle auf einen durch Zusammenrechnung der beiden verwirkten Geldstrafen zu findenden Geldbetrag zu erkennen Vf. 5. Sept. 91 (Mitt. XXVI 42).

[18]) Die Vorschrift bezieht sich nicht auf den Fall, daß der Eigentümer des Lagers

§. 9. Die empfangene Steuerquittung muß bei jeder Verkaufsstelle während der Dauer des Geschäftsbetriebes den zuständigen Beamten auf Erfordern vorgezeigt werden.

Zuwiderhandlungen gegen diese Vorschrift werden mit Geldstrafe bis zu 30 Mark bestraft.

§. 10. In Betreff der Umwandlung der Geldstrafen in Haft, des Strafverfahrens und der Beschlagnahme der zum Geschäftsbetriebe mitgeführten Gegenstände finden die §§. 26 bis einschließlich 29 des Gesetzes vom 3. Juli 1876 (Gesetz-Sammlung Seite 247) entsprechende Anwendung[19].

In den Fällen des §. 9 findet eine vorläufige Festsetzung der Strafe durch die Regierung nicht statt.

§ 11. In Betreff des Beschwerdeverfahrens, der Verpflichtungen der Kommunal- und Kreisbehörden sowie der Kommunen bezüglich der Ermittelung und Erhebung der Steuer sind auf die nach Vorschrift dieses Gesetzes zu erhebende Steuer, soweit in demselben nicht etwas Anderes bestimmt ist, die wegen der Gewerbesteuer vom stehenden Gewerbebetriebe geltenden Bestimmungen anzuwenden.

Dasselbe gilt bezüglich der Vorschriften des Gesetzes über die Verjährungsfristen bei öffentlichen Abgaben vom 18. Juni 1840 (Gesetz-Sammlung Seite 140)[20].

§. 12. Mit der Ausführung dieses Gesetzes sind die Minister des Innern und der Finanzen beauftragt.

---

das Geschäft durch einen einheimischen Verkäufer oder Auktionator betreiben läßt (Anm. 3) KGer. 7. Jan. 95 (XVI 353).

[19]) Umwandlung der Geldstrafen erfolgt nach StGB. § 28 und 29. — Die Untersuchung und Entscheidung steht dem Gerichte zu, wenn der Beschuldigte nicht die von der Regierung vorläufig festzusetzende Geldstrafe, die unter dem im § 7 bezeichneten Betrage bleiben darf, freiwillig zahlt G. 3. Juli 76 § 27. — Die Waren des Wanderlagers können, soweit es zur Sicherstellung der Steuer, Strafe und Kosten oder zum Beweise der strafbaren Handlung erforderlich ist, beschlagnahmt werden das. § 29. — Bei Festsetzung der Nachsteuer kann die Regierung unter den gesetzlichen Steuersatz heruntergehen Vf. 14. Nov. 93 (Mitt. XXIX 45).

[20]) Auch die Rechtsmittel (Reklamation und Rekurs) bestimmen sich nach G. 18. Juni 40. Die durch GewSteuerG. eingeführten Rechtsmittel können nicht in Anspruch genommen werden, weil es nach § 1 Abs. 2 das. hinsichtlich der Besteuerung des Wanderlagerbetriebes bei den bestehenden Vorschriften bewendet OV. 17. Okt. 95 (St. StS. IV 394), Vf. 31. Jan. 93 (Mitt. XXVI 43) und 31. Dez. 97 (Mitt. XXXV 66). Die Reklamation unterliegt der Entscheidung der Regierung, der Rekurs geht an den Finanz-Minister.

## 5. Gesetz, betreffend die Waarenhaussteuer vom 16. Juli 1900. (GS. 294)[1].

Wir u. s. w. verordnen unter Zustimmung der beiden Häuser des Landtags der Monarchie, für den Umfang derselben, mit Ausschluß der Hohenzollernschen Lande und der Insel Helgoland[2]), was folgt:

§. 1[3]). Wer das stehende Gewerbe des Klein=(Detail=)Handels[4]) mit mehr als einer der im §. 6 dieses Gesetzes unterschiedenen Waarengruppen

---

[1]) Grund des G.: Die Einführung der Warenhaussteuer ist auf Drängen des Landtags zurückzuführen. Die Warenhäuser, die in Frankreich, Großbritannien, den Vereinigten Staaten von Amerika schon vor längerer Zeit zu Bedeutung gelangt waren, gehören in Deutschland dem neuesten Zeitabschnitt des wirtschaftlichen Lebens an. Durch keine Hemmnisse beengt, im Verhältnis zu ihrer Leistungsfähigkeit nur geringen Abgaben unterworfen, haben sie sich vornehmlich in den mittleren und Großstädten schnell entwickelt. Ihr Wettbewerb, begünstigt durch die Vorteile, die Großbetrieb und Kapitalkraft gewähren, machte sich für die kleineren kaufmännischen Geschäfte um so fühlbarer, als diese auch ohnedies einen äußerst drückenden Wettbewerb zu bestehen haben, teils infolge der Ausdehnung von Konsum-, Beamten- und ähnlichen Vereinen, teils infolge der zu starken Vermehrung der Kleinhandelsbetriebe, in denen zahlreiche Personen ihren Unterhalt zu suchen gewohnt sind, die auf anderen Gebieten keinen Erfolg gehabt haben, und denen häufig jede kaufmännische Vorbildung abgeht. — Inhalt: Das G. zerfällt in drei Teile, der erste, § 1—7, regelt die Voraussetzungen der Steuer. (§ 1 umgrenzt die Steuerpflicht der preußischen, § 3 die der außerpreußischen, in Preußen Niederlassungen besitzenden Betriebe, § 6 behandelt die Warengruppen, § 2 und 5 den Maßstab der Besteuerung, § 4 den maßgebenden Zeitabschnitt, § 7 endlich richtet sich gegen Umgehungen durch Zerlegung des Betriebs.) Der zweite Teil, § 8—13, betrifft die Veranlagung. (§ 8 Organe der Veranlagung, § 9 Steuererklärung, § 10 ihre Prüfung, § 11 die Folgen ihrer Unterlassung, § 12 im Laufe des Steuerjahres eintretende für die Steuerpflicht wichtige Tatsachen, § 13 Anwendbarkeit zahlreicher Bestimmungen des GewSteuerG. 91.) Der dritte Teil, § 14, regelt die Verwendung der Warenhaussteuer. § 15 Übergangs-, § 16 Ausführungsbestimmung. — Quellen: AH. 00. Drucks. Nr. 47, (Entw. nebst Begr.), Nr. 170 (KB.); StB. 1882 (1. Les.), 4422 (2. Les.), 4706 (3. Les.), nachmalige Beratung 5164, 5294. HH. 00 StB. 227, 308. Bearb. Strutz, (00 Berlin J. Guttentag). — Ausf. Anw. 26. Sept. 00 (Berlin, R. v. Deckers Verlag), in die Anm. aufgenommen.

[2]) Der Ausschluß dieser Gebietsteile beruht darauf, daß in ihnen das GewSteuerG. 91 nicht gilt, das für zahlreiche Bestimmungen des vorliegenden G., namentlich für die Veranlagung der Warenhaussteuer, die Grundlage bildet. Überdies mangelt es in diesen Landesteilen an den tatsächlichen Voraussetzungen für die Anwendbarkeit des G.

[3]) Voraussetzungen der Steuerpflicht für die in Preußen ansässigen Betriebe sind

a) Betrieb des stehenden Gewerbes des Kleinhandels,
b) Kleinhandel mit mehr als einer der 4 Warengruppen des § 6,
c) Erzielung eines Jahresumsatzes von mehr als 400000 Mark durch den Kleinhandel der in die 4 Gruppen des § 6 fallenden Waren.

Außerpreußische Betriebe mit Niederlassungen in Preußen § 3. — Die Voraussetzung zu a liegt für eine Konsumanstalt, die ohne Gewinnabsicht von einem Gewerbetreibenden im Nebenbetriebe unterhalten wird, nicht vor, weil diese kein Gewerbebetrieb ist OV. 12. Dez. 01 (StStS. X 452). Es genügt zur Gewerbsmäßigkeit des ganzen Betriebes, daß die Erzielung von Gewinn nur bei dem Verkauf von Waren einer Gruppe bezweckt wird, während die Waren anderer Gruppen zum Selbstkostenpreise abgegeben werden. Eine Unterscheidung der einzelnen Geschäfte nach Rücksichten der Gewinnabsicht ist unzulässig OV. 6. März 02 (StStS. X

betreibt, unterliegt, wenn der Jahresumsatz[5]) in diesen Gruppen — einschließlich desjenigen der in Preußen belegenen Zweigniederlassuugen, Filialen, Verkaufsstätten[6]) — 400000 Mark übersteigt, der nach Vorschrift dieses Gesetzes zu entrichtenden, den Gemeinden[7]) zufließenden Waarenhaussteuer.

Ob der Kleinhandel im offenen Laden, Waarenhaus, Lager und der-

---

459). — Zum Gewerbebetrieb gehört die auf Ausübung einer bestimmten, werbenden Tätigkeit gerichtete Absicht des Unternehmers. Ein Betrieb wird daher nicht deshalb warenhaussteuerpflichtig, weil dem bestimmten und ernst gemeinten Verbot des Unternehmers zuwider darin Waren einer anderen Gruppe von einem Angestellten verkauft werden OV. 12. Dez. 01 (StStS. X **462**).

[4]) Kleinhandel ist jeder gewerbsmäßige Verkauf von Waren, ohne Rücksicht auf die Mengen, unmittelbar an die Verbraucher, im Gegensatze zum Groß- oder en gros-Handel, dem Verkaufe an Klein- oder sonstige Zwischenhändler, Anw. Art. 1 zu I Ziff. 2. Der Verkauf zu weiterer gewerbsmäßiger Verwendung zB. an Schneiderinnen oder Konfektionsgeschäfte ist nicht Kleinhandel OV. 28. Nov. 01 (StStS. X 456). Als Kleinhandel ist es auch nicht anzusehen, wenn ein Konsumverein den Warenbezug seiner Mitglieder aus fremden Geschäften vermittelt und ihnen durch Abmachungen mit den Lieferanten billigere Preise für die bezogenen Waren sichert OV. 20. Feb. 02 (StStS. X 457).

[5]) Jahresumsatz ist der gesamte Erlös, welcher für die in dem Jahre veräußerten Waren erzielt ist, also die bare Einnahme zuzüglich der Außenstände für die in dem Jahre verkauften Waren und abzüglich der Eingänge von Außenständen aus früheren Zeitabschnitten, Anw. Art. 1 zu III Ziff. 1. Für die Steuerpflicht kommt nur der Umsatz im Kleinhandel in Waren der Gruppen des § 6 in Betracht, also weder der durch Großhandel noch der durch Absatz gruppenfreier Waren (§ 6 Abs. 2) im Kleinhandel erzielte Umsatz. — Die gleiche Bedeutung wie Jahresumsatz hat der Ausdruck Gesamtumsatz in § 3.

[6]) Die verschiedenen Betriebe oder Betriebsstätten derselben physischen oder juristischen Person oder derselben Gesellschaft, soweit sie in Preußen belegen sind, bilden ohne Rücksicht auf Ort, Lage, Firma für die Besteuerung ein einheitliches Objekt und zwar sowohl für die Frage, ob Kleinhandel mit mehr als einer Warengruppe (§ 6) vorliegt, als auch für die Berechnung des für die Steuerpflicht maßgebenden Jahresumsatzes (Anm. 5). Dieser Grundsatz erfährt durch den im AH. hinzugefügten Abs. 3 eine wesentliche Einschränkung. Danach bleiben Verkaufsstätten, in denen nur Waren aus einer der Gruppen des § 6, sei es allein, sei es in Verbindung mit gruppenfreien Waren, geführt werden, außer Betracht, sofern nicht etwa in einer andern Verkaufsstelle desselben Unternehmens, die an demselben Orte oder in unmittelbar benachbarten Orten belegen ist, Waren einer andern Gruppe geführt werden. Wer in Frankfurt ein Zigarrengeschäft (Gruppe A), in Berlin ein Manufakturwarengeschäft (Gruppe B) besitzt, unterliegt der Warenhaussteuer nicht, auch wenn der Jahresumsatz der beiden Geschäfte 400000 M. jährlich übersteigt. Hätte er dagegen die beiden Geschäfte in Berlin oder das eine in Berlin, das zweite in einem unmittelbar benachbarten Vororte, so würde er, sobald der Umsatz in den Waren der Gruppen A und B den Betrag von 400000 M. überstiege, warenhaussteuerpflichtig sein. Die nach Abs. 3 ausscheidenden Verkaufsstätten bleiben außer Berücksichtigung a) für die Frage, ob Kleinhandel in mehreren Warengruppen vorliegt (§ 6), b) bei der Feststellung des die Steuerpflicht begründenden Mindestumsatzes (§ 1 Abs. 1), c) wenn der Gesamtbetrieb warenhaussteuerpflichtig ist, bei der Ermittelung des für die Höhe des Steuersatzes maßgebenden Umsatzes (§ 2) oder Ertrages (§ 5) OV. 20. Febr. 02 (StStS. X 464). — Unmittelbar benachbarte Orte sind nur solche, deren Gemarkungen aneinander grenzen Anw. Art. 1 zu II Ziff. 2b.

[7]) Mit dem im § 14 Abs. 3 vorgesehenen Verwendungszweck. Gutsbezirke, § 14 Abs. 4.

gleichen oder als Versandtgeschäft, auf oder ohne vorgängige Bestellung betrieben wird, macht für die Besteuerung keinen Unterschied[8]).

Erstreckt sich der Kleinhandelsbetrieb über mehrere Orte, so tritt die Steuerpflicht nur insoweit ein, als seine Verkaufsstätten in einem und demselben Orte oder unmittelbar benachbarten Orten mehr als eine der im §. 6 unterschiedenen Waarengruppen führen[6]).

Vereine, eingetragene Genossenschaften und Korporationen, welche nach §. 5 des Gewerbesteuergesetzes vom 24. Juni 1891 der Gewerbesteuer nicht unterworfen sind, unterliegen auch der Waarenhaussteuer nicht. Dasselbe gilt von den auf Grund des §. 3 des gedachten Gesetzes beziehungsweise §. 28 des Kommunalabgabengesetzes vom 14. Juli 1893 von der Gewerbesteuer befreiten Betrieben[9]).

---

[8]) Ebensowenig, ob die feilgehaltenen Waren Eigentum des Kaufmanns sind oder von ihm nur kommissionsweise geführt werden Anw. Art. 1 zu I Ziff. 3.

[9]) a) GewSteuerG. 91 § 5 lautet:

Der Gewerbesteuer sind ferner nicht unterworfen: Vereine, eingetragene Genossenschaften und Korporationen, welche nur die eigenen Bedürfnisse ihrer Mitglieder an Geld, Lebensmitteln und anderen Gegenständen zu beschaffen bezwecken, wenn sie satzungsgemäß und thatsächlich ihren Verkehr auf ihre Mitglieder beschränken und keinen Gewinn unter die Mitglieder vertheilen, auch eine Vertheilung des aus dem Gewinne angesammelten Vermögens unter die Mitglieder für den Fall der Auflösung ausschließen.

Konsumvereine mit offenem Laden unterliegen der Besteuerung; ebenso unter derselben Voraussetzung Konsumanstalten, welche von gewerblichen Unternehmern im Nebenbetriebe unterhalten werden.

Molkereigenossenschaften, Winzervereine und andere Vereinigungen zur Bearbeitung und Verwerthung der selbstgewonnenen Erzeugnisse der Theilnehmer unterliegen der Gewerbesteuer nur unter denselben Voraussetzungen, unter welchen auch der gleiche Geschäftsbetrieb des einzelnen Mitgliedes hinsichtlich seiner selbstgewonnenen Erzeugnisse der Gewerbesteuer unterworfen ist.

Abs. 2 dieser Bestimmung hat nicht zur Folge, daß die dort erwähnten Konsumanstalten ohne weiteres der Warenhaussteuer unterworfen werden können. Wenn diese ohne Gewinnabsicht betrieben werden, fehlt es vielmehr an der für die Warenhausbesteuerung in § 1 vorgesehenen Voraussetzung des Gewerbebetriebes Anm. 3.

b) GewSteuerG. § 3 (in der Fassung KommAbgG. § 28) lautet:

Von der Gewerbesteuer sind befreit:

1. das Deutsche Reich;
2. die landschaftlichen Kreditverbände, sowie die öffentlichen Versicherungsanstalten;
3. die Kommunalverbände wegen folgender von ihnen betriebenen gewerblichen Unternehmungen:
   a) der zu gemeinnützigen Zwecken dienenden Geld- und Kreditanstalten, als Sparkassen, Landeskreditkassen, Landeskultur-Rentenbanken, Bezirks- und Provinzial-Hülfs- und Darlehnskassen u. s. w.

§. 2. Die Waarenhaussteuer beträgt vorbehaltlich der Bestimmung im §. 5 bei einem Jahresumsatze[5]) von

| mehr als | | bis | | Steuersatz | |
|---|---|---|---|---|---|
| 400 000 | Mark | 450 000 | Mark | 4 000 | Mark |
| 450 000 | = | 500 000 | = | 5 500 | = |
| 500 000 | = | 550 000 | = | 7 500 | = |
| 550 000 | = | 600 000 | = | 8 500 | = |
| 600 000 | = | 650 000 | = | 9 500 | = |
| 650 000 | = | 700 000 | = | 10 500 | = |
| 700 000 | = | 750 000 | = | 11 500 | = |
| 750 000 | = | 800 000 | = | 12 500 | = |
| 800 000 | = | 850 000 | = | 13 500 | = |
| 850 000 | = | 900 000 | = | 15 000 | = |
| 900 000 | = | 950 000 | = | 16 500 | = |
| 950 000 | = | 1 000 000 | = | 18 000 | = |
| 1 000 000 | = | 1 100 000 | = | 20 000 | = |
| 1 100 000 | = | 1 200 000 | = | 22 000 | = |

und so fort für jede 100 000 Mark mehr 2 000 Mark Steuer mehr[10]).

---

b) der Kanalisations- und Wasserwerke, letzterer jedoch nur, soweit sich der Betrieb auf den Bezirk der unternehmenden Gemeinde beschränkt;
c) der Schlachthäuser und Viehhöfe;
d) der Markthallen;
e) der Volksbäder;
f) der Anstalten zur Beleihung von Pfandstücken.

Der Finanzminister ist ermächtigt, auch für andere im öffentlichen Interesse unternommene gewerbliche Betriebe der Kommunalverbände Steuerfreiheit zu gewähren. So lange solche Betriebe ertraglos sind, muß auf Antrag vom Finanzminister die Steuerfreiheit gewährt werden.

Der Finanzminister ist ermächtigt, vorstehende Bestimmungen auch auf Unternehmungen anderer Korporationen, Vereine und Personen, welche nur wohlthätige oder gemeinnützige Zwecke unter Ausschluß eines Gewinnes für die Unternehmer verfolgen (z. B. öffentliche Volksküchen, Kaffeeschänken, Volksbibliotheken und dergleichen), zu erstrecken, und finden dieselben zugleich in Betreff der Betriebssteuer (§§ 59 ff.) Anwendung.

Die Befreiung von der Gewerbesteuer nach diesen Bestimmungen hat die Befreiung von der Warenhaussteuer zur notwendigen Folge; die von der Gewerbesteuer befreiten Betriebe dürfen demzufolge zur Warenhaussteuer nicht veranlagt werden Anw. Art. 2 II. Eingehendere Ausführungen über Abs. 4 enthält die Begr. S. 20—23.

[10]) Die Steuer ist progressiv; sie beginnt bei einem Jahresumsatz von 400 000 M. mit 1 v. H. und steigt allmählich bis zum Höchstsatze von 2 v. H., den sie bei 1 000 000 M. erreicht. — Daß die Steuer sich nicht in Widerspruch zum Grundsatze der Gewerbefreiheit setzt, ist bereits in Nr. 1 des Abschn. letzter Abs. ausgeführt und vom OV. ausdrücklich anerkannt, namentlich im Hinblick auf § 5, der „ein Ventil bilde, um einer dem Reichsrecht widersprechenden, erdrückenden Besteuerung vorzubeugen" U. 6. März 02 (StStS. X 470).

§. 3. Unterhält ein Unternehmen der im §. 1 bezeichneten Art, welches seinen Sitz außerhalb Preußens hat, in Preußen eine oder mehrere Verkaufsstätten (Zweigniederlassungen, Filialen u. s. w.)[6]), so unterliegt jede dieser Verkaufsstätten ohne Rücksicht auf die Höhe des Umsatzes einer Waarenhaussteuer von zwei vom Hundert ihres Jahresumsatzes[11]).

Der geringste Steuersatz beträgt 200 Mark bei einem jährlichen Umsatze von 10 000 Mark oder weniger. Die Steuersätze steigen um je 200 Mark für je 10 000 Mark des Jahresumsatzes[12]).

Die Heranziehung nach Abs. 1 und 2 unterbleibt, wenn der Unternehmer vor eingetretener Rechtskraft der Veranlagung nachweist, daß der Gesamtumsatz[5]) des ganzen Unternehmens 400 000 Mark nicht übersteigt. Ingleichen sind, wenn der Gesamtumsatz mehr als 400 000 Mark, aber nachgewiesenermaßen nicht mehr als 1 000 000 Mark beträgt, die inländischen Verkaufsstätten nur mit dem ihrem Anteil an dem Gesamtumsatz entsprechenden, auf die nächste durch 10 teilbare Zahl von Mark abzurundenden Teilbetrage desjenigen Steuersatzes zu veranlagen, welcher nach §. 2 auf das Gesamtunternehmen zu veranlagen sein würde, wenn sich seine sämtlichen Betriebsstätten in Preußen befänden[13]).

§. 4. Für die Steuerveranlagung maßgebend ist der Umsatz des bei der Vornahme derselben abgelaufenen Jahres[14]). Besteht der Gewerbebetrieb noch

[11]) § 3 bestimmt die Steuerpflicht der außerhalb Preußens, sei es in einem andern Bundesstaat, sei es im Auslande, ansässigen Warenhäuser, die in Preußen Verkaufsstätten unterhalten. Voraussetzungen der Warenhaussteuerpflicht dieser Unternehmungen sind:
a) Betrieb des stehenden Gewerbes des Kleinhandels;
b) Kleinhandel mit mehr als einer der 4 Warengruppen des § 6. Für die Feststellung dieses Merkmals kommen nur die in Preußen belegenen Verkaufsstätten in Betracht, die vorbehaltlich der Beschränkung des § 1 Abs. 3 (Anm. 6) eine Einheit bilden.

Ein Mindestumsatz ist im Gegensatz zu § 1 nicht Voraussetzung der Steuerpflicht. Doch tritt Befreiung ein, wenn der Unternehmer nachweist, daß der Umsatz seines ganzen in- und ausländischen Unternehmens, soweit er durch Absatz von Waren der Gruppen des § 6 erzielt ist, 400 000 Mk. nicht übersteigt. Betriebsstätten, die nach § 1 Abs. 3 für die Warenhaussteuer ausscheiden, bleiben sowohl bei der dem Unternehmer durch § 3 Abs. 3 anheimgegebenen Berechnung seines Gesamtumsatzes wie bei der Ermittlung des steuerpflichtigen Umsatzes unberücksichtigt. — Die Regelung des § 3 leidet daran, daß die Bestimmung mit Leichtigkeit umgangen werden kann. Sofern der für die Warenhaussteuer in Frage kommende Umsatz der preußischen Verkaufsstätten unter 400 000 Mk. bleibt, braucht nur der Sitz des Unternehmens nach Preußen gelegt zu werden, was einfach durch entsprechende handelsregisterliche Eintragung geschehen kann, um der Steuer zu entgehen. Indem der Betrieb alsdann unter § 1 fällt, scheiden die außerhalb Preußens belegenen Verkaufsstätten für die Berechnung des für die Steuerpflicht erforderlichen Gesamtumsatzes aus.

[12]) Die Steuer beträgt hier von Anfang an 2 v. H.

[13]) Da der für das Gesamtunternehmen nach § 2 zu berechnende Steuersatz bei einem Umsatz von weniger als 1 000 000 M. unter 2 v. H. bleibt (Anm. 10), stellt sich der nach § 3 Abs. 3 als Steuer für die in Preußen belegenen Betriebsstätten zu zahlende Teilbetrag niedriger als der sich nach § 3 Abs. 2 ergebende, 2 v. H. des Umsatzes darstellende, Betrag.

[14]) d. h. des Kalenderjahrs oder auch des Geschäftsjahrs, das bei der Aus-

nicht ein Jahr lang, so ist der Umsatz nach dem zur Zeit der Veranlagung vorliegenden Anhalte zu schätzen. Während des Steuerjahrs eintretende Aenderungen sind erst bei der Besteuerung für das folgende Jahr zu berücksichtigen.

**§. 5.** Würde die nach §. 2 berechnete Waarenhaussteuer eines Steuerpflichtigen nachweislich 20 Prozent des nach dem Gesetze vom 24. Juni 1891 für das betreffende Steuerjahr gewerbesteuerpflichtigen Ertrags seines der Waarenhaussteuer unterliegenden Unternehmens übersteigen, so ist sie auf seinen Antrag auf diesen Betrag, keinesfalls aber weiter als bis auf die Hälfte des nach §. 2 sich ergebenden Steuersatzes, herabzusetzen[15]). Der Antrag ist entweder bei Abgabe der Steuererklärung (§. 9) oder im Wege der gesetzlichen Rechtsmittel (§. 13) anzubringen[16]).

Auf Konsumvereine und Konsumanstalten, welche nach §. 1 Abs. 4 steuerpflichtig sind, ingleichen auf die im §. 3 bezeichneten Unternehmen findet diese Bestimmung keine Anwendung[17]).

**§. 6.** Die nach §. 1 zu unterscheidenden Waarengruppen sind:

A. Material- und Kolonialwaaren, Eß- und Trinkwaaren und Genußmittel, Tabak und Tabakfabrikate (auch Rauchutensilien), Apothekerwaaren, Farbwaaren, Droguen und Parfümerien;

---

führung der Veranlagung — nicht bei dem Beginne des Veranlagungsgeschäfts — abgelaufen ist. Nicht erforderlich ist, daß sein Ergebnis bereits rechnungsmäßig feststeht OV. 31. Okt. 95 (StSt. IV 408). Die Veranlagung auf der Grundlage des Umsatzes des letzten abgelaufenen Jahres wird durch eine Verschiedenheit des Umfanges des Gewerbebetriebs im Steuerjahre und im Vorjahre, also beispielsweise dadurch nicht ausgeschlossen, daß seitdem neue Verkaufsstätten errichtet oder vorhandene vergrößert worden sind OV. 6. März 02 (StStS. X 467) — Wegen des maßgebenden Zeitpunkts für die Zahl der Warengruppen § 6 Abs. 6.

[15]) Durch § 5 soll verhindert werden, daß die Steuer den Charakter einer unstatthaften Erdrosselungssteuer annehmen könne Anm. 10. Ihre Beschränkung auf einen gewissen Prozentsatz des Ertrages kann nicht entbehrt werden, um nicht den steuerpflichtigen Betrieben die Führung solcher Geschäftszweige, an denen ein weniger hoher Prozentsatz des Umsatzes verdient wird, zur Unmöglichkeit zu machen und insoweit doch zu einer Prohibitivsteuer zu gelangen Begr. S. 18. Die Einschränkung der zulässigen Herabsetzung auf die Hälfte des nach § 2 sich ergebenden Steuerbetrages erfolgte durch das AH. — Die Herabsetzung erfolgt nur auf Antrag und auf Grund des dem Steuerpflichtigen obliegenden Nachweises seiner Überbürdung Anw. Art. 8 II 3. Der Nachweis braucht nicht rechnungs- und zahlenmäßig, sondern kann auch durch Beibringung der Unterlagen für eine sachgemäße Schätzung des Ertrags geführt werden OV. 6. März 02 (StStS X 467). — Die Bestimmung greift auch für Betriebe statt, die noch nicht ein volles Jahr bestehen OV. a. a. O.

[16]) Wird er erst nach Abgabe der Steuererklärung, wenn auch vor erfolgter Veranlagung angebracht, so hat der Steuerpflichtige keinen Anspruch darauf, daß der Antrag schon bei der Veranlagung berücksichtigt wird, sondern kann nur fordern, daß er als Rechtsmittel gegen die Veranlagung behandelt werde Anw. Art. 8. II Ziff. 3.

[17]) Auf erstere deshalb nicht, weil sie nicht mit der Absicht der Erzielung eines möglichst hohen Ertrages verwaltet werden und sie es überdies in der Hand haben, durch die Festsetzung der Verkaufspreise den Ertrag völlig verschwinden zu lassen Begr. S. 25.

B. Garne und Zwirne, Posamentierwaaren, Schnitt-, Manufaktur- und Modewaaren, gewebte, gestrickte, gewalkte und gestickte Waaren, Bekleidungsgegenstände (Konfektion, Pelzwaaren), Wäsche jeder Art, Betten und Möbel jeder Art, Vorhänge, Teppiche, Möbelstoffe und die zu deren Verarbeitung dienende Anfertigung von Zimmerdekorationen;

C. Haus-, Küchen- und Gartengeräthschaften, Oefen, Glas-, Porzellan-, Steingut- und Thonwaaren, Möbel jeder Art und die dazu dienenden Möbelstoffe, Vorhänge und Teppiche;

D. Gold-, Silber- und sonstige Juwelierwaaren, Kunst-, Luxus-, Galanteriewaaren, Papp- und Papierwaaren, Bücher und Musikalien, Waffen, Fahrräder, Fahr-, Reit- und Jagdutensilien, sonstige Sportartikel, Nähmaschinen, Spielwaaren, optische, physikalische, medizinische und musikalische Instrumente und Apparate.

Waaren, welche zu keiner der im ersten Absatz unterschiedenen Gruppen gehören, werden als besondere Waarengruppe nicht gezählt.

Solche Waaren, die vermöge ihrer Beschaffenheit oder Bestimmung sowohl der einen wie der andern jener Gruppe zugerechnet werden können, werden nur einmal gezählt, und zwar, wenn auch andere zu denselben Gruppen gehörige Waaren geführt werden, bei derjenigen, der diese Waaren angehören.

Ingleichen wird, wenn sich der Handel mit Waaren der einen Gruppe nach Herkommen und Gebrauch auch auf Waaren anderer Gruppen erstreckt, welche mit ersteren zugleich feilgeboten zu werden pflegen — wie bei Handlungen mit Eisen- und Stahlwaaren, Gummiwaaren und dergleichen —, nur Handel mit einer Waarengruppe angenommen.

Wie eine Waare nach Maßgabe der in den vorstehenden vier Absätzen niedergelegten Grundsätze zu klassifizieren ist, wird im Zweifelsfalle von dem Minister für Handel und Gewerbe oder der von ihm bestimmten Behörde mit bindender Kraft festgestellt[18]).

---

[18]) Die Entscheidungen des Min. — die Bestimmung einer andern Behörde hat bisher nicht stattgefunden — werden, soweit sie von allgemeinerem Interesse sind, im MBl. d. H. u. GV. und in der Zeitschrift Handel und Gewerbe veröffentlicht. Die früheren Klassifizierungen sind zusammengefaßt und ersetzt durch die Zusammenstellung vom 4. Dez. 01 Anlage A. — Für die Klassifizierung ist folgendes zu beachten. Waren, die in keine der 4 Gruppen fallen, gruppenfrei sind, scheiden nicht nur für die Frage der Steuerpflicht, sondern auch für die Bemessung des der Steuer zugrunde zu legenden Umsatzes aus Anw. Art. 1 zu III Ziff. 3, Art. 13 I 3. Waren können nach ihrer Beschaffenheit oder Bestimmung mehreren Gruppen zufallen, zählen dann aber gemäß Abs 3 nur einmal. Waren, die an sich nur einer Gruppe zufallen, können dennoch, ohne die Steuerpflicht zu begründen, neben Waren einer anderen Gruppe geführt werden, sofern diese Verbindung einem allgemeinen oder einem örtlichen Herkommen und Gebrauche entspricht Abs. 4. Letztere Bestimmung bietet nicht die Grundlage dafür, daß Waren einer Gruppe uneingeschränkt in einer andern Gruppe, in die sie nach ihrer Beschaffenheit oder Bestimmung nicht hineingehören, geführt werden können.

Maßgebend ist die zur Zeit der Veranlagung geführte Zahl von Waarengruppen[19]).

§. 7. Durch die Zerlegung eines Waarenhausbetriebs in mehrere gesonderte, selbständige Betriebe werden diese Betriebe von der Entrichtung der Steuer nach Maßgabe des Gesamtumsatzes nicht befreit, wenn die begleitenden Umstände erkennen lassen, daß die Zerlegung in mehrere Betriebe behufs Verdeckung des Waarenhausbetriebs stattfindet[20]).

Der hiernach auf die Gesamtheit der Betriebe einheitlich veranlagte Steuersatz ist unter sinngemäßer Anwendung der Bestimmungen im §. 38 des Gewerbesteuergesetzes vom 24. Juni 1891 beziehungsweise im §. 32 des Kommunalabgabengesetzes vom 14. Juli 1893 in die auf die einzelnen Betriebe entfallenden Teilbeträge zu zerlegen.

§. 8. Die Veranlagung der Waarenhaussteuer erfolgt für jedes Steuerjahr im Anschluß an diejenige der allgemeinen Gewerbesteuer nach dem Gesetze vom 24. Juni 1891 (Gesetz-Samml. S. 203) für alle Gewerbesteuerklassen

---

Vielmehr ist dies regelmäßig nur im Anschluß an bestimmte Waren der anderen Gruppe zulässig. In den Entscheidungen des Min. ist häufig noch die weitere Einschränkung gemacht, daß ein Herkommen und Gebrauch nur für Spezialgeschäfte anerkannt wird Anl. A. Teil II. — Die Entscheidung des Min. erfolgt nur im Zweifelsfalle; sie kann vom Warenhausbesitzer oder sonstigen Personen, die an der Klassifizierung ein Interesse haben, z. B. Personen, die einen Großbetrieb im Kleinhandel einzurichten beabsichtigen, oder auch von den mit der Festsetzung der Steuer befaßten Behörden angerufen werden. Die Vorsitzenden der Veranlagungsbehörden haben bei solchen Anträgen die Zweifel, die bei ihnen über die Anwendung des § 6 Abs. 1—4 bestehen, unter Begründung im einzelnen darzulegen. Bestehen zwischen ihnen und Gewerbetreibenden über die Klassifizierung Meinungsverschiedenheiten, so ist auch die Auffassung der Gewerbetreibenden nebst Gründen im einzelnen mitzuteilen Vf. 30. Dez. 01 (Mitt. XLIII 311) Ziff. 5.

[19]) Wenn der Steuerpflichtige bei Abgabe der Steuererklärung Waren verschiedener Gruppen führt, dabei aber anzeigt, daß er seinen Kleinhandel vor Beginn des Steuerjahres, für das die Erklärung abgegeben wird, auf eine Gruppe beschränken wolle, kann die Veranlagung zur Warenhaussteuer nur unterbleiben, sofern die Beschränkung auf eine Gruppe vor dem Zeitpunkte der Veranlagung eintritt. Sonst ist die Veranlagung zu bewirken. Erfolgt dann die Einschränkung vor Beginn des Steuerjahrs, so kann der Steuerpflichtige seine Freistellung, und zwar sofern die Frist zur Einlegung des Einspruchs noch nicht abgelaufen ist, im Rechtsmittelverfahren, andernfalls durch Abmeldung betreiben Vf. 30. Dez. 01 (Mitt. XLIII 311) Ziff. 2.

[20]) Die durch das AH. eingeführte Bestimmung will einer Umgehung des G. vorbeugen. Voraussetzung der Anwendung ist

1. das Vorhandensein eines Warenhausbetriebes im Sinne des § 1,
2. dessen Zerlegung in mehrere selbständige Geschäfte,
3. der der Veranlagungsbehörde obliegende Nachweis bestimmter Tatsachen, aus denen sich ergibt, daß die Zerlegung die Verdeckung des Warenhaustriebs bezweckt Anw. Art. 5 II. Über die Einforderung einer Steuererklärung das. IV. — Auf die nach § 7 herangezogenen Betriebe findet § 5 Anwendung. Der Inhaber jedes einzelnen der einheitlich zu veranlagenden Betriebe kann die danach zugelassene Herabsetzung der Steuer beantragen. Die Ermäßigung des Gesamtsteuersatzes wirkt von selbst auch für die Betriebe, deren Inhaber sich an der Stellung des Antrags nicht beteiligt haben Anw. Art. 8 II.

durch den örtlich zuständigen Steuerausschuß der Gewerbesteuerklasse I[21]). Der Finanzminister kann anordnen, daß demselben zu diesem Zwecke zwei weitere Mitglieder hinzutreten, von denen das eine von dem Finanzminister zu ernennen, das andere nach Maßgabe des §. 10 des Gewerbesteuergesetzes zu wählen ist[22]).

**§. 9.** Jeder bereits zur Waarenhaussteuer veranlagte Gewerbetreibende ist auf die jährlich durch öffentliche Bekanntmachung ergehende Aufforderung des Vorsitzenden des nach §. 8 zuständigen Steuerausschusses verpflichtet, die Höhe seines steuerpflichtigen Jahresumsatzes anzugeben[23]). Diese Erklärungen sind innerhalb der auf mindestens 14 Tage zu bemessenden Frist nach den vom Finanzminister vorgeschriebenen, kostenlos zu verabfolgenden Formularen bei dem im ersten Satze bezeichneten Vorsitzenden des Steuerausschusses schriftlich oder zu Protokoll unter der Versicherung abzugeben, daß die Angaben nach bestem Wissen und Gewissen gemacht sind.

Andere Gewerbetreibende sind zur Abgabe einer solchen Erklärung verpflichtet, sobald eine besondere Aufforderung des im Abs. 1 bezeichneten Vorsitzenden des Steuerausschusses an sie ergeht.

Die Erklärungen (Abs. 1 und 2) sind geheim aufzubewahren.

Der §. 56 des Gewerbesteuergesetzes vom 24. Juni 1891 findet auf diese Erklärungen sinngemäße Anwendung[24]).

---

[21]) Die örtliche Zuständigkeit bestimmt sich nach dem Orte des Betriebes, bei einem sich über mehrere Veranlagungsbezirke erstreckenden Betrieb nach dem Sitze der Geschäftsleitung. Erforderlichen Falls bezeichnet der Finanzminister den Veranlagungsbezirk GewSteuerG. § 17.

[22]) Wo solche Mitglieder ernannt sind, kann die Veranlagung zur Warenhaussteuer nur unter Teilnahme mindestens eines von ihnen oder eines Stellvertreters erfolgen. Sie sind berechtigt, an den Beratungen über die Veranlagung zur Gewerbesteuer ohne Stimmenrecht Teil zu nehmen Anw. Art. 11 Ziff. 4.

[23]) Anw. Art. 12, 13, 15—17. Für die Steuererklärung sind verschiedene Muster vorgeschrieben, je nachdem es sich um einen in Preußen (§ 1) oder um einen außerhalb Preußens (§ 2) ansässigen Betrieb handelt. Für jede nach § 3 steuerpflichtige Verkaufsstätte desselben Unternehmers und für jeden nach § 7 steuerpflichtigen selbständigen Betrieb ist eine besondere Erklärung abzugeben. Die Veranlagungsbehörden sollen jedem zur Steuererklärung Verpflichteten, im Falle des Abs. 1 bei Erlaß der öffentlichen Aufforderung, ein Steuererklärungsformular mitteilen. Die Steuererklärungen auf Grund des Abs. 1 sind in der Zeit vom 25. Jan. bis einschließlich 10. Febr. abzugeben.

[24]) GewSteuerG. 91 § 56 lautet:

Die nach den §§ 52 bis 55 den Gewerbetreibenden obliegenden Verpflichtungen sind:

1. für Personen, welche unter väterlicher Gewalt, Pflegschaft oder Vormundschaft stehen, von deren Vertretern,
2. Für Gewerbebetriebe der Gesellschaften, Genossenschaften, juristischen Personen, Vereine u. s. w. von den in §§ 18 und 19 beziehungsweise § 2 Abs. 2 bezeichnenten Personen

zu erfüllen.

Für die Erfüllung der Verpflichtungen haften bei Gewerben, die von mehreren Personen gemeinschaftlich betrieben werden,

**§. 10.** Bei der Veranlagung darf von den Angaben in der Erklärung (§. 9) nur abgewichen werden, nachdem dem betreffenden Steuerpflichtigen Gelegenheit mit mindestens vierzehntägiger Frist zur Aeußerung über die obwaltenden Bedenken gegeben worden ist[25]).

Zum Zwecke der Prüfung der Erklärung ist der Steuerpflichtige auf Beschluß des Steuerausschusses auch verpflichtet, seine Geschäftsbücher vorzulegen[26]).

**§. 11.** Wer die ihm nach §. 9 obliegende Erklärung nicht innerhalb der vorgeschriebenen Frist abgiebt oder den auf Grund der Vorschrift §. 10 an ihn gerichteten Aufforderungen nicht Folge leistet, verliert die gesetzlichen Rechtsmittel gegen seine Veranlagung zur Waarenhaussteuer für das betreffende Steuerjahr, insofern nicht Umstände dargethan werden, welche die Versäumnis entschuldbar machen.

**§. 12.** Gewerbetreibende, welche im Laufe des Steuerjahres den Kleinhandel mit mehr als einer der im §. 6 unterschiedenen Waarengruppen anfangen oder auf mehr als eine dieser Waarengruppen ausdehnen, oder eine nach §. 3 der Waarenhaussteuer unterliegende Verkaufsstelle in Preußen errichten, haben hiervon, wenn nicht nach den Verhältnissen des Betriebs von vornherein ausgeschlossen ist, daß der Gesamtumsatz die waarenhaussteuerpflichtige Höhe erreicht, der von dem Finanzminister zu bestimmenden Behörde vorher oder gleichzeitig Anzeige zu machen[27]).

---

die Teilnehmer (Gesellschafter) solidarisch GewSteuerG. § 18 Abs. 2, bei Aktiengesellschaften und sonstigen durch einen Vorstand vertretenen Gesellschaften, Genossenschaften und bei juristischen Personen der Vorsitzende und jedes Mitglied des geschäftsführenden Vorstands, bei Kommanditgesellschaften, auch solchen auf Aktien, die persönlich haftenden Gesellschafter das. § 19 Abs. 2. Gewerbliche Unternehmungen, die ihren Sitz außerhalb Preußens haben, sind verpflichtet, auf Erfordern bei der Steuerverwaltung einen in Preußen wohnhaften Vertreter zu bestellen, der für die Erfüllung der Verpflichtungen des Steuerpflichtigen solidarisch haftet das. § 2.

[25]) Ein höherer als der in der Steuererklärung angegebene Umsatz darf sonach der Veranlagung nicht zugrunde gelegt werden, ohne daß dem Steuerpflichtigen Gelegenheit zur Äußerung gegeben ist OV. 3. April 02 (StStS. X 472).

[26]) Die Vorlegung der Geschäftsbücher kann nur der Steuerausschuß, nicht der Vorsitzende, fordern Anw. Art. 18 II und 19 II. Die Nichterfüllung diese Forderung hat ebensowenig eine Bestrafung zur Folge, wie die Nichtabgabe von Erklärungen auf die Beanstandung. Nur unrichtige Erklärungen dieser Art unterliegen nach § 13 Abs. 3 der Bestrafung Begr. S. 26.

[27]) Anw. Art. 20 Ziff. 3 bestimmt hierüber: Die Anzeige ist zu machen für Verkaufsstätten

a) in Gemeinden von mehr als 20000 Einwohnern bei dem Gemeindevorstand, in Berlin jedoch bei der Königlichen Direktion für die Verwaltung der direkten Steuern daselbst,

b) in allen anderen Gemeinden (Gutsbezirken) bei der Bezirksregierung.

Sie ist auch von demjenigen zu machen, der den Warenhausbetrieb eines andern übernimmt und fortsetzt oder neben seinem bisherigen Warenhausbetriebe oder an seiner Stelle einen andern anfängt. Wenn sich der Betrieb über mehrere Orte Preußens erstreckt, ist die Anmeldung an jedem Betriebsorte zu bewirken Art. 20 Ziff. 1. Die bei jeder Behörde eingegangenen Anzeigen sind am Ende eines jeden Kalenderquartals mit gutachtlicher Äußerung dem

Die im Laufe eines Steuerjahrs erfolgende Beschränkung des Kleinhandels eines zur Waarenhaussteuer veranlagten Betriebs auf nur eine der im §. 6 unterschiedenen Waarengruppen oder auf Waaren, welche keiner derselben angehören, ändert an der veranlagten Waarenhaussteuer nichts.

**§. 13.** Soweit in dem Vorstehenden nicht ein anderes bestimmt ist, finden auf die Waarenhaussteuer hinsichtlich der Veranlagung, der Rechtsmittel, der Zerlegung der Steuersätze, der Zu- und Abgänge, der Abmeldungen, der Befugnisse der Steuerausschüsse und ihrer Vorsitzenden, der den Gewerbetreibenden und ihren Vertretern obliegenden Verpflichtung zur Auskunftserteilung, der Nachbesteuerung, der Ausfälle, des Erlasses und der Ermäßigung veranlagter Steuerbeträge sowie der Oberaufsicht die für die Gewerbesteuerklasse I geltenden Vorschriften §§. 17 bis 21, 25, 26, 27 Abs. 2, 3, §§. 30 bis 38, 42 bis 53, 58, 76 bis 78 des Gewerbesteuergesetzes vom 24. Juni 1891 (Gesetz-Samml. S. 203) sowie §§. 9, 10 Abs. 2, §. 11 Abs. 1, 2, §. 14 Abs. 1, 2, §. 15 Abs. 1 des Gesetzes wegen Aufhebung direkter Staatssteuern vom 14. Juli 1893 (Gesetz-Samml. S. 119) sinngemäße Anwendung[28]).

Die in den §§. 54 und 56 des Gewerbesteuergesetzes den Gewerbetreibenden und ihren Vertretern auferlegte Verpflichtung zur Auskunftserteilung erstreckt sich fortan für alle Gewerbetreibenden, welche den Kleinhandel betreiben, auch auf die Angabe, mit welchen Waarengattungen dies geschieht[29]).

---

Vorsitzenden des für die Veranlagung zuständigen Steuerausschusses der Klasse I zu übersenden Anw. Art. 21 Ziff. 4. Über die Obliegenheiten des Vorsitzenden a. a. O. Art. 22.

[28]) Veranlagung, Anw. Art. 24; Rechtsmittel, Art. 28; Zerlegung der Steuersätze, Art. 25; Zu- und Abgänge, Art. 29—31; Abmeldungen, Art. 23; Befugnisse der Steuerausschüsse und ihrer Vorsitzenden, Art. 19; Nachbesteuerung, Art. 34, 35; Erlaß oder Ermäßigung im Laufe des Steuerjahres, Art. 32. — Aus den angeführten Bestimmungen der G. 24. Juni 91 und 14. Juli 93 ist folgendes hinsichtlich der Rechtsmittel zu bemerken: Gegen die Veranlagung, die dem Steuerpflichtigen durch den Vorsitzenden des Steuerausschusses mitgeteilt wird, steht ihm binnen vier Wochen von der Mitteilung an das Rechtsmittel des Einspruchs bei dem Steuerausschusse zu, das bei dessen Vorsitzenden anzubringen ist GewSteuerG. § 35. Gegen die darauf getroffene Entscheidung steht binnen vier Wochen sowohl dem Vorsitzenden als dem Steuerpflichtigen die Berufung an die Bezirksregierung zu § 36, deren Entscheidung wiederum innerhalb vier Wochen vom Steuerpflichtigen durch Beschwerde beim OV. angefochten werden kann. Die Beschwerde kann nur darauf gestützt werden, daß die angefochtene Entscheidung auf der Nichtanwendung oder auf der unrichtigen Anwendung des bestehenden Rechts, insbesondere auch der von den Behörden innerhalb ihrer Zuständigkeit erlassenen Verordnungen beruhe, oder daß das Verfahren an wesentlichen Mängeln leide § 37.

[29]) Nach GewSteuerG. § 54 hat jeder Gewerbetreibende darüber Auskunft zu erteilen, welches Gewerbe er betreibt, welche Betriebsstätten er unterhält, welcher Gattung und wie viele Hilfspersonen, Gehilfen, Arbeiter und welcher Gattung und wie viel Maschinen einschließlich der Motoren im Gewerbebetriebe verwendet werden. Auch andere auf die äußerlich erkennbaren Merkmale des Betriebes gerichtete Fragen ist der Gewerbetreibende wahrheitsgemäß zu beantworten verpflichtet. Nach § 56 a. a. O. sind diese Verpflichtungen für Personen, die unter väterlicher Gewalt, Pflegschaft oder Vormundschaft stehen, von deren Vertretern, für Gewerbe, die von mehreren Personen gemeinschaftlich be-

Die Strafbestimmungen in den §§. 70 und 71 Nr. 1 des Gewerbesteuergesetzes sind auch auf die durch das gegenwärtige Gesetz den Gewerbetreibenden und ihren Vertretern auferlegte Verpflichtung zur Anmeldung und zur Abgabe von Erklärungen entsprechend anzuwenden. Ingleichen finden die §§. 71 Nr. 2, 72 und 73 a. a. O. bei der Waarenhaussteuer sinngemäße Anwendung[30]).

**§. 14.** Die Veranlagung zur allgemeinen Gewerbesteuer nach dem Gesetze vom 24. Juni 1891 und zu besondern auf Grund des § 28 des Kommunalabgabengesetzes vom 14. Juli 1893 eingeführten Gewerbesteuern wird durch die Waarenhaussteuer nicht berührt. Die empfangsberechtigte Gemeinde hat aber die Waarenhaussteuer nur soweit zu erheben, als sie die von ihr nach §. 29 oder §. 30 des Kommunalabgabengesetzes von dem der Waarenhaussteuer unterliegenden Betrieb erhobene Gewerbesteuer übersteigt[31]). Erstreckt sich die Gewerbesteuerveranlagung auf mehrere Betriebe, die nicht sämtlich der Waarenhaussteuer unterliegen, so ist der auf die waarenhaussteuerpflichtigen Betriebe entfallende Teilbetrag der Gewerbesteuer unter sinngemäßer Anwendung der Vorschriften im §. 38 des Gewerbesteuergesetzes vom 24. Juni 1891 und §. 32 des Kommunalabgabengesetzes festzustellen.

Die Waarenhaussteuer ist von den Gemeinden (Gutsbezirken) in vierteljährlichen Beträgen zu erheben. Die Bestimmung des §. 40 und §. 41 des Gewerbesteuergesetzes findet auch auf die Waarenhaussteuer Anwendung[32]).

Das Aufkommen an Waarenhaussteuer ist von den Gemeinden, soweit dieselben zur Deckung ihrer Ausgaben von den nach den Vorschriften des Gewerbesteuergesetzes in den Steuerklassen III und IV veranlagten Gewerbe-

---

trieben werden, von jedem Teilnehmer, für juristische Personen, Handelsgesellschaften und Vereine vom Vorsitzenden und jedem Mitglied des geschäftsführenden Vorstands, für Kommanditgesellschaften, auch solche auf Aktien, von den persönlich haftenden Gesellschaftern zu erfüllen Anm. 24.

[30]) § 70 Unterlassung der Anmeldung, § 71¹ unvollständige oder unrichtige Auskunftserteilung, § 71² Verweigerung der Einsicht der gewerblichen Anlagen, Betriebsstätten, Vorräte, § 72 Verletzung der Amtsverschwiegenheit durch die bei der Veranlagung beteiligten Beamten und die Mitglieder der Steuerausschüsse, § 73 vorläufige Straffestsetzung der Regierung in den Fällen der § 70 und 71 (nicht 72).

[31]) Die Bestimmung ist namentlich für dn Fall einer besonderen Gemeindegewerbesteuer (G. 14. Juli 93, § 29) von Bedeutung. Sie verhindert, daß durch eine solche die Warenhaussteuer unwirksam gemacht werde, indem unter allen Umständen von den dieser Steuer unterworfenen Betrieben der nach dem WarenhaussteuerG. veranlagte Betrag erhoben werden muß. Anderseits gewährt sie den nach diesem G. steuerpflichtigen Betrieben Sicherheit dafür, daß sie nicht neben dieser Steuer mit einer kommunalen Warenhaussteuer belastet werden. — Den Gemeinden ist es durch die ihnen zustehende Steuerautonomie ermöglicht, die Warenhaussteuer schon bei geringerem als dem in § 1 vorgesehenen Jahresumsatze eintreten zu lassen.

[32]) Nach GewSteuerG. § 40 wird die Zahlung der Steuer durch die Einlegung von Rechtsmitteln nicht aufgehalten; nach § 41 findet bei Fortsetzung des Betriebes durch eine andere Person nur eine Umschreibung des Namens statt und die veranlagte Steuer ist bis zum Ablauf des Steuerjahrs fortzuentrichten.

treibenden Prozente der vom Staate veranlagten Gewerbesteuer oder eine besondere Gewerbesteuer erheben, zur Erleichterung der von diesen Steuerklassen zu erhebenden Prozente beziehungsweise Steuer, anderenfalls zur Bestreitung von Gemeindebedürfnissen vorzugsweise im Interesse der kleineren Gewerbetreibenden zu verwenden[33]). Eine Anrechnung der Waarenhaussteuer auf den nach den §§. 54 bis 57 des Kommunalabgabengesetzes durch besondere Gemeindegewerbesteuern oder Prozente der vom Staate veranlagten Gewerbesteuer aufzubringenden Teil des Steuerbedarfs findet nicht statt.

Die Gutsbezirke haben die erhobenen Beträge an Waarenhaussteuer am Schlusse eines jeden Vierteljahrs an die Kreiskommunalkasse abzuführen. Die Kreise haben diese Beträge vorzugsweise im Interesse der kleineren Gewerbetreibenden zu verwenden.

**§. 15.** Die Waarenhaussteuer wird zum ersten Male für das Rechnungsjahr 1901 erhoben.

Die bei Veröffentlichung dieses Gesetzes bereits bestehenden Waarenhäuser haben die Steuer für das Rechnungsjahr 1901 nur zur Hälfte zu entrichten.

**§. 16.** Der Finanzminister, der Minister des Innern und der Minister für Handel und Gewerbe sind mit der Ausführung dieses Gesetzes beauftragt.

---

## Anlage A (zu Anmerkung 18).

### Zusammenstellung der klassifizirten Waaren. Bek. des Min. f. H. u. G. 4. Dez. 01 (MB. d. H. u. G. B. 367)[1]).

Vorbemerkungen:

1. In der nachstehenden Zusammenstellung sind nicht sämmtliche Waaren klassifizirt, vielmehr nur diejenigen, deren Klassifizirung beantragt worden ist.

Dies gilt auch von den Herkommen und Gebräuchen.

Die Zusammenstellung gliedert sich in:

Theil I: **Gruppirung der Waaren nach den vier Gruppen. Alphabetisches Verzeichniß.** (§ 6 Absatz 1 und 2 des Gesetzes.)

Theil II: **Festgestellte Herkommen und Gebräuche.** (§ 6 Absatz 4 des Gesetzes.)

Theil III: **Verneinte Herkommen und Gebräuche.** (§ 6 Absatz 4 des Gesetzes.)

---

[33]) Nur der Betrag der Warenhaussteuer unterliegt dem Verwendungszwange, der die nach G. 14. Juli 93 § 29 oder 30 erhobene Gewerbesteuer übersteigt Abs. 1. Eine Gemeinde kann diesem Zwange entgehen, indem sie ihre Gewerbesteuer autonom derart ordnet, daß die warenhaussteuerpflichtigen Betriebe mindestens einen der Warenhaussteuer entsprechenden Betrag an Gemeinde-Gewerbesteuer zu entrichten haben. — Die Entlastung der Steuerklasse III und IV braucht nicht gleichmäßig zu erfolgen. Erst nach vollständiger Befreiung der Steuerpflichtigen dieser Klassen von Gewerbesteuer tritt der weitere Verwendungszweck, die Bestreitung von Gemeindebedürfnissen im Interesse der kleineren Gewerbetreibenden, in Wirksamkeit.

[1]) Später klassifizierte Waren sind an den geeigneten Stellen nachgetragen und durch gesperrten Druck ersichtlich gemacht.

2. Waaren, welche anderen Gruppen als der Gruppe C zugetheilt sind, z. B. Nippes, gehören auch zu dieser Gruppe, wenn sie aus Glas, Porzellan, Steingut, Thon bestehen.

3. Waaren, die anderen Gruppen als der Gruppe D zugetheilt sind, gehören auch zu dieser Gruppe, wenn sie aus Gold, Silber, unter Verwendung von Juwelen oder aus Pappe, Papier hergestellt sind.

## Theil I.

## Gruppirung der Waaren nach den vier Gruppen.
## Alphabetisches Verzeichniß.

(§ 6 Absatz 1 und 2 des Gesetzes.)

Abziehsteine frei.
Aderlaßfliethen D.
Aktenmappen D.
Aktenregale B. C.
Aktenschränke B. C.
Albums für Photographien und Postkarten D.
Altarkannen (s. Kirchengeräthschaften).
Altarkelche (s. Kirchengeräthschaften).
Altarleuchter (s. Kirchengeräthschaften).
Ampeln C.
Anatomische natürliche Präparate, Anatomische künstliche Modelle (anatomische Lehrmittel) frei.
Ansichtspostkarten D.
Antifer (Fleckstift) A.
Armbänder D.
Armketten D.
Aschbecher A. D.
Aufnehmer (grobe Scheuertücher) A. B. C.
Ausklopfer C.

Baby-Handtaschen mit Eintheilung für Milchflaschen D.
Baby-Schlafkörbe B. C.
Baby-Waagen C. D.
Baby-Toiletts, bestehend aus einem Etuis mit Puderquaste, Bürste und Kamm D.
Badekappen B.
Bälle D.
Bänder B.
Bärte D.
Banknotentaschen D.
Beißringe D.
Bergmannslampen frei.
Besatzarttkel B.
Besen C.
Bettfedern frei.
Bettsäcke D; aus gewebten Stoffen auch B.
Bierkrüge C.
Bierservice C.
Bilder aller Art D.
Bindfaden frei.
Biskuitdosen C.
Blechdosen, dekorirte für Kaffee, Thee C.
Bleiplomben (Verschlußplomben) frei.
Bleistifte D.
Blumentische B, C.
Boahalter D.
Börsen D; aus gehäkelten, gestrickten, gewebten Materialien, auch mit unechten Metallbügeln, auch B.
Bohnertücher B, C.
Borden B.
Bowlen C.
Boxing-Handschuhe D.
Brennholz frei.
Brennmaschinen (Frisirlampen) C, D.
Brennmaterialien frei
Brennscheeren C, D.
Brennspiritus A.
Briefbeschwerer D.
Briefmappen D.
Briefpapier D.
Brieftaschen D.
Briefwaagen D.
Brodkörbe C.
Brod- und Futtergetreide frei.
Bronzeschmucksachen D.
Broschen D.
Bücherriemen D.
Bügel für Häkelarbeiten C.
Bureaumöbel B, C.
Bürstenkörbe C.
Bürsten aller Art D; solche gröbster Art (z. B. Scheuerbürsten) auch A; wenn Hausgeräth (z. B. auch feinere Kleiderbürsten) auch C.
Büsten (Dekorationsstücke) D.
Butterdosen C.
Butterglocken C.
Butterküler C.

Cabarets C.
Cakes (auch Christbaumcakes) A.
Carbolineum frei.
Cement frei.

Centimetermaaße, aufgerollte D.
Chevrolin A.
Chirurgische Instrumente D.
Cigarrenetuis A, D.
Cigarrenscheeren A, D.
Cigarrenspitzen A, D.
Cigarrentaschen A, D.
Cigarrentische A, B, C.
Cigarrenwandschränkchen A, B, C.
Closetpapier D.
Cocosdecken B, C.
Compasse D.
Consolen B, C.
Couverts D.
Crèpe-Papier D.
Cricketspielgeräthe D.
Crocketspielgeräthe D.
Crucifixe D.

Dachpappe frei
Deckengurte für Pferde D; aus gewebten Stoffen auch B.
Degen D.
Dengelzeuge frei.
Diademe D.
Docht (Dochtgarn) A, B, C.
Dosenmesser zum Oeffnen von Konservenbüchsen C.
Draht frei.
Drahtstifte frei.
Düten D.

Eierservice C.
Eierständer C.
Einlegesohlen B.
Eisenmöbel (z. B. Bettstellen) B, C.
Eispickel D.
Eisspinden C.
Eissporen D.
Elfenbeinstäbe D.
Emballagen wie Fässer, Kisten, Säcke, Pappkartons frei.
Etageren B. C.

Fächer B, D.
Fächerhalter D.
Fahrräder D.
Fahrradglocken D.
Fahrrad-Hüllen D; aus gewebten Stoffen auch B.
Fahrrad-Mutterschlüssel frei
Fahrrad-Uebersättel D; aus gewebten Stoffen auch B.
Fahrschabracken D; aus gewebten Stoffen auch B;
Falzbeine aus Knochen D.
Faschinenmesser D.
Fässer (s. Emballagen).
Federhalter D.
Federkasten D.
Feldstühle B, C.
Fensterleder A, C.
Fensterleder (imitirte Leder) A, C; aus gewebten Stoffen auch B.
Ferngläser D.
Fernrohre D.
Fette (auch Wagenfette) A.
Feueranzünder frei.
Figuren (Dekorationsstücke) D.
Fingerhüte D.
Fingerringe D.
Flaschenkörbe C.
Flaschenuntersätze C.
Fleckstifte A.
Fleischhackmaschinen (Hausgeräthe) C.
Fleischwaaren A.
Flobert-Pistolen D.
Frisir-Etuis D.
Frisirkämme (s. Kämme).
Frisirlampen (s. Brennmaschinen).
Frottir-Artikel aus Roßhaaren D.
Fruchtkörbe C.
Frühstückstrommeln D.
Fußbälle D.
Fußmatten B, C.
Fußsäcke B.
Futterartikel als Graupenschrot, Gerstenschrot, Kleie, Mais, Maisschrot frei.

Gabeln C.
Gallseife A.
Gamaschen (auch Ledergamaschen) B; (s. auch Sportbekleidungsgegenstände).
Gardinen nebst Zuthaten, wie Gardinenhalter, Portierenhalter, Gardinenrosetten, Porzellanquasten, Gardinenstangen B, C.
Gardinenspanner C.
Garn B.
Gartensämereien frei.
Gartenstühle B, C.
Gartenzelte C.
Gerstenschrot frei.
Gewürzschränke B, C.
Gips frei.
Gläserbretter C.
Gläserteller C.
Gletscherseile D.
Gobelins, gewebte und imitirte, d. h. auf Stoffen gedruckt, gemalt B, C.
Golfspielgeräthe D.
Gradehalter (einfache, nicht medizinische Apparate) B.
Graupenschrot frei.
Gummiarabikum A, D.

Gummibälle D.
Gummiband B.
Gummibettstoffe B, D.
Gummihüte B.
Gummisauger für Säuglinge D.
Gummischuhe B.
Gummispritzen D.
Gummithiere D.
Gürtel B, D.
Gürtelschlösser B, D.
Gürtelschnallen B, D.
Gürteltäschchen B, D.

Haarnadeln einfacher Art B, D.
Haarpfeile D.
Haarscheermaschinen frei.
Hackmesser (Hausgeräth) C.
Hängematten B, C, D.
Haken und Augen (Oesen) (unechte) B.
Halfter für Pferde D.
Halsketten D.
Handschuhe B.
Handschuhdehner D.
Handschuhkasten D.
Handschuhknöpfer D.
Handschuhreiniger A.
Handspiegel D.
Handwerkszeug frei.
Hausapotheken B, C.
Haussegen (Papierwaare) D.
Hefte D.
Hemden B.
Hirschfänger D.
Hocker B, C.
Hockeyspielgeräte D.
Holzbrandartikel nach den einzelnen Artikeln zu klassifiziren, z. B. wenn Möbel B, C.
Holzbügel zum Aufhängen von Kleidungsstücken C.
Holzpantoffeln B.
Holzwolle (s. Polsterartikel).
Hosenstrecker C.
Hosenträger B.
Hostiendosen D.
Hühneraugenmesser D.
Hutglanz A.
Hutnadeln D.
Hutschachteln D.
Hutschmuck zum Garniren von Damenhüten B.

Jagdutensilien D.
Japanwaaren nach den einzelnen Artikeln zu klassifiziren, z. B. wenn Möbel, Vorhänge, Teppiche, Möbelstoffe B, C; wenn Galanteriewaaren D.
Insektenpulverspritzen A, D.
Irrigatoren mit Zubehör, auch sogenannte heizbare Irrigatorenschränke mit Zubehör D.
Isolirpappe frei.

Kaffee A.
Kaffeeausgußtrichter (auch sogen. Karlsbader) C.
Kaffeefiltrirpapier D.
Kaffeekannen C.
Kaffeemaschinen C.
Kaffeeservice C.
Kalk frei.
Kämme aller Art D; Kämme gewöhnlicher Art zum Feststecken der Haare auch B.
Käsebohrer frei.
Kammdeckel-Unterlagen für Pferde D; aus gewebten Stoffen auch B.
Kammkasten D.
Karnevalartikel als: Masken, Nasen, Bärte, Ohrgehänge, Diademe, Hals- und Armketten D.
Kartoffeln A.
Kartoffelschälmesser C.
Kehrbleche C.
Kernseife A.
Kerzen A.
Kinderbadewannen C.
Kinderlaufgürtel B.
Kinderporzellanservice C; wenn Spielwaaren auch D.
Kinderrasseln D.
Kindersaugflaschen mit Sauger C, D.
Kinderstühle B, C.
Kinderwagen B, C.
Kirchengeräthschaften als: Altarkannen, Altarkelche, Altarleuchter, Crucifixe, Hostiendosen, Taufbecken, Taufkannen D.
Kisten (s. Emballagen).
Klappstühle B, C.
Kleie frei.
Kniekappen für Pferde D.
Kniematten mit hochstehendem Rand C.
Knöpfe, unechte aller Art B, D; Knöpfe echte, (Gold, Silber, Juwelierwaaren) D.
Kochapparate C.
Kochheerde C.
Koffer D.
Kofferschilder D.
Kohlen frei.
Kohlenschippen C.
Kölnisches Wasser A.
Kontormöbel B, C.
Kopirräder zur Schneiderei D.
Koppeln D.
Korken (gewöhnliche nur aus Korkmaterial) frei.
Korkenständer C.

Korkenzieher C.
Korkplatten (Fußbodenbelag) B, C.
Korsets B.
Kragenkasten D.
Kragenknöpfe (s. Knöpfe).
Krankenfahrstühle D.
Kravatten B.
Kravattenhalter D.
Kravattenkasten D.
Kravattennadeln D.
Kreide (auch Schneiderkreide) A; Zeichenkreide auch D.
Kronen C.
Krümelfeger C.
Krümelschaufeln C.
Küchenkörbe C.
Künstliche Blumen aus Geweben (Blätter, Blüthen, Ranken) B, D.
Künstliche Düngemittel frei.
Kunstmarmorwaaren (Thonwaaren) C.
Kurirtaschen für Damen (Reisetaschen mit Umhängeriemen) D.

Lack A.
Lampen C.
Lampencylinder C.
Lampendochte A, B, C.
Lampenschirme (nicht Lampenschleier aus Seide oder sonstigen Stoffen) C, D.
Lampenschirmhalter C, D.
Lampenschleier aus Seide oder anderen Stoffen mit und ohne Drahtgestell B.
Laternen (auch sogenannte Sturmlampen) C.
Laubsägeholz frei.
Laubsägevorlagen frei.
Lederbettlaken B.
Lederbrustbeutel B, D.
Lederkissen B.
Ledermatten (Fußbodenbelag) B, C.
Lederschürzen B.
Leibbinden (einfache, nicht medizinische Apparate) B.
Leibwärmer von Metall oder Gummi C, D.
Leim A.
Leinenband B.
Lichte A.
Liegestühle (einfache, nicht medizinische Apparate) B.
Lincrusta B, C.
Linoleum B, C.
Linoleumauffrischungstinktur A.
Linoleumseife A.
Litzen B.
Lockenwickel B, D.
Löffel C.
Löscher D.
Luftkissen (Kissen zum Aufblasen) B, D.
Luftreinigungslampen und -Apparate C, D.

Märchenbücher D.
Mais, Maisschrot frei.
Manilla-Hanf (s. Polsterartikel).
Manschetten B.
Manschettenkasten D.
Manschettenknöpfe (s. Knöpfe).
Marktkörbe C.
Markttaschen C.
Marmorschmucksachen D.
Masken D; aus gewebten Stoffen auch B.
Matten B, C.
Medizinische Seife A.
Mehl A.
Menagen C.
Messerputzstein A, C.
Metallanker für Bekleidungsgegenstände B, D.
Metallsterne für Bekleidungsgegenstände B, D.
Metallbügel zum Aufhängen von Kleidungsstücken C.
Miederketten D.
Milchflaschen C.
Militärabzeichen B, D.
Militärkoppeln D.
Möbelausklopfer C.
Möbelbeize A.
Monogrammschablonen D.
Mostrich (auch in Porzellanbüchsen oder Gläsern) A.
Muffenketten D.
Musikmappen D.
Musikständer B, C.
Muskelstärker D.

Nachtlampen C.
Nadelkissen B, D.
Nähgarn B.
Nähkasten mit Nähmaterialien d. Gruppe B B, D.
Nähmaschinen D.
Nähnadeln B.
Nähnadeldosen D.
Nähtische B, C.
Nagelbürsten (s. Bürsten).
Nagelmesser D.
Nagelpfleger-Toiletten D.
Nagelscheeren D.
Nasen (s. Masken).
Nippes D.
Notizblocks D.
Notizbücher D.

Oel (auch Maschinenöl, Haaröl) A.
Ofenbänke B, C.
Ofenglanz A.
Ofenschirme B, C.
Ohrgehänge (Karnevalartikel)

Ohrringe D.
Operationsstühle D.
Operngläser D.

Packpapier D.
Pallasche D.
Paneelbretter B, C.
Pantoffeln (auch Holzpantoffeln, Filzpantoffeln) B.
Papierkörbe B, C.
Papierwäsche B, D.
Pappe, mit Ausnahme von Dachpappe, Isolirpappe und dergl., welche als Baumaterial frei sind D.
Pappkartons (s. Emballagen).
Parfümerien A.
Patronen D.
Patronenhülsen D.
Peitschen D.
Pelerinen B.
Pergamentpapier D.
Perlen (unechte aller Art) B, D.
Petroleum A.
Pfeffermühlen C.
Pferdebandagen D; aus gewebten Stoffen auch B.
Pferdedecken D; aus gewebten Stoffen auch B.
Phonographen D.
Photographien D.
Photographierahmen D.
Photographieständer D.
Piedestale B, C.
Pinsel aller Art D; wenn Hausgeräth (z. B. Staubpinsel) auch C; Pinsel gröbster Art auch A.
Plättbretter C.
Plätteisen C.
Plaids B.
Plaidhüllen D; aus gewebten Stoffen auch B.
Plaidriemen D.
Plaidtaschen D.
Plombirzangen zum Festdrücken von Verschlußplomben frei.
Polirhandschuhe C.
Polospielgeräthe D.
Polsterartikel, wie Roßhaare, Roßhaargras, Holzwolle, Manilla-Hanf, Sprungfedern frei.
Pomaden A.
Pompadours B, D.
Portemonnaies D.
Portepees D.
Posthörner D.
Puderquasten D.
Puppen (gekleidete und ungekleidete) D; Wollpuppen (s. diese).
Puppenbetten D.
Puppenhüte (garnirte und ungarnirte) D.
Puppenmöbel D.
Puppenschaukeln D.
Puppentheile D.
Puppentragemäntel D.
Puppenwagen D.
Puppenwiegen D.
Putzpasta A.
Putzpomade A.
Putzwolle A, C.
Radirgummi D.
Radirmesser D.
Rasirmesser D.
Rasirpinsel D.
Rauchservice A, D.
Rehposten D.
Reisebestecks C, D.
Reisebutterdosen in Umhüllung C, D.
Reisedecken B.
Reisedosen in Umhüllung C, D.
Reiseflaschen in Umhüllung C, D.
Reisehandtaschen D.
Reisehutschachteln D.
Reisekissen, Reisepuffs, Reiserollen, (d. h. Reiseschlummerrollen) B.
Reisekörbe D.
Reisekoffer (auch Handkoffer, Handtaschen) D.
Reiselaternen C, D.
Reisemützen B.
Reisenecessairs D.
Reisepantoffeln B.
Reiserasirkasten mit Einrichtung D.
Reiserollen für Waschzeug D; aus gewebten Stoffen auch B.
Reisetaschen (auch Kurirtäschchen mit Riemen zum Umhängen) D.
Reisetrinkbecher in Umhüllung C, D.
Reißzeuge D.
Reißzwecken frei.
Reit-Schabracken D; aus gewebten Stoffen auch B.
Rennwölfe D.
Rettungsanzüge B.
Revolver D.
Revolverpatronen D.
Rohrdecken B, C.
Rollschutzwände B, C.
Roßhaare, Roßhaargras (s. Polsterartikel).
Rucksäcke D; aus gewebten Stoffen auch B.
Ruhestühle B, C.

Säbel D.
Säcke (s. Emballagen).
Salontischchen B, C.
Sättel D.
Satteldecken D; aus gewebten Stoffen auch B.

Saucieren C.
Säulen B, C.
Schablonen von Metall D.
Schablonenkästchen mit Nähmaterialien und Näh- und Stickutensilien B, D.
Scheerenketten D.
Schiefertafeln D.
Schinkenmesser (Hausgeräth) C.
Schirme B, D.
Schirmhüllen D; aus gewebten Stoffen auch B.
Schirmständer B, C.
Schlafdecken B.
Schlipse B.
Schlittschuhe D.
Schlundrohre D.
Schlüsselbretter C.
Schlüsseletuis D.
Schlüsselkörbe C.
Schmirgelleinen A, C.
Schneeschuhe D.
Schnürbänder B.
Schreibfedern D.
Schreibgarnituren D.
Schreibmappen D.
Schreibpapier D.
Schreibunterlagen D.
Schreibzeuge D.
Schrot D.
Schuhanzieher (Schuhlöffel) D.
Schuhchevrolin A.
Schuhe B.
Schuhknöpfer D.
Schuhkream A.
Schuhlack A.
Schuhleisten C.
Schuhwichse A.
Schulhefte D.
Schulmappen D.
Schultafeln D.
Schultaschen D.
Schultornister D.
Schutzbrillen D.
Schwämme A, C.
Schwammkörbe C, D.
Schwammnetze C, D.
Schweißschutzblätter für Taillen B.
Schwungkeulen D.
Sehnenschoner für Pferde D.
Seide B.
Seife A.
Seifenpulver A.
Sensen frei.
Sensensteine frei.
Serviettenringe C.
Servirbretter C.
Skatblocks D.
Soxleth-Apparate D.
Spangen D.
Spanisch Rohr frei.
Spanische Wände B, C.
Speiseformen C.
Spielkarten D.
Spielmarken D.
Spiritusglühstrümpfe C, D.
Spirituskochapparate C.
Spitzen von Garn, Zwirn B.
Sportartikel zu Sportspielen D.
Sportbekleidungsgegenstände, als:
  Sportgamaschen B, D.
  Sporthemden B, D.
  Sporthosen B, D.
  Sportmützen B, D.
  Sportstrümpfe B, D.
  Sweaters B, D.
Sportschlitten D.
Sportwagen für Kinder D.
Sprungfedern (s. Polsterartikel).
Stabjalousien frei.
Ständer B, C.
Stärke A.
Stärkebeutel B, C.
Stärketuchhalter C.
Stahlfedern D.
Standuhren (s. Uhren).
Staubkämme (s. Kämme) D.
Stecknadeln B.
Steigeisen D.
Steinbaukasten D.
Steppdecken B.
Stickmusterbücher B, D.
Stickmustervorlagen B, D.
Stickrahmen C.
Stickwolle (s. Wolle).
Stiefelblöcke } (s. Schuhleisten).
Stiefelfaçonhalter } (s. Schuhleisten).
Stiefelleder (Oberleder, Sohlenleder) frei.
Stöcke (Spazierstöcke) B, D.
Stoffe für Konfektion B.
Stopfeier C, D.
Stopfnadeln B.
Stopfpilze C, D.
Streichhölzer frei.
Streichkappen für Pferde D.
Streichriemen D.
Strickwolle (s. Wolle).
Striegel D.
Strohkissen B.
Strumpfbänder B.
Sweaters (s. Sportbekleidungsgegenstände).
Syndetikon A, D.

Tabackpfeifen A, D.
Tabletts C.

Tapeten aller Art D; aus gewebten Stoffen auch B, C, D.
Taschenbürsten D.
Taschenkämme D.
Taschenmesser D.
Taschenmesseretuis D.
Taschenscheeren D.
Taschenspiegel D.
Taschentuchkasten D.
Taufbecken (s. Kirchengeräthschaften).
Taufkannen (s. Kirchengeräthschaften).
Tennisspielgeräthe D.
Teppiche B, C.
Teppichkehrmaschinen C.
Terzerole D.
Theegläser mit und ohne Glashalter C.
Theekannen C.
Theekesselständer mit Kessel C.
Theelöffelkörbe C.
Theemaschinen C.
Theer frei.
Thermometer D.
Tinte A, D.
Tintenfässer D.
Tintenflaschen D.
Tintenwischer D.
Tischbestecke C.
Tischmesser C.
Toilettenkasten D.
Toilettenkörbe (d. h. Körbe zum Aufbewahren von Toilettentüchern) C.
Toilette- (Kloset-) Papier D.
Touristentaschen D; aus gewebten Stoffen auch B.
Trensen D.
Treppenläufer B, C.
Treppenschienen B, C.
Treppenstangen B, C.
Tressen B.
Trokare D.
Truhen B, C.
Tuchnadeln D.
Turn-Apparate D.
Tusche A, D.
Tuschnäpfe A, D.

Uhren aller Art D; Standuhren mit Gehäuse zum Aufstellen auf den Fußboden des Zimmers auch B, C.
Uhrbänder und Uhrschnüre, auch mit unechten Metalltheilen B, D.
Uhrhalter D.
Uhrketten D.
Untersuchungsstühle, Operations Krankenfahrstühle D.

Vasen (Dekorationsstücke) D.
Vasiline A.
Velocipede (Kindervelocipede) D.
Viehsalz frei.
Visitenkartentaschen D.
Vorhemdknöpfe (s. Knöpfe).

Waagen aller Art D; Waagen, soweit Hausgeräth auch C.
Wachstuchschürzen B.
Wärmeteller D.
Wandkalender von Papier oder Pappe D.
Wandteller D.
Waschblau A.
Waschbretter C.
Wascheinrichtungen, an der Wand anzubringende C.
Waschkörbe C.
Wäscheleinen C.
Waschtische B, C.
Wäscheversandbeutel (Reisewäschebeutel) D; aus gewebten Stoffen auch B.
Weckeruhren (s. Uhren).
Weinkühler C.
Weinservice C.
Wetzstähle (Hausgeräth) C.
Wickelkommoden B, C.
Wiegemesser (Hausgeräth) C.
Windelständer (Windeltrockenständer) B, C.
Wolle (Strick-, Stickwolle usw.) B.
Wollpuppen B, D.
Wollseife A.
Wollthiere B, D.
Würfel D.
Würfelbecher D.
Wurstmesser (Hausgeräth) C.
Wurstwaaren A.

Zahnbürsten (s. Bürsten).
Zahnstocher frei.
Zaumzeug D.
Zeichenkreide A, D.
Zeitungsständer B, C.
Zimmerrudermaschinen D.
Zimmerturnapparate D.
Zündhütchen D.
Zwirn B.

## Theil II.

## Festgestellte Herkommen und Gebräuche.

(§ 6 Absatz 4 des Gesetzes.)

Vorbemerkung: Spezialgeschäfte im Sinne der folgenden Entscheidungen sind Geschäfte, welche die angegebenen Waaren ausschließlich oder wenigstens als Grundstock führen.

### 1. Zu Gruppe A.

a) Allgemeine Herkommen und Gebräuche.

1. **Der Handel mit Kaffee** (A) erstreckt sich auf: Kaffeefiltrirpapier.
2. **Spezialgeschäfte für Kaffee, Zucker, Thee, Kakao** führen neben diesen Waaren (A): sogenannte Karlsbader Kaffeeaufgußtrichter und dekorirte Blechdosen für Thee und Kaffee.
3. **Spezialgeschäfte für Droguen- und Parfümeriewaaren** führen neben diesen Waaren (A) Toiletteartikel anderer Gruppen als: Brennmaschinen, Brennscheeren, Bürsten aller Art, Frottir-Artikel aus Roßhaaren, Handschuhdehner, Handschuhknöpfer, Kämme aller Art, Luftreinignugslampen und -Apparate, Nadelkissen, Nagelmesser, Nagelscheeren, Nageltoiletten, Rasirmesser, Rasirpinsel, Reisedosen in Etuis oder Umhüllung, Reiseflaschen in Etuis oder Umhüllung, Schuhanzieher, Schuhknöpfer, Schwammkörbe, Schwammnetze, Streichriemen, Toilette-(Kloset-)Papier, Toilettespiegel (Handspiegel), ferner Christbaumschmuck.
4. **Spezialgeschäfte für Material- und Kolonialwaaren** führen neben diesen Waaren (A) Spielkarten.

b) Oertliche Herkommen und Gebräuche.

vacat.

### 2. Zu Gruppe B.

a) Allgemeine Herkommen und Gebräuche.

1. **Der Handel mit Bekleidungsgegenständen** (B) erstreckt sich auf: Bügel von Holz und Metall zum Aufhängen von Kleidungsstücken, Hosenstrecker.
2. **Der Handel mit Posamentierwaaren, Schnitt-, Mode-, Manufakturwaaren, Bekleidungsgegenständen** (B) erstreckt sich auf folgende Waaren anderer Gruppen, sofern dieselben nicht aus Gold, Silber oder unter Verwendung von Juwelen gefertigt sind: Armbänder, Armketten, Boahalter, Broschen, Fächerhalter, Fingerringe, Haarpfeile, Halsketten, Hutnadeln, Kravattenhalter, Kravattennadeln, Muffenketten, Ohrringe, Tuchnadeln, Uhrketten, ferner auch Diademe, Miederketten, Ohrgehänge[2]).
3. **Der Handel mit Gardinen** (B und C) erstreckt sich auf: Gardinenspanner.
4. **Der Handel mit Handschuhen** (B) erstreckt sich auf: Handschuhdehner (Handschuhweiter), Handschuhknöpfer, Handschuhkasten einfacher Art, Spezialitäten für Reinigung und Auffrischung der Handschuhe (sogen. Handschuhreiniger).
5. **Der Handel mit Hüten** (B) erstreckt sich auf: Hutbürsten aller Art, Hutschachteln, Spezialitäten für Reinigung und Auffrischung der Hüte (z. B. Hutglanz).
6. **Der Handel mit Kragen** (B) erstreckt sich auf: Kragenkasten einfacher Art.
7. **Der Handel mit Kravatten** (B) erstreckt sich auf: Kravattenkasten einfacher Art.
8. **Der Handel mit Linoleum** (B und C) erstreckt sich auf Spezialitäten zur Reinigung und Auffrischung des Linoleums, als: Linoleumaufrischungstinktur, Linoleumseife.
9. **Der Handel mit Manschetten** (B) erstreckt sich auf: Manschettenkasten einfacher Art.

---

[2]) Vf. 8. Feb. 02 (MB. d. H. u. G. V. 79).

10. **Der Handel mit Möbeln** (B und C) erstreckt sich auf: Möbelbeize.

11. **Der Handel mit Nähmaterialien der Gruppe** B erstreckt sich auf Näh- und Stickutensilien anderer Gruppen als: Aufgerollte Centimetermaaße, Bügel für Häkelarbeiten, Kopirräder, Fingerhüte, Nähnadeldosen, Schablonen von Metall, Scheerenketten, Schneiderkreide, Stickrahmen, Stopfeier, Stopfpilze.

12. **Der Handel mit Plaids** (B) erstreckt sich auf: Plaidhüllen, Plaidriemen, Plaidtaschen.

13. **Der Handel mit Schirmen** (**B** und D) erstreckt sich auf: Schirmhüllen aller Art.

14. **Der Handel mit Schuhwaaren** (B) erstreckt sich auf: Schuhanzieher (Schuhlöffel), Schuhknöpfer, Schuhbürsten aller Art, Schuhchevroline, Schuhcream, Schuhlack, Schuhwichse, Schuhleisten.

14a. **Der Handel mit Taschentüchern** (B) erstreckt sich auf Taschentuchkasten einfacher Art[3]).

15. **Der Handel mit Textilwaaren** (B) **ev. auch** (C) erstreckt sich auf: Spezialseifen zum Waschen der betreffenden Waare, z. B. der Handel mit Wollwaaren (B) auf Wollseife, ferner auf Spezialitäten zum Reinigen der betreffenden Waaren[4]).

16. **Der Handel mit bunt bemalten Waschtischen** (**B** und C) erstreckt sich auf: buntes dem Muster entsprechendes Waschgeschirr.

17. **Kinderausstattungs-Spezialgeschäfte** führen neben Bekleidungsgegenständen für Kinder (B) zur Pflege kleiner Kinder dienende Waaren anderer Gruppen als: Baby-Handtaschen aus Gummituch mit Einteilung für Milchflaschen, Baby-Toiletts bestehend aus einem Etuis mit Puderquaste, Bürste und Kamm, Baby-Beißringe, Baby-Seifen, Baby-Waagen, Baby-Nachtlampen, Gummisauger, Gummispritzen, Kinderbadewannen, Leibwärmer von Metall oder Gummi, Soxleth-Apparate, sowie deren einzelne Theile, dagegen nicht Spielgeräthe.

18. **Spezialgeschäfte für Möbel- und Möbelstoffe** (B und C) liefern: Tapeten aller Art nach vorgelegten Mustern oder Proben, jedoch nur zugleich mit der Lieferung von Zimmereinrichtungen.

19. **Spezialgeschäfte für Tapisseriewaaren** führen neben Tapisseriewaaren der Gruppe B Waaren anderer Gruppen, welche mit Stickereien garnirt zu werden pflegen, sofern dieselben mit Stickereien oder mit Vorrichtungen (z. B. Vorzeichnungen) zum Besticken versehen sind, z. B.: Briefbeschwerer, Briefmappen, Brieftaschen, Bürstenkörbe, Cigarrenetuis, Flaschenkörbe, Löscher, Notizblocks, Photographierahmen, Schlüsselbretter, Schlüsseletuis, Schlüsselkörbe, Schreibgarnituren, Schreibmappen, Schreibunterlagen, Schreibzeuge, Skatblocks, Taschenmesseretuis, Theelöffelkörbe, Uhrhalter, Visitenkartentaschen.

20. **Geschäfte, welche Uniformen** und sonstige der Gruppe B angehörige Ausrüstungsgegenstände für Beamte und Militär in der Weise feilhalten, daß sie sich entweder auf diesen Betrieb beschränken, oder Civilkleidung nur nebenbei und nur im Allgemeinen an Uniformkunden absetzen, führen auch: Ausrüstungsgegenstände für jene Berufsstände, die unter andere Gruppen als Gruppe B fallen (z. B. Säbel, Degen, Pallasche, Sättel, Zaumzeug, Fernrohre, Ferngläser, Posthörner).

21. **Wäschewaaren-Spezialgeschäfte** führen neben Kinderausstattungen (B): Kinderbadewannen.

### b) Oertliche Herkommen und Gebräuche.

1. **Der Handel mit Posamentier-Schnitt- und Manufakturwaaren** (B) **in Westfalen und der Rheinprovinz** erstreckt sich auf Karnevalartikel als: Bärte, Masken, Nasen, Ohrgehänge.

---

[3]) Vf. 8. Feb. 02 (MB. d. H. u. G. B. 79).

[4]) Vf. 10. Feb. 02 (MB. d. H. u. G. B. 79).

2. **Garderoben-Spezialgeschäfte in Berlin** führen neben Sportanzügen (B und D) auch: Sportutensilien zum Tennis-, Golf-, Cricket-, Polo-, Hockey-Spiel, ferner Schwungkeulen, Boxing-Handschuhe, Peitschen und Armbänder für Radfahrer, Fußbälle, Schneeschuhe, Sportschliten (nicht sogenannte Kindersportschlitten), Rennwölfe sowie Gegenstände der Touristik als: Kompasse, Eispickel, Gletscherseile, Rucksäcke aller Art, Schutzbrillen, Steigeisen.

3. **Garderoben-Spezialgeschäfte in Breslau** führen neben Sportanzügen (B und D): Sportutensilien zum Tennis-, Crocket-, Cricket-Spiel.

3a. **Der Handel mit Sportbekleidungsgegenständen in Breslau** erstreckt sich auf Sportartikel zu Sportspielen, insbesondere zum Tennis-, Crocket-, Cricket-Spiel[5]).

4. **Spezialgeschäfte für Wäschewaaren in Breslau** führen neben diesen Waaren (B): Spezialitäten in Stärke und Waschblau, soweit sie sogenannte Reklameartikel in besonderen Aufmachungen darstellen.

5. **Spezialgeschäfte für Manufaktur- und Konfektionswaaren in Marienwerder** führen neben diesen Waaren (B): Nähmaschinen.

### 3. Zu Gruppe C.

#### a) Allgemeine Herkommen und Gebräuche:

1. **Der Handel mit Lampen** (C) erstreckt sich auf: Lampenschleier aus Seide oder anderen Stoffen.

2. **Eisen- und Stahlspezialgeschäfte** führen neben hauswirtschaftlichen Artikeln der Gruppe C auch Eisen- und Stahlwaaren, die unter andere Gruppen, insbesondere die Gruppen D fallen, auch: Bleifedern für Zimmerleute, Fahrrad-Glocken, Flobert-Pistolen von geringer Beschaffenheit, Kinder-Velocipede, Metallene Spielmarken, Patronen, Patronenhülsen, Revolver von geringer Beschaffenheit, Revolverpatronen, Schiefertafeln mit Zubehör, Steinbaukasten, Terzerole von geringer Beschaffenheit, Thermometer, Trensen, Turnapparate, Zündhütchen.

3. **Spezialgeschäfte für Beleuchtungsgegenstände und Bronzewaaren** führen solche Waaren der Gruppen C und D.

4. **Geschäfte,** welche sich auf den Absatz versilberter oder vernickelter Metallwaaren oder auf den Absatz von Waaren aus Neusilber, Messing oder Bronze beschränken, führen solche Waaren der Gruppen C und D.

Vergl. ferner die bei 2 „Zu Gruppe B" unter Ziffer 8, 10, 15 und 18 aufgeführten Herkommen und Gebrauche.

#### b) Oertliche Herkommen und Gebräuche.

**Spezial-Lampengeschäfte in Berlin** führen neben Lampen: Petroleum.

### 4. Zu Gruppe D.

#### a) Allgemeine Herkommen und Gebräuche.

1. **Luxus- und Galanteriewaaren-Spezialgeschäfte** führen neben Luxus- und Galanteriewaaren (D):

   1. Galanteriemöbel wie: Blumentische, Cigarrenschränkchen, Cigarrentische, Consolen, Etagèren, Hausapotheken, Hocker, Klapp- und Feldstühle, Musikständer, Nähtische, Ofenbänke, Ofenschirme, Paneelbretter, Papierkörbe, Piedestale, Salontischchen, Säulen, Schirmständer, Ständer, Zeitungsständer.

   2. Haus- und Küchengeräthe feinerer Beschaffenheit (z. B. vernickelt, versilbert), ferner aus Porzellan, Steingut, Thon, Glas bestehend, mit Verzierungen von Metall (z. B. vernickelten oder versilberten Beschlägen) als: Ampeln, Bierkrüge, Bierservice, Biskuitdosen, Bowlen, Brodkörbe, Butterdosen,

[5]) Vf. 20. Jan. 03 (MB. d. H. u. G. V. 10).

Butterglocken, Butterkühler, Cabarets, Eierservice, Eierständer, Flaschenuntersätze, Fruchtkörbe, Gläserbretter, Kaffeemaschinen, Korkenständer, Korkenzieher, Kronen, Krümelfeger, Krümelschaufeln, Kuchenkörbe, Lampen (auch Nachtlampen), Laternen, Menagen, Saucieren, Servirbretter, Serviettenringe, Speiseformen, Ständer und Schalen mit Obstmessern, Tabletts, Theekessel mit Ständer, Theemaschinen, an der Wand anzubringende Wascheinrichtungen, Weinkühler, Weinservice,

dagegen nicht: Haus- und Küchengeräthe, die lediglich aus Porzellan, Steingut, Glas oder Thon bestehen, auch nicht Messer, Gabeln, Löffel, sofern diese Gegenstände nicht an sich unter Gruppe D fallen (z. B. Gold- oder Silberwaaren).

2. **Antiquitätengeschäfte,** welche sich auf den Absatz von Waaren, die durch ihr Alter einen besonderen Werth haben, beschränken und hauptsächlich unter die Gruppe D fallende Kunstgegenstände feilhalten, führen daneben auch: alte Waaren der Gruppen B und C.

3. **Spezialgeschäfte für Bilderrahmen und Spiegel** führen eingerahmte und uneingerahmte Bilder.

4. **Spezialgeschäfte für medizinische Instrumente und Apparate** führen neben diesen Artikeln (D) medizinische Seife, Desinfektionsmittel, Operationsschürzen, Operationsmäntel, Blusen für Aerzte und Krankenpflegepersonal, Krankenbettstellen mit besonderen Vorrichtungen für Krankenzwecke, Spezialitäten in Schränken für medizinische Instrumente;

dagegen nicht: allgemeine Einrichtungsgegenstände für Krankenhäuser, namentlich nicht Betten, Bettwäsche, Möbel[6]).

5. **Spezialgeschäfte für Reiseeffekten, sowie Spezialgeschäfte für Reiseeffekten und Lederwaaren** führen neben Reisekoffern, Reisekörben, Reisehandtaschen, Reisehutschachteln (D) auch Reisedecken aller Art, Reisekissen, Reisepuffs, Reiseschlummerrollen, Reisemützen und Reisepantoffel;

dagegen nicht: Strumpfbänder, Hosenträger, Kölnisches Wasser[7]).

### b) Oertliche Herkommen und Gebräuche.

1. **Technische Spezialgeschäfte in Liebenwerda,** die vornehmlich optische Instrumente und Papierwaaren (D) feilhalten, führen: Aktenschränke und Aktenregale für technischen Bedarf;

dagegen nicht: Bureaumöbel, Kontormöbel.

## Theil III.

## Verneinte Herkommen und Gebräuche.

(§ 6 Absatz 4 des Gesetzes.)

### 1. Zu Gruppe A.

1. **Der Handel mit Brennspiritus** (A) erstreckt sich nicht auf Spirituskochapparate.

2. **In Gruppe A werden nicht geführt,** soweit nicht spezielle Herkommen zugelassen werden: Ausklopfer, Beißringe, Besen, Bohnertücher, Briefpapier, Closetpapier, Cocosdecken (Abtreter), Couverts, Dosenmesser zum Oeffnen von Conservenbüchsen, Düten, Fußmatten, Gummiband, Gummihüte, Gummisauger für Säuglinge, Haken und Augen, Hemden, Holz- und Filzpantoffeln, Hosenträger, Kämme aller Art, Kindersaugflaschen mit Sauger, Knöpfe, Lampencylinder, Lampenschirme, Matten (Abtreter), Milch- und Schnaps-

---

[6]) Vf. 6. März 02 (MB. d. H. u. G. B. 117).

[7]) Vf. 28. Feb. 02 (MB. d. H. u. G. B. 104).

flaschen, Möbelausklopfer, Nähgarn, Näh-, Steck-, Stopf-, Haarnadeln, Packpapier, Pantoffeln, Pargamentpapier, Putztücher, Rohrdecken (Abtreter), Schreibmaterialien, soweit dieselben nicht etwa zugleich unter Gruppe A fallen, wie Tinte, Schnürbänder, Schultafeln, Wolle (Strick- und Stickwolle), Zwirn.

### 2. Zu Gruppe B.

In **Gruppe** B **werden nicht geführt,** soweit nicht spezielle Herkommen zugelassen werden[8]): Albums für Photographien, Ansichtskarten, Bleistifte, Brennmaschinen, Brieftaschen, Bücherriemen, Christbaumschmuck, Cigarrenetuis, Crêpe-Papier, Dekorationsvasen und Büsten, Federhalter, Federkasten, Fensterleder, Frisirkämme, Gummibälle, Gummithiere, Handspiegel, Jagdutensilien, Japanwaaren, insoweit sie nicht an sich zu Gruppe B gehören, Kammkasten, Kerzen, Kochherde, Lahmannsche Ernährungsmittel, auch nicht neben Lahmannschen Bekleidungsgegenständen, Lampen, Lampenschirme, Märchenbücher, Marktkörbe, Nagelbürsten, Nippes, Notizbücher, Operngläser, Parfümerien als Odeurs, Pomaden, Haaröle, Plättbretter, Plätt- und Glanzeisen, Portemonnaies, Puppen, Puppentheile, mit Ausnahme von Wollpuppen, Puppenwagen, Putzpomade, Radirgummi, Schreibmappen, Schreibpapier, Schreibzeuge, Schulhefte, Schultaschen, Schwämme, Seifen, auch nicht Toilette-Seifen, Sportwagen, Stahlfedern, Staubkämme, Taschenbürsten in Etuis, Taschenkämme in Etuis, Taschenmesser, Taschenspiegel, Teppichkehrmaschinen, Tinte, Toilettekasten, Visitenkartentaschen, Weckeruhren, Zahnbürsten, Zimmerdekorationsgegenstände aus Glas, Porzellan, Steingut, Thon, Marmor, Bronze, Zimmerrudermaschinen, Zimmerturnmaschinen.

### 3. Zu Gruppe C.

In **Gruppe** C **werden nicht geführt,** soweit nicht spezielle Herkommen zugelassen werden: Adlerlaßfliethen, Albums, Brieftaschen, Cigarrentaschen, Cigarrenspitzen, Fahrräder, Falzbeine aus Knochen, Gold-, Silber-, Juwelierwaaren, Maschinenöl, Optische und physikalische Instrumente, Pappe zur Verpackung, Portemonnaies, Schlundrohre, Soxleth-Apparate, Syndetikon, Tabackpfeifen, Trokare, Wagenfett, Würfel, Würfelbecher.

### 4. Zu Gruppe D.

1. In **Gruppe** D **werden nicht geführt,** soweit nicht spezielle Herkommen zugelassen werden: Bureaumöbel, Fußsäcke, Gummischuhe, Kinderbadewannen, Kinderstühle, Kinderwagen, Kontormöbel, Reisedecken und Plaids, Reise-Kissen, -Puffs, -Rollen, Reisemützen, Reisepantoffeln, Seife, Schlafdecken, Wickelkommoden, Windelständer, Haus- und Küchengeräthschaften wie: Butterdosen, Butterglocken, Butterkühler, Saucieren, Speiseformen, lediglich aus Porzellan, Glas, Steingut, Thon bestehend, ferner: Gabeln, Löffel, Tischmesser, sofern diese Waaren nicht an sich zu Gruppe D gehören, z. B. Gold- und Silberwaaren, ferner: Nähr- und Genußmittel, auch nicht solche für Kranke neben medizinischen Instrumenten und Apparaten.
2. **Der Handel mit Kunstwaaren** (D) erstreckt sich nicht allgemein auf: Möbel, Möbelstoffe, Teppiche, Glas-, Porzellan-, Steingut-, Thonwaaren, selbst wenn diese Waaren ausschließlich von feinerer Ausstattung und Beschaffenheit sind.

---

[8]) Soweit die oben unter Ziff. 2 benannten Waaren der Gruppe C angehören, können sie selbstverständlich neben Möbeln und den dazu dienenden Möbelstoffen, Vorhängen, Teppichen ohne Hinzunahme anderer Waaren der Gruppe B geführt werden, da Möbel usw. außer zu Gruppe B auch zu Gruppe C gehören.

# V. Patent-, Gebrauchsmuster- und Warenbezeichnungsschutz.

## 1. Einleitung.

Der Gedanke, daß der Urheber einer geistigen Schöpfung auf die wirtschaftliche Nutzung seines Werks einen gegen Eingriffe Dritter zu schützenden Anspruch besitze, hat in der neueren Rechtsentwicklung mehr und mehr an Boden gewonnen. In Deutschland sind, als ein Ausfluß dieses Gedankens, die Erfindungspatente und der Schutz des geistigen Eigentums der Beaufsichtigung seitens des Reichs und seiner Gesetzgebung zugewiesen[1]). Die auf dieser Grundlage erlassenen Gesetze sind in die Bearbeitung des Gebiets des Handels und Gewerbes nur insoweit aufgenommen, als sie den Schutz von Schöpfungen zum Gegenstande haben, die als technische Fortschritte die gewerbliche Tätigkeit fördern. Diese Voraussetzung trifft beim Patent-Gesetz 7. April 91, Nr. 2, und beim G. betreffend den Schutz von Gebrauchsmustern 1. Juni 91, Nr. 3, zu[2]).

Der Erzeuger einer Ware hat ferner vielfach ein Interesse daran, kenntlich zu machen, daß sie von ihm hergestellt, der Kaufmann das Interesse, kenntlich zu machen, daß sie von ihm bezogen sei. Zur Unterscheidung von anderen gleichartigen Erzeugnissen kann zunächst der Name verwendet werden, der auf der Ware oder ihrer Verpackung oder Umschließung vermerkt wird, und zwar sowohl der bürgerliche Name als besonders auch der kaufmännische Name, die Firma. Der Erzeuger oder der Händler pflegt ferner oft seiner Ware eine in die Augen fallende Ausstattung zu geben, aus der das Publikum die Herkunft der Ware ersieht. Endlich ist es üblich geworden, die Waren von anderen gleichartigen Waren durch ein Warenzeichen zu unterscheiden, sei es durch ein figürliches Bild, sei es durch eine eigenartige Benennung, ein Schlagwort. In Anerkennung des Interesses, das der Fabrikant und der Händler daran hat, daß durch die von ihm gewählte Kennzeichnung seiner Ware deren Unterscheidung von anderen gleichartigen Waren erreicht und sicher gestellt werde, ist die Rechtsentwicklung dazu gelangt, diese

---

[1]) RVerf. Art. 4 Ziff. 5 und 6.

[2]) Der Schutz, der den Werken der Literatur und Tonkunst durch G. 19. Juni 01 (RGB. 227), den Werken der bildenden Kunst durch G. 9. Jan. 76 (RGB. 4) und den Photographien durch G. 10. Jan. 76 (RGB. 8) gewährt ist, greift zwar auch in das gewerbliche Gebiet ein, indem er die gewerbliche Vervielfältigung des geschützten Gegenstands durch Unbefugte untersagt. Maßgebend ist jedoch, daß die durch die erwähnten G. geschützten Schöpfungen dem Gebiete von Kunst und Wissenschaft angehören und nicht in den Rahmen des Gewerbes fallen. Eine Mittelstellung nimmt das G. betr. das Urheberrecht an Mustern und Modellen 11. Jan. 76 (RGB. 11) ein. Hier handelt es sich auch um Schöpfungen künstlerischer Art, sogenannte Geschmacksmuster, die aber anderseits dem Zwecke dienen, die Gewerbstätigkeit unmittelbar zu beeinflussen. Da jedoch der Schutz der Geschmacksmuster nach denselben Grundsätzen geordnet ist wie der Schutz der Erzeugnisse der Wissenschaft und der Kunst, schließt sich die Darstellung des Geschmacksmusterschutzes zweckmäßiger den im Eingang dieser Anm. erwähnten Gesetzen an. Der Wortlaut des G. ist in Anl. A zu Nr. 3 des Abschn. abgedruckt.

Kennzeichnung gegen unbefugte Eingriffe zu schützen[3]). Den Zweck verfolgt das G. zum Schutz der Warenbezeichnungen 12. Mai 94, Nr. 4.

Der Umstand, daß die Begründung und die Wahrnehmung der unter Nr. 2, 3 und 4 erörterten Rechte oft mit Schwierigkeiten verbunden ist, die es den Beteiligten ratsam erscheinen lassen, sich der Unterstützung einer auf diesem Gebiete besonders erfahrenen Person zu bedienen, hat dazu geführt, daß es sich Personen zur Aufgabe machen, die Vertretung in Angelegenheiten des Patent-, Muster- und Warenzeichenschutzes gewerbsmäßig zu betreiben. Da das Publikum an deren Zuverlässigkeit und Sachkunde ein lebhaftes Interesse hat, ist die Zulassung zur gewerbsmäßigen Vertretung vor dem PatA. an die Erfüllung bestimmter Vorbedingungen geknüpft durch das G. betreffend die Patentanwälte 21. Juni 00, Nr. 5.

Die bedeutende und immer noch zunehmende Entwicklung des internationalen Warenaustausches hat das Bedürfnis einer Verständigung über die Aufstellung einzelner einheitlicher Grundsätze und über die Gewährung wechselseitigen Schutzes der hier erörterten Rechte wachgerufen. Dem zu diesem Zwecke am 20. März 83, begründeten internationalen Verbande zum Schutze des gewerblichen Eigentums ist neuerdings auch Deutschland beigetreten Bek. 9. April 03, Nr. 6.

Für die Gestaltung des gewerblichen Rechtsschutzes sind von wesentlichem Einflusse die Voraussetzungen, die für die Entstehung des zu schützenden Rechts vorgeschrieben werden. Es kommen in dieser Hinsicht vornehmlich drei Systeme in Betracht:

a) das Anmeldesystem, das lediglich die Anmeldung des zu schützenden Anspruchs bei der dazu bestimmten staatlichen Behörde und seine Eintragung in ein Register erfordert, die erfolgt, wenn die Anmeldung den in formaler Hinsicht gestellten Anforderungen entspricht. Die sachliche Berechtigung des angemeldeten Anspruchs wird von der Anmeldestelle nicht geprüft und muß deshalb bei Streitigkeiten, in die der Eingetragene über seinen Anspruch mit Dritten gerät, im einzelnen Falle dargetan werden;

b) das Vorprüfungssystem, das eine sachliche Prüfung des angemeldeten Anspruchs durch die zuständige Behörde vorsieht und die Anerkennung des Rechts und die Gewährung des Schutzes davon abhängig macht, daß sich bei der Prüfung keine Anstände gegen die Rechtsgültigkeit des zu schützenden Gegenstands ergeben;

c) das Aufgebotssystem, die öffentliche Bekanntmachung des angemeldeten Anspruchs zu dem Zwecke, Dritten die Möglichkeit von Einsprüchen zu geben. Mit dem Aufgebot kann die Vorprüfung derart verbunden sein, daß die zuständige Behörde bei ihrer Entscheidung über die sachliche Berechtigung des Anspruchs zugleich über die erhobenen Einsprüche befindet[4]).

Von den in diesem Abschn. behandelten Schutzrechten beruht der Schutz der Gebrauchsmuster (Nr. 3) auf dem bloßen Anmeldesystem, der Schutz der Warenzeichen (Nr. 4) auf dem Vorprüfungssystem und der Pat. Schutz (Nr. 2) auf einer Verbindung des letzteren mit dem Aufgebotssystem.

---

[3]) Ein gewerbliches Urheberrecht stellt das Zeichenrecht nicht dar. Denn seine Voraussetzung ist nicht eine geistige Schöpfung. Es ist zum Schutze eines Warenzeichens nicht erforderlich, daß es einen neuen und eigenartigen Gedanken verwirkliche. Trotzdem besteht kein Zweifel, daß die Zuständigkeit des Reichs zur Regelung auch dieses Gegenstandes durch RVerf. Art. 4[6] (Schutz des geistigen Eigentums) begründet worden ist.

[4]) Ein eingeschränktes Vorprüfungssystem ist das System des avis préalable. Nach diesem hat die Behörde den Anmelder auf sachliche Mängel des Anspruchs aufmerksam zu machen, die Eintragung aber dessen ungeachtet vorzunehmen, wenn er darauf beharrt. In Deutschland ist dieses System nicht angewendet.

## 2. Patentgesetz. Vom 7. April 1891. (RGB. 79)[1]).

### Artikel I.

An Stelle der §§. 1 bis 40 des Patentgesetzes vom 25. Mai 1877 (Reichs-Gesetzbl. S. 501) treten folgende Bestimmungen.

### Erster Abschnitt[2]).

### Patentrecht.

**§. 1.** Patente[3]) werden ertheilt für neue Erfindungen[4]), welche eine gewerbliche Verwerthung gestatten[5]).

---

[1]) Das PatG. 25. Mai 77 (RGB. 501) ist durch G. 7. April 91 Art. I ersetzt worden. — Quellen a) für G. 77 Reichst. 77 Druckf. Nr. 8 (Entw. mit Begr.), Nr. 144 (KB.); StB. S. 25 (1. Les.), S. 915 (2. Les.), S. 1011 (3. Les.); b) für G. 91 Reichst. 90/91 Druckf. Nr. 152 (Entw. mit Begr.), Nr. 322 (KB.); StB. S. 781 (1. Les.). Bei der 2. und 3. Lesung fand eine Erörterung nicht statt, der Entw. wurde in der Fassung des KB. en bloc angenommen StB. S. 2016, 2110. — Bearb. Seligsohn (Berlin 2. Aufl. 01), Stephan (Berlin 5. Aufl. 00). — Das PatG. gilt in Helgoland V. 22. März 91 (RGB. 21) Art. I[7] und in den deutschen Schutzgebieten V. 9. Nov. 00 (RGB. 1005) § 4. In den Konsulargerichtsbezirken ist es bisher nicht eingeführt, obschon dies nach G. 7. April 00 (RGB. 213) geschehen könnte. — Amtliches Veröffentlichungsorgan des PatA. ist das wöchentlich erscheinende Patentblatt (Karl Heymann Berlin). Daneben gibt das PatA. seit 94 das Blatt für Patent-, Muster- und Zeichenwesen (derselbe Verlag) in Monatsheften heraus. Außerdem erscheinen in besonderen Heften die PatSchriften, die für jedes Pat. eine vollständige Beschreibung und Zeichnung geben. Über den Bezug der PatSchriften Bek. 9. Sept. 95 (Bl. für Pat. pp. Wesen I 265). Die Lieferung erfolgt durch das PatA. Einzelne PatSchriften werden je für 1 M. abgegeben. Bestellungen, das Heft zu 0,50 M., werden angenommen auf einzelne Klassen (die Pat. sind in 89 Klassen geteilt) oder auf mindestens 20 Hefte einer bestimmten PatSchrift.

[2]) Der erste Abschn., § 1—12, behandelt das materielle PatRecht. Die § 1—3 bestimmen die für die Erteilung eines Pat. erforderlichen Voraussetzungen, § 1 und 2 in Beziehung auf den Gegenstand des Pat., § 3 in Beziehung auf die Person, die den Anspruch erwirbt. § 4 regelt die Wirkungen des Pat., die jedoch in den Fällen des § 5 Einschränkungen unterliegen. § 6 schreibt die Übertragbarkeit des PatAnspruchs und des Rechts aus dem Pat. vor. § 7 behandelt die Dauer des Pat. und eines etwaigen Zusatz Pat., § 8 die zu entrichtenden Gebühren. Die § 9—11 bestimmen die Endigungsgründe eines Pat. (§ 9 Erlöschen durch Verzicht oder Nichtentrichtung der Gebühr, § 10 die Nichtigkeitserklärung, § 11 die Zurücknahme). § 12 bezieht sich auf die Geltendmachung von PatAnsprüchen und Rechten aus dem Pat. durch Personen, die nicht im Inlande wohnen, und begründet den Vertreterzwang.

[3]) Ein Pat. ist ein durch einen staatlichen Akt (Erteilung durch das PatA.) begründetes subjektives Recht. Inhalt dieses Rechts § 4, Beschränkungen des Inhalts § 5, Übertragbarkeit § 6. — Voraussetzung für Erteilung eines Pat. ist, daß a) eine Erfindung vorhanden ist Anm. 4; sie muß b) neu sein, was für jede Erfindung zutrifft, bei der nicht der Tatbestand des § 2 vorliegt; sie muß c) eine gewerbliche Verwertung gestatten Anm. 5; endlich hat d) nur der auf die Erteilung Anspruch, der die Erfindung zuerst angemeldet hat § 3. — Gegenstand eines Pat. können Arbeitserzeugnisse, Arbeitsmittel, die zur Herstellung von Arbeitserzeugnissen bestimmt sind, wie Maschinen, Werkzeuge, sowie ein Arbeitsverfahren sein. Die Wirkung eines Pat. für ein Verfahren erstreckt sich auf die durch das Verfahren unmittelbar hergestellten Erzeugnisse § 4. Ist ein Ver-

Ausgenommen sind:

1. Erfindungen, deren Verwerthung den Gesetzen oder guten Sitten zuwiderlaufen würde;

---

fahren zur Herstellung eines neuen Stoffs patentiert, so besteht für zivilrechtliche Ansprüche die Rechtsvermutung, daß jeder gleichartige Stoff nach dem patentierten Verfahren hergestellt sei § 35 Abs. 2. — Ein für ein **Erzeugnis** erteiltes Pat. schließt das **Verfahren**, mittels dessen es hergestellt ist, nicht ein. Die Erteilung eines Pat. auf ein Erzeugnis unter der Beschränkung, daß es auf eine bestimmte Weise hergestellt werde, ist in den gesetzlichen Vorschriften nicht begründet und deshalb unzulässig RGer. 13. Juni 85 (XIV 76). — **Arten der Pat.** Das G. führt als eine besondere Art von Pat. das **ZusatzPat.** auf § 7 Abs. 2, das dem Besitzer des HauptPat. erteilt wird und — abgesehen vom Falle der Nichtigkeit des HauptPat. — in seiner Dauer von dessen Bestande abhängig ist Anm. 29. In der Literatur und Praxis sind ferner die Bezeichnungen AbhängigkeitsPat., VerbesserungsPat. und KombinationsPat. üblich. Unter **AbhängigkeitsPat.** ist ein Pat. zu verstehen, dessen Verwertung von der Benutzung eines anderen Pat. abhängig ist. Insoweit dieser Sachverhalt darin begründet ist, daß das neue Pat. eine Verbesserung des alten darstellt, ist es ein **VerbesserungsPat.** Begrifflich ist das **ZusatzPat.** sowohl Abhängigkeits- als VerbesserungsPat. In der Regel beschränkt man die letzteren Ausdrücke aber auf Fälle, in denen der Inhaber des Abhängigkeits- oder VerbesserungsPat. eine andere Person ist als der Inhaber des HauptPat. Aus dieser Sachlage ergibt sich eine gegenseitige Beschränkung der beiden Pat.Inhaber. Der Inhaber des AbhängigkeitsPat. bedarf zu dessen Verwertung der Erlaubnis des Inhabers des HauptPat. und dieser wieder zur Anwendung der Verbesserung oder Ausgestaltung seines Pat. der Erlaubnis des Inhabers des AbhängigkeitsPat. Um den Nachteilen vorzubeugen, die aus einer unberechtigten Verweigerung dieser Erlaubnis für das öffentliche Interesse erwachsen können, sieht § 11 Abs. 2 die Möglichkeit der Zurücknahme des Pat. bei Lizenzverweigerung vor Anm. 43. Streitigkeiten über die Abhängigkeit gehören vor die ordentlichen Gerichte GVG. § 13 und nicht vor das PatA. Dieses ist insbesondere nicht zuständig, im Nichtigkeitsverfahren auf Abhängigkeit zu erkennen RGer. 24. Nov. 84 (XII 125), 7. Juli 94 (XXXIII 149). Ein **KombinationsPat.** liegt vor, wenn der Schutz für eine **Verbindung einzelner Vorrichtungen** gewährt wird. Die einzelnen Teile können bekannt sein, dann muß die Erfindung darin liegen, daß durch die eigenartige Verbindung ein neuer oder ein vollkommenerer Erfolg erzielt wird. Sind außer der Kombination auch einzelne Teile neu und patentfähig, so kann der Schutz für die Verbindung und die einzelnen Vorrichtungen begehrt werden, letzteres unter Umständen in dem Umfange, daß sie nicht nur als Glieder der Verbindung, sondern für alle Zwecke geschützt werden. Ist das Pat. nur für die Kombination erteilt, so sind dennoch die neuen patentfähigen Teile regelmäßig in den PatSchutz einbezogen, aber nur in Beschränkung auf den mit der Kombination angestrebten Zweck. Wirkung des KombinationsPat. Anm. 19. — **Abgrenzung des PatSchutzes** gegen den Gebrauchsmusterschutz Nr. 3 des Abschn. Anm. 2. PatSchutz und Gebrauchsmusterschutz (Nr. 3 des Abschn.) schließen einander nicht unbedingt aus, obschon die Voraussetzungen beider Arten des Schutzes verschieden sind RGer. 23. Sept. 99 (XLIV 74). — Die **Zahl der PatAnmeldungen** hat seit der Regelung des PatWesens durch das Reich bis zum Ende des Jahres 02 338102 betragen, davon entfielen 27565 auf das Jahr 02. Erteilt wurden insgesamt 139092 Patente, davon 02 10610. Nach Abzug der vernichteten und zurückgenommenen (557) und der abgelaufenen und wegen Nichtzahlung der Gebühr erloschenen (107412) Pat. blieben am Jahresschluß 02 30725 in Kraft (Statistisches Jahrbuch für das deutsche Reich 03 S. 58).

[4]) Der Begriff der **Erfindung** ist im G. nicht umgrenzt und es ist auch der Wissenschaft bisher nicht gelungen, eine befriedigende und allseitig anerkannte Begriffsbestimmung zu geben. Über den Begriff und die verschiedenen Versuche

2. Erfindungen von Nahrungs-, Genuß- und Arzneimitteln, sowie von Stoffen, welche auf chemischem Wege hergestellt werden, soweit die Erfindungen nicht ein bestimmtes Verfahren zur Herstellung der Gegenstände betreffen[6]).

§. 2. Eine Erfindung gilt nicht als neu, wenn sie zur Zeit der auf Grund dieses Gesetzes erfolgten Anmeldung in öffentlichen Druckschriften aus den letzten hundert Jahren bereits derart beschrieben oder im Inlande bereits so offenkundig benutzt ist, daß danach die Benutzung durch andere Sachverständige möglich erscheint[7]).

---

seiner Umschreibung Seligsohn (Anm. 1) Note 3 ff. zu § 1. — Für den PatSchutz kommen nur Erfindungen in Betracht, die einen technischen Erfolg herbeiführen. Ausgeschlossen sind rein wissenschaftliche Entdeckungen, die Auffindung unbekannter Naturprodukte, die Entdeckung unbekannter Produktivkräfte, die Aufstellung neuer Methoden des Ackerbaues oder Bergbaues, die Kombination neuer Pläne für Unternehmungen auf dem Gebiete des Handels Begr. (77) S. 17. Die Erfindung kann darin bestehen, daß ein bisher nicht bekannter technischer Erfolg erzielt wird, oder darin, daß für die Herbeiführung eines bekannten Erfolges ein bisher nicht bekannter Weg eröffnet wird. Voraussetzung ist, daß die Neuerung einen mit gewerblichen Vorteilen verbundenen Fortschritt darstellt, der auch in der billigeren Herstellung von Waren gleicher Güte liegen kann. Eine Erfindung, die für das Gewerbe ohne Nutzen ist, ist nicht patentfähig. — Eine Erfindung liegt nicht in konstruktiven Änderungen, wenn sich in ihnen nur eine technische oder handwerksmäßige Geschicklichkeit, nicht aber ein schöpferischer Gedanke betätigt, auch wenn solche Änderungen durch ihre Zweckmäßigkeit von erheblichem Nutzen für das Gewerbe sind. — Eine Erfindung ist dadurch nicht ausgeschlossen, daß sie auf der Anwendung bekannter wissenschaftlicher Lehrsätze beruht; sie wird auch durch eine früher beschriebene Konstruktion eines nach einem solchem Lehrsatze ausgeführten, jedoch von der Erfindung verschiedenen Beispiels nicht aufgehoben RGer. 24. Juli 81 (V 106). — Eine Kombination (Anm. 3) kann, auch wenn die einzelnen Bestandteile bekannt sind, dennoch eine Erfindung enthalten, wenn durch sie ein eigentümlicher Erfolg erzielt wird, sollte er auch nur darin bestehen, daß die bisherige Wirkung durch die Anwendung eines bisher nicht angewendeten Mittels vollkommener erreicht wird RGer. 24. Juli 81 (V 106).

[5]) Die Möglichkeit genügt, daß die Erfindung im Gewerbe verwertet werden kann. Es ist nicht zu prüfen, ob die Erfindung den beabsichtigten Zweck in vollem Umfange erreicht, und ob sie zu einer praktisch lohnenden Benutzung geeignet ist.

[6]) Umfang des für ein Verfahren gewährten PatSchutzes § 4; vgl. auch Anm. 3 und 23.

[7]) § 2 bezeichnet in erschöpfender Weise die Fälle, in denen eine Erfindung nicht als neu anzuerkennen ist. Die Neuheit ist zu verneinen, wenn die Benutzung der Erfindung zur Zeit ihrer Anmeldung (§ 20) andern Sachverständigen dadurch möglich war, daß sie entweder in öffentlichen, in den letzten hundert Jahren vor der Anmeldung erschienenen Druckschriften des Inlandes oder des Auslandes, letzteres mit der aus Abs. 2 sich ergebenden Beschränkung, beschrieben oder im Inlande bereits offenkundig benutzt war. Die offenkundige Benutzung im Auslande, ohne veröffentlichte Beschreibung, steht der Neuheit nicht entgegen. — Die offenkundige Benutzung setzt nicht notwendig den öffentlichen Betrieb der Herstellung voraus, sondern liegt auch dann vor, wenn die Erfindung aus der Beschaffenheit des hergestellten und in Verkehr gebrachten Gegenstandes von Sachverständigen sei es durch bloßen Augenschein sei es durch Untersuchung in einer ihre Benutzung ermöglichende Weise entdeckt werden kann. Eine Erfindung, bei der diese Möglichkeit vorliegt, ist nicht mehr patentfähig, wenn sie vor der Pat Anmeldung von dem Erfinder im Inlande in den Verkehr gebracht worden ist

Die im Auslande amtlich herausgegebenen Patentbeschreibungen stehen den öffentlichen Druckschriften erst nach Ablauf von drei Monaten seit dem Tage der Herausgabe gleich, sofern das Patent von demjenigen, welcher die Erfindung im Auslande angemeldet hat, oder von seinem Rechtsnachfolger nachgesucht wird. Diese Begünstigung erstreckt sich jedoch nur auf die amtlichen Patentbeschreibungen derjenigen Staaten, in welchen nach einer im Reichs-Gesetzblatt enthaltenen Bekanntmachung die Gegegenseitigkeit verbürgt ist[8]).

**§. 3.** Auf die Ertheilung des Patents hat derjenige Anspruch, welcher die Erfindung zuerst nach Maßgabe dieses Gesetzes angemeldet hat[9]). Eine spätere Anmeldung kann den Anspruch auf ein Patent nicht begründen, wenn die Erfindung Gegenstand des Patents des früheren Anmelders ist[10]). Trifft

---

RGer. 17. Jan. 80 (I 42). Zum Begriff der offenkundigen Benutzung ist nicht erforderlich, daß sie in ausgedehnterem Maße stattgefunden hat, sondern nur, daß sie eine öffentliche, also keine geheime und in allen wesentlichen Teilen für Sachverständigen erkennbar gewesen ist RGer. 1. Feb. 81 (III 85). Schon die Möglichkeit der Benutzung durch andere Sachverständige entzieht der Erfindung die Eigenschaft der Neuheit. Es genügt dazu, daß Sachverständige durch die öffentliche Beschreibung oder durch die offenkundige Benutzung Kenntnis von der Erfindung erlangen konnten, ohne daß der Nachweis erforderlich wäre, daß jemand auf diese Weise wirklich Kenntnis davon erlangt hat RGer. 17. Jan. 80 (I 42).

[8]) Der Zweck der Bestimmung ist, das gleichzeitige Nachsuchen eines Pat. im Auslande und im Inlande dadurch zu erleichtern, daß der PatSucher, der im Auslande die amtliche Veröffentlichung der PatBeschreibung erreicht hat, vom Zeitpunkte ihrer Herausgabe an noch drei Monate Zeit hat, seine Erfindung im Inlande anzumelden. Den nämlichen Zweck verfolgt für den, der das Pat. zuerst im Inlande angemeldet hat, § 23 Abs. 4, wonach die Bekanntmachung der Anmeldung bis zur Dauer von sechs Monaten herausgeschoben werden kann. Dadurch wird dem PatSucher die Möglichkeit gegeben, während dieser Frist die Anmeldung des Pat. im Auslande zu betreiben, ohne besorgen zu müssen, durch die inländische Veröffentlichung die Neuheit seiner Erfindung einzubüßen KB. (91) S. 24/25. — Auf ähnlichen Erwägungen beruhen die vertragsmäßigen Abmachungen über den Vorrang der Pat. bei Anmeldung in verschiedenen Staaten Nr. 6 des Abschn. Art. 4.

[9]) Der erste Anmelder, ohne Rücksicht darauf, ob er auch der Erfinder ist. Es ist nicht von Amts wegen zu prüfen, wie er in den Besitz der Erfindung gelangt ist. — Für die Entscheidung, wessen Anmeldung die erste war, kann es auf Stunde und Minute ankommen. Von zwei an demselben Tage beim PatA. eingegangenen Anmeldungen gilt als die spätere diejenige, welche die höhere Geschäftsnummer erhalten hat AusfB. (Anl. A) § 27 Abs. 3. Ein Gegenbeweis ist jedoch zulässig. — Die Bevorzugung des ersten Anmelders, die auf Erwägungen der Zweckmäßigkeit beruht Begr. (77) S. 18, erfährt eine doppelte Einschränkung. Bei widerrechtlicher Aneignung der Erfindung durch den Anmelder kann der Geschädigte durch seinen Einspruch die Erteilung des Patents hindern Abs. 2 oder die Nichtigkeitserklärung des erteilten Pat. herbeiführen § 10³, § 28 Abs. 2. Im übrigen tritt die Wirkung eines Pat. gegen denjenigen, der die gleiche Erfindung gemacht hat, nicht ein, sofern er sie zur Zeit der Anmeldung bereits im Inlande in Benutzung genommen oder die dazu erforderlichen Veranstaltungen getroffen hat § 5 Abs. 1.

[10]) Die Bestimmung soll den Zwiespalt lösen, der sich aus der Anmeldung übereinstimmender Erfindungen ergibt. Erfolgt die zweite Anmeldung erst, nachdem ihr Gegenstand bereits auf Grund einer früheren Anmeldung öffentlich bekannt gemacht ist (§ 23), so fehlt ihr nach § 2 das Merkmal der Neuheit, so daß die Erteilung eines Pat. ausgeschlossen ist. Aber auch wenn kein Hindernis aus § 1 und 2

diese Voraussetzung theilweise zu, so hat der spätere Anmelder nur Anspruch auf Ertheilung eines Patents in entsprechender Beschränkung[11]).

der PatErteilung entgegensteht, soll im PatErteilungsverfahren geprüft werden, ob sich der Gegenstand einer Anmeldung mit dem Gegenstande einer früheren Anmeldung ganz — oder teilweise (Anm. 11) — deckt. Trifft diese Voraussetzung zu, so können folgende Fälle eintreten:

a) Ist die erste Anmeldung zurückgenommen oder zurückgewiesen, so steht sie der Erteilung des Pat. für die später angemeldete Erfindung nicht mehr entgegen. (Ist die Zurückweisung erst nach geschehener Bekanntmachung erfolgt, so muß die spätere Anmeldung nach § 1, 2 Mangels Neuheit der Erfindung zurückgewiesen werden, wenn die Bekanntmachung zur Zeit der späteren Anmeldung bereits erfolgt war.)

b) Befindet sich das Erteilungsverfahren über die frühere Anmeldung noch im Gange, wenn die spätere Anmeldung eingeht, ist die Entscheidung auf letztere auszusetzen, bis die erste endgültig erledigt ist Begr. (90) S. 14.

c) Hat die frühere Anmeldung zur Erteilung eines Pat. geführt, das noch zu Recht besteht, so muß der späteren Anmeldung das Pat. versagt werden.

d) Ist das auf Grund der ersten Anmeldung erteilte Pat. für nichtig erklärt, so steht es der Erteilung eines Pat. auf Grund der späteren Anmeldung nicht mehr im Wege (selbstverständlich ist auch in diesem Falle die Erteilung dann nicht mehr zulässig, wenn das Erfordernis der Neuheit durch die Bekanntmachung der ersten Anmeldung verloren gegangen ist).

e) Ist das auf Grund der ersten Anmeldung erteilte Pat. aus einem andern als dem unter d erwähnten Grund ein Wegfall gekommen, so ist dennoch die Erteilung eines Pat. auf Grund der späteren Anmeldung ausgeschlossen, weil eine zweimalige Patentierung derselben Erfindung in demselben Rechtsgebiete nicht stattfinden kann (dieser Satz ist bestritten). — Ein im Widerspruch zu diesen Bestimmungen dem späteren Anmelder erteiltes Pat. kann im Nichtigkeitsverfahren beseitigt werden § 10². Solange dies nicht geschehen ist, hat der Inhaber gegen dritte die aus § 4 sich ergebenden Rechte. Dem Inhaber des älteren Pat. steht er gleichberechtigt gegenüber. Er ist gegen dessen Verbietungsrecht ebenso gedeckt wie dieser gegen das seine Begr. (90) S. 14. Die ordentlichen Gerichte sind an die Pat. trotz ihrer Übereinstimmung gebunden; die Entscheidung über die Nichtigkeit ist dem PatA. vorbehalten. — Die Übereinstimmung mit einer älteren Anmeldung kann im Erteilungsverfahren von jedermann im Wege des Einspruchs geltend gemacht werden § 24 Abs. 2 und ist auch ohne Einspruch vom PatA. von Amts wegen zu berücksichtigen. Ebenso ist jedermann zur Nichtigkeitsklage berechtigt § 28. — Ein Widerstreit zweier Erfindungen liegt nicht vor, wenn die eine ein Fabrikat, die andere eine Maschine zur Herstellung dieses Fabrikats zum Gegenstande hat RGer. 21. Mai 83 (IX 128). — Das an die erste Anmeldung geknüpfte Vorrecht gegenüber späteren Anmeldungen erfährt eine Einschränkung, wenn sich die spätere Anmeldung auf eine Erfindung bezieht, für die ein Pat. in einem der Staaten des internationalen Verbandes zum Schutze des gewerblichen Eigentums angemeldet ist. Der spätere Anmelder genießt unter dieser Voraussetzung für die Dauer von zwölf Monaten von der Anmeldung im Vertragsstaate ab ein Vorrecht Nr. 6 des Abschn. Art. 4. Mit Österreich-Ungarn ist für die erwähnten Fälle ein Vorrecht vereinbart, das nur drei Monate währt, aber erst mit der Erteilung des Pat. beginnt Nr. 6 Anl. A Art. 3, 4.

[11]) Dieser Satz bezieht sich auf den Fall teilweiser Übereinstimmung mehrerer Erfindungen. Soweit die Übereinstimmung reicht, sind dieselben Grundsätze, wie bei völliger Übereinstimmung (Anm. 10), zur Anwendung zu bringen. Bleibt dabei von der späteren Anmeldung noch eine patentfähige Erfindung übrig, so ist das Pat. in Beschränkung auf diese zu erteilen, während der Anspruch im übrigen zurückzuweisen ist. Ein im Widerspruch hierzu erteiltes Pat. unterliegt insoweit der Nichtigkeit, als es sich mit einer früher angemeldeten Erfindung deckt. Über Teilnichtigkeit Anm. 38. — Der Gesetzgeber beabsichtigte mit dieser Bestimmung ferner bei Abhängigkeit

Ein Anspruch des Patentsuchers auf Ertheilung des Patents findet nicht statt[12]), wenn der wesentliche Inhalt[13]) seiner Anmeldung den Beschreibungen, Zeichnungen, Modellen, Geräthschaften oder Einrichtungen eines Anderen oder einem von diesem angewendeten Verfahren ohne Einwilligung desselben entnommen[14]) und von dem letzteren aus diesem Grunde Einspruch erhoben ist[15]). Hat der Einspruch die Zurücknahme oder Zurückweisung der Anmeldung zur Folge, so kann der Einsprechende, falls er innerhalb eines Monats seit Mittheilung des hierauf bezüglichen Bescheides des Patentamts die Erfindung seinerseits anmeldet, verlangen, daß als Tag seiner Anmeldung der Tag vor Bekanntmachung der früheren Anmeldung festgesetzt werde[16]).

---

(Anm. 3) der späteren Anmeldung von einem auf Grund früherer Anmeldung erteilten Pat., die Regelung der Rechte der beiden PatInhaber dem PatA. zuzuweisen Begr. (90) S. 14. Dieses sollte im Erteilungsverfahren auch darüber bestimmen, wie weit die Benutzung des Pat. des späteren Anmelders von der Zustimmung des kraft früherer Anmeldung Berechtigten abhängig sei; ein solcher vom PatA. auszusprechender Vorbehalt der Abhängigkeit sollte für die Tragweite des Pat. ebenso maßgebend sein wie sonstige Beschränkungen, die das PatA. dem Inhalt der Anmeldung gegenüber feststellt KB. (91) S. 5. Diese Absicht des Gesetzgebers ist aber im Wortlaut des § 3 Abs. 1 nicht zum Ausdruck gelangt, und so wird in der Rechtsprechung unter dem Einflusse wiederholter Entscheidungen des RGer. die Auffassung vertreten, es könne nach der Fassung des § 3 Abs. 1, trotz der entgegengesetzten Absichten bei Erlaß dieser Bestimmung, nicht als Aufgabe des PatA. erachtet werden, über die Abhängigkeit eines Pat. von einem anderen zu entscheiden. Der Streit zweier PatInhaber über die Abgrenzung ihrer Rechte sei, da durch die PatErteilung Privatrechte begründet würden, eine bürgerliche Rechtsstreitigkeit, die nach GVG. § 13 allein der Entscheidung der ordentlichen Gerichte unterliege. Bei dieser Rechtslage sei ein Ausspruch des PatA. über die Abhängigkeit bei der Pat Erteilung ohne rechtliche Bedeutung und es sei insbesondere unzulässig, wenn das PatA. im Nichtigkeitsverfahren die einander widersprechenden Rechte mehrerer PatInhaber abgrenzen wolle RGer. 7. Juli 94 (XXXIII 149), 20. Dez. 99 (XLV 72).

[12]) Abs. 2 betrifft den Fall, daß eine Erfindung dem rechtmäßigen Besitzer ohne seine Einwilligung entnommen und alsdann von dem Täter oder einem Dritten zum Pat. angemeldet wird. Die häufigste Erscheinungsform ist die, daß ein Antragsteller eine von ihm für den Geschäftsherrn gemachte Erfindung vertragswidrig im eigenen Namen anmeldet KB. (91) S. 9.

[13]) Als wesentlich sind die Bestandteile der Anmeldung anzusehen, die den Erfindungsgedanken verkörpern. Wenn dieser einem anderen widerrechtlich entlehnt ist, wird der Anspruch des Pat Suchers auch dadurch nicht wirksam, daß er in der Ausführung oder dem Verfahren Änderungen vornimmt, sofern nur der Erfindungsgedanke derselbe bleibt. — In der bloßen Mitteilung der Erfindung an den PatSucher ist eine Einwilligung zur Verwertung der Erfindung nicht zu erblicken, auch dann nicht, wenn ihm dabei nicht ausdrücklich untersagt wurde, davon Gebrauch zu machen RGer. 23. Okt. 80 (II 137).

[14]) Die Entnahme muß objektiv rechtswidrig sein, dagegen ist eine widerrechtliche Absicht nicht Vorbedingung des Einspruchsrechts RGer. 23. Okt. 80 (II 139).

[15]) Nur auf Einspruch des Verletzten, nicht von Amtswegen, ist der Tatbestand der widerrechtlichen Entnahme des Inhalts der Erfindung als Pat.hindernd zu berücksichtigen. Begriff des Verletzten Anm. 89. Der gleiche Tatbestand gibt dem Verletzten die Befugnis, die Nichtigkeitserklärung des erteilten Pat. zu beantragen § 10³.

[16]) Bekanntmachung § 23. — Welche Ansprüche der Verletzte, abgesehen von den patentrechtlichen Behelfen des

§. 4. Das Patent hat die Wirkung[17]), daß der Patentinhaber ausschließlich befugt ist, gewerbsmäßig[18]) den Gegenstand der Erfindung herzu-

Einspruchs und der Nichtigkeitsklage gegen diejenigen erheben kann, welche sich seine Erfindung widerrechtlich aneignen, oder gegen einen Dritten, der sie von diesen erworben hat, bestimmt sich nach allgemeinen Rechtsgrundsätzen. Das Gleiche gilt von der Frage, inwieweit bei einem Dienstverhältnisse der Dienstherr Anspruch auf Erfindungen seines Angestellten hat (Anm. 12), und von der Auslegung von Verträgen über künftige Erfindungen. Einen Fall der letzteren Art behandelt RGer. 15. Nov. 93 (XXXI 52), einen Fall der Erfindung im Dienstverhältnisse RGer. 8. Juni 99 (Straff. XXXII 216).

[17]) Die Wirkung des Pat. liegt in der Befugnis der ausschließlichen gewerbsmäßigen Benutzung der Erfindung durch den PatInhaber. Zur Verwertung einer Erfindung ist an sich ihr Besitzer ohne weiteres befugt, zur gewerbsmäßigen Verwertung auf Grund der Gewerbefreiheit. Durch das Pat. tritt das Recht hinzu, andere von gewerbsmäßiger Verwertung auszuschließen RGer. 21. Mai 83 (IX 128), 3. März 88 (XX 128). Fälle, in denen diese Wirkung nicht eintritt, § 5. — Zeitliche Grenzen der Wirkung des Pat. Das Pat. beginnt mit seiner endgültigen Erteilung § 27, die gesetzlichen Wirkungen treten jedoch schon vorher mit der Bekanntmachung einstweilen ein § 23 Abs. 1. Das Pat. erreicht sein Ende durch Zeitablauf § 7, durch Erlöschen infolge Verzichts oder nicht rechtzeitiger Entrichtung der Gebühren § 9, durch Nichtigkeitserklärung § 10, durch Zurücknahme § 11. Durch die Nichtigkeitserklärung wird die rechtliche Gültigkeit des Pat. verneint und dieses mit rückwirkender Kraft (ex tunc) beseitigt, wobei jedoch die durch das tatsächliche Bestehen des Pat. geschaffenen Verhältnisse eine gewisse Berücksichtigung finden Anm. 36. Die übrigen Endigungsgründe äußern keine Rückwirkung auf die Zeit vor ihrem Eintritt. — Räumliche Grenzen. Die Wirkung eines Pat. beschränkt sich auf das Gebiet des Deutschen Reichs, kommt aber hier jedem, der ein deutsches Pat. besitzt, er sei Inländer oder Ausländer, zugute. Eine in Deutschland patentierte Erfindung ist durch das deutsche Pat. nicht dagegen geschützt, im Auslande von einem Dritten ohne Erlaubnis des PatInhabers verwertet zu werden. Auch wenn im Inlande Verträge abgeschlossen werden zu dem Zwecke, die im Auslande mittels eines in Deutschland patentierten Verfahrens gewonnenen Gegenstände im Auslande zu vertreiben, tritt die Wirkung des deutschen PatSchutzes nicht ein RGer. 15. Okt. 92 (XXX 52); wohl aber, wenn solche im Auslande hergestellten Gegenstände zu gewerbsmäßiger Verwertung ins deutsche Reich eingeführt werden. — Bestritten ist, ob in der Durchfuhr von Nachbildungen eines deutschen Pat. durch deutsches Gebiet eine PatVerletzung liegt. Die Frage ist im U. des RGer. 2. Dez. 99 (XLV 147) offen gelassen. Die Entscheidung hängt davon ab, ob die Durchfuhr zur Folge hat, daß die Gegenstände in den inländischen Verkehr gebracht werden. Dies ist nicht der Fall, wenn sie, um aus dem Staate des Versenders nach dem Staate des Empfängers zu gelangen, Deutschland durchfahren, ohne daß dabei eine Beteiligung inländischer Geschäftsleute stattfindet. Anderseits ist zum Inverkehrbringen nicht erforderlich, daß die Waren durch Zollentrichtung in den freien Verkehr (im zolltechnischen Sinne) gelangen. Wenn ein inländischer Kaufmann, sei es auf eigene Rechnung, sei es als Einkaufskommissionär, Nachbildungen patentierter Gegenstände aus dem Auslande nach seinem Niederlassungsorte kommen läßt, um sie von dort an einen ausländischen Besteller abzusenden, so schließt diese Handelsoperation, die die Einfuhr der Nachbildungen zur Folge hat, ein Inverkehrbringen im Inlande in sich, auch wenn ein Absatz der Ware in Deutschland nicht beabsichtigt war und die Weiterversendung in der ursprünglichen Verpackung ohne Verzollung erfolgte RGer. 2. Dez. 99 (XLV 147); ähnlich 3. April 84 (Straff. X 349) und 25. Okt. 90 (Straff. XXI 205). — Rechtsschutz. Der PatInhaber genießt als Inhaber eines Privatrechts den Schutz der ordentlichen Gerichte. Die Mittel, deren er sich bedienen kann, sind folgende: a) die Feststellungsklage mit dem Ziel der Feststellung des

stellen[19]), in Verkehr zu bringen[20], feilzuhalten[21]) oder zu gebrauchen[22]). Ist das Patent für ein Verfahren ertheilt, so erstreckt sich die Wirkung

---

Pat. oder seines Umfangs CPO. § 256. Die Klage kann gegen denjenigen gerichtet werden, der sich, wenn auch in gutem Glauben, eines Eingriffs in das Pat. schuldig macht. Voraussetzung ist, daß der Kläger an der von ihm begehrten Feststellung ein rechtliches Interesse hat. Ein solches liegt beispielsweise vor, wenn er sich durch die Feststellungsklage den Nachweis der Wissentlichkeit oder groben Fahrlässigkeit des Verletzers für den Entschädigungsprozeß (c) sichern will; b) Die Abwehrklage auf Grund BGB. § 1004. Danach kann der Eigentümer, dessen Eigentum in anderer Weise als durch Entziehung oder Vorenthaltung des Besitzes beeinträchtigt wird, von dem Störer die Beseitigung der Beeinträchtigung verlangen und wenn weitere Beeinträchtigungen zu besorgen sind, auf Unterlassung klagen. Voraussetzung ist die objektive Verletzung des Pat., während es unwesentlich ist, ob der Störer sich dabei in gutem oder bösem Glauben befand. Ist das Patent erloschen, so ist die Abwehrklage nicht mehr angängig, ebensowenig, wenn die Störung bereits beseitigt ist, es sei denn, daß weitere Beeinträchtigungen zu besorgen sind. Im Urteil ist auf Antrag des Klägers für Zuwiderhandlungen eine Strafe anzudrohen. Ist das nicht geschehen, so kann im Zwangsvollstreckungsverfahren für jede Zuwiderhandlung eine Geldstrafe bis zu 1500 M. oder eine Haftstrafe bis zu sechs Monaten angedroht werden CPO. § 890; c) die Entschädigungsklage § 35 des G.; d) der Antrag auf Strafverfolgung § 36; mit diesem Verfahren kann die Forderung einer Buße verbunden werden § 37. — Der Entscheidung auf die Klagen kann eine einstweilige Verfügung vorausgehen; sie dient zur Regelung eines einstweiligen Zustandes in bezug auf ein streitiges Rechtsverhältnis und ist an die Voraussetzung gebunden, daß diese Regelung zur Abwendung wesentlicher Nachteile oder zur Verhinderung drohender Gewalt oder aus anderen Gründen nötig erscheint CPO. § 940 Verfahren das. § 916—945. — Die Frage, ob ein Pat. zu Recht erteilt worden ist, unterliegt nicht der Entscheidung der ordentlichen Gerichte, sondern muß im Nichtigkeitsverfahren ausgetragen werden § 10, 28ff. Dagegen gehört die Auslegung des Pat., die Feststellung seines Inhalts und Umfangs zur Zuständigkeit der ordentlichen Gerichte Anm. 11. Ein vor den ordentlichen Gerichten schwebendes Verfahren kann, wenn die Entscheidung von dem Ausgang eines Nichtigkeitsstreits abhängig ist, für dessen Dauer ausgesetzt werden CPO. § 148, StPO. § 261 Abs. 2.

[18]) Nur der gewerbsmäßige Gebrauch ist dritten untersagt, nicht die Benutzung zu Studienzwecken oder für den persönlichen oder häuslichen Bedarf, der gewerbsmäßige Gebrauch aber ohne Einschränkung. Daß eine besondere Beziehung der Erfindung zu dem Gewerbebetriebe besteht, in dem sie benutzt wird, daß sie auf eine Förderung oder Erleichterung gerade dieses Gewerbebetriebs abzielt, ist nicht erforderlich RGer. 31. März 97 (XXXIX 32). — Zum gewerbsmäßigen Inverkehrbringen kann unter Umständen eine einmalige Handlung ausreichen, namentlich wenn der Verkauf des patentierten Gegenstandes zum Gewerbebetrieb des Täters gehört. Diese Voraussetzung wird dadurch nicht ausgeschlossen, daß der Verkauf zum Selbstkostenpreise erfolgt RGer. 5. Nov. 86 (Straff. XV 34).

[19]) Das Verbot der Herstellung eines patentierten Gegenstandes durch einen Dritten umfaßt jede Herstellungsweise RGer. 13. Juni 85 (XIV 76), während sich der mit der Patentierung eines Verfahrens verbundene Schutz für Gegenstände auf die durch das patentierte Verfahren hergestellten Erzeugnisse beschränkt. Dabei besteht jedoch für das Privatrecht die gesetzliche Vermutung, daß ein Stoff von gleicher Beschaffenheit nach diesem Verfahren hergestellt ist § 35 Abs. 2. — Unter Herstellung ist nicht nur der letzte, die Vollendung unmittelbar herbeiführende Tätigkeitsakt, sondern die gesamte Tätigkeit zu verstehen, durch die der Gegenstand geschaffen wird. Die Anfertigung von Gegenständen, die als Teile der patentierten Erfindung dienen sollen, gehört bereits zur Herstellung und

[20]), [21]), [22]) siehe folgende Seite.

auch auf die durch das Verfahren unmittelbar[23]) hergestellten Erzeugnisse[24]).

fällt unter den PatSchutz, wofern die Gegenstände nicht nach ihrer objektiven Beschaffenheit der besonderen Beziehung zu dem Gegenstande der Erfindung ermangeln. Die im Inlande erfolgende Herstellung von Gegenständen, die sich ausschließlich zu Teilen einer patentierten Vorrichtung eignen, verstößt gegen das Pat., auch wenn die Zusammensetzung im Auslande geschieht RGer. 18. Sept. 97 (XL 78). — Eine patentwidrige Herstellung liegt nicht nur vor, wenn die Nachbildung mit dem geschützten Gegenstande ganz übereinstimmt, sondern ist auch bei Änderung oder Weglassung einzelner Bestandteile nicht ausgeschlossen, sofern die Abweichungen nur Punkte betreffen, in denen der nach Inhalt des Pat. in der Konstruktion verkörperte Erfindungsgedanke nicht zum Ausdruck kommt. Unter dieser Voraussetzung liegt eine unzulässige Nachahmung selbst dann vor, wenn die Nachbildung einer Maschine in Teilen, die für ihre Brauchbarkeit wesentlich sind, von der patentierten Maschine abweicht. Dagegen findet eine PatVerletzung nicht statt, wenn die Abweichungen das durch das Pat. geschützte Wesen der Erfindung betreffen RGer. 29. März 92 (Straff. XXX 21). Bei einem KombinationsPat. kommt es insbesondere darauf an, ob die Nachahmung die neue eigenartige Verbindung von Konstruktionsteilen, die durch das Pat. geschützt ist, enthält RGer. 28. Sept. 93 (Straff. XXIV 266).

[20]) Das Inverkehrbringen eines patentierten Erzeugnisses setzt dessen Fertigstellung voraus. Öffentliche Ankündigungen, Rundschreiben, Aufforderungen zum Kauf erfüllen den Tatbestand nicht, bevor ein körperliches Substrat in Veräußerungsbereitschaft vorhanden ist RGer. 14. Juli 84 (Straff. XI 241). Bei einem patentierten Verfahren hingegen liegt eine PatVerletzung bereits in dem ohne Zustimmung des PatInhabers vorgenommenen Verkaufe eines Rezeptes, das die wesentlichsten Bestandteile des Verfahrens enthält RGer. 7. März 00 (XLVI 14). — Das Inverkehrbringen im Auslande stellt keine PatVerletzung dar; inwieweit in der Durchfuhr durch Deutschland ein Inverkehrbringen im Inlande enthalten sein kann, ist in Anm. 17 erörtert.

[21]) Feilhalten heißt zum Verkaufe bereit halten. Gegenstand des Feilhaltens kann nicht nur ein Erzeugnis, sondern auch ein Verfahren sein, das zum Kauf oder zur Benutzung ausgeboten wird. Um eine PatVerletzung in sich zu schließen, muß das Feilhalten im Inlande stattfinden, wobei es aber unerheblich ist, ob der Absatz an in- oder ausländische Käufer geschieht RGer. 3. April 84 (Straff. IX 349) und 25. Okt. 90 (Straff. XXI 205). Ein geschütztes Verfahren wird im Inlande feilgehalten, auch wenn sein Rezept vom Inlande aus ins Ausland verkauft wird RGer. 7. März 00 (XLVI 14).

[22]) Der Gebrauch eines patentierten Verfahrens ohne Zustimmung des PatInhabers, enthält ebenso wie der Gebrauch eines unter PatSchutz stehenden Gegenstands eine PatVerletzung, sofern er gewerbsmäßig (Anm. 18) erfolgt.

[23]) Die Fassung ist absichtlich gewählt, um den Schutz nicht zu weit auszudehnen, insbesondere um zu verhüten, daß etwa Gegenstände, die mit Stoffen zusammen verarbeitet sind, welche nach einem patentierten Verfahren hergestellt werden, auch von dem Pat. erfaßt werden KB. S. 10. Danach ist nur das unmittelbare Erzeugnis des Verfahrens, nicht aber die mit dem Erzeugnisse weiter gewonnene Ware geschützt, z. B. nicht Semmeln, die aus einem mittels eines patentierten Verfahrens geteilten Teige hergestellt sind, und ebensowenig ein Schrank, bei dessen Herstellung patentierte Nägel verwendet oder ein Haus, in das patentierte feuersichere Eisenbalkendecken eingebaut sind RGer. 7. April 91 (XXXIX 32).

[24]) Unter die im § 4 aufgeführten Handlungen, die der PatInhaber von einem Dritten als Eingriffe in sein Pat. nicht zu dulden braucht, fällt nicht das Kopieren von Zeichnungen eines patentierten Gegenstandes durch einen Angestellten. Ebensowenig liegt in dem Bestreben eines solchen, seine Kenntnis von der Herstellungsweise der patentierten Gegenstände und von deren Benutzung für die Fabrikation durch Herstellung von Gegen-

§. 5[25]). Die Wirkung des Patents tritt gegen denjenigen nicht ein, welcher zur Zeit der Anmeldung bereits im Inlande die Erfindung in Benutzung genommen oder die zur Benutzung erforderlichen Veranstaltungen getroffen hatte[26]). Derselbe ist befugt, die Erfindung für die Bedürfnisse seines eigenen Betriebes in eigenen oder fremden Werkstätten auszunutzen[27]).

---

ständen der patentierten Art in gleichartigen Fabriken zum eignen Vorteil zu verwerten, schon eine PatVerletzung, mag diese Absicht selbst durch einen Briefwechsel mit Besitzern solcher Fabriken betätigt sein RGer. 14. Juli 84 (Straff. XI 241).

[25]) § 5 beschränkt die Wirkungen eines rechtsgültig erteilten Pat. in dreifacher Hinsicht: a) gegenüber dem Vorbenutzer Abs. 1; b) gegenüber der Benutzung der Erfindung für das Heer oder die Flotte oder sonst im Interesse der öffentlichen Wohlfahrt Abs. 2; c) gegenüber Einrichtungen an Fahrzeugen, die nur vorübergehend ins Inland gelangen Abs. 3. Eine weitere Beschränkung enthält G. betr. Schutz von Gebrauchsmustern (Nr. 3 des Abschn.) § 5 Abs. 2.

[26]) Abs. 1 hat den Fall der Doppelerfindung im Auge, der unabhängig von einander vor sich gegangen ist RGer. 11. Juni 90 (XXVI 63), 14. März 82 (Straff. VI 107). — Grund und Zweck der Bestimmung. Der Umstand, daß die Erteilung eines Pat. von dem formellen Erfordernis der Anmeldung abhängig ist (§ 3), bewirkt, daß die selbst frühere Erfindung kein Recht gewährt gegenüber der gleichen, aber patentierten Erfindung eines anderen. Folgerichtig würde dieser Rechtsatz dahin führen, daß dem früheren Erfinder die gewerbliche Benutzung seiner Erfindung untersagt wäre lediglich aus dem Grunde, daß er ein Pat. darauf nicht oder nicht rechtzeitig nachgesucht hat. In Anerkennung der Unbilligkeit dieser Folgerung bezweckt Abs. 1, den Erfinder vor dem Untersagungsrecht des PatInhabers wenigstens dann zu schützen, wenn er den Erfindungsgedanken im Inlande bereits zur Zeit der Anmeldung in erkennbarer Weise betätigt hat. — Voraussetzungen des Rechts des Vorbenutzers sind: a) die Betätigung des Erfindungsgedankens entweder durch Benutzung oder mindestens dadurch, daß die zur Benutzung erforderlichen Veranstaltungen getroffen worden sind. Gewerbsmäßige Benutzung ist nicht erforderlich RGer. 4./7. Jan. 82 (Straff. V 362). Unter den zur Benutzung erforderlichen Veranstaltungen sind solche auf technischem Gebiete liegenden Maßnahmen zu verstehen, die den Zweck haben, die Erfindung zur Ausführung zu bringen RGer. 24. Jan. 00 (XLV 116). Dazu gehört nicht eine bloß vorbereitende Tätigkeit, die nur bestimmt ist, die Möglichkeit und Zweckmäßigkeit gewerblicher Ausnutzung zu erforschen RGer. 11. Nov 92 (XXX 62). Ebensowenig kann darin, daß eine erst nach der PatAnmeldung gelieferte Maschine vor der PatAnmeldung vom Inlande aus bei einem ausländischen Fabrikanten bestellt und teilweise bezahlt worden ist, ein Anfang der Ausführung der in der Maschine verkörperten Erfindung erblickt werden RGer. 24. Jan. 00 (XLV 116). Dagegen stellt die Anfertigung von Modellen, in denen die demnächst patentierte Erfindung zur Anwendung gebracht ist, eine zur Benutzung der Erfindung erforderliche Veranstaltung dar RGer. 28. Nov. 83 (X 94); b) die Vorbenutzung muß im Inlande erfolgt sein und zwar c) zur Zeit der Anmeldung. Gemeint ist eine in allen Stücken den gesetzlichen Anforderungen entsprechende Anmeldung RGer. 8. Jan. 83 (Straff. VII 414). Der Vorbenutzer kann kein Recht darauf gründen, daß er den Gegenstand des Pat. vor der öffentlichen Bekanntmachung, jedoch erst nach der Anmeldung in Benutzung genommen hat. RGer. 29. März 92 (Straff. XXIII 21); d) der Verbraucher muß sich hinsichtlich der Erfindung in berechtigtem Besitzstande befinden RGer. 11. Juni 90 (XXVI 63); der Schutz des § 5 Abs. 1 wird dem nicht gewährt, der die Erfindung den Gerätschaften oder Einrichtungen des PatInhabers gegen dessen Willen entnommen hatte RGer. 28. Nov. 95 (Straff. XXVIII 27).

[27]) Der Inhalt des durch die Vorbenutzung gewonnenen Rechts besteht darin, daß der Vorbenutzer die im § 4 als Wirkungen des Pat. aufgeführten

Diese Befugniß kann nur zusammen mit dem Betriebe vererbt oder veräußert werden.

Die Wirkung des Patents tritt ferner insoweit nicht ein, als die Erfindung nach Bestimmung des Reichskanzlers für das Heer oder für die Flotte oder sonst im Interesse der öffentlichen Wohlfahrt benutzt werden soll. Doch hat der Patentinhaber in diesem Falle gegenüber dem Reich oder dem Staate, welcher in seinem besonderen Interesse die Beschränkung des Patents beantragt hat, Anspruch auf angemessene Vergütung, welche in Ermangelung einer Verständigung im Rechtswege festgesetzt wird.

Auf Einrichtungen an Fahrzeugen, welche nur vorübergehend in das Inland gelangen, erstreckt sich die Wirkung des Patents nicht.

§. 6. Der Anspruch auf Ertheilung des Patents und das Recht aus dem Patent gehen auf die Erben über. Der Anspruch und das Recht können beschränkt oder unbeschränkt durch Vertrag oder durch Verfügung von Todeswegen auf andere übertragen werden[28]).

---

Handlungen vornehmen kann, ohne daß dem Inhaber des Pat. ein Untersagungsrecht zusteht. Sein Recht ist jedoch in zweifacher Beziehung beschränkter als das des PatInhabers: a) Er besitzt gegenüber Dritten nicht das Untersagungsrecht aus § 4, das allein dem PatInhaber zusteht RGer. 11. Juni 90 (XXVI 63). b) Sein Recht, die Erfindung auszunutzen, findet eine Schranke an den Bedürfnissen seines Betriebes. Er kann keine Lizenz erteilen KB. (91) S. 11. In der Ausnutzung für die Bedürfnisse seines Betriebes ist er aber völlig frei. Für diesen Zweck ist ihm eine beliebige Erweiterung gestattet Begr. (90) S. 17. Der frühere Besitzstand (zur Zeit der Anmeldung) ist für Art und Umfang der Benutzung nicht maßgebend RGer. 4./7. Jan. 82 (Straff. V 362), 14. März 82 (Straff. VI 107). Aus dem Rechte des Vorbenutzers, den Gegenstand der Erfindung feilzuhalten und in Verkehr zu bringen, folgt, daß auch diejenigen, welche solche Gegenstände von ihm erworben haben, durch den PatInhaber nicht gehindert werden können, sie gewerbsmäßig zu verwerten, sei es durch Benutzung im eigenen Gewerbebetriebe, sei es durch Weiterverkauf RGer. 4. Feb. und 14. März 82 (Straff. VI 10 und 107).

[28]) Das Pat. ist ein Vermögensrecht, desgleichen der Anspruch auf Erteilung eines Pat., der mit der Anmeldung (§ 3) beginnt und mit der rechtskräftigen Entscheidung (§ 27) endet. Die Rechte gehen auf die Erben über und unterliegen freier Übertragbarkeit. Dabei kommen die allgemeinen Regeln des bürgerlichen Rechts zur Anwendung. Ein Pat. kann zunächst zu Eigentum übertragen werden. Der Erwerber wird alsdann PatInhaber mit den aus § 4 und 5 sich ergebenden Rechten. Über die Eintragung des Eigentumsübergangs in die PatRolle § 19 Abs. 2. Ferner kann an einem Pat. ein dingliches Recht eingeräumt werden, der Nießbrauch BGB. § 1068, 1069 oder ein Pfandrecht das. § 1274. Sodann kann der PatInhaber oder der Nießbraucher einem Dritten eine Lizenz erteilen d. h. die gewerbliche Benutzung des Pat. gestatten, sei es zur ausschließlichen Ausbeutung (ausschließliche Lizenz), sei es zu beschränkter Verwertung. Ob die Lizenz nur vertragsmäßige Beziehungen zwischen den Parteien begründet oder dem Lizenzträger ein unbedingtes, gegen den dritten Erwerber des Pat. wirkendes Recht gewährt, ist streitig. Als Vermögensrecht unterliegt das Pat. und ebenso der Anspruch auf Erteilung des Pat. der Zwangsvollstreckung RGer. 9. Nov. 82 (Straff. VII 399). Es kann gepfändet werden CPO. § 857 und fällt, wenn der Pat Sucher oder der PatInhaber in Konkurs gerät, in die Konkursmasse. Zur zwangsweisen Veräußerung ist deren Zustimmung nicht erforderlich. — Der rechtmäßige Erwerber des Pat. kann auf Grund seines Eigentums auch dem Erfinder die weitere Verwertung der Erfindung unter-

§. 7. Die Dauer des Patents ist fünfzehn Jahre; der Lauf dieser Zeit beginnt mit dem auf die Anmeldung der Erfindung folgenden Tage. Bezweckt eine Erfindung die Verbesserung oder sonstige weitere Ausbildung einer anderen, zu Gunsten des Patentsuchers durch ein Patent geschützten Erfindung, so kann dieser die Ertheilung eines Zusatzpatentes nachsuchen, welches mit dem Patent für die ältere Erfindung sein Ende erreicht[29]).

Wird durch die Erklärung der Nichtigkeit des Hauptpatents ein Zusatzpatent zu einem selbständigen Patent, so bestimmt sich dessen Dauer und der Fälligkeitstag der Gebühren nach dem Anfangstage des Hauptpatents. Für den Jahresbetrag der Gebühren ist der Anfangstag des Zusatzpatents maßgebend. Dabei gilt als erstes Patentjahr der Zeitabschnitt zwischen dem Tage der Anmeldung des Zusatzpatents und dem nächstfolgenden Jahrestage des Anfangs des Hauptpatents.

§. 8. Für jedes Patent ist vor der Ertheilung eine Gebühr von dreißig Mark zu entrichten (§. 24 Absatz 1)[30]).

Mit Ausnahme der Zusatzpatente (§. 7) ist außerdem für das Patent mit Beginn des zweiten und jedes folgenden Jahres der Dauer eine Gebühr zu entrichten, welche das erste Mal fünfzig Mark beträgt und weiterhin jedes Jahr um fünfzig Mark steigt[31]).

Diese Gebühr (Absatz 2) ist innerhalb sechs Wochen nach der Fälligkeit zu entrichten. Nach Ablauf der Frist kann die Zahlung nur unter

---

sagen, ohne daß dieser sich auf § 5 Abs. 1 berufen kann RGer. 9. Nov. 82 (Straff. VII 399). — Einfluß der Nichtigkeitserklärung eines Pat. auf Übertragungs- und Lizenzverträge Anm. 36.

[29]) Voraussetzung des **Zusatz**Pat. ist eine **patentfähige Erfindung** (§ 1, 2), die an und für sich Gegenstand eines selbständigen Pat. sein könnte, die aber zu einer bereits patentierten Erfindung derart in Beziehung steht, daß sie deren Verbesserung oder weitere Ausbildung bezweckt, ferner **Übereinstimmung** in der Person des Inhabers des HauptPat. und des Anmelders des ZusatzPat. Will **ein anderer** eine Erfindung patentieren lassen, die sich als **Verbesserung** oder weitere **Ausbildung** eines Pat. darstellt, so muß er ein selbständiges Pat. nehmen, das infolge der Abhängigkeit von dem HauptPat. als AbhängigkeitsPat. bezeichnet wird Anm. 3. — Das Verfahren für die Erteilung eines ZusatzPat. ist das gleiche, wie für ein sonstiges Pat. Eine besondere Jahresgebühr ist nicht zu entrichten § 8 Abs. 2.

[30]) Und zwar innerhalb zweier Monate nach der Veröffentlichung, widrigenfalls die Anmeldung als zurückgenommen gilt § 24 Abs. 1.

[31]) Die **Zahlung** kann **unmittelbar** oder durch **Postanweisung** an die Kasse des PatA. erfolgen Bek. 11. Juli 77 (PatBl. 9) oder für das dieser Kasse bei der Reichsbank eröffnete **Girokonto** zur Gutschrift gebracht werden Bek. 16. Mai 99 (Bl. für Pat.- 2c. Wesen V 126). Ferner können Beträge von mindestens 2000 M. als **Guthaben** für die an die PatA.-Kasse zu leistenden Zahlungen überwiesen werden Bek. 4. Nov. 99 (a. a. O. 282). Über die Zulässigkeit der Einzahlung von Guthaben zur fortlaufenden Verrechnung hat das Pat.-A. allgemeine Bestimmungen erlassen, von denen Abschriften auf Erfordern kostenfrei abgegeben werden, abgedruckt Bl. für Pat.- 2c. Wesen V S. 313. — Für ein 15 Jahre dauerndes Pat. sind zu zahlen an **Anmeldekosten** (§ 20 Abs. 3) 20 M., die **Gebühr vor der Erteilung** mit 30 M. und 14 **Jahresgebühren** mit 5250 M., insgesamt also 5300 M. Für ein **Zusatz**Pat. sind nur Anmeldekosten (20 M.) und die Gebühr vor der Erteilung (30 M.) zu entrichten.

Zuschlag einer Gebühr von zehn Mark innerhalb weiterer sechs Wochen erfolgen[32]).

Einem Patentinhaber, welcher seine Bedürftigkeit nachweist, können die Gebühren für das erste und zweite Jahr der Dauer des Patents bis zum dritten Jahre gestundet und, wenn das Patent im dritten Jahre erlischt, erlassen werden.

Die Zahlung der Gebühren kann vor Eintritt der Fälligkeit erfolgen. Wird auf das Patent verzichtet oder dasselbe für nichtig erklärt oder zurückgenommen, so erfolgt die Rückzahlung der nicht fällig gewordenen Gebühren.

Durch Beschluß des Bundesraths kann eine Herabsetzung der Gebühren angeordnet werden[33]).

**§. 9.** Das Patent erlischt, wenn der Patentinhaber auf dasselbe verzichtet[34]), oder wenn die Gebühren nicht rechtzeitig bei der Kasse des Patentamts oder zur Ueberweisung an dieselbe bei einer Postanstalt im Gebiete des Deutschen Reichs eingezahlt sind[35]).

**§. 10.** Das Patent wird für nichtig erklärt[36]), wenn sich ergiebt[37]):

1. daß der Gegenstand nach §§. 1 und 2 nicht patentfähig war,
2. daß die Erfindung Gegenstand des Patents eines früheren Anmelders ist,

[32]) Ist die PatGebühr nicht innerhalb sechs Wochen nach der Fälligkeit entrichtet, so benachrichtigt das PatA. hiervon den PatInhaber Ausf. V. (Anl. A) § 15 Abs. 1. Die zweite sechswöchige Frist beginnt mit dem Ablauf der ersten. Die Folgen der Versäumung der Zahlungsfrist (§ 9) treten ein, auch wenn der Pat Inhaber eine Benachrichtigung nicht erhalten hat a. a. O. Abs. 2.

[33]) Hierzu hat der Reichstag bei der Schlußberatung des G. von 91 die Resolution gefaßt, die verbündeten Regierungen zu ersuchen, die PatGebühren herabzusetzen, wenn die Einnahmen aus denselben die unmittelbaren Ausgaben der Verwaltung dauernd und erheblich übersteigen Reichst. 90/91 StB. 2144. Bisher ist eine Herabsetzung nicht erfolgt.

[34]) Der Verzicht ist gegenüber dem PatA. zu erklären; eine besondere Form ist für die Erklärung nicht vorgeschrieben. Der Verzicht kann rechtsgültig nur von einer geschäftsfähigen Person (BGB. § 104—115) und wenn das Pat. einer Gesellschaft oder einem Verein gehört, nur von dem gesetzlich zuständigen Vertretungsorgane erklärt werden. Voraussetzung ist ferner die Befugnis des Verzichtenden, über das Pat. unbeschränkt zu verfügen, die nicht vorhanden ist, wenn einem Dritten ein Nießbrauch oder ein Pfandrecht daran zusteht.

[35]) Das Erlöschen des Pat. ist in der Rolle zu vermerken und im Reichsanzeiger bekannt zu machen § 19 Abs. 1, desgleichen im PatBl. das. Abs. 4.

[36]) Die nachträgliche Anfechtung eines Pat. mit dem Ziele der Erklärung seiner Nichtigkeit ist zugelassen, weil seine Berechtigung nach der Natur der in Betracht kommenden Verhältnisse vor der Erteilung nur selten erschöpfend geprüft werden kann und es deshalb im öffentlichen Interesse geboten ist, diese Prüfung auch noch nachträglich eintreten zu lassen. Es ist zulässig, im Nichtigkeitsverfahren dieselben Fragen zur Prüfung zu stellen, die bereits im Erteilungsverfahren in derselben Art und sogar von derselben Seite zur amtlichen Erörterung gebracht worden sind Begr. (77) S. 25. — Dieselben Gründe, aus denen nach § 1, 2, 3 die Erteilung eines Pat. abzulehnen ist, führen zur Nichtigkeit eines erteilten Pat., jedoch mit der Maßgabe, daß die Rüge mangelnder PatFähigkeit nach § 1 und 2 nur innerhalb fünf Jahren vom Tage der Bekanntmachung der Pat Erteilung (§ 27 Abs. 1) ab zulässig ist § 28 Abs. 3. Aus anderen als den im § 10 bezeichneten Gründen kann die Nichtigkeit nicht ausgesprochen werden RGer. 28. April 82 (VII 62), 21. Mai 83 (IX 128). — Verfahren § 28—31

3. daß der wesentliche Inhalt der Anmeldung den Beschreibungen, Zeichnungen, Modellen, Geräthschaften oder Einrichtungen eines Anderen oder einem von diesem angewendeten Verfahren ohne Einwilligung desselben entnommen war.

---

und 33. Voraussetzung der Einleitung ist ein Antrag, der im Falle der Ziff. 1 und 2 von jedermann, im Falle zu 3 nur von Verletzten gestellt werden kann § 28 Abs. 2. Zuständig ist die Nichtigkeitsabteilung (§ 14 Abs. 1[2]). Rechtsmittel gegen ihre Entscheidungen Anm. 92 und 100. — Wirkung der Nichtigkeitserklärung. Die Begr. des G. 77 (S. 25) bemerkt hierzu: „Die Rechtslage ist in diesem Falle so anzusehen, als ob überhaupt für die Erfindung ein gesetzlicher Schutz nicht vorhanden gewesen wäre. Die Erklärung der Nichtigkeit hat demnach rückwirkende Kraft." Danach ist eine Strafverfolgung (§ 36) oder ein Entschädigungsanspruch (§ 35) wegen Verletzung eines für nichtig erklärten Pat. ausgeschlossen, auch wenn die PatVerletzung vor der Nichtigkeitserklärung verübt wurde RGer. 2. Juli 86 (Straff. XIV 261). Ein Strafverfahren, das zur rechtskräftigen Verurteilung des Angeklagten aus § 36 geführt hat, ist nach Vernichtung des Pat. wieder aufzunehmen StPO. § 399[5]. Indem danach ein Interesse an der Nichtigkeitserklärung noch bestehen kann, wenn das Pat. erloschen ist, kann der Antrag auf Nichtigkeit auch nach Erlöschen gestellt werden. — Die Nichtigkeitserklärung hat aber nicht die Folge, daß die über das Pat. geschlossenen Verträge von selbst und mit rückwirkender Kraft nichtig werden. Die Tatsache bleibt und muß berücksichtigt werden, daß ein Schutz, wenn auch kein gesetzlich begründeter, bestanden hat, unter dem die Ausbeutung des Pat. bis zur Nichtigkeitserklärung hat stattfinden können. Ein Lizenzvertrag wird daher durch die Nichtigkeitserklärung des Pat., auf das er sich bezieht, nicht nichtig, und die für die Lizenzgewährung entrichteten Leistungen können für die Zeit vor der Nichtigkeitserklärung nicht ohne weiteres zurückgefordert werden RGer. 17. Dez. 86 (XVII 53). Ebensowenig wird der Erwerber der Lizenz durch die Vernichtung des Pat. von der Zahlung des Kaufpreises gänzlich befreit, sondern bleibt, falls die tatsächliche Nutzung des Pat. stattgefunden hat, dem Umfange dieser Nutzung entsprechend, mindestens für einen Teil des Kaufpreises verpflichtet RGer. 3. März 88 (XX 128). Selbst wenn der Lizenzvertrag unter der Voraussetzung abgeschlossen wäre, daß das Pat. auch rechtlich bestehe, würde sich nicht Ungültigkeit des Vertrags wegen Mangels des Gegenstandes ergeben, sondern es wäre zu prüfen, zu welchen Folgen die Grundsätze vom Irrtum oder vom Mangel der Voraussetzung führten. Eine solche stillschweigende Voraussetzung kann jedoch im allgemeinen nicht unterstellt werden RGer. 17. Dez. 86 (XVII 53). Bei Veräußerungsverträgen über Patentrechte an Maschinen zur Herstellung von Fabrikaten, die Gegenstand gewerblichen Vertriebes sind, ist freilich erfahrungsgemäß anzunehmen, daß der Vertrag unter der Voraussetzung abgeschlossen wird, daß dem freien Vertriebe der Fabrikate ein auf derartige Erzeugnisse erteiltes Pat. nicht entgegenstehe, RGer. 7. Jan. 88 (XX 94).

[37]) Zu Ziff. 1. Der Fall liegt vor, wenn der Gegenstand keine patentfähige Erfindung darstellt Anm. 4, wenn der Erfindung die Neuheit mangelt, § 2 und Anm. 7, wenn sie keine gewerbliche Verwertung gestattet, Anm. 5, wenn es sich um eine der nach § 1 Abs. 2 vom Pat. ausgeschlossenen Erfindungen handelt. Maßgebend für die Entscheidung, ob einer dieser Nichtigkeitsgründe vorliegt, ist der Zeitpunkt der Anmeldung des Pat. — Zu Ziff. 2 sind die Ausführungen in Anm. 10 zu berücksichtigen. — Erforderlich ist, daß die frühere Anmeldung zur Erteilung eines Pat. geführt hat; bestritten, ob dieses Pat. zur Zeit der Nichtigkeitserklärung des späteren Pat. noch in Kraft sein muß. Die Übereinstimmung eines Pat. mit einem früher angemeldeten Gebrauchsmuster bietet keine Unterlage für die Nichtigkeitserklärung des Pat., sondern begründet nur die Verpflichtung des Pat Inhabers, das Recht aus dem Pat. ohne Erlaubnis des Musterschutzberechtigten nicht auszuüben Nr. 3 des Abschn. § 5

Trifft eine dieser Voraussetzungen (1 bis 3) nur theilweise zu, so erfolgt die Erklärung der Nichtigkeit durch entsprechende Beschränkung des Patents[38]).

---

Abs. 2. Streitigkeiten über den Vorrang zwischen Pat. und Gebrauchsmuster sind im ordentlichen Rechtswege auszutragen. — Zu Ziff. 3 sind die Anm. 12—14 zu berücksichtigen. — Bei objektiv rechtswidriger Entnahme ist die Nichtigkeit auszusprechen, auch wenn kein Verschulden des PatInhabers vorliegt Anm. 14. Das Bewußtsein der Widerrechtlichkeit bei ihm ist nicht erforderlich. Auch ist nicht nötig, daß der PatInhaber den Inhalt der Anmeldung den Beschreibungen usw. selbst entnommen hat. Es genügt für die Nichtigkeitserklärung, daß er den Inhalt durch eine mit den Beschreibungen usw. bekannte Mittelsperson erfahren hat, selbst wenn ihm dabei verschwiegen blieb, woher diese Person ihre Kenntnis hatte RGer. 23. Okt. 80 (II 137). — Die Ansprüche, die aus dem Tatbestande der Ziff. 3 dem Geschädigten nach Maßgabe des bürgerlichen Rechts zustehen, bieten ihm unter Umständen größere Vorteile als der patentrechtliche Anspruch auf Vernichtung des Pat. Der Geschäftsherr hat gegen den Angestellten, der eine von ihm für den Geschäftsherrn gemachte Erfindung rechtswidrig in eigenem Namen hat patentieren lassen, aus dem Dienstvertrage einen persönlichen, im ordentlichen Rechtswege zu verfolgenden Anspruch auf Übertragung der Rechte aus dem Pat. KB. (91) S. 7. Hat ferner ohne Vorhandensein eines Vertragsverhältnisses der PatInhaber gegenüber dem Beschädigten vorsätzlich oder fahrlässig gehandelt, so wird er ihm zu Schadensersatz (BGB. § 823) und zur Wiederherstellung des früheren Zustandes (das. § 249) verpflichtet. Indem er dieser Pflicht insoweit nicht entsprechen kann, als die PatErteilung nicht rückgängig gemacht werden kann, darf der Verletzte die Zurückgabe der ihm rechtswidrig entnommenen Erfindung in ihrem derzeitigen Zustande fordern, d. h. er hat auch in diesem Falle gegen den Pat Inhaber einen Anspruch auf Übertragung des Pat. RGer. 28. Mai 92 (XXIX 49).

[38]) Es erfolgt die Erklärung der Teilnichtigkeit, indem zugleich das Pat. auf den bestehen bleibenden Teil der Erfindung beschränkt wird und zu dem Zwecke eine dieser Einschränkung seines Inhalts entsprechende Fassung erhält. Bei vorhandener Teilnichtigkeit ist es nicht zulässig, unter Abweisung des Antrags auf Nichtigkeit das Pat. in den Entscheidungsgründen entsprechend einzuschränken. Weil nämlich die Entscheidung und die in den Gründen enthaltene Auslegung nur unter den Parteien wirkt und nicht veröffentlicht wird, würde die gänzliche Abweisung des Antrags eine geringere Wirkung haben als die gegen jedermann wirksame und nach § 19 zu veröffentlichende Teilnichtigkeitserklärung RGer. 14. Febr. 80 (I 301). Die gänzliche Zurückweisung des Antrags auf Nichtigkeit würde auch dann nicht gerechtfertigt sein, wenn der Inhaber des beanstandeten Pat. förmlich anerkannt hätte, nur Anspruch auf den Schutz der Abweichungen von dem früheren Pat. zu haben RGer. 1. Febr. 81 (III 85). — Von der Erklärung der Teilnichtigkeit ist ein Ausspruch über die Abhängigkeit des angefochtenen von einem früheren Pat. nicht nur begrifflich, sondern auch in den Wirkungen verschieden. Während die Nichtigkeitserklärung, soweit sie sich erstreckt, das Pat. völlig und mit Wirkung gegen jedermann beseitigt, läßt die Abhängigkeitserklärung das für abhängig erklärte Pat. in Bestand, sodaß es gegenüber anderen Personen als dem Inhaber des früheren Pat. und dessen Rechtsnachfolgern geltend gemacht werden kann und durch das Erlöschen des früheren Pat. von jeder Beschränkung frei wird. Wie die Erklärung der Teilnichtigkeit zur ausschließlichen Zuständigkeit des PatA. gehört und seine Entscheidung hierüber für die ordentlichen Gerichte maßgebend ist, so ist anderseits über die Abhängigkeit von Patenten ausschließlich von den ordentlichen Gerichten zu befinden, weil ein Streit hierüber in das Gebiet der privatrechtlichen Beziehungen zwischen den Inhabern der beiden Pat. gehört (Anm. 11 und die dort aufgeführten Entscheidungen). Die Zuständigkeit des PatA. zu Entscheidungen über die Abhängigkeit kann insbesondere nicht damit gerechtfertigt werden, daß die Abhängigkeit als das mindere in der Nichtigkeit mit enthalten sei. Diese Annahme ist unzutreffend, weil, wie oben dargetan, Ab-

§. 11. Das Patent kann nach Ablauf von drei Jahren, von dem Tage der über die Ertheilung des Patents erfolgten Bekanntmachung (§. 27 Absatz 1) gerechnet, zurückgenommen werden[39]):

1. wenn der Patentinhaber es unterläßt[40]), im Inlande[41]) die Erfindung in angemessenem Umfange zur Ausführung zu bringen, oder doch alles zu thun, was erforderlich ist, um diese Ausführung zu sichern[42]);
2. wenn im öffentlichen Interesse die Ertheilung der Erlaubniß zur Benutzung der Erfindung an andere geboten erscheint, der Patentinhaber aber gleichwohl sich weigert, diese Erlaubniß gegen angemessene Vergütung und genügende Sicherstellung zu ertheilen[43]).

---

hängigkeitserklärung und Nichtigkeitserklärung einen ganz verschiedenen Inhalt haben RGer. 24. Nov. 84 (XII 125).

[39]) § 11 beruht auf der Erwägung, daß ein deutsches Pat. der deutschen Volkswirtschaft zu gute kommen müsse. Da an der Ausführung der Patente die inländischen Gewerbetreibenden, die im Gewerbe beschäftigten inländischen Arbeiter und die inländischen Abnehmer gewerblicher Erzeugnisse ein Interesse haben, so erfordert die Rücksicht auf das Gemeinwohl, daß der PatInhaber als Gegenleistung für die mit dem Pat. verbundenen Vorteile die Erfindung entweder in angemessenem Umfange zur Ausführung bringe (Ausführungspflicht) Ziff. 1, oder unter Umständen an andere gegen Vergütung zur Benutzung überlasse (indirekter Lizenzzwang) Ziff. 2. Die Erfüllung dieser Pflichten soll dadurch gesichert werden, daß das Pat. bei pflichtwidrigem Verhalten zurückgenommen werden kann. — Verfahren § 28—31. Die Einleitung erfolgt nur auf Antrag, der von jedermann, ohne den Nachweis eines bestimmten Interesses, gestellt werden kann. — Die Zurücknahme des Pat. hat keine rückwirkende Kraft. — Einschränkung des § 11 durch Staatsverträge Nr. 6 des Abschn.

[40]) Der Tatbestand der Ziff. 1 ist erfüllt, wenn der PatInhaber die dort gekennzeichneten Handlungen unterlassen hat. Der die Zurücknahme des Pat. Beantragende muß diesen Tatbestand im Falle des Bestreitens dartun, braucht aber nicht zu beweisen, daß durch die Unterlassung des PatInhabers das öffentliche Interesse verletzt sei. Dieses wird vielmehr vermutet und es ist deshalb lediglich auf Grund des klargelegten Tatbestandes regelmäßig die Zurücknahme des Pat. auszusprechen. Eine Ausnahme ist nur berechtigt, wenn aus eigenartigen Voraussetzungen des Falls überzeugend hervorgeht, daß durch das Verhalten des PatInhabers die deutschen volkswirtschaftlichen Interessen, insbesondere die der deutschen Gewerbsindustrie, nicht benachteiligt worden sind. Den Nachweis hierfür hat, sofern die Ausnahmeverhältnisse nicht behördekundig sind, der PatInhaber zu führen, RGer. 27. Juni 83 (IX 131). Er kann sich nicht darauf berufen, daß die Fabrikation erst für die Zukunft Gewinn versprach, während es anderseits eine genügende Entschuldigung für ihn bildet, wenn sich die Industrie vollständig ablehnend verhielt.

[41]) Hierzu reicht es in der Regel nicht aus, daß die Herstellung im Auslande und nur der Absatz der Erzeugnisse im Inlande erfolgt RGer. 27. Juni 83 (IX 131). Anders jedoch, wenn die Bedeutung der Erfindung ganz überwiegend darin liegt, daß sie dem Verbraucher zugeführt wird.

[42]) Ob dieser Anforderung genügt ist, bestimmt sich nach den Verhältnissen des einzelnen Falls. Die Erteilung von Lizenzen (Anm. 28) kann unter Umständen ausreichen, namentlich wenn sie an leistungsfähige einheimische Fabriken erfolgt ist. Das bloße Anbieten von Lizenzen in öffentlichen Blättern ist dagegen keine genügende Sicherung der Ausführung.

[43]) Während im Falle der Ziff. 1 die Rechtsvermutung besteht, daß die unterlassene oder die unzulängliche Ausführung eines Pat. das Gemeinwohl verletzt, und der Antragsteller deshalb des Nachweises enthoben ist, daß sein Antrag dem öffent-

**§. 12.** Wer nicht im Inlande wohnt, kann den Anspruch auf die Ertheilung eines Patents und die Rechte aus dem Patent nur geltend machen, wenn er im Inlande einen Vertreter bestellt hat. Der Letztere ist zur Vertretung in dem nach Maßgabe dieses Gesetzes stattfindenden Verfahren, sowie in den das Patent betreffenden bürgerlichen Rechtsstreitigkeiten und zur Stellung von Strafanträgen befugt[44]). Der Ort, wo der Vertreter seinen Wohnsitz

---

lichen Interesse diene, hat er im Falle der Ziff. 2 zu beweisen, daß die Erteilung der Lizenz, die der PatInhaber trotz des Angebots angemessener Vergütung und genügender Sicherstellung verweigert hat, im öffentlichen Interesse geboten ist. Die Bestimmung, die in der Praxis keine große Bedeutung gewonnen hat, ist namentlich von Wichtigkeit für den Fall der Abhängigkeit eines Pat. von einem früheren Pat. (Anm. 3).

[44]) Die Bestellung eines Vertreters ist in zweifacher Hinsicht von Bedeutung. a) Ohne inländischen Vertreter kann ein im Ausland Wohnender den Anspruch auf die Erteilung eines Pat. und die Rechte aus dem Pat. nicht geltend machen. Das Erteilungsverfahren kann ohne Bestellung des Vertreters nicht eingeleitet und bei seinem Wegfalle nicht fortgesetzt werden. Rechte aus dem Pat. sind die aus der Befugnis, Dritte von der Benutzung der Erfindung auszuschließen (§ 4), sich ergebenden Schutzansprüche, insbesondere die Feststellungsklage, Abwehrklage oder einstweilige Verfügung, Anm. 17, der Schadensersatzanspruch des § 35 und 37, der Strafantrag des § 36. Die Verfolgung dieser Ansprüche ist von dem Vorhandensein eines PatVertreters abhängig. Eine andere Auffassung vertritt das RGer. im U. 24. März 82 (Straff. VI 119), wonach die Berücksichtigung eines Strafantrags wegen Pat Verletzung nicht davon bedingt sein soll, daß zur Zeit des Antrags im Inlande ein Vertreter bestellt war. Hiergegen mit Recht Seligsohn (Anm. 1), Nr. 7 zu § 12. — Die Gültigkeit eines einmal erteilten Pat. wird durch das Fehlen des Vertreters nicht beeinträchtigt: denn die Verletzung des § 12 bildet keinen gesetzlichen Erlöschungsgrund RGer. in dem eben erwähnten U. 24. März 82.

b) Der Vertreter ist ohne weiteres kraft Gesetzes zur Vertretung des ausländischen PatInhabers berufen: 1. in den nach Maßgabe des G. stattfindenden Erteilungs-, Nichtigkeits- und Zurücknahme-Verfahren, 2. zur Stellung von Strafanträgen (§ 36), 3. in den das Pat. betreffenden bürgerlichen Rechtsstreitigkeiten. Hierher gehören die auf § 4 gestützten Feststellungs- und Abwehrklagen und Anträge auf einstweilige Verfügung (Anm. 17), die Ansprüche auf Schadensersatz wegen Pat Verletzung (§ 35), ferner Streitigkeiten, die sich aus Übertragungen des Pat. oder aus der Begründung von Lizenzen (Anm. 28) ergeben. Auf Grund der gesetzlichen Vollmacht ist der Vertreter weiter befugt, den ausländischen PatInhaber auch in einem gegen ihn wegen Verletzung eines fremden Pat. anhängig gemachten Rechtsstreite zu vertreten, wenn die Klage auf die Behauptung gegründet wird, daß die Verletzung durch die Ausnutzung des dem Auswärtigen zustehenden Pat. begangen ist. Die Klage kann in diesem Falle wahlweise dem auswärtigen Patentinhaber oder dem inländischen Vertreter zugestellt werden, RGer. 14. Nov. 98 (XLII 92). — Der Vertreter hat keine ausschließliche Vertretungsbefugnis. Der ausländische PatInhaber ist nicht behindert, Handlungen, die der Vertreter kraft seiner gesetzlichen Vollmacht vornehmen könnte, selbst auszuführen oder durch einen anderweit Bevollmächtigten ausführen zu lassen. Dies ist für die Stellung von Strafanträgen anerkannt im U. des RGer. 4. Febr. 82 (Straff. VI 10). — Voraussetzung für die Verpflichtung zur Bestellung eines Vertreters ist, daß der PatSucher oder der PatInhaber nicht im Inlande wohnt. Nur auf den Wohnsitz kommt es an; auch ein Deutscher, der im Auslande wohnt, muß einen Vertreter bestellen. Eine inländische gewerbliche Niederlassung entbindet nicht von der Bestellung des Vertreters. — Der inländische Vertreter braucht nicht Deutscher zu sein. — Eintragung des Vertreters in die Rolle § 19, Nachweis der Bevollmächtigung gegenüber dem PatA., Anl. A § 28.

hat, und in Ermangelung eines solchen der Ort, wo das Patentamt seinen Sitz hat, gilt im Sinne des §. 23 der Civilprozeßordnung als der Ort, wo sich der Vermögensgegenstand befindet[45]).

Unter Zustimmung des Bundesraths kann durch Anordnung des Reichskanzlers bestimmt werden, daß gegen die Angehörigen eines ausländischen Staates ein Vergeltungsrecht zur Anwendung gebracht werde[46]).

## Zweiter Abschnitt[47]).

### Patentamt.

**§. 13.** Die Ertheilung, die Erklärung der Nichtigkeit und die Zurücknahme der Patente erfolgt durch das Patentamt[48]).

Das Patentamt hat seinen Sitz in Berlin[49]). Es besteht aus einem Präsidenten, aus Mitgliedern, welche die Befähigung zum Richteramt oder

---

[45]) CPO. (neue Fassung) § 23, an Stelle des ursprünglich angezogenen § 24 getreten, bestimmt, daß für Klagen wegen vermögensrechtlicher Ansprüche gegen eine Person, die im Deutschen Reich keinen Wohnsitz hat, das Gericht zuständig ist, in dessen Bezirke sich Vermögen derselben oder der mit der Klage in Anspruch genommene Gegenstand befindet. Auf Grund dieser Bestimmung der CPO. in Verbindung mit der obigen Vorschrift kann gegen den Inhaber eines deutschen Pat., der im Inlande keinen Wohnsitz hat, nicht nur wegen der das Pat. betreffenden, sondern wegen aller vermögensrechtlichen Ansprüche im Inlande Klage erhoben werden und zwar am Wohnsitze des Vertreters und in Ermangelung eines solchen in Berlin als dem Sitze des PatA. (§ 13 Abs. 2). Dieser Gerichtsstand kommt mit der Endigung des Pat. in Wegfall, KB. (91) S. 17.

[46]) Übereinstimmend die allgemeine Regelung des Vergeltungsrechts im EG. zum BGB. Art. 31. — Die Wiedervergeltung kann in völliger Ausschließung der Angehörigen des ausländischen Staats oder in einer Einschränkung ihrer Rechte bestehen Begr. (90) S. 19. — Bisher ist von der Ermächtigung kein Gebrauch gemacht worden.

[47]) Der 2. Abschn. behandelt in den § 13—19 die Verfassung des PatA., die durch das G. 91 wesentliche Änderungen erfahren hat Begr. (90) S. 19, 20. § 13 handelt von den Aufgaben des PatA. in PatSachen (Abs. 1), seinem Sitze und seiner Zusammensetzung (Abs. 2). § 14 schreibt die Bildung von Abteilungen vor. § 15 bestimmt über die Form der Beschlüsse und Entscheidungen des PatA., § 16 über Beschwerden gegen die Beschlüsse. Durch § 17 ist die Regelung der Verfassung des PatA. im einzelnen Kaiserlicher V. unter Zustimmung des BR. übertragen. Sie ist in der V. 11. Juli 91 erfolgt Anlage A. § 18 betrifft die Erstattung von Gutachten des PatA., § 19 endlich die beim PatA. zu führende PatRolle (Abs. 1—3) und sein amtliches Veröffentlichungsblatt (Abs. 4) Anm. 1. — Der Geschäftskreis des PatA. umfaßt außer den PatAngelegenheiten den Gebrauchsmusterschutz (Nr. 3 des Abschn.) und den Warenzeichenschutz (Nr. 4). Für Anträge in Sachen des Schutzes von Gebrauchsmustern ist die Anmeldestelle für Gebrauchsmuster, für die auf Warenzeichen bezüglichen Angelegenheiten die Abteilung für Warenzeichen eingerichtet. Zur Eintragung von Gebrauchsmustern ist die Rolle für Gebrauchsmuster, von Warenzeichen die Zeichenrolle bestimmt.

[48]) Erteilung § 20—27, Erklärung der Nichtigkeit und Zurücknahme § 28—31. — Die Zuständigkeit des PatA. ist streng auf die ihm gesetzlich zugewiesenen Aufgaben beschränkt. Es ist insbesondere nicht berufen, bindende Aussprüche darüber abzugeben, welche zivilrechtlichen Folgen sich an die von ihm erteilten Pat. knüpfen. Deshalb liegt ihm auch die Regelung der Rechtsverhältnisse im Falle der Abhängigkeit eines Pat. von einem andern nicht ob Anm. 11, 38.

[49]) Dienstgebäude Berlin NW. Luisenstraße 32 bis 34 und 57. — Das PatA.

zum höheren Verwaltungsdienst besitzen (rechtskundige Mitglieder), und aus Mitgliedern, welche in einem Zweige der Technik sachverständig sind (technische Mitglieder)[50]. Die Mitglieder werden, und zwar der Präsident auf Vorschlag des Bundesraths, vom Kaiser ernannt. Die Berufung der rechtskundigen Mitglieder erfolgt, wenn sie im Reichs- oder Staatsdienst ein Amt bekleiden, auf die Dauer dieses Amts, anderenfalls auf Lebenszeit. Die Berufung der technischen Mitglieder erfolgt entweder auf Lebenszeit oder auf fünf Jahre. In letzterem Falle finden auf sie die Bestimmungen im §. 16 des Gesetzes, betreffend die Rechtsverhältnisse der Reichsbeamten, vom 31. März 1873 keine Anwendung[51].

**§. 14.** In dem Patentamt werden:

1. Abtheilungen für die Patentanmeldungen (Anmeldeabtheilungen),
2. eine Abtheilung für die Anträge auf Erklärung der Nichtigkeit oder auf Zurücknahme von Patenten (Nichtigkeitsabtheilung),
3. Abtheilungen für die Beschwerden (Beschwerdeabtheilungen)

gebildet[52].

---

untersteht dem Reichsamt des Innern. Im Sinne des ReichsbeamtenG. 31. März 73 (RGB. 61) ist es eine höhere, der obersten Reichsbehörde unmittelbar untergeordnete Reichsbehörde V. 27. Dez. 99 (RGB. 730).

[50]) Zu den Mitgliedern gehören die Direktoren, deren es zur Zeit vier gibt. — Befugnisse des Präsidenten AusfV. (Anl. A) § 3—7, 9, 10, 17, 19, 21, 24—26. Seine Vertretung erfolgt durch die Direktoren. — Die rechtskundigen Mitglieder müssen entweder zum Richteramt befähigt sein GVG. § 2, 4 oder zum höheren Verwaltungsdienst; die Voraussetzungen hierfür sind landesrechtlich geregelt, Preußen G. 11. März 79 (GS. 160). Die rechtskundigen Mitglieder dürfen nicht auf eine bestimmte Zahl von Jahren, die technischen nicht auf die Dauer eines von ihnen bekleideten anderen Amts berufen werden. — Zum Personal des PatA. gehören ferner Hilfsarbeiter, Subaltern- und Unterbeamte. — Alle Beamte des PatA. sind Reichsbeamte und unterliegen den Bestimmungen des ReichsbeamtenG. 31. März 73 (RGB. 61), die auf Zeit ernannten technischen Mitglieder jedoch mit der aus § 13 a. E. (Anm. 51) sich ergebenden Beschränkung. Der Präsident und die Mitglieder, auch die technischen, sind richterliche Beamte.

[51]) ReichsbeamtenG. § 16 lautet:

Kein Reichsbeamter darf ohne vorgängige Genehmigung der obersten Reichsbehörde ein Nebenamt oder eine Nebenbeschäftigung, mit welcher eine fortlaufende Remuneration verbunden ist, übernehmen oder ein Gewerbe betreiben. Dieselbe Genehmigung ist zu dem Eintritt eines Reichsbeamten in den Vorstand, Verwaltungs- oder Aufsichtsrath einer jeden auf Erwerb gerichteten Gesellschaft erforderlich. Sie darf jedoch nicht ertheilt werden, sofern die Stelle mittelbar oder unmittelbar mit einer Renumeration verbunden ist.

Die ertheilte Genehmigung ist jederzeit widerruflich.

Auf Wahlkonsuln und einstweilen in den Ruhestand versetzte Beamte finden diese Bestimmungen keine Anwendung.

[52]) Zur Zeit bestehen außer der Nichtigkeitsabteilung 10 Anmelde- und 2 Beschwerdeabteilungen Anl. A. Anm. 1. Hierzu tritt noch die Anmeldestelle für Gebrauchsmuster Anl. A § 19 und die Abteilung für Warenzeichen Nr. 4 des Abschn. Anl. A § 1.

In den Anmeldeabtheilungen dürfen nur solche technische Mitglieder mitwirken, welche auf Lebenszeit berufen sind. Die technischen Mitglieder der Anmeldeabtheilungen dürfen nicht in den übrigen Abtheilungen, die technischen Mitglieder der letzteren nicht in den Anmeldeabtheilungen mitwirken[53]).

Die Beschlußfähigkeit der Anmeldeabtheilungen ist durch die Anwesenheit von mindestens drei Mitgliedern bedingt, unter welchen sich zwei technische Mitglieder befinden müssen.

Die Entscheidungen der Nichtigkeitsabtheilung und der Beschwerdeabtheilungen erfolgen in der **Besetzung von zwei rechtskundigen und drei technischen Mitgliedern.** Zu anderen Beschlußfassungen genügt die Anwesenheit von drei Mitgliedern[54]).

Die Bestimmungen der Civilprozeßordnung über Ausschließung und Ablehnung der Gerichtspersonen finden entsprechende Anwendung[55]).

---

[53]) **Dagegen ist es zulässig, daß dasselbe technische Mitglied in der Nichtigkeits- und in Beschwerdeabteilungen oder daß es in mehreren Anmeldeabteilungen tätig ist. Die Zuweisung der Mitglieder an die Abteilungen erfolgt durch den RKz. und vorübergehend durch den Präsidenten des PatA. AusfV. (Anl. A) § 5.**

[54]) **Entscheidungen der Nichtigkeitsabteilung § 29 Abs. 2, 30 Abs. 2, der Beschwerdeabteilung § 26, andere Beschlußfassungen § 28 Abs. 5, 29 Abs. 1, 30 Abs. 1.**

[55]) CPO. § 41—49.

§ 41. Ein Richter ist von der Ausübung des Richteramts kraft Gesetzes ausgeschlossen:

1. in Sachen, in welchen er selbst Partei ist, oder in Ansehung welcher er zu einer Partei in dem Verhältnisse eines Mitberechtigten, Mitverpflichteten oder Regreßpflichtigen steht;
2. in Sachen seiner Ehefrau, auch wenn die Ehe nicht mehr besteht;
3. in Sachen einer Person, mit welcher er in gerader Linie verwandt, verschwägert oder durch Adoption verbunden, in der Seitenlinie bis zum dritten Grade verwandt oder bis zum zweiten Grade verschwägert ist, auch wenn die Ehe, durch welche die Schwägerschaft begründet ist, nicht mehr besteht;
4. in Sachen, in welchen er als Prozeßbevollmächtigter oder Beistand einer Partei bestellt oder als gesetzlicher Vertreter einer Partei aufzutreten berechtigt ist oder gewesen ist;
5. in Sachen, in welchen er als Zeuge oder Sachverständiger vernommen ist;
6. in Sachen, in welchen er in einer früheren Instanz oder im schiedsrichterlichen Verfahren bei der Erlassung der angefochtenen Entscheidung mitgewirkt hat, sofern es sich nicht um die Thätigkeit eines beauftragten oder ersuchten Richters handelt.

§ 42. Ein Richter kann sowohl in den Fällen, in welchen er von der Ausübung des Richteramts kraft Gesetzes ausgeschlossen ist, als auch wegen Besorgniß der Befangenheit abgelehnt werden.

Wegen Besorgniß der Befangenheit findet die Ablehnung statt, wenn ein

Zu den Berathungen können Sachverständige, welche nicht Mitglieder sind, zugezogen werden; dieselben dürfen an den Abstimmungen nicht theilnehmen.

§. 15. Die Beschlüsse und die Entscheidungen der Abtheilungen erfolgen im Namen des Patentamts; sie sind mit Gründen zu versehen, schriftlich auszufertigen und allen Betheiligten von Amtswegen zuzustellen[56]).

§. 16. Gegen die Beschlüsse der Anmeldeabtheilungen und der Nichtigkeitsabtheilung findet die Beschwerde statt. An der Beschlußfassung über die Beschwerde darf kein Mitglied theilnehmen, welches bei dem angefochtenen Beschlusse mitgewirkt hat[57]).

§. 17. Die Bildung der Abtheilungen, die Bestimmung ihres Geschäftskreises, die Formen des Verfahrens, einschließlich des Zustellungswesens, und der Geschäftsgang des Patentamts werden, insoweit dieses Gesetz nicht Bestimmungen darüber trifft, durch Kaiserliche Verordnung unter Zustimmung des Bundesraths geregelt[47]).

§. 18. Das Patentamt ist verpflichtet, auf Ersuchen der Gerichte über Fragen, welche Patente betreffen, Gutachten abzugeben, sofern in dem gerichtlichen Verfahren von einander abweichende Gutachten mehrerer Sachverständiger vorliegen[58]).

Im Uebrigen ist das Patentamt nicht befugt, ohne Genehmigung des

---

Grund vorliegt, welcher geeignet ist, Mißtrauen gegen die Unparteilichkeit eines Richters zu rechtfertigen.

Das Ablehnungsrecht steht in jedem Falle beiden Parteien zu.

§ 43. Eine Partei kann einen Richter wegen Besorgniß der Befangenheit nicht mehr ablehnen, wenn sie bei demselben, ohne den ihr bekannten Ablehnungsgrund geltend zu machen, in eine Verhandlung sich eingelassen oder Anträge gestellt hat.

§ 44—46 ordnen das Verfahren. Das Ablehnungsgesuch ist bei dem Gerichte, dem der Richter angehört, anzubringen; der Ablehnungsgrund, über den sich der Richter dienstlich zu äußern hat, ist glaubhaft zu machen § 44. Die Entscheidung kann ohne vorgängige mündliche Verhandlung erfolgen § 46. Zuständig ist das Gericht, dem der Abgelehnte angehört, und wenn es durch dessen Ausscheiden beschlußunfähig wird, das nächsthöhere Gericht § 45. Vor Erledigung des Ablehnungsgesuchs hat sich der Richter auf Handlungen zu beschränken, die keinen Aufschub gestatten § 47.

[56]) Entscheidungen Anm. 54, Beschlüsse § 22, 23, 24 Abs. 3, jedoch wird im Falle des § 23 Abs. 1 keine Begründung zu fordern sein. Auf prozeßleitende Verfügungen (§ 21, 25, 26 Abs. 3, 29 Abs. 1, 30) findet die Bestimmung keine Anwendung. — Form der Ausfertigungen AusfV. (Anl. A) § 11, Zustellungswesen § 12.

[57]) Durch Beschwerde anfechtbar sind Beschlüsse der Anmeldeabteilungen in den Fällen der § 22, 23 Abs. 4, 5, 24 Abs. 3, Beschlüsse der Nichtigkeitsabteilung im Falle der Ablehnung der Einleitung des Verfahrens § 28, und der Androhung der Zurücknahme des Pat. § 30 Abs. 3, ferner auch die von diesen Abteilungen getroffenen Beschlüsse prozessualen Inhalts z. B. über Ablehnung von Gerichtspersonen (Anm. 55). Die Entscheidung erfolgt endgültig durch die Beschwerdeabteilungen.

[58]) Die Erstattung von Gutachten gehört zum Geschäftskreise der Beschwerdeabteilungen AusfV. (Anl. A) § 2 Abs. 3.

Reichskanzlers außerhalb seines gesetzlichen Geschäftskreises Beschlüsse zu fassen oder Gutachten abzugeben[59]).

§. 19. Bei dem Patentamt wird eine Rolle geführt, welche den Gegenstand und die Dauer der ertheilten Patente, sowie den Namen und Wohnort der Patentinhaber und ihrer bei Anmeldung der Erfindung etwa bestellten Vertreter angiebt. Der Anfang, der Ablauf, das Erlöschen, die Erklärung der Nichtigkeit und die Zurücknahme der Patente sind, unter gleichzeitiger Bekanntmachung durch den Reichsanzeiger, in der Rolle zu vermerken[60]).

Tritt in der Person des Patentinhabers oder seines Vertreters eine Aenderung ein, so wird dieselbe, wenn sie in beweisender Form zur Kenntniß des Patentamts gebracht ist, ebenfalls in der Rolle vermerkt und durch den Reichsanzeiger veröffentlicht[61]). Solange dies nicht geschehen ist, bleiben der frühere Patentinhaber und sein früherer Vertreter nach Maßgabe dieses Gesetzes berechtigt und verpflichtet[62]).

---

[59]) Es darf demnach keine Gutachten an Privatpersonen oder an andere Behörden als an Gerichte erstatten und an Gerichte nur insoweit die Voraussetzungen des Abs. 1 vorliegen. Durch den RKz. ist jedoch das PatA. ermächtigt worden, auf Ersuchen der Staatsanwaltschaft Gutachten über Patente betreffende Fragen abzugeben, sofern in dem gerichtlichen Verfahren abweichende Gutachten mehrerer Sachverständigen vorliegen Bf. 20. Nov. 93 (PatBl. 673). — Den Beamten des PatA. ist die Abgabe gutachtlicher Äußerungen untersagt Bek. des PatA. 6. Jan. 82 (PatBl. 17), und 2. Jan. 90 (PatBl. 9).

[60]) Die Rolle hat folgende Spalten: Laufende Nr.; Gegenstand des Pat.; Inhaber des Pat. (Name und Wohnort); Vertreter des PatInhabers (Name und Wohnort); Dauer des Pat. (nach Tag, Monat, Jahr); Erlöschen, Erklärung der Nichtigkeit, Zurücknahme; Bemerkungen. In der letzten Spalte werden die im § 19 Abs. 2 bezeichneten Änderungen vermerkt, ferner auch Teilnichtigkeitserklärungen. — Bedeutung der Eintragungen. Der Inhalt der Rolle ist bestimmt, über die rechtlichen Verhältnisse eines jeden Pat. Auskunft zu gewähren Begr. (77) S. 30, dagegen haben die Eintragungen keine civilrechtliche Bedeutung. Insbesondere ist die Gültigkeit und der Bestand eines Pat. von der Eintragung unabhängig. — Die Beschlußfassung über Eintragungen und Löschungen in der Rolle gehört zum Geschäftsbereiche der Anmeldeabteilungen AusfV. (Anl. A) § 1 Abs. 3.

[61]) Eine Änderung in der Person des PatInhabers tritt ein, wenn das Pat. durch Erbfolge oder Übertragung zu Eigentum auf einen anderen übergeht § 6 Anm. 28. Sie liegt nicht vor, wenn lediglich das Recht zur Ausübung des Pat., selbst zur ausschließlichen, übertragen ist (Lizenz Anm. 28). In solchem Falle findet deshalb keine Eintragung statt RGer. 14. Nov. 84 (Straff. XI 266). — Die Umschreibung nach Abs. 2 findet nur auf Antrag statt, der vom bisherigen PatInhaber oder seinem Rechtsnachfolger oder einem mit Vollmacht des Berechtigten versehenen dritten zu stellen ist Pat.A. Bek. 18. Mai 81 (PatBl. 135). Der Antrag des PatInhabers kann durch ein rechtskräftiges gerichtliches Erkenntnis ersetzt werden, durch das der PatInhaber verurteilt wird in die Umschreibung des Pat. auf den Einzutragenden zu willigen. — Beweisende Form gewährt für Privaturkunden die gerichtliche oder notarielle Beglaubigung, die nur für die auf Eintragung gerichtete Erklärung des bisherigen PatInhabers, nicht für die Annahmeerklärung des neuen Erwerbers notwendig ist Bek. des Pat.A. 90 (PatBl. 215). Für Urkunden, die von einer inländischen öffentlichen Behörde aufgenommen oder ausgestellt sind, ist keine Beglaubigung erforderlich, für Urkunden ausländischer Behörden genügt die Legalisation durch einen Konsul oder Gesandten des Reichs G. 1. Mai 78 (RGB. 89).

[62]) Hiermit soll der Eintragung nicht die Bedeutung beigelegt werden, daß Ände-

Die Einsicht der Rolle, der Beschreibungen, Zeichnungen, Modelle und Probestücke, auf Grund deren die Ertheilung der Patente erfolgt ist, steht, soweit es sich nicht um ein im Namen der Reichsverwaltung für die Zwecke des Heeres oder der Flotte genommenes Patent handelt[63]), jedermann frei.

Das Patentamt veröffentlicht die Beschreibungen und Zeichnungen, soweit deren Einsicht jedermann freisteht, in ihren wesentlichen Theilen durch ein amtliches Blatt[64]). In dasselbe sind auch die Bekanntmachungen aufzunehmen, welche durch den Reichsanzeiger nach Maßgabe dieses Gesetzes erfolgen müssen[65]).

## Dritter Abschnitt[66]).

## Verfahren in Patentsachen.

§ 20. Die Anmeldung einer Erfindung behufs Ertheilung eines Patents[67]) geschieht schriftlich bei dem Patentamt. Für jede Erfindung ist eine besondere Anmeldung erforderlich[68]). Die Anmeldung muß den Antrag auf Er-

---

rungen der bezeichneten Art durch sie erst rechtswirksam werden. Vielmehr hat der zwischen dem PatInhaber und demjenigen, dem er sein Recht aus dem Pat. überträgt, abgeschlossene rechtsgültige Vertrag zwischen den Parteien, auch wenn die Eintragung nicht hinzutritt, volle rechtliche Wirkung. Die Bestimmung besagt nur, daß in einem nach Maßgabe des PatG. einzuleitenden Verfahren und überhaupt dem PatA. gegenüber der eingetragene PatInhaber und sein Vertreter für aktiv und passiv legitimiert erachtet werden sollen, ohne Rücksicht auf eine nicht eingetragene und nicht veröffentlichte Veränderung RGer. 14. Nov. 84 (Straff. XI 266). — Für die Stellung des Strafantrages wegen PatVerletzung ist die Eintragung des Antragstellers in die Rolle nicht Vorbedingung RGer. a. a. O.

[63]) Nach § 23 Abs. 5 ist auf Antrag der Reichsverwaltung für Pat. dieser Art von der Eintragung in die Rolle — sowie von der Bekanntmachung — überhaupt abzusehen.

[64]) Das PatBl. Anm. 1.

[65]) § 19 Abs. 1 und 2, 23 Abs. 2, 27.

[66]) Der dritte Abschn., § 20—34, behandelt das Verfahren in Pat.-Sachen. Die § 20—27 regeln das Erteilungsverfahren (§ 20 Anmeldung, § 21, 22 Vorprüfung, § 23 Bekanntmachung der Anmeldung, § 24 Beschlußverfahren, § 25 Befugnis zu Ermittelungen, § 26 Beschwerde, § 27 Bekanntmachung und Ausfertigung des Pat.). § 28—31 und 33 treffen über das Nichtigkeits- und Zurücknahme-Verfahren Bestimmung (§ 28 Einleitung des Verfahrens, § 29 Anhörung des PatInhabers, § 30 Entscheidung, § 31 Bestimmung über die Kosten, § 33 Berufung). § 32 (Rechtshilfe) und 34 (Geschäftssprache) gelten sowohl für das Erteilungs- wie für das Nichtigkeits- und Zurücknahme-Verfahren. — Der Begriff PatSachen beschränkt sich auf die in den Verfahren des 3. Abschnitts zu erledigenden Angelegenheiten, umfaßt also nicht die der Entscheidung der ordentlichen Gerichte unterliegenden Streitigkeiten, mithin auch nicht die PatVerletzungen (§ 35—37).

[67]) Rechtliche Bedeutung und Wirkung der Anmeldung § 3. — Der Inhalt der Anmeldung ist für die Frage, ob eine Erfindung vorliegt, maßgebend. Wenn das PatA. erkennt, daß die angemeldete Erfindung eine größere Tragweite habe, als ihr in der Anmeldung beigemessen wird, darf es diesen Gesichtspunkt nicht von Amts wegen berücksichtigen. Ebensowenig kommt eine erst nachträglich zu Tage getretene Eigenschaft des patentierten Gegenstands für die der Anmeldung beizulegende Tragweite in Betracht RGer. 9. Nov. 87 (XX 40).

[68]) Diese kann mehrere PatAnsprüche enthalten, sofern sie sich nur sämtlich auf dieselbe Erfindung gründen. Bei der Anmeldung eines Kombinations Pat. (Anm. 3) kann z. B. PatSchutz nicht nur für die Kombination als solche,

theilung des Patents enthalten und in dem Antrage den Gegenstand, welcher durch das Patent geschützt werden soll, genau bezeichnen. In einer Anlage ist die Erfindung dergestalt zu beschreiben, daß danach die Benutzung derselben durch andere Sachverständige möglich erscheint. Am Schlusse der Beschreibung ist dasjenige anzugeben, was als patentfähig unter Schutz gestellt werden soll (Patentanspruch)[69]). Auch sind die erforderlichen Zeichnungen, bildlichen Darstellungen, Modelle und Probestücke beizufügen.

Das Patentamt erläßt Bestimmungen über die sonstigen Erfordernisse der Anmeldung[70]).

Bis zu dem Beschlusse über die Bekanntmachung der Anmeldung sind Abänderungen der darin enthaltenen Angaben zulässig[71]). Gleichzeitig mit der Anmeldung sind für die Kosten des Verfahrens zwanzig Mark zu zahlen[72]).

§. 21. Die Anmeldung unterliegt einer Vorprüfung durch ein Mitglied der Anmeldeabtheilung[73]).

Erscheint hierbei die Anmeldung als den vorgeschriebenen Anforderungen (§. 20) nicht genügend, so wird durch Vorbescheid der Patentsucher aufgefordert, die Mängel innerhalb einer bestimmten Frist zu beseitigen.

---

sondern auch für einzelne Bestandteile der Kombination — und zwar nicht nur als Glieder der Verbindung, sondern für alle Zwecke — begehrt werden. Ferner kann in derselben Anmeldung Schutz für ein neues Verfahren und für das durch dieses Verfahren hergestellte neue Erzeugnis beantragt werden.

[69]) Der Satz ist durch die Reichst.-Kommission (91) eingefügt worden, in der Annahme, daß die Festlegung des Pat Anspruchs dem Richter die Beurteilung der Tragweite eines Pat. wesentlich erleichtern würde KB. S. 23.

[70]) Bestimmungen über die Erfordernisse einer Patentanmeldung Bek. 22. Mai 98 Anlage B.

[71]) Die Zulässigkeit von Abänderungen beschränkt sich auf die in der Anmeldung enthaltenen Angaben. Hierunter fällt nicht die Ersetzung der angemeldeten Erfindung durch eine andere. Bei einer Ausdehnung der angemeldeten Erfindung bestimmt es sich nach den Verhältnissen des Falls, ob als Zeitpunkt der Anmeldung im Sinne des § 3 der Eingang der ursprünglichen Anmeldung oder der der Ergänzung anzusehen ist. — Nach dem G. 77 waren Abänderungen bis zur Bekanntmachung, seit dem G. 91 sind sie nur bis zum Beschlusse über die Bekanntmachung (§ 23 Abs. 1) zulässig.

[72]) Die Gebühr soll an die Kasse des PatA. eingezahlt werden, die Beifügung baren Geldes als Anlage der Anmeldung ist unerwünscht PatA. 22. Nov. 98 (Bl. für Pat.- 2c. Wesen IV 227), Stundung oder Erlaß der Gebühr ist unzulässig.

[73]) Die Vorprüfung (Nr. 1 des Abschn. Abs. 5) bezweckt die Vorbereitung der Entscheidung. Während sie durch ein Mitglied der Anmeldeabteilung (§ 14) erfolgt, ist die Entscheidung über das Pat. stets durch die Anmeldeabteilung zu treffen. Über die Ausschließung des Vorprüfers, sofern er Vorbescheid erlassen hat, von der Mitwirkung an der Beschlußfassung der Abteilung § 22 Abs. 1 und Anm. 75. Gegenstand der Vorprüfung ist die Anmeldung nach Form und Inhalt. Ergeben sich Mängel in der Form, so ist der PatSucher zur Beseitigung aufzufordern Abs. 2. Ergeben sich sachliche Anstände, so ist der Pat Sucher davon unter Angabe der Gründe zu benachrichtigen und zur Äußerung aufzufordern Abs. 3. Die Aufforderung erfolgt in beiden Fällen durch Vorbescheid. Wenn sich der PatSucher innerhalb der ihm gesetzten Frist nicht erklärt, gilt die Anmeldung als zurückgenommen. Andernfalls gelangt die Sache zur Beschlußfassung der Anmeldeabteilung Abs. 4. Diese tritt auch dann ein, wenn die Vorprüfung keine Anstände ergeben hat.

Insoweit die Vorprüfung ergiebt, daß eine nach §§. 1, 2, 3 Absatz 1 patentfähige Erfindung nicht vorliegt, wird der Patentsucher hiervon unter Angabe der Gründe mit der Aufforderung benachrichtigt, sich binnen einer bestimmten Frist zu äußern.

Erklärt sich der Patentsucher auf den Vorbescheid (Absatz 2 und 3) nicht rechtzeitig, so gilt die Anmeldung als zurückgenommen[74]); erklärt er sich innerhalb der Frist, so faßt die Anmeldeabtheilung Beschluß.

**§. 22.** Ist durch die Anmeldung den vorgeschriebenen Anforderungen (§. 20) nicht genügt oder ergiebt sich, daß eine nach §§. 1, 2, 3 Absatz 1 patentfähige Erfindung nicht vorliegt, so wird die Anmeldung von der Abtheilung zurückgewiesen[75]). An der Beschlußfassung darf das Mitglied, welches den Vorbescheid erlassen hat, nicht theilnehmen.

Soll die Zurückweisung auf Grund von Umständen erfolgen, welche nicht bereits durch den Vorbescheid dem Patentsucher mitgetheilt waren, so ist demselben vorher Gelegenheit zu geben, sich über diese Umstände binnen einer bestimmten Frist zu äußern.

**§. 23.** Erachtet das Patentamt die Anmeldung für gehörig erfolgt und die Ertheilung eines Patents nicht für ausgeschlossen, so beschließt es die Bekanntmachung der Anmeldung. Mit der Bekanntmachung treten für den Gegenstand der Anmeldung zu Gunsten des Patentsuchers einstweilen die gesetzlichen Wirkungen des Patents ein (§§. 4 und 5)[76]).

---

[74]) Gegen die Versäumung der Frist gibt es keinen Rechtsbehelf; es bleibt dem PatSucher nur übrig, die Erfindung von neuem anzumelden (§ 20).

[75]) Die Anmeldeabteilung hat darüber zu beschließen, ob die Anmeldung zurückzuweisen (§ 22) oder bekannt zu machen (§ 23) ist. Es sind folgende Fälle möglich:

a) Hat der Vorprüfer die Anmeldung nicht beanstandet, so beschließt die Abteilung, wenn sie zu dem gleichen Ergebnisse kommt, die Bekanntmachung. Wenn sie hingegen Mängel in Form oder Inhalt für vorliegend hält, hat sie vor ihrer Enscheidung dem PatSucher Gelegenheit zur Äußerung zu geben § 22 Abs. 2.

b) Hat der Vorprüfer die Anmeldung beanstandet, und hält die Abteilung die gerügten Mängel entweder für nicht vorliegend oder durch die Erklärungen des PatSuchers für beseitigt, so beschließt sie die Bekanntmachung. Hält sie den Vorbescheid für begründet und die Anstände durch den PatSucher auch nicht für beseitigt, so weist sie die Anmeldung zurück. Wenn sie schließlich die Zurückweisung aus andern als den dem Pat.Sucher im Vorbescheid eröffneten Umständen für geboten hält, so hat sie vor ihrer Entscheidung dem PatSucher Gelegenheit zu geben sich über diese Umstände zu äußern § 22 Abs. 2. In den Fällen zu b darf der Vorprüfer an der Beschlußfassung über die Zurückweisung oder Bekanntmachung und über die Erteilung des Pat. (§ 24 Abs. 3) nicht mitwirken. Dagegen steht seiner Teilnahme an der Beratung und an andern Beschlüssen nichts im Wege. — Form des zurückweisenden Beschlusses § 15, Beschwerde dagegen § 16, 26.

[76]) Wirkungen des Pat. Anm. 17. — Mit der Versagung des Pat. gelten die Wirkungen des einstweiligen Schutzes als nicht eingetreten § 27 Abs. 2; sie hat hinsichtlich dieser Wirkungen rückwirkende Kraft und es wird eine ähnliche Rechtslage geschaffen wie durch die Nichtigkeitserklärung eines erteilten Pat. Anm. 36. Während der Dauer des einstweiligen Schutzes hat der PatSucher die Rechte eines PatIn-

Die Bekanntmachung geschieht in der Weise, daß der Name des Patentsuchers und der wesentliche Inhalt des in seiner Anmeldung enthaltenen Antrags durch den Reichsanzeiger einmal veröffentlicht wird[77]). Mit der Veröffentlichung ist die Anzeige zu verbinden, daß der Gegenstand der Anmeldung einstweilen gegen unbefugte Benutzung geschützt sei.

Gleichzeitig ist die Anmeldung mit sämmtlichen Beilagen bei dem Patentamt zur Einsicht für jedermann auszulegen. Auf dem durch §. 17 des Gesetzes bestimmten Wege kann angeordnet werden, daß die Auslegung auch außerhalb Berlins zu erfolgen habe[78]).

Die Bekanntmachung kann auf Antrag des Patentsuchers auf die Dauer von höchstens sechs Monaten, vom Tage des Beschlusses über die Bekanntmachung an gerechnet, ausgesetzt werden. Bis zur Dauer von drei Monaten darf die Aussetzung nicht versagt werden[79]).

Handelt es sich um ein im Namen der Reichsverwaltung für die Zwecke des Heeres oder der Flotte nachgesuchtes Patent, so erfolgt auf Antrag die Patentertheilung ohne jede Bekanntmachung. In diesem Falle unterbleibt auch die Eintragung in die Patentrolle[80]).

§. **24.** Innerhalb der Frist von zwei Monaten nach der Veröffentlichung (§. 23) ist die erste Jahresgebühr (§. 8 Absatz 1) einzuzahlen. Er-

habers. Er kann insbesondere auch gegen den Verletzer Strafantrag nach § 36 stellen und auf Entschädigung (§ 35) oder Buße (§ 37) klagen. Doch wird hier die Aussetzung des Verfahrens (Anm. 17) bis nach endgültiger Entscheidung über das Pat. die Regel bilden.

[77]) Außerdem hat die Veröffentlichung im PatBl. zu erfolgen § 19 Abs. 4.

[78]) Um zu verhindern, daß die Einsichtnahme zum Schaden des Pat Suchers mißbraucht werde, hat das PatAmt durch Bek. 13. Nov. 77 (PatBl. 61) folgendes bestimmt:

a) Die Einsichtnahme von der Anmeldung einer Erfindung und von den Beilagen derselben hat sich auf die Prüfung zu beschränken, ob die Anmeldung Anlaß zur Erhebung eines Einspruchs bildet.

b) Die Entnahme von Abschriften und Beschreibungen und von Kopien der Zeichnungen sowie jedes Durchzeichnen ist untersagt.

c) Zeichenbretter, Schienen, Reißzeuge oder sonstige Hilfsmittel, welche solche Entnahme erleichtern, werden in den Geschäftsräumen des PatA. nicht zugelassen.

d) Nur die Aufzeichnung kurzer Notizen oder Skizzen wird für statthaft erachtet und darf hierzu nur ein Bleistift benutzt werden. Ausgeschlossen ist jede stenographische Aufzeichnung.

e) Wer diesen Bedingungen zuwiderhandelt, hat die Versagung weiterer Einsichtnahme und die Zurückbehaltung der unzulässigen Aufzeichnungen zu gewärtigen.

f) Sollte in einzelnen Fällen die so begrenzte Einsichtnahme nicht ausreichend erscheinen, so ist in Gemäßheit des § 29 der V. 11. Juli 91 (Anl. A) die Erteilung von Abschriften und Auszügen gegen Einzahlung der Kosten bei dem PatA. zu beantragen. — Wegen Auslegung der PatAnmeldungen außerhalb Berlins AusfV. (Anl. A) § 16 und Anm. 9 dazu.

[79]) Die Aussetzung ist mit Rücksicht auf die PatGesetzgebung fremder Staaten zugelassen, um den Nachteilen vorzubeugen, die sich für die PatErteilung im Auslande aus der unmittelbaren Veröffentlichung ergeben können. — Das Gegenstück zu dieser Bestimmung bildet § 2 Abs. 2 (Anm. 8).

[80]) Ist die Eintragung eines solchen Pat. in die Rolle gestattet worden, findet § 19 Abs. 3 Anwendung.

folgt die Einzahlung nicht binnen dieser Frist, so gilt die Anmeldung als zurückgenommen.

Innerhalb der gleichen Frist kann gegen die Ertheilung des Patents Einspruch erhoben werden. Der Einspruch muß schriftlich erfolgen und mit Gründen versehen sein. Er kann nur auf die Behauptung gestützt werden, daß der Gegenstand nach §§. 1 und 2 nicht patentfähig sei, oder daß dem Patentsucher ein Anspruch auf das Patent nach §. 3 nicht zustehe[81]). Im Falle des §. 3 Absatz 2 ist nur der Verletzte zum Einspruch berechtigt[82]).

Nach Ablauf der Frist hat das Patentamt über die Ertheilung des Patents Beschluß zu fassen[83]). An der Beschlußfassung darf das Mitglied, welches den Vorbescheid (§. 21) erlassen hat, nicht theilnehmen.

**§. 25.** Bei der Vorprüfung und in dem Verfahren vor der Anmeldeabtheilung kann jederzeit die Ladung und Anhörung der Betheiligten, die Vernehmung von Zeugen und Sachverständigen, sowie die Vornahme sonstiger zur Aufklärung der Sache erforderlicher Ermittelungen angeordnet werden[84]).

**§. 26.** Gegen den Beschluß, durch welchen die Anmeldung zurückgewiesen wird, kann der Patentsucher, und gegen den Beschluß, durch welchen über die Ertheilung des Patents entschieden wird, der Patentsucher oder der Einsprechende innerhalb eines Monats nach der Zustellung Beschwerde einlegen[85]). Mit der Einlegung der Beschwerde sind für die Kosten des Beschwerdeverfahrens

---

[81]) Entspricht der Einspruch diesen Anforderungen nicht, so gilt er als nicht erhoben. Die Einspruchsschrift soll, um der Gegenpartei zugestellt werden zu können, in Urschrift und Abschrift eingereicht werden PatA. 15. Okt. 79 (PatBl. 529).

[82]) Im übrigen ist jedermann, auch ein Ausländer, zum Einspruche berechtigt, ohne ein besonderes Interesse darzutun. — Der Einspruch wird, sofern er nicht zweifellos unbegründet ist, dem PatSucher mitgeteilt. Der Gegenerklärung sind so viele Abschriften beizufügen, daß jedem Gegner eine zugestellt werden kann Bek. 15. Okt. 79 (Anm. 81). — Die Einspruchserhebung ist kostenfrei. — Auf die Berücksichtigung eines nach Ablauf der Einspruchsfrist erhobenen Einspruchs hat der Einsprechende keinen Anspruch, was aber nicht hindert, daß das PatA. die darin angeführten Behauptungen bei Prüfung des PatAnspruchs in Rechnung zieht.

[83]) Beschlußfähigkeit der Anmeldeabteilung § 14 Abs. 3. Form des Beschlusses § 15. — Ein Recht auf mündliche Anhörung haben die Beteiligten nicht, anders im Beschwerdeverfahren § 26 Abs. 3. — Der Beschluß muß die Erteilung des Pat., die auch nur beschränkt erfolgen kann, oder die Versagung aussprechen. Die Einstellung des Verfahrens ist, weil gesetzlich nicht vorgesehen, nicht zulässig. An Stelle des verstorbenen PatSuchers treten seine Erben. — Der Erteilungsbeschluß muß mit der bekannt gemachten Anmeldung sachlich übereinstimmen. Er ist ungültig, wenn und insoweit diese Übereinstimmung mangelt, weil nur das, was im Wege der Bekanntmachung öffentlich begehrt wird, an Pat. gewährt werden kann RGer. 11. Juli 00 (XLVI 175) 12. Feb. 02 (L 196).

[84]) Dabei haben die Gerichte Rechtshülfe zu leisten § 32. — Wegen der verschiedenen Beweismittel Anm. 94 und die das. aufgeführten Bestimmungen der CPO.

[85]) Über die Beschwerde entscheiden die Beschwerdeabteilungen. Besetzung deselben § 14 Abs. 4. Mitglieder, die bei dem angefochtenen Beschlusse mitgewirkt haben, dürfen an der Beschlußfassung nicht Teil nehmen § 16. — Einstellung des Verfahrens ist nicht statthaft Anm. 83.

zwanzig Mark zu zahlen; erfolgt die Zahlung nicht, so gilt die Beschwerde als nicht erhoben.

Ist die Beschwerde an sich nicht statthaft oder ist dieselbe verspätet eingelegt, so wird sie als unzulässig verworfen.

Wird die Beschwerde für zulässig befunden, so richtet sich das weitere Verfahren nach §. 25. Die Ladung und Anhörung der Betheiligten muß auf Antrag eines derselben erfolgen. Dieser Antrag kann nur abgelehnt werden, wenn die Ladung des Antragstellers in dem Verfahren vor der Anmeldeabtheilung bereits erfolgt war.

Soll die Entscheidung über die Beschwerde auf Grund anderer als der in dem angegriffenen Beschlusse berücksichtigten Umstände erfolgen, so ist den Betheiligten zuvor Gelegenheit zu geben, sich hierüber zu äußern.

Das Patentamt kann nach freiem Ermessen bestimmen, inwieweit einem Betheiligten im Falle des Unterliegens die Kosten des Beschwerdeverfahrens zu Last fallen, sowie anordnen, daß dem Betheiligten, dessen Beschwerde für gerechtfertigt befunden ist, die Gebühr (Absatz 1) zurückgezahlt wird.

**§ 27.** Ist die Ertheilung des Patents endgültig beschlossen, so erläßt das Patentamt darüber durch den Reichsanzeiger eine Bekanntmachung[86]) und fertigt demnächst für den Patentinhaber eine Urkunde aus[87]).

Wird die Anmeldung nach der Veröffentlichung (§. 23) zurückgenommen oder wird das Patent versagt, so ist dies ebenfalls bekannt zu machen. Die eingezahlte Jahresgebühr wird in diesen Fällen erstattet. Mit der Versagung des Patents gelten die Wirkungen des einstweiligen Schutzes als nicht eingetreten[76]).

**§. 28.** Die Einleitung des Verfahrens wegen Erklärung der Nichtigkeit oder wegen Zurücknahme des Patents erfolgt nur auf Antrag[88]).

---

[86]) Außerdem ist die Bekanntmachung im PatBl. zu veröffentlichen § 19 Abs. 4.

[87]) Die PatUrkunde ist eine Bescheinigung über das erteilte Pat., aber nicht Träger des PatRechts. Dieses ist auf Grund des rechtskräftigen Erteilungsbeschlusses vorhanden, auch wenn die Urkunde noch nicht ausgefertigt ist. Ebensowenig ist die Wirksamkeit einer Veräußerung des Pat. von der Übergabe der Urkunde abhängig. Auch für die Auslegung des Pat. ist der Erteilungsbeschluß und nicht die Urkunde entscheidend. Bei mangelnder Übereinstimmung ist der Beschluß dafür maßgebend, in welchem Sinne und Umfange der Pat Schutz gewährt ist RGer. 25. April 00 (XLVI 64).

[88]) Abschriften des Antrags und seiner Anlagen für die Gegner sind beizufügen Bek. 15. Okt. 79 (PatBl. 529). Die Zurücknahme des Antrags ist zulässig. Während der Antrag auf Zurücknahme stets, der Antrag auf Nichtigkeit in den Fällen des § 10 Ziff. 1 und 2 von jedermann, ohne den Nachweis eines besonderen Interesses, gestellt werden kann — ausgenommen nur derjenige, welcher im Auftrage und auf Rechnung des Pat Inhabers klagt — ist zum Antrage auf Nichtigkeit aus § 10 Ziff. 3 nur der Verletzte berechtigt. — Der Kreis der zum Antrage auf Nichtigkeit zugelassenen Personen ist hiernach ebenso gezogen wie der Kreis der zum Einspruch gegen die Erteilung des Pat. Befugten (§ 24 Abs. 2). Der Grund, weshalb bei völliger oder teilweiser Übereinstimmung von Pat. nicht bloß der beteiligte PatInhaber, sondern jedermann zum Antrage auf Nichtigkeit zugelassen ist, liegt in der Erwägung, daß die Beseitigung eines Wider-

Im Falle des §. 10 Nr. 3 ist nur der Verletzte zu dem Antrage berechtigt[89]).

Im Falle des §. 10 Nr. 1 ist nach Ablauf von fünf Jahren, von dem Tage der über die Ertheilung des Patents erfolgten Bekanntmachung (§ 27 Absatz 1) gerechnet, der Antrag unstatthaft.

Der Antrag ist schriftlich an das Patentamt zu richten und hat die Thatsachen anzugeben, auf welche er gestützt wird[90]). Mit dem Antrage ist eine Gebühr von fünfzig Mark zu zahlen. Erfolgt die Zahlung nicht, so gilt der Antrag als nicht gestellt. Die Gebühr wird erstattet, wenn das Verfahren ohne Anhörung der Betheiligten beendet wird.

Wohnt der Antragsteller im Auslande, so hat er dem Gegner auf dessen Verlangen Sicherheit wegen der Kosten des Verfahrens zu leisten. Die Höhe der Sicherheit wird von dem Patentamt nach freiem Ermessen festgesetzt. Dem Antragsteller wird bei Anordnung der Sicherheitsleistung eine Frist bestimmt, binnen welcher die Sicherheit zu leisten ist. Erfolgt die Sicherheitsleistung nicht vor Ablauf der Frist, so gilt der Antrag als zurückgenommen[91]).

---

streits zwischen mehreren Pat. im öffentlichen Interesse gelegen ist Begr. (90) S. 25.

[89]) Verletzt ist jeder, der durch das widerrechtliche Verhalten des PatInhabers benachteiligt ist, nicht nur der zur Verfügung über die Erfindung Berechtigte, sondern auch wer vermöge der in seinem Besitze befindlichen Beschreibungen, Zeichnungen, Modelle, Gerätschaften oder Einrichtungen tatsächlich über die Erfindung zu verfügen imstande ist RGer. 23. Okt. 80 (II 137), im übrigen jeder nach § 3 Abs. 2 zur Einspruchserhebung Berechtigte.

[90]) Über die sachlichen Voraussetzungen der Nichtigkeitsklage Anm. 37, der Zurücknahmeklage Anm. 39—43. — Für eine im Laufe des Verfahrens eintretende Änderung des Antrags ist CPO. § 264 maßgebend, wonach eine Änderung der Klage nach dem Eintritte der Rechtshängigkeit — hier der Verfügung der Einleitung des Verfahrens § 29 — nur zuzulassen ist, wenn der Beklagte einwilligt oder wenn nach dem Ermessen des Gerichts durch die Änderung die Verteidigung des Beklagten nicht wesentlich erschwert wird. Begriff der Klageänderung CPO. § 268. — Wer mit dem Antrage auf Zurücknahme oder Nichtigkeit rechtskräftig abgewiesen ist, kann einen neuen Antrag nicht auf denselben Klagegrund stützen. Es steht ihm, sowie einer von ihm vorgeschobenen Person der Einwand der rechtskräftig entschiedenen Sache entgegen.

[91]) Sicherheitsstellung CPO. § 108—113. Die Bestellung ist durch Hinterlegung von Geld oder solchen Wertpapieren zu bewirken, die nach BGB. § 234 Abs. 1, 3 zur Sicherheitsleistung geeignet sind oder nach richterlichem Ermessen eine genügende Deckung gewähren § 108. Nach CPO. § 110 Abs. 2[1] sind Ausländer von der ihnen als Klägern obliegenden Verpflichtung, dem Beklagten auf sein Verlangen Sicherheit zu stellen, befreit, wenn nach den Gesetzen des Staats, dem der Kläger angehört, ein Deutscher im gleichem Falle zur Sicherheitsleistung nicht verpflichtet ist. In dem Abkommen zur Regelung von Fragen des internationalen Privatrechts 14. Nov. 96 (RGB. 99 S. 285) ist vereinbart, daß den in einem Vertragsstaate wohnenden Angehörigen eines Vertragsstaats, wenn sie in einem der Vertragsstaaten als Kläger oder Intervenienten auftreten, wegen ihrer Eigenschaft als Ausländer oder deshalb, weil sie in dem letzteren Staate keinen Wohnsitz oder Aufenthalt haben, eine Sicherheitsleistung nicht auferlegt werden kann. Diesem ursprünglich zwischen Belgien, Spanien, Frankreich, Italien, Luxemburg, den Niederlanden und der Schweiz geschlossenen Abkommen sind später (97) Schweden-Norwegen, Deutschland, Öster-

§. **29.** Nachdem die Einleitung des Verfahrens verfügt ist, fordert das Patentamt den Patentinhaber unter Mittheilung des Antrags auf, sich über denselben innerhalb eines Monats zu erklären[92]).

Erklärt der Patentinhaber binnen der Frist sich nicht, so kann ohne Ladung und Anhörung der Betheiligten sofort nach dem Antrage entschieden und bei dieser Entscheidung jede von dem Antragsteller behauptete Thatsache für erwiesen angenommen werden[93]).

§. **30.** Widerspricht der Patentinhaber rechtzeitig, oder wird im Falle des §. 29 Absatz 2 nicht sofort nach dem Antrage entschieden, so trifft das Patentamt, und zwar im ersteren Falle unter Mittheilung des Widerspruchs an den Antragsteller, die zur Aufklärung der Sache erforderlichen Verfügungen. Es kann die Vernehmung von Zeugen und Sachverständigen anordnen. Auf dieselben finden die Vorschriften der Civilprozeßordnung entsprechende Anwendung[94]). Die Beweisverhandlungen sind unter Zuziehung eines beeidigten Protokollführers aufzunehmen.

Die Entscheidung erfolgt nach Ladung und Anhörung der Betheiligten[95]).

Wird die Zurücknahme des Patents auf Grund des §. 11 Nr. 2 beantragt, so muß der diesem Antrage entsprechenden Entscheidung eine Androhung der Zurücknahme unter Angabe von Gründen und unter Festsetzung einer angemessenen Frist vorausgehen[96]).

---

reich-Ungarn, Dänemark, Rumänien und Rußland beigetreten. Obschon das Abkommen nur die Regelung mehrerer auf den Zivilprozeß bezüglicher Fragen bezweckt, wird der Regelung über die Sicherheitsleistung auch für das Verfahren in PatAngelegenheiten Wirksamkeit beizumessen sein.

[92]) Gegen den Beschluß, durch den die Einleitung des Verfahrens abgelehnt wird, steht die Beschwerde offen, über die die zuständige Beschwerde-Abteilung entscheidet § 16. Form dieses Beschlusses § 15. — Die Erhebung einer Widerklage (CPO. 278) ist zulässig, ebenso die Nebenintervention (CPO. § 66) dessen, der am Ausgange des Verfahrens ein von ihm zu erweisendes (das. § 71) ernstliches Interesse hat, und die Streitverkündung das. § 72.

[93]) Dagegen kann die Abweisung des Antrags, nachdem die Einleitung des Verfahrens verfügt worden ist, nur nach vorhergegangener Ladung auf Grund einer Verhandlung, die die Möglichkeit der Anhörung der Beteiligten gewährte, erfolgen § 30 Abs. 1 und 2.

[94]) Zeugenbeweis CPO. § 373 bis 401, Beweis durch Sachverständige § 402 bis 414. Von anderen Beweismitteln kommt insbesondere Aufnahme des Augenscheins (CPO. § 371, 372) in Betracht. Nicht zulässig als Beweismittel, weil nicht besonders vorgesehen, ist der Parteieneid (CPO. § 445 bis 477.

[95]) Bei der Entscheidung muß die Nichtigkeitsabteilung mit zwei rechtskundigen und drei technischen Mitgliedern besetzt sein § 14 Abs. 4. Die Verhandlung ist nicht öffentlich, weil unter Umständen Fabrikationsgeheimnisse erörtert werden müssen, deren Verbreitung den Beteiligten nicht erwünscht ist. Begr. (77) S. 34. Die Beteiligten oder ihre Vertreter müssen zur Verhandlung geladen und wenn sie erscheinen, gehört werden. Ein Versäumnisurteil beim Ausbleiben einer Partei, wie es die CPO. vorsieht, findet nicht statt. Es ist vielmehr in solchem Falle nach Lage der Sache zu entscheiden, ebenso wenn keine Partei erscheint.

[96]) Gegen die Androhung der Zurücknahme ist die Beschwerde zulässig, über die von der zuständigen Beschwerdeabteilung zu entscheiden ist § 16. Diese

**§. 31.** In der Entscheidung (§§. 29, 30) hat das Patentamt nach freiem Ermessen zu bestimmen, zu welchem Antheile die Kosten des Verfahrens den Betheiligten zur Last fallen[97]).

**§. 32.** Die Gerichte sind verpflichtet, dem Patentamt Rechtshülfe zu leisten[98]). Die Festsetzung einer Strafe gegen Zeugen und Sachverständige, welche nicht erscheinen oder ihre Aussage oder deren Beeidigung verweigern, sowie die Vorführung eines nicht erschienenen Zeugen erfolgt auf Ersuchen durch die Gerichte[99]).

**§. 33.** Gegen die Entscheidung des Patentamts (§§. 29, 30) ist die Berufung zulässig[100]). Die Berufung geht an das Reichsgericht. Sie ist binnen sechs Wochen nach der Zustellung bei dem Patentamt schriftlich anzumelden und zu begründen.

Durch das Urtheil des Gerichtshofs ist nach Maßgabe des §. 31 auch über die Kosten des Verfahrens zu bestimmen[97]).

---

Entscheidung ist aber für die demnächstige Entscheidung des PatA. über die Zurücknahme nicht bindend.

[97]) Und zwar sowohl die gerichtlichen als die außergerichtlichen Kosten. Die gerichtlichen Kosten bestehen in der Prozeßgebühr von 50 M. (§ 28 Abs. 4) und den Auslagen des PatA. Zu den außergerichtlichen Kosten gehören die von der Partei an ihre Vertreter gezahlten Gebühren und Auslagen. Für Rechtsanwälte ist die GebührenO. 7. Juli 79 (Neufassung RGB. 98 S. 692) maßgebend.

[98]) Rechtshülfe GVG. § 157—169. Zuständig ist das Amtsgericht, in dessen Bezirk die Amtshandlung vorgenommen werden soll § 158. Das Ersuchen darf nur abgelehnt werden, wenn dem ersuchten Gericht die örtliche Zuständigkeit mangelt, oder die vorzunehmende Handlung nach dem Rechte des ersuchten Gerichts verboten ist § 159. Beschwerde gegen den ablehnenden Beschluß ans Oberlandesgericht, gegen dessen Entscheidung Beschwerde ans RGer. statthaft ist, jedoch nur, wenn die Rechtshülfe für unzulässig erklärt wird und das ersuchende und das ersuchte Gericht den Bezirken verschiedener Oberlandesgerichte angehören § 160. Durch die letztere Einschränkung soll die Beschwerde ans RGer. ausgeschlossen werden, insoweit das ersuchende und das ersuchte Gericht unter demselben Oberlandesgerichte stehen. Da das PatA. nicht unter dem KGer. steht, ist seine Beschwerde ans RGer. auch zulässig, wenn die Rechtshülfe von einem dem Bezirke des KGer. angehörenden Amtsgerichte abgelehnt und diese Verfügung vom KGer. aufrecht erhalten ist RGer. 19. Sept. 94 (XXXIII 423). — Die Rechtshülfe ist nicht auf die Zwecke der Beweiserhebung beschränkt; auch die vom PatA. erlassenen Kostenfestsetzungsbeschlüsse sind im Wege der Rechtshülfe vom zuständigen Amtsgerichte mit der Vollstreckungsklausel zu versehen RGer. a. a. O.

[99]) Zwangsmaßregeln gegen Zeugen CPO. § 380, 390, gegen Sachverständige § 409.

[100]) Die Berufung ist gegen die Entscheidungen gegeben, durch die der Antrag auf Nichtigkeit oder Zurücknahme eines Pat. nach eingeleitetem Verfahren zurückgewiesen oder durch die ihm, sei es ohne mündliche Verhandlung (§ 29 Abs. 2), sei es nach Ladung und mündlicher Verhandlung (§ 30 Abs. 2) ganz oder teilweise stattgegeben wird. Auch wegen des Kostenpunkts allein ist die Berufung zulässig. Die gegenteilige Vorschrift der CPO. § 99 Abs. 1, wonach die Anfechtung der Entscheidung über den Kostenpunkt unzulässig ist, wenn nicht gegen die Entscheidung in der Hauptsache ein Rechtsmittel eingelegt wird, kann als Ausnahmegesetz auf die Entscheidungen in dem schriftlichen Verfahren des PatG. nicht übertragen werden RGer. 90 (PatBl. 595); früher entgegengesetzt entschieden im U. des RGer. 20. Dez. 81 (VI 340). — Eine Anschlußberufung nach Ablauf der Berufungsfrist ist, weil gesetzlich nicht vorgesehen, unzulässig.

Im Uebrigen wird das Verfahren vor dem Gerichtshof durch ein Regulativ bestimmt, welches von dem Gerichtshof zu entwerfen ist und durch Kaiserliche Verordnung unter Zustimmung des Bundesraths festgestellt wird[101]).

§. 34. In Betreff der Geschäftssprache vor dem Patentamt finden die Bestimmungen des Gerichtsverfassungsgesetzes über die Gerichtssprache entsprechende Anwendung[102]). Eingaben, welche nicht in deutscher Sprache abgefaßt sind, werden nicht berücksichtigt.

## Vierter Abschnitt[103]).

## Strafen und Entschädigung.

§. 35. Wer wissentlich oder aus grober Fahrlässigkeit den Bestimmungen der §§. 4 und 5 zuwider eine Erfindung in Benutzung nimmt, ist dem Verletzten zur Entschädigung verpflichtet[104]).

---

[101]) V. betr. das Berufungsverfahren beim RGer. in PatSachen vom 6. Dez. 91 Anlage C.

[102]) GVG. § 186—193. Die Gerichtssprache ist die deutsche § 186. Bei Beteiligung von Personen an der Verhandlung, die der deutschen Sprache nicht mächtig sind, ist ein nach § 191 zu vereidender Dolmetscher zuzuziehen, wovon jedoch abgesehen werden kann, wenn die beteiligten Personen sämtlich der fremden Sprache mächtig sind § 187. Der Zuziehung eines Dolmetschers bedarf es auch für die Verhandlung mit tauben oder stummen Personen, sofern nicht eine schriftliche Verständigung erfolgt § 188.

[103]) Inhalt des vierten Abschnitts. Die wissentlich oder aus grober Fahrlässigkeit begangene PatVerletzung verpflichtet den Täter zum Schadensersatz § 35, die wissentliche PatVerletzung ist überdies mit Strafe bedroht § 36, neben der von Beschädigten an Stelle der ihm nach § 35 zustehenden Entschädigung eine Buße beansprucht werden kann § 37. § 38 sichert in höchster Instanz die Zuständigkeit des RGer., § 39 bestimmt über die Verjährung der PatVerletzungsklage, § 40 endlich stellt zwei Fälle der unberechtigten PatAnmaßung unter Strafe.

[104]) Voraussetzungen des Entschädigungsanspruchs. Objektiv: Verletzung eines erteilten Pat. oder einer bekannt gemachten PatAnmeldung (§ 23) dadurch, daß die Erfindung den Bestimmungen der § 4 und 5 zuwider in Benutzung genommen worden ist. Über die Unzulässigkeit der gewerbsmäßigen Benutzung des Gegenstands einer unter PatSchutz stehenden Erfindung Anm. 18 bis 22; der durch ein patentiertes Verfahren hergestellten Erzeugnisse Anm. 23. Einschränkungen der PatWirkungen Anm. 25—27. Das Pat. muß zur Zeit der Verletzung zu Recht bestanden haben. Ob es nachträglich durch Zeitablauf (§ 7), Verzicht der Nichtzahlung der Gebühr (§ 9) oder Zurücknahme (§ 11) erloschen ist, ist ohne Belang. Dagegen hat die Nichtigkeitserklärung (§ 10) die Wirkung, daß Eingriffe in das für nichtig erklärte Pat. nicht mehr als PatVerletzungen gelten können Anm. 36. Subjektiv: Wissentliche Verletzung oder grobe Fahrlässigkeit des Täters. Der wissentlichen Verletzung steht der dolus eventualis gleich Anm. 106. Fahrlässig handelt, wer die im Verkehr erforderliche Sorgfalt außer Acht läßt BGB. § 276. Ob grobe Fahrlässigkeit vorliegt, ist nach den besonderen Verhältnissen des einzelnen Falls zu entscheiden. Der Anspruch auf Entschädigung wegen PatVerletzung ist ausschließlich nach dem PatG. zu beurteilen. Die Vorschriften des bürgerlichen Rechts, die unter Umständen weitergehende Entschädigungsansprüche gewähren, kommen nicht zur Anwendung RGer. 31. Dez. 98 (XLIII 56), 7. März 00 (XLVI 14). Daher ist, wenn dem Verletzer keine oder nur leichte Fahrlässigkeit zur Last fällt, ein Entschädigungsanspruch nicht begründet. — Umfang der Entschädigung. Zu ersetzen ist der Unterschied in der Vermögenslage, der durch die PatVerletzung

Handelt es sich um eine Erfindung, welche ein Verfahren zur Herstellung eines neuen Stoffes zum Gegenstand hat, so gilt bis zum Beweise des Gegentheils jeder Stoff von gleicher Beschaffenheit als nach dem patentirten Verfahren hergestellt[105]).

§. 36. Wer wissentlich den Bestimmungen der §§. 4 und 5 zuwider eine Erfindung in Benutzung nimmt, wird mit Geldstrafe bis zu fünftausend Mark oder mit Gefängniß bis zu einem Jahre bestraft[106]).

---

verursacht wurde. Der Geschädigte kann nach seiner Wahl bestimmen, ob er Ersatz des Schadens, den er unmittelbar durch die Verletzung erleidet, oder eine angemessene Lizenzgebühr oder Herausgabe des Gewinnes verlangen will, den der PatVerletzer aus der unbefugten Benutzung der geschützten Erfindung gezogen hat. Im letzteren Fall braucht er sich nicht auf den Gewinn, den er selbst hätte ziehen können, zu beschränken RGer. 31. Dez. 98 (XLIII 56). Um den Gewinn festzustellen, den der PatVerletzer rechtswidrig gezogen hat, kann der Geschädigte Rechnungslegung fordern RGer. 7. März 00 (XLVI 14). — Gerichtsstand. Klagen aus § 35 gehören vor die ordentlichen Gerichte. Sachlich zuständig sind je nach dem Werte die Amts- und Landgerichte, örtlich zuständig die Gerichte, wo der Beklagte seinen allgemeinen Gerichtsstand hat CPO. § 12—19, daneben auch das Gericht, in dessen Bezirk die unerlaubte, das PatRecht des Klägers nach seiner Behauptung verletzende Handlung begangen ist das. § 32 RGer. 21. März 85 (XIII 424). Anders bei der abwehrenden Klage des PatInhabers Anm. 17b. Für diese ist der Gerichtsstand von CPO. § 32 nicht gegeben, weil ihr Grund lediglich das absolute Recht aus dem Pat. und sie keine Klage aus einer unerlaubten Handlung ist RGer. 19. Okt. 89 (XXIV 394). Wird die abwehrende Klage mit der Entschädigungsklage verbunden, so können beide vor dem Gerichte verhandelt werden, in dessen Bezirk die das Pat. verletzende Handlung begangen ist RGer. 23. Mai 87 (PatBl. XI 235). — Die preuß. Gerichte haben ihre Entscheidungen in PatAngelegenheiten nach Eintritt der Rechtskraft dem PatA. in Abschrift mitzuteilen Vf. 27. Okt. 77 (JMB. 222).

[105]) Die Rechtsvermutung des Abs. 2 ist von der Reichst.-Kommission in das G. (91) aufgenommen worden, namentlich im Interesse der chemischen Industrie, die dagegen geschützt werden sollte, daß vom Auslande her nach gleichem Verfahren wie dem patentierten hergestellte Stoffe in das Inland gebracht würden KB. S. 8. Die Rechtsvermutung läßt den Gegenbeweis zu; ihre Bedeutung liegt in der Verschiebung der Beweislast. Sie gilt nur für die bürgerlichen Rechtsstreitigkeiten des § 35, nicht für ein Strafverfahren aus § 36, für das der Grundsatz der freien Beweiswürdigung keine Einschränkung erleidet.

[106]) Voraussetzungen der Strafbarkeit. Während die Entschädigungspflicht wegen PatVerletzung auch bei einer auf grober Fahrlässigkeit beruhenden Handlungsweise des Täters begründet ist § 35, ist für die strafrechtliche Verfolgung Wissentlichkeit Vorbedingung. Dolus eventualis steht der Wissentlichkeit gleich. Er liegt vor, wenn der Handelnde, obwohl er die Möglichkeit des rechtsverletzenden Erfolges seiner Handlung in seine Vorstellung aufgenommen hat, ohne den Glauben, daß er diesen Erfolg vermeiden werde, die Handlung dennoch ausführt und so den rechtsverletzenden Erfolg schafft RGer. 5. Nov. 86 (Straff. XV 34). — Die Absicht des Täters muß auf gewerbsmäßige Benutzung des Pat. gerichtet sein (Anm. 18); versuchsmäßige Benutzung zum Zweck der Erfindung einer Verbesserung genügt nicht, ebensowenig das bloße Kopieren von Zeichnungen Anm. 24. Auf die Beweggründe, die den Täter zur wissentlichen Verletzung eines Pat. bestimmt haben, kommt es nicht an. Insbesondere ist seine Strafbarkeit dadurch nicht ausgeschlossen, daß der PatInhaber ihn durch eine vorgeschriebene Mittelsperson veranlaßt hat, die patentierte Erfindung nachzumachen, um ihn dann deshalb zur strafrechtlichen Verantwortung zu ziehen RGer. 17. Dez. 92 (Straff. XXIII 363). — Einfluß aus-

Die Strafverfolgung tritt nur auf Antrag ein[107]). Die Zurücknahme des Antrags ist zulässig.

Wird auf Strafe erkannt, so ist zugleich dem Verletzten die Befugniß zuzusprechen, die Verurtheilung auf Kosten des Verurtheilten öffentlich bekannt zu machen. Die Art der Bekanntmachung, sowie die Frist zu derselben ist im Urtheil zu bestimmen.

§. 37. Statt jeder aus diesem Gesetze entspringenden Entschädigung kann auf Verlangen des Beschädigten neben der Strafe auf eine an ihn zu erlegende Buße bis zum Betrage von zehntausend Mark erkannt werden[108]). Für diese Buße haften die zu derselben Verurtheilten als Gesammtschuldner.

Eine erkannte Buße schließt die Geltendmachung eines weiteren Entschädigungsanspruchs aus[109]).

§. 38. In bürgerlichen Rechtsstreitigkeiten, in welchen durch Klage oder Widerklage ein Anspruch auf Grund der Bestimmungen dieses Gesetzes geltend

---

gesprochener und angenommener Nichtigkeit des verletzten Pat. auf die Strafverfolgung. Daß nach der Nichtigkeitserklärung eines Pat. dieses nicht mehr verletzt werden kann, ist selbstverständlich. Aber auch die vor diesem Zeitpunkte verübten Verletzungen des Pat. können nach dessen Nichtigkeitserklärung nicht mehr bestraft werden RGer. 2. Juli 86 (Straff. XIV 261), weil die Nichtigkeit rückwirkende Kraft hat Anm. 36. — Andrerseits gilt ein Pat., solange es durch das PatA. nicht für nichtig erklärt ist, für das gerichtliche Verfahren als zu Recht bestehend. Die Strafbarkeit nach § 36 wird dadurch nicht ausgeschlossen, daß der Täter sich im Glauben befand, das Pat. sei zu Unrecht erteilt worden. Denn erst die rechtskräftig ausgesprochene Erklärung der Nichtigkeit nimmt der Eintragung ihre Wirkung und macht die Verletzung des PatRechts straflos RGer. 21. Juni 97 (Straff. XXX 187). — Der Strafrichter hat darüber, ob das Pat. zu Recht erteilt ist, nicht zu befinden, weil die Entscheidung hierüber allein im Nichtigkeitsverfahren (§ 28) getroffen werden kann RGer. 17. Jan. 81 (Straff. III 253). Behauptet der aus § 36 Angeklagte die Nichtigkeit des Pat., dessen Verletzung ihm vorgeworfen wird, so ist seinem Antrage auf Gewährung einer Frist zur Erhebung der Nichtigkeitsklage zu entsprechen. Nur dann wäre die Ablehnung des Antrags berechtigt, wenn der Richter nach der konkreten Sachlage die Überzeugung gewinnt, daß der Antrag überhaupt nicht ernstlich gemeint, sondern lediglich zum Verschleife der Sache gestellt sei RGer. 24. Okt. 82 (Straff. VII 146). Dieses U. begegnet jedoch begründeten Bedenken. — Wird das Pat. nach rechtskräftiger Verurteilung des Verletzers für nichtig erklärt, so findet Wiederaufnahme des Verfahrens (CPO. § 399[5]) statt. — Der Strafrichter hat die Frage der PatVerletzung selbständig zu prüfen und ist an ein wegen Verletzung desselben Pat. ergangenes zivilrechtliches Urteil nicht gebunden RGer. 28. Sept. 93 (Straff. XXIV 266). — Abschrift des Erkenntnisses ist dem PatA. mitzuteilen Anm. 104.

[107]) Strafantrag Abschn. IV Nr. 3 Anm. 40. — Zur Stellung des Antrags ist der Verletzte befugt, zunächst also der PatInhaber, gleichgültig, ob er das Pat. durch Erteilung oder durch Erbgang oder durch Rechtsgeschäft mit dem ursprünglichen Inhaber erworben hat, sodann aber auch derjenige, welchem vom PatInhaber das Recht zur ausschließlichen Ausübung des Pat. übertragen ist RGer. 14. Nov. 84 (Straff. XI 266).

[108]) Buße Abschn. IV Nr. 3 Anm. 42. — Da die Entscheidung über die Zuerkennung einer Buße in Verbindung mit dem Strafverfahren auf Grund des § 36 erfolgt, kann sie nur bei wissentlicher PatVerletzung gefordert werden, während eine Entschädigung für fahrlässige PatVerletzung nur im Wege des § 35 erreicht werden kann.

[109]) Vergl. Abschn. IV Nr. 3 Anm. 43.

gemacht ist, wird die Verhandlung und Entscheidung letzter Instanz im Sinne des §. 8 des Einführungsgesetzes zum Gerichtsverfassungsgesetze dem Reichsgericht zugewiesen[110]).

§. 39. Die Klagen wegen Verletzung des Patentrechts verjähren rücksichtlich jeder einzelnen dieselbe begründenden Handlung in drei Jahren[111]).

§. 40. Mit Geldstrafe bis zu eintausend Mark wird bestraft[112]):

1. wer Gegenstände oder deren Verpackung mit einer Bezeichnung versieht, welche geeignet ist, den Irrthum zu erregen, daß die Gegenstände durch ein Patent nach Maßgabe dieses Gesetzes geschützt seien[113]);

---

[110]) Nach EG. zum GVG. § 8 kann die Verhandlung und Entscheidung der zur Zuständigkeit des RGer. gehörenden Revisionen und Beschwerden in bürgerlichen Rechtsstreitigkeiten landesrechtlich einem obersten Landesgericht zugewiesen werden, soweit sie nicht zur Zuständigkeit des Reichsoberhandelsgerichts gehören oder durch besondere RG. dem RGer. zugewiesen werden. Das Letztere geschieht durch § 38 für Ansprüche auf Grund der Bestimmungen des PatG., für die somit auch in Bayern, das allein ein oberstes Landesgericht besitzt, dessen Zuständigkeit ausgeschlossen ist. — Zu den Ansprüchen, auf die sich § 38 bezieht, gehören nicht die Patente betreffenden bürgerlichen Rechtsstreitigkeiten.

[111]) Die Vorschrift findet auf die Strafverfolgung wegen PatVerletzung (§ 36) keine Anwendung RGer. 8. Mai 86 (XVI 6) und ebensowenig auf den Antrag auf Buße (§ 37), der neben dem Strafverfahren hergeht. Die Strafverfolgung verjährt vielmehr nach StGB. § 67 in fünf Jahren. — Die Verjährungsfrist im Falle des § 39 beginnt mit dem Zeitpunkte der den Entschädigungsanspruch begründenden Verletzung des PatRechts (§ 35), nicht mit dem Zeitpunkte, zu dem der Verletzte von der schadenzufügenden Handlung und der Person des Täters Kenntnis erhielt, und der nach bürgerlichem Rechte (BGB. § 852) die dreijährige Verjährungsfrist auf Ersatz des aus einer unerlaubten Handlung entstandenen Schadens in Lauf setzt RGer. 8. Mai 86. — Unterbrochen wird die Verjährung nur durch Schritte beim Gericht, die auf Wahrung des Entschädigungsanspruchs gerichtet sind BGB. § 209. Der Antrag auf Buße (§ 37) hingegen unterbricht die Verjährung nicht RGer. 8. Mai 86 (XVI 6).

[112]) Rechtswidriger Vorsatz des Täters ist zum Tatbestande des § 40 nicht erforderlich, sondern es genügt dazu jede subjektive Verschuldung, also auch Fahrlässigkeit RGer. 23. Nov. 93 (Straff. XXIV 394). — Ein Anspruch auf Buße ist dem durch die PatAnmaßung Betroffenen nicht gegeben RGer. 12. Dez. 01 (Straff. XXXV 25). Dagegen hat er unter Umständen zivilrechtliche Schutzmittel. Jeder, der ein Interesse daran hat, einer mit der Wahrheit sich in Widerspruch setzenden PatBerühmung entgegenzutreten, hat einen privaten Anspruch auf Unterlassung, zu dessen Begründung außer dem Nachweise des Interesses des Klägers eine objektiv fälschliche PatBerühmung genügt RGer. a. a. O. Er kann auch Schadensersatz fordern, sofern der Täter seine Rechte vorsätzlich oder fahrlässig widerrechtlich verletzt hat BGB. § 823. Der Tatbestand der Ziff. 2 bildet ferner die Unterlage für Ansprüche aus dem G. betr. unlauteren Wettbewerb (Absch. IV Nr. 3) § 1.

[113]) Gegenstände dürfen auch dann nicht als patentiert bezeichnet werden, wenn sie zum Pat. angemeldet sind. Während die Bezeichnung „D.R.P. angemeldet" nicht zu beanstanden ist, fällt die Abkürzung D.R.P. a. als irreführend unter die Strafvorschrift RGer. 12. Nov. 94 (Straff. XXVI 192). — Nur wer die irreführende Bezeichnung herstellt oder die Herstellung veranlaßt, macht sich nach Ziff. 1 strafbar, nicht der Kaufmann, der die bereits bezeichnete Ware geliefert erhält und sie weiter veräußert, doch kann seine Handlungsweise ausnahmsweise unter besonderen Umständen den Tatbestand der Ziff. 2 bilden RGer. 11. Jan. 94 (Straff. XXV 78).

2. wer in öffentlichen Anzeigen, auf Aushängeschildern, auf Empfehlungskarten oder in ähnlichen Kundgebungen [114]) eine Bezeichnung anwendet, welche geeignet ist, den Irrthum zu erregen, daß die darin erwähnten Gegenstände durch ein Patent nach Maßgabe dieses Gesetzes geschützt seien [115]).

(Artikel II.) [116]).

Artikel III.

Dieses Gesetz tritt mit dem 1. Oktober 1891 in Kraft.

---

# Anlagen zum Patentgesetz.

## Anlage A (zu Anmerkung 47).

### Verordnung zur Ausführung des Patentgesetzes vom 7. April 1891 und des Gesetzes, betreffend den Schutz von Gebrauchsmustern, vom 1. Juni 1891. Vom 11. Juli 1891. (RGB. 349.)

Wir ꝛc. verordnen auf Grund der Bestimmungen im §. 17 des Patentgesetzes vom 7. April 1891 (Reichs-Gesetzbl. S. 79) und im §. 14 des Gesetzes, betreffend den Schutz von Gebrauchsmustern, vom 1. Juni 1891 (Reichs-Gesetzbl. S. 290) im Namen des Reichs, nach erfolgter Zustimmung des Bundesraths, was folgt:

#### I. Patentangelegenheiten.

**§. 1.** Im Patentamt werden für die Patentanmeldungen zehn Abtheilungen gebildet, welche die Bezeichnung

Anmeldeabtheilung

führen und durch den Zusatz I, II, III, IV, **V**, **VI**, **VII**, **VIII**, **IX**, **X** unterschieden werden [1]).

---

[114]) Hierunter sind besondere Veranstaltungen zu verstehen, die das Publikum darauf aufmerksam machen, daß an einer gewissen Geschäftsstelle eine bestimmte Ware, für die ein deutsches Reichs-Pat. erworben worden sei, in den Verkehr gebracht werde. Die Veranstaltungen bestehen in der Regel in Ankündigungen, die sich auf einem besonderen Träger befinden. Die Ankündigung auf einem einzelnen Stücke der angeblich patentierten Ware wird den Tatbestand der Ziff. 2 nur ausnahmsweise und nur unter der Voraussetzung erfüllen, daß der Charakter der besonderen Veranstaltung gewahrt bleibt, indem sich das Warenstück nicht als die für den Verkehr bestimmte Ware, sondern als den Träger der preisenden Ankündigung darstellt RGer. 11. Jan. 94 (Strafs. XXV 78).

[115]) Die Entscheidung gehört zur Zuständigkeit der Strafkammer des Landgerichts GVG. § 73 [1]; Überweisung ans Schöffengericht ist zulässig das. § 75 [14]. Abschrift des Erkenntnisses ist dem PatA. mitzuteilen Anm. 104.

[116]) Art. II enthielt eine Übergangsbestimmung, derzufolge § 28 Abs. 3 des Art. I auf die zur Zeit — d. h. des Inkrafttretens des G., dem 1. Okt. 91 (Art. III) — bestehenden Pat. mit der Maßgabe Anwendung finden sollte, daß der Antrag auf Nichtigkeitserklärung aus § 10 [1] mindestens bis zum Ablaufe von drei Jahren nach dem Tage des Inkrafttretens des G., also bis zum 1. Okt. 94 statthaft sein sollte.

[1]) In der V. 11. Juli 91 waren nur 4 Anmeldeabteilungen vorgesehen. Es traten hinzu Abt. V V. 5. Juni 97 (RGB. 473), VI V. 6. Mai 99 (RGB. 283), VII und VIII V. 2. Mai 00 (RGB. 232), IX und X V. 26. Mai 02 (RGB. 169). — Anmeldestelle für Gebrauchsmuster § 19 — Abteilung für Warenzeichen V. 30. Juni 94 (Nr. 4 Anl. A) § 1.

Der Reichskanzler bestimmt, für welche Gebiete der Technik eine jede der Abtheilungen zuständig ist.

Zu dem Geschäftskreis der Anmeldeabtheilungen gehören auch die Beschlüsse über Eintragungen und Löschungen in der Patentrolle (§. 19 des Patentgesetzes) für das einer jeden Abtheilung zugewiesene Gebiet der Technik.

§. 2. Für Beschwerden gegen die Beschlüsse der Anmeldeabtheilungen und der Nichtigkeitsabtheilung (§§. 16, 26 des Patentgesetzes) werden zwei Abtheilungen gebildet, welche die Bezeichnung

Beschwerdeabtheilung

führen und durch den Zusatz I und II unterschieden werden.

Die Beschwerdeabtheilung I ist zuständig für Beschwerden gegen Beschlüsse der Anmeldeabtheilungen I, II, **VII**, **VIII** und **IX**, sowie für Beschwerden gegen Beschüsse der Nichtigkeitsabtheilung. Die Beschwerdeabtheilung II ist zuständig für Beschwerden gegen Beschlüsse der Anmeldeabtheilungen III, IV, **V**, **VI** und **X**.

Die Beschwerdeabtheilungen sind außerdem, und zwar jede innerhalb des durch Absatz 2 festgesetzten Geschäftskreises, zuständig für die vom Patentamt abzugebenden **Gutachten**[2]).

§. 3. Meinungsverschiedenheiten zwischen mehreren Abtheilungen über die Zuständigkeit werden von dem Präsidenten entschieden.

Für Anträge oder Gesuche, welche andere, als die in den §§. 1 und 2 bezeichneten Angelegenheiten betreffen, wird die Zuständigkeit von dem Präsidenten bestimmt.

§. 4. Die Geschäftsleitung in den Anmeldeabtheilungen steht dem zum Vorsitz berufenen rechtskundigen oder technischen[3]) Mitgliede, die Geschäftsleitung in den Beschwerdeabtheilungen und in der Nichtigkeitsabtheilung dem Präsidenten zu. Ueber die Vertretung des Präsidenten im Vorsitz trifft der Reichskanzler Bestimmung.

§. 5. Die Zuweisung der Mitglieder an die Abtheilungen erfolgt durch den Reichskanzler.

Im Falle des Todes, der Erkrankung oder der längeren Abwesenheit eines Mitgliedes können in die davon betroffene Abtheilung, solange das Bedürfniß dieses erfordert, durch den Präsidenten Mitglieder anderer Abtheilungen znr Aushülfe berufen werden.

§. 6. In den Abtheilungen trifft der Vorsitzende die für den Fortgang der Sachen erforderlichen Verfügungen.

In den Anmeldeabtheilungen bezeichnet er für jede Klasse der Anmeldungen im Voraus das Mitglied, welchem die Vorprüfung (§. 21 des Patentgesetzes) obliegt, sowie einen weiteren Berichterstatter für das Verfahren nach Erlaß des Vorbescheides.

In den Beschwerdeabtheilungen und in der Nichtigkeitsabtheilung bezeichnet der Präsident für jede Klasse im Voraus zwei Berichterstatter.

An Stelle der hiernach berufenen Mitglieder können für den einzelnen Fall andere Berichterstatter bezeichnet werden.

Die Berichterstatter halten den mündlichen Vortrag in der Sitzung und entwerfen alle Beschlüsse und Entscheidungen. Der Vorsitzende prüft die Entwürfe und stellt sie fest. Ueber sachliche Meinungsverschiedenheiten beschließt die Abtheilung.

§. 7. In den Anmeldeabtheilungen bedarf es der Berathung und Abstimmung in einer Sitzung für Beschlüsse über die Bekanntmachung der Anmeldung, sowie für

[2]) Wegen der neu gebildeten Anmeldeabteilungen Anm. 1 und die dort aufgeführten V. — Gutachten des PatA. in PatSachen PatG. § 18 und Anm. 58, 59, in Angelegenheiten des Gebrauchsmusterschutzes V. 30. Juni 94 (Nr. 4 Anl. A) § 9, über Warenzeichen das. § 2.

[3]) Die Änderung der Fassung durch Einfügung der Worte „oder technischen" beruht auf V. 25. Okt. 99 (RGB. 661).

Beschlüsse, durch welche die Anmeldung oder ein Einspruch ganz oder theilweise zurückgewiesen wird[4]).

Für die Beschlüsse der Beschwerdeabtheilungen, durch welche eine auf Grund des §. 16 des Patentgesetzes erhobene Beschwerde erledigt wird, sowie für die nach §§. 26, 29 und 30 des Patentgesetzes ergehenden Entscheidungen der Beschwerdeabtheilungen und der Nichtigkeitsabtheilung bedarf es der Berathung und Abstimmung in einer Sitzung. An den Entscheidungen nehmen außer dem Präsidenten und dem weiteren rechtskundigen Mitgliede die beiden für die Sache bestellten Berichterstatter und ein drittes von dem Präsidenten vorher bestimmtes technisches Mitglied theil.

§. **8.** Bei den Abstimmungen entscheidet die absolute Mehrheit der Stimmen, bei Stimmengleichheit die Stimme des Vorsitzenden.

Ist eine Anhörung der Betheiligten (Patentgesetz §. 25, §. 26 Absatz 3, §. 30 Absatz 2) vorhergegangen, so kann ein Mitglied, welches hierbei nicht zugegen gewesen ist, an der Abstimmung nicht theilnehmen.

§. **9.** Dem Präsidenten liegt es ob, auf eine gleichmäßige Behandlung der Geschäfte und auf die Beobachtung gleicher Grundsätze hinzuwirken. Zu diesem Behufe ist er befugt, den Berathungen aller Abtheilungen beizuwohnen, auch sämmtliche Mitglieder zu Plenarversammlungen zu vereinigen und die Berathung des Plenums über die von ihm vorgelegten Fragen herbeizuführen.

§. **10.** Die Sitzungen der Abtheilungen finden der Regel nach an bestimmten Tagen und zu bestimmten Stunden statt. Die Verfügung darüber steht dem Präsidenten zu.

§. **11.** Die Ausfertigungen der Beschlüsse und Entscheidungen der Abtheilungen erhalten die Unterschrift:

Kaiserliches Patentamt

und zusätzlich die vorschriftsmäßige Bezeichnung der Abtheilung.

§. **12.** Für das Zustellungswesen gelten folgende Vorschriften:

1. Zustellungen, welche den Lauf der im §. 26 Absatz 1 des Patentgesetzes bezeichneten Frist bedingen, sowie Zustellungen in dem Verfahren vor der Nichtigkeitsabtheilung erfolgen durch die Post. Auf diese Zustellungen finden die Vorschriften der Civilprozeßordnung[5]) mit nachstehenden Maßgaben Anwendung.

   Der vom Präsidenten bestimmte Beamte trägt für die Bewirkung der Zustellung Sorge und beglaubigt die zu übergebenden Abschriften. Er übergiebt die Schriftstücke in einem verschlossenen, mit der Adresse der Person, an welche zugestellt werden soll, sowie mit der Geschäftsnummer versehenen Briefumschlag der Post zur Zustellung. Auf den Briefumschlag wird der Vermerk gesetzt: „Vereinfachte Zustellung“. Eine Bescheinigung der Uebergabe an die Post (Civilprozeßordnung §§. 194, 196[6])) ist nicht erforderlich.

---

[4]) Bekanntmachung der Anmeldung PatG. § 23. — Zurückweisung der Anmeldung und der Einsprüche § 24, 26.

[5]) CPO. § 166—213. Die § 166—207 behandeln die Zustellungen auf Betreiben der Parteien, § 208—213 die Zustellungen von Amts wegen, auf die jedoch die Vorschriften über die Parteienzustellung mangels entgegenstehender abweichender Bestimmungen Anwendung finden § 208. An die Stelle des Gerichtsschreibers tritt hinsichtlich der Bewirkung der Zustellung (CPO. § 209) und der Beglaubigung der bei der Zustellung zu übergebenden Abschriften (CPO. § 210) der vom Präsidenten des PatA. bestimmte Beamte.

[6]) Die § 194 und 196 der Neufassung 98 sind an die Stelle der § 177, 179 der alten Fassung getreten. Nach § 194 hat der Gerichtsvollzieher, nach § 196 der die Zustellung vermittelnde Gerichts-

Die von dem Postboten aufzunehmende Zustellungsurkunde muß die Adresse und die Geschäftsnummer des Briefes, den Ort und die Zeit der Zustellung, sowie die Person, welcher zugestellt ist, und wenn die Zustellung nicht an den Adressaten persönlich erfolgt ist, den Grund hiervon angeben. Die Urkunde ist von dem Postboten zu unterschreiben. Abschrift der Zustellungsurkunde wird nicht übergeben. Der Tag der Zustellung ist von dem Postboten auf dem Briefumschlag zu vermerken.

2. Zustellungen, welche den Lauf sonstiger Fristen bedingen, erfolgen mittelst eingeschriebenen Briefes.

Kann in den Fällen der Nr. 1 und 2 eine Zustellung im Inlande nicht erfolgen, so wird sie durch Aufgabe zur Post nach Maßgabe der §§. 175, 192 der Civilprozeßordnung[7]) bewirkt.

§. 13. Zeugen und Sachverständige erhalten Gebühren nach Maßgabe der Gebührenordnung vom 30. Juni 1878 (Reichs-Gesetzbl. 98 S. 689)[8]).

§. 14. Zu den Kosten des Verfahrens, über welche das Patentamt nach §. 26 Absatz 5 und §. 31 des Patentgesetzes zu bestimmen hat, gehören außer den aus der Kasse des Patentamts bestrittenen Auslagen diejenigen den Betheiligten erwachsenen Kosten, welche nach freiem Ermessen des Patentamts zur zweckentsprechenden Wahrung der Ansprüche und Rechte nothwendig waren.

§. 15. Ist eine Patentgebühr (§. 8 Absatz 2 des Patentgesetzes) nicht innerhalb sechs Wochen nach der Fälligkeit entrichtet, so benachrichtigt das Patentamt hiervon den Patentinhaber.

Aus dem Umstande, daß der Patentinhaber eine Benachrichtigung nicht erhält, erwachsen Rechtsfolgen nicht.

§. 16. Die Orte außerhalb Berlins, an welchen eine Auslegung der Patentanmeldungen erfolgen soll, sowie die Art und Zeitdauer dieser Auslegung werden vom Reichskanzler bezeichnet[9]). Wenn eine Auslegung an diesen Orten unterbleibt, so wird dadurch ein Mangel des Verfahrens nicht begründet.

§. 17. Der Präsident verfügt im Einvernehmen mit der für die Anmeldung zuständigen Abtheilung über Modelle und Proben, deren Rückgabe nicht binnen sechs Monaten nach endgültiger Abweisung der Anmeldung oder nach der Bekanntmachung von der Ertheilung des Patents (§. 27 Absatz 1 des Patentgesetzes) beantragt ist.

§. 18. Soweit für Patentangelegenheiten aus der Zeit vor dem 1. Oktober 1891 Uebergangsbestimmungen erforderlich sind, werden dieselben vom Reichskanzler erlassen[10]).

---

schreiber die Übergabe des zuzustellenden Schriftstücks auf der Urschrift oder einem damit zu verbindenden Bogen zu bezeugen.

[7]) Nach der alten Fassung § 161 und 175. Die Zustellung kann bis zur Benennung eines Zustellungsbevollmächtigten in der Art bewirkt werden, daß das zu übergebende Schriftstück unter der Adresse der Partei nach ihrem Wohnort zur Post gegeben wird. Hiermit wird die Zustellung als bewirkt angesehen, selbst wenn die Sendung als unbestellbar zurückkommt § 175. Der § 192 enthält Vorschriften über den Inhalt der Zustellungsurkunde.

[8]) Die GebührenO. für Zeugen und Sachverständige 78 ist mit Änderungen auf Grund G. 98 (RGB. 342) § 1 neu veröffentlicht 98 (RGB. 689).

[9]) Eine derartige Vf. ist bisher nicht ergangen und auch nicht erforderlich, weil die PatSchriften ohnedies an zahlreichen Orten außerhalb Berlins ausgelegt werden. Ein Verzeichnis der Plätze, an denen sie zur unentgeltlichen Einsichtnahme ausliegen, bei Seligsohn (Nr. 2 Anm. 1) S. 510 bis 513. Die Auslegung erfolgt an diesen Orten teils durch Behörden (technische Hochschulen, Bergakademien, Magistrate usw.), teils durch Handelskammern und Gewerbekammern, teils durch freie Vereine. Bei einzelnen Auslagestellen sind alle PatSchriften, bei anderen nur die einzelnen PatKlassen ausgelegt.

[10]) Die Übergangsbestimmungen des RKz. vom 17. Juli 91 (PatBl. 387) haben keine Bedeutung mehr.

## II. Angelegenheiten des Gebrauchsmusterschutzes[11]).

§. 19. Für Anträge in Sachen des Schutzes von Gebrauchsmustern wird in dem Patentamt eine besondere Anmeldestelle errichtet.

Die Leitung dieser Stelle liegt einem von dem Reichskanzler bezeichneten rechtskundigen Mitgliede ob.

Im Falle einer Verhinderung dieses Mitgliedes kann der Präsident einem anderen rechtskundigen Mitgliede die Vertretung übertragen.

§. 20. Die Verfügungen der Anmeldestelle erhalten die Unterschrift:

Kaiserliches Patentamt,
Anmeldestelle für Gebrauchsmuster.

§. 21. Ueber Vorstellungen gegen die Verfügung der Anmeldestelle befindet der Präsident.

§. 22. Aenderungen in der Person des Eingetragenen oder des nach §. 13 Absatz 2 des Gesetzes vom 1. Juni 1891 bestellten Vertreters, welche in der Rolle vermerkt werden sollen, sind in beweisender Form zur Kenntniß des Patentamts zu bringen[12]).

§. 23. Nach der Eintragung in der Rolle erhält der Eingetragene eine Ausfertigung des Eintragungsvermerks.

§. 24. Der Präsident verfügt über Modelle, deren Rückgabe nicht binnen vier Jahren nach Ablauf der Schutzfrist beantragt wird.

## III. Gemeinschaftliche Bestimmungen.

§. 25. Die Einrichtung der Büreaus, die Verwaltung der Kasse, der Bibliothek und der Sammlungen werden durch den Präsidenten geordnet. Der Präsident erläßt die erforderlichen Geschäftsanweisungen.

§. 26. Die Leitung und Beaufsichtigung des gesammten Geschäftsbetriebes steht dem Präsidenten zu. Er verfügt in allen Verwaltungsangelegenheiten.

§. 27. Sämmtliche eingehende Geschäftssachen werden, ohne Rücksicht auf ihren verschiedenen Inhalt, nach der Zeit ihres Eingangs mit einer laufenden Nummer, als Geschäftsnummer, und mit dem Datum bezeichnet.

Geschäftssachen, welche während der Dienststunden eingehen, sind alsbald, andere Geschäftssachen bei dem Wiederbeginn der Dienststunden von dem dazu bestimmten Beamten hiernach zu bezeichnen. Wenn die Reihe des Eingangs nicht feststeht, so sind sie nach der Reihe, in welcher sie von dem Beamten übernommen werden, mit der Bezeichnung zu versehen.

Von zwei an demselben Tage an das Patentamt gelangten Geschäftssachen gilt diejenige als später eingegangen, welche die höhere Geschäftsnummer trägt[13]).

§. 28. Vertreter in Patentangelegenheiten und in Angelegenheiten des Gebrauchsmusterschutzes haben dem Patentamt gegenüber ihre Bevollmächtigung durch eine Vollmacht nachzuweisen.

---

[11]) G. betr. den Schutz von Gebrauchsmustern Nr. 3 des Abschn. — Eine weitere Bestimmung zur Ausführung dieses G. enthält V. 30. Juni 94 (Nr. 4 Anl. A) § 9. Durch diese Vorschrift wird die Zuständigkeit der Beschwerde-Abteilungen zur Erstattung der vom PatA. abzugebenden Gutachten in Sachen des Gebrauchsmusterschutzes begründet. Anm. 2.

[12]) Die gleiche Bestimmung enthält für Patente PatG. § 19 Abs. 2. Über das Erfordernis der beweisenden Form PatG. Anm. 61.

[13]) Über die Bedeutung der Geschäftsnummer für den Vorrang der Anmeldungen PatG. Anm. 9.

Die Vollmachten müssen auf prozeßfähige[14]), mit ihrem bürgerlichen Namen bezeichnete Personen lauten.

Sind mehrere Personen bevollmächtigt, so gelten dieselben für befugt, sowohl gemeinschaftlich als auch einzeln die Vertretung wahrzunehmen. Eine abweichende Bestimmung dürfen die Vollmachten nicht enthalten.

**§. 29.** Das Patentamt kann nach seinem Ermessen von den bei ihm beruhenden Eingaben und Verhandlungen, soweit die Einsicht in dieselben gesetzlich nicht beschränkt ist, an jedermann Abschriften und Auszüge gegen Einzahlung der Kosten ertheilen.

**§. 30.** Das Siegel des Patentamts enthält in der Mitte den Reichsadler und in der Umschrift die Worte „Kaiserliches Patentamt".

---

## Anlage B (zu Anmerkung 70).

**Bestimmungen über die Anmeldung von Erfindungen. Vom 22. November 1898** (Bl. für Patent- usw. Wesen IV 225)[1]).

Auf Grund des § 20 Abs. 2 des Patentgesetzes vom 7. April 1891 (RGBl. S. 79) werden die nachfolgenden Bestimmungen über die Erfordernisse einer Patentanmeldung erlassen. Die Bestimmungen treten am 1. Januar 1899 in Kraft.

**§ 1.** Die Anmeldung einer Erfindung behufs Ertheilung eines Patentes geschieht in der Form eines schriftlichen Gesuchs, dem die sonst erforderlichen Stücke als Anlagen beizufügen sind.

**§ 2.** Das Gesuch muß enthalten:

a) die Angabe des Namens und des Wohnorts oder der Hauptniederlassung des Anmelders;

b) eine für die Veröffentlichung (§ 23 Abs. 2 des Patentgesetzes) geeignete Benennung der Erfindung;

c) die Erklärung, daß für die Erfindung ein Patent nachgesucht werde. Bei Zusatzanmeldungen[2]) ist die Angabe des Hauptpatentes nach Gegenstand und Nummer oder der Hauptanmeldung nach Gegenstand und Aktenzeichen erforderlich;

d) die Erklärung, daß die gesetzliche Gebühr von 20 Mark[3]) an die Kasse des Kaiserlichen Patentamts gezahlt worden sei oder gleichzeitig mit der Anmeldung gezahlt werde;

e) die Aufführung der Anlagen unter Angabe ihrer Nummer und ihres Inhalts;

f) falls der Anmelder einen Vertreter bestellt hat[4]) die Angabe der Person, der Berufsstellung und des Wohnorts des Vertreters; als Anlage ist eine Vollmacht beizufügen (§ 28 der Kaiserlichen Verordnung vom 11. Juli 1891)[5]);

g) die Unterschrift des Anmelders oder seines Vertreters.

**§ 3.** Die Beschreibung ist in zwei Ausfertigungen einzureichen. Dasselbe gilt für alle Nachträge. Die Schriftstücke, welche die Beschreibung bilden, müssen sowohl

---

[14]) Eine Person ist insoweit prozeßfähig, als sie sich durch Verträge verpflichten kann. Die Prozeßfähigkeit einer Frau wird durch ihre Eigenschaft als Ehefrau nicht beschränkt CPO. § 52. — Die berufsmäßige Vertretung vor dem PatA. ist Sache der PatAnwälte (Nr. 5 des Abschn.).

[1]) Zur Ergänzung der Bestimmungen 22. Nov. 98 ist an demselben Tage eine Bek. erlassen worden Unteranlage B1.

[2]) ZusatzPat. PatG. § 7.

[3]) PatG. § 20 Abs. 3.

[4]) Über die Fälle, in denen die Bestellung eines Vertreters vorgeschrieben ist, PatG. § 12.

[5]) Anl. A zum PatG.

am Rande als auch zwischen den Zeilen ausreichenden Raum für Zusätze und Aenderungen frei lassen.

Maaße, Gewichte, sowie elektrische Einheiten müssen nach den gesetzlichen Vorschriften, Temperaturen nach Celsius angegeben werden. Bei chemischen Formeln sind die in Deutschland üblichen Atomgewichtszeichen und Molekularformeln anzuwenden.

Die Einfügung von Figuren in die Beschreibung ist nicht zulässig.

§ **4.** Die für die Veranschaulichung der Erfindung bestimmten Zeichnungen sind auf das zur Klarstellung der Erfindung Erforderliche zu beschränken. Sie sind in zwei Ausfertigungen einzureichen.

a) Für die Hauptzeichnung ist weißes, starkes und glattes Zeichenpapier, sogenanntes Kartonpapier, für die Nebenzeichnung Zeichenleinwand zu verwenden.

Das Blatt der Hauptzeichnung soll 33 cm hoch und 21 cm breit sein. In Ausnahmefällen ist, falls die Deutlichkeit es erfordert, ein Blatt in der Höhe von 33 cm und in der Breite von 42 cm zulässig. Die Nebenzeichnung muß bei beliebiger Breite 33 cm hoch sein. Für die Hauptzeichnung wie für die Nebenzeichnung ist die Verwendung mehrerer Blätter zulässig.

b) Die Figuren und Schriftzeichen sind in tiefschwarzen, kräftigen, scharf begrenzten Linien auszuführen. Auf der Hauptzeichnung sind Querschnitte entweder tiefschwarz anzulegen oder durch Schrägstriche in tiefschwarzen Linien zum Ausdruck zu bringen. Ist zur Darstellung unebener Flächen ausnahmsweise eine Schattirung erforderlich, so darf sie ebenfalls nur in tiefschwarzen Linien ausgeführt werden. Die Anwendung bunter Farben ist bei der Hauptzeichnung unzulässig.

Alle auf den Zeichnungen angebrachten Schriftzeichen müssen einfach und deutlich sein. Die Hauptzeichnung muß sich zur photographischen Verkleinerung eignen.

c) Die einzelnen Figuren müssen durch einen angemessenen Zwischenraum von einander getrennt sein.

d) Die Figuren sind nach ihrer Stellung fortlaufend und ohne Rücksicht auf die Anzahl der Blätter mit Zahlen zu versehen.

e) Erläuterungen sind in die Zeichnungen nicht aufzunehmen. Ausgenommen sind kurze Angaben wie „Wasser", „Dampf", „Schnitt nach A B (Fig. 3)", sowie Inschriften, die auf den dargestellten Gegenständen angebracht werden sollen, z. B. „offen", „zu".

f) In der rechten unteren Ecke jedes Blattes ist der Name des Anmelders anzugeben.

g) Die Hauptzeichnungen dürfen weder gefaltet noch gerollt werden, sondern sind in glattem Zustande vorzulegen.

§ **5.** Die für die Veranschaulichung der Erfindung bestimmten Modelle und Probestücke brauchen nur in einer Ausführung eingereicht zu werden.

Proben sind stets einzureichen zu den Anmeldungen, welche die Herstellung neuer chemischer Stoffe betreffen. Ausgenommen sind explosive und leicht entzündliche Stoffe, deren Einsendung nur auf besondere Aufforderung zulässig ist.

Bildet ein chemisches Verfahren von allgemeiner Anwendbarkeit, nach dem ganze Gruppen von Stoffen hergestellt werden können, den Gegenstand der Anmeldung[6]), so sind Proben der typischen Vertreter der Gruppen einzureichen. Werden jedoch besondere Ausführungsformen eines chemischen Verfahrens unter Aufzählung der einzelnen nach ihnen entstehenden Stoffe beansprucht, so sind die Stoffe sämmtlich mit Proben zu belegen. Bei Farbstoffen sind außerdem Ausfärbungen auf Wolle, Seide oder Baumwolle in je einer Ausführung beizufügen.

---

[6]) Patentierung eines Verfahrens PatG. § 1 und Anm. 3 das.

Ueber die Beschaffenheit der Modelle und Probestücke gilt Folgendes:

a) Modelle und Probestücke, die leicht beschädigt werden können, sind in festen Hüllen einzureichen. Gegenstände von kleinem Umfange sind auf steifem Papier zu befestigen.

b) Proben von giftigen, ätzenden, explosiven oder leicht entzündlichen Stoffen sind auf der Umhüllung und, soweit möglich, auf dem Gegenstande selbst durch eine deutliche Aufschrift als solche zu kennzeichnen.

c) Proben chemischer Stoffe sind in Glasflaschen ohne vorspringenden Fuß von etwa 3 cm äußerem Durchmesser und 8 cm Gesammthöhe einzureichen; die Flaschen sind mit einem haltbaren Siegel zu verschließen und mit einer dauerhaft befestigten Inhaltsangabe zu versehen. Den Proben ist ein nach der Beschreibung oder dem Patentanspruche geordnetes Verzeichniß beizulegen.

d) Ausfärbungen müssen möglichst flach auf steifem Papier von 33 cm Höhe und 21 cm Breite dauerhaft befestigt und mit genauen, den Angaben der Beschreibung entsprechenden Aufschriften versehen sein. Den Ausfärbungen ist eine Beschreibung des angewendeten Färbeverfahrens beizulegen mit genauen Angaben über den Gehalt der Flotte an Farbstoff, die etwa gebrauchten Beizen, die Temperatur u. s. w., sowie auch darüber, ob die gebrauchte Flotte erschöpft war oder erheblichere Mengen von Farbstoff zurückgehalten hat.

§ 6. Die Anlagen des Gesuchs müssen mit einer ihre Zugehörigkeit zur Anmeldung kennzeichnenden Aufschrift versehen sein. Dasselbe gilt für Modelle und Probestücke.

Schriftstücke, die zur Mitteilung an andere Personen bestimmt sind, sind in der dazu erforderlichen Zahl von Ausfertigungen einzureichen.

Zu allen Schriftstücken ist dauerhaftes, nicht durchscheinendes weißes Papier, zu Schriftstücken, die Anträge enthalten oder zur Beschreibung der Erfindung gehören, Papier in der Seitengröße von 33 cm zu 21 cm zu verwenden.

Alle Schriftstücke müssen leicht lesbar sein. Die Schriftzüge müssen in dunkler Farbe ausgeführt sein. Schriftstücke, die mittelst der Schreibmaschine hergestellt sind, müssen deutliche Druckzeichen und zwischen den einzelnen Buchstaben, Worten und Zeilen einen angemessenen Zwischenraum aufweisen.

Auf den später eingereichten Anmeldestücken ist der Name des Anmelders und das Aktenzeichen anzugeben.

**Kaiserliches Patentamt.**

---

## Unteranlage B 1 (zu Anlage B Anm. 1).

**Bekanntmachung vom 22. November 1898** (Bl. für Patent- u. s. w. Wesen IV 227).

Durch Bekanntmachung vom heutigen Tage hat das Kaiserliche Patentamt auf Grund des § 20 des Patentgesetzes vom 7. April 1891 neue Bestimmungen über die Anmeldung von Erfindungen erlassen. Im Anschluß an diese Bestimmungen werden die nachstehenden Erläuterungen bekannt gegeben, die den Betheiligten einen weiteren Anhalt für die Anfertigung und Einreichung einer Patentanmeldung darbieten sollen.

### 1. Gebühr.

Die Anmeldegebühr ist zweckmäßig entweder unmittelbar bei der Kasse des Kaiserlichen Patentamts (Berlin N.W. 6, Luisenstraße 32/34) einzuzahlen oder unter genauer Angabe der Anmeldung, für die das Geld bestimmt ist, durch Postanweisung zu übersenden.

Die Beifügung baaren Geldes als Anlage der Anmeldung ist nicht erwünscht. Wird das Geld gleichwohl beigefügt, so ist darüber in dem Gesuch ein deutlicher

Vermerk in Rothschrift zu machen. Enthält eine Sendung das Geld für mehrere Anmeldungen, so ist ein besonderes Verzeichniß über die Zugehörigkeit des Geldes beizufügen.

Anmerkung. Eine Stundung oder ein Erlaß der Anmeldegebühr ist gesetzlich unzulässig.

## 2. Gesuch.

a) Ein Antrag auf Aussetzung der Bekanntmachung (§ 23 Abs. 4 des Patentgesetzes) wird entweder in einem besonderen Schriftstück einzureichen oder, falls er mit dem Anmeldegesuch oder mit anderen Erklärungen verbunden wird, augenfällig z. B. durch Unterstreichen oder in Rothschrift, hervorzuheben sein.

Für die Aussetzung der Bekanntmachung auf länger als drei Monate bedarf es einer Begründung. Es empfiehlt sich, die Begründung erst gegen Ende der ersten Frist beizubringen.

b) Falls der Anmelder die Rechte aus einer früheren Anmeldung in einem Staate, mit dem das Deutsche Reich einen entsprechenden Vertrag geschlossen hat, geltend machen will, soll dieser Anspruch gleichfalls in das Gesuch aufgenommen werden.

c) Soll für den Fall der Zurückweisung einer Patentanmeldung derselbe Gegenstand in die Rolle für Gebrauchsmuster eingetragen werden, so bedarf es hierzu einer besonderen an das „Kaiserliche Patentamt, Anmeldestelle für Gebrauchsmuster" zu richtenden Anmeldung.

d) Zur Angabe der Person des Anmelders gehört, daß jeder Zweifel darüber ausgeschlossen wird, ob das Patent von Einzelpersonen oder von einer Gesellschaft, ob von einem Manne oder von einer Frau, ob auf den bürgerlichen Namen oder auf die kaufmännische Firma nachgesucht wird. Bei Einzelpersonen ist der Rufname, bei Frauen außerdem der Familienstand und der Geburtsname anzugeben.

Die Angabe des Wohnorts muß bei größeren Städten auch Straße und Hausnummer, bei kleineren Orten und bei Orten, deren Name mehrfach vorkommt, sowie in der Regel bei ausländischen Orten den Staat und Bezirk enthalten. Dies gilt auch für den Fall, daß der Anmelder einen Vertreter bestellt hat.

e) Für den Fall der Vertretung ist zu beachten, daß nach § 28 der Kaiserlichen Verordnung vom 11. Juli 1891 die Vollmacht auf prozeßfähige, mit ihrem bürger- Namen bezeichnete Personen, nicht auf eine Firma auszustellen ist.

Eine Beglaubigung der Unterschrift des Anmelders unter der Vollmacht ist nur auf besonderes Erfordern des Patentamts beizubringen.

f) Falls mehrere Personen ohne Bestellung eines gemeinsamen Vertreters anmelden, soll diejenige Person namhaft gemacht werden, der die amtlichen Verfügungen zugesandt werden sollen.

## 3. Beschreibung.

a) Für den Gegenstand der Erfindung ist der Gebrauchszweck anzugeben.

b) Die Beschreibung hat sich aller nicht streng zur Sache gehöriger Ausführungen zu enthalten. Sie beginnt zweckmäßig mit der Darstellung der Aufgabe, welche die Erfindung lösen soll. Hieran schließt sich die Beschreibung der Erfindung im Einzelnen.

Besteht die Erfindung in der Vereinigung von bekannten Einzelheiten zu einem neuen Ganzen, so wird die Beschreibung zum Ausdruck bringen müssen, daß die Einzelheiten weder als neu, noch für sich als schutzfähig angesehen werden, und daß der Schutz sich nur auf die neue Gesammtheit beziehen soll.

Soweit Hinweise auf Bekanntes oder Geschütztes, insbesondere auf öffentliche Druckschriften oder Patente, zur klaren Abgrenzung der Erfindung erforderlich sind, werden sie gleichfalls in die Beschreibung aufzunehmen sein.

### 4. Zeichnung.

a) Auf den Nebenzeichnungen sind die Figuren und Bezeichnungen so zu stellen, daß für den Beschauer die 33 cm-Kante aufrecht steht. Am linken und rechten Rande ist ein mindestens 3 cm breiter Raum frei zu lassen.

b) Für die einzelnen Theile der Figuren sind Bezugszeichen nur soweit zu verwenden, als ein Hinweis auf die Darstellung des betreffenden Theiles in der Beschreibung zum Verständniß der Erfindung erforderlich ist.

Dieselben Theile müssen in allen Figuren gleiche Bezugszeichen erhalten. Für verschiedene Theile dürfen die gleichen Bezugszeichen nicht verwendet werden, auch wenn die Figuren auf verschiedenen Blättern stehen. Bei Zusatzanmeldungen werden für Theile, die bereits in dem Hauptpatente sich vorfinden, die dort für diese Theile gewählten Bezugszeichen beizubehalten sein.

Für die Bezugszeichen sind die kleinen lateinischen Buchstaben (a, b, c) in einfacher, leicht lesbarer Schrift zu verwenden. Sind mehr als 25 Zeichen nöthig, so sind arabische Ziffern zu verwenden. Zur Bezeichnung von Schnittlinien dienen die großen lateinischen Buchstaben. Winkel sind mit kleinen griechischen Buchstaben ($\alpha$, $\beta$, $\gamma$) zu bezeichnen.

Die Beifügung von Strichen, Häkchen oder Ziffern zu den Bezugszeichen ist zu vermeiden. Nur wenn innerhalb derselben Figur ein Theil in mehreren Stellungen gezeichnet wird, ist, unter Beibehaltung desselben Buchstabens für alle Stellungen, die Unterscheidung durch oben rechts angebrachte Striche oder Ziffern herbeizuführen.

Ist unmittelbar bei den dargestellten Theilen kein genügender Raum für die Bezugszeichen vorhanden, so sind die Theile mit den möglichst nahe zu setzenden Zeichen durch geschwungene Linien zu verbinden.

Bewegungsrichtungen sind durch Pfeile anzudeuten, falls dadurch das Verständniß erleichtert wird.

Projektions- und Mittellinien sind in der Regel wegzulassen.

### 5. Anspruch.

a) Der Anspruch geht zweckmäßig von dem Gattungsbegriff aus, dem die Erfindung möglichst nahe untergeordnet ist. Dieser Gattungsbegriff wird auch der für die Veröffentlichung bestimmten Benennung der Erfindung zu Grunde zu legen sein. Zur Unterscheidung von anderen Gegenständen derselben Gattung sind in den Anspruch nur solche Bestimmungsmerkmale aufzunehmen, die für die Kennzeichnung des Wesens der Erfindung nothwendig sind. Gehört der Zweck zu dieser Kennzeichnung, so ist auch er im Anspruch zu erwähnen.

b) Allgemeine Hinweise auf die Zeichnung oder die Beschreibung, z. B. „wie gezeichnet und beschrieben", sind zu vermeiden. Hauptanspruch und Nebenansprüche sind mit fortlaufenden arabischen Ziffern zu versehen.

c) In dem Anspruch eines Zusatzpatentes ist auf das Hauptpatent Bezug zu nehmen und zum Ausdruck zu bringen, was an der früheren Erfindung durch die neue Erfindung abgeändert oder ergänzt werden soll.

d) Längere Ansprüche werden zweckmäßig der Beschreibung nicht unmittelbar angefügt, sondern als besondere Anlage in zwei Ausfertigungen eingereicht.

### 6. Modelle und Probestücke.

Bei der Einreichung von Modellen und Probestücken ist zu erklären, ob sie im Falle der Entbehrlichkeit zurückgegeben werden sollen oder vernichtet werden können.

Haben Modelle oder Probestücke einen besonderen Werth, so ist in dem Anschreiben hierauf hinzuweisen. Können sie schon durch ein unvorsichtiges Auspacken leicht beschädigt oder durch die Einwirkung von Licht, Feuchtigkeit u. dergl. verdorben werden, so ist die Umhüllung mit der deutlichen Aufschrift zu versehen: „Ungeöffnet in den Geschäftsgang."

7. Verschiedenes.

a) In allen Schriftstücken sind entbehrliche Fremdwörter zu vermeiden.

b) Schriftsätze, die mehrere Seiten umfassen, sind mit Seitenzahlen zu versehen. In allen Schriftsätzen ist an der linken Seite ein Raum von mindestens 5 cm für amtliche Vermerke frei zu lassen.

c) In allen Eingaben, zu denen Anlagen gehören, sind die Anlagen besonders aufzuzählen.

d) Die Sendungen an das Patentamt müssen kostenfrei eingehen. Bei Geld- und Packetsendungen ist die Bestellgebühr vom Absender im Voraus zu entrichten.

e) Empfangsbescheinigungen werden in der Regel nur über Anmeldungen ertheilt, und zwar nur in einer Ausfertigung. Die Erteilung der Bescheinigung erfolgt nur dann, wenn ein Schriftstück mit folgendem Wortlaut eingesandt wird:

„Ihre Patentanmeldung vom . . . . . . . . . . . .
. . . . . . . . . . . . . . . . . . . . . . . . . . . . . . . .
oder:
„Die Patentanmeldung von . . . . . . . . . . . . .
. . . . . . . . . . . . . . . . . . . . . . . . . . . . . . . .
vom . . . . . . . . . . . . . . . . . . . . . . . . . . . .
auf . . . . . . . . . . . . . . . . . . . . . . . . . . . . .
. . . . . . . . . . . . . . . . . . . . . . . . . . . . . . . .
ist am . . . . . . . . . . . . . . . . . . . . . . . . . .
hier eingegangen und unter dem Aktenzeichen . . . . . . . .
in den Geschäftsgang gegeben worden."

Wird die Empfangsbescheinigung nicht auf der Rückseite einer Postkarte vorbereitet, so ist ein mit der Adresse des Empfängers versehener Briefumschlag beizufügen.

f) Ueber Gebührenbeträge, die mit der Post eingehen, wird nur auf besonderen Antrag des Einzahlers eine Quittung ertheilt.

**Kaiserliches Patentamt.**

## Anlage C (zu Anmerkung 101).

## Verordnung, betreffend das Berufungsverfahren beim Reichsgericht in Patentsachen. Vom 6. Dezember 1891. (RGB. 389.)

§. 1. Die in Gemäßheit des §. 33 Absatz 1 des Patentgesetzes vom 7. April 1891 bei dem Patentamt einzureichende Berufungsschrift muß die Berufungsanträge sowie die Angabe der neuen Thatsachen und Beweismittel enthalten, welche der Berufungskläger geltend machen will.

§. 2. Ist die Berufungsschrift nicht rechtzeitig eingegangen oder nicht in deutscher Sprache abgefaßt oder enthält sie nicht die Berufungsanträge, so hat das Patentamt die Berufung als unzulässig zu verwerfen.

Der Berufungskläger kann binnen einer Woche nach Zustellung dieses Beschlusses auf die Entscheidung des Reichsgerichts antragen.

§. 3. Ist die Berufung zulässig, so wird die Berufungsschrift von dem Patentamt dem Berufungsbeklagten mit der Auflage mitgetheilt, seine schriftliche Erklärung innerhalb eines Monats nach der Zustellung bei dem Patentamt einzureichen.

Die Erklärung muß die Gegenanträge sowie die Angabe der neuen Thatsachen und Beweismittel enthalten, welche der Berufungsbeklagte geltend machen will.

§. 4. Das Patentamt legt die Verhandlungen nebst den Akten erster Instanz dem Reichsgericht vor und benachrichtigt hiervon die Parteien unter Mittheilung der Gegenerklärung an den Berufungskläger.

§. 5. Das Reichsgericht trifft nach freiem Ermessen die zur Aufklärung der Sache erforderlichen Verfügungen.

Beweiserhebungen können durch Vermittelung des Patentamts erfolgen.

§. 6. Das Urtheil des Reichsgerichts ergeht nach Ladung und Anhörung der Parteien.

Die Ladungsfrist beträgt mindestens zwei Wochen.

§. 7. Die Geltendmachung neuer Thatsachen und Beweismittel im Termin ist nur insoweit zulässig, als sie durch das Vorbringen des Berufungsbeklagten in der Erklärungsschrift veranlaßt wird.

Das Gericht kann auch Thatsachen und Beweise berücksichtigen, mit welchen die Parteien ausgeschlossen sind.

Auf eine noch erforderliche Beweisaufnahme findet die Bestimmung im §. 5 Anwendung.

Soll das Urtheil auf Umstände gegründet werden, welche von den Parteien nicht berührt sind, so sind diese zu veranlassen, sich hierüber zu äußern.

§. 8. Von einer Partei behauptete Thatsachen, über welche die Gegenpartei sich nicht erklärt hat, können für erwiesen angenommen werden.

Erscheint in dem Termin keine der Parteien, so ergeht das Urtheil auf Grund der Akten.

§. 9. Das Reichsgericht kann zu der Berathung Sachverständige zuziehen; dieselben dürfen an der Abstimmung nicht theilnehmen.

§. 10. Zu den Kosten des Verfahrens, über welche das Reichsgericht nach §. 33 Absatz 2 des Patentgesetzes zu bestimmen hat, gehören außer den aus der Kasse des Patentamts zu bestreitenden Auslagen diejenigen den Parteien erwachsenen Auslagen, welche nach freiem Ermessen des Gerichtshofes zur zweckentsprechenden Wahrung der Ansprüche und Rechte nothwendig waren.

§. 11. In dem Termin ist ein Protokoll aufzunehmen, welches den Gang der Verhandlung im Allgemeinen angiebt.

Das Protokoll ist von dem Vorsitzenden und dem Gerichtsschreiber zu unterschreiben.

§. 12. Die Verkündung des Urtheils erfolgt in dem Termin, in welchem die Verhandlung geschlossen ist, oder in einem sofort anzuberaumenden Termin.

Wird die Verkündung der Entscheidungsgründe für angemessen erachtet, so erfolgt sie durch Verlesung der Gründe oder durch mündliche Mittheilung des wesentlichen Inhalts.

Die Ausfertigungen des mit Gründen zu versehenden Urtheils werden durch Vermittelung des Patentamts zugestellt.

§. 13. Wird beantragt, daß in Abänderung der Entscheidung des Patentamts die Zurücknahme des Patents auf Grund des §. 11 Nr. 2 des Patentgesetzes ausgesprochen werde, so findet die Vorschrift des §. 30 Absatz 3 dieses Gesetzes entsprechende Anwendung.

§. 14. Die zur Praxis bei dem Reichsgericht zugelassenen Rechtsanwälte sind befugt, im Berufungsverfahren in Patentsachen die Vertretung zu übernehmen.

Den Parteien und deren Vertretern ist es gestattet, mit einem technischen Beistande zu erscheinen.

§. 15. Im Uebrigen ist für das Berufungsverfahren in Patentsachen das den Geschäftsgang beim Reichsgericht normirende Regulativ maßgebend.

## 3. Gesetz, betreffend den Schutz von Gebrauchsmustern. Vom 1. Juni 1891. (RGB. 290)[1]).

§. 1. Modelle[2]) von Arbeitsgeräthschaften oder Gebrauchsgegenständen[3]) oder von Theilen derselben werden, insoweit sie dem Arbeits- oder Gebrauchs-

[1]) Quellen: Reichst. 90/91 Drucks. Nr. 153 (Entw. mit Begr.), Nr. 398 (KB.) StB. S. 794 (1. Les.), 2555 (2. Les.), 2640 (3. Les.). -- Bearb. Seligsohn in Verbindung mit PatG. (Nr. 2 des Abschn. Anm. 1) — Verhältnis zum PatG. Das G. lehnt sich an die Bestimmungen des PatG. an. Der wesentlichste Unterschied liegt im Wegfall der behördlichen Vorprüfung der sachlichen Zulässigkeit des Schutzes und in der sich hieraus ergebenden Verpflichtung des Besitzers des eingetragenen Musters im Streitfalle dessen Schutzberechtigung nachzuweisen. Der Regelung ist das Anmeldesystem (Nr. 1 des Abschn. Abs. 5, 6) zu Grunde gelegt. Ferner sind die Einzelheiten vielfach einfacher gestaltet, die Gebühren niedriger bemessen und die Schutzfrist kürzer als im PatG. — Inhalt: Die § 1—3 regeln die Voraussetzungen des Musterschutzes (§ 1 die sachlichen Voraussetzungen, § 2 die Anmeldung, § 3 die Eintragung in die Rolle für Gebrauchsmuster). § 4 und 5 bestimmen die Wirkungen der Eintragung. § 6 gewährt die Möglichkeit der Klage auf Löschung zu Unrecht eingetragener Gebrauchsmuster. § 7 behandelt die Übertragbarkeit, § 8 die Dauer des Schutzes. Die § 9—12 ordnen die zivil- und strafrechtliche Haftung für Verletzung des Musterschutzes (§ 9 Entschädigungspflicht, § 10 Strafbarkeit, § 11 Erlegung einer Buße, § 12 Sicherung der Zuständigkeit des RGer.). § 13 bestimmt über den Schutzanspruch von Personen, die im Inlande weder Wohnsitz noch Niederlassung haben. § 14 Ausführungsbestimmung, § 15 Zeitpunkt des Inkrafttretens. — Geltungsgebiet wie beim PatG. (Nr. 2 Anm. 1). — Verhältnis des G. zum G. betr. das Urheberrecht an Mustern und Modellen 11. Jan. 76 Anlage A. Bei der Anwendung des G. 76 ist die Auffassung zur Geltung gelangt, daß durch dieses nur die sogenannten Zier- oder Geschmacksmuster geschützt werden, dagegen nicht Nützlichkeits-(Gebrauchs-)Muster. Abgrenzung der Gebrauchs- von den Geschmacksmustern Anm. 2. Der allgemeine Wunsch der beteiligten Kreise, auch für die Gebrauchsmuster Rechtsschutz zu erhalten, führte zu obigem G. Eine Ausdehnung des G. 76 auf die Gebrauchsmuster erschien nicht angezeigt, weil sich das System des sogenannten Urheberrechts, auf dem das G. 76 beruht, für den Gebrauchsmusterschutz nicht eignet. — V. zur Ausführung des MusterschutzG. Anm. 32.

[2]) Sachliche Voraussetzungen des Gebrauchsmusterschutzes sind:

a) Modelle der in Abs. 1 bezeichneten Art Anm. 3, die
b) dem Arbeits- oder Gebrauchszweck (Anm. 4)
c) durch eine neue Gestaltung, Anordnung, Vorrichtung Anm. 5;
d) dienen sollen Anm. 6 und die
e) neu sind Anm. 5 und 7.

Von einer Begriffsbestimmung der zum Schutze geeigneten Gebrauchsmuster sieht das G. aus denselben Gründen ab wie das PatG. von der Bestimmung des Begriffs der Erfindung (Nr. 2 Anm. 4) Begr. S. 8/9. — Abgrenzung gegen Geschmacksmuster und Patente. Die durch G. 76 (Anl. A) geschützten Zier- oder Geschmacksmuster bezwecken eine Einwirkung auf den Schönheitssinn; demgegenüber liegt die Bedeutung der Gebrauchsmuster im Gebrauchszweck Begr. S. 9. Als Geschmacksmuster können sowohl plastische als Flächenmuster (z. B. Vorbilder für Gewebe, Stickereien) geschützt werden, während der Gebrauchsmusterschutz nur für Modelle, d. h. plastische Vorbilder gewährt wird. — Gebrauchsmuster und patentfähige Erfindungen stimmen darin überein, daß sie nicht ästhetischen, sondern Gebrauchszwecken dienen. Im übrigen sind die Voraussetzungen des Musterschutzes von denen des PatSchutzes verschieden. Jener ist für Erzeugnisse bestimmt, die durch neue Form oder Gestaltung die gewerbliche Nutzbarkeit erhöhen, dieser für Erfindungen, die mehr sind als die im Raum verkörperte Darstellung eines dem

zweck[4]) durch eine neue Gestaltung, Anordnung oder Vorrichtung[5]) dienen sollen[6]), als Gebrauchsmuster nach Maßgabe dieses Gesetzes geschützt.

Arbeits- und Gebrauchszwecke dienenden Erfindungsgedankens, vielmehr, ohne an eine bestimmte Darstellungsform gebunden zu sein, durch eine bisher unbekannte Kombination von Naturkräften einen wesentlichen Fortschritt der Technik schaffen. Bei einer Erfindung, die einer Darstellung im Raume fähig ist, kann jede der beiden Voraussetzungen zutreffen und es kann für sie wahlweise PatSchutz oder Gebrauchsmusterschutz beansprucht werden RGer. 23. Sept. 99 (XLIV 74) oder auch beides. — Die Gegenstände des Musterschutzes werden bisweilen als kleine Erfindungen bezeichnet Begr. S. 6. — Im Gegensatz zur PatFähigkeit kann ein Verfahren nicht Gegenstand des Gebrauchsmusterschutzes sein, weil es sich nicht in einem Modelle verkörpern läßt Begr. S. 9 RGer. 8. Jan. 98 (XL 140). Einer edelsteinartigen Verzierung von Schmuckgegenständen, die durch Überstreuen der mit einem Klebestoff bestrichenen Gegenstände mit einem Pulver hervorgebracht wird, ist der Musterschutz versagt worden, weil es sich dabei nicht sowohl um ein neues Modell, als um ein neues Herstellungsverfahren handelt RGer. 27. Nov. 95 (XXXVI 57).

[3]) Ob Arbeitsgerätschaften oder Gebrauchsgegenstände vorliegen, ist Tatfrage. Unbewegliche Sachen gelten als solche nicht, ebensowenig integrierende Bestandteile unbeweglicher Sachen wie Deckenkonstruktionen RGer. 26. März 98 (XLI 65). Nach Begr. S. 9 sollen auch Maschinen und Betriebsvorrichtungen für den Gebrauchsmusterschutz außer Betracht bleiben. Dieser Satz ist durch die Rechtsprechung in seiner Tragweite wesentlich eingeschränkt worden. Nach den vom RGer. aufgestellten Grundsätzen erstreckt sich die Ausschließung von Maschinen vom Gebrauchsmusterschutze nicht auf alle Gegenstände, die als Maschinen bezeichnet werden, sondern nur auf künstliche, aus vielen in einander greifenden Arbeitsmitteln zusammengesetzte, zur Bewegung durch Naturkräfte bestimmte Maschinen oder auf die Gesamtheit einer Reihe selbständiger, zum Zwecke eines auf einer Mehrheit von Arbeitsvorgängen aufgebauten Betriebes zusammengefügter Vorrichtungen RGer. 23. Okt. 95 (XXXVI 16), 8. Mai 97 (XXXIX 115), 6. April 98 (XLI 74), während relativ einfache Werkzeuge und Vorrichtungen, auch wenn sie als Maschinen bezeichnet zu werden pflegen, des Musterschutzes fähig sind. In Anwendung dieser Grundsätze hat das U. 23. Okt. 95 einem Pasteurisierapparate, der aus einer Reihe selbständiger Vorrichtungen bestand, die in ihrer Gesamtwirkung die Pasteurisierung von Bier in Fässern ermöglichen sollten, die Musterschutzfähigkeit versagt, dagegen wurde für einen Webstuhl zur Anfertigung von Rohrdecken für Gärtnereien der Gebrauchsmusterschutz zugelassen U. 17. Feb. 96 (Straff. XXVIII 185). Im U. 8. Mai 97 ferner ist ausgesprochen, daß einer Filterpresse nicht lediglich aus dem Grunde die Schutzfähigkeit als Gebrauchsmuster versagt werden kann, weil sie ihre Arbeit unter einem Dampfdrucke von 4—8 Atmosphären verrichtet. — Halbfabrikate können Gegenstand des Musterschutzes sein RGer. (XXXIX 7), der dadurch nicht ausgeschlossen ist, daß sie nach ihrer Verwendung aufhören, ein selbständiger Gegenstand zu sein, z. B. Federbüschel, die zur Herstellung von Schmucksachen RGer. 22. Sept. 97 (XXXIX 131), Kunststeine, die zur Herstellung von Mauerwerk dienen, wobei nicht in Betracht kommt, daß sie dadurch Bestandteil einer unbeweglichen Sache werden 23. Sept. 99 (XLIV 74), desgleichen Schienen, die bei Herstellung von Mauerwerk verwendet werden 15. Jan. 02 (L 124). Ebenso können Teile einer Maschine des Musterschutzes teilhaftig werden, der für die fragliche Maschine selbst wegen ihrer komplizierten Gestaltung ausgeschlossen ist. — Nahrungs- und Genußmittel sind nicht als Gebrauchsgegenstände im Sinne des § 1 anzusehen. Die Vorschrift des PatG. § 1, wonach Nahrungs-, Genuß- und Arzneimittel im Interesse der allgemeinen Wohlfahrt von der PatFähigkeit ausgeschlossen sind, ist nach dem Sinne des G. 1. Juni 91 beim Gebrauchsmusterschutzgesetz entsprechend anzuwenden RGer. 29. Jan. 00 (XLVI 1). — Schmuckgegenstände sind zwar Gebrauchsgegenstände, jedoch wegen mangelnden Nutzzweckes vom Gebrauchsmusterschutze ausgeschlossen Anm. 4.

Modelle gelten insoweit nicht als neu, als sie zur Zeit der auf Grund dieses Gesetzes erfolgten Anmeldung bereits in öffentlichen Druckschriften beschrieben oder im Inlande offenkundig benutzt sind[7]).

---

[4]) Der Arbeits- oder Gebrauchszweck steht im Gegensatz zu Zwecken, die auf dem Schönheitsgebiete liegen und für die Gewährung des Geschmackmusterschutzes von Bedeutung sind. Für den Gebrauchsmusterschutz muß es sich um einen wirtschaftlichen oder technischen Nutzzweck handeln. Schmuckgegenstände haben solchen nicht. Eine die Erhöhung der schmückenden Wirkung bezweckende Steigerung fällt in das Gebiet der ästhetischen, nicht der technischen Wirkung, ihr Schutz deshalb unter das G. 76 (Anl. A), nicht unter das GebrauchsmusterschutzG. RGer. 27. Nov. 95 (XXXVI 57). — Der Nutzzweck braucht nicht von volkswirtschaftlichem Werte zu sein. Ein Spielwerk, das nicht dazu bestimmt ist, den Schönheitssinn des Spielenden zu beeinflussen, sondern das Spiel wirksamer zu gestalten oder zu erleichtern, besitzt einen für die Gewährung des Gebrauchsmusterschutzes ausreichenden Nutzwert KB. S. 2. — Der Gebrauchswert kann, was namentlich bei Halbfabrikaten der Fall ist, in der Verwendung zur Herstellung eines anderen Gebrauchsgegenstands bestehen (Beispiele Anm. 3). Hierin liegt ein wirtschaftlicher Nutzzweck, auch wenn dieser Gebrauchsgegenstand ein Schmuckgegenstand ist. Deshalb ist eine aus einer Pfauenschwanzfeder bestehende nachgeahmte Reiherfeder, die zur Herstellung von Phantasiefederschmuck verwendet werden soll, des Gebrauchsmusterschutzes fähig RGer. 22. Sept. 97 (XXXIX 131).

[5]) Das Wort „Anordnung" wurde durch die Reichst.-Kommission eingefügt, um Fälle, wie folgende zu treffen: eine Barackenkonstruktion, bei der die Neuerung nicht in der Form (Gestaltung) oder einer Vorrichtung, sondern darin besteht, daß vermöge eine besonderen Anordnung und Befestigung der einzelnen Teile die Baracke mit Leichtigkeit auf- und abgeschlagen und befördert werden kann, ferner einen Brenner an einer Petroleumlampe, bei dem die Neuerung in der ihm angewiesenen Stelle, also in der Anordnung beruht KB. S. 3 — Die Gestaltung, Anordnung oder Vorrichtung muß neu sein. Dazu ist nicht gerade erforderlich, daß sie aus einer ganz originellen, noch nie zur praktischen Verwendung gekommenen Idee hervorgegangen sei. Die Neuheit eines Modells wird dadurch nicht aufgehoben, daß bei der neuen Gestaltung bereits vorhandene Ideen benutzt und fortgebildet worden sind RGer. 20. Nov. 99 (Straff. XXXII 375). Andrerseits ist aber zum Begriff der Neuheit erforderlich, daß die Abweichung von bereits bekannten Gestaltungen oder Vorrichtungen eine selbständige und eigenartige Neuerung herbeiführt, die dazu bestimmt und geeignet ist, den Gebrauchs- oder Arbeitszweck gegenüber dem bisher Bekannten zu fördern. Nur wenn eine solche, einen technischen Fortschritt bedeutende Neuerung in dem Modelle zu Tage tritt, ist es schutzfähig RGer. 8. Mai 97 (XXXIX 115). — Die Verwendung eines bekannten Modells kann den Musterschutz nicht begründen, auch wenn sie zu einem neuen Zweck erfolgt. Anders verhält es sich jedoch, wenn ein bisher unbekannter technischer Erfolg durch Verwendung eines Gebrauchsgegenstandes erzielt wird, dessen Modell zwar denjenigen bekannter Gebrauchsgegenstände ähnlich oder von diesen entlehnt worden ist, das aber jenem Zweck angepaßt und dementsprechend gestaltet werden mußte, weil die bisher bekannten Modelle hierzu nicht geeignet waren. Bei diesem Sachverhalt liegt eine neue, schutzfähige Gestaltung vor RGer. 15. Jan. 02 (L 124). Besteht das Neue lediglich darin, daß für bekannte Gestaltungen und in bekannten Formen ein bisher nicht benutztes, aber bekanntes Material angewendet wird, so ist ein Anspruch auf Musterschutz regelmäßig nicht begründet. Deshalb ist die Gestaltung von Korsettstangen aus Celluloid statt aus Fischbein nicht für schutzfähig anerkannt worden, weil diese Anordnung nichts tut, als daß sie „die bekannten physikalischen Eigenschaften eines bekannten Stoffs für einen bekannten Zweck in bekannter Form anwendet" RGer. 8. Juli 98 (XXXV 90), ebensowenig die Herstellung von Schuhleisten aus Aluminium statt aus Holz oder Eisen 16. Febr. 01 (XLVII 21). Anders ver-

§. 2. Modelle, für welche der Schutz als Gebrauchsmuster verlangt wird, sind bei dem Patentamt schriftlich anzumelden[8]).

hält es sich jedoch, wenn in der Anwendung des zwar bekannten, aber bisher nicht benutzten Stoffs ein gewerblicher Vorteil liegt, der eine beabsichtigte Folge der Verwendung grade dieses Stoffs ist. Ein Modell, das wegen der Wahl des Stoffs die im Raum verkörperte Darstellung eines dem Arbeits- oder Gebrauchszweck dienenden Erfindungsgedankens ist, ist schutzfähig RGer. 19. Febr. 98 (XLI 37). — In der Verbindung bereits bekannter Gegenstände zu einem in dieser Zusammensetzung noch nicht bekannten fertigen Gebrauchsgegenstande kann eine zum Musterschutz geeignete neue Gestaltung oder Anordnung liegen, ebenso wie die Verbindung bekannter Gegenstände oder Erfindungen unter Umständen eine patentfähige Erfindung (KombinationsPat. Nr. 2 Anm. 3) darstellen kann. Beispiele in den U. des RGer. 30. Jan. und 20. Nov. 99 (Straff. XXXII 4 und 375).

[6]) Hiermit soll nicht gesagt sein, daß es nur auf die Absicht des Anmeldenden ankomme. Das Gebrauchsmuster muß vielmehr nach seiner äußeren Beschaffenheit dem bestimmten Gebrauchszweck objektiv dienen können und subjektiv bestimmt sein ihm zu dienen RGer. 16. Feb. 01 (XLVIII 21). Andrerseits ist nicht erforderlich, daß der Zweck durch die neue Anordnung tatsächlich im vollen Umfange erreicht wird 8. Mai 97 (XXXIX 115). Nicht der Erfolg, sondern die Bestimmung ist entscheidend 30. Jan. 99 (Straff. XXXII 4). Dieser Satz ist jedoch nach dem vorerwähnten zutreffenden U. 16. Febr. 01 dahin einzuschränken, daß immerhin auch das objektive Merkmal, daß der beabsichtigte Erfolg nicht außer dem Bereiche der Möglichkeit liegt, zu beachten ist.

[7]) Eine ähnliche Bestimmung enthält PatG. § 2 Abs. 1. Die dort in Anm. 7 enthaltenen Ausführungen finden auch hier sinngemäße Anwendung. Das Erforderniß der Neuheit geht durch jede offenkundige Benutzung im Inlande, nicht nur durch eine solche im Betriebe verloren. Der offenkundigen Benutzung steht das Feilbieten des Mustergegenstandes gleich, wenn es nach der Natur des feilgebotenen Gegenstandes das allgemeine Bekanntwerden des Neuen ermöglichte RGer. 22. Sept. 94 (XXXIII 163), 11. April 96 (XXXVII 38). — Die Annahme, daß eine offenkundige Benutzung erst vorliegt, wenn das Muster gewerbsmäßig von unberechtigten Dritten nachgebildet werde, ist im U. 11. Jan. 94 (Straff. XXV 61) verworfen worden. Der Eingetragene verwirkt sein Schutzrecht auch dann, wenn durch ihn selbst vor der Anmeldung eine Handlung vorgenommen wird, in der das G. eine offenkundige Benutzung sieht. — Die noch in den Kreis der Erfindungs- und Herstellungsarbeit fallende und diese erst endgültig abschließende Untersuchung, ob das Werk gelungen sei, stellt noch keine Benutzung dar. Dagegen liegt eine solche in einem nach diesem Zeitpunkte mit der Erfindung, wenn auch nur probeweise vorgenommenen Versuche, insbesondere in einem Versuche, der dritten vorgeführt wird, um sie von der Leistungsfähigkeit des Modells zu überzeugen. Erfolgt diese Benutzung des Modells in offenkundiger Weise vor der Anmeldung, so hindert sie die Gewährung des Gebrauchsmusterschutzes RGer. 8. Juli 97 (Straff. XXX 240). — Der nach Abs. 2 für die Frage der Neuheit bestimmende Augenblick ist der Zeitpunkt der auf Grund dieses G. erfolgten Anmeldnng. Darin, daß der Gegenstand zur Erteilung eines Pat. angemeldet war, liegt keine Anmeldung auf Grund des GebrauchsmusterG. Es ist deshalb nicht zulässig, eine Gebrauchsmusteranmeldung, wenn der Gegenstand der Anmeldung vorher zur Erteilung eines Pat. angemeldet worden war, als bereits mit der PatAnmeldung erfolgt anzusehen RGer. 11. April 96 (XXXVII 38). Das ist um so mehr anzunehmen, als in der Reichst.-Kommission ein Antrag abgelehnt worden ist, der den Zeitpunkt der Anmeldung zum Gebrauchsmusterschutze für einen Gegenstand, hinsichtlich dessen der Anmelder mit einem PatGesuche abgewiesen war, auf den Tag vor Bekanntmachung der früheren Anmeldung zurückrechnen wollte KB. S. 2 — Es steht übrigens nichts im Wege, den Gegenstand gleichzeitig zum Pat.- und zum Gebrauchsmusterschutze anzumelden KB. S. 3.

[8]) PatA. Nr. 2 des Abschn. § 13ff. Für Anträge in Sachen des Schutzes von

Die Anmeldung muß angeben, unter welcher Bezeichnung das Modell eingetragen werden und welche neue Gestaltung oder Vorrichtung dem Arbeits- oder Gebrauchszweck dienen soll[9]).

Jeder Anmeldung ist eine Nach- oder Abbildung des Modells beizufügen[10]).

Ueber die sonstigen Erfordernisse der Anmeldung trifft das Patentamt Bestimmung[11]).

Gleichzeitig mit der Anmeldung ist für jedes angemeldete Modell eine Gebühr von fünfzehn Mark einzuzahlen.

§. 3. Entspricht die Anmeldung den Anforderungen des §. 2, so verfügt das Patentamt die Eintragung[12]) in die Rolle für Gebrauchsmuster[13]).

---

Gebrauchsmustern ist eine besondere Anmeldestelle errichtet AusfV. (Nr. 2 Anl. A) § 19, 20. — Die gleichzeitige Anmeldung desselben Gegenstands zum Pat.- und zum Gebrauchsmusterschutz ist zulässig Anm. 7. Voraussetzung ist, daß jede Anmeldung in einem besondern Schriftstücke erfolgt. — Zahl der Anmeldungen. Auf Grund des G. 91 sind bis Ende 02 angemeldet 213619 und davon eingetragen worden 190602 Gebrauchsmuster. Gelöscht wurden bis zu demselben Zeitpunkt 2233 Muster auf Grund Verzichts (§ 8 Abs. 2) oder Urteils, 118538 wegen Zeitablaufs (§ 8 Abs. 1), durch Zahlung der weiteren Gebühr (§ 8 Abs. 1) verlängert 20524. Im Jahre 02 wurden 27483 Gebrauchsmuster angemeldet und 24102 eingetragen Statistisches Jahrbuch für das deutsche Reich 03 S. 58.

[9]) Die Angabe der neuen Gestaltung oder Vorrichtung bildet einen notwendigen Bestandteil der Anmeldung. Sie beschreibt nicht, sondern charakterisiert das in einer Nach- oder Abbildung beizufügende Modell. Nach dieser Angabe in Verbindung mit dem Modell ist der Inhalt des beantragten und durch die Eintragung gewährten Schutzes zu beurteilen. Die Abbildung des Modells ist ebenso zur Auslegung der Angabe heranzuziehen wie umgekehrt diese zum Verständnis des Modells. Besteht ein im Wege der Auslegung nicht zu lösender Widerspruch zwischen dem Modell und der Angabe der neuen Gestaltung oder Vorrichtung, so bildet die Angabe die Grenze des Schutzes, der insbesondere für Eigenschaften nicht gewährt ist, die in der Anmeldung als neu nicht hervorgehoben sind. Als angemeldetes, eingetragenes und geschütztes Modell kann nur das Modell angesehen werden, welches die in der Angabe charakterisierte neue Gestaltung oder Vorrichtung zeigt. Ein Modell, das sich in dieser Beziehung mit der Angabe in Widerspruch befindet, ist nicht geschützt RGer. 26. Mai 94 (XXXIII 99) und es ist nicht zulässig, an die Stelle dessen, was die Anmeldung über die Neuerung und die Zwecke, denen sie zu dienen bestimmt ist, angibt, im Streitfalle etwas anderes zu setzen, was sie nicht angibt RGer. 8. Mai 97 (XXXIX 115).

[10]) Die Zurückgabe kann nach Ablauf der Schutzfrist beantragt werden. Ist dies binnen 4 Jahren nach diesem Zeitpunkte geschehen, so verfügt der Präsident des PatA. über das Modell AusfV. (Nr. 2 Anl. A) § 24.

[11]) Bestimmungen über die Anmeldung von Gebrauchsmustern vom 22. Nov. 98 Anlage B.

[12]) Im Gegensatz zum PatG. (§ 21, 23, 24 Abs. 2) findet weder eine Vorprüfung noch die Bekanntmachung der Anmeldung statt, noch ist dritten die Möglichkeit der Erhebung von Einsprüchen gegen die Eintragung gegeben. Grund dieser Verschiedenheit Begr. S. 11. Das PatA. hat sich jeder sachlichen Prüfung der Anmeldung in der Richtung, ob die Voraussetzungen des § 1 vorliegen und ob der Gegenstand der Anmeldung sich von den Gegenständen sonstiger Anmeldungen oder Eintragungen in ausreichendem Maße unterscheidet, zu enthalten. Seine Aufgabe erschöpft sich in der Feststellung, ob die äußeren Erfordernisse des § 2 bei der Anmeldung vorliegen

Die Eintragung muß den Namen und Wohnsitz des Anmelders, sowie die Zeit der Anmeldung angeben.

Die Eintragungen sind durch den Reichs-Anzeiger in bestimmten Fristen bekannt zu machen[14]).

Aenderungen in der Person des Eingetragenen werden auf Antrag in der Rolle vermerkt.

Die Einsicht der Rolle sowie der Anmeldungen, auf Grund deren die Eintragungen erfolgt sind, steht jedermann frei[15]).

§. 4. Die Eintragung eines Gebrauchsmusters im Sinne des §. 1 hat die Wirkung, daß dem Eingetragenen ausschließlich das Recht zusteht, gewerbsmäßig das Muster nachzubilden, die durch Nachbildung hervorgebrachten Geräthschaften und Gegenstände in Verkehr zu bringen, feilzuhalten oder zu gebrauchen[16]).

---

Begr. S. 12. — Gegen Verfügungen der Anmeldestelle für Gebrauchsmuster (Anm. 8) kann eine Vorstellung an den Präsidenten des PatA. gerichtet werden AusfV. (Nr. 2 Anl. A) § 21, und gegen dessen Entscheidung die allgemeine Aufsichtsbeschwerde an den RKz. — Bei einer in Einzelheiten mangelhaften Anmeldung wird nicht ohne weiteres Abweisung erfolgen, sondern die Beseitigung der Mängel im Wege der Verhandlung mit dem Anmeldenden zu versuchen sein.

[13]) Die Musterrolle hat folgende Spalten: laufende Nr., Bezeichnung des angemeldeten Gebrauchsmusters, Name und Wohnsitz des Anmelders, Name und Wohnsitz des Vertreters des ausländischen Anmelders (§ 13 Abs. 2), Zeit der Anmeldung, Löschung infolge Verzichts oder rechtskräftigen Urteils (§ 8 Abs. 2, 3), Verlängerung der Schutzfrist (§ 8 Abs. 1), Bemerkungen. In der letzten Spalte werden Änderungen in der Person des Eingetragenen (§ 3 Abs. 4) und seines Vertreters (§ 13 Abs. 2) vermerkt, wenn sie in beweisender Form zur Kenntnis des PatA. gebracht werden AusfV. (Nr. 2 Anl. A) § 22. Beweisende Form PatG. (Nr. 2) Anm. 61.

[14]) Dagegen Löschungen nur insoweit sie nicht infolge des Ablaufs der Schutzfrist stattfinden § 8 Anm. 3.

[15]) Der Eingetragene erhält überdies eine Ausfertigung des Eintragungsvermerks AusfV. (Nr. 2 Anl. A) § 23. — Erteilung von Abschriften und Auszügen das. § 29.

[16]) § 4 Abs. 1 entspricht dem PatG. (Nr. 2) § 4. Das Recht aus dem eingetragenen Gebrauchsmuster stimmt in folgenden Punkten mit dem Rechte aus Pat. überein:

a) Es gewährt dem Inhaber das ausschließliche Recht der gewerbsmäßigen Benutzung. Der Inhalt dieses Rechts ist im Abs. 1 in Anlehnung an die Fassung des PatG. § 4 im einzelnen umschrieben. Die zu letzterer Bestimmung gemachten Ausführungen (Anm. 18—24) finden insoweit sinngemäße Anwendung als sie sich nicht auf den PatSchutz eines Verfahrens beziehen, für das Gebrauchsmusterschutz nicht besteht Anm. 2.

b) Das Recht aus dem Gebrauchsmusterschutze kann in derselben Weise verfolgt werden wie das Recht aus dem Pat., also insbesondere durch Feststellungs- und Abwehrklage (PatG. Anm. 17), Entschädigungsklage § 9, Strafantrag § 10, Forderung einer Buße § 11. Auch der Erlaß einstweiliger Verfügungen kommt in Betracht PatG. Anm. 17.

c) Beiden Rechten wird Schutz nur für den Umfang des deutschen Reichs gewährt (PatG. Anm. 17), zu dem auch die deutschen Schutzgebiete zu rechnen sind das. Anm. 1.

Dagegen weichen beide Rechte in folgenden Punkten von einander ab:

a) Das Recht auf ein Gebrauchsmuster entsteht durch die Eintragung in die Musterrolle. Diese Eintragung hat rechtsbegründende Wirkung. Die Eintragung des Pat. hingegen in die

Das durch eine spätere Anmeldung begründete Recht darf, soweit es in das Recht des auf Grund früherer Anmeldung Eingetragenen eingreift, ohne Erlaubniß des letzteren nicht ausgeübt werden[17].

---

PatRolle hat nur bekundende Bedeutung und ist für die Entstehung des PatRechts unerheblich PatG. Anm. 60. Dieses beginnt mit der Erteilung (PatG. § 27) mit der Maßgabe, daß seine gesetzlichen Wirkungen schon mit der Bekanntmachung eintreten das. § 23 Abs. 1.

b) Das Pat. gewährt nicht nur formale sondern auch sachliche Anerkennung des daraus fließenden Rechts. Solange es besteht, ist es für die Gerichte bindend. Seine Berechtigung auch in sachlicher Hinsicht unterliegt nicht ihrer Prüfung PatG. Anm. 17. Das Recht auf Musterschutz erhält durch die Eintragung nur formale Anerkennung. Über seine sachliche Begründung ist in jedem Falle, in dem der Eingetragene in die Lage kommt, sein Schutzrecht gegenüber dritten zum Ausdruck zu bringen, von den Gerichten zu befinden Begr. S. 13.

c) Während die rechtskräftige Nichtigkeitserklärung eines Pat. ohne Rücksicht auf die Löschung in der Rolle wirkt und das Pat. mit rückwirkender Kraft beseitigt (Nr. 2 Anm. 36), wird ein Gebrauchsmuster nicht schon durch die auf Grund des § 6 ergehende gerichtliche Entscheidung, sondern erst durch die Löschung in der Rolle beseitigt Anm. 21. Diese Löschung hat keine rückwirkende Kraft.

d) Die im PatG. § 5 vorgesehenen Beschränkungen der Wirkung des Pat. sind für Gebrauchsmuster nicht vorgeschrieben.— Für den Inhalt des Musterschutzes ist nicht ausschließlich die Eintragung maßgebend, obschon sie die formale Voraussetzung seiner Entstehung ist, sondern es ist auch der Inhalt der Anmeldung in Verbindung mit dem beizufügenden Modell (§ 2 Abs. 2, 3) zu berücksichtigen. Insbesondere ist eine unvollständige Eintragung aus der Anmeldung zu ergänzen und auszulegen RGer. 20. März 01 (XLVIII 73). — Der Schutz beschränkt sich ferner nicht auf einen bestimmten Verwendungszweck. Auch wenn die nach § 2 Abs. 2 erforderliche Angabe der Bezeichnung, unter der das Modell eingetragen werden soll, den Hinweis auf einen bestimmten, in der Regel den hauptsächlichsten Gebrauchszweck enthält, kommt dem nicht die Bedeutung zu, daß der Schutz sich auf diesen Zweck beschränke und die Nachbildung für andere Zwecke jedermann freistände RGer. 25. Sept. 02 (Strafs. XXXV 348).

[17]) Abs. 2 findet Anwendung a) auf die Fälle, in denen der Gegenstand des von mehreren angemeldeten Musterschutzes ganz oder teilweise übereinstimmt (ganze oder teilweise Identität), b) auf diejenigen, in welchen die Verwertung eines Gebrauchsmusters von der Benutzung eines anderen abhängig ist (Abhängigkeit). Während die Übereinstimmung einer zum Pat. angemeldeten Erfindung mit dem Pat. eines früheren Anmelders die Erteilung des Pat. für die spätere Anmeldung insoweit hindert als die Übereinstimmung reicht (PatG. § 3 Abs. 1, Anm. 10, 11) und ein diesem Grundsatze zuwider erteiltes Pat. in gleichem Umfange der Nichtigkeit verfällt (das. § 10², Anm. 37), ist die ganze oder teilweise Übereinstimmung eines später angemeldeten mit einem früher angemeldeten Gebrauchsmuster weder ein Hemmnis für die Eintragung jenes, noch, wenn diese erfolgt ist, ein Löschungsgrund (§ 6). Die Folge der Übereinstimmung besteht ebenso wie die Folge der Abhängigkeit lediglich in der Beschränkung des Rechts des späteren Anmelders. — Das Vorrecht des früheren Anmelders erfährt in der internationalen Übereinkunft zum Schutze des gewerblichen Eigentums (Nr. 6 des Abschn.) Art. 4, sowie in den Verträgen mit Österreich-Ungarn (Nr. 6 Anl. A) Art. 3, 4 und mit Serbien (Nr. 6 Anl. D) Art. 3 eine Einschränkung. — Streitigkeiten über den Vorrang von Gebrauchsmustern sind im ordentlichen Rechtswege auszutragen. Der den Vorrang Inanspruchnehmende hat zu dem Zwecke alle Mittel, mit denen ein Eingriff in das Musterrecht überhaupt abgewehrt werden kann Anm. 16 unter b. Der den Vorrang eines andern in Abrede stellende kann sich der negativen Feststellungsklage bedienen. — Widerstreit zwischen einem Pat. und einem Gebrauchsmuster § 5.

Wenn der wesentliche Inhalt der Eintragung den Beschreibungen, Zeichnungen, Modellen, Geräthschaften oder Einrichtungen eines Anderen ohne Einwilligung desselben entnommen ist, so tritt dem Verletzten gegenüber der Schutz des Gesetzes nicht ein[18]).

§. 5[19]) Soweit ein nach §. 4 begründetes Recht in ein Patent eingreift, dessen Anmeldung vor der Anmeldung des Modells erfolgt ist, darf der Eingetragene das Recht ohne Erlaubniß des Patentinhabers nicht ausüben[20]).

Imgleichen darf, soweit in ein nach §. 4 begründetes Recht durch ein später angemeldetes Patent eingegriffen wird, das Recht aus diesem Patent ohne Erlaubniß des Eingetragenen nicht ausgeübt werden.

§. 6. Liegen die Erfordernisse des §. 1 nicht vor, so hat jedermann gegen den Eingetragenen Anspruch auf Löschung des Gebrauchsmusters[21]).

---

[18]) Die widerrechtliche Entnahme des wesentlichen Inhalts der Anmeldung äußert hier eine andere Wirkung als nach dem PatG. Während der im Abs. 3 aufgeführte Tatbestand im Falle des Einspruchs des Verletzten die Erteilung des Pat. hindert PatG. § 3 Abs. 2, kann der Gebrauchsmusterschutz trotz dieses Tatbestandes durch Eintragung des widerrechtlich entnommenen Musters begründet werden. Durch Abs. 3 ist ihm nur dem Verletzten gegenüber die Wirkung versagt, während er gegen Dritte in vollem Umfange eintritt. Allerdings kann der Verletzte in diesem Falle nach § 6 Abs. 2 die auch für dritte wirkende Löschung des Gebrauchsmusters herbeiführen. — Die Tatbestandsmerkmale des Abs. 3 sind die gleichen wie im PatG. § 3 Abs. 2. Es kann deshalb auf die dortigen Anm. 12—14 Bezug genommen werden.

[19]) § 5 ordnet den Fall des Widerstreits zwischen einem Pat. und einem Gebrauchsmuster, Abs. 1 den Eingriff eines Musters in ein früher angemeldetes Pat., Abs. 2 den umgekehrten Fall des Eingriffs eines Pat. in ein früher angemeldetes Muster. Der Vorrang bestimmt sich auch hier (wie im Falle des § 4 Abs. 2 und des PatG. § 3 Abs. 1) nach der Reihenfolge der Anmeldungen. Die Folge des Widerstreits ist die Beschränkung der Ausübung des später angemeldeten Rechts; dagegen kann darauf weder im Falle des Abs. 1 ein Antrag auf Löschung des Gebrauchsmusters (§ 6) noch im Falle des Abs. 2 ein Antrag auf Nichtigkeitserklärung des Pat. (PatG. § 10) gegründet werden. Streitigkeiten aus § 5 sind im ordentlichen Rechtswege auszutragen.

[20]) Die Beschränkung des Inhabers des von einem Pat. abhängigen Gebrauchsmusters, daß er das Recht ohne Erlaubnis des PatInhabers nicht ausüben darf, schließt ihn von den Handlungen aus, in denen nach § 4 Abs. 1 die Ausübung besteht. Er darf weder das ihm geschützte Muster gewerbsmäßig nachbilden noch die durch Nachbildung hervorgebrachten Gerätschaften und Gegenstände in Verkehr bringen, feilhalten oder gebrauchen. Dagegen verbleibt ihm ohne Einschränkung das Recht, die Nachbildung seines Gebrauchsmusters jedem Dritten zu verbieten und wegen unbefugter Nachbildung Schadensersatz zu fordern RGer. 11. Jan. 02 (L 111).

[21]) Die Begr. rechtfertigt die Zulassung einer Löschungsklage damit, daß durch die Tatsache der Eintragung der Gegenstand ein vermehrtes Ansehen erhalte und häufig die Meinung hervorgerufen werde, daß er wirklich schutzberechtigt sei, und daß auf diese Weise schon die Eintragung an sich in die Interessen dritter störend eingreifen könne S. 13. — Der Antrag auf Löschung ist vor den ordentlichen Gerichten durch Klage — unter Umständen auch durch Widerklage gegenüber einer auf dem Gebrauchsmusterschutz beruhenden Klage — geltend zu machen. Die Klage ist gegen den Eingetragenen und wenn er verstorben ist, gegen seinen Rechtsnachfolger zu richten. Der Antrag geht auf Bewilligung der Löschung des Musters. Die dem Antrage stattgebende Entscheidung bewirkt nicht ohne weiteres die Beseitigung des Schutzrechts, dazu ist

Im Falle des §. 4 Absatz 3 steht dem Verletzten ein Anspruch auf Löschung zu[22]).

§. 7. Das durch die Eintragung begründete Recht geht auf die Erben über und kann beschränkt oder unbeschränkt durch Vertrag oder Verfügung von Todeswegen auf andere übertragen werden[23]).

§. 8. Die Dauer des Schutzes ist drei Jahre; der Lauf dieser Zeit beginnt mit dem auf die Anmeldung folgenden Tage[24]). Bei Zahlung einer weiteren Gebühr von sechszig Mark vor Ablauf der Zeit tritt eine Verlängerung der Schutzfrist um drei Jahre ein[25]). Die Verlängerung wird in der Rolle vermerkt.

Wenn der Eingetragene während der Dauer der Frist auf den Schutz Verzicht leistet, so wird die Eintragung gelöscht.

Die nicht in Folge von Ablauf der Frist stattfindenden Löschungen von Eintragungen sind durch den Reichs-Anzeiger in bestimmten Fristen bekannt zu machen.

§. 9[26]). Wer wissentlich oder aus grober Fahrlässigkeit den Bestimmungen der §§. 4 und 5 zuwider ein Gebrauchsmuster in Benutzung nimmt, ist dem Verletzten zur Entschädigung verpflichtet.

---

vielmehr die Löschung in der Rolle erforderlich, die das PatA. von Amtswegen nicht vornehmen darf. Sie kann auf Verzicht des Eingetragenen erfolgen § 8 Abs. 2. Ist der Eingetragene zum Verzichte nicht bereit, so ist zur Löschung das Vorgehen des im Rechtsstreite erfolgreichen Klägers notwendig. Die Handhabe bietet CPO. § 894, wonach, wenn der Schuldner zur Abgabe einer Willenserklärung verurteilt ist, diese Erklärung mit der Rechtskraft des U. als abgegeben gilt. Das PatA. hat danach die Löschung zu bewirken, wenn der Kläger sie unter Überreichung einer mit dem Rechtskraftattest versehenen Ausfertigung des U. beantragt. Ohne diesen Antrag oder den Verzicht des Eingetragenen kann die Löschung nicht stattfinden. Die Eintragung und mit ihr das formale Schutzrecht bleibt bestehen trotz der gerichtlichen Entscheidung, durch die dem Muster die sachliche Berechtigung des Schutzes abgesprochen ist. — Im Gegensatz zur Erklärung der Nichtigkeit eines Pat. hat die nach § 5 erzielte Löschung keine rückwirkende Kraft. Hieraus folgt, daß, wenn der Schutz eines Gebrauchsmusters auf andere Weise erloschen ist, an der Durchführung des Rechtsstreits nach § 6 kein Interesse mehr besteht. Eine Klage aus § 6 gegenüber einem nicht mehr eingetragenen Gebrauchsmuster ist deshalb unzuläßig. — Die Preuß. Gerichte haben rechtskräftige Entscheidungen aus § 6 dem PatA. mitzuteilen JMB. 93 S. 69.

[22]) Unter denselben Voraussetzungen, unter denen die Nichtigkeitserklärung eines Pat. nach PatG. § 10 Abs. 1[3], 28 Abs. 2 vom Verletzten beantragt werden kann.

[23]) Da die gleiche Vorschrift für das Recht aus dem Pat. gilt PatG. § 6, kann auf die zu dieser Bestimmung gemachten Ausführungen verwiesen werden Nr. 2 Anm. 28.

[24]) Obschon der Schutz selbst erst mit der Eintragung anfängt.

[25]) Beginnend mit dem Ablauf der ursprünglichen Schutzdauer. — Die Schutzfrist kann nur einmal verlängert werden.

[26]) Abs. 1 entspricht PatG. § 35, Abs. 2 dem § 39 das. Zu vergl. zu Abs. 1 Anm. 104, zu Abs. 2 Anm. 111 a. a. O — Im U. des RGer. 11. Jan. 02 (L 111) ist ausgesprochen, daß für die Aufstellung eine Schadensersatzforderung wegen Verletzung des Gebrauchsmusterschutzes die gleichen Grundsätze gelten, wie bei der PatVerletzung. Der Verletzte kann nach seiner Wahl entweder Ersatz des Schadens fordern, den er durch die Verletzung unmittelbar erleidet, oder eine Lizenzgebühr oder den

Die Klagen wegen Verletzung des Schutzrechtes verjähren rücksichtlich jeder einzelnen dieselbe begründenden Handlung in drei Jahren.

**§. 10**[27]. Wer wissentlich den Bestimmungen der §§. 4 und 5 zuwider ein Gebrauchsmuster in Benutzung nimmt, wird mit Geldstrafe bis zu fünftausend Mark oder mit Gefängniß bis zu einem Jahre bestraft.

Die Strafverfolgung tritt nur auf Antrag ein. Die Zurücknahme des Antrags ist zulässig.

Wird auf Strafe erkannt, so ist zugleich dem Verletzten die Befugniß zuzusprechen, die Verurtheilung auf Kosten des Verurtheilten öffentlich bekannt zu machen. Die Art der Bekanntmachung, sowie die Frist zu derselben ist im Urtheil zu bestimmen.

**§. 11**[28]. Statt jeder aus diesem Gesetze entspringenden Entschädigung kann auf Verlangen des Beschädigten neben der Strafe auf eine an ihn zu erlegende Buße bis zum Betrage von zehntausend Mark erkannt werden. Für diese Buße haften die zu derselben Verurtheilten als Gesammtschuldner.

Eine erkannte Buße schließt die Geltendmachung eines weiteren Entschädigungsanspruchs aus.

**§. 12**[29]. In bürgerlichen Rechtsstreitigkeiten, in welchen durch Klage oder Widerklage ein Anspruch auf Grund der Bestimmungen dieses Gesetzes geltend gemacht ist, wird die Verhandlung und Entscheidung letzter Instanz im Sinne des §. 8 des Einführungsgesetzes zum Gerichtsverfassungsgesetze dem Reichsgericht zugewiesen.

**§. 13.** Wer im Inlande einen Wohnsitz oder eine Niederlassung nicht hat, kann nur dann den Anspruch auf den Schutz dieses Gesetzes geltend machen, wenn in dem Staate, in welchem sein Wohnsitz oder seine Niederlassung sich befindet, nach einer im Reichs-Gesetzblatt enthaltenen Bekanntmachung deutsche Gebrauchsmuster einen Schutz genießen[30].

---

von dem Verletzten selbst erzielten Gewinn. — Über den Begriff „in Benutzung nehmen" Anm. 27.

[27] § 10 entspricht PatG. § 36, auf dessen Anm. (106 und 107) zu verweisen ist. — Daß auch hier Eventualdolus genügt, um die Strafbarkeit zu begründen, ist im U. des RGer. 30. Jan. 99 (Straff. XXXII 4) anerkannt. — Der Begriff der Benutzung im Sinne des § 10 wird in mehreren Urteilen des RGer. erläutert. Es sind darunter alle in § 4 Abs. 1 aufgeführten Handlungen zu verstehen. Eine strafbare Benutzung liegt daher schon in der gewerbsmäßigen Nachbildung gegen den Willen des Eingetragenen RGer. 8. März 95 (Straff. XXVII 88), auch wenn die gefertigten Nachbildungen erst nach Ablauf der gesetzlichen Schutzfrist in den Verkehr gebracht werden 10. Okt. 02 (Straff. XXXV 407). Anderseits stellt das unbefugte Inverkehrbringen, Feilhalten oder Gebrauchen einer Nachbildung eines Musters einen Eingriff in das Schutzrecht auch dann dar, wenn die Nachbildung ein Zuwiderhandeln gegen das G. nicht erhalten hatte RGer. 8. März 95 (Straff. XXVII 88).

[28] § 11 deckt sich mit PatG. § 37. Begriff und Voraussetzungen einer Buße Abschn. IV Nr. 3 Anm. 42, 43.

[29] § 12 stimmt mit PatG. § 38 überein. Es ist auf die dortigen Ausführungen (Nr. 2 Anm. 110) Bezug zu nehmen.

[30] Nach PatG. § 12 Abs. 2 haben die Angehörigen eines ausländischen Staats auf den deutschen PatSchutz

Wer auf Grund dieser Bestimmung eine Anmeldung bewirkt, muß gleichzeitig einen im Inlande wohnhaften Vertreter bestellen. Name und Wohnsitz des Vertreters werden in die Rolle eingetragen. Der eingetragene Vertreter ist zur Vertretung des Schutzberechtigten in den das Gebrauchsmuster betreffenden Rechtsstreitigkeiten und zur Stellung von Strafanträgen befugt. Der Ort, wo der Vertreter seinen Wohnsitz hat, und in Ermangelung eines solchen der Ort, wo das Patentamt seinen Sitz hat, gilt im Sinne des §. 24 der Civilprozeßordnung als der Ort, wo der Vermögensgegenstand sich befindet[31]).

**§. 14.** Die zur Ausführung dieses Gesetzes erforderlichen Bestimmungen über die Einrichtung und Geschäftsgang des Patentamts werden durch Kaiserliche Verordnung unter Zustimmung des Bundesraths getroffen[32]).

**§. 15.** Dieses Gesetz tritt mit dem 1. Oktober 1891 in Kraft.

## Anlagen zum Gebrauchsmusterschutzgesetze.

### Anlage A (zu Anmerkung 1).

**G., betreffend das Urheberrecht an Mustern und Modellen. Vom 11. Januar 76.** (RGB. 11)[1]).

§. 1. Das Recht, ein gewerbliches Muster oder Modell[2]) ganz oder theilweise nachzubilden, steht dem Urheber[3]) desselben ausschließlich zu.

---

Anspruch, solange nicht das Gegenteil durch Anordnung des RKz. unter Zustimmung des BR. bestimmt ist. Der Gebrauchsmusterschutz ist dagegen von einer ausdrücklichen Zulassung abhängig, die nur für die Staaten auszusprechen ist, deren Gesetzgebung genügende Gewähr für eine entsprechende Gegenleistung bietet Begr. S. 18. — Die vom RKz. zu erlassende Bek. ist für die Gerichte bindend. Bisher ist eine solche Bek. nicht ergangen. Es bedarf ihrer gegenüber den Staaten nicht, denen im Wege eines im RGB. veröffentlichten Vertrages der Gebrauchsmusterschutz zugestanden ist. In dieser Beziehung kommt zuvörderst die internationale Übereinkunft 20 März 83 / 14. Dez. 00 in Betracht Nr. 6. Deutschland ist auf Grund seines Beitritts zu ihr verpflichtet, die Untertanen oder Bürger der zum internationalen Verbande gehörenden Staaten in Beziehung auf den Schutz der gewerblichen Muster oder Modelle den eigenen Staatsangehörigen gleichzustellen Art. 2. Die gleiche Verpflichtung besteht auf Grund von Sonderverträgen gegenüber Österreich-Ungarn (Nr. 6 Anl. A Art. 1) und Serbien (das. Anl. D Art. 1).

[31]) Abs. 2 entspricht PatG. § 12 Abs. 1. Es ist auf die dort gemachten Ausführungen (Nr. 2 Anm. 44, 45) zu verweisen.

[32]) In Betracht kommt a) die V. 11. Juli 91 (Nr. 2 Anl. A), die in den § 19—24 Angelegenheiten des Gebrauchsmusterschutzes behandelt und in den § 25—30 gemeinschaftliche Bestimmungen für Pat.- und Musterschutz-Angelegenheiten vorsieht, b) V. 30. Juni 94 (Nr. 4 Anl. A) § 9.

[1]) Quellen: Reichst. 75 Drucks. Nr. 24 (Entwurf mit Begr)., Nr. 76 (KB.) — Das G. gehört zur Gruppe der Gesetze, die den Schutz des Urheberrechts zum Gegenstand haben, und schließt sich in seiner Gestaltung an das G. betr. das Urheberrecht an Schriftwerken usw. 11. Juni 70 (BGBl. 339), das inzwischen durch das G. betr. das Urheberrecht an Werken der Literatur und der Tonkunst 19. Juni 01 (RGB. 227) ersetzt worden ist, und das G. betr. das Urheberrecht an Werken der bildenden Künste

Als Muster oder Modelle im Sinne dieses Gesetzes werden nur neue und eigenthümliche Erzeugnisse angesehen[4]).

§. 2. Bei solchen Mustern und Modellen, welche von den in einer inländischen gewerblichen Anstalt beschäftigten Zeichnern, Malern, Bildhauern rc. im Auftrage oder für Rechnung des Eigenthümers der gewerblichen Anstalt angefertigt werden, gilt der letztere, wenn durch Vertrag nichts anderes bestimmt ist, als der Urheber der Muster und Modelle[5]).

§. 3. Das Recht des Urhebers geht auf dessen Erben über. Dieses Recht kann beschränkt oder unbeschränkt durch Vertrag oder durch Verfügung von Todeswegen auf Andere übertragen werden[6]).

§. 4. Die freie Benutzung einzelner Motive eines Musters und Modells zur Herstellung eines neuen Musters oder Modells ist als Nachbildung nicht anzusehen.

§. 5. Jede Nachbildung eines Musters oder Modells, welche in der Absicht, dieselbe zu verbreiten, ohne Genehmigung des Berechtigten (§§. 1—3) hergestellt wird, ist verboten. Als verbotene Nachbildung ist es auch anzusehen:

1. wenn bei Hervorbringung derselben ein anderes Verfahren angewendet worden ist, als bei dem Originalwerke, oder wenn die Nachbildung für einen anderen Gewerbszweig bestimmt ist, als das Original;
2. wenn die Nachbildung in anderen räumlichen Abmessungen oder Farben hergestellt wird, als das Original, oder wenn sie sich vom Original nur durch solche Abänderungen unterscheidet, welche nur bei Anwendung besonderer Aufmerksamkeit wahrgenommen werden können;

---

9. Jan. 76 (RGB. 4) eng an Nr. 1 des Abschn. Anm. 2. — Verhältnis zum G. betr. den Schutz von Gebrauchsmustern Nr. 3 des Abschn. Anm. 1.

²) Der Schutz ist, ohne Unterscheidung zwischen den Erzeugnissen der Kunstindustrie und den gewöhnlichen Mustern der Gewerbe, allen Mustern und Modellen gleichmäßig gewährt Begr. S. 23, jedoch nur insoweit, als sie Geschmacksmuster darstellen. Denn das G. hat nur die äußere Erscheinung der Industrieerzeugnisse nach Zeichnung, Farbe und plastischer Form im Auge, will also bloß die Form schützen, ohne Rücksicht auf die sachliche Gebrauchsfähigkeit ROHG. 3. Sept. 78 (XXIV 109). Für diese ist der Pat.- oder der Gebrauchsmusterschutz bestimmt.

³) Im Gegensatz zum Gebrauchsmusterschutz, der dem ersten Anmeldenden zuteil wird G. 91 § 2. Urheber ist derjenige, aus dessen geistiger Schöpfung das Werk hervorgegangen ist Begr. S. 13.

⁴) Und zwar muß es die Form sein, die durch ihre Neuheit und Eigentümlichkeit dem Industrieerzeugnisse besonderen Verkaufswert gibt ROHG. 3. Sept. 78 (Anm. 2).

⁵) Voraussetzung ist, daß das Muster von den in einer gewerblichen Anstalt beschäftigten Zeichnern usw. angefertigt ist, weil nur bei einem so engen Zusammengehörigkeitsverhältnisse zur Anstalt ohne weiteres angenommen werden kann, daß der Zeichner usw. sein Urheberrecht hat aufgeben wollen. Wenn der Fabrikant ein Muster bei einem nicht in der Anstalt beschäftigten Zeichner usw. bestellt, muß er sich das Urheberrecht in gewöhnlicher Weise übertragen lassen Begr. S. 24.

⁶) In seiner Gestaltung als vererbliches und übertragbares Vermögensrecht steht das Urheberrecht an Mustern und Modellen dem Pat. und dem Rechte aus dem Gebrauchsmusterschutze gleich Nr. 2 des Abschn. § 6, Nr. 3 § 7.

3. wenn die Nachbildung nicht unmittelbar nach dem Originalwerke, sondern mittelbar nach einer Nachbildung desselben geschaffen ist.

§. 6. Als verbotene Nachbildung ist nicht anzusehen:

1. die Einzelkopie eines Musters oder Modells, sofern dieselbe ohne die Absicht der gewerbsmäßigen Verbreitung und Verwerthung angefertigt wird;
2. die Nachbildung von Mustern, welche für Flächenerzeugnisse bestimmt sind, durch plastische Erzeugnisse, und umgekehrt[7]);
3. die Aufnahme von Nachbildungen einzelner Muster oder Modelle in ein Schriftwerk.

§. 7. Der Urheber eines Musters oder Modells genießt den Schutz gegen Nachbildung nur dann, wenn er dasselbe zur Eintragung in das Musterregister angemeldet[8]) und ein Exemplar oder eine Abbildung des Musters ꝛc. bei der mit Führung des Musterregisters beauftragten Behörde niedergelegt hat.

Die Anmeldung und Niederlegung muß erfolgen, bevor ein nach dem Muster oder Modelle gefertigtes Erzeugniß verbreitet wird.

§. 8. Der Schutz des gegenwärtigen Gesetzes gegen Nachbildung wird dem Urheber des Musters oder Modells nach seiner Wahl ein bis drei Jahre lang, vom Tage der Anmeldung (§. 7) ab, gewährt.

Der Urheber ist berechtigt, gegen Zahlung der im §. 12 Absatz 3 bestimmten Gebühr, eine Ausdehnung der Schutzfrist bis auf höchstens fünfzehn Jahre zu verlangen. Die Verlängerung der Schutzfrist wird in dem Musterregister eingetragen.

Der Urheber kann das ihm nach Absatz 2 zustehende Recht außer bei der Anmeldung auch bei Ablauf der dreijährigen und der zehnjährigen Schutzfrist ausüben.

§. 9. Das Musterregister wird von den mit der Führung der Handelsregister beauftragten Gerichtsbehörden geführt[9]).

Der Urheber hat die Anmeldung und Niederlegung des Musters oder Modells bei der Gerichtsbehörde seiner Hauptniederlassung, und falls er eine

---

[7]) In dieser Bestimmung liegt eine Beschränkung des Verbots in § 5[1]. Zu den Flächenmustern sind Zeichnungen nicht zu zählen, welche als Unterlage für ein zu fertigendes Modell dienen KB. S. 24.

[8]) Der Schutz der Geschmacksmuster stimmt darin, daß er von der Eintragung in ein Register abhängig gemacht ist, mit dem Gebrauchsmusterschutz überein G. 91 § 3, 4. Während aber die Gebrauchsmusterrolle einheitlich für das Reich beim PatA. geführt wird G. 91 § 3, ist das Musterregister dezentralisiert und mit der Führung der Handelsregister verbunden. — Die Zahl der auf Grund des G. 76 geschützten Muster und Modelle betrug bis Ende 02 2262989 Statistisches Jahrbuch für das Deutsche Reich 03 S. 58.

[9]) Für die Führung der Handelsregister sind die Amtsgerichte mit der Maßgabe zuständig, daß die Führung des Registers für mehrere Amtsgerichtsbezirke durch Anordnung der Landesjustizverwaltung einem Amtsgericht übertragen kann G. über die Ang. der freiwilligen Gerichtsbarkeit (Neufassung RGB. 98 S. 771).

eingetragene Firma nicht besitzt, bei der betreffenden Gerichtsbehörde seines Wohnortes zu bewirken.

Urheber, welche im Inlande weder eine Niederlassung, noch einen Wohnsitz haben, müssen die Anmeldung und Niederlegung bei dem Handelsgericht in Leipzig bewirken.

Die Muster oder Modelle können offen oder versiegelt, einzeln oder in Packeten niedergelegt werden. Die Packete dürfen jedoch nicht mehr als 50 Muster oder Modelle enthalten und nicht mehr als 10 Kilogramm wiegen. Die näheren Vorschriften über die Führung des Musterregisters erläßt das Reichskanzler-Amt.

Die Eröffnung der versiegelt niedergelegten Muster erfolgt drei Jahre nach der Anmeldung (§. 7) beziehentlich, wenn die Schutzfrist eine kürzere ist, nach dem Ablaufe derselben[10]).

Die Eintragung und die Verlängerung der Schutzfrist (§. 8 Alinea 2) wird monatlich im Deutschen Reichsanzeiger bekannt gemacht. Die Kosten der Bekanntmachung hat der Anmeldende zu tragen.

**§. 10.** Die Eintragungen in das Musterregister werden bewirkt, ohne daß eine zuvorige Prüfung über die Berechtigung des Antragstellers oder über die Richtigkeit der zur Eintragung angemeldeten Thatsachen stattfindet[11]).

**§. 11.** Es ist Jedermann gestattet, von dem Musterregister und den nicht versiegelten Mustern und Modellen Einsicht zu nehmen und sich beglaubigte Auszüge aus dem Musterregister ertheilen zu lassen. In Streitfällen darüber, ob ein Muster oder Modell gegen Nachbildung geschützt ist, können zur Herbeiführung der Entscheidung auch die versiegelten Packete von der mit der Führung des Musterregisters beauftragten Behörde geöffnet werden[12]).

**§. 12.** Alle Eingaben, Verhandlungen, Atteste, Beglaubigungen, Zeugnisse, Auszüge ꝛc., welche die Eintragung in das Musterregister betreffen, sind stempelfrei.

Für jede Eintragung und Niederlegung eines einzelnen Musters oder eines Packets mit Mustern ꝛc. (§. 9) wird, insofern die Schutzfrist auf nicht länger als drei Jahre beansprucht wird (§. 8 Absatz 1), eine Gebühr von 1 Mark für jedes Jahr erhoben.

Nimmt der Urheber in Gemäßheit des §. 8 Absatz 2 eine längere Schutzfrist in Anspruch, so hat er für jedes weitere Jahr bis zum zehnten Jahre einschließlich eine Gebühr von 2 Mark, von elf bis fünfzehn Jahren eine Ge-

---

[10]) Die Eröffnung kann ferner in Streitfällen nach Maßgabe des § 11 erfolgen.

[11]) Wird die Richtigkeit der eingetragenen Tatsachen später bestritten, so ist es den Beteiligten überlassen, ihre gegenseitigen Behauptungen im Rechtswege zum Austrag zu bringen Begr. S. 27.

[12]) Die Bestimmung gilt für Rechtsstreitigkeiten aller Art, gleichviel ob sie im Wege des Zivilprozesses oder des Strafprozesses oder des Schiedsgerichts entschieden werden Begr. S. 28.

bühr von 3 Mark für jedes einzelne Muster oder Modell zu entrichten. Für jeden Eintragungsschein, sowie für jeden sonstigen Auszug aus dem Musterregister wird eine Gebühr von je 1 Mark erhoben.

**§. 13.** Derjenige, welcher nach Maßgabe des §. 7 das Muster oder Modell zur Eintragung in das Musterregister angemeldet und niedergelegt hat, gilt bis zum Gegenbeweise als Urheber.

**§. 14.** Die Bestimmungen in den §§. 18—36, 38 des Gesetzes vom 11. Juni 1870, betreffend das Urheberrecht an Schriftwerken ꝛc., (Bundes-Gesetzbl. 1870 S. 339)[13]) finden auch auf das Urheberrecht an Mustern und Modellen mit der Maßgabe entsprechende Anwendung, daß die vorräthigen Nachbildungen und die zur widerrechtlichen Vervielfältigung bestimmten Vorrichtungen nicht vernichtet, sondern auf Kosten des Eigenthümers und nach

[13]) Die angeführten Bestimmungen des G. 11. Juni 70 betreffen die zivil- und strafrechtlichen Folgen der unerlaubten Vervielfältigung (§ 18—25), das gerichtliche Verfahren (§ 26—32) und die Verjährung (§ 33—38). Zivil- und strafrechtliche Folgen. Die vorsätzliche oder fahrlässige Nachbildung in der Absicht der Verbreitung im In- oder Auslande verpflichtet zur Entschädigung des Urhebers oder seines Rechtsnachfolgers und wird außerdem mit Geldstrafe bis 3000 M. bestraft, an deren Stelle im Falle der Unmöglichkeit der Beitreibung Freiheitsstrafe bis zu sechs Monaten tritt. Statt der Entschädigung kann neben der Strafe dem Beschädigten eine Buße bis zu 6000 M. zuerkannt werden. Der Veranstalter der Nachbildung, den kein Verschulden trifft, haftet für den entstandenen Schaden nur bis zur Höhe seiner Bereicherung G. 11. Juni 70 § 18. Der Veranlasser der Nachbildung haftet, als wenn er die Nachbildung selbst veranstaltet hätte § 20. Die vorrätigen Nachbildungen und die zur widerrechtlichen Vervielfältigung bestimmten Vorrichtungen unterliegen der Einziehung, auch wenn die Tat weder aus Vorsatz noch fahrlässig begangen ist § 21. Wer vorsätzlich Nachbildungen im In- oder Auslande gewerbsmäßig feilhält, verkauft oder in sonstiger Weise verbreitet, ist ebenfalls zu Schadensersatz verpflichtet und der Strafe des § 18 unterworfen § 25. Verfahren. Zuständig sind die ordentlichen Gerichte § 26 und zwar beim Landgerichte gegebenenfalls die Kammern für Handelssachen GVG. § 101 Ziff. 3c. Voraussetzung des Strafverfahrens ist ein Antrag des Verletzten G. 11. Juni 70 § 27. In § 29 ist der Grundsatz freier Beweiswürdigung ausgesprochen. Zur Begutachtung technischer Fragen, von denen der Tatbestand der Nachbildung oder der Betrag des Schadens oder der Bereicherung abhängt, werden in den Bundesstaaten Sachverständigen-Vereine gebildet, die überdies befugt sind, auf Anrufen der Beteiligten über streitige Entschädigungsansprüche und Einziehungen nach § 18 bis 21 als Schiedsrichter zu verhandeln und zu entscheiden § 30, 31. Verjährung. Die Strafverfolgung der Nachbildung und der Verbreitung und der Entschädigungsanspruch verjähren in drei Jahren, von dem Tage an gerechnet, an dem die Verbreitung zuerst stattgefunden hat § 33, 34. Die Frist zur Stellung des Strafantrags beträgt 3 Monate § 35, während der Antrag auf Einziehung der Nachbildungen und der zur Vervielfältigung bestimmten Vorrichtungen so lange zulässig ist, als solche Nachbildungen und Vorrichtungen vorhanden sind § 36. — Das G. 11. Juni 70 ist zwar im wesentlichen durch das G. 19. Juni 01 aufgehoben worden Anm. 1; indessen ist im § 64 des letzteren G. bestimmt, daß die Vorschriften des G. 70 insoweit unberührt bleiben, als sie in den G. über den Schutz von Werken der bildenden Künste, von Photographien sowie von Mustern und Modellen für anwendbar erklärt werden.

Wahl desselben entweder ihrer gefährdenden Form entkleidet, oder bis zum Ablauf der Schutzfrist amtlich aufbewahrt werden.

Die Sachverständigen-Vereine, welche nach §. 31 des genannten Gesetzes Gutachten über die Nachbildung von Mustern oder Modellen abzugeben haben, sollen aus Künstlern, aus Gewerbtreibenden verschiedener Gewerbzweige und aus sonstigen Personen, welche mit dem Muster- und Modellwesen vertraut sind, zusammengesetzt werden.

**§. 15.** Bürgerliche Rechtsstreitigkeiten, in welchen auf Grund der Bestimmungen dieses Gesetzes eine Klage wegen Entschädigung, Bereicherung oder Einziehung angestellt wird, gelten im Sinne der Reichs- und Landesgesetze als Handelssachen[14]).

**§. 16.** Das gegenwärtige Gesetz findet Anwendung auf alle Muster und Modelle inländischer Urheber, sofern die nach den Mustern oder Modellen hergestellten Erzeugnisse im Inlande verfertigt sind, gleichviel ob dieselben im Inlande oder Auslande verbreitet werden.

Wenn ausländische Urheber im Gebiete des Deutschen Reichs ihre gewerbliche Niederlassung haben, so genießen sie für die im Inlande gefertigten Erzeugnisse den Schutz des gegenwärtigen Gesetzes.

Im Uebrigen richtet sich der Schutz der ausländischen Urheber nach den bestehenden Staatsverträgen.

**§. 17.** Das gegenwärtige Gesetz tritt mit dem 1. April 1876 in Kraft. Es findet Anwendung auf alle Muster und Modelle, welche nach dem Inkrafttreten desselben angefertigt worden sind.

Muster und Modelle, welche vor diesem Tage angefertigt worden sind, genießen den Schutz des Gesetzes nur dann, wenn das erste nach dem Muster ꝛc. gefertigte Erzeugniß erst nach dem Inkrafttreten des Gesetzes verbreitet worden ist.

Muster und Modelle, welche schon bisher landesgesetzlich gegen Nachbildung geschützt waren, behalten diesen Schutz; jedoch kann derselbe nur für denjenigen räumlichen Umfang geltend gemacht werden, für welchen er durch die Landesgesetzgebung ertheilt war.

---

## Anlage B (zu Anmerkung 11).

### Bestimmungen über die Anmeldung von Gebrauchsmustern. Vom 22. November 1898.

Auf Grund des § 2 Abs. 4 des Gesetzes, betreffend den Schutz von Gebrauchsmustern, vom 1. Juni 1891 (R.G.Bl. S. 290) werden die nachfolgenden Bestimmungen über die Erfordernisse einer Gebrauchsmusteranmeldung erlassen. Die Bestimmungen treten am 1. Januar 1899 in Kraft[1]).

---

[14]) GVG. § 101 Ziff. 3c Anm. 13.

[1]) Zu ihrer Erläuterung dient die Bek. des PatA. vom selben Tage Unteranlage B 1.

§ 1. Die Anmeldung eines Modells behufs Eintragung in die Rolle für Gebrauchsmuster geschieht in der Form eines schriftlichen Gesuchs, dem die sonst erforderlichen Stücke als Anlagen beizufügen sind.

Für jedes Modell ist eine besondere Anmeldung erforderlich.

§ 2. Das Gesuch muß enthalten:

a) die Angabe des Namens und des Wohnorts oder der Hauptniederlassung des Anmelders;
b) eine für die Eintragung und Veröffentlichung geeignete Bezeichnung, welche die besondere Eigenthümlichkeit des Modells in kurzer Form zum Ausdruck bringt;
c) die Angabe, welche neue Gestaltung oder Vorrichtung dem Arbeits- oder Gebrauchszweck dienen soll;
d) den Antrag, daß das Modell in die Rolle für Gebrauchsmuster eingetragen werde;
e) die Erklärung, daß die gesetzliche Gebühr von 15 Mark an die Kasse des Kaiserlichen Patentamts gezahlt worden sei oder gleichzeitig mit der Anmeldung gezahlt werde;
f) die Aufführung der Anlagen unter Angabe ihrer Nummer und ihres Inhalts;
g) falls der Anmelder einen Vertreter bestellt hat, die Angabe der Person, der Berufsstellung und des Wohnorts des Vertreters; als Anlage ist eine Vollmacht beizufügen (§ 28 der Kaiserlichen Verordnung vom 11. Juli 1891);
h) die Unterschrift des Anmelders oder seines Vertreters.

§ 3. Erachtet der Anmelder eine Beschreibung des Modells für erforderlich, so ist sie entweder in das Gesuch aufzunehmen oder als Anlage beizufügen.

§ 4. Dem Gesuch ist eine Abbildung oder eine Nachbildung des Modells beizufügen.

a) Die Abbildung ist in zwei Ausfertigungen einzureichen.

Für die Abbildung ist weißes, starkes und glattes Zeichenpapier, sogenanntes Kartonpapier, oder Zeichenleinwand zu verwenden. Das Blatt der Abbildung auf Kartonpapier muß 33 cm hoch und 21 cm breit sein. Das Blatt der Abbildung auf Zeichenleinwand muß bei beliebiger Breite 33 cm hoch sein.

Die Figuren und Schriftzeichen sind in tiefschwarzen, kräftigen, scharf begrenzten Linien auszuführen.

b) Die Nachbildung braucht nur in einer Ausführung eingereicht zu werden.

Sie muß sauber und dauerhaft sein und darf in Höhe, Breite und Tiefe 50 cm nicht überschreiten.

Nachbildungen, die leicht beschädigt werden können, sind in festen Hüllen einzureichen. Gegenstände von kleinem Umfange sind auf steifem Papier zu befestigen.

§ 5. Die Anlagen des Gesuchs müssen mit einer ihre Zugehörigkeit zur Anmeldung kennzeichnenden Aufschrift versehen sein. Dasselbe gilt für die Nachbildungen.

Zu allen Schriftstücken ist dauerhaftes, nicht durchscheinendes, weißes Papier, zu Schriftstücken, die Anträge enthalten oder die Anmeldung selbst betreffen, Papier in der Seitengröße von 33 cm zu 21 cm zu verwenden.

Alle Schriftstücke müssen leicht lesbar sein. Die Schriftzüge müssen in dunkler Farbe ausgeführt sein. Schriftstücke, die mittelst der Schreibmaschine hergestellt sind, müssen deutliche Druckzeichen und zwischen den einzelnen Buchstaben, Worten und Zeilen einen angemessenen Zwischenraum aufweisen.

§ 6. Die die Anmeldung bildenden Schriftstücke müssen in doppelter Ausfertigung eingereicht werden. Auf den nachträglich eingereichten Anmeldestücken ist der Name des Anmelders und das Aktenzeichen anzugeben.

**Kaiserliches Patentamt.**

---

## Unteranlage B 1 (zu Anlage B Anmerkung 1).

### Bekanntmachung. Vom 22. November 1898.

Durch Bekanntmachung vom heutigen Tage hat das Kaiserliche Patentamt auf Grund des § 2 Abs. 4 des Gesetzes, betreffend den Schutz von Gebrauchsmustern, vom 1. Juni 1891 neue Bestimmungen über die Anmeldung von Gebrauchsmustern erlassen. Im Anschluß an diese Bestimmungen werden die nachstehenden Erläuterungen bekannt gegeben, die den Betheiligten einen weiteren Anhalt für die Anfertigung und Einreichung einer Gebrauchsmusteranmeldung darbieten sollen.

### 1. Gebühr.

Die Anmeldegebühr ist zweckmäßig entweder unmittelbar bei der Kasse des Kaiserlichen Patentamts (Berlin, N.W. 6. Luisenstraße 32/34) einzuzahlen oder unter genauer Angabe der Anmeldung, für die das Geld bestimmt ist, durch Postanweisung zu übersenden.

Die Beifügung baaren Geldes als Anlage der Anmeldung ist nicht erwünscht. Wird das Geld gleichwohl beigefügt, so ist darüber in dem Gesuch ein deutlicher Vermerk in Rothschrift zu machen. Enthält eine Sendung das Geld für mehrere Anmeldungen, so ist ein besonderes Verzeichniß über die Zugehörigkeit des Geldes beizufügen.

Anmerkung. Eine Stundung oder ein Erlaß der Anmeldegebühr ist gesetzlich unzulässig. Dasselbe gilt hinsichtlich der Gebühr für die Verlängerung der Schutzfrist (§ 8 Abs. 1 des Gesetzes).

### 2. Gesuch.

a) Ein Antrag auf Aussetzung der Eintragung und Bekanntmachung wird entweder in einem besonderen Schriftstück einzureichen oder, falls er mit dem Anmeldegesuch oder mit anderen Erklärungen verbunden wird, augenfällig, z. B. durch Unterstreichen oder in Rothschrift, hervorzuheben sein.

b) Der Antrag auf Aussetzung der Eintragung und Bekanntmachung ist zu begründen. Dem Antrag kann der Regel nach nur mit Rücksicht auf eine gleichzeitige Patentanmeldung im Inlande oder im Auslande entsprochen werden. Eine Aussetzung der Bekanntmachung ohne gleichzeitige Aussetzung der Eintragung ist nicht zulässig.

c) Die Aussetzung der Eintragung mit Rücksicht auf Anmeldungen im Auslande kann zunächst nur auf die Dauer von höchstens drei Monaten bewilligt werden. In besonderen Ausnahmefällen kann diese Frist auf sechs Monate erstreckt werden; in einem solchen Falle ist der Antrag nebst eingehender Begründung erst gegen Ende der ersten Frist vorzulegen.

d) Soll die Aussetzung der Eintragung mit Rücksicht auf eine gleichzeitig beim Kaiserlichen Patentamt eingereichte Patentanmeldung erfolgen, so hat der Anmelder anzugeben, ob

1. die Behandlung der Anmeldung nur in dem Falle erfolgen soll, daß die Patentanmeldung nicht zur Ertheilung eines Patentes führt (Eventual-

anmeldung); in diesem Falle braucht die Gebühr erst nach der Erledigung der Patentanmeldung gezahlt zu werden; oder ob

2. die Eintragung bis zum Zeitpunkt der Bekanntmachung oder endgültigen Zurückweisung der Patentanmeldung vertagt werden soll.

e) Falls der Anmelder die Rechte aus einer früheren Anmeldung in einem Staate, mit dem das Deutsche Reich einen entsprechenden Vertrag geschlossen hat, geltend machen will, soll dieser Anspruch gleichfalls in das Gesuch aufgenommen werden.

f) Zur Angabe der Person des Anmelders gehört, daß jeder Zweifel darüber ausgeschlossen wird, ob das Gebrauchsmuster von Einzelpersonen oder von einer Gesellschaft, ob von einem Manne oder von einer Frau, ob auf den bürgerlichen Namen oder auf die kaufmännische Firma nachgesucht wird. Bei Einzelpersonen ist der Rufname, bei Frauen außerdem der Familienstand und der Geburtsname anzugeben.

Die Angabe des Wohnorts muß bei größeren Städten auch Straße und Hausnummer, bei kleineren Orten und bei Orten, deren Namen mehrfach vorkommt, sowie in der Regel bei ausländischen Orten den Staat und Bezirk enthalten. Dies gilt auch für den Fall, daß der Anmelder einen Vertreter bestellt hat.

g) Für den Fall der Vertretung ist zu beachten, daß nach § 28 der Kaiserlichen Verordnung vom 11. Juli 1891 die Vollmacht auf prozeßfähige, mit ihrem bürgerlichen Namen bezeichnete Personen, nicht auf eine Firma auszustellen ist.

Eine Beglaubigung der Unterschrift des Anmelders unter der Vollmacht ist nur auf besonderes Erfordern des Patentamtes beizubringen.

h) Falls mehrere Personen ohne Bestellung eines gemeinsamen Vertreters anmelden, soll diejenige Person namhaft gemacht werden, der die amtlichen Verfügungen zugesandt werden sollen.

### 3. Bezeichnung.

Nach § 2 Abs. 2 des Gesetzes muß die Anmeldung die Bezeichnung angeben, unter der das Modell eingetragen werden soll. Die eingetragene Bezeichnung wird nach § 3 Abs. 3 des Gesetzes bekannt gemacht. Die Bezeichnung hat hiernach die Aufgabe, den betheiligten Kreisen von der Eintragung des Modells Kenntniß zu geben. Sie muß zu diesem Behufe die besondere Eigenthümlichkeit des Modells nach Einrichtung oder Zweck kurz kennzeichnen. Eine erschöpfende Begriffsbestimmung ist nicht erforderlich. Angaben ohne bestimmten technischen Inhalt (Phantasiewörter, Name des Erfinders, Vorzüge des Gegenstandes u. dergl.) sind unstatthaft.

### 4. Angabe des Neuen.

Nach § 2 Abs. 2 des Gesetzes muß die Anmeldung angeben, „welche neue Gestaltung oder Vorrichtung dem Arbeits- oder Gebrauchszweck dienen soll". Da diese Angabe für den Umfang des mit der Eintragung verbundenen Rechtsschutzes von Bedeutung ist, wird es sich, obwohl das Gesetz die Aufstellung eines Schutzanspruchs nicht vorschreibt, doch in vielen Fällen empfehlen, die den Rechtsschutz bestimmenden Merkmale des Modells in einem nach Art der Patentansprüche zu bildenden Schutzanspruch zusammenzufassen.

### 5. Nachbildung.

Die Nachbildung gehört zu den wesentlichen Bestandtheilen der Anmeldung und kann, solange die Eintragung nicht gelöscht ist, nicht zurückgegeben werden. Auch nach der Löschung wird sie regelmäßig noch während fernerer vier Jahre, d. h. bis zur muthmaßlichen Erledigung etwaiger Klagen wegen Verletzung des Schutzrechts (§ 9 Abs. 2 des Gesetzes), zurückbehalten.

Dem Antrage auf Beglaubigung der Unterlagen einer Gebrauchsmusteranmeldung ist eine Nachbildung beizufügen, falls der Anmeldung eine Nachbildung beigegeben worden ist. Die Uebereinstimmung einer Zeichnung mit der der Eintragung zu Grunde liegenden Nachbildung kann nicht bescheinigt werden. War der Anmeldung außer der Nachbildung eine Zeichnung beigefügt, so muß zum Zweck der Beglaubigung neben der Nachbildung auch die Zeichnung vorgelegt werden.

## 6. Verschiedenes.

a) In allen Schriftstücken sind entbehrliche Fremdwörter zu vermeiden.

b) Schriftsätze, die mehrere Seiten umfassen, sind mit Seitenzahlen zu versehen. In allen Schriftsätzen ist an der linken Seite ein Raum von mindestens 5 cm für amtliche Vermerke frei zu lassen.

c) In allen Eingaben, zu denen Anlagen gehören, sind die Anlagen besonders aufzuzählen.

d) Die Sendungen an das Patentamt müssen kostenfrei eingehen. Bei Geld- und Packetsendungen ist die Bestellgebühr vom Absender im Voraus zu entrichten.

e) Empfangsbescheinigungen werden in der Regel nur über Anmeldungen ertheilt, und zwar nur in einer Ausfertigung. Die Ertheilung der Bescheinigung erfolgt nur dann, wenn ein Schriftstück mit folgendem Wortlaut eingesandt wird:

„Ihre Gebrauchsmusteranmeldung vom . . . . . . . . .
. . . . . . . . . . . . . . . . . . . . . . . . .

oder:

„Die Gebrauchsmusteranmeldung von . . . . . . . .
. . . . . . . . . . . . . . . . . . . . . .
vom . . . . . . . . . . . . . . . . . . . . .
auf . . . . . . . . . . . . . . . . . . . . .
. . . . . . . . . . . . . . . . . . . . . .
ist am . . . . . . . . . . . . . . . . . . .
hier eingegangen und unter dem Aktenzeichen . . . . . . . .
in den Geschäftsgang gegeben worden."

Wird die Empfangsbescheinigung nicht auf der Rückseite einer Postkarte vorbereitet, so ist ein mit der Adresse des Empfängers versehener Briefumschlag beizufügen.

f) Ueber Gebührenbeträge, die mit der Post eingehen, wird nur auf besonderen Antrag des Einzahlers eine Quittung ertheilt.

**Kaiserliches Patentamt.**

## 4. Gesetz zum Schutz der Waarenbezeichnungen. Vom 12. Mai 1894.

(RGB. 441)[1].

§. 1. Wer[2]) in seinem Geschäftsbetriebe[3]) zur Unterscheidung[4]) seiner Waaren[5]) von den Waaren Anderer eines Waarenzeichens[6]) sich

[1]) Quellen: Reichst. 93/94 Drucks. Nr. 70 (Entw. mit Begr.), Nr. 298 (KB.) StB. S. 877—885 (1. Les.), 2156—2178 (2. Les.), 2286 (3. Les.). — Bearb. A. Seligsohn (Berlin 94). — Entstehungsgeschichte. Der Rechtszustand inbetreff des Schutzes von Warenzeichen entbehrte in Deutschland zur Zeit der Errichtung des Reichs jeder Einheitlichkeit. Während in Bayern die in ein öffentliches Register eingetragenen Marken geschützt waren, gewährten die anderen deutschen Staaten keinen oder nur beschränkten Schutz, so Preußen nur durch die V. zum Schutze der Fabrikzeichen an Eisen- und Stahlwaren in der Provinz Westfalen und der Rheinprovinz 18. Aug. 47 (G. S. 335). Ein einheitlicher Rechtszustand wurde durch das am 1. Mai 75 in Kraft getretene G. über Markenschutz 30. Nov. 74 (RGB. 143) geschaffen. Der Schutz war danach durch die Anmeldung und die Eintragung eines Zeichens ins Handelsregister begründet. Er war beschränkt auf figürliche Zeichen und wurde nur Kaufleuten, die ins Handelsregister eingetragen waren, zuteil. Die Regelung beruhte im wesentlichen auf dem Anmeldesystem Nr. 1 des Abschn. Abs. 5. Die Löschung von übereinstimmenden, unzulässigen und Freizeichen war im Wege der Klage herbeizuführen. Der Schutz wurde für 10 Jahre gewährt und konnte durch Erneuerung der Anmeldung und zwar immer auf weitere 10 Jahre verlängert werden. Die Verletzung der eingetragenen Marke gab dem Inhaber einen Entschädigungsanspruch und die Befugnis zum Strafantrag. Das G. 94 dehnte den Schutz der Warenzeichen dahin aus, daß es neben figürlichen auch Wortzeichen zuließ und den Schutz allen Gewerbetreibenden, ohne Rücksicht auf ihre Eintragung ins Handelsregister, gewährte. Die Eintragungen erfolgen einheitlich fürs ganze Reich in die beim PatA. geführte Zeichenrolle. An Stelle des Anmeldesystems tritt die Vorprüfung. Freizeichen sollen nicht, übereinstimmende Zeichen wenigstens beim Widerspruch des früheren Anmelders nicht eingetragen werden. — Anordnung des Stoffs. Unter den Warenbezeichnungen sind am wichtigsten die Warenzeichen. Auf sie beziehen sich die meisten Vorschriften des G., so zunächst ausschließlich die § 1—13. Die § 1—6 handeln von der Anmeldung der Warenzeichen und ihrer Eintragung in die Zeichenrolle. Begriff des Warenzeichens § 1, förmliche Voraussetzungen der Anmeldung § 2, Inhalt der Zeichenrolle § 3, Versagungsgründe für die Eintragung § 4, Übereinstimmung des angemeldeten mit einem früher angemeldeten Zeichen § 5, 6). § 7 regelt die Voraussetzungen des Übergangs des Zeichenrechts auf einen Rechtsnachfolger. Die § 8 und 9 behandeln die Löschung der Warenzeichen, die auf Antrag des Inhabers (§ 8 Abs. 1), von Amts wegen (§ 8 Abs. 2, 3) oder auf Antrag eines dritten (§ 9), im letzteren Fall auf Grund richterlicher Entscheidung, erfolgen kann. § 10 trifft über das Verfahren des PatA. in Warenzeichensachen, § 11 über seine Verpflichtung zur Erstattung von Gutachten auf diesem Gebiete Bestimmung. § 12 regelt die Wirkungen der Eintragung eines Warenzeichens, die jedoch im § 13 eine Einschränkung erfahren. — Die § 14 bis 23 beschränken sich nicht mehr auf Warenzeichen sondern begründen wie für diese, so auch für verschiedene Arten von Warenbezeichnungen einen Rechtsschutz teils auf dem Gebiete des bürgerlichen und des Strafrechts teils durch die Möglichkeit des Einschreitens gegen ausländische unter Verletzung deutscher Warenbezeichnungen gekennzeichnete Waren (§ 17). Die widerrechtliche Benutzung eines Namens, einer Firma oder eines Warenzeichens wird im § 14, die widerrechtliche Benutzung einer Ausstattung im § 15 mit Entschädigungspflicht und Strafe bedroht; in § 16 ist die widerrechtliche Verwendung gewisser Wappen und Ortsbezeichnungen unter Strafe gestellt. Statt der Entschädigung kann eine Buße gefordert werden § 18. Im Falle der Verurteilung treten nach § 19 noch gewisse Neben-

bedienen will⁷), kann dieses Zeichen zur Eintragung in die Zeichenrolle anmelden.

---

strafen ein. § 20 stellt den Grundsatz auf, daß der Warenbezeichnungsschutz durch Abweichungen, sofern die Gefahr der Verwechselung im Verkehr bestehen bleibt, nicht ausgeschlossen wird. § 21 enthält eine die Einheitlichkeit der Rechtsprechung sichernde Vorschrift über die Zuständigkeit. § 22 gibt dem BR. das Recht zu Vergeltungsmaßregeln. § 23 regelt den Schutz der Warenbezeichnungen, die nicht mit einer inländischen Niederlassung verbunden sind. § 24—26 Schluß- und Übergangsbestimmungen. — Das G. ist auch in den Schutzgebieten anzuwenden V. 9. Nov. 00 (RGB. 1005) § 4.

[2]) § 1 gestattet die Anmeldung zur Zeichenrolle für Warenzeichen (Anm. 6), sofern sie in einem Geschäftsbetriebe (Anm. 3) zur Bezeichnung von Waren (Anm. 5) zu dem Zwecke benutzt werden sollen (Anm. 7), dadurch eine Unterscheidung von den Waren anderer (Anm. 4) zu bewirken.

[3]) Der Geschäftsbetrieb im Sinne des G. bezeichnet jedes auf Gewinn abzielende Unternehmen im Bereiche der Gütererzeugung oder des Handels. Der Ausdruck ist nicht im räumlichen Sinne zu verstehen; er soll vielmehr die Gesamtheit der wirtschaftlichen Beziehungen des Produzenten wie des Kaufmanns, des Vermittlers, Kommissionärs, Exporteurs umfassen Begr. S. 9. — Der Zusammenhang eines Warenzeichens mit dem Geschäftsbetrieb äußert sich darin, daß der Geschäftsbetrieb bei der Anmeldung des Zeichens anzugeben (§ 2 Abs. 1) und in die Zeichenrolle einzutragen ist (§ 3²), daß das durch die Anmeldung und Eintragung begründete Recht nur mit dem Geschäftsbetriebe, zu dem das Warenzeichen gehört, auf einen anderen übergehen kann (§ 7 Abs. 1), und daß, wenn der Geschäftsbetrieb, zu dem das Warenzeichen gehört, nicht mehr fortgesetzt wird, die Löschung des Zeichens von jedem dritten beantragt werden kann § 9 Abs. 1² und 5. — Für denselben Geschäftsbetrieb können mehrere Warenzeichen eingetragen werden. Anderseits kann ein Warenzeichen, wenn ein Gewerbetreibender mehrere selbständige Geschäftsbetriebe besitzt, nach dem Willen des Gewerbetreibenden nur für einen oder für mehrere oder für alle Betriebe eingetragen werden. — Auch für ein im Auslande betriebenes Geschäft kann der Warenzeichenschutz verlangt werden, aber nur unter den im § 23 bezeichneten Voraussetzungen. — Im übrigen ist für die Anmeldung zur Zeichenrolle ohne Belang, ob der Geschäftsinhaber eine physische oder eine juristische Person, und ob er In- oder Ausländer ist. Auch die Beschränkung des G. über Markenschutz (Anm. 1) § 1, wonach die Eintragung des Zeichens nur zugunsten eines im Handelsregister eingetragenen Betriebes zulässig war, ist weggefallen.

[4]) Das Warenzeichen muß die Unterscheidung der damit versehenen Waren von den Waren anderer bezwecken. Die Prüfungszeichen der Handfeuerwaffen (Abschn. II Nr. 8) oder die den Feingehalt der Gold- und Silberwaren angebenden Zeichen (Absch. II Nr. 9) sind keine Warenzeichen im Sinne dieses G., ebensowenig Zeichen, die zum Nachweise dafür angebracht werden, daß in dem Betriebe gewisse Arbeitsbedingungen ingehalten werden (sozialdemokratische Kontrollmarken).

[5]) Als Waren können körperliche Gegenstände aller Art in Betracht kommen, auch Naturerzeugnisse, wie Wein und Pflanzen, und lebende Tiere (Hunde, Pferde, Schlachtvieh) KB. S. 2. Ob Warenzeichen für unbewegliche Sachen schutzfähig sind, ist streitig. — Geistige oder künstlerische Erzeugnisse erscheinen, insoweit sie in einem Stoff (Stein, Metall, Leinewand, Papier) verkörpert sind, als körperliche Gegenstände. Der geistige Urheber (Künstler, Schriftsteller) hat aber auf Zeichenschutz keinen Anspruch, weil seine Tätigkeit keinen Geschäftsbetrieb im Sinne des G. (Anm. 3) darstellt. Dagegen kann der Gewerbetreibende, der die geistige Schöpfung in körperliche Form bringt (Buchdrucker, Metallgießer), sowie derjenige, welcher sie dem Publikum gewerbsmäßig zuführt (Verleger, Buch-, Kunsthändler) für diesen Betrieb ein Warenzeichen eintragen lassen. Der Kunsthandwerker kann als Gewerbetreibender vom Zeichenschutz Gebrauch machen.

[6]) Unter Warenzeichen ist ein Merkzeichen zu verstehen, das die Ware von einer anderen gleichartigen Ware unter-

§. 2. Die Zeichenrolle[8]) wird bei dem Patentamt[9]) geführt. Die Anmeldung eines Waarenzeichens hat schriftlich bei dem Patentamt zu erfolgen[10]). Jeder Anmeldung muß die Bezeichnung des Geschäftsbetriebes[3]), in welchem

---

scheidet. An der Kennzeichnung einer Ware in einer sie von gleichartigen Erzeugnissen unterscheidenden Weise hat sowohl der Hersteller als auch der Händler ein Interesse. Das Warenzeichen ist deshalb entweder Fabrik- oder Handelsmarke. Von rechtlicher Bedeutung ist diese Unterscheidung nicht. — Das Zeichen kann in einer figürlichen Darstellung, besonders in einem Bilde, bestehen; auch plastische Gestaltung ist nicht ausgeschlossen. Den Gegensatz hierzu bildet das Wortzeichen. Nach dem Markenschutz G. 74 waren Wortzeichen nicht schutzberechtigt. Über den Grund ihrer Zulassung durch das G. 91 Begr. S. 12. Ein Warenzeichen kann ferner aus einer figürlichen Darstellung in Verbindung mit einem Schlagworte bestehen (gemischtes Zeichen). Das Wortzeichen kann sich dem Bildzeichen nähern, indem es eine eigenartige figürliche (graphische) Darstellung erhält z. B. nicht in gerader Linie, sondern von unten nach oben oder mit charakteristischen Schnörkeln geschrieben wird. Besonders ist es aber der Klanglaut, der dem Wortzeichen seine Eigenart gibt, und dessen Schutz durch die Eintragung bezweckt wird RGer. 8./22. Nov. 97 (Straff. XXX 351), 22. April 98 (XLII 15). Für Wörter, die Angaben über Art, Zeit und Ort der Herstellung, über die Beschaffenheit, über die Bestimmung, über Preis-, Mengen- und Gewichtsverhältnisse der Ware enthalten, ist die Eintragung nicht zugelassen § 4[1] und Anm. 18. — Der Titel einer Zeitung hat nicht die Bedeutung eines Warenzeichens, sondern ist der Name, den die Zeitung führen muß, um in den regelmäßigen Verkehr gebracht werden zu können. Die Eintragung einer dem Titel entsprechenden Wortmarke (Manufakturist) gewährt dem Besitzer der Zeitung nicht die Berechtigung, dieses Wort ausschließlich als Zeitungstitel zu benutzen und anderen auf Grund des § 12 des G. eine gleiche Benutzung zu verbieten RGer. 20. März 96 (Straff. XXVIII 275). Dem unlauteren Wettbewerb, der in der Verwendung des Titels einer Druckschrift durch einen dritten liegt, wenn dabei die Absicht obwaltet, Verwechselungen hervorzurufen, kann unter Umständen im zivilrechtlichen Wege durch Klage auf Unterlassung oder auf Schadensersatz entgegengetreten werden G. 27. Mai 96 (Abschn. IV Nr. 3) § 8.

[7]) Es ist nicht erforderlich, daß das Warenzeichen zur Zeit der Anmeldung im Geschäftsbetriebe bereits verwendet wird, sondern es genügt die Absicht des Anmeldenden, es zu verwenden. Die Anmeldung kann deshalb auch für einen erst zu eröffnenden Geschäftsbetrieb erfolgen. Diese Absicht muß aber eine ernstliche sein. Eine Anmeldung, die lediglich zu dem Zwecke erfolgt, einen anderen am Gebrauche eines bisher uneingetragenen Zeichens zu hindern oder zu beschränken, ohne daß sich der Anmeldende selbst des Zeichens in seinem Geschäftsbetriebe bedienen will, begründet keinen Anspruch auf Eintragung RGer. 25. April 85 (XIII 157).

[8]) Nach dem MarkenschutzG. 74 waren die Warenzeichen in das Handelsregister des Ortes einzutragen, in dem der Anmelder seine Hauptniederlassung hatte. Die Zentralisierung der Eintragungen durch Schaffung einer für das ganze Reich beim PatA. zu führenden Zeichenrolle ist erfolgt, um den beteiligten Kreisen die Übersicht über die zu Recht bestehenden Zeichen zu erleichtern und eine einheitliche und gleichmäßige Behandlung des Zeichenrechts zu sichern Begr. S. 8. Die frühere Verbindung des Zeichenregisters mit dem Handelsregister mußte schon um deswillen beseitigt werden, weil der Zeichenschutz nicht mehr auf die im Firmenregister eingetragenen Kaufleute beschränkt wird Anm. 3.

[9]) PatA. Nr. 2 des Abschn. § 13. — Die Ausf.-Bestimmungen sind auf Grund des § 25 durch Kaiserliche V. 30. Juni 94 getroffen Anlage A. Danach ist für die auf die Warenzeichen bezüglichen Angelegenheiten beim PatA. eine besondere Abteilung für Warenzeichen gebildet.

[10]) Ein Kaufmann, der eine Firma führt, kann die Anmeldung sowohl unter seinem bürgerlichen Namen, wie unter seiner Firma bewirken Begr. S. 9. — Die Anmeldung des Warenzeichens einer Person, die im Inlande keine Niederlassung hat, ist an die Beschränkungen des § 23 geknüpft.

das Zeichen verwendet werden soll, ein Verzeichniß der Waaren[5]), für welche es bestimmt ist, sowie eine deutliche Darstellung und soweit erforderlich eine Beschreibung[11]) des Zeichens beigefügt sein.

Das Patentamt erläßt Bestimmungen über die sonstigen Erfordernisse der Anmeldung[12]).

Für jedes Zeichen ist bei der Anmeldung eine Gebühr von dreißig Mark, bei jeder Erneuerung der Anmeldung eine Gebühr von zehn Mark zu entrichten. Führt die erste Anmeldung nicht zur Eintragung, so werden von der Gebühr zwanzig Mark erstattet.

§. 3. Die Zeichenrolle soll enthalten[13]):

1. den Zeitpunkt des Eingangs der Anmeldung;
2. die nach §. 2 Absatz 1 der Anmeldung beizufügenden Angaben;

---

[11]) Die Beschreibung ist nicht allgemein vorgeschrieben. Sie ist einzureichen, wenn nach dem Ermessen des Anmelders oder des PatA. die bildliche Wiedergabe des Zeichens sein Wesen nicht klar genug veranschaulicht Begr. S. 11. Die Beschreibung wird durch die nach § 3² erfolgende Eintragung in die Zeichenrolle ein Bestandteil des Zeichens und ist für die Erläuterung eines nicht genügend deutlichen Zeichenbildes von entscheidender Bedeutung RGer. 24. Mai 01 (XLVII 209). — Um den Schutz eines Wortzeichens (Anm. 6) im Klanglaut sicher zu stellen, ist es nicht nötig, dies in der Beschreibung besonders zum Ausdruck zu bringen, denn ein eingetragenes Wortzeichen äußert seine Wirkung zwar auch in seiner figürlichen (graphischen) Darstellung, ganz besonders aber in seinem Klanglaute, weil im Verkehr mehr Gewicht darauf gelegt wird, wie es sich dem Gehör bemerkbar macht als darauf, wie es geschrieben wird. Diese Wirkung ist von selbst mit einem Wortzeichen verbunden RGer. 22. April 98 (XLII 15). Diese Stellungnahme des RGer. stimmt nicht überein mit Bgr. S. 11, wo ausgeführt ist, daß die bildliche Darstellung kein genügendes Mittel zur Sicherung des Laut- und Klangwerts abgebe und deshalb durch die Beschreibung erkennbar zu machen sei, daß der beanspruchte Schutz über die bildliche Darstellung hinaus auf seine sprachliche Verwendung zur Bezeichnung von Waren sich erstrecken soll.

[12]) Bestimmungen vom 22. Nov. 98 Anlage B. — Für die Zwecke des innern Dienstbetriebs und im Interesse der Übersichtlichkeit der Veröffentlichungen der Zeichen (Begr. S. 10) hat das PatA. ferner eine Einteilung der Warenklassen aufgestellt Anlage C. Rechtliche Folgen knüpfen sich an diese Gruppierung der Waren und der darauf bezüglichen Zeichen nicht Begr. S. 10. — Vordrucke zu Warenzeichen-Anmeldungen sind in der Buchdruckerei von P. Stankiewicz Berlin SW. Bernburger Straße 14 zu haben.

[13]) Rechtliche Bedeutung der Eintragungen in die Zeichenrolle. Es ist zwischen der Eintragung des Warenzeichens (§ 1) und der Eintragung der Übertragung (§ 7) zu unterscheiden. Die Eintragung des Zeichens ist eine Vorbedingung des Zeichenrechts. Sie begründet für das eingetragene Zeichen die im § 12 dargelegten Wirkungen und berührt sich insoweit mit den Eintragungen in die Gebrauchsmusterrolle (Nr. 3 Anm. 16), während die Eintragung in die PatRolle lediglich die Bedeutung einer öffentlichen Bekundung hat und für das Bestehen eines Pat. unerheblich ist Nr. 2 Anm. 60. Während jedoch die Rechtsgültigkeit eines eingetragenen Gebrauchsmusters dem Bestreitenden gegenüber in jedem einzelnen Falle im gerichtlichen Verfahren besonders nachzuweisen ist, gewährt die bloße Tatsache der Eintragung eines Warenzeichens die aus § 12 folgenden Rechte. Kraft ihrer formalen Natur ist das Gericht daran gebunden und darf den Einwand, daß die Eintragung zu Unrecht erfolgt sei, nicht prüfen. Dieser kann nur im Löschungsverfahren (§ 8 und 9) ausgetragen werden RGer. 24. Mai 01 (XLVII 209). Für die Eintragung der Übertragung (§ 7) greift diese formale Wirkung nicht Platz. Ein Mangel der Übertragung

3. Namen und Wohnort des Zeicheninhabers und seines etwaigen Vertreters, sowie Aenderungen in der Person, im Namen oder im Wohnorte des Inhabers oder des Vertreters;
4. den Zeitpunkt einer Erneuerung der Anmeldung;
5. den Zeitpunkt der Löschung des Zeichens.

Die Einsicht der Zeichenrolle steht jedermann frei[14]).

Jede Eintragung und jede Löschung wird amtlich bekannt gemacht. Das Patentamt veröffentlicht in regelmäßiger Wiederholung Uebersichten über die in der Zwischenzeit eingetragenen und gelöschten Zeichen[15]).

§. 4. Die Eintragung in die Rolle ist zu versagen[16]) für Freizeichen[17]), sowie für Waarenzeichen,

---

kann im gerichtlichen Verfahren (§ 12) geltend gemacht werden. Der Richter hat insbesondere den Einwand zu prüfen, daß der Übergang des Geschäftsbetriebs, der nach § 7 Voraussetzung für die Übertragung des Zeichens ist, nicht stattgefunden habe und deshalb ein Zeichenrecht für den eingetragenen Rechtsnachfolger nicht habe entstehen können RGer. 2. Mai 02 (NF. I 263). — Für den Umfang des Schutzrechts ist die Eintragung maßgebend und nicht die Anmeldung. Auch für die Frage, hinsichtlich welcher Waren ein eingetragenes Zeichen geschützt ist, kommt es auf den Inhalt der Eintragung an. Nicht entscheidend ist jedoch hierbei die Warenklasse (Anl. C.), unter der die Eintragung erfolgt ist RGer. 5. Dez. 96 (XXXVIII 77), weil an die Gruppierung der Waren sich keine rechtlichen Folgen knüpfen Anm. 12. — Zahl der Eintragungen. Auf Grund des WarenbezeichnungsG. sind seit dem 1. Okt. 94 bis Ende 02 zur Zeichenrolle 94094 Anmeldungen erfolgt, davon 11168 im Jahre 02. Die Zahl der Eintragungen betrug bis Ende 02 im ganzen 57391, davon entfielen 5155 auf 02, die Zahl der Löschungen im ganzen 766, davon 02 100 (Statistisches Jahrbuch für das deutsche Reich 03 S. 58).

[14]) Während der amtlichen Dienststunden des PatA.

[15]) Die Veröffentlichungen, die lediglich den Zweck der Bekanntgebung haben, dagegen ohne rechtliche Bedeutung sind, erfolgen im deutschen Reichsanzeiger und in dem vom PatA. herausgegebenen Warenzeichenblatt.

[16]) Das Verfahren bei Eintragung von Warenzeichen beruht auf dem Vorprüfungssystem Nr. 1 des Abschn Abs. 5. Das PatA. hat zu prüfen, ob für das angemeldete Warenzeichen die Voraussetzungen des § 1 zutreffen, ob der Eintragung aus § 4 oder § 23 ein Hinderungsgrund entgegensteht, ob das Zeichen mit einem für dieselben oder gleichartige Waren früher angemeldeten Zeichen übereinstimmt § 5, endlich ob die Anmeldung den Anforderungen der Bestimmungen v. 22. Nov. 98 (Anl. B) entspricht. Anstände in letzterer Beziehung werden möglichst im Wege der Verhandlung mit dem Anmeldenden zu beseitigen sein. — Besetzung der Abteilung für Warenzeichen bei Beschlüssen über die Eintragung AusfV. 94 (Anl. A) § 3. Zur Versagung bedarf es der Beratung und Abstimmung in einer Sitzung das. § 4. Gegen den versagenden Beschluß ist die Beschwerde gegeben G. § 10 Abs. 2, über welche die Beschwerdeabteilung I (Nr. 2 des Abschn. Anl. A § 2) entscheidet AusfV. 94 (Anl. A) § 2. Über die Eintragung eines Warenzeichens erhält der Inhaber eine Bescheinigung AusfV. 94 § 6.

[17]) Freizeichen sind solche Zeichen, welche im Verkehr nicht als unterscheidende (Anm. 4) Warenzeichen angesehen werden. Sowohl Wortzeichen als Bildzeichen können Freizeichen sein, auch ist begrifflich nicht ausgeschlossen, daß ein Zeichen, das einen Personennamen oder eine Firma enthält, die Eigenschaft eines Freizeichens annimmt. — Die Entscheidung darüber, ob ein Freizeichen vorliegt, erfolgt durch das PatA. im Vorprüfungsverfahren, während sie nach dem MarkenschutzG. 74 den Gerichten oblag. Die Entscheidung des PatA. ist für die Gerichte bindend. Gegen die Klage aus der Eintragung (§ 12) kann der Einwand, daß das eingetragene Zeichen ein Freizeichen sei, nicht erhoben

1. welche ausschließlich in Zahlen, Buchstaben oder solchen Wörtern bestehen, die Angaben über Art, Zeit und Ort der Herstellung, über die Beschaffenheit, über die Bestimmung, über Preis-, Mengen- oder Gewichtsverhältnisse der Waare enthalten[18]);
2. welche in- oder ausländische Staatswappen oder Wappen eines inländischen Ortes, eines inländischen Gemeinde- oder weiteren Kommunalverbandes enthalten[19]);
3. welche Aergerniß erregende Darstellungen oder solche Angaben enthalten, die ersichtlich den thatsächlichen Verhältnissen nicht entsprechen und die Gefahr einer Täuschung begründen[20]).

---

werden RGer. 2. und 5. Dez 96 (XXXVIII 104 und 77). Zur Vorbereitung einer Entscheidung über die Freizeicheneigenschaft kann das PatA. entsprechende Ermittelungen anstellen, insbesondere durch Vernehmung von Zeugen und Sachverständigen, Nachfrage bei Behörden, Handelskammern, Berufsgenossenschaften, Fachvereinen Begr. S. 12. — Ein zu Unrecht in die Zeichenrolle eingetragenes Freizeichen ist auf Grund des § 8 Abs. $2^{2}$ zu löschen. — Die Eintragung eines Freizeichens als Bestandteil eines Warenzeichens, unter Beifügung unterscheidungskräftiger Merkmale ist zulässig.

[18]) Die Eintragung muß auch für Zahlen, Buchstaben und Wörter der in Ziff. 1 bezeichneten Art, die einer fremden, lebenden oder toten, Sprache angehören, versagt werden. Unter Zahlen sind nicht nur Ziffern, sondern auch in Buchstaben geschriebene Zahlen zu verstehen. Buchstaben sind Schriftzeichen, die kein Wort bilden. Sobald sie ein Wort bilden, kann abgesehen von den in Ziff. 1 aufgeführten Ausnahmen, die Eintragung erfolgen; über die Zulassung von Wortzeichen Anm. 6. — Zulässig ist die Eintragung der Verbindung mehrerer für sich allein nicht eintragungsfähiger Worte, insbesondere von Phantasieworten und Ortsnamen zB. Spatenbräu München KB. S. 3. — Beispiele unzulässiger Wortmarken bei Seligsohn (Anm. 1) Note 13 zu § 4.

[19]) Die in Ziff. 2 bezeichneten Wappen dürfen auch nicht als Bestandteile eines Warenzeichens zur Eintragung zugelassen werden. Auch wenn das Wappen gegenüber dem Gesamtbilde von noch so geringfügiger Bedeutung ist, macht es das Zeichen zur Eintragung unfähig RGer. 28. April 84 (Strafs. X 353). Der Gebrauch von Staatswappen für Warenzeichen ist nur in ihrer besonderen heraldischen Gestaltung untersagt, während der Benutzung einzelner Motive, Sinnbilder und Figuren aus einem Staatswappen bei der Warenbezeichnung keine Schranken gesetzt sind Begr. S. 13, RGer. 3. Dez. 00 (Strafs. XXXIV 26). Andere als die in Ziff. 2 bezeichneten Wappen, insbesondere Privatwappen und Wappen von Vereinen aller Art, sind von der Eintragung nicht ausgeschlossen. — Der Gebrauch und die Abbildung des Kaiserlichen Adlers ist allen deutschen Fabrikanten zur Bezeichnung ihrer Waren oder Etiketten gestattet AE. 16. März 72 (RGB. 90), jedoch ist dabei die Form eines Wappenschildes ausgeschlossen Bek. des RKz. 11. April 72 (RGB. 93). Infolge des allgemein gestatteten Gebrauchs des Kaiserlichen Adlers kann derselbe ein unterscheidendes Zeichen nicht bilden und ist deshalb von der Eintragung in die Zeichenrolle ausgeschlossen. Dagegen kann er einen Bestandteil eines Warenzeichens bilden, sofern dieses im übrigen charakteristische Unterscheidungs-Merkmale enthält. — Die Verwendung des in der Genfer Konvention zum Neutralitätszeichen erklärten Rothen Kreuzes als Warenzeichen oder Bestandteil eines Warenzeichens ist — abgesehen von der Erteilung besonderer staatlicher Genehmigung — mit der Maßgabe ausgeschlossen, daß das Rothe Kreuz in Warenzeichen, die auf Grund einer vor dem 1. Juli 01 erfolgten Anmeldung in die Zeichenrolle eingetragen worden sind, bis zum 1. Juli 06 fortgeführt werden darf G. zum Schutze des Genfer Neutralitätszeiches 22. März 02 Anlage D.

[20]) „Es würde den Interessen des redlichen Verkehrs zuwiderlaufen, Angaben,

Zeichen, welche gelöscht sind, dürfen für die Waaren, für welche sie eingetragen waren, oder für gleichartige Waaren zu Gunsten eines anderen, als des letzten Inhabers erst nach Ablauf von zwei Jahren seit dem Tage der Löschung von Neuem eingetragen werden[21]).

§. 5. Erachtet das Patentamt[22]), daß ein zur Anmeldung gebrachtes Waarenzeichen mit einem anderen, für dieselben oder für gleichartige Waaren

---

welche bei der amtlichen Vorprüfung von vornherein als trügerisch erkannt sind, durch die Eintragung in die Zeichenrolle unter die Autorität eines staatlichen Schutzes zu stellen" Begr. S. 13. — Es ist nicht erforderlich, daß der Anmelder durch die den tatsächlichen Verhältnissen nicht entsprechenden Angaben eine Irreführung des Publikums *beabsichtigt*, nicht einmal, daß er sich der *Möglichkeit* dieses Erfolges *bewußt* ist. — Nur wenn die Angaben, zu denen auch figürliche Darstellungen zu rechnen sind, *ersichtlich* d. h. auf den ersten Blick und ohne daß es einer eingehenderen Prüfung bedarf, den tatsächlichen Verhältnissen nicht entsprechen, soll die Eintragung des Warenzeichens zurückgewiesen werden. Durch diese Einschränkung soll zum Ausdruck kommen, daß das PatA. bei der Vorprüfung sich nicht auf eingehende Untersuchungen darüber einzulassen habe, ob und inwieweit der Inhalt des Zeichens mit der Wirklichkeit übereinstimmt, damit nicht das Prüfungsverfahren zum Nachteile der am Markenschutz beteiligten Kreise auf eine längere Zeitdauer erstreckt werde StB. S. 2159. Ist ein Zeichen, für das der Tatbestand der Ziff. 3 vorliegt, in die Zeichenrolle eingetragen worden, so kann seine *Löschung* nicht nur auf dem im § 8 Abs. $2^{2}$, 3 vorgesehenen Wege durch *das PatA. von Amts wegen*, sondern auch durch *gerichtliche Klage* gemäß § 9 Abs. $1^{3}$, 3 herbeigeführt werden.

[21]) Durch diese Bestimmung soll verhindert werden, daß Zeichen, deren rechtzeitige Erneuerung versäumt wurde, in unlauterer Absicht von einem dritten zur Anmeldung gebracht werden Begr. S. 13. Unter dem *letzten Inhaber* sind auch die *Rechtsnachfolger* zu verstehen, an welche der Rechtsanspruch durch Erbschaft oder Vertrag übergegangen ist, sofern dieser Übergang den Bestimmungen des § 7 entspricht KB. S. 3.

[22]) Im Vorprüfungsverfahren ist auch *zu prüfen*, ob das *angemeldete Warenzeichen* mit einem *früher* angemeldeten übereinstimmt Anm. 16. Eine Übereinstimmung setzt voraus, nicht nur a) daß die *Zeichen im wesentlichen die gleichen* sind, sondern b) daß sie auch *für dieselben oder für gleichartige Waren* angemeldet sind. Zu a) *Übereinstimmung der Zeichen* ist trotz bestehender Abweichungen anzunehmen, sofern ungeachtet der Abweichungen die Gefahr einer Verwechselung im Verkehr vorliegt (§ 20) KB. S. 3. — Den Vorzug bei Übereinstimmung der Zeichen hat das *zuerst angemeldete*, ohne Rücksicht ob es bereits zur Eintragung gelangt ist. Ein auf Grund *späterer Anmeldung eingetragenes* Warenzeichen hindert die Eintragung des übereinstimmenden, *früher* angemeldeten Zeichens nicht. Wird ein Warenzeichen angemeldet, über dessen Eintragung auf Grund einer früheren Anmeldung noch Verhandlungen schweben, so wird die Entscheidung über die spätere Anmeldung bis zum Abschluß dieser Verhandlungen auszusetzen sein. Ein Warenzeichen, dessen Eintragung *zurückgewiesen ist*, hindert die Eintragung eines übereinstimmenden Zeichens nicht, ebensowenig ein Zeichen, dessen *Löschung* erfolgt ist, letzteres jedoch mit der sich aus § 4 Abs. 2 ergebenden Einschränkung. Der Grundsatz, daß die *zeitlich erste Anmeldung* für den Erwerb des Zeichenrechts *maßgebend* ist, erfährt durch die *vertragsmäßigen Abmachungen* über den Schutz des gewerblichen Eigentums eine Änderung. Wer in einem der *zum internationalen Verbande* gehörenden Staate ein Warenzeichen vorschriftsmäßig angemeldet hat, genießt in den übrigen Staaten des Verbands für die Dauer von vier Monaten von dieser Anmeldung an ein *Vorzugsrecht* Nr. 6 des Abschn. Art. 4. Mit *Österreich-Ungarn und Serbien* ist unter den gleichen Voraussetzungen eine Vorzugsfrist von drei Monaten vereinbart Nr. 6 Anl. A Art. 3, 4, Anl. D Art. 3, 4. — *Verhältnis von Wortzeichen zu Bildzeichen.* Durch die Eintragung eines

auf Grund des Gesetzes über Markenschutz vom 30. November 1874 (Reichs-Gesetzbl. S. 143) oder[23]) auf Grund des gegenwärtigen Gesetzes früher angemeldeten Zeichen übereinstimmt, so macht es dem Inhaber dieses Zeichens hiervon Mittheilung[24]). Erhebt derselbe nicht innerhalb eines Monats

---

Bildzeichens (eines Adlers) wird die Eintragung des Gegenstands des Bildes als Wortzeichen (Adler) nicht gehindert. Die letztere Eintragung hat alsdann die Folge, daß der Inhaber des Bildzeichens nicht befugt ist, seine Ware mit dem Namen des im Bilde dargestellten Gegenstands zu bezeichnen RGer. 16. Nov. 99 (Strafs. XXXII 368).

Zu b. Zur Anwendung des § 5 genügt es, daß übereinstimmende Warenzeichen für gleichartige Waren angemeldet sind. Hierzu bemerkt eine in den KB. S. 2 aufgenommene Erklärung der Regierungsvertreter: „Allerdings wird das PatA. bei der Prüfung der Eintragungsfähigkeit eines neu angemeldeten Zeichens den Kreis der Waren, auf welche sich die frühere Eintragung eines übereinstimmenden Zeichens bezieht, nicht zu eng begrenzen dürfen. Wäre z. B. ein Zeichen für Meerschaumpfeifen eingetragen, so würde eine Anmeldung desselben Zeichens für Holzpfeifen ohne Zweifel vom PatA. zurückzuweisen sein. Ein zur Kennzeichnung von Briefpapier eingetragenes Zeichen wird einem zweiten nicht für Schreibpapier geschützt werden können. Ein für lackierte Blechwaren, Eimer, Tabletten, Schalen usw. geschütztes Zeichen kann nicht zugunsten eines andern eingetragen werden für die äußerlich ganz ähnlichen oder gleich aussehenden lackierten, aus Papier hergestellten Eimer, Tabletten, Schalen usw. Das PatA. wird bei Beurteilung dieser Frage nicht darauf den Hauptwert zu legen haben, ob die Waren, für welche ein Zeichen angemeldet wird, sich von den Waren, für welche dasselbe Zeichen bereits geschützt ist, durch Herstellung oder Material unterscheiden, sondern es wird auch hier danach zu urteilen sein, ob die Möglichkeit einer Verwechselung oder Täuschung im Verkehr vorliegt."

[23]) Die Übereinstimmung mit Warenzeichen, die auf Grund des MarkenschutzG. § 4 angemeldet waren, kann nicht mehr in Frage kommen, weil diese Bestimmung seit dem 1. Okt. 98 nicht mehr zur Anwendung kommt und der auf Grund derselben gewährte Warenzeichenschutz entweder erloschen, oder — für die in die Zeichenrolle übertragenen Warenzeichen — durch den Schutz des G. 94 ersetzt worden ist § 24.

[24]) Wirkung der Übereinstimmung zweier Zeichen (Anm. 22). a) Kommt das PatA. im Erteilungsverfahren zu der Ansicht, daß das angemeldete mit einem früher für dieselben oder für gleichartige Waren angemeldeten Zeichen übereinstimmt, und macht es dem Inhaber dieses Zeichens die vorgeschriebene Mitteilung, so sind folgende Fälle möglich:

1. Der Inhaber des Zeichens erhebt keinen Widerspruch gegen die Eintragung. Dann ist das Zeichen einzutragen und es kann alsdann der Zustand eintreten, daß das nämliche Zeichen für die gleichen oder gleichartigen Waren mehrfach in der Zeichenrolle eingetragen ist.

2. Erhebt der Inhaber des Zeichens Widerspruch, so entscheidet das PatA. durch Beschluß über die Übereinstimmung. Verneint es die Übereinstimmung, so ist das neuangemeldete Zeichen einzutragen § 6 Abs. 1. Bejaht das PatA. die Übereinstimmung, so ist die Eintragung zu versagen. Diese Entscheidung ist endgültig, insoweit sie die Übereinstimmung feststellt. Dagegen kann der spätere Anmelder gegen den widersprechenden Inhaber des Zeichens vor den ordentlichen Gerichten darauf klagen, daß ihm unbeschadet der Übereinstimmung der Zeichen ein Anspruch auf die Eintragung zustehe § 6 Abs. 2.

b) Bemerkt das PatA. die Übereinstimmung der Zeichen erst nach der Eintragung des zuletzt angemeldeten, so trifft § 8 Abs. 2² nicht ohne weiteres zu. Denn die Übereinstimmung des später angemeldeten mit einem früheren Zeichen ist für sich allein kein Versagungsgrund für die Eintragung, sondern nur in Verbindung mit dem Widerspruche des Inhabers des früheren Zeichens. Das PatA. hat daher zuvörderst dem Inhaber des zuerst angemeldeten Zeichens in entsprechender Anwendung des § 5 von der Übereinstimmung Mitteilung zu machen. Nur wenn dieser gegen die Eintragung des später angemeldeten Zeichens fristgemäß Widerspruch

nach der Zustellung Widerspruch gegen die Eintragung des neu angemeldeten Zeichens, so ist das Zeichen einzutragen. Im anderen Falle entscheidet das Patentamt durch Beschluß, ob die Zeichen übereinstimmen[25]).

Aus dem Unterbleiben der im ersten Absatz vorgesehenen Mittheilung erwächst ein Ersatzanspruch nicht.

**§. 6.** Wird durch den Beschluß (§. 5 Absatz 1) die Uebereinstimmung der Zeichen verneint, so ist das neuangemeldete Zeichen einzutragen[26]).

Wird durch den Beschluß die Uebereinstimmung der Zeichen festgestellt, so ist die Eintragung zu versagen. Sofern der Anmelder geltend machen will, daß ihm ungeachtet der durch die Entscheidung des Patentamts festgestellten Uebereinstimmung ein Anspruch auf die Eintragung zustehe, hat er diesen Anspruch im Wege der Klage gegenüber dem Widersprechenden zur Anerkennung zu bringen[27]). Die Eintragung auf Grund einer zu seinen Gunsten ergehenden Entscheidung wird unter dem Zeitpunkte der ursprünglichen Anmeldung bewirkt.

**§. 7.** Das durch die Anmeldung oder Eintragung eines Waarenzeichens begründete Recht geht auf die Erben über und kann durch Vertrag oder durch Verfügung von Todeswegen auf Andere übertragen werden[28]). Das Recht

---

erhebt, kann das Löschungsverfahren auf Grund des § 8 Abs. $2^2$, 3 eintreten.

c) Die Gerichte können in die Lage kommen, über die Übereinstimmung zweier Zeichen zu entscheiden, jedoch nur in dem Falle, daß beide in der Zeichenrolle eingetragen sind und der frühere Anmelder die Löschung des später angemeldeten Zeichens beantragt § 9 Abs. $1^1$, 3. Die gerichtliche Entscheidung über die Übereinstimmung ist hiernach ausgeschlossen, wenn die Übereinstimmung vom PatA. bejaht und deshalb die Eintragung des später angemeldeten Zeichens abgelehnt worden ist (oben a Ziff. 2). Dagegen kommt die Entscheidung der Gerichte in Frage für die Fälle, in denen das PatA. die Übereinstimmung im Vorprüfungsverfahren 1. nicht bemerkt oder nicht beachtet hat, 2. zwar bemerkt hat, aber beim Ausbleiben eines Widerspruchs des Inhabers des früheren Zeichens nicht hat berücksichtigen können, 3. durch Beschluß verneint hat.

25) Es bedarf der Beratung und der Abstimmung in einer Sitzung und der Anwesenheit von mindestens drei Mitgliedern AusfV. (Anl. A) § 3, 4a. Form des Beschlusses das. § 5. Die Beschwerde (§ 10 Abs. 2 des G.) geht an die Beschwerdeabteilung I AusfV. § 2.

26) Der Beschluß über die Übereinstimmung ist deshalb erst dann zu fassen, wenn sich das PatA. darüber klar geworden ist, daß sonstige Hinderungsgründe der Eintragung nicht entgegenstehen.

27) Die Klage kann z. B. darauf gegründet werden, daß der Inhaber des früher angemeldeten Zeichens sich vertragsmäßig verpflichtet habe, die Eintragung des später angemeldeten Zeichens zu gestatten, oder daß er trotz der früheren Anmeldung nicht den zeitlichen Vorrang habe Anm. 22. Dagegen kann die Behauptung, daß Übereinstimmung der Zeichen nicht bestehe, im Klagewege nicht geltend gemacht werden, weil die hierüber ergangene, die Übereinstimmung feststellende Entscheidung des PatA. endgültig ist Anm. 24 a 2. —

28) Der mit der Anmeldung entstehende Anspruch auf Eintragung und das durch die Eintragung begründete Zeichenrecht stellen Vermögensrechte dar, für deren Übergang auf andere die allgemeinen Rechtsgrundsätze maßgebend sind. Vgl. die entsprechenden Bestimmungen des PatG. (Nr. 2) § 6 und Anm. 28 und des MusterschutzG. (Nr. 3) § 7 und Anm. 23. Der Übergang des ein Warenzeichen betreffenden Anspruchs ist jedoch an die Beschränkung geknüpft, daß auch der Geschäftsbetrieb, zu dem es gehört, auf den andern übergeht Anm. 29. — Ein Zeichen, das für eine Firma eingetragen ist (Anm. 10) haftet an der Firma und ein

kann jedoch nur mit dem Geschäftsbetriebe[3]), zu welchem das Waarenzeichen gehört, auf einen Anderen übergehen[29]). Der Uebergang wird auf Antrag des Rechtsnachfolgers in der Zeichenrolle vermerkt, sofern die Einwilligung des Berechtigten in beweisender Form[30]) beigebracht wird. Ist der Berechtigte verstorben, so ist der Nachweis der Rechtsnachfolge zu führen.

Solange der Uebergang in der Zeichenrolle nicht vermerkt ist, kann der Rechtsnachfolger sein Recht aus der Eintragung des Waarenzeichens nicht geltend machen[31]).

Verfügungen und Beschlüsse des Patentamts, welche einer Zustellung an den Inhaber des Zeichens bedürfen, sind stets an den eingetragenen Inhaber

---

Wechsel in der Person der Firmeninhaber bedarf der Eintragung in die Zeichenrolle nicht, sofern der Geschäftsbetrieb unter unveränderter Firma fortgesetzt wird Begr. S. 14.

[29]) Es ist nicht unter allen Umständen erforderlich, daß der gesamte Geschäftsbetrieb des Zeicheninhabers oder auch nur der nach § 2 Abs. 1 in die Zeichenrolle eingetragene Betrieb übergeht, sondern es kann ein Teilbetrieb genügen, wenn das Zeichen tatsächlich nur für einen bestimmt abgezweigten Teil des Betriebes (nach Niederlassungen, Betriebsstätten, Waren oder Absatzgebieten) geführt wurde RGer. 2. Mai 02 (NF. I 263). — Die von dem Inhaber eines Warenzeichens einem andern ohne Übertragung des Betriebes erteilte Erlaubnis, dieses Zeichen zu führen, begründet für denselben kein Zeichenrecht, sondern bedeutet nur den Verzicht des Inhabers darauf, gegen den andern das ihm nach § 12 zustehende Untersagungsrecht zur Anwendung zu bringen. Ein Zeichenrecht ohne Übertragung des Betriebs kann für den dritten dadurch zur Entstehung gelangen, daß der Inhaber des Zeichens sich verpflichtet, gegen die Anmeldung desselben Zeichens zur Zeichenrolle keinen Widerspruch zu erheben § 5 Abs. 1 und Anm. 24a 1.

[30]) Beweisende Form PatG. (Nr. 2 des Abschn.) Anm. 61. — Die Einwilligung kann durch ein rechtskräftiges Urteil, durch das der Zeicheninhaber zur Einwilligung in die Umschreibung verurteilt wird, ersetzt werden.

[31]) Die Eintragung des Rechtsnachfolgers ist die Voraussetzung für die Geltendmachung seines Zeichenrechts. Solange er nicht eingetragen ist, ist er insbesondere gehindert, der Eintragung eines übereinstimmenden Zeichens zu widersprechen § 5 Abs. 1, der Löschung des Zeichens zu widersprechen § 8 Abs. 3, die Löschungsklage nach § 9 Abs. 1[1] zu erheben, die sich aus § 12 ergebenden Rechte wahrzunehmen (Anm. 47), auf Grund des § 14 Schadensersatz zu fordern oder Strafantrag zu stellen, eine Buße zu verlangen § 18, die Beschlagnahme und Einziehung ausländischer widerrechtlich mit dem Zeichen versehener Waren bei ihrem Eingange nach Deutschland zu beantragen § 17. Ebensowenig kann er die Erneuerung des Zeichens § 8 Abs. 3 oder dessen Löschung § 8 Abs. 1 herbeiführen. Die Rechtsgültigkeit der Übertragung ist dagegen durch den Vermerk in die Zeichenrolle nicht bedingt Begr. S. 14. Hieraus ergibt sich bei einer Rechtsnachfolge durch Vertrag für die Zwischenzeit zwischen Abschluß des Vertrages und Vermerk der Rechtsnachfolge in die Zeichenrolle folgende Rechtslage: Formell legitimiert als Zeicheninhaber gegenüber dem PatA. und dritten bleibt der eingetragene Rechtsvorgänger. Wieweit er innerhalb dieses Zeitraums durch Handlungen, die Eingriffe in das Zeichenrecht enthalten, als sachlich verletzt zu betrachten ist, kann nur nach Inhalt des zwischen ihm und seinem Rechtsnachfolger bestehenden Vertragsverhältnisses beurteilt werden. Ist das Zeichenrecht durch den Vertrag sofort und ohne verabredete Einschränkungen auf den Rechtsnachfolger übergegangen, so enthalten derlei Handlungen Eingriffe in das Recht des Rechtsnachfolgers; dieser ist der Verletzte, der deswegen Strafantrag zu stellen berechtigt ist, sobald er die dazu erforderliche Aktivlegitimation, den Nachweis seines Eintrages in die Rolle, beizubringen vermag RGer. 4. Dez. 00 (Straff. XXXIV 34). — Über die Bedeutung der Eintragung im Verkehr mit dem PatA. § 7 Abs. 3.

zu richten. Ergiebt sich, daß derselbe verstorben ist, so kann das Patentamt nach seinem Ermessen die Zustellung als bewirkt ansehen oder zum Zweck der Zustellung an die Erben deren Ermittelung veranlassen.

§. 8. Auf Antrag des Inhabers wird das Zeichen jederzeit in der Rolle gelöscht.

Von Amtswegen erfolgt die Löschung:

1. wenn seit der Anmeldung des Zeichens oder seit ihrer Erneuerung zehn Jahre verflossen sind[32]);
2. wenn die Eintragung des Zeichens hätte versagt werden müssen[33]).

Soll die Löschung ohne Antrag des Inhabers erfolgen, so giebt das Patentamt diesem zuvor Nachricht. Widerspricht er innerhalb eines Monats nach der Zustellung nicht, so erfolgt die Löschung. Widerspricht er, so faßt das Patentamt Beschluß[25]). Soll in Folge Ablaufs der zehnjährigen Frist die Löschung erfolgen, so ist von derselben abzusehen, wenn der Inhaber des Zeichens bis zum Ablauf eines Monats nach der Zustellung unter Zahlung einer Gebühr von zehn Mark neben der Erneuerungsgebühr die Erneuerung der Anmeldung nachholt; die Erneuerung gilt dann als an dem Tage des Ablaufs der früheren Frist geschehen.

§. 9. Ein Dritter kann die Löschung eines Waarenzeichens beantragen[34]):

1. wenn das Zeichen für ihn auf Grund einer früheren Anmeldung für dieselben oder für gleichartige Waaren in der Zeichenrolle oder in den

---

[32]) Der Zeichenschutz dauert hiernach zehn Jahre, von der Anmeldung des Zeichens ab gerechnet. Die Frist kann durch Erneuerung der Anmeldung unter Entrichtung einer Gebühr von 10 M. (§ 2 Abs. 3) auf weitere zehn Jahre erstreckt werden, die mit der Anmeldung der Erneuerung zu laufen beginnen. Die Erneuerung kann beliebig oft wiederholt werden. Wenn die Erneuerung nicht innerhalb der Schutzfrist angemeldet ist, so erlischt das Zeichen nicht ohne weiteres, sondern es wird dem Zeicheninhaber durch die nach § 8 Abs. 3 erfolgende Benachrichtigung die Möglichkeit gegeben, innerhalb eines Monats nach der Zustellung der Nachricht die Anmeldung der Erneuerung nachzuholen. Die Erneuerungsgebühr erhöht sich im Falle der Nachholung der Anmeldung auf 20 M., die neue Schutzfrist läuft vom Tage des Ablaufs der früheren Frist ab § 8 Abs. 3.

[33]) Dieser Fall tritt ein:

a) wenn das Zeichen den Anforderungen des § 1 nicht entspricht,

b) wenn einer der Hinderungsgründe des § 4, einschließlich des zeitlichen Hinderungsgrundes in Abs. 2, vorliegt. Im Falle der Übereinstimmung ist jedoch der Widerspruch des Inhabers des zuerst angemeldeten Zeichens Vorbedingung der Löschung Anm. 24b.

c) wenn ein ausländisches Zeichen unter Verletzung der Vorschriften des § 23 eingetragen worden ist.

[34]) Während § 8 die Löschung eines eingetragenen Zeichens auf Antrag des Inhabers (Abs. 1) und von Amts wegen (Abs. 2, 3) behandelt, regelt § 9 die Fälle, in denen ein dritter die Löschung beantragen kann. In Abs. 1 und 2 sind vier derartige Fälle aufgeführt, von denen der in Abs. 2 bezeichnete keine praktische Bedeutung mehr hat Anm. 38. Die Entscheidung in diesen Fällen ist den ordentlichen Gerichten zugewiesen Abs. 3. Im Falle des Abs. 1² ist eine Mitwirkung des PatA. vorgesehen Abs. 5. — Die Fälle in denen ein dritter die Löschung eines eingetragenen Warenzeichens fordern kann, sind jedoch im § 9 nicht erschöpfend aufgeführt. Diese Bestimmung sieht nur die zeichenrechtlichen Löschungsgründe vor und schließt nicht aus, daß die Löschung

nach Massgabe des Gesetzes über den Markenschutz vom 30. November 1874 geführten Zeichenregistern[23]) eingetragen steht[35]);

2. wenn der Geschäftsbetrieb[3]), zu welchem das Waarenzeichen gehört, von dem eingetragenen Inhaber nicht mehr fortgesetzt wird[36]);

3. wenn Umstände vorliegen, aus denen sich ergiebt, daß der Inhalt des Waarenzeichens den thatsächlichen Verhältnissen nicht entspricht und die Gefahr einer Täuschung begründet[37]).

Hat ein nach dem Gesetze über Markenschutz vom 30. November 1874 von der Eintragung ausgeschlossenes Waarenzeichen bis zum Erlass des gegenwärtigen Gesetzes innerhalb betheiligter Verkehrskreise als Kennzeichen der Waaren eines bestimmten Geschäftsbetriebes gegolten, so kann der Inhaber des letzteren, falls das Zeichen nach Massgabe des gegenwärtigen Gesetzes für einen Anderen in die Zeichenrolle eingetragen wird, bis zum 1. Oktober 1895 die Löschung beantragen. Wird dem Antrage stattgegeben, so darf das Zeichen für den

---

aus sonstigen privatrechtlichen Gründen gefordert werden kann, besonders deshalb, weil das eingetragene Warenzeichen gegen das Recht eines dritten verstoße RGer. 16. Jan. 97 (XXXVIII 128), 11. Juni 01 (XLVIII 233). Nach dem letzteren U. kann die zwangsweise Löschung eines eingetragenen Warenzeichens beispielsweise dann ausgesprochen werden, wenn der Gebrauch gegen G. zur Bekämpfung des unlauteren Wettbewerbs § 8 verstößt Abschn. IV Nr. 3 Anm. 26. Das gleiche ist anzunehmen, wenn durch das eingetragene Warenzeichen das nach § 14 geschützte Recht des Namens oder der Firma verletzt ist.

[35]) Zur Klage befugt ist nur der eingetragene Inhaber des übereinstimmenden Zeichens. Sein Klagerecht geht dadurch nicht verloren, daß er im Vorprüfungsverfahren gegen die Eintragung des später angemeldeten Zeichens Widerspruch erhoben hat § 5 Abs. 1. Der die Übereinstimmung verneinende Beschluß des PatA. (§ 6 Abs. 1) ist für das gerichtliche Verfahren nicht bindend Anm. 24. Über den Begriff der Übereinstimmung Anm. 22, über das Rechtsverhältnis der Inhaber übereinstimmender Zeichen zu einander und zu dritten Anm. 47.

[36]) Die Klage aus Ziff. 2 kann von jedermann, ohne den Nachweis eines besonderen Interesses, angestellt werden. Der Klage kann ein Löschungsantrag beim PatA. vorausgehen Abs. 5. — Der Löschungsgrund der Ziff. 2 beruht auf der Eigenschaft des Zeichens als Zubehör eines Geschäftsbetriebes Anm. 3. Voraussetzung ist, daß der Betrieb, soweit er sich auf die für das Zeichen in Betracht kommenden Waren bezieht, und zwar nicht nur vorübergehend, eingestellt oder auf einen andern, ohne Übertragung des Zeichens auf diesen, übergegangen ist. Ist dagegen der Geschäftsbetrieb mit dem Zeichen auf einen andern übergegangen, so trifft Ziff. 2 jedenfalls dann nicht zu, wenn dieser andere in die Zeichenrolle als Rechtsnachfolger gemäß § 7 eingetragen ist KB. S. 5. Solange dagegen die Umschreibung auf den Namen des Rechtsnachfolgers noch nicht erfolgt ist, liegt der Tatbestand der Ziff. 2 nach dem Wortlaute der Bestimmung für die Dauer der Zwischenzeit vor, in der der Rechtsvorgänger noch der eingetragene Zeicheninhaber ist, aber den Betrieb nicht mehr fortsetzt. Der in dieser Zwischenzeit angestellten Löschungsklage kann jedoch die Tatsache der inmittels, wenn auch erst nach der Klageerhebung erfolgten Umschreibung mit Erfolg entgegengesetzt werden RGer. 4. Juli 99 (XLIV 49).

[37]) Die Klage kann, ebenso wie nach Ziff. 2, von jedermann angestellt werden. Der Klagegrund stimmt mit dem Versagungsgrunde des § 4[3] mit der Maßgabe überein, daß die für die Versagung der Eintragung vorgesehene Beschränkung, wonach der Tatbestand ersichtlich sein muß, für die Klage nicht gilt Anm. 20.

Antragsteller schon vor Ablauf der im § 4 Absatz 2 bestimmten Frist in die Zeichenrolle eingetragen werden[38]).

Der Antrag auf Löschung ist im Wege der Klage geltend zu machen[39]) und gegen den eingetragenen Inhaber oder, wenn dieser gestorben ist, gegen dessen Erben zu richten[40]).

Hat vor oder nach Erhebung der Klage ein Uebergang des Waarenzeichens auf einen Anderen stattgefunden, so ist die Entscheidung in Ansehung der Sache auch gegen den Rechtsnachfolger wirksam und vollstreckbar[41]). Auf die Befugnis des Rechtsnachfolgers, in den Rechtsstreit einzutreten, finden die Bestimmungen der §§. 66—69 und 76 der Civilprozeßordnung entsprechende Anwendung[42]).

In den Fällen des Absatz 1 Nr. 2 kann der Antrag auf Löschung zunächst bei dem Patentamt angebracht werden. Das Patentamt giebt dem

---

[38]) Abs. 2 enthält eine Übergangsbestimmung, die dadurch gegenstandslos geworden ist, daß der dort vorgesehene Löschungsgrund bis zum 1. Okt. 95 geltend gemacht werden mußte. Über den Zweck der Bestimmung Begr. S. 14.

[39]) Der Klage bedarf es nicht, wenn der Zeicheninhaber den Löschungsgrund anerkennt. Die Löschung kann in diesem Falle auf Antrag des Zeicheninhabers nach § 8 Abs. 1 oder auch auf Antrag des dritten, dem die Löschungsbewilligung des Zeicheninhabers in beweisender Form beizufügen ist, erfolgen. — Sachlich zuständig sind nach dem Werte des Streitgegenstands die Amts- oder Landgerichte und zwar bei letzteren die etwa gebildeten Kammern für Handelssachen GVG. § 101 Ziff. 3c. Örtlich zuständig ist das Gericht des Wohnsitzes des Beklagten und im Falle des § 23 das Gericht des Wohnsitzes des Vertreters oder in dessen Ermangelung Berlin als Sitz des PatA. § 23 Abs. 2. — Klageberechtigung Anm. 35, 36, 37. — Beklagter Anm. 40. — Die Zwangsvollstreckung erfolgt nach CPO. § 894 durch Beantragung der Löschung beim PatA. unter Überreichung einer mit der Bescheinigung der Rechtskraft versehenen Ausfertigung des obsiegenden Erkenntnisses.

[40]) Die Klage ist gegen den in der Zeichenrolle eingetragenen Zeicheninhaber zu richten, gleichgültig, ob er als ursprünglicher Anmelder des Zeichens (§ 2) oder als Rechtsnachfolger (§ 7 Abs. 1) eingetragen ist. Eine Ausnahme besteht nur im Todesfalle des Eingetragenen, indem alsdann die Klage auch gegen die nicht eingetragenen Erben gerichtet werden kann.

[41]) Hierin liegt eine Abweichung von der Regel, daß die Entscheidung gegen den Rechtsnachfolger nur wirksam und vollstreckbar ist, wenn die Rechtsnachfolge während der Rechtshängigkeit und während oder nach Beendigung des Rechtsstreits eingetreten ist CPO. § 325.

[42]) CPO. § 66—69 und 76 der neuen Fassung (98) sind an die Stelle der im ursprünglichen Wortlaute aufgeführten § 63 bis 66 und 73 der alten Fassung getreten. Die § 66 bis 69 betreffen die Nebenintervention. Als Nebenintervenient kann derjenige, der ein rechtliches Interesse daran hat, daß in einem zwischen zwei anderen Personen anhängigen Rechtsstreite die eine Partei obsiege, dieser Partei zum Zwecke der Unterstützung beitreten und zwar in jeder Lage des Rechtsstreits bis zur rechtskräftigen Entscheidung, auch in Verbindung mit der Einlegung eines Rechtsmittels § 66. Der § 76 betrifft die Streitverkündung, die seitens des Beklagten an seinen Rechtsnachfolger geschehen kann. Letzterer ist berechtigt, mit Zustimmung des Beklagten an dessen Stelle den Rechtsstreit zu übernehmen, worauf der Beklagte auf seinen Antrag von der Klage zu entbinden ist. Die Entscheidung ist in diesem Falle auch gegen den Beklagten wirksam und vollstreckbar. Erklärt sich der Rechtsnachfolger auf die Streitverkündung nicht oder ablehnend, so ist der Beklagte berechtigt dem Klageantrage zu genügen.

als Inhaber des Waarenzeichens Eingetragenen davon Nachricht. Widerspricht derselbe innerhalb eines Monats nach der Zustellung nicht, so erfolgt die Löschung. Widerspricht er, so wird dem Antragsteller anheimgegeben, den Anspruch auf Löschung im Wege der Klage zu verfolgen.

§. 10. Anmeldungen von Waarenzeichen, Anträge auf Uebertragung und Widersprüche gegen die Löschung derselben werden in dem für Patentangelegenheiten maßgebenden Verfahren durch Vorbescheid und Beschluß erledigt[43]). In den Fällen des §. 5 Absatz 1 wird ein Vorbescheid nicht erlassen.

Gegen den Beschluß, durch welchen ein Antrag zurückgewiesen wird, kann der Antragsteller, und gegen den Beschluß, durch welchen Widerspruchs ungeachtet die Löschung angeordnet wird, der Inhaber des Zeichens innerhalb eines Monats nach der Zustellung bei dem Patentamt Beschwerde einlegen[44]).

Zustellungen, welche die Eintragung, die Uebertragung oder die Löschung eines Waarenzeichens betreffen, erfolgen mittelst eingeschriebenen Briefes. Kann eine Zustellung im Inlande nicht erfolgen, so wird sie durch Aufgabe zur Post nach Maßgabe der §§. 175, 192 der Civilprozeßordnung bewirkt[45]).

§. 11. Das Patentamt ist verpflichtet, auf Ersuchen der Gerichte über Fragen, welche eingetragene Waarenzeichen betreffen, Gutachten abzugeben, sofern in dem gerichtlichen Verfahren von einander abweichende Gutachten mehrerer Sachverständigen vorliegen[46]).

§. 12. Die Eintragung eines Waarenzeichens hat die Wirkung[47]), daß dem Eingetragenen ausschließlich das Recht zusteht, Waaren[5]) der angemeldeten

---

[43]) PatG. (Nr. 2 des Abschn.) § 21—25. In diesem Verfahren sind zu erledigen Anmeldungen von Warenzeichen § 1—6 (und vor dem 1. Okt. 98 auch § 24), Anträge auf Übertragung (§ 7 Abs. 1) und Widersprüche gegen die Löschung im Falle des § 8 Abs. 3, dagegen nicht im Falle des § 9 Abs. 5. Das Verfahren beginnt mit der Vorprüfung PatG. § 21 Abs. 1. Ergibt diese keine Anstände, so gibt der Vorprüfer die Sache zur weiteren Veranlassung an die Abteilung Anm. 9. Bei formalen Mängeln fordert der Vorprüfer den Anmelder, Antragsteller oder Widersprechenden unter Festsetzung einer Frist zur Beseitigung der Mängel (PatG. § 21 Abs. 2), bei sachlichen Anständen zur Äußerung (PatG. § 21 Abs. 3) auf. Erklärt sich dieser nicht innerhalb der Frist, so gilt die Anmeldung, der Antrag, der Widerspruch als zurückgenommen PatG. § 21 Abs. 4. Erklärt er sich hingegen, so faßt die Abteilung Beschluß. Für ihr Verfahren ist PatG. (Nr. 2) § 22, 25, ferner die AusfB. 94 (Anl. A) § 3 Abs. 1, 3, 4, § 4a maßgebend. Form des Beschlusses Anl. A § 5.

[44]) Zuständig zur Entscheidung der Beschwerde ist die Beschwerdeabteilung I Anl. A § 2. Für ihre Besetzung ist Anl. A § 3 Abs. 2 maßgebend. Es bedarf der Beratung und Abstimmung in einer Sitzung das. § 4b.

[45]) CPO. § 175 und 192 sind an die Stelle der im G. ursprünglich benannten § 161 und 175 der älteren Fassung getreten. Die Zustellung wird danach mit der Aufgabe zur Post als bewirkt angesehen, selbst wenn die Sendung als unbestellbar zurückkommt.

[46]) Die gleiche Bestimmung enthält PatG. (Nr. 2 des Abschn.) § 18. Die dazu in Anm. 58, 59 gemachten Ausführungen finden hier gleichmäßig Anwendung.

[47]) Der § 12 regelt die Wirkung des Zeichenrechts in Übereinstimmung mit

den entsprechenden Vorschriften des PatG. (Nr. 2) § 4 und des GebrauchsmusterG. (Nr. 3) § 4. Die zu diesen Bestimmungen gemachten Ausführungen, namentlich in den Anm. 17, 19, 20 zu Nr. 2 des Abschn., gelten daher sinngemäß auch für den Warenzeichenschutz, soweit sich nicht aus den folgenden Bemerkungen das Gegenteil ergiebt. Der Inhalt des Zeichenrechts besteht nicht sowohl in der positiven Befugnis, das Zeichen gebrauchen zu dürfen — denn diese Befugnis würde sich auch ohne Warenzeichenschutz ohne weiteres aus der Handlungsfreiheit ergeben — als nach der negativen Seite hin in der Befugnis, die Benutzung des Zeichens im Sinne des § 12 jedem anderen zu verwehren. Dieses Recht erfährt aber durch § 13 eine Einschränkung. — Zeitliche Begrenzung des Zeichenrechts. Die Wirkung des Zeichenrechts beginnt mit der Eintragung, nicht schon, wie nach dem MarkenschutzG. 74, mit der Anmeldung des Zeichens. Voraussetzung ist jedoch, daß die Eintragung zu Recht erfolgt ist. Die Löschung eines zu Unrecht eingetragenen Zeichens (§ 8 Abs. 2², § 9 Abs. 1 Ziff. 1 und unter Umständen Ziff. 3) hebt die Wirkung der Eintragung mit rückwirkender Kraft auf Abs. 2. — Die Endigung des Zeichenrechts deckt sich nicht mit der Löschung des Zeichens. Die Löschung hat nur die Bedeutung, daß nachher die aus der Eintragung sich ergebenden Rechte nicht mehr geltend gemacht werden können, während bis zur Löschung infolge der formalen Natur der Eintragung die Rechte daraus in Anspruch genommen werden können, ohne daß der Einwand der zu Unrecht erfolgten Eintragung im gerichtlichen Verfahren erhoben werden kann Anm. 13. Es ist aber sowohl möglich, daß das Zeichenrecht trotz der Löschung fortbesteht, wenn die Löschung z. B. infolge eines Versehens des PatA. zu Unrecht erfolgt ist, als auch, daß es trotz der Eintragung nicht zu Recht besteht. Ein versehentlich gelöschtes Zeichen ist mit der Wirkung wieder einzutragen, daß die Löschung für den Zeitpunkt der Eintragung und die Dauer der Schutzfrist als nicht vorhanden gilt; dagegen werden Verletzungen des Zeichenrechts, die während des Zeitraums, innerhalb dessen das Zeichen gelöscht war, begangen sind, nicht verfolgt werden können. Besteht das Zeichenrecht trotz der Eintragung nicht zu Recht, so wird es durch die mit rückwirkender Kraft erfolgende Löschung auch für die Zeit seiner Eintragung vernichtet Abs. 2. — Räumliche Grenzen des Zeichenrechts. Im Gegensatz zum Patent (Nr. 2 des Abschn. Anm. 17) ist das Zeichenrecht nicht an die Grenzen Deutschlands gebunden. Die Eintragung gewährt Schutz nicht nur gegen Verletzungen, die im Inlande begangen sind, mag ihr Urheber auch ein Ausländer sein oder im Auslande wohnen, sondern grundsätzlich auch gegen im Auslande begangene Verletzungen. Eine Verletzung des Zeichenrechts im Inlande liegt auch dann vor, wenn die mit dem Warenzeichen sei es im Inland, sei es im Ausland rechtswidrig versehene Ware vom Inlande aus nach dem Auslande abgesetzt wird. Ausländische Waren, die mit einem im Inlande geschützten Warenzeichen widerrechtlich versehen sind, unterliegen beim Eingange nach Deutschland zur Einfuhr oder Durchfuhr der Beschlagnahme und Einziehung § 17. Der Satz, daß das Zeichenrecht auch gegen die Benutzung eines übereinstimmenden Zeichens im Auslande schützt, erleidet in dem Falle eine Einschränkung, daß dasselbe Zeichen in Deutschland und im Auslande verschiedenen Personen für dieselben oder gleichartige Waren geschützt ist. Indem alsdann die Rechtsordnungen zweier selbständiger Staaten einander gegenüberstehen, darf das Inland die Ausübung des ausländischen Rechts im Auslande nicht als einen Eingriff in sein Recht ansehen RGer. 7. Nov. 99 (XLV 143). — Rechtsschutz des Zeicheninhabers. Dem Zeicheninhaber sind folgende Rechtsbehelfe gegeben: a) Die Feststellungsklage nach CPO. § 256. b) Die Abwehrklage aus § 12, die einen bestimmten Eingriff in das Zeichenrecht durch eine bereits stattgefundene oder mindestens beabsichtigte Störung voraussetzt RGer. 7. Nov. 99 (XLV 143). c) Der Entschädigungsanspruch aus § 14 Abs. 1 wegen rechtswidriger Benutzung des Zeichens, sofern sie wissentlich oder aus grober Fahrlässigkeit begangen ist. d) Strafantrag nach § 14 Abs. 2 bei wissentlicher Verletzung des Zeichenrechts. Ein sofortiges gerichtliches Einschreiten kann ferner im Wege der einstweiligen Verfügung CPO. § 940 herbeigeführt werden. — Für den Umfang des Zeichenschutzes ist § 20 zu berücksichtigen, wonach der Zeichenschutz durch Abweichungen gegenüber dem eingetragenen Warenzeichen nicht ausgeschlossen wird, insofern ungeachtet der Verschiedenheiten die Gefahr einer Verwechselung im Verkehr vorliegt. — Farben im Warenzeichen. Wer ein Figurenbild im Schwarzdruck zur Zeichenrolle anmeldet, darf dieses Bild im allgemeinen auch koloriert gebrauchen und kann die farbige Nachbildung durch einen dritten untersagen, selbst wenn er selbst das Zeichen nur ungefärbt oder in einer andern Färbung als in der es nachgebildet ist, gebraucht. Für die Frage dagegen, ob Verwechselungsgefahr vorliegt (§ 20), kann sein Zeichen nur in der Erscheinung, in der es eingetragen ist, also wenn es ohne Färbung eingetragen ist, nur im Schwarzdruck zum Vergleich herangezogen werden Anm. 77. Der Inhaber des Zeichens kann sich aber auch gegen eine Verwechselungsgefahr, die in einer bestimmten Färbung ihren Grund hat, sichern, indem er sein Warenzeichen in entsprechender Farbe zur Anmeldung bringt. Dann wird die Farbe zu einem geschützten Teile des Warenzeichens. Dies ist rechtlich zulässig, weil die Färbung eine charakteristische Eigenschaft in der Erscheinung eines Warenzeichens bilden kann, namentlich da, wo durch die Zusammenstellung mehrerer oder die eigentümliche Verwendung einer einzelnen Farbe ein charakteristisches, für die besondere Kennzeichnung einer Ware geeignetes Bild geschaffen wird RGer. 7. Feb. 99 (XLIII 93), 23. Jan. 00 (Straff. XXXIII 90). Der Inhaber eines solchen farbig angemeldeten Warenzeichens kann alsdann selbst dem Inhaber eines im Schwarzdruck eingetragenen Zeichens den Gebrauch dieses Zeichens untersagen, wenn es eine Färbung erhält, infolge deren die Gefahr die Verwechselung mit seinem, farbig geschützten, Zeichen gegeben ist. — Umfang des Zeichenrechts bei Wortzeichen. Ist ein Klanglaut geschützt, so hat der Zeichenberechtigte kein unbedingtes Verbotsrecht gegenüber dem Gebrauche des dem Klanglaute entsprechenden Worts im geschäftlichen Verkehr, sondern nur gegenüber dem warenzeichenmäßigen Gebrauch RGer. 12. Juli 01 (XLIX 52). Eine Störung seines Rechts liegt nicht schon darin, daß jemand das Wort in irgend einem Zusammenhange auf einer Verpackung, einer Etikette usw. anbringt; das Schutzrecht wird vielmehr erst dann verletzt, wenn das Wort so gebraucht wird, das dritte Personen in den Glauben versetzt werden können, die in den Verkehr gebrachte Ware solle mit dem geschützten Worte bezeichnet werden. Man kann durch Zusätze, die solche Deutung des Worts mit einer im Sinne des § 20 ausreichenden Deutlichkeit ausschließen, die Verwendung des als Warenzeichen geschützten Worts (Kränchen) auf Warenbezeichnungen zulässig machen (z. B. durch die Bezeichnung „künstliches Kränchen") RGer. 8./22. Nov. 97 (Straff. XXX 351). — Das Zeichenrecht an einem in die Zeichenrolle eingetragenen Wortzeichen (der neue Kurs) wird dadurch nicht verletzt, daß die gleichen Worte unter einem Bilde angebracht werden, sofern sie den Gedanken des Bildes ausdrücken und in dem Beschauer lediglich die Vorstellung hervorrufen, es habe durch die Worte dem Bilde ein Name gegeben werden sollen, und nicht zugleich die Vorstellung, es habe die Herkunft des Bildes bezeichnet werden sollen RGer 1. Okt. 01 (Straff. XXXV 3). — Wird das geschützte Wort als Bestandteil einer noch andere Worte umfassenden Warenbezeichnung benutzt, so findet ein Schutz hiergegen nur statt, wenn dadurch im geschäftlichen Verkehr die Möglichkeit eines Irrtums hervorgerufen wird. Von dieser Erwägung aus begründet die Eintragung des Wortzeichens „Lanolin" und „Lanolinum" keinen Untersagungsanspruch gegenüber der Bezeichnung „Borglycerinlanolin" RGer. 1. April 98 (XLI 69). — Dagegen ist in der Zusammenstellung Creolin Columbia das Wort Creolin das charakteristische Unterscheidungsmerkmal, das als Schlagwort der Ware ihren Namen im Handelsverkehr verleiht. Dem Inhaber des eingetragenen Wortzeichens Creolin ist deshalb die Befugnis zugesprochen, einem andern die Anwendung der Bezeichnung Creolin Columbia zu untersagen 22. April 98 (XLII 15). — Gemischte Zeichen. Der nach Warenzeichenrecht geschützte Gebrauch eines aus Wort — Valvoline — und Bild — Adler — zusammengesetzten Zeichens besteht nur im Gebrauche der Kombination; der Gebrauch eines einzelnen Bestandteils — z. B. des Worts Valvoline — ist nicht geschützt.

Art oder deren Verpackung oder Umhüllung[48]) mit dem Waarenzeichen zu versehen, die so bezeichneten Waaren in Verkehr zu setzen[49]), sowie auf An=

---

Ferner ist nur die Kombination von Wort und Bild, wie sie eingetragen ist, geschützt, dagegen nicht die Kombination, die sich aus dem Klanglaut des Wortes, das dem im Zeichen enthaltenen Bilde entspricht, und dem Klanglaute des im Zeichen enthaltenen Wortes zusammensetzt — Adler-Valvoline oder Valvoline-Adler — RGer. 12. Juli 01 (XLIX 52). — Andererseits folgt daraus, daß bei zusammengesetzten Zeichen nur die Kombination geschützt ist, daß der Inhaber eines solchen (eines Spatens nebst der Beischrift „Salvatorbier von G. S., Brauerei zum Spaten, München") zur Bezeichnung seiner Ware das in seinem Warenzeichen enthaltene, zu Gunsten eines anderen als Warenzeichen und zwar als Klangzeichen eingetragene Wort „Salvator" nicht benutzen darf RGer. 21. Feb. 01 (Straff. XXXIV 169). Ein gemischtes Warenzeichen (das den Namen Barbarossa-Brunnen und die Gestalt des Kaisers Barbarossa enthaltende Zeichen für Mineralwasser) kann dadurch verletzt werden, daß ein dritter dieselbe Ware (Mineralwasser) unter der im Zeichen enthaltenen Namensbezeichnung (Barbarossabrunnen) in Verkehr bringt, sofern diese Namensbezeichnung die Hauptsache in dem geschützten Zeichen ist und durch ihre Benutzung im Publikum der Glaube erweckt werden kann, daß die Ware des dritten derselben Quelle entnommen sei wie die des Inhabers des Warenzeichens RGer. 9. Dez. 96 (XXXVIII 80). — Eintragung übereinstimmender Warenzeichen (Anm. 24a Ziff. 1). Bei Eintragung des gleichen Zeichens für mehrere Personen kann jeder der eingetragenen Zeicheninhaber die Rechte aus der Eintragung gegen dritte geltend machen. Der dritte kann gegen den eingetragenen Inhaber nicht den Einwand erheben, daß einem andern ein besseres Recht auf das Zeichen zustehe Begr. S. 15. Was das gegenseitige Rechtsverhältnis der eingetragenen Zeicheninhaber betrifft, so hat die formale Wirkung der Eintragung (Anm. 13) zur Folge, daß bis zur Löschung eines der Zeichen keiner der eingetragenen Inhaber gegenüber dem andern seine Rechtsansprüche aus § 12 geltend machen kann. Selbst wenn dem später Eingetragenen bekannt ist, daß dem zuerst Eingetragenen der Anspruch auf Löschung seiner Eintragung zusteht, ist eine Strafverfolgung aus § 14 Abs. 2 jedenfalls solange nicht zulässig, als nicht die Löschung der späteren Eintragung herbeigeführt ist RGer. 8. Juli 97 (Straff. XXX 211). Doch auch nach erfolgter Löschung wird ein Strafverfahren gegen den zu Unrecht Eingetragenen wegen seiner Handlungsweise während der Dauer der Eintragung nicht eingeleitet werden können, weil die Bestimmung des § 12 Abs. 2, die der Löschung rückwirkende Kraft beilegt, nur zivilrechtliche Bedeutung hat Anm. 51 und das das. erwähnte U. des RGer. 4. Juni 01 (Straff. XXXIV 275). Wird auf Grund einer Eintragung jemand im Zivilprozeß in Anspruch genommen, der klageweise die Löschung der Eintragung zu verlangen berechtigt ist, so ist es selbstverständlich, daß er dieses Verlangen im Wege der Widerklage geltend machen kann Begr. S. 15. — Die Übereinstimmung zweier Eintragungen liegt nicht vor, wenn ein Gegenstand einmal als Wortzeichen (Adler) und für einen andern als Bild (ein auf einer Erdkugel sitzender Adler) eingetragen ist. In solchem Falle hat der Inhaber des Bildzeichens nicht das Recht, seine Ware mit dem Namen des im Bilde dargestellten Gegenstandes (als Adlerpräzisionsnaben) zu bezeichnen. Denn nur das in der Zeichnung und durch Farbengebung gekennzeichnete Bild, nicht allgemein der darin dargestellte Gegenstand macht das für ihn geschützte Zeichen aus RGer. 16. Nov. 99 (Straff. XXXII 368).

[48]) Neben der Ware und ihrer Verpackung ist auch die Umhüllung genannt, um zweifelsfrei klar zu stellen, daß auch Behälter, Flaschen, Büchsen, die in eine nur vorübergehende Verbindung mit der Ware — etwa beim Feilhalten — gebracht werden, unbefugt mit dem Zeichen nicht versehen werden dürfen Begr. S. 15. Unter Verpackung ist nach dem Sprachgebrauche des Verkehrslebens jede Hülle zu verstehen, welche eine einzelne Sache oder eine Sachmenge in einer sie gegen äußere Einwirkungen mehr oder weniger sicherstellenden Weise umgibt und nach Befinden, geht der konkreten Ware nach ihrer natürlichen Beschaffenheit die Eigenschaft einer Sache von fester, geschlossener, ein einheitliches Ganze bildender Form ab,

kündigungen, Preislisten, Geschäftsbriefen, Empfehlungen, Rechnungen oder dergleichen[50]) das Zeichen anzubringen.

Im Falle der Löschung können für die Zeit, in welcher ein Rechtsgrund für die Löschung früher bereits vorgelegen hat, Rechte aus der Eintragung nicht mehr geltend gemacht werden[51]).

§. 13. Durch die Eintragung eines Waarenzeichens wird niemand gehindert, seinen Namen, seine Firma, seine Wohnung, sowie Angaben über Art, Zeit und Ort der Herstellung, über die Beschaffenheit, über die Bestimmung, über Preis-, Mengen- oder Gewichtsverhältnisse von Waaren[52]), sei es auch

---

diese Ware zu einem quantitativ bestimmten Ganzen, zu einer species, zusammenfaßt und hierdurch überhaupt oder in vorzüglicherer Weise ermöglicht, daß sie ein Gegenstand wirtschaftlichen Verkehrs werde RGer. 6. Nov. 90 (Straff. XXI 214).

[49]) Über den Begriff In Verkehr setzen PatG. (Nr. 2) Anm. 20. Die Wirkung des Zeichenrechts ist damit erschöpft, daß die Ware von dem Eingetragenen oder von einem hierzu ermächtigten dritten rechtmäßig mit dem Zeichen versehen und so in den Verkehr gesetzt ist. Der weitere Vertrieb der so in den Verkehr gelangten Waren kann dem Händler vom Inhaber des Warenzeichens nicht untersagt werden, auch nicht, wenn der Händler den hinsichtlich des weiteren Vertriebs getroffenen Abmachungen zuwiderhandelt RGer. 28. Feb. 02 (L 229), 2. Mai 02 (N. F. I 263). Denn das Warenzeichen dient nur zur Unterscheidung der Waren. Verträge über den Vertrieb der mit einem Zeichen versehenen Waren erlangen keinen besonderen Schutz durch das Zeichenrecht, sondern sind nach den allgemeinen Grundsätzen zu beurteilen. — Anders liegt der Fall, wenn der Käufer der mit einem eingetragenen Warenzeichen versehenen Ware diese weiterverkauft, nachdem er sie zerteilt oder in Flüssigkeit aufgelöst hat. Die derartig umgestaltete Ware darf er mit dem Warenzeichen des Verkäufers nur mit dessen Einwilligung versehen. Ob eine solche — ausdrückliche oder stillschweigende — Einwilligung vorliegt, ist Sache der Feststellung im einzelnen Falle. Eine stillschweigende Einwilligung ist im allgemeinen nicht zu vermuten, weil die Umgestaltung der Ware die Gewährleistung beeinflußt, deren Herbeiführung durch die Annahme eines bestimmten Warenzeichens bezweckt wird RGer. 4. Mai 97 (Straff. XXX 95).

[50]) Das Gleiche gilt von Prospekten, Wechselformularen, Gebrauchsanweisungen, ferner von der Anbringung von Warenzeichen auf Schildern, Geschäftswagen KB. S. 7. Auch die Anbringung eines geschützten Zeichens als Verzierung, z. B. als Vignette auf Briefbogen, verstößt gegen den gesetzlich gewährten Schutz KB. S. 6, 7.

[51]) Der Rechtsgrund für die Löschung liegt vor: bei Löschungsanträgen des Zeicheninhabers (§ 8 Abs. 1) mit dem Eingange des Antrags beim PatA., bei Löschungen wegen Ablaufs der Schutzfrist (§ 8 Abs. 2[1]) mit dem Tage, an dem die Frist verflossen ist, bei Aufhören des Geschäftsbetriebs (§ 9 Abs. 1[2]) mit dem Tage der Einstellung. Ist die Eintragung eines nicht schutzfähigen Zeichens (§ 8 Abs. 2[2]) oder eines mit einem bereits eingetragenen übereinstimmenden Zeichens (§ 9 Abs. 1[1]) erfolgt, so wirkt die Löschung auf den Zeitpunkt der Eintragung zurück. Das Zeichen ist daher von Anfang an rechtsunwirksam. Dasselbe gilt für den Fall, daß ein irreführendes Zeichen eingetragen ist § 9 Abs. 1[3], jedoch mit der Einschränkung, daß, wenn der der Löschung zu Grunde liegende Tatbestand erst nach der Eintragung entstanden sein sollte, dieser Zeitpunkt maßgebend ist. — Die Vorschrift, die der Löschung rückwirkende Kraft beilegt, hat nur zivilrechtliche Bedeutung. Für die Feststellung der Strafbarkeitsmerkmale einer Handlung, insbesondere auch für die Feststellung einer Widerrechtlichkeit der Handlung im strafrechtlichen Sinne, ist der Zeitpunkt der Begehung maßgebend RGer. 4. Juni 01 (Straff. XXXIV 275).

[52]) Warenzeichen, die derartige Angaben ausschließlich enthalten, sind nach § 4 Abs. 1[1] nicht schutzfähig. Die Bestimmung ist daher nur für den Fall von Bedeutung, daß solche Angaben in Verbindung mit

in abgekürzter Gestalt[53]), auf Waaren, auf deren Verpackung oder Umhüllung anzubringen und derartige Angaben im Geschäftsverkehr zu gebrauchen[54]).

**§. 14.** Wer[55]) wissentlich oder aus grober Fahrlässigkeit[56]) Waaren

---

einem Bild oder einem Worte ein Warenzeichen bilden. Wer Bezeichnungen der fraglichen Art in das von ihm gewählte Warenzeichen aufnimmt, muß darauf gefaßt sein, daß gleiche Bezeichnungen auch von andern gebraucht, ja selbst in andere Warenzeichen aufgenommen werden, sofern nur der letzteren Gesamtgestaltung eine Verwechselung mit dem ersteren Warenzeichen ausschließt Begr. S. 16.

[53]) Nicht jedes bloße Bruchstück eines Namens oder einer Firma kann als Abkürzung gelten, vielmehr fallen nur solche Abkürzungen unter den § 13, welche auf Namen oder Firma eines bestimmten Rechtssubjekts in einer nach der allgemeinen Auffassung des Lebens und des Verkehrs verständlichen Weise hindeuten, und deren charakteristische und auch nach der rechtlichen Würdigung wesentliche Merkmale zum Ausdruck bringen. Eine schutzberechtigte Abkürzung der Firma The Eagle Bicycle Manufacturing Company ist darnach in dem Worte Eagle nicht ohne weiteres zu erblicken RGer. 13. Nov. 99 (Strafs. XXXII 397).

[54]) § 13 gewährt nicht das Recht, in eine Firma ein Schlagwort (Kondor) aufzunehmen, das bereits für einen Dritten als Warenzeichen geschützt ist. Die Einschränkung des aus § 12 folgenden Rechts bezieht sich bei Firmen, die nach der Eintragung des Schutzrechts für den Inhaber des Warenzeichens eingetragen werden, nur auf die nach dem HGB. notwendigen Bestandteile einer Firma, nicht auf die von ihrem Inhaber willkürlich gewählten Zusätze RGer. 18. März 97 (Strafs. XXX 12). — Der im § 13 aufgestellte Grundsatz hat durch G. zur Bekämpfung des unlauteren Wettbewerbs Abschn. IV Nr. 3) § 8 eine Einschränkung erfahren. Danach ist unter Umständen die Benutzung des eignen Namens und der eignen Firma im geschäftlichen Verkehr untersagt, nämlich dann, wenn sie geeignet und darauf berechnet ist, Verwechselungen mit dem Namen oder der Firma, deren sich ein anderer befugter Weise bedient, hervorzurufen. Die Anbringung des eignen Namens oder der eignen Firma auf Waren oder ihrer Verpackung oder Umhüllung, sowie überhaupt der Gebrauch des eignen Namens oder der eignen Firma im Geschäftsverkehr zieht bei Vorliegen dieser Voraussetzung die im § 8 a. a. O. bezeichneten Folgen nach sich.

[55]) Während die vorgehenden Bestimmungen des G. sich ausschließlich mit dem Warenzeichenrecht befaßten, bezieht sich § 14 auf den Schutz nicht nur von Warenzeichen, sondern auch von Namen und Firmen. Unter Namen ist der Familiennamen, mit oder ohne Vornamen, zu verstehen. Firma ist der Name, unter dem ein Kaufmann im Handel sein Geschäft betreibt und die Unterschrift abgibt HGB. § 17. § 14 Abs. 1 begründet einen Entschädigungsanspruch wegen wissentlicher oder grob fahrlässiger Verletzung des Rechts aus dem Warenzeichen, dem Namen der Firma, Abs. 2 bedroht die wissentliche Verletzung mit Strafverfolgung. Die Tatbestandsmerkmale stimmen mit den Merkmalen überein, die für Entschädigungsansprüche und Strafverfolgung wegen Verletzung eines Patents und eines Gebrauchsmusters vorgesehen sind PatG. (Nr. 2) § 35, 36, G. zum Schutze von Gebrauchsmustern (Nr. 3) § 9, 10. Die zu diesen Bestimmungen gemachten Ausführungen finden hier entsprechende Anwendung. Vergl. insbesondere Nr. 2 Anm. 104 bis 107. — Firmen- und Namenschutz. Nach Markenschutz G. § 13 war in Übereinstimmung mit dem Pr. StGB. 14. April 51 (G. S. 101) § 269 die rechtswidrige Bezeichnung einer Ware mit dem Namen oder der Firma eines inländischen Produzenten oder Handeltreibenden untersagt. Im obigen § 14 ist die Beschränkung des Schutzes auf inländische Produzenten und Handeltreibende fallen gelassen, sodaß nunmehr auch der Name solcher Personen geschützt ist, die weder Produzenten noch Kaufleute sind. Voraussetzung dieses Schutzes ist das Vorhandensein eines berechtigten Namensträgers, auf dessen Person die Bezeichnung der Ware mit dem Namen hinweist oder doch bei Gefahr einer Verwechselung im Verkehr (§ 20) hinweisen kann und in dessen Rechtssphäre die Bezeichnung eingreift RGer. 30. April 97 (Strafs.

oder deren Verpackung oder Umhüllung, oder Ankündigungen, Preislisten, Geschäftsbriefe, Empfehlungen, Rechnungen oder dergleichen[50]) mit dem Namen oder der Firma eines Anderen oder mit einem nach Maßgabe dieses Gesetzes geschützten Waarenzeichen widerrechtlich versieht[57]) oder dergleichen widerrechtlich gekennzeichnete Waaren in Verkehr bringt[58]) oder feilhält, ist dem Verletzten zur Entschädigung verpflichtet[59]).

Hat er die Handlung wissentlich[60]) begangen, so wird er außerdem mit Geldstrafe von einhunderfünfzig bis fünftausend Mark oder mit Gefängniß

---

XXX 91). — Ferner ist nicht jeder nicht auf besonderem Rechte beruhende Gebrauch eines fremden Namens bei Bezeichnung von Waren usw. untersagt, sondern nur ein Gebrauch, der den Schein erweckt, als stehe die Ware in besonderer Beziehung zur Person des Namensträgers, und dadurch die Gefahr der Verwechselung in sich schließt. Solche Gefahr ist in der Regel ausgeschlossen, wenn der Name eines andern nur dazu verwendet wird, um auszudrücken, daß eine Ware nach der Art der Herstellung oder des Stoffes der Originalware gleiche, z. B. bei der Kleidungsstücken zugefügten Angabe „nach dem System Lahmann" RGer. 12. Jan. 97 (Straff. XXIX 331); dagegen ist in der Ankündigung „L.'sche Hemden" seitens eines Gewerbetreibenden, der echte L.'sche Hemden gar nicht auf Lager hatte, ein Vergehen gegen § 14 Abs. 2 erblickt worden RGer. 1. Febr. 97 (Straff. XXIX 353). — Wenn jemand das Recht zur Führung seines Namens behufs Kennzeichnung von Waren einem andern eingeräumt hat, so ist dieser befugt, den Namenschutz im Umfange des § 14 und 18 geltend zu machen, insbesondere ist er auch zur Stellung des Strafantrags nach § 14 Abs 2 berechtigt RGer. 1. und 2. Februar 97 (Straff. XXIX 353 und 363). — Der Namenschutz tritt dann nicht mehr ein, wenn ein Name in Beziehnng auf eine bestimmte Ware durch Handelsgebrauch die Eigenschaft als Bezeichnung des Individuums zu dienen verloren hat und zur Geltungs- und Beschaffenheitsbezeichnung geworden ist RGer. 30. April 97 (Straff. XXX 91).

[56]) Wegen des Begriffs der groben Fahrlässigkeit PatG. (Nr. 2) Anm. 104.

[57]) Es ist nicht erforderlich, daß das Geschäftspapier selbst sich als von dem Inhaber des betreffenden Namens unmittelbar ausgegangen bezeichnet, sondern es genügt, wenn der Name in einer Rechnung bei der Ware steht und dadurch der Irrtum hervorgerufen wird, daß die fakturierte Ware vom Träger des angegebenen Namens herrühre RGer. 19. Okt. 94 (XXXVI 13).

[58]) Nur das Inverkehrbringen widerrechtlich gekennzeichneter Waren fällt unter § 14, nicht die widerrechtliche Benutzung einer fremden, von ihrem Eigentümer mit seinem Warenzeichen versehenen Preisliste. Diese Handlung bildet unter Umständen den Tatbestand des § 4 des G. zur Bekämpfung des unlauteren Wettbewerbs (Abschn. IV Nr. 3) RGer. 30. Okt. 02 (Straff. XXXV 415). — Über den Begriff Inverkehrbringen PatG. (Nr. 2) Anm. 20.

[59]) Voraussetzung ist, daß dem Verletzten ein Schaden entstanden ist. Für die Frage, ob ein Schaden entstanden ist und wie hoch er sich belaufe, ist CPO. § 287 (Abschn. IV Nr. 2 Anm. 11) maßgebend KB. S. 7. Die Klage wegen Zeichen- oder Firmenverletzung kann auch nach Löschung des Zeichens oder der Firma angestellt werden, erstere, soweit nicht § 12 Abs. 2 entgegensteht.

[60]) Das Merkmal der Wissentlichkeit wird bei Verletzungen des Zeichenrechts durch das Bewußtsein des Täters erfüllt, daß das von ihm benutzte Zeichen gesetzlich geschützt ist, und daß ihm selbst ein Recht zu der vorgenommenen Verwendung nicht zusteht. Dagegen ist nicht erforderlich das Bewußtsein, daß die Benutzung des fremden Zeichens geeignet sei, die Abnehmer der Ware darüber, aus welcher Fabrik oder aus welchem Geschäfte die Ware herstamme, irrezuführen RGer. 13. Jan. 97 (Straff. XXIX 312) und ebensowenig die Absicht, die Abnehmer über die Einheit der Bezeichnung zu täuschen RGer. 5. März 01 (Straff. XXXIV 229). —

bis zu sechs Monaten bestraft. Die Strafverfolgung tritt nur auf Antrag ein. Die Zurücknahme des Antrages ist zulässig.

§. 15. Wer zum Zweck der Täuschung in Handel und Verkehr Waaren[5]) oder deren Verpackung oder Umhüllung, oder Ankündigungen, Preislisten, Geschäftsbriefe, Empfehlungen, Rechnungen oder dergleichen[50]) mit einer Ausstattung[61]), welche innerhalb betheiligter Verkehrskreise als Kennzeichen gleich-

---

Die Verletzung des Namenrechts erfordert, um strafbar zu sein, in subjektiver Beziehung das Bewußtsein des Täters nicht nur davon, daß er auf den Namen kein Recht hat, sondern auch davon, daß die Benutzung des fremden Namens eine Kennzeichnung der Ware enthalte, die in die Rechtssphäre eines bestimmten anderen Individuums eingreife RGer. 30. April 97 (Straff. XXX 91). — Für den strafbaren Vorsatz genügt es, daß der Täter sich der Möglichkeit bewußt war, das von ihm nachgemachte Warenzeichen könne ein geschütztes sein, und daß er diese Möglichkeit dergestalt mit in seinen Willen aufgenommen hat, daß er entschlossen war, auch das geschützte Warenzeichen widerrechtlich zu gebrauchen, sogenannter dolus eventualis RGer. 18. April 82 (Straff. VI 272). Über den Begriff des Eventualdolus ist auch PatG. (Nr. 2 des Abschn.) Anm. 106 zu vergleichen. — Strafantrag StGB. § 61—65, Zurücknahme des Antrags § 64. Der Antrag ist bei einem Gericht oder der Staatsanwaltschaft schriftlich oder zu Protokoll anzubringen StPO. § 156 Abs. 2. Ist das Warenzeichen für eine Firma eingetragen (Anm. 10), so ist auch die Firma zur Stellung des Strafantrags berechtigt RGer. 20. März 96 (Straff. XXVIII 275). — Anspruch auf Buße neben der Strafe § 18; Beseitigung der widerrechtlichen Kennzeichnung § 19 Abs. 1; Bekanntmachung der Verurteilung § 19 Abs. 2. — Der Schutz des § 14 gegen den widerrechtlichen Gebrauch eines Namens oder einer Firma wird dadurch nicht ausgeschlossen, daß der Dritte ein Warenzeichen angemeldet hat, welches widerrechtlich diesen Namen oder diese Firma enthält RGer. 27. Mai 89 (XXV 114, insbes. 117). Nach dem U. des RGer. 11. Juni 01 (Abschn. IV Nr. 3 Anm. 26) wird in solchem Falle dem in seinem Rechte verletzten Inhaber des Namens oder der Firma überdies die Befugnis zuzuerkennen sein, die Löschung des die Rechtsverletzung enthaltenden Warenzeichens im Wege der Klage herbeizuführen (Anm. 34).

[61]) § 15 begründet für Ausstattungen Rechtsschutz gegen unbefugte Nachahmung und Benutzung. Unter Ausstattung ist eine äußere Zutat zu verstehen, bei Waren die Art der Verpackung, die Aufmachung, Verzierung, Etikettierung RGer. 20. Nov. 97 (XL 65), bei Ankündigungen, Preislisten, Geschäftsbriefen, Empfehlungen, Rechnungen zeichnerische oder figürliche Zutaten, oder auch Worte, die auf gewerbliche Erzeugnisse besonders aufmerksam machen und als Aufschriften auf geschäftlichen Papieren der erwähnten Art Verwendung finden. Auch eine solche Wortausstattung kann zum Kennzeichen von Waren eines bestimmten Gewerbetreibenden und des Schutzes des § 15 teilhaftig werden RGer. 4. April 02 (Straff. XXXV 180). — Den Ausstattungen kommt auf manchen Gebieten des Verkehrs eine große wirtschaftliche Bedeutung zu. Zahlreiche Genußmittel, namentlich Taback, Liköre, Thee, Schokoladen, viele Luxuswaren, namentlich Parfümerien, Mode- und Toilettenartikel, aber auch unentbehrliche Gegenstände des täglichen Verbrauchs, wie Butter, Honig, Zwirn, Nadeln, Seife, Kerzen, Zündhölzer usw. werden den Verbrauchern in einer charakteristischen äußeren Ausstattung dargeboten Begr. S. 16. — Es verträgt sich nicht mit der Redlichkeit im Verkehr, wenn die charakteristische, in den Abnehmerkreisen bekannte und als Ursprungszeichen behandelte Art der äußeren Ausstattung, unter welcher ein bestimmtes Geschäft seine Waren in den Verkehr zu bringen gewohnt ist, von einem andern zu dem Zwecke benutzt wird, um mittels einer Täuschung des Publikums die Wertschätzung der eigenen Waren zu steigern. Das StGB. gewährt gegen dieses Gebahren keinen genügenden Schutz, weil der in Frage kommende § 263 (Betrug) zu seiner Anwendung u. a. eine eingetretene Vermögensschädigung voraussetzt; und auch eine zivilrechtliche Ent-

artiger Waaren[5]) eines Anderen gilt[62]), ohne dessen Genehmigung versieht, oder wer zu dem gleichen Zweck derartig gekennzeichnete Waaren in Verkehr bringt oder feilhält, ist dem Verletzten zur Entschädigung verpflichtet und wird mit Geldstrafe von einhundert bis dreitausend Mark oder mit Gefängniß bis zu drei Monaten bestraft[63]). Die Strafverfolgung tritt nur auf Antrag ein. Die Zurücknahme des Antrages ist zulässig.

---

schädigungsklage führt nicht immer zu einem dem Verletzten befriedigenden Ergebnisse. Deshalb hat das G. für die Ausstattung einen eigenen straf- und zivilrechtlichen Schutz, und zwar unabhängig vom Zeichenrecht, eingeführt Begr. S. 17. — Die Beschränkungen, die nach § 4 für die Eintragung von Warenzeichen vorgesehen sind, kommen für Ausstattungen nicht in Betracht. Insbesondere ist die Verwendung von Staatswappen zur Kennzeichnung einer Ware und ihrer Ausstattung, abgesehen von der Eintragung als Warenzeichen, nicht ohne weiteres ausgeschlossen. Für gewisse inländische Staatswappen besteht allerdings das durch StGB. § 360 [7] getroffene Verbot. Im übrigen aber und namentlich für ausländische Staatswappen stehen an sich der Benutzung rechtlich keine Hindernisse entgegen, und eine Ausstattung, die ein ausländisches Staatswappen aufweist, ist dadurch von dem Schutze des § 15 nicht ausgeschlossen. Eine Ausnahme tritt dann ein, wenn die Ausstattung entgegen der Vorschrift des § 16 in doloser Weise mit dem ausländischen Wappen zum Zwecke der Erregung eines Irrtums über Herkunftsort und behufs Täuschung über Beschaffenheit und Wert der Ware versehen worden ist. Ein derart unredlicher Verkehrsakt würde des gesetzlichen Schutzes des § 15 nicht teilhaftig werden können RGer. 3. Dez. 00 (Straff. XXXIV 26). — Einzelne Ausstattungen können durch Eintragung in die Zeichenrolle den Warenzeichenschutz erlangen, insbesondere können Etiketten als Warenzeichen angemeldet werden. Dagegen würde eine eigenartige Verschnürung von Warenballen, die Form einer Flasche und dergl., also äußere Formen der Verpackung, die als eigentümliches Kennzeichen eines bestimmten Geschäftsbetriebs gelten, wohl nach § 15 geschützt, jedoch nicht als Warenzeichen eintragungsfähig sein KB. S. 7.

[62]) Es ist nicht erforderlich, daß die Ausstattung innerhalb aller beteiligten Verkehrskreise als Kennzeichen bekannt ist KB. S. 7, es genügt vielmehr, daß sie dafür in den Kreisen der Produzenten oder der Händler oder der Verbraucher gilt, und zwar auch nicht bei allen, sondern bei einem erheblichen Teile derselben. Einen beteiligten Verkehrskreis bilden z. B. schon die unmittelbaren Abnehmer der Waren eines Fabrikanten RGer. 5. Mai 99 (Straff. XXXII 149).

[63]) Voraussetzung für die Anwendung des § 15 ist, daß eine Täuschung im Handel und Verkehr beabsichtigt ist. Durch dieses Merkmal wird die Bestimmung zu einem Mittel zur Bekämpfung des unlauteren Wettbewerbs Abschn. IV Nr. 3. — Der Anspruch auf Entschädigung geht nicht auf Herausgabe des aus dem unzulässigen Gebrauche der Ausstattung gezogenen Gewinnes und begründet demzufolge auch keinen Anspruch auf Rechnungslegung über diesen Gewinn RGer. 30. Nov. 00 (XLVII 100). Gegenüber der gegenteiligen Entscheidung für den Fall einer PatVerletzung im U. 7. März 00 (Nr. 2 des Abschn. Anm. 104) führt das U. 30. Nov. 00 aus, daß der § 15 kein absolutes und ausschließliches Recht zur Benutzung einer Ausstattung begründen, sondern nur dem unlauteren Wettbewerb, der im Gebrauche der Ausstattung zum Zwecke der Täuschung liegt, entgegentreten wolle: demzufolge könne der Zuwiderhandelnde nicht angesehen werden, als ob er sich eines fremden Vermögensstücks unbefugt bedient hätte, und er sei dem unredlichen Besitzer einer fremden Sache nicht gleichzustellen. — Verhältnis der Ausstattung zum Warenzeichen. Durch § 15 ist ein dritter nicht gehindert, das im Rahmen der Ausstattung etwa enthaltene Warenzeichen (Anm. 61) für seine Waren eintragen zu lassen. Das Schutzrecht des § 15 gewährt dem Besitzer der Warenausstattung nicht das Recht, die Löschung einer solchen Eintragung zu verlangen. Vielmehr ist das eingetragene Waren-

§. 16. Wer[64]) Waaren[5]) oder deren Verpackung oder Umhüllung oder Ankündigungen, Preislisten, Geschäftsbriefe, Empfehlungen, Rechnungen oder dergleichen[50]) fälschlich mit einem Staatswappen oder mit dem Namen oder Wappen eines Ortes, eines Gemeinde- oder weiteren Kommunalverbandes[65])

---

zeichen auch gegenüber dem nach § 15 dem bloßen Besitze der Warenausstattung gewährten Schutze rechtswirksam RGer. 10. Febr. 99 (XLIV 13), 4. Juni 01 (Straff. XXXIV 275). — Der Schutz des § 15 tritt nur ein, wenn die von einem dritten unberechtigt ausgenutzte Ausstattung von dem Berechtigten tatsächlich beim Inverkehrbringen seiner Ware in Benutzung genommen war RGer. 14. Dez. 96 (Straff. XXIX 249). Daraus, daß der Berechtigte für seine Waren die Einführung einer neuen Etikette ankündigt, kann nicht ohne weiteres gefolgert werden, daß er die ältere, unter dem Schutze des § 15 stehende Ausstattung aufgebe; diese kann vielmehr noch für die älteren Vorräte beibehalten sein und bleibt überdies für die bereits an Kunden versendeten Waren von Bedeutung. Hiernach ist die Annahme irrig, daß mit dem Augenblicke, wo der Gebrauch der neuen Ausstattung beginnt, allein aus diesem Grunde die bisher verwendete Ausstattung dem freien Zugriff dritter unterliege RGer. 21. Febr. 98 (Straff. XXXI 28).

[64]) § 16 enthält ausschließlich eine Strafbestimmung und richtet sich gegen die Bezeichnung von Waren mit einem falschen Herkunftsorte, die in der Regel eine Erscheinungsform des unlautern Wettbewerbs darstellt. Unrichtige Angaben über das Fabrikationsverfahren und die Herstellungsart der Ware werden durch die Vorschrift des § 16 nicht getroffen RGer. 14. Jan. 98 (Straff. XXXI 1). Verhältnis zum G. 27. Mai 96 (Abschn. IV Nr. 3): Der Tatbestand des § 16 deckt sich mit keiner Strafvorschrift des G. 27. Mai 96, insbesondere auch nicht mit § 4, der voraussetzt, daß die unwahren und zur Irreführung geeigneten Angaben sich auf die das. im einzelnen aufgeführten Gegenstände beziehen. Zu diesen Gegenständen gehört zwar die Bezugsquelle von Waren; nach der Absicht des Gesetzgebers umfaßt aber dieser Ausdruck nur Ursprungsangaben nicht geographischer Art Abschn. IV Nr. 3 Anm. 5. Anderseits kann der Tatbestand des § 16 unter Umständen zugleich den — allerdings nur zivilrechtlichen — Tatbestand des G. 27. Mai 96 § 1 in sich schließen, wenn nämlich die falsche Herkunftsangabe in öffentlichen Bekanntmachungen oder für einen weiteren Kreis bestimmten Mitteilungen erfolgt und geeignet ist, den Anschein eines besonders günstigen Angebots hervorzurufen. Alsdann knüpfen sich an diesen Tatbestand auch die im G. 96 § 1 bezeichneten zivilrechtlichen Folgen. — Die Anwendbarkeit des § 16 wird durch die Eintragung der trügerischen Warenbezeichnung als Warenzeichen nicht ausgeschlossen RGer. 19. Juni 02 (Straff. XXXV 321).

[65]) Während sich das Verbot für einen Ort, einen Gemeinde- oder weiteren Kommunalverband sowohl auf den Namen als auch auf das Wappen erstreckt, ist hinsichtlich der Staaten nur die Benutzung des Wappens, nicht des Namens, untersagt. Der Grund der Einschränkung ist, daß die Verwendung von Staatsnamen fast immer nur eine charakterisierende Bedeutung hat und jedenfalls nur Hinweise von solcher Allgemeinheit enthält, daß dabei eine Absicht zu täuschen nicht vorausgesetzt werden kann Begr. S. 18. — Auch die mißbräuchliche Benutzung eines Siegels, welches Namen oder Wappen eines Orts enthält, beispielsweise eines sogenannten Hopfensiegels, wie solche von einzelnen Gemeinden zur Beglaubigung des Ursprungs ihrer Hopfenerzeugnisse verwendet zu werden pflegen, fällt unter die Strafbestimmung Begr. S. 18. — Die Eintragung der im § 16 aufgeführten Namen und Wappen in die Zeichenrolle erfährt zwar durch § 4 Ziff. 1 und 2 eine Einschränkung. Immerhin ist nach dieser Bestimmung die Eintragung eines aus einem Ortsnamen in Verbindung mit anderen Bestandteilen bestehenden Warenzeichens (Anm. 18), sowie des Wappens eines ausländischen Orts, eines ausländischen Gemeinde- oder weiteren Kommunalverbandes möglich. Solche Eintragung schützt vor der Anwendung des

zu dem Zweck versieht, über Beschaffenheit und Werth der Waaren einen Irrthum zu erregen[66]), oder wer zu dem gleichen Zweck derartig bezeichnete Waaren in Verkehr bringt oder feilhält, wird mit Geldstrafe von einhundertfünfzig bis fünftausand Mark oder mit Gefängniß bis zu sechs Monaten bestraft.

Die Verwendung von Namen, welche nach Handelsgebrauch zur Benennung gewisser Waaren dienen, ohne deren Herkunft bezeichnen zu sollen, fällt unter diese Bestimmung nicht[67]).

---

§ 16, sofern seine Voraussetzungen im übrigen vorliegen, nicht. Bildet der Sachverhalt zugleich den Tatbestand des G. 27. Mai 96 § 1 (Anm. 64), so wird überdies die Löschung des Zeichens im Wege der Klage durchgesetzt werden können. — Für Fertigfabrikate kann es zweifelhaft sein, ob als Herkunftsbezeichnung der Ort der Herkunft der Rohstoffe und der Halbfabrikate oder der Ort der Herstellung des Ganzfabrikats zu gelten hat. Für Schaumwein ist diese Frage in der Rechtsprechung dahin entschieden worden, daß die Benennung eines Orts auf Weinkarten und Etiketten von dem Orte, wo der Wein hergestellt wird, dem Fabrikationsorte verstanden werden muß. Es ist daher nicht zulässig Wein aus der Champagne, der in Luxemburg als Champagner verarbeitet worden ist, in Deutschland als französischen Champagner zu verkaufen RGer 7. Mai 96 (Straff. XXVIII 353).

[66]) Der Zweck muß darauf gerichtet sein, über Beschaffenheit und Wert der Waren zu täuschen; die Verfolgung des Täuschungszwecks nach der einen oder nach der andern Richtung reicht nicht aus. Unter Wert ist der Handelswert zu verstehen d. h. der Wert, den die Ware im Wettbewerbe mit gleichartigen Waren anderer Erzeugungs- und Handelsorte kraft ihres Herkunftsortes hat. Der innere Wert der Ware kommt dagegen nicht in Betracht RGer. 15. Mai 96 (Straff. XXVIII 371). In dem Feilbieten von Champagner, der in Luxemburg auf Flaschen gefüllt ist, als französischen Champagner (Anm. 65) liegt eine Täuschung auch in Beziehung auf den Wert. Denn Champagnerwein aus Epernay genießt in den Kreisen der Verbraucher ein größeres Ansehen und wird deshalb teurer bezahlt als Schaumwein aus Luxemburg, mag er auch aus französischem Rohwein hergestellt sein RGer. 7. Mai 96 (Straff. XXVIII 353). — Die Strafverfolgung tritt im Falle des § 16, anders wie bei § 14 Abs. 2, § 15, von Amtswegen ein; ein Strafantrag ist nicht vorgeschrieben. — Beseitigung der widerrechtlichen Kennzeichnung § 19.

[67]) Die gleiche Bestimmung enthält G. zur Bekämpfung des unlauteren Wettbewerbs (Abschn. IV Nr. 3) § 1 Abs. 3. Über ihren Grund und ihre Tragweite IV Nr. 3 Anm. 11. Anwendung im Tabakhandel: Im Verkehr mit Tabak ist von alters her der Gebrauch eingebürgert, Erzeugnisse, welche in der Form, in der Packung, in der Beschaffenheit, in der Herstellungsweise gewisse Eigentümlichkeiten aufweisen, mit dem Namen desjenigen Ortes oder Landes zu kennzeichnen, dessen Produkte zuerst jene Eigentümlichkeiten zeigten und hierdurch im Verkehr bekannt geworden sind. Die Bezeichnung „Pariser" soll nicht darauf hindeuten, daß der Schnupftabak in Paris hergestellt sei, sie ist der Name einer gewissen Sorte, die ursprünglich durch eine charakteristische Packungsform nach außen kenntlich war. In gleicher Weise haben für die Zigarrenfabrikation Bezeichnungen wie „Havanna", „Amsterdam" und andere, spanischen, niederländischen und amerikanischen Orten entlehnte Namen ihre geographische Bedeutung längst verloren Begr. S. 18. — Weinhandel. Der Ausdruck Bordeaux ist auf die Eigenschaft der Stadt Bordeaux als Hauptstapelplatz für die Ausfuhr französischer oder wenigstens in Frankreich durch Verschneiden hergestellter Rotweine zurückzuleiten; unter Médoc, St. Julien, und dergl. versteht man bei uns in den breiten Schichten der Bevölkerung Rotweine einer gewissen Beschaffenheit und Preislage. Ebenso ist es mit Bezeichnungen wie Madeira, Malaga, Porto und andere für die sogenannten

§. 17. Ausländische Waaren, welche mit einer deutschen Firma und Ortsbezeichnung, oder mit einem in die Zeichenrolle eingetragenen Waarenzeichen widerrechtlich versehen sind[68]), unterliegen bei ihrem Eingang nach Deutschland zur Einfuhr oder Durchfuhr auf Antrag des Verletzten[69]) und gegen Sicherheitsleistung[70]) der Beschlagnahme und Einziehung. Die Beschlagnahme erfolgt durch die Zoll- und Steuerbehörden, die Festsetzung der Einziehung durch Strafbescheid der Verwaltungsbehörden (§. 459 der Strafprozeßordnung)[71]).

---

Dessertweine. Die deutschen Weine kamen ursprünglich ausschließlich unter dem Namen größerer Produktionsgebiete als rheinische, fränkische, elsässische usw. Weine in den Handel. Diese Bezeichnungsart hatte den Übelstand, daß sie Erzeugnisse von sehr verschiedener Beschaffenheit umfaßte; sie wurde daher allmählich durch die Unterscheidung nach Gemarkungen ersetzt. Bei der großen Zahl derselben konnte es jedoch nicht gelingen, die Namen aller Produktionsorte dem Verkehr geläufig zu machen; man beschränkte sich auf einzelne Namen, welche meist solchen Orten entlehnt wurden, an denen größere Weinmärkte stattzufinden pflegten. Das Bedürfnis fester Qualitätsbezeichnungen einerseits und die Ungleichmäßigkeit in der Beschaffenheit der einzelnen Jahrgänge innerhalb derselben Gemarkung anderseits führten allmählich dahin, bei der Wahl der Bezeichnung den Schwerpunkt weniger auf den Ort der Erzeugung als auf den Charakter des Erzeugnisses zu legen; dieser Gebrauch in Verbindung mit der Gepflogenheit des Verschneidens verschiedener Sorten ermöglichte es, demselben Abnehmer dauernd Wein von gleicher Beschaffenheit unter gleichem Namen zuzuführen. Dementsprechend wird im Sprachgebrauche des großen Verkehrs unter Rüdesheimer, Niersteiner, Trabener und dergl. nicht schlechthin ein Wein verstanden, welcher in der bestimmten Gemarkung gewachsen ist; vielmehr deutet die Bezeichnung auf eine Sorte von gewisser Beschaffenheit und Preislage Begr. S. 18. Die Bezeichnung von Kunstwein oder des Verschnittes von Kunst- und Naturwein mit dem Orts- und Lagenamen von Naturwein findet in Abs. 2 keine Rechtfertigung, sondern ist, sofern dadurch ein Irrtum über Beschaffenheit und Wert des Erzeugnisses erregt werden soll, nach Abs. 1 strafbar KB. S. 7. Wegen Schaumwein Anm. 65.

[68]) § 17 enthält keine Strafbestimmung. Er richtet sich überhaupt nicht gegen eine Person, sondern gegen widerrechtlich gekennzeichnete Waren. Zum Tatbestande gehören keine subjektiven Merkmale, weder Vorsatz noch grobe Fahrlässigkeit des Täters. Erforderlich ist allein die objektiv rechtswidrige Bezeichnung der Ware und zwar entweder mit einer deutschen Firma und Ortsbezeichnung — Firma oder Ortsbezeichnung allein genügt nicht — oder mit einem in die Zeichenrolle eingetragenen Zeichen.

[69]) Der Antrag, der keinen Strafantrag im Sinne des StGB. darstellt, ist an eine Frist nicht gebunden. Ob ihm stattzugeben ist, hängt von dem Ergebnisse der Prüfung der Zoll- und Steuerbehörde ab. Diese Prüfung kann wegen der durch die Natur der Sache belegten Eile nur eine summarische sein KB. S. 8.

[70]) Sicherheitsleistung CPO. § 108 bis 113.

[71]) StPO. § 459 bestimmt:

Strafbescheide der Verwaltungsbehörden wegen Zuwiderhandlungen gegen die Vorschriften über die Erhebung öffentlicher Abgaben und Gefälle dürfen nur Geldstrafen, sowie eine etwa verwirkte Einziehung festsetzen.

Der Strafbescheid muß außerdem die strafbare Handlung, das angewendete Strafgesetz und die Beweismittel bezeichnen, auch die Eröffnung enthalten, daß der Beschuldigte, sofern er nicht eine nach den Gesetzen zu-

§. 18. Statt jeder aus diesem Gesetze entspringenden Entschädigung kann auf Verlangen des Beschädigten neben der Strafe auf eine an ihn zu erlegende Buße[72]) bis zum Betrage von zehntausend Mark erkannt werden. Für diese Buße haften die zu derselben Verurtheilten als Gesammtschuldner[73]).

Eine erkannte Buße schließt die Geltendmachung eines weiteren Entschädigungsanspruchs aus[74]).

§. 19. Erfolgt eine Verurtheilung auf Grund der §§. 14 bis 16, 18, so ist bezüglich der im Besitz des Verurtheilten befindlichen Gegenstände auf Beseitigung der widerrechtlichen Kennzeichnung, oder, wenn die Beseitigung in anderer Weise nicht möglich ist, auf Vernichtung der damit versehenen Gegenstände zu erkennen[75]).

Erfolgt die Verurtheilung im Strafverfahren, so ist in den Fällen der §§. 14 und 15 dem Verletzten die Befugniß zuzusprechen, die Verurtheilung auf Kosten des Verurtheilten öffentlich bekannt zu machen. Die Art der Bekanntmachung sowie die Frist zu derselben ist in dem Urtheil zu bestimmen[76]).

---

gelassene Beschwerde an die höhere Verwaltungsbehörde ergreife, gegen den Strafbescheid binnen einer Woche nach der Bekanntmachung bei der Verwaltungsbehörde, welche denselben erlassen, oder bei derjenigen, welche ihn bekannt gemacht hat, auf gerichtliche Entscheidung antragen könne.

Der Strafbescheid wirkt inbetreff der Unterbrechung der Verjährung wie eine richterliche Handlung.

[72]) Buße Abschn. IV Nr. 3 Anm. 42. Dem Wesen der Buße als einer Entschädigung entsprechend setzt ihre Zuerkennung das Vorhandensein eines durch die Straftat verursachten Schadens voraus, der durch sie abgegolten werden soll und auch für ihre Höhe bestimmend ist RGer. 12. Dez. 99 (Straff. XXXIII 13).

[73]) Gesamtschuldner BGB. § 421 bis 426. Voraussetzung dieser Haftung ist, daß es sich um ein und dieselbe Verletzung und um die wegen dieser nämlichen Verletzung gegen die Teilnehmer auszusprechende Buße handelt. Wenn dem Nebenkläger aus verschiedenen, von einander unabhängigen Vergehen der einzelnen Angeklagten Bußen zuerkannt werden, so darf auf eine Gesamtbuße unter Solidarhaft der verschiedenen Täter nicht erkannt werden RGer. 12. Dez. 99 (Anm. 72).

[74]) Nur die erkannte Buße schließt einen weiteren Entschädigungsanspruch aus. Kommt es im strafgerichtlichen Verfahren nicht zur Zuerkennung einer Buße, so ist eine zivilrechtliche Schadensersatzklage nicht gehindert Abschn. IV Nr. 3 Anm. 43.

[75]) Hinsichtlich der § 14 und 15 ist es belanglos, ob die Verurteilung im Strafverfahren oder im Zivilprozeß erfolgt.

[76]) Die öffentliche Bekanntmachung der Verurteilung verschärft das durch die Hauptstrafe verhängte Leiden, indem sie eine Beschämung des Schuldigen im Kreise seiner Bekannten herbeiführt. Sie hat die Eigenschaft einer Strafe. Die Folge hiervon ist, daß der Angeklagte in den Fällen der § 14 und 15, in denen bei Verurteilung auf diese Nebenstrafe erkannt werden muß, vom Erscheinen in der Hauptverhandlung nicht entbunden werden kann, weil nach StPO. § 232 die Voraussetzung der Entbindung ist, daß nach dem Ermessen des Gerichts voraussichtlich keine andere Strafe als Freiheitsstrafe bis zu sechs Wochen oder Geldstrafe oder Einziehung, allein oder in Verbindung mit einander, zu erwarten steht, diese Voraussetzung hier aber nicht zutrifft, eben weil bei Verurteilung aus § 14 oder 15 dem Verletzten die Veröffentlichungsbefugnis zugesprochen werden muß RGer. 5. Dezember 01 (Straff. XXXV 17).

§. 20. Die Anwendung der Bestimmungen dieses Gesetzes wird durch Abweichungen nicht ausgeschlossen, mit denen fremde Namen, Firmen, Zeichen, Wappen und sonstige Kennzeichnungen von Waaren wiedergegeben werden, sofern ungeachtet dieser Abweichungen die Gefahr einer Verwechselung im Verkehr vorliegt[77]).

§. 21. In bürgerlichen Rechtsstreitigkeiten, in welchen durch Klage oder Widerklage ein Anspruch auf Grund dieses Gesetzes geltend gemacht ist, wird die Verhandlung und Entscheidung letzter Instanz im Sinne des §. 8 des Einführungsgesetzes zum Gerichtsverfassungsgesetze dem Reichsgericht zugewiesen[78]).

---

[77]) Der § 20 stellt den Grundsatz auf, daß der den Warenbezeichnungen gewährte Schutz nicht nur gegen Nachahmungen sichert, die mit der geschützten Warenbezeichnung völlig und in allen Einzelheiten übereinstimmen, sondern gegen alle objektiv zur Verwechselung im Verkehr geeigneten Nachbildungen, auch wenn die Nachbildung von der geschützten Warenbezeichnung mehr oder weniger in Einzelheiten abweicht. Dieser Grundsatz hat Geltung für den Schutz von Namen und Firmen (§ 14), von Ausstattungen (§ 15) von Wappen und Herkunftsbezeichnungen (§ 16) und von Warenzeichen (§ 4 Abs. 2, § 5, 6, 9, 12, 14), ferner bei Anwendung des § 17. Auch bei Prüfung der Frage, ob ein Freizeichen oder die sonstigen Hinderungsgründe der Eintragung vorliegen (§ 4 Abs. 1) ist der dem § 20 zu Grunde liegende Grundsatz zu berücksichtigen, wenn er sich auch nach seinem Wortlaute auf diese Fälle nicht unmittelbar bezieht. — Auch die teilweise Anwendung eines Warenzeichens oder die Anwendung eines eingetragenen Zeichens mit Zusätzen kann die Ähnlichkeit und die Gefahr einer Verwechselung mit sich bringen. — Verwechselungsgefahr ist anzunehmen, wenn der Käufer einer Ware und insbesondere der weniger Gebildete, dem nicht beide Zeichen neben einander vorlagen, der sich nur des von ihm gesuchten Zeichens erinnert, durch das andere Zeichen getäuscht werden kann KB. S. 8. — Für die Frage, ob Verwechselungsgefahr vorliegt, ist das eingetragene Zeichen in der Erscheinung, in der es eingetragen ist, zur Vergleichung zu ziehen. Wenn die Möglichkeit der Verwechselung nur dadurch hervorgerufen wird, daß das auf schwarzem Grunde eingetragene Zeichen vom Inhaber in einer farbigen Ausführung benutzt wird, so kann der Schutz des G. nicht beansprucht werden RGer. 7. Feb. 99 (XLIII 93). — Gesichtspunkte für die Prüfung der Verwechselungsgefahr gegenüber gemischten Warenzeichen enthält U. des RGer. 28. Nov. 02 (N. F. III 92). — Bei Wortzeichen ist es nicht erforderlich, daß die Verwechselungsgefahr durch die Ähnlichkeit des Klanges gegeben ist. Auch ohne daß die zur Vergleichung stehenden Worte ähnlich klingen, kann die Gefahr der Verwechselung aus ihrer sprachbegrifflichen Bedeutung hergeleitet werden. Sie ist z. B. vorhanden bei den Bezeichnungen Negergarn und Mohrengarn, weil bei beiden Ausdrücken das charakteristische, im Verkehr dem Gedächtnisse sich einprägende in dem Hinweise auf einen Angehörigen der schwarzen Menschenrasse liegt RGer. 9. Juli 01 (Strafs. XXXIV 313).

[78]) Die Bedeutung dieser Bestimmung besteht darin, daß die zur Zuständigkeit des RGer. gehörenden Revisionen und Beschwerden in bürgerlichen Rechtsstreitigkeiten, die ihre Grundlage in diesem G. haben, auch dann vom Reichsgericht zu entscheiden sind, wenn ein Bundesstaat von der Ermächtigung, die Zuständigkeit des RGer. in bürgerlichen Rechtsstreitigkeiten durch ein oberstes Landesgericht zu ersetzen (EG. zum GVG. § 8), Gebrauch gemacht hat. Danach gehen auch in Bayern, das allein von dieser Ermächtigung Gebrauch gemacht hat, Revisionen und Beschwerden gegen die Entscheidungen der dortigen Oberlandesgerichte in Warenbezeichnungssachen an das RGer. Die gleiche Bestimmung ist u. a. getroffen durch G. zur Bekämpfung des unlauteren

§. 22. Wenn deutsche Waaren im Auslande bei der Einfuhr oder Durchfuhr der Verpflichtung unterliegen, eine Bezeichnung zu tragen, welche ihre deutsche Herkunft erkennen läßt, oder wenn dieselben bei der Zollabfertigung in Beziehung auf die Waarenbezeichnungen ungünstiger als die Waaren anderer Länder behandelt werden, so ist der Bundesrath ermächtigt, den fremden Waaren bei ihrem Eingang nach Deutschland zur Einfuhr oder Durchfuhr eine entsprechende Auflage zu machen, und anzuordnen, daß für den Fall der Zuwiderhandlung die Beschlagnahme und Einziehung der Waaren erfolge[79]). Die Beschlagnahme erfolgt durch die Zoll- und Steuerbehörden, die Festsetzung der Einziehung durch Strafbescheid der Verwaltungsbehörden (§. 459 der Strafprozeßordnung)[71]).

§. 23. Wer[80]) im Inlande eine Niederlassung[81]) nicht besitzt, hat auf den Schutz dieses Gesetzes nur Anspruch, wenn in dem Staate, in welchem seine Niederlassung sich befindet, nach einer im Reichs-Gesetzblatt enthaltenen Bekanntmachung deutsche Waarenbezeichnungen in gleichem Umfange wie inländische Waarenbezeichnungen zum gesetzlichen Schutz zugelassen werden[82]).

---

Wettbewerbs (IV Nr. 3) § 15, PatG, (V Nr. 2) § 38, GebrauchsmusterG. (V Nr. 3) § 12. Zu vergleichen V Nr. 2 Anm. 110.

[79]) Von dieser Ermächtigung ist bisher kein Gebrauch gemacht worden. — Über den mit der Bestimmung verfolgten Zweck Begr. S. 19.

[80]) § 23 bestimmt die Voraussetzungen, unter denen der Schutz der Warenbezeichnungen Personen, die im Inlande keine Niederlassung haben Anm. 81, gewährt wird. Unbedingt und zwar für alle Arten des im G. begründeten Schutzes ist Gewährung der Gegenseitigkeit im Staate der Niederlassung erforderlich Abs. 1 (Anm. 82). Abs. 2 und 3 beziehen sich lediglich auf Warenzeichen; durch Abs. 2 ist der Vertreterzwang begründet, Abs. 3 bezeichnet die Anforderungen, denen ein ausländisches Warenzeichen genügen muß, um in die deutsche Zeichenrolle eintragbar zu sein.

[81]) Entscheidend ist die Niederlassung, nicht die Staatsangehörigkeit. Eine Zweigniederlassung mit selbständiger Existenz, von der aus Waren versandt werden und in der selbständige Geschäfte zum Abschluß kommen, genügt RGer. 1. April 98 (XLI 66), 30. Okt. 02 (Straff. XXXV 415). Der Namenschutz, der allgemein und nicht nur Produzenten und Handeltreibenden gewährt wird (Anm. 55), ist auch für das Ausland nicht an das Bestehen einer gewerblichen Niederlassung geknüpft. Es genügt vielmehr der Wohnsitz in dem ausländischen Staate, mit dem die Gegenseitigkeit verbürgt ist RGer. 11. Febr. 98 (Straff. XXXI 30).

[82]) Die Bek. ist für alle beteiligten Behörden maßgebend. Eine Nachprüfung, ob tatsächlich Gegenseitigkeit gewährt wird, steht den Gerichten ebensowenig wie dem PatA. zu RGer. 4. Juni 01 (Straff. XXXIV 275). Nach Bek. des RKz. 22. Sept. 94 (RGB. 521) wird die Gegenseitigkeit in folgenden Staaten gewährt: Belgien, Brasilien, Bulgarien, Dänemark, Frankreich, Griechenland, Großbritannien, Italien, Luxemburg, den Niederlanden, Österreich-Ungarn, Rumänien, Rußland, Schweden und Norwegen, der Schweiz, Serbien, Venezuela und den Vereinigten Staaten von Amerika; ferner in Mexiko Bek. 16. Mai 99 (RGB. 284), Guatemala Bek. 17. Aug. 99 (RGB. 543) und Costa Rica Bek. 1. Okt. 01 (RGB. 375). Durch den Beitritt zum internationalen Verbande zum Schutze des gewerblichen Eigentums Bek. 9. April 03 (Nr. 6 des Abschn.) ist Deutschland ferner gegenüber den Verbandsstaaten verpflichtet, Fabrikmarken und Handelsnamen in dem im Vertrage zu Paris 83 und in der Zusatzakte von Brüssel 00 begrenzten Umfange zu

Der Anspruch auf Schutz eines Waarenzeichens und das durch die Eintragung begründete Recht können nur durch einen im Inlande bestellten Vertreter geltend gemacht werden. Der letztere ist zur Vertretung in dem nach Maßgabe dieses Gesetzes vor dem Patentamt stattfindenden Verfahren, sowie in den das Zeichen betreffenden bürgerlichen Rechtsstreitigkeiten und zur Stellung von Strafanträgen befugt. Für die das Zeichen betreffenden Klagen gegen den eingetragenen Inhaber ist das Gericht zuständig, in dessen Bezirk der Vertreter seinen Wohnsitz hat, in dessen Ermangelung das Gericht, in dessen Bezirk das Patentamt seinen Sitz hat[83]).

Wer ein ausländisches Waarenzeichen zur Anmeldung bringt, hat damit den Nachweis zu verbinden, daß er in dem Staate, in welchem seine Niederlassung sich befindet, für dieses Zeichen den Markenschutz nachgesucht und erhalten hat. Die Eintragung ist, soweit nicht Staatsverträge ein Anderes

---

schützen. Da ferner der Schutz der Warenausstattungen (§ 15 des G.) und der Herkunftsbezeichnungen und Wappen (§ 16) zum Zweck der Bekämpfung des unlauteren Wettbewerbs erfolgt Anm. 61, 63, 64, und nach der Brüsseler Zusatzakte Art. VI die unter der internationalen Übereinkunft stehenden Personen in allen Verbandsstaaten den den Staatsangehörigen gegen den unlauteren Wettbewerb zugesicherten Schutz genießen, so sind auch die § 15 und 16 des G. zu Gunsten der dem internationalen Verbande angehörenden Staaten anzuwenden. — Besondere vertragsmäßige Abmachungen über Warenbezeichnungsschutz bestehen mit Österreich-Ungarn (Nr. 6 Anl. A Art. 6—9), Italien (Nr. 6 Anl. B a Art. 7), der Schweiz (Nr. 6 Anl. C a Art. 5), Serbien (Nr. 6 Anl. D Art. 3, 6, 7). — Voraussetzung für die Geltendmachung eines auf das G. sich gründenden Anspruchs durch einen Ausländer ist, daß er für die Warenbezeichnung, deren Schutz er in Deutschland wünscht, im Heimatstaate einen Anspruch auf Schutz besitzt. Der inländische Schutz ist akzessorischer Natur nicht nur hinsichtlich der Warenzeichen, für die dies im Abs. 3 mit aller Bestimmtheit ausgesprochen ist, sondern auch für die Erlangung des inländischen Schutzes für Namen, Firmen und Ausstattungen (§ 14, 15). Der Anspruch eines Ausländers auf Schutz in dem ihm vertragsmäßig eingeräumten Rechte der ausschließlichen Benutzung des Namens eines andern zur Kennzeichung seiner Waren ist nicht zu berücksichtigen, wenn ihm dieser Anspruch in dem Staate seiner Niederlassung aus dem Grunde versagt ist, daß die streitige Namensbenutzung Gemeingut geworden ist RGer. 31. Mai 00 (XLVI 125)

[83]) Eine gleichartige Bestimmung findet sich im PatG. (Nr. 2) § 12 und im GebrauchsmusterG. (Nr. 3) § 13. Es kann deshalb auf die Ausführungen zu diesen Vorschriften, insbesondere Nr. 2 des Abschn. Anm. 44 verwiesen werden. Der Vertreterzwang besteht nur für die Geltendmachung des Anspruchs auf Schutz eines Warenzeichens, nicht der übrigen geschützten Warenbezeichnungen (Namen, Firma, Ausstattung, Wappen, Ortsbezeichnung) RGer. 11. Feb. 98 (Straff. XXXI 30), 30. Okt. 02 (Straff. XXXV 415). Die Vertretungsvollmacht, die dritten gegenüber nicht beschränkt werden kann, erstreckt sich

a) auf dem Verkehr mit dem PatA.;

b) auf die Stellung von Strafanträgen § 14 Abs. 2, worin auch die Befugnis zur Geltendmachung einer Buße (§ 18) liegt;

c) auf alle, — nicht nur auf die auf diesem G. beruhenden — das Zeichen betreffenden bürgerlichen Rechtsstreitigkeiten.

Dagegen ist der Vertreter ohne besondere Vollmacht nicht zuständig, Anträge auf Beschlagnahme und Einziehung ausländischer, das Zeichenrecht verletzender Waren (§ 17) zu stellen. — Der Vertreter ist in die Zeichenrolle einzutragen § 3³.

bestimmen, nur dann zulässig, wenn das Zeichen den Anforderungen dieses Gesetzes entspricht[84]).

§. 24. Auf die in Gemässheit des Gesetzes über Markenschutz vom 30. November 1874 in die Zeichenregister eingetragenen Waarenzeichen finden bis zum 1. Oktober 1898 die Bestimmungen jenes Gesetzes noch ferner Anwendung. Die Zeichen können bis zum 1. Oktober 1898 jederzeit zur Eintragung in die Zeichenrolle nach Massgabe des gegenwärtigen Gesetzes angemeldet werden und unterliegen alsdann dessen Bestimmungen. Die Eintragung darf nicht versagt werden hinsichtlich derjenigen Zeichen, welche auf Grund eines älteren landesgesetzlichen Schutzes in die Zeichenregister eingetragen worden sind. Die Eintragung geschieht unentgeltlich und unter dem Zeitpunkte der ersten Anmeldung. Ueber den Inhalt der ersten Eintragung ist ein Zeugniss der bisherigen Registerbehörde beizubringen.

Mit der Eintragung in die Zeichenrolle oder, sofern eine solche nicht erfolgt ist, mit dem 1. Oktober 1898 erlischt der den Waarenzeichen bis dahin gewährte Schutz[85]).

---

[84]) Für die Eintragung eines ausländischen Zeichens sind zwei Voraussetzungen erforderlich: a) Der Inhaber muß für das Zeichen in dem Staate, in dem sich seine Niederlassung befindet, den Markenschutz erhalten haben. Es genügt nicht, daß er dort durch das gemeine Recht (in England durch das Common Law) geschützt sei, sondern er muß nachweisen, daß er den besondern markenrechtlichen Schutz erhalten habe KB. S. 9. Ob diese Voraussetzung vorliegt, ist zunächst vom PatA. im Anmeldeverfahren zu prüfen. Für eine spätere richterliche Entscheidung ist jedoch die Tatsache der Eintragung des ausländischen Zeichens in die Zeichenrolle des PatA. nicht unbedingt maßgebend, sondern es ist von den Gerichten von Amts wegen zu prüfen, ob der Inhaber des ausländischen Warenzeichens im Staate seiner Niederlassung für dieses Warenzeichen den Markenschutz nachgesucht und erhalten hat RGer. 19. Juni 02 (Straff. XXXV 321); b) das Zeichen muß den Anforderungen dieses G. entsprechen. Dieser Grundsatz hat durch die vertragsmäßigen Abmachungen Einschränkungen erfahren. Nach dem Schlußprotokoll Ziff. 4 zur Pariser Übereinkunft (Nr. 6 des Abschn.) darf eine in einem Vertragsstaate vorschriftsmäßig hinterlegte Fabrik- oder Handelsmarke von der Eintragung in einem andern Vertragsstaate nicht lediglich deshalb zurückgewiesen werden, weil sie hinsichtlich der Zeichen, aus denen sie besteht, den Anforderungen der Gesetzgebung dieses Staats nicht entspricht Nr. 6 Anm. 10, 11. Eine ähnliche Bestimmung besteht in dem Übereinkommen mit Österreich-Ungarn Nr. 6 Anl. A Art. 6 und mit Serbien Nr. 6 Anl. D Art. 6. — Die Abhängigkeit des in die deutsche Zeichenrolle eingetragenen ausländischen Zeichens von dem Besitze eines Zeichenschutzes im Heimatsstaat (a) ist nicht ausnahmslos durchgeführt. Ist das Zeichenrecht in Deutschland einmal erworben, so besteht es fort, auch wenn der Schutz im im Heimatsstaate erloschen ist Begr. S. 19.

[85]) Der § 24 enthält eine Übergangsvorschrift für die Überschreibung von Warenzeichen aus den Zeichenregistern der Gerichte in die Zeichenrolle des PatA. Mit dem 1. Okt. 98, dem äußersten Zeitpunkte für die Anmeldung der Übertragung, hat sie ihr Ende erreicht. — Bedeutung der Übertragung. Die Eintragung eines aus dem früheren Zeichenregister rechtzeitig übertragenen Warenzeichens in die Zeichenrolle hat dieselbe Wirkung, wie die Eintragung eines auf Grund einer neuen Anmeldung eingetragenen Zeichens, nur mit dem Unterschiede, daß ihm die durch die Eintragung in das Zeichenregister erlangte

§. 25. Die zur Ausführung dieses Gesetzes erforderlichen Bestimmungen über die Einrichtung und den Geschäftsgang des Patentamts, sowie über das Verfahren vor demselben werden durch Kaiserliche Verordnung unter Zustimmung des Bundesraths getroffen[9]).

§. 26. Dieses Gesetz tritt mit dem 1. Oktober 1894 in Kraft.

Von dem gleichen Zeitpunkte ab werden Anmeldurgen von Waarenzeichen auf Grund des Gesetzes über Markenschutz vom 30. November 1874 nicht mehr angenommen.

---

## Anlagen zum G. zum Schutze der Warenbezeichnungen.

### Anlage A (zu Anmerkung 9).

**Verordnung zur Ausführung des Gesetzes zum Schutz der Warenbezeichnungen vom 12. Mai 1894 (Reichs-Gesetzbl. S. 441) und des Gesetzes, betreffend den Schutz von Gebrauchsmustern, vom 1. Juni 1891 (Reichs-Gesetzbl. S. 290). Vom 30. Juni 1894** (RGB. 493).

Wir u. s. w. verordnen auf Grund der Bestimmung im § 25 des Gesetzes zum Schutz der Waarenbezeichnungen vom 12. Mai 1894 (Reichs-Gesetzbl. S. 441) und auf Grund der Bestimmung im § 14 des Gesetzes, betreffend den Schutz des Gebrauchsmustern, vom 1. Juni 1891 (Reichs-Gesetzbl. S. 290) im Namen des Reichs, nach erfolgter Zustimmung des Bundesraths, was folgt:

#### I. Waarenzeichen.

§ 1. Für die auf Waarenzeichen bezüglichen Angelegenheiten wird in dem Patentamt eine besondere Abtheilung[1]) gebildet, welche die Bezeichnung:

Abtheilung für Waarenzeichen

führt.

Die Abtheilung besteht aus einem rechtskundigen Mitgliede als Vorsitzenden und aus Mitgliedern, welche rechtskundig oder in einem Zweige der Technik sachverständig sind. Die Zuweisung der Mitglieder an die Abtheilung erfolgt durch den Reichskanzler.

Im Falle der Verhinderung eines Mitgliedes kann der Präsident des Patentamts einem anderen Mitgliede der Behörde die Vertretung übertragen.

§ 2. Für Beschwerden gegen die Beschlüsse der Abtheilung für Waarenzeichen[2]), sowie für die Erstattung von Gutachten gemäß § 11 des Gesetzes vom 12. Mai 1894 ist die Beschwerdeabtheilung I des Patentamts zuständig[3]).

---

Priorität gewahrt bleibt RGer. 22. April 98 (XLII 15). Wenn die Eintragung in das Zeichenregister nach den Grundsätzen des G. über den Markenschutz 74 unwirksam war, so kann nach der Übertragung in die Zeichenrolle die frühere Unwirksamkeit für die Zeit nach der Anmeldung zur Eintragung in die Zeichenrolle nicht mehr geltend gemacht werden RGer. 10. Feb. 03 (N. F. III 431).

[1]) Über die Abteilungen des PatA. V. 11. Juli 91 (Nr. 2 des Abschn. Anl. A) § 1 und Anm. 1.

[2]) Die Fälle, in denen Beschlüsse des PatA. in Warenzeichenangelegenheiten durch Beschwerde angefochten werden können, sind in Nr. 4 des Abschn. § 10 Abs. 2 bezeichnet.

[3]) Die Erstattung von Gutachten ist auch in PatAngelegenheiten und in An-

§ 3. Die Beschlußfähigkeit der Abtheilung für Waarenzeichen ist durch die Anwesenheit von mindestens 3 Mitgliedern bedingt.

Die Beschwerdeabtheilung I entscheidet über Beschwerden gegen die Beschlüsse der Abtheilung für Waarenzeichen in der Besetzung von fünf Mitgliedern, von denen mindestens zwei rechtskundig sein müssen. Soweit es sich um die Erstattung von Gutachten handelt, genügt die Anwesenheit von 3 Mitgliedern.

Die Bestimmungen der Civilprozeßordnung über Ausschließung und Ablehnung der Gerichtspersonen finden entsprechende Anwendung[4]).

Zu den Berathungen können Sachverständige, welche nicht Mitglieder sind, zugezogen werden; dieselben dürfen an den Abstimmungen nicht theilnehmen.

§ 4. Der Berathung und Abstimmung in einer Sitzung bedarf es

a. in der Abtheilung für Waarenzeichen für die Beschlußfassung über die Versagung der Eintragung eines Waarenzeichens, sowie für Beschlüsse, welche die Uebereinstimmung von Waarenzeichen und in den Fällen des § 8 des Gesetzes vom 12. Mai 1894 die Löschung von Waarenzeichen gegen den Widerspruch des Inhabers betreffen[5]);

b. in der Beschwerdeabteilung I für die Beschlußfassung auf Beschwerden gegen Beschlüsse der Abtheilung für Waarenzeichen.

§ 5. Die Beschlüsse und Entscheidungen erfolgen im Namen des Patentamts; sie sind mit Gründen zu versehen, schriftlich auszufertigen und allen Betheiligten von Amtswegen zuzustellen[6]).

§ 6. Ueber die Eintragung eines Waarenzeichens in die Zeichenrolle erhält der Inhaber eine Bescheinigung.

§ 7. Ueber Modelle, Probestücke und sonstige Unterlagen einer Anmeldung trifft, insoweit deren Aufbewahrung nicht mehr für erforderlich erachtet wird, der Präsident des Patentamts im Einvernehmen mit der Abtheilung für Waarenzeichen Verfügung.

§ 8. Im übrigen finden auf die Einrichtung und den Geschäftsgang des Patentamts und das Verfahren vor demselben in Angelegenheiten des Schutzes der Waarenzeichen die Bestimmungen in den §§ 4, 6, 8 bis 11, 13, 14, 25 bis 30 der Kaiserlichen Verordnung vom 11. Juli 1891 (Reichs-Gesetzbl. S. 349) entsprechende Anwendung[7]).

## II. Gebrauchsmuster.

§ 9. Insoweit in Angelegenheiten des Schutzes von Gebrauchsmustern das Patentamt zur Erstattung von Gutachten ermächtigt wird, sind hierfür die Beschwerdeabtheilungen, und zwar jede innerhalb derjenigen Zweige der Technik zuständig, welche ihr hinsichtlich der Patentangelegenheiten gemäß den §§ 1 und 2 der Kaiserlichen Verordnung vom 11. Juli 1891[7]) zugewiesen sind[8]).

---

gelegenheiten des Gebrauchsmusterschutzes den Beschwerdeabteilungen übertragen V. 91 (Anm. 1) § 2 Abs. 3 und obige V. § 9. Zur Beschlußfassung ist die Anwesenheit von drei Mitgliedern erforderlich § 2 Abs. 2.

[4]) CPO. § 41—49 Verf. Nr. 2 des Abschn. Anm. 55.

[5]) Versagung der Eintragung G. 94 § 4, Übereinstimmung von Warenzeichen § 5, 6, Löschung bei Widerspruch des Zeicheninhabers § 8 Abs. 2, 3.

[6]) Die Vorschrift entspricht wortgetreu PatG. (Nr. 2) § 15.

[7]) Nr. 2 des Abschn. Anl. A.

[8]) § 9 enthält eine Ergänzung der in der V. 91 (Anm. 1) enthaltenen Ausf. Best. zum G. 1. Juni 91 (Nr. 3 des Abschn.).

## Anlage B (zu Anmerkung 12).

### Bestimmungen über die Anmeldung von Waarenzeichen. Vom 22. Nov. 98.

Auf Grund des § 2 Abs. 2 des Gesetzes zum Schutz der Waarenbezeichnungen vom 12. Mai 1894 (R. G. Bl. S. 441) werden die nachfolgenden Bestimmungen[1]) über die Erfordernisse einer Waarenzeichenanmeldung erlassen. Die Bestimmungen treten am 1. Januar 1899 in Kraft.

§ 1. Die Anmeldung eines Waarenzeichens geschieht in der Form eines schriftlichen Gesuchs, dem die sonst erforderlichen Stücke als Anlagen beizufügen sind.

Für jedes Zeichen ist eine besondere Anmeldung erforderlich.

§ 2. Das Gesuch ist in einer Ausfertigung einzureichen und muß enthalten:

a) die Angabe des Namens und des Wohnorts oder der Hauptniederlassung des Anmelders;
b) die Angabe des Geschäftsbetriebes, in dem das Zeichen verwendet werden soll;
c) den Antrag, daß das Waarenzeichen in die Zeichenrolle eingetragen werde;
d) die Erklärung, daß die gesetzliche Gebühr von 30 Mark an die Kasse des Kaiserlichen Patentamts gezahlt worden sei oder gleichzeitig mit der Anmeldung gezahlt werde;
e) die Aufführung der Anlagen unter Angabe ihrer Nummer und ihres Inhalts;
f) falls der Anmelder einen Vertreter bestellt hat, die Angabe der Person, der Berufsstellung und des Wohnorts des Vertreters; als Anlage ist eine Vollmacht beizufügen;
g) die Unterschrift des Anmelders oder seines Vertreters.

§ 3. Dem Gesuch ist eine Darstellung des Zeichens in zwölf Ausführungen beizufügen. Zwei davon sind derart auf zwei mit Heftrand versehenen halben Bogen anzubringen, daß jeder der beiden halben Bogen nur eine Ausführung aufweist.

Die Ausführungen müssen sauber und dauerhaft sein und die wesentlichen Bestandtheile des Zeichens deutlich erkennen lassen. Wird die Darstellung im Laufe des Verfahrens verändert, so sind vor der Eintragung neue Ausführungen einzureichen, oder es ist zu erklären, daß der Abdruck des Druckstocks als Darstellung gelten soll.

Die Größe der Darstellung darf 33 cm in der Höhe und 25 cm in der Breite nicht übersteigen. Größere Darstellungen, wie Plakate und dergl., werden als Probestücke behandelt. In diesem Falle sind entweder Ausführungen in kleinerem Maßstabe nachzureichen, oder es ist zu erklären, daß der Abdruck des Druckstocks als Darstellung gelten soll.

Die Darstellung darf nur einseitig bedruckt sein.

Bei Zeichen, die ausschließlich in Wörtern bestehen, kann die Beifügung der Darstellung durch Aufnahme des Wortes in das Gesuch und die Erklärung ersetzt werden, daß der Abdruck des Druckstocks als Darstellung gelten soll.

§ 4. Dem Gesuch ist ein Verzeichniß der Waaren, für die das Zeichen bestimmt ist, in zwei Ausfertigungen beizufügen. Ist das Verzeichniß von geringem Umfang, so kann es in das Gesuch aufgenommen werden.

Das Waarenverzeichniß darf nur die in den betheiligten Verkehrskreisen gebräuchlichen Waarennamen aufführen.

§ 5. Eine Beschreibung des Zeichens ist, wenn der Anmelder sie für erforderlich hält, oder wenn das Patentamt sie erfordert, dem Gesuch in zwei Ausfertigungen beizufügen.

§ 6. Unter der gleichen Voraussetzung sind Modelle und Probestücke der mit dem Zeichen versehenen Waare, sowie Nachbildungen des Zeichens in der Form, wie

[1]) Zur Erläuterung der Bestimmungen erging die Bek. des PatA. 22. Nov. 98 Unteranlage B 1.

es im Verkehr verwendet wird, und zwar in einer Ausführung, vorzulegen. Gegenstände, die leicht beschädigt werden können, sind in festen Hüllen einzureichen. Gegenstände von kleinerem Umfange sind auf steifem Papier zu befestigen.

§ 7. Zugleich mit der Anmeldung oder auf spätere Aufforderung ist ein für die Vervielfältigung des Zeichens bestimmter Druckstock einzureichen, der das Zeichen in allen wesentlichen Theilen, einschließlich der Inschriften, deutlich und sauber wiedergiebt. Auch bei Zeichen, die ausschließlich in Wörtern bestehen, ist ein Druckstock erforderlich.

Der Druckstock muß ein Holzschnitt, eine Zinkätzung oder ein Galvano sein und eine Schrifthöhe von 2,4 cm haben.

Seine Größe darf 6,5 cm in Höhe und Breite nicht übersteigen. In Ausnahmefällen kann, falls die Deutlichkeit es nach dem Ermessen des Patentamts erfordert, eine größere Ausführung zugelassen werden.

Der Druckstock muß in allen Fällen aus einem Stück bestehen.

Soll ein Zeichen mehrfach eingetragen werden, so ist für jede Eintragung ein besonderer Druckstock einzureichen.

Auf Antrag kann die Anfertigung des Druckstocks oder die Nachbildung eines schon vorhandenen Druckstocks auf Kosten des Anmelders durch das Patentamt veranlaßt werden.

Ein mittels des Druckstocks gefertigter Abdruck des Zeichens ist in zwei Ausführungen beizufügen.

§ 8. Die Anlagen des Gesuchs, insbesondere auch Modelle, Probestücke, Nachbildungen und der Druckstock, müssen mit einer ihre Zugehörigkeit zur Anmeldung kennzeichnenden Aufschrift versehen sein.

Schriftstücke, die zur Mittheilung an andere Personen bestimmt sind, sind in der dazu erforderlichen Zahl von Ausfertigungen einzureichen.

Zu allen Schriftstücken ist dauerhaftes, nicht durchscheinendes weißes Papier, zu Schriftstücken, die Anträge enthalten oder die Anmeldung selbst betreffen, Papier in der Seitengröße von 33 cm zu 21 cm zu verwenden.

Alle Schriftstücke müssen leicht lesbar sein. Die Schriftzüge müssen in dunkler Farbe ausgeführt sein. Schriftstücke, die mittels der Schreibmaschine hergestellt sind, müssen deutliche Druckzeichen und zwischen den einzelnen Buchstaben, Worten und Zeilen einen angemessenen Zwischenraum aufweisen.

Auf den später eingereichten Anmeldestücken ist der Name des Anmelders und das Aktenzeichen anzugeben.

**Kaiserliches Patentamt.**

---

## Unteranlage B 1 (zu Anlage B Anmerkung 1).

### Bekanntmachung. Vom 22. November 98.

Durch Bekanntmachung vom heutigen Tage hat das Kaiserliche Patentamt auf Grund des § 2 des Gesetzes zum Schutz der Waarenbezeichnungen vom 12. Mai 1894 neue Bestimmungen über die Anmeldung von Waarenzeichen erlassen. Im Anschluß an diese Bestimmungen werden die nachstehenden Erläuterungen bekannt gegeben, die den Betheiligten einen weiteren Anhalt für die Anfertigung und Einreichung einer Waarenzeichenanmeldung darbieten sollen.

1. Gebühr.

Die Anmeldegebühr ist zweckmäßig entweder unmittelbar bei der Kasse des Kaiserlichen Patentamts (Berlin N.W. 6, Luisenstraße 32/34) einzuzahlen oder unter genauer Angabe der Anmeldung, für die das Geld bestimmt ist, durch Postanweisung zu übersenden.

Die Beifügung baaren Geldes als Anlage der Anmeldung ist nicht erwünscht. Wird das Geld gleichwohl beigefügt, so ist darüber in dem Gesuch ein deutlicher Vermerk in Rothschrift zu machen. Enthält eine Sendung das Geld für mehrere Anmeldungen, so ist ein besonderes Verzeichniß über die Zugehörigkeit des Geldes beizufügen.

## 2. Gesuch.

a) Falls der Anmelder die Rechte aus einer früheren Anmeldung in einem Staate, mit dem das Deutsche Reich einen entsprechenden Vertrag geschlossen hat, geltend machen will, soll dieser Anspruch gleichfalls in das Gesuch aufgenommen werden.

b) Zur Angabe der Person des Anmelders gehört, daß jeder Zweifel darüber ausgeschlossen wird, ob die Eintragung des Waarenzeichens von Einzelpersonen oder von einer Gesellschaft, ob von einem Manne oder von einer Frau, ob auf den bürgerlichen Namen oder auf die kaufmännische Firma nachgesucht wird. Bei Einzelpersonen ist der Rufname, bei Frauen außerdem der Familienstand und der Geburtsname anzugeben.

Die Angabe des Wohnortes muß bei größeren Städten auch Straße und Hausnummer, bei kleineren Orten und bei Orten, deren Name mehrfach vorkommt, sowie in der Regel bei ausländischen Orten den Staat und Bezirk enthalten. Dies gilt auch für den Fall, daß der Anmelder einen Vertreter bestellt hat.

c) Für den Fall der Vertretung ist zu beachten, daß nach § 8 der Kaiserlichen Verordnung vom 30. Juni 1894 die Vollmacht auf prozeßfähige, mit ihrem bürgerlichen Namen bezeichnete Personen, nicht auf eine Firma auszustellen ist.

Eine Beglaubigung der Unterschrift des Anmelders unter der Vollmacht ist nur auf besonderes Erfordern des Patentamts beizubringen.

d) Falls mehrere Personen ohne Bestellung eines gemeinsamen Vertreters anmelden, soll diejenige Person namhaft gemacht werden, der die amtlichen Verfügungen zugesandt werden sollen.

## 3. Modelle und Probestücke.

Bei der Einreichung von Modellen und Probestücken ist zu erklären, ob sie im Falle der Entbehrlichkeit zurückgegeben werden sollen oder vernichtet werden können.

Haben Modelle oder Probestücke einen besonderen Werth, so ist in dem Anschreiben hierauf hinzuweisen. Können sie schon durch ein unvorsichtiges Auspacken leicht beschädigt oder durch die Einwirkung von Licht, Feuchtigkeit u. dergl. verdorben werden, so ist die Umhüllung mit der deutlichen Aufschrift zu versehen: „Ungeöffnet in den Geschäftsgang."

## 4. Verschiedenes.

a) In allen Schriftstücken sind entbehrliche Fremdwörter zu vermeiden.

b) Schriftsätze, die mehrere Seiten umfassen, sind mit Seitenzahlen zu versehen. In allen Schriftsätzen ist an der linken Seite ein Raum von mindestens 5 cm für amtliche Vermerke frei zu lassen.

c) In allen Eingaben, zu denen Anlagen gehören, sind die Anlagen besonders aufzuzählen.

d) Die Sendungen an das Patentamt müssen kostenfrei eingehen. Bei Geld- und Packetsendungen ist die Bestellgebühr vom Absender im Voraus zu entrichten.

e) Empfangsbescheinigungen werden in der Regel nur über Anmeldungen ertheilt, und zwar nur in einer Ausfertigung. Die Ertheilung der Bescheinigung erfolgt nur dann, wenn ein Schriftstück mit folgendem Wortlaut eingesandt wird:

„Ihre Anmeldung vom . . . . . . . . . . . . . . . .
. . . . . . . . . . . . . . . . . . . . . . . . . . . . . . . . ."

oder:

„Die Anmeldung von . . . . . . . . . . . . . . .
. . . . . . . . . . . . . . . . . . . . . . . . . . . . . . . . .
vom . . . . . . . . . . . . . . . . . . . . . . . . . . . . .
auf nachstehendes Waarenzeichen:
(Darstellung)
ist am . . . . . . . . . . . . . . . . . . . . . . . . . . . .
hier eingegangen und unter dem Aktenzeichen . . . . . . . . .
. . . . . . . . . . . . in den Geschäftsgang gegeben worden."

Wird die Empfangsbescheinigung nicht auf der Rückseite einer Postkarte vorbereitet, so ist ein mit der Adresse des Empfängers versehener Briefumschlag beizufügen.

f) Ueber Gebührenbeträge, die mit der Post eingehen, wird nur auf besonderen Antrag des Einzahlers eine Quittung ertheilt.

**Kaiserliches Patentamt.**

---

## Anlage C (zu Anmerkung 12).

### Eintheilung der Waarenklassen.

1. **Ackerbau-, Forstkultur-, Gärtnerei- und Thierzucht-Erzeugnisse**, sowie Ausbeute von Fischfang und Jagd.
2. **Arzneimittel und Verbandstoffe** für Menschen und Thiere, Drogen, Thier- und Pflanzen-Vertilgungsmittel, Konservirungsmittel, Desinfektionsmittel.
3. **Bekleidungs-Gegenstände**, außer Pelzwaaren 12 und Spitzen 30;
   a) Hüte und andere Kopfbedeckungen, sowie Putz,
   b) Schuhwaaren,
   c) Gestrickte und gewirkte Waaren,
   d) Sonstiges (Kleider, Wäsche, Korsets, Hosenträger, Schlipse und dergl.).
4. **Beleuchtungs-, Heizungs-, Koch- und Ventilationsapparate und Geräthe.**
5. **Borsten und Borstenwaaren** (Bürsten, Besen, Schrubber, Pinsel), sowie Kämme, Schwämme, Frisirgeräthe und Verwandtes.
6. **Chemische Produkte**, außer den unter 2, 8, 11, 13, 20, 34 und 36 angeführten, sowie mineralische Rohprodukte, außer den unter 37 genannten.
7. **Dichtungs- und Packungsmaterialien**, Wärmeschutz- und Isolir-Mittel, Asbestfabrikate, Putzwolle.
8. **Dünger**, natürlicher und künstlicher.
9. **Eisen, Stahl, Kupfer** und andere Metalle, sowie Waaren aus solchen Metallen, außer den unter 4, 17, 22, 23, 32, 33 und 35 genannten;
   a) Metalle, roh oder theilweise bearbeitet.
   b) Messerschmiedswaaren (Messer, Gabeln, Sensen, Sicheln, Strohmesser, Beile, Sägen, Hieb- und Stichwaffen) und Werkzeuge (Feilen, Hämmer, Amboße, Schraubstöcke, Hobel, Bohrer und dergl.).
   c) Nähnadeln, auch für Nähmaschinen, Heftnadeln, Stecknadeln, Haarnadeln, Fischangeln.

d) Hufeisen und Hufnägel.
e) Gußwaaren, emaillirte und verzinnte Waaren.
f) Sonstige Metallwaaren.

10. **Fahrzeuge** (Wagen aller Art, einschließlich Kinder- und Krankenwagen, **auch** Fahrräder und Wasserfahrzeuge).
11. **Farben**, aus Malfarben und Tinten 32.
12. **Felle, Häute, Leder, Pelze und Pelzwaaren.**
13. **Firnisse, Lacke, Harze, Klebstoffe, Wichse, Bohnermasse** und dergl.
14. **Garne und Zwirne, Bindfäden, Seile** aus Faserstoffen und Metalldrähten.
15. **Gespinnstfasern** (Wolle, Baumwolle, Flachs, Hanf, Jute und dergl.) und **Polstermaterial** (Roßhaar, Seegras, Indiafaser, Bettfedern und dergl.).
16. **Getränke:**
   a) Bier,
   b) Wein und Spirituosen,
   c) Mineralwässer und kohlensaure Wässer einschließlich der Badewässer, sowie Brunnen- und Badesalze.
17. **Gold- und Silberwaaren**, echte und unechte Schmucksachen aller Art, leonische Waaren, Alfenide-, Neusilber-, Britannia-, Nickel- und Aluminiumwaaren.
18. **Gummi-, Kautschuk- und Guttaperchawaaren**, auch Rohstoffe.
19. **Hand- und Reisegeräthe** (Schirme, Stöcke, Koffer, Reisetaschen und dergl.).
20. **Heiz- und Leuchtstoffe**, sowie Schmiermittel;
   a) Kohlen, Torf, Brennholz, **Koks**, Briketts, **Kohlenanzünder**,
   b) Fette und Oele, außer den zur Nahrung bestimmten 26 b, sowie Schmiermittel,
   c) Kerzen und Nachtlichte, sowie Dochte.
21. **Holz-, Kork-, Horn-, Schildplatt-, Elfenbein-, Meerschaum-, Celluloid-** und ähnliche Waaren, Drechsler- und Schnitzwaaren.
22. **Instrumente und Apparate** außer Musikinstrumenten 25 und Uhren 40;
   a) ärztliche und zahnärztliche Apparate, pharmaceutische, orthopädische, gymnastische Bandagen, Desinfektionsapparate u. dergl.,
   b) physikalische und chemische, optische, geodätische, nautische und Meßinstrumente, Waagen, Controlapparate, photographische Apparate und dergl.
23. **Maschinen, Maschinentheile und Geräthe**, einschließlich Haus- und Küchengeräthe.
24. **Möbel und Polsterwaaren.**
25. **Musikinstrumente.**
26. **Nahrungs- und Genußmittel**, außer Getränken 16 und Tabak 38;
   a) Fleischwaaren, Fleischextrakte, Konserven einschließlich **Fruchtsäfte** und **Gelees** und Delikatessen,
   b) Eier, Milch, Butter, Käse, Kunstbutter, Speisefette und Speiseöle,
   c) Kolonialwaaren (Kaffee und Kaffee-Surrogate, Thee, Zucker, Mehl, Gewürze, Essig und dergl.),
   d) Kakao, Chocolade, Zuckerwaaren, sowie Back- und Conditorwaaren, einschließlich Hefe und Backpulver,
   e) Sonstige Nahrungs- und Genußmittel auch für Thiere, sowie natürliches und künstliches Eis.
27. **Papier, Pappe, Carton, Papier- und Pappwaaren, Roh- und Halbstoffe zur Papierfabrikation** (Lumpen, altes Papier, Zellstoff, Holzschliff u. dergl.).
28. **Photo- und lithographische Erzeugnisse**, sowie Erzeugnisse sonstiger vervielfältigender Künste und der Druckerei.
29. **Porzellan-, Töpfer- und andere Thonwaaren, Glas und Glaswaaren, Glasmosaiken, Glasuren.**

30. **Posamentier- und Tapisseriewaaren,** auch Spitzen und Tülle.
31. **Sattler-, Riemer- und Täschnerwaaren,** Lederwaaren, nicht genannte, auch Albums und Bilderständer.
32. **Schreib-, Zeichen- und Malwaaren,** einschließlich Tinte, Tusche und Malfarben, Comptoirgeräthe, einschließlich Geschäftsbücher, Schulgeräthe, Lehrmittel.
33. **Schußwaffen und Geschosse.**
34. **Seifen, Putz- und Polirmittel,** Rostschutzmittel, Waschmittel, Parfümerien und Toilettenmittel.
35. **Spiele und Spielwaaren.**
36. **Sprengstoffe, Zündwaaren, Feuerwerkskörper.**
37. **Steine,** natürliche und künstliche, und andere Baumaterialien (Cement, Gyps, Kalk, Kies, Asphalt, Theer, Pech, Rohrgewebe und Dachpappen).
38. **Tabakfabrikate** (Cigarren, Cigarretten, Rauch-, Kau- und Schnupftabak).
39. **Teppiche und andere Fußbodenbeläge, Tischdecken, Bettdecken, Gardinen, Rouleaux, Portièren.**
40. **Uhren.**
41. **Webstoffe,** einschließlich Bänder;
    a) Sammete und Plüsche,
    b) leinene, halbleinene und andere Wäsche-Stoffe,
    c) sonstige Webstoffe (seidene, wollene, baumwollene u. a.).
42. **Sammelwaaren.** Hier werden diejenigen Zeichen behandelt, welche für eine größere Anzahl verschiedenartiger Waaren (insbesondere Export- und Commissionswaaren) bestimmt sind.

---

## Anlage D (zu Anmerkung 19).

**G. zum Schutze des Genfer Neutralitätszeichens. Vom 22. März 02.** (RGB. 125)[1].

§. 1. Das in der Genfer Konvention zum Neutralitätszeichen erklärte Rothe Kreuz auf weißem Grunde sowie die Worte „Rothes Kreuz" dürfen, unbeschadet der Verwendung für Zwecke des militärischen Sanitätsdienstes, zu geschäftlichen Zwecken sowie zur Bezeichnung von Vereinen oder Gesellschaften oder zur Kennzeichnung ihrer Thätigkeit nur auf Grund einer Erlaubniß gebraucht werden[2].

---

[1]) Quellen: Reichst. 00/02 Drucks. Nr. 376 (Entw. mit Begr., StB. S. 4052—4056 (1. Les.), 4658 (2. Les.), 4693 (3. Les.). — Zweck und Inhalt des Gesetzes. Die zur Linderung des Loses der im Kriegsdienste verwundeten Militärpersonen geschlossene Genfer Konvention 22. Aug. 64 hat die der Pflege der Verwundeten und Kranken im Felde dienenden Anstalten und Personen unter den Schutz der Neutralität gestellt und im Art. 7 zum Zeichen der Unverletzlichkeit das Rote Kreuz auf weißem Grunde bestimmt. Die schrankenlose Zulässigkeit der Benutzung dieses Zeichens hat zu einer Verwendung geführt, die seiner ursprünglichen Bedeutung nicht entsprach, sich vom Standpunkte sowohl der militärischen Interessen als der freiwilligen Krankenpflege im Kriege als bedenklich erwies und öfters auch zu Mißverständnissen über den Ursprung von Waren und die Eigenschaften von Gewerbetreibenden Anlaß gab. Das G. bezweckt die Einschränkung des Gebrauchs des Roten Kreuzes, indem es seine Benutzung an eine behördliche Erlaubnis knüpft § 1 und die unbefugte Benutzung unter Strafe stellt § 2. Von Bedeutung sind noch die in den § 5 und 6 enthaltenen Übergangsbestimmungen.

[2]) Der Erlaubnis bedürfen insbesondere Gewerbetreibende oder auch nicht zu den Gewerbetreibenden gehörende Personen, die Waren mit dem Neutralitätszeichen versehen, so bezeichnete Waren in Ver-

Die Erlaubniß wird von den Landes-Zentralbehörden nach den vom Bundesrathe festzustellenden Grundsätzen für das Gebiet des Reichs ertheilt[3]). Die Erlaubniß darf Vereinen oder Gesellschaften, welche sich im Deutschen Reiche der Krankenpflege widmen und für den Kriegsfall zur Unterstützung des militärischen Sanitätsdienstes zugelassen sind, nicht versagt werden.

Die von dem Bundesrathe festgestellten Grundsätze sind dem Reichstag alsbald zur Kenntnißnahme mitzutheilen.

§. 2. Wer den Vorschriften dieses Gesetzes zuwider das Rothe Kreuz[4]) gebraucht, wird mit Geldstrafe bis zu einhundertfünzig Mark oder mit Haft bestraft.

§. 3. Die Anwendung der Vorschriften dieses Gesetzes wird durch Abweichungen nicht ausgeschlossen, mit denen das im §. 1 erwähnte Zeichen

---

kehr bringen oder das Rote Kreuz zur Bezeichnung ihres Geschäfts in Ankündigungen, Preislisten, Geschäftsbriefen, Empfehlungen, Rechnungen oder dergleichen verwenden wollen Begr. S. 4. — Der Erlaubnis bedarf es sowohl für das Bildzeichen, dessen allgemein übliche Form in fünf gleichen kreuzweise zusammengefügten roten Quadraten auf weißem Grunde besteht, als auch für das Schlagwort „Rotes Kreuz". Die Bestimmung beschränkt sich aber nicht auf jenes Zeichenbild, sondern erstreckt sich auf den Gebrauch ähnlicher Bilder, sofern die Voraussetzungen des § 3 vorliegen.

[3]) Nach Bek. des RKz. 7. Mai 03 (RGB. 215) hat der BR. für die Erteilung der Erlaubnis, das in der Genfer Konvention zum Neutralitätszeichen erklärte Rote Kreuz auf weißem Grunde sowie die Worte „Rotes Kreuz" zu geschäftlichen Zwecken sowie zur Bezeichnung von Vereinen oder Gesellschaften oder zur Kennzeichnung ihrer Tätigkeit zu gebrauchen, folgende Grundsätze aufgestellt:

1. Die Erlaubnis ist denjenigen Vereinen oder Gesellschaften einschließlich der Ritterorden sowie der geistlichen Orden und Kongregationen zu erteilen, welche sich im Deutschen Reiche der Krankenpflege widmen und durch eine Bescheinigung des zuständigen Kriegsministeriums nachweisen, daß sie für den Kriegsfall zur Unterstützung des militärischen Sanitätsdienstes zugelassen sind.
2. Die Erteilung der Erlaubnis ist bei der zuständigen Landes-Zentralbehörde zu beantragen.
3. Zuständig für die Erteilung der Erlaubnis ist die Zentralbehörde des Bundesstaats, in dessen Gebiete der Verein oder die Gesellschaft den Sitz oder in Ermangelung eines inländischen Sitzes eine Niederlassung hat.
4. In der Erlaubnisurkunde ist zum Ausdrucke zu bringen, daß auf Grund der Erlaubnis die Mitglieder des Vereins oder der Gesellschaft das Rote Kreuz zu ihren persönlichen Zwecken nicht gebrauchen dürfen.
5. Die Erlaubnis ist zurückzunehmen, wenn die Voraussetzungen, welche für die Erteilung der Erlaubnis maßgebend gewesen sind, nicht mehr zutreffen.

   Zuständig für die Zurücknahme ist die Behörde, welche die Erlaubnis erteilt hat.
6. Für das Verfahren werden Kosten und Stempel nicht erhoben.

Diese Grundsätze beschränken sich auf die Erteilung der Erlaubnis für diejenigen im G. bezeichneten Fälle (§ 1 Abs. 2), in denen die Erlaubnis nicht versagt werden darf. Hiernach scheint nicht beabsichtigt zu sein, den Handel- und Gewerbetreibenden die Benutzung des Roten Kreuzes weiter zu gestatten als in den Übergangsbestimmungen, § 5 und 6, vorgesehen ist. — Landes-Zentralbehörde sind in Preußen die beteiligten Ministerien (des Innern, der geistlichen pp. Angelegenheiten, für Handel und Gewerbe).

[4]) Unter dem Ausdruck „Rotes Kreuz" in den § 2, 5, 6, 7 ist sowohl die bildliche Darstellung als der Gebrauch der Worte zu verstehen Begr. S. 4.

wiedergegeben wird, sofern ungeachtet dieser Abweichungen die Gefahr einer Verwechselung vorliegt[5]).

§. 4. Dieses Gesetz tritt am 1. Juli 1903 in Kraft.

§. 5. Die Vorschriften dieses Gesetzes finden keine Anwendung auf den Vertrieb der bei der Verkündung des Gesetzes mit dem Rothen Kreuze[4]) bezeichneten Waaren, sofern die Waaren oder deren Verpackung oder Umhüllung nach näherer Bestimmung des Reichskanzlers mit einem amtlichen Stempelabdrucke versehen werden[6]).

§. 6. Bis zum 1. Juli 1906 darf das Rothe Kreuz[4]) fortgeführt werden:

1. in Waarenzeichen, die auf Grund einer vor dem 1. Juli 1901 erfolgten Anmeldung in die Zeichenrolle eingetragen worden sind[7]);

---

[5]) Die Bestimmung entspricht dem G. zum Schutze der Warenbezeichnungen § 20. Über den Begriff Verwechselungsgefahr s. Nr. 4 des Abschn. Anm. 77.

[6]) Diese Anweisung ist ergangen in der Bek. 8. Mai 03 (RGB. 216), wodurch folgendes bestimmt ist:

1. Wer auf Grund des § 5 des G. nach dessen Inkrafttreten (1. Juli 03) mit dem Roten Kreuz bezeichnete Waren vertreiben will, hat die Stempelung der Waren bei der Polizeibehörde des Ortes, in welchem sich die Waren befinden, zu beantragen.
2. Sofern die Polizeibehörde nicht ermittelt, daß die Waren erst nach dem 26. März 02 mit dem Roten Kreuze bezeichnet worden sind, sind die Waren entweder mit dem Abdrucke des Dienststempels der Polizeibehörde oder mit einem Stempelabdrucke zu versehen, welcher in farbiger Ausführung (blau auf weiß) den Reichsadler und die Bezeichnung „Reichsgesetz v. 22. 3. 1902. § 5" trägt.
3. Der Stempelabdruck wird auf den Waren, deren Verpackung oder Umhüllung oder auf einem Papierstück angebracht, welches mit den Waren, deren Verpackung oder Umhüllung durch einen Klebestoff zu verbinden ist.
4. Der Stempelabdruck ist durch einen Beamten der Polizeibehörde oder unter der Aufsicht eines solchen Beamten anzubringen.
5. Für das Verfahren werden Kosten und Stempel nicht erhoben.

Zur Ausführung dieser Bestimmungen in Preußen ist die Vf. 15. Mai 03 (MB. d. H. u.GB. 192) ergangen. Danach sind Etiketten und Umhüllungen, die das Rote Kreuz tragen, nicht für sich allein, sondern nur in Verbindung mit den Waren, für die sie bestimmt sind, zur Abstempelung zuzulassen. — Der Vertrieb von Waren, auf denen das Rote Kreuz in eingetragenen Warenzeichen oder Firmen angebracht ist, darf auf Grund der Sondervorschrift im § 6 Ziff. 1, 2 bis zum 1. Juli 06 auch ohne Abstempelung fortgesetzt werden Begr. S. 6.

[7]) Hinsichtlich der Warenbezeichnung gilt, soweit es sich um Waren handelt, welchen Bedeutung für die menschliche Gesundheit beigelegt wird, das Rote Kreuz als Freizeichen (G. 12. Mai 94 § 4 Abs. 1). Hierdurch war jedoch nicht gehindert, daß es unter Beifügung unterscheidungskräftiger Merkmale auch für Waren dieser Art in die Zeichenrolle eingetragen werden konnte Nr. 4 des Abschn. Anm. 17. Für andere Waren war es mit und ohne solche Beigaben zur Eintragung geeignet Begr. S. 6. Die Fortführung des Roten Kreuzes als Warenzeichen oder Bestandteil eines solchen über den 1. Juli 06 hinaus würde nur auf Grund einer nach § 1 zu erteilenden Erlaubnis zulässig sein. Wegen des Nichterfordernisses der Abstempelung von Waren, auf denen das Rote Kreuz in eingetragenen Warenzeichen angebracht ist, Anm. 6.

2. in Firmen, die auf Grund einer vor dem 1. Juli 1901 erfolgten Anmeldung in das Handels- oder Genossenschaftsregister eingetragen worden sind;
3. in Namen rechtsfähiger Vereine, sofern die Vereine nach ihren Satzungen bereits vor dem 1. Juli 1901 das Rothe Kreuz in ihren Namen geführt haben.

Aenderungen, die sich in Folge dieses Gesetzes an den unter Nr. 2, 3 bezeichneten Firmen und Vereinsnamen erforderlich machen, werden gebührenfrei in das Handelsregister und das Vereinsregister eingetragen, sofern sie vor dem 1. Juli 1906 zur Eintragung angemeldet werden.

**§. 7.** Waarenzeichen, welche das Rothe Kreuz[4]) enthalten, sind von der Verkündung des Gesetzes ab von der Eintragung in die Zeichenrolle ausgeschlossen[8]), sofern nicht die Anmeldung vor dem 1. Juli 1901 erfolgt ist.

---

## 5. Gesetz, betreffend die Patentanwälte. Vom 21. Mai 1900. (RGB. 223)[1]).

**§. 1.** Bei dem Kaiserlichen Patentamte[2]) wird eine Liste der Patentanwälte geführt. In die Liste werden Personen, welche Andere in Angelegenheiten, die zum Geschäftskreise des Patentamts gehören[3]), vor demselben für eigene Rechnung berufsmäßig vertreten wollen, auf ihren Antrag eingetragen[4]).

---

[8]) Und zwar gleichviel, ob das Rote Kreuz oder ein nach § 3 ihm gleichzuachtendes Zeichen ein Warenzeichen oder einen Bestandteil eines solchen darstellt. Ausnahmen sind nach § 1 mit Genehmigung der Landes-Zentralbehörde zuläſſig.

[1]) Quellen: Reichst. 98/00 Drucks. Nr. 517 (Entw. nebst Begr.), 640 (KB.) StB. 3553 (1. Les.), 4897 (2. Les.), 4925 (3. Les.) — Inhalt und Gliederung. § 1 ordnet die Führung einer Liste der berufsmäßigen Vertreter vor dem PatA., der PatAnwälte, an; § 2—4 bestimmen die Voraussetzungen für die Eintragung des PatAnwalts in die Liste, die § 6 und 7 die der Löschungen, § 5 bezeichnet die Pflichten der PatAnwälte. Die § 7—14 behandeln das ehrengerichtliche Verfahren wegen Pflichtverletzungen (Strafen und Zuständigkeit § 7, 8, Einleitung § 9, 1. Instanz § 10, 11, 2. Instanz § 12, Einstellung zufolge freiwilliger Löschung in der Liste § 13, Bildung der Gerichte § 10 Abs. 1, § 12 Abs. 3, § 14). § 15 ordnet die Veröffentlichung von Eintragungen und Löschungen an. § 16 betrifft die Eintragung der Gehilfen in die Liste. § 17 und 18 bestimmen die Wirkungen der Eintragung in die Liste, § 19 gewährt der Bezeichnung PatAnwalt strafrechtlichen Schutz. § 20—22 Übergangsbestimmungen.

[2]) PatG. (Nr. 2) § 13.

[3]) PatAngelegenheiten PatG. § 20 bis 31, Angelegenheiten des Gebrauchsmusterschutzes G. 91 (Nr. 3) § 2, 3, des Warenzeichenschutzes G. 94 (Nr. 4) § 2—8.

[4]) Als PatAnwälte kommen nur Personen in Betracht, die die Vertretung anderer a) im Verkehr mit dem PatA., b) berufsmäßig und c) auf eigne Rechnung führen wollen. Zu a. Die Vertretung, die außerhalb des Verkehrs mit dem PatA. stattfindet, insbesondere die Vertretung bei der Verwertung von gewerblichen Schutzrechten durch sogenannte PatAgenten wird durch das G. nicht berührt. Derartige Vertreter unterstehen der Vorschrift der GewO., daß die gewerbsmäßige Besorgung fremder Rechtsangelegenheiten untersagt werden kann, wenn Tatsachen vorliegen, welche die Unzuverlässigkeit des Gewerbetreibenden

§. 2. Die Eintragung ist nur zulässig, wenn der Antragsteller gemäß den §§. 3, 4 seine technische Befähigung und den Besitz der erforderlichen Rechtskenntnisse nachweist.

Im Uebrigen ist die Eintragung zu versagen[5]):

1. wenn der Antragsteller nicht im Inlande wohnt;
2. wenn er das fünfundzwanzigste Lebensjahr nicht vollendet hat;
3. wenn er in der Verfügung über sein Vermögen durch gerichtliche Anordnung beschränkt ist[6]);
4. wenn er sich eines unwürdigen Verhaltens schuldig gemacht hat. Als ein unwürdiges Verhalten sind politische, wissenschaftliche und religiöse Ansichten oder Handlungen als solche nicht anzusehen.

Wird die Eintragung gemäß Abs. 2 Nr. 4 versagt, so ist ausschließlich eine Beschwerde nach Maßgabe der folgenden Bestimmungen zulässig. Die Beschwerde ist innerhalb eines Monats nach der Zustellung der Entscheidung schriftlich bei dem Patentamt anzumelden. Ueber die Beschwerde entscheidet das Ehrengericht. Auf das Verfahren finden die Vorschriften des §. 9 Abs. 2, 3 und der §§. 10, 11, 12 und 13 entsprechende Anwendung[7]).

§. 3. Als technisch befähigt gilt, wer im Inland als ordentlicher Hörer einer Universität, einer technischen Hochschule oder einer Bergakademie sich dem

---

inbezug auf diesen Gewerbebetrieb dartun § 35 Abs. 3. Verfahren GewO. § 54, in Preußen Verwaltungsstreitverfahren auf Klage der Ortspolizeibehörde ZustG. § 119 AusfAnw. zur GewO. 9. Aug. 99 (MB. 127) Ziff. 49. Vor der Eröffnung des Gewerbebetriebs ist der Ortspolizeibehörde Anzeige zu machen GewO. § 35 Abs. 4 AusfAnw. Ziff. 4, 7. Zu b. Berufsmäßig bezeichnet den dauernden und regelmäßigen Geschäftsbetrieb gegenüber dem gelegentlichen KB. S. 3. Zu c. Den für eigne Rechnung tätigen PatAnwälten stehen die Gehilfen (§ 16) gegenüber. — Die Wirkung der Eintragung besteht in der allgemeinen Zulassung zur Vertretung vor dem PatA. und in der Sicherung gegenüber der Ausschließungsbefugnis des Präsidenten § 17. Die Beibringung einer Vollmacht im einzelnen Falle wird hierdurch nicht berührt. Bestimmung hierüber AusfB. 91 (Anl. A zu Nr. 2) § 28. — Rechtsanwälte sind, ohne der Eintragung in die Liste der PatAnwälte zu bedürfen, zur Vertretung vor dem PatA. zuzulassen § 17. — Ein PatAnwalt kann in eignen Angelegenheiten auftreten, er kann neben seiner Tätigkeit als PatAnwalt ein anderes Gewerbe betreiben, namentlich auch das eines PatAgenten und ist insoweit den Bestimmungen der GewO. unterworfen. Die Vertretung der PatAnwälte durch einander ist erlaubt KB. S. 3, 4, ebenso die Vereinigung mehrerer PatAnwälte zu gemeinsamem Betriebe.

[5]) Die Versagungsgründe sind im § 2 erschöpfend geregelt. Eine Beschränkung auf Reichsangehörige ist nicht vorgesehen; doch müssen Ausländer, um in die Liste eingetragen zu werden, den im G. vorgeschriebenen Bedingungen genügen. — Unwürdiges Verhalten bildet einen Ausschließungsgrund, auch wenn es mit der Tätigkeit des PatAnwalts in keinem Zusammenhange steht. Unter Umständen kann der Betrieb eines Gewerbes, namentlich der Gast- oder Schankwirtschaft, mit der Stellung als PatAnwalt nicht vereinbar sein Begr. S. 11, KB. S. 6.

[6]) Vermögensbeschränkung durch gerichtliche Anordnung liegt vor bei Entmündigung BGB. § 1896 und während der Dauer eines Konkurses Abschn. I Nr. 3 Anm. 16.

[7]) Bei Ablehnung der Eintragung aus den unter Ziff. 1—3 angeführten Gründen ist eine form- und fristlose Beschwerde im Aufsichtswege an den RKz. zulässig.

Studium naturwissenschaftlicher und technischer Fächer gewidmet, alsdann eine staatliche oder akademische Fachprüfung bestanden, außerdem mindestens ein Jahr in praktischer gewerblicher Thätigkeit gearbeitet und hierauf mindestens zwei Jahre hindurch eine praktische Thätigkeit auf dem Gebiete des gewerblichen Rechtsschutzes ausgeübt hat[8]).

Der Besuch ausländischer Universitäten oder Akademien und die Ausübung der praktischen Thätigkeit im Auslande kann durch Beschluß der Prüfungskommission (§. 4) als ausreichend anerkannt werden. Die Fachprüfung (Abs. 1) muß auch in diesem Falle im Inland abgelegt werden.

**§. 4.** Der Besitz der erforderlichen Rechtskenntnisse ist durch Ablegung einer Prüfung nachzuweisen. Zu derselben darf nur zugelassen werden, wer die technische Befähigung (§. 3) dargethan hat. Die Prüfung ist eine schriftliche und eine mündliche, sie ist insbesondere auch darauf zu richten, ob der Bewerber die Fähigkeit zur praktischen Anwendung der auf dem Gebiete des gewerblichen Rechtsschutzes geltenden Vorschriften besitzt.

Die Prüfung wird vor einer Kommission abgelegt, in welche Mitglieder des Patentamts und Patentanwälte durch den Reichskanzler zu berufen sind.

Im Falle des Nichtbestehens kann die Prüfung nach Ablauf einer von der Prüfungskommission festzusetzenden Frist von mindestens sechs Monaten einmal wiederholt werden.

Die näheren Bestimmungen über die Zusammensetzung und den Geschäftsgang der Prüfungskommission und über das Prüfungsverfahren und die Prüfungsgebühr werden durch eine vom Bundesrathe zu erlassende Prüfungsordnung getroffen[9]).

**§. 5.** Der Patentanwalt ist verpflichtet, seine Berufsthätigkeit gewissenhaft auszuüben und durch sein Verhalten in Ausübung des Berufs sowie außerhalb desselben sich der Achtung würdig zu zeigen, welche sein Beruf erfordert. Er wird auf die Erfüllung dieser Obliegenheiten durch Handschlag verpflichtet. Die Bestimmung des §. 2 Abs. 2 Ziffer 4 findet Anwendung.

**§. 6.** Die Eintragung wird vom Patentamte gelöscht:

1. wenn der Eingetragene es beantragt;
2. wenn er gestorben ist;
3. wenn er keinen Wohnsitz im Inland hat;
4. wenn er in Folge gerichtlicher Anordnung in der Verfügung über sein Vermögen beschränkt ist[6]).

---

[8]) In Betracht als Fachprüfung kommt die Diplomprüfung, die an technischen Hochschulen nach Zurücklegung eines drei- oder vierjährigen Lehrganges abgelegt wird, die akademische Doktorprüfung an Universitäten oder technischen Hochschulen, die erste Prüfung für den technischen Staatsdienst im Baufach (Hochbau, Ingenieurbau, Maschinenbau) oder im Bergfache. Die der Diplomprüfung vorangehende Vorprüfung genügt nicht Begr. S. 12. — Die praktische Tätigkeit auf dem Gebiete des gewerblichen Rechtsschutzes wird zweckmäßig in den Bureaus von PatAnwälten ausgeübt.

[9]) PrüfungsO. 25. Juli 00 Anlage A.

§. 7. Die Eintragung ist ferner zu löschen, wenn nachträglich Thatsachen bekannt werden, welche nach §. 2 Absatz 2 Nr. 4 die Versagung der Eintragung begründen, oder wenn der Eingetragene die ihm nach §. 5 obliegenden Pflichten verletzt.

In leichteren Fällen der Pflichtverletzung kann statt der Löschung in der Liste als Ordnungsstrafe ein Verweis oder eine Geldstrafe bis zu dreitausend Mark verhängt werden. Geldstrafe kann mit Verweis verbunden werden[10]).

§. 8. Die Entscheidung in den Fällen des §. 7 erfolgt in einem ehrengerichtlichen Verfahren[11]).

§. 9. Die Einleitung des Verfahrens wird vom Reichskanzler verfügt. Derselbe ernennt, falls er eine besondere Voruntersuchung für erforderlich hält, den untersuchungsführenden Beamten.

Der Angeschuldigte ist über die Anschuldigungspunkte zu hören.

In dem Verfahren kann jederzeit die Vernehmung von Zeugen und Sachverständigen angeordnet werden. Die Vorschriften der Strafprozeßordnung über die Beweisaufnahme und die Vertheidigung finden entsprechende Anwendung[12]). Als Vertheidiger können Patentanwälte nicht zurückgewiesen werden.

§. 10. Zuständig zur Verhandlung und Entscheidung ist das Ehrengericht. Es besteht aus zwei Mitgliedern des Patentamts, einem rechtskundigen und einem technischen[13]), sowie drei Patentanwälten. Den Vorsitz führt das rechtskundige Mitglied des Patentamts.

Zu der mündlichen Verhandlung der Sache ist der Angeschuldigte unter schriftlicher Mittheilung der Anschuldigungspunkte zu laden.

Die Vorschriften der Strafprozeßordnung über Ausschließung und Ablehnung der Gerichtspersonen finden entsprechende Anwendung[14]).

Die mündliche Verhandlung ist nicht öffentlich. Das Ehrengericht kann die Oeffentlichkeit der Verhandlung anordnen. Die Anordnung muß erfolgen, falls der Angeschuldigte es beantragt, sofern nicht die Voraussetzungen des §. 173 des Gerichtsverfassungsgesetzes vorliegen[15]).

§. 11. Die Entscheidung ist mit Gründen zu versehen, schriftlich auszufertigen und dem Angeschuldigten von Amtswegen zuzustellen.

---

[10]) Die Geldstrafen fließen in die Reichskasse. Sie sind nicht als Gebühren-Einnahmen des PatA., sondern als außerordentliche Einnahmen außerhalb des Etats zu verrechnen KB. S. 10.

[11]) Solange ein gerichtliches Strafverfahren schwebt, ist ein ehrengerichtliches Verfahren nicht einzuleiten oder das eingeleitete Verfahren zu unterbrechen. Auch ein im Strafverfahren Freigesprochener kann im ehrengerichtlichen Verfahren noch zur Verantwortung gezogen werden KB. S. 11.

[12]) StPO. § 48—71 (Zeugen), 72 bis 85 (Sachverständige), 137—150 (Vertheidigung).

[13]) Mitglieder des PatA. PatG. (Nr. 2) § 13 Abs. 2 und Anm. 50.

[14]) StPO. § 22—31.

[15]) D. h., wenn die Öffentlichkeit eine Gefährdung der öffentlichen Ordnung, insbesondere der Staatssicherheit oder eine Gefährdung der Sittlichkeit besorgen läßt.

Dem Angeschuldigten sind im Falle einer zu seinen Ungunsten ergehenden Entscheidung die baaren Auslagen des Verfahrens zur Last zu legen.

**§. 12.** Gegen die Entscheidung steht dem Angeschuldigten die Berufung zu.

Die Berufung ist innerhalb eines Monats nach der Zustellung der Entscheidung schriftlich bei dem Patentamt einzulegen.

Ueber die Berufung entscheidet der Ehrengerichtshof. Er besteht aus drei Mitgliedern des Patentamts[13]), von denen der Vorsitzende und ein Mitglied rechtskundig sein müssen, und vier Patentanwälten. Auf das Verfahren finden die Vorschriften des §. 9 Abs. 2, 3 und der §§. 10, 11 entsprechende Anwendung[16]).

**§. 13.** Stellt der Angeschuldigte vor rechtskräftiger Entscheidung den Antrag, seinen Namen in der Liste zu löschen, so ist das Verfahren einzustellen. Dem Angeschuldigten fallen die baaren Auslagen des Verfahrens zur Last.

**§. 14.** Für jedes Jahr[17]) im voraus werden vom Reichskanzler diejenigen Mitglieder des Patentamts bestimmt, welche nach den §§. 10, 12 an dem Verfahren mitzuwirken haben, und zwanzig Patentanwälte bezeichnet, von welchen in einer öffentlichen Sitzung der Beschwerdeabtheilung I des Patentamts für jede Spruchsitzung die erforderliche Anzahl von Beisitzern ausgeloost wird[18]).

**§. 15.** Die Eintragungen und Löschungen in der Liste der Patentanwälte sind zu veröffentlichen.

**§. 16.** Die Patentanwälte können für Personen, welche sie mit ihrer ständigen Vertretung im Verkehre mit dem Patentamte beauftragt haben, die Eintragung in eine besondere Spalte der Liste nachsuchen. Auf die Eintragung finden die Vorschriften der §§. 2 und 3 entsprechende Anwendung[19]). Jedoch genügt es, wenn der Einzutragende das einundzwanzigste Lebensjahr vollendet und nach Ablegung der staatlichen oder akademischen Fachprüfung mindestens ein Jahr hindurch eine praktische Thätigkeit auf dem Gebiete des gewerblichen Rechtsschutzes ausgeübt hat. Im Uebrigen finden die Vorschriften der §§. 5 bis 13 auf diese Personen entsprechende Anwendung.

**§. 17.** Der Präsident des Patentamts ist befugt, Personen, welche, ohne in die Liste eingetragen zu sein, die Vertretung vor dem Patentamte

---

[16]) Die Mitglieder des PatA. oder die PatAnwälte, die in erster Instanz als Beisitzer mitgewirkt haben, dürfen in derselben Sache in zweiter Instanz nicht mitwirken KB. S. 15.

[17]) Gemeint ist das Kalenderjahr KB. S. 15.

[18]) Die Auslosung hat für jede einzelne Spruchsitzung, sowohl der ersten als der zweiten Instanz, zu erfolgen.

[19]) Dies gilt auch von den Rechtsmitteln gegen die Versagung der Eintragung. Gründet sich die Ablehnung auf § 2 Ziff. 1—3, so ist Beschwerde im Aufsichtswege (Anm. 7), im Falle der Ziff. 4 die Anrufung des Ehrengerichts (§ 2 Abs. 3) gegeben. Die Einlegung der Rechtsmittel steht nur dem PatAnwalt zu, der die Eintragung nachgesucht hat, nicht dem Gehilfen, dessen Eintragung beantragt ist KB. S. 16.

berufsmäßig betreiben, von dem Vertretungsgeschäft auszuschließen[20]). Auf Rechtsanwälte findet diese Vorschrift keine Anwendung.

**§. 18.** Die berufsmäßige Vertretung anderer Personen vor dem Patentamte darf Patentanwälten auf Grund der Vorschrift im §. 35 Abs. 3 der Gewerbeordnung nicht untersagt werden[21]).

**§. 19.** Mit Geldstrafe bis zu dreihundert Mark und im Unvermögensfalle mit Haft wird bestraft, wer, ohne als Patentanwalt eingetragen zu sein, sich als Patentanwalt bezeichnet oder sich einen ähnlichen Titel beilegt, durch den der Glaube erweckt wird, der Inhaber sei als Patentanwalt eingetragen[22]).

**§. 20.** Auf diejenigen, welche zur Zeit des Inkrafttretens dieses Gesetzes das Vertretungsgeschäft für eigene Rechnung berufsmäßig betreiben, findet §. 17 erst vom 1. April 1901 ab Anwendung. Wer von ihnen bis dahin die Erfüllung der im §. 3 bezeichneten Voraussetzungen nachweist und die Zulassung zur Prüfung (§. 4) beantragt, kann, sofern nicht einer der im §. 2 Abs. 2 bezeichneten Fälle vorliegt, bis zur endgültigen Entscheidung über seine Eintragung in die Liste vom Vertretungsgeschäfte nicht ausgeschlossen werden.

Wer zur Zeit des Inkrafttretens dieses Gesetzes das Vertretungsgeschäft für eigene Rechnung seit 1. Januar 1899 berufsmäßig betreibt, ist, sofern seine Geschäftsführung und sein Verhalten in Ausübung des Berufs sowie außerhalb desselben zu erheblichen Anständen keinen Anlaß gegeben hat, auf Antrag in die Liste der Patentanwälte einzutragen, auch wenn er die in den §§. 3 und 4 bezeichneten Voraussetzungen nicht erfüllt.

Der Antrag, über welchen die Prüfungskommission beschließt, ist spätestens bis zum 1. April 1901 zu stellen. Gegen eine den Antrag ablehnende Entscheidung steht dem Antragsteller die Beschwerde zu. Die Beschwerde ist innerhalb eines Monats nach der Zustellung der Entscheidung schriftlich bei dem Patentamt anzumelden. Ueber die Beschwerde entscheidet endgültig der Ehren-

---

[20]) Personen, welche die Vertretung nicht berufsmäßig, sondern nur in einem einzelnen Fall, wenn auch gegen Entgelt betreiben, dürfen nicht allgemein ausgeschlossen werden. — Abgesehen von der im § 17 vorgesehenen allgemeinen Ausschließung kann die Zurückweisung eines Vertreters unter besonderen Umständen im einzelnen Falle erfolgen, namentlich wenn der Vertreter sich einer Ungebühr schuldig macht oder sich als unfähig zum mündlichen oder schriftlichen Vortrage erweist Begr. S. 8.

[21]) Dagegen sind die PatAnwälte der Bestimmung in GewO. § 35 Abs. 4 unterworfen, derzufolge der Ortspolizeibehörde über den Beginn ihres Gewerbebetriebs Anzeige zu machen ist. — Die gewerberechtliche Stellung der Pat Agenten ist in Anm. 4 dargelegt. — Soweit ein PatAnwalt sich nebenbei mit dem PatVerwertungsgeschäft befaßt, unterliegt er dem § 35 Abs. 3 GewO. Betreibt er dieses Geschäft in einer mit der Achtung, die sein Beruf als PatAnwalt erfordert, unverträglichen Weise, so ist er im ehrengerichtlichen Verfahren zur Rechenschaft zu ziehen § 5, 7.

[22]) Bezeichnungen, die zwar auf eine Tätigkeit in PatAngelegenheiten, nicht aber auf einen anwaltschaftlichen Verkehr mit der Behörde hinweisen, wie PatAgent, PatBureau und dergl. sind der freien Benutzung überlassen Begr. S. 16.

gerichtshof (§. 12 Abs. 3). Auf das Verfahren finden die Vorschriften des §. 9 Abs. 2, 3 und der §§. 10, 11 entsprechende Anwendung. Bis zur endgültigen Entscheidung kann der Antragsteller vom Vertretungsgeschäfte nicht ausgeschlossen werden.

**§. 21.** Wer seit dem 1. Januar 1899 das Vertretungsgeschäft berufsmäßig, wenn auch nicht auf eigene Rechnung, betreibt oder wer als technischer Beamter im Patentamte mindestens zwei Jahre hindurch thätig gewesen ist, kann, sofern er durch seine Thätigkeit und durch sein Verhalten zu erheblichen Anständen keinen Anlaß gegeben hat, auf seinen Antrag das Zeugniß über die Befähigung als ständiger Vertreter eines Patentanwalts (§. 16) erhalten, auch wenn er die Voraussetzungen des §. 3 nicht erfüllt. Auf den Antrag und das weitere Verfahren finden die Vorschriften des §. 20 Abs. 3 Anwendung.

Wer das Zeugniß erhalten hat, ist auf Antrag eines Patentanwalts, der ihn mit seiner ständigen Vertretung beauftragt hat, in die besondere Spalte der Liste (§. 16) einzutragen. Auf seinen eigenen Antrag ist er zur Prüfung (§. 4) zuzulassen und im Falle des Bestehens der Prüfung, sofern nicht einer der im §. 2 Abs. 2 vorgesehenen Hinderungsgründe vorliegt, als Patentanwalt einzutragen.

Eine Entbindung von der Prüfung kann durch einstimmigen Beschluß der Prüfungskommission erfolgen, wenn der Besitz der erforderlichen Kenntnisse durch die bisherige Thätigkeit dargethan ist. Ein hierauf bezüglicher Antrag ist spätestens bis zum 1. Oktober 1901 zu stellen.

**§. 22.** Dieses Gesetz tritt am 1. Oktober 1900 in Kraft.

Solange die zur Ausführung dieses Gesetzes erforderliche Anzahl von Patentanwälten in die Liste noch nicht eingetragen ist, werden an deren Stelle durch den Reichskanzler Personen bestellt, welche bisher andere in Angelegenheiten des gewerblichen Rechtsschutzes für eigene Rechnung berufsmäßig vertreten haben.

---

## Anlage A (zu Anmerkung 9).

### Bek. betreffend die Prüfungsordnung für Patentanwälte, vom 25. Juli 1900.

(CB. 475).

Auf Grund der Bestimmung im § 4 Abs. 4 des Gesetzes, betreffend die Patentanwälte, vom 21. Mai d. J. (Reichs-Gesetzbl. S. 233) hat der Bundesrath die nachfolgende

Prüfungsordnung für Patentanwälte

beschlossen.

**§ 1.** Der Reichskanzler bestimmt für jedes Jahr im voraus diejenigen Mitglieder des Patentamts und diejenigen Patentanwälte, die der Prüfungskommission angehören sollen.

Die Abnahme der Prüfungen sowie die Beschlußfassung in den Fällen der §§. 3 Abs. 2, 16 Satz 2, 20 Abs. 3 und 21 des Gesetzes, betreffend die Patentanwälte, vom 21. Mai 1900 (Reichs-Gesetzbl. S. 233) erfolgt seitens der Prüfungskommission in der Besetzung von drei Mitgliedern, von denen zwei dem Patentamt, eines dem Stande der Patentanwälte oder der im §. 22 des Gesetzes bezeichneten Personen angehören muß. Von den beiden dem Patentamt angehörenden Mitgliedern der Kommission muß mindestens ein Mitglied rechtskundig sein. Ein rechtskundiges Mitglied führt den Vorsitz. Die im einzelnen Falle zur Mitwirkung berufenen Mitglieder der Prüfungskommission werden von dem Präsidenten des Patentamts bestimmt.

§ 2. Anträge, deren Erledigung der Prüfungskommission obliegt, sind an das Patentamt zu richten.

Es sind beizufügen:

1. ein eigenhändig geschriebener Lebenslauf,
2. die zur Begründung des Antrags nach dem Gesetz erforderlichen Nachweise.

§. 3. Anträge, deren Erledigung die Abnahme der Rechtsprüfung (§. 4) voraussetzt, werden, nachdem festgestellt worden ist, daß der Zulassung zur Prüfung Bedenken nicht entgegenstehen, vom Präsidenten des Patentamts der Prüfungskommission überwiesen.

§. 4. Die Prüfung über den Besitz der erforderlichen Rechtskenntnisse auf dem Gebiete des gewerblichen Rechtsschutzes (§. 4 des Gesetzes) zerfällt in eine schriftliche und eine mündliche.

Die schriftliche Prüfung geht der mündlichen vorauf und findet unter Aufsicht statt. Sie hat die Bearbeitung einer wissenschaftlichen und einer praktischen Aufgabe zum Gegenstande. Die Aufgaben werden vom Vorsitzenden der Prüfungskommission unter Festsetzung einer Frist für deren Lösung und unter Bezeichnung der zulässigen Hülfsmittel gestellt.

Vor Eintritt in die Prüfung ist an die Kasse des Patentamts eine Gebühr von 100 Mark zu zahlen, welche zur Hälfte zurückgezahlt wird, wenn der Antragsteller vor Beginn der Prüfung seinen Rücktritt erklärt.

§. 5. Nachdem die schriftlichen Arbeiten von denjenigen Mitgliedern der Prüfungskommission, vor denen die mündliche Prüfung abgelegt werden soll, begutachtet worden sind, wird der Antragsteller zur mündlichen Prüfung geladen. Dieselbe ist nicht öffentlich. Zu einem Prüfungstermine sollen nicht mehr als drei Personen geladen werden.

§. 6. Die Frage, ob die Prüfung bestanden sei oder nicht, wird nach dem Gesammtergebnisse der schriftlichen und mündlichen Prüfung durch Stimmenmehrheit entschieden.

Der Verlauf und das Ergebniß der Prüfung ist zu den Akten zu vermerken. Ueber das Ergebniß erhält der Antragsteller eine Bescheinigung.

Im Falle des Nichtbestehens kann, wenn die schriftlichen Arbeiten nach dem einstimmigen Urtheile der Prüfungskommission den Anforderungen genügen, die Wiederholung der Prüfung auf die mündliche Prüfung beschränkt werden, sofern der Antrag auf Zulassung zu der wiederholten Prüfung innerhalb eines Jahres seit dem Tage der nicht bestandenen mündlichen Prüfung gestellt wird.

§ 7. Versäumt der Antragsteller ohne genügende Entschuldigung zweimal den Termin zur schriftlichen oder mündlichen Prüfung, so kann die Prüfung durch Beschluß der Prüfungskommission als nicht bestanden erklärt werden.

**Der Reichskanzler.**

## 6. Bekanntmachung, betreffend den Beitritt des Reichs zu dem internationalen Verbande zum Schutze des gewerblichen Eigentums. Vom 9. April 1903. (RGB. 147)[1]).

Der Bundesrat hat sich am 9. Mai 1901, der Reichstag in seiner Plenarsitzung vom 15. Mai 1901 damit einverstanden erklärt, daß das Reich den nachstehend im Originaltext und in Übersetzung abgedruckten internationalen Übereinkommen, nämlich:

1. der von mehreren Staaten zu Paris am 20. März 1883 geschlossenen Übereinkunft zum Schutze des gewerblichen Eigentums nebst Schlußprotokoll von demselben Tage,
2. dem dazu vereinbarten Protokoll über die Ausstattung des internationalen Bureaus des Verbandes für den Schutz des gewerblichen Eigentums d. d. Madrid, den 15. April 1891,
3. der Zusatzakte d. d. Brüssel, den 14. Dezember 1900, betreffend die Abänderung der Übereinkunft vom 20. März 1883 und des dazu gehörigen Schlußprotokolls,

beitritt.

---

[1]) Quellen: Reichst. 00/01 Drucks. 342, enthaltend die Vorlegung der unter 1 bis 3 aufgeführten Abkommen und eine erläuternde Denkschrift. — Vorgeschichte des Beitritts Deutschlands: Durch die Übereinkunft zu Paris vom 20. März 83 ist die Union internationale pour la protection de la propriété industrielle begründet worden. Die Vereinigung umfaßte zunächst Belgien, Brasilien, Spanien, Frankreich mit Algier und den Kolonien, Guatemala, Italien, die Niederlande, Portugal, Salvador, Serbien und die Schweiz. Während Guatemala und Salvador wieder ausschieden, sind später neu hinzugetreten Großbritannien (84) und seine Kolonien Neu-Seeland und Queensland (91), Tunis (84), die Dominikanische Republik (84 und nach kurzem Ausscheiden von neuem 90), Schweden und Norwegen (85), die Vereinigten Staaten von Amerika (87), die niederländischen Besitzungen und zwar Niederländisch Indien (88), Surinam und Curaçao (90), Dänemark nebst den Farören (94), Japan (99). Das ebenfalls nachträglich beigetretene Ecuador ist später wieder ausgeschieden. Obschon Deutschland die Bedeutung der Vereinigung von vornherein würdigte, nahm es vom Beitritt Abstand, weil einzelne wichtige Bestimmungen des Vertrages mit der bewährten deutschen Gesetzgebung, namentlich auf dem Gebiet des PatWesens, nicht in Einklang zu bringen waren. Deutschland beschränkte sich deshalb auf den Abschluß einzelner Sonderabkommen und zwar mit Österreich-Ungarn Anlage A, mit Italien Anlage B, mit der Schweiz Anlage C und mit Serbien Anlage D. Inzwischen trat innerhalb der Union die Bereitwilligkeit hervor, durch Änderungen der Deutschland nicht genehmen Bestimmungen des Abkommens von 83 seinen Beitritt zu ermöglichen. Die Verhandlungen hierüber, an denen deutsche Abgeordnete Teil nahmen, führten zur Brüsseler Zusatzakte vom 14. Dez. 00, in der die für Deutschland erheblichen Punkte, die Vorrangsfrist für die Nachsuchung des PatSchutzes in anderen Ländern und der Ausführungszwang, in einer für Deutschland annehmbaren Weise geregelt wurden. Hierauf ist dessen Beitritt mit Wirkung vom 1. Mai 03 erfolgt. Von den bisher zur Union gehörenden Staaten haben Brasilien, die Dominikanische Republik und Serbien die Brüsseler Zusatzakte nicht ratifiziert. — Nachfolgend ist die Übersetzung der Pariser Übereinkunft 20. März 83 nebst Schlußprotokoll in der Fassung, in der sie im RGB. veröffentlicht ist, unter Einschaltung der Zusätze und Hervorhebung

Die Brüsseler Zusatzakte ist von allen beteiligten Staaten, mit Ausnahme der Vereinigten Staaten von Brasilien, der Dominikanischen Republik und Serbiens, ratifiziert und die Ratifikationsurkunden sind gemäß den Bestimmungen im Artikel 3 der Zusatzakte in Brüssel im Ministerium der auswärtigen Angelegenheiten am 14. Juni 1902 niedergelegt worden; Spanien hat die Ratifikationsurkunde zu der Zusatzakte ebenda am 22. Januar d. J. niedergelegt.

Der Beitritt des Reichs zu den oben erwähnten internationalen Übereinkommen ist, entsprechend den Bestimmungen im Artikel 1, IX der Zusatzakte, der Schweizerischen Regierung am 21. v. M. angezeigt worden und tritt am 1. Mai d. J. in Kraft.

**Der Reichskanzler.**

## (1.) Uebereinkunft.

Seine Majestät der König der Belgier, Seine Majestät der Kaiser von Brasilien, Seine Majestät der König von Spanien, der Präsident der Französischen Republik, der Präsident der Republik von Guatemala, Seine Majestät der König von Italien, Seine Majestät der König der Niederlande, Seine Majestät der König von Portugal und Algarbien, der Präsident der Republik von Salvador, Seine Majestät der König von Serbien und der Bundesrath der Schweizerischen Eidgenossenschaft haben, gleichmäßig von dem Wunsche beseelt, im Einvernehmen mit einander der Gewerbethätigkeit und dem Handel der Angehörigen ihrer betreffenden Staaten einen vollkommenen und wirksamen Schutz zu sichern und zur Gewährleistung der Rechte der Erfinder und der Loyalität des Handelsverkehrs beizutragen, beschlossen, zu diesem Zwecke eine Uebereinkunft zu schließen und zu Ihren Bevollmächtigten ernannt, nämlich:

(Es folgen die Namen der Bevollmächtigten)

welche nach gegenseitiger Mittheilung ihrer in guter und gehöriger Form befundenen Vollmachten über die folgenden Artikel übereingekommen sind:

**Art. 1.** Die Regierungen von Belgien, Brasilien, Spanien, Frankreich, Guatemala, Italien, den Niederlanden, Portugal, Salvador, Serbien und der Schweiz bilden einen Verband zum Schutze des gewerblichen Eigenthums[2]).

**Art. 2.** Die Unterthanen oder Bürger der vertragschließenden Staaten sollen in allen übrigen Staaten des Verbandes in Betreff der Erfindungspatente, der gewerblichen Muster oder Modelle, der Fabrik- oder Handels-

der Änderungen abgedruckt, die sie durch das Madrider Protokoll 15. April 91 und die Brüsseler Zusatzakte 14. Dez. 00 erfahren hat. Von der Wiedergabe des im RGB. abgedruckten französischen Wortlauts ist abgesehen worden.

[2]) Die gegenwärtigen Mitglieder des Verbandes sind aus Anm. 1 zu ersehen. — Der Begriff „gewerbliches Eigentum“ ist genauer umschrieben im Schlußprotokoll Ziff. 1.

marken und der Handelsnamen die Vortheile genießen[3]), welche die betreffenden Gesetze den Staatsangehörigen gegenwärtig gewähren oder in Zukunft gewähren werden. Demgemäß sollen sie denselben Schutz wie diese und dieselbe Rechtshülfe gegen jeden Eingriff in ihre Rechte haben, vorbehaltlich der Erfüllung der Förmlichkeiten und Bedingungen, welche den Staatsangehörigen durch die innere Gesetzgebung jedes Staates auferlegt werden[4]).

**Art. 3.** Den Unterthanen oder Bürgern der vertragschließenden Staaten werden gleichgestellt die Unterthanen oder Bürger der dem Verbande nicht beigetretenen Staaten, welche auf dem Gebiet eines der Verbandsstaaten ihren Wohnsitz oder thatsächliche und wirkliche gewerbliche oder Handelsniederlassungen haben[5]).

**Art. 4.** Derjenige, welcher in einem der vertragschließenden Staaten ein Gesuch um ein Erfindungspatent, ein gewerbliches Muster oder Modell, eine Fabrik- oder Handelsmarke vorschriftsmäßig hinterlegt, soll zum Zwecke der Hinterlegung in den anderen Staaten während der unten bestimmten Frist und vorbehaltlich der Rechte Dritter ein Prioritätsrecht genießen.

Demgemäß soll die hiernächst in einem der übrigen Verbandsstaaten vor Ablauf dieser Fristen bewirkte Hinterlegung durch inzwischen eingetretene Thatsachen, wie namentlich durch eine andere Hinterlegung, durch die Veröffentlichung der Erfindung oder deren Ausübung seitens eines Dritten, durch das

---

[3]) ErfindungsP. PatG. (Nr. 2 des Abschn.), Muster und Modelle G. 11. Januar 76 (Nr. 3 Anl. A); auch der Schutz der Gebrauchsmuster G. 91 (Nr. 3 des Abschn.) ist den Verbandsstaaten einzuräumen Denkschrift S. 32, Fabrik- und Handelsmarken G. 94 (Nr. 4), Handelsnamen G. 94 (Nr. 4) § 14. — Durch Art. 10 bis ist der Schutz gegen den unlauteren Wettbewerb (Abschn. IV Nr. 3) in den Vertrag einbezogen worden. — Tragweite der Bezeichnung ErfindungsPat. Schlußprotokoll Ziff. 2.

[4]) Hierzu Schlußprotokoll Ziff. 3. — Insoweit der den eigenen Untertanen gewährte Schutz davon abhängig ist, daß die Entstehung des geschützten Rechtes an die Entscheidung einer Behörde (Erteilung des Pat. Nr. 2 des Abschn. § 1, 4) oder an die Eintragung in ein Register (Gebrauchsmusterrolle G. 91 § 4, Musterregister G. 76 § 4, Warenzeichenrolle G. 94 § 12) geknüpft wird, ist der den Untertanen eines Vertragsstaates nach Art. 2 zu gewährende Schutz ebenfalls dadurch bedingt, daß sie in jenem Staate die Verleihung des Rechts durch die zuständige Behörde oder die den gewerblichen Rechtsschutz begründende Eintragung in die behördlich geführte Rolle erlangt haben. Es ist nicht der Sinn des Art. 2, daß der Angehörige eines Vertragsstaats, der in seinem Heimatsstaate, aber nicht im Deutschen Reiche ein Pat. erlangt oder ein Modell oder Muster oder ein Warenzeichen geschützt erhalten hat, in Deutschland denselben Schutz genießen soll, den er in seinem Heimatsstaate auf Grund des dort erworbenen Schutzrechts genießt. In jedem Gebiete wird vielmehr der Schutz des gewerblichen Eigentums erteilt und gewährt nach seinen Gesetzen, nicht nach den Gesetzen des anderen Gebiets. Nur sollen die Angehörigen des anderen Gebiets hinter denen des eigenen Gebiets nicht zurückgesetzt werden, wenn sie daselbst gewerblichen Eigentumsschutz nachsuchen und erlangt haben RGer. 22. April 96 (XXXVII 49).

[5]) Die Änderung der Fassung beruht auf der Zusatzakte 00 Art. 1^I. Die Unterscheidung zwischen Haupt- und Nebenniederlassung ist vermieden, dagegen wird gefordert, daß eine Niederlassung nicht nur zum Schein begründet sei Denkschrift S. 32.

Feilbieten von Exemplaren des Musters oder Modells, durch die Anwendung der Marke nicht unwirksam gemacht werden können.

Die oben erwähnten Prioritätsfristen sollen zwölf Monate für Erfindungspatente und vier Monate für gewerbliche Muster oder Modelle sowie für Fabrik- oder Handelsmarken betragen; sie sollen für überseeische Länder um einen Monat verlängert werden[6]).

**Art. 4 bis.** Die Patente, deren Ertheilung in den verschiedenen vertragschließenden Staaten von den zur Wohlthat der Uebereinkunft nach Maßgabe der Artikel 2 und 3 verstatteten Personen beantragt wird, sollen von den für dieselbe Erfindung in anderen zum Verbande gehörigen oder nicht gehörigen Staaten ertheilten Patenten unabhängig sein.

Diese Bestimmung soll auf die bestehenden Patente mit dem Zeitpunkt, in welchem sie in Kraft tritt, Anwendung finden.

Für den Fall des Beitritts neuer Staaten soll es mit den im Zeitpunkte des Beitritts auf beiden Seiten bestehenden Patenten ebenso gehalten werden[7]).

**Art. 5.** Die durch den Patentinhaber bewirkte Einfuhr von Gegenständen, welche in einem oder dem anderen Verbandsstaate hergestellt sind, in

---

[6]) Die Fassungsänderungen beruhen auf der Zusatzakte Art. 1^II. In Abs. 3 waren im ursprünglichen Übereinkommen 83 Vorrangsfristen von sechs Monaten für Erfindungs-Pat. und von drei Monaten für Muster und Marken vorgesehen, die sich für überseeische Länder um einen Monat verlängerten. — Der Grund der Bestimmung liegt darin, daß es für den Eigentümer einer Erfindung, eines Musters, einer Marke häufig wertvoll ist, sich den Schutz seines Eigentums in verschiedenen Staaten zu sichern. Da die gleichzeitige Anmeldung in allen diesen Staaten mit bedeutenden Mühen und Kosten verbunden sein würde, liegt es im Interesse des Eigentümers, sich zunächst in einem der in Frage kommenden Staaten zu vergewissern, ob sein gewerbliches Eigentum wirklich schutzfähig ist, und die Anmeldung in den anderen Staaten vom Ausfalle dieses Versuchs abhängig zu machen. Dies Vorgehen soll durch Art. 4 erleichtert werden. Wer in einem Vertragsstaate sein gewerbliches Eigentum zum Schutz anmeldet, erlangt dadurch die im Abs. 3 angegebenen Vorrangsfristen, innerhalb deren er seinen Anspruch in jedem anderen Vertragsstaate mit dem Erfolge anmelden kann, daß diese Anmeldung auf den Zeitpunkt der ersten Anmeldung rückbezogen wird. Die ursprüngliche Frist von sechs Monaten für Patente war für deutsche Verhältnisse ungenügend, weil dort das Vorprüfungsverfahren (Nr. 2 des Abschn. § 21) etwa sieben Monate in Anspruch nimmt. Die Vorrangsfrist wäre also abgelaufen, bevor ein Anmelder durch eine endgültige Entscheidung der deutschen Behörde über die Schutzfähigkeit seiner Erfindung in den Stand gesetzt wäre, sich über die Anmeldung in andern Staaten schlüssig zu machen. Durch die Verlängerung der Frist auf zwölf Monate ist die Regelung auch für Deutschland annehmbar geworden. — Durch das PatG. (Nr. 2) sind übrigens bereits im autonomen Wege einzelne Vorschriften vorgesehen, die den Zweck verfolgen, den Erwerb eines Pat. für dieselbe Erfindung im In- und Auslande zu erleichtern § 2 Abs. 2, § 23 Abs. 4.

[7]) Der Art. ist durch die Brüsseler Zusatzakte Art. 1^III eingefügt worden. — Der im Abs. 1 aufgestellte Grundsatz stimmt mit der in Deutschland herrschenden Rechtsauffassung überein Denkschrift S. 33.

das Land, in welchem das Patent ertheilt worden ist, soll den Verfall des letzteren nicht zur Folge haben[8]).

Gleichwohl soll der Patentinhaber verpflichtet bleiben, sein Patent nach Maßgabe der Gesetze des Landes, in welches er die patentierten Gegenstände einführt, auszuüben[9]).

**Art. 6.** Jede in dem Ursprungslande vorschriftsmäßig hinterlegte Fabrik- oder Handelsmarke soll so wie sie ist in allen anderen Verbandsstaaten zur Hinterlegung zugelassen und geschützt werden[10]).

Als Ursprungsland soll das Land angesehen werden, in welchem der Hinterlegende seine Hauptniederlassung hat.

Liegt die Hauptniederlassung nicht in einem der Verbandsstaaten, so soll als Ursprungsland dasjenige angesehen werden, welchem der Hinterlegende angehört.

Die Hinterlegung kann zurückgewiesen werden, wenn der Gegenstand, für welchen sie verlangt wird, als den guten Sitten oder der öffentlichen Ordnung zuwider angesehen wird[11]).

**Art. 7.** Die Natur des Erzeugnisses, auf welchem die Fabrik- oder Handelsmarke angebracht werden soll, darf in keinem Falle die Hinterlegung der Marke hindern[12]).

---

[8]) Die Bestimmung richtet sich gegen den in einzelnen Staaten, besonders in Frankreich bestehenden Grundsatz, daß die Einfuhr eines in diesem Staate patentierten Gegenstandes aus einem anderen Staate den Verfall des Pat. zur Folge hat, wenn sie durch den Pat Inhaber bewirkt ist.

[9]) Für Deutschland kommt PatG. § 11 in Betracht. — Der nach Art. 5 Abs. 2 grundsätzlich zugelassene Ausführungszwang erfährt durch Ziff. 3 bis des Schlußprotokolls eine doppelte Einschränkung, indem der Verfall des Pat. wegen Unterlassung der Ausführung innerhalb der ersten drei Jahre nach der Anmeldung des Pat. überhaupt nicht eintreten soll und später nur auszusprechen ist, wenn der PatInhaber nicht seine Untätigkeit mit ausreichenden Gründen rechtfertigt.

[10]) Fabrik- oder Handelsmarke G. 94 (Nr. 4) Anm. 6. — Über die Tragweite des Abs. 1 trifft Schlußprotokoll Ziff. 4 Bestimmung. Die Eintragung von Warenzeichen, die in einem der Verbandsstaaten geschützt sind, in die deutsche Zeichenrolle (G. 94 § 2) kann danach nicht versagt werden, auch wenn sie in Form oder äußerer Gestalt den Bestimmungen des G. 94 nicht entsprechen. Hierin liegt eine Einschränkung des Versagungsgrundes des G. 94 § $4^1$. Dagegen bleiben die an die sachliche Rechtsgültigkeit gestellten Anforderungen unberührt. Daher dürfen Warenzeichen trotz des ihnen in einem Verbandsstaate gewährten Schutzes in die Zeichenrolle des PatA. nicht eingetragen werden, wenn sie in Deutschland Freizeichen sind G. 94 § 4 Abs. 1 oder irreführende Angaben enthalten § $4^3$ oder mit einem anderen für dieselben oder für gleichartige Waren früher angemeldeten Zeichen übereinstimmen und dessen Inhaber Widerspruch erhebt § 5, 6; letzterer Umstand hindert jedoch die Eintragung nicht, wenn das ausländische Zeichen trotz der früheren Anmeldung des übereinstimmenden Zeichens nach Art. 4 Anspruch auf Vorrang besitzt. Wegen des Versagungsgrundes des G. 94 § $4^2$ Anm. 11.

[11]) G. 94 (Nr. 4) § $4^3$. — Der Gebrauch öffentlicher Wappen und Ehrenzeichen kann nach Schlußprot. Ziff. 4 Abs. 2 als der öffentlichen Ordnung zuwider angesehen werden, so daß insoweit auch der Versagungsgrund des G. 94 § $4^2$ durch Art. 6 nicht berührt wird.

[12]) Nach G. 94 bildet die Natur des

**Art. 8.** Der Handelsname soll in allen Verbandsstaaten, ohne Verpflichtung zur Hinterlegung, geschützt werden, gleichviel ob er den Theil einer Fabrik- oder Handelsmarke bildet oder nicht[13]).

**Art. 9.** Jedes widerrechtlich mit einer Fabrik- oder Handelsmarke oder mit einem Handelsnamen versehene Erzeugniß darf bei der Einführung in diejenigen Verbandsstaaten, in welchem diese Marke oder dieser Handelsname Recht auf gesetzlichen Schutz hat, beschlagnahmt werden[14]).

Die Beschlagnahme soll nach Maßgabe der inneren Gesetzgebung[15]) jedes Staates auf Antrag entweder der Staatsanwaltschaft oder der Betheiligten erfolgen.

In den Staaten, deren Gesetzgebung die Beschlagnahme bei der Einführung nicht zuläßt, kann diese Beschlagnahme durch das Verbot der Einführung ersetzt werden.

Die Behörden sollen nicht gehalten sein, die Beschlagnahme im Falle der Durchfuhr zu bewirken[16]).

**Art. 10.** Die Bestimmungen des vorigen Artikels sollen auf jedes Erzeugniß anwendbar sein, welches als Bezeichnung der Herkunft fälschlich den Namen eines bestimmten Ortes trägt, wenn diese Bezeichnung einem erfundenen oder einem zum Zwecke der Täuschung entlehnten Handelsnamen beigefügt wird[17]).

Als Betheiligter gilt jeder Produzent, Fabrikant oder Kaufmann, welcher die Produktion oder die Fabrikation des Erzeugnisses oder den Handel mit demselben betreibt und in dem fälschlich als Herkunftsort bezeichneten Orte oder in der Gegend, in der dieser Ort liegt, seine Niederlassung hat[18]).

---

Erzeugnisses, für das ein Warenzeichen begehrt wird, keinen Hinderungsgrund für die Eintragung das. Anm. 5.

[13]) Schutz des Namens und der Firma G. 94 § 14. — Eine nach den G. eines der Vertragsstaaten zu Recht bestehende Firma hat auf den Schutz nach § 14 Anspruch, auch wenn sie in Deutschland nicht ins Handelsregister eingetragen ist.

[14]) Die rechtliche Grundlage für die Beschlagnahme bietet für Deutschland G. 94 § 17. Voraussetzung ist ein Antrag des Verletzten Nr. 4 des Abschn. Anm. 69, während die Beschlagnahme der widerrechtlich gekennzeichneten Waren auf Antrag der Staatsanwaltschaft (Abs. 2) dem deutschen Rechte fremd ist.

[15]) Hiernach ist auf Grund des G. 94 § 17 wie von Inländern, so auch von den Angehörigen eines Verbandsstaats, die eine Beschlagnahme beantragen, Sicherheit zu leisten.

[16]) Abs. 3 und 4 sind durch die Zusatzakte 00 Art. 1^IV^ hinzugefügt. In Deutschland erfolgt die Beschlagnahme auch im Falle der Durchfuhr G. 94 § 17.

[17]) Nach G. 94 § 17 ist die Beschlagnahme für ausländische Waren vorgesehen, die mit einer deutschen Firma und Ortsbezeichnung widerrechtlich versehen sind Nr. 4 Anm. 68. Durch Art. 10 Abs. 1 wird der gleiche Schutz auch Firmen und Ortsbezeichnungen der Vertragsstaaten zu Teil, jedoch mit der Einschränkung, daß der Antrag auf Beschlagnahme nur von solchen Erzeugern der Waren oder solchen mit ihr Handel treibenden Kaufleuten gestellt werden kann, welche in dem fälschlich als Herkunftsort bezeichnetem Orte oder in der Gegend dieses Ortes eine Niederlassung (Anm. 5) haben Abs. 2.

[18]) Die Fassungsänderungen im Abs. 2 beruhen auf der Zusatzakte 00 Art. 1^V^.

**Art. 10 bis.** Die unter der Uebereinkunft stehenden Personen (Art. 2 und 3) sollen in allen Verbandsstaaten den den Staatsangehörigen gegen den unlauteren Wettbewerb zugesicherten Schutz genießen[19]).

**Art. 11.** Die Hohen vertragschließenden Theile werden den patentfähigen Erfindungen, den gewerblichen Mustern oder Modellen sowie den Fabrik- oder Handelsmarken für Erzeugnisse, welche auf den auf dem Gebiet eines von ihnen veranstalteten amtlichen oder amtlich anerkannten internationalen Ausstellungen zur Schau gestellt werden, in Gemäßheit der Gesetzgebung jedes Landes einen zeitweiligen Schutz gewähren[20]).

**Art. 12.** Jeder der Hohen vertragschließenden Theile verpflichtet sich, eine besondere Behörde für das gewerbliche Eigenthum und eine Zentral-Hinterlegungsstelle zur Mittheilung der Erfindungspatente, der gewerblichen Muster oder Modelle und der Fabrik- oder Handelsmarken an das Publikum einzurichten[21]).

**Art. 13.** Unter der Bezeichnung: „Internationales Büreau des Verbandes zum Schutze des gewerblichen Eigenthums" ist ein internationales Amt einzurichten.

Dieses Büreau, dessen Kosten durch die Regierungen sämmtlicher vertragschließenden Staaten zu tragen sind, wird der hohen Autorität der oberen Verwaltungsbehörde der Schweizerischen Eidgenossenschaft unterstellt und hat unter deren Aufsicht zu arbeiten. Die Befugnisse desselben werden durch Vereinbarung der Verbandsstaaten bestimmt[22]).

**Art. 14.** Die vorliegende Uebereinkunft soll periodischen Revisionen unterzogen werden, um Verbesserungen herbeizuführen, welche geeignet sind, das System des Verbandes zu vervollkommnen.

Zu diesem Zwecke werden der Reihe nach in einem der vertragschließenden Staaten Konferenzen zwischen den Delegirten der genannten Staaten stattfinden.

Die nächste Zusammenkunft soll 1885 in Rom stattfinden[23]).

**Art. 15.** Man ist einverstanden, daß die Hohen vertragschließenden Theile sich das Recht vorbehalten, einzeln miteinander besondere Abmachungen

---

[19]) Art. 10 bis ist durch die Zusatzakte 00 Art. 1 VI hinzugefügt. — Bestimmungen zum Schutze gegen den unlauteren Wettbewerb enthält G. 27. Mai 96 (Abschn. IV Nr. 3), aber auch G. 94 (Nr. 4) im § 15 (Schutz gegen die rechtswidrige Benutzung von Ausstattungen das. Anm. 61) und im § 16 (strafrechtlicher Schutz gegen die widerrechtliche Verwendung der das. bezeichneten Wappen und Herkunftsbezeichnungen).

[20]) Die Fassungsänderungen beruhen auf der Zusatzakte 00 Art. 1 VII. Der vorübergehende Schutz aus Anlaß von internationalen Ausstellungen ist im Bedarfsfalle im Wege der inneren Gesetzgebung herbeizuführen Denkschrift S. 34.

[21]) In Deutschland das PatA. PatG. (Nr. 2) § 13.

[22]) Über die Deckung der Kosten nnd die Befugnisse des Bureaus trifft Ziff. 6 des Schlußprotokolls Bestimmung.

[23]) Der dritte Abs. ist durch die Zusatzakte 00 Art. 1 VIII in Wegfall gekommen.

zum Schutze des gewerblichen Eigenthums zu treffen, sofern diese Abmachungen den Bestimmungen der vorliegenden Uebereinkunft nicht zuwiderlaufen.

**Art. 16.** Die Staaten, welche an der vorliegenden Uebereinkunft nicht Theil genommen haben, sollen auf ihren Antrag zum Beitritte zugelassen werden.

Dieser Beitritt ist auf diplomatischem Wege der Regierung der Schweizerischen Eidgenossenschaft und von dieser den übrigen anzuzeigen.

Er hat mit voller Rechtswirkung den Anschluß an alle Bestimmungen und die Zulassung zu allen Vortheilen zur Folge, welche in der vorliegenden Uebereinkunft vereinbart sind und tritt einen Monat nach der Absendung der Anzeige durch die Schweizerische Regierung an die übrigen Verbandsstaaten in Kraft, sofern der beitretende Staat nicht einen späteren Zeitpunkt angiebt[24]).

**Art. 17.** Die Ausführung der in der vorliegenden Uebereinkunft enthaltenen gegenseitigen Verbindlichkeiten unterliegt, soweit nöthig, der Erfüllung der Förmlichkeiten und Vorschriften, welche die verfassungsmäßigen Gesetze derjenigen Hohen vertragschließenden Theile erfordern, die deren Anwendung herbeizuführen gehalten sind, was sie in möglichst kurzer Frist zu thun sich verpflichten.

**Art. 18.** Die vorliegende Uebereinkunft soll innerhalb eines Monats nach Austausch der Ratifikationen in Wirksamkeit treten und auf unbestimmte Zeit bis nach Ablauf eines Jahres vom Tage der erfolgten Kündigung ab in Kraft bleiben.

Diese Kündigung ist an die mit der Empfangnahme der Beitrittserklärungen beauftragte Regierung zu richten. Sie erstreckt ihre Wirkung nur auf den Staat, welcher sie ausspricht; für die übrigen vertragschließenden Theile bleibt die Uebereinkunft wirksam.

**Art. 19.** Die vorliegende Uebereinkunft soll ratifizirt werden und die Ratifikationen sollen zu Paris spätestens innerhalb eines Jahres ausgetauscht werden.

Zur Urkund dessen haben die betreffenden Bevollmächtigten die Uebereinkunft vollzogen und ihre Siegel beigedrückt.

So geschehen zu Paris, am 20. März 1883.

(Folgen die Unterschriften.)

## Schlußprotokoll.

Im Begriffe, den unter heutigem Tage zwischen den Regierungen von Belgien, Brasilien, Spanien, Frankreich, Guatemala, Italien, den Niederlanden, Portugal, Salvador, Serbien und der Schweiz abgeschlossenen Vertrag zum Schutze des gewerblichen Eigenthums zu unterzeichnen, sind die unterzeichneten Bevollmächtigten über Nachstehendes übereingekommen:

---

[24]) Die Fassungsänderung beruht auf der Zusatzakte 00 Art. 1 XI.

1. Die Worte: „Gewerbliches Eigenthum“ sollen in ihrer weitesten Bedeutung verstanden werden, derart, daß sie nicht blos auf Gewerbeerzeugnisse im eigentlichen Sinne, sondern ebenso auf die Erzeugnisse des Ackerbaues (Wein, Getreide, Früchte, Vieh ꝛc.) und auf die in den Handel gebrachten mineralischen Erzeugnisse (Mineralwasser ꝛc.) Anwendung finden[2]).

2. Unter der Bezeichnung „Erfindungspatente“ sind die von den Gesetzgebungen der vertragschließenden Staaten zugelassenen verschiedenen Arten gewerblicher Patente, wie Einführungs-, Verbesserungs- ꝛc. Patente, begriffen.

3. Man ist einverstanden, daß die Schlußbestimmung des Artikel 2 der Uebereinkunft die Gesetzgebung jedes der vertragschließenden Staaten in Betreff des Verfahrens vor den Gerichten und die Zuständigkeit dieser Gerichte in keiner Weise berühren soll[4]).

3 bis. Der Verfall eines Patents wegen Nichtausübung soll in jedem Lande nicht vor Ablauf von drei Jahren seit der Hinterlegung des Gesuchs in dem Lande, um das es sich handelt, und nur dann ausgesprochen werden können, wenn der Patentinhaber Gründe für seine Unthätigkeit nicht darthut[25]).

4. Abs. 1 des Artikel 6 ist dahin zu verstehen, daß keine Fabrik- oder Handelsmarke von dem Schutze in einem der Verbandsstaaten ausgeschlossen werden darf, lediglich der Thatsache wegen, daß dieselbe hinsichtlich der Zeichen, aus denen sie besteht, den Anforderungen der Gesetzgebung dieses Staates nicht genügt, vorausgesetzt, daß sie in dieser Beziehung der Gesetzgebung des Ursprungslandes genügt und daß sie in diesem letzteren Lande Gegenstand einer vorschriftsmäßigen Hinterlegung gewesen ist. Von dieser Ausnahme abgesehen, welche nur die Form der Marke betrifft, und vorbehaltlich der Bestimmungen der übrigen Artikel der Uebereinkunft soll die innere Gesetzgebung jedes Staates Anwendung finden[10]).

Um jeder falschen Auslegung zu begegnen, ist man einverstanden, daß der Gebrauch der öffentlichen Wappen und Ehrenzeichen als im Sinne des Schlußsatzes des Art. 6 der öffentlichen Ordnung zuwider angesehen werden kann[11]).

5. Bei Einrichtung der im Artikel 12 erwähnten besonderen Behörde für das gewerbliche Eigenthum soll auf die Veröffentlichung eines periodischen amtlichen Blattes in jedem Staate thunlichst Bedacht genommen werden.

6. Die Ausgaben des nach Artikel 13 eingesetzten internationalen Büreaus werden gemeinsam von den vertragschließenden Staaten getragen. Sie dürfen in keinem Falle die Summe von 60000 Franken jährlich übersteigen[26]).

---

[25]) Ziff. 3bis ist durch die Zusatzakte 00 Art. 2 eingefügt worden. Die Bestimmung beschränkt den in einzelnen Staaten vorgeschriebenen Ausführungszwang Anm. 9.

[26]) Die Fassung des Abs. 1 beruht auf dem zu Madrid am 15. April 91 unterzeichneten Protokall betr. die Ausstattung des internationalen Bureaus

Um den Beitrag jedes Staates zu dieser Gesammtsumme der Kosten zu bestimmen, werden die vertragschließenden Staaten und diejenigen, welche dem Verbande später beitreten möchten, in sechs Klassen getheilt, von denen jede im Verhältniß einer bestimmten Zahl von Einheiten beiträgt, nämlich:

| | | |
|---|---|---|
| die 1. Klasse | . . . . . . . . | 25 Einheiten, |
| „ 2. „ | . . . . . . . . . | 20 „ |
| „ 3. „ | . . . . . . . . . | 15 „ |
| „ 4. „ | . . . . . . . . . | 10 „ |
| „ 5. „ | . . . . . . . . . | 5 „ |
| „ 6. „ | . . . . . . . . . | 3 „ |

Diese Coeffizienten werden mit der Zahl der Staaten jeder Klasse multiplizirt und die Summe der so erhaltenen Produkte bildet die Zahl von Einheiten, mit der die Gesammtausgabe zu dividiren ist. Der Quotient ergiebt dann den Betrag der Ausgabeeinheit.

Hinsichtlich der Vertheilung der Kosten werden die vertragschließenden Staaten wie folgt klassifizirt:

| | |
|---|---|
| 1. Klasse | Frankreich, Italien; |
| 2. „ | Spanien; |
| 3. „ | Belgien, Brasilien, Portugal, Schweiz; |
| 4. „ | Niederlande; |
| 5. „ | Serbien; |
| 6. „ | Guatemala, Salvador. |

Die Schweizerische Regierung wird die Ausgaben des internationalen Büreaus überwachen, die nöthigen Vorschüsse leisten und die Jahresrechnung aufstellen, welche allen anderen Regierungen mitgetheilt wird.

Das internationale Büreau hat die auf den Schutz des gewerblichen Eigenthums bezüglichen Mittheilungen aller Art zu sammeln und in einer allgemeinen Statistik zu vereinigen, welche an alle Regierungen zu vertheilen ist. Es hat sich mit gemeinnützigen Studien, welche für den Verband von Interesse sind, zu beschäftigen und mit Hülfe des ihm von den verschiedenen Regierungen zur Verfügung gestellten Aktenmaterials ein periodisches Blatt in französischer Sprache zu redigiren, welches die den Gegenstand des Verbandes betreffenden Fragen behandelt.

Die Nummern dieses Blattes sowie alle von dem internationalen Büreau veröffentlichten Schriftstücke sind auf die Regierungen der Verbandsstaaten im Verhältnisse der Zahl der oben erwähnten Beitragseinheiten zu vertheilen. Die außerdem von den genannten Regierungen oder von Gesellschaften oder Privatpersonen etwa beanspruchten Exemplare und Schriftstücke sind besonders zu bezahlen.

---

Art. 1. Art. 2 regelt den Austausch der Ratifikationen und bestimmt, daß das Protokoll dieselbe Kraft und Dauer haben soll wie die Übereinkunft 20. März 83, als deren integrierender Bestandteil es angesehen werden soll.

Das internationale Büreau hat sich jederzeit zur Verfügung der Verbandsmitglieder zu halten, um ihnen über die auf die internationale Verwaltung des gewerblichen Eigenthums bezüglichen Fragen die besonderen Mittheilungen zu machen, deren sie bedürfen könnten.

Die Regierung des Landes, in welchem die nächste Konferenz tagen soll, hat mit Hülfe des internationalen Büreaus die Arbeiten dieser Konferenz vorzubereiten.

Der Vorsteher des internationalen Büreaus hat den Sitzungen der Konferenzen beizuwohnen und an den Verhandlungen ohne beschließende Stimme Theil zu nehmen. Ueber seine Amtsführung hat er jährlich einen Bericht zu erstatten, welcher den Mitgliedern des Verbandes mitzutheilen ist.

Die Amtssprache des internationalen Büreaus soll die französische Sprache sein.

7. Das vorliegende Schlußprotokoll, welches gleichzeitig mit der am heutigen Tage abgeschlossenen Uebereinkunft ratifizirt werden soll, ist als integrirender Theil dieser Uebereinkunft anzusehen und soll dieselbe Kraft, Gültigkeit und Dauer haben.

Zur Urkund dessen haben die unterzeichneten Bevollmächtigten das vorliegende Protokoll aufgenommen.

So geschehen zu Paris, den 20. März 1883.

(Folgen die Unterschriften.)

## (2. **Protokoll**

betreffend die Ausstattung des internationalen Bureaus des zum Schutze des gewerblichen Eigenthums zwischen Belgien, Brasilien, Spanien, den Vereinigten Staaten von Amerika, Frankreich, Großbritannien, Guatemala, Italien, Norwegen, den Niederlanden, Portugal, Schweden, der Schweiz und Tunis geschlossenen Verbandes d. d. Madrid 15. April 91)[27]).

## (3.) **Zusatzakte vom 14. Dezember 1900,**

durch welche die Uebereinkunft vom 20. März 1883 sowie das beigefügte Schlußprotokoll abgeändert wird.

Seine Majestät der König der Belgier, der Präsident der Vereinigten Staaten von Brasilien, Seine Majestät der König von Dänemark, der Präsident der Dominikanischen Republik, Seine Majestät der König von Spanien und in Seinem Namen Ihre Majestät die Königin-Regentin des Königreichs, der Präsident der Vereinigten Staaten von Amerika, der Präsident der Französischen Republik, Ihre Majestät die Königin des Vereinigten Königreichs von Großbritannien und Irland, Kaiserin von Indien, Seine Majestät der König von Italien, Seine Majestät der Kaiser von Japan, Ihre Majestät

[27]) Vom Abdruck dieses aus 2 Art. bestehenden Protokolls ist Abstand genommen. Der Inhalt ergibt sich aus Anm. 26.

die Königin der Niederlande, Seine Majestät der König von Portugal und Algarbien, Seine Majestät der König von Serbien, Seine Majestät der König von Schweden und Norwegen, der Bundesrath der Schweizerischen Eidgenossenschaft, die Regierung von Tunis

haben es für nützlich erachtet, gewisse Abänderungen und Zusätze der internationalen Uebereinkunft vom 20. März 1883 sowie des der genannten Uebereinkunft beigefügten Schlußprotokolls zu veranlassen und zu Ihren Bevollmächtigten ernannt:

(Es folgen die Namen der Bevollmächtigten)

welche nach gegenseitiger Mittheilung ihrer in guter und gehöriger Form befundenen Vollmachten über folgende Artikel übereingekommen sind:

**(Art. 1)**[28].

**(Art. 2)**[29].

**Art. 3.** Die vorliegende Zusatzakte soll dieselbe Gültigkeit und Dauer haben wie die Uebereinkunft vom 20. März 1883.

Sie soll ratifizirt werden und die Ratifikationen sollen in Brüssel im Ministerium der auswärtigen Angelegenheiten sobald als möglich und spätestens innerhalb achtzehn Monaten seit dem Tage der Unterzeichnung niedergelegt werden.

Sie soll drei Monate nach dem Abschlusse des Niederlegungs-Protokolls in Kraft treten.

Zur Urkund dessen haben die betreffenden Bevollmächtigten die vorliegende Zusatzakte unterzeichnet.

So geschehen zu Brüssel in einem einzigen Exemplar, am 14. Dezember 1900.

(Folgen die Unterschriften.)

## Anlagen zur internationalen Übereinkunft zum Schutze des gewerblichen Eigentums.

### Anlage A (zu Anmerkung 1).

**Uebereinkommen zwischen dem Reich und Oesterreich-Ungarn[1]) über den gegenseitigen Patent-, Muster- und Markenschutz. Vom 6. Dezember 1891.**

(RGB. 92 S. 289.)

Seine Majestät der Deutsche Kaiser, König von Preußen, im Namen des Deutschen Reichs, einerseits, und Seine Majestät der Kaiser von Oester-

[28]) Artikel 1 enthält die Änderungen der Pariser Übereinkunft vom 20. März 83, die bei Wiedergabe des Wortlauts derselben berücksichtigt sind: Ziff. I ändert den Art. 3, Ziff. II den Art. 4, Ziff. IV den Art. 9, Ziff. V den Art. 10, Ziff. VII den Art. 11, Ziff. VIII den Art. 14, Ziff. IX den Art. 16; durch Ziff. III ist ferner die Einschaltung des Art. 4 bis und durch Ziff. VI die des Art. 10 bis erfolgt.

[29]) Art. 2 enthält die Einschaltung der Ziff. 3 bis des Schlußprotokolls.

[1]) Österreich-Ungarn ist dem internationalen Verband zum Schutze des gewerblichen Eigentums bisher nicht beigetreten.

reich, König von Böhmen 2c. und Apostolischer König von Ungarn, andererseits, von dem Wunsche geleitet, die gegenseitigen Beziehungen auf dem Gebiete des Patent-, Muster- und Markenschutzes neu zu regeln, haben zu diesem Zweck Unterhandlungen eröffnen lassen und zu Bevollmächtigten ernannt:

(Es folgen die Namen der Bevollmächtigten)

welche unter Vorbehalt der beiderseitigen Ratifikationen das nachstehende Uebereinkommen vereinbart und abgeschlossen haben:

**Art. 1.** Die Angehörigen des einen der vertragschließenden Theile sollen in den Gebieten des anderen in Bezug auf den Schutz von Erfindungen, von Mustern (einschließlich der Gebrauchsmuster) und Modellen, von Handels- und Fabrikmarken, von Firmen und Namen dieselben Rechte wie die eigenen Angehörigen genießen[2]).

**Art. 2.** Den Angehörigen im Sinne dieser Vereinbarung sind gleichgestellt andere Personen, welche in den Gebieten des einen der vertragschließenden Theile ihren Wohnsitz oder ihre Hauptniederlassung haben[3]).

**Art. 3**[4]). Wird eine Erfindung, ein Muster oder Modell, eine Fabrik- oder Handelsmarke in den Gebieten des einen der vertragschließenden Theile behufs Erlangung des Schutzes angemeldet, und binnen einer Frist von drei Monaten die Anmeldung auch in den Gebieten des anderen vertragschließenden Theiles bewirkt, so soll

a) diese spätere Anmeldung allen Anmeldungen vorgehen, welche in den Gebieten des anderen Theiles nach dem Zeitpunkt der ersten Anmeldunng eingereicht worden sind;

---

[2]) Erfindungen PatG. (Nr. 2 des Abschn.), Muster und Modelle G. 11. Jan. 76 (Nr. 3 Anl. A), Gebrauchsmuster G. 91 (Nr. 3), Handels- und Fabrikmarken G. 94 (Nr. 4), Firmen- und Namenschutz G. 94 (Nr. 4) § 14. — Art. 1 entspricht im wesentlichen dem Art. 2 der Pariser Übereinkunft 83. Die dazu in Anm. 4 gemachten Ausführungen finden entsprechende Anwendung.

[3]) Neben dem Wohnsitze ist nur die Hauptniederlassung maßgebend, während gegenüber den Staaten des internationalen Schutzverbands auch eine Nebenniederlassung, sofern sie nicht nur zum Schein begründet ist, genügt Nr. 6 des Abschn. Art. 3 und Anm. 5.

[4]) Die Art. 3 und 4 betreffen die bei Anmeldung des gleichen gewerblichen Rechts in den beiden Vertragsstaaten zu gewährende Vorrangsfrist und unterscheiden sich von der entsprechenden Bestimmung in Art. 4 der internationalen Übereinkunft. a) Bei Mustern und Modellen, Handels- und Fabrikmarken beginnt die Frist sowohl nach der internationalen Übereinkunft als nach dem Übereinkommen mit Österreich-Ungarn (Art. 4a) mit der Anmeldung. Sie beträgt für Österreich-Ungarn drei, für die Verbandsstaaten vier Monate. b) Bei Erfindungen beginnt die Frist nach der internationalen Übereinkunft ebenfalls mit der Anmeldung des Patents und dauert zwölf Monate; im Verkehr mit Österreich-Ungarn beginnt sie erst mit der Zustellung des Beschlusses über die Patent-Erteilung, dauert dann allerdings nur drei Monate Art. 4 Abs. 1b und Abs. 3. c) Gegenstände, die in Deutschland als Gebrauchsmuster, in Österreich-Ungarn als Erfindungen angemeldet werden, unterliegen inbetreff der Vorrangsfrist in Deutschland den für Muster vereinbarten Bestimmungen (a), in Österreich den für Erfindungen vereinbarten Bestimmungen (b) Art. 4c. — Über den Grund der Vereinbarung der Vorrangsfristen Nr. 6 des Abschn. Anm. 6.

b) durch Umstände, welche nach dem Zeitpunkt der ersten Anmeldung eintreten, dem Gegenstande derselben die Neuheit in den Gebieten des anderen Theiles nicht entzogen werden.

**Art. 4.** Die im Artikel 3 vorgesehene Frist beginnt:

a) bei Mustern und Modellen, sowie Handels- und Fabrikmarken mit dem Zeitpunkt, in welchem die erste Anmeldung erfolgt;

b) bei Erfindungen mit dem Zeitpunkt, in welchem auf die erste Anmeldung das Patent ertheilt wird;

c) bei Gegenständen, welche in Deutschland als Gebrauchsmuster, in Oesterreich-Ungarn als Erfindungen angemeldet werden, mit dem Zeitpunkt der ersten Anmeldung, falls diese in Deutschland erfolgt, und mit dem Zeitpunkt, in welchem das Patent auf die erste Anmeldung ertheilt wird, falls diese in Oesterreich-Ungarn erfolgt.

Der Tag der Anmeldung oder der Ertheilung wird in die Frist nicht eingerechnet.

Als Tag der Ertheilung gilt der Tag, an welchem der Beschluß über die endgültige Ertheilung des Patents zugestellt worden ist.

**Art. 5.** Die Einfuhr einer in den Gebieten des einen Theiles hergestellten Waare in die Gebiete des anderen Theiles soll in den letzteren den Verlust des auf Grund einer Erfindung, eines Musters oder Modells für die Waare gewährten Schutzrechtes nicht zur Folge haben[5]).

**Art. 6.** Dem Inhaber einer in den Gebieten des einen Theiles eingetragenen Handels- und Fabrikmarke kann die Eintragung in den Gebieten des anderen Theiles nicht aus dem Grunde versagt werden, weil die Marke den hier geltenden Vorschriften über die Zusammensetzung und äußere Gestaltung der Marken nicht entspricht[6]).

Zu den Vorschriften über die Zusammensetzung und äußere Gestaltung der Marken werden diejenigen Vorschriften nicht gerechnet, welche in den Marken die Verwendung von Bildnissen der Landesherren oder der Mitglieder der landesherrlichen Häuser oder von Staats- und anderen öffentlichen Wappen verbieten[7]).

---

[5]) In Beziehung auf patentierte Gegenstände besteht eine entsprechende Vorschrift im Pariser Übereinkommen Art. 5 Abs. 1.

[6]) Der Versagungsgrund des G. 94 (Nr. 4) § 4[1] darf danach gegenüber Warenzeichen, die in Österreich-Ungarn eingetragen sind, nicht angewendet werden. Die gleiche Vorschrift besteht für den internationalen Verband Nr. 6 Art. 6 und Schlußprotokoll Ziff. 4 Abs. 1. — Abs. 1 erhält eine Ergänzung durch das nachfolgende Schlußprotokoll Anm. 10.

[7]) Nach G. 94 § 4[2] dürfen Warenzeichen, die in- oder ausländische Staatswappen oder Wappen eines inländischen Ortes, eines inländischen Gemeinde- oder weiteren Kommunalverbandes enthalten, in Deutschland nicht eingetragen werden Nr. 4 Anm. 19. Die Verwendung von Bildnissen der Landesherren oder der Mitglieder der landesherrlichen Häuser als Bestandteil von Warenzeichen ist dagegen durch G. 94 nicht ausgeschlossen.

**Art. 7.** Handels- und Fabrikmarken, welche in den Gebieten des einen Theiles als Kennzeichen der Waaren von Angehörigen eines bestimmten gewerblichen Verbandes, eines bestimmten Ortes oder Bezirkes Schutz genießen, sind, sofern die Anmeldung dieser Marken vor dem 1. Oktober 1875 in den Gebieten des anderen Theiles erfolgt ist, hier von der Benutzung als Freizeichen ausgeschlossen[8]). Außer den Angehörigen eines solchen Verbandes, Ortes oder Bezirkes hat niemand Anspruch auf Schutz dieser Marken.

Waarenzeichen, welche öffentliche Wappen aus den Gebieten des einen Theiles enthalten, sind in den Gebieten des anderen Theiles von der Benutzung als Freizeichen ausgeschlossen. Außer demjenigen, welcher die Erlaubniß zur Benutzung der Wappen besitzt, hat niemand Anspruch auf Schutz dieser Zeichen.

**Art. 8.** Jeder der vertragschließenden Theile wird, soweit dies noch nicht geschehen ist, Bestimmungen gegen den Verkauf und das Feilhalten solcher Waaren treffen, welche zum Zweck der Täuschung in Handel und Verkehr mit Staatswappen des anderen Theiles oder mit Namen oder Wappen bestimmter, in den Gebieten des anderen Theiles belegenen Orte oder Bezirke behufs Bezeichnung des Ursprungs versehen sind[9]).

**Art. 9.** Muster und Modelle, sowie Handels- und Fabrikmarken, für welche deutsche Angehörige in der Oesterreich-Ungarischen Monarchie einen Schutz erlangen wollen, sind sowohl bei der Handels- und Gewerbekammer in Wien für die im Reichsrath vertretenen Königreiche und Länder, als auch bei der Handels- und Gewerbekammer in Budapest für die Länder der Ungarischen Krone anzumelden.

**Art. 10.** Das gegenwärtige Uebereinkommen tritt am 1. Februar 1892 in Kraft und bleibt bis zum Ablauf von sechs Monaten nach erfolgter Kündigung von Seite eines der vertragschließenden Theile in Wirksamkeit.

Das Uebereinkommen soll ratifizirt und die Ratifikationen sobald als möglich in Wien ausgewechselt werden.

(Folgen die Unterschriften.)

Das vorstehende Uebereinkommen ist ratifizirt worden und die Auswechselung der Ratifikations-Urkunden hat stattgefunden.

---

[8]) Die Bestimmung ist im Interesse der österreichischen Sensenfabrikanten vereinbart worden. Sie kommt einseitig Österreich-Ungarn zugute, da für Kennzeichen der Ware eines bestimmten gewerblichen Verbandes, eines bestimmten Orts oder Bezirks in Deutschland kein Schutz gewährt wird, der deutsche Warenzeichenschutz sich vielmehr auf Zeichen beschränkt, die die Ware einer bestimmten Person von den Waren anderer unterscheiden Nr. 4 des Abschn. § 1.

[9]) Der Verkauf und das Feilhalten von Waren, bei denen der Tatbestand des Art. 8 vorliegt, ist durch G. 94 (Nr. 4) § 16 unter Strafe gestellt. Außerdem ist auf Beseitigung der widerrechtlichen Kennzeichnung zu erkennen das. § 19 Abs. 1.

### Schlußprotokoll.

Bei der am heutigen Tage erfolgten Unterzeichnung des Uebereinkommens zwischen dem Deutschen Reich und der Oesterreichisch-Ungarischen Monarchie über den gegenseitigen Patent-, Muster- und Markenschutz haben die beiderseitigen Bevollmächtigten folgende Erklärung in das gegenwärtige Protokoll niedergelegt:

Die Bestimmung im Artikel 6 Absatz 1 des Uebereinkommens bezweckt nicht, der in den Gebieten des einen Theiles eingetragenen Marke in den Gebieten des anderen Theiles auch dann einen Anspruch auf Eintragung zu gewähren, wenn hier befunden wird, daß der Inhalt der Marke gegen die Sittlichkeit oder gegen die öffentliche Ordnung verstößt, oder mit den thatsächlichen Verhältnissen in einem das Publikum irreführenden Widerspruch steht. Liegt eine dieser Voraussetzungen vor, so kann die Eintragung versagt werden[10]).

Das gegenwärtige Protokoll, welches einen integrirenden Bestandtheil des Uebereinkommens bildet, auf das es sich bezieht, und welches ohne besondere Ratifikation durch die bloße Thatsache der Auswechselung der Ratifikationen dieses Uebereinkommens als von den vertragschließenden Theilen gebilligt und bestätigt anzusehen ist, wurde in doppelter Ausfertigung zu Wien am 6. Dezember 1891 unterzeichnet.

(Folgen die Unterschriften.)

---

## Anlage B (zu Anmerkung 1).

### A. Uebereinkommen zwischen dem Reich und Italien über den gegenseitigen Patent-, Muster- und Markenschutz. Vom 18. Januar 1892. (RGB. 293)[1]).

Seine Majestät der Deutsche Kaiser, König von Preußen, im Namen des Deutschen Reichs, einerseits, und Seine Majestät der König von Italien, andererseits, von dem Wunsche geleitet, die gegenseitigen Beziehungen auf dem Gebiete des Patent-, Muster- und Markenschutzes neu zu regeln, haben zu diesem Zweck Verhandlungen eröffnen lassen und zu Bevollmächtigten ernannt:

(Es folgen die Namen der Bevollmächtigten)

welche, nach Mittheilung ihrer in guter und gehöriger Form befundenen Vollmachten, das nachstehende Uebereinkommen vereinbart und abgeschlossen haben:

---

[10]) Hierdurch ist der Versagungsgrund des G. 94 § 4³ gegenüber den in Österreich-Ungarn eingetragenen Marken aufrecht erhalten.

[1]) Das Übereinkommen mit Italien 18. Jan. 92 (A) wurde geschlossen, als Deutschland dem unter Mitwirkung Italiens begründeten internationalen Verband zum Schutze des gewerblichen Eigentums noch nicht angehörte. Nach dem Beitritt Deutschlands zu diesem Verbande (Nr. 6 des Abschn. Anm. 1) wurde es erforderlich, diejenigen Bestimmungen des deutsch-italienischen Abkommens 92 aufzuheben, welche Abweichungen von den Vorschriften des internationalen Übereinkommens enthielten Nr. 6 des Abschn. Art. 15. Zu diesem Zweck wurde das Abkommen 4. Juni 02 (B) getroffen.

**(Art. 1—4)**[2].

**Art. 5.** Die Rechtsnachtheile, welche nach den Gesetzen der vertragschließenden Theile eintreten, wenn eine Erfindung, ein Muster oder ein Modell nicht innerhalb einer bestimmten Frist ausgeführt oder nachgebildet wird, sollen auch dadurch ausgeschlossen werden, daß die Ausführung oder Nachbildung in dem Gebiete des anderen Theiles erfolgt[3]). Durch diese Bestimmung werden die Vergünstigungen, welche dem Inhaber eines Patents im Artikel 2 der Zusatzakte vom 14. Dezember 1900 zur internationalen Übereinkunft zum Schutze des gewerblichen Eigenthums vom 20. März 1883 zugesichert sind, nicht berührt[4]).

Demgemäß soll auch die Einfuhr einer in den Gebieten des einen Theiles hergestellten Waare in die Gebiete des anderen Theiles in den letzteren den Verlust des auf Grund einer Erfindung, eines Musters oder eines Modells für die Waare gewährten Schutzrechts nicht zur Folge haben[5]).

**(Art. 6)**[6]).

**Art. 7.** Handels- und Fabrikmarken, welche in dem Ursprungslande im freien Gebrauch stehen, können auch in den Gebieten des anderen Theiles nicht den Gegenstand ausschließlicher Benutzung bilden[7]).

**(Art. 8.)**[8]).

Zu Urkund dessen haben die beiderseitigen Bevollmächtigten das gegenwärtige Uebereinkommen unterzeichnet und ihr Siegel beigedrückt.

(Folgen die Unterschriften.)

---

[2]) Die Artikel 1—4 sind durch das Abkommen 4. Juni 02 (B) aufgehoben. Sie entsprachen wörtlich den Art. 1—4 des deutsch-österreichischen Abkommens (Anl. A); nur daß Art. 1 noch einen zweiten Abs. enthielt, in dem die Gleichstellung der beiderseitigen Untertanen (Abs. 1) dahin erläutert wurde, daß die fremden Staatsangehörigen denselben Schutz und dieselben gesetzlichen Mittel gegen jede Verletzung ihrer Rechte haben sollten wie die Inländer, vorausgesetzt, daß sie die Förmlichkeiten und Bedingungen erfüllten, welche die innere Gesetzgebung eines jeden der beiden Staaten den Inländern auferlegt. Die in den aufgehobenen Artikeln enthaltenen Abmachungen sind durch die entsprechenden Bestimmungen der Pariser Übereinkunft in der Fassung der Brüsseler Zusatzakte Nr. 6 des Abschn. Art. 2, 3, 4 ersetzt.

[3]) Hierdurch wird die Anwendung von PatG. (Nr. 2) § 11¹ für den Fall ausgeschlossen, daß das Pat. innerhalb der dreijährigen Frist in Italien ausgeführt oder daselbst wenigstens alles getan ist, was erforderlich ist, um die Ausführung zu sichern.

[4]) Der letzte Satz des Abs. 1 ist durch das Abkommen 02 Art. 2 hinzugefügt worden. Durch die Zusatzakte Art. 2 ist in das Schlußprotokoll 20. März 83 die Ziffer 3 bis eingeschaltet worden, wonach der Verfall eines Pat. wegen Nichtausübung nicht vor Ablauf von drei Jahren seit der Hinterlegung und später nur dann ausgesprochen werden darf, wenn der PatInhaber nicht Gründe für seine Untätigkeit dartut Nr. 6 Anm. 25.

[5]) Für patentierte Gegenstände besteht eine entsprechende Vorschrift im Pariser Übereinkommen Art. 5 Abs. 1 und Anm. 8.

[6]) Art. 6 ist durch das Abkommen 02 Art. 1 aufgehoben im Hinblick auf das Pariser Übereinkommen Art. 6 und Schlußprotokoll Ziff. 4 Abs. 1.

[7]) Die Eigenschaft eines Warenzeichens als Freizeichen in Italien schließt hiernach seine Eintragung in die deutsche Zeichenrolle aus.

[8]) Art. 8 ist durch Zusatzakte 02 Art. 1 aufgehoben.

**B. Abkommen zwischen dem Deutschen Reiche und Italien zur Abänderung des Uebereinkommens vom 18. Januar 1892, betreffend den gegenseitigen Patent-, Muster- und Markenschutz. Vom 4. Juni 1902.** (RGB. 03 S. 178)[1].

Seine Majestät der Deutsche Kaiser, König von Preußen, im Namen des Deutschen Reichs, einerseits, und Seine Majestät der König von Italien, andererseits, haben, nachdem sich die Nothwendigkeit ergeben hat, das am 18. Januar 1892 zwischen dem Deutschen Reiche und Italien abgeschlossene Uebereinkommen, betreffend den gegenseitigen Patent-, Muster- und Markenschutz, einer Aenderung zu unterziehen, zu diesem Zwecke Verhandlungen eröffnen lassen und zu Bevollmächtigten ernannt:

(Es folgen die Namen der Bevollmächtigten)

welche, nach Mittheilung ihrer in guter und gehöriger Form befundenen Vollmachten, das nachstehende Uebereinkommen vereinbart und abgeschlossen haben:

**Art. 1.** Die Artikel 1 bis 4, 6 und 8 des Uebereinkommens über den gegenseitigen Patent-, Muster- und Markenschutz vom 18. Januar 1892 werden aufgehoben.

**Art. 2.** In Artikel 5 des Uebereinkommens wird dem Abs. 1 folgender Satz hinzugefügt:

(Der zugefügte Satz ist im Abkommen vom 18. Jan. 92 (A) durch Sperrdruck kenntlich gemacht.)

**Art. 3.** Für die in Deutschland als Gebrauchsmuster und in Italien als Erfindungen angemeldeten Gegenstände wird die durch Artikel 4 der Pariser Uebereinkunft vom 20. März 1883 vorgesehene, durch die Brüsseler Zusatzakte vom 14. Dezember 1900 modifizirte Prioritätsfrist, wenn die Anmeldung zuerst in Deutschland bewirkt ist, auf 4 Monate, wenn die Anmeldung zuerst in Italien gemacht ist, auf 12 Monate bemessen[9]).

**Art. 4.** Das vorliegende Abkommen tritt mit dem Zeitpunkt in Kraft, zu welchem der Beitritt des Deutschen Reichs zu der in Paris am 20. März 1883 geschlossenen internationalen Uebereinkunft zum Schutze des gewerblichen Eigenthums nebst der Brüsseler Zusatzakte vom 14. Dezember 1900 wirksam wird[10]).

**Art. 5.** Diejenigen Erfindungen, Muster und Modelle, Fabrik- und Handelsmarken, welche vor dem in dem vorstehenden Artikel 4 bezeichneten Zeitpunkt angemeldet sind, genießen ein Vorrecht entweder nach Maßgabe der Artikel 3 und 4 des Uebereinkommens vom 18. Januar 1892 oder nach Maßgabe des Artikel 4 der Pariser Uebereinkunft, je nachdem das eine oder das andere dem Anmeldenden günstiger ist[11]).

Das Uebereinkommen soll ratifizirt und die Ratifikationen sobald als möglich in Rom ausgewechselt werden[12]).

(Folgen die Unterschriften.)

---

[9]) Es ist das der gleiche Grundsatz, auf dem die Bestimmung in Art. 4c des deutsch-österreichischen Übereinkommens beruht Anl. A Anm. 4.

[10]) Am 1. Mai 03 Bek. 6. April 03 (Nr. 6 des Abschn.) Abs. 3.

[11]) Übergangsbestimmung.

[12]) Dies ist geschehen RGB. 03 S. 180.

## Anlage C (zu Anmerkung 1).

### A. Uebereinkommen zwischen dem Deutschen Reich und der Schweiz, betreffend den gegenseitigen Patent-, Muster- und Markenschutz. Vom 13. April 1892.

(RGB. 94 S. 511)[1].

Seine Majestät der Deutsche Kaiser, König von Preußen, im Namen des Deutschen Reichs einerseits, und der Bundesrath der Schweizerischen Eidgenossenschaft andererseits, von dem Wunsche geleitet, die gegenseitigen Beziehungen auf dem Gebiete des Patent-, Muster- und Markenschutzes neu zu regeln, haben zu diesem Zweck Unterhandlungen eröffnen lassen und zu Bevollmächtigten ernannt:

(Es folgen die Namen der Bevollmächtigten)

welche unter Vorbehalt der beiderseitigen Ratifikation das nachstehende Uebereinkommen vereinbart und abgeschlossen haben:

**(Art. 1—4)**[2].

**Art. 5.** Die Rechtsnachtheile, welche nach den Gesetzen der vertragschließenden Theile eintreten, wenn eine Erfindung, ein Muster oder Modell, eine Handels- oder Fabrikmarke nicht innerhalb einer bestimmten Frist ausgeführt, nachgebildet oder angewendet wird, sollen auch dadurch ausgeschlossen werden, daß die Ausführung, Nachbildung oder Anwendung in dem Gebiete des anderen Theiles erfolgt[3].

Die Einfuhr einer in dem Gebiete des einen Theiles hergestellten Waare in das Gebiet des anderen Theiles soll in dem letzteren nachtheilige Folgen für das auf Grund einer Erfindung, eines Musters oder Modells oder einer Handels- oder Fabrikmarke gewährte Schutzrecht nicht nach sich ziehen[4].

Vorstehende Bestimmungen finden auf diejenigen Erfindungen nicht Anwendung, welche nach den Gesetzen eines der vertragschließenden Theile vom Patentschutz ausgeschlossen sind. Jedoch bleiben die Vergünstigungen, welche dem Inhaber eines Patents im Artikel 2 der Zusatzakte vom 14. Dezember 1900

---

[1]) Das Übereinkommen mit der Schweiz 13. April 92 (A) wurde geschlossen, als Deutschland dem unter Mitwirkung der Schweiz begründeten internationalen Verbande zum Schutze des gewerblichen Eigentums noch nicht angehörte. Nach Deutschlands Beitritt (Nr. 6 des Abschn. Anm. 1) waren nach Art. 15 des Pariser Übereinkommens die Bestimmungen des deutsch-schweizerischen Abkommens 92 insoweit als sie mit dem internationalen Übereinkommen nicht im Einklange standen, aufzuheben. Dies ist durch das Abkommen 26. Mai 02 (B) geschehen.

[2]) Die Art. 1—4, die inhaltlich mit den gleichen Artikeln des deutsch-österreichischen (Anl. A) und des ersten deutsch-italienischen (Anl. B) Abkommens übereinstimmten, sind durch das Abkommen 02 (B) Art. I aufgehoben und durch die entsprechenden Bestimmungen der internationalen Übereinkunft (Nr. 6 Art. 2, 3, 4) ersetzt.

[3]) Die gleiche Bestimmung enthält das deutsch-italienische Abkommen 92 (Anl. B) in Art. 5 Abs. 1. Vergl. das. Anm. 3.

[4]) Für patentierte Gegenstände besteht im internationalen Abkommen Art. 5 die Vorschrift, daß die Einfuhr durch den PatInhaber in das Land, wo das Pat. erteilt worden ist, den Verfall des letzteren nicht zur Folge haben soll.

zur internationalen Konvention zum Schutze des gewerblichen Eigenthums vom 20. März 1883 zugesichert sind, unberührt.

Rechtsnachtheile, welche nach den Gesetzen der vertragschließenden Theile bei Erfindungspatenten im Falle der Lizenzverweigerung eintreten, werden durch die im zweiten Absatz enthaltenen Bestimmungen nicht ausgeschlossen[5]).

**(Art. 6)[6]).**

**Art. 7.** Angehörige des einen der vertragschließenden Theile, welche ein Patent in dem Gebiete des anderen Theiles erlangt haben, sind in dem letzteren von jeder gesetzlichen Verpflichtung befreit, behufs Geltendmachung der aus dem Patent sich ergebenden Rechte, die nach dem Patent hergestellten Gegenstände oder deren Verpackung als patentirt zu kennzeichnen. Ist eine solche Kennzeichnung nicht erfolgt, so muß behufs Verfolgung des Nachahmers der Nachweis schuldhaften Verhaltens besonders geführt werden[7]).

**(Art. 8, 9)[8]).**

(Folgen die Unterschriften.)

**(Schlußprotokoll.)**

**(Zusatzprotokoll)[9]).**

---

[5]) Der 3. und 4. Abs. sind durch das Abkommen 02 (B) Art. II hinzugefügt worden. Der 1. Satz des 3. Abs. ist namentlich für die chemische Industrie bedeutungsvoll. Er trägt dem Umstande Rechnung, daß nach dem Patentrecht der Schweiz für ein Verfahren kein Pat. erteilt werden kann, im Gegensatze zum deutschen Patentrecht PatG. (Nr. 2) § 1 und Anm. 3. Zu dem 2. Satze des 3. Abs., der mit unbedeutender Abweichung im Wortlaut auch im deutsch-italienischen Abkommen eingeschaltet worden ist Anl. B Art. 5 Abs. 1 ist auf die dort in Anm. 4 gemachten Ausführungen zu verweisen. — Durch den 4. Abs. wird die Anwendbarkeit vom PatG. (Nr. 2) § 11² außer Frage gestellt.

[6]) Art. 6 ist, im Hinblick auf das internationale Abkommen Art. 6 und Schlußprotokoll Ziff. 4 Abs. 1, durch das Abkommen 02 (B) Art. I aufgehoben worden.

[7]) Dem deutschen Patentrecht ist die Pflicht, die nach dem Pat. hergestellten Gegenstände oder ihre Verpackung als patentiert zu kennzeichnen, fremd. Die Bestimmung, daß zur Verfolgung des Nachahmers der Nachweis schuldhaften Verhaltens besonders geführt werden muß, entspricht den Vorschriften des PatG. (Nr. 2) § 36.

[8]) Art. 8 und 9 sind durch das Abkommen 02 (B) Art. I aufgehoben. Nach Art. 8 sollte jeder Vertragsteil Bestimmungen gegen den Verkauf und das Feilhalten solcher Waren treffen, welche unrichtigerweise und in der Absicht zu täuschen als von einem im Gebiet des andern vertragschließenden Teils belegenen Orte oder Bezirke herrührend bezeichnet sind. Eine derartige Bestimmung enthält das WarenbezeichnungsG. (Nr. 4) in § 16. — Art. 9 betraf die Ratifizierung, das Inkrafttreten und die Kündigung des Abkommens.

[9]) Das Schluß- und das Zusatzprotokoll sind durch das Abkommen 02 (B) Art. I aufgehoben. Das Schlußprotokoll enthielt in den Ziff. 1, 2, 3 und 5 Bestimmungen zu den aufgehobenen Artikeln 1, 3, 4 und 6. Der Inhalt des Schlußprotokolls Ziff. 4 und des Zusatzprotokolls hat im 3. und 4. Abs. des Art. 5 Aufnahme gefunden.

**B. Abkommen zwischen dem Deutschen Reiche und der Schweiz zur Abänderung des Uebereinkommens vom 13. April 1892, betreffend den gegenseitigen Patent-, Muster- und Markenschutz. Vom 26. Mai 1902.**

(RGB. 03 S. 181)[1]).

Seine Majestät der Deutsche Kaiser, König von Preußen, im Namen des Deutschen Reichs, einerseits, und der Bundesrath der Schweizerischen Eidgenossenschaft, andererseits, haben, in Anbetracht des bevorstehenden Beitritts des Deutschen Reichs zur internationalen Konvention zum Schutze des gewerblichen Eigenthums vom 20. März 1883, Unterhandlungen eröffnen lassen, um das Uebereinkommen vom 13. April 1892, betreffend den gegenseitigen Patent-, Muster- und Markenschutz, den Bestimmungen der Konvention vom 20. März 1883 und der hierauf bezüglichen, am 14. Dezember 1900 in Brüssel vereinbarten Zusatzakte anzupassen, und zu Bevollmächtigten ernannt:

(Es folgen die Namen der Bevollmächtigten)

welche, nach gegenseitiger Mittheilung ihrer in guter und gehöriger Form befundenen Vollmachten, nachstehende Artikel vereinbart haben:

**Art. I.** Die Artikel 1 bis 4, 6, 8 und 9 des Uebereinkommens, betreffend den gegenseitigen Patent-, Muster- und Markenschutz, vom 13. April 1892 sowie das Schlußprotokoll und das Zusatzprotokoll zu diesem Uebereinkommen werden aufgehoben.

**Art. II.** Dem Artikel 5 des Uebereinkommens werden folgende Absätze hinzugefügt:

(Es folgen die im Art. 5 des Abkommens 13. April 92 (A) durch Sperrdruck hervorgehobenen Abs. 3 und 4.)

**Art. III.** Das vorliegende Abkommen tritt mit dem Zeitpunkt in Kraft, zu welchem der Beitritt des Deutschen Reichs zu der in Paris am 20. März 1883 geschlossenen internationalen Konvention zum Schutze des gewerblichen Eigenthums nebst der Brüsseler Zusatzakte vom 14. Dezember 1900 wirksam wird[10]).

**Art. IV.** Für diejenigen Erfindungen, Muster und Modelle, Fabrik- und Handelsmarken, welche vor dem in dem Artikel III bezeichneten Zeitpunkt angemeldet worden sind, kommt eine Prioritätsfrist entweder nach Maßgabe der Artikel 3 und 4 des Uebereinkommens vom 13. April 1892 oder nach Maßgabe des revidirten Artikel 4 der Pariser Konvention zur Geltung, je nachdem die eine oder die andere dem Anmeldenden günstiger ist[11]).

**Art. V.** Das gegenwärtige Abkommen soll ratifizirt und die Ratifikationsurkunden sollen sobald als möglich in Bern ausgewechselt werden[12]).

(Folgen die Unterschriften.)

---

[10]) Am 1. Mai 03. Bek. 6. April 03 (Nr. 6 des Abschn.) Abs. 3.

[11]) Übergangsbestimmung.

[12]) Ist geschehen RGB. 03 S. 182.

## Anlage D (zu Anmerkung 1).

### Uebereinkommen zwischen dem Deutschen Reich und Serbien, betreffend den gegenseitigen Muster- und Markenschutz. Vom 21./9. August 1892.

(RGB. 93 S. 317)[1]).

Seine Majestät der Deutsche Kaiser, König von Preußen, im Namen des Deutschen Reichs, und die Regentschaft des Königreichs Serbien, im Namen Seiner Majestät des Königs von Serbien, von dem Wunsche geleitet, die gegenseitigen Beziehungen auf dem Gebiete des Muster- und Markenschutzes neu zu regeln, haben zu diesem Zweck Unterhandlungen eröffnen lassen und zu Bevollmächtigten ernannt:

(Es folgen die Namen der Bevollmächtigten)

welche, unter Vorbehalt der beiderseitigen Ratifikation, das nachstehende Uebereinkommen vereinbart und abgeschlossen haben:

**Art. 1.** Die Angehörigen des einen der vertragschließenden Theile sollen in dem Gebiete des anderen in Bezug auf den Schutz von Mustern und Modellen, von Handels- und Fabrikmarken, von Firmen und Namen dieselben Rechte wie die eigenen Angehörigen genießen[2]).

**Art. 2.** Den Angehörigen im Sinne dieser Vereinbarung sind gleichgestellt andere Personen, welche in dem Gebiete des einen der vertragschließenden Theile ihren Wohnsitz oder ihre Hauptniederlassung haben[3]).

**Art. 3.** Wird ein Muster oder Modell, eine Fabrik- oder Handelsmarke in dem Gebiete des einen der vertragschließenden Theile behufs Erlangung des Schutzes angemeldet, und binnen einer Frist von drei Monaten die Anmeldung auch in dem Gebiete des anderen vertragschließenden Theiles bewirkt, so soll

a) diese spätere Anmeldung allen Anmeldungen vorgehen, welche in dem Gebiete des anderen Theiles nach dem Zeitpunkt der ersten Anmeldung eingereicht worden sind;

---

[1]) Das Übereinkommen mit Serbien, das sich auf Muster- und Markenschutz beschränkt, wurde geschlossen, als Deutschland dem internationalen Verbande zum Schutze des gewerblichen Eigentums noch nicht angehörte. Seitdem ist Deutschland Mitglied dieses Verbandes geworden Nr. 6 Anm. 1. Serbien gehörte dem Verbande von Anfang an an, hat aber die Brüsseler Zusatzakte 00 nicht ratifiziert. Aus diesem Sachverhalt ergibt sich folgende Rechtslage. Für die Beziehungen zwischen Deutschland und Serbien auf dem Gebiete des Schutzes des gewerblichen Eigentums ist das Pariser Übereinkommen in erster Linie maßgebend Nr. 6 Art. 15, jedoch nur insoweit als seine Bestimmungen nicht durch die Brüsseler Zusatzakte geändert sind. Das Sonderabkommen 92 bleibt in allen den Bestimmungen in Kraft, in denen es den unter Berücksichtigung der Brüsseler Zusatzakte noch zu Recht bestehenden Bestimmungen des Pariser Übereinkommens nicht zuwider läuft.

[2]) Der Grundsatz des Art. 1 ist in erweitertem Umfange, nämlich in Ausdehnung auf die Erfindungsgebiete, im Pariser Abkommen Art. 2 enthalten. Die Gleichstellung mit den Inländern ist daher in dieser Erweiterung zuzugestehen.

[3]) Nach dem Pariser Abkommen Art. 3 genügt eine Nebenniederlassung.

b) durch Umstände, welche nach dem Zeitpunkt der ersten Anmeldung eintreten, dem Gegenstande derselben die Neuheit in dem Gebiete des anderen Theiles nicht entzogen werden[4]).

**Art. 4.** Die im Artikel 3 vorgesehene Frist beginnt mit dem Zeitpunkt, in welchem die erste Anmeldung erfolgt. Der Tag der Anmeldung wird in die Frist nicht eingerechnet[5]).

**Art. 5.** Die Rechtsnachtheile, welche nach den Gesetzen der vertragschließenden Theile eintreten, wenn ein Muster oder Modell nicht innerhalb einer bestimmten Frist ausgeführt oder nachgebildet wird, sollen auch dadurch ausgeschlossen werden, daß die Ausführung oder Nachbildung in dem Gebiete des anderen Theiles erfolgt.

Demgemäß soll auch die Einfuhr einer in dem Gebiete des einen Theiles hergestellten Waare in das Gebiet des anderen Theiles in dem letzteren den Verlust des auf Grund eines Musters oder Modells für die Waare gewährten Schutzrechtes nicht zur Folge haben[6]).

**Art. 6.** Dem Inhaber einer in dem Gebiete des einen Theiles eingetragenen Handels- und Fabrikmarke kann die Eintragung in dem Gebiete des anderen Theiles nicht aus dem Grunde versagt werden, weil die Marke den hier geltenden Vorschriften über die Zusammensetzung und äußere Gestaltung der Marken nicht entspricht[7]).

**Art. 7.** Jeder der vertragschließenden Theile wird, soweit dies noch nicht geschehen ist, Bestimmungen gegen den Verkauf und das Feilhalten solcher Waaren treffen, welche zum Zweck der Täuschung im Handel und Verkehr mit Staatswappen des anderen Theiles oder mit Namen oder Wappen bestimmter, in dem Gebiete des anderen Theiles belegenen Orte oder Bezirke behufs Bezeichnung des Ursprungs versehen sind[8]).

---

[4]) Art. 3 stimmt mit der entsprechenden Bestimmung des Pariser Abkommens (Art. 4) in der Begrenzung der Wirkungen des, unter bestimmten Voraussetzungen zu gewährenden Vorrangs überein. Dagegen ist im Pariser Abkommen durch die Änderung der Vorrangsfristen in der Brüsseler Zusatzakte eine Lücke entstanden, indem die ursprünglichen Vorrangsfristen danach nicht mehr als bestehend betrachtet werden können. Diese Lücke wird durch Art. 3 des Sonderabkommens ausgefüllt. Die Vorrangsfrist beträgt daher im Verkehr Deutschlands mit Serbien drei Monate, während sie nach der Brüsseler Zusatzakte vier Monate umfaßt. — Art. 3 trifft keine Bestimmung für Patente. Da die für die Patente in der Pariser Übereinkunft festgesetzte Vorrangsfrist durch die für Serbien unverbindliche Brüsseler Zusatzakte beseitigt ist, kann mangels einer für beide Teile maßgebenden Vorrangsfrist im deutsch-serbischen Verkehr ein Vorrangsrecht für Patente nicht in Anspruch genommen werden.

[5]) Art. 4 widerspricht keiner Bestimmung der Pariser Übereinkunft und besteht zu Recht.

[6]) Das in Anm. 5 gesagte gilt auch von Art. 5. In Deutschland besteht übrigens weder ein Ausführungszwang für Muster und Modelle (Abs. 1) noch tritt im Falle des Abs. 2 Verlust des Schutzrechts ein.

[7]) Art. 6 deckt sich in seinem Inhalte mit dem Pariser Übereinkommen Art. 6 Abs. 1 und Schlußprotokoll Ziff. 4 Abs. 1.

[8]) Solche Bestimmung enthält das WarenbezeichnungsG (Nr. 4) im § 16.

**Art. 8.** Das gegenwärtige Uebereinkommen tritt an Stelle der Uebereinkommen vom 30. Juni 1886, betreffend den Markenschutz, und vom 3. Juli 1886, betreffend den Schutz der gewerblichen Muster und Modelle, am 1. Januar 1893 in Kraft und bleibt bis zum Ablauf von 6 Monaten nach erfolgter Kündigung von Seite eines der vertragschließenden Theile in Wirksamkeit.

**Art. 9.** Das Uebereinkommen soll ratifizirt und die Ratifikations-Urkunden sollen sobald als möglich in Berlin ausgewechselt werden[9]).

(Folgen die Unterschriften.)

---

[9]) Ist geschehen RGB. 93 S. 320, nachdem der Zeitpunkt des Inkrafttretens auf den 1. Jan. 94 hinausgeschoben worden war Erklärung 7. Nov. 93 (RGB. S. 320.)

# Verzeichnis der aufgenommenen Bestimmungen.

(Im Wortlaut aufgenommene Bestimmungen sind gesperrt gedruckt; die Zahlen bezeichnen die Seiten, die eingeklammerten die Anmerkungen; die preußischen Gesetze sind mit Pr. bezeichnet, die übrigen beziehen sich auf das Reich oder den norddeutschen Bund.)

# Sachverzeichnis.

(Die Zahlen bezeichnen die Seiten, die eingeklammerten die Anmerkungen.)

## M.



## N.



## O.



## P.

GPSR Compliance

*The European Union's (EU) General Product Safety Regulation (GPSR) is a set of rules that requires consumer products to be  safe and our obligations to ensure this.*

*If you have any concerns about our products, you can contact us on ProductSafety@springernature.com*

In case Publisher is established outside the EU, the EU authorized representative is:

Springer Nature Customer Service Center GmbH
Europaplatz 3
69115 Heidelberg, Germany

**Batch number: 10682427**

Printed by Printforce, the Netherlands